DICTIONNAIRE INFERNAL.

PARIS. — IMPRIMERIE DE BÉTHUNE ET PLON.

DICTIONNAIRE INFERNAL,

OU

RÉPERTOIRE UNIVERSEL

DES ÊTRES, DES PERSONNAGES, DES LIVRES,
DES FAITS ET DES CHOSES QUI TIENNENT AUX APPARITIONS,
AUX DIVINATIONS, A LA MAGIE, AU COMMERCE DE L'ENFER, AUX DÉMONS,
AUX SORCIERS, AUX SCIENCES OCCULTES, AUX GRIMOIRES, A LA CABALE,
AUX ESPRITS ÉLÉMENTAIRES, AU GRAND OEUVRE, AUX PRODIGES,
AUX ERREURS ET AUX PRÉJUGÉS, AUX IMPOSTURES,
AUX ARTS DES BOHÉMIENS, AUX SUPERSTITIONS DIVERSES,
AUX CONTES POPULAIRES, AUX PRONOSTICS,
ET GÉNÉRALEMENT A TOUTES LES FAUSSES CROYANCES, MERVEILLEUSES,
SURPRENANTES, MYSTÉRIEUSES OU SURNATURELLES;

PAR

J. COLLIN DE PLANCY.

Troisième édition, entièrement refondue, augmentée de 250 articles nouveaux,
APPROUVÉE PAR MONSEIGNEUR L'ARCHEVÊQUE DE PARIS.

A PARIS,
CHEZ PAUL MELLIER, ÉDITEUR,
11, PLACE SAINT-ANDRÉ-DES-ARTS;

ET A LYON,
CHEZ GUYOT, LIBRAIRE,
39, GRANDE RUE MERCIÈRE.

1844.

DENIS-AUGUSTE AFFRE, par la miséricorde divine et la grâce du saint Siége Apostolique, Archevêque de Paris.

Nous n'avons rien vu de contraire à la foi et aux mœurs dans la *troisième édition* de l'ouvrage intitulé *Dictionnaire Infernal*, que nous avons fait examiner avec soin.

Donné à Paris, sous le seing de notre Vicaire général, le sceau de nos armes et le contre-seing de notre Secrétaire, le vingt-sept juillet mil huit cent quarante-quatre.

F. Dupanloup, *Vicaire général.*

Par Mandement de Monseigneur
l'Archevêque de Paris.

E. Hiron, *Chan. hon., pro-secrétaire.*

PRÉFACE.

Comme un colosse immense, enjambant les deux mers,
La superstition règne sur l'univers.

THOMAS.

Lorsqu'on s'arrête un instant à considérer les différents peuples qui chargent la terre et que l'on parcourt les annales des nations qui ont passé, on trouve partout une religion et un culte ; mais, à toutes les époques et dans tous les pays où l'orgueil éloigne l'homme des règles que Dieu lui a données, les idées mêmes de la Divinité s'ensevelissent dans un chaos d'où sortent mille superstitions absurdes.

Dans l'ère ancienne, il n'y a qu'un petit peuple à qui Dieu reste connu : c'est le peuple d'Israël. Depuis la venue de Jésus-Christ, tous les enfants de son Église, répandue sur toute la terre, le connaissent et le comprennent. Cependant, encore chez nous comme chez les anciens Juifs, les abus superstitieux n'ont pas tous disparu. C'est que la superstition, œuvre de l'ancien ennemi, peut dénaturer souvent dans les cœurs gâtés la religion même dont elle se couvre, et servir ensuite de thème à ces enfants de Satan qui l'aident à lutter contre l'Église.

Dans les vieilles mythologies, c'est la superstition qui, obscurcissant la notion de Dieu, fit adorer à sa place le parricide et l'inceste, la cruauté, la vengeance, la prostitution et le vol, sous les images de Jupiter, de Mars, de Junon, de Vénus et de Mercure. Quelquefois même l'esprit du mal eut un triomphe plus brutal et plus audacieux, lorsqu'il s'appela Baal, Moloch, Bélial, et qu'il régna effrontément sur des autels baignés de sang humain. Ces abominables excès, châtiments de grands crimes, disparurent devant l'Évangile, et les démons repoussés durent imaginer des impostures plus timides.

Les superstitions qu'ils entretinrent, triomphantes chez les peuples étrangers à la foi, ne purent s'attacher au catholicisme que comme des scories impures. Mais elles ont cherché plusieurs fois à le miner ; et, quoique les philosophes se vantent, il est bien établi que c'est l'Église qui a toujours fait le plus pour extirper les superstitions, dont on peut trouver la source dans quatre causes que les docteurs chrétiens n'ont jamais cessé de combattre : l'ignorance, l'orgueil, le fanatisme et la peur.

Les maladies inconnues, les accidents peu communs, les phénomènes, les événements qui passaient le cours ordinaire des choses, furent expliqués d'une manière prodigieuse ; et, sans les lumières que l'Église ne cessa de répandre, nous serions, comme les peuples de l'Orient, sous l'empire des génies et des magiciens qui occupent la première place dans les récits des *Mille et une Nuits*.

Le désir de dominer produisit les devins et les astrologues. Puis, à côté de ceux qui lisaient dans le cours des astres le sort de l'homme avec toutes ses variations, se dressèrent les habiles qui, sans chercher les choses de la terre dans les signes du ciel, virent dans les songes, dans le vol des oiseaux, dans les entrailles des victimes, dans le mouvement de l'eau, dans les feuilles agitées du vent, dans le chant du coq, dans la main, dans les miroirs, et plus récemment dans les cartes, dans les rides du front, dans les traits du visage, dans les tubérosités du crâne, toutes les nuances du caractère de l'homme, ses pensées, les secrets impénétrables de son avenir, et se mirent à distribuer aux mortels les espérances et les craintes, les bonnes et les mauvaises destinées.

Il y eut des magiciens et des sorciers libres de tout système ; ils se vantaient de commercer avec les puissances invisibles et n'étaient le plus souvent que des imposteurs. A côté des sorciers qui se donnaient pour tels, l'ignorance et la peur en faisaient tous les jours qui ne l'étaient guère. Des mathématiciens, des artistes, des bateleurs passèrent pour sorciers.

La magie est très-ancienne. Plusieurs croient que Cham la pratiquait. On voit des magiciens à la cour de Pharaon. Circé, Médée, Amphiaraüs, Tirésias, Abaris, Trismégiste, Orphée se mêlaient de sorcellerie.

On a dit, après Boileau, Sainte-Foix et quelques autres, que les fables antiques étaient plus riantes que les modernes ; c'est inexact. Au contraire, nous n'avons de sombre dans nos superstitions que ce qui nous reste des époques de ténèbres antérieures à la venue N. S. Jésus-Christ. Les enchanteurs de la Table-Ronde, de l'ère de Charlemagne et des temps de la chevalerie, les fées et les lutins sont aussi gracieux que les fables antiques ; la reine Bazine n'est comparable en rien à l'affreuse Médée.

On s'est récrié encore sur le fait exagéré des sorciers brûlés au seizième siècle. A l'exception de quelques juges imbéciles qui sont de tous les temps, si l'on veut étudier les documents historiques, on reconnaîtra que les sorciers mis à mort autrefois, chez nos pères, étaient des bandits que les lois actuelles condamneraient en d'autres termes. Platon, dans son *Traité des Lois*, veut qu'on chasse les magiciens de la société, après qu'on les aura sévèrement châtiés, non-seulement pour le mal qu'ils peuvent opérer par la vertu de leurs prétendus charmes, mais encore pour le mal qu'ils voudraient faire. Dom Calmet, dont personne ne révoquera en doute la mansuétude, remarque fort bien que la magie, les impiétés et les maléfices sont généralement la suite des désordres de l'imagination, et que les gens qui s'y adonnent ne sont que des vauriens, des impudiques et des voleurs.

La superstition est une source d'erreurs ; et elle est d'autant plus dangereuse qu'elle cherche à se confondre avec la religion même. Il en résulte quelquefois que ceux qu'on éclaire sur de fausses croyances qui paraissent se rapporter de près ou de loin à des choses religieuses, sentent ensuite leur foi ébranlée dans les limites que la religion lui pose. La superstition produit le dualisme, ou croyance plus ou moins vicieuse de deux principes. Elle engendre le fatalisme dans ceux qui trouvent partout écrite une destinée inévitable. Elle est fille de la peur, et rend lâches et pusillanimes des cœurs qui oublient trop qu'ils sont sous la garde de Dieu. Les hommes superstitieux vivent dans l'effroi ; la nuit même ne leur donne pas le repos.

« Le sommeil fait oublier à l'esclave la sévérité de son maître et au malheureux prisonnier la pesanteur des fers dont il est garrotté ; l'inflammation d'une plaie, la malignité d'un ulcère, les douleurs les plus aiguës laissent quelque relâche pendant la nuit à ceux qui en sont tourmentés; mais, dit Plutarque, la superstition ne donne pas de trêve, elle ne permet pas à une âme de respirer un seul moment; et les gens superstitieux, lorsqu'ils sont éveillés, s'entretiennent encore de leurs illusions et ne peuvent concevoir qu'il n'y ait rien de réel dans ces fantômes qui les épouvantent. »

La superstition, qui consiste dans des croyances et des pratiques qui sortent des règles fixées par l'Église, se rattache encore aux hérésies, aux schismes, aux excès de tout genre. Ce n'est pourtant pas à elle qu'il faut attribuer, comme l'ont fait les calvinistes, le massacre de la Saint-Barthélemi, coup d'État tout politique dont l'histoire n'est pas redressée encore; ni les carnages reprochés aux premiers conquérants de l'Amérique, crimes des passions humaines; ni l'inquisition, institution jugée chez nous jusqu'ici sur les données les plus perfides et les plus fausses.

L'auteur de ce livre, dans les deux premières éditions qu'il en a faites, est tombé lui-même d'une manière déplorable dans les écarts qu'il condamne ici. Entraîné hors du sein de l'Église, centre unique de la vérité, il s'est égaré dans les sentiers d'une philosophie menteuse, et il a semé ses écrits d'erreurs qu'il déteste et désavoue. Rentré dans l'Église romaine par une grâce de la bonté de Dieu dont il n'était pas digne, il a pu reconnaître depuis que l'Église seule a les moyens de combattre efficacement, comme elle les a toujours combattus, les égarements superstitieux et les travers absurdes de l'imagination.

Pour ne citer que quelques témoignages, saint Augustin dit que les superstitions sont l'opprobre du genre humain. Origène les condamne avec plus de force que les encyclopédistes mêmes, et surtout avec plus de poids. Le pape Léon X notait d'infamie ceux qui se livraient aux divinations et autres pratiques superstitieuses. Le quatrième concile de Carthage les exclut de l'assemblée des fidèles. Le concile provincial tenu à Toulouse en 1590 ordonne aux confesseurs et aux prédicateurs de déraciner, par de fréquentes exhortations et par des raisons solides, les pratiques superstitieuses que l'ignorance a introduites dans la religion. Le concile de Trente, après avoir condamné diverses erreurs, enjoint formellement aux évêques de défendre aux fidèles tout ce qui peut les porter à la superstition et scandaliser le prochain.

Ce qui peut-être n'a pas été remarqué suffisamment au milieu des clameurs intéressées des philosophes, c'est que les seuls hommes qui vivent exempts de superstitions sont les fidèles enfants de l'Église, parce qu'eux seuls possèdent la vraie lumière. Les douteurs au contraire semblent tous justifier cette grande parole, que ceux qui se séparent de Dieu ont l'esprit fourvoyé; car, parmi eux, les plus incrédules sont aussi les plus superstitieux. Ils repoussent les dogmes révélés; et, comme Johnson, ils croient aux revenants; comme Rousseau, ils ont peur du nombre 13; comme Bayle, ils ont un préjugé contre le vendredi; comme Volney, ils recherchent l'explication des songes; comme Helvétius, ils consultent les tireuses de cartes; comme Hobbes, ils étudient l'avenir dans des combinaisons de chiffres; comme Voltaire, ils redoutent les présages. On a cité un savant de nos jours qui poursuit l'élixir de vie; un mathématicien célèbre qui croit les éléments peuplés par les essences cabalistiques; un philosophe qui ne sait pas s'il croit à Dieu et qui exécute les cérémonies du grimoire pour faire venir le diable.

Jamais les égarements superstitieux n'ont été plus saillants qu'aux époques les plus irréligieuses ; et je ne sais trop si l'on ne pourrait pas répéter, aujourd'hui même, ce que disait autrefois le curé Thiers dans la préface de son *Traité des Superstitions* :

« Elles sont si généralement répandues, que tel les observe qui n'y pense nullement ; tel en est coupable qui ne le croit pas. »

Il est donc utile, nous le pensons du moins, de donner, dans un meilleur esprit, une nouvelle édition de ce livre pour dissiper les erreurs et les superstitions répréhensibles, et pour exposer aux curieux les croyances bizarres ou singulières qui ne sont que poétiques (comme on dit à présent) sans être dangereuses.

Les ouvrages qui traitent de ces matières ne sont généralement que d'indigestes amas d'extravagances, ou d'incomplètes compilations, ou de froides discussions mal coordonnées. Les personnes qui veulent connaître un peu ces matières et faire la collection des ouvrages rares et curieux dont elles sont le sujet, doivent pour cela dépenser de grandes sommes et passer plusieurs années dans ces recherches. On croit pouvoir leur épargner tous ces frais et toute cette peine dans cette nouvelle édition, entièrement refondue, du *Dictionnaire infernal*. Les curieux y trouveront tout ce qui concerne les démons, les esprits, les lutins, les farfadets, les fantômes, les revenants, les spectres, les vampires, les gholes, les sorciers, les lamies, le sabbat, les loups-garous, les possédés, les charmes, les maléfices, les enchantements, les bohémiens, les francs-maçons, les magiciens, les gnomes, les sylphes, les salamandres, les fées, les ogres, les génies, les évocations, les secrets merveilleux, l'alchimie, la cabale, les talismans, l'astrologie judiciaire, la physiognomonie, la chiromancie, la métoposcopie, la crânologie, le magnétisme, la baguette divinatoire, les horoscopes, les songes, la cartomancie et les autres moyens de dire la bonne aventure, les erreurs et les préjugés populaires, les fausses opinions, etc., et, en un mot, le résumé de tous les livres écrits sur les superstitions, la notice des démons et des sorciers, et des articles sur les démonographes. On y pourra juger ce que sont les fatras, dangereux malgré leurs sottises, que de pauvres insensés recherchent encore : *le Grand* et *le Petit Albert*, *les Grimoires*, *le Dragon rouge*, *les Clavicules de Salomon*, *l'Enchiridion*, attribué si effrontément au pape Léon III, etc., etc., etc.

Dans des sujets qu'une adresse satanique a si souvent accolés à la religion, il se présentera quelquefois, pour l'écrivain, des rencontres perfides et des passes délicates. Puisse l'esprit de sagesse le diriger ! Si dans certains articles il se trompe, il déclare d'avance que, fils soumis de la sainte Église, et soumis sans restriction et sans réserve, il désavoue, condamne et déteste tout ce que l'Église pourrait désapprouver dans son livre.

DICTIONNAIRE INFERNAL.

A

Aamon, — *voy.* Amon.

Aaron, — magicien du Bas-Empire, qui vivait du temps de l'empereur Manuel Comnène. On conte qu'il possédait les *clavicules* de Salomon, au moyen de quoi il avait à ses ordres des légions de démons, et se mêlait de nécromancie. On lui fit crever les yeux, après quoi on lui coupa encore la langue. Mais n'allez pas croire que ce fût une victime de quelque fanatisme; car on trouva chez lui un homme qui avait les pieds enchaînés, le cœur percé d'un clou, et d'autres abominations. (Nicétas, *Annales*, liv. 4.)

Abaddon, — ou le Destructeur, chef des démons de la septième hiérarchie. C'est l'ange exterminateur dans l'Apocalypse.

Abadie (Jeannette), — jeune fille du village de Siboure en Gascogne. Delancre, dans son *Tableau de l'inconstance des démons*, raconte que, Jeannette Abadie dormant un dimanche, pendant la messe, dans la maison de son père, un démon profita du moment et l'emporta au sabbat (quoiqu'on ne fît le sabbat ni le dimanche, ni aux heures des saints offices, temps où les démons ont peu envie de rire). Elle trouva au sabbat grande compagnie, et vit que celui qui présidait avait la tête deux visages, comme Janus. Du reste, elle ne fit rien de criminel, et fut remise à son logis par le même moyen de transport qui l'avait emmenée. Elle se réveilla alors et ramassa une petite relique que le diable avait eu la précaution d'ôter de son cou avant de l'emporter. Il paraît que le bon curé à qui elle confessa son aventure lui fit comprendre qu'elle n'avait fait qu'un mauvais rêve; car elle ne fut aucunement recherchée, quoique Delancre dise qu'elle avait commencé là le métier de sorcière. *Voy.* Crapaud.

Abalam, — prince de l'enfer, très-peu connu. *Voy.* Paymon.

Abano, — *voy.* Pierre d'Apone.

Abaris, — magicien scythe, grand-prêtre d'Apollon, qui lui donna une flèche d'or sur laquelle il chevauchait par les airs avec la rapidité d'un oiseau; ce qui a fait que les Grecs l'ont appelé l'*Aérobate*. Il fut maître de Pythagore, qui lui vola sa flèche, dans laquelle on doit voir quelque allégorie. On dit qu'Abaris prédisait l'avenir, qu'il apaisait les orages, qu'il chassait la peste; on dit même qu'il vivait sans boire ni manger. Avec les os de Pélops, il fabriqua une figure de Minerve, qu'il vendit aux Troyens comme un talisman descendu du ciel : c'est le Palladium, qui rendait imprenable la ville où il se trouvait [1].

Abdel-Azys, — astrologue arabe du dixième siècle, plus connu en Europe sous le nom d'Alchabitius. Son *Traité d'astrologie judiciaire* a été traduit en latin par Jean de Séville (*Hispalensis*). L'édition la plus recherchée de ce livre : *Alchabitius, cum commento*, est celle de Venise, 1503, in-4° de 140 pages.

Abdias de Babylone. — On attribue à un écrivain de ce nom l'histoire du combat merveilleux que livra saint Pierre à Simon le magicien. Le livre d'Abdias a été traduit par Julius Africanus, sous ce titre : *Historia certaminis apostolici*, 1566, in-8°.

Abeilard. — Il est plus célèbre aujourd'hui par ses tragiques amours que par ses ouvrages théologiques, qui lui attirèrent justement les censures de saint Bernard, et qui étaient pleins d'erreurs très-dangereuses. Il mourut en 1142. Vingt ans après, Héloïse ayant été ensevelie dans la même tombe, on conte qu'à son approche la cendre froide d'Abeilard se réchauffa tout à coup, et qu'il étendit les bras pour recevoir celle qui avait été sa femme. Leurs restes étaient au Paraclet, dans une précieuse tombe gothique que l'on a transportée à Paris en 1799.

Abeilles. — C'était l'opinion de quelques démonographes que si une sorcière, avant d'être prise, avait mangé la reine d'un essaim d'abeilles, ce cordial lui donnait la force de supporter la torture sans confesser [2]; mais cette découverte n'a pas fait principe. — Dans

---

[1] Hérodote, Jamblique, Clément d'Alexandrie, etc.
[2] Wierus, De Præstigiis, lib. VI, cap. 7.

certains cantons de la Bretagne, on prétend que les abeilles sont sensibles aux plaisirs comme aux peines de leurs maîtres, et qu'elles ne réussissent point si on néglige de leur faire part des événements qui intéressent la maison. Ceux qui ont cette croyance ne manquent pas d'attacher à leurs ruches un morceau d'étoffe noire lorsqu'il y a une mort chez eux, et un morceau d'étoffe rouge lorsqu'il y a un mariage ou toute autre fête [1]. — Les Circassiens, dans leur religion mêlée de christianisme, de mahométisme et d'idolâtrie, honorent la mère de Dieu sous le nom de Mérième ou de Melissa. Ils la regardent comme la patronne des abeilles, dont elle sauva la race en conservant l'une d'elles dans sa manche alors que le tonnerre menaçait d'exterminer tous les insectes. Les revenus que les Circassiens tirent de leurs ruches expliquent leur reconnaissance pour le bienfait qui les leur a conservées. — Solin a écrit que les abeilles ne peuvent pas vivre en Irlande, que celles qu'on y amène y meurent tout à coup, et que si l'on porte de la terre de cette île dans un autre pays, et qu'on la répande autour des ruches, les abeilles sont forcées d'abandonner la place, parce que cette terre leur est mortelle. On lit aussi cela dans *les Origines* d'Isidore. — « Faut-il examiner, ajoute le père Lebrun [2], d'où peut venir cette malignité de la terre d'Irlande ? — Non, car il suffit de dire que c'est une fable, et qu'on trouve en Irlande beaucoup d'abeilles. »

Abel, — fils d'Adam. Des docteurs musulmans disent qu'il avait quarante-huit pieds de haut. Il se peut qu'ils aient raisonné d'après un tertre long de cinquante-cinq pieds, que l'on montre auprès de Damas, et qu'on nomme la Tombe d'Abel. Les rabbins ont écrit beaucoup de rêveries sur son compte. Nos anciens, qui croyaient tant de choses, lui attribuent un livre d'astrologie judiciaire qui lui aurait été révélé, et qu'il renferma dans une pierre. Après le déluge, Hermès Trismégiste le trouva : il y apprit l'art de faire des talismans sous l'influence des constellations. Ce livre est intitulé : *Liber de virtutibus planetarum et omnibus rerum mundanarum virtutibus*. Voy. le traité *De Essentiis essentiarum*, qu'on décore faussement du nom de saint Thomas d'Aquin, pars 4, cap. 2. Voy. aussi Fabricius, *Codex pseud. Vet. Testam.*

Abel de La Rue, — dit *le Casseur*, savetier et mauvais drôle qui fut arrêté en 1582 à Coulommiers, et brûlé comme voleur, sorcier, magicien, noueur d'aiguillettes [1]. Voy. les art. SABBAT, LIGATURES, etc.

Aben-Ezra, — voy. MACHA-HALLA.

Aben-Ragel, — astrologue arabe né à Cordoue au commencement du cinquième siècle. Il a laissé un livre d'horoscopes d'après l'inspection des étoiles, traduit en latin sous le titre *De Judiciis seu fatis stellarum*, Venise, 1485 ; très-rare. On dit que ses prédictions, quand il en faisait, se distinguaient par une certitude très-estimable.

Abigor, — démon d'un ordre supérieur, grand-duc dans la monarchie infernale. Soixante légions marchent sous ses ordres [2]. Il se montre sous la figure d'un beau cavalier portant la lance, l'étendard ou le sceptre ; il répond habilement sur tout ce qui concerne les secrets de la guerre, sait l'avenir, et enseigne aux chefs les moyens de se faire aimer du soldat.

Abîme, — et plus correctement *abysme*. C'est le nom qui est donné dans l'Écriture sainte : 1° à l'enfer, 2° au chaos ténébreux qui précéda la création.

Abou-Ryhan, — autrement appelé Mohammed-ben-Ahmed, astrologue arabe, mort en 330, qui passe pour avoir possédé à un très-haut degré le don de prédire les choses futures. On lui doit une introduction à l'astrologie judiciaire.

Abracadabra. — Avec ce mot d'enchantement, qui est très-célèbre, on faisait, surtout en Perse et en Syrie, une figure magique à laquelle on attribuait le don de charmer diverses maladies et de guérir particulièrement la fièvre. Il ne fallait que porter autour du cou cette sorte de philactère écrit dans cette disposition :

```
A B R A C A D A B R A
 A B R A C A D A B R
  A B R A C A D A B
   A B R A C A D A
    A B R A C A D
     A B R A C A
      A B R A C
       A B R A
        A B R
         A B
          A
```

Abracax ou **Abraxas**, — l'un des dieux de quelques théogonies asiatiques, du nom

---

[1] Cambry, Voyage dans le Finistère, t. II, p. 16.
[2] Histoire critique des pratiques superstitieuses, iv. 1, chap. 3.

[1] L'histoire d'Abel de La Rue ressemble à beaucoup d'autres de ce temps-là, que nous réunissons à part dans un Recueil de légendes infernales.
[2] Wierus, in Pseudomonarchia, etc.

duquel on a tiré le philactère abracadabra. Il est représenté sur des amulettes avec un fouet à la main. Les démonographes ont fait d'Abracax un démon qui a la tête d'un roi et pour pieds des serpents. Les basilidiens, hérétiques du deuxième siècle, en faisaient leur dieu suprême. Comme ils trouvaient que les sept lettres grecques dont ils formaient son nom faisaient en grec le nombre 365, qui est celui des jours de l'année, ils plaçaient sous ses ordres plusieurs génies qui présidaient aux trois cent soixante-cinq cieux, et auxquels ils attribuaient trois cent soixante-cinq vertus, une pour chaque jour. Les basilidiens disaient encore que Jésus-Christ n'était qu'un fantôme bienveillant envoyé sur la terre par Abracax. Ils s'écartaient de la doctrine de leur chef. *Voy.* BASILIDE.

Abraham. — Tout le monde connaît l'histoire de ce patriarche, écrite dans les livres saints; mais on ignore peut-être les contes dont il a été l'objet. Les Orientaux voient dans Abraham un habile astrologue et un puissant magicien. Ils le mettent en rapport avec le diable et le constituent juge à la porte de l'enfer. Suidas et Isidore lui attribuent l'invention de l'alphabet et de la langue des Hébreux. Les rabbins font Abraham auteur d'un livre *De l'Explication des songes,* que Joseph, disent-ils, avait étudié avant d'être vendu par ses frères. On met aussi sur son compte un ouvrage intitulé *Jetzirah,* ou la Création, que plusieurs disent écrit par le rabbin Akiba : *voy.* ce nom. Les Arabes possèdent ce livre cabalistique, qui traite de l'origine du monde : ils l'appellent le *Sepher.* On dit que Vossius, qui raisonnait tout de travers là-dessus, s'étonnait de ne pas le voir dans les livres canoniques. Postel l'a traduit en latin : on l'a imprimé à Paris en 1552; à Mantoue en 1562, avec cinq commentaires; à Amsterdam en 1642. On y trouve de la magie et de l'astrologie. — « C'est un ouvrage cabalistique très-ancien et très-célèbre, dit le docteur Rossi. Quelques-uns en font auteur Akiba ; d'autres le croient composé par un écrivain antérieur au *Thalmud,* dans lequel il en est fait mention. » — Le titre de l'ouvrage porte le nom d'Abraham ; mais ajoutons qu'il y a aussi des opinions qui le croient écrit par Adam lui-même [1].

Abrahel, — démon succube, connu par une aventure que raconte Nicolas Remy dans sa *Démonolâtrie,* et que voici : — En l'année 1584, dans le village de Dalhem, au pays de Limbourg, un méchant pâtre, nommé Pierron, conçut un amour violent pour une jeune fille de son voisinage. Or cet homme mauvais était marié ; il avait même de sa femme un petit garçon. Un jour qu'il était occupé de la criminelle pensée de son amour, la jeune fille qu'il convoitait lui apparut dans la campagne : c'était un démon sous sa figure. Pierron lui découvrit sa passion ; la prétendue jeune fille promit d'y répondre s'il se livrait à elle et s'il jurait de lui obéir en toutes choses. Le pâtre ne refusa rien, et son abominable amour fut accueilli. — Peu de temps après, la jeune fille, ou le démon qui se faisait appeler Abrahel par son adorateur, lui demanda, pour gage de son attachement, qu'il lui sacrifiât son fils. Le pâtre reçut une pomme qu'il devait faire manger à l'enfant ; l'enfant, ayant mordu dans la pomme, tomba mort aussitôt. Le désespoir de la mère fit tant d'effet sur Pierron qu'il courut à la recherche d'Abrahel pour en obtenir reconfort. Le démon promit de rendre la vie à l'enfant si le père voulait lui demander cette grâce à genoux, en lui rendant le culte d'adoration qui n'est dû qu'à Dieu. Le pâtre se mit à genoux, adora, et aussitôt l'enfant rouvrit les yeux. On le frictionna, on le réchauffa ; il recommença à marcher et à parler. Il était le même qu'auparavant, mais plus maigre, plus hâve, plus défait, les yeux battus et enfoncés, les mouvements plus pesants. Au bout d'un an, le démon qui l'animait l'abandonna avec un grand bruit ; l'enfant tomba à la renverse.... — Cette histoire décousue et incomplète se termine par ces mots dans la narration de Nicolas Remy : « Le corps de l'enfant, d'une puanteur insupportable, fut tiré avec un croc hors de la maison de son père et enterré dans un champ. » Il n'est plus question du démon succube, ni du pâtre.

Absalon. — On a écrit bien des choses supposées à propos de sa chevelure. Lepelletier, dans sa dissertation sur la grandeur de l'arche de Noé, dit que toutes les fois qu'on coupait les cheveux à Absalon, on lui en ôtait trente onces.....

Abstinence. — On prétend qu'Abaris ne mangeait pas et que les magiciens habiles peuvent s'abstenir de manger et de boire. — Sans parler des jeûnes merveilleux dont il est fait mention dans la vie de quelques saints, Marie Pelet de Laval, femme du Hainaut, vécut trente-deux mois (du 6 novembre 1754 au 25 juin 1757) sans recevoir aucune nourriture, ni solide, ni liquide. Anne Harley, d'Orival près de Rouen, se soutint vingt-six

---

[1] Les rabbins ont conté d'Abraham une foule de choses prodigieuses. On en trouvera le résumé dans les *Légendes de l'ancien Testament.*

ans en buvant seulement un peu de lait qu'elle vomissait quelques moments après l'avoir avalé. — Dans les idées des Orientaux, les génies ne se nourrissent que de fumées odorantes qui ne produisent point de déjections.

Accidents. — Beaucoup d'accidents peu ordinaires, mais naturels, auraient passé autrefois pour des sortiléges. Voici ce qu'on lisait dans un journal de 1841 : — « Mademoiselle Adèle Mercier (des environs de Saint-Gilles), occupée il y a peu de jours à arracher dans un champ des feuilles de mûrier, fut piquée au bas du cou par une grosse mouche qui, selon toute probabilité, venait de sucer le cadavre putréfié de quelque animal, et qui déposa dans l'incision faite par son dard une ou quelques gouttelettes de suc morbifique dont elle s'était repue. La douleur, d'abord extrêmement vive, devint insupportable. Il fallut que mademoiselle Mercier fût conduite chez elle et qu'elle se mît au lit. La partie piquée s'enfla prodigieusement en peu de temps : l'enflure gagna. Atteinte d'une fièvre algide qui acquit le caractère le plus violent, malgré tous les soins qui lui furent prodigués et quoique sa piqûre eût été cautérisée et alcalisée, mademoiselle Mercier mourut le lendemain dans les souffrances les plus atroces. » — Le *Journal du Rhône* racontait le 3 juin : « Un jeune paysan des environs de Bourgoin, qui voulait prendre un repas de cerises, commit l'imprudence, lundi dernier, de monter sur un cerisier que les chenilles avaient quitté après en avoir dévoré toutes les feuilles. Il y avait vingt minutes qu'il satisfaisait son caprice ou son appétit, lorsque presque instantanément il se sentit atteint d'une violente inflammation à la gorge. Le malheureux descendit en poussant péniblement ce cri : *J'étouffe! j'étouffe!* Une demi-heure après il était mort. Les chenilles, ajoute notre correspondant, déposent dans cette saison sur les cerises qu'elles touchent une substance que l'œil distingue à peine, mais qui n'en est pas moins un poison. C'est donc s'exposer que de manger ces fruits sans avoir pris la sage précaution de les laver. »

Accouchements prodigieux. — *Voy.* IMAGINATION, COUCHES, AÉTITE, etc.

Acham, — démon que l'on conjure le jeudi. *Voy.* CONJURATIONS.

Acharaï-Riobo, — chef des enfers chez les Yakouts. *Voy.* MANG-TAAR.

Achéron, — fleuve de douleur, dont les eaux sont amères ; l'un des fleuves de l'enfer des païens. Dans des relations du moyen âge, l'Achéron est un monstre. *Voy.* FONDAL.

Achérusie. — Marais d'Égypte près d'Héliopolis. Les morts le traversaient dans une barque lorsqu'ils avaient été jugés dignes des honneurs de la sépulture. Les ombres des morts enterrés dans le cimetière voisin erraient, disait-on, sur les bords de ce marais, que quelques géographes appellent un lac.

Achmet. — Devin arabe du neuvième siècle, auteur d'un livre *De l'Interprétation des songes*, suivant les doctrines de l'Orient. Le texte original de ce livre est perdu ; mais Rigault en a fait imprimer la traduction grecque et latine à la suite de l'*Onirocritique* d'Artémidore ; Paris, 1603, in-4°.

Aconce (JACQUES), — curé du diocèse de Trente, qui, poussé par la débauche, embrassa le protestantisme en 1557, et passa en Angleterre. La reine Élisabeth lui fit une pension. Aussi il ne manqua pas de l'appeler *diva Elisabetha* en lui dédiant son livre *Des Stratagèmes de Satan*[1]. Mais nous ne mentionnons ce livre ici qu'à cause de son titre : ce n'est pas un ouvrage de démonomanie, c'est une mauvaise et détestable diatribe contre le catholicisme.

Adalbert, — hérétique qui fit du bruit dans les Gaules au huitième siècle, regardé par les uns comme un habile faiseur de miracles et par les autres comme un grand cabaliste. Il distribuait les rognures de ses ongles et de ses cheveux, disant que c'étaient de puissants préservatifs ; il contait qu'un ange, venu des extrémités du monde, lui avait apporté des reliques et des amulettes d'une sainteté prodigieuse. On dit même qu'il se consacra des autels à lui-même et qu'il se fit adorer. Il prétendait savoir l'avenir, lire dans la pensée et connaître la confession des pécheurs rien qu'en les regardant. Il montrait impudemment une lettre de notre Seigneur Jésus Christ, disant qu'elle lui avait été apportée par saint Michel[2] ; et il enseignait à ses disciples une prière qui commençait ainsi : — « Seigneur,

---

[1] *De Stratagematibus Satanæ in religionis negotio, per superstitionem, errorem, hæresim, odium, calumniam, schisma,* etc., lib. VIII. Bâle, 1565. Souvent réimprimé et traduit en plusieurs langues.

[2] Baluze, dans son Appendice aux Capitulaires des rois francs, a publié cette lettre, dont voici le titre : — « Au nom de Dieu : Ici commence la lettre de notre Seigneur Jésus-Christ, qui est tombée à Jérusalem, et qui a été trouvée par l'Archange saint Michel, lue et copiée par la main d'un prêtre nommé Jean, qui l'a envoyée à la ville de Jérémie à un autre prêtre nommé Talasius ; et Talasius l'a envoyée en Arabie à un autre prêtre nommé Léoban ; et Léoban l'a envoyée à la ville de Betsanie, où elle a été reçue par le prêtre Macarius, qui l'a renvoyée à la montagne du saint Archange Michel ; et par le moyen d'un ange, la lettre est arrivée à la ville de Rome, au sépulcre de saint Pierre, où sont les clefs du royaume des cieux ; et les douze prêtres qui sont à Rome ont fait des veilles de trois jours, avec des jeûnes et des prières, jour et nuit, » etc.

Dieu tout-puissant, père de notre Seigneur Jésus-Christ, Alpha et Oméga, qui êtes sur le trône souverain, sur les chérubins et les séraphins, sur l'ange Uriel, l'ange Raguel, l'ange Cabuel, l'ange Michel, sur l'ange Inias, l'ange Tabuas, l'ange Simiel et l'ange Sabaoth, je vous prie de m'accorder ce que je vais vous dire. » — C'était, comme on voit, très-ingénieux. Dans un fragment conservé des mémoires qu'il avait écrits sur sa vie, il raconte que sa mère, étant enceinte de lui, crut voir sortir de son côté droit un veau; ce qui était, dit-il, le pronostic des grâces dont il fut comblé en naissant par le ministère d'un ange. — On arrêta le cours des extravagances de cet insensé en l'enfermant dans une prison où il mourut.

Adam, — le premier homme. Sa chute devant les suggestions de Satan est un dogme de la religion chrétienne. Les Orientaux font d'Adam un géant démesuré, haut d'une lieue; ils en font aussi un magicien, un cabaliste; les rabbins en font de plus un alchimiste et un écrivain. On a supposé un testament de lui [1]; et enfin les musulmans regrettent toujours dix traités merveilleux que Dieu lui avait dictés. Il avait aussi inventé l'alphabet. *Voyez* ABRAHAM [2].

Adam (L'ABBÉ). — Il y eut un temps où l'on voyait le diable en toutes choses et partout, et peut-être n'avait-on pas tort. Mais il nous semble qu'on le voyait trop matériellement. Le bon et naïf Césaire d'Heisterbach a fait un livre d'histoires prodigieuses où le diable est la machine universelle; il se montre sans cesse et sous diverses figures palpables. C'était surtout à l'époque où l'on s'occupait en France de l'extinction des Templiers. Alors un certain abbé Adam, qui gouvernait l'abbaye du Vaux-de-Cernay, au diocèse de Paris, avait l'esprit tellement frappé de l'idée que le diable le guettait, qu'il croyait le reconnaître à chaque pas sous des formes que sans doute le diable n'a pas souvent imaginé de prendre. — Un jour qu'il revenait de visiter une de ses petites métairies, accompagné d'un serviteur aussi crédule que lui, l'abbé Adam racontait comment le diable l'avait harcelé dans son voyage. L'esprit malin s'était montré sous la figure d'un arbre blanc de frimas, qui semblait venir à lui. — C'est singulier! dit un de ses amis; n'étiez-vous pas la proie de quelque illusion causée par la course de votre cheval? — Non; c'était Satan. Mon cheval s'en effraya; l'arbre pourtant passa au galop et disparut derrière nous. Il laissait une certaine odeur qui pouvait bien être du soufre. — Odeur de brouillard, marmotta l'autre. — Le diable reparut bientôt, et, cette fois, c'était un chevalier noir qui s'avançait vers nous pareillement. — Éloigne-toi, lui criai-je d'une voix étouffée. Pourquoi m'attaques-tu? Il passa encore, sans avoir l'air de s'occuper de nous. Mais il revint une troisième fois ayant la forme d'un homme grand et pauvre, avec un cou long et maigre. Je fermai les yeux et ne le revis que quelques instants plus tard sous le capuchon d'un petit moine. Je crois qu'il avait sous son froc une rondache dont il me menaçait. — Mais, interrompit l'autre, ces apparitions ne pouvaient-elles pas être des voyageurs naturels? — Comme si on ne savait pas s'y reconnaître! comme si nous ne l'avions pas vu derechef sous la figure d'un pourceau, puis sous celle d'un âne, puis sous celle d'un tonneau qui roulait dans la campagne, puis enfin sous la forme d'une roue de charrette qui, si je ne me trompe pas, me renversa, sans toutefois me faire aucun mal. — Après tant d'assauts, la route s'était achevée sans autres malencontres [1].

Adamantius, — médecin juif, qui se fit chrétien, à Constantinople, sous le règne de Constance, à qui il dédia ses deux livres sur la *Physiognomonie* ou l'art de juger les hommes par leur figure. Cet ouvrage, plein de contradictions et de rêveries, a été imprimé dans quelques collections, notamment dans les *Scriptores physiognomoniæ veteres*, grec et latin, *cura J.-G.-F. Franzii*; Altembourg, 1780, in-8°.

Adamiens ou **Adamites**, — hérétiques du second siècle, dans l'espèce des basilidiens. Ils se mettaient nus et professaient la promiscuité des femmes. Clément d'Alexandrie dit qu'ils se vantaient d'avoir des livres secrets de Zoroastre, ce qui a fait conjecturer à plusieurs qu'ils étaient livrés à la magie.

Adelgreif (JEAN-ALBERT), — fils naturel d'un pasteur allemand, qui lui apprit le latin, le grec, l'hébreu et plusieurs langues modernes. Il devint fou et crut avoir des visions; il disait que sept anges l'avaient chargé de représenter Dieu sur la terre et de châtier les souverains avec des verges de fer. Il se donnait les noms d'*empereur universel*, *roi du royaume des cieux*, *envoyé de Dieu le père*, *juge des vivants et des morts*. Il causa beaucoup de troubles par ses extravagances, qui trouvèrent, comme toujours, des partisans. On lui

---

[1] Voyez Fabricius, Codex pseud.
[2] Voyez les Légendes de l'ancien Testament.

[1] Robert Gaguin, Philipp.

attribua des prodiges, et il fut brûlé à Kœnigsberg comme magicien, hérétique et perturbateur, le 11 octobre 1636. Il avait prédit avec assurance qu'il ressusciterait le troisième jour ; ce qui ne s'est pas du tout vérifié.

Adélites, — devins espagnols qui se vantaient de prédire, par le vol ou le chant des oiseaux, ce qui devait arriver en bien ou en mal.

Adelung (JEAN-CHRISTOPHE), — littérateur allemand, mort à Dresde en 1806. Il a laissé un ouvrage intitulé : *Histoire des folies humaines*, ou Biographie des plus célèbres nécromanciens, alchimistes, exorcistes, devins, etc., sept parties ; Leipzig, 1785-1789.

Adeptes, — nom que prennent les alchimistes qui prétendent avoir trouvé la pierre philosophale et l'élixir de vie. Ils disent qu'il y a toujours onze adeptes dans ce monde ; et, comme l'élixir les rend immortels, lorsqu'un nouvel alchimiste a découvert le secret du grand œuvre, il faut qu'un des onze anciens lui fasse place et se retire dans un autre des mondes élémentaires.

Adès, — roi de l'enfer. Ce mot est pris souvent, chez quelques poètes anciens, pour l'enfer même.

Adhab-Algab, — purgatoire des musulmans, où les méchants sont tourmentés par les anges noirs Munkir et Nékir.

Adjuration, — formule d'exorcisme par laquelle on commande, au nom de Dieu, à l'esprit malin de dire ou de faire ce qu'on exige de lui.

Adonis, — démon brûlé. Selon les démonologues, il remplit quelques fonctions dans les incendies [1]. Des savants croient que c'est le même que le démon Thamuz des Hébreux.

Adramelech, — grand-chancelier des enfers, intendant de la garde-robe du souverain des démons, président du haut conseil des diables. Il était adoré à Sépharvaïm, ville des Assyriens, qui brûlaient des enfants sur ses autels. Les rabbins disent qu'il se montre sous la figure d'un mulet et quelquefois sous celle d'un paon.

Adrien. — Se trouvant en Mésie, à la tête d'une légion auxiliaire, vers la fin du règne de Domitien, Adrien consulta un devin (car il croyait aux devins et à l'astrologie judiciaire), lequel lui prédit qu'il parviendrait un jour à l'empire. Ce n'était pas, dit-on, la première fois qu'on lui faisait cette promesse. Trajan, qui était son tuteur, l'adopta, et il régna en effet. — On lui attribue en Écosse la construction de la muraille du Diable. — Fulgose, qui croyait beaucoup à l'astrologie, rapporte, comme une preuve de la solidité de cette science, que l'empereur Adrien, qui était très-habile astrologue, écrivait tous les ans, le premier jour du premier mois, ce qui lui devait arriver pendant l'année, et que, l'an qu'il mourut, il n'écrivit que jusqu'au mois de sa mort, donnant à connaître par son silence qu'il prévoyait son trépas. Mais ce livre de l'empereur Adrien, qu'on ne montra qu'après sa mort, n'était qu'un journal.

Aéromancie, — art de prédire les choses futures par l'examen des variations et des phénomènes de l'air [1]. C'est en vertu de cette divination qu'une comète annonce la mort d'un grand homme. Cependant ces présages extraordinaires peuvent rentrer dans la *tératoscopie*. — François de La Torre-Blanca [2] dit que l'aéromancie est l'art de dire la bonne aventure en faisant apparaître des spectres dans les airs, ou en représentant, avec l'aide des démons, les événements futurs dans un nuage, comme dans une lanterne magique. « Quant aux éclairs et au tonnerre, ajoute-t-il, ceci regarde les augures, et les aspects du ciel et des planètes appartiennent à l'astrologie. »

Aétite, — espèce de pierre qu'on nomme aussi pierre d'aigle, selon la signification de ce mot grec, parce qu'on prétend qu'elle se trouve dans les nids des aigles. On lui attribue la propriété de faciliter l'accouchement lorsqu'elle est attachée au-dessus du genou d'une femme, ou de le retarder si on la lui met à la poitrine. — Dioscoride [3] dit qu'on s'en servait autrefois pour découvrir les voleurs. Après qu'on l'avait broyée, on en mêlait la cendre dans du pain fait exprès ; on en faisait manger à tous ceux qui étaient soupçonnés. On croyait que, si peu d'aétite qu'il y eût dans le pain, le voleur ne pouvait avaler le morceau. Les Grecs modernes emploient encore cette vieille superstition, qu'ils rehaussent de quelques paroles mystérieuses.

Ævoli (CÉSAR), — auteur ou collecteur d'un livre peu remarquable, intitulé : Opuscules sur les attributs divins et sur le pouvoir qui a été donné aux démons de connaître les choses secrètes et de tenter les hommes. *Opuscula de divinis attributis et de modo et*

---

[1] Wierus, De Præst. dæm., lib. 1.

[1] Wierus, De Præst. dæm., lib. II, cap. 12.
[2] Franc. Torre Blanca Cordub. Epit. delict. sive de Magia, lib. I, cap. 20, post Pictorium et Psellum.
[3] Cité par le père Lebrun, Hist. des Pratiques superst., liv. I, chap. 14.

potestate quam dæmones habent intelligendi et passiones animi excitandi, in-4°; Venise, 1589.

Agaberte. — « Aucuns parlent, dit Torquémada, d'une certaine femme nommée Agaberte, fille d'un géant qui s'appelait Vagnoste, demeurant aux pays septentrionaux, laquelle était grande enchanteresse. Et la force de ses enchantements était si variée, qu'on ne la voyait presque jamais en sa propre figure : quelquefois c'était une petite vieille fort ridée, qui semblait ne se pouvoir remuer, ou bien une pauvre femme malade et sans forces; d'autres fois elle était si haute qu'elle paraissait toucher les nues avec sa tête. Ainsi elle prenait telle forme qu'elle voulait aussi aisément que les auteurs écrivent d'Urgande la Méconnue. Et, d'après ce qu'elle faisait, le monde avait opinion qu'en un instant elle pouvait obscurcir le soleil, la lune et les étoiles, aplanir les monts, renverser les montagnes, arracher les arbres, dessécher les rivières, et faire autres choses pareilles si aisément qu'elle semblait tenir tous les diables attachés et sujets à ses volontés [1]. » — Cette femme ne serait-elle pas la même qu'AGRAFÉNA? *Voy.* ce mot.

Agarès, — grand-duc de la contrée orientale des enfers. Il se montre sous les traits d'un seigneur à cheval sur un crocodile, l'épervier au poing. Il fait revenir à la charge les fuyards du parti qu'il protége et met l'ennemi en déroute. Il donne les dignités, enseigne toutes les langues, et fait danser les esprits de la terre. Ce chef des démons est de l'ordre des vertus : il a sous ses lois trente et une légions [2].

Agate, — pierre précieuse à laquelle les anciens attribuaient des qualités qu'elle n'a pas, comme de fortifier le cœur, de préserver de la peste, et de guérir les morsures du scorpion et de la vipère.

Agathion, — démon familier qui ne se montre qu'à midi. Il paraît en forme d'homme ou de bête ; quelquefois il se laisse enfermer dans un talisman, dans une bouteille ou dans un anneau magique [3].

Agathodémon; — ou bon démon, adoré des Egyptiens sous la figure d'un serpent à tête humaine. Les dragons ou serpents ailés, que les anciens révéraient, s'appelaient *agathodemones*, ou bons génies.

Agla, — mot cabalistique auquel les rabbins attribuent le pouvoir de chasser l'esprit malin. Ce mot se compose des premières lettres de ces quatre mots hébreux : *Athah gabor leolam, Adonaï;* « Vous êtes puissant et éternel, Seigneur. » Ce charme n'était pas seulement employé par les Juifs et les cabalistes, quelques chrétiens hérétiques s'en sont armés souvent pour combattre les démons. L'usage en était fréquent au seizième siècle [1], et plusieurs livres magiques en sont pleins, principalement l'*Enchiridion*, attribué ridiculement au pape Léon III. *Voy.* CABALE.

Aglaophotis, — sorte d'herbe qui croît dans les marbres de l'Arabie, et dont les magiciens se servaient pour évoquer les démons [2]. Ils employaient ensuite l'anancitide et la syrrochite, autres ingrédients qui retenaient les démons évoqués aussi long-temps qu'on le voulait. *Voy.* BAARAS.

Agnan, — démon qui tourmente les Américains par des apparitions et des méchancetés : il se montre surtout au Brésil et chez les Topinamboux, et paraît sous toutes sortes de formes, de façon que ceux qui veulent le voir peuvent le rencontrer partout [3].

Agobard, — archevêque de Lyon au neuvième siècle. Il a écrit contre les épreuves judiciaires et contre plusieurs superstitions de son époque.

Agraféna-Shiganskaïa. — L'une des maladies les plus générales sur les côtes nord-est de la Sibérie, surtout parmi les femmes, est une extrême délicatesse de nerfs. Cette maladie, appelée mirak dans ce pays, peut être causée par le défaut absolu de toute nourriture végétale; mais la superstition l'attribue à l'influence d'une magicienne nommée Agraféna Shiganskaïa, qui, bien que morte depuis plusieurs siècles, continue à répandre l'effroi parmi les habitants et passe pour s'emparer de la malade. — M. de Wrangel, qui rapporte ce fait dans le récit de son expédition au nord-est de la Sibérie, ajoute que parfois on trouve aussi des hommes qui souffrent du mirak ; mais ce sont des exceptions.

Agrippa (HENRI-CORNEILLE), médecin et philosophe, contemporain d'Erasme, l'un des plus savants hommes de son temps, dont on l'a appelé le Trismégiste, mais doué d'extravagance; né à Cologne en 1486, mort en 1535, après une carrière orageuse, chez le receveur-général de Grenoble, et non à Lyon, ni dans un hôpital, comme quelques-uns l'ont écrit. Il

---

[1] Examéron de Torquémada, traduit par Gabriel Chappuis, Tourangeau, sixième journée.
[2] Wierus, in Pseudomonarch. dæm.
[3] Leloyer, Disc. et hist. des spectres, liv. III, ch. 5.

[1] Leloyer, Disc. et hist. des spectres, liv. VIII, ch. 6.
[2] Pline, Hist. nat., liv. XXIV, chap. 17.
[3] Wierus, De Prestig., lib. I, cap. 22. Thevet, Obs. sur l'Amérique, ch. 35 et 36. Boguet, Disc. des sorciers, ch. 7.

avait été lié avec tous les grands personnages et recherché de tous les princes de son époque. Chargé souvent de négociations politiques, il fit de nombreux voyages, que Thevet, dans ses Vies des hommes illustres, attribue à la manie « de faire partout des tours de son métier de magicien, ce qui le faisoit reconnoistre et chasser incontinent. » — Les démonologues, qui sont furieux contre lui, disent qu'on ne peut le représenter que comme un hibou, à cause de sa laideur magique ; et de crédules narrateurs ont écrit gravement que dans ses voyages il avait coutume de payer ses hôtes en monnaie fort bonne en apparence, mais qui se changeait, au bout de quelques jours, en petits morceaux de corne, de coquille ou de cuir, et quelquefois en feuilles d'arbres. — Il est vrai qu'à vingt ans il travaillait à la chrysopée ou alchimie ; mais il ne trouva jamais le secret du grand œuvre. Il est vrai aussi qu'il était curieux de choses étranges, et qu'il aimait les paradoxes : son livre de *la Vanité des sciences*, que l'on considère comme son chef-d'œuvre, en est une preuve. Mais au chapitre XIII de ce livre il déclame contre la magie et les arts superstitieux. Si donc il fut obligé plus d'une fois de prendre la fuite pour se soustraire aux mauvais traitements de la populace, qui l'accusait de sorcellerie, n'est-il pas permis de croire ou que son esprit caustique, et peut-être ses mœurs mal réglées, lui faisaient des ennemis, ou que son caractère d'agent diplomatique le mettait souvent dans des situations périlleuses, ou que la médecine empirique, qu'il exerçait, l'exposait à des catastrophes ; à moins qu'il ne faille croire, en effet, que cet homme avait réellement étudié la magie dans ces universités mystérieuses dont nous ne savons pas encore les secrets? *Voy.* UNIVERSITÉS. Quoi qu'il en soit, Louise de Savoie, mère de François Iᵉʳ, le prit pour son médecin. Elle voulait qu'il fût aussi son astrologue, ce qu'il refusa. Et pourtant on soutient qu'il prédisait au trop fameux connétable de Bourbon des succès contre la France. Si cette allégation est vraie, c'était semer la trahison, et Agrippa était un fripon ou un fourbe.— Mais on établit encore l'éloignement d'Agrippa pour le charlatanisme des sorciers en rappelant ce fait, que, pendant le séjour qu'il fit à Metz, remplissant les fonctions de syndic ou avocat-général (car cet homme fit tous les métiers), il s'éleva très-vivement contre le réquisitoire de Nicolas Savin, qui voulait faire brûler comme sorcière une paysanne. La spirituelle et vive éloquence d'Agrippa fit absoudre cette fille. A cela les partisans de la sorcellerie d'Agrippa répondent qu'il n'est pas étonnant qu'un pareil compère ait défendu ceux qui pratiquaient la magie, puisqu'il la pratiquait lui-même.— Ils ajoutent que, tandis qu'il professait à l'université de Louvain, il infecta ses écoliers d'idées magiques. « Un de ses élèves, lisant auprès de lui un certain livre de conjurations, fut étranglé par le diable. Agrippa, craignant qu'on ne le soupçonnât d'être l'auteur ou la cause de cette mort arrivée dans sa chambre, commanda à l'esprit malin d'entrer dans le corps qu'il venait d'étouffer, de ranimer le jeune homme et de lui faire faire avant de le quitter sept ou huit tours sur la place publique. Le diable obéit, et le corps du jeune étranglé, après avoir paradé pendant quelques minutes, tomba sans vie devant la multitude de ses camarades, qui crurent que ce n'était là qu'une mort subite [1]. » — Ce ne fut pas pourtant à cause de semblables faits qu'il partit de cette ville savante. Ce fut parce qu'il s'y était fait des ennemis, à qui il donna un prétexte par la publication de son ouvrage de la *Philosophie occulte*. On accusa ce livre d'hérésie et de magie ; et, en attendant qu'il fût jugé, l'auteur passa une année dans les prisons de Bruxelles. Il en fut tiré par l'archevêque de Cologne, qui avait accepté la dédicace du livre, dont il reconnut publiquement que l'auteur n'était pas sorcier. Les pensées de ce livre et celles que le même savant exposa dans son commentaire *In artem brevem Raymundi Lullii*, ne sont que des rêveries. Ce qui surtout a fait passer Agrippa pour un grand magicien, c'est un fatras plein de cérémonies magiques et superstitieuses qu'on publia sous son nom vingt-sept ans après sa mort, qu'on donna comme le quatrième livre de sa Philosophie occulte, et qui n'est qu'un ramassis de fragments décousus de Pierre d'Apone, de Pictorius, et d'autres songes-creux [2].— Cependant Delancre ne porte son accusation que sur les trois premiers livres. « Agrippa, dit-il [3], composa trois livres assez grands sur la magie démoniaque ; mais il confessa qu'il n'avait jamais eu aucun commerce avec le démon, et que la magie et la sorcellerie (hors les maléfices) consistaient seulement en quelques prestiges au moyen desquels l'esprit malin trompe les ignorants. » — Thevet n'admet pas ces palliatifs. « On ne peut nier, dit-il, qu'Agrippa n'ait été ensorcelé de la plus fine et exécrable magie, de laquelle, au vu et au su de chacun, il a fait profession manifeste. Il étoit si subtil, qu'il

[1] Delrio, Disquisit. mag., lib. II, quæst. 39.
[2] Voyez Apone.
[3] Tableau de l'inconstance des démons, liv. V,

grippoit de ses mains crochues des trésors que beaucoup de vaillants capitaines ne pouvoient gagner par le cliquetis de leurs armes et leurs combats furieux. Il composa le livre de la *Philosophie occulte*, censuré par les chrétiens, pour lequel il fut chassé de Flandre, où il ne put dorénavant être souffert ; de manière qu'il prit la route d'Italie, qu'il empoisonna tellement que plusieurs gens de bien lui donnèrent encore la chasse, et il n'eut rien de plus hâtif que de se retirer à Dôle. Enfin il se rendit à Lyon, dénué de facultés ; il y employa toutes sortes de moyens pour vivoter, remuant le mieux qu'il pouvoit la queue du bâton ; mais il gagnoit si peu, qu'il mourut en un chétif cabaret, abhorré de tout le monde, et détesté comme un magicien maudit, parce que toujours il menoit en sa compagnie un diable sous la figure d'un chien noir. » — Paul Jove ajoute qu'aux approches de sa mort, comme on le pressait de se repentir, il ôta à ce chien, qui était son démon familier, un collier garni de clous qui formaient les inscriptions nécromantiques, et lui dit : *Va-t'en, malheureuse bête, c'est toi qui m'as perdu ;* qu'alors le chien prit aussitôt la fuite vers la rivière de Saône, s'y jeta la tête en avant et ne reparut plus. — Delancre rapporte autrement cette mort, qui n'eut pas lieu dans un cabaret de Lyon, mais, comme nous l'avons dit, à Grenoble. « Ce misérable Agrippa, dit-il, fut si aveuglé du diable, auquel il s'étoit soumis, qu'encore qu'il connût très-bien sa perfidie et ses artifices, il ne les put éviter, étant si bien enveloppé dans les rets d'icelui diable, qu'il lui avoit persuadé que, s'il vouloit se laisser tuer, la mort n'auroit nul pouvoir sur lui, et qu'il le ressusciteroit et le rendroit immortel ; ce qui advint autrement, car Agrippa s'étant fait couper la tête, prévenu de cette fausse espérance, le diable se moqua de lui et ne voulut (aussi ne le pouvoit-il) lui redonner la vie pour lui laisser le moyen de déplorer ses crimes. » — Wiérus, qui fut disciple d'Agrippa, dit qu'en effet cet homme avait beaucoup d'affection pour les chiens, qu'on en voyait constamment deux dans son étude, dont l'un se nommait *Monsieur* et l'autre *Mademoiselle*, et qu'on prétendait que ces deux chiens noirs étaient deux diables déguisés. — Tout cela n'empêche pas qu'on ne soit persuadé, dans quelques provinces arriérées, qu'Agrippa n'est pas plus mort que Nicolas Flamel, et qu'il se conserve dans un coin, ou par l'art magique, ou par l'élixir de longue vie [1].

[1] On peut voir la légende d'Agrippa dans les *Légendes infernales*.

Aguapa, — arbre des Indes orientales dont on prétend que l'ombre est venimeuse. Un homme vêtu, qui s'endort sous cet arbre, se relève tout enflé ; et l'on assure qu'un homme nu *crève* sans ressource. Les habitants attribuent à la méchanceté du diable ces cruels effets. *Voyez* Bohon-Upas.

Aguerre. — Sous Henri IV, dans cette partie des Basses-Pyrénées qu'on appelait le pays de Labour, on fit très-gravement le procès en sorcellerie à un vieux coquin de soixante-treize ans, qui se nommait Pierre d'Aguerre, et qui causait beaucoup de maux par empoisonnements dits sortilèges. On avait arrêté, en même temps que lui, Marie d'Aguerre et Jeanne d'Aguerre, ses petites-filles ou ses petites-nièces, avec d'autres jeunes filles, et les sorcières qui les avaient menées au sabbat. Jeanne d'Aguerre exposa les turpitudes qui se commettaient dans les grossières orgies où on l'avait conduite ; elle y avait vu le diable en forme de bouc. Marie d'Aguerre déposa que le démon adoré au sabbat s'appelait Léonard, qu'elle l'avait vu en sa forme de bouc sortir du fond d'une grande cruche placée au milieu de l'assemblée, qu'il lui avait paru prodigieusement haut, et qu'à la fin du sabbat il était rentré dans sa cruche. — Deux témoins ayant affirmé qu'ils avaient vu Pierre d'Aguerre remplir au sabbat le personnage de maître des cérémonies, qu'ils avaient vu le diable lui donner un bâton doré avec lequel il rangeait, comme un mestre-de-camp, les personnes et les choses, et qu'ils l'avaient vu à la fin de l'assemblée rendre au diable son bâton de commandement [1], Pierre d'Aguerre fut condamné à mort comme sorcier avéré. *Voy.* Bouc et Sabbat.

Aigle. — L'aigle a toujours été un oiseau de présage chez les anciens. Valère-Maxime rapporte que la vue d'un aigle sauva la vie au roi Déjotarus, qui ne faisait rien sans consulter les oiseaux : comme il s'y connaissait, il comprit que l'aigle qu'il voyait le détournait d'aller loger dans la maison qu'on lui avait préparée, et qui s'écroula la nuit suivante. — De profonds savants ont dit que l'aigle a des propriétés surprenantes, entre autres celle-ci, que sa cervelle desséchée, mise en poudre, imprégnée de suc de ciguë et mangée en ragoût, rend si furieux ceux qui se sont permis ce régal, qu'ils s'arrachent les cheveux et se déchirent jusqu'à ce qu'ils aient complétement achevé leur digestion. Le livre qui contient cette singulière recette [2] donne

[1] Delancre, Tableau de l'inconstance des démons, etc., liv. II, discours 4.
[2] Admirables secrets d'Albert-le-Grand, liv. II, ch. 3.

pour raison de ses effets que « la grande chaleur de la cervelle de l'aigle forme des illusions fantastiques en bouchant les conduits des vapeurs et en remplissant la tête de fumée. » C'est ingénieux et clair. *Voy.* Pierre d'Aigle. — On donne en alchimie le nom d'aigle à différentes combinaisons savantes. L'*aigle céleste* est une composition de mercure réduit en essence, qui passe pour un remède universel; l'*aigle de Vénus* est une composition de vert-de-gris et de sel ammoniac, qui forment un safran; l'*aigle noir* est une composition de cette cadmie vénéneuse qui se nomme cobalt, et que quelques alchimistes regardent comme la matière du mercure philosophique.

Aiguilles. — Voici, dans quelques localités, une divination par les aiguilles. — On prend vingt-cinq aiguilles neuves; on les met dans une assiette sur laquelle on verse de l'eau. Celles qui s'affourchent les unes sur les autres annoncent autant d'ennemis. On conte qu'il est aisé de faire merveille avec de simples aiguilles à coudre, en leur communiquant une vertu qui enchante. Kornmann écrit ceci [1] : « Quant à ce que les magiciens et les enchanteurs font avec l'aiguille dont on a cousu le suaire d'un cadavre, aiguille au moyen de laquelle ils peuvent lier les nouveaux mariés, cela ne doit pas s'écrire, de crainte de faire naître la pensée d'un pareil expédient… » —

Aiguillette. — On appelle nouement de l'aiguillette un charme qui frappe tellement l'imagination de deux époux, ignorants ou superstitieux, qu'il s'élève entre eux une sorte d'antipathie dont les accidents sont très-divers. Ce charme est jeté par des malveillants qui passent pour sorciers. *Voy.* Ligatures.

Aimant (Magnes), — principal producteur de la vertu magnétique ou attractive. — Il y a sur l'aimant quelques erreurs populaires qu'il est bon de passer en revue. On rapporte des choses admirables, dit le docteur Brown [2], d'un certain aimant qui n'attire pas seulement le fer, mais la chair aussi. C'est un aimant très-faible, composé surtout de terre glaise semée d'un petit nombre de lignes magnétiques et ferrées. La terre glaise qui en est la base fait qu'il s'attache aux lèvres, comme l'hématite ou la terre de Lemnos. Les médecins qui joignent cette pierre à l'actite lui donnent mal à propos la vertu de prévenir les avortements. — On a dit, de toute espèce d'aimant, que l'ail peut lui enlever sa propriété attractive; opinion certainement fausse,

quoiqu'elle nous ait été transmise par Solin, Pline, Plutarque, Mathiole, etc. Toutes les expériences l'ont démentie. Un fil d'archal rougi, puis éteint dans le jus d'ail, ne laisse pas de conserver sa vertu polaire; un morceau d'aimant enfoncé dans l'ail aura la même puissance attractive qu'auparavant; des aiguilles laissées dans l'ail jusqu'à s'y rouiller n'en retiendront pas moins cette force d'attraction. — On doit porter le même jugement de cette autre assertion, que le diamant a la vertu d'empêcher l'attraction de l'aimant. Placez un diamant (si vous en avez) entre l'aimant et l'aiguille, vous les verrez se joindre, dussent-ils passer par-dessus la pierre précieuse. Les auteurs que nous combattons ont sûrement pris pour des diamants ce qui n'en était pas. — Mettez sur la même ligne, continue Brown, cette autre merveille contée par certains rabbins, que les cadavres humains sont magnétiques, et que, s'ils sont étendus dans un bateau, le bateau tournera jusqu'à ce que la tête du corps mort regarde le septentrion. — François Rubus, qui avait une crédulité très-solide, reçoit comme vrais la plupart de ces faits inexplicables. Mais tout ce qui tient du prodige, il l'attribue aux prestiges du démon [1], et c'est un moyen facile de sortir d'embarras. — Disons un mot du tombeau de Mahomet. Beaucoup de gens croient qu'il est suspendu, à Médine, entre deux pierres d'aimant placées avec art, l'une au-dessus et l'autre au-dessous; mais ce tombeau est de pierre comme tous les autres, et bâti sur le pavé du temple. — On lit quelque part, à la vérité, que les mahométans avaient conçu un pareil dessein; ce qui a donné lieu à la fable que le temps et l'éloignement des lieux ont fait passer pour une vérité, et que l'on a essayé d'accréditer par des exemples. On voit dans Pline que l'architecte Dinocharès commença de voûter, avec des pierres d'aimant, le temple d'Arsinoé à Alexandrie, afin de suspendre en l'air la statue de cette reine; il mourut sans avoir exécuté ce projet, qui eût échoué. — Ruffin conte que dans le temple de Sérapis il y avait un chariot de fer que des pierres d'aimant tenaient suspendu; que, ces pierres ayant été ôtées, le chariot tomba et se brisa. Bède rapporte également, d'après des contes anciens, que le cheval de Bellérophon, qui était de fer, fut suspendu entre deux pierres d'aimant. — C'est sans doute à la qualité minérale de l'aimant qu'il faut attribuer ce qu'assurent quelques-uns, que les blessures faites avec des armes aimantées

---

[1] De Mirab. mort., pars v, cap. 22.
[2] Essai sur les erreurs, etc., liv. 2, ch. 3.

[1] Discours sur les pierres précieuses dont il est fait mention dans l'Apocalypse.

sont plus dangereuses et plus difficiles à guérir, ce qui est détruit par l'expérience; les incisions faites par des chirurgiens avec des instruments aimantés ne causent aucun mauvais effet. Rangez dans la même classe l'opinion qui fait de l'aimant un poison, parce que des auteurs le placent dans le catalogue des poisons. Garcias de Huerta, médecin d'un vice-roi espagnol, rapporte au contraire que les rois de Ceylan avaient coutume de se faire servir dans des plats de pierre d'aimant, s'imaginant par là conserver leur vigueur. — On ne peut attribuer qu'à la vertu magnétique ce que dit Ætius, que, si un goutteux tient quelque temps dans sa main une pierre d'aimant, il ne se sent plus de douleur, ou que du moins il éprouve un soulagement. C'est à la même vertu qu'il faut rapporter ce qu'assure Marcellus Empiricus, que l'aimant guérit les maux de tête. Ces effets merveilleux ne sont qu'une extension gratuite de sa vertu attractive, dont tout le monde convient. Les hommes, s'étant aperçus de cette force secrète qui attire les corps magnétiques, lui ont donné encore une attraction d'un ordre différent, la vertu de tirer la douleur de toutes les parties du corps; c'est ce qui a fait ériger l'aimant en philtre. — On dit aussi que l'aimant resserre les nœuds de l'amitié paternelle et de l'union conjugale, en même temps qu'il est très-propre aux opérations magiques. Les basilidiens en faisaient des talismans pour chasser les démons. — Les fables qui regardent les vertus de cette pierre sont en grand nombre. Dioscoride assure qu'elle est pour les voleurs un utile auxiliaire; quand ils veulent piller un logis, dit-il, ils allument du feu aux quatre coins et y jettent des morceaux d'aimant. La fumée qui en résulte est si incommode que ceux qui habitent la maison sont forcés de l'abandonner. Malgré l'absurdité de cette fable, mille ans après Dioscoride, elle a été adoptée par les écrivains qui ont compilé les prétendus secrets merveilleux d'Albert-le-Grand. — Mais on ne trouvera plus d'aimant comparable à celui de Laurent Guasius. Cardan affirme que toutes les blessures faites avec des armes frottées de cet aimant ne causaient aucune douleur. — Encore une fable : je ne sais quel écrivain assez grave a dit que l'aimant fermenté dans du sel produisait et formait le petit poisson appelé *rémore*, lequel possède la vertu d'attirer l'or du puits le plus profond. L'auteur de cette recette savait qu'on ne pourrait jamais le réfuter par l'expérience [1]; et c'est bien dans ces sortes de choses qu'il ne faut croire que les faits éprouvés.

Aimar, — *voy.* BAGUETTE.

Ajournement. — On croyait assez généralement autrefois que si quelque opprimé, au moment de mourir, prenait Dieu pour juge, et s'il ajournait son oppresseur au tribunal suprême, il se faisait toujours une manifestation du gouvernement temporel de la Providence. Nous ne parlons de l'ajournement du grand-maître des Templiers qui cita le pape et le roi de France que pour remarquer que cet ajournement a été inventé après coup. *Voy.* TEMPLIERS. Mais le roi d'Aragon Ferdinand IV fut ajourné par deux gentilshommes injustement condamnés, et mourut au bout de trente jours. — Énéas Sylvius raconte que François Ier, duc de Bretagne, ayant fait assassiner son frère (en 1450), ce prince, en mourant, ajourna son meurtrier devant Dieu, et que le duc expira au jour fixé. — On avait autrefois grande confiance en ces ajournements, et les dernières paroles des mourants étaient redoutées. On cite même une foule d'exemples qui feraient croire qu'un condamné peut toujours, à sa dernière heure, en appeler ainsi d'un juge inique ; si ce n'était qu'une idée, dans les temps barbares elle pouvait être salutaire. Mais n'était-ce qu'une idée ? Delancre dit qu'un innocent peut ajourner son juge, mais que l'ajournement d'un coupable est sans effet. Comme les sorciers ajournaient leurs condamnateurs, il raconte, d'après Paul Jove, que Gonzalve de Cordoue ayant condamné à mort un soldat sorcier, ce soldat s'écria qu'il mourrait injustement, et qu'il ajournait Gonzalve à comparaître devant le tribunal de Dieu. « Va, va, lui dit Gonzalve, hâte-toi d'aller et fais instruire le procès : mon frère Alphonse, qui est dans le ciel, comparaîtra pour moi. » — L'ajournement ne lui fut pas fatal.

Akhmin, — ville de la moyenne Thébaïde, qui avait autrefois le renom d'être la patrie des plus grands magiciens [1]. Paul Lucas parle, dans son second voyage [2], du serpent merveilleux d'Akhmin, que les musulmans honorent comme un ange et que les chrétiens croient être le démon Asmodée. *Voy.* HARIDI.

Akiba, — rabbin du premier siècle de notre ère, qui, de simple berger, poussé par l'espoir d'obtenir la main d'une jeune fille dont il était épris, devint un savant renommé. Les juifs disent qu'il fut instruit par les esprits élémentaires, qu'il savait conjurer, et qu'il

---

[1] Brown, au lieu cité.

[1] D'Herbelot, Bibliothèque orientale.
[2] Liv. v, t. II, p. 83.

eut, dans ses jours d'éclat, jusqu'à quatre-vingt mille disciples... On croit qu'il est auteur du *Jetzirah* ou livre de la création, attribué par les uns à Abraham, et par d'autres à Adam même. *Voy.* ABRAHAM.

Alain de l'Isle (INSULENSIS), — religieux bernardin, évêque d'Auxerre au douzième siècle, auteur de l'*Explication des prophéties de Merlin* (*Explanationes in prophetias Merlini Angli*; Francfort, 1608, in-8°). Il composa ce commentaire en 1170, à l'occasion du grand bruit que faisaient alors lesdites prophéties. Un autre ALAIN ou ALANUS, qui vivait dans le même siècle, a laissé pour les alchimistes un livre intitulé : *Dicta de lapide philosophico*, in-8°; Leyde, 1600.

Alary (FRANÇOIS), — songe-creux, qui a fait imprimer à Rouen, en 1701 la *Prophétie du comte Bombaste, chevalier de la Rose-Croix, neveu de Paracelse*, publiée en l'année 1609, sur la naissance de Louis-le-Grand. »

Alastor, — démon sévère, exécuteur suprême des sentences du monarque infernal. Il fait les fonctions de Némésis. Zoroastre l'appelle le bourreau ; Origène dit que c'est le même qu'Azazel ; d'autres le confondent avec l'ange exterminateur. Les anciens appelaient les génies malfaisants *Alastores*, et Plutarque dit que Cicéron, par haine contre Auguste, avait eu le projet de se tuer auprès du foyer de ce prince pour devenir son alastor.

Albert-le-Grand, — Albert-le-Teutonique, Albert de Cologne, Albert de Ratisbonne, *Albertus Grotus*, car on le désigne sous tous ces noms (le véritable était Albert de Groot), savant et pieux dominicain, mis à tort au nombre des magiciens par les démonographes, fut, dit-on, le plus curieux de tous les hommes. Il naquit dans la Souabe, à Lawigen sur le Danube, en 1205. D'un esprit fort grossier dans son jeune âge, il devint, à la suite d'une vision qu'il eut de la sainte Vierge, qu'il servait tendrement et qui lui ouvrit les yeux de l'esprit, l'un des plus grands docteurs de son siècle. Il fut le maître de saint Thomas d'Aquin. Vieux, il retomba dans la médiocrité, comme s'il dût être évident que son mérite et sa science étendue n'étaient qu'un don miraculeux et temporaire. — D'anciens écrivains ont dit, après avoir remarqué la dureté naturelle de sa conception, que d'âne il avait été transmué en philosophe ; puis, ajoutent-ils, de philosophe il redevint âne. — Albert-le-Grand fut évêque de Ratisbonne et mourut saintement à Cologne, âgé de quatre-vingt-sept ans. Ses ouvrages n'ont été publiés qu'en 1651 ; ils forment 21 vol.

in-fol. En les parcourant on admire un savant chrétien ; on ne trouve jamais rien qui ait pu le charger de sorcellerie. Il dit formellement au contraire : « Tous ces contes de » démons qu'on voit rôder dans les airs, et de » qui on tire le secret des choses futures, sont » des absurdités que la saine raison n'admet- » tra jamais [1]. » — C'est qu'on a mis sous son nom des livres de secrets merveilleux, auxquels il n'a jamais eu plus de part qu'à l'invention du gros canon et du pistolet que lui attribue Matthieu de Luna. — Mayer dit qu'il reçut des disciples de saint Dominique le secret de la pierre philosophale, et qu'il le communiqua à saint Thomas d'Aquin ; qu'il possédait une pierre marquée naturellement d'un serpent, et douée de cette vertu admirable, que si on la mettait dans un lieu que les serpents fréquentassent, elle les attirait tous ; qu'il employa, pendant trente ans, toute sa science de magicien et d'astrologue à faire, de métaux bien choisis, et sous l'inspection des astres, un automate doué de la parole, qui lui servait d'oracle et résolvait toutes les questions qu'on lui proposait : c'est ce qu'on appelle l'*androïde d'Albert-le-Grand* ; que cet automate fut anéanti par saint Thomas d'Aquin, qui le brisa à coups de bâton, dans l'idée que c'était un ouvrage ou un agent du diable. On sent que tous ces petits faits sont des contes. On a donné aussi à Virgile, au pape Sylvestre II, à Roger Bacon, de pareils androïdes. Vaucanson a montré que c'était un pur ouvrage de mécanique. — Une des plus célèbres sorcelleries d'Albert-le-Grand eut lieu à Cologne. Il donnait un banquet, dans son cloître, à Guillaume II, comte de Hollande et roi des Romains ; c'était dans le cœur de l'hiver, et la salle du festin présenta, à la grande surprise de la cour, la riante parure du printemps ; mais, ajoute-t-on, les fleurs se flétrirent à la fin du repas. A une époque où l'on ne connaissait point les serres chaudes, l'élégante prévenance du bon et savant religieux dut surprendre. — Ce qu'il appelait lui-même ses opérations magiques n'étaient ainsi que de la magie blanche. — Finissons en disant que son nom d'Albert-le-Grand n'est pas un nom acquis par la gloire, mais la simple traduction de son nom de famille, *Albert de Groot*. — On lui attribue donc le livre intitulé : *les Admirables secrets d'Albert-le-Grand*, contenant plusieurs traités sur les vertus des herbes, des pierres précieuses et des animaux, etc., augmentés d'un abrégé curieux de la physionomie et d'un préservatif contre la peste, les

---

[1] De Somn. et vig., lib. III, tract. 1, cap. 8.

fièvres malignes, les poisons et l'infection de l'air, tirés et traduits des anciens manuscrits de l'auteur qui n'avaient pas encore paru, etc., in-18, in-24, in-12. Excepté du bon sens, on trouve de tout dans ce fatras, jusqu'à un traité *des fientes*, qui « quoique viles et mé- » prisables sont cependant en estime, si on » s'en sert aux usages prescrits. » Le récollecteur de ces secrets débute par une façon de prière; après quoi il donne la pensée du prince des philosophes, lequel pense que l'homme est ce qu'il y a de meilleur dans le monde, attendu la grande sympathie qu'on découvre entre lui et les signes du ciel, qui est au-dessus de nous et, par conséquent, nous est supérieur. — Le livre 1er traite principalement, et de la manière la plus inconvenante, de l'influence des planètes sur la naissance des enfants, du merveilleux effet des cheveux de la femme, des monstres, de la façon de connaître si une femme enceinte porte un garçon ou une fille, du venin que les vieilles femmes portent dans les yeux, surtout si elles y ont de la chassie, etc.; toutes ces rêveries grossières sont fastidieuses, absurdes et fort sales. — On voit, dans le livre II, les vertus de certaines pierres, de certains animaux, et les merveilles du monde, des planètes et des astres. — Le livre III présente l'excellent traité des fientes, de singulières idées sur les urines, les punaises, les vieux souliers et la pourriture; des secrets pour amollir le fer, pour manier les métaux, pour dorer l'étain et pour nettoyer la batterie de cuisine. — Enfin, le livre IV est un traité de physiognomonie, avec des remarques *savantes*, des observations sur les jours heureux et malheureux, des préservatifs contre la fièvre, des purgatifs, des recettes de cataplasmes et autres choses de même nature. Nous rapporterons en son lieu ce qu'il y a de curieux dans ces extravagances; et le lecteur trouvera, comme nous, étonnant qu'on vende chaque année par milliers d'exemplaires les secrets d'Albert-le-Grand aux pauvres habitants des campagnes. — *Le solide Trésor du Petit Albert*, ou secrets merveilleux de la magie naturelle et cabalistique, traduit exactement sur l'original latin intitulé : « Alberti Parvi Lucii liber de mirabilibus naturæ arcanis, » enrichi de figures mystérieuses, et la manière de les faire (ce sont des figures de talismans). Lyon, chez les héritiers de Beringos fratres, à l'enseigne d'Agrippa. In-18, 6546 (année cabalistique). — Albert-le-Grand est également étranger à cet autre recueil d'absurdités, plus dangereux que le premier, quoiqu'on n'y trouve pas, comme les paysans se l'imaginent, les moyens d'évoquer le diable. On y voit la manière de nouer et de dénouer l'aiguillette, la composition de divers philtres, l'art de savoir en songe qui on épousera, des secrets pour faire danser, pour multiplier les pigeons, pour gagner au jeu, pour rétablir le vin gâté, pour faire des talismans cabalistiques, découvrir les trésors, se servir de la main de gloire, composer l'eau ardente et le feu grégeois, la jarretière et le bâton du voyageur, l'anneau d'invisibilité, la poudre de sympathie, l'or artificiel, et enfin des remèdes contre les maladies et des gardes pour les troupeaux.

Albert d'Alby, — *voy.* CARTOMANCIE.

Albert de Saint-Jacques, — moine du dix-septième siècle, qui publia un livre intitulé : *Lumière aux vivants par l'expérience des morts*, ou diverses apparitions des âmes du purgatoire de notre siècle. In-8°, Lyon, 1675.

Albigeois, — espèce de manichéens très-perfides, dont l'hérésie éclata dans le Languedoc, et eut pour centre Albi. Ils admettaient deux principes, disant que Dieu avait produit de lui-même Lucifer, qui était ainsi son fils aîné; que Lucifer, fils de Dieu, s'était révolté contre lui; qu'il avait entraîné dans sa rébellion une partie des anges; qu'il s'était vu alors chassé du ciel avec les complices de son crime; qu'il avait, dans son exil, créé ce monde que nous habitons, où il régnait et où tout allait mal. Ils ajoutaient que Dieu, pour rétablir l'ordre, avait produit un second fils, qui était Jésus-Christ. Ce singulier dogme se présentait avec des variétés, suivant les différentes sectes. Presque toutes niaient la résurrection de la chair, l'enfer et le purgatoire, disant que nos âmes n'étaient que des démons logés dans nos corps en châtiment de leurs crimes. — Les albigeois avaient pris, dès la fin du douzième siècle, une telle consistance, et de si odieux excès marquaient leur passage, que, les remontrances et les prédications étant vaines, il fallut faire contre eux une croisade, dont Simon de Montfort fut le héros. On a dénaturé et faussé par les plus insignes mensonges l'histoire de cette guerre sainte; on a oublié que, si les albigeois eussent triomphé, l'Europe retombait dans la barbarie. Il est vrai que leurs défenseurs sont les protestants, héritiers d'un très-grand nombre de leurs erreurs.

Albigérius. — Les démonographes disent que les possédés, par le moyen du diable, tombent quelquefois dans des extases pendant lesquelles leur âme voyage loin du corps et fait à son retour des révélations de choses secrètes. C'est ainsi, comme dit Leloyer, que les corybantes devinaient et prophétisaient. Saint Augustin parle d'un Carthaginois, nommé Albigérius, qui savait par ce moyen tout ce qui se faisait hors de chez lui. Chose plus étrange, ajoute-t-il, cet Albigérius, à la suite de ses extases, révélait souvent ce qu'un autre songeait dans le plus secret de sa pensée. Était-ce du magnétisme? Saint Augustin cite un autre frénétique qui, dans une grande fièvre, étant possédé du mauvais esprit, sans extase, mais bien éveillé, rapportait fidèlement tout ce qui se faisait loin de lui. Lorsque le prêtre qui le soignait était à six lieues de la maison, le diable, qui parlait par la bouche du malade, disait aux personnes présentes en quel lieu était le prêtre à l'heure qu'il parlait et ce qu'il faisait, etc. Ces choses-là sont surprenantes. Mais l'âme immortelle, selon la remarque d'Aristote, peut quelquefois voyager sans le corps [1].

Albinos, — nom que les Portugais ont donné à des hommes d'une blancheur extrême, qui sont ordinairement enfants de nègres. Les noirs les regardent comme des monstres, et les savants ne savent ce à quoi attribuer cette blancheur. Les albinos sont pâles comme des spectres; leurs yeux, faibles et languissants pendant le jour, sont brillants à la clarté de la lune. Les noirs, qui donnent aux démons la peau blanche, regardent les albinos comme des enfants du démon. Ils croient qu'ils peuvent les combattre aisément pendant le jour; mais que la nuit les albinos sont les plus forts et se vengent. Dans le royaume de Loango, les albinos passent pour des démons champêtres et obtiennent quelque considération à ce titre. — Vossius dit qu'il y a dans la Guinée des peuplades d'albinos. Mais comment ces peuplades subsisteraient-elles, s'il est vrai que ces infortunés ne se reproduisent point? Il paraît que les anciens connaissaient les albinos. « On assure, dit Pline, qu'il existe en Albanie des individus qui naissent avec des cheveux blancs, des yeux de perdrix, et ne voient clair que pendant la nuit. » Il ne dit pas que ce soit une nation, mais quelques sujets affectés d'une maladie particulière. « Plusieurs animaux ont aussi leurs albinos, ajoute M. Salgues; les naturalistes ont observé des corbeaux blancs, des merles blancs, des taupes blanches; leurs yeux sont rouges, leur peau est plus pâle et leur organisation plus faible [2].

Alborack, — voy. BORACK.

Albumazar, — astrologue du neuvième siècle, né dans le Khorassan, connu par son traité astrologique intitulé *Milliers d'années*, où il affirme que le monde n'a pu être créé que quand les sept planètes se sont trouvées en conjonction dans le premier degré du Bélier, et que la fin du monde aura lieu quand ces sept planètes (qui sont aujourd'hui au nombre de douze) se rassembleront dans le dernier degré des Poissons. On a traduit en latin et imprimé d'Albumazar le *Tractatus florum astrologiæ*; in-4°, Augsbourg, 1488. On peut voir dans Casiri, *Biblioth. arab. hispan.*, tome Ier, p. 354, le catalogue de ses ouvrages.

Albunée, — voyez SIBYLLES.

Alchabitius, — voyez ABDEL-AZYS.

Alchimie. — L'alchimie ou chimie par excellence, qui s'appelle aussi *philosophie hermétique*, est cette partie éminente de la chimie qui s'occupe de l'art de transmuer les métaux. Son résultat, en expectative, est la pierre philosophale. Voyez PIERRE PHILOSOPHALE.

Alchindus, — que Wiérus [1] met au nombre des magiciens, mais que Delrio [2] se contente de ranger parmi les écrivains superstitieux, était un médecin arabe du onzième siècle, qui employait comme remède des paroles charmées et des combinaisons de chiffres. Les démonologues l'ont déclaré suppôt du diable à cause de son livre intitulé : *Théorie des arts magiques*, qu'ils n'ont point lu; car Jean Pic de la Mirandole dit qu'il ne connaît que trois hommes qui se soient occupés de la magie naturelle et permise : Alchindus, Roger Bacon et Guillaume de Paris. Alchindus était simplement un peu physicien dans des temps d'ignorance.— A son nom arabe, *Alcendi*, qu'on a latinisé, quelques-uns ajoutent le prénom de Jacques. On croit qu'il était mahométan. — On lui reproche d'avoir écrit des absurdités. Par exemple, il croit expliquer les songes en disant qu'ils sont l'ouvrage des esprits élémentaires qui se montrent à nous dans le sommeil et nous représentent diverses actions fantastiques, comme des acteurs qui jouent la comédie devant le public.

Alcoran, — voyez KORAN.

Alcyon. — Une vieille opinion, qui subsiste encore chez les habitants des côtes, c'est que l'alcyon ou martin-pêcheur est une gi-

---

[1] Leloyer, Hist. et disc. des spectres, liv. IV.
[2] Des Erreurs et des préjugés, etc., t. Ier, p. 479.

[1] De Præstigiis, lib. II, cap. 3.
[2] Disquisit. Magicæ, lib. I, cap. 3.

rouette naturelle, et que, suspendu par le bec, il désigne le côté d'où vient le vent en tournant sa poitrine vers ce point de l'horizon. Ce qui a mis cette croyance en crédit parmi le peuple, c'est l'observation qu'on a faite que l'alcyon semble étudier les vents et les deviner lorsqu'il établit son nid sur les flots, vers le solstice d'hiver. Mais cette prudence est-elle dans l'alcyon une prévoyance qui lui soit particulière ? N'est-ce pas simplement un instinct de la nature qui veille à la conservation de cette espèce ? « Bien des choses arrivent, dit Brown, parce que le premier moteur l'a ainsi arrêté, et la nature les exécute par des voies qui nous sont inconnues. » — C'est encore une ancienne coutume de conserver les alcyons dans des coffres, avec l'idée qu'ils préservent des vers les étoffes de laine. On n'eut peut-être pas d'autre but en les pendant au plafond des chambres. « Je crois même, ajoute Brown, qu'en les suspendant par le bec on n'a pas suivi la méthode des anciens, qui les suspendaient par le dos, afin que le bec marquât les vents. Car c'est ainsi que Kirker a décrit l'hirondelle de mer. » Disons aussi qu'autrefois, en conservant cet oiseau, on croyait que ses plumes se renouvelaient comme s'il eût été vivant, et c'est ce qu'Albert-le-Grand espéra inutilement dans ses expériences [1]. — Outre les dons de prédire le vent et de chasser les vers, on attribue encore à l'alcyon la précieuse qualité d'enrichir son possesseur, d'entretenir l'union dans les familles et de communiquer la beauté aux femmes qui portent ses plumes. Les Tartares et les Ostiaks ont une très-grande vénération pour cet oiseau. Ils recherchent ses plumes avec empressement, les jettent dans un grand vase d'eau, gardent avec soin celles qui surnagent, persuadés qu'il suffit de toucher quelqu'un avec ces plumes pour s'en faire aimer. Quand un Ostiak est assez heureux pour posséder un alcyon, il en conserve le bec, les pattes et la peau, qu'il met dans une bourse, et, tant qu'il porte ce trésor, il se croit à l'abri de tout malheur [2]. C'est pour lui un talisman, comme les fétiches des nègres.

Aldon, — *voy.* GRANSON.

Alectorienne (PIERRE), — *voy.* COQ.

Alectryomancie ou **Alectromancie,** — divination par le moyen du coq, usitée chez les anciens. Voici quelle était leur méthode : — On traçait sur le sable un cercle que l'on divisait en vingt-quatre espaces égaux. On écrivait dans chacun de ces espaces une lettre de l'alphabet ; on mettait sur chaque lettre un grain d'orge ou de blé ; on plaçait ensuite, au milieu du cercle, un coq dressé à ce manége ; on observait sur quelles lettres il enlevait le grain ; on en suivait l'ordre ; et ces lettres rassemblées formaient un mot qui donnait la solution de ce que l'on cherchait à savoir. Des devins, parmi lesquels on cite Jamblique, voulant connaître le successeur de l'empereur Valens, employèrent l'alectryomancie ; le coq tira les lettres *théod*.... Valens, instruit de cette particularité, fit mourir plusieurs des curieux qui s'en étaient occupés, et se défit même, s'il faut en croire Zonaras, de tous les hommes considérables dont le nom commençait par les lettres fatales. Mais, malgré ses efforts, son sceptre passa à Théodose-le-Grand. — Cette prédiction a été faite après coup. Ammien-Marcellin raconte la chose autrement. Il dit que sous l'empire de Valens on comptait, parmi ceux qui s'occupaient de magie, beaucoup de gens de qualité et quelques philosophes. Curieux de savoir quel serait le sort de l'empereur régnant, ils s'assemblèrent pendant la nuit dans une des maisons affectées à leurs cérémonies ; ils commencèrent par dresser un trépied de racines et de rameaux de laurier qu'ils consacrèrent par d'horribles imprécations ; sur ce trépied ils placèrent un bassin formé de différents métaux, et ils rangèrent autour, à distances égales, toutes les lettres de l'alphabet. Alors le sorcier le plus savant de la compagnie s'avança, enveloppé d'un long voile, la tête rasée, tenant à la main des feuilles de verveine, et faisant à grands cris d'effroyables invocations qu'il accompagnait de convulsions. Ensuite, s'arrêtant tout à coup devant le bassin magique, il y resta immobile, tenant un anneau suspendu par un fil. C'était de la dactylomancie. A peine il achevait de prononcer les paroles du sortilége, qu'on vit le trépied s'ébranler, l'anneau se remuer, et frapper tantôt une lettre, tantôt une autre. A mesure que ces lettres étaient ainsi frappées, elles allaient s'arranger d'elles-mêmes, à côté l'une de l'autre, sur une table où elles composèrent des vers héroïques qui étonnèrent toute l'assemblée. — Valens, informé de cette opération, et n'aimant pas qu'on interrogeât les enfers sur sa destinée, punit les grands et les philosophes qui avaient assisté à cet acte de sorcellerie : il étendit même la proscription sur tous les philosophes et tous les sorciers de Rome. Il en périt une multitude ; et les grands, dégoûtés d'un art qui les exposait à des supplices, abandonnèrent la magie à la populace et aux vieilles,

---

[1] Brown, Erreurs populaires, liv. III, ch. 10.
[2] M. Salgues, Des Erreurs et des préjugés, t. III, p. 374.

qui ne la firent plus servir qu'à de petites intrigues et à des maléfices subalternes.—*Voy.* Coq, Mariage, etc.

Alès (Alexandre), — ami de Mélanchthon, né en 1500 à Edimbourg. Il raconte que dans sa jeunesse, étant monté sur le sommet d'une très-haute montagne, il fit un faux pas et roula dans un précipice. Comme il était près de s'y engloutir, il se sentit transporter en un autre lieu, sans savoir par qui ni comment, et se retrouva sain et sauf, exempt de contusions et de blessures. Quelques-uns attribuèrent ce prodige aux amulettes qu'il portait au cou, selon l'usage des enfants de ce temps-là. Pour lui, il l'attribue à la foi et aux prières de ses parents, qui n'étaient pas hérétiques.

Alessandro Alessandri. — en latin *Alexander ab Alexandro*, — jurisconsulte napolitain, mort en 1523. Il a publié un recueil rare de dissertations sur les choses merveilleuses[1]. Il y parle de prodiges arrivés récemment en Italie, de songes vérifiés, d'apparitions et de fantômes qu'il dit avoir vus lui-même. Par la suite, il a fondu ces dissertations dans son livre *Genialium dierum*, où il raconte toutes sortes de faits prodigieux. Nous en citerons un qui lui est personnel. — Il dit qu'il fit un soir la partie d'aller coucher, avec quelques amis, dans une maison de Rome que des fantômes et des démons hantaient depuis longtemps. Au milieu de la nuit, comme ils étaient rassemblés dans la même chambre avec plusieurs lumières, ils virent paraître un grand spectre, qui les épouvanta par sa voix terrible et par le bruit qu'il faisait en sautant sur les meubles et en cassant les vases de nuit. Un des intrépides de la compagnie s'avança plusieurs fois avec de la lumière au-devant du fantôme; mais, à mesure qu'il s'en approchait, l'apparition s'éloignait; elle disparut entièrement après avoir tout dérangé dans la maison. — Peu de temps après, le même spectre rentra par les fentes de la porte. Ceux qui le virent se mirent à crier. Alessandro, qui venait de se jeter sur un lit, ne l'aperçut point d'abord, parce que le fantôme s'était glissé sous la couchette; mais bientôt il vit un grand bras noir qui s'allongea sur la table, éteignit les lumières et renversa les livres avec tout ce qui s'y trouvait. L'obscurité rendit l'effroi plus violent encore. Les amis d'Alessandro hurlèrent. Pendant qu'on apportait des flambeaux, il remarqua que le fantôme ouvrit la porte et s'échappa sans être vu des domestiques, n'ayant fait du reste le moindre mal à personne[1]. Était-ce une hallucination de jeunes gens ivres ou une espièglerie ?

Aleuromancie, — divination qui se pratiquait avec de la farine. On mettait des billets roulés dans un tas de farine; on les remuait neuf fois confusément. On partageait ensuite la masse aux différents curieux, et chacun se faisait un thème selon les billets qui lui étaient échus. Chez les païens, Apollon était appelé Aleuromantis, parce qu'il présidait à cette divination. Il en reste quelques vestiges dans certaines localités, où l'on emploie le son au lieu de farine. C'est une amélioration.

Alexander ab Alexandro, — *voy.* Alessandro.

Alexandre-le-Grand, — roi de Macédoine, etc. Il a été le sujet de légendes prodigieuses chez les Orientaux, qui ont sur lui des contes immenses. Ils l'appellent Iskender. Les démonographes disent qu'Aristote lui enseigna la magie; les cabalistes lui attribuent un livre sur les propriétés des éléments; les rabbins écrivent qu'il eut un songe qui l'empêcha de maltraiter les Juifs lorsqu'il voulut entrer en conquérant dans Jérusalem. — La figure d'Alexandre-le-Grand, gravée en manière de talisman sous certaines influences, passait autrefois pour un excellent préservatif. Dans la famille des Macriens, qui usurpèrent l'empire du temps de Valérien, les hommes portaient toujours sur eux la figure d'Alexandre; les femmes en ornaient leurs coiffures, leurs bracelets, leurs anneaux. Trebellius Pollio dit que cette figure est d'un grand secours dans toutes les circonstances de la vie, si on la porte en or ou en argent. Le peuple d'Antioche pratiquait cette superstition, que saint Jean-Chrysostome eut beaucoup de peine à détruire. — *Voy.*, dans les légendes, la légende d'Alexandre-le-Grand.

Alexandre de Paphlagonie, — imposteur, né au deuxième siècle, en Paphlagonie, dans le bourg d'Abonotique. Ses parents, qui étaient pauvres, n'ayant pu lui donner aucune éducation, il profita, pour se pousser dans le monde, de quelques dons qu'il tenait de la nature. Il avait le teint blanc, l'œil vif, la voix claire, la taille belle, peu de barbe et peu de cheveux, mais un air gracieux et doux. Se sentant des dispositions pour le charlatanisme médical, il s'attacha, presque enfant, à une sorte de magicien qui débitait des secrets et des philtres pour produire l'affection ou la haine, découvrir les trésors, obtenir les suc-

---

[1] Alexandri jurisperiti neapolitani, Dissertationes quatuor de rebus admirabilibus, etc. Rome, sans date, in-4°.

[1] Genialium dierum, lib. v, cap. 23.

cessions, perdre ses ennemis, et autres résultats de ce genre. Cet homme ayant reconnu dans Alexandre un esprit adroit, une mémoire vive et beaucoup d'effronterie, l'initia aux ruses de son métier. — Après la mort du vieux jongleur, Alexandre se lia avec un certain Coconas, dont les récits font un chroniqueur byzantin et un homme aussi malin qu'audacieux. Ils parcoururent ensemble divers pays, étudiant l'art de faire des dupes. Ils rencontrèrent une vieille femme riche, que leurs prétendus secrets charmèrent, et qui les fit voyager à ses dépens depuis la Bithynie jusqu'en Macédoine. — Arrivés en ce pays, ils remarquèrent qu'on y élevait de grands serpents si familiers qu'ils jouaient avec les enfants sans leur faire de mal; ils en achetèrent un des plus beaux pour les scènes qu'ils se proposaient de jouer. Ils avaient conçu un projet hardi. L'embarras était de décider quel lieu serait leur théâtre. Coconas préférait Calcédoine, ville de Paphlagonie, à cause du concours de diverses nations qui l'environnaient. Alexandre aima mieux son pays, Abonotique, parce que les esprits y étaient plus grossiers. — Son avis ayant prévalu, les deux fourbes cachèrent des lames de cuivre dans un vieux temple d'Apollon qu'on démolissait, et ils avaient écrit dessus qu'Esculape et son père viendraient bientôt s'établir dans la ville. Ces lames ayant été trouvées, le bruit s'en répandit aussitôt dans les provinces; les habitants d'Abonotique se hâtèrent de décerner un temple à ces dieux, et ils en creusèrent les fondements. — Coconas mourut alors de la morsure d'une vipère. Alexandre se hâta de le remplacer et, se déclarant prophète avant de se rendre au lieu de sa naissance, il se montra avec une longue chevelure bien peignée, une robe de pourpre rayée de blanc; il tenait dans sa main une faux, comme on en donne une à Persée, dont il prétendait descendre du côté de sa mère; il publiait un oracle qui le disait fils de Podalyre, lequel, à la manière des dieux du paganisme, avait épousé sa mère en secret; il faisait débiter en même temps une prédiction d'une sibylle qui portait que, des bords du Pont-Euxin, il viendrait un libérateur d'Ausonie. — Dès qu'il se crut convenablement annoncé, il parut dans Abonotique, où il se vit accueilli comme un dieu. Pour soutenir son personnage, il mâchait la racine d'une certaine herbe qui le faisait écumer, ce que le peuple attribuait à l'enthousiasme surhumain dont il était possédé. — Il avait préparé en secret une tête habilement fabriquée, dont les traits représentaient la face d'un homme, avec une bouche qui s'ouvrait et se fermait par un fil caché. Avec cette tête et le serpent apprivoisé qu'il avait acheté en Macédoine, et qu'il cachait soigneusement, il prépara un grand prodige. Il se transporta de nuit à l'endroit où l'on creusait les fondements du temple, et cacha, dans une fontaine voisine, un œuf d'oie où il avait enfermé un petit serpent qui venait de naître. Le lendemain matin il se rendit sur la place publique, l'air agité, tenant sa faux à la main et couvert seulement d'une écharpe dorée; il monta sur un autel élevé, et s'écria que ce lieu était honoré de la présence d'un dieu. A ces mots, le peuple accouru pour l'entendre commença à faire des prières, tandis que l'imposteur prononçait des mots en langue phénicienne, ce qui servait à redoubler l'étonnement général. — Il courut ensuite vers le lieu où il avait caché son œuf, et, entrant dans l'eau, il commença à chanter les louanges d'Apollon et d'Esculape et à inviter ce dernier à se montrer aux mortels; puis, enfonçant une coupe dans la fontaine, il en retira l'œuf mystérieux; le prenant dans sa main, il s'écria : « Peuples, voici votre dieu ! » Toute la foule attentive poussa des cris de joie en voyant Alexandre casser l'œuf et en tirer un petit serpent, qui s'entortilla dans ses doigts. Chacun se répandit en bénédictions, les uns demandant au dieu la santé, les autres les honneurs ou des richesses. — Enhardi par ce succès, Alexandre fait annoncer le lendemain que le dieu qu'ils avaient vu si petit la veille avait repris sa grandeur naturelle. Il se plaça sur un lit, après s'être revêtu de ses habits prophétiques, et, tenant dans son sein le serpent qu'il avait apporté de Macédoine, il le laissa voir entortillé autour de son cou et traînant une longue queue; mais il en cachait la tête sous son aisselle, et faisait paraître à la place la tête postiche à figure humaine qu'il avait préparée. Le lieu de la scène était faiblement éclairé; on entrait par une porte et on sortait par une autre, sans qu'il fût possible de s'arrêter long-temps. Ce spectacle dura quelques jours; il se renouvelait toutes les fois qu'il arrivait quelques étrangers. On fit des images du dieu en cuivre et en argent. — Le prophète, voyant les esprits préparés, annonça que le dieu rendrait des oracles et qu'on eût à lui écrire des billets cachetés. Alors, s'enfermant dans le sanctuaire du temple qu'on venait de bâtir, il faisait appeler ceux qui avaient donné des billets, et les leur rendait sans qu'ils parussent avoir été ouverts, mais accompagnés de la réponse du dieu. Ces billets avaient été lus avec tant d'adresse qu'il était impossible de s'apercevoir qu'on eût rompu le cachet. Des espions et des émissaires informaient le prophète de tout ce qu'ils pouvaient apprendre, et l'aidaient à rendre ses réponses, qui d'ailleurs étaient toujours obscures ou ambiguës, suivant la prudente coutume des oracles. On apportait des victimes pour le dieu et des présents pour le prophète. — Voulant nourrir l'admiration par une nouvelle supercherie, Alexandre annonce un jour qu'Esculape répondrait en personne aux questions qu'on lui ferait : cela s'appelait des réponses de la propre bouche du dieu. On opérait cette fraude par le moyen de quelques artères de grues qui aboutissaient d'un côté à la tête du dragon postiche, et de l'autre à la bouche d'un homme caché dans une chambre voisine. — Les réponses se rendaient en prose ou en vers, mais toujours dans un style si vague qu'elles prédisaient également le revers ou le succès. Ainsi l'empereur Marc-Aurèle, faisant la guerre aux Germains, lui demanda un oracle. On dit même qu'en 174 il fit venir Alexandre à Rome, le regardant comme le dispensateur de l'immortalité. L'oracle sollicité disait qu'il fallait, après des cérémonies prescrites, jeter deux lions vivants dans le Danube, et qu'ainsi l'on aurait l'assurance d'une paix prochaine, précédée d'une victoire éclatante. On exécuta la prescription. Mais les deux lions traversèrent le fleuve à la nage ; les barbares les tuèrent et mirent ensuite l'armée de l'empereur en déroute : à quoi le prophète répliqua qu'il avait annoncé la victoire, mais qu'il n'avait pas désigné le vainqueur. — Une autre fois un illustre personnage fit demander au dieu quel précepteur il devait donner à son fils. Il lui fut répondu : — Pythagore et Homère. L'enfant mourut quelque temps après. — L'oracle annonçait la chose, dit le père, en donnant au pauvre enfant deux précepteurs morts depuis long-temps. S'il eût vécu, on l'eût instruit avec les ouvrages de Pythagore et d'Homère, et l'oracle aurait encore eu raison. — Quelquefois le prophète dédaignait d'ouvrir les billets lorsqu'il se croyait instruit de la demande par ses agents ; il s'exposait à de singulières erreurs. Un jour il donna un remède pour le mal de côté en réponse à une lettre qui lui demandait quelle était véritablement la patrie d'Homère. — On ne démasqua point cet imposteur, que l'accueil de Marc-Aurèle avait entouré de vénération. Il avait prédit qu'il mourrait à cent cinquante ans, d'un coup de foudre, comme Esculape : il mourut dans sa soixante-dixième année, d'un ulcère à la jambe ; ce qui n'empêcha pas qu'après sa mort il eut, comme un demi-dieu, des statues et des sacrifices.

Alexandre de Tralles, — médecin né à Tralles, dans l'Asie-Mineure, au sixième siècle. On dit qu'il était très savant ; ses ouvrages prouvent au moins qu'il était très-crédule. Il conseillait à ses malades les amulettes et les paroles charmées. Il assure, dans sa médecine pratique[1], que la figure d'Hercule étouffant le lion de la forêt de Némée, gravée sur une pierre et enchâssée dans un anneau, est un excellent remède contre la colique. Il prétend aussi qu'on guérit parfaitement la goutte, la pierre et les fièvres par des philactères et des charmes. Cela montre au moins qu'il ne savait pas les guérir autrement.

Alexandre III, — roi d'Écosse, qui épousa en 1285 Yolette, fille du comte de Dreux. Le soir de la solennité du mariage, on vit entrer à la fin du bal, dans la salle où la cour était rassemblée, un spectre décharné qui se mit à danser. Les gambades du spectre troublèrent les assistants : les fêtes furent suspendues ; et des habiles déclarèrent que cette apparition annonçait la mort prochaine du Roi. En effet, la même année, dans une partie de chasse, Alexandre, montant un cheval mal dressé, fut jeté hors de selle, et mourut de la chute[2].

Alexandre VI, — élu pape en 1492 ; pontife qui a été jugé souvent avec beaucoup d'exagération. Quelques sots écrivains affirment qu'il avait à ses ordres un démon familier[3] qui passa ensuite au service de César Borgia.

Alfader, — dieu très-important dans la théogonie scandinave. Avant de créer le ciel et la terre, il était prince des géants. Les âmes des bons doivent vivre avec lui dans *Simle* ou *Wingolff* ; mais les méchants passent à Hélan, de là à Niflheim, la région des nuages inférieurs au neuvième monde. L'Edda lui donne divers noms : Nikar (le sourcilleux), Svidrer (l'exterminateur), Svider (l'incendiaire), Oske (celui qui choisit les morts), etc. — Le nom d'Alfader a été donné aussi à Odin.

Alfares, — génies scandinaves. Les bons sont appelés *lios* ou lumineux, les méchants *docks* ou noirs.

Alfridarie, — espèce de science qui tient de l'astrologie et qui attribue successivement quelque influence sur la vie aux diverses planètes, chacune régnant à son tour un certain nombre d'années. *Voy.* PLANÈTES.

Algol, — des astrologues arabes ont donné ce nom au diable.

---

[1] Liv. X, ch. 1er.
[2] Hector de Boëce, in Annalibus Scot.
[3] Curiosités de la littérature, trad. de l'anglais par Bertin, t. Ier, p, 51.

Alis de Télieux, — nonne du monastère de Saint-Pierre de Lyon, qui s'échappa de son couvent au commencement du seizième siècle, mena mauvaise vie et mourut misérablement. Son âme revint après sa mort. Cette histoire a été écrite par Adrien de Montalembert, aumônier de François Ier [1].

Alkalalaï, — cri d'allégresse des Kamtschadales ; ils le répètent trois fois à la fête des balais, en l'honneur de leurs trois grands dieux, *Filiat-Chout-Chi*, le père ; *Touïta*, son fils, et *Gaëtch*, son petit-fils. La fête des balais consiste, chez ces peuples sales, à balayer avec du bouleau le foyer de leurs cabanes.

Aliette, — *voy.* ETTEILA.

Alleluia, — mot hébreu qui signifie louange à Dieu. Les bonnes gens disent encore dans plusieurs provinces qu'on fait pleurer la sainte Vierge lorsqu'on chante alleluia pendant le carême [2]. — Il y avait à Chartres une singulière coutume. A l'époque où l'on cesse le chant, l'alleluia était personnifié et représenté par une toupie qu'un enfant de chœur jetait au milieu de l'église et poussait dans la sacristie avec un fouet. Cela s'appelait l'*Alleluia fouetté*. — On appelle trèfle de l'alleluia une plante qui donne, vers le temps de Pâques, une petite fleur blanche étoilée. Elle passe pour un spécifique contre les philtres. *Voy.* ALKALALAÏ.

Allix. — Voici un de ces traits qui accusent l'ignorance et la légèreté des anciens juges de parlement. — Allix, mathématicien, mécanicien et musicien, vivait à Aix en Provence, vers le milieu du dix-septième siècle ; il fit un squelette qui, par un mécanisme caché, jouait de la guitare. Bonnet, dans son *Histoire de la Musique*, page 82, rapporte l'histoire tragique de ce pauvre savant. Il mettait au cou de son squelette une guitare accordée à l'unisson d'une autre qu'il tenait lui-même dans ses mains, et plaçait les doigts de l'automate sur le manche ; puis, par un temps calme et serein, les fenêtres et la porte étant ouvertes, il s'installait dans un coin de la chambre et jouait sur sa guitare des passages que le squelette répétait sur la sienne. Il y a lieu de croire que l'instrument résonnait à la manière des harpes éoliennes, et que le mécanisme qui faisait mouvoir les doigts du squelette n'était pour rien dans la production des sons. (Nous citons M. Fétis [3] sans l'approuver, et nous le renvoyons aux automates musiciens de Vaucanson, qui n'étaient pas des harpes éoliennes). — Quoi qu'il en soit, poursuit le biographe, ce concert étrange causa de la rumeur parmi la population superstitieuse de la ville d'Aix ; Allix fut accusé de magie, et le Parlement fit instruire son procès. Jugé par la chambre de la Tournelle, il ne put faire comprendre que l'effet merveilleux de son automate n'était que la résolution d'un problème mécanique. L'arrêt du Parlement le condamna à être pendu et brûlé en place publique, avec le squelette complice de ses sortiléges ; la sentence fut exécutée en 1664. »

Almanach. — Nos ancêtres du Nord traçaient le cours des lunes pour toute l'année sur un petit morceau de bois carré qu'ils appelaient al-mon-agt (observation de toutes les lunes) : telles sont, selon quelques auteurs, l'origine des almanachs et l'étymologie de leur nom. D'autres se réclament des Arabes, chez qui al-manack veut dire le mémorial. — Les Chinois passent pour les plus anciens faiseurs d'almanachs. Nous n'avons que douze constellations ; ils en ont vingt-huit. Toutefois leurs almanachs ressemblent à ceux de Matthieu Laensbergh par les prédictions et les secrets dont ils sont farcis [1]. Bayle raconte l'anecdote suivante, pour faire voir qu'il se rencontre des hasards puérils qui éblouissent les petits esprits sur la vanité de l'astrologie. Marcellus, professeur de rhétorique au collége de Lisieux, avait composé en latin l'éloge du maréchal de Gassion, mort d'un coup de mousquet au siége de Lens. Il était près de la réciter en public, quand on représenta au recteur de l'Université que le maréchal était mort dans la religion prétendue réformée, et que son oraison funèbre ne pouvait être prononcée dans une université catholique. Le recteur convoqua une assemblée où il fut résolu, à la pluralité des voix, que l'observation était juste. Marcellus ne put donc prononcer son panégyrique ; et les partisans de l'astrologie triomphèrent en faisant remarquer à tout le monde que, dans l'Almanach de Pierre Larrivey pour cette même année 1648, entre autres prédictions, il se trouvait écrit en gros caractères : LATIN PERDU !

Almanach du Diable, — contenant des prédictions très-curieuses pour les années 1737 et 1738, aux enfers, in-24. Cette plaisanterie contre les jansénistes était l'ouvrage d'un

---

[1] La merveilleuse Histoire de l'esprit qui depuis naguère s'est apparu au monastère des religieuses de Saint-Pierre de Lyon, etc., par Ad. de Montalembert. Paris, 1528, petit in-4° gothique. Voyez dans les Légendes infernales Alis de Télieux.

[2] Thiers, Traité des superstitions.

[3] Biographie universelle des musiciens.

---

[1] L'Almanach de Matthieu Laensbergh commença à paraître en 1636. Mais avant lui on avait déjà des annuaires de même nature. Fischer a découvert à Mayence, en 1804, un almanach imprimé pour 1457, tout à fait à la naissance de l'imprimerie.

certain Quesnel, joyeux quincaillier de Dijon, affublé du nom que le fameux appelant a tant attristé. Elle est devenue rare, attendu qu'elle fut supprimée pour quelques prédictions trop hardies. Nous ne la citons qu'à cause de son titre. Les jansénistes y répondirent par un lourd et stupide pamphlet, dirigé contre les jésuites et supprimé également. Il était intitulé : *Almanach de Dieu*, dédié à M. Carré de Montgeron, pour l'année 1738, in-24, au ciel.....

Almoganenses, — nom que les Espagnols donnent à certains peuples inconnus qui, par le vol et le chant des oiseaux, par la rencontre des bêtes sauvages et par divers autres moyens, devinaient tout ce qui devait arriver. « Ils conservent avec soin, dit Laurent Valla, des livres qui traitent de cette espèce de science, où ils trouvent des règles pour toutes sortes de pronostics. Leurs devins sont divisés en deux classes : l'une de chefs ou de maîtres, et l'autre de disciples et d'aspirants. » — On leur attribue aussi l'art d'indiquer non-seulement par où ont passé les chevaux et les autres bêtes de somme égarées, mais encore le chemin qu'auront pris une ou plusieurs personnes ; ce qui est très-utile pour la poursuite des voleurs. Les écrivains qui parlent des Almoganenses ne disent ni dans quelle province ni dans quel temps ont vécu ces utiles devins.

Almuchéfi, — *voy.* BACON.

Almulus (SALOMON), — auteur d'une explication des songes en hébreu. In-8°. Amsterdam, 1642.

Alocer, — puissant démon, grand-duc aux enfers ; il se montre vêtu en chevalier, monté sur un cheval énorme ; sa figure rappelle les traits du lion ; il a le teint enflammé, les yeux ardents ; il parle avec gravité ; il enseigne les secrets de l'astronomie et des arts libéraux ; il domine trente-six légions.

Alogricus, — *voy.* ALRUY.

Alomancie, — divination par le sel, dont les procédés sont peu connus. C'est en vertu de l'alomancie qu'on suppose qu'une salière renversée est d'un mauvais présage.

Alopécie, — sorte de charme par lequel on fascine ceux à qui l'on veut nuire. Quelques auteurs donnent le nom d'alopécie à l'art de nouer l'aiguillette. *Voy.* LIGATURES.

Alouette, — *voy.* CASSO.

Alphitomancie, — divination par le pain d'orge ; cette divination importante est très-ancienne. Nos pères, lorsqu'ils voulaient dans plusieurs accusés reconnaître le coupable et obtenir de lui l'aveu de son crime, faisaient manger à chacun des prévenus un rude morceau de pain d'orge. Celui qui l'avalait sans peine était innocent ; le criminel se trahissait par une indigestion [1]. C'est même de cet usage, employé dans les épreuves du jugement de Dieu, qu'est venue l'imprécation populaire : — Je veux, si je vous trompe, que ce morceau de pain m'étrangle ! — Voici comment se pratique cette divination, qui, selon les doctes, n'est d'un effet certain que pour découvrir ce qu'un homme a de caché dans le cœur. On prend de la pure farine d'orge ; on la pétrit avec du lait et du sel ; on n'y met pas de levain ; on enveloppe ce pain compacte dans un papier gras, on le fait cuire sous la cendre ; ensuite on le frotte de feuilles de verveine et on le fait manger à celui par qui on se croit trompé, et qui ne digère pas si la présomption est fondée. — Il y avait, près de Lavinium, un bois sacré où l'on pratiquait l'alphitomancie. Des prêtres nourrissaient dans une caverne un serpent, selon quelques-uns ; un dragon, selon d'autres. A certains jours on envoyait des jeunes filles lui porter à manger ; elles avaient les yeux bandés et allaient à la grotte, tenant à la main un gâteau fait par elles avec du miel et de la farine d'orge. « Le diable, dit Delrio, les conduisait leur droit chemin. Celle dont le serpent refusait de manger le gâteau n'était pas sans reproche. »

Alphonse X, — roi de Castille et de Léon, surnommé l'Astronome et le Philosophe, mort en 1284. On lui doit les *Tables Alphonsines*. C'est lui qui disait que, si Dieu l'avait appelé à son conseil au moment de la création, il eût pu lui donner de bons avis. Ce prince extravagant croyait à l'astrologie. Ayant fait tirer l'horoscope à ses enfants, il apprit que le cadet serait plus heureux que l'aîné, et le nomma son successeur au trône. Mais malgré la sagesse de cet homme, qui se jugeait capable de donner des conseils au créateur, l'aîné tua son frère cadet, mit son père dans une étroite prison et s'empara de la couronne ; toutes choses que sa science ne lui avait pas révélées.

Alpiel, — ange ou démon qui, selon le Talmud, préside aux arbres fruitiers.

Alrinach, — démon de l'Occident, que les démonographes font présider aux tempêtes, aux tremblements de terre, aux pluies, à la grêle, etc. C'est lui qui submerge les navires. Lorsqu'il se rend visible, il paraît sous les traits et les habits d'une femme.

Alrunes, — démons succubes ou sorcières, qui furent mères des Huns. Elles prenaient

---

[1] Delrio disquisit. magic., lib. IV, cap. 2, quæst. 7.

toutes sortes de formes, mais ne pouvaient changer de sexe. — *Voy.* aussi MANDRAGORES.

Alroy (DAVID), — magicien juif, cité par Benjamin de Tudèle ; il se disait de la race de David, et se vantait d'être le messie destiné à ramener les Juifs dans Jérusalem. Le roi de Perse le fit mettre en prison, mais il s'échappa en se rendant invisible. Il ne daigna se remontrer qu'en arrivant aux bords de la mer. Alors il étendit son écharpe sur l'eau, planta ses pieds dessus et passa la mer d'une légèreté incroyable, sans que ceux qu'on envoya avec des bateaux à sa poursuite le pussent arrêter. — Cela le mit en vogue comme grand magicien ; mais enfin Scheick-Aladin, prince turc et sujet du roi de Perse, fit tant à force d'argent avec le beau-père du magicien qu'il fut poignardé dans son lit. C'est toujours la fin de telles gens, et les Juifs n'en ont pas meilleur marché que les autres magiciens, quelque fort que leur persuadent leurs talmudistes qu'ils sont obéis de l'esprit malin. Car c'est encore un secret du Talmud des Juifs qu'il n'est rien de difficile aux sages, maîtres et savants en leurs lois, que les esprits d'enfer et célestes leur cèdent, et que Dieu même (ô blasphème !) ne leur peut résister [1]..... » — Ce magicien est appelé encore dans de vieux récits Alogricus. *Voy.* CORBEAU.

Altangatufun, — idole des Kalmoucks, qui avait le corps et la tête d'un serpent, avec quatre pieds de lézards. Celui qui porte avec adoration son image est invulnérable dans les combats. Pour en faire l'épreuve, un khan fit suspendre cette idole attachée à un livre, et l'exposa aux coups des plus habiles archers ; leurs traits ne purent atteindre le livre, qu'ils percèrent au contraire dès que l'idole en fut détachée. C'est là une légende de Cosaques.

Alvéromancie, — *voy.* ALEUROMANCIE.

Amadeus, — visionnaire qui crut connaître par révélation deux psaumes d'Adam : le premier en transport de joie à la création de la femme, le second en triste dialogue avec Ève après leur chute [2].

Amaïmon, — *voy.* AMOYMON.

Amalaric, — roi d'Espagne, qui épousa la princesse Clotilde, sœur du roi des Francs Childebert. La pieuse reine, n'approuvant pas les excès de son mari, tombé dans l'arianisme, le barbare lui fit crever les yeux. Clotilde envoya à son frère un mouchoir teint de son sang, et Childebert marcha aussitôt avec une armée contre Amalaric. La justice des hommes fut prévenue par la justice éternelle : tandis que le bourreau de Clotilde s'avançait au-devant des Francs, il tomba percé d'un trait lancé par une main invisible. Des légendaires ont écrit que cette mort était l'ouvrage du diable ; mais le trait ne venait pas d'en bas [1].

Amalaric (MADELEINE), — sorcière qui allait au sabbat et qui, accusée de onze homicides, fut mise à mort à soixante-quinze ans dans la baronnie de La Trimouille, à la fin du seizième siècle [2].

Amaranthe, — fleur que l'on admet parmi les symboles de l'immortalité. Les magiciens attribuent aux couronnes faites d'amaranthe de grandes propriétés et surtout la vertu de concilier les faveurs et la gloire à ceux qui les portent.

Amasis. — Hérodote raconte qu'Amasis, roi d'Égypte, eut l'aiguillette nouée, et qu'il fallut employer les plus solennelles imprécations de la magie pour rompre le charme. *Voy.* LIGATURES.

Amazones, — nation de femmes guerrières, dont Strabon regarde à tort l'existence comme une fable. François de Torre-Blanca dit [3] qu'elles étaient sorcières ; ce qui est plus hasardé : elles se brûlaient le sein droit pour mieux tirer de l'arc ; et le père Menestrier croit que la Diane d'Éphèse n'était ornée de tant de mamelles qu'à cause que les amazones lui consacraient celles qu'elles se retranchaient. On dit que cette république sans hommes habitait la Cappadoce et les bords du Thermodon. Les modernes ont cru retrouver des républiques d'Amazones en voyant des femmes armées sur les bords du Maragnon, qu'on a nommé pour cela le fleuve des Amazones. Des missionnaires en placent une nation dans les Philippines, et Thévenot une autre dans la Mingrélie. Mais, dit-on, une république de femmes ne subsisterait pas six mois, et ces états merveilleux ne sont que fictions inventées pour récréer l'imagination. Cependant *voy.* THÉMISCYRE.

Ambrosius ou **Ambroise**, roi d'Angleterre. — *Voy.* MERLIN.

Amduscias, — grand-duc aux enfers. Il a la forme d'une licorne ; mais lorsqu'il est évoqué il se montre sous une figure hu-

---

[1] Leloyer, Discours des spectres, liv. IV, ch. 4.
[2] Ces deux psaumes sont imprimés dans le Codex pseudepigraphus veteris Testamenti de Fabricius.

[1] Lambertini de Cruz-Houen, Theatrum regium hispanicum, ad ann. 510.
[2] Rikius. Disc. sommaire des sortilèges, vénéfices, idolâtries, tiré des procès criminels jugés au siége royal de Montmorillon, en Poitou, la présente année 1599, p. 29.
[3] Epit. Delict. sive de magiâ, lib. I, cap. 8.

maine. Il donne des concerts si on les lui commande ; on entend alors, sans rien voir, le son des trompettes et des autres instruments de musique. Les arbres s'inclinent à sa voix ; il commande vingt-neuf légions.

Ame. — Tous les peuples ont reconnu l'immortalité de l'âme ; les hordes les plus barbares ne l'ont jamais été assez pour se rabaisser jusqu'à la brute. La brute n'est attachée qu'à la terre : l'homme seul élève ses regards vers un plus noble séjour. L'insecte est à sa place dans la nature ; l'homme n'est pas à la sienne. Chez certains peuples, on attachait les criminels à des cadavres pour rendre leur mort plus affreuse : tel est ici bas le sort de l'homme. Cette âme qui n'aspire qu'à s'élever, qui est étrangère aux accidents du corps, que les vicissitudes du temps ne peuvent altérer, ne s'anéantira pas avec la matière. — La conscience, les remords, ce désir de pénétrer dans un avenir inconnu, ce respect que nous portons aux tombeaux, cet effroi de l'autre monde, cette croyance aux âmes, qui ne se distingue que dans l'homme, tout nous instruit, quand même la révélation ne serait pas là pour repousser nos doutes. Les matérialistes qui voulant tout juger par les yeux du corps, nient l'existence de l'âme, parce qu'ils ne la voient point, ne voient pas non plus le sommeil, ils ne voient pas les vents ; ils ne comprennent pas la lumière, ni cent mille autres faits que pourtant ils ne peuvent nier. — On a cherché de tout temps à définir ce que c'est que l'âme, ce rayon de la Divinité : selon les uns, c'est la conscience, c'est l'esprit ; selon d'autres, c'est cet espoir d'une autre vie qui palpite dans le cœur de tous les hommes ; c'est, dit Léon l'Hébreu, le cerveau avec ses deux puissances, le sentiment et le mouvement volontaire. C'est une flamme, a dit un autre. Dicéarque affirme que l'âme est une harmonie et une concordance des quatre éléments. — Quelques-uns sont allés loin, et ont voulu connaître la figure de l'âme. Un savant a même prétendu, d'après les dires d'un revenant, qu'elle ressemblait à un vase sphérique de verre poli, qui a des yeux de tous les côtés. — L'âme, a-t-on dit encore, est comme une vapeur légère et transparente, qui conserve la figure humaine. Un docteur talmudique, vivant dans un ermitage avec son fils et quelques amis, vit un jour l'âme d'un de ses compagnons qui se détachait tellement de son corps qu'elle lui faisait déjà ombre à la tête. Il comprit que son ami allait mourir, et fit tant par ses prières qu'il obtint que cette pauvre âme rentrât dans le corps qu'elle abandonnait. « Je crois de cette bourde ce qu'il faut en croire, dit Leloyer [1], comme de toutes les autres bourdes et baveries des rabbins. » — Les juifs croient, au rapport du Hollandais Hoornbeeck, que les âmes ont toutes été créées ensemble, et par paires d'une âme d'homme et d'une âme de femme ; de sorte que les mariages sont heureux et accompagnés de douceur et de paix lorsqu'on se marie avec l'âme à laquelle on a été accouplé dès le commencement ; mais ils sont malheureux dans le cas contraire. On a à lutter contre ce malheur, ajoute-t-il, jusqu'à ce qu'on puisse être uni, par un second mariage, à l'âme dont on a été fait le pair dans la création ; et cette rencontre est rare. — Philon, juif, qui a écrit aussi sur l'âme, pense que, comme il y a de bons et de mauvais anges, il y a aussi de bonnes et de mauvaises âmes, et que les âmes qui descendent dans les corps y apportent leurs bonnes ou mauvaises qualités. Toutes les baliverness des hérétiques et des philosophes et toutes les doctrines qui n'ont pas leur base dans les enseignements de l'église, brillent par de semblables absurdités. — Les musulmans sont persuadés que les âmes demeurent jusqu'au jour du jugement, dans le tombeau, auprès du corps qu'elles ont animé. Les païens croyaient que les âmes séparées de leurs corps grossiers et terrestres conservaient après la mort un corps plus subtil et plus délié, de la figure de celui qu'elles quittaient, mais plus grand et plus majestueux ; que ces corps étaient lumineux et de la nature des astres ; que les âmes gardaient de l'inclination pour les choses qu'elles avaient aimées pendant leur vie, et que souvent elles se montraient autour de leurs tombeaux. Quand l'âme de Patrocle se leva devant Achille, elle avait sa voix, sa taille, ses yeux, ses habits, du moins en apparence, mais non pas son corps palpable. — Origène pense que ces idées ont une source respectable, et que les âmes doivent avoir en effet un corps subtil ; il se fonde sur ce qui est dit dans l'Évangile du Lazare et du mauvais riche, qui ont tous deux des corps puisqu'ils se parlent et se voient, et que le mauvais riche demande une goutte d'eau pour rafraîchir sa langue. Saint Irénée, qui est de l'avis d'Origène, conclut du même exemple que les âmes se souviennent après la mort de ce qu'elles ont fait en cette vie. — Dans la harangue que fit Titus à ses soldats pour les engager à monter à l'assaut de la tour Antonia, au siége de Jérusalem, on remarque une opinion qui est à peu près celle des anciens Scandinaves. « Vous savez, leur

---

[1] Leloyer, Disc. et hist. des spectres, liv. v, ch. 1er.

dit-il, que les âmes de ceux qui meurent à la guerre s'élèvent jusqu'aux astres, et sont reçues dans les régions supérieures, d'où elles apparaissent comme de bons génies; tandis que ceux qui meurent dans leur lit, quoique ayant vécu dans la justice, sont plongés sous terre dans l'oubli et les ténèbres[1]. » — Il y a, parmi les Siamois, une secte qui croit que les âmes vont et viennent où elles veulent après la mort; que celles des hommes qui ont bien vécu acquièrent une nouvelle force, une vigueur extraordinaire, et qu'elles poursuivent, attaquent et maltraitent celles des méchants partout où elles se rencontrent. — Platon dit, dans le neuvième livre de ses Lois, que les âmes de ceux qui ont péri de mort violente poursuivent avec fureur, dans l'autre monde, les âmes de leurs meurtriers. Cette croyance s'est reproduite souvent et n'est pas éteinte partout. — Les anciens pensaient que toutes les âmes pouvaient revenir après la mort, excepté les âmes des noyés. Servius en dit la raison : c'est que l'âme, dans leur opinion, n'était autre chose qu'un feu, qui s'éteignait dans l'eau, comme si le matériel pouvait détruire le spirituel. — On sait que la mort est la séparation de l'âme d'avec le corps. C'est une opinion de tous les temps et de tous les peuples que les âmes en quittant ce monde passent dans un autre meilleur ou plus mauvais, selon leurs œuvres. Les anciens donnaient au batelier Caron la charge de conduire les âmes au séjour des ombres; on trouve une tradition analogue à cette croyance chez les vieux Bretons : ces peuples plaçaient le séjour des âmes dans une île qui doit se trouver entre l'Angleterre et l'Islande. Les bateliers et pêcheurs, dit Tzetzès, ne payaient aucun tribut, parce qu'ils étaient chargés de la corvée de passer les âmes; et voici comment cela se faisait : — Vers minuit ils entendaient frapper à leur porte, ils suivaient sans voir personne jusqu'au rivage; là ils trouvaient des navires qui leur semblaient vides, mais qui étaient chargés d'âmes; ils les conduisaient à l'île des ombres, où ils ne voyaient rien; mais ils entendaient les âmes anciennes qui venaient recevoir et complimenter les âmes nouvellement débarquées; elles se nommaient par leurs noms, reconnaissaient leurs parents, etc. Les pêcheurs, d'abord étonnés, s'accoutumaient à ces merveilles et reprenaient leur chemin. — Ces transports d'âmes, qui pouvaient bien cacher une sorte de contrebande, n'ont plus lieu depuis que le christianisme est venu apporter la vraie lumière. — On a vu parfois, s'il faut recevoir tous les récits des chroniqueurs, des âmes errer par troupes. Dans le onzième siècle, on vit passer près de la ville de Narni une multitude infinie de gens vêtus de blanc, et qui s'avançaient du côté de l'Orient; cette troupe défila depuis le matin jusqu'à trois heures après midi; mais sur le soir elle diminua considérablement. Tous les bourgeois montèrent sur les murailles, craignant que ce ne fussent des troupes ennemies; ils les virent passer avec une extrême surprise. Un citadin, plus résolu que les autres, sortit de la ville remarquant dans la foule mystérieuse un homme de sa connaissance, il l'appela par son nom, et lui demanda ce que voulait dire cette multitude de pèlerins; l'homme blanc lui répondit : « Nous sommes des âmes qui, n'ayant point expié tous nos péchés et n'étant pas encore assez pures, allons ainsi dans les lieux saints, en esprit de pénitence : nous venons de visiter le tombeau de saint Martin, et nous allons à Notre-Dame de Farfe. » Le bourgeois de Narni fut tellement effrayé de cette vision qu'il demeura malade pendant un an. Toute la ville de Narni, disent de sérieuses relations, fut témoin de cette procession merveilleuse, qui se fit en plein jour. — N'oublions pas, à propos du sujet qui nous occupe, une croyance très-répandue en Allemagne : c'est qu'on peut vendre son âme au diable. Dans tous les pactes faits avec l'esprit de ténèbres, celui qui s'engage vend son âme. Les Allemands ajoutent même qu'après cet horrible marché le vendeur n'a plus d'ombre. On conte, à ce propos, l'histoire d'un étudiant qui fit pacte avec le diable pour devenir l'époux d'une jeune fille dont il ne pouvait obtenir la main. Il réussit avec l'aide du diable. Mais au moment de la célébration du mariage, un rayon de soleil frappa les deux époux qu'on allait unir; on s'aperçut avec effroi que le jeune homme n'avait pas d'ombre : on reconnut qu'il avait vendu son âme, et tout fut rompu. — Généralement les insensés qui vendent leur âme font leurs conditions un certain nombre d'années après le pacte. Mais si on vend sans fixer de terme, le diable, qui est pressé de jouir, n'est pas toujours délicat; et voici un trait qui mérite attention : — Trois ivrognes s'entretenaient, en buvant, de l'immortalité de l'âme et des peines de l'enfer. L'un d'eux commença de s'en moquer, et dit là-dessus des stupidités dignes de la circonstance. C'était dans un cabaret de village. Cependant survint un

---

[1] Josèphe, De Bello jud., lib. VI, cap. 1, cité dans Calmet, première partie, ch. 16.

[2] De Curâ pro mortuis, cité par Calmet, première partie, ch. 14.

homme de haute stature, vêtu gravement, qui s'assied près des buveurs, et leur demande de quoi ils riaient. Le plaisant villageois le met au fait, ajoutant qu'il fait si peu de cas de son âme qu'il est prêt à la vendre au plus offrant et à bon marché, et qu'ils en boiront l'argent. « Et combien me la veux-tu vendre? » dit le nouveau venu. Sans marchander, ils conviennent du prix ; l'acheteur en compte l'argent, et ils le boivent. C'était joie jusque-là ; mais, la nuit venant, l'acheteur dit : Il est temps, je pense, que chacun se retire chez soi ; celui qui a acheté un cheval n'a-t-il pas le droit de l'emmener. Vous permettrez donc que je prenne ce qui est à moi. Or, ce disant, il empoigne son vendeur tout tremblant, et l'emmène où il n'avait pas cru aller si vite; de telle sorte que jamais plus le pays n'en ouït nouvelles. *Voy.* MORT.

Ame des bêtes. — Dans un petit ouvrage très-spirituel sur l'âme des bêtes, un père jésuite a ingénieusement développé cette singulière idée de quelques philosophes anciens, que les bêtes étaient animées par une partie des démons moins coupables, qui faisaient ainsi leur expiation. *Voy.* ALBIGEOIS.

Améthyste, — pierre précieuse, d'un violet foncé, autrefois la neuvième en ordre sur le pectoral du grand-prêtre des juifs. Une vieille opinion populaire lui attribue la vertu de garantir de l'ivresse.

Amiante, — espèce de pierre incombustible, que Pline et les démonographes disent excellente contre les charmes de la magie [1].

Amilcar, — général carthaginois. Assiégeant Syracuse, il crut entendre, pendant son sommeil, une voix qui l'assurait qu'il souperait le lendemain dans la ville. En conséquence, il fit donner l'assaut de bon matin, espérant enlever Syracuse et y souper, comme le lui promettait son rêve. Il fut pris par les assiégés et y soupa en effet, non pas en vainqueur, ainsi qu'il s'y était attendu, mais en captif, ce qui n'empêcha pas le songe d'avoir prédit juste [2]. Hérodote conte qu'Amilcar, vaincu par Gélon, disparut vers la fin de la bataille, et qu'on ne le retrouva plus ; si bien que les Carthaginois le mirent au rang de leurs Dieux et lui offrirent des sacrifices.

Ammon, — *voy.* JUPITER-AMMON.

Amniomance, — divination sur la coiffe ou membrane qui enveloppe quelquefois la tête des enfants naissants, ainsi nommée de cette coiffe, que les médecins appellent en grec amnios. Les sages-femmes présidaient le sort futur du nouveau-né par l'inspection de cette coiffe ; elle annonçait d'heureuses destinées si elle était rouge, et des malheurs si elle présentait une couleur plombée. *Voy.* COIFFE.

Amon ou **Aamon**, — grand et puissant marquis de l'empire infernal. Il a la figure d'un loup avec une queue de serpent ; il vomit de la flamme ; lorsqu'il prend la forme humaine, sa tête ressemble à celle d'un hibou qui laisse voir des dents canines très-effilées. C'est le plus solide des princes des démons : il sait le passé et l'avenir, et réconcilie, quand il le veut, les amis brouillés. Il commande à quarante légions [1].

Amour. — Parmi les croyances superstitieuses qui se rattachent innocemment à l'amour, nous citerons celle-ci, qu'un homme est généralement aimé quand ses cheveux frisent naturellement. A Roscoff, en Bretagne, les femmes après la messe balaient la poussière de la chapelle de la Sainte-Union, la soufflent du côté par lequel leurs époux ou leurs amants doivent revenir, et se flattent, au moyen de ce doux sortilège, de fixer le cœur de ce qu'elles aiment [2]. Dans d'autres pays, on croit stupidement se faire aimer en attachant à son cou certains mots séparés par des croix. *Voy.* PHILTRES. *Voy.* aussi RHOMBUS. — Il y a eu des amants passionnés qui se sont donnés au démon pour être heureux. On conte qu'un valet vendit son âme au diable pour devenir l'époux de la fille de son maître, ce qui le rendit très-infortuné. On attribue aussi à l'inspiration des démons certaines amours monstrueuses, comme la passion de Pygmalion pour sa statue. Un jeune homme devint pareillement éperdu pour la Vénus de Praxitèle ; un Athénien se tua de désespoir aux pieds de la statue de la Fortune, qu'il trouvait insensible. Ces traits ne sont que des folies déplorables.

Amoymon ou **Amaïmon**, — l'un des quatre rois de l'enfer, dont il gouverne la partie orientale. On l'évoque le matin de neuf heures à midi, et le soir, de trois à six heures. Asmodée est son lieutenant et le premier prince de ses états [3].

Amphiaraüs, — devin de l'antiquité, qui se cacha pour ne pas aller à la guerre de Thèbes, parce qu'il avait prévu qu'il y mourrait ; ce qui eut lieu lorsqu'on l'eut découvert et forcé à s'y rendre ; mais il ressuscita. On lui éleva un temple dans l'Attique, près d'une fontaine sacrée par laquelle il était revenu

---

[1] Delancre, De l'Inconstance, etc., liv. IV, disc. 3.
[2] Valère-Maxime.

[1] Wierus, in Pseudomonarchiâ dæm.
[2] Voyage de M. Cambry dans le Finistère, t. Ier.
[3] Wierus, in Pseudomonarchiâ dæm.

des enfers. Il guérissait les malades en leur indiquant des remèdes en songe; il rendait aussi par ce moyen des oracles, moyennant argent. Après les sacrifices, le consultant s'endormait sur une peau de mouton, et il lui venait un rêve qu'on savait toujours interpréter après l'événement. On lui attribue des prophéties écrites en vers, qui ne sont pas venues jusqu'à nous. *Voy.* PYROMANCIE.

Amphion, — Pausanias, Wierus et beaucoup d'autres mettent Amphion au rang des habiles magiciens, parce qu'il rebâtit les murs de Thèbes au son de sa lyre.

Amphisbène, — serpent auquel on attribue deux têtes aux deux extrémités, par lesquelles il mord également. Le docteur Brown a combattu cette erreur, que Pline avait adoptée. « On ne nie point, dit Brown [1], qu'il n'y ait ou quelques serpents à deux têtes, dont chacune était à l'extrémité opposée. Nous trouvons dans Abdovrand un lézard de cette même forme, et tel était peut-être l'amphisbène dont Cassien du Puy montra la figure au savant Faber. Cela arrive quelquefois aux animaux qui font plusieurs petits à la fois, et surtout aux serpents, dont les œufs étant attachés les uns aux autres ne peuvent s'unir sous diverses formes et s'éclore de la sorte. Mais ce sont là des productions monstrueuses, contraires à cette loi suivant laquelle toute créature engendre son semblable, et qui sont marquées comme irrégulières dans le cours général de la nature. Nous douterons donc que l'amphisbène soit une race de serpents à deux têtes jusqu'à ce que le fait soit confirmé. »

Amulette, — préservatif. On appelle ainsi certains remèdes superstitieux que l'on porte sur soi ou que l'on s'attache au cou pour se préserver de quelque maladie ou de quelque danger. Les Grecs les nommaient phylactères, les Orientaux talismans. C'étaient des images capricieuses (un scarabée chez les Égyptiens), des morceaux de parchemin, de cuivre, d'étain, d'argent, ou encore des pierres particulières où l'on avait tracé de certains caractères ou de certains hiéroglyphes. — Comme cette superstition est née d'un attachement excessif à la vie et d'une crainte puérile de tout ce qui peut nuire, le christianisme n'est pas venu à bout de la détruire universellement [2]. Dès les premiers siècles de l'église, les Pères et les Conciles défendirent aux fidèles ces pratiques du paganisme. Ils représentèrent les amulettes comme un reste idolâtre de la confiance qu'on

avait aux prétendus génies gouverneurs du monde. Thiers [1] a rapporté un grand nombre de passages des Pères à ce sujet et les canons de plusieurs Conciles. — Les lois humaines condamnèrent aussi l'usage des amulettes. L'empereur Constance défendit d'employer les amulettes et les charmes à la guérison des maladies. Cette loi, rapportée par Ammien Marcellin, fut exécutée si sévèrement, que Valentinien fit punir de mort une vieille femme qui ôtait la fièvre avec des paroles charmées, et qu'il fit couper la tête à un jeune homme qui touchait un certain morceau de marbre en prononçant sept lettres de l'alphabet pour guérir le mal d'estomac [2]. — Mais comme il fallait des préservatifs, on trouva moyen d'éluder la loi; on fit des amulettes avec des morceaux de papier chargés de versets de l'Écriture sainte. Les lois se montrèrent moins rigides contre cette coutume, et on laissa aux prêtres le soin d'en modérer les abus. — Les Grecs modernes, lorsqu'ils sont malades, écrivent le nom de leur infirmité sur un papier triangulaire qu'ils attachent à la porte de leur chambre. Ils ont grande foi à cette amulette. — Quelques personnes portent sur elles le commencement de l'Évangile de saint Jean comme un préservatif contre le tonnerre; et ce qui est assez particulier, c'est que les Turcs ont confiance à cette même amulette, si l'on en croit Pierre Leloyer [3]. — On lit dans Thyræus [4] qu'en 1568, le prince d'Orange condamna un prisonnier espagnol à mourir dans le diocèse de Juliers; que ses soldats l'attachèrent à un arbre et s'efforcèrent de le tuer à coups

---

[1] Essai sur les erreurs, liv. III, ch. 15.
[2] Bergier, Dictionnaire théologique.

[1] Traité des superstitions, liv. V, ch. 1.
[2] Voyez Ammien-Marcellin, lib. XVI, XIX, XXIX, et le P. Lebrun, liv. III, ch. 2.
[3] « Une autre question est de savoir si c'est une superstition de porter sur soi les reliques des saints, une croix, une image, une chose bénite par les prières de l'église, un *agnus-Dei*, etc., et si l'on doit mettre ces choses au rang des amulettes, comme le prétendent les protestants. Nous reconnaissons que si l'on attribue à ces choses la vertu surnaturelle de préserver d'accidents, de mort subite, de mort dans l'état de péché, etc., c'est une superstition. Elle n'est pas du même genre que celle des amulettes, dont le prétendu pouvoir ne peut pas se rapporter à Dieu; mais c'est ce que les théologiens appellent vaine observance, parce que l'on attribue à des choses saintes et respectables un pouvoir que Dieu n'y a point attaché. Un chrétien bien instruit ne les envisage point ainsi; il sait que les saints ne peuvent nous secourir que par leurs prières et par leur intercession auprès de Dieu; c'est pour cela que l'Église a décidé qu'il est utile et louable de les honorer et de les invoquer. Or c'est un signe d'invocation et de respect à leur égard de porter sur soi leur image ou leurs reliques; de même que c'est une marque d'affection et de respect pour une personne que de garder son portrait ou quelque chose qui lui ait appartenu. Ce n'est donc ni une vaine observance ni une folle confiance d'espérer qu'en considération de l'affection et du respect que nous témoignons à un saint, il intercédera et priera pour nous. » Il en est de même des croix et des *agnus-Dei*. Bergier, Dictionnaire théologique.
[4] Disp. de Dæmoniac., pars 3, cap. 45.

d'arquebuse, mais que leurs balles ne l'atteignirent point. On le déshabilla pour s'assurer s'il n'avait pas sur la peau une armure qui arrêtât le coup, on trouva une amulette portant la figure d'un agneau ; on la lui ôta, et le premier coup de fusil l'étendit roide mort. — On voit, dans la vieille chronique de dom Ursino, que quand sa mère l'envoya, tout petit enfant qu'il était, à Saint-Jacques de Compostelle, elle lui mit au cou une amulette que son époux avait arrachée à un chevalier maure. La vertu de cette amulette était d'adoucir la fureur des bêtes cruelles. En traversant une forêt, une ourse enleva le petit prince des mains de sa nourrice et l'emporta dans sa caverne ; mais, loin de lui faire aucun mal, elle l'éleva avec tendresse ; il devint par la suite très-fameux sous le nom de dom Ursino, et fut reconnu par son père, à qui la légende dit qu'il succéda sur le trône de Navarre. — Les nègres croient beaucoup à la puissance des amulettes. Les Bas-Bretons leur attribuent le pouvoir de repousser le démon. Dans le Finistère, quand on porte un enfant au baptême, on lui met au cou un morceau de pain noir, pour éloigner les sorts et les maléfices que les vieilles sorcières pourraient jeter sur lui. *Voy.* ALÈS.

Amy, — grand président aux enfers, et l'un des princes de la monarchie infernale. Il paraît là-bas environné de flammes, mais ici sous des traits humains. Il enseigne les secrets de l'astrologie et des arts libéraux ; il donne de bons domestiques ; il découvre, à ses amis, les trésors gardés par les démons ; il est préfet de trente-six légions. Des anges déchus et des puissances sont sous ses ordres. Il espère qu'après deux cent mille ans il retournera dans le ciel pour y occuper le septième trône ; ce qui n'est pas croyable, dit Wierus [1].

Amyraut (MOÏSE), théologien protestant, né dans l'Anjou, en 1596, mort en 1664. On lui doit un *Traité des songes*, aujourd'hui peu recherché.

Anagramme. — Il y eut des gens, surtout dans les quinzième et seizième siècles, qui prétendaient trouver des sens cachés dans les mots qu'ils décomposaient, et une divination dans les anagrammes. On cite comme une des plus heureuses celle que l'on fit sur le meurtrier de Henri III, *Frère dit Jacques Clément*, où l'on trouve : *C'est l'enfer qui m'a créé*. — Deux religieux en dispute, le père *Proust* et le père *d'Orléans*, faisaient des anagrammes ; le père Proust trouva dans le nom de son confrère : *l'Asne d'or*, et le père d'Orléans découvrit dans celui du père Proust : *Pur sot*. — Un nommé *André Pujon*, de la haute Auvergne, passant par Lyon pour se rendre à Paris, rêva la nuit que l'anagramme de son nom était *pendu à Riom*. En effet, on ajoute que le lendemain il s'éleva une querelle entre lui et un homme de son auberge, qu'il tua son adversaire, et fut pendu huit jours après sur la place publique de Riom. — C'est un vieux conte renouvelé. On voit dans Delancre [1] que le pendu s'appelait Jean de Pruom, dont l'anagramme est la même. — J.-B. Rousseau, qui ne voulait pas reconnaître son père parce que ce n'était qu'un humble cordonnier, avait pris le nom de Verniettes, dont l'anagramme fut faite ; on y trouva *Tu te renies*. On fit de Pierre de Ronsard, *rose de Pindare*. On donna le nom de cabale à la ligue des favoris de Charles II d'Angleterre, qui étaient Clifford, Ashley, Buckingham, Arlington, Lauderdale, parce que les initiales des noms de ces cinq ministres formaient le mot *cabal*. On voulut présenter comme une prophétie cet anagramme de *Louis quatorzième, roi de France et de Navarre* : « Va, Dieu confondra l'armée qui osera te résister..... » — Les juifs cabalistes ont fait des anagrammes la troisième partie de leur cabale : leur but est de trouver, dans la transposition des lettres ou des mots, des sens cachés ou mystérieux. *Voy.* ONOMANCIE.

Anamelech, — démon obscur, porteur de mauvaises nouvelles. Il était adoré à Sepharvaïm, ville des Assyriens. Il s'est montré sous la figure d'une caille. Son nom signifie, à ce qu'on dit, *bon roi ;* et des doctes assurent que ce démon est la lune, comme Adramelech est le soleil.

Anancitide, — *voy.* AGLAOPHOTIS.

Anania ou **Anagni** (JEAN D'), — jurisconsulte du quinzième siècle, à qui on doit quatre livres *De la Nature des démons* [2], et un traité *De la Magie et des maléfices* [3]. Ces ouvrages sont peu connus. Anania mourut en Italie en 1458.

Ananisapta. — Les cabalistes disent que ce mot écrit sur un parchemin vierge est un talisman très-efficace contre les maladies. Les lettres qui le composent sont, à leur avis, les initiales de tous les mots qui forment cette prière : *Antidotum Nazareni Auferat Necem Intoxicationis, Sanctificet Alimenta Poculaque Trinitas Alma.*

---

[1] In Pseudomon. dæmonum.

[1] L'Incrédulité et mécréance, etc., traité 5.
[2] De Naturâ dæmonum, lib. IV, in-12 ; Neapoli, 1562.
[3] De Magiâ et maleficiis, in-4° ; Lugduni, 1669.

Anansié. — C'est le nom de l'araignée gigantesque et toute-puissante à qui les nègres de la Côte d'Or attribuent la création de l'homme.

Anarazel, — l'un des démons chargés de la garde des trésors souterrains, qu'ils transportent d'un lieu à un autre pour les dérober aux recherches des hommes. C'est Anarazel qui, avec ses compagnons Gaziel et Fécor, ébranle les fondements des maisons, excite les tempêtes, sonne les cloches à minuit, fait paraître les spectres et inspire les terreurs nocturnes.

Anathème. — Ce mot, tiré du grec, signifie *exposé, signalé, dévoué*. On donnait chez les païens le nom d'anathèmes aux filets qu'un pêcheur déposait sur l'autel des nymphes de la mer, au miroir que Laïs consacra à Vénus, aux offrandes de coupes, de vêtements, d'instruments et de figures diverses. On l'appliqua ensuite aux objets odieux que l'on exposait dans un autre sens, comme la tête ou les dépouilles d'un coupable ; et l'on appela anathème la victime vouée aux dieux infernaux. Chez les juifs l'anathème a été généralement pris ainsi en mauvaise part. Chez les chrétiens c'est la malédiction ou l'être maudit. L'homme frappé d'anathème est retranché de la communion des fidèles. Il y a beaucoup d'exemples qui prouvent les effets de l'anathème ; et comment expliquer ce fait constant, que peu d'excommuniés ont prospéré ? — *voy.* EXCOMMUNICATION, PIERRES DE MALÉDICTION, etc. — Les magiciens et les devins emploient une sorte d'anathème pour découvrir les voleurs et les maléfices : voici cette superstition. Nous prévenons ceux de nos lecteurs pourraient scandaliser qu'ils sont extraits des grimoires. On prend de l'eau limpide ; on rassemble autant de petites pierres qu'il y a de personnes soupçonnées; on les fait bouillir dans cette eau ; on les enterre sous le seuil de la porte par où doit passer le voleur ou la sorcière, en y joignant une lame d'étain sur laquelle sont écrits ces mots : *Christus vincit, Christus regnat, Christus imperat.* On a eu soin de donner à chaque pierre le nom de l'une des personnes qu'on a lieu de soupçonner. — On ôte le tout de dessous le seuil de la porte au lever du soleil ; si la pierre qui représente le coupable est brûlante, c'est déjà un indice. Mais, comme le diable est sournois, il ne faut pas s'en contenter ; on récite donc les sept psaumes de la Pénitence, avec les Litanies des Saints : on prononce ensuite les prières de l'exorcisme contre le voleur ou la sorcière ; on écrit son nom dans un cercle ; on plante sur ce nom un clou d'airain, de forme triangulaire, qu'il faut enfoncer avec un marteau dont le manche soit de bois de cyprès, et on dit quelques paroles prescrites rigoureusement à cet effet. Alors le voleur se trahit par un grand cri. — S'il s'agit d'une sorcière, et qu'on veuille seulement ôter le maléfice pour le rejeter sur celle qui l'a jeté, on prend le samedi, avant le lever du soleil, une branche de coudrier d'une année, et on dit l'oraison suivante: « Je te coupe, rameau de cette année, au nom » de celui que je veux blesser comme je te » blesse. » On met la branche sur la table, en répétant trois fois une certaine prière qui se termine par ces mots : Que le sorcier ou la sorcière soit anathème, et nous saufs [1] ! »

Anatolius, — philosophe platonicien, maître de Jamblique, et auteur d'un traité *des Sympathies et des antipathies*, dont Fabricius a conservé quelques fragments dans sa Bibliothèque grecque.

Anaxilas, — philosophe pythagoricien qui vivait sous Auguste. On l'accusa de magie, parce qu'il faisait de mauvaises expériences de physique, et Auguste le bannit. Il fut l'inventeur du *flambeau infernal*, qui consiste à brûler du soufre dans un lieu privé de lumière, ce qui rend les assistants fort laids.

Anderson (ALEXANDRE). — *voy.* VAMPIRES.

Andrade, — médecin qui eut des révélations en 853. Elles sont peu curieuses ; cependant Duchesne les a recueillies dans sa Collection des historiens français [2].

Andras, — grand marquis aux enfers. On le voit avec le corps d'un ange, la tête d'un chat-huant, à cheval sur un loup noir, et portant à la main un sabre pointu. Il apprend à tuer ses ennemis, maîtres et serviteurs ; c'est lui qui élève les discordes et les querelles ; il commande trente légions.

André (TOBIE), — auteur d'un livre *sur le pouvoir des mauvais anges*, rare et peu recherché [3]. Dix-septième siècle.

Andreæ (JEAN-VALENTIN), — luthérien, né dans le duché de Wurtemberg en 1596, mort en 1654. Ses connaissances, son activité, les mystérieuses allusions qui se remarquent dans ses premiers ouvrages l'ont fait regarder comme le fondateur du fameux ordre des Roses-Croix. Plusieurs écrivains allemands lui attribuent au moins la réorganisation de cet ordre secret, affilié depuis à celui des Francs-

---

[1] Wierus, De Præstig. dæm., lib. v, cap. 5.
[2] Excerpta libri revelationum Andradi medici, anno 853, tome II, Scriptorum And. Duchesne.
[3] Tobie Andreæ Exercitationes philosophicæ de angelorum malorum potentia in corpora, in-12 ; Amstel., 1691.

Maçons, qui révèrent la mémoire d'Andreæ. — Ses ouvrages, au nombre de cent, prêchent généralement la nécessité des sociétés secrètes, surtout la République Christianopolitaine, la Tour de Babel, le Chaos des jugements portés sur la Fraternité de la Rose-Croix, l'Idée d'une Société Chrétienne, la Réforme générale du Monde, et les Noces chimiques de Chrétien Rosencreutz. — On attribue à Andreæ des voyages merveilleux, une existence pleine de mystères et des prodiges qu'on a copiés récemment dans la peinture qu'on nous a faite des tours de passe-passe de Cagliostro.

Andriague, — animal fabuleux, espèce de cheval ou de griffon ailé, que les romanciers de la chevalerie donnent quelquefois aux magiciens et à leurs héros, et qu'on retrouve aussi dans des contes de fées.

Androalphus, — puissant démon, marquis de l'empire infernal; il se montre sous la figure d'un paon à la voix grave. Quand il paraît avec la forme humaine, on peut le contraindre à donner des leçons de géométrie. Il est astronome, et enseigne à ergoter habilement. Il donne aux hommes des figures d'oiseaux; ce qui permet à ceux qui commercent avec lui d'éviter la griffe des juges. Trente légions sont sous ses ordres [1].

Androgina. — Bodin et Delancre content [2] qu'en 1536, à Casal, en Piémont, on remarqua qu'une sorcière nommée Androgina entrait dans les maisons, et que bientôt après on y mourait. Elle fut prise et livrée aux juges, elle confessa que quarante sorcières, ses compagnes, avaient composé avec elle le maléfice. C'était un onguent dont elles allaient graisser les loquets des portes; ceux qui touchaient ces loquets mouraient en peu de jours. — « La même chose advint à Genève en 1563, ajoute Delancre, si bien qu'elles y mirent la peste, qui dura plus de sept ans. Cent soixante-dix sorcières furent exécutées à Rome pour cas semblable sous le consulat de Claudius Marcellus et de Valerius Flaccus: mais la sorcellerie n'étant pas encore bien reconnue, on les prenait simplement alors pour des empoisonneuses..... »

Audroïdes, — automates à figure humaine. — *Voy.* MÉCANIQUE et ALBERT-LE-GRAND.

Ane. — Les Égyptiens traçaient son image sur les gâteaux qu'ils offraient à Typhon, dieu du mal. Les Romains regardaient la rencontre de l'âne comme un mauvais présage. Mais cet animal était honoré dans l'Arabie. — Certains peuples trouvaient quelque chose de mystérieux dans cette innocente bête, et on pratiquait autrefois une divination dans laquelle on employait une tête d'âne. — *Voy.* KÉPHALONOMANCIE. — Ce n'est pas ici le lieu de parler de la fête de l'âne. Mais relevons une croyance populaire qui fait de la croix noire qu'il porte sur le dos une distinction accordée à l'espèce, à cause de l'ânesse de Bethphagé. C'est un fait singulier. Mais Pline, qui était presque contemporain de l'ânesse qui porta notre Seigneur, et qui a rassemblé avec soin tout ce qui concerne l'âne, ne parle d'aucune révolution survenue dans la distribution de la couleur et du poil de cet animal; on doit donc croire que les ânes ont toujours porté cette marque. — Chez les Indiens du Maduré, une des premières castes, celle des cavaravadouks, prétend descendre d'un âne; ceux de cette caste traitent les ânes en frères, prennent leur défense, poursuivent en justice et font condamner à l'amende quiconque les charge trop ou les bat et les outrage sans raison. Dans les temps de pluie, ils donneront le couvert à un âne et le refuseront à son conducteur, s'il n'est pas de certaine condition [1]. — Voici une vieille fable sur l'âne : Jupiter venait de prendre possession de l'empire; les hommes, à son avènement, lui demandèrent un printemps éternel, ce qu'il leur accorda; il chargea l'âne de Silène de porter sur la terre ce présent. L'âne eut soif, et s'approcha d'une fontaine; le serpent qui la gardait, pour lui permettre d'y boire, lui demanda le trésor dont il était porteur, et le pauvre animal troqua le don du ciel contre un peu d'eau. C'est depuis ce temps, dit-on, que les vieux serpents changent de peau et rajeunissent perpétuellement. — Mais il y a des ânes plus adroits que celui-là : à une demi-lieue du Kaire se trouvait, dans une grande bourgade, un batelier qui avait un âne si instruit que les manants le prenaient pour un démon déguisé. Son maître le faisait danser; ensuite il lui disait que le soudan voulait construire un bel édifice, et qu'il avait résolu d'employer tous les ânes du Kaire à porter la chaux, le mortier et la pierre. Aussitôt l'âne se laissait tomber, roidissait les jambes et fermait les yeux comme s'il eût été mort. Le batelier se plaignait de la mort de son âne, et priait qu'on lui donnât un peu d'argent pour en acheter un autre. — Après avoir recueilli quelque monnaie : « Ah! disait-il, il n'est pas mort, mais il a fait semblant de l'être parce qu'il

---

[1] Wierus, in Pseudomon. dæmon.
[2] Démonomanie, liv. IV, ch. 4. Tableau de l'inconstance, etc., liv. II, disc. 4.

[1] Saint-Foix, t. II des Essais sur Paris.

sait que je n'ai pas le moyen de le nourrir. Lève-toi, » ajoutait-il. L'âne n'en faisait rien. Ce que voyant, le maître annonçait que le soudan avait fait crier à son de trompe que le peuple eût à se trouver le lendemain hors de la ville du Kaire, pour y voir de grandes magnificences. « Il veut, ajoutait-il, que les plus nobles dames soient montées sur des ânes... »
— L'âne se levait à ces mots, dressant la tête et les oreilles en signe de joie. « Il est vrai, ajoutait le bateleur, que le gouverneur de mon quartier m'a prié de lui prêter le mien pour sa femme, qui est une vieille roupilleuse édentée. » L'âne baissait aussitôt les oreilles et commençait à clocher comme s'il eût été boiteux [1]. — Ces ânes merveilleux, disent les démonographes, étaient, sinon des démons, au moins des hommes métamorphosés, comme Apulée, qui fut, ainsi qu'on sait, transmué en âne. Vincent de Beauvais parle [2] de deux femmes qui tenaient une petite auberge auprès de Rome, et qui allaient vendre leurs hôtes au marché après les avoir changés en cochons de lait, en poulets, en moutons. Une d'elles, ajoute-t-il, changea un comédien en âne, et, comme il conservait ses talents sous sa nouvelle peau, elle le menait dans les foires des environs, où il lui gagnait beaucoup d'argent. Un voisin acheta très-cher cet âne savant ; en le lui livrant, la sorcière se borna à lui recommander de ne pas le laisser entrer dans l'eau, ce que le nouveau maître de l'âne observa quelque temps. Mais un jour le pauvre animal, ayant trouvé moyen de rompre son licou, se jeta dans un lac, où il reprit sa forme naturelle, au grand étonnement de son conducteur. L'affaire fut portée au juge, qui fit châtier les deux sorcières. — Les rabbins font très-grand cas de l'ânesse de Balaam. C'est, disent-ils, un animal privilégié que Dieu forma à la fin du sixième jour. Abraham se servit d'elle pour porter le bois destiné au sacrifice d'Isaac ; elle porta ensuite la femme et le fils de Moïse dans le désert. Ils assurent que cette ânesse est soigneusement nourrie et réservée dans un lieu secret jusqu'à l'avénement du Messie juif, qui doit la monter pour soumettre toute la terre. *Voy.* BORACK.

Angat. — Nom du diable à Madagascar, où il est regardé comme un génie sanguinaire et cruel. On lui donne la figure du serpent.

Angelieri, — Sicilien du dix-septième siècle, qui n'est connu que par un fatras dont il publia deux volumes, et dont il en promettait vingt-quatre, sous le titre de *Lumière magique*, ou origine, ordre et gouvernement de toutes les choses célestes, terrestres et infernales, etc. [1]. Mongitore en parle dans le tome Ier de sa *Bibliothèque sicilienne*.

Angélique, — plante qui passe pour un préservatif contre les fascinations de la magie. On la mettait en manière d'amulette au cou des petits enfants pour les garantir des maléfices.

Angerbode ou **Angurbode**, — femme gigantesque qui se maria avec le diable, selon l'opinion des Scandinaves, et qui enfanta trois monstres : le loup Fenris, le serpent Jormungandur et la démone Héla, qui garde le monde souterrain.

Anges. — Les Juifs, à l'exception des saducéens, admettaient et honoraient les anges, en qui ils voyaient, comme nous, des substances spirituelles, intelligentes, et les premières en dignité entre les créatures. — L'Écriture sainte a conservé quelquefois aux démons le nom d'anges, mais anges de ténèbres ou mauvais anges. Leur chef est appelé le grand dragon et l'ancien serpent, à cause de la forme qu'il prit pour tenter la femme. — Zoroastre enseignait l'existence d'un nombre infini d'anges ou d'esprits médiateurs, auxquels il attribuait non-seulement un pouvoir d'intercession subordonné à la providence continuelle de Dieu, mais un pouvoir aussi absolu que celui que les païens prêtaient à leurs dieux [2]. C'est le culte rendu à des dieux secondaires que saint Paul a condamné [3]. Les musulmans croient que les hommes ont chacun deux anges gardiens, dont l'un écrit le bien et l'autre le mal. Ces anges sont si bons, ajoutent-ils, que, quand celui qui est sous leur garde fait une mauvaise action, ils le laissent dormir avant de l'enregistrer, espérant qu'il pourra se repentir à son réveil. — Les Persans donnent à chaque homme cinq anges gardiens, qui sont placés : le premier à la droite pour écrire ses bonnes actions, le second à sa gauche pour écrire les mauvaises, le troisième devant lui pour le conduire, le quatrième derrière pour le garantir des démons, et le cinquième devant son front pour tenir son esprit élevé vers le prophète. D'autres portent le nombre des anges gardiens jusqu'à cent soixante. — Les Siamois divisent les anges en sept ordres, et les char-

---

[1] Leon Africanus, part. 8 della Africa, cité dans Leloyer.
[2] In Specul. natur., lib. III, cap. 109.

[1] Lux magica academica, coelestium, terrestrium et infernorum origo, ordo et subordinatio cunctorum quoad esse, fieri et operari, XXIV voluminibus divisa. Pars 1, Venise, 1686. sous le nom de Livio Betani ; pars 2, Venise, 1687. Ces deux vol. sont in-4°.
[2] Bergier, Dictionnaire théologique.
[3] Coloss., cap. 2, vers. 18.

gent de la garde des planètes, des villes, des personnes. Ils disent que c'est pendant qu'on éternue que les mauvais anges écrivent les fautes des hommes. — Les théologiens admettent neuf chœurs d'anges en trois hiérarchies : les Séraphins, les Chérubins, les Trônes ; — les Dominations, les Principautés, les Vertus des Cieux ; — les Puissances, les Archanges et les Anges. — Parce que des anges en certaines occasions où Dieu l'a voulu, ont secouru les Juifs contre leurs ennemis, les peuples modernes ont quelquefois attendu le même prodige. Le jour de la prise de Constantinople par Mahomet II, les Grecs schismatiques, comptant sur la prophétie d'un de leurs moines, se persuadaient que les Turcs n'entreraient pas dans la ville, mais qu'ils seraient arrêtés aux murailles par un ange armé d'un glaive qui les chasserait et les repousserait jusqu'aux frontières de la Perse. Quand l'ennemi parut sur la brèche, le peuple et l'armée se réfugièrent dans le temple de Sainte-Sophie, sans avoir perdu tout espoir ; mais l'ange n'arriva pas et la ville fut saccagée. — Cardan raconte qu'un jour qu'il était à Milan, le bruit se répandit tout à coup qu'il y avait un ange dans les airs au-dessus de la ville. Il accourut et vit, ainsi que deux mille personnes rassemblées, un ange qui planait dans les nuages, armé d'une longue épée et les ailes étendues. Les habitants s'écriaient que c'était l'ange exterminateur ; et la consternation devenait générale, lorsqu'un jurisconsulte fit remarquer que ce qu'on voyait n'était que la représentation qui se faisait dans les nuées d'un ange de marbre blanc placé au haut du clocher de Saint-Gothard. *Voy.* Armées prodigieuses.

Angeweiller, — *voy.* Fées.

Anguekkok, — espèce de sorcier auquel les Groenlandais ont recours dans tous leurs embarras. Ainsi, quand les veaux marins ne se montrent pas en assez grand nombre, on va prier l'Anguekkok d'aller trouver la femme qui, selon la tradition, a traîné la grande île de Disco de la rivière de Baal, où elle était située autrefois, pour la placer à plus de cent lieues de là, à l'endroit où elle se trouve aujourd'hui. D'après la légende, cette femme habite au fond de la mer, dans une vaste maison gardée par les veaux marins ; des oiseaux de mer nagent dans sa lampe d'huile de poisson, et les habitants de l'abîme se réunissent autour d'elle, attirés par sa beauté, sans pouvoir la quitter, jusqu'à ce que l'anguekkok la saisisse par les cheveux, et, lui enlevant sa coiffure, rompe le charme qui les retenait au-près d'elle. Quand un Groenlandais tombe malade, c'est encore l'anguekkok qui lui sert de médecin, et qui se charge également de guérir les maux du corps et ceux de l'âme [1]. *Voy.* Torngarsuk.

Anguille. — Les livres de secrets prodigieux donnent à l'anguille des vertus surprenantes. Si on la laisse mourir hors de l'eau, qu'on mette ensuite son corps entier dans du fort vinaigre et du sang de vautour, et qu'on place le tout sous du fumier, cette composition « fera ressusciter tout ce qui lui sera présenté, et lui redonnera la vie comme auparavant [2]. » — Des autorités de la même force disent encore que celui qui mange le cœur tout chaud d'une anguille sera saisi d'un instinct prophétique et prédira les choses futures. — Les Égyptiens adoraient l'anguille, que leurs prêtres seuls avaient droit de manger. On a beaucoup parlé, dans le dernier siècle, des anguilles formées de farine ou de jus de mouton. *Voy.* Needham. — N'oublions pas le petit trait d'un avare, rapporté par Guillaume de Malmesbury, doyen d'Elgin, dans la province de Murray en Écosse, qui fut changé en anguille et mis en matelote [3].

Animaux. — Ils jouent un grand rôle dans les anciennes mythologies. Les païens en adoraient plusieurs, ou par terreur, ou par reconnaissance, ou par suite des doctrines de la métempsycose. Chaque dieu avait un animal qui lui était dévoué. Les anciens philosophes avaient parfois, au sujet des animaux, de singulières idées. Celse, qui a été si bien battu par Origène, soutenait très-sérieusement que les animaux ont plus de raison, plus de sagesse, plus de vertu que l'homme (peut-être jugeait-il d'après lui-même), et qu'ils sont dans un commerce plus intime avec la Divinité. Quelques-uns ont cherché dans de telles idées l'origine du culte que les Égyptiens rendaient à plusieurs animaux. Mais d'autres mythologues vous diront que ces animaux étaient révérés parce qu'ils avaient prêté leur peau aux dieux égyptiens en déroute et obligés à se travestir. *Voy.* Ame des bêtes. — Divers animaux sont très-réputés dans la sorcellerie, comme le coq, le chat, le crapaud, le loup, le chien, ou parce qu'ils accompagnent les sorcières au sabbat, ou pour les présages qu'ils donnent, ou parce que les magiciens et les démons empruntent leurs formes. Nous en parlerons à leurs articles particuliers.

---

[1] Expédition du capitaine Graah dans le Groenland.
[2] Admirables secrets d'Albert le Grand, liv. II, ch. 3.
[3] Cité par M. Salgues, Des Erreurs et des préjugés, t. Ier, p. 323.

—Dix animaux sont admis dans le paradis de Mahomet : la baleine de Jonas, la fourmi de Salomon, le bélier d'Ismaël, le veau d'Abraham, l'âne d'Aasis, reine de Saba, la chamelle du prophète Saleh, le bœuf de Moïse, le chien des sept dormants, le coucou de Belkis et l'âne de Mahomet. *Voy.* BORACK. — Nous ne dirons qu'un mot d'une erreur populaire qui, aujourd'hui, n'est plus très-enracinée. On croyait autrefois que toutes les espèces qui sont sur la terre se trouvaient aussi dans la mer. Le docteur Brown a prouvé que cette opinion n'était pas fondée. « Il serait bien difficile, dit-il, de trouver l'huître sur la terre; et la panthère, le chameau, la taupe ne se rencontrent pas dans l'histoire naturelle des poissons. D'ailleurs le renard, le chien, l'âne, le lièvre de mer ne ressemblent pas aux animaux terrestres qui portent les mêmes nom. Le cheval marin n'est pas plus un cheval qu'un aigle; le bœuf de mer n'est qu'une grosse raie; le lion marin, une espèce d'écrevisse ; et le chien marin ne représente pas plus le chien de terre que celui-ci ne ressemble à l'étoile Sirius, qu'on appelle aussi le chien [1]. » — Il serait long et hors de propos de rapporter ici toutes les bizarreries que l'esprit humain a enfantées par rapport aux animaux. *Voy.* BÊTES, EXCOMMUNICATION, etc.

Anjorrond, — *voy.* DENIS.

Anneau. — Il y avait autrefois beaucoup d'anneaux enchantés ou chargés d'amulettes ; les magiciens faisaient des anneaux constellés avec lesquels on opérait des merveilles. *Voy.* ELÉAZAR. — Cette croyance était si répandue chez les païens, que leurs prêtres ne pouvaient porter d'anneaux, à moins qu'ils ne fussent si simples qu'il était évident qu'ils ne contenaient pas d'amulettes [2]. — Les anneaux magiques devinrent aussi de quelque usage chez les chrétiens, et même beaucoup de superstitions se rattachèrent au simple *anneau d'alliance*. On croyait qu'il y avait dans le quatrième doigt, qu'on appela doigt annulaire, une ligne qui répondait directement au cœur; on recommanda de mettre l'anneau d'alliance à ce seul doigt. Le moment où le mari donne l'anneau à sa jeune épouse devant le prêtre, ce moment, dit un vieux livre de secrets, est de la plus haute importance. Si le mari arrête l'anneau à l'entrée du doigt et ne passe pas la seconde jointure, la femme sera maîtresse; mais s'il enfonce l'anneau jusqu'à l'origine du doigt, il sera chef et souverain. Cette idée est encore en vigueur, et les jeunes mariées ont généralement soin de courber le doigt annulaire au moment où elles reçoivent l'anneau, de manière à l'arrêter avant la seconde jointure. — Les Anglaises, qui observent la même superstition, font le plus grand cas de l'anneau d'alliance, à cause de ses propriétés. Elles croient qu'en mettant un de ces anneaux dans un bonnet de nuit, et plaçant le tout sous leur chevet, elles verront en songe le mari qui leur est destiné. — Les Orientaux révèrent les anneaux et les bagues, et croient aux anneaux enchantés. Leurs contes sont pleins de prodiges opérés par ces anneaux. Ils citent surtout, avec une admiration sans bornes, l'*anneau de Salomon*, par la force duquel ce prince commandait à toute la nature. Le grand nom de Dieu est gravé sur cette bague, qui est gardée par des dragons dans le tombeau inconnu de Salomon : celui qui s'emparerait de cet anneau serait maître du monde et aurait tous les génies à ses ordres. *Voy.* SAKHAR. — A défaut de ce talisman prodigieux, ils achètent à des magiciens des anneaux qui produisent aussi des merveilles. — Henri VIII bénissait des anneaux d'or, qui avaient, disait-il, la propriété de guérir de la crampe [1]. — Les faiseurs de secrets ont inventé des bagues magiques qui ont plusieurs vertus. Leurs livres parlent de l'*anneau des voyageurs*. Cet anneau, dont le secret n'est pas bien certain, donnait à celui qui le portait le moyen d'aller sans fatigue de Paris à Orléans, et de revenir d'Orléans à Paris dans la même journée. — Mais on n'a pas perdu le secret de l'*anneau d'invisibilité*. Les cabalistes ont laissé la manière de faire cet anneau, qui plaça Gigès au trône de Lydie. Il faut entreprendre cette opération un mercredi de printemps, sous les auspices de Mercure, lorsque cette planète se trouve en conjonction avec une des autres planètes favorables, comme la Lune, Jupiter, Vénus et le Soleil. Que l'on ait de bon mercure fixé et purifié : on en formera une bague où puisse entrer facilement le doigt du milieu; on enchâssera dans le chaton une petite pierre que l'on trouve dans le nid de la huppe, et on gravera autour de la bague ces paroles : *Jésus passant ☩ par le milieu d'eux ☩ s'en allait;* puis, ayant posé le tout sur une plaque de mercure fixé, on fera le parfum de Mercure ; on enveloppera l'anneau dans un taffetas de la couleur convenable à la planète, on le portera dans le nid de la huppe d'où l'on a tiré la pierre, on l'y laissera neuf jours ; et quand on le retirera, on fera encore le parfum comme la première fois ; puis on le gardera dans une

---

[1] Brown, Des Erreurs populaires, liv. III, ch. 24.
[2] Aulu-Gelle, lib. X, cap. 25.

[1] Misson, Voyage d'Italie, t. III, p. 16, à la marge.

petite boîte faite avec du mercure fixé, pour s'en servir à l'occasion. Alors on mettra la bague à son doigt; en tournant la pierre au dehors de la main, elle a la vertu de rendre invisible aux yeux des assistants celui qui la porte; et quand on veut être vu, il suffit de rentrer la pierre en dedans de la main, que l'on ferme en forme de poing. — Porphyre, Jamblique, Pierre d'Apone et Agrippa, ou du moins les livres de secrets qui leur sont attribués, soutiennent qu'un anneau fait de la manière suivante a la même propriété. Il faut prendre des poils qui sont au-dessus de la tête de l'hyène, et en faire de petites tresses avec lesquelles on fabrique un anneau, qu'on porte aussi dans le nid de la huppe; on le laisse là neuf jours; on le passe ensuite dans des parfums préparés sous les auspices de Mercure. On s'en sert comme de l'autre anneau, excepté qu'on l'ôte absolument du doigt quand on ne veut plus être invisible. — Si, d'un autre côté, on veut se précautionner contre l'effet de ces anneaux cabalistiques, on aura une bague faite de plomb raffiné et purgé; on enchâssera dans le chaton un œil de jeune belette qui n'aura porté des petits qu'une fois; sur le contour on gravera les paroles suivantes : *Apparuit Dominus Simoni*. Cette bague se fera un jour de samedi, lorsqu'on connaîtra que Saturne est en opposition avec Mercure. On l'enveloppera dans un morceau de linceul mortuaire où on le laissera neuf jours; puis, l'ayant retirée, on fera trois fois le parfum de Saturne, et on s'en servira. — Ceux qui ont inventé ces anneaux ont raisonné sur le principe de l'antipathie entre les matières qui les composent. Rien n'est plus antipathique à l'hyène que la belette, et Saturne rétrograde presque toujours à Mercure; ou, lorsqu'ils se rencontrent dans le domicile de quelques signes du zodiaque, c'est toujours un aspect funeste et de mauvais augure [1]. — On peut faire d'autres anneaux sous l'influence des planètes, et leur donner des vertus au moyen de pierres et d'herbes merveilleuses. « Mais dans ces caractères, herbes cueillies, constellations et charmes, le diable se coule, » comme dit Leloyer. « Ceux qui observent les heures des astres, ajoute-t-il, n'observent que les heures des démons qui président aux pierres, aux herbes et aux astres mêmes. » — Et il est de fait que ce ne sont ni des saints ni des cœurs honnêtes qui se mêlent de ces superstitions.

Anneberg, — démon des mines; il tua un jour de son souffle douze ouvriers qui travaillaient à une mine d'argent dont il avait la garde. C'est un démon méchant et terrible. Il se montre surtout en Allemagne; on dit qu'il a la figure d'un cheval, avec un cou immense et des yeux effroyables [1].

Année. — Plusieurs peuples ont célébré par des cérémonies plus ou moins singulières le retour du nouvel an. Chez les Perses, un jeune homme s'approchait du prince et lui faisait des offrandes, en disant qu'il lui apportait la nouvelle année de la part de Dieu. Chez nous, on donne encore des étrennes. Les Gaulois commençaient l'année par la cérémonie du gui de chêne, qu'ils appelaient *le gui de l'an neuf* ou du nouvel an. Les druides, accompagnés du peuple, allaient dans une forêt, dressaient autour d'un plus beau chêne un autel triangulaire de gazon, et gravaient sur le tronc et sur les deux plus grosses branches de l'arbre révéré les noms des dieux qu'ils croyaient les plus puissants : *Theutatès, Esus, Taranis, Belenus*. Ensuite, l'un d'eux, vêtu d'une blanche tunique, coupait le gui avec une serpe d'or; deux autres druides étaient là pour le recevoir dans un linge, et prendre garde qu'il ne touchât la terre. Ils distribuaient l'eau où ils faisaient tremper ce nouveau gui, et persuadaient au peuple qu'elle guérissait de plusieurs maladies et qu'elle était efficace contre les sortilèges [2]. — On appelle *année platonique* un espace de temps à la fin duquel tout doit se retrouver à la même place [3]. Les uns comptent quinze mille ans pour cette révolution, d'autres trente-six mille. Il y en eut aussi qui croyaient anciennement qu'au bout de cette période le monde serait renouvelé, et que les âmes rentreraient dans leurs corps pour commencer une nouvelle vie semblable à la précédente. On conte là-dessus cette anecdote. — Deux Allemands, étant au cabaret et parlant de cette grande année platonique où toutes les choses doivent retourner à leur premier état, voulurent persuader au maître du logis qu'il n'y avait rien de si vrai que cette révolution ; « de sorte, disaient-ils, que, dans seize mille ans d'ici, nous serons à boire chez vous à pareille heure et dans cette même chambre. » Là-dessus, ayant peu d'argent, en vrais Allemands qu'ils étaient, ils le prièrent de leur faire crédit jusque-là. Le cabaretier leur répondit qu'il le voulait bien. « Mais, ajouta-t-il, parce qu'il y a seize

---
[1] Petit Albert.

[1] Wierus, De Priest., lib. I, cap. 22.
[2] Saint-Foix, Essais, etc., t. II.
[3] Quelques-uns disaient que les corps célestes seulement se retrouveraient au même point au bout de la grande année. Cicéron, dans un passage de son Hortensius, conservé par Servius, fait cette grande année de douze mille neuf cent cinquante-quatre des nôtres.

mille ans, jour pour jour, heure pour heure, que vous étiez à boire ici, comme vous faites, et que vous vous en allâtes sans payer, acquittez le passé et je vous ferai crédit du présent...»
— Le préjugé des *années climatériques* subsiste encore, quoiqu'on en ait démontré l'absurdité. Auguste écrivait à son neveu Caïus pour l'engager à célébrer le jour de sa naissance, attendu qu'il avait passé la soixante-troisième année, — cette grande climatérique si redoutable pour les humains. — Beaucoup de personnes craignent encore l'année climatérique ; cependant une foule de relevés prouvent qu'il ne meurt pas plus d'hommes dans la soixante-troisième année que dans les années qui la précèdent. Mais un préjugé se détruit avec peine. Selon ces idées, que Pythagore fit naître par ses rêveries sur les nombres, notre tempérament éprouve tous les sept ans une révolution complète ; quelques-uns disent même qu'il se renouvelle entièrement ; d'autres prétendent que ce renouvellement n'a lieu que tous les neuf ans : aussi les années climatériques se comptent par sept et par neuf. Quarante-neuf et quatre-vingt-un sont très-importantes, disent les partisans de cette doctrine ; mais soixante-trois est l'année la plus fatale, parce que c'est la multiplication de sept par neuf. Un Normand disait : « Encore un des miens pendu à quarante-neuf ans ! et qu'on dise qu'il ne faut pas se méfier des années climatériques ! » « On ne doit pourtant pas porter trop loin, dit M. Salgues, le mépris de la période septenaire, qui marque les progrès du développement et de l'accroissement du corps humain. Ainsi, généralement, « les dents de l'enfance tombent à sept ans, la puberté se manifeste à quatorze, le corps cesse de croître à vingt-un. » — Mais cette observation n'est pas exacte.

Annius de Viterbe (JEAN NANNI), — savant ecclésiastique, né à Viterbe en 1432. Il a publié une collection de manuscrits pleins de fables attribuées à Bérose, à Fabius Pictor, à Caton, à Archiloque, à Manéthon, etc., et connu sous le nom d'*Antiquités d'Annius*. Ce recueil a peu de crédit. — On doit encore à Annius un *Traité de l'empire des Turcs* et un livre des *Futurs triomphes des chrétiens sur les Turcs et les Sarrasins*, etc. Ces deux ouvrages sont des explications de l'Apocalypse. L'auteur pense que Mahomet est l'antechrist, et que la fin du monde aura lieu quand le peuple des saints (les chrétiens) aura soumis entièrement les juifs et les mahométans.

Anocchiatura, — fascination involontaire qui s'exerce, soit par les yeux, soit par les paroles, selon les croyances populaires des Corses, mais dans un sens très-bizarre, les puissances mystérieuses qui président à l'anocchiatura ayant la singulière habitude d'exécuter le contraire de ce qu'on souhaite. Aussi, dans la crainte de fasciner les enfants en leur adressant des bénédictions ou des éloges, le peuple qui leur veut du bien le leur prouve par des injures et des souhaits d'autant plus favorables qu'ils sont plus affreusement exprimés [1].

Anpiel, — l'un des anges que les rabbins chargent du gouvernement des oiseaux ; car ils mettent chaque espèce créée sous la protection d'un ou de plusieurs anges.

Anselme de Parme, — astrologue, né à Parme, où il mourut en 1440. Il avait écrit des *Institutions astrologiques*, qui n'ont pas été imprimées. Wierus [2] et quelques démonographes le mettent au nombre des sorciers. Des charlatans qui guérissaient les plaies au moyen de paroles mystérieuses inventées par lui ont pris le nom d'anselmistes ; et, pour mieux en imposer, ils se vantaient de tenir leur vertu de guérir, non d'Anselme de Parme, mais de saint Anselme de Cantorbéry.

Ansuperomin, — sorcier des environs de Saint-Jean-de-Luz, qui, selon des informations prises sous Henri IV par le conseiller Pierre Delancre [3], fut vu plusieurs fois au sabbat, à cheval sur un démon qui avait forme de bouc, et jouant de la flûte pour la danse des sorcières.

Antæus. — Il y a, comme dit Boguet, des familles où se trouve toujours quelqu'un qui devient loup-garou. Evanthes, et après lui Pline, rapporte que dans la race d'un certain Anthæus, Arcadien, on choisissait par le sort un homme que l'on conduisait près d'un étang. Là, il se dépouillait, pendait ses habits à un chêne ; et, après avoir passé l'eau à la nage, s'enfuyait dans un désert où, transformé en loup, il vivait et conversait avec les loups pendant neuf ans. Il fallait que durant ce temps il ne vît point d'hommes ; autrement le cours des neuf ans eût recommencé. Au bout de ce terme il retournait vers le même étang, le traversait à la nage et rentrait chez lui, où il ne se trouvait pas plus âgé que le jour de sa transmutation en loup, le temps qu'il avait passé sous cette forme ne faisant pas compte dans le nombre des années de sa vie.

---

[1] P. Mérimée, Colomba.
[2] In libro apologetico.
[3] Tableau de l'inconstance des démons, liv. III, disc. 4.

Antamtapp, — enfer des Indiens, plein de chiens enragés et d'insectes féroces. On y est couché sur des branches d'épines et continuellement caressé par des corbeaux qui ont des becs de fer. Les Brames disent que les supplices de cet enfer sont éternels.

Antechrist. — Par Antechrist on entend ordinairement un tyran impie et cruel, ennemi de Jésus-Christ; il doit régner sur la terre lorsque le monde approchera de sa fin. Les persécutions qu'il exercera contre les élus seront la dernière et la plus terrible épreuve qu'ils auront à subir; et même notre Seigneur a déclaré que les élus y succomberaient si le temps n'en était abrégé en leur faveur; car il se donnera pour le Messie et fera des prodiges *capables d'induire en erreur les élus mêmes.* — Leloyer[1] rapporte cette opinion populaire, que les démons souterrains ne gardent que pour lui les trésors cachés, au moyen desquels il pourra séduire les peuples. C'est à cause des miracles qu'il doit faire que plusieurs l'appellent le singe de Dieu. — L'Antechrist aura beaucoup de précurseurs; il viendra peu de temps avant la fin du monde. Saint Jérôme dit que ce sera un homme fils d'un démon; d'autres ont pensé que ce serait un démon revêtu d'une chair apparente et fantastique. Mais, suivant saint Irénée, saint Ambroise, saint Augustin, et plusieurs autres pères, l'Antechrist doit être un homme de la même nature que tous les autres, de qui il ne différera que par une malice et par une impiété dignes de l'enfer. — Il sera Juif, et de la tribu de Dan, selon Malvenda[2], qui appuie son sentiment sur ces paroles de Jacob mourant à ses fils : *Dan est un serpent dans le sentier*[3]; sur celles-ci de Jérémie : *Les armées de Dan dévoreront la terre;* et sur le chapitre 7 de l'*Apocalypse,* où saint Jean a omis la tribu de Dan dans l'énumération qu'il fait des autres tribus. — « L'Antechrist sera toujours en guerre; il fera des miracles qui étonneront la terre; il persécutera les justes, et, comme le diable marque déjà ses sujets, il marquera aussi les siens d'un signe au front ou à la main[4]. — Élie et Énoch viendront enfin, suivant Malvenda, et convertiront les Juifs. L'Antechrist leur fera donner la mort, qu'ils n'ont pas encore reçue, et qu'ils ne doivent recevoir que de lui. Alors Jésus-Christ, notre Seigneur, descendra des cieux et tuera l'Antechrist avec l'épée à deux tranchants qui sortira de sa bouche. — Quelques-uns prétendent que le règne de l'Antechrist durera cinquante ans; d'autres, qu'il ne durera que trois ans et demi; après quoi les anges feront entendre les trompettes du dernier jugement. Le mot de passe des sectateurs de l'Antechrist sera, dit Boguet : *Je renie le baptême.* — Ce qui est assez grotesque, assurément, c'est que les protestants, ces précurseurs de l'Antechrist, donnent le nom d'Antechrist au pape, comme les larrons qui crient au voleur pour détourner d'eux les recherches. — Pendant un moment dans le peuple on a craint que Napoléon ne fût l'Antechrist. Nous mentionnons cette petite circonstance comme un simple fait. — Le troisième traité de l'*Histoire des trois possédées de Flandre,* par Sébastien Michaëlis, donne des éclaircissements sur l'Antechrist, d'après les dires des démons exorcisés. « Il sera méchant comme un enragé. Jamais si méchante créature ne fut sur terre. Il fera des chrétiens ce qu'on fait en enfer des âmes; ce ne sera pas un martyr humain, mais un martyr inhumain. Il aura une foule de noms de synagogue; il se fera porter par les airs quand il voudra; Belzébut sera son père. » — Une sorcière, qui avait des visions, déclara que l'Antechrist parlerait en naissant toutes sortes de langues, qu'il aurait des griffes au lieu de pieds et ne porterait pas de pantoufles; que Belzébut, son père, se montrera à ses côtés sous la figure d'un oiseau à quatre pattes, avec une queue, une tête de bœuf très plate, des cornes, et un poil noir assez rude; qu'il marquera les siens d'un cachet qui représentera cette figure en petit. — Nous pourrions citer beaucoup de choses pareilles sur l'Antechrist, mais les détails burlesques et les plaisanteries ne vont qu'à moitié dans une pareille matière. — On a raillé l'abbé Fiard, qui regardait Voltaire et les encyclopédistes comme des précurseurs de l'Antechrist. Il est possible que les railleurs aient tort.

Antesser, — démon. *Voy.* Blokula.

Anthropomancie, — divination par l'inspection des entrailles d'hommes ou de femmes éventrés. Cet horrible usage était très-ancien. Hérodote dit que Ménélas, retenu en Égypte par les vents contraires, sacrifia à sa barbare curiosité deux enfants du pays, et chercha à savoir ses destinées dans leurs entrailles. Héliogabale pratiquait cette divination. Julien l'Apostat, dans ses opérations magiques et dans les sacrifices nocturnes, faisait tuer, dit-on, un grand nombre d'enfants pour consulter leurs entrailles. Dans sa dernière expédition,

---

[1] Discours des spectres, liv. iv, ch. 15.
[2] Dans un long et curieux ouvrage en 13 livres sur l'Antechrist, Raban-Maur, au neuvième siècle, a fait aussi un livre sur la Vie et les mœurs de l'Antechrist.
[3] Genèse, ch. 49.
[4] Boguet, Discours des sorciers, ch. 50.

étant à Carra en Mésopotamie, il s'enferma dans le temple de la Lune et, après avoir fait ce qu'il voulut avec les complices de son impiété, il scella les portes, et y posa une garde qui ne devait être levée qu'à son retour. Il fut tué dans la bataille qu'il livra aux Perses, et ceux qui entrèrent dans le temple de Carra, sous le règne de Jovien, son successeur, y trouvèrent une femme pendue par les cheveux, les mains étendues, le ventre ouvert et le foie arraché.

Anthropophages. — Le livre attribué à Énoch dit que les géants nés du commerce des anges avec les filles des hommes furent les premiers anthropophages. Marc-Paul dit que de son temps, dans la Tartarie, les magiciens avaient le droit de manger la chair des criminels, et des écrivains observent qu'il n'y a que les chrétiens qui n'aient pas été anthropophages.

Antide. — Une vieille tradition populaire rapporte que saint Antide, évêque de Besançon, vit un jour dans la campagne un démon fort maigre et fort laid, qui se vantait d'avoir porté le trouble dans l'église de Rome. Le saint appela le démon, le fit mettre à quatre pattes, lui sauta sur le dos, se fit ainsi transporter à Rome, répara le dégât dont l'ange déchu se montrait si fier, et s'en revint en son diocèse par la même voiture [1].

Antiochus, — moine de Séba qui vivait au commencement du septième siècle. Dans ses 190 homélies, intitulées *Pandectes des divines Écritures*, la 84e *de Insomniis*, roule sur les visions et les songes [2].

Antipathie. — Les astrologues prétendent que ce sentiment d'opposition qu'on ressent pour une personne ou pour une chose est produit par les astres. Ainsi, deux personnes nées sous le même aspect auront un désir mutuel de se rapprocher, et s'aimeront sans savoir pourquoi; de même que d'autres se haïront sans motif, parce qu'ils seront nés sous des conjonctions opposées. Mais comment expliqueront-ils les antipathies que les grands hommes ont eues pour les choses les plus communes? on en cite un grand nombre, auxquelles on ne peut rien comprendre. — Lamothe-Levayer ne pouvait souffrir le son d'aucun instrument, et goûtait le plus vif plaisir au bruit du tonnerre. César n'entendait pas le chant du coq sans frissonner. Le chancelier Bacon tombait en défaillance toutes les fois qu'il y avait une éclipse de lune. Marie de Médicis ne pouvait souffrir la vue d'une rose, pas même en peinture, et elle aimait toute autre sorte de fleurs. Le cardinal Henri de Cardonne éprouvait la même antipathie et tombait en syncope lorsqu'il sentait l'odeur des roses. Le maréchal d'Albret se trouvait mal dans un repas où l'on servait un marcassin ou un cochon de lait. Henri III ne pouvait rester seul dans une chambre où il y avait un chat. Le maréchal de Schomberg avait la même faiblesse. Ladislas, roi de Pologne, se troublait et prenait la fuite quand il voyait des pommes. Scaliger frémissait à l'aspect du cresson. Érasme ne pouvait sentir le poisson sans avoir la fièvre. Tycho-Brahé sentait ses jambes défaillir à la rencontre d'un lièvre ou d'un renard. Le duc d'Épernon s'évanouissait à la vue d'un levraut. Cardan ne pouvait souffrir les œufs; le poëte Arioste, les bains; le fils de Crassus, le pain; César de Lescalle, le son de la vielle. — On trouve souvent la cause de ces antipathies dans les premières sensations de l'enfance. Une dame qui aimait beaucoup les tableaux et les gravures s'évanouissait lorsqu'elle en trouvait dans un livre; elle en dit la raison: étant encore petite, son père l'aperçut un jour, qui feuilletait les livres de sa bibliothèque pour y chercher des images; il les lui retira brusquement des mains, et lui dit d'un ton terrible qu'il y avait dans ces livres des diables qui l'étrangleraient si elle osait y toucher... Ces menaces absurdes, ordinaires à certains parents, occasionnent toujours de funestes effets qu'on ne peut plus détruire. — Pline assure qu'il y a une telle antipathie entre le loup et le cheval, que si le cheval passe où le loup a passé, il sent aux jambes un engourdissement qui l'empêche de marcher. Un cheval sent le tigre en Amérique, et refuse obstinément de traverser une forêt où son odorat lui annonce la présence de l'ennemi. Les chiens sentent aussi très-bien les loups avec qui ils ne sympathisent pas; et peut-être serions-nous sages de suivre jusqu'à un certain point, avec les gens que nous voyons la première fois, l'impression sympathique ou antipathique qu'ils nous font éprouver; car l'instinct existe aussi chez les hommes mêmes, qui le surmontent cependant par la raison.

Antipodes. — L'existence des antipodes était regardée naturellement comme un conte dans le temps où l'on croyait que la terre était plate. Mais il n'est pas vrai, comme on l'a écrit, que le prêtre Virgile fut excommunié par le pape Zacharie pour avoir soutenu qu'il y avait des antipodes; ce Virgile au contraire, à cause de sa science, fut comblé d'honneurs

---

[1] Voyez les Bollandistes, 25 juin, etc.
[2] Voyez t. XII de la Bibliotheca patrum, ed. Lugdun.

et nommé à l'évêché de Salzbourg [1]. — La plupart des hommes à qui l'éducation n'a pas étendu les bornes de l'esprit croient encore que la terre n'est qu'un grand plateau ; et il serait difficile de leur persuader qu'on trouve au-dessous de nous des hommes qui ont la tête en bas, et les pieds justement opposés aux nôtres [2]. — Les anciens mythologues citent, dans un autre sens, sous le nom d'Antipodes, des peuples fabuleux de la Libye, à qui on attribuait huit doigts aux pieds, et les pieds *tournés* en dehors. On ajoute qu'avec cela ils couraient comme le vent.

Antoine. — Saint Antoine est célèbre par les tentations qu'il eut à subir de la part du diable. Ceux qui ont mis leur esprit à la torture pour donner à ces faits un côté plaisant n'ont pas toujours eu autant d'esprit qu'ils ont voulu en montrer. Ils n'égalent certainement pas le bon légendaire qui conte qu'Antoine, ayant dompté Satan, le contraignit à demeurer auprès de lui, sous sa forme la plus convenable, qui était celle d'un cochon. *Voy.* Ardents.

Apantomancie, — divination tirée des objets qui se présentent à l'improviste. Tels sont les présages que donne la rencontre d'un lièvre ou d'un aigle, etc.

Aparctiens, — peuples fabuleux que d'anciens conteurs ont placés dans le Septentrion. Ils étaient transparents comme du cristal, et avaient les pieds étroits et tranchants comme des patins, ce qui les aidait merveilleusement à glisser. Leur longue barbe ne leur pendait pas au menton, mais au bout du nez. Ils n'avaient point de langue, mais deux solides râteliers de dents qu'ils frappaient musicalement l'un contre l'autre pour s'exprimer. Ils ne sortaient que la nuit, et se reproduisaient par le moyen de la sueur qui se congelait et formait un petit. Leur dieu était un ours blanc [3].

Apocalypse. — Dans cette clôture redoutable du livre qui commence par la Genèse, l'esprit de l'homme s'est souvent égaré. La manie de vouloir tout expliquer, quand nous sommes entourés de tant de mystères que nous ne pouvons comprendre, a fourvoyé bien des esprits. Après avoir trouvé la bête à sept têtes et l'Antechrist dans divers personnages, jusqu'à Napoléon, qui prête du moins à des aperçues piquants, on est aussi peu avancé que le premier jour. Newton a échoué, comme les autres, dans l'interprétation de l'Apocalypse. Ceux qui l'ont lu comme un poëme hermétique ont leur excuse dans leur folie. Pour nous, attendons que Dieu lève les voiles. — Il y a eu plusieurs Apocalypses supposées, de saint Pierre, de saint Paul, de saint Thomas, de saint Étienne, d'Esdras, de Moïse, d'Élie, d'Abraham, de Marie femme de Noé, d'Adam même. Porphyre a même cité une Apocalypse de Zoroastre.

Apollonius de Tyanes, — philosophe pythagoricien, né à Tyanes en Cappadoce, un peu de temps après notre Seigneur Jésus-Christ. Philostrate, au commencement du troisième siècle, plus de cent ans après la mort d'Apollonius, dont personne ne parlait plus, imagina le roman de sa vie pour opposer quelque chose de prodigieux à l'Évangile. Il dit qu'il écrit sur des mémoires laissés par Damis, ami et secrétaire d'Apollonius. On peut juger du degré de confiance que méritaient ces écrivains par ce trait de Damis, qui assure avoir vu, en traversant le Caucase, les chaînes de Prométhée encore fixées au rocher. Philostrate admit tout, et embellit les récits de Damis. — La mère d'Apollonius fut avertie de sa grossesse par un démon ; un salamandre fut son père, selon les cabalistes. Les cygnes chantèrent quand il vint au monde, et la foudre tomba du ciel. Sa vie fut une suite de miracles. Il ressuscitait les morts, délivrait les possédés, rendait des oracles, voyait des fantômes, apparaissait à ses amis éloignés, voyageait dans les airs porté par des esprits, et se montrait le même jour en plusieurs endroits du monde. Il comprenait le chant des oiseaux. — Philostrate conte qu'étant venu au tombeau d'Achille, à qui il voulait parler, Apollonius évoqua ses mânes ; qu'après un tremblement de terre autour du tombeau, il vit paraître d'abord un jeune homme de sept pieds et demi ; que le fantôme, qui était d'une beauté singulière, s'éleva ensuite à dix-huit pieds. Apollonius lui fit des questions frivoles ; comme le spectre répondait grossièrement, il comprit qu'il était possédé d'un démon, qu'il chassa ; après quoi il eut sa conversation réglée. — Un jour qu'il était à Rome, où il avait rendu la vie à une jeune fille morte le matin de ses noces, il y eut une éclipse de lune accompagnée de tonnerre. Apollonius regarda le ciel, et dit d'un ton prophétique : « Quelque chose de grand arrivera et n'arrivera pas. » Trois jours après la foudre tomba sur la table de Néron, et ren-

---

[1] D'ailleurs le pape Zacharie savait probablement qu'il y a des antipodes, puisqu'avant lui Origène, le pape saint Clément et d'autres en avaient parlé. Saint Basile, saint Grégoire de Nysse, saint Athanase et la plupart des pères n'ignoraient pas la forme sphérique de la terre. Voyez Philoponus, De Mundi creat., lib. v, c. 13.

[2] M. Salgues, Des Erreurs et des préjugés, t. II, p. 72.

[3] Supplément à l'histoire véritable de Lucien.

versa la coupe qu'il portait à sa bouche; ce qui était l'accomplissement de la prophétie. — Dans la suite l'empereur Domitien, l'ayant soupçonné de sorcellerie, lui fit raser le poil pour s'assurer s'il ne portait pas les marques du diable, comme dit Pierre Delancre; mais Apollonius disparut sans qu'on sût par où il s'était sauvé. Ce n'était pas la première fois qu'il s'échappait ainsi. Sous Néron, on avait dressé contre lui un acte d'accusation; le papier se trouva tout blanc au moment où le juge voulut en prendre lecture. — De Rome il se rendit à Éphèse. La peste infestait cette ville; les habitants le prièrent de les en délivrer. Apollonius leur commanda de sacrifier aux dieux; après le sacrifice, il vit le diable en forme de gueux tout déguenillé; il commanda au peuple de l'assommer à coups de pierre, ce qui fut fait; lorsqu'on ôta les pierres, on ne trouva plus à la place du gueux lapidé qu'un chien noir qui fut jeté à la voirie, et la peste cessa. — Au moment où Domitien périt, Apollonius, au milieu d'une discussion publique, s'arrêta, et, changeant de voix, s'écria, inspiré par le diable: « C'est bien fait, Étienne, courage! tue le tyran. » Ensuite, après un léger intervalle, il reprit: « Le tyran est mort. » Étienne en ce moment assassinait Domitien. — Ce fut alors, à ce qu'on croit, que le sorcier Vespésion, pour montrer qu'il pouvait enchanter les arbres, commanda à un orme de saluer Apollonius; ce que l'orme fit, mais d'une voix grêle et efféminée [1]. C'était bien excusable de la part d'un orme. — Apollonius était, dit-on, habile faiseur de talismans; il en fit un grand nombre à Tyanes, à Rome, à Byzance, à Antioche, à Babylone et ailleurs, tantôt contre les cigognes et les scorpions, tantôt contre les débordements et les incendies. Il fut regardé par les uns comme un magicien, comme un dieu par les autres; on l'honora même après sa mort. Mais sa vie, nous le répétons, n'est qu'un roman calculé. Apollonius est annoncé par un démon. Les cygnes chantent à sa naissance, tous les autres prodiges sont combinés ainsi de manière à pouvoir être comparés, avec cette différence que ceux d'Apollonius ne méritaient pas même le peu de succès qu'ils ont eu. — La foudre qui tombe du ciel est opposée à l'étoile qui parut en Bethléem; les lettres de félicitation que plusieurs rois écrivirent à la mère d'Apollonius répondent à l'adoration des mages; les discours qu'il prononçait fort jeune dans le temple d'Esculape, à la dispute de Jésus enfant parmi les docteurs; le fantôme qui lui apparut en traversant le Caucase, à la tentation du diable dans le désert, etc. « Ces parallèles montrent la malice grossière et la finesse mal tissue de Philostrate (pillard de Lucien [1]), et le cas qu'on doit faire de ces fables n'est pas de les rapporter à la magie, comme a fait François Pic, mais de les nier totalement [2] comme des stupidités grossières. » — Hiéroclès, qui osa faire sous Dioclétien, dans un écrit spécial, la comparaison d'Apollonius et de notre Seigneur Jésus-Christ, a été réfuté par Eusèbe, qui veut bien regarder Apollonius comme un magicien. Leloyer pense que ce fut Simon qui lui enseigna la magie noire; et Ammien-Marcellin se contente de le mettre dans le nombre des hommes qui ont été assistés de quelque démon familier, comme Socrate et Numa. — On sait peu de chose sur la fin de la vie d'Apollonius. On assure qu'à l'âge de cent ans il fut emporté par le diable, qui était son père, quoique Hiéroclès ait eu le front de soutenir qu'il avait été enlevé au ciel. Vopiscus dit que, par la suite, le spectre d'Apollonius apparut à l'empereur Aurélien qui assiégeait Tyanes, et lui recommanda d'épargner sa ville, ce que fit Aurélien. — Il y a eu des gens qui ont trouvé Apollonius vivant au douzième siècle. Voy. Artephius.

Apomazar. — Des significations et événements des songes, selon la doctrine des Indiens, Perses et Égyptiens, par Apomazar. Vol. in-8°; Paris, 1580. Fatras oublié, mais rare.

Apone, — voy. Pierre d'Apone.

Apparition. — On ne peut pas très-bien préciser ce que c'est qu'une apparition. Dom Calmet dit que, si l'on voit quelqu'un en songe, c'est une apparition. « Souvent, ajoute-t-il, il n'y a que l'imagination de frappée; ce n'en est pas moins quelquefois un fait surnaturel quand il a des relations. » — Dans la rigueur du terme une apparition est la présence subite d'une personne ou d'un objet contre les lois de la nature: par exemple, l'apparition d'un mort, d'un ange, d'un démon, etc. — Ceux qui nient absolument les apparitions sont téméraires. Spinosa, malgré son athéisme, reconnaissait qu'il ne pouvait nier les apparitions, ni les miracles. On ne raisonne pas mieux lorsqu'on dit qu'une chose qui est arrivée autrefois devrait arriver encore. Il y a bien des choses qui ont eu lieu jadis et qui ne se renouvellent pas, dans le système même des matérialistes. — Nous devons admettre et croire les apparitions rapportées dans les

---

[1] Jacques d'Autun, l'Incrédulité savante et la crédulité ignorante.

[1] Dans Alexandre de Paphlagonie.

[2] Naudé, Apol. pour les grands personnages, ch. 12.

saintes Écritures. Nous ne sommes pas tenus à la même foi dans les simples histoires ; et il y a des apparitions qui, réelles ou intellectuelles, sont fort surprenantes. On lit dans la vie de saint Macaire qu'un homme ayant reçu un dépôt le cacha sans rien en dire à sa femme, et mourut subitement. On fut très-embarrassé quand le maître du dépôt vint le réclamer. Saint Macaire pria, dit la légende, et le défunt apparut à sa femme, à qui il déclara que l'argent redemandé était enterré au pied de son lit, ce qui fut trouvé vrai. — Ce sont les apparitions des morts, chez les anciens, qui ont donné naissance à la nécromancie. *Voy.* NÉCROMANCIE. — Nous ne songeons à nous occuper ici que des apparitions illusoires ou douteuses, et le nombre en est immense. Nous suivrons un moment les écrivains qui ne doutent de rien. Quelquefois, disent-ils, les apparitions ne sont que vocales : c'est une voix qui appelle. Mais dans les bonnes apparitions l'esprit se montre. — Quand les esprits se font voir à un homme seul, ajoutent les cabalistes, ils ne présagent rien de bon ; quand ils apparaissent à deux personnes à la fois, rien de mauvais ; ils ne se montrent guère à trois personnes ensemble. — Il y a des apparitions imaginaires causées par les remords ; des meurtriers se sont crus harcelés ou poursuivis par leurs victimes. Une femme, en 1726, accusée, à Londres, d'être complice du meurtre de son mari, niait le fait ; on lui présente l'habit du mort, qu'on secoue devant elle ; son imagination épouvantée lui fait voir son mari même ; elle se jette à ses pieds et déclare qu'elle voit son mari. Mais on trouvera des choses plus inexplicables. — Les apparitions du diable, qui a si peu besoin de se montrer pour nous séduire, faibles que nous sommes, ont donné lieu à une multitude de contes merveilleux. Des sorciers, brûlés à Paris, ont dit en justice que, quand le diable veut se faire un corps aérien pour se montrer aux hommes, « il faut que le vent soit favorable » et que la lune soit pleine. » Et lorsqu'il apparaît, c'est toujours avec quelque défaut nécessaire, ou trop noir, ou trop pâle, ou trop rouge, ou trop grand, ou trop petit, ou le pied fourchu, ou les mains en griffes, ou la queue au derrière et les cornes en tête, etc.; à moins qu'il ne prenne une forme bizarre. C'est ainsi qu'il parlait à Simon le magicien et à d'autres, sous la figure d'un chien ; à Pythagore, sous celle d'un fleuve ; à Apollonius, sous celle d'un orme [1], etc. — Excepté les démons de midi, les démons et les spectres apparaissent la nuit plutôt que le jour, et la nuit du vendredi au samedi de préférence à toute autre, comme le témoigne Jean Bodin. — Les apparitions des esprits, dit Jamblique, sont analogues à leur essence. L'aspect des habitants des cieux est consolant, celui des archanges terrible, celui des anges moins sévère, celui des démons épouvantable. Il est assez difficile, ajoute-t-il, de se reconnaître dans les apparitions des spectres ; car il y en a de mille sortes. — Delancre donne pourtant les moyens de ne point s'y tromper. « On peut distinguer les âmes des démons, dit-il, parce qu'ordinairement elles apparaissent en hommes portant barbe, en vieillards, en enfants ou en femmes, bien que ce soit en habit et en contenance funeste. Or les démons peuvent se montrer ainsi. Mais, ou c'est l'âme d'une personne bienheureuse, ou c'est l'âme d'un damné. Si c'est l'âme d'un bienheureux et qu'elle revienne souvent, il faut tenir pour certain que c'est un démon, qui, ayant manqué son coup de surprise, revient plusieurs fois pour le tenter encore. Car une âme ne revient plus quand elle est satisfaite, si ce n'est par aventure une seule fois pour dire merci. — « Si c'est une âme qui se dise l'âme d'un damné, il faut croire que c'est un démon, vu qu'à grande peine laisse-t-on jamais sortir l'âme des damnés. » Voilà les moyens que Pierre Delancre donne comme aisés [1]. Il dit un peu plus loin que le spectre qui apparaît sous une peau de chien ou sous toute autre forme laide est un démon ; mais le diable est si malin, qu'il vient aussi sous des traits qui le font prendre pour un ange. Il faut donc se défier. *Voy.*, pour les anecdotes, VISIONS, SPECTRES, FANTÔMES, ESPRITS, LUTINS, VAMPIRES, REVENANTS, SONGES, ARMÉES PRODIGIEUSES, etc. — Voici, sur les apparitions, une petite anecdote qui a eu lieu à La Rochelle et que les journaux rapportaient en avril 1843. « Depuis quelque temps la population se préoccupait de revenants qui apparaissaient tous les soirs sous la forme de flammes phosphorescentes, bleuâtres et mystérieuses. Ces revenants ont été pris au trébuchet : c'étaient cinq gros réjouis de paysans des environs qui, grimpés tous les soirs sur des arbres très-élevés, lançaient des boulettes phosphoriques avec un fil imperceptible. Pendant la nuit, ils donnaient le mouvement et la direction qu'ils voulaient à leurs globes de feu, et quand les curieux couraient après une flamme, elle devenait aussitôt invisible ; mais, à l'instant, il en surgissait une autre sur un

---

[1] Gabriel Naudé, *Apol. pour les grands personnages*, chap. XII.

[1] L'Inconstance des démons, liv. V, disc. 2.

point opposé pour détourner l'attention. Ce jeu s'effectuait ainsi pendant quelques instants successivement, et puis simultanément, de manière à produire plusieurs flammes à la fois. — Cette jonglerie trompa bien des incrédules; mais enfin il se trouva un esprit fort. Caché derrière une haie, il observa attentivement la mise en scène et devina le secret de la comédie. Suffisamment édifié, il alla querir la gendarmerie, et les cinq mystificateurs furent arrêtés au moment où ils donnaient une nouvelle représentation. Quel était leur but? On l'ignore; le plus curieux de l'histoire, c'est qu'une commission scientifique avait déjà préparé un rapport sur l'étonnant phénomène *météorologique* de ces mauvais plaisants. — *Dissertation sur ce qu'on doit penser de l'apparition des esprits à l'occasion de l'aventure arrivée à Saint-Maur en 1706, par M. Poupart, chanoine de Saint-Maur, près Paris.* Paris, 1707. — L'auteur croit, avec la modération convenable, aux apparitions. Il raconte l'aventure de Saint-Maur; elle a fait tant de bruit à Paris dans sa nouveauté, que nous ne pouvons la passer sous silence. M. de S***, jeune homme de vingt-cinq ans, fixé à Saint-Maur, entendit plusieurs fois la nuit heurter à sa porte, sans que sa servante, qui y courait aussitôt, trouvât personne. On tira ensuite les rideaux de son lit; et le 22 mars 1706, sur les onze heures du soir, étant dans son cabinet avec trois domestiques, tous quatre entendirent distinctement feuilleter des papiers sur la table. On soupçonna d'abord le chat de la maison; mais on reconnut qu'il n'était pas dans le cabinet. Ce bruit recommença quand M. de S*** se fut retiré dans sa chambre; il voulut rentrer dans le cabinet avec une lumière, et sentit derrière la porte une résistance qui finit par céder; cependant il ne vit rien, seulement il entendit frapper un grand coup dans un coin contre la muraille; ses domestiques accoururent au cri qu'il jeta, mais ils ne firent aucune découverte. Tout le monde s'étant peu à peu rassuré, on se mit au lit. — A peine M. de S*** commençait-il à s'endormir qu'il fut éveillé subitement par une violente secousse; il appela; on rapporta deux flambeaux et il vit avec surprise son lit déplacé au moins de quatre pieds. On le remit en place, mais aussitôt tous les rideaux s'ouvrirent d'eux-mêmes et le lit courut tout seul vers la cheminée. En vain les domestiques tinrent les pieds du lit pour le fixer; dès que M. S*** s'y couchait, le lit se promenait par la chambre. Cette aventure fut bientôt publique; plusieurs personnes voulurent en être témoins, et les mêmes merveilles se répétèrent la nuit suivante; après quoi il y eut deux nuits paisibles. L'esprit se remit à faire du bruit le 26; il verrouilla les portes, dérangea les meubles, ouvrit les armoires; et, pendant que M. de S*** tremblait de tous ses membres, l'esprit, saisissant l'occasion, lui parla enfin à l'oreille et lui commanda de faire certaines choses qu'il tint secrètes, et qu'il fit quand il fut sorti de l'évanouissement que la peur lui avait causé. L'esprit revint au bout de quinze jours pour le remercier, et frappa un grand coup de poing dans une fenêtre en signe d'actions de grâces. — Et voilà la fameuse aventure de l'esprit de Saint-Maur, que M. Poupart a le bon esprit de regarder comme l'effet d'un cerveau visionnaire. *Voy.* MEYER.

Apulée, — philosophe platonicien, né en Afrique, connu par le livre de *l'Ane d'or*. Il vécut au douzième siècle sous les Antonins. On lui attribue plusieurs prodiges auxquels, sans doute, il n'a jamais songé. — Il dépensa tout son bien en voyage, et mit tous ses soins à se faire initier dans les mystères des diverses religions; après quoi il fut ruiné. Comme il était bien fait, instruit et spirituel, il captiva l'affection d'une riche veuve de Carthage, nommée Pudentilla, qu'il parvint à épouser. Il était encore jeune, et sa femme avait soixante ans. Cette disproportion d'âge et la pauvreté d'Apulée firent soupçonner qu'il avait employé la magie et les philtres. On disait même qu'il avait composé ces philtres avec des filets de poissons, des huîtres et des pattes d'écrevisses. Les parents, à qui ce mariage ne convenait pas, l'accusèrent de sortilége; il parut devant ses juges, et, quoique les chimères de la magie fussent alors en grand crédit, Apulée plaida si bien sa cause qu'il la gagna pleinement [1]. — Boguet [2] et d'autres démonographes disent qu'Apulée fut métamorphosé en âne, comme quelques autres pèlerins, par le moyen des sorcières de Larisse, qu'il était allé voir pour essayer si la chose était possible et faisable [3]. La femme qui le changea en âne, le vendit, puis le racheta. Par la suite il devint si grand magicien qu'il se métamorphosait lui-même, au besoin, en cheval, en âne, en oiseau; il se perçait le corps d'un coup d'épée sans se blesser; il se rendait invisible, étant très-bien servi par son démon familier. C'est même pour couvrir son asinisme, dit encore

---

[1] Sa défense se trouve dans ses œuvres, sous le titre de Oratio de magia.
[2] Discours des sorciers, ch. 53.
[3] Delancre. Tableau de l'inconstance des démons, etc., liv. IV, ch. 1er.

Delancre, qu'il a composé son livre de *l'Ane d'or*. » Taillepied prétend que tout cela est une confusion, et que s'il y a un âne mêlé dans l'histoire d'Apulée, c'est qu'il avait un esprit qui lui apparaissait sous la forme d'un âne [1]. Les véritables ânes sont ici Delancre et Boguet. — Ceux qui veulent jeter du merveilleux sur toutes les actions d'Apulée affirment que, par un effet de ses charmes, sa femme était obligée de lui tenir la chandelle pendant qu'il travaillait; d'autres disent que cet office était rempli par son démon familier. Quoi qu'il en soit, il y avait de la complaisance dans cette femme ou dans ce démon. — Outre son *Discours sur la magie*, Apulée nous a laissé encore un petit traité du démon de Socrate, *De deo Socratis*, réfuté par saint Augustin; on en a une traduction sous le titre : *De l'Esprit familier de Socrate*, avec des remarques, in-12. Paris, 1698.

Aquiel, — démon que l'on conjure le dimanche. *Voy.* Conjurations.

Aquin (Mardochée d'), — rabbin de Carpentras, mort en 1650, qui se fit chrétien, et changea au baptême son nom de Mardochée en celui de Philippe. On recherche de lui l'*Interprétation de l'arbre de la cabale des Hébreux*; Paris, in-8°, sans date.

Arachula, — méchant esprit de l'air chez les Chinois voisins de la Sibérie. *Voy.* Luxe.

Arael, — l'un des esprits que les rabbins du Talmud font, avec Anpiel, princes et gouverneurs du peuple des oiseaux.

Araignées. — Les anciens regardaient comme un présage funeste les toiles d'araignées qui s'attachaient aux étendards et aux statues des dieux. Chez nous, une araignée qui court ou qui file promet de l'argent; les uns prétendent que c'est de l'argent le matin, et le soir une nouvelle; d'autres au contraire citerons ce proverbe-axiome : Araignée du matin, petit chagrin; araignée de midi, petit profit; araignée du soir, petit espoir. « Mais, comme dit M. Salgues [2], si les araignées étaient le signe de la richesse, personne ne serait plus riche que les pauvres. » — Quelques personnes croient aussi qu'une araignée est toujours l'avant-coureur d'une nouvelle heureuse si on a le bonheur de l'écraser. M. de T***, qui avait cette opinion, donna, en 1790, au théâtre de Saint-Pétersbourg, une tragédie intitulée *Abaco et Moïna*. La nuit qui en précéda la représentation, au moment de se coucher, il aperçut une araignée à côté de son lit: La vue de l'insecte lui fit plaisir; il se hâta d'assurer la bonté du présage en l'écrasant; il avait saisi sa pantoufle; mais l'émotion qu'il éprouvait fit manquer le coup, l'araignée disparut. Il passa deux heures à la chercher en vain; fatigué de ses efforts inutiles, il se jeta sur son lit avec désespoir : « Le bonheur était là, s'écria-t-il, et je l'ai perdu! Ah! ma pauvre tragédie! » Le lendemain il fut tenté de retirer sa pièce; mais un de ses amis l'en empêcha; la pièce alla aux nues, et l'auteur n'en demeura pas moins persuadé qu'une araignée porte bonheur lorsqu'on l'écrase [1]. — Dans le bon temps de la loterie, des femmes enfermaient le soir une araignée dans une boîte, avec les quatre-vingt-dix numéros écrits sur de petits carrés de papier. L'araignée, en manœuvrant la nuit, retournait quelques-uns de ces papiers. Ceux qui étaient retournés de la sorte étaient regardés, le lendemain matin, comme numéros gagnants. — Cependant les toiles d'araignées sont utiles : appliquées sur une blessure, elles arrêtent le sang et empêchent que la plaie ne s'enflamme. Mais il ne faut peut-être pas croire, avec l'auteur des Admirables secrets d'Albert-le-Grand, que l'araignée pilée et mise en cataplasme sur les tempes guérisse la fièvre tierce [2]. — Avant que Lalande eût fait voir qu'on pouvait manger des araignées, on les regardait généralement comme un poison. Un religieux du Mans disant la messe, une araignée tomba dans le calice après la consécration; le moine, sans hésiter, avala l'insecte. On s'attendait à le voir enfler; ce qui n'eut pas lieu. — Il y a de vilaines histoires sur le compte des araignées; n'oublions pourtant pas que, dans son cachot, Pélisson en avait apprivoisé une que Delille a célébrée. Mais la tarentule est aussi une araignée!.... — Le maréchal de Saxe, traversant un village, coucha dans une auberge infestée de revenants qui étouffaient les voyageurs. On citait des exemples. Il ordonna à son domestique de veiller la moitié de la nuit, promettant de lui céder ensuite son lit et de faire sentinelle à sa place. A deux heures du matin, rien n'avait encore paru. Le domestique, sentant ses yeux s'appesantir, va éveiller son maître, qui ne répond point; il le croit assoupi et le secoue inutilement. Effrayé, il prend la lumière, ouvre les draps, et voit le maréchal baigné dans son sang. Une araignée monstrueuse lui suçait le sein gauche. Il court prendre des pin-

---

[1] De l'Apparition des esprits, ch. 15.
[2] Des Erreurs et des préjugés, t. I", p. 510.

[1] Annales dramatiques, ou Dictionnaire des théâtres, par une société de gens de lettres, t. I", au mot *Abaco*.
[2] Les Admirables secrets d'Albert le Grand, liv. III.

celles pour combattre cet ennemi d'un nouveau genre, saisit l'araignée et la jette au feu. Ce ne fut qu'après un long assoupissement que le maréchal reprit ses sens ; et depuis lors on n'entendit plus parler de revenants dans l'auberge. — Nous ne garantissons pas cette anecdote, conservée dans plusieurs recueils. Au reste, l'araignée a de quoi se consoler de nos mépris. Les nègres de la Côte d'Or attribuent la création de l'homme à une grosse araignée qu'ils nomment *Anansié*, et ils révèrent les plus belles araignées comme des divinités puissantes.

Arbres. — On sait que dans l'antiquité les arbres étaient consacrés aux dieux : le cyprès à Pluton, etc. Plusieurs arbres et plantes sont encore dévoués aux esprits de l'enfer : le poirier sauvage, l'églantier, le figuier, la verveine, la fougère, etc. — Des arbres ont parlé ; chez les anciens, dans les forêts sacrées, on a entendu des arbres gémir. Les oracles de Dodone étaient des chênes qui parlaient. On entendit, dans une forêt d'Angleterre, un arbre qui poussait des gémissements ; on le disait enchanté. Le propriétaire du terrain tira beaucoup d'argent de tous les curieux qui venaient voir une chose aussi merveilleuse. A la fin, quelqu'un proposa de couper l'arbre ; le maître du terrain s'y opposa, non par un motif d'intérêt propre, disait-il, mais de peur que celui qui oserait y mettre la cognée n'en mourût subitement ; on trouva un homme qui n'avait pas peur de la mort subite, et qui abattit l'arbre à coups de hache : alors on découvrit un tuyau, qui formait une communication à plusieurs toises sous terre, et par le moyen duquel on produisait les gémissements que l'on avait remarqués.

Arc-en-ciel. — Le chapitre 9 de la Genèse semble dire, selon des commentateurs, qu'il n'y eut point d'arc-en-ciel avant le déluge : mais je ne sais[1] où l'on a vu qu'il n'y en aura plus quarante ans avant la fin du monde, « parce que la sécheresse qui précédera l'em- » brasement de l'univers consumera la ma- » tière de ce météore. » C'est pourtant une opinion encore répandue chez ceux qui s'occupent de la fin du monde. — L'arc-en-ciel a son principe dans la nature, et croire qu'il n'y eut point d'arc-en-ciel avant le déluge, parce que Dieu en fit le signe de son alliance, c'est comme si l'on disait qu'il n'y avait point d'eau avant l'institution du baptême. Et puis, Dieu ne dit point, au chapitre 9 de la Genèse, qu'il place son arc-en-ciel, mais son arc en signe d'alliance ; et comment attribuera-t-on à l'arc-en-ciel ce passage d'Isaïe : *J'ai mis mon arc et ma flèche dans les nues ?*

Ardents (MAL DES), — appelé aussi *feu infernal*. C'était au onzième et au douzième siècle une maladie non expliquée qui se manifestait comme un feu intérieur et dévorait ceux qui en étaient frappés. Les personnes qui voyaient là un effet de la colère céleste l'appelaient *feu sacré* ; celles qui l'attribuaient à l'influence des astres le nommaient *sidération*. Les reliques de saint Antoine, que le comte de Josselin apporta de la Terre Sainte à La Mothe-Saint-Didier, ayant guéri plusieurs infortunés atteints de ce mal, on le nomme encore *feu de Saint-Antoine*. On fêtait à Paris *sainte Geneviève des Ardents*, en souvenir des cures merveilleuses opérées alors par la châsse de la sainte[1].

Ardents, — exhalaisons enflammées qui paraissent sur les bords des lacs et des marais, ordinairement en automne, et qu'on prend pour des esprits follets, parce qu'elles sont à fleur de terre et qu'on les voit quelquefois changer de place. Souvent on en est ébloui et on se perd. Leloyer dit que lorsqu'on ne peut s'empêcher de suivre les ardents, ce sont bien en vérité des démons[2]. Il y eut, sous le règne de Louis XIII, une histoire de revenant qui fit assez de bruit à Marseille ; c'était une espèce de feu ardent ou d'homme de feu. Le comte et la comtesse d'Alais voyaient toutes les nuits un spectre enflammé se promener dans leur chambre, et aucune force humaine ne pouvait le forcer à se retirer. La jeune dame supplia son mari de quitter une maison et une ville où ils ne pouvaient plus dormir. Le comte, qui se plaisait à Marseille, voulut employer d'abord tous les moyens pour l'expulsion du fantôme. Gassendi fut consulté ; il conclut que ce fantôme de feu qui se promenait toutes les nuits était formé par des vapeurs enflammées que produisait le souffle du comte et de la comtesse ;..... d'autres savants donnèrent des réponses aussi satisfaisantes. On découvrit enfin le secret. Une femme de chambre, cachée sous le lit, faisait paraître un phosphore à qui la peur donnait une taille et des formes effrayantes ; et la comtesse elle-même faisait jouer cette farce pour obliger son mari à partir de Marseille, qu'elle n'aimait pas....

---

[1] Brown, Erreurs populaires, liv. VII, ch. 5.

[1] Le *mal des ardents*, qui se nommait aussi *feu infernal*, et *feu Saint-Antoine*, était à Paris une affreuse maladie épidémique, une sorte de lèpre brûlante, dont on dut la guérison à sainte Geneviève.

[2] Discours des spectres, liv. Ier, ch. 7.

Argens (Boyer d'), — marquis, né en 1704, à Aix en Provence. On trouve des choses curieuses sur les gnômes, les sylphes, les ondins et les salamandres, dans ses « *Lettres Cabalistiques*, ou Correspondance philosophique, historique et critique entre deux cabalistes, divers esprits élémentaires et le seigneur Astaroth. » La meilleure édition est de 1769, 7 vol. in-12. Ce livre, d'un très-mauvais esprit, est infecté d'un philosophisme que l'auteur a désavoué ensuite.

Argent. — L'argent qui vient du diable est ordinairement de mauvais aloi. Delrio conte qu'un homme, ayant reçu du démon une bourse pleine d'or, n'y trouva le lendemain que des charbons et du fumier. Un inconnu, passant par un village, rencontra un jeune homme de quinze ans, d'une figure intéressante et d'un extérieur fort simple. Il lui demanda s'il voulait être riche; le jeune homme ayant répondu qu'il le désirait, l'inconnu lui donna un papier plié, et lui dit qu'il en pourrait faire sortir autant d'or qu'il le souhaiterait tant qu'il ne le déplierait pas, et que s'il domptait sa curiosité il connaîtrait avant peu son bienfaiteur. Le jeune homme rentra chez lui, secoua son trésor mystérieux, il en tomba quelques pièces d'or.....Mais, n'ayant pu résister à la tentation de l'ouvrir, il y vit des griffes de chat, des ongles d'ours, des pattes de crapauds, et d'autres figures si horribles qu'il jeta le papier au feu, où il fut une demi-heure sans pouvoir se consumer. Les pièces d'or qu'il en avait tirées disparurent, et il reconnut qu'il avait eu affaire au diable. — Un avare, devenu riche à force d'usures, se sentant à l'article de la mort, pria sa femme de lui apporter sa bourse, afin qu'il pût la voir encore avant de mourir. Quand il la tint, il la serra tendrement, et ordonna qu'on l'enterrât avec lui, parce qu'il trouvait l'idée de s'en séparer déchirante. On ne lui promit rien précisément et il mourut en contemplant son or. Alors on lui arracha la bourse des mains, ce qui ne se fit pas sans peine. Mais quelle fut la surprise de la famille assemblée lorsqu'en ouvrant le sac on y trouva, non plus des pièces d'or, mais deux crapauds!..... Le diable était venu, et en emportant l'âme de l'usurier il avait emporté son or, comme deux choses inséparables et qui n'en faisaient qu'une [1]. — Voici autre histoire : un homme qui n'avait que vingt sous pour toute fortune se mit à vendre du vin aux passants; pour gagner davantage, il mettait autant d'eau que de vin dans ce qu'il vendait. Au bout d'un certain temps, il amassa, par cette voie injuste, la somme de cent livres. Ayant serré cet argent dans un sac de cuir, il alla avec un de ses amis faire provision de vin pour continuer son trafic; mais, comme il était près d'une rivière, il tira du sac de cuir une pièce de vingt sous pour une petite emplette; il tenait le sac dans la main gauche et la pièce dans la droite; incontinent un oiseau de proie fondit sur lui et lui enleva son sac, qu'il laissa tomber dans la rivière. Le pauvre homme, dont toute la fortune se trouvait ainsi perdue, dit à son compagnon : « Dieu est juste : je n'avais qu'une pièce de vingt sous quand j'ai commencé à voler, il m'a laissé mon bien, et m'a ôté ce que j'avais acquis injustement. [1] » — Un étranger bien vêtu, passant au mois de septembre 1606 dans un village de la Franche-Comté, acheta une jument d'un paysan du lieu pour la somme de dix-huit ducatons. Comme il n'en avait que douze dans sa bourse, il laissa une chaîne d'or en gage du reste, qu'il promit de payer à son retour. Le vendeur serra le tout dans du papier, et le lendemain trouva la chaîne perdue, et douze plaques de plomb au lieu des ducatons [2]. — Terminons en rappelant un stupide usage de quelques villageois qui croient que, quand on fait des beignets avec des œufs, de la farine et de l'eau, pendant la messe de la Chandeleur, de manière qu'on en ait de faits après la messe, on a de l'argent pendant toute l'année [3]. On en a toute l'année aussi quand on en porte sur soi le premier jour où l'on entend le chant du coucou, et tout le mois si on en a dans sa poche la première fois qu'on voit la lune nouvelle.

Argent potable. — Si vous êtes versé dans les secrets de l'alchimie et que vous souhaitiez posséder ce panacée, prenez du soufre bleu-céleste; mettez-le dans un vase de verre; versez dessus d'excellent esprit-de-vin; faites digérer au bain pendant vingt-quatre heures; et quand l'esprit-de-vin aura attiré le soufre par distillation, prenez une part de ce soufre; versez dessus trois fois son poids d'esprit blanc mercuriel extrait du vitriol minéral; bouchez bien le vase; faites digérer au bain vaporeux jusqu'à ce que le soufre soit réduit en liqueur; alors versez dessus de très-bon esprit-de-vin à poids égal; digérez-les ensemble pendant quinze jours; passez le tout par l'alambic; retirez l'esprit par le bain tiède, et il restera une liqueur qui sera le vrai argent potable, ou soufre d'argent, qui ne peut plus être remis en

---

[1] Cæsarii Hist. de morientibus, cap. 39 mirac., lib. II.
[1] Saint Grégoire de Tours, livre des Miracles.
[2] Boguet, Discours des sorciers.
[3] Thiers, Traité des superst., etc.

corps. Cet élixir blanc est un remède à peu près universel, qui fait merveilles en médecine, fond l'hydropisie et guérit tous les maux intérieurs [1].

Argouges, — voy. FÉES.

Arignote. — Lucien conte qu'à Corinthe, dans le quartier de Cranaüs, personne n'osait habiter une maison qui était visitée d'un spectre. Un certain Arignote, s'étant muni de livres magiques égyptiens, s'enferma dans cette maison pour y passer la nuit, et se mit à lire tranquillement dans la cour. Le spectre parut bientôt ; pour effrayer Arignote, il prit d'abord la figure d'un chien, ensuite celles d'un taureau et d'un lion. Mais, sans se troubler, Arignote prononça dans ses livres des conjurations qui obligèrent le fantôme à se retirer dans un coin de la cour, où il disparut. Le lendemain on creusa à l'endroit où le spectre s'était enfoncé ; on y trouva un squelette auquel on donna la sépulture, et rien ne parut plus dans la maison. — Cette anecdote n'est autre chose que l'aventure d'Athénodore, que Lucien avait lue dans Pline, et qu'il accommode à sa manière pour divertir ses lecteurs.

Arimane, — prince des enfers chez les anciens Perses, source du mal, démon noir, engendré dans les ténèbres [2], ennemi d'Oromaze, principe du bien. Mais celui-ci est éternel, tandis qu'Arimane est créé et doit périr un jour.

Arioch, — démon de la vengeance, selon quelques démonographes ; différent d'Alastor, et occupé seulement des vengeances particulières de ceux qui l'emploient.

Ariolistes, — devins de l'antiquité, dont le métier se nommait *ariolatio*, parce qu'ils devinaient par les autels (*ab aris*). Ils consultaient les démons sur leurs autels, dit Daugis [3] ; ils voyaient ensuite si l'autel tremblait ou s'il s'y faisait quelque merveille, et prédisaient ce que le diable leur inspirait.

Aristée, — charlatan de l'île de Proconèse, qui vivait du temps de Crésus. Il disait que son âme sortait de son corps quand il voulait, et qu'elle y retournait ensuite. Les uns content qu'elle s'échappait, à la vue de sa femme et de ses enfants, sous la figure d'un cerf, Wierus dit sous la figure d'un corbeau [4]. — Hérodote rapporte, dans son quatrième livre, que cet Aristée, entrant un jour dans la boutique d'un foulon, y tomba mort ; que le foulon courut

[1] Traité de chimie philosoph. et hermétique, p. 168.
[2] Plutarque, sur Isis et Osiris.
[3] Traité sur la magie, etc., p. 66.
[4] De Præstigiis dæm., lib. 1, cap. 14.

avertir ses parents, qui arrivèrent pour le faire enterrer ; mais on ne trouva plus le corps. — Toute la ville était en grande surprise, quand des gens qui revenaient de quelque voyage assurèrent qu'ils avaient rencontré Aristée sur le chemin de Crotone [1]. Il paraît que c'était une espèce de vampire. Hérodote ajoute qu'il reparut au bout de sept ans à Proconèse, y composa un poëme et mourut de nouveau. Leloyer, qui regarde Aristée comme un sorcier à extases [2], cite une autorité d'après laquelle, à l'heure même où ce vampire disparut pour la seconde fois, il aurait été transporté en Sicile, où il se fit maître d'école. Il se montra encore trois cent quarante ans après dans la ville de Métaponte, et il y fit élever des monuments qu'on voyait du temps d'Hérodote. Tant de prodiges engagèrent les Siciliens à lui consacrer un temple où ils l'honoraient comme un demi-dieu.

Aristodème, — roi des Messéniens. Voy. OPHIONEUS et OLOLYGMANCIE.

Aristolochie. — ou paille de sarrasin, ou plutôt espèce de plante appelée pistoloche, avec laquelle Apulée prétendait qu'on pouvait dénouer l'aiguillette, sans doute en l'employant à des fumigations. Voy. LIGATURES.

Aristomène, — général messénien, si habile et si adroit que, toutes les fois qu'il tombait au pouvoir des Athéniens, ses ennemis, il trouvait moyen de s'échapper de leurs mains. Pour lui ôter cette ressource, ils le firent mourir ; après quoi on l'ouvrit et on lui trouva le cœur tout velu et tout couvert de poils [3].

Aristote, — que l'arabe Averroës appelle le comble de la perfection humaine. Sa philosophie a toujours été en grande vénération, et son nom ne peut recevoir trop d'éclat. Mais il ne fallait pas se quereller pour ses opinions et emprisonner dans un temps ceux qui ne les partageaient pas, pour emprisonner dans un autre ceux qui les avaient adoptées. Ces querelles, au reste, n'ont été élevées que par les hérétiques. — Delancre semble dire qu'Aristote savait la magie naturelle [4], mais il ne parle en homme superstitieux dans aucun de ses écrits. Quant à la vieille opinion, soutenue par Procope et quelques autres, qu'Aristote, ne pouvant comprendre la raison du flux et du reflux de l'Euripe, s'y précipita en faisant de désespoir ce mauvais calembourg : « Puis-

[1] Plutarque, dans la Vie de Romulus.
[2] Discours des spectres, liv. IV, ch. 24.
[3] Valère-Maxime, liv. Ier, ch. 8, ext. n° 15.
[4] Tableau de l'inconstance des mauvais anges, etc., liv. VI, disc. 2.

que je ne puis te saisir, saisis-moi [1] ; » cette opinion est aujourd'hui un conte méprisé. — Nous ne citerons ici des ouvrages d'Aristote que ceux qui ont rapport aux matières que nous traitons : 1° *De la Divination par les songes* ; 2° *Du Sommeil et de la veille*, imprimés dans ses œuvres. On peut consulter aussi les remarques de Michel d'Éphèse sur le livre de la Divination par les songes [2], et la Paraphrase de Thémistius sur divers traités d'Aristote, principalement sur ce même ouvrage [3].

Arithmancie ou **Arithmomancie**. — divination par les nombres. Les Grecs examinaient le nombre et la valeur des lettres dans les noms de deux combattants, et en auguraient que celui dont le nom renfermait plus de lettres et d'une plus grande valeur remporterait la victoire. C'est en vertu de cette science que quelques devins avaient prévu qu'Hector devait être vaincu par Achille. — Les Chaldéens, qui la pratiquaient aussi, partageaient leur alphabet en trois parties, chacune composée de sept lettres qu'ils attribuaient aux sept planètes pour en tirer des présages. Les platoniciens et les pythagoriciens étaient fort adonnés à cette divination, qui comprend aussi une partie de la cabale des Juifs [4].

Arius, — fameux hérétique qui niait la divinité de Jésus-Christ. Voici comment on raconte sa mort : — Saint Alexandre, évêque de Byzance, voyant que les sectateurs d'Arius voulaient le porter en triomphe, le lendemain dimanche, dans le temple du Seigneur, pria Dieu avec zèle d'empêcher le scandale, de peur que, si Arius entrait dans l'église, il ne semblât que l'hérésie y fût entrée avec lui ; et le lendemain dimanche, au moment où l'on s'attendait à voir Arius, l'hérétique ivrogne, sentant un certain besoin, fut obligé d'aller aux lieux secrets, où il creva par le milieu du ventre, perdit les intestins ; et mourut d'une mort infâme et malheureuse, frappé, selon quelques-uns, par le diable, qui dut en recevoir l'ordre, car Arius était de ses amis.

Armanville. — Une dame d'Armanville, à Amiens, fut battue dans son lit en 1746 ; sa servante attesta que le diable l'avait maltraitée ; la cloche de la maison sonna seule ; on entendit balayer le grenier à minuit. Il sembla même que les démons qui prenaient cette peine, avaient un tambour et faisaient ensuite des évolutions militaires. La dame, effrayée, quitta Amiens pour retourner à Paris ; c'est ce que voulait la femme de chambre. Il n'y eut plus de maléfice dès lors, et l'on a eu tort de voir là autre chose que de la malice.

Armées prodigieuses. — Au siége de Jérusalem par Titus, et dans plusieurs autres circonstances, on vit dans les airs des armées ou des troupes de fantômes, phénomènes non encore expliqués, et qui jamais ne présagèrent rien de bon. Plutarque raconte, dans la Vie de Thémistocle, que pendant la bataille de Salamine, on vit en l'air des armées prodigieuses et des figures d'hommes, qui, de l'île d'Égine, tendaient les mains au-devant des galères grecques. On publia que c'étaient les Éacides, qu'on avait invoqués avant la bataille. — Quelquefois aussi on a rencontré des troupes de revenants et de démons allant par bataillons et par bandes. *Voy.* RETZ, etc. — En 1423, dans le comté de Worms, on vit, pendant plusieurs jours, une multitude de gens armés à pied et à cheval, allant et venant avec grand bruit, et qui se rendaient tous les soirs, vers l'heure de none, à une montagne qui paraissait le lieu de leur réunion. Plusieurs personnes du voisinage s'approchèrent de ces gens armés en les conjurant, au nom de Dieu, de leur déclarer ce que signifiait cette troupe innombrable et quel était leur projet. Un des soldats ou fantômes répondit : « Nous ne sommes pas ce que vous vous imaginez, ni de vrais fantômes, ni de vrais soldats ; nous sommes les âmes de ceux qui ont été tués en cet endroit dans la dernière bataille. Les armes et les chevaux que vous voyez sont les instruments de notre supplice, comme ils l'ont été de nos péchés. Nous sommes tout en feu, quoique vous ne voyiez rien en nous qui paraisse enflammé. » On dit qu'on remarqua en leur compagnie le comte Enrico et plusieurs autres seigneurs tués depuis peu d'années, qui déclarèrent qu'on pouvait les soulager par des aumônes et des prières [1]. *Voy.* APPARITIONS, PHÉNOMÈNES, VISIONS, AURORE BORÉALE, etc.

Armide. — L'épisode d'Armide, dans le Tasse, est fondé sur une tradition populaire qui est rapportée par Pierre Delancre [2]. Cette habile enchanteresse était fille d'Arbilan, roi de Damas ; elle fut élevée par Hidraote, son oncle, puissant magicien, qui en fit une grande

---

[1] Si quidem ego non capio te, tu capies me.
[2] Michaelis Ephesii Annotationes in Aristotelem, de somno, id est, de divinatione per somnum. Venise, in-8°, 1527.
[3] Themistii Paraphrasis in Aristotelem de memoria et reminiscentiâ, de insomniis, de divinatione per somnum, latinè, interprete Hermolao Barbaro. Bâle, in-8°, 1530.
[4] Delancre, Incrédulité et mécréance du sortilége pleinement convaincue, traité 5.

[1] Chronique d'Ursperg.
[2] Tableau de l'inconstance des mauvais anges, etc., liv. 1.

sorcière. La nature l'avait si bien partagée, qu'elle surpassait en attraits les plus belles femmes de l'Orient. Son oncle l'envoya comme un redoutable ennemi, vers la puissante armée chrétienne que le pape Urbain XI avait rassemblée sous la conduite de Godefroi de Bouillon ; et là, comme dit Delancre, « elle charma en effet quelques chefs croisés ; » mais elle ne compromit pas l'espoir des chrétiens.

Armomancie, — divination qui se faisait par l'inspection des épaules[1]. On juge encore aujourd'hui qu'un homme qui a les épaules larges est plus fort qu'un autre qui les a étroites.

Arnaud de Bresse, — moine du douzième siècle, disciple d'Abeilard. Turbulent et ambitieux, il se fit chef de secte. Il disait que les bonnes œuvres sont préférables au sacrifice de la messe ; ce qui est absurde, car le sacrifice de la messe n'empêche pas les bonnes œuvres, il les ordonne au contraire ; et sa comparaison n'avait pas le sens commun. Il avait jeté le froc comme tous les réformateurs. Ayant excité de grands troubles, il fut pris et brûlé à Rome en 1155. On l'a mis au rang des sorciers ; il ne l'était guère, mais il fit beaucoup de mal.

Arnauld (ANGÉLIQUE). — *Apparition de la mère Marie-Angélique Arnauld, abbesse de Port-Royal de Paris, peu avant la mort de la sœur Marie-Dorothée Perdereau, abbesse intruse de ladite maison*; rapportée dans une lettre écrite en 1685, par M. Dufossé, à la suite de ses mémoires sur Port-Royal. — « Deux religieuses de Port-Royal, étant à veiller le Saint-Sacrement pendant la nuit, virent tout d'un coup la feue mère Angélique, leur ancienne abbesse, se lever du lieu où elle avait été inhumée, ayant en main sa crosse abbatiale, marcher tout le long du chœur et s'aller asseoir à la place où se met l'abbesse pendant les vêpres. — Étant assise, elle appela une religieuse qui paraissait au même lieu, et lui ordonna d'aller chercher la sœur Dorothée, laquelle, ou du moins son esprit, vint se présenter devant la mère Angélique, qui lui parla pendant quelque temps, sans qu'on pût entendre ce qu'elle lui disait ; après quoi, tout disparut. — On ne douta point qu'elle n'eût cité la sœur Dorothée devant Dieu ; et c'est la manière dont elle l'interpréta elle-même, lorsque les deux religieuses qui avaient été témoin de cette apparition la lui rapportèrent. Elle s'écria : Ah ! je mourrai bientôt, » et en effet,

elle mourut quinze jours ou trois semaines après. » Voilà !

Arnaud de Villeneuve, — médecin, astrologue et alchimiste, qu'il ne faut pas confondre, comme on l'a fait quelquefois, avec le précédent. Il était né auprès de Montpellier ; il mourut dans un naufrage en 1314. — La chimie lui doit beaucoup de découvertes ; il ne cherchait, à la vérité, que la pierre philosophale et ne songeait qu'à faire de l'or, mais il trouva les trois acides sulfurique, muriatique et nitrique ; il composa le premier de l'alcool et du ratafia ; il fit connaître l'essence de térébenthine, régularisa la distillation, etc. Il mêlait à ses vastes connaissances en médecine des rêveries astrologiques, et il prédit la fin du monde pour l'année 1335. — On l'accusa aussi de magie. François Pegna dit qu'il devait au démon tout ce qu'il savait d'alchimie, et Mariana[1] lui reproche d'avoir essayé de former un homme avec de certaines drogues déposées dans une citrouille. Mais Delrio justifie Arnauld de Villeneuve de ces accusations, et le pape Clément V ne l'eût pas pris pour son médecin s'il eût donné dans la magie. — L'inquisition de Tarragone fit pourtant brûler ses livres, empreints de plusieurs sentiments hérétiques, trois ans après sa mort. — On recherche d'Arnauld de Villeneuve un traité de l'explication des songes[2], mais on met sur son compte beaucoup d'ouvrages d'alchimie ou de magie auxquels il n'a pas eu la moindre part. Tels sont : le livre des *Ligatures physiques*[3], qui est une traduction d'un livre arabe ; et celui des *Talismans des douze signes du zodiaque*[4]. On lui attribue aussi faussement le livre des *Trois imposteurs*.

Arnoux, — auteur d'un volume in-12, publié à Rouen, en 1630, sous le titre des *Merveilles de l'autre monde*, ouvrage écrit dans un goût bizarre et propre à troubler les imaginations faibles, par des contes de visions et de revenants.

Arnuphis, — sorcier égyptien. Voyant Marc-Aurèle et son armée engagés dans des défilés dont les Quades leur fermaient l'issue et mourant de soif sous un ciel brûlant, il fit tomber, par le moyen de son art, une pluie prodigieuse qui permit aux Romains de se désaltérer, pendant que la grêle et le tonnerre fondaient sur les Quades et les contraignaient

---

[1] Du mot latin *armus*, épaule. Les anciens appliquaient surtout cette divination aux animaux. Ils jugeaient par l'armomancie si la victime était bonne pour les dieux.

[1] Rerum hispanic. lib. XIV, cap. 9.
[2] Arnaldi de Villanova libellus de somniorum interpretatione et somnia Danielis, in-4°. Ancienne édition très-rare.
[3] De Physicis ligaturis.
[4] De Sigillis duodecim signorum.

à rendre les armes. C'est ce que racontent quelques auteurs païens. D'autres font honneur de ce prodige aux prières de Marc-Aurèle; mais les auteurs chrétiens l'attribuent unanimement, et avec plus de raison, à la prière des soldats chrétiens qui se trouvaient dans l'armée.

Arnus, — devin tué par Hercule, parce qu'il faisait le métier d'espion. Apollon vengea la mort d'Arnus, qu'il inspirait, en mettant la peste dans le camp des Héraclides : il fallut, pour faire cesser le fléau, établir des jeux en l'honneur du défunt.

Arot, — voy. MAROT.

Arphaxat, — sorcier perse, qui fut tué d'un coup de foudre, si l'on en croit Abdias de Babylone[1], à l'heure même du martyre de saint Simon et de saint Jude. — Dans une possession qui fit du bruit à Loudun, on cite un démon *Arphaxat*.

Art de saint Anselme, — moyen de guérir superstitieux, employé par des imposteurs qui prenaient le nom d'anselmistes. Ils se contentaient de toucher, avec certaines paroles, les linges qu'on appliquait sur les blessures. Ils devaient le secret de leur art, disaient-ils, à saint Anselme de Cantorbéry. Mais Delrio assure que leur véritable patron est Anselme de Parme.

Art de saint Paul. — Moyen de prédire les choses futures, prétendu enseigné à saint Paul dans son voyage au troisième ciel, et dont quelques charlatans ont eu le front de se dire héritiers.

Art des esprits, — appelé aussi *art angélique*. Il consiste dans le talent d'évoquer les esprits et de les obliger à découvrir les choses cachées. D'autres disent que l'art angélique est l'art de s'arranger avec son ange gardien de manière à recevoir de lui la révélation de tout ce qu'on veut savoir. Cet art superstitieux se pratique de deux manières, ou par extases dans lesquels on reçoit des avis, ou par entretiens avec l'ange que l'on évoque, qui apparaît et qui, en cette circonstance, n'est pas un ange de lumière. *Voy.* ÉVOCATION.

Art notoire, — espèce d'Encyclopédie inspirée. Le livre superstitieux qui contient les principes de l'art notoire promet la connaissance de toutes les sciences en quatorze jours. L'auteur du livre dit effrontément que le Saint-Esprit le dicta while saint Jérôme. Il assure encore que Salomon n'a obtenu la sagesse et la science universelle que pour avoir lu en une seule nuit ce merveilleux livre. Il faudrait qu'il eût déjà été dicté par quelque enfant d'Israël; car ce serait un prodige trop grand que Salomon eût lu le manuscrit de saint Jérôme. Mais les faiseurs d'écrits de ce genre ne reculent pas pour si peu. — Gilles Bourdin a publié au seizième siècle un grimoire obscur sous le titre de l'*Art notoire;* il n'est pas probable que ce soit la bonne copie, qui sans doute est perdue. Delrio dit que de son temps les maîtres de cet art ordonnaient à leurs élèves une certaine sorte de confession générale, des jeûnes, des prières, des retraites, puis leur faisaient entendre à genoux la lecture du livre de *l'Art notoire*, et leur persuadaient qu'ils étaient devenus aussi savants que Salomon, les prophètes et les apôtres. Il s'en trouvait qui le croyaient. — Ce livre a été condamné par le pape Pie V. Mêlant les choses religieuses à ses illusions, l'auteur recommande entre autres choses de réciter tous les jours, pendant sept semaines, les sept psaumes de la pénitence et de chanter tous les matins, au lever du soleil, le *Veni Creator*, en commençant un jour de nouvelle lune, pour se préparer ainsi à la connaissance de l'*Art notoire*[1]. Érasme, qui parle de ce livre dans un de ses colloques, dit qu'il n'y a rien compris; qu'il n'y a trouvé que des figures de dragons, de lions, de léopards, des cercles, des triangles, des caractères hébreux, grecs, latins, et qu'on n'a jamais connu personne qui eût rien appris dans tout cela. — Des doctes prétendent que le véritable *Ars notoria* n'a jamais été écrit, et que l'Esprit le révèle à chaque aspirant préparé; il leur en fait la lecture pendant le sommeil s'ils ont sous l'oreille le nom cabalistique de Salomon, écrit sur une lame d'or ou sur un parchemin vierge. Mais d'autres érudits soutiennent que l'*Ars notoria* existe écrit, et qu'on le doit à Salomon. Le croira qui pourra.

Art sacerdotal. — C'est, selon quelques adeptes, le nom que les Égyptiens donnaient à l'alchimie. Cet art, dont le secret, recommandé sous peine de mort, était écrit en langue hiéroglyphique, n'était communiqué qu'aux prêtres, à la suite de longues épreuves.

Artémidore, — Éphésien qui vécut du temps d'Antonin-le-Pieux. On lui attribue le traité des songes intitulé *Oneirocriticon*, publié pour la première fois en grec, à Venise, 1518, in-8°. On recherche la traduction latine de Rigaut[2] et quelques traductions françaises[3].

[1] Certaminis apostolici, lib. VI.

[1] Franc. Torreblanca, cap. 14, epist. de mag.

[2] Artemidori Ephesii Oneirocritica, seu de somniorum interpretatione, græc.-lat. cum notis Nic. Rigaltii, in-4°. Paris, 1603.

[3] Artémidore, De l'Explication des songes, avec le li-

Artéphius, — philosophe hermétique du douzième siècle, que les alchimistes disent avoir vécu plus de mille ans par les secrets de la pierre philosophale. François Pic rapporte le sentiment de quelques savants qui affirment qu'Artéphius est le même qu'Apollonius de Tyanes, né au premier siècle sous ce nom, et mort au douzième sous celui d'Artéphius. On lui attribue plusieurs livres extravagants ou curieux : 1° *l'Art d'allonger sa vie* (*De vitâ propagandâ*), qu'il dit dans sa préface avoir composé à l'âge de mille vingt-cinq ans ; 2° *la Clef de la sagesse suprême* [1] ; 3° un livre sur les caratères des planètes, sur la signification du chant des oiseaux, sur les choses passées et futures, et sur la pierre philosophale [2]. — Cardan, qui parle de ces ouvrages, au seizième livre de la Variété des choses, croit qu'ils ont été composés par quelque plaisant qui voulait se jouer de la crédulité des partisans de l'alchimie.

Arthémia, — fille de l'empereur Dioclétien. Elle fut possédée d'un démon qui résista aux exorcistes païens et ne céda qu'à saint Cyriaque, diacre de l'église romaine. — L'idée de rire et de plaisanter des possessions et des exorcismes de l'Église est venue quelquefois à des esprits égarés, qu'il eût été bon peut-être d'exorciser eux-mêmes.

Arthus, — roi des Bretons, célèbre dans les romans de la Table Ronde, et dont la vie est entourée de fables. On prétend qu'il revient la nuit, dans les forêts de l'Angleterre et de la Bretagne, chasser à grand bruit avec des chiens, des chevaux et des piqueurs, qui ne sont que des démons ou des spectres, au sentiment de Pierre Delancre [3]. Quand le grand-veneur apparut à Henri IV dans la forêt de Fontainebleau, quelques-uns dirent que c'était la chasse du roi Arthus. — La tradition conserve, aux environs de Huelgoat, dans le Finistère, le souvenir curieux de l'énorme château d'Arthus. On montre des rochers de granit entassés, comme étant les débris de ses vastes murailles. Il s'y trouve, dit-on, des trésors gardés par des démons qui souvent traversent les airs sous la forme de feux follets, en poussant des hurlements répétés par les échos du voisinage [1]. L'orfraie, la buse et le corbeau sont les hôtes sinistres qui fréquentent ces ruines merveilleuses, où apparaît l'âme d'Arthus de temps en temps avec sa cour enchantée. *Voy.* MERLIN.

Arundel (THOMAS). — Comme il s'était opposé (quatorzième siècle) aux séditions des wickleffites, Chassaignon, dans ses *Grands et redoutables jugements de Dieu*, imprimés à Morges en 1584, chez Jean Lepreux, imprimeur des très-puissants seigneurs de Berne, Chassaignon, réformé et défenseur de tous les hérétiques, dit qu'il mourut cruellement, la langue tellement enflée qu'il ne pouvait plus parler, « lui qui avait voulu empêcher dans la bouche des disciples de Wickleff, le cours de la sainte parole..... » Mais il n'ose pas rechercher si Thomas Arundel fut, comme Wickleff, étranglé par le diable.

Aruspices, — devins du paganisme, dont l'art se nommait *aruspicine*. Ils examinaient les entrailles des victimes pour en tirer des présages ; il fallait être de bonne maison pour exercer cette espèce de sacerdoce. Ils prédisaient, 1° par la simple inspection des victimes vivantes ; 2° par l'état de leurs entrailles, après qu'elles étaient ouvertes ; 3° par la flamme qui s'élevait de leurs chairs brûlées. — La victime qu'il fallait amener avec violence, ou qui s'échappait de l'autel, donnait des présages sinistres ; le cœur maigre, le foie double ou enveloppé d'une double tunique, et surtout l'absence du cœur ou du foie, annonçaient de grands maux. On croirait que les aruspices étaient habiles dans l'art d'escamoter, car le cœur manqua aux deux bœufs immolés le jour qu'on assassina Cesar. — C'était encore mauvais signe quand la flamme ne s'élevait pas avec force et n'était pas transparente et pure ; et si la queue de la bête se courbait en brûlant, elle menaçait de grandes difficultés dans les affaires. *Voy.* HÉPATOSCOPIE.

Arzels. *Voy.* CHEVAL.

Asaphins, — devins ou sorciers chaldéens, qui expliquaient les songes et tiraient les horoscopes.

Ascaroth. — C'est le nom que donnent les démonographes à un démon peu connu qui protége les espions et les délateurs. Il dépen du démon Nergal.

---

vre d'Augustin Nyphus, Des Divinations, in-16. Rouen, 1600 ; édition augmentée, 1604. — Epitome des cinq livres d'Artémidore, traitant des songes, traduit du grec, par Charles Fontaine ; avec un recueil de Valère-Maxime sur le même sujet, traduit du latin, in-8°. Lyon, 1555.

[1] Clavis majoris sapientiæ, imprimé dans le Théâtre chimique. Francfort, 1614, in-8°, ou Strasbourg, 1699, in-12.

[2] De Characteribus planetarum, cantu et motibus avium, rerum præteritarum et futurarum, lapide que philosophico. Le Traité d'Artéphius sur la pierre philosophale a été traduit en français par P. Arnauld, et imprimé avec ceux de Sinésius et de Flamel. Paris, 1612, 1659, 1682, in-4°. On attribue encore à Artéphius le Miroir des miroirs, Speculum speculorum, et le Livre secret, Liber secretus.

[3] Tableau de l'inconstance des mauvais anges, liv. IV, disc. 3.

[1] Cambry, Voyage dans le Finistère, t. Ier, p. 277.

Ascik-pacha, — démon turc, qui favorise les intrigues secrètes, facilite les accouchements, enseigne les moyens de rompre les charmes [1], etc.

Asclétarion, — sorcier qui prédit à l'empereur Domitien qu'il serait mangé des chiens; sur quoi l'empereur le fit tuer, « ce qui ne » l'empêcha pas d'être mangé des chiens, ca- » suellement, après sa mort [2]. »

Aselle. — L'aselle aquatique, espèce de cloporte, était révérée des Islandais, qui croyaient qu'en tenant cet insecte dans la bouche, ou son ovaire desséché sur la langue, ils obtenaient tout ce qu'ils pouvaient désirer. Ils appelaient son ovaire sec *pierre à souhaits*.

Ashmole (ÉLIE), — antiquaire et alchimiste anglais, né en 1617. On lui doit quelques ouvrages utiles, et le Musée ashmoléen d'Oxford. Mais il publia à Londres, en 1652, un volume in-4º, intitulé : *Theatrum chemicum britannicum*, contenant différents poëmes des philosophes anglais qui ont écrit sur les mystères hermétiques. Six ans après, il fit imprimer le *Chemin du bonheur*, in-4º, 1658. Ce traité, qui n'est pas de lui, mais auquel il mit une préface, roule aussi sur la pierre philosophale. Voy. ALCHIMIE.

Asile. — Les lois qui accordaient droit d'asile aux criminels dans les églises exceptaient ordinairement les sorciers, qui d'ailleurs ne cherchaient pas là leur recours.

Asima, — démon qui rit quand on fait le mal. Il a été adoré à Émath, dans la tribu de Nephtali, avant que les habitants de cette ville fussent transportés à Samarie.

Asmodée, — démon destructeur, le même que Samaël, suivant les rabbins. Il est aux enfers surintendant des maisons de jeu, selon l'esprit de quelques démonomanes, qui ont écrit comme s'ils eussent fait en touristes le voyage de l'autre monde. Il sème la dissipation et l'erreur. — Les rabbins content qu'il détrôna un jour Salomon, mais que bientôt Salomon le chargea de fers, et le força de l'aider à bâtir le temple de Jérusalem. — Tobie, suivant les mêmes rabbins, l'ayant expulsé, avec la fumée du fiel d'un poisson, du corps de la jeune Sara qu'il possédait, l'ange Raphaël l'emprisonna aux extrémités de l'Égypte. Paul Lucas dit qu'il l'a vu dans un de ses voyages. On s'est amusé de lui à ce sujet; cependant on a pu lire dans le *Courrier de l'Égypte* que le peuple de ce pays adore encore le serpent d'Asmodée, lequel a un temple dans le désert de Ryanneh. On ajoute que ce serpent se coupe par morceaux, et qu'un instant après il n'y paraît pas. — Cet Asmodée est, selon quelques-uns, l'ancien serpent qui séduisit Ève. Les juifs, qui l'appellent *Asmodaï*, faisaient de lui le prince des démons, comme on le voit dans la paraphrase chaldaïque. C'est aux enfers, selon Wierus, un roi fort et puissant, qui a trois têtes : la première ressemble à celle d'un taureau, la seconde à celle d'un homme, la troisième à celle d'un bélier. Il a une queue de serpent, des pieds d'oie, une haleine enflammée ; il se montre à cheval sur un dragon, portant en main un étendard et une lance. Il est soumis cependant, par la hiérarchie infernale, au roi Amoymon. — Lorsqu'on l'exorcise, il faut être ferme sur ses pieds, et l'appeler par son nom. Il donne des anneaux constellés ; il apprend aux hommes à se rendre invisibles et leur enseigne la géométrie, l'arithmétique, l'astronomie et les arts mécaniques. Il connaît aussi des trésors qu'on peut le forcer à découvrir ; soixante-douze légions lui obéissent [1]. On le nomme encore Chammadaï et Sydonaï. Le Sage a fait d'Asmodée le héros d'un de ses romans (*le Diable boiteux*).

Asmond et **Aswith**, — compagnons d'armes danois, liés d'une étroite amitié, convinrent, par un serment solennel, de ne s'abandonner ni à la vie ni à la mort. Aswith mourut le premier et, suivant leur accord, Asmond, après avoir enseveli son ami, avec son chien et son cheval dans une grande caverne, y porta des provisions pour une année et s'enferma dans ce tombeau. Mais, ajoute gravement un historien [2], le diable, qui était entré dans le corps du mort, tourmenta le fidèle Asmond, le déchirant, lui défigurant le visage et lui arrachant même une oreille, sans lui donner de raisons de sa fureur. Asmond, impatienté, coupa la tête du mort, croyant rogner aussi le diable qui s'était logé là. — Sur ces entrefaites, précisément, le roi de Suède, Éric, passant devant la caverne murée et entendant du vacarme, crut qu'elle renfermait un trésor gardé par des démons. Il la fit ouvrir, et fut bien surpris d'y trouver Asmond, pâle, ensanglanté, auprès d'un cadavre puant; il lui fit conter son histoire, et, ravi de sa fidélité et de son courage, il l'obligea par de bons procédés à le suivre à sa cour.

Asmoug, — l'un des démons qui, sous les ordres d'Arimane, sèment en Perse les dissensions, les procès et les querelles.

---

[1] Wierus, De Præst. dæm., lib. I, cap. 6.
[2] Boguet, Discours des sorciers, ch. 51.

[1] Wierus, in Pseudomonarchiâ dæmon.
[2] Saxo Grammat. Danicæ hist, lib. v.

Asoors. — C'est le nom que les Indiens donnent à certains mauvais génies qui font tomber les voyageurs dans des embûches.

Aspame. — « Zorobabel était épris d'un si fol amour pour Aspame, qu'elle le souffletait comme un esclave et lui ôtait le diadème pour en orner sa tête, indigne d'un tel ornement, dit Delancre[1]; elle le faisait rire et pleurer, quand bon lui semblait, le tout par philtres et fascinations. » Les belles dames font tous les jours d'aussi grands excès sans fascination ni philtre.

Aspiculette (MARIE D'), — sorcière d'Andaye, dans le pays de Labour, sous le règne de Henri IV. Elle fut arrêtée à l'âge de dix-neuf ans, et avoua qu'on l'avait menée au sabbat, que là elle avait baisé le derrière du diable au-dessous d'une grande queue, et que ce derrière était fait comme le museau d'un bouc[2].

Aspidomancie, — divination peu connue qui se pratique aux Indes, selon quelques voyageurs. Delancre dit[3] que le devin ou sorcier trace un cercle, s'y campe assis sur un bouclier, marmotte des conjuralions, devient hideux, et ne sort de son extase que pour annoncer les choses qu'on veut savoir, et que le diable vient de lui révéler.

Asrafil, — ange terrible qui, selon les musulmans, doit sonner de la trompette et réveiller tous les morts pour le jugement dernier. On le confond souvent avec Asraël.

Assa-fœtida. — Les Hollandais appellent cette plante *fiente du diable* (duivelsdrek).

Assassins, — secte d'Ismaéliens qu'on enivrait de brachick et à qui on faisait un dogme de tuer. Le souverain des Assassins s'appelait le cheick ou vieux de la Montagne. Il est célèbre dans l'histoire des croisades. *Voy.* THUGGISME.

Assheton (GUILLAUME), — théologien anglican, mort en 1711. Il publia en 1694 un petit ouvrage peu recherché, intitulé : *la Possibilité des apparitions*.

Astaroth, — grand-duc très-puissant aux enfers. Il a la figure d'un ange fort laid, et se montre chevauchant sur un dragon infernal; il tient à la main droite une vipère. Quelques magiciens disent qu'il préside à l'Occident, qu'il procure l'amitié des grands seigneurs, et qu'il faut l'évoquer le mercredi. Les Sidoniens, les Philistins et quelques sectes juives l'adorèrent. Il est, dit-on, grand-trésorier aux enfers, et donne de bons avis quand on émet des lois nouvelles. Wierus nous apprend qu'il sait le passé, le présent et l'avenir, qu'il répond volontiers aux questions qu'on lui fait sur les choses les plus secrètes, et qu'il est facile de le faire causer sur la création, les fautes et la chute des anges, dont il sait toute l'histoire; mais il soutient que pour lui il a été puni injustement. Il enseigne à fond les arts libéraux et commande quarante légions; celui qui le fait venir doit prendre garde de s'en laisser approcher, à cause de son insupportable puanteur. C'est pourquoi il faut tenir sous ses narines un anneau magique en argent, qui est un préservatif contre les odeurs fétides des démons[1]. Astaroth a figuré dans plusieurs possessions.

Astarté, — femelle d'Astaroth, selon quelques démonomanes; elle porte des cornes, non difformes comme celles des autres démons, mais façonnées en croissant. Les Phéniciens adoraient la lune sous le nom d'Astarté. A Sidon, c'était la même que Vénus. Sanchoniaton dit qu'elle eut deux fils : le Désir et l'Amour. On l'a souvent représentée avec des rayons, ou avec une tête de génisse. Des érudits prétendent qu'Astaroth, qui donne les richesses, est le soleil, et Astarté la lune; mais dans les anciens monuments orientaux Astarté est le même qu'Astaroth, et Astaroth le même qu'Astarté.

Astiages, — roi des Mèdes. Quand Cyrus eut vaincu l'Asie, on publia qu'Astiages, son grand-père, avait songé en dormant que dans le sein de sa fille Mandane croissait une vigne qui de ses feuilles couvrait l'Asie entière; présage de la grandeur de Cyrus, fils de Mandane.

Astragalomancie, — divination par les dés. Prenez deux dés, marqués comme d'usage des numéros 1, 2, 3, 4, 5, 6. On peut jeter à volonté un dé seul, ou les deux dés à la fois; on a ainsi la chance d'amener les chiffres 1 à 12. Vous voulez deviner quelque affaire qui vous embarrasse, ou pénétrer les secrets de l'avenir; posez la question sur un papier que vous aurez passé au-dessus de la fumée du bois de genièvre; placez ce papier renversé sur la table, et jetez les dés. — Vous écrirez les lettres à mesure qu'elles se présentent En se combinant, elles vous donneront la réponse : 1 vaut la lettre A; 2 vaut E; 3 vaut I, ou Y; 4 vaut O; 5 vaut U; 6 vaut B, P, ou V; 7 vaut C, K, ou Q; 8 vaut D, ou T; 9 vaut F, S, X, ou Z; 10 vaut G, ou J; 11 vaut L, M, ou N;

---

[1] Incrédulité et mécréance du sortilége, etc.
[2] Incrédulité et mécréance, etc., tr. 5.
[3] Delancre, Tableau de l'inconstance des mauvais anges, etc., liv. II, disc. 1.

[1] Wierus, in Pseudomonarchia dæm.

12 vaut R. — Si la réponse est obscure, il ne faut pas s'en étonner ; le sort est capricieux. Dans le cas où vous n'y pouvez rien comprendre, recourez à d'autres divinations. — La lettre H n'est point marquée, parce qu'elle n'est pas nécessaire. Les règles du destin se dispensent de celles de l'orthographe. PH s'exprime fort bien par la lettre F, et CH par la lettre X. — Les anciens pratiquaient l'astragalomancie avec des osselets marqués des lettres de l'alphabet, et les lettres que le hasard amenait faisaient les réponses. C'est par ce moyen que se rendaient les oracles d'Hercule en Achaïe. On mettait les lettres dans une urne, et on les tirait comme on tire les numéros des loteries.

Astres. — La première idolâtrie a commencé par le culte des astres. Tous les peuples les adoraient, au temps de Moïse. Lui seul dit aux Hébreux : « Lorsque vous élevez les yeux vers le ciel, que vous voyez le soleil, la lune et les autres astres, gardez-vous de tomber dans l'erreur et de les adorer, car c'est Dieu qui les a créés » (Deutéronome, chap. 4). Ceux qui ne croient pas à la révélation devraient nous apprendre comment Moïse a été plus éclairé que les sages de toutes les nations dont il était environné [1]. — Mahomet dit, dans le Koran, que les étoiles sont les sentinelles du ciel, et qu'elles empêchent les démons d'en approcher et de connaître les secrets de Dieu. Il y a des sectes qui prétendent que chaque corps céleste est la demeure d'un ange. — Les Arabes, avant Mahomet, adoraient les astres. Les anciens en faisaient des êtres animés ; les Égyptiens croyaient qu'ils voguaient dans des navires à travers les airs comme nos aéronautes ; ils disaient que le soleil, avec son esquif, traversait l'Océan toutes les nuits pour retourner d'occident en orient. — D'autres physiciens ont prétendu que les étoiles sont les yeux du ciel, et que les larmes qui en tombent forment les pierres précieuses. C'est pour cela, ajoutent-ils, que chaque étoile a sa pierre favorite.

Astrolabe, — instrument dont on se sert pour observer les astres et tirer les horoscopes. Il est souvent semblable à une sphère armillaire. L'astrologue, instruit du jour, de l'heure, du moment où est né celui qui le consulte, ou pour lequel on le consulte, met les choses à la place qu'elles occupaient alors, et dresse son thème suivant la position des planètes et des constellations. — Il y a eu des gens autrefois qui faisaient le métier de découvrir les voleurs par le moyen d'un astrolabe. « Le ciel, disaient-ils, est un livre dans lequel on voit le passé, le présent et l'avenir ; pourquoi ne pourrait-on pas lire les événements de ce monde dans un instrument qui représente la situation des corps célestes [?] »

Astrologie, — art de dire la bonne aventure et de prédire les événements, par l'aspect, les positions et les influences des corps célestes. — On croit que l'astrologie, qu'on appelle aussi *astrologie judiciaire,* parce qu'elle consiste en jugements sur les personnes et sur les choses, a pris naissance dans la Chaldée, d'où elle pénétra en Égypte, en Grèce et en Italie. Quelques antiquaires attribuent l'invention de cette science à Cham, fils de Noé ; le commissaire de Lamarre, dans son *Traité de police,* titre 7, chap. 1er, ne repousse pas les opinions qui établissent qu'elle lui a été enseignée par le démon. Diogène Laërce donne à entendre que les Égyptiens connaissaient la rondeur de la terre et la cause des éclipses. On ne peut leur disputer l'habileté en astronomie ; mais, au lieu de se tenir aux règles droites de cette science, ils en ajoutèrent d'autres qu'ils fondèrent uniquement sur leur imagination ; ce furent là les principes de l'art de deviner et de tirer des horoscopes. Ce sont eux, dit Hérodote, qui enseignèrent à quel dieu chaque mois, chaque jour est consacré, qui observèrent les premiers sous quel ascendant un homme est né, pour prédire sa fortune, ce qui lui arriverait dans sa vie et de quelle mort il mourrait. — « J'ai lu dans les registres du ciel tout ce qui doit vous arriver à vous et à votre fils, » disait à ses crédules enfants Bélus, prince de Babylone. Pompée, César, Crassus croyaient à l'astrologie. Pline en parle comme d'un art respectable. Cette science gouverne encore la Perse et une grande partie de l'Asie. « Rien ne se fait ici, dit Tavernier dans sa Relation d'Ispahan, que de l'avis des astrologues. Ils sont plus puissants et plus redoutés que le roi, qui en a toujours quatre attachés à ses pas, qu'il consulte sans cesse et qui l'avertissent du temps où il doit se promener, de l'heure où il doit se renfermer dans son palais, se purger, se vêtir de ses habits royaux, prendre ou quitter le sceptre, etc. Ils sont si respectés dans cette cour que le roi Schah-Sophi étant accablé depuis plusieurs années d'infirmités que l'art ne pouvait guérir, les médecins jugèrent qu'il était tombé dans cet état de dépérissement que par la faute des astrologues, qui avaient mal pris l'heure à laquelle il devait être élevé sur le trône. Les

---

[1] Bergier, Dict. théolog., au mot *Astres.*

[1] Le père Lebrun, Hist. des pratiques superst., t. Ier, p. 220.

astrologues reconnurent leur erreur : ils s'assemblèrent de nouveau avec les médecins, cherchèrent dans le ciel la véritable heure propice, ne manquèrent pas de la trouver; et la cérémonie du couronnement fut renouvelée, à la grande satisfaction de Schah-Sephi, qui mourut quelques jours après. » Il en est de même à la Chine, où l'empereur n'ose rien entreprendre sans avoir consulté son thème natal. — La vénération des Japonais pour l'astrologie est plus profonde encore; chez eux personne n'oserait construire un édifice sans avoir interrogé quelque astrologue sur la durée du bâtiment. Il y en a même qui, sur la réponse des astres, se dévouent et se tuent pour le bonheur de ceux qui doivent habiter la nouvelle maison [1]. — Presque tous les anciens, Hippocrate, Virgile, Horace, Tibère, croyaient à l'astrologie. Le moyen âge en fut infecté. On tira l'horoscope de Louis XIII et de Louis XIV; et Boileau dit qu'*un téméraire auteur* n'atteint pas le Parnasse, *si son astre en naissant ne l'a formé poète*..... — En astrologie, on ne connaît dans le ciel que sept planètes, et douze constellations dans le zodiaque. Le nombre de celles-ci n'a pas changé; mais il y a aujourd'hui douze planètes. Nous ne parlerons que des sept vieilles employées par les astrologues. Nous n'avons, disent-ils, aucun membre dont les corps célestes ne gouvernent. Les sept planètes sont, comme on sait, le Soleil, la Lune, Vénus, Jupiter, Mars, Mercure et Saturne. Le Soleil préside à la tête; la Lune, au bras droit; Vénus, au bras gauche; Jupiter, à l'estomac; Mars aux parties sexuelles; Mercure, au pied droit, et Saturne au pied gauche; ou bien Mars gouverne la tête, Vénus le bras droit, Jupiter le bras gauche, le Soleil l'estomac, la Lune les parties sexuelles, Mercure le pied droit et Saturne le pied gauche. — « Parmi les constellations, le Bélier gouverne la tête; le Taureau, le cou; les Gémeaux, les bras et les épaules; l'Ecrevisse, la poitrine et le cœur; le Lion, l'estomac; la Vierge, le ventre; la Balance, les reins et les fesses; le Scorpion, les parties sexuelles; le Sagittaire, les cuisses; le Capricorne, les genoux; le Verseau, les jambes; et les Poissons, les pieds. — « On a mis aussi le monde, c'est-à-dire les empires et les villes, sous l'influence des constellations. Des astrologues allemands au seizième siècle avaient déclaré Francfort sous l'influence du Bélier, Wurtzbourg sous celle du Taureau, Nuremberg sous les Gémeaux, Magdebourg sous l'Ecrevisse, Ulm sous le Lion, Heidelberg sous la Vierge, Vienne sous la Balance, Munich sous le Scorpion, Stuttgard sous le Sagittaire, Augsbourg sous le Capricorne, Ingolstadt sous le Verseau, et Ratisbonne sous les Poissons. — Hermès a dit que c'est parce qu'il y a sept trous à la tête, qu'il y a aussi dans le ciel sept planètes pour présider à ces trous : Saturne et Jupiter aux deux oreilles, Mars et Vénus aux deux narines, le Soleil et la Lune aux deux yeux, et Mercure à la bouche. Léon l'Hébreu, dans sa *Philosophie d'amour*, traduite par le sieur Duparc, Champenois, admet cette opinion, qu'il précise très-bien : « Le Soleil préside à l'œil droit, dit-il, et la Lune à l'œil gauche, parce que tous les deux sont les yeux du ciel; Jupiter gouverne l'oreille gauche; Saturne, la droite; Mars, le pertuis droit du nez; Vénus, le pertuis gauche; et Mercure, la bouche, parce qu'il préside à la parole. » — Ajoutons encore que Saturne domine sur la vie, les changements, les édifices et les sciences; Jupiter, sur l'honneur, les souhaits, les richesses et la propreté des habits; Mars, sur la guerre, les prisons, les mariages, les haines; le Soleil, sur l'espérance, le bonheur, le gain, les héritages; Vénus, sur les amitiés et les amours; Mercure, sur les maladies, les pertes, les dettes, le commerce et la crainte; la Lune, sur les plaies, les songes et les larcins. Aussi, du moins, le décide le livre des admirables secrets d'Albert-le-Grand. — En dominant de la sorte tout ce qui arrive à l'homme, les planètes ramènent le même cours de choses toutes les fois qu'elles se retrouvent dans le ciel au lieu de l'horoscope. Jupiter se retrouve au bout de douze ans au même lieu, les honneurs seront les mêmes; Vénus, au bout de huit ans, les amours seront les mêmes, etc., mais dans un autre individu. — N'oublions pas non plus que chaque planète gouverne un jour de la semaine : le Soleil le dimanche, la Lune le lundi, Mars le mardi, Mercure le mercredi, Jupiter le jeudi, Vénus le vendredi, Saturne le samedi; que le jaune est la couleur du Soleil, le blanc celle de la Lune, le vert celle de Vénus, le rouge celle de Mars, le bleu celle de Jupiter, le noir celle de Saturne, le mélangé celle de Mercure; que le Soleil préside à l'or, la Lune à l'argent, Vénus à l'étain, Mars au fer, Jupiter à l'airain, Saturne au plomb, Mercure au vif-argent, etc. — Le Soleil est bienfaisant et favorable; Saturne, triste, morose et froid; Jupiter, tempéré et bénin; Mars, ardent; Vénus, bienveillante; Mercure, inconstant; la Lune, mélancolique. — Dans les constellations, le Bélier, le Lion et le Sagittaire sont chauds, secs et ardents; le Taureau, la Vierge et le Capricorne, lourds, froids et secs; les Gé-

---

[1] *Essai sur les erreurs et les superstitions*, par M. L. C., ch. 5.

meaux, la Balance et le Verseau, légers, chauds et humides; l'Écrevisse, le Scorpion et les Poissons, humides, mous et froids. — Au moment de la naissance d'un enfant dont on veut tirer l'horoscope, ou bien au jour de l'événement dont on cherche à présager les suites, il faut d'abord voir sur l'astrolabe quelles sont les constellations et planètes qui dominent dans le ciel, et tirer les conséquences qu'indiquent leurs vertus, leurs qualités et leurs fonctions. Si trois signes de la même nature se rencontrent dans le ciel, comme, par exemple, le Bélier, le Lion et le Sagittaire, ces trois signes forment le *trin aspect*, parce qu'ils partagent le ciel en trois, et qu'ils sont séparés l'un de l'autre par trois autres constellations. Cet aspect est bon et favorable. Quand ceux qui partagent le ciel par sixième se rencontrent à l'heure de l'opération, comme le Bélier avec les Gémeaux, le Taureau avec l'Écrevisse, etc., ils forment l'*aspect sextil*, qui est médiocre. Quand ceux qui partagent le ciel en quatre, comme le Bélier avec l'Écrevisse, le Taureau avec le Lion, les Gémeaux avec la Vierge, se rencontrent dans le ciel, ils forment l'*aspect carré*, qui est mauvais. Quand ceux qui se trouvent aux parties opposées du ciel, comme le Bélier avec la Balance, le Taureau avec le Scorpion, les Gémeaux avec le Sagittaire, etc., se rencontrent à l'heure de la naissance, ils forment l'*aspect contraire*, qui est méchant et nuisible. Les astres sont en *conjonction* quand deux planètes se trouvent réunies dans le même signe ou dans la même maison, et en *opposition* quand elles sont à deux points opposés. — Chaque signe du zodiaque occupe une place qu'on appelle *maison céleste* ou *maison du soleil*; ces douze maisons du soleil coupent ainsi le zodiaque en douze parties. Chaque maison occupe trente degrés, puisque le cercle en a trois cent soixante. Les astrologues représentent les maisons par de simples numéros, dans une figure ronde ou carrée, divisée en douze cellules. — La première maison est celle du Bélier, qu'on appelle l'*angle oriental*, en argot astrologique. C'est la maison de la vie, parce que ceux qui naissent quand cette constellation domine peuvent vivre long-temps. — La seconde maison est celle du Taureau, qu'on appelle *la porte inférieure*. C'est la maison des richesses et des moyens de fortune. — La troisième maison est celle des Gémeaux appelée *la demeure des frères*. C'est la maison des héritages et des bonnes successions. — La quatrième maison est celle de l'Écrevisse. On l'appelle *le fond du ciel*, *l'angle de la terre*, *la demeure des parents*. C'est la maison des trésors et des biens de patrimoine. — La cinquième maison est celle du Lion, dite *la demeure des enfants*; c'est la maison des legs et des donations. — La sixième maison est celle de la Vierge, on l'appelle *l'amour de Mars*. C'est la maison des chagrins, des revers et des maladies. — La septième maison est celle de la Balance, qu'on appelle *l'angle occidental*. C'est la maison des mariages et des noces. — La huitième maison est celle du Scorpion appelée *la porte supérieure*. C'est la maison de l'effroi, des craintes et de la mort. — La neuvième maison est celle du Sagittaire, appelée *l'amour du soleil*. C'est la maison de la piété, de la religion, des voyages et de la philosophie. — La dixième maison est celle du Capricorne, dite *le milieu du ciel*. C'est la maison des charges, des dignités et des couronnes. — La onzième maison est celle du Verseau, qu'on appelle *l'amour de Jupiter*. C'est la maison des amis, des bienfaits et de la fortune. — La douzième maison est celle des Poissons, appelée *l'amour de Saturne*. C'est la plus mauvaise de toutes et la plus funeste; c'est la maison des empoisonnements, des misères, de l'envie, de l'humeur noire et de la mort violente. — Le Bélier et le Scorpion sont les maisons chéries de Mars; le Taureau et la Balance, celles de Vénus; les Gémeaux et la Vierge, celles de Mercure; le Sagittaire et les Poissons, celles de Jupiter; le Capricorne et le Verseau, celles de Saturne; le Lion, celle du Soleil; l'Écrevisse, celle de la lune. — Il faut examiner avec soin les rencontres des planètes avec les constellations. Si Mars, par exemple, se rencontre avec le Bélier à l'heure de la naissance, il donne du courage, de la fierté et une longue vie; s'il se trouve avec le Taureau, richesses et courage. En un mot, Mars augmente l'influence des constellations avec lesquelles il se rencontre, et y ajoute la valeur et la force. — Saturne, qui donne les peines, les misères, les maladies, augmente les mauvaises influences et gâte les bonnes. Vénus, au contraire, augmente les bonnes influences et affaiblit les mauvaises. — Mercure augmente ou affaiblit les influences suivant ses conjonctions. S'il se rencontre avec les Poissons, qui sont mauvais, il devient moins bon; s'il se trouve avec le Capricorne, qui est favorable, il devient meilleur. — La Lune joint la mélancolie aux constellations heureuses; elle ajoute la tristesse ou la démence aux constellations funestes. Jupiter, qui donne les richesses et les honneurs, augmente les bonnes influences et dissipe à peu près les mauvaises. Le Soleil ascendant donne les faveurs des princes; il a sur les influences presque autant d'effet que Jupiter; mais descendant il présage des revers.— Ajoutons que les Gémeaux, la Balance et la Vierge donnent la beauté par excellence; le Scorpion, le Capricorne et les Poissons donnent une beauté médiocre. Les autres constellations donnent plus ou moins la laideur. — La Vierge, la Balance, le Verseau et les Gémeaux donnent une belle voix; l'Écrevisse, le Scorpion et les Poissons donnent une voix nulle ou désagréable; les autres constellations n'ont pas d'influence sur la voix. — Si les planètes et les constellations se trouvent à l'Orient, à l'heure de l'horoscope, on éprouvera leur influence au commencement de la vie ou de l'entreprise; on l'éprouvera au milieu si elles sont au haut du ciel, et à la fin si elles sont à l'Occident. — Afin que l'horoscope ne trompe point, il faut avoir soin d'en commencer les opérations précisément à la minute où l'enfant est né, ou à l'instant précis d'une affaire dont on veut savoir les suites.— Pour ceux qui n'exigent pas une exactitude si sévère, il y a des horoscopes tout dressés, d'après les constellations de la naissance. *Voy.* HOROSCOPE.—Tels sont, en peu de mots, les principes de cet art, autrefois si vanté, si universellement répandu, et maintenant un peu tombé en désuétude. Les astrologues conviennent que le globe roule si rapidement que la disposition des astres change en un moment. Il faudra donc, pour tirer les horoscopes, que les sages-femmes aient soin de regarder attentivement les horloges, de marquer exactement chaque point du jour, et de conserver à celui qui naît ses étoiles comme son patrimoine. « Mais combien de fois, dit Barclai, le péril des mères empêche-t-il ceux qui sont autour d'elles de songer à cela! Et combien de fois ne s'y trouve-t-il personne qui soit assez superstitieux pour s'en occuper! Supposez cependant qu'on y ait pris garde, si l'enfant est long-temps à naître, et si, ayant montré la tête, le reste du corps ne paraît pas de suite, comme il arrive, quelle disposition des astres sera funeste ou favorable? sera-ce celle qui aura présidé à l'apparition de la tête, ou celle qui se sera rencontrée quand l'enfant est entièrement né? » — Voici quelques anecdotes sur le compte des astrologues : Un valet ayant volé son maître s'enfuit avec l'objet dérobé. On mit des gens à la poursuite, et, comme on ne le trouvait pas, on consulta un astrologue. Celui-ci, habile à deviner les choses passées, répondit que le valet s'était échappé parce que la lune s'était trouvée, à sa naissance, en conjonction avec Mercure, qui protége les voleurs, et que de plus longues recherches seraient inutiles. Comme il disait ces mots, on amena le domestique, qu'on venait de prendre enfin, malgré la protection de Mercure. — Les astrologues tirent vanité de deux ou trois de leurs prédictions accomplies, quoique souvent d'une manière indirecte, entre mille qui n'ont point eu de succès. L'horoscope du poëte Eschyle portait qu'il serait écrasé par la chute d'une maison; il s'alla, dit-on, mettre en plein champ, pour éviter sa destinée; mais un aigle, qui avait enlevé une tortue, la lui laissa tomber sur la tête, et il en fut tué. Si ce conte n'a pas été fait après coup, nous répondrons qu'un aveugle, en jetant au hasard une multitude de flèches, peut atteindre le but une fois par hasard. Quand il y avait en Europe des milliers d'astrologues qui faisaient tous les jours de nouvelles prédictions, il pouvait s'en trouver quelques-unes que l'événement, par cas fortuit, justifiait; et celles-ci, quoique rares, entretenaient la crédulité que des millions de mensonges auraient dû détruire. L'empereur Frédéric-Barberousse, étant sur le point de quitter Vicence, qu'il venait de prendre d'assaut, défia le plus fameux astrologue de deviner par quelle porte il sortirait le lendemain. Le charlatan répondit au défi par un tour de son métier; il remit à Frédéric un billet cacheté, lui recommandant de ne l'ouvrir qu'après sa sortie. L'empereur fit abattre, pendant la nuit, quelques toises de mur, et sortit par la brèche; il ouvrit ensuite le billet, et ne fut pas peu surpris d'y lire ces mots : « L'empereur sortira par la porte neuve. » C'en fut assez pour que l'astrologue et l'astrologie lui parussent infiniment respectables. — Un homme, que les astres avaient condamné en naissant à être tué par un cheval, avait grand soin de s'éloigner dès qu'il apercevait un de ces animaux. Or un jour qu'il passait dans une rue, une enseigne lui tomba sur la tête, et il mourut du coup : c'était l'enseigne d'une auberge où était représenté un cheval noir. — Mais il y a d'autres anecdotes. Un bourgeois de Lyon, riche et crédule, ayant fait dresser son horoscope, mangea tout son bien pendant le temps qu'il croyait avoir à vivre. N'étant pas mort à l'heure que l'astrologue lui avait assignée, il se vit obligé de demander l'aumône, ce qu'il faisait en disant : « Ayez pitié d'un homme qui a vécu plus long-temps qu'il ne croyait. » — Une dame pria un astrologue de deviner un chagrin qu'elle avait dans l'esprit. L'astrologue, après lui avoir demandé l'année, le mois, le jour et l'heure de sa naissance, dressa la figure de son horoscope, et dit beaucoup de paroles qui signifiaient peu de chose. La dame lui donna une pièce de quinze sous. « Madame, dit alors l'astrologue, je découvre encore dans votre horoscope que vous n'êtes pas riche. — Cela est vrai, répondit-elle. — Madame, poursuivit-il en considérant de nouveau les figures des astres, n'avez-vous rien perdu? — J'ai perdu, lui dit-elle, l'argent que je viens de vous donner. » — Darah, l'un des quatre fils du grand-mogol Schah-Géhan, ajoutait beaucoup de foi aux prédictions des astrologues. Un de ces doctes lui avait prédit, au péril de sa tête, qu'il porterait la couronne. Darah comptait là-dessus. Comme on s'étonnait que cet astrologue osât garantir sur sa vie un événement aussi incertain : « Il arrivera de deux choses l'une, répondit-il, ou Darah parviendra au trône, et ma fortune est faite; ou il sera vaincu, et dès lors sa mort est certaine, et je ne redoute pas sa vengeance. » — Heggiage, général arabe sous le calife Valid, consulta, dans sa dernière maladie, un astrologue qui lui prédit une mort prochaine. « Je compte tellement sur votre habileté, lui répondit Heggiage, que je veux vous avoir avec moi dans l'autre monde, et je vais vous y envoyer le premier, afin que je puisse me servir de vous dès mon arrivée. » Et il lui fit couper la tête, quoique le temps fixé par les astres ne fût pas encore arrivé. — L'empereur Manuel, qui avait aussi des prétentions à la science de l'astrologie, mit en mer, sur la foi des astres, une flotte qui devait faire des merveilles et qui fut vaincue, brûlée et coulée bas. — Henri VII, roi d'Angleterre, demandait à un astrologue s'il savait où il passerait les fêtes de Noël. L'astrologue répondit qu'il n'en savait rien. « Je suis donc plus habile que toi, répondit le roi; car je sais que tu les passeras dans la Tour de Londres. » Il l'y fit conduire en même temps. Il est vrai que c'était une mauvaise raison. — Un astrologue regardant au visage Jean Galéas, duc de Milan, lui dit : « Seigneur, arrangez vos affaires, car vous ne pouvez vivre long-temps. — Comment le sais-tu? lui demanda le duc. — Par la connaissance des astres. — Et toi, combien dois-tu vivre? — Ma planète me promet une longue vie. — Oh bien! tu vas voir qu'il ne faut pas se fier aux planètes; » et il le fit pendre sur-le-champ.

Astronomancie, — divination par les astres. C'est la même chose que l'astrologie.

Astyle, — devin fameux dans l'histoire des Centaures. On trouve dans Plutarque un autre devin nommé Astyphile. *Voy.* CIMON.

Aswith, — *voy.* ASMOND.

Athénagore, — philosophe platonicien, qui embrassa le christianisme au deuxième siècle. On peut lire son *Traité de la résurrection des morts*, traduit du grec en français par Gaussart, prieur de Sainte-Foy, Paris, 1574, et par Duferrier, Bordeaux, 1577, in-8°.

Athénaïs, — sibylle d'Érythrée. Elle prophétisait du temps d'Alexandre. *Voy.* SIBYLLES.

Athénodore, — philosophe stoïcien du siècle d'Auguste. On conte qu'il y avait à Athènes une fort belle maison où personne n'osait demeurer, à cause d'un spectre qui s'y montrait la nuit. Athénodore, étant arrivé dans cette ville, ne s'effraya point de ce qu'on disait de la maison décriée, et l'acheta. — La première nuit qu'il y passa, étant occupé à écrire, il entendit tout à coup un bruit de chaînes, et il aperçut un vieillard hideux, chargé de fers, qui s'approchait de lui à pas lents. Il continua d'écrire. Le spectre l'appelant du doigt, lui fit signe de le suivre. Athénodore répondit à l'esprit, par un autre signe, qu'il le priait d'attendre, et continua son travail; mais le spectre fit retentir ses chaînes à ses oreilles, et l'obséda tellement que le philosophe, fatigué, se détermina à voir l'aventure. Il marcha avec le fantôme, qui disparut dans un coin de la cour. Athénodore étonné arracha une poignée de gazon pour reconnaître le lieu, rentra dans sa chambre, et le lendemain il fit part aux magistrats de ce qui lui était arrivé. On fouilla dans l'endroit indiqué; on trouva les os d'un cadavre avec des chaînes, on lui rendit les honneurs de la sépulture, et dès ce moment, ajoute-t-on, la maison fut tranquille [1]. *Voy.* AYOLA et ARIGNOTE.

Atinius. — Tite-Live raconte que, le matin d'un jour où l'on représentait les grands jeux, un citoyen de Rome conduisit un de ses esclaves à travers le cirque en le faisant battre de verges; ce qui divertit ce grand peuple romain. Les jeux commencèrent à la suite de cette parade; mais quelques jours après Jupiter Capitolin apparut la nuit, en songe, à un homme du peuple nommé Atinius [2], et lui ordonna d'aller dire de sa part aux consuls qu'il n'avait pas été content de celui qui menait la danse aux derniers jeux, et que l'on recommençât la fête avec un autre danseur. — Le Romain, à son réveil, craignit de se rendre ridicule en publiant ce songe; et le lendemain son fils, sans être malade, mourut subitement. La nuit suivante, Jupiter lui apparut de nouveau et lui demanda s'il se trouvait bien d'avoir méprisé l'ordre des dieux, ajoutant que s'il n'obéissait il lui arriverait pis. Atinius, ne s'étant pas encore décidé à

[1] Plin. jun., Epist., lib. VII, ep. 27, ad Suram.
[2] Plutarque le nomme *Titus Latinus* dans la Vie de Coriolan.

parler aux magistrats, fut frappé d'une paralysie qui lui ôta l'usage de ses membres. Alors il se fit porter en chaise au sénat, et raconta tout ce qui s'était passé. Il n'eut pas plus tôt fini son récit qu'il se leva, rendu à la santé. — Toutes ces circonstances parurent miraculeuses. On comprit que le mauvais danseur était l'esclave battu. Le maître de cet infortuné fut recherché et puni; on ordonna aussi de nouveaux jeux qui furent célébrés avec plus de pompe que les précédents, l'an de Rome 265.

Atropos, — l'une des trois Parques; c'est elle qui coupait le fil. Hésiode la peint comme très-féroce; on lui donne un vêtement noir, des traits ridés et un maintien peu séduisant.

Attila, — dit le Fléau de Dieu, que saint Loup, évêque de Troyes, empêcha de ravager la Champagne. Comme il s'avançait sur Rome pour la détruire, il eut une vision : il vit en songe un vieillard vénérable, vêtu d'habits sacerdotaux, qui, l'épée nue au poing, le menaçait de le tuer s'il résistait aux prières du pape Léon; et le lendemain, quand le pape vint lui demander d'épargner Rome, il répondit qu'il le ferait, et ne passa pas plus avant. Paul Diacre dit, dans le livre xv de son *Histoire de Lombardie*, que ce vieillard merveilleux n'était autre, selon l'opinion générale, que saint Pierre, prince des apôtres. — Des légendaires ont écrit qu'Attila était le fils d'un démon.

Attouchement. — Pline dit que Pyrrhus guérissait les douleurs de rate en touchant les malades du gros doigt de son pied droit; et l'empereur Adrien, en touchant les hydropiques du bout de l'index, leur faisait sortir l'eau du ventre. Beaucoup de magiciens et de sorciers ont su produire également des cures merveilleuses par le simple attouchement. *Voy.* CHARMES, ÉCROUELLES, etc.

Aubigné (NATHAN D'), — en latin *Albineus*, fils du fameux huguenot d'Aubigné. Il était partisan de l'alchimie. Il a publié sous le titre de *Bibliothèque chimique* [1], un recueil de divers traités, recherché par ceux qui croient à la pierre philosophale.

Aubrey (JEAN), — *Alberius*, savant antiquaire anglais, mort en 1700. Il a donné, en 1696, un livre intitulé : *Mélanges sur les sujets suivants : Fatalité de jours, fatalité de lieux, présages, songes, apparitions, merveilles et prodiges*; réimprimé en 1724, avec des additions.

[1] Bibliotheca chimica contracta ex delectu et emendatione Nathanis Albinei, in-8°. Genève, 1654 et 1673.

Aubry (NICOLE), — possédée de Laon au seizième siècle. Boulvèse, professeur d'hébreu au collége de Montaigu, homme qui croyait tout, a écrit l'histoire de cette possession, qui fit grand bruit en 1566. — Nicole Aubry, de Vervins, fille d'un boucher et mariée à un tailleur, allait prier sur le tombeau de son grand-père, mort sans avoir pu faire sa dernière confession; elle crut le voir sortir du tombeau, lui demandant de faire dire des messes pour le repos de son âme, qui était dans le purgatoire. La jeune femme en tomba malade de frayeur. On s'imagina alors que le diable avait pris la forme de Vieilliot, grand-père de Nicole, et qu'elle était maléficiée. Si cette femme jouait une comédie, elle la joua bien; car elle fit croire à toute la ville de Laon qu'elle était possédée de Belzébut, de Baltazo et de plusieurs autres démons. Elle disait que vingt-neuf diables, ayant formes de chats et taille de moutons gras, l'assiégeaient de temps en temps. Elle obtint qu'on l'exorcisât; et on publia que les démons s'étaient enfuis, Astaroth sous la figure d'un porc, Cerberus sous celle d'un chien, Belzébut sous celle d'un taureau. On ne sait trop comment juger ces faits inconcevables, si fréquents au seizième siècle. Nicole Aubry parvint à se faire présenter, le 27 août 1566, au roi Charles IX, qui lui donna dix écus d'or.

Augerot, — sorcier. *Voy.* CHORROPIQUE.

Augures. — Les augures étaient chez les Romains les interprètes des dieux. On les consultait avant toutes les grandes entreprises : ils jugeaient du succès par le vol, le chant et la façon de manger des oiseaux. On ne pouvait élire un magistrat, ni donner une bataille, sans avoir consulté l'appétit des poulets sacrés ou les entrailles des victimes. Annibal pressant le roi Prusias de livrer bataille aux Romains, celui-ci s'en excusa, en disant que les victimes s'y opposaient. « C'est-à-dire, reprit Annibal, que vous préférez l'avis d'un mouton à celui d'un vieux général. » — Les augures prédisaient aussi l'avenir, par le moyen du tonnerre et des éclairs, par les éclipses, et par les présages qu'on tirait de l'apparition des comètes. Les savants n'étaient pas dupes de leurs cérémonies, et Cicéron disait qu'il ne concevait pas que deux augures pussent se regarder sans rire. — Quelques-uns méprisèrent, il est vrai, la science des augures; mais ils s'en trouvèrent mal, parce que le peuple la respectait. On vint dire à Claudius Pulcher, prêt à livrer bataille aux Carthaginois, que les poulets sacrés refusaient de manger. « Qu'on les jette à la mer, répondit-il, s'ils ne mangent pas, ils boiront. » Mais l'armée fut indignée de ce sacrilége, et Claudius perdit la bataille. — Les oiseaux ne sont pas, chez nos bonnes gens, dépourvus du don de prophétie. Le cri de la chouette annonce la mort. Le chant du rossignol promet de la joie; le coucou donne de l'argent quand on porte sur soi quelque monnaie le premier jour qu'on a le bonheur de l'entendre, etc. Si une corneille vole devant vous, dit Cardan, elle présage un malheur futur ; si elle vole à droite, un malheur présent ; si elle vole à gauche, un malheur qu'on peut éviter par la prudence; si elle vole sur la tête, elle annonce la mort, pourvu toutefois qu'elle croasse : car, si elle garde le silence, elle ne présage rien. — On dit que la science des augures passa des Chaldéens chez les Grecs et ensuite chez les Romains. Elle est défendue aux Juifs par le chapitre 29 du Lévitique. — Gaspard Peucer dit que les augures se prenaient de cinq choses : 1° du ciel; 2° des oiseaux; 3° des bêtes à deux pieds; 4° des bêtes à quatre pieds; 5° de ce qui arrive au corps humain, soit dans la maison, soit hors de la maison. Mais les anciens livres auguraux, approuvés par Maïole dans le deuxième colloque du supplément à ses Jours caniculaires, portent les objets d'augures à douze chefs principaux, selon le nombre des douze signes du zodiaque : 1° l'entrée d'un animal sauvage ou domestique dans une maison; 2° la rencontre d'un animal sur la route ou dans la rue; 3° la chute du tonnerre; 4° un rat qui mange une savate, un renard qui étrangle une poule, un loup qui emporte une brebis, etc.; 5° un bruit inconnu entendu dans la maison, et qu'on attribuait à quelque lutin; 6° le cri de la corneille ou du hibou, un oiseau qui tombe sur le chemin, etc.; 7° un chat ou tout autre animal qui entre par un trou dans la maison; on le prenait pour un mauvais génie; 8° un flambeau qui s'éteint tout seul, ce que l'on croyait une malice d'un démon ; 9° le feu qui pétille. Les anciens pensaient que Vulcain leur parlait alors dans le foyer; 10° ils tiraient encore divers présages lorsque la flamme étincelait d'une manière extraordinaire; 11° lorsqu'elle bondissait, ils s'imaginaient que les dieux Lares s'amusaient à l'agiter ; 12° enfin, ils regardaient comme un motif d'augure une tristesse qui leur survenait tout à coup. Nous avons conservé quelques traces de ces superstitions, qui ne sont pas sans poésie [1]. — Les Grecs modernes tirent des augures du cri des pleureuses à gages. Ils disent que si l'on entend braire un âne à jeun, on tombera infailliblement de cheval dans la journée, pourvu qu'on aille à cheval. Voy. ORNITHOMANCIE, AIGLE, CORNEILLE, HIBOU, ARUSPICES, etc.

Auguste. — Leloyer rapporte, après quelques anciens, que la mère de l'empereur Auguste, étant enceinte de lui, eut un songe où il lui sembla que ses entrailles étaient portées dans le ciel, ce qui présageait la future grandeur de son fils. Ce nonobstant, d'autres démonographes disent qu'Auguste était enfant du diable. — Les cabalistes n'ont pas manqué de faire de ce diable une Salamandre. Il y a des merveilles dans le destin d'Auguste ; et Boguet conte, avec d'autres bons hommes, que cet empereur, étant sur le point de se faire proclamer maître et seigneur de tout le monde, en fut empêché par une vierge qu'il aperçut en l'air tenant en ses bras un enfant [1]. — Auguste était superstitieux ; Suétone rapporte [2] que, comme on croyait de son temps que la peau d'un veau marin préservait de la foudre, il était toujours muni d'une peau de veau marin. Il eut encore la faiblesse de croire qu'un poisson qui sortait hors de la mer, sur le rivage d'Actium, lui présageait le gain d'une bataille. Suétone ajoute qu'ayant ensuite rencontré un ânier il lui demanda le nom de son âne; que l'ânier lui ayant répondu que son âne s'appelait Nicolas, qui signifie *vainqueur des peuples*, il ne douta plus de la victoire; et que, par la suite, il fit ériger des statues d'airain à l'ânier, à l'âne au poisson sautant. Il dit même que ces statues furent placées dans le Capitole. — On sait qu'Auguste fut proclamé dieu de son vivant, et qu'il eut des temples et des prêtres.

Augustin (saint), — évêque d'Hippone, l'un des plus illustres pères de l'Église. On lit dans Jacques de Voragines une gracieuse légende sur ce grand saint : un jour qu'il était plongé dans ses méditations, il vit passer devant lui un démon qui portait un livre énorme sur ses épaules, il l'arrêta et lui demanda à voir ce que contenait ce livre. « C'est le registre de tous les péchés des hommes, répond le démon ; je les ramasse où je les trouve, et je les écris à leur place pour savoir plus aisément ce que chacun me doit. — Montrez-moi, dit le pieux évêque d'Hippone, quels péchés j'ai faits depuis ma conversion ?... » Le démon ouvrit le livre, et chercha l'article de saint Augustin, où il ne se trouva que cette petite note : « Il a oublié tel jour de dire les complies. » Le prélat ordonna au

---

[1] Dictionnaire philosophique, au mot *Augures*.

[1] Discours des sorciers, ch. 7.
[2] In Augusto, cap. 90.

diable de l'attendre un moment ; il se rendit à l'église, récita les complies, et revint auprès du démon, à qui il demanda de lire une seconde fois la note. Elle se trouva effacée. — « Ah ! vous m'avez joué, s'écria le diable,... mais on ne m'y reprendra plus... » En disant ces mots, il s'en alla peu content [1]. — Nous avons dit que saint Augustin avait réfuté le petit livre du *Démon de Socrate*, d'Apulée. On peut lire aussi de ce père le traité de l'antechrist et divers chapitres de la Cité de Dieu, qui ont rapport au genre de merveilles dont nous nous occupons.

Aumône. — Le peuple croit en Angleterre que, pour les voyageurs qui ne veulent pas s'égarer dans leur route, c'est une grande imprudence de passer auprès d'une vieille femme sans lui donner l'aumône, surtout quand elle regarde en face celui dont elle sollicite la pitié [2]. — Nous rapporterons sur l'aumône une anecdote qui ne tient pourtant pas aux superstitions. C'est celle de cet excellent père Bridaine, missionnaire toujours pauvre parce qu'il donnait tout. Un jour il alla demander à coucher au curé d'un village, qui n'avait qu'un lit, et qui le lui fit partager. Le père Bridaine se leva au point du jour, selon son usage, pour aller prier à l'église ; en sortant du presbytère il trouva un pauvre mendiant qui lui demanda l'aumône. « Hélas ! mon ami, je n'ai plus rien, » répondit le bon prêtre en touchant cependant son gousset, où il fut très-étonné de sentir quelque chose, car il n'y avait rien laissé. Il fouille vivement, trouve un petit rouleau de quatre écus, crie miracle, donne le rouleau au mendiant, et va remercier Dieu. Au bout d'un instant le curé arrive : le père Bridaine, dans l'obscurité, avait mis la culotte du curé pour la sienne. Les quatre écus étaient le bien, le seul trésor peut-être du pauvre curé. Mais le mendiant avait disparu, il fallut bien qu'il se consolât de la perte de son argent, et le père Bridaine de la perte de son petit miracle. — Une aventure semblable est attribuée à un bon curé de Bruxelles au dix-septième siècle.

Aupetit (PIERRE), — prêtre sorcier, du village de Fossas, paroisse de Paias, près de la ville de Chalus, en Limousin, exécuté à l'âge de cinquante ans, le 25 mai 1598. — Il ne voulut pas d'abord répondre au juge civil ; il en fut référé au parlement de Bordeaux, qui ordonna que le juge laïque connaîtrait de cette affaire, sauf à s'adjoindre un juge d'église.

L'évêque de Limoges envoya un membre de l'officialité pour assister, avec le vice-sénéchal et le conseiller de Peyrat, à l'audition du sorcier. — Interrogé s'il n'a pas été au sabbat de Menciras, s'il n'y a pas vu Antoine Dumons de Saint-Laurent, chargé de fournir des chandelles pour l'adoration du diable ; si lui, Pierre Aupetit, n'a pas tenu le fusil pour les allumer, etc. ; il a répondu que non, et qu'il priait Dieu de le garder de sa figure, ce qui signifie, au jugement de Delancre, qu'il était sorcier. — Interrogé s'il ne se servait pas de graisses, et si, après le sabbat, il n'avait pas lu dans un livre pour faire venir une troupe de cochons qui criaient et lui répondaient : « Tiran, tiran, ramassien, ramassien, nous » demandons cercles et cernes pour faire » l'assemblée que nous t'avons promise ; » il a répondu qu'il ne savait ce qu'on lui demandait. — Interrogé s'il ne sait pas embarrer ou désembarrer, et se rendre invisible étant prisonnier, il répond que non. — Interrogé s'il sait dire des messes pour obtenir la guérison des malades, il répond qu'il en sait dire en l'honneur des cinq plaies de notre Seigneur et de monsieur saint Côme. — Pour tirer de lui la vérité, selon les usages d'alors, on l'appliqua à la question. Il avoua qu'il était allé au sabbat ; qu'il lisait dans le grimoire ; que le diable, en forme de mouton, plus noir que blanc, se faisait baiser le derrière ; que Gratoulet, insigne sorcier, lui avait appris le secret d'embarrer, d'étancher et d'arrêter le sang ; que son démon, ou esprit familier, s'appelait Belzébut, et qu'il avait reçu en cadeau son petit doigt. Il déclara qu'il avait dit la messe en l'honneur de Belzébut, et qu'il savait embarrer en invoquant le nom du diable, et en mettant un liard dans une aiguillette ; il dit, de plus, que le diable parlait en langage vulgaire aux sorciers, et que, quand il voulait envoyer du mal à quelqu'un, il disait ces mots : « Vach, vech, stest, sty, stu ! » Il persista jusqu'au supplice dans ces ridicules révélations mêlées d'indécentes grossièretés [1]. Pour comprendre ces choses, voy. l'article SABBAT.

Aurore boréale, — espèce de nuée rare, transparente, lumineuse, qui paraît la nuit du côté du nord. On ne saurait croire, dit Saint-Foix, sous combien de formes l'ignorance et la superstition des siècles passés nous ont présenté l'aurore boréale. Elle produisait des visions différentes dans l'esprit des peuples, selon que ces apparitions étaient plus

---

[1] Legenda aurea Jac. de Voragine, aucta à Claudino à Rota, leg. 119.
[2] Fielding, Tom Jones, liv. XIV, ch. 2.

[1] Delancre, Tableau de l'inconstance des mauvais anges, liv. VI, disc. 4.

ou moins fréquentes, c'est-à-dire, selon qu'on habitait des pays plus ou moins éloignés du pôle. Elle fut d'abord un sujet d'alarmes pour les peuples du nord; ils crurent leurs campagnes en feu, et l'ennemi à leur porte. Mais ce phénomène devenant presque journalier, ils s'y sont accoutumés. Ils disent que ce sont des esprits qui se querellent et qui combattent dans les airs. Cette opinion est surtout très-accréditée en Sibérie. Les Groënlandais, lorsqu'ils voient une aurore boréale, s'imaginent que ce sont les âmes qui jouent à la boule dans le ciel avec une tête de baleine. — Les habitants des pays qui tiennent le milieu entre les terres arctiques et l'extrémité méridionale de l'Europe n'y voient que des sujets tristes ou menaçants, affreux ou terribles; ce sont des armées en feu qui se livrent de sanglantes batailles, des têtes hideuses séparées de leur tronc, des chars enflammés, des cavaliers qui se percent de leurs lances. On croit voir des pluies de sang, on entend le bruit de la mousqueterie, le son des trompettes, présages funestes de guerre et de calamités publiques. Voilà ce que nos pères ont aussi vu et entendu dans les aurores boréales. Faut-il s'étonner, après cela, des frayeurs affreuses que leur causaient ces sortes de nuées quand elles paraissaient? — La *Chronique de Louis XI* rapporte qu'en 1465 on aperçut à Paris une aurore boréale qui fit paraître toute la ville en feu. Les soldats qui faisaient le guet en furent épouvantés, et un homme en devint fou. On en porta la nouvelle au roi, qui monta à cheval et courut sur les remparts. Le bruit se répandit que les ennemis qui étaient devant Paris se retiraient et mettaient le feu à la ville. Tout le monde se rassembla en désordre, et on trouva que ce grand sujet de terreur n'était qu'un phénomène.

Ausitif, — démon peu connu qui est cité dans la possession de Loudun, en 1643.

Auspices, — augures qui devinaient surtout par le vol et le chant des oiseaux. *Voy.* Augures, Aruspices, Ornithomancie, etc.

Automates. — On croyait autrefois que ces ouvrages de l'art étaient l'œuvre du démon. *Voy.* Albert-le-Grand, Bacon, Enchantements, Mécanique, etc.

Autopsie, — espèce d'extase où des fous se croyaient en commerce avec les esprits.

Autruche. — Il est bien vrai qu'elle avale du fer; car elle avale tout ce qu'elle rencontre. Mais il n'est pas vrai qu'elle le digère, et l'expérience a détruit cette opinion erronée [1].

[1] Voyez Brown, Des Erreurs populaires, liv. III, ch. 22.

Autun (Jacques d'), — *voy.* Chevanes.

Avenar, — astrologue qui promit aux Juifs, sur la foi des planètes, que leur Messie arriverait sans faute en 1444, ou au plus tard en 1464. « Il donnait pour ses garants Saturne, Jupiter, l'Écrevisse et les Poissons. Tous les Juifs tinrent leurs fenêtres ouvertes pour recevoir l'envoyé de Dieu, qui n'arriva pas, soit que l'Écrevisse eût reculé, soit que les Poissons d'Avenar ne fussent que des poissons d'avril [1]. »

Avenir. — C'est pour en pénétrer les secrets qu'on a inventé tant de moyens de dire la bonne aventure. Toutes les divinations ont principalement pour objet de connaître l'avenir.

Averne, — marais consacré à Pluton, près de Bayes. Il en sortait des exhalaisons si infectes qu'on croyait que c'était l'entrée des enfers.

Averroès, — médecin arabe, et le plus grand philosophe de sa nation, né à Cordoue, dans le douzième siècle. Il s'acquit une si grande réputation de justice, de vertu et de sagesse, que le roi de Maroc le fit juge de toute la Mauritanie. Il traduisit Aristote en arabe, et composa plusieurs ouvrages sur la philosophie et la médecine. Quelques démonographes ont voulu le mettre au nombre des magiciens, et lui donner un démon familier. Malheureusement Averroès était un épicurien, mahométan pour la forme, et ne croyait pas à l'existence des démons [2]. L'empereur de Maroc, un jour, lui fit faire amende honorable à la porte d'une mosquée, où tous les passants eurent permission de lui cracher au visage, pour avoir dit que la religion de Mahomet était une religion de pourceaux.

Avicenne, — célèbre médecin arabe, mort vers le milieu du onzième siècle, fameux par le grand nombre et l'étendue de ses ouvrages et par sa vie aventureuse. On peut en quelque sorte le comparer à Agrippa. Les Arabes croient qu'il maîtrisait les esprits, et qu'il se faisait servir par des génies. Comme il rechercha la pierre philosophale, on dit encore dans plusieurs contrées de l'Arabie qu'il n'est pas mort; mais que, grâce à l'élixir de longue vie et à l'or potable, il vit dans une retraite ignorée avec une grande puissance. — Il a composé divers traités d'alchimie recherchés des songe-creux. Son traité de la *Congélation de la pierre* et son *Tractatulus de*

[1] M. Salgues, Des Erreurs et des préjugés, t. Ier, p. 90.
[2] Magiam dæmoniacam pleno ore negârunt Averroes et alii epicurei, qui, una cum saduceeis dæmones esse negarunt. (Torreblanca, Délits magiques, liv. II, ch. 5.)

Alchimia se trouvent dans les deux premiers volumes de l'*Ars aurifera*, Bâle, 1610. Son *Ars chimica* a été imprimé à Berne, 1572. On lui attribue encore deux opuscules hermétiques insérés dans le *Theatrum chimicum*, et un volume in-8°, publié à Bâle en 1572, sous le titre de la Porte des éléments, *Porta elementorum*. — Les livres de secrets merveilleux s'appuient souvent du nom d'Avicenne pour les plus absurdes recettes.

Axinomancie, — divination par le moyen d'une hache ou cognée de bûcheron. François de Torre-Blanca, qui en parle [1], ne nous dit pas comment les devins maniaient la hache. Nous ne ferons donc connaître que les deux moyens employés ouvertement dans l'antiquité et pratiqués encore dans certains pays du Nord. — 1° Lorsqu'on veut découvrir un trésor, il faut se procurer une agate ronde, faire rougir au feu le fer de la hache, et la poser de manière que le tranchant soit bien perpendiculairement en l'air. On place la pierre d'agate sur le tranchant. Si elle s'y tient, il n'y a pas de trésor; si elle tombe, elle roule avec rapidité; on la replace trois fois, et, si elle roule trois fois vers le même lieu, c'est qu'il y a un trésor de ce lieu même; si elle prend à chaque fois une route différente, on peut chercher ailleurs. — 2° Lorsqu'on veut découvrir des voleurs, on pose la hache à terre, le fer en bas, et le bout du manche perpendiculairement en l'air. On danse en rond alentour, jusqu'à ce que le bout du manche s'ébranle et que la hache s'étende sur le sol. Le bout du manche indique la direction qu'il faut prendre pour aller à la recherche des voleurs. Quelques-uns disent que pour cela il faut que le fer de la hache soit fiché en un pot rond : « Ce qui est absurde tout à fait, comme dit Delancre [2]; car quel moyen de ficher une cognée dans un pot rond, non plus que coudre ou rapiécer ce pot, si la cognée l'avait une fois mis en pièces! »

Aym, — *voy.* HABORYM.

Aymar (JACQUES), — paysan né à Saint-Véran, en Dauphiné, le 8 septembre 1662, entre minuit et une heure. De maçon qu'il était il se rendit célèbre par l'usage de la baguette divinatoire. Quelques-uns ont attribué son rare talent à l'époque précise de sa naissance; car son frère, né dans le même mois, deux ans plus tard, ne pouvait rien faire avec la baguette. *Voy.* BAGUETTE DIVINATOIRE.

[1] Epist. delict. sive de magia, lib. I, cap. 24.
[2] L'Incrédulité et mécréance, etc., traité 5.

Aymon (LES QUATRE FILS). — Siècle de Charlemagne. Ils avaient un cheval merveilleux. *Voy.* BAYARD.

Ayola (VASQUÈS DE). — Vers 1570, un jeune homme nommé Vasquès de Ayola étant allé à Bologne, avec deux de ses compagnons, pour y étudier en droit, et n'ayant pas trouvé de logement dans la ville, ils habitèrent une grande et belle maison, abandonnée parce qu'il y revenait un spectre qui épouvantait tous ceux qui osaient y loger. Mais ils se moquèrent de tous ces récits et s'y installèrent. — Au bout d'un mois, Ayola, veillant un soir seul dans sa chambre, et ses compagnons dormant tranquillement dans leurs lits, entendit de loin un bruit de chaînes qui s'approchait et qui semblait venir de l'escalier de la maison; il se recommanda à Dieu, prit un bouclier, une épée, et, tenant sa bougie en main, il attendit le spectre, qui bientôt ouvrit la porte et parut. C'était un squelette qui n'avait que les os; il était, avec cela, chargé de chaînes. Ayola lui demanda ce qu'il souhaitait; le fantôme, selon l'usage, lui fit signe de le suivre. En descendant l'escalier, la bougie s'éteignit. Ayola eut le courage d'aller la rallumer, et suivit le spectre, qui le mena le long d'une cour où il y avait un puits. Il craignit qu'il ne voulût l'y précipiter, et s'arrêta : l'esprit lui fit signe de continuer à le suivre, et ils entrèrent dans le jardin, où le spectre disparut. — Le jeune homme arracha quelques poignées d'herbe pour reconnaître l'endroit; il alla ensuite raconter à ses compagnons ce qui lui était arrivé, et le lendemain matin il en donna avis aux principaux de Bologne. Ils vinrent sur les lieux et y firent fouiller. On trouva un corps décharné, chargé de chaînes. On s'informa qui ce pouvait être; mais on ne put rien découvrir de certain. On fit faire au mort des obsèques convenables, on l'enterra, et depuis ce temps la maison ne fut plus inquiétée. Ce fait, rapporté par Antoine de Torquemada, est encore une copie des aventures d'Athénodore et d'Arignote.

Ayperos, — comte de l'empire infernal. C'est le même qu'Ipès. *Voy.* ce mot.

Azael, — l'un des anges qui se révoltèrent contre Dieu. Les rabbins disent qu'il est enchaîné sur des pierres pointues, dans un endroit obscur du désert, en attendant le jugement dernier.

Azariel, — ange qui, selon les rabbins du Talmud, a la surintendance des eaux de la terre. Les pêcheurs l'invoquent pour prendre de gros poissons.

Azazel, — démon du second ordre, gardien du bouc. A la fête de l'Expiation, que les Juifs célébraient le dixième jour du septième mois [1], on amenait au grand-prêtre deux boucs qu'il tirait au sort; l'un pour le Seigneur, l'autre pour Azazel. Celui sur qui tombait le sort du Seigneur était immolé, et son sang servait pour l'expiation. Le grand-prêtre mettait ensuite ses deux mains sur la tête de l'autre, confessait ses péchés et ceux du peuple, en chargeait cet animal, qui était alors conduit dans le désert et mis en liberté; et le peuple, ayant laissé au bouc d'Azazel, appelé aussi le bouc émissaire, le soin de ses iniquités, s'en retournait en silence. — Selon Milton, Azazel est le premier porte-enseigne des armées infernales. C'est aussi le nom du démon dont se servait, pour ses prestiges, l'hérétique Marc.

[1] Le septième mois chez les Juifs répondait à septembre.

Azer, — ange du feu élémentaire selon les Guèbres. Azer est encore le nom du père de Zoroastre.

Azraël ou **Azraïl**, — ange de la mort. On conte que cet ange, passant un jour sous une forme visible auprès de Salomon, regarda fixement un homme assis à côté de lui. Cet homme demanda qui le regardait ainsi, et ayant appris de Salomon que c'était l'ange de la mort : « Il semble m'en vouloir, dit-il; ordonnez, je vous prie, au vent de m'emporter dans l'Inde. » Ce qui fut fait aussitôt. Alors l'ange dit à Salomon : « Il n'est pas étonnant que j'aie considéré cet homme avec tant d'attention; j'ai ordre d'aller prendre son âme dans l'Inde, et j'étais surpris de le trouver près de toi en Palestine. » *Voy.* MORT, AME, etc. — Mahomet citait cette histoire pour prouver que nul ne peut échapper à sa destinée.

B

Baal, — grand duc dont la domination est très-étendue aux enfers. Quelques démonomanes le désignent comme général en chef des armées infernales. Il était adoré des Chaldéens, des Babyloniens et des Sidoniens; il le fut aussi des Israélites lorsqu'ils tombèrent dans l'idolâtrie. On lui offrait des victimes humaines. On voit dans Arnobe que ses adorateurs ne lui donnaient point de sexe déterminé. Souvent, en Asie, il a été pris pour le soleil.

Baalbérith, — démon du second ordre, maître ou seigneur de l'*alliance*. Il est, selon quelques démonomanes, secrétaire général et conservateur des archives de l'enfer. Les Phéniciens, qui l'adoraient, le prenaient à témoin de leurs serments.

Baalzephon, — capitaine des gardes ou sentinelles de l'enfer. Les Égyptiens l'adoraient et lui reconnaissaient le pouvoir d'empêcher leurs esclaves de s'enfuir. Néanmoins, disent les rabbins, c'est pendant un sacrifice que Pharaon faisait à cette idole que les Hébreux passèrent la mer Rouge; et on lit dans le *Targum* que l'ange exterminateur, ayant brisé les statues de tous les autres dieux ne laissa debout que Baalzephon.

Baaras, — plante merveilleuse, que les Arabes appellent *herbe d'or*, et qui croît sur le mont Liban. Ils disent qu'elle paraît au mois de mai, après la fonte des neiges. La nuit, elle jette de la clarté comme un petit flambeau, mais elle est invisible le jour; et même, ajoutent-ils, les feuilles qu'on a enveloppées dans des mouchoirs disparaissent, ce qui leur fait croire qu'elle est ensorcelée, d'autant plus qu'elle transmue les métaux en or, qu'elle rompt les charmes et les sortiléges, etc. — Josèphe, qui admet beaucoup d'autres contes, parle de cette plante dans son histoire de la guerre des Juifs [1]. « On ne la saurait toucher sans mourir, dit-il, si on n'a dans la main de la racine de la même plante; mais on a trouvé un moyen de la cueillir sans péril : on creuse la terre tout alentour, on attache à la racine mise à nu un chien qui, voulant suivre celui qui l'a attaché, arrache la plante et meurt aussitôt. Après cela, on peut la manier sans danger. Les démons qui s'y logent, *et qui sont les âmes des méchants*, tuent ceux qui s'en emparent autrement que par le moyen qu'on vient d'indiquer; et, ce qui est merveilleux, ajoute encore Josèphe, c'est qu'on met en fuite les démons des corps des possédés aussitôt qu'on approche d'eux la plante baaras. »

[1] Liv. VII, ch. 25. Élien, De Animal., liv. XIV, ch. 27, accorde les mêmes vertus à la plante aglaphotis.

Babailanas, — *voy.* CATALONOS.

Babau, — espèce d'ogre ou de fantôme, dont les nourrices menacent les petits enfants dans les provinces du midi de la France, comme on les effraye à Paris de Croquemitaine, et en Flandre de Pier-Jan Claes. Mais Babau ne se contente pas de fouetter, il mange en salade les enfants qui sont méchants.

Babel. — La tour de Babel fut élevée cent quinze ans après le déluge universel. On montre les ruines de cette tour auprès de Bagdad. — On sait que sa construction amena la confusion des langues. Le poëte juif Emmanuel, à propos de cette confusion, explique dans un de ses sonnets comment le mot *sac* est resté dans tous les idiomes. « Ceux qui travaillaient à la tour de Babel avaient, dit-il, comme nos manœuvres, chacun un sac pour ses petites provisions. Quand le Seigneur confondit leurs langages, la peur les ayant pris, chacun voulut s'enfuir, et demanda son *sac*. On ne répétait partout que ce mot; et c'est ce qui l'a fait passer dans toutes les langues qui se formèrent alors. »

Bacchus. — Nous ne rapporterons pas ici les fables dont l'ancienne mythologie a orné son histoire. Nous ne faisons mention de Bacchus que parce que les démonographes le regardent comme l'ancien chef du sabbat, fondé par Orphée; ils disent qu'il le présidait sous le nom de *Sabasius*. « Bacchus, dit Leloyer, n'était qu'un démon épouvantable et nuisant, ayant cornes en tête et javelot en main. C'était le maître guide-danse[1], et il était des sorciers et des sorcières; la peur leur chevreau, c'est leur bouc cornu, c'est le prince des bouquins, satyres et silènes. Il apparaît toujours aux sorciers et sorcières, dans leurs sabbats, les cornes en tête; et hors des sabbats, bien qu'il montre visage d'homme, les sorcières ont toujours confessé qu'il a le pied difforme, tantôt de corne solide comme ceux du cheval, tantôt fendu comme ceux du bœuf[2]. » — Les sorciers des temps modernes l'appellent plus généralement Léonard, ou Satan, ou le bouc, ou maître Rigoux. — Ce qui sans doute appuie cette opinion, que le démon du sabbat est le même que Bacchus, c'est le souvenir des orgies qui avaient lieu aux bacchanales.

Bacis, — devin de Béotie. Plusieurs de ceux qui se mêlèrent de prédire les choses futures portèrent le même nom de Bacis[3]. Leloyer dit que les Athéniens révéraient les vers prophétiques de leurs *bacides*, « qui étaient trois insignes sorciers très-connus[1]. »

Bacon (ROGER) — parut dans le treizième siècle. C'était un cordelier anglais. Il passa pour magicien, quoiqu'il ait écrit contre la magie, parce qu'il étudiait la physique et qu'il faisait des expériences naturelles. On lui attribue l'invention de la poudre. Il paraîtrait même qu'on lui doit aussi les télescopes et les lunettes à longue vue. Il était versé dans les beaux-arts, et surpassait tous ses contemporains par l'étendue de ses connaissances et par la subtilité de son génie. Aussi on publia qu'il devait sa supériorité aux démons, avec qui il commerçait. — Ce grand homme croyait à l'astrologie et à la pierre philosophale. Delrio, qui n'en fait pas un magicien, lui reproche seulement des superstitions. Par exemple, François Pic dit avoir lu, dans son livre des six sciences, qu'un homme pourrait devenir prophète et prédire les choses futures par le moyen d'un miroir, que Bacon nomme *almuchefi*, composé suivant les règles de perspective, « pourvu qu'il s'en serve, ajoute-t-il, sous une bonne constellation, et après avoir tempéré son corps par l'alchimie. » — Cependant Wiérus l'accuse de magie goétique, et d'autres doctes assurent que l'Antechrist se servira de ses miroirs magiques pour faire des miracles. Bacon se fit, dit-on, comme Albert-le-Grand, une androïde. C'était, assurent les conteurs, une tête de bronze qui parlait distinctement, et même qui prophétisait. On ajoute que, l'ayant consultée pour savoir s'il serait bon d'entourer l'Angleterre d'un gros mur d'airain, elle répondit : *Il est temps*. — Les curieux rechercheront, de Roger Bacon, le petit traité intitulé *Speculum Alchimiæ*, traduit en français par J. Girard de Tournus, sous le titre de *Miroir d'alchimie*, in-12 et in-8°, Lyon, 1557; Paris, 1612. Le même a traduit *l'Admirable puissance de l'art et de la nature*, in-8°, Lyon, 1557; Paris, 1629. *De potestate mirabili artis et naturæ*[2]. — On ne confondra pas Roger Bacon avec François Bacon, grand chancelier d'Angleterre, mort en 1626, que Walpole appelle « le prophète des vérités que » Newton est venu révéler aux hommes. »

Bacoti, — nom commun aux devins et aux sorciers du Tunquin. On interroge surtout le bacoti pour savoir des nouvelles des morts. Il bat le tambour, appelle le mort à grands cris, se tait ensuite pendant que le défunt lui parle

---

[1] Discours des spectres, liv. VII, ch. 3.
[2] Discours des spectres, liv. VIII, ch. 5.
[3] Cicero, De Divin., lib. 1, cap. 34.

[1] Discours des spectres, liv. VII, ch. 2.
[2] Ce n'est qu'un chapitre de l'ouvrage intitulé : Epistola Fratris Rogerii Baconis de secretis operibus artis et naturæ et de nullitate magicæ. In-4°, Paris, 1542; Hambourg, 1608 et 1618, in-8°.

à l'oreille, sans se laisser voir, et donne ordinairement de bonnes nouvelles, parce qu'on les paie mieux.

Bad, — génie des vents et des tempêtes chez les Persans. Il préside au vingt-deuxième jour de la lune.

Baducke, — plante dont on prétend que le fruit, pris dans du lait, glace les sens. Les magiciens l'ont quelquefois employé pour nouer l'aiguillette. Il suffit, dit-on, d'en faire boire une infusion à celui qu'on veut lier.

Bael, — démon cité, dans *le Grand Grimoire*, en tête des puissances infernales. C'est aussi par lui que Wiérus commence l'inventaire de sa fameuse *Pseudomonarchia dæmonum*. Il appelle Bael le premier roi de l'enfer ; ses états sont dans la partie orientale. Il se montre avec trois têtes, dont l'une a la figure d'un crapaud, l'autre celle d'un homme, la troisième celle d'un chat. Sa voix est rauque ; mais il se bat très-bien. Il rend ceux qui l'invoquent fins et rusés, et leur apprend le moyen d'être invisibles au besoin. Soixante-six légions lui obéissent. Est-ce le même que Baal ?

Bætiles, — pierres que les anciens consultaient comme des oracles, et qu'ils croyaient animées. C'étaient quelquefois des espèces de talismans. Saturne, pensant avaler Jupiter, dévora une de ces pierres emmaillottée. Il y en avait de petites, taillées en forme ronde, que l'on portait au cou ; on les trouvait sur des montagnes où elles tombaient avec le tonnerre. — Souvent les bætiles étaient des statues ou mandragores ; on en cite de merveilleuses, qui rendaient des oracles, et dont la voix sifflait comme celle des jeunes Anglaises. On assure même que quelques bætiles tombèrent directement du ciel ; telle était la pierre noire de Phrygie que Scipion Nasica amena à Rome en grande pompe. — On révérait à Sparte, dans le temple de Minerve Chalcidique, des bætiles de la forme d'un casque, qui, dit-on, s'élevaient sur l'eau au son de la trompette, et plongeaient dès qu'on prononçait le nom des Athéniens. Les prêtres disaient ces pierres trouvées dans l'Eurotas [1].

Bagoé, — devineresse que quelques-uns croient être la sibylle Érythrée. C'est, dit-on, la première femme qui ait rendu des oracles. Elle devinait en Toscane, et jugeait surtout des événements par le tonnerre. *Voy.* Bigoïs.

Bague, — *voy.* Anneau.

Baguette divinatoire, — rameau fourchu de coudrier, d'aune, de hêtre ou de pommier, à l'aide duquel on découvre les métaux, les sources cachées, les trésors, les maléfices et les voleurs. — Il y a long-temps qu'une baguette est réputée nécessaire à certains prodiges. On en donne une aux fées et aux sorcières puissantes. Médée, Circé, Mercure, Bacchus, Zoroastre, Pythagore, les sorciers de Pharaon, voulant singer la verge de Moïse, avaient une baguette ; Romulus prophétisait avec un bâton augural. Les Alains, et d'autres peuples barbares, consultaient leurs dieux en fichant une baguette en terre. Quelques devins de village prétendent encore deviner beaucoup de choses avec la baguette. Mais c'est surtout à la fin du dix-septième siècle qu'elle fit le plus grand bruit : Jacques Aymar la mit en vogue en 1692. Cependant, long-temps auparavant, Delrio [1] avait indiqué, parmi les pratiques superstitieuses, l'usage d'une baguette de coudrier pour découvrir les voleurs ; mais Jacques Aymar opérait des prodiges si variés et qui surprirent tellement que le père Lebrun [2] et le savant Malebranche [3] les attribuèrent au démon, pendant que d'autres les baptisaient du nom de physique occulte ou d'électricité souterraine. — Ce talent de tourner la baguette divinatoire n'est donné qu'à quelques êtres privilégiés. On peut éprouver si on l'a reçu de la nature ; rien n'est plus facile. Le coudrier est surtout l'arbre le plus propre. Il ne s'agit que d'en couper une branche fourchue, et de tenir dans chaque main les deux bouts supérieurs. En mettant le pied sur l'objet qu'on cherche, ou sur les vestiges qui peuvent indiquer cet objet, la baguette tourne d'elle-même dans la main, et c'est un indice infaillible. — Avant Jacques Aymar, on n'avait employé la baguette qu'à la recherche des métaux propres à l'alchimie. À l'aide de la sienne, Aymar fit des merveilles. Il découvrait les eaux souterraines, les bornes déplacées, les maléfices, les voleurs et les assassins. Le bruit de ses talents s'étant répandu, il fut appelé à Lyon en 1672 pour dévoiler un mystère qui embarrassait la justice. Le 5 juillet de cette même année, sur les dix heures du soir, un marchand de vin et sa femme avaient été égorgés à Lyon, enterrés dans leur cave, et tout leur argent avait été volé. Cela s'était fait si adroitement, qu'on ne soupçonnait pas même les auteurs du crime. Un voisin fit venir Aymar. Le lieutenant cri-

---

[1] Tome III° des Mémoires de l'Académie des inscriptions.

[1] Disquisit. magic., lib. III, sect. ult.
[2] Dans ses Lettres qui découvrent l'illusion des philosophes sur la baguette et qui détruisent leurs systèmes, in-12, Paris, 1693, et dans son Histoire des pratiques superstitieuses.
[3] Dans ses réponses au père Lebrun. On écrivit une multitude de brochures sur cette matière.

minel et le procureur du roi le conduisirent dans la cave. Il parut très-ému en y entrant; son pouls s'éleva comme dans une grosse fièvre ; sa baguette, qu'il tenait à la main, tourna rapidement dans les deux endroits où l'on avait trouvé les cadavres du mari et de la femme. Après quoi, guidé par la baguette ou par un sentiment intérieur, il suivit les rues où les assassins avaient passé, entra dans la cour de l'archevêché, sortit de la ville par le pont du Rhône, et prit à main droite le long de ce fleuve. — Il fut éclairci du nombre des assassins en arrivant à la maison d'un jardinier, où il soutint opiniâtrément qu'ils étaient trois, qu'ils avaient entouré une table et vidé une bouteille sur laquelle la baguette tournait. Ces circonstances furent confirmées par l'aveu de deux enfants de neuf à dix ans, qui déclarèrent qu'en effet trois hommes de mauvaise mine étaient entrés à la maison et avaient vidé la bouteille désignée par le paysan. On continua de poursuivre les meurtriers avec plus de confiance. La trace de leurs pas, indiquée sur le sable par la baguette, montra qu'ils s'étaient embarqués. Aymar les suivit par eau, s'arrêtant à tous les endroits où les scélérats avaient pris terre, reconnaissant les lits où ils avaient couché, les tables où ils s'étaient assis, les vases où ils avaient bu. — Après avoir long-temps étonné ses guides, il s'arrêta enfin devant la prison de Beaucaire, et assura qu'il y avait là un des criminels. Parmi les prisonniers qu'on amena, un bossu qu'on venait d'enfermer ce jour même pour un larcin commis à la foire fut celui que la baguette désigna. On conduisit ce bossu dans tous les lieux qu'Aymar avait visités : partout il fut reconnu. En arrivant à Bagnols, il finit par avouer que deux Provençaux l'avaient engagé, comme leur valet, à tremper dans ce crime ; qu'il n'y avait pris aucune part; que ses deux bourgeois avaient fait le meurtre et le vol, et lui avaient donné six écus et demi. — Ce qui sembla plus étonnant encore, c'est que Jacques Aymar ne pouvait se trouver auprès du bossu sans éprouver de grands maux de cœur, et qu'il ne passait pas sur un lieu où il sentait qu'un meurtre avait été commis sans se sentir l'envie de vomir. — Comme les révélations du bossu confirmaient les découvertes d'Aymar, les uns admiraient son étoile, et criaient au prodige, tandis que d'autres publiaient qu'il était sorcier. Cependant on ne put trouver les deux assassins, et le bossu fut rompu vif. Dès lors plusieurs personnes furent douées du talent de Jacques Aymar, talent ignoré jusqu'à lui. Des femmes mêmes firent tourner la baguette. Elles avaient des convulsions et des maux de cœur en passant sur un endroit où un meurtre avait été commis ; ce mal ne se dissipait qu'avec un verre de vin. — Aymar faisait tant de prodiges qu'on publia bientôt des livres sur sa baguette et ses opérations. M. de Vagny, procureur du roi à Grenoble, fit imprimer une relation intitulée : *Histoire merveilleuse d'un maçon qui, conduit par la baguette divinatoire, a suivi un meurtrier pendant quarante-cinq heures sur la terre et plus de trente sur l'eau.* Ce paysan devint le sujet de tous les entretiens. Des philosophes ne virent, dans les prodiges de la baguette, qu'un effet des émanations des corpuscules; d'autres les attribuèrent à Satan. Le père Lebrun fut de ce nombre, et Malebranche adopta son avis. — Le fils du grand Condé, frappé du bruit de tant de merveilles, fit venir Aymar à Paris. On avait volé à mademoiselle de Condé deux petits flambeaux d'argent. Aymar parcourut quelques rues de Paris en faisant tourner la baguette ; il s'arrêta à la boutique d'un orfèvre, qui nia le vol, et se trouva très-offensé de l'accusation. Mais le lendemain on remit à l'hôtel le prix des flambeaux ; quelques personnes dirent que le paysan l'avait envoyé pour se donner du crédit. — Dans de nouvelles épreuves, la baguette prit des pierres pour de l'argent; elle indiqua de l'argent où il n'y en avait point. En un mot, elle opéra avec si peu de succès qu'elle perdit son renom. Dans d'autres expériences la baguette resta immobile quand il lui fallait tourner. Aymar, un peu confondu, avoua enfin qu'il n'était qu'un imposteur adroit, que la baguette n'avait aucun pouvoir, et qu'il avait cherché à gagner de l'argent par ce petit charlatanisme... — Pendant ses premiers succès, une demoiselle de Grenoble, à qui la réputation d'Aymar avait persuadé qu'elle était douée aussi du don de tourner la baguette, craignant que ce don ne lui vînt de l'esprit malin, alla consulter le père Lebrun, qui lui conseilla de prier Dieu en tenant la baguette. La demoiselle jeûna, et prit la baguette en priant. La baguette ne tourna plus; d'où l'on conclut que c'était le démon ou l'imagination troublée qui l'agitait. — On douta un peu de la médiation du diable dès que le fameux devin fut reconnu pour un charlatan. On lui joua surtout un tour qui décrédita considérablement la baguette. Le procureur du roi au Châtelet de Paris fit conduire Aymar dans une rue où l'on avait assassiné un archer du guet. Les meurtriers étaient arrêtés, on connaissait les rues qu'ils avaient suivies, les lieux où ils s'étaient cachés : la baguette resta immobile. On fit venir Aymar dans la rue de la Harpe, où l'on avait saisi un voleur en flagrant délit ; la perfide baguette trahit encore toutes les espérances.—Néanmoins la baguette divinatoire ne périt point ; ceux qui prétendirent la faire tourner se multiplièrent même ; et ce talent vint jusqu'en Belgique. Il y eut à Heigne, près de Gosselies, un jeune garçon qui découvrit les objets cachés ou perdus au moyen de la baguette de coudrier. Cette baguette, disait-il, ne pouvait pas avoir plus de deux ans de pousse. — Un homme, voulant éprouver l'art de l'enfant de Heigne, cacha un écu au bord d'un fossé, le long d'un sentier qu'on ne fréquentait presque pas. Il fit appeler le jeune garçon, et lui promit un escalin s'il pouvait retrouver l'argent perdu. Le garçon alla cueillir une branche de coudrier ; et tenant dans ses deux mains les deux bouts de cette baguette, qui avait la forme d'un Y, après avoir pris différentes directions, il marcha devant lui et s'engagea dans le petit sentier. La baguette s'agitait plus vivement. Il passa le lieu où l'écu était caché ; la baguette cessa de tourner. L'enfant revint donc sur ses pas ; la baguette sembla reprendre un mouvement très-vif ; elle redoubla vers l'endroit qu'on cherchait. Le devin se baissa, chercha dans l'herbe et trouva le petit écu, à l'admiration de tous les spectateurs. — Sur l'observation que le bourgeois fit, pour essayer la baguette, qu'il avait perdu encore d'autre argent, le jeune garçon la reprit, mais elle ne tourna plus. — On se crut convaincu de la réalité du talent de l'enfant. On lui demanda qui l'avait instruit. « C'est le hasard, dit-il ; ayant un jour perdu mon couteau, en gardant les troupeaux de mon père, et sachant tout ce qu'on disait de la baguette de coudrier, j'en fis une qui tourna, qui me fit retrouver ce que je cherchais et ensuite beaucoup d'autres objets perdus. » C'était très-bien. Malheureusement d'autres épreuves, examinées de plus près, ne réussirent pas, et on reconnut que la baguette divinatoire était là aussi une supercherie. Mais on y avait cru un siècle, et des savants avaient fait imprimer cent volumes pour l'expliquer. — « Faut-il rassembler des arguments pour prouver l'impuissance de la baguette divinatoire ? ajoute M. Salgues[1]. Que l'on dise quel rapport il peut y avoir entre un voleur, une source d'eau, une pièce de métal et un bâton de coudrier. On prétend que la baguette tourne en vertu de l'attraction. Mais par quelle vertu d'attraction les émanations qui s'échappent d'une fontaine, d'une pièce d'argent ou du corps d'un meurtrier tordent-elles une branche de coudrier qu'un homme robuste tient fortement entre ses mains ? D'ailleurs, pourquoi le même homme trouve-t-il des fontaines, des métaux, des assassins et des voleurs, quand il est dans son pays, et ne trouve-t-il plus rien quand il est à Paris ? Tout cela n'est que charlatanisme. Et ce qui détruit totalement le merveilleux de la baguette, c'est que tout le monde, avec un peu d'adresse, peut la faire tourner à volonté. Il ne s'agit que de tenir les extrémités de la fourche un peu écartées, de manière à faire ressort. C'est alors la force d'élasticité qui opère le prodige. » — Cependant on croit encore à la baguette divinatoire dans le Dauphiné et dans le Hainaut ; les paysans n'en négligent pas l'usage, et elle a trouvé des défenseurs sérieux. Formey, dans l'*Encyclopédie*, explique ce phénomène par le magnétisme. Ritter, professeur de Munich, s'autorisait récemment des phénomènes du galvanisme pour soutenir les merveilles de la baguette divinatoire ; mais il n'est pas mort sans abjurer son erreur.—L'abbé de La Garde écrivit au commencement avec beaucoup de foi l'histoire des prodiges de Jacques Aymar, en 1692 même, Pierre Garnier, docteur-médecin de Montpellier, voulut prouver que les opérations de la baguette dépendaient d'une cause naturelle[1] ; cette cause naturelle n'était, selon lui, que les corpuscules sortis du corps du meurtrier dans les endroits où il avait fait le meurtre et dans ceux où il avait passé. Les galeux et les pestiférés, ajoute-t-il, ne transpirent pas comme les gens sains, puisqu'ils sont contagieux ; de même les scélérats lâchent des émanations qui se reconnaissent ; et si nous ne les sentons pas, c'est qu'il n'est pas donné à tous les chiens d'avoir le nez fin. Ce sont là, dit-il, page 23, des axiomes incontestables. « Or, ces corpuscules qui entrent dans le corps de l'homme muni de la baguette l'agitent tellement, que de ses mains la matière subtile passe dans la baguette même, et, n'en pouvant sortir assez promptement, la fait tourner ou la brise : ce qui me paraît la chose du monde la plus facile à croire… » —Le bon père Ménestrier, dans ses *Réflexions sur les indications de la baguette*, Lyon, 1694, s'étonne du nombre de gens qui devinaient alors par ce moyen à la mode. « A combien d'effets, poursuit-il, s'étend aujourd'hui ce talent ! Il n'a point de limites. On s'en sert pour juger de la bonté des étoffes et de la différence de leurs prix, pour démêler les innocents des coupables, pour spécifier le crime. Tous les jours cette vertu fait de nouvelles découvertes inconnues

---

[1] Des Erreurs et des préjugés, etc., t. Ier, p. 165.

[1] Dans sa Dissertation physique en forme de lettre à M. de Sèvre, seigneur de Fléchères, etc. In-12. Lyon, 1692.

jusqu'à présent. » — Il y eut même en 1700, à Toulouse, un brave homme qui devinait avec la baguette ce que faisaient des personnes absentes. Il consultait la baguette sur le passé, le présent et l'avenir; elle s'abaissait pour répondre oui et s'élevait pour la négative. On pouvait faire sa demande de vive voix ou mentalement; « Ce qui serait bien prodigieux, dit le père Lebrun, si plusieurs réponses (lisez la plupart) ne s'étaient trouvées fausses [1]. » — Un fait qui n'est pas moins admirable, c'est que la baguette ne tourne que sur les objets où l'on a intérieurement l'intention de la faire tourner. Ainsi, quand on cherche une source, elle ne tournera pas sur autre chose, quoiqu'on passe sur des trésors enfouis ou sur des traces de meurtre. Pour découvrir une fontaine, il faut mettre sur la baguette un linge mouillé: si elle tourne alors, c'est une preuve qu'il y a de l'eau à l'endroit qu'elle indique. Pour trouver les métaux souterrains, on enchâsse successivement à la tête de la baguette diverses pièces de métal, et c'est un principe constant que la baguette indique la qualité du métal caché sous terre, en touchant précisément ce même métal. — Nous répétons qu'on ne croit plus à la baguette, et que cependant on s'en sert encore dans quelques provinces. Il fallait autrefois qu'elle fût de coudrier ou de quelque autre bois spécial; depuis, on a employé toute sorte de bois, et même des côtes de baleine; on n'a plus même exigé que la baguette fût en fourche. — *Secret de la baguette divinatoire et moyen de la faire tourner, tiré du Grand Grimoire, page 87* [2]. — Dès le moment que le soleil paraît sur l'horizon, vous prenez de la main gauche une baguette vierge de noisetier sauvage, et la coupez de la droite en trois coups, en disant: « Je te ramasse au nom d'Éloïm, Mutrathon, Adonay et Sémiphoras, afin que tu aies la vertu de la verge de Moïse et de Jacob pour découvrir tout ce que je voudrai savoir. » Et pour la faire tourner, il faut dire, la tenant serrée dans ses mains, par les deux bouts qui font la fourche: « Je te commande, au nom d'Éloïm, Mothrathon, Adonay et Sémiphoras, de me révéler... » (on indique ce qu'on veut savoir).

Baguette magique. — On voit, comme nous l'avons dit, que toutes les fées ou sorcières ont une baguette magique avec laquelle elles opèrent. Boguet rapporte [3] que Françoise Secrétain et Thévenne Paget faisaient mourir les bestiaux en les touchant de leur baguette; et Cardan cite une sorcière de Pavie qui tua un enfant en le frappant doucement sur le dos avec sa baguette magique. — C'est aussi avec leur baguette que les sorciers tracent les cercles, font les conjurations et opèrent de toutes les manières. Cette baguette doit être de coudrier, de la pousse de l'année. Il faut la couper le premier mercredi de la lune, entre onze heures et minuit, en prononçant certaines paroles [1]. Le couteau doit être neuf et retiré en haut quand on coupe. On bénit ensuite la baguette, disent les formulaires superstitieux; on écrit au gros bout le mot *Agla* †, au milieu *On* †; et *Tetragammaton* † au petit bout, et l'on dit: *Conjuro te cito mihi obedire*, etc.

Bahaman, — génie qui, suivant les Perses, apaise la colère et, en conséquence, gouverne les bœufs, les moutons et tous les animaux susceptibles d'être apprivoisés.

Bahir, — titre du plus ancien livre des rabbins où, suivant Buxtorf, sont traités les profonds mystères de la haute cabale des Juifs.

Baïan. — Wiérus et vingt autres démonographes content que Baïan ou Bajan, fils de Siméon, roi des Bulgares, était si grand magicien qu'il se transformait en loup quand il voulait pour épouvanter son peuple, et qu'il pouvait prendre toute autre figure de bête féroce, et même se rendre invisible; ce qui n'est pas possible sans l'aide de puissants démons, comme dit Ninauld dans sa *Lycanthropie*.

Baïer (JEAN-GUILLAUME), — professeur de théologie à Altorf, mort en 1729. Il a laissé une thèse intitulée: *Dissertation sur Behemoth et Léviathan, l'éléphant et la baleine, d'après le livre de Job, chap. 40 et 41, avec la réponse de Stieber* [2]. Baïer ne voyait que deux animaux monstrueux dans Behemoth et Léviathan.

Bâillement. — Les femmes espagnoles, lorsqu'elles bâillent, ne manquent pas de se signer quatre fois la bouche avec le pouce, de peur que le diable n'y entre. Cette superstition remonte à des temps reculés, et chez beaucoup de peuples on a regardé le bâillement comme une crise périlleuse.

Bailly (PIERRE), — médecin, auteur d'un livre publié à Paris en 1634, in-8°, sous le titre de *Songes de Phestion*, paradoxes physiologiques, suivis d'un dialogue sur l'immortalité de l'âme.

---

[1] Histoire des pratiques superstitieuses, t. II, p. 357.
[2] Ce secret est aussi dans le Dragon rouge, p. 85.
[3] Discours des sorciers, ch. 30.

[1] Voyez Verge foudroyante.
[2] Dissertatio de Behemoth et de Leviathan, elephas et balœna, e Job, 40, 41. Respond. G. Steph. Stieber. In-4°, Altorf, 1708.

Balaam, — fameux nécromancien madianite, qui florissait vers l'an du monde 2545. Lorsque les Israélites errants dans le désert se disposaient à passer le Jourdain, Balac, roi de Moab, qui les redoutait, chargea Balaam de les maudire. Mais le magicien, ayant consulté le Seigneur, qu'il connaissait, quoiqu'il servît d'autres dieux, reçut une défense précise de céder à cette invitation ; et cependant, les magnifiques présents du roi l'ayant séduit, il se rendit à son camp. On sait que l'ange du Seigneur arrêta son ânesse, qui lui parla. Balaam, après s'être irrité contre la bête, aperçut l'ange, se prosterna, promit de faire ce que commanderait le Dieu d'Israël, et parut au camp de Balac, très-embarrassé. Lorsqu'il fut devant l'armée des Israélites, en présence de la cour de Balac fort surprise, pendant qu'on s'attendait à entendre des malédictions, il se sentit inspiré d'un enthousiasme divin, et prononça, malgré lui, une magnifique prophétie sur les destinées glorieuses du peuple de Dieu. Il annonça même le Messie. Balac, furieux, le chassa ; et par la suite les Hébreux, ayant vaincu les Madianites, firent Balaam prisonnier et le tuèrent.

Balai. — Le manche à balai est la monture ordinaire des sorcières lorsqu'elles se rendent au sabbat. Remi conte à ce sujet que la femme d'un cordonnier allemand, ayant, sans le savoir, fourré le bout de son manche à balai dans un pot qui contenait l'onguent des sorcières, se mit machinalement aussitôt à califourchon sur ce manche, et se sentit transportée à Bruch, où se faisait le sabbat [1]. Elle profita de l'occasion, se fit sorcière, et peu après fut arrêtée comme telle. — Il y a sur le balai d'autres croyances. Jamais, dans le district de Lesneven, en Bretagne, on ne balaie une maison la nuit : on y prétend que c'est en éloigner le bonheur ; que les âmes s'y promènent, et que les mouvements d'un balai les blessent et les écartent. Ils nomment cet usage proscrit balaiement des morts. Ils disent que la veille du jour des Trépassés (2 novembre) il y a plus d'âmes dans chaque maison que de grains de sable dans la mer et sur le rivage [2].

Balan, — roi grand et terrible dans les enfers. Il a trois têtes : l'une faite comme celle d'un taureau, l'autre comme celle d'un homme, la troisième comme celle d'un bélier. Joignez à cela une queue de serpent et des yeux qui jettent de la flamme. Il se montre à cheval sur un ours, et porte un épervier au poing. Sa voix est rauque et violente. Il répond sur le passé, le présent et l'avenir. — Ce démon, qui était autrefois de l'ordre des dominations, et qui commande aujourd'hui quarante légions infernales, enseigne les ruses, la finesse, et le moyen commode de voir sans être vu [1].

Balance, — septième signe du zodiaque. Ceux qui naissent sous cette constellation aiment généralement l'équité. C'est, dit-on, pour être né sous le signe de la Balance qu'on donna à Louis XIII le surnom de Juste. — Les Persans prétendent qu'il y aura au dernier jour une balance, dont les bassins seront plus grands et plus larges que la superficie des cieux, et dans laquelle Dieu pèsera les œuvres des hommes. Un des bassins de cette balance s'appellera le bassin de lumière, l'autre le bassin de ténèbres. Le livre des bonnes œuvres sera jeté dans le bassin de lumière, plus brillant que les étoiles ; et le livre des mauvaises dans le bassin de ténèbres, plus horrible qu'une nuit d'orage. Le fléau fera connaître qui l'emportera, et à quel degré. C'est après cet examen que les corps passeront le pont étendu sur le feu éternel.

Balcoin (Marie), — sorcière du pays de Labour, qui allait au sabbat du temps de Henri IV. On lui fit son procès, où elle fut convaincue d'avoir mangé, dans une assemblée nocturne, l'oreille d'un petit enfant [2]. Elle fut sans doute brûlée.

Baleine. — Mahomet place dans le ciel la baleine de Jonas.

Bali, — prince des démons et roi de l'enfer, selon les croyances indiennes. Il se battit autrefois avec Wishnou, qui le précipita dans l'abîme, d'où il sort une fois par an pour faire du mal aux hommes ; mais Wishnou y met ordre. — Les Indiens donnent aussi le nom de *Bali* aux farfadets, à qui ils offrent du riz, que ces lutins ne manquent pas de venir manger la nuit.

Balles. — On a cru autrefois que certains guerriers avaient un charme contre les balles, parce qu'on tirait sur eux sans les atteindre. Pour les tuer, on mettait dans les cartouches des pièces d'argent, car rien ne peut ensorceler la monnaie.

Baltazo, — l'un des démons de la possession de Laon. Voy. Aubry. Il paraît que ce démon, ou quelque chenapan qui se fit passer pour tel, alla souper avec le mari de Nicole Aubry, la possédée, sous prétexte de combi-

---

[1] Remigius, lib. II. Dæmon., cap. 3.
[2] Voyage de M. Cambry dans le Finistère, t. II, p. 32.

[1] Wierus, in Pseudomonarchia dæm.
[2] Delancre, Tableau de l'inconstance des démons, etc., p. 196, liv. III.

ner sa délivrance, qu'il n'opéra pas. On remarqua en soupant qu'il buvait très-sec ; ce qui prouve, dit Leloyer, que l'eau est contraire aux démons [1].

Balthazar, — dernier roi de Babylone, petit-fils de Nabuchodonosor. Un soir qu'il profanait dans ses orgies les vases sacrés de Jérusalem, il aperçut une main qui traçait sur la muraille, en lettres de feu, ces trois mots : *Mane, thecel, pharès*. Ses devins et ses astrologues ne purent expliquer ces caractères ni en interpréter le sens. Il promit de grandes récompenses à qui lui en donnerait l'interprétation. Ce fut Daniel qui, méprisant ses récompenses, lui apprit que les trois mots signifiaient que ses années étaient comptées, qu'il n'avait plus que quelques moments à vivre, et que son royaume allait être divisé. Tout se vérifia peu après.

Baltus (JEAN-FRANÇOIS), — savant jésuite, mort en 1743. Lisez sa *Réponse à l'Histoire des oracles* de Fontenelle, in-8°, Strasbourg, 1709, où il établit que les oracles des anciens étaient l'ouvrage du démon, et qu'ils furent réduits au silence lors de la mission de Jésus-Christ sur la terre.

Banians, — Indiens idolâtres répandus surtout dans le Mogol. Ils reconnaissent un Dieu créateur ; mais ils adorent le diable, qui est chargé, disent-ils, de gouverner le monde. Ils le représentent sous une horrible figure. Le prêtre de ce culte marque au front, d'un signe jaune, ceux qui ont adoré le diable, qui dès lors les reconnaît et n'est plus si porté à leur faire du mal [2].

Baptême. — On dit que les sorcières, dans leurs cérémonies abominables, baptisent au sabbat des crapauds et de petits enfants. Les crapauds sont habillés de velours rouge, les petits enfants de velours noir. Pour cette opération infernale, le diable urine dans un trou ; on prend de cette déjection avec un goupillon noir, on en jette sur la tête de l'enfant ou du crapaud, en faisant des signes de croix à rebours avec la main gauche, et disant : *In nomine patrica, matrica, araguaco petrica agora, agora Valentia* ; ce qui veut dire : « Au nom de Patrique, de Matrique, Pétrique d'Aragon, à cette heure, à cette heure, Valentia. » Cette stupide impiété s'appelle le baptême du diable.

Baptême de la ligne. — Lorsqu'on traverse la ligne, les matelots font subir aux personnes qui la passent pour la première fois une cérémonie qu'ils appellent le baptême de la ligne, et qui consiste en une aspersion plus ou moins désagréable, dont on évite souvent les ennuis par une générosité. Les personnages qui font la plaisanterie se travestissent ; le *Père la Ligne* arrive dans un tonneau, escorté par un diable, un courrier, un perruquier et un meunier. Le passager qui ne veut pas donner pour boire aux matelots est arrosé ou baigné, après avoir été poudré et frisé. On ne sait trop l'origine de cet usage, ni pourquoi le diable y figure.

Barat, — maladie de langueur, ordinairement le résultat d'un sort jeté, qui conduit infailliblement à la mort, et qui, selon les opinions bretonnes, est guérie par les eaux de la fontaine de Sainte-Candide, près de Scaer, dans le Finistère. Il n'est pas d'enfant qu'on ne trempe dans cette fontaine quelques jours après sa naissance ; on croit qu'il vivra s'il étend les pieds, et qu'il mourra dans peu s'il les retire [1].

Barbas, — démon. *Voy.* MARBAS.

Barbatos, — grand et puissant démon, comte-duc aux enfers, type de Robin-des-Bois ; il se montre sous la figure d'un archer ou d'un chasseur ; on le rencontre dans les forêts. Quatre rois sonnent du cor devant lui. Il apprend à deviner par le chant des oiseaux, le mugissement des taureaux, les aboiements des chiens et les cris des divers animaux. Il connaît les trésors enfouis par les magiciens. Il réconcilie les amis brouillés. Ce démon, qui était autrefois dans l'ordre des Vertus des cieux et de celui des Dominations, est réduit aujourd'hui à commander trente légions infernales. Il connaît le passé et le futur [2].

Barbe. — Les Romains gardaient avec un soin superstitieux leur première barbe. Néron faisait conserver la sienne dans une boîte d'or enrichie de pierreries [3].

Barbe-à-Dieu. — Thiers, dans son *Traité des superstitions*, rapporte la prière dite la *Barbe-à-Dieu* ; c'est une prière superstitieuse encore populaire, et qui se trouve dans divers recueils. La voici : « Pécheurs et pécheresses, venez à moi parler. Le cœur me dut bien trembler au ventre, comme fait la feuille au tremble, comme fait la Loisonni quand elle voit qu'il faut venir sur une petite branche, qui n'est plus grosse ni plus membre que trois

---

[1] Disc. et hist. des spectres, liv. III, ch. 10.
[2] Histoire de la religion des Banians, tirée de leur livre Shaster, etc., traduit de l'anglais de Henry Lord. Paris, 1667. In-12.

[1] Cambry, Voyage dans le Finistère, t. III, p. 157.
[2] Wierus, in Pseudomonarchia dæm.
[3] M. Nisard, Stace.

cheveux de femme grosse ensemble. Ceux qui la *Barbe-à-Dieu* sauront par-dessus la planche passeront, et ceux qui ne la sauront, au bout de la planche s'assiéront, crieront, braieront : « Mon Dieu, hélas ! malheureux état ! » Est comme petit enfant celui qui la *Barbe-à-Dieu* n'apprend. »

Barbeloth. — Des gnostiques, appelés barbeliots ou barboriens, disaient qu'un Éon immortel avait eu commerce avec un esprit vierge appelé Barbeloth, à qui il avait successivement accordé la prescience, l'incorruptibilité et la vie éternelle ; que Barbeloth un jour, plus gai qu'à l'ordinaire, avait engendré la lumière qui, perfectionnée par l'onction de l'esprit, s'appela Christ ; que Christ désira l'intelligence et l'obtint ; que l'intelligence, la raison, l'incorruptibilité et Christ s'unirent ; que la raison et l'intelligence engendrèrent Autogène ; qu'Autogène engendra Adamas, l'homme parfait, et sa femme la connaissance parfaite ; qu'Adamas et sa femme engendrèrent le bois ; que le premier ange engendra le Saint-Esprit, la sagesse ou Prunic ; que Prunic engendra Protarchonte ou premier prince, qui fut insolent et sot ; que Protarchonte et Arrogance engendrèrent les vices et toutes leurs branches. Les barbeliots débitaient ces merveilles en hébreu, et leurs cérémonies n'étaient pas moins abominables que leur doctrine était extravagante [1].

Barbier. — Pline le jeune [2] avait un affranchi nommé Marc, homme quelque peu lettré, qui couchait dans un même lit avec son jeune frère. Marc, dans le sommeil, crut voir une personne assise au chevet du lit qui lui coupait les cheveux du haut de la tête. À son réveil il se trouva rasé, et ses cheveux jetés au milieu de la chambre. — La même chose arriva, dans le même temps, à un jeune garçon qui dormait avec plusieurs autres dans une pension. Il vit entrer par la fenêtre deux hommes vêtus de blanc, qui lui coupèrent les cheveux comme il dormait. À son réveil, on trouva ses cheveux répandus sur le plancher. — « À quoi cela peut-il être attribué, dit D. Calmet [3], si ce n'est à des follets ? » ou aux compagnons de lit ? — Il y a quelques lutins, du genre de ceux-là, qui ont fait pareillement les fonctions de *barbiers*. Les contes populaires de l'Allemagne vous apprendront que les revenants peuvent ainsi faire la barbe aux vivants [4].

Barbieri. — Dialogues sur la mort et sur les âmes séparées : *Dialoghi della morte e dell' anime separate, di Barbieri.* In 8°. Bologna, 1600.

Barbu. — On appelle *démon barbu* le démon qui enseigne le secret de la pierre philosophale. On le connaît peu. Son nom semblerait indiquer que c'est le même que *Barbatos*, qui n'a rien d'un démon philosophe. Ce n'est pas non plus *Barbas*, qui se mêle de mécanique. On dit que le *démon barbu* est ainsi appelé à cause de sa barbe remarquable. Voy. BERITH.

Bareste (EUGÈNE), — auteur de *la Fin des Temps* et de quelques idées prophétiques dont l'avenir dira la valeur.

Barkokebas ou **Barchochebas**, — imposteur qui se fit passer pour le Messie juif sous l'empire d'Adrien. Après avoir été voleur de grand chemin, il changea son nom de Barkoziba, *fils du mensonge*, en celui de Barkokebas, *fils de l'étoile*, et prétendit qu'il était l'étoile annoncée par Balaam. Il se mit à faire des prodiges. Saint Jérôme raconte qu'il vomissait du feu par la bouche au moyen d'un morceau d'étoupes allumées qu'il se mettait dans les dents, ce que font maintenant les charlatans des foires. Les Juifs le reconnurent pour leur Messie ; il se fit couronner roi, rassembla une armée, et soutint contre les Romains une guerre assez longue. Mais enfin, en l'année 136, l'armée juive fut passée au fil de l'épée et Barkokebas tué. Les rabbins assurent que, lorsqu'on voulut enlever son corps pour le porter à l'empereur Adrien, un serpent se présenta autour du cou de Barkokebas, et le fit respecter des porteurs et du prince lui-même.

Barnaud (NICOLAS), — médecin protestant du seizième siècle, qui rechercha la pierre philosophale. Il a publié sur l'alchimie divers petits traités recueillis dans le troisième volume du *Theatrum chimicum*, compilé par Zetzner ; Strasbourg, 1659.

Barrabas. — « Quand les sorcières sont entre les mains de la justice, dit Pierre Delancre [1], elles font semblant d'avoir le diable leur maître en horreur, et l'appellent par dédain Barrabas ou *Barrabam*. »

Bartholin (THOMAS), — né à Copenhague en 1649. On recherche de lui le livre *De unguento armario*. Ce traité de la poudre de sympathie se ressent du temps et de la crédulité de l'auteur. On y trouve cependant des

---

[1] Bergier, Dict. théolog., au mot *Barbelios*.
[2] Lib. XVI, epist. 27.
[3] Dissertation sur les apparitions, ch. 33, 1re part.
[4] Voyez les Légendes infernales.

[1] Tableau de l'inconstance des mauvais anges, etc. liv. VI, disc. 3, Paris, 1612.

choses singulières et qui ne sont pas indignes de quelque attention.

Barthole, — juriconsulte, mort à Pérouse en 1356. Il commença à mettre de l'ordre dans la jurisprudence; mais on retrouve les bizarreries de son siècle dans quelques-uns de ses ouvrages. Ainsi, pour faire connaître la marche d'une procédure, il imagina un procès entre la sainte Vierge et le Diable, jugé par notre Seigneur Jésus-Christ [1]. Les parties plaident en personne : le Diable demande que le genre humain rentre sous son obéissance; il fait observer qu'il en a été le maître depuis Adam ; il cite les lois qui établissent que celui qui a été dépouillé d'une longue possession a le droit d'y rentrer. La sainte Vierge lui répond qu'il est un possesseur de mauvaise foi, et que les lois qu'il cite ne le concernent pas. On épuise des deux côtés toutes les ressources de la chicane du quatorzième siècle, et le diable est débouté de ses prétentions.

Barton (ÉLISABETH), — religieuse de Kent qui prévit et révéla en 1525 les excès où tomberait bientôt le schisme qu'elle voyait naître en Angleterre. Les partisans de Henri VIII s'écrièrent qu'elle était possédée du diable. La protection de Thomas Morus, loin de la sauver, la perdit : en 1533, cette pieuse et sainte fille fut mise à mort avec beaucoup d'autres, sous prétexte de sorcellerie, par les réformés qui se vantaient d'apporter la lumière et la liberté.

Bas. — Qui a haussé un de ses bas à l'envers, recevra dans la journée un conseil, — probablement celui de le retourner.

Bascanie, — sorte de fascination employée par les magiciens grecs ; elle troublait tellement les yeux, qu'on voyait tous les objets à rebours, blanches les choses noires, rondes les choses pointues, laides les plus jolies figures, et jolies les plus laides.

Basile. — Michel Glycas [2] raconte que l'empereur Basile, ayant perdu son fils bien-aimé, obtint de le revoir peu après sa mort, par le moyen d'un moine magicien ; qu'il le vit en effet, et le tint embrassé assez longtemps, jusqu'à ce qu'il disparût d'entre ses bras. « Ce n'était donc qu'un fantôme qui parut sous la forme de son fils [3]. »

Basile-Valentin, — alchimiste qui est pour les Allemands ce que Nicolas Flamel est pour nous. Sa vie est mêlée de fables qui ont fait croire à quelques-uns qu'il n'a jamais existé. On le fait vivre au douzième, au treizième, au quatorzième et au quinzième siècle. On ajoute même, sans preuve, qu'il était bénédictin à Erfurt. C'est lui qui, dans ses expériences chimiques, découvrit l'*antimoine*, qui dut son nom à cette circonstance, que, des pourceaux s'étant prodigieusement engraissés pour avoir avalé ce résidu de métal, Basile en fit prendre à des religieux, qui en moururent. — On conte que longtemps après sa mort, une des colonnes de la cathédrale d'Erfurt s'ouvrit comme par miracle, et qu'on y trouva ses livres sur l'alchimie. Les ouvrages de Basile, ou du moins ceux qui portent son nom, écrits en haut allemand, ont été traduits en latin, et quelques-uns du latin en français. Les adeptes recherchent de lui l'*Azoth* [1], les *Douze Clefs de la philosophie* de frère Basile Valentin, traitant de la vraie médecine métallique [2], à la suite de la traduction de l'Azoth, in-12, 1660; in-8°, 1669; l'*Apocalypse chimique* [3], la *Révélation* des mystères des teintures essentielles des sept métaux et de leurs vertus médicinales [4], in-4°, Paris, 1646; du *Microcosme*, du grand mystère du monde et de la Médecine de l'homme [5]; *Traité chimico-philosophique* des choses naturelles et surnaturelles des minéraux et des métaux [6]; *Haliographie*, de la préparation, de l'usage et des vertus de tous les sels minéraux, animaux et végétaux, accueillis par Antoine Solmincius dans les manuscrits de Basile Valentin [7], etc. La plupart de ces ouvrages ont fait faire des pas à la chimie utile.

Basilic, — petit serpent, long d'un demi-mètre, qui n'a été connu que des anciens. Il avait deux ergots, une tête et une crête de coq, des ailes, une queue de serpent ordinaire, etc. Les uns disent qu'il naît de l'œuf d'un coq couvé par un serpent ou par un cra-

---

[1] Ce singulier ouvrage, intitulé Processus Satanæ contra Virginem coram judice Jesu, est imprimé dans le Processus juris jocoserius. In-8°. Hanau, 1611.
[2] Annal., part. 4.
[3] D. Calmet, Dissertation des revenants en corps, ch. 16.

[1] Azoth, sive aureliæ philosophorum. Francfort, 1613. In-4°, traduit en français en 1660.
[2] Practica, una cum duodecim clavibus et appendice. Francfort, 1618. In-4°.
[3] Apocalypsis chimica. Erfurt, 1624. In-8°.
[4] Manifestatio artificiorum etc. Erfurt, 1624. In-4° La traduction dont on indique le titre est de J. Israël.
[5] De microcosmo, de que magno mundi mysterio et medicina hominis. Marpurg, 1609. In-8°.
[6] Tractatus chimico-philosophicus de rebus naturalibus et præternaturalibus metallorum et mineralium. Francfort, 1676. In-8°.
[7] Haliographia, de præparatione, usu ac virtutibus omnium salium mineralium, animalium ac vegetabilium, ex manuscriptis Basilii Valentini collecta ab Antonio Salmincio. Bologne, 1644. In-8°.

paud. Boguet, au chapitre 44 de ses *Discours des sorciers*, le fait produire de l'accouplement du crapaud et du coq, comme le mulet naît d'un âne et d'une jument. — C'est une opinion encore répandue dans les campagnes que les vieux coqs pondent un œuf duquel naît un serpent ; ce petit œuf imparfait n'est, comme on sait, que l'effet d'une maladie chez les poules, et l'absurdité de ce conte bleu n'a plus besoin d'être démontrée. — Il est possible que les anciens, dans leurs expériences, aient pris des œufs de serpent pour des œufs de coq. *Voy.* Coq. — Quoi qu'il en soit, on croit que le basilic tue de ses regards [1] ; et l'on cite je ne sais quel historien qui raconte qu'Alexandre-le-Grand, ayant mis le siége devant une ville d'Asie, un basilic se déclara pour les assiégés, se campa dans un trou des remparts, et lui tua jusqu'à deux cents soldats par jour. Une batterie de canons bien servie n'eût pas fait mieux. — « Il est vrai, ajoute M. Salgues [2], que si le basilic peut nous donner la mort, nous pouvons lui rendre la pareille en lui présentant la surface polie d'un miroir ; les vapeurs empoisonnées qu'il lance de ses yeux iront frapper la glace et, par réflexion, lui renverront la mort qu'il voudra donner. C'est Aristote qui nous apprend cette particularité. » — Des savants ont regardé en face le serpent qu'on appelle aujourd'hui basilic, et qui n'a pas les accessoires dont les anciens l'ont embelli, et, malgré tous les vieux contes, ils sont sortis bien portants de cette épreuve. Mais nous le répétons, le reptile au quel les modernes donnent le nom de basilic n'est sans doute pas le basilic des anciens; car il y a des races perdues.

Basilide. — hérétique du deuxième siècle, qui se fit un système en mêlant les principes de Pythagore et de Simon, les dogmes des chrétiens et les croyances des juifs. Il prétendit que le monde avait été créé par les anges. « Dieu (Abracax), disait-il, produisit l'Intelligence, laquelle produisit le Verbe, qui produisit la Prudence. La Prudence eut deux filles, la Puissance et la Sagesse, lesquelles produisirent les vertus, les princes de l'air et les anges. Les anges étaient de trois cent soixante-cinq ordres; ils créèrent trois cent soixante-cinq cieux ; les anges du dernier ciel firent le monde sublunaire ; ils s'en partagèrent l'empire. Celui auquel échurent les Juifs, étant puissant, fit pour eux beaucoup de prodiges ; mais, comme il voulait soumettre les autres nations, il y eut des querelles et des guerres, et le mal fit de grands progrès. Dieu, ou l'Être supérieur, touché des misères d'ici-bas, envoya Jésus, son premier fils, ou la première intelligence créée, pour sauver le monde. Il prit la figure d'un homme, fit les miracles qu'on raconte, et, pendant la passion, il donna sa figure à Siméon le Cyrénéen, qui fut crucifié pour lui, pendant que sous les traits de Siméon il se moquait des Juifs ; après quoi il remonta aux cieux sans avoir été précisément connu. » — Basilide, à côté de ce système étrange, enseignait encore la métempsycose, et il donnait aux hommes deux âmes, pour accorder les combats qui s'élèvent sans cesse entre la raison et les passions. Il était très-habile, ajoute-t-on, dans la cabale des juifs, et c'est lui qui inventa le puissant talisman *Abracadabra*, dont nous avons parlé, et dont l'usage fut long-temps extrêmement répandu. Il fit un évangile apocryphe et des prophéties qu'il publia sous les noms de Barcabas et de Barcoph. Il plaçait Dieu dans le soleil et révérait prodigieusement les trois cent soixante-cinq révolutions de cet astre autour de la terre. *Voy.* ABRACAX.

Basilius. — Il y eut à Rome, du temps de saint Grégoire, un sénateur de bonne et ancienne famille, nommé Basilius, magicien, scélérat et sorcier, lequel, s'étant rendu moine pour éviter la peine de mort, fut enfin brûlé avec son compagnon Prétextatus, comme lui sénateur romain et de maison illustre : « Ce qui montre, dit Delancre [1], que la sorcellerie n'est pas une tâche de simple femmelette, rustiques et idiots. »

Bassantin (JACQUES), — astrologue écossais qui, en 1562, prédit à sir Robert Melvil, si l'on en croit les mémoires de Jacques Melvil, son frère, une partie des événements arrivés depuis à Marie Stuart, alors réfugiée en Angleterre. Il ne fallait que pour cela que quelque connaissance du temps et des hommes. Les autres prédictions de Bassantin ne se réalisèrent pas. Son grand traité d'*Astronomie*, ou plutôt d'*Astrologie*, a été publié en français et en latin. On cherche l'édition latine de Genève, 1599, que les éditeurs appellent *ingens et doctum volumen*. Tous ses ouvrages présentent un mélange d'heureuses observations et d'idées superstitieuses [2].

---

[1] Delancre, De l'Inconstance des démons, etc., liv. IV, p. 416.

[2] Astronomia Jacobi Bassantini Scoti, etc. In-fol. Genève, 1599. Paraphrase de l'astrolabe, avec une explication de l'usage de cet instrument. In-8°. Paris, 1617. Super mathematica genethliaca ; arithmetica ; musica secundum Platonem ; de mathesi in genere, etc.

---

[1] Mathiole demande comment on a su que le basilic tuait par son regard, s'il a tué tous ceux qui l'ont vu !

[2] Des Erreurs et des préjugés, etc., t. Ier, p. 413.

Bateleurs, — faiseurs de tours en plein air, avaleurs de couleuvres et de baguettes, qui passaient autrefois pour sorciers, comme les escamoteurs et même les comédiens.

Bathym, — voy. MARTHYM.

Bâton du diable. — On conserve, dit-on, à Tolentino, dans la marche d'Ancône, un bâton dont on prétend que le diable a fait usage.

Bâton du bon voyageur. — « Cueillez le lendemain de la Toussaint une forte branche de sureau, que vous aurez soin de serrer par le bas ; ôtez-en la moelle ; mettez à la place les yeux d'un jeune loup, la langue et le cœur d'un chien, trois lézards verts et trois cœurs d'hirondelles, le tout réduit en poudre par la chaleur du soleil, entre deux papiers saupoudrés de salpêtre ; placez par-dessus tout cela, dans le cœur du bâton, sept feuilles de verveine cueillies la veille de la Saint-Jean-Baptiste, avec une pierre de diverses couleurs qui se trouve dans le nid de la huppe ; bouchez ensuite le bout du bâton avec une pomme à votre fantaisie, et soyez assuré que ce bâton vous garantira des brigands, des chiens enragés, des bêtes féroces, des animaux venimeux, des périls, et vous procurera la bienveillance de ceux chez qui vous logerez [1]...... » — Le lecteur qui dédaigne de tels secrets ne doit pas oublier qu'ils ont eu grand crédit, et qu'on cherche encore, dans beaucoup de villages, à se procurer le bâton du bon voyageur...

Batrachyte, — pierre qui, suivant que l'indique son nom grec, se trouve dans le corps de la grenouille, et qui a, disent les bonnes gens, de grandes vertus contre les poisons et les maléfices.

Batscum-bassa ou **Batscum-pacha**, — démon turc que l'on invoque en Orient pour avoir du beau temps ou de la pluie. On se le rend favorable en lui offrant des tartines de pain grillé, dont il est très-friand [2].

Baume universel, — élixir composé par les alchimistes ; c'est, disent-ils, le remède souverain et infaillible de toutes les maladies ; il peut même au besoin ressusciter des morts. Voy. ALCHIMIE.

Bavan (MADELEINE), — sorcière célèbre dans les fastes du sabbat au dix-septième siècle. Voy. SABBAT.

Baxter, — écrivain anglais qui publia, à la fin du dix-septième siècle, un livre intitulé : *Certitude du monde des esprits*.

Bayard, — cheval des quatre fils Aymon. Il avait la taille d'un cheval ordinaire lorsqu'il ne portait qu'un des frères, et s'allongeait lorsqu'il les fallait porter tous quatre. On conte beaucoup de merveilles sur cette monture célèbre, qui se distinguait surtout par une vitesse incroyable, et qui a laissé la trace d'un de ses pieds dans la forêt de Soigne en Brabant.

Bayemon. — Le grimoire attribué stupidement au pape Honorius donne ce nom à un roi de l'occident infernal ; on le conjure par cette prière : « O roi Bayemon, très-fort, qui règnes aux parties occidentales, je t'appelle et invoque au nom de la Divinité ; je te commande, en vertu du Très-Haut, de m'envoyer présentement devant ce cercle (on nomme l'esprit dont on veut se servir Passiel, Rosus, etc.) et les autres esprits qui te sont sujets, pour répondre à tout ce que je leur demanderai. Si tu ne le fais, je te tourmenterai du glaive du feu divin ; j'augmenterai tes peines et te brûlerai. Obéis, roi Bayemon [1]. »

Bayer. — En 1726, un curé du diocèse de Constance, nommé Bayer, pourvu de la cure de Rutheim, fut inquiété par un spectre ou mauvais génie qui se montrait sous la forme d'un paysan mal vêtu, de mauvaise mine et très-puant. Il vint frapper à sa porte ; étant entré dans son poêle, il lui dit qu'il était envoyé par le prince de Constance, son évêque, pour certaine commission qui se trouva fausse. Il demanda ensuite à manger. On lui servit de la viande, du pain et du vin. Il prit la viande à deux mains et la dévora avec les os, disant : « Voyez comme je mange la chair et les os ; faites-vous de même [2] ? » Puis il prit le vase où était le vin, et l'avala d'un trait ; il en demanda d'autre qu'il but de même. Après cela, il se retira sans dire adieu ; et la servante, qui le conduisait à la porte, lui ayant demandé son nom, il répondit : « Je suis né à Rutsingue, et mon nom est George Raulin ; » ce qui était faux encore. Il passa le reste du jour à se faire voir dans le village, et revint le soir à minuit à la porte du curé en criant d'une voix terrible : « Monsieur Bayer, je vous montrerai qui je suis. » — Pendant trois ans, il revint tous les jours vers quatre heures après midi, et toutes les nuits avant le point du jour. Il paraissait sous diverses formes, tantôt sous la figure d'un chien barbet, tantôt sous celle d'un lion ou d'un autre animal terrible ; quelquefois sous la forme d'un

---

[1] Secrets merveilleux du Petit Albert, p. 92.
[2] Joannis Cuspiniani, De Turcor. relig.

[1] Grimoire du pape Honorius.
[2] Dom Calmet, Traité sur les apparitions, etc., t. II, ch. 48.

homme ou sous celle d'une femme, ou bien il faisait dans la maison un fracas semblable à celui d'un tonnelier qui relie des tonneaux ; certains jours, on aurait dit qu'il voulait renverser le logis par le grand bruit qu'il y causait. Pour avoir des témoins, le curé fit venir le marguillier et d'autres personnes du village. Le spectre répandait partout une odeur insupportable, mais ne s'en allait pas. On eut recours aux exorcismes, qui ne produisirent aucun effet; on résolut de se munir d'une branche bénite le dimanche des Rameaux, et d'une épée aussi bénite, et de s'en servir contre le spectre. On le fit deux fois, et depuis ce temps il ne revint plus. Ces choses, rapportées par Dom Calmet, peuvent s'expliquer par les frayeurs qu'un garnement aura causées au curé, frayeurs qui ont pu lui donner des visions.

Bayer (JEAN), — ministre protestant, né à Augsbourg au seizième siècle. On recherche de lui une thèse sur cette question : « Si l'existence des anges peut se démontrer par les seules lumières naturelles [1] ? »

Bayle (FRANÇOIS), — professeur de médecine à Toulouse, mort en 1709. Nous ne citerons de ses ouvrages que la *Relation de l'état de quelques personnes prétendues possédées, faite de l'autorité du parlement de Toulouse*, in-12 ; Toulouse, 1682. Il veut prouver que les démoniaques, s'ils ne sont pas des charlatans, sont très-souvent des fous ou des malades.

Bazine, — célèbre reine des Tongres, qui épousa Childéric et qui fut mère de Clovis. Elle est représentée par les vieux historiens comme une habile magicienne. On sait qu'elle était femme de Bising, roi de Tongres ; que Childéric, chassé de ses états par une révolution et réfugié à la cour de Bising, plut à sa femme ; que, lorsqu'il fut rétabli sur son trône, Bazine quitta tout pour venir le trouver. Childéric l'épousa. Le soir de ses noces, quand elle fut seule avec lui, elle le pria de passer la première nuit dans une curieuse observation. Elle l'envoya à la porte de son palais en lui enjoignant de venir rapporter ce qu'il y aurait vu. — Childéric, connaissant le pouvoir magique de Bazine, s'empressa d'obéir. Il ne fut pas plutôt dehors qu'il vit d'énormes animaux se promener dans la cour ; c'étaient des léopards, des licornes, des lions. Étonné de ce spectacle, il vint en rendre compte à son épouse ; elle lui dit, du ton d'oracle qu'elle avait pris d'abord, de ne point s'effrayer, et de retourner une seconde fois et même une troisième fois. Il vit à la seconde fois des ours et des loups, et à la troisième des chiens et d'autres petits animaux qui s'entre-déchiraient. — « Les prodiges que vous avez vus, lui dit-elle, sont une image de l'avenir : ils représentent le caractère de toute notre postérité. Les lions et les licornes désignent le fils qui naîtra de nous ; les loups et les ours sont ses enfants, princes vigoureux et avides de proie ; et les chiens, c'est le peuple indocile au joug de ses maîtres, soulevé contre ses rois, livré aux passions des grands et malheureuse victime des uns et des autres [1]. » — Au reste, on ne pouvait mieux caractériser les rois de cette première race ; et si la vision n'est qu'un conte, il est bien imaginé [2].

Béal, — voy. BÉRITH.

Beauvoys de Chauvincourt, — gentilhomme angevin, fit imprimer en 1599 un volume intitulé : *Discours de la Lycanthropie* ou de la transmutation des hommes en loups.

Bébal, — prince de l'enfer, assez inconnu. Voy. PAYMON.

Béchard, — démon désigné dans les *Clavicules de Salomon* comme ayant puissance sur les vents et les tempêtes. Il fait grêler, tonner et pleuvoir, au moyen d'un maléfice qu'il compose avec des crapauds fricassés et autres drogues.

Béchet, — démon que l'on conjure le vendredi. Voy. CONJURATIONS.

Bède (LE VÉNÉRABLE), — né au septième siècle, dans le diocèse de Durham, en Angleterre. Il mourut à soixante-trois ans. On dit qu'il prévit l'heure précise de sa mort. Un instant avant d'expirer, il dictait quelques passages qu'il voulait extraire des œuvres de saint Isidore ; le jeune moine qui écrivait le pria de se reposer parce qu'il parlait avec peine : « Non, répondit Bède, prenez une autre plume, et écrivez le plus vite que vous pourrez. » Lorsque le jeune homme eut dit : « C'est fait, — Vous avez dit la vérité, » répliqua Bède ; et il expira. Peu de temps après sa mort, on dit qu'il se fit voir à un moine nommé Gamèle, à qui il témoigna le désir d'être enterré à Durham auprès de saint Cuthbert. On se hâta de le satisfaire, car on avait un grand respect pour sa mémoire.

Béhémoth, — démon lourd et stupide, malgré ses dignités. Sa force est dans ses reins,

---

[1] An Angelorum existentia à solo lumine naturali possit demonstrari? In-4°. Wittebergæ, 1658.

[1] Selon d'autres chroniques, elle dit que les lions et les licornes représentaient Clovis, les loups et les ours ses enfants, et les chiens les derniers rois de la race, qui seraient un jour renversés du trône par les grands et le peuple, dont les petits animaux étaient la figure.

[2] Dreux du Radier, Tablettes des reines de France

ses domaines sont la gourmandise et les plaisirs du ventre. Quelques démonomanes disent qu'il est aux enfers sommelier et grand échanson. Bodin croit [1] que Béhémoth n'est autre chose que le Pharaon d'Égypte qui persécuta les Hébreux. Il est parlé de Béhémoth dans Job, comme d'une créature monstrueuse. Des commentateurs prétendent que c'est la baleine, et d'autres que c'est l'éléphant; mais il y eut d'autres monstres dont les races ont disparu. On voit dans le procès d'Urbain Grandier que Béhémoth est bien un démon. Delancre dit qu'on l'a pris pour un animal monstrueux parce qu'il se donne la forme de toutes les grosses bêtes. Il ajoute que Béhémoth se déguise aussi avec perfection en chien, en renard et en loup. Si Wiérus, notre oracle en ce qui concerne les démons, n'admet pas Béhémoth dans son inventaire de la monarchie infernale, il dit, livre I*er*, *des Prestiges des démons*, chapitre 24, que Béhémoth ou l'éléphant pourrait bien être Satan lui-même, dont on désigne ainsi la vaste puissance. Enfin, parce qu'on lit dans le chapitre 40 de Job que Béhémoth mange du foin comme un bœuf, les rabbins ont fait de lui le bœuf merveilleux réservé pour le festin de leur Messie. Ce bœuf est si énorme, disent-ils, qu'il avale tous les jours le foin de mille montagnes immenses, dont il s'engraisse depuis le commencement du monde. Il ne quitte jamais ses mille montagnes, où l'herbe qu'il a mangée la nuit repousse la nuit pour le lendemain. Ils ajoutent que Dieu tua la femelle de ce bœuf au commencement; car on ne pouvait laisser multiplier une telle race. Les Juifs se promettent bien de la joie au festin où il fera la pièce de résistance. Ils jurent par leur part du bœuf Béhémoth.

Béhérit, — démon sur lequel on a très-peu de renseignements, à moins qu'il ne soit le même que *Bérith*. Voy. ce mot. Il est cité dans la possession de Loudun. Il avait même promis d'enlever *la calotte du sieur commissaire*, et de la tenir en l'air à la hauteur de deux piques; ce qui n'eut pas lieu, à sa honte [2].

Bekker (BALTHASAR), — docteur en théologie réformée, et ministre à Amsterdam, né en 1634. « Ce Balthasar Bekker, grand ennemi de l'enfer éternel et du diable, et encore plus de la précision, dit Voltaire, fit beaucoup de bruit en son temps par son gros livre du *Monde enchanté*. » Alors la sorcellerie, les possessions, étaient en vogue dans toute l'Europe; ce qui le détermina à combattre le diable.

« On eut beau lui dire, en prose et en vers, qu'il avait tort de l'attaquer, attendu qu'il lui ressemblait beaucoup, étant d'une laideur horrible : rien ne l'arrêta; il commença par nier absolument le pouvoir de Satan, et s'enhardit jusqu'à soutenir qu'il n'existe pas. « S'il y avait un diable, disait-il, il se vengerait de la guerre que je lui fais. » Les ministres, ses confrères, prirent le parti de Satan et déposèrent Bekker. » Il avait déjà fait l'esprit fort dans de précédents ouvrages. Dans l'un de ses catéchismes, *le Mets de carême* [1], il réduisait les peines de l'enfer au désespoir des damnés, et il en bornait la durée. On l'accusa de socinianisme, et son catéchisme fut condamné par un synode. — L'auteur alla s'établir à Amsterdam, où il publia, à l'occasion de la comète de 1680, des Recherches sur les comètes, imprimées en flamand, in-8°, Leuwarde, 1683. — Il s'efforce de prouver que ces météores ne sont pas des présages de malheurs, et combat les idées superstitieuses que le peuple attache à leur apparition. Cet ouvrage fut reçu sans opposition. Il n'en fut pas de même de son livre *De Betoverde wereld* (le monde ensorcelé), imprimé plusieurs fois, et traduit en français sous ce titre : « *Le Monde enchanté*, ou examen des communs sentiments touchant les esprits, leur nature, leur pouvoir, leur administration et leurs opérations, et touchant les effets que les hommes sont capables de produire par leur communication et leur vertu; divisé en quatre livres; » 4 forts volumes petit in-12, avec le portrait de l'auteur [2], Amsterdam, 1694. — L'auteur, dans cet ouvrage, qui lui fit perdre sa place de ministre [3], cherche à prouver qu'il n'y a jamais

---

[1] Démonomanie des sorciers, liv. I, ch. 1.
[2] Saint-Albin, Histoire des diables de Loudun.

---

[1] Il publia deux espèces de catéchisme en langue hollandaise, Vaste spize (le Mets de carême), et Gesneden brood (le Pain coupé).

[2] Bekker était si laid que La Monnoye fit sur lui cette épigramme :

Oui, par toi, de Satan la puissance est bridée;
Mais tu n'as cependant pas encore assez fait :
Pour ôter du diable entièrement l'idée,
Bekker, supprime ton portrait.

[3] Pendant que les ministres d'Amsterdam prenaient le parti du diable, un ami de l'auteur le défendit dans un ouvrage intitulé : *Le Diable triomphant, parlant sur le mont Parnasse*; mais le synode, qui avait déposé Bekker, ne révoqua pas sa sentence. On écrivit contre lui une multitude de libelles. Benjamin Binet l'a réfuté dans un volume intitulé : Traité historique des dieux du paganisme, avec des remarques critiques sur le système de Balthasar Bekker. Delft, 1696. In-12. Ce volume se joint ordinairement aux quatre de Bekker : il a aussi été imprimé sous le titre d'Idée générale de la théologie païenne, servant de réfutation au système de Balthasar Bekker, etc. Amsterdam et Trévoux, 1699. Les autres réfutations du Monde enchanté sont : Melchioris Leydekkeri dissertatio de vulgato nuper Bekkeri volumine, in-8°. Ultrajecti, 1693. Brevis meditatio academica de spirituum actionibus in homines spiritualibus, cujus doctrinæ usus contra Bekkerum et alios fanaticos exhibitur a J. Zipellio. In-8°. Francofurti, 1701, etc.

eu ni possédés ni sorciers ; que tout ce qu'on dit des esprits malins n'est que superstitions, etc. Un peu plus tard pourtant, dans une défense de ses opinions, il admit l'existence du diable ; mais il ajouta qu'il le croyait enchaîné dans les enfers et hors d'état de nuire. — Il ne fallait pas poursuivre si sérieusement un livre que sa prolixité seule devait rendre inlisible. « Il y a grande apparence, dit encore Voltaire, qu'on ne le condamna que par le dépit d'avoir perdu son temps à le lire. » — Dans le livre Ier, ou premier volume, qui a quatre cents pages, l'auteur examine les sentiments que les peuples ont eus dans tous les temps et qu'ils ont encore aujourd'hui touchant Dieu et les esprits ; il parle des divinations, de l'art magique, des manichéens et des illusions du diable ; il entre en matière dès le tome second. Ce tome ou livre second a 733 pages énormes. L'auteur traite de la puissance des esprits, de leur influence, des effets qu'ils sont capables de produire. Il prétend qu'il n'y a aucune raison de croire qu'il y ait des démons ou anges, ou vice-dieux ; il s'embarrasse cependant avec les anges d'Abraham et de Loth ; il dit que le serpent qui tenta nos premiers parents n'était pas un diable, mais un vrai serpent ; soutient que la tentation de Notre-Seigneur par le diable est une allégorie, ainsi que le combat du diable avec saint Michel ; que Job ni saint Paul n'ont été tourmentés corporellement par le diable ; il dit que les possédés sont des malades, que les vrais diables sont les hommes méchants, etc. — Dans le troisième volume, Bekker veut démontrer, dans le même style prolixe, que le commerce avec le diable et les pactes des sorciers sont des idées creuses ; il remarque que les livres saints ne font aucune mention d'actes de société avec le diable, que les devins de l'antiquité étaient des imbéciles sans talent et sans pouvoir. Il se moque, dans le quatrième volume, de ceux qui croient à la magie, et des juges qui condamnent les sorciers.

Bel, — divinité suprême des Chaldéens. Wiérus dit que c'est un vieux démon dont la voix sonne le creux [1]. Les peuples qui en firent un dieu contaient qu'au commencement le monde n'était qu'un chaos habité par des monstres ; que Bel les tua, arrangea l'univers, se fit couper la tête par un de ses serviteurs, détrempa la terre avec son sang et en forma les animaux et les hommes.

Belaam, — démon dont on ne sait rien sinon qu'en 1632 il entra dans le corps d'une des possédées de Loudun, avec Isaacarum et Béhémoth : on le força de déloger [1].

Belbach ou **Belbog**. — *Voy.* Belzébuth.

Béléphantès, — astrologue chaldéen qui prédit à Alexandre, selon Diodore de Sicile, que son entrée à Babylone lui serait funeste : ce qui advint, comme chacun sait.

Belette. — Les anciens croyaient que la belette faisait ses petits par la gueule, parce qu'elle les porte souvent entre ses lèvres, comme font les chattes. Plutarque remarque que les Thébains honoraient la belette, tandis que les autres Grecs regardaient sa rencontre comme un présage funeste. On prétend que sa cendre, appliquée en cataplasme, guérit les migraines et les cataractes ; et le livre des Admirables Secrets d'Albert-le-Grand assure que, si on fait manger à un chien le cœur et la langue d'une belette, il perdra incontinent la voix. Il ajoute imprudemment un secret qu'il dit éprouvé, et qu'il certifie infaillible : c'est qu'un amateur n'a qu'à manger le cœur d'une belette encore palpitant pour prédire les choses à venir [2]....

Bélial, — démon adoré des Sidoniens. L'enfer n'a pas reçu d'esprit plus dissolu, plus crapuleux, plus épris du vice pour le vice même. Si son âme est hideuse et vile, son extérieur est séduisant. Il a le maintien plein de grâce et de dignité. Il eut un culte à Sodome et dans d'autres villes ; mais jamais on n'osa trop lui ériger des autels. Delancre dit que son nom signifie rebelle ou désobéissant. — Wiérus, dans son inventaire de la monarchie de Satan, lui consacre un grand article. « On croit, dit-il, que Bélial, l'un des rois de l'enfer, a été créé immédiatement après Lucifer, et qu'il entraîna la plupart des anges dans la révolte : aussi il fut renversé du ciel un des premiers. Lorsqu'on l'évoque, on l'oblige par des offrandes à répondre avec sincérité aux questions qu'on lui fait. Mais il conte bien vite des mensonges si on ne l'adjure pas, au nom de Dieu, de ne dire que la vérité. Il se montre quelquefois sous la figure d'un ange plein de beauté, assis dans un char de feu ; il parle avec aménité ; il procure les dignités et les faveurs, fait vivre les amis en bonne intelligence, donne d'habiles serviteurs. Il commande quatre-vingts légions de l'ordre des Vertus et de l'ordre des Anges. Il est exact à secourir ceux qui se soumettent à lui ; s'il y manquait, il est facile de le châtier, comme fit

---

[1] *De Præstigiis dæm.*, lib. I, cap. 5.

[1] Histoire des diables de Loudun.

[2] Les Admirables Secrets d'Albert-le-Grand, liv. II, ch. 3.

Salomon, qui l'enferma dans une bouteille avec toutes ses légions, » lesquelles font une armée de cinq cent vingt-deux mille deux cent quatre-vingts démons. Il fallait que la bouteille fût de grande taille. — Mais Salomon était si puissant que, dans une autre occasion, il emprisonna pareillement six mille six cent soixante-six millions de diables qui ne purent lui résister. — Des doctes racontent encore que Salomon mit la bouteille où était Bélial dans un grand puits, qu'il referma d'une pierre, près de Babylone ; que les Babyloniens descendirent dans ce puits croyant y trouver un trésor ; qu'ils cassèrent la bouteille, que tous les diables s'en échappèrent, et que Bélial, qui avait peur d'être repris, se campa dans une idole qu'il trouva vide, et se mit à rendre ses oracles ; ce qui fit que les Babyloniens l'adorèrent [1].

Béliche. — C'est le nom qu'on donne au diable à Madagascar. Dans les sacrifices, on lui jette les premiers morceaux de la victime, avec la persuasion qu'il ne fait point de mal tant qu'il a de quoi mettre sous la dent.

Bélier. — Le diable s'est quelquefois transmué en bélier, et des maléficiés ont subi cette métamorphose. C'est même sur une vieille tradition populaire qu'Hamilton a bâti son conte du Bélier. — Il paraît que le bélier a des propriétés magiques ; car, lorsqu'on accusa Léonora Galigaï, femme du maréchal d'Ancre, d'avoir fait des sorcelleries, on prétendit que, pendant qu'elle s'occupait des maléfices, elle ne mangeait que des crêtes de coq et des rognons de bélier.

Belin (ALBERT), — bénédictin né à Besançon en 1610. On recherche parmi ses ouvrages : 1° le *Traité des talismans*, ou *Figures astrales*, dans lequel il est montré que leurs effets ou vertus admirables sont naturels, ensemble la manière de les faire et de s'en servir avec profit, in-12, Paris, 1671. On a joint à l'édition de 1709 un traité du même auteur, de la *Poudre de sympathie justifiée*; 2° les *Aventures du philosophe inconnu en la recherche et invention de la pierre philosophale*, divisées en quatre livres, au dernier desquels il est parlé si clairement de la manière de la faire que jamais on n'en a traité avec tant de candeur. In-12 ; Paris, 1664 et 1674.

Belinuncia, — herbe consacrée à Belenus, dont les Gaulois employaient le suc pour empoisonner leurs flèches. Ils lui attribuaient la vertu de faire tomber la pluie. Lorsque le pays était affligé d'une sécheresse, on cueillait cette herbe avec de grandes cérémonies. Les femmes des druides choisissaient une jeune vierge qui déposait ses vêtements et marchait à la tête des autres femmes, cherchant l'herbe sacrée ; quand elle l'avait trouvée, elle la déracinait avec le petit doigt de la main droite ; en même temps ses compagnes coupaient des branches d'arbres et les portaient à la main en la suivant jusqu'au bord d'une rivière voisine ; là on plongeait dans l'eau l'herbe précieuse, on y trempait aussi les branches que l'on secouait sur le visage de la jeune fille. Après cette cérémonie, chacun se retirait en sa maison ; seulement la jeune vierge était obligée de faire à reculons le reste du chemin.

Belloc (JEANNE), — sorcière du pays de Labour, prise à vingt-quatre ans, sous Henri IV. Pierre Delancre, qui l'interrogea, dit qu'elle commença d'aller au sabbat dans l'hiver de 1609 ; qu'elle fut présentée au diable, dont elle baisa le derrière, car il n'y avait que les notables sorcières qui le baisassent au visage. Elle conta que le sabbat est une espèce de bal masqué où les uns se promènent en leur forme naturelle, tandis que d'autres sont transmuées en chiens, en chats, en ânes, en pourceaux et autres bêtes. *Voy.* SABBAT.

Belmonte, — conseiller du parlement de Provence, qui eut au pied une petite plaie où la gangrène se mit ; le mal gagna vite, et il en mourut. Comme il avait poursuivi les sorciers protestants et les perturbateurs réformés, les écrivains calvinistes virent dans sa mort prompte un châtiment et un prodige [1]. C'était au seizième siècle.

Bélomancie. — Divination par le moyen des flèches. On prenait plusieurs flèches, sur lesquelles on écrivait des réponses relatives à ce qu'on voulait demander. On en mettait de favorables et de contraires ; ensuite on mêlait les flèches, et on les tirait au hasard : celle que le sort amenait était regardée comme l'organe de la volonté des dieux. — C'était surtout avant les expéditions militaires qu'on faisait usage de la bélomancie. Les Chaldéens avaient grand'foi à cette divination. Les Arabes devinent encore par trois flèches qu'ils enferment dans un sac. Ils écrivent sur l'une : *Commandez-moi, Seigneur* ; sur l'autre : *Seigneur, empêchez-moi*, et n'écrivent rien sur la troisième. La première flèche qui sort du sac détermine la résolution sur laquelle on délibère. *Voy.* FLÈCHES.

Belphégor, — démon des découvertes et des inventions ingénieuses. Il prend souvent

---

[1] Wierus, in Pseudomon. dæmon.

[1] Voyez Chassanion, Des Grands et redoutables jugements de Dieu. Morges, 1581, p. 61.

un corps de jeune femme; il donne des richesses. Les Moabites, qui l'appelaient Baalphégor, l'adoraient sur le mont Phégor. Des rabbins disent qu'on lui rendait hommage sur la chaise percée, et qu'on lui offrait l'ignoble résidu de la digestion. C'était digne de lui. C'est pour cela que certains doctes ne voient dans Belphégor que le dieu Pet ou *Crepitus;* d'autres savants soutiennent que c'est Priape. — Selden, cité par Banier, prétend qu'on lui offrait des victimes humaines, dont ses prêtres mangeaient la chair. Wiérus remarque que c'est un démon qui a toujours la bouche ouverte; observation qu'il doit sans doute au nom de Phégor, lequel signifie, selon Leloyer, *crevasse* ou *fendasse,* parce qu'on l'adorait quelquefois dans des cavernes, et qu'on lui jetait des offrandes par un soupirail.

Bélus, — premier roi des Assyriens; on dit qu'il se fit adorer dans des temples de son vivant. Il était grand astrologue : « J'ai lu dans les registres du ciel tout ce qui doit vous arriver, disait-il à ses enfants, et je vous dévoilerai les secrets de vos destinées. » Il rendit des oracles après sa mort. Bélus pourrait être le même que Bel.

Belzébuth ou **Belzébub** ou **Beelzébuth,** — prince des démons, selon les Écritures [1]; le premier en pouvoir et en crime après Satan, selon Milton; chef suprême de l'empire infernal, selon la plupart des démonographes. — Son nom signifie *seigneur des mouches.* Bodin [2] prétend qu'on n'en voyait point dans son temple. C'était la divinité la plus révérée des peuples de Chanaan, qui le représentaient quelquefois sous la figure d'une mouche, le plus souvent avec les attributs de la souveraine puissance. Il rendait des oracles, et le roi Ochozias le consulta sur une maladie qui l'inquiétait; il en fut repris par le prophète Élisée, qui lui demanda s'il n'y avait point de Dieu en Israël, pour aller ainsi consulter Belzébuth dans le pays des Philistins. On lui attribuait le pouvoir de délivrer les hommes des mouches qui ruinent les moissons. — Presque tous les démonomanes le regardent comme le souverain du ténébreux empire; et chacun le dépeint au gré de son imagination. Milton lui donne un aspect imposant, et une haute sagesse respire sur son visage. L'un le fait haut comme une tour; l'autre d'une taille égale à la nôtre; quelques-uns se le figurent sous la forme d'un serpent; il en est qui le voient aussi sous les traits d'une femme. — Le monarque des enfers, dit Palingène, *in Zodiaco vitæ,* est une taille prodigieuse, assis sur un trône immense, ayant le front ceint d'un bandeau de feu, la poitrine gonflée, le visage bouffi, les yeux étincelants, les sourcils élevés et l'air menaçant. Il a les narines extrêmement larges, et deux grandes cornes sur la tête; il est noir comme un Maure : deux grandes ailes de chauve-souris sont attachées à ses épaules; il a deux larges pattes de canard, une queue de lion, et de longs poils depuis la tête jusqu'aux pieds. — Les uns disent que Belzébuth est encore Priape; d'autres, comme Porphyre, le confondent avec Bacchus. On a cru le retrouver dans le Belbog, ou Belbach (dieu blanc) des Slavons, parce que son image ensanglantée était toujours couverte de mouches, comme celle de Belzébuth chez les Syriens. On dit aussi que c'est le même que Pluton. Il est plus vraisemblable de croire que c'est Baël, que Wiérus fait empereur des enfers; d'autant mieux que Belzébuth ne figure pas sous son nom dans l'inventaire de la monarchie infernale. — On voit, dans les *Clavicules* de Salomon, que Belzébuth apparaît quelquefois sous de monstrueuses formes, comme celles d'un veau énorme ou d'un bouc suivi d'une longue queue; souvent, néanmoins, il se montre sous la figure d'une mouche d'une extrême grosseur. Quand il est en colère, ajoute-t-on, il vomit des flammes et hurle comme un loup. Quelquefois enfin Astaroth apparaît à ses côtés, sous les traits d'un âne.

Bénédict (JEAN), — médecin allemand du seizième siècle. On lui doit un livre *sur les Visions et les révélations naturelles et surnaturelles,* qui n'est presque pas connu [1].

Benoît VIII, — cent quarante-huitième pape, élu en 1012, mort en 1024. On lit dans Platine, cité par Leloyer et par Wiérus [2], que quelque temps après sa mort, Benoît VIII apparut, monté sur un cheval noir, à un saint évêque dans un lieu solitaire et écarté; que l'évêque lui demanda comment il se faisait qu'étant mort il se montrât ainsi sur un cheval noir. A quoi le pape répondit que, pendant sa vie, il avait été convoiteux d'amasser des biens; qu'il était en purgatoire; mais qu'il n'était pas damné, parce qu'il avait fait des aumônes. Il révéla ensuite le lieu où il avait caché des richesses, et pria le saint

---

[1] Notre Seigneur Jésus-Christ même lui donne ce nom (saint Matthieu, ch. 12, v. 24; saint Luc, ch. 11, v. 15). Les scribes reprochaient au Sauveur qu'il chassait les diables au nom de Belzébuth, prince des démons.
[2] Démonomanie des sorciers, liv. IV, ch. 3.

[1] Joannis Benedicti Libellus de visionibus et revelationibus naturalibus et divinis. In-8º. Moguntiæ, 1550.
[2] Leloyer, Discours des spectres, liv. VI, ch. 13. Wiérus, De Præst., lib. I, cap. 16.

évêque de les distribuer aux pauvres. — Après cela, le fantôme (selon le récit) se montra pareillement au pape son successeur, et le supplia d'envoyer en diligence un courrier à Odilon, abbé de Cluny, pour l'avertir qu'il priât Dieu pour le repos de son âme. Odilon le fit; et peu de jours après on vit un homme lumineux entrer dans le cloître, avec d'autres personnes habillées de blanc, et se mettre à genoux devant Odilon. Un religieux demanda qui était cet homme de si haute apparence, qui faisait tant d'honneur à l'abbé. Il lui fut répondu que c'était Benoît VIII qui, par les prières d'Odilon, jouissait de la gloire des bienheureux.

Benoît IX, — cent cinquantième pape, élu en 1033, dans un temps de troubles, où les partis se disputaient Rome. Il eut à lutter contre des antipapes qui l'ont fort noirci. On a dit qu'il était magicien, et que, renversé du saint-siége par ses ennemis, il y remonta deux fois par son pouvoir magique. C'est un peu niais. On a dit encore avec autant de bon sens qu'il prédisait les choses futures, et qu'il était habile enchanteur [1]. — L'auteur calviniste des grands et redoutables jugements de Dieu ajoute même qu'il fut étranglé par le diable, et qu'après sa mort, son âme fut condamnée à errer dans les forêts, sous la forme d'une bête sauvage, avec un corps d'ours à longs poils, une queue de chat et une tête d'âne. Un ermite qui le rencontra lui demanda pourquoi il avait cette figure. « J'étais un monstre, répondit Benoît, et vous voyez mon âme telle qu'elle a toujours été. » C'est très-gracieux. Mais Benoît IX, au contraire, mourut dans la retraite sous le cilice, pieusement et saintement, en 1054. C'est encore là une des victimes de la calomnie historique.

Bensozia. — Certains canonistes des douzième et treizième siècles s'élèvent fortement contre les femmes d'alors qui allaient à une espèce de sabbat, sur lequel il ne nous est parvenu que très-peu de notions. On disait que des fées ou des démons transformés en femmes s'associaient toutes les dames qui voulaient prendre part à leurs plaisirs; et que toutes, dames et fées ou démons, montées sur des bêtes ailées, allaient de nuit faire des courses et des fêtes dans les airs. Elles avaient pour chef la diablesse ou fée Bensozia, à qui il fallait obéir aveuglément avec une soumission sans réserve. C'était, dit-on, la Diane des anciens Gaulois; on l'appelait aussi Nocticula, Hérodias ou la Lune. On voit, dans des manuscrits de l'église de Cousérans, que des dames au quatorzième siècle avaient le renom d'aller à cheval aux courses nocturnes de Bensozia. Toutes, comme les sorcières au sabbat, faisaient inscrire leur nom sur un catalogue, et après cela se croyaient fées. On remarquait encore au dernier siècle, à Montmorillon en Poitou, sur le portique d'un ancien temple, une femme enlevée par deux serpents dans les airs. C'était sans doute le modèle de la contenance des sorcières ou fées dans leurs courses de nuit [1].

Benthaméléon. — Titus, ayant pris Jérusalem, publia un édit qui défendait aux Juifs d'observer le sabbat et de se circoncire, et qui leur ordonnait de manger toute espèce de viande. Les Juifs consternés envoyèrent à Titus le rabbin Siméon, qui passait pour un homme très-habile. Siméon s'étant mis en chemin avec le rabbin Éléazar, ils rencontrèrent un diable, nommé Benthaméléon, qui demanda à les accompagner, leur avouant quelle était sa nature, mais se disant enclin à rendre service et leur promettant d'entrer dans le corps de la fille de Titus, et d'en sortir aussitôt qu'ils le lui commanderaient, afin qu'ils pussent gagner l'empereur par ce prodige. Les deux rabbins acceptèrent sa proposition avec empressement; et, Benthaméléon ayant tenu parole, ils obtinrent en effet la révocation de l'édit.

Bérande, — sorcière brûlée à Maubec, près Beaumont de Lomaignie, en 1577. En allant au supplice, elle accusa une demoiselle d'avoir été au sabbat; la demoiselle le nia; Bérande lui dit : « Ne sais-tu pas que la dernière fois que nous fîmes la danse, à la Croix du pâté, tu portais le pot de poison?... » Et la demoiselle fut réputée sorcière, parce qu'elle ne sut que répondre [2].

Berbiguier. — Alexis-Vincent-Charles Berbiguier de Terre-Neuve du Thym, né à Carpentras, est un auteur qui vivait encore il y a peu de temps, et qui a publié en 1821 un ouvrage dont voici le titre : *Les Farfadets, ou tous les démons ne sont pas de l'autre monde*, 3 vol. in-8°, ornés de huit lithographies et du portrait de l'auteur, entouré d'emblèmes, surmonté de cette devise : *Le Fléau des Farfadets*. — L'auteur, qui était fou, débute par une dédicace à tous les empereurs, rois, princes souverains des quatre parties du monde. « Réunissez vos efforts aux

---

[1] Naudé, Apologie pour tous les grands personnages soupçonnés de magie, ch. 19.

[1] Dom Martin, Religion des Gaulois, t. II, p. 59 et 65.
[2] M. Jules Garinet, Histoire de la magie en France, p. 132.

miens, leur dit-il, pour détruire l'influence des démons, sorciers et farfadets qui désolent les malheureux habitants de vos États. » Il ajoute qu'il est tourmenté par le diable depuis vingt-trois ans : et il dit que les farfadets se métamorphosent sous des formes humaines pour vexer les hommes. Dans le chapitre 2 de son livre, il nomme tous ses ennemis par leur nom, soutenant que ce sont des démons déguisés, des agents de Belzébuth ; qu'en les appelant infâmes et coquins, ce n'est pas eux qu'il insulte, mais les démons qui se sont emparés de leurs corps. « On me fait passer pour fou, s'écrie-t-il ; mais si j'étais fou, mes ennemis ne seraient pas tourmentés comme ils le sont tous les jours par mes lardoires, mes épingles, mon soufre, mon sel, mon vinaigre et mes cœurs de bœuf. » — Les trois volumes sont en quelque sorte les Mémoires de l'auteur, que le diable ne quitte pas. Il établit le pouvoir des farfadets ; il conte, au chapitre 4, qu'il s'est fait dire la bonne aventure en 1796 par une sorcière d'Avignon, appelée la Mansotte, qui se servait pour cela du jeu de tarots. « Elle y ajouta, dit-il, une cérémonie qui, sans doute, est ce qui m'a mis entre les mains des farfadets. Elles étaient deux disciples femelles de Satan ; elles se procurèrent un tamis propre à passer de la farine, sur lequel on fixa une paire de ciseaux par les pointes. Un papier blanc plié était posé dans le tamis. La Mansotte et moi nous tenions chacun un anneau des ciseaux, de manière que le tamis était, par ce moyen, suspendu en l'air. Aux divers mouvements du tamis, on me faisait des questions qui devaient servir de renseignements à ceux qui voulaient me mettre en leur possession. Les sorcières demandèrent trois pots : dans l'un elles enfermèrent quelques-uns des tarots jetés sur la table, et préférablement les cartes à figures. Je les avais tirées du jeu les yeux bandés. Le second pot fut garni de sel, de poivre et d'huile ; le troisième de laurier. Les trois pots, couverts, furent déposés dans une alcôve, et les sorcières se retirèrent pour attendre l'effet... Je rentrai chez moi à dix heures du soir ; je trouvai mes trois croisées ouvertes, et j'entendis au-dessus de ma tête un bruit extraordinaire. J'allume mon flambeau ; je ne vois rien. Le bruit que j'entendais ressemblait au mugissement des bêtes féroces ; il dura toute la nuit. Je souffris trois jours diverses tortures, pendant lesquelles les deux sorcières préparaient leurs maléfices. Elles ne cessèrent, tant que dura leur manège, de me demander de l'argent. Il fallait aussi que je fusse là pour leur donner du sirop, des rafraîchissements et des comestibles ; car leurs entrailles étaient dévorées par le feu de l'enfer. Elles eurent besoin de rubans de différentes couleurs, qu'elles ne m'ont jamais rendus. Pendant huit jours que dura leur magie, je fus d'une tristesse accablante. Le quatrième jour, elles se métamorphosèrent en chats, venant sous mon lit pour me tourmenter. D'autres fois elles venaient en chiens : j'étais accablé par le miaulement des uns et l'aboiement des autres. Que ces huit jours furent longs ! » Berbiguier s'adressa à un tireur de cartes, qui se chargea de combattre les deux sorcières ; mais il ne lui amena que de nouveaux tourments. Dans les chapitres suivants, l'auteur se fait dire encore sa bonne aventure et se croit obsédé ; il entend sans cesse à ses oreilles des cris de bêtes affreuses ; il a des peurs et des visions. Il vient à Paris pour un procès, fait connaissance d'une nouvelle magicienne, qui lui tire les cartes. « Je lui demandai, dit-il, si je serais toujours malheureux ; elle me répondit que non ; que, si je voulais, elle me guérirait des maux présents et à venir, et que je pouvais moi-même faire le remède. — Il faut, me dit-elle, acheter une chandelle de suif chez la première marchande dont la boutique aura deux issues, et tâcher, en payant, de vous faire rendre deux deniers. » Elle me recommanda de sortir ensuite par la porte opposée à celle par laquelle je serais entré, et de jeter les deux deniers en l'air : ce que je fis. Je fus grandement surpris d'entendre le son de deux écus au lieu de celui des deux deniers. L'usage qu'elle me dit de faire de la chandelle fut d'allumer d'abord mon feu, de jeter dedans du sel, d'écrire sur un papier le nom de la première personne qui m'a persécuté, de piquer ce papier dans tous les sens, d'en envelopper la chandelle en l'y fixant avec une épingle, et de la laisser brûler entièrement ainsi. Aussitôt que j'eus tout exécuté, ayant eu la précaution de m'armer d'un couteau en cas d'attaque, j'entendis un bruit effroyable dans le tuyau de ma cheminée ; je m'imaginai que j'étais au pouvoir du magicien Moreau, que j'avais consulté à Paris. Je passai la nuit à alimenter le feu, en y jetant de grosses poignées de sel et de soufre, pour prolonger le supplice de mes ennemis... » M. Berbiguier fit neuf jours de suite la même opération, sans se voir débarrassé des farfadets et magiciens. — Les trois volumes sont partout de cette force, et nous ne dirons rien de trop en rangeant cet ouvrage parmi les plus extravagantes productions. L'auteur se croyait en correspondance avec des sorciers et des démons. Il rapporte des lettres faites par des plaisants assez malhabiles, et qu'il attribue à Lucifer, à Rothomago et à d'autres dont elles portent les signatures. En voici une qu'il a transcrite scrupuleusement :

A M. Berbiguier.

« Abomination de la détestation, tremblement de terre, déluge, tempête, vent, comète, planète, Océan, flux, reflux, génie, sylphe, faune, satyre, sylvain, adriade et amadriade!

» Le mandataire du grand génie du bien et du mal, allié de Belzébuth et de l'enfer, compagnon d'armes d'Astaroth, auteur du péché originel et ministre du Zodiaque, a droit de posséder, de tourmenter, de piquer, de purger, de rôtir, empoisonner, poignarder et litifier le très-humble et très-patient vassal Berbiguier, pour avoir maudit la très-honorable et indissoluble société magique : en foi de quoi nous avons fait apposer les armes de la société.

» Fait au soleil, en face de la lune, le grand officier, ministre plénipotentiaire, le 5848e jour et la 5849e heure de nuit, grand-croix et tribun de la société magique. Le présent pouvoir aura son effet sur son ami Coco. (C'était l'écureuil de M. Berbiguier.)

» THÉSAUROCHRYSONICOCHRYSIDÈS.
» Par son excellence le secrétaire,
» PINCHICHI-PINCHI.
» 30 mars 1818.

»P. S. Dans huit jours tu seras en ma puissance ; malheur à toi si tu fais paraître ton ouvrage ! »

Bérenger, — hérétique du onzième siècle. Guillaume de Malmesbury raconte [1] qu'à son lit de mort Bérenger reçut la visite de son ancien ami Fulbert, lequel recula devant le lit où gisait le malade, disant qu'il n'en pouvait approcher, parce qu'il voyait auprès de lui un horrible et grand démon très-puant. Les uns disent qu'on chassa ce démon; d'autres assurent qu'il tordit le cou à l'hérétique mal converti et l'emporta.

Bergers. — On est encore persuadé, dans beaucoup de villages, que les bergers commercent avec le diable, et qu'ils font adroitement des maléfices. Il est dangereux, assure-t-on, de passer près d'eux sans les saluer ; ils fourvoient loin de sa route le voyageur qui les offense, font naître des orages devant ses pas et des précipices à ses pieds. On conte là-dessus beaucoup d'histoires terribles. Voy. DANIS. — Un voyageur, passant à cheval à l'entrée d'une forêt du Mans, renversa un vieux berger qui croisait sa route, et ne s'arrêta pas pour relever le bon homme. Le berger, se tournant vers le voyageur, lui cria qu'il se souviendrait de lui. L'homme à cheval ne fit pas d'abord attention à cette menace ; mais bientôt, réfléchissant que le berger pouvait lui jeter un maléfice, et tout au moins l'égarer, il eut regret de n'avoir pas été plus honnête. — Comme il s'occupait de ces pensées, il entendit marcher derrière lui : il se retourne et entrevoit un spectre nu, hideux, qui le poursuit... C'est sûrement un fantôme envoyé par le berger... Il pique son cheval, qui ne peut plus courir. Pour comble de frayeur, le spectre saute sur la croupe du cheval, enlace de ses deux longs bras le corps du cavalier, et se met à hurler. Le voyageur fait de vains efforts pour se dégager du monstre, qui continue de crier d'une voix rauque. Le cheval s'effraie et cherche à jeter à terre sa double charge ; enfin une ruade de l'animal renverse le spectre, sur lequel le cavalier ose à peine jeter les yeux. Il a une barbe sale, le teint pâle, les yeux hagards; il fait d'effroyables grimaces... Le voyageur fuit au plus vite : arrivé au prochain village, il raconte sa mésaventure. On lui apprend que le spectre qui lui a causé tant de frayeur est un fou échappé qu'on cherche depuis quelques heures [1]. — Les maléfices de bergers ont eu quelquefois des suites plus fâcheuses. Un boucher avait acheté des moutons sans donner le *pourboire* au berger de la ferme. Celui-ci se vengea ; en passant le pont qui se trouvait sur leur route, les moutons se ruèrent dans l'eau la tête la première. — On conte aussi qu'un certain berger avait fait un sort avec la corne des pieds de ses bêtes, comme cela se pratique parmi eux pour conserver les troupeaux en santé. Il portait ce sort dans sa poche : un berger du voisinage parvint à le lui escamoter; et, comme il lui en voulait depuis long-temps, il mit le sort en poudre et l'enterra dans une fourmilière avec une taupe, une grenouille verte et une queue de morue, en disant : *maudition, perdition, destruction* ; et au bout de neuf jours il déterra son maléfice et le sema dans l'endroit où devait paître le troupeau de son voisin, qui fut détruit. — D'autres bergers, avec trois cailloux pris en différents cimetières et certaines paroles magiques, donnent des dyssenteries, envoient la gale à leurs ennemis, et font mourir autant d'animaux qu'ils souhaitent. C'est toujours l'opinion des

---

[1] In Historiâ Anglôr. sub Gulliclmo I.

[1] Madame Gabrielle de P***, Hist. des Fantômes, etc., p. 205.

gens de village. Quoique ces pauvres gens ne sachent pas lire, on craint si fort leur savoir et leur puissance, dans quelques hameaux, qu'on a soin de recommander aux voyageurs de ne pas les insulter, et de passer auprès d'eux sans leur demander quelle heure il est, quel temps il fera, ou telle autre chose semblable, si l'on ne veut avoir des nuées, être noyé par des orages, courir de grands périls, et se perdre dans les chemins les plus ouverts. — Il est bon de remarquer que, dans tous leurs maléfices, les bergers emploient des *Pater*, des *Ave*, des neuvaines de chapelet. Mais ils ont d'autres oraisons et des prières pour la conservation des troupeaux. *Voy.* TROUPEAUX ; et pour l'histoire des bergers de Brie, *voy.* HOCQUE.

Bérith, — duc aux enfers, grand et terrible. Il est connu sous trois noms ; quelques-uns le nomment Béal, les Juifs Bérith et les nécromanciens Bolfri. Il se montre sous les traits d'un jeune soldat habillé de rouge des pieds à la tête, monté sur un cheval de même couleur, ayant une couronne sur le front ; il répond sur le passé, le présent et l'avenir. On le maîtrise par la vertu des anneaux magiques ; mais il ne faut pas oublier qu'il est souvent menteur. Il a le talent de changer tous les métaux en or ; aussi on le regarde comme le démon des alchimistes. Il donne des dignités et rend la voix des chanteurs claire et déliée. Vingt-six légions sont à ses ordres. — C'était l'idole des Sichemites, et peut-être est-ce le même que le Béruth de Sanchoniaton, que des doctes croient être Pallas ou Diane. L'auteur du *Solide trésor du Petit Albert*, conte de Bérith une aventure qui ferait croire que ce démon n'est plus qu'un follet ou lutin, si toutefois c'est le même Bérith. — « Je me suis trouvé, dit-il, dans un château où se manifestait un esprit familier, qui depuis six ans avait pris soin de gouverner l'horloge et d'étriller les chevaux. Je fus curieux un matin d'examiner ce manège : mon étonnement fut grand de voir courir l'étrille sur la croupe du cheval, sans être conduite par aucune main visible. Le palefrenier me dit qu'il avait attiré ce farfadet à son service, en prenant une petite poule noire, qu'il avait saignée dans un grand chemin croisé ; que du sang de la poule, il avait écrit sur un morceau de papier : « Bérith fera ma besogne pendant vingt ans, et je le récompenserai ; » qu'ayant ensuite enterré la poule à un pied de profondeur, le même jour le farfadet avait pris soin de l'horloge et des chevaux, et que de temps en temps lui-même faisait des trouvailles qui lui valaient quelque chose..... » — L'historien semble croire que ce lutin était une mandragore [1]. Les cabalistes n'y voient autre chose qu'un sylphe.

Berna (BENEDETTO), — sorcier qui, au rapport de Bodin [2] et de quelques autres démonographes, avoua, à l'âge de quatre-vingts ans, qu'il avait eu des liaisons pendant quarante années avec un démon qu'il nommait Hermione ou Hermeline, et qu'il menait partout avec lui sans que personne l'aperçût : il s'entretenait fréquemment, dit-on, avec cet esprit, qu'on ne voyait pas ; de manière qu'on le prenait pour un fou (et ce n'était pas autre chose). Il confessa aussi avoir humé le sang de divers petits enfants, et fait plusieurs méchancetés exécrables. Pour ces faits il fut brûlé.

Bernache ou **Bernacle**, — *voy.* MACREUSES.

Bernard. — Cardan pense que la sorcellerie ne fut souvent qu'une espèce de maladie hypocondriaque, causée par la mauvaise nourriture des pauvres diables que l'on poursuivait comme sorciers. Il raconte que son père sauva un jour un paysan nommé Bernard, que l'on allait condamner à mort pour sorcellerie, en lui changeant sa façon ordinaire de vivre : il lui donna le matin quatre œufs frais, et autant le soir avec de la viande et du vin ; le bon homme perdit son humeur noire, n'eut plus de visions et évita le bûcher.

Bernard (SAMUEL), — *voy.* POULE NOIRE.

Bernard de Thuringe, — ermite qui vers le milieu du dixième siècle annonçait la fin du monde. Il appuyait son sentiment sur un passage de l'Apocalypse, qui porte qu'après mille ans l'ancien serpent sera délié. Il prétendait que ce serpent était l'Antechrist; que par conséquent l'année 690 étant révolue, la venue de l'Antechrist était prochaine. Il disait que quand le jour de l'annonciation de la sainte Vierge se rencontrerai avec le Vendredi saint ce serait une preuve certaine de la fin du monde ; cette prédiction a eu vainement des occasions de se vérifier.

Bernard-le-Trévisan, — alchimiste du quinzième siècle, que quelques-uns croient avoir été sorcier, né à Padoue en 1406. Il a beaucoup travaillé sur le grand œuvre, et ses ouvrages inintelligibles sont recherchés des alchimistes ; ils roulent tous sur la pierre philosophale [3].

---

[1] Admirables secrets du Petit Albert, p. 122.
[2] Démonomanie des sorciers, liv. II, p. 279.
[3] De Philosophiâ hermeticâ, lib. IV. Strasbourg, 1567, 1682 ; Nuremberg, 1643. — Opus historico-dogmaticum

Bernold, — *voy.* BERTHOLD.

Berquin (LOUIS), — gentilhomme artésien, conseiller de François Ier, qui se mit à déclamer contre les moines et à donner dans le luthéranisme. Ses livres furent brûlés, et la protection du roi le sauva seule d'une abjuration publique; mais on le reprit bientôt. Il se mêlait aux orgies des sorciers; on le convainquit d'avoir adoré le diable; on produisit contre lui de si tristes griefs, que le roi n'osa plus le défendre, et il fut brûlé en place de Grève le 17 avril 1529.

Berrid, — *voy.* PURGATOIRE.

Berson, — docteur en théologie et prédicateur visionnaire de la cour sous Henri III, qui s'imaginait être Énoch, et qui voulait aller porter l'Évangile dans le Levant avec un prêtre flamand qui se vantait d'être Élie. Taillepied dit avoir entendu Berson prêcher cette bizarrerie devant le frère du roi, à Château-Thierry [1].

Berthe, — *voy.* ROBERT, roi.

Berthier (GUILLAUME-FRANÇOIS), — célèbre jésuite, mort en 1782. Voltaire a publié la relation de la maladie, de la mort et de l'apparition du jésuite Berthier; mais ce n'est qu'une assez mauvaise plaisanterie. Le père Berthier vivait encore.

Berthold. — Après la mort de Charles-le-Chauve, un bourgeois de Reims, nommé Berthold ou Bernold, gravement malade, ayant reçu les sacrements, fut quatre jours sans prendre aucune nourriture et se sentit alors si faible qu'à peine lui trouva-t-on un peu de palpitation et de respiration. Vers minuit, il appela sa femme et lui dit de faire promptement venir son confesseur. Le prêtre était encore dans la cour, que Berthold dit : « Mettez ici un siège; car le prêtre vient. » Il entra, et dit quelques prières auxquelles Berthold répondit : puis il tomba en extase; et quand il en sortit, il raconta un voyage que son âme venait de faire. — Il était allé en purgatoire, conduit par un esprit, et y avait vu beaucoup de gens qu'on faisait geler et bouillir tour à tour. Parmi les prélats se trouvaient Ebbon, archevêque de Reims, Léopardelle ou Pardule, évêque de Laon et l'évêque Énée, qui étaient vêtus d'habits déchirés et roussis; ils avaient le visage ridé, la figure basanée. Ils l'appelèrent : « Recommandez à nos amis, dirent-ils, de prier pour nous. » Berthold le promit. Revenu à lui, il fit faire la commission, tomba derechef en extase et, retournant en purgatoire, il trouva à la porte Ebbon avec les autres prélats qui en sortaient habillés de blanc et qui le remercièrent. Il vit ensuite l'âme du roi Charles-le-Chauve étendue dans un bourbier et tellement décharnée, qu'on pouvait compter ses os et ses nerfs. « Priez l'archevêque Hincmar de me soulager dans mes maux, » dit le roi. — « Volontiers, » répondit Berthold. Il fit encore la commission, et le roi Charles fut soulagé. De plus, il fit écrire aux parents du jeune monarque défunt l'état déplorable où il se trouvait. — Un peu plus loin, Berthold avait vu Jessé, évêque d'Orléans, que quatre démons plongeaient alternativement dans la poix bouillante et dans l'eau glacée. « Ami, priez les miens de s'intéresser à moi, » dit-il à Berthold : le bon homme s'en chargea encore ; et il vit le comte Othaire qui était dans les tourments. Il fit dire à la femme d'Othaire, à ses vassaux et à ses amis de faire des prières et des aumônes pour lui. Berthold, après tout cela, se porta mieux et vécut encore quatorze ans, comme le lui avait promis celui qui l'avait conduit devant tous ces personnages [1].....

Berthomé du Lignon, dit *Champagnat*, — sorcier jugé à Montmorillon, en Poitou, dans l'année 1599. Il avoua que son père l'avait mené au sabbat dès sa jeunesse ; qu'il avait promis au diable son âme et son corps ; qu'à la Saint-Jean dernière, il avait eu un grand sabbat où le diable les faisait danser en rond ; qu'il se mettait au milieu de la danse, en forme de bouc noir, donnant à chacun une chandelle allumée, avec laquelle ils allaient lui baiser le derrière ; que le diable lui octroyait à chaque sabbat quarante sous en monnaie et des poudres pour faire des maléfices ; que quand il le voulait, il appelait le diable qui venait à lui comme un tourbillon de vent ; que la nuit dernière il était venu le visiter en sa prison, et lui avait dit qu'il n'avait pas moyen de le tirer d'où il était ; que le diable défendait à tous de prier Dieu, d'aller à la messe et de faire les Pâques ; et que lui avait fait mourir plusieurs personnes et bêtes, au moyen des poudres qu'on lui donnait au sabbat [2].

---

[1] peri chymeias, cum J.-F. Pici libris tribus de auro. Ursellis, 1598. In-8°. — Tractatus de secretissimo philosophorum opere chimico, et responsio ad Thomam de Bononiâ. Bâle, 1600. — Opuscula chemica de lapide philosophorum, en français. Anvers 1567. — Bernardus redivivus, vel opus de chimiâ, historico-dogmaticum, è gallico in latinum versum. Francfort, 1625.

[1] Psychologie ou Traité de l'apparition des esprits, ch. 3.

[1] Hincmari archiep. Epist., t. II, p. 806. Leloyer, Disc. et hist. des spectres, liv. VI, ch. 13. Don Calmet, Traité sur les apparit., ch. 46. M. Garinet, Histoire de la magie en France, p. 56.

[2] Discours sommaire des sortilèges et vénéfices tiré des procès criminels jugés au siège royal de Montmorillon, en Poitou, en l'année 1599, p. 29.

Berthomée de La Bedouche, — *voy.* Bonnevault.

Béruth, — *voy.* Bérith.

Bêtes. — Il y a, dans les choses prodigieuses de ce monde, beaucoup de bêtes qui figurent avec distinction. — Les bêtes ont été long-temps des instruments à présages : les sorciers et les démons ont emprunté leurs formes; et souvent on a brûlé des chats et des chiens dans lesquels on croyait reconnaître un démon caché ou une sorcière. — Dans les campagnes on effraie encore les enfants de la menace de la *Bête à sept têtes*, dont l'imagination varie en tous lieux la laideur. L'opinion de cette bête monstrueuse remonte à la *Bête de l'Apocalypse*. — Des personnes accoutumées aux choses extraordinaires ont vu quelquefois des spectres de bêtes. On sait la petite anecdote de ce malade à qui son médecin disait : « Amendez-vous, car je viens de voir le diable à votre porte. — Sous quelle forme? demanda le moribond. — Sous celle d'un âne. — Bon, répliqua le malade, vous avez eu peur de votre ombre. » — Des doctes croient encore que les animaux, à qui ils n'accordent point d'âme, peuvent revenir, et on cite des spectres de ce genre. — Meyer, professeur à l'Université de Halle, dans son *Essai sur les apparitions*, § 17, dit que les revenants et les spectres ne sont peut-être que les âmes des bêtes qui, ne pouvant aller ni dans le ciel ni dans les enfers, restent ici errantes et diversement conformées. Pour que cette opinion eût quelques fondement, il faudrait croire, avec les péripatéticiens, que les bêtes ont une âme quelconque : ce qui n'est pas facile. — Les pythagoriciens sont allés plus loin, ils ont cru que par la métempsycose les âmes passaient successivement du corps d'un homme dans celui d'un animal. Ils respectaient les brutes, et disaient au loup : « Bonjour, frère. » — Le père Bougeant, de la compagnie de Jésus, dans un petit ouvrage plein d'esprit, l'*Amusement philosophique sur le langage des bêtes*, adopta par plaisanterie un système assez singulier. Il trouva aux bêtes trop d'esprit et de sentiment pour n'avoir pas une âme; mais il prétendit qu'elles étaient animées par des démons qui faisaient pénitence sous cette enveloppe en attendant le jugement dernier, époque où ils seraient plongés en enfer. Ce système est soutenu de la manière la plus ingénieuse : ce n'était qu'un amusement; on le prit trop au sérieux. L'auteur fut gravement réfuté et obligé de désavouer publiquement des opinions qu'il n'avait mises au jour que comme un délassement. — Cependant, le père Gaston Pardies, de la même société de Jésus, avait écrit, quelque temps auparavant, que les bêtes ont une certaine âme [1], et on ne l'avait pas repris. Mais on pensa qu'auprès de certains esprits l'ingénieux amusement du père Bougeant pouvait faire naître de fausses idées.

Beurre. — On croit, dans plusieurs villages, empêcher le beurre de se faire en récitant à rebours le psaume *Nolite fieri* [2]. Bodin ajoute que, par un effet d'antipathie naturelle, on obtient le même résultat en mettant un peu de sucre dans la crème; et il conte qu'étant à Chelles en Valois, il vit une chambrière qui voulait faire fouetter un petit laquais, parce qu'il l'avait tellement maléficiée, en récitant à rebours le psaume cité, que depuis le matin elle ne pouvait faire son beurre. Le laquais récita alors naturellement le psaume, et le beurre se fit [3]. — Dans le Finistère, dit-on, l'on ensorcelle encore le beurre. On croit aussi dans ce pays que si l'on offre du beurre à saint Hervé, les bestiaux qui ont fourni la crème n'ont rien à craindre des loups, parce que ce saint étant aveugle se faisait guider par un loup [4].

Beurre des sorcières. — Le diable donnait aux sorcières de Suède, entre autres animaux destinés à les servir, des chats qu'elles appelaient *emporteurs*, parce qu'elles les envoyaient voler dans le voisinage. Ces emporteurs, qui étaient très-gourmands, profitaient de l'occasion pour se régaler aussi, et quelquefois ils s'emplissaient si fort le ventre qu'ils étaient obligés en chemin de rendre gorge. Leur vomissement se trouve habituellement dans les jardins potagers. « Il a une couleur aurore, et s'appelle le *beurre des sorcières* [5]. »

Beverland (Adrien). — avocat hollandais, de Middelbourg, auteur de *Recherches philosophiques sur le péché originel* [6], pleines de grossièretés infâmes. Les protestants mêmes, ses co-religionnaires, s'en indignèrent et mirent cet homme en prison à Leyde; il s'en échappa et mourut fou à Londres en 1712. Sa folie était de se croire constamment poursuivi par deux cents hommes qui avaient juré sa mort [7].

---

[1] Dans son Disc. de la connaissance des bêtes. Paris, 4e éd., 1696.
[2] Thiers, Traité des superstitions, t. Ier.
[3] Démonomanie des sorciers, liv. II, ch. 1er.
[4] Cambry, Voyage dans le Finistère, t. Ier, p. 14 et 15.
[5] Bekker, Le Monde enchanté, liv. IV, ch. 29.
[6] Hadriani Beverlandi peccatum originale philologicè elucubratum, à Themidis alumno, Eleutheropoli, in horto Hesperidum, typis Adami et Evæ, terræ fil. In-8°. 1678. La Justa detestatio libelli sceleratissimi Hadriani Beverlandi de peccato originali. In-8°. Gorinchemii, 1680, est une réfutation de cet écrit détestable, dont on a publié en 1734, in°-12, une imitation mêlée de contes aussi méprisés.
[7] Gabriel Peignot, Dict. des livres condamnés au feu.

Beyrevra, — démon indien, chef des âmes qui errent dans l'espace, changées en démons aériens. On dit qu'il a de grands ongles très-crochus. Brahma ayant un jour insulté un dieu supérieur, Beyvera chargé de le punir lui coupa une tête avec son ongle. Brahma humilié demanda pardon; et le dieu Eswara lui promit, pour le consoler, qu'il ne serait pas moins respecté avec les quatre têtes qui lui restaient, qu'il ne l'était auparavant avec cinq.

Biaule, — berger sorcier. *Voy.* Hocque.

Bible du diable. — C'est sans doute le grimoire ou quelque autre fatras de ce genre. Mais Delancre dit que le diable fait croire aux sorciers qu'il a sa Bible, ses cahiers sacrés, sa théologie et ses professeurs; et un grand magicien avoua, étant sur la sellette au parlement de Paris, qu'il y avait à Tolède soixante-treize maîtres en la faculté de magie, lesquels prenaient pour texte la Bible du diable[1]. »

Bibliomancie, — divination, ou sorte d'épreuve employée autrefois pour reconnaître les sorciers. Elle consistait à mettre dans un des côtés d'une balance la personne soupçonnée de magie, et dans l'autre la Bible; si la personne pesait moins, elle était innocente. Si elle pesait plus, elle était jugée coupable : ce qui ne manquait guère d'arriver, car bien peu d'in-folio pèsent un sorcier. — On consultait encore la destinée ou le sort, en ouvrant la Bible avec une épingle d'or, et en tirant présage du premier mot qui se présentait.

Bietka. — Il y avait en 1597 à Wilna, en Pologne, une fille nommée Bietka, qui était recherchée par un jeune homme appelé Zacharie. Les parents de Zacharie ne consentant point à son mariage, il tomba dans la mélancolie et s'étrangla. Peu de temps après sa mort, il apparut à Bietka, lui dit qu'il venait s'unir à elle et lui tenir sa promesse de mariage. Elle se laissa persuader; le mort l'épousa donc, mais sans témoins. — Cette singularité ne demeura pas long-temps secrète, on sut bientôt le mariage de Bietka avec un esprit, on accourut de toutes parts pour voir la mariée; et son aventure lui rapporta beaucoup d'argent, car le revenant se montrait et rendait des oracles; mais il ne donnait ses réponses que du consentement de sa femme, qu'il fallait gagner. Il faisait aussi beaucoup de tours; il connaissait tout le présent, et prédisait un peu l'avenir.— Au bout de trois ans, un magicien italien ayant laissé échapper depuis ce temps un esprit qu'il avait long-temps maîtrisé, vint en Pologne, sur le bruit des merveilles de l'époux de Bietka, déclara que le prétendu revenant était le démon qui lui appartenait, le renferma de nouveau dans une bague, et le remporta en Italie, en assurant qu'il eût causé de très-grands maux en Pologne s'il l'y eût laissé[1]. De sorte que la pauvre Bietka en fut pour trois années de mariage avec un démon. Le fait est raconté par un écrivain, qui croit fermement à ce prodige, et qui s'étonne seulement de ce que ce démon était assez matériel pour faire tous les jours ses trois repas. Des critiques n'ont vu là qu'une suite de supercheries, à partir de la prétendue strangulation de l'homme qui fit ensuite le revenant.

Bifrons, — démon qui paraît avec la figure d'un monstre. Lorsqu'il prend forme humaine il rend l'homme savant en astrologie, et lui enseigne à connaître les influences des planètes; il excelle dans la géométrie; il connaît les vertus des herbes, des pierres précieuses et des plantes; il transporte les cadavres d'un lieu à un autre. On l'a vu aussi allumer des flambeaux sur les tombeaux des morts. Il a vingt-six légions à ses ordres.

Bifrost. — L'Edda donne ce nom à un pont tricolore, qui va de la terre au cieux, et qui n'est que l'arc-en-ciel, auquel les Scandinaves attribuaient la solidité. Ils disaient qu'il est ardent comme un brasier, sans quoi les démons l'escaladeraient tous les jours. Ce pont sera mis en pièces à la fin du monde, après que les mauvais génies sortis de l'enfer l'auront traversé à cheval *Voy.* Surtur.

Bigoïs ou **Bigotis**, — sorcière toscane qui, dit-on, avait rédigé un savant livre sur la connaissance des pronostics donnés par les éclairs et le tonnerre. Ce savant livre est perdu, et sans doute Bigoïs est la même que Bagoé.

Bilis. — Les Madécasses désignent sous ce nom certains démons, qu'ils appellent aussi anges du septième ordre.

Billard (Pierre), — Né dans le Maine en 1653, mort en 1726, auteur d'un volume in-12, intitulé *la Bête à sept têtes*, qui a paru en 1693. Cet ouvrage, dirigé contre les jésuites, est très-absurde et très-niais. Selon Pierre Billard, la bête à sept têtes prédite par l'Apocalypse était la société de Jésus.

Billis, — Sorciers redoutés en Afrique, où ils empêchent le riz de croître et de mûrir. Les nègres mélancoliques deviennent quelquefois sorciers ou billis; le diable s'empare d'eux dans leurs accès de tristesse, et leur apprend

---

[1] Delancre, Incrédulité et mécréance du sortilège, etc., traité 7. Voyez *Université*.

[1] Adrien Regenvolsius, Systema historico-chronologicum ecclesiarum sclavonicarum. Utrecht, 1652, p. 95.

alors, disent-ils, à faire des maléfices et à connaître les vertus des plantes magiques.

Binet. — On recherche de Claude Binet, avocat du seizième siècle, *les Oracles des douze sibylles, extraits d'un livre antique, avec les figures des sibylles portraites au vif par Jean Rabel*, traduit du latin de Jean Dorat en vers français. Paris, 1586, in-folio. — On peut voir aussi de Benjamin Binet l'*Idée de la théologie payenne*, servant de réfutation au système de Balthasar Bekker, touchant l'existence et les opérations des démons, in-12. Amsterdam, 1699.

Biragues (FLAMINIO DE), — auteur d'une facétie intitulée : *l'Enfer de la mère Cardine*, traitant de l'horrible bataille qui fut aux enfers aux noces du portier Cerberus et de Cardine, in-8°, Paris, 1585 et 1597. C'est une satire qui ne tient que si on le veut bien, à la démonographie. P. Didot l'a réimprimée à cent exemplaires en 1793. L'auteur était neveu du chancelier de France René de Biragues.

Birck (HUMBERT), — notable bourgeois d'Oppenheim et maître de pension, mort en novembre 1620, peu de jours avant la Saint-Martin. Le samedi qui suivit ses obsèques, on ouït certains bruits dans la maison où il avait demeuré avec sa première femme, car, étant devenu veuf, il s'était remarié. Son beau-frère soupçonnant que c'était lui qui revenait, lui dit : « Si vous êtes Humbert, frappez trois fois contre le mur. » En effet, on entendit trois coups seulement ; d'ordinaire il en frappait plusieurs. Il se faisait entendre aussi à la fontaine où l'on allait puiser de l'eau, et troublait le voisinage, se manifestant par des coups redoublés, un gémissement, un coup de sifflet ou un cri lamentable. Cela dura environ six mois. — Au bout d'un an, et peu après son anniversaire, il se fit entendre de nouveau plus fort qu'auparavant. On lui demanda ce qu'il souhaitait ; il répondit d'une voix rauque et basse : « Faites venir, samedi prochain, le curé et mes enfants. » Le curé étant malade ne put venir que le lundi suivant, accompagné de bon nombre de personnes. On demanda au mort s'il désirait des messes ; il en désira trois : s'il voulait qu'on fît des aumônes ; il dit : « Je souhaite qu'on donne aux pauvres huit mesures de grain ; que ma veuve fasse des cadeaux à tous mes enfants, et qu'on réforme ce qui a été mal distribué dans ma succession, somme qui montait à vingt florins. » — Sur la demande qu'on lui fit, pourquoi il infestait plutôt cette maison qu'une autre ; il répondit qu'il était forcé par des conjurations et des malédictions. S'il avait reçu les sacrements de l'église, « Je les ai reçus, dit-il, du curé votre prédécesseur. » On lui fit dire avec peine le *Pater* et l'*Ave*, parce qu'il en était empêché, à ce qu'il assurait, par le mauvais esprit, qui ne lui permettait pas de dire au curé beaucoup d'autres choses. — Le curé, qui était un prémontré de l'abbaye de Toussaints, se rendit à son couvent afin de prendre l'avis du supérieur. On lui donna trois religieux pour l'aider de leurs conseils. Ils se rendirent à la maison, et dirent à Humbert de frapper la muraille ; il frappa assez doucement. « Allez chercher une pierre, lui dit-on alors, et frappez plus fort. » Ce qu'il fit. Quelqu'un dit à l'oreille de son voisin, le plus bas possible : « Je souhaite qu'il frappe sept fois ; » et aussitôt l'âme frappa sept fois. On dit le lendemain les trois messes que le revenant avait demandées ; on se disposa aussi à faire un pèlerinage qu'il avait spécifié dans le dernier entretien qu'on avait eu avec lui. On promit de faire les aumônes au premier jour, et, dès que ses dernières volontés furent exécutées, Humbert Birck ne revint plus [1]..... — Cette histoire n'est pas autrement expliquée.

Biscar (JEANNETTE), — sorcière boiteuse du Labour, que le diable en forme de bouc transportait au sabbat, où, pour le remercier, elle faisait des culbutes et des cabrioles [2].

Biscayens, — vagabonds de l'espèce des Bohémiens, qui disaient la bonne aventure dans les villes et dans les villages.

Bithies, — sorcières fameuses chez les Scythes. Pline dit qu'elles avaient le regard si dangereux, qu'elles pouvaient tuer ou ensorceler ceux qu'elles fixaient. Elles avaient à l'un des yeux la prunelle double, l'autre prunelle était marquée de la figure d'un cheval [3].

Bitru, — *voy.* SYTRY.

Blanc-d'œuf (DIVINATION PAR LE), *voy.* OOMANCIE.

Blanchard (ÉLISABETH), l'une des démoniaques de Loudun. Elle se disait possédée de plusieurs démons : Astaroth, Belzébuth, Pérou et Marou, etc. *Voy.* GRANDIER.

Blasphème. — Souvent il est arrivé malheur aux gens grossiers qui blasphémaient. On en a vu, dans des accès de colère, mourir subitement. Étaient-ils étouffés par la fureur ? ou frappés d'un coup d'apoplexie ? ou châtiés par une puissance suprême ? ou, comme

---

[1] *Livre des prodiges*, édit. de 1821, p. 75.
[2] Delancre, *Tableau de l'inconstance des mauvais anges*, etc., liv. II, disc. 4.
[3] Pline, liv. VII, ch. 2.

on l'a dit quelquefois, étranglés par le diable ? Torquemada parle, dans la troisième journée de son *Examéron*, d'un blasphémateur qui fut tué un jour par le tonnerre ; et l'on reconnut avec stupeur que la foudre lui avait arraché la langue. Si c'est un hasard, il est singulier. Monstrelet conte, dans le tome II de ses histoires, qu'un bourgeois de Paris, plaidant au palais, reniait Dieu, lorsqu'une pierre tomba de la voûte et, sans blesser personne, mit en fuite les juges, les plaideurs et l'audience. C'est encore un hasard bizarre. Au reste, le blasphème a toujours été en horreur.

Blendic. — On exorcisa à Soissons, en 1582, cinq énergumènes. La relation de leurs réponses et de leurs convulsions a été écrite par Charles Blendic, Artésien.

Bletton, — hydroscope, qui vers la fin du dernier siècle renouvela à Paris les prodiges de la baguette divinatoire, appliquée à la recherche des sources et des métaux. Sa gloire s'est promptement évanouie.

Blocmardine, — femme de Bruxelles qui, au commencement du quatorzième siècle, troubla le Brabant, où elle établit une sorte de saint-simonisme abolissant le mariage et les mœurs, et donnant à ses disciples dissolus le nom de frères et de sœurs du libre esprit. Elle avait un fauteuil d'argent que ses adeptes regardaient comme un talisman puissant en prodiges.

Blokula. — Vers l'année 1670, il y eut en Suède, au village de Mohra, dans la province d'Elfdalen, une affaire de sorcellerie qui fit grand bruit. On y envoya des juges. Soixante-dix sorcières furent condamnées à mort ; une foule d'autres furent arrêtées, et quinze enfants se trouvèrent mêlés dans ces débats. — On disait que les sorcières se rendaient de nuit dans un carrefour, qu'elles y évoquaient le diable à l'entrée d'une caverne, en disant trois fois : « Antesser, viens et nous porte à Blokula. » C'était le lieu enchanté et inconnu du vulgaire où se faisait le sabbat. Le démon Antesser leur apparaissait sous diverses formes, mais le plus souvent en justaucorps gris, avec des chausses rouges ornées de rubans, des bas bleus, une barbe rousse, un chapeau pointu. Il les emportait à travers les airs à Blokula, aidé d'un nombre suffisant de démons pour la plupart travestis en chèvres ; quelques sorcières plus hardies accompagnaient le cortége à cheval sur des manches à balai. Celles qui menaient des enfants plantaient une pique dans le derrière de leur chèvre ; tous les enfants s'y perchaient à califourchon, à la suite de la sorcière, et faisaient le voyage sans encombre.

— Quand ils sont arrivés à Blokula, ajoute la relation, on leur prépare une fête ; ils se donnent au diable, qu'ils jurent de servir ; ils se font une piqûre au doigt et signent de leur sang un engagement ou pacte ; on les baptise ensuite au nom du diable, qui leur donne des raclures de cloches. Ils les jettent dans l'eau en disant ces paroles abominables : « De même que cette raclure ne retournera jamais aux cloches dont elle est venue, ainsi que mon âme ne puisse jamais entrer dans le ciel. » — La plus grande séduction que le diable emploie est la bonne chère ; et il leur donne un superbe festin, qui se compose d'un potage aux choux et au lard, de bouillie d'avoine, de beurre, de lait et de fromage. Après le repas, ils jouent et se battent ; et si le diable est de bonne humeur il les rosse tous avec une perche, « ensuite de quoi il se met à rire à plein ventre. » D'autres fois il leur joue de la harpe. Les aveux que le tribunal obtint apprirent que les enfants qui naissaient du commerce des sorcières avec les démons étaient des crapauds ou des serpents. — Des sorcières révélèrent encore cette particularité, qu'elles avaient vu quelquefois le diable malade et qu'alors il se faisait appliquer des ventouses par les sorciers de la compagnie. — Le diable enfin leur donnait des animaux qui les servaient et faisaient leurs commissions, à l'un un corbeau, à l'autre un chat, qu'ils appelaient *emporteur*, parce qu'on l'envoyait voler ce qu'on désirait, et qu'il s'en acquittait habilement. Il leur enseignait à traire le lait par charme, de cette manière : le sorcier plante un couteau dans une muraille, attache à ce couteau un cordon qu'il tire comme le pis d'une vache ; et les bestiaux qu'il désigne dans sa pensée sont traits aussitôt jusqu'à épuisement. Ils employaient le même moyen pour nuire à leurs ennemis, qui souffraient des douleurs incroyables pendant tout le temps qu'on tirait le cordon. Ils tuaient même ceux qui leur déplaisaient, en frappant l'air avec un couteau de bois. Sur ces aveux on brûla quelques centaines de sorciers, sans que pour cela il y en eût moins en Suède [1]. — Voilà des faits ; pour les comprendre, *voy.* Sabbat.

Bobin (Nicolas), — sorcier jugé à Montmorillon, en Poitou, dans l'année 1599. Il fit à peu près la même confession que Berthomé du Lignon. Il était allé comme lui, au sabbat, et s'était donné au diable, qui lui avait fait renier Dieu, le baptême et ses parents. Il conta qu'après l'offrande le diable se montrait quelquefois en forme d'homme noir, ayant la voix cassée d'un vieillard ; que, quand il appelait

---

[1] Balthazar Bekker, Le Monde enchanté, liv. IV, ch. 29, d'après les relations originales.

le diable, il venait à lui en homme ou en bouc; que lorsqu'il allait au sabbat, il y était porté par un vent; qu'il y rendait compte de l'usage de ses poudres, qu'il avait toujours fidèlement employées à mal faire; qu'il portait la marque du diable sur l'épaule; que quand il donnait des maladies il les donnait au nom du diable, et les guérissait au même nom; qu'il en avait fait mourir ainsi, et guéri plusieurs [1]....

Bocal, — sorcier, qui fut arrêté à vingt-sept ans dans le pays de Labour, sous Henri IV, comme convaincu d'avoir été vu au sabbat, vêtu en prêtre, et servant de diacre ou de sous-diacre les nuits des trois jours qui précédèrent sa première messe dans l'église de Sibour (car ce malheureux était prêtre); et, comme on lui demandait pourquoi il disait plutôt la messe au sabbat qu'à l'église, il répondit que c'était pour s'essayer et voir s'il ferait bien les cérémonies. Sur la déposition de vingt-quatre témoins, qui disaient l'avoir vu au sabbat, chantant la messe, il fut condamné à mort après avoir été dégradé. Lorsqu'il allait être exécuté, il était tellement *tendu à rendre son âme au diable, auquel il l'avait promise*, que jamais il ne sut dire ses prières au confesseur qui l'en pressait. Les témoins ont déclaré que la mère, les sœurs et toute la famille de Bocal étaient sorciers, et que quand il tenait le bassin des offrandes, au sabbat, il avait donné l'argent desdites offrandes à sa mère, en récompense, sans doute, de ce qu'elle l'avait, dès sa naissance, vouée au diable, comme font la plupart des autres mères sorcières [2].

Bodeau (JEANNE), — sorcière du pays de Labour qui, au rapport de Pierre Delancre, conta qu'à l'abominable cérémonie appelée la messe du sabbat, on faisait l'élévation avec une hostie noire de forme triangulaire [3].

Bodilis. — Cambry, dans son *Voyage au Finistère*, parle de la merveilleuse fontaine de Bodilis, à trois quarts de lieue de Landivisiau. Les habitants croient qu'elle a la propriété d'indiquer si une jeune fille n'a pas fait de faute. Il faut dérober à celle dont on veut apprécier ainsi la sagesse l'épine qui attache sa collerette en guise d'épingle, et la poser sur la surface de l'eau : tout va bien si elle surnage; mais si elle s'enfonce, c'est qu'il y a blâme.

[1] Discours sommaire des sortiléges et vénéfices tirés des procès criminels jugés au siége royal de Montmorillon, en Poitou, en l'année 1599, p. 30.
[2] Delancre, Tableau de l'inconstance des démons, etc., liv. VI, page 420.
[3] Ibid., liv. VI, disc. 3.

Bodin (JEAN), — savant jurisconsulte et démonographe angevin, mort de la peste en 1596. L'ouvrage qui fit sa réputation fut sa *République*, que La Harpe appelle le germe de l'*Esprit des lois*. Sa *Démonomanie* lui donne ici une place; mais il est difficile de juger Bodin. On lui attribue un livre intitulé : *Colloquium heptaplomeron de abditis rerum sublimium arcanis*, dialogues en six livres, où sept interlocuteurs de diverses religions disputent sur leurs croyances, de manière que les chrétiens cèdent souvent l'avantage aux musulmans, aux juifs, aux déistes. Aussi l'on a dit que Bodin était à la fois protestant, déiste, sorcier, juif et athée. Pourtant, ces dialogues sont-ils vraiment de lui? On ne les connaît que par des copies manuscrites; car ils n'ont jamais été imprimés. — Sa *Démonomanie des sorciers* parut in-4°, à Paris, en 1581; on en a fait des éditions sous le titre de *Fléau des démons et des sorciers* (Niort, 1616). Cet ouvrage est divisé en quatre livres; tout ce qu'ils contiennent de curieux est cité dans ce dictionnaire. — L'auteur définit le sorcier celui qui se pousse à quelque chose par des moyens diaboliques. Il démontre que les esprits peuvent s'associer et commercer avec les hommes; il trace la différence d'humeurs et de formes qui distingue les bons esprits des mauvais; il parle des divinations que les démons opèrent, des prédictions licites ou illicites. — Dans le livre II, il recherche ce que c'est que la magie; il fait voir qu'on peut évoquer les malins esprits; faire pacte avec le diable; être porté en corps au sabbat; avoir au moyen des démons des révélations par extases; se changer en loup-garou; il termine par de longs récits qui prouvent que les sorciers ont pouvoir d'envoyer les maladies, stérilités, grêles et tempêtes, et de tuer les bêtes et les hommes. — Si le livre II traite des maux que peuvent faire les sorciers, on voit dans le livre III qu'il y a manière de les prévenir : qu'on peut obvier aux charmes et aux sorcelleries; que les magiciens guérissent les malades frappés par d'autres magiciens. Il indique les moyens illicites d'empêcher les maléfices. Rien ne lui est étranger. Il assure que, par des tours de leur métier, les magiciens peuvent obtenir les faveurs des grands et de la fortune, les dignités, la beauté et les honneurs. — Dans le livre IV, il s'occupe de la manière de poursuivre les sorciers, de ce qui les fait reconnaître, des preuves qui établissent le crime de sorcellerie, des tortures, comme excellent moyen de faire avouer. Un long chapitre achève l'œuvre, sur les peines que méritent les sorciers. Il conclut à la mort cruelle ; et il dit qu'il y en a tant, que les juges ne suffiraient à les juger ni les bourreaux à les exécuter. « Aussi, ajoute-t-il, n'advient-il pas que de dix crimes il y en ait un puni par les juges, et ordinairement on ne voit que des *bélîtres condamnés*. Ceux qui ont des amis ou de l'argent échappent. »— L'auteur consacre ensuite une dissertation à réfuter Jean Wierus, sur ce qu'il avait dit que les sorciers sont le plus souvent des malades ou des fous, et qu'il ne fallait pas les brûler. « Je lui répondrai, dit Bodin, pour la défense des juges qu'il appelle bourreaux. » L'auteur de la *Démonomanie* avoue que ces horreurs lui font dresser le poil en la tête, et il déclare qu'il faut exterminer les sorciers et ceux qui en ont pitié, et brûler les livres de Wierus [1].

Bodry, — voy. REVENANTS.

Boèce, — l'un des plus illustres Romains du sixième siècle, auteur des *Consolations de la philosophie*. Il s'amusait, dans ses moments de loisir, à faire des instruments de mathématiques, dont il envoya plusieurs pièces au roi Clotaire. Il avait construit des cadrans pour tous les aspects du soleil, et des clepsydres qui, quoique sans roues, sans poids et sans ressorts, marquaient aussi le cours du soleil, de la lune et des astres, au moyen d'une certaine quantité d'eau renfermée dans une boule d'étain qui tournait sans cesse, entraînée, dit-on, par sa propre pesanteur. C'était donc le mouvement perpétuel. Théodoric avait fait présent d'une de ces clepsydres à Gondebaud, roi des Bourguignons. Ces peuples s'imaginèrent que quelque divinité, renfermée dans cette machine, lui imprimait le mouvement : c'est là sans doute l'origine de l'erreur où sont tombés ceux qui l'ont accusé de magie. Ils en donnent pour preuve ses automates ; car on assure qu'il avait fait des taureaux qui mugissaient, des oiseaux qui criaient et des serpents qui sifflaient. Mais Delrio dit [2] que ce n'est là que de la magie naturelle.

Boehm (JACOB), — né en 1575, dans la Haute-Lusace. De cordonnier qu'il était, il se fit alchimiste, homme à extases, et chef d'une secte qui prit le nom de boehmistes. Il publia, en 1612, un livre de visions et de rêveries intitulé l'*Aurore naissante*, que l'on poursuivit. Il expliquait le système du monde par la philosophie hermétique, et présentait Dieu comme un alchimiste occupé à tout produire par distillation. Les écrits de cet illuminé, qui forment plus de cinquante volumes inintelligibles, ne sont pas connus en France, excepté ce que Saint-Martin en a traduit : L'*Aurore naissante*, les *Trois principes* et la *Triple vie*. Ce songe-creux était anthropomorphite [1] et manichéen ; il admettait pour deuxième principe du monde la colère divine ou le mal, qu'il faisait émaner du nez de Dieu. On recherche, parmi ses livres d'alchimie, son *Miroir temporel de l'éternité*, ou *de la Signature des choses*, traduit en français, in-8° ; Francfort, 1669 [2]. Ses doctrines philosophiques ont encore des partisans en Allemagne.

Bœuf. — Le bœuf de Moïse est un des dix animaux que Mahomet place dans son paradis. — On attache à Marseille quelques idées superstitieuses au bœuf gras qu'on promène, dans cette ville, au son des flûtes et des timbales, non pas comme partout le jour du carnaval, mais la veille et le jour de la Fête-Dieu. Des savants ont cru voir là une trace du paganisme ; d'autres ont prétendu que c'était un usage qui remontait au bouc émissaire des Juifs. Mais Ruffi, dans son *Histoire de Marseille*, rapporte un acte du quatorzième siècle qui découvre l'origine réelle de cette coutume. Les confrères du Saint-Sacrement, voulant régaler les pauvres, achetèrent un bœuf et en avertirent le peuple en le promenant par la ville. Ce festin fit tant de plaisir qu'il se renouvela tous les ans ; depuis il s'y joignit de petites croyances. Les vieilles femmes crurent préserver les enfants de maladie en leur faisant baiser ce bœuf ; tout le monde s'empressa d'avoir de sa chair, et on regarde encore aujourd'hui comme très-heureuses les maisons à la porte desquelles il veut bien, dans sa marche, déposer ses excréments. — Parmi les bêtes qui ont parlé on peut compter des bœufs. Fulgose rapporte qu'un peu avant la mort de César un bœuf dit à son maître, qui le pressait de labourer : « Les hommes manqueront aux moissons, avant que la moisson manque aux hommes. » On voit, dans Tite-Live et dans Valère-Maxime, que pendant la seconde guerre punique un bœuf cria en place publique : « Rome, prends garde à toi ! » François de Torre-Blanca pense que ces deux bœufs étaient possédés de quelque démon [3]. Le père Engelgrave (*Lux evange-*

---

[1] Joannis Bodini universae naturae theatrum, in quo rerum omnium effectrices causae et fines contemplantur. In-8°. Lugduni, Roussin, 1596.

[2] Disquisition. magic., p. 40.

---

[1] Les anthropomorphites étaient des hérétiques qui donnaient à Dieu la forme humaine.

[2] On peut voir encore Jacobi Bœhmi, alias dicti teutonici philosophi, clavis præcipuarum rerum quæ in reliquis suis scriptis occurrunt pro incipientibus ad ulteriorem considerationem revelationis divinæ conscripta. 1624, un vol. in-4°.

[3] Epit. delictor. sive de magiâ, lib. II, cap. 25.

lica, p. 286 des Dominicales) cite un autre bœuf qui a parlé. *Voy.* Béhémoth.

Bogaha, — arbre-dieu de l'île de Ceylan. On conte que cet arbre traversa les airs afin de se rendre d'un pays très-éloigné dans cette île sainte, et qu'il enfonça ses racines dans le sol pour servir d'abri au dieu Budhou, qu'il couvrit de son ombrage tout le temps que ce dieu demeura sur la terre. Quatre-vingt-dix-neuf rois ont eu l'honneur d'être ensevelis auprès du grand arbre-dieu. Ses feuilles sont un excellent préservatif contre tout maléfice et sortilége. Un nombre considérables de huttes l'environnent pour recevoir les pèlerins ; et les habitants plantent partout de petits bogahas, sous lesquels ils placent des images et allument des lampes. Cet arbre, au reste, ne porte aucun fruit, et n'a de recommandable que le culte qu'on lui rend.

Bogarmiles, Bogomiles et **Bongomiles**, — sorte de manichéens qui parurent à Constantinople au douzième siècle. Ils disaient que ce n'est pas Dieu mais un mauvais démon qui avait créé le monde. Ils étaient iconoclastes.

Boguet (Henri), — grand-juge de la terre de Saint-Claude au comté de Bourgogne, mort en 1649, auteur d'un livre pitoyable, plein d'une crédulité puérile et d'un zèle outré contre les sorciers. Ce livre, publié au commencement du dix-septième siècle, est intitulé : *Discours des Sorciers*, avec six advis en fait de sorcellerie et une instruction pour un juge en semblable matière [1]. — C'est une compilation des procédures auxquelles, comme juge, l'auteur a généralement présidé. On y trouve l'histoire de Louise Maillat, possédée de cinq démons à l'âge de huit ans; de Françoise Secretain, sorcière qui avait envoyé lesdits démons; des sorciers Gros-Jacques et Willermoz, dit le Baillu; de Claude Gaillard, de Rolande Duvernois et de quelques autres. L'auteur détaille les abominations qui se font au sabbat; il dit que les sorciers peuvent faire tomber la grêle; qu'ils ont une poudre avec laquelle ils empoisonnent; qu'ils se graissent les jarrets avec un onguent pour s'envoler au sabbat; qu'une sorcière tue qui elle veut par son souffle seulement; qu'elles ont mille indices qui les feront reconnaître : par exemple, que la croix de leur chapelet est cassée, qu'elles ne pleurent pas en présence du juge, qu'elles crachent à terre quand on les force à renoncer au diable, qu'elles ont des marques sous leur chevelure, lesquelles se découvrent si on les rase ; que les sorciers et les magiciens ont tous le talent de se changer en loups ; que *sur le simple soupçon* mal lavé d'avoir été au sabbat, même sans autre maléfice, on doit les condamner ; que tous méritent d'être brûlés sans sacrement, et que ceux qui ne croient pas à la sorcellerie sont criminels. Il faut remarquer qu'en ces choses ce n'était pas le clergé qui était sévère, mais les juges laïques qui se montraient violents et féroces. — A la suite de ces discours viennent les *Six avis*, dont voici le sommaire : —
1° Les devins doivent être condamnés au feu, comme les sorciers et les hérétiques, et celui qui a été au sabbat est digne de mort. Il faut donc arrêter sur la plus légère accusation la personne soupçonnée de sorcellerie, quand même l'accusateur se rétracterait ; et l'on peut admettre en témoignage contre les sorciers toutes sortes de personnes. On brûlera vif, dit-il, le sorcier opiniâtre, et, par grâce, on se contentera d'étrangler celui qui confesse.
— 2° Dans le crime de sorcellerie, on peut condamner sur de simples indices, conjectures et présomptions ; on n'a pas besoin pour de tels crimes de preuves très-exactes. — 3° Le crime de sorcellerie est directement contre Dieu (ce qui est vrai dans ce crime existe réellement, puisque c'est une négation de Dieu et un reniement) : aussi il faut le punir sans ménagement ni considération quelconque... — 4° Les biens d'un sorcier condamné doivent être confisqués comme ceux des hérétiques ; car sorcellerie est pire encore qu'hérésie, en ce que les sorciers renient Dieu. Aussi on remet quelquefois la peine à l'hérétique repenti ; on ne doit jamais pardonner au sorcier... — 5° On juge qu'il y a sorcellerie quand la personne accusée fait métier de deviner, ce qui est l'œuvre du démon ; les blasphèmes et imprécations sont encore des indices. On peut poursuivre enfin sur la clameur publique. — 6° Les fascinations, au moyen desquelles les sorciers éblouissent les yeux, faisant paraître les choses ce qu'elles ne sont pas, donnant des monnaies de corne ou de carton pour argent de bon aloi, sont ouvrages du diable ; et les fascinateurs, escamoteurs et autres magiciens doivent être punis de mort. — Le volume de Boguet est terminé par l'instruction pour un juge en fait de sorcellerie. Cet autre morceau curieux est connu sous le nom de *Code des sorciers*. *Voy.* Code.

Bohémiens. — Il n'y a personne qui n'ait entendu parler des Bohémiennes, et de ces bandes vagabondes qui, sous le nom de Bohé-

---

[1] Un vol. in-8°. Paris, 1603 ; Lyon, 1602, 1607, 1608, 1610 ; Rouen, 1606. Toutes ces éditions sont très-rares, parce que la famille de Boguet s'efforça d'en supprimer les exemplaires.

miens, de Biscaïens et d'Égyptiens ou Gitanos, se répandirent au quinzième siècle sur l'Europe, dans l'Allemagne surtout, la Hollande, la Belgique, la France et l'Espagne, avec la prétention de posséder l'art de dire la bonne aventure et d'autres secrets merveilleux. Les Flamands les nommaient *heyden*, c'est-à-dire païens, parce qu'ils les regardaient comme des gens sans religion. On leur donna divers autres sobriquets. — Les historiens les ont fait venir, sur de simples conjectures, de l'Assyrie, de la Cilicie, du Caucase, de la Nubie, de l'Abyssinie, de la Chaldée. Bellon, incertain de leur origine, soutient qu'au moins ils n'étaient pas Égyptiens; car il en rencontra au Caire, où ils étaient regardés comme étrangers aussi bien qu'en Europe. Il eût donc été plus naturel de croire les Bohémiens eux-mêmes sur leur parole, et de dire avec eux que c'était une race de juifs mêlés ensuite de chrétiens vagabonds. Voici ce que nous pensons être la vérité sur ces mystérieux nomades. — Vers le milieu du quatorzième siècle, l'Europe, et principalement les Pays-Bas, l'Allemagne et la France, étant ravagée par la peste, on accusa les juifs, on ne sait pourquoi, d'avoir empoisonné les puits et les fontaines. Cette accusation souleva la fureur publique contre eux. Beaucoup de juifs fuirent et se jetèrent dans les forêts. Ils se réunirent pour être plus en sûreté et se ménagèrent des souterrains d'une grande étendue. On croit que ce sont eux qui ont creusé ces vastes cavernes qui se trouvent encore en Allemagne et que les indigènes n'ont jamais eu intérêt à fouiller. — Cinquante ans après, ces proscrits ou leurs descendants ayant lieu de croire que ceux qui les avaient tant haïs étaient morts, quelques-uns se hasardèrent à sortir de leurs tanières. Les chrétiens étaient alors occupés des guerres religieuses suscitées par l'hérésie de Jean Hus. C'était une diversion favorable. Sur le rapport de leurs espions, les juifs cachés quittèrent leurs cavernes, sans aucune ressource il est vrai pour se garantir de la misère; mais, pendant leur demi-siècle de solitude, ils avaient étudié les divinations et particulièrement l'art de dire la bonne aventure par l'inspection de la main; ce qui ne demande ni instrument, ni appareil, ni dépense aucune; et ils comptèrent bien que la chiromancie leur procurerait quelque argent. — Ils se choisirent d'abord un capitaine, nommé Zundel. Puis, comme il fallait déclarer ce qui les amenait en Allemagne, qui ils étaient, d'où ils venaient, et qu'on pouvait les questionner aussi sur leur religion; pour ne pas se découvrir trop clairement, ni pourtant se renier, ils convinrent de dire que leurs pères habitaient autrefois l'Égypte, ce qui est vrai des juifs; et que leurs ancêtres avaient été chassés de leur pays pour n'avoir pas voulu recevoir la Vierge Marie et son fils Jésus. — Le peuple comprit ce refus, du temps où Joseph emmena le divin Enfant en Égypte pour le soustraire aux recherches d'Hérode; au lieu que les vagabonds juifs l'entendaient de la persécution qu'ils avaient soufferte cinquante ans auparavant. De là vient le nom d'Égyptiens qu'on leur donna et sous lequel l'empereur Sigismond leur accorda un passe-port. — Ils s'étaient formé un argot ou un jargon déguisé, mêlé d'hébreu et de mauvais allemand, qu'ils prononçaient avec un accent étranger. Des savants, qui ne voyaient pas plus loin, furent flattés de retrouver certains termes de la langue allemande dans un patois qu'ils prenaient pour de l'égyptien. Ils dénaturaient aussi plusieurs appellations; ils appelaient un enfant *un criard*, un manteau *un preneur de vent*, un soulier *un marcheur*, un oiseau *un volant*. Toutefois, la multitude de mots hébreux qui est restée dans le langage des Bohémiens suffirait seule pour trahir leur origine juive. — Ils avaient des mœurs particulières et s'étaient fait des lois qu'ils respectaient. Chaque bande se choisissait un roi, à qui tout le monde était tenu d'obéir. Quand parmi eux une femme se mariait, elle se bornait, pour toute cérémonie, à briser un pot de terre devant l'homme dont elle voulait devenir la compagne; et elle le respectait comme son mari autant d'années que le vase avait produit de morceaux. Au bout de ce temps, les époux étaient libres de se quitter ou de rompre ensemble un nouveau pot de terre. On citerait beaucoup de bizarreries de ce genre. — Dès que les nouveaux Égyptiens virent qu'ils n'étaient pas repoussés, ils implorèrent la pitié des Allemands. Pour ne pas paraître à charge, ils assurèrent que, par une grâce particulière du ciel, qui les protégeait encore en les punissant, les maisons où ils étaient une fois reçus n'étaient plus sujettes à l'incendie. Ils se mirent aussi à dire la bonne aventure, sur l'inspection du visage, des signes du corps, et principalement sur l'examen des lignes de la main et des doigts. Ils annonçaient de si belles choses, et leurs devineresses déployaient tant d'adresse, que les femmes et les jeunes filles les traitèrent dès lors avec bienveillance. — Cependant la fureur contre les juifs s'était apaisée; ils furent admis de nouveau dans les villages, puis dans les villes. Mais il resta toujours de ces bandes vagabondes qui continuèrent la vie nomade, découvrant partout l'avenir, et joignant à cette profession de nombreuses friponneries plus matérielles. Bientôt, quoique la nation juive fût le noyau de ces bandes, il s'y fit un tel mélange de divers peuples qu'il n'y eut pas plus entre eux de religion dominante qu'il n'y avait de patrie. Ils parcoururent les Pays-Bas et passèrent en France, où on les appela Bohémiens parce qu'ils venaient de la Bohême. — Pasquier, dans ses recherches, raconte à peu près ainsi leur apparition mystérieuse sur le sol français et leur arrivée aux portes de Paris en 1427 : — Ils étaient au nombre de cent vingt; l'un de leurs chefs portait le titre de duc, un autre celui de comte; ils avaient dix cavaliers pour escorte. Ils disaient qu'ils venaient de la Basse-Égypte, chassés de leur pays par les Sarrasins; qu'ils étaient allés à Rome confesser leurs péchés au pape, qui leur avait enjoint pour pénitence d'errer sept ans par le monde, sans coucher sur aucun lit. (Les gens éclairés n'ajoutèrent sans doute pas foi à ce conte.) — On les logea au village de La Chapelle, près Paris; et une grande foule les alla voir. — Ils avaient les cheveux crépus, le teint basané et portaient aux oreilles des anneaux d'argent. Comme leurs femmes disaient la bonne aventure et se livraient à des pratiques superstitieuses et mauvaises, l'évêque de Paris les excommunia, défendit qu'on les allât consulter et obtint leur éloignement. — Le seizième siècle fut infecté de Bohémiens. Les états d'Orléans, en 1560, les condamnèrent au bannissement, sous peine des galères s'ils osaient reparaître. Soufferts dans quelques contrées que divisait l'hérésie, chassés en d'autres lieux comme descendants de Cham, inventeur de la magie, ils ne paraissaient nulle part que comme une plaie. On disait en Flandre qu'ils étaient si experts en sorcellerie que dès qu'on leur avait donné une pièce de monnaie, toutes celles qu'on avait en poche s'envolaient aussitôt et allaient rejoindre la première, opinion populaire qui peut se traduire en d'autres termes et qui veut dire que les Bohémiens étaient des escrocs. — Leurs bandes diminuèrent au dix-septième siècle. Pourtant on en voyait encore quelques rares détachements il y a soixante ans. Sous les nouvelles lois de police des États européens, les sociétés bohémiennes sont dissoutes. Mais il y a toujours çà et là des individus qui disent la bonne aventure, et des imbéciles qui vont les consulter. *Voy.* Chiromancie.

Bohinum, — idole des Arméniens qui était faite d'un métal noir, symbole de la nuit;

son nom vient du mot hébreu *bohu*, désolation, à ce que dit Leloyer. C'est le démon du mal.

Bohmius (Jean). — Quelques-uns recherchent sa *Psychologie* ou Traité des esprits, publiée en 1632 à Amsterdam [1], livre qui ne manque pas d'hérésies.

Bohon-Hupas, — arbre poison qui croît dans l'île de Java, à trente lieues de Batavia. Les criminels condamnés allaient autrefois recueillir une gomme qui en découle, et qui est un poison si prompt et si violent, que les oiseaux qui traversent l'air au-dessus de cet arbre tombent morts, du moins ces choses ont été contées. Après que leur sentence était prononcée, lesdits criminels pouvaient choisir, ou de périr de la main du bourreau ou de tenter de rapporter une boîte de gomme de l'hupas. Foersech rapporte qu'ayant interrogé un prêtre malai qui habitait ce lieu sauvage, cet homme lui dit qu'il avait vu passer environ sept cents criminels, sur lesquels il n'en était revenu que vingt-deux; qu'il n'y avait pas plus de cent ans que ce pays était habité par un peuple qui se livrait aux iniquités de Sodome et de Gomorrhe; que Mahomet ne voulut pas souffrir plus long-temps leurs mœurs abominables; qu'il engagea Dieu à les punir; et que Dieu fit sortir de terre le bohonhupas, qui détruisit les coupables et rendit le pays à jamais inhabitable. Les Malais regardent cet arbre comme l'instrument de la colère du prophète; et la mort qu'il procure, passe chez eux pour honorable; voilà pourquoi les criminels qui vont chercher le poison se revêtent en général de leurs plus beaux habits [2].

Bois. — Les anciens avaient une divination qui se pratiquait par le moyen de quelques morceaux de bois. *Voy.* Zylomancie. Ils croyaient les forêts habitées de divinités bizarres; et dans les pays superstitieux, on y redoute encore les lutins. Les Kamstchadales disent que les bois sont pleins d'esprits malicieux. Ces esprits ont des enfants qui pleurent sans cesse pour attirer les voyageurs, qu'ils égarent ensuite et à qui ils ôtent quelquefois la raison. — Enfin, c'est généralement dans les bois que les sorciers font le sabbat.

Bois de vie. — C'est le nom que les alchimistes donnent à la pierre parfaite du grand œuvre, plus clairement appelée baume universel ou panacée, qui guérit tous les maux et assure à ceux qui la possèdent une jeunesse inaltérable. — Les Juifs nomment *bois de vie*

---

[1] Johannis Bohmii Psychologia, cum verâ applicatione Johannis Angeli. In-24. Amstel., 1632.
[2] Extrait des Voyages de M. Foersech, Hollandais, Mélanges de la littérature étrangère, t. I. p. 63.

les deux bâtons qui tiennent la bande roulée sur laquelle est écrit le livre de leur loi. Ils sont persuadés que l'attouchement de ces bâtons affermit la vue et rend la santé. Ils croient aussi qu'il n'y a pas de meilleur moyen de faciliter l'accouchement des femmes, que de leur faire voir ces bois qu'il ne leur est pas permis de toucher.

Boistuau ou **Boaistuau** (PIERRE), dit *Launay*, — Nantais, mort à Paris en 1566. On recherche de lui deux ouvrages rares et curieux : 1° *Histoires prodigieuses*, extraites de divers auteurs, in-8°, 1564. Aux quarante histoires de Boistuau, Tesserant en ajouta quinze. Belleforêt, Hoyer et Marionville les firent réimprimer avec une nouvelle continuation, en 1575, six vol. in-16 ; — 2° *Histoires tragiques*, extraites des œuvres italiennes de Bandel, et mises en langue française, 1568 et années suivantes, 7 vol. in-16. Il n'y a que les six premières histoires du premier volume qui aient été traduites par Boistuau ; les autres sont de la traduction de Belleforêt, qui lui était bien inférieur. *Voy.* VISIONS, SYMPATHIE, APPARITIONS.

Bojani (MICHEL). — On peut lire de lui une Histoire des songes [1], publiée en 1587. Nous ne la connaissons que par le titre.

Bolacré (GILLES), — bonhomme qui habitait une maison d'un faubourg de Tours, où il prétendit qu'il revenait des esprits qui l'empêchaient de dormir. C'était au seizième siècle. Il avait loué cette maison ; et comme il s'y faisait un bruit et tintamarre d'esprits invisibles, sabbats et lutins, qui ne lui laissaient aucun repos, il voulut à toute force faire résilier le bail. La cause fut portée devant le siège présidial à Tours, qui cassa le bail. Le propriétaire en appela au parlement de Paris ; son avocat, maître René Chopin, soutint que les visions d'esprits n'étaient autre chose que contes de vieilles, épouvantails de petits enfants. Le parlement ne décida rien et renvoya la cause au tribunal de la Tournelle, qui par son arrêt maintint la résiliation du bail [2].

Bolfri, — *voy.* BÉRITH.

Bolingbroke, — *voy.* GLOCESTER.

Bolomancie. — C'est la *Bélomancie*. *Voy.* ce mot.

Bolotoo, — île imaginaire où les naturels des îles de Tonga placent leur paradis. Ils croient que les âmes de leurs chefs y deviennent des divinités du second ordre. Les arbres de Bolotoo sont chargés, disent-ils, des meilleurs fruits et toujours couverts des plus belles fleurs, qui renaissent toutes les fois qu'on les cueille. Ce séjour divin est rempli d'animaux immortels que l'on ne tue que pour la nourriture des dieux et des élus ; mais aussitôt qu'on en tue un, un autre le remplace.

Bona (JEAN), — savant et pieux cardinal, mort en 1674. On recherche de lui un *Traité du discernement des esprits*, in-12, publié en 1673 et traduit par l'abbé Leroy de Hautefontaine, 1676. Le chapitre 20 de cet ouvrage traite avec beaucoup de lumières de ce qu'il y a de plus difficile dans la matière des visions et des révélations particulières [1].

Bonasses, — *voy.* GULLETS.

Bonati (GUI), — astrologue florentin du treizième siècle. Il vivait, dit-on, d'une manière originale, et possédait l'art de prédire l'avenir. Les troupes de Rome, sous le pontificat de Martin IV, assiégeaient Forli, ville de la Romagne, défendue par le comte de Montferrat. Bonati, qui s'y était retiré, voyant la ville prête à faire une sortie, annonça au comte qu'il serait blessé dans la mêlée. L'événement justifia la prédiction, et le comte de Montferrat, qui avait porté avec lui ce qu'il fallait pour panser sa blessure, fit depuis le plus grand cas de l'astrologie. Bonati, sur la fin de sa vie, reconnut pourtant la vanité de sa science, se fit franciscain, et mourut pénitent en 1300. Ses ouvrages ont été recueillis par Jacques Cauterus, sous le titre de *Liber astronomicus*, in-4° rare. Augsbourg, 1491.

Bonica, — île imaginaire de l'Amérique, où Deotatus, médecin spagirique, place une fontaine dont les eaux, plus délicieuses que le meilleur vin, ont la vertu de rajeunir.

Boniface VIII, — pape, élu le 24 décembre 1294. On a conté que, n'étant encore que cardinal, il fit percer une muraille qui avoisinait le lit du pape Célestin, et lui cria, au moyen d'une sarbacane, qu'il eût à déposer la tiare s'il voulait être sauvé ; que le bon pape Célestin obéit à cette voix, qu'il croyait venir du ciel, et céda la place à Boniface. — Mais ce récit n'est qu'une imposture entièrement supposée par les protestants, qui ont imaginé cette calomnie comme tant d'autres. La vérité est que le pape Célestin déposa la tiare pour s'occuper uniquement de son âme. Le cardinal Cajetan (depuis Boniface VIII) n'y fut pour rien.

---

[1] Michaelis Bojani, Historia de Somniis. In-4°. Wittenberg, 1587.

[2] Leloyer, Disc. des spectres, liv. vi, ch. 15.

[1] Joannes cardinalis Bona, De discretione spirituum. In-12. Paris, 1673.

Bonne aventure. — Les discours de bonne aventure étaient devenus si nombreux à Rome du temps des premiers empereurs, qu'ils y avaient une confrérie; et le lendemain du jour où fut tué Caligula, il y avait des magiciens venus d'Égypte et de Syrie qui devaient donner sur le théâtre une représentation des enfers[1]. Pour l'art de dire la bonne aventure, voy. CHIROMANCIE, CARTOMANCIE, ASTROLOGIE, MÉTOPOSCOPIE, HOROSCOPES, CRANOLOGIE, et les autres manières.

Bonnes. — On appelle *bonnes*, dans certaines provinces, des fées bienveillantes, des espèces de farfadets femelles sans malice qui aiment les enfants et qui se plaisent à les bercer. On a sur elles peu de détails; mais c'est d'elles, dit-on, que vient aux berceuses le nom de *bonnes d'enfants*. Habondia est leur reine.

Bonnet (JEANNE), — sorcière de Boissy en Forez, brûlée le 15 janvier 1583 pour s'être vantée d'avoir eu des liaisons avec le diable.

Bonnet bleu, — *voy.* DÉVOUEMENT.

Bonnet pointu, — ou Esprit au bonnet; *voy.* HECDECKIN.

Bonnevault. — Un sorcier poitevin du seizième siècle, nommé Pierre Bonnevault, fut arrêté parce qu'il allait au sabbat. Il confessa que la première fois qu'il y avait été mené par ses parents, il s'était donné au diable, lui permettant de prendre ses os après sa mort; mais qu'il n'avait pas voulu donner son âme. Un jour, venant de Montmorillon, où il avait acheté deux charges d'avoine qu'il emportait sur deux juments, il entendit des gens d'armes sur le chemin; craignant qu'ils ne lui prissent son avoine, il invoqua le diable, qui vint à lui comme un tourbillon de vent, et le transporta, avec ses deux juments, à son logis. Il avoua aussi qu'il avait fait mourir diverses personnes avec ses poudres; enfin il fut condamné à mort. *Voy.* TAILLETROUX. — Jean Bonnevault, son frère, fut aussi accusé de sorcellerie; et le jour du procès, devant l'assemblée, il invoqua le diable, qui l'enleva de terre environ quatre ou cinq pieds, et le laissa retomber sur le carreau comme un sac de laine, sans aucun bruit, quoiqu'il eût aux pieds des entraves. Étant relevé par deux archers, on lui trouva la peau de couleur bleu tirant sur le noir; il écumait et souffrait beaucoup. Interrogé là-dessus, il répondit qu'ayant prié le diable de le tirer de peine, il n'avait pu l'enlever, attendu que, comme il avait prêté serment à la justice, le diable n'avait plus pouvoir sur lui. — Mathurin Bonnevault, parent des deux précédents, accusé comme eux de sorcellerie, fut visité par experts. On lui trouva sur l'épaule droite une marque de la figure d'une petite rose, dans laquelle on planta une longue épingle sans qu'il en ressentît aucune douleur, d'où on le jugea bien sorcier. Il confessa qu'ayant épousé en premières noces Berthomée de La Bédouche, qui était sorcière comme ses père et mère, il l'avait vue faire sécher au four des serpents et des crapauds pour des maléfices; qu'elle le mena alors au sabbat, et qu'il y vit le diable, ayant des yeux noirs ardents comme une chandelle. Il dit que le sabbat se tenait quatre fois l'an : la veille de la Saint-Jean-Baptiste, la veille de Noël, le mardi-gras et la veille de Pâques. On le convainquit d'avoir fait mourir sept personnes par sortilége; se voyant condamné, il avoua qu'il était sorcier depuis l'âge de seize ans. — Il y aurait de curieuses études à faire sur tous ces procès, si nombreux pendant les troubles de la réforme.

Bonzes. — Les bonzes chinois font généralement profession de prédire l'avenir et d'exorciser les démons; ils cherchent aussi la pierre philosophale. Lorsqu'un bonze promet de faire pleuvoir; si dans l'espace de six jours il n'a pas tenu sa promesse, on lui donne la bastonnade. — Il existe des bonzes au Congo. On croit que leurs âmes sont errantes autour des lieux qu'ils ont habités. Quand on voit un tourbillon balayer la plaine et faire lever la poussière et le sable, les naturels s'écrient que c'est l'esprit des bonzes.

Bophomet, — *voy.* TÊTE DE BOPHOMET.

Borak, — jument de Mahomet qu'il a mise dans son paradis. Elle avait une face humaine et s'allongeait à chaque pas aussi loin que la meilleure vue peut s'étendre.

Borax, — sorte de pierre qui se trouve, disent les doctes, dans la tête des crapauds; on lui attribue divers effets merveilleux, comme celui d'endormir. Il est rare qu'on la puisse recueillir, et il n'est pas sûr qu'elle soit autre chose qu'un os durci.

Borborites, — *voy.* GÉNIES.

Bordi ou **Al-Bordi,** — montagne qui, selon les Perses, est l'œuf de la terre; ils disent qu'elle était d'abord très-petite, qu'elle grossit au commencement, produisit le monde et s'accrut tellement, qu'elle supporte aujourd'hui le soleil sur sa cime. Ils la placent au milieu de notre globe. Ils disent encore qu'au bas de cette montagne fourmillent quantité

---

[1] Granier de Cassagnac, Littérature des esclaves.

de dives ou mauvais génies ; et qu'au-dessous est un pont où les âmes passent pour aller dans l'autre monde, après qu'elles ont rendu compte de ce qu'elles ont fait dans celui-ci.

Borgia (César). — On lui attribue l'honneur d'avoir eu un démon familier.

Borri (Joseph-François), — Imposteur et alchimiste du dix-septième siècle, né à Milan en 1627. Il débuta par des actions qui l'obligèrent à chercher refuge dans une église jouissant du droit d'asile. Il parut depuis changer de conduite ; puis il se dit inspiré du ciel, et prétendit que Dieu l'avait choisi pour réformer les hommes et pour rétablir son règne ici-bas. Il ne devait y avoir, disait-il, qu'une seule religion soumise au pape, à qui il fallait des armées, dont lui, Borri, serait le chef, pour exterminer tous les non catholiques. Il montrait une épée miraculeuse que saint Michel lui avait donnée ; il disait avoir vu dans le ciel une palme lumineuse qu'on lui réservait. Il soutenait que la Sainte-Vierge était de nature divine, conçue par inspiration, égale à son fils et présente comme lui dans l'Eucharistie ; que le Saint-Esprit s'était incarné dans elle, que la seconde et la troisième personne de la Trinité sont inférieures au Père, que la chute de Lucifer entraîna celle d'un grand nombre d'anges qui habitaient les régions de l'air. Il disait que c'est par le ministère de ces anges rebelles que Dieu a créé le monde et animé les brutes, mais que les hommes ont une âme divine, que Dieu nous a faits malgré lui, etc. Il finit par se dire lui-même le Saint-Esprit incarné. — Il fut arrêté après la mort d'Innocent X, et, le 3 janvier 1664, condamné comme hérétique et comme coupable de plusieurs méfaits. Mais il parvint à fuir dans le nord, et il fit dépenser beaucoup d'argent à la reine Christine, en lui promettant la pierre philosophale. Il ne lui découvrit cependant pas ses secrets. Il voulait passer en Turquie, lorsqu'il fut arrêté dans un petit village comme conspirateur. Le nonce du pape le réclama, et il fut conduit à Rome, où il mourut en prison le 10 août 1695. — Il est l'auteur d'un livre intitulé : *La Clef du cabinet du chevalier Borri, où l'on trouve diverses lettres scientifiques, chimiques et très-curieuses, ainsi que des instructions politiques, autres choses digne de curiosité, et beaucoup de beaux secrets.* Genève, 1684, petit in-12 [1]. Ce livre est un recueil de dix lettres, dont les deux premières roulent sur les esprits élémentaires. L'abbé de Villars en a donné un abrégé dans l'ouvrage intitulé : *Le Comte de Gabalis.*

Bos (Françoise). — Le 30 janvier 1606, le juge de Gueille procéda contre une femme de mauvaise vie, que la clameur publique accusait d'avoir un commerce abominable avec un démon incube. Elle était mariée et se nommait Françoise Bos. De plus elle avait séduit plusieurs de ses voisines et les avait engagées à se souiller avec ce prétendu démon, qui avait l'audace de se dire capitaine du Saint-Esprit ; mais qui, au témoignage desdites voisines, était fort puant. Cette dégoûtante affaire se termina par la condamnation de Françoise Bos, qui fut brûlée le 14 juillet 1606. — On présume, par l'examen des pièces, que le séducteur était un misérable vagabond.

Bosc (Jean du), — président de la cour des aides de Rouen, décapité comme rebelle en 1562. On a de lui un livre intitulé : *Traité de la vertu et des propriétés du nombre septenaire.*

Botanomancie, — divination par le moyen des feuilles ou rameaux de verveine et de bruyère, sur lesquelles les anciens gravaient les noms et les demandes du consultant. — On devinait encore de cette manière : lorsqu'il y avait eu un grand vent pendant la nuit, on allait voir de bon matin la disposition des feuilles tombées, et des charlatans prédisaient ou déclaraient là-dessus ce que le peuple voulait savoir.

Botis, — *voy.* Otis.

Botris ou **Botride**, — plante dont les feuilles sont velues et découpées et les fleurs en petites grappes. Les gens à secrets lui attribuent des vertus surprenantes, et particulièrement celle de faire sortir avec facilité les enfants morts du sein de leur mère.

Boubenheren, — *voy.* Pacte.

Bouc. — C'est sous la forme d'un grand bouc noir aux yeux étincelants, que le diable se fait adorer au sabbat ; il prend fréquemment cette figure dans ses entrevues avec les sorcières, et le maître des sabbats n'est pas autrement désigné, dans beaucoup de procédures, que sous le nom de bouc noir ou grand bouc. Le bouc et le manche à balai sont aussi la monture ordinaire des sorcières, qui partent par la cheminée pour leurs assemblées nocturnes. — Le bouc, chez les Égyptiens, représentait le dieu Pan, et plusieurs démonographes disent que Pan est le démon du sabbat. Chez les Grecs on immolait le bouc à Bacchus ; d'autres démonomanes pensent que

---

[1] La Chiave del gabinetto del cavaliere G. F. Borri, col favor della quale si vedono varie lettere scientifice, chimiche e curiosissime, con varie instruzioni politiche, ed altre cose degne di curiosita e molti segreti bellissimi. Cologne (Genève), 1681.

le démon du sabbat est Bacchus. Enfin le bouc émissaire des Juifs (Azazel) hantait les forêts et lieux déserts consacrés aux démons : voilà encore, dans certaines opinions, les motifs qui ont placé le bouc au sabbat. Voy. SABBAT. — L'auteur des Admirables secrets d'Albert-le-Grand dit, au chapitre 3 du livre II, que si on se frotte le visage de sang de bouc qui aura bouilli avec du verre et du vinaigre, on aura incontinent des visions horribles et épouvantables. On peut procurer le même plaisir à des étrangers qu'on voudra troubler. Les villageois disent que le diable se montre fréquemment en forme de bouc, à ceux qui le font venir avec le grimoire. Ce fut sous la figure d'un grand bouc qu'il emporta Guillaume-le-Roux, roi d'Angleterre. — Voici une aventure de bouc qui peut tenir ici sa place. Un voyageur, couché dans une chambre d'auberge, avait pour voisinage, sans le savoir, une compagnie de chèvres et de boucs, dont il n'était séparé que par une cloison de bois fort mince, ouverte en plusieurs endroits. Il s'était couché sans examiner son gîte et dormait paisiblement, lorsqu'il reçut la visite d'un bouc son voisin; il avait profité d'une ouverture pour venir le voir. Le bruit de ses sabots éveilla l'étranger, qui le prit d'abord pour un voleur. L'animal s'approcha du lit et mit ses deux pieds dessus. Le voyageur, balançant entre le choix d'une prompte retraite ou d'une attaque vigoureuse, prit le parti de se saisir du voleur prétendu. Ses pieds, qui d'abord se présentent au bord du lit, commencent à l'intriguer; son effroi augmente, lorsqu'il touche une face pointue, une longue barbe, des cornes... Persuadé que ce ne peut être que le diable, il saute de son lit tout troublé. Le jour vint seul le rassurer, en lui faisant connaître son prétendu démon. Voy. GRIMOIRE.

Boucher. — Ambroise Paré raconte, dans son livre des *Monstres*, chapitre 28, qu'un valet, nommé Boucher, étant plongé dans des pensées impures, un démon ou spectre lui apparut sous la figure d'une femme. Il suivit le tentateur; mais incontinent son ventre et ses cuisses s'enflammèrent, tout son corps s'embrasa, et il en mourut misérablement.

Bouchey (MARGUERITE RAGUM), — femme d'un maçon de la Sologne, vers la fin du seizième siècle; elle montrait une sorte de marionnette animée, que les gens experts découvrirent être un lutin. En juin 1603, le juge ordinaire de Romorantin, homme avisé, se mit en devoir de procéder contre la marionnette. Elle confessa que maître Jehan, cabaretier de Blois, à l'enseigne *du Cygne*, chez qui elle était servante, lui avait fait gouverner trois mois cette marionnette ou mandragore, qu'elle lui donnait à manger avec frayeur d'abord, car elle était fort méchante, que quand son maître allait aux champs, il lui disait : « Je vous recommande ma bête, et que personne ne s'en approche que vous. » Elle conta qu'une certaine fois Jehan étant allé en voyage, elle demeura trois jours sans donner à manger à la bête, si bien qu'à son retour, elle le frappa vivement au visage... Elle avait la forme d'une guenon, que l'on cachait bien, car elle était si hideuse, que personne ne l'osait regarder. Sur ces dépositions, le juge fit mettre la femme Bouchey à la question, et plus tard le parlement de Paris la condamna comme sorcière [1]. Il est assez probable que la marionnette était simplement une vraie guenon.

Bouillon du sabbat. — Pierre Delancre assure, dans l'*Incrédulité et mécréance du sortilége pleinement convaincue*, traité dixième, que les sorcières, au sabbat, font bouillir des enfants morts et de la chair de pendu, qu'elles y joignent des poudres ensorcelées, du millet noir, des grenouilles; qu'elles tirent de tout cela un bouillon qu'elles boivent, en disant : « J'ai bu du tympanon [2], et me voilà professe en sorcellerie. » On ajoute qu'après qu'elles ont bu ce bouillon, les sorcières prédisent l'avenir, volent dans les airs, et possèdent le pouvoir de faire des sortiléges.

Boullé (THOMAS), — vicaire de Picard, sorcier comme lui, et impliqué dans l'affaire de Madeleine Bavan. On le convainquit d'avoir noué et dénoué l'aiguillette, de s'être mis sur des charbons ardents sans se brûler, et d'avoir fait plusieurs abominations. Il souffrit la question sans rien dire, parce qu'il avait le sort de taciturnité, comme l'observe Boisroger. Cependant, quoiqu'il n'eût rien avoué, parce qu'il avait la marque des sorciers et qu'il avait commis des actes infâmes; il fut, après amende honorable, brûlé vif, à Rouen sur le Vieux-Marché, le 22 août 1647 [3].

Boulleno (JACQUES), — astrologue à Boulogne-la-Grasse, né au diocèse de Dol en Bretagne. Il fit plusieurs traités d'astrologie que nous ne connaissons pas; il prédit les troubles de Paris sous Charles VI, ainsi que la prise de Tours par le Dauphin. Il fit aussi,

---

[1] Arrêts notables de P. Delancre.
[2] Ce bouillon se met dans une outre de peau de bouc, qui sert quelquefois de tympanon ou de tambour.
[3] M. Jules Garinet, Histoire de la magie en France, p. 246.

dit-on, l'horoscope de Pothon de Saintrailles, en quoi on assure qu'il rencontra juste [1].

Boulvèse, — professeur d'hébreu au collége de Montaigu. Il a écrit l'histoire de la possession de Laon, en 1556 ; c'est l'aventure de Nicole Aubry. C'était un homme excessivement crédule.

Boundschesch, — *Livre de l'éternité*, très-révéré des anciens Persans. C'est là qu'on voit qu'Ormusd est l'auteur du bien et du monde pur, Arimane l'auteur du mal et du monde impur. Un jour qu'Ormusd l'avait vaincu, Arimane, pour se venger, tua un bœuf qu'Ormusd avait créé : du sang de ce bœuf naquit le premier homme, sur lequel Ormusd répandit la force et la fraîcheur d'un adolescent de quinze ans, en jetant sur lui une goutte d'*eau de santé* et une goutte d'*eau-de-vie*. Ce premier homme s'appela Kaïd-Mords ; il vécut mille ans et en régna cinq cent soixante. Il produisit un arbre des fruits duquel naquit le genre humain. Arimane, ou le diable, sous la figure d'un serpent, séduisit le premier couple et le corrompit ; les premiers hommes déchus se couvrirent alors de vêtements noirs et attendirent tristement la résurrection ; car, ils avaient introduit le péché dans le monde. On voit là une tradition altérée de la Genèse.

Bourignon (ANTOINETTE), — visionnaire, née à Lille en 1616, morte en 1680 dans la Frise. Elle était si laide, qu'à sa naissance on hésita si on ne l'étoufferait pas comme un monstre. Elle se consola de l'aversion qu'elle inspirait par la lecture mal digérée de livres qui enflammèrent son imagination vive et ardente. Elle eut des visions et des extases. A vingt ans, comme elle était riche, il se trouva un homme qui voulut bien l'épouser ; mais, au moment d'aller à l'autel, elle s'enfuit déguisée en garçon. Elle voyait partout des démons et des magiciens. Elle parcourut la Hollande et fréquenta les hérétiques, les rabbins, les sorciers ; car il y avait alors à Amsterdam des sorciers de profession. — Ses nombreux ouvrages, qui furent tous imprimés sous ses yeux, en français, en flamand et en allemand, combattent tout culte extérieur et toute liturgie, en faveur d'une perfection mystique inadmissible. Les plus célèbres de ses écrits sont le traité du *Nouveau Ciel et du règne de l'Antechrist*, et son livre de l'*Aveuglement des hommes et de la lumière née en ténèbres*.

Boury, — voy. FLAQUE.

Bourru. — Les Parisiens faisaient autrefois beaucoup de contes sur un fantôme imaginaire qu'ils appelaient le moine bourru ; il parcourait les rues pendant la nuit, tordait le cou à ceux qui mettaient la tête à la fenêtre, et faisait nombre de tours de passe-passe. Il paraît que c'était une espèce de lutin. Les bonnes et les nourrices épouvantaient les enfants de la menace du moine bourru. Croque-mitaine lui a succédé.

Bourreau. — Le maître des hautes-œuvres avait jadis diverses prérogatives. On lui attribuait même, dans plusieurs provinces, le privilége de guérir certaines maladies, en les touchant de la main, lorsqu'il revenait d'une exécution de mort [1]. On croit encore, dans nos campagnes, que le bourreau est un peu sorcier, et il n'est pas rare que des malades superstitieux se fassent traiter par lui, quoiqu'il n'ait plus de graisse de pendu.

Bousanthropie,—maladie d'esprit qui frappait certains visionnaires, et leur persuadait qu'ils étaient changés en bœufs. Mais les bousanthropes sont bien moins communs que les loups-garous ou lycanthropes, dans les annales de la superstition. *Voy.* LYCANTHROPIE.

Bouton de bachelier. — Les jeunes paysans anglais prétendaient autrefois savoir d'avance quels seraient leurs succès auprès des jeunes filles qu'ils voulaient rechercher en mariage, en portant dans leur poche une plante nommée bouton de bachelier, de l'espèce des lychnis, et dont la fleur ressemble à un bouton d'habit. Ils jugeaient s'il fallait espérer ou désespérer, selon que ces boutons s'épanouissaient ou non [2].

Boville ou **Bovelles**, *Bovillus* (CHARLES DE),—Picard, mort vers 1553. Il veut établir, dans son livre *De sensu*, cette opinion que le monde est un animal, opinion d'ailleurs ancienne, renouvelée plusieurs fois depuis et assez récemment par Félix Nogaret [3]. On cite encore de Bovillus ses *Lettres* [4], sa *Vie de Raymond Lulle*, son *Traité des douze nombres* et ses *Trois dialogues sur l'immortalité de l'âme, la résurrection et la Fin du monde* [5].

---

[1] Thiers, Traité des superst., t. Ier, p. 443.

[2] Smith, Notes aux Joyeuses commères de Shakspeare, acte III.

[3] Dans un petit volume intitulé : La Terre est un animal.

[4] Epistolæ complures super mathematicum opus quadripartitum, recueillies avec les traités De duodecim numeris, de numeris perfectis, etc., à la suite du Liber de intellectu, de sensu, etc. In-fol., rare. Paris, H. Estienne, 1510.

[5] Vita Raymundi eremitæ, à la suite du Commentarius in primordiale evangelium Joannis. In-4°. Paris, 1514. — Dialogi tres de animæ immortalitate, de resurrectione, de mundi excidio et illius instauratione. In-8°. Lyon, Gryphius, 1552.

---

[1] Extrait d'un manuscrit de la Bibliothèque du roi, rapporté à la fin des Remarques de Joly sur Bayle.

Boxhorn. (Marc Zuerius), — critique hollandais, né à Berg-op-Zoom, en 1612. On recherche de lui un *Traité des songes*, qui passe pour un ouvrage rare et curieux [1].

Braccesco (Jean), — alchimiste de Brescia, qui florissait au seizième siècle. Il commenta l'ouvrage arabe de Geber, dans un fatras aussi obscur que le livre commenté. Le plus curieux de ses traités est *Le bois de vie, où l'on apprend la médecine au moyen de laquelle nos premiers pères ont vécu neuf cents ans* [2].

Bragadini (Marc-Antoine), — alchimiste originaire de Venise, décapité dans la Bavière en 1595, parce qu'il se vantait de faire de l'or, qu'il ne tenait que des libéralités d'un démon, comme disent les récits du temps. Son supplice eut lieu à Munich, par l'ordre du duc Guillaume II. On arrêta aussi deux chiens noirs qui accompagnaient partout Bragadini, et que l'on reconnut être ses démons familiers. On leur fit leur procès; ils furent tués en place publique à coups d'arquebuse.

Brahmanes. — Brames et Bramines, sectateurs de Brahma dans l'Inde. Ils croient que l'âme de Brahma passa successivement dans quatre-vingt mille corps différents, et s'arrêta un peu dans celui d'un éléphant blanc avec plus de complaisance, aussi révèrent-ils l'éléphant blanc. Ils sont la première des quatre castes du peuple qui adore Brahma. Ces philosophes, dont on a conté tant de choses, vivaient autrefois en partie dans les bois, où ils consultaient les astres et faisaient de la sorcellerie, et en partie dans les villes pour enseigner la morale aux princes indiens. Quand on allait les écouter, dit Strabon, on devait le faire dans le plus grand silence. Celui qui toussait ou crachait était exclus. Les brahmanes croient à la métempsycose, ne mangent que des fruits ou du lait, et ne peuvent toucher un animal sans se rendre immondes. — Ils disent que les bêtes sont animées par les âmes des anges déchus, système dont le père Bougeant a tiré un parti ingénieux. — Les brahmanes de Siam croient que la terre périra par le feu, et que, de sa cendre, il en renaîtra une autre qui jouira d'un printemps perpétuel. — Le juge Boguet,

[1] Marci Zuerii Boxhornii Oratio de somniis. Lugduni Batav., 1639, vol. in-4°.
[2] Legno della vita, nel quale si dichiara la medicina per la quale i nostri primi padri vivevano nove cento anni. Rome, 1542. In-8°. — La esposizione di Geber filosofo, nella quale si dichiarano molti nobilissimi secreti della natura. In-8°. Venise, 1544. —Ces deux ouvrages, traduits en latin, se trouvent dans le recueil de Gratarole, Vera alchemiæ doctrina, et dans le tome Ier de la Bibliothèque chimique de Manget; ils sont aussi publiés séparément sous le titre : De Alchemia dialogi duo. In-4° Lugd., 1548.

qui fut dans son temps le fléau des sorciers, regarde les brahmanes comme d'insignes magiciens qui faisaient le beau temps et la pluie en ouvrant ou fermant deux tonneaux qu'ils avaient en leur puissance. — Leloyer assure, page 337, que les brahmanes, ou brahmines, vendent toujours les vents par le moyen du diable ; et il cite un pilote vénitien qui leur en acheta au seizième siècle.

Brandebourg. — On assure encore, dans les villages de la Poméranie et de la Marche Électorale, que toutes les fois qu'il doit mourir quelqu'un de la maison de Brandebourg, un esprit apparaît dans les airs, sous l'apparence d'une grande statue de marbre blanc. Mais c'est une femme animée. Elle parcourt les appartements du château habité par la personne qui doit mourir, sans qu'on ose arrêter sa marche. Il y a très-long-temps que cette apparition a lieu ; et l'on conte qu'un page ayant eu l'audace un jour de se placer devant la grande femme blanche, elle le jeta à terre avec tant de violence, qu'il resta mort sur la place.

Bras-de-Fer,—berger sorcier. *Voy.* Hocque.

Brebis. — *Voy.* Troupeaux.

Brennus, — général gaulois. Après qu'il se fut emparé de Delphes, et qu'il eut profané le temple d'Apollon, il survint un tremblement de terre accompagné de foudres et d'éclairs et d'une pluie de pierres qui tombait du mont Parnasse : ce qui mit ses gens en tel désarroi, qu'ils se laissèrent vaincre ; et Brennus, déjà blessé, se donna la mort.

Briffaut, — démon peu connu, quoique chef de légion, qui s'était logé dans le corps d'une possédée de Beauvais au commencement du dix-septième siècle.

Brigitte. — Il y a, dans les révélations de sainte Brigitte, d'épouvantables peintures de l'enfer. Les ennemis de la religion ont trouvé dans ces écrits un thème à leurs déclamations. Mais ce ne sont pas des livres canoniques; l'église n'ordonne pas de les croire, et ils s'adressent pas à toute sorte de lecteurs.

Brinvilliers (Marie-Marguerite, marquise de), — femme qui, de 1666 à 1672, empoisonna, sans motifs de haine, quelquefois même sans intérêt, parents, amis, domestiques ; elle allait jusque dans les hôpitaux donner du poison aux malades. Il faut attribuer tous ces crimes à une horrible démence ou à cette dépravation atroce dont on ne voyait autrefois d'autre explication que la possession du diable. Aussi a-t-on dit qu'elle s'était vendue à Satan. Dès l'âge de sept ans, la Brinvilliers commença, dit-on, sa carrière criminelle, et il a été permis à des esprits crédules de redouter en elle un affreux démon incarné. Elle fut brûlée en 1676. Les empoisonnements continuèrent après sa mort. *Voy.* Voisin. — Dans l'*Almanach prophétique* de 1842, M. Eugène Bareste a tenté de justifier la marquise de Brinvilliers : et il n'est pas impossible qu'on ne l'ait fort noircie.

Brioché (Jean), — arracheur de dents qui, vers l'an 1650, se rendit fameux par son talent dans l'art de faire jouer les marionnettes. Après avoir amusé Paris et les provinces, il passa en Suisse, et s'arrêta à Soleure, où il donna une représentation en présence d'une assemblée nombreuse, qui ne se doutait pas de ce qu'elle allait voir, car les Suisses ne connaissaient pas les marionnettes. A peine eurent-ils aperçu Pantalon, le diable, le médecin, Polichinelle et leurs bizarres compagnons, qu'ils ouvrirent des yeux effrayés. De mémoire d'homme on n'avait point entendu parler dans le pays d'êtres aussi petits, aussi agiles et aussi babillards que ceux-là. Ils s'imaginèrent que ces petits hommes qui parlaient, dansaient, se battaient et se disputaient si bien, ne pouvaient être qu'une troupe de lutins aux ordres de Brioché. — Cette idée se confirmant par les confidences que les spectateurs se faisaient entre eux, quelques-uns coururent chez le juge, et lui dénoncèrent le magicien. — Le juge, épouvanté, ordonna à ses archers d'arrêter le sorcier, et l'obligea à comparaître devant lui. On garrotta Brioché, on l'amena devant les juges, qui voulurent voir les pièces du procès ; on apporta le théâtre et les démons de bois, auxquels on ne touchait qu'en frémissant ; et Brioché fut condamné à être brûlé avec son attirail. Cette sentence allait être exécutée, lorsque survint un nommé Dumont, capitaine des gardes suisses au service du roi de France ; curieux de voir le magicien français, il reconnut le malheureux Brioché qui l'avait tant fait rire à Paris. Il se rendit en hâte chez le magistrat. Après avoir fait suspendre d'un jour l'arrêt, il lui expliqua l'affaire, lui fit comprendre le mécanisme des marionnettes, et obtint l'ordre de mettre Brioché en liberté. Ce dernier revint à Paris, se promettant bien de ne plus songer à faire rire les Suisses dans leur pays [1].

Brizomantie, — divination par l'inspiration de Brizo, déesse du sommeil ; c'était l'art de deviner les choses futures ou cachées par les songes naturels. *Voy.* Onéirocritique.

Brocéliande, — forêt enchantée. *Voy.* Merlin.

Brohon (Jean), — médecin de Coutances, au seizième siècle. Des amateurs recherchent de lui : 1° *Description d'une merveilleuse et prodigieuse comète*, avec un traité présagique des comètes, in-8°. Paris, 1568. — 2° *Almanach, ou Journal astrologique*, avec les jugements pronostiques, pour l'an 1572, Rouen, 1571, in-12.

Brolic (Corneille), — jeune garçon du pays de Labour, que Pierre Delancre interrogea comme sorcier au commencement du dix-septième siècle. Il avoua qu'il fut violenté pour baiser le derrière du diable. « Je ne sais s'il dit cela par modestie, ajoute Delancre ; car c'est un fort civil enfant. Mais il ajouta qu'il soutint au diable qu'il aimerait mieux mourir que lui baiser le derrière, si bien qu'il ne le baisa qu'au visage ; et il eut beaucoup de peine à se tirer du sabbat, dont il n'approuvait pas les abominations [2]. »

Brossier (Marthe), — fille d'un tisserand de Romorantin, qui se dit possédée et convulsionnaire en 1569, à l'âge de vingt-deux ans. Elle se fit exorciser ; les effets de la possession devinrent de plus en plus merveilleux. Elle parcourait les villes ; et le diable, par sa bouche, parlait hébreu, grec, latin, anglais, etc. On disait aussi qu'elle découvrait les secrets. On assure que dans ses cabrioles elle s'élevait quelquefois à quatre pieds de terre. — L'officiai d'Orléans, qui se défiait d'elle, lui dit qu'il allait l'exorciser, et conjugua, dans Despautère, les verbes *nexo* et *texo* ; le démon aussitôt la renversa à terre, où elle fit ses contorsions. Charles Miron, évêque d'Angers, devant qui elle fut conduite, la fit garder dans une maison de confiance. On mit, à son insu, de l'eau bénite dans sa boisson, qui n'opéra pas plus d'effet que l'eau ordinaire ; on lui en présenta dans un bénitier, qu'elle crut bénite, et aussitôt elle tomba par terre, se débattit et fit les grimaces accoutumées. L'évêque, un Virgile à la main, feignit de vouloir l'exorciser, et prononça d'un ton grave *Arma virumque cano*. Les convulsions de Marthe ne manquèrent pas de redoubler. Certain alors de l'imposture, Charles Miron chassa la prétendue possédée de son diocèse, comme on l'avait chassée d'Orléans. A Paris, les médecins furent d'abord partagés sur son état ; mais bientôt ils prononcèrent qu'il y avait beaucoup de fraude, peu de maladie,

---

[1] Lettres de Saint-André sur la magie, Démoniana, Dictionnaire d'anecdotes suisses.

[2] Tableau de l'inconstance des mauvais anges, etc., p. 75.

et que le diable n'y était pour rien. *Nihil a dœmone, multa ficta, a morbo pauca.* Le parlement prit connaissance de l'affaire, et condamna Marthe à s'en retourner à Romorantin, chez ses parents, avec défense d'en sortir, sous peine de punition corporelle. — Cependant elle se fit conduire quelque temps après devant l'évêque de Clermont qu'elle espérait tromper ; mais un arrêt du parlement la mit en fuite. Elle se réfugia à Rome, où elle fut enfermée dans une communauté ; là finit sa possession. On peut voir sur cette affaire les lettres du cardinal d'Ossat, et une brochure intitulée : *Discours véritable sur le fait de Marthe Brossier*, par le médecin Marescot, qui assista aux exorcismes. (In-8°. Paris, 1599.)

Broucolaques, — *voy.* VAMPIRES.

Brouette de la mort. — C'est une opinion généralement reçue parmi les paysans de la Basse-Bretagne que, quand quelqu'un est destiné à rendre bientôt le dernier soupir, la brouette de la mort passe dans le voisinage. Elle est couverte d'un drap blanc, et des spectres la conduisent ; le moribond entend même le bruit de sa roue [1]. Dans certains cantons, cette brouette est le char de la Mort, *carrick an Nankou*, et le cri de la fresaie annonce son passage [2].

Brown (THOMAS), médecin anglais, mort en 1682. Il combattit les erreurs dans un savant ouvrage [3] que l'abbé Souchay a traduit en français, sous le titre d'*Essai sur les erreurs populaires*, ou examen de plusieurs opinions reçues comme vraies et qui sont fausses ou douteuses. 2 vol. in-12. Paris, 1733 et 1742. Ce livre, utile quand il parut, l'est encore aujourd'hui, quoique beaucoup de ces erreurs soient dissipées. Les connaissances du docteur Brown sont vastes, ses jugements souvent justes ; quelquefois cependant il remplace une erreur par une autre. — L'*Essai sur les erreurs populaires* est divisé en sept livres. On recherche dans le premier la source des erreurs accréditées ; elles doivent naissance à la faiblesse de l'esprit humain, à la curiosité, à l'amour de l'homme pour le merveilleux, aux fausses idées, aux jugements précipités. Dans le second livre on examine les erreurs qui attribuent certaines vertus merveilleuses aux minéraux et aux plantes : telles sont les qualités surnaturelles qu'on donne à l'aimant, et le privilége de la rose de Jéricho, qui dans l'opinion des bonnes gens fleurit tous les ans la veille de Noël. — Le troisième livre est consacré aux animaux, et combat les merveilles qu'on débite sur leur compte et les propriétés que des charlatans donnent à quelques-unes de leurs parties ou de leurs sécrétions. Le quatrième livre traite des erreurs relatives à l'homme. L'auteur détruit la vertu cordiale accordée au doigt annulaire, le conte populaire qui fait remonter l'origine de saluer dans les éternuments à une épidémie dans laquelle on mourait en éternuant, la puanteur spéciale des juifs, les pygmées, les années climatériques. — Le cinquième livre est consacré aux erreurs qui nous sont venues par la faute des peintres; comme le nombril de nos premiers parents, le sacrifice d'Abraham, où son fils Isaac est représenté enfant, tandis qu'il avait quarante ans. L'auteur discute dans le livre sixième les opinions erronées ou hasardées qui ont rapport à la cosmographie et à l'histoire. Il combat les jours heureux ou malheureux, les idées vulgaires sur la couleur des nègres. Le septième livre enfin est consacré à l'examen de certaines traditions reçues, sur la mer Morte, la tour de Babel, les rois de l'Épiphanie, etc. Le savant ne se montre pas crédule ; cependant il croyait, comme tout chrétien, aux sorciers et aux démons. Le docteur Hutchinson cite de lui un fait à ce sujet dans son *Essai sur la sorcellerie*. En 1664, deux personnes accusées de sorcellerie allaient être jugées à Norwich ; le grand jury consulta Brown, dont on voulait révérer l'opinion et le savoir. Brown signa une attestation, dont on a conservé l'original, dans laquelle il reconnaît l'existence des sorciers et l'influence du diable ; il y cite même des faits analogues à ceux qui faisaient poursuivre les deux accusés, et qu'il présente comme incontestables. Ce fut cette opinion qui détermina la condamnation des prévenus.

Brownie, — lutin écossais. Le roi Jacques regardait Brownie comme un agent de Satan ; Kirck en fait un bon génie. Aux îles d'Arkney, on fait encore des libations de lait dans la cavité d'une pierre appelée la pierre de Brownie, pour s'assurer de sa protection. Le peuple de ces îles croit Brownie doux et pacifique ; mais si on l'offense il ne reparaît plus.

Bruhesen (PIERRE VAN), — docteur et astrologue de la Campine, mort à Bruges en 1571. Il publia dans cette ville, en 1550, son *Grand et perpétuel almanach*, où il indique scrupuleusement, d'après les principes de l'astrologie judiciaire, les jours propres à purger, baigner, raser, saigner, couper les cheveux et appliquer les ventouses. Ce modèle de l'almanach de

---

[1] Voyage de M. Cambry dans le Finistère, t. Ier.
[2] M. Keratry, Le Dernier des Beaumanoir, ch. 26.
[3] *Pseudodoxia epidemica or enquiries the vulgar errors*, etc. In-fol. Londres, 1646.

Liège fit d'autant plus de rumeur à Bruges, que le magistrat, qui donnait dans l'astrologie, fit très-expresses défenses à quiconque exerçait en sa ville le métier de barberie, de rien entreprendre sur le menton de ses concitoyens pendant les jours *néfastes*. François Rapaërt, médecin de Bruges, publia alors contre Bruhesen le *grand et perpétuel almanach*, ou *fléau des empiriques et des charlatans* [1]. Mais Pierre Haschaert, chirurgien, partisan de l'astrologie, défendit Bruhesen dans son *Bouclier astrologique contre le fléau des astrologues de François Rapaërt* [2]; et depuis on a fait des almanachs sur le modèle de Bruhesen, et ils n'ont pas cessé d'avoir un débit immense.

Brulefer. — C'est le nom que donnent les *Véritables clavicules de Salomon* à un démon ou esprit qu'on invoque quand on veut se faire aimer.

Brunehaut, — reine d'Austrasie, au sixième siècle, accusée d'une multitude de crimes et peut-être victime historique de beaucoup de calomnies. Dans le siècle où elle vécut, on ne doit pas s'étonner de trouver au nombre de ses forfaits la sorcellerie et les maléfices.

Bruno, — philosophe, né à Nole dans le royaume de Naples, au milieu du seizième siècle. Il publia à Londres, en 1584, son livre de *l'Expulsion de la bête triomphante* [3]. Ce livre fut supprimé. C'est une critique stupide dans le fond, maligne dans les détails, de toutes les religions, et spécialement de la religion chrétienne. — L'auteur ayant voulu revoir sa patrie, fut arrêté à Venise en 1598, transféré à Rome, condamné et brûlé le 17 février de l'an 1600, pour ses impiétés flagrantes et ses mauvaises mœurs. Il avait consumé beaucoup de temps à l'étude des rêveries hermétiques; il a même laissé des écrits sur l'alchimie [4], et d'autres ouvrages dont quelques-uns ont partagé son bûcher [5]. On s'étonnera peut-être de cette rigueur, mais alors les crimes que l'on poursuivait ainsi et qui troublaient la société inspiraient plus d'horreur que n'en inspire aujourd'hui chez nous l'assassinat.

Brunon. — « L'empereur Henri III allait en bateau sur le Danube, en son duché de Bavière, accompagné de Brunon, évêque de Wurtzbourg, et de quelques autres seigneurs. Comme il passait près du château de Grein, il se trouva en danger imminent de se noyer lui et les siens dans un lieu dangereux; cependant il se tira heureusement de ce péril. Mais incontinent on aperçut au haut d'un rocher un homme noir qui appela Brunon, lui disant : « Évêque, sache que je suis un diable, et qu'en quelque lieu que tu sois, tu es à moi. Je ne puis aujourd'hui te mal faire; mais tu me verras avant peu. » Brunon, qui était homme de bien, fit le signe de la croix, et après qu'il eut conjuré le diable, on ne sut ce qu'il devint. Mais bientôt comme l'empereur dînait à Ébersberg, avec sa compagnie, les poutres et plafond d'une chambre basse où ils étaient, s'écroulèrent; l'empereur tomba dans une cuve où il ne se fit point de mal, et Brunon eut en sa chute tout le corps tellement brisé qu'il en mourut. — De ce Brunon ou Bruno nous avons quelques commentaires sur les Psaumes. [1] » — Il n'y a qu'un petit malheur dans ce conte rapporté par Leloyer, c'est que tout en est faux.

Brutus. — Plutarque rapporte que peu de temps avant la bataille de Philippes, Brutus étant seul et rêveur dans sa tente, aperçut un fantôme d'une taille démesurée, qui se présenta devant lui en silence, mais avec un regard menaçant. Brutus lui demanda s'il était dieu ou homme, et ce qu'il voulait. Le spectre lui répondit : « Je suis ton mauvais génie, et je t'attends aux champs de Philippes. » « Eh bien, nous nous y verrons ! » répliqua Brutus. Le fantôme disparut; mais on dit qu'il se montra derechef au meurtrier de César la nuit qui précéda la bataille de Philippes, où Brutus se tua de sa main.

Bucaille (MARIE), — jeune Normande de Valogne, qui, au dernier siècle, voulut se faire passer pour béate. Mais bientôt ses visions et ses extases devinrent suspectes; elle s'était dite quelquefois assiégée par les démons; elle se faisait accompagner d'un prétendu moine, qui disparut dès qu'on voulut examiner les faits; elle se proclama possédée. Pour s'assurer de la vérité des prodiges qu'elle opérait, on la fit enfermer au secret. On reconnut que les visions de Marie Bucaille n'étaient que fourberies; qu'elle n'était en commerce ni avec les anges ni avec le diable. Elle fut fouettée et marquée, et tout fut fini [2].

---

[1] Magnum et perpetuum almanach, seu empiricorum et medicastrorum flagellum. In-12, 1551.

[2] Clypeus astrologicus contra flagellum astrologorum Francisci Rapardi. In-12, 1551.

[3] Spaccio de la bestia triomphante, proposto da Giove, effettuato dal conseglo, revelato da Mercurio, recitato da Sofia, udito da Saulino, registrato dal Nolano, diviso in tre dialogi, subdivisi in tre parti. In Parigi. Londres, 1584. In-8°.

[4] De compendiosa architectura et complemento artis Lullii, etc. In-16. Paris, 1582, etc.

[5] Particulièrement La Cena de le ceneri, descrita in cinque dialogi, etc. In-8°. Londres, 1584.

---

[1] Leloyer, Disc. et hist. des spectres, liv. III, ch. 16.

[2] Lettres du médecin Saint-André sur la magie et sur les maléfices, p. 188 et 431.

Bucer (MARTIN), — grand partisan de Luther, mort à Cambridge en 1551. « Étant aux abois de la mort, assisté de ses amis, le diable s'y trouva aussi, l'accueillant avec une figure si hideuse, qu'il n'y eut personne qui, de frayeur, n'y perdît presque la vie. Icelui diable l'emporta rudement, lui creva le ventre et le tua en lui tordant le cou, et emporta son âme, qu'il poussa devant lui, aux enfers[1]. »

Buckingham (GEORGE VILLIERS, DUC DE), — favori de Jacques Ier, mort à Portsmouth en 1628, illustre surtout par sa fin tragique. — On sait qu'il fut assassiné par Felton, officier à qui il avait fait des injustices. Quelque temps avant sa mort, Guillaume Parker, ancien ami de sa famille, aperçut à ses côtés en plein midi le fantôme du vieux sir George Villiers, père du duc, qui depuis long-temps ne vivait plus. Parker prit d'abord cette apparition pour une illusion de ses sens; mais bientôt il reconnut la voix de son vieil ami, qui le pria d'avertir le duc de Buckingham d'être sur ses gardes, et disparut. Parker, demeuré seul, réfléchit à cette commission, et, la trouvant difficile, il négligea de s'en acquitter. Le fantôme revint une seconde fois et joignit les menaces aux prières, de sorte que Parker se décida à lui obéir; mais il fut traité de fou, et Buckingham dédaigna son avis. Le spectre reparut une troisième fois, se plaignit de l'endurcissement de son fils, et tirant un poignard de dessous sa robe : « Allez encore, dit-il à Parker; annoncez à l'ingrat que vous avez vu l'instrument qui doit lui donner la mort. » Et de peur qu'il ne rejetât ce nouvel avertissement, le fantôme révéla à son ami un des plus intimes secrets du duc. — Parker retourna à la cour. Buckingham, d'abord frappé de le voir instruit de son secret, reprit bientôt le ton de la raillerie, et conseilla au prophète d'aller se guérir de sa démence. Néanmoins, quelques semaines après, le duc de Buckingham fut assassiné. On ne dit pas si le couteau de Felton était ce même poignard que Parker avait vu dans la main du fantôme. On peut, du reste, expliquer cette vision. On savait que le duc avait beaucoup d'ennemis, et quelques-uns de ses amis, craignant pour ses jours, pouvaient fort bien se faire des hallucinations.

Bucon, — mauvais diable, cité dans les *Clavicules de Salomon*. Il sème la jalousie et la haine.

Budas, — hérétique qui fut maître de Manès, et auteur de l'hérésie manichéenne. C'était, dit Pierre Delancre[1], un magicien élève des Brahmanes, et en plein commerce avec les démons. Un jour qu'il voulait faire je ne sais quel sacrifice magique, le diable l'enleva de terre et lui tordit le cou[2] : digne récompense de la peine qu'il avait prise de rétablir par le manichéisme la puissance de Satan !

Buer, — démon de seconde classe, président aux enfers; il a la forme d'une étoile ou d'une roue à cinq branches, et s'avance en roulant sur lui-même. Il enseigne la philosophie, la logique et les vertus des herbes médicinales. Il donne de bons domestiques, rend la santé aux malades, et commande cinquante légions[3].

Bugnot (ÉTIENNE), — gentilhomme de la chambre de Louis XIV, auteur d'un livre rare intitulé : *Histoire récente* pour servir de preuve à la vérité du purgatoire, vérifiée par procès-verbaux dressés en 1663 et 1664, avec un *Abrégé de la Vie d'André Bugnot*, colonel d'infanterie, et de son apparition après sa mort. In-12, Orléans, 1665. Cet André Bugnot était frère d'Étienne. Son apparition et ses révélations n'ont rien d'original.

Buisson d'épines. — Selon une coutume assez singulière, quand il y avait un malade dans une maison, chez les anciens Grecs, on attachait à la porte un buisson d'épines pour éloigner les esprits malfaisants.

Bullet (JEAN-BAPTISTE), — académicien de Besançon, mort en 1775. On recherche ses *Dissertations sur la mythologie française* et sur plusieurs points curieux de l'histoire de France. In-12, Paris, 1771.

Bune, — démon puissant, grand-duc aux enfers. Il a la forme d'un dragon avec trois têtes dont la troisième seulement est celle d'un homme. Il ne parle que par signes; il déplace les cadavres, hante les cimetières et rassemble les démons sur les sépulcres. Il enrichit et rend éloquents ceux qui le servent; on ajoute qu'il ne les trompe jamais..... Trente légions lui obéissent[4]. — Les démons soumis à Bune, et appelés *Bunis*, sont redoutés des Tartares, qui les disent très-malfaisants. Il faut avoir la conscience nette pour être à l'abri de leur malice; car leur puissance est grande et leur nombre est immense. Cependant les sorciers du pays les apprivoisent, et c'est par le moyen des Bunis qu'ils se vantent de découvrir l'avenir.

---

[1] Delancre, Tableau de l'inconstance des démons, etc., liv. Ier, disc. 1.

[1] Discours des spectres, liv. VIII, ch. 5.
[2] Socrate, Histor. eccles., lib. I, cap. 21.
[3] Wierus, in Pseudomonarchiâ dæmon.
[4] Wierus, in Pseudomonarchiâ dæmon.

Bungey (Thomas), — moine anglais, ami de Roger Bacon, avec qui les démonographes l'accusent d'avoir travaillé sept ans à la merveilleuse tête d'airain qui parla, comme on sait[1]. On ajoute que Thomas était magicien, et on en donne pour preuve qu'il publia un livre de la magie naturelle, *De magiâ naturali*, aujourd'hui peu connu. Mais Delrio l'absout de l'accusation de magie[2], et il avoue que son livre ne contient qu'une certaine dose d'idées superstitieuses. Une autre preuve qu'il n'était pas magicien, mais seulement un peu mathématicien, c'est qu'on l'élut provincial des franciscains en Angleterre[3].

Bunis, — *voy.* Bune.

Buplage ou **Buptage**. — « Après la bataille donnée entre le roi Antiochus et les Romains, un officier nommé Buplage, mort dans le combat, où il avait reçu douze blessures mortelles, se leva tout d'un coup au milieu de l'armée romaine victorieuse, et cria d'une voix grêle à l'homme qui le pillait :

Cesse, soldat romain, de dépouiller ainsi
Ceux qui sont descendus dans l'enfer obscurci...

» Il ajouta en vers que la cruauté des Romains serait bientôt punie, et qu'un peuple sorti de l'Asie viendrait désoler l'Europe ; ce qui peut marquer l'irruption des Francs ou celle des Turcs sur les terres de l'empire. Après cela, bien que mort, il monta sur un chêne, et prédit qu'il allait être dévoré par un loup ; ce qui eut lieu quoiqu'il fût sur un chêne : quand le loup eut avalé le corps, la tête parla encore aux Romains et leur défendit de lui donner la sépulture. Tout cela paraît très-incroyable[4]. Ce ne furent pas les peuples d'Asie mais ceux du nord qui renversèrent l'empire romain.

Burgot (Pierre), loup-garou brûlé à Besançon en 1521 avec Michel Verdun.

Burrough (George), — ministre de la religion anglicane à Salem, dans la Nouvelle-Angleterre, pendu comme sorcier en 1692. On l'accusait d'avoir maléficié deux femmes qui venaient de mourir. La mauvaise habitude qu'il avait de se vanter sottement qu'il savait tout ce qu'on disait de lui en son absence fut admise comme preuve qu'il communiquait avec le diable[5].

Burton (Robert), — auteur d'un ouvrage intitulé : *Anatomie de la mélancolie, par Démocrite le jeune*, in-4°, 1624 ; mort en 1639. L'astrologie était de son temps très-respectée en Angleterre, sa patrie. Il y croyait et voulait qu'on ne doutât pas de ses horoscopes. Ayant prédit publiquement le jour de sa mort, quand l'heure fut venue il se tua pour la gloire de l'astrologie et pour ne pas avoir un démenti dans ses pronostics. Cardan et quelques autres personnages habiles dans la science des astres ont fait, à ce qu'on croit, la même chose[1].

Busas, — prince infernal. *Voy.* Pruflas.

Butadieu, — démon rousseau, cité dans des procédures du dix-septième siècle.

Buxtorf (Jean), — Westphalien, savant dans la littérature hébraïque, mort en 1629. Les curieux lisent son *Abrégé du Talmud*, sa *Bibliothèque rabbinique* et sa *Synagogue judaïque*[2]. Cet ouvrage, qui traite des dogmes et des cérémonies des Juifs, est plein des rêveries des rabbins, à côté desquelles on trouve des recherches curieuses.

Byleth, — démon fort et terrible, l'un des rois de l'enfer, selon la Pseudomonarchie de Wierus. Il se montre assis sur un cheval blanc, précédé de trompettes et de musiciens de tout genre. L'exorciste qui l'évoque a besoin de beaucoup de prudence, car il n'obéit qu'avec fureur. Il faut, pour le soumettre, avoir à la main un bâton de coudrier ; et, se tournant vers le point qui sépare l'orient du midi, tracer hors du cercle où l'on s'est placé un triangle ; on lit ensuite la prière qui enchaîne les esprits, et Byleth arrive dans le triangle avec soumission. S'il ne paraît pas, c'est que l'exorciste est sans pouvoir, et que l'enfer méprise sa puissance. On dit aussi que quand on donne à Byleth un verre de vin, il faut le poser dans le triangle ; il obéit plus volontiers, et sert bien celui qui le régale. Il faut avoir soin, lorsqu'il paraît, de lui faire un accueil gracieux, de le complimenter sur sa bonne mine, de montrer qu'on fait cas de lui et des autres rois ses frères : il est sensible à tout cela. On ne négligera pas non plus, tout le temps qu'on passera avec lui, d'avoir au doigt du milieu de la main gauche un anneau d'argent qu'on lui présentera devant la face. Si ces conditions sont difficiles, en récompense celui qui soumet Byleth devient le plus puissant des hommes. —

---

[1] Voyez Bacon.
[2] Disquisit. magic., lib. 1, cap. 3, qu. 1.
[3] Naudé, Apol. pour les grands personnages, etc., p. 495.
[4] Traité dogmatique des apparitions, t. II, p. 153. Leloyer, p. 253.
[5] Godwin, Vie des Nécromanciens.

---

[1] Curiosités de la littérature, trad. de l'anglais, par Bertin, t. Ier, p. 51.
[2] Operis talmudici brevis recensio et Bibliotheca rabbinica. In-8°. Bâle, 1613. — Synagoga judaica. In-8°. Bâle, 1603, en allemand et en latin, Hanau, 1604, Bâle, 1641.

Il était autrefois de l'ordre des puissances ; il espère un jour remonter dans le ciel sur le septième trône, ce qui n'est guère croyable. Il commande quatre-vingts légions.

Byron. — *Le Vampire*, nouvelle traduite de l'anglais de lord Byron, par H. Faber ; in-8°, Paris, 1819. Cette nouvelle, publiée sous le nom de lord Byron, n'est pas l'ouvrage de ce poète, qui l'a désavouée. L'auteur n'a pas suivi les idées populaires sur les vampires, il a beaucoup trop relevé le sien. C'est un spectre qui voyage dans la Grèce, qui fréquente les sociétés d'Athènes, qui parcourt le monde, qui se marie pour sucer sa femme. Les vampires de Moravie étaient extrêmement redoutés ; mais ils avaient moins de puissance. Celui-ci quoiqu'il ait l'œil *gris-mort* fait des conquêtes. C'est, dit-on, une historiette populaire de la Grèce moderne que lord Byron raconta dans un cercle, et qu'un jeune médecin écrivit à tort ; car il remit à la mode, un instant, des horreurs qu'il fallait laisser dans l'oubli.

C

Caaba, — voy. KAABA.

Caacrinolaas, — nommé aussi *Caassimolar* et *Glassialabolas*, grand président aux enfers. Il se présente sous la forme d'un chien, et il en a la démarche, avec des ailes de griffon. Il donne la connaissance des arts libéraux, et, par un bizarre contraste, il inspire les homicides. On dit qu'il prédit bien l'avenir. Ce démon rend l'homme invisible et commande trente-six légions [1]. — Le grand Grimoire le nomme *Classyalabolas* et n'en fait qu'une espèce de sergent qui sert quelquefois de monture à Nébiros ou Naberus. *Voy.* CERBÈRE.

Cabadès, — voy. ZOURDADEYER.

Cabale ou **Cabbale**. — Pic de La Mirandole dit que ce mot, qui, dans son origine hébraïque, signifie tradition, est le nom d'un hérétique qui a écrit contre Jésus-Christ, et dont les sectateurs furent nommés cabalistes..... — L'ancienne cabale des Juifs, selon quelques-uns, une sorte de maçonnerie mystérieuse ; selon d'autres, ce n'est que l'explication mystique de la Bible, l'art de trouver des sens cachés dans la décomposition des mots, et la manière d'opérer des prodiges par la vertu de ces mots prononcés d'une certaine façon. *Voy.* THÉMURA et THÉOMANCIE. Cette science merveilleuse, si l'on en croit les rabbins, affranchit ceux qui la possèdent des faiblesses de l'humanité, leur procure des biens surnaturels, leur communique le don de prophétie, le pouvoir de faire des miracles, et l'art de transmuer les métaux ou l'or, ou la pierre philosophale. Elle leur apprend aussi que le monde sublunaire ne doit durer que sept mille ans, et que tout ce qui est supérieur à la lune en doit durer quarante-neuf mille. Les Juifs conservent la cabale par tradition orale ; ils croient que Dieu l'a donnée à Moïse au pied du mont Sinaï ; que le roi Salomon, auteur d'une figure mystérieuse que l'on appelle *l'arbre de la cabale des Juifs*, y a été très-expert, et qu'il faisait des talismans mieux que personne. Tostat dit même que Moïse ne faisait ses miracles avec sa verge, que parce que le grand nom de Dieu y était gravé. Valderame remarque que les apôtres faisaient pareillement des miracles avec le nom de Jésus, et les partisans de ce système citent plusieurs saints dont le nom ressuscita des morts. — La cabale grecque, inventée, dit-on, par Pythagore et par Platon, renouvelée par les Valentiniens, tira sa force des lettres grecques combinées, et fit des miracles avec l'alphabet. — La grande cabale, ou la cabale dans le sens moderne proprement dite, est l'art de commercer avec les esprits élémentaires ; elle tire aussi bon parti de certains mots mystérieux. Elle explique les choses les plus obscures par les nombres, par le changement de l'ordre des lettres et par des rapports dont les cabalistes se sont formé des règles. Or, voici quels sont, selon les cabalistes, les divers esprits élémentaires. — Les quatre éléments sont habités chacun par des créatures particulières, beaucoup plus parfaites que l'homme, mais soumises comme lui aux lois de la mort. L'air, cet espace immense qui est entre la terre et les cieux, a des hôtes plus nobles que les oiseaux et les moucherons ; ces mers si vastes ont d'autres habitants que les dauphins et les baleines ; la profondeur de la terre n'est pas pour les taupes seulement ; et l'élément du feu, plus sublime encore que les trois autres, n'a pas été fait

---

[1] Wierus, in Pseudomonarchia dæm.

pour demeurer inutile et vide.—Les salamandres habitent la région du feu ; les sylphes, le vague de l'air ; les gnomes, l'intérieur de la terre ; et les ondins ou nymphes, le fond des eaux. Ces êtres sont composés des plus pures parties des éléments qu'ils habitent. Adam, plus parfait qu'eux tous, était leur roi naturel ; mais depuis sa faute, étant devenu impur et grossier, il n'eut plus de proportion avec ces substances, il perdit tout l'empire qu'il avait sur elles et en ôta la connaissance à sa postérité.—Qu'on se console pourtant, on a trouvé dans la nature les moyens de ressaisir ce pouvoir perdu. Pour recouvrer la souveraineté sur les salamandres, et les avoir à ses ordres, qu'on attire le feu du soleil, par des miroirs concaves, dans un globe de verre ; il s'y formera une poudre solaire qui se purifie elle-même des autres éléments, et qui, avalée, est souverainement propre à exhaler le feu qui est en nous, et à nous faire devenir pour ainsi dire, de matière ignée. Dès lors, les habitants de la sphère du feu deviennent nos inférieurs, et ont pour nous toute l'amitié qu'ils ont pour leurs semblables, tout le respect qu'ils doivent au lieutenant de leur créateur. De même, pour commander aux sylphes, aux gnomes, aux nymphes, qu'on emplisse d'air, de terre ou d'eau, un globe de verre, et qu'on le laisse, bien fermé, exposé au soleil pendant un mois. Chacun de ces éléments ainsi purifié est un aimant qui attire les esprits qui lui sont propres. —Si on en prend tous les jours durant quelque mois, on voit bientôt dans les airs la république volante des sylphes, les nymphes venir en foule au rivage, et les gnomes, gardiens des trésors et des mines, étaler leurs richesses. On ne trouvera rien d'entrer en commerce avec eux, on les trouvera fort honnêtes gens, savants, bienfaisants et craignant Dieu. Leur âme est mortelle et ils n'ont pas l'espérance de jouir un jour de l'Être Suprême, qu'ils connaissent et qu'ils adorent. Ils vivent fort long-temps, et ne meurent qu'après plusieurs siècles. Mais qu'est-ce que le temps auprès de l'éternité ?... Il n'est pourtant pas impossible de trouver du remède à ce mal ; car, de même que l'homme, par l'alliance qu'il a contractée avec Dieu, a été fait participant de la divinité, les sylves, les gnomes, les nymphes et les salamandres deviennent participants de l'immortalité, en contractant alliance avec l'homme ; (nous transcrivons les docteurs cabalistes). Ainsi, une nymphe ou une sylphide devient immortelle, quand elle est assez heureuse pour se marier à un sage ; et un gnome ou un sylphe cesse d'être mortel, du moment qu'il épouse une fille des hommes. — Aussi ces êtres se plaisent-ils avec nous quand nous les appelons. Les cabalistes assurent que les déesses de l'antiquité, et ces nymphes qui prenaient des époux parmi les mortels, et ces démons incubes et succubes, et ces fées, qui dans les temps modernes se montraient au clair de la lune, ne sont que des sylphes, ou des salamandres, ou des ondins. Il y a pourtant des gnomes qui aiment mieux mourir que risquer, en devenant immortels, d'être aussi malheureux que les démons. C'est le diable (disent toujours nos auteurs) qui leur inspire ces sentiments ; il n'y a rien qu'il ne fasse pour empêcher ces pauvres créatures d'immortaliser leur âme par notre alliance.—Les cabalistes sont obligés de renoncer à tout commerce avec l'espèce humaine, s'ils veulent pourtant ne pas offenser les sylphes et les nymphes dont ils recherchent l'alliance. Cependant, comme le nombre des sages cabalistes est fort petit, les nymphes et les sylphides se montrent quelquefois moins délicates, et emploient toutes sortes d'artifices pour les retenir. — Un jeune seigneur de Bavière était inconsolable de la mort de sa femme. Une sylphide prit la figure de la défunte, et s'alla présenter au jeune homme désolé, disant que Dieu l'avait ressuscitée pour le consoler de son extrême affliction. Ils vécurent ensemble plusieurs années, mais le jeune seigneur n'était pas assez homme de bien pour retenir la sage sylphide : elle disparut un jour, et ne lui laissa que ses jupes et le repentir de n'avoir pas voulu suivre ses bons conseils. — Plusieurs hérétiques des premiers siècles mêlèrent la cabale juive aux idées du christianisme, et ils admirent entre Dieu et l'homme quatre sortes d'êtres intermédiaires, dont on a fait plus tard les salamandres, les sylphes, les ondins et les gnomes. Les Chaldéens sont sans doute les premiers qui aient rêvé ces êtres ; ils disaient que les esprits étaient les âmes des morts, qui pour se montrer aux gens d'ici-bas, allaient prendre un corps solide dans la lune. La cabale des Orientaux est encore l'art de commercer avec les génies, qu'on évoque par des mots barbares. Au reste, toutes les cabales sont différentes pour les détails ; mais elles se ressemblent beaucoup dans le fond. — On conte sur ces matières une multitude d'anecdotes. On dit qu'Homère, Virgile, Orphée furent de savants cabalistes. — Parmi les mots les plus puissants en cabale, le fameux mot *agla* est surtout révéré. Pour retrouver les choses perdues, pour apprendre par révélations les nouvelles des pays lointains, pour faire paraître les absents, qu'on se tourne vers l'orient, et qu'on prononce à haute voix le grand nom *agla !* Il opère toutes ces merveilles, même lorsqu'il est invoqué par les ignorants. *Voy.* AGLA. — On peut puiser sur les rêveries de la cabale des instructions plus étendues dans divers ouvrages qui en traitent spécialement, mais qui sont peu recommandables : 1° *Le comte de Gabalis*, ou Entretiens sur les sciences secrètes; par l'abbé de Villars. La meilleure édition est de 1742, in-12 ; 2° *Les Génies assistants*, suite du *Comte de Gabalis*, in-12, même année ; 3° *Le Gnome irréconciliable*, suite des *Génies assistants* ; 4° *Nouveaux entretiens sur les sciences secrètes*, suite nouvelle du *Comte de Gabalis*, même année ; 5° *Lettres cabalistiques*, par le marquis d'Argens; La Haye, 1744, 6 volumes in-12. Il faut lire dans cet ouvrage, plein comme les précédents de passages condamnés, les lettres du cabaliste Abukiback. *Voy.* GNOMES, ONDINS, SALAMANDRES, SYLPHES, ZÉDÉCHIAS, etc.

Cabires, — dieux des morts, adorés très-anciennement en Égypte. Bochard pense qu'il faut entendre sous ce nom les trois divinités infernales : Pluton, Proserpine et Mercure; d'autres ont regardé les Cabires comme des magiciens qui se mêlaient d'expier les crimes des hommes, et qui furent honorés après leur mort. On les invoquait dans les périls et dans les infortunes. Il y a de grandes disputes sur leurs noms, qu'on ne déclarait qu'aux seuls initiés [1]. Ce qui est certain, c'est que les Cabires sont des démons qui présidaient autrefois à une sorte de sabbat. Ces orgies, qu'on appelait fêtes des Cabires, ne se célébraient que la nuit : l'initié, après des épreuves effrayantes, était ceint d'une ceinture de pourpre, couronné de branches d'olivier et placé sur un trône illuminé pour représenter le maître du sabbat, pendant qu'on exécutait autour de lui des danses hiéroglyphiques.

Cacodémon, — mauvais démon. C'est le nom que les anciens donnaient aux esprits malfaisants; ils appelaient spécialement ainsi un monstre effrayant, un spectre horrible, qui n'était pas assez reconnaissable pour être désigné autrement. Chaque homme avait son bon et son mauvais démon, *cacodémon*. Les astrologues appelaient aussi la douzième maison du soleil, qui est la plus mauvaise de toutes, *cacodémon*, parce que Saturne y répand ses malignes influences, et qu'on n'en peut tirer que des pronostics redoutables.

Cactonite, — pierre merveilleuse qui, selon quelques-uns, n'est autre chose que la cornaline. On lui attribue de grandes propriétés. Les anciens en faisaient des talismans qui assuraient la victoire.

Cacus, — espèce d'ogre de l'antiquité. Il était fils de Vulcain et vomissait du feu par la gueule. Ce monstre, de taille gigantesque, moitié homme et moitié bouc, mangeait les passants dans sa caverne, au pied du mont Aventin, et accrochait les têtes à sa porte. Il fut étranglé par Hercule. — Cacus a été peint quelquefois avec une tête de bête sur un corps d'homme.

Cadavre. — Selon la loi des Juifs, quiconque avait touché un cadavre était souillé ; il devait se purifier avant de se présenter au tabernacle du Seigneur. Quelques censeurs des lois de Moïse ont jugé que cette ordonnance était superstitieuse. Il nous paraît, au contraire, dit Bergier, qu'elle était très-sage. C'était une précaution contre la superstition des païens, qui interrogeaient les morts pour apprendre d'eux l'avenir ou les choses cachées ; abus sévèrement interdit aux Juifs, mais qui a régné chez la plupart des nations. *Voy.* AIMANT.

Cadmée ou **Cadmie**, — qu'on appelle plus généralement calamine, fossile bitumineux qui donne une teinte jaune au cuivre rouge, et que certains chimistes emploient pour faire de l'or.

Cadière, — *voy.* GIRARD.

Caducée. — C'est avec cette baguette ornée de deux serpents entrelacés, que Mercure conduisait les âmes aux enfers et qu'il les en tirait au besoin.

Cadulus, — pieux soldat, dont la légende rapporte qu'il était obsédé par le diable en forme d'ours [1]. Il s'en délivra par la prière.

Cæculus, — petit démon né d'une étincelle qui vola de la forge de Vulcain dans le sein de Preneste. Il fut élevé parmi les bêtes sauvages. On le reconnut à cette particularité, qu'il vivait dans le feu comme dans son élément. Ses yeux, qui étaient fort petits, étaient seulement un peu endommagés par la fumée. Les cabalistes font de lui un salamandre.

Caf, — *voy.* KAF.

Cagliostro. — Joseph Balsamo, célèbre aventurier du dix-huitième siècle, connu sous le nom d'Alexandre, comte de Cagliostro, naquit, dit-on, à Palerme en 1743, de parents obscurs. Il montra, dans ses premières années, un esprit porté à la friponnerie ; tout jeune il escroqua soixante onces d'or à un orfèvre, en lui promettant de lui livrer un tré-

---

[1] Delandine, L'Enfer des peuples anciens, ch. 19.

[1] Bollandi Acta sanctorum, 21 aprilis.

fut enfoui dans une grotte, sous la garde des esprits infernaux ; il le conduisit dans cette grotte, où le bonhomme fut assommé de coups de bâton. Cagliostro s'enfuit alors et voyagea avec un alchimiste, nommé Althotas, en Grèce, en Égypte, en Arabie, en Perse, à Rhodes, à Malte. Ayant perdu là son compère, il passa en Angleterre, et d'Angleterre en France, vivant du produit de ses compositions chimiques (il donnait dans la pierre philosophale), ou de jongleries et d'intrigues ignobles. Il se rendit à Strasbourg, où il fut reçu, en 1780, avec une sorte de triomphe ; il y guérit certains malades qui l'attendaient, avec une adresse si prompte, que l'on a cru qu'ils étaient apostés et leur mal supposé, à moins que le diable ne fût aux ordres de Cagliostro, comme beaucoup l'ont dit, et comme le faisait penser sa physionomie patibulaire. — Les uns l'ont regardé comme un homme extraordinaire, un inspiré ; d'autres comme un vil charlatan ; quelques-uns ont vu en lui un membre voyageur de la maçonnerie templière, constamment opulent par les secours nombreux qu'il recevait des diverses loges de l'ordre ; mais le plus grand nombre s'accorde à donner au faste qu'il étalait une source moins honorable encore. — Il se vantait de converser avec les anges ; et il faisait entendre en rase campagne (par ventriloquie) des voix venant du ciel. Il institua une espèce de cabale égyptienne. De jeunes garçons et de jeunes filles, qu'il appelait ses pupilles, ou colombes, se plaçaient dans l'état d'innocence devant une carafe de cristal, et là, abrités d'un paravant, ils obtenaient, par l'imposition des mains du grand cophte (c'était lui qui était le grand cophte), la faculté de communiquer avec les esprits : ils voyaient dans cette carafe tout ce qu'ils voulaient voir. — Les travaux de ces pupilles ou colombes ne se bornaient pas à cette cérémonie ; Cagliostro leur enseignait encore à découvrir les choses occultes, les événements à venir et les matières curieuses. On ajoute qu'il a fait paraître aux grands seigneurs de Paris et de Versailles, dans des glaces, sous des cloches de verre et dans des bocaux, des spectres animés et se mouvant, ainsi que des personnes mortes qu'on lui demandait à voir. On fait même ce conte. — Un jour que Cagliostro se trouvait en compagnie avec plusieurs de ses amis, ils témoignèrent l'envie de connaître ce que faisait en ce moment une dame de leur société. Aussitôt il forma sur le parquet un carré, passa les mains dessus, et l'on vit se tracer la figure de la dame jouant aux tressettes avec trois de ses amies. On envoya au logis de cette dame, que l'on trouva effectivement dans la même attitude, la même occupation, et avec les mêmes personnes. — On rapporte aussi que dans des soupers qui ont fait grand bruit à Paris, il invoquait les morts illustres : tels que Socrate, Platon, Corneille, d'Alembert, Voltaire, etc. Dans sa Lettre au peuple français, datée de Londres, le 20 juin 1786, il prédit que la Bastille serait détruite. Mais depuis long-temps on en avait le projet. — Cagliostro était très-lié avec un joueur de gobelets qui se disait assisté d'un esprit, lequel esprit, à ce qu'on prétend, était l'âme d'un juif cabaliste qui avait tué son père par art magique avant la venue de notre Seigneur. Il disait effrontément que les prodiges qu'il opérait étaient l'effet d'une protection spéciale de Dieu sur lui...; que l'Être Suprême, pour l'encourager, avait daigné lui accorder la vision béatifique, etc.; qu'il venait convertir les incrédules. — Il se vantait d'avoir assisté aux noces de Cana ;... il était par conséquent contemporain de notre Seigneur. Il est dit d'ailleurs que Cagliostro était né avant le déluge [1]. — Il fut arrêté à Rome, en 1789, et condamné comme pratiquant à l'ombre de la franc-maçonnerie. Il s'étrangla dans sa prison en 1795. Il a écrit, dit-on, la relation de quelques opérations prétendues magiques, ainsi que d'une transmutation de métaux vils en or, faites à Varsovie en 1780. — On met sur son compte une plate brochure qui apprenait aux vieilles femmes à trouver les numéros de la loterie dans leurs rêves. On vendait tous les ans, à Paris, un grand nombre d'exemplaires de ce fatras, dont voici le titre : *Le vrai Cagliostro ou le Régulateur des actionnaires de la loterie*, augmenté de nouvelles cabales faites par Cagliostro, etc., in-8°, avec le portrait de l'auteur, au bas duquel on a mis ces treize syllabes : *Pour savoir ce qu'il est, il faudrait être lui-même.*

Caïn — Les rabbins disent que, ne sachant comment s'y prendre pour tuer son frère Abel, Caïn vit venir à lui le diable, qui lui donna une leçon de meurtre en mettant un oiseau sur une pierre et en lui écrasant la tête avec une autre pierre. — Il y a eu, dans le deuxième siècle, une secte d'hommes effroyables qui glorifiaient le crime et qu'on a appelés *caïnites*. Ces misérables avaient une grande vénération pour Caïn, pour les horribles habitants de Sodome, pour Judas et pour d'autres scélérats. Ils avaient un *évangile de Judas*, et mettaient la perfection à commettre sans honte les actions les plus infâmes.

[1] Charlatans célèbres, t. Ier, p. 215.

Caïnan. — On attribue à Caïnan, fils d'Arphaxad, un traité d'*Astronomie* gravé sur deux colonnes par les enfants de Seth, et qu'il retrouva après le déluge et transcrivit. On prétend aussi que Caïnan découvrit encore certains ouvrages écrits par les géants, lesquels ouvrages ne sont pas venus jusqu'à nous [1].

Caïumarath ou **Kaïd-Mords.** — Le premier homme selon les Persans. *Voy.* Bounds-chesch.

Cala (Charles). — Calabrois qui écrivait au dix-septième siècle. On recherche son *Mémoire sur l'apparition des croix prodigieuses* [2], imprimé à Naples en 1664.

Calamités. — On a souvent attribué aux démons ou à la malice des sorciers les calamités publiques; Pierre Delancre dit que les calamités des bonnes âmes, sont les joies et festoiements des démons pipeurs [3].

Calaya. — Le troisième des cinq paradis indiens. Là réside Ixora ou Eswara, toujours à cheval sur un bœuf. Les morts fidèles le servent le rafraîchissant avec des éventails, d'autres portant devant lui la chandelle pour l'éclairer la nuit; il en est qui lui présentent des crachoirs d'argent quant il veut expectorer.

Calcerand-Rochez. — Pendant que Hugues de Moncade était vice-roi de Sicile pour le roi Ferdinand d'Aragon, un gentilhomme espagnol, nommé Calcerand-Rochez, eut une vision. Sa maison était située près du port de Palerme. Une nuit qu'il ne dormait pas, il crut entendre des hommes qui cheminaient et faisaient grand bruit dans sa basse-cour; il se leva, ouvrit la fenêtre et vit, à la clarté du crépuscule, des soldats et des gens de pied en bon ordre, suivis de piqueurs [4]; après eux, venaient des gens de cheval divisés en escadrons, se dirigeant vers la maison du vice-roi. Le lendemain, Calcerand conta le tout à Moncade, qui n'en tint compte; cependant, peu après, le roi Ferdinand mourut, et ceux de Palerme se révoltèrent. Cette sédition, dont la vision susdite donnait clair présage, ne fut apaisée que par les soins de Charles d'Autriche (Charles-Quint) [5].

Calchas, — fameux devin de l'antiquité, qui prédit aux Grecs que le siége de Troie durerait dix ans, et qui exigea le sacrifice d'Iphigénie. Apollon lui avait donné la connaissance du passé, du présent et de l'avenir. Il serait curieux de savoir s'il aurait prédit aussi la prise de la Bastille. Sa destinée était de mourir lorsqu'il aurait trouvé un devin plus sorcier que lui. Il mourut en effet de dépit, pour n'avoir pas su deviner les énigmes de Mopsus.

Caleguejers. — Les plus redoutables d'entre les génies chez les Indiens. Ils sont de taille gigantesque, et habitent ordinairement le patala ou enfer.

Calendrier. — L'ancien calendrier des païens tenait pour beaucoup au culte des astres, et presque toujours il était rédigé par des astrologues. — Ce serait peut-être ici l'occasion de parler du *Calendrier des bergers*, de l'*Almanach du bon laboureur*, du *Messager boiteux de Bâle en Suisse*, et de cent autres recueils où l'on voit exactement marqués les jours où il fait bon rogner ses ongles et prendre médecine; mais ces détails mèneraient trop loin. *Voy.* Almanach.

Cali, — reine des démons et sultane de l'enfer indien. On la représente tout à fait noire, avec un collier de crânes d'or. On lui offrait autrefois des victimes humaines.

Calice du Sabbat. — On voit, dans Pierre Delancre, que lorsque les prêtres sorciers disent la messe au sabbat, ils se servent d'une hostie et d'un calice noirs, et qu'à l'élévation ils disent ces mots : *Corbeau noir! corbeau noir!* invoquant le diable.

Caligula. — On prétend qu'il fut empoisonné ou assassiné par sa femme. Suétone dit qu'il apparut plusieurs fois après sa mort, et que sa maison fut infestée de monstres et de spectres, jusqu'à ce qu'on lui eût rendu les honneurs funèbres [1].

Calmet (Dom Augustin), — bénédictin de la congrégation de Saint-Vannes, l'un des savants les plus laborieux et les plus utiles du dernier siècle, mort en 1757, dans son abbaye de Senones. Voltaire même mit ces quatre vers au bas de son portrait :

> Des oracles sacrés que Dieu daigna nous rendre
> Son travail assidu perça l'obscurité;
> Il fit plus, il les crut avec simplicité,
> Et fut, par ses vertus, digne de les entendre.

Nous le citons ici pour sa *Dissertation sur les apparitions des anges, des démons et des esprits, et sur les revenants et vampires de Hongrie, de Bohême, de Moravie et de Silésie*, in-12,

---

[1] Joël, au commencement de sa Chronographie.
[2] Syncelli Chronographiæ, p. 80.
[3] Memorie historiche dell' apparitione delle croci prodigiose da Carlo Cala. In-4°. In Napoli, 1661.
[4] Tableau de l'inconstance des mauvais anges, etc., liv. I, p. 25.
[5] Leloyer, Disc. et hist. des spectres, p. 272.

[1] Delandine, Enfer des peuples anciens, ch. 11, p. 316. Delancre, L'Inconstance des démons, etc., liv. VI, p. 461.

Paris, 1746. La meilleure édition est de 1751; Paris, 2 vol. in-12. Ce livre est fait avec bonne foi; l'auteur est peut-être trop crédule, il admet facilement les vampires. Il est vrai qu'il rapporte ce qui est contraire à ses idées avec autant de candeur que ce qui leur est favorable. *Voy.* Vampires.

Calundronius, — pierre magique dont on ne désigne ni la couleur ni la forme, mais qui a la vertu d'éloigner les esprits malins, de résister aux enchantements, de donner à celui qui la porte l'avantage sur ses ennemis, et de chasser l'humeur noire.

Calvin (Jean). — l'un des chefs de la réforme prétendue, né à Noyon en 1509. Ce hideux fanatique, qui fit brûler Michel Servet, son ami, parce qu'il différait d'opinion avec lui, n'était pas seulement hérétique; on l'accuse encore d'avoir été magicien. « Il faisait des prodiges à l'aide du diable, qui quelquefois ne le servait pas bien : car un jour il voulut faire croire qu'il ressuscitait un homme qui n'était pas mort; et, après qu'il eut fait ses conjurations sur le compère, lorsqu'il lui ordonna de se lever, celui-ci n'en fit rien, et on trouva qu'icelui compère était mort tout de bon pour avoir voulu jouer cette mauvaise comédie [1]. » Quelques-uns ajoutent que Calvin fut étranglé par le diable; il ne l'aurait pas volé.

Cambions, — enfants des démons. Delancre et Bodin pensent que les démons incubes peuvent s'unir aux démons succubes, et qu'il naît de leur commerce des enfants hideux qu'on nomme *cambions*, lesquels sont beaucoup plus pesants que les autres, avalent tout sans en être plus gras, et tariraient trois nourrices, qu'ils n'en profiteraient pas mieux [2]. Luther, qui était très-superstitieux, dit dans ses Colloques que ces enfants-là ne vivent que sept ans; il raconte qu'il en vit un qui criait dès qu'on le touchait, et qui ne riait que quand il arrivait dans la maison quelque chose de sinistre. — Maïole rapporte qu'un mendiant galicien excitait la pitié publique avec un cambion; qu'un jour un cavalier, voyant ce gueux très-embarrassé pour passer un fleuve, prit, par compassion, le petit enfant sur son cheval, mais qu'il était si lourd que le cheval pliait sous le poids. Peu de temps après, le mendiant, étant pris, avoua que c'était un petit de démon qu'il portait ainsi, et que cet affreux marmot, depuis qu'il le traînait avec

[1] Boguet, Discours des sorciers, ch. 18.
[2] Delancre, Tableau de l'inconstance des démons, liv. III, à la fin. Bodin, Démonomanie, liv. II, ch. 7.

lui, avait toujours agi de telle sorte que personne ne lui refusait l'aumône [1].

Caméléon. — Démocrite, au rapport de Pline, avait fait un livre spécial sur les superstitions auxquelles le caméléon a donné lieu. Un plaideur était sûr de gagner son procès, s'il portait avec lui la langue d'un caméléon arrachée à l'animal pendant qu'il vivait. On faisait tonner et pleuvoir en brûlant sa tête et son gosier sur un feu de bois de chêne, ou bien en rôtissant son foie sur une tuile rouge. Boguet n'a pas manqué de remarquer cette merveille, dans le chapitre 23 de ses Discours des sorciers. L'œil droit d'un caméléon vivant, arraché et mis dans du lait de chèvre, formait un cataplasme qui faisait tomber les taies des yeux; sa queue arrêtait le cours des rivières. On se guérissait de toute frayeur en portant sur soi sa mâchoire, etc. — Des curieux assurent encore que cette espèce de lézard ne se nourrit que de vent. Mais il est constant qu'il mange des insectes; et comment aurait-il un estomac et tous les organes de la digestion, s'il n'avait pas besoin de digérer? Comment encore, s'il ne mange pas, produit-il les excréments, dont les anciens faisaient un remède magique pour nuire à leurs ennemis? — La couleur du caméléon paraît varier continuellement, selon la réflexion des rayons du soleil et la position où l'animal se trouve par rapport à ceux qui le regardent : c'est ce qui l'a fait comparer à l'homme de cour. — Delancre dit, d'un autre côté, que le caméléon est l'emblème des sorciers, et qu'on en trouve toujours dans les lieux où s'est tenu le sabbat.

Camérarius (Joachim), — savant allemand du seizième siècle. On recherche son traité *De la nature et des affections des démons* [2] et son *Commentaire sur les divinations* [3]. — Nous indiquerons aussi, de Barthélemi Camerario, Bénéventin, mort en 1564, un livre *sur le feu du Purgatoire* [4]; les *Centuries* de Jean Rodolphe Camérarius, médecin allemand du dix-septième siècle, *sur les horoscopes et l'astrologie* [5], et le fatras du même auteur *sur les secrets merveilleux de la nature* [6]. Enfin

[1] Boguet, Discours des sorciers, ch. 14.
[2] De natura et affectionibus dæmonum libri duo. Lipsiæ, 1576. In-8°.
[3] Commentarius de generibus divinationum, ac græcis latinisque earum vocabulis. Lipsiæ, 1576. In-8°.
[4] De purgatorio igne. Romæ, 1557.
[5] Horarum natalium centuriæ II pro certitudine astrologiæ. In-4°. Francfort, 1607 et 1610.
[6] Sylloge memorabilium medicinæ et mirabilium naturæ arcanorum centuriæ XII. In-12. Strasbourg, 1624. L'édition in-8° de Tubingue, 1683, est augmentée et contient XX centuries.

Élie Camérarius, autre rêveur de Tubingue, a écrit en faveur de la magie et des apparitions, des livres que nous ne connaissons pas.

Campanella (Thomas), — homme d'esprit, mais de peu de jugement, né dans un bourg de la Calabre en 1568. Tout jeune, il rencontra, dit-on, un rabbin qui l'initia dans les secrets de l'alchimie, et qui lui apprit toutes les sciences en quinze jours, au moyen de l'Art Notoire. Avec ces connaissances, Campanella, entré dans l'ordre des dominicains, se mit à combattre la doctrine d'Aristote alors en grande faveur. Ceux qu'il attaqua l'accusèrent de magie; et il fut obligé de s'enfuir de Naples. On s'empara de ses cahiers; l'inquisition, y trouvant des choses répréhensibles, condamna l'auteur à la retraite dans un couvent: notez que c'était l'inquisition d'État et que la vraie cause qui lui fit imposer le silence dans une sorte de séquestration, fut une juste critique qu'il avait faite dans son *Traité de la monarchie espagnole*, des torts graves de cette nation, dominée alors par un immense orgueil. Il sortit de sa retraite par ordre du pape, en 1626, et vint à Paris, où il mourut chez les jacobins de la rue Saint-Honoré, le 21 mai 1639. On a dit qu'il avait prédit l'époque de sa mort. Nous ne citerons de ses ouvrages que ses quatre livres *Du sens des choses et de la magie* [1], et ses six livres d'*astrologie* [2]; l'auteur, qui faisait cas de cette science, s'efforce d'accorder les idées astrologiques avec la doctrine de saint Thomas.

Campetti, — hydroscope, qui renouvela à la fin du dernier siècle les merveilles de la baguette divinatoire. Il était né dans le Tyrol. Mais il a fait moins de bruit que Jacques Aymar. Au lieu de baguette pour découvrir les sources, les trésors cachés, et les traces de vol ou de meurtre, il se servait d'un petit pendule formé d'un morceau de pyrite, ou de quelque autre substance métallique suspendue à un fil qu'il tenait à la main. Ses épreuves n'ont pas eu de suites.

Camuz (Philippe), — romancier espagnol du seizième siècle. On lui attribue *la Vie de Robert-le-Diable* [3], qui fait maintenant partie de la Bibliothèque Bleue.

Canate, — montagne d'Espagne, fameuse dans les anciennes chroniques; il y avait au pied une caverne où les mauvais génies faisaient leur résidence, et les chevaliers qui s'en approchaient étaient sûrs d'être enchantés s'il ne leur arrivait pas pis.

Cancer ou l'Écrevisse, — l'un des signes du zodiaque. *Voy.* Horoscopes.

Cang-Hy, — dieu des cieux inférieurs, chez les Chinois. Il a pouvoir de vie et de mort. Trois esprits subalternes sont ses ministres: Tankwam, qui préside à l'air, dispense la pluie; Tsuikwam, qui gouverne la mer et les eaux, envoie les vents et les orages; Teikwam, qui préside à la terre, surveille l'agriculture et se mêle des batailles.

Canicule, — constellation qui doit son nom à l'étoile Syrius ou le chien, et qui domine dans le temps des grandes chaleurs. Les Romains, persuadés de la malignité de ses influences, lui sacrifiaient tous les ans un chien roux. Une vieille opinion populaire exclut les remèdes pendant cette saison, et remet à la nature la guérison de toutes les maladies. C'est aussi une croyance encore répandue, mais dénuée de fondement, qu'il est dangereux de se baigner dans la canicule.

Canidia, — magicienne dont parle Horace; elle enchantait avec des figures de cire, et par ses conjurations magiques forçait la lune à descendre du ciel.

Canterme, — nom que donnaient les anciens à certains enchantements et maléfices.

Cantwel (André-Samuel-Michel), — mort bibliothécaire des Invalides le 9 juillet 1802. Il est auteur d'un sot roman intitulé: *le Château d'Albert* ou *le Squelette ambulant*, 1799, 2 vol. in-18.

Caous. — Les Orientaux donnent ce nom à des génies malfaisants qui habitent les cavernes du Caucase.

Capnomancie, — divination par la fumée. Les anciens en faisaient souvent usage: on brûlait de la verveine et d'autres plantes sacrées; on observait la fumée de ce feu, les figures et la direction qu'elle prenait, pour en tirer des présages. On distinguait deux sortes de capnomancie: l'une qui se pratiquait en jetant sur des charbons ardents des grains de jasmin ou de pavot, et en observant la fumée qui en sortait; l'autre, qui était la plus usitée, se pratiquait par la méthode que nous avons indiquée, elle consistait aussi à examiner la fumée des sacrifices. Quand cette fumée était légère et peu épaisse, c'était bon augure. On respirait même cette fumée; et l'on pensait qu'elle donnait des inspirations.

---

[1] De sensu rerum et magia libri IV, etc. In-4°. Francfort, 1620.

[2] Astrologicorum libri VI. In-4°. Lyon, 1629. L'édition de Francfort, 1630, e t plus recherchée, parce qu'elle contient un septième livre intitulé De fato syderali vitando.

[3] La Vida de Roberto el Diablo, etc. In-folio. Séville, 1629.

Cappautas, — grosse pierre brute qui, dans les croyances populaires, guérissait de la frénésie ceux qui allaient s'y asseoir ; elle se trouvait à trois stades de Gytheum en Laconie.

Capperon, — doyen de Saint-Maixant. Il publia, dans le Mercure de 1726, une lettre sur les fausses apparitions, que Lenglet-Dufresnoy a réimprimée dans son recueil. Il montre peu de crédulité et combat les fausses apparitions avec des raisons assez bonnes. Il conte « qu'un jour il fut consulté sur une femme qui disait voir chaque jour, à midi, un esprit en figure d'homme, vêtu de gris, avec des boutons jaunes, lequel la maltraitait fort, lui donnant même de grands soufflets ; ce qui paraissait d'autant plus certain qu'une voisine protestait qu'ayant mis sa main contre la joue de cette femme dans le temps qu'elle se disait maltraitée, elle avait senti quelque chose d'invisible qui la repoussait. Ayant reconnu que cette femme était fort sanguine, Capperon conclut qu'il fallait lui faire une saignée, avec la précaution de lui en cacher le motif ; ce qui ayant été exécuté, l'apparition s'évanouit. » — Tous les traits qu'il rapporte, et tous ses raisonnements, prouvent que les vapeurs ou l'imagination troublée sont la cause de la plupart des visions. Il admet les visions rapportées dans les livres saints ; mais il repousse les autres assez généralement. Il parle encore d'une autre femme à qui un esprit venait tirer toutes les nuits la couverture. Il lui donna de l'eau, en lui disant d'en asperger son lit, et ajoutant que cette eau, particulièrement bénite contre les revenants, la délivrerait de sa vision. Ce n'était que de l'eau ordinaire ; mais l'imagination de la vieille femme se rassura par ce petit statagème, qu'elle ne soupçonnait pas, et elle ne vit plus rien.

Capricorne, — l'un des signes du zodiaque. *Voy* HOROSCOPES.

Capucin. — Ce sont les protestants qui ont mis à la mode ce stupide axiome superstitieux, que la rencontre d'un capucin était un mauvais présage. Un jour que l'abbé de Voisenon était allé à la chasse sur un terrain très-giboyeux, il aperçut un capucin. Dès ce moment il ne tira plus un coup juste, et comme on se moquait de lui : « Vraiment, messieurs, dit-il, vous en parlez fort à votre aise ; vous n'avez pas rencontré un capucin[1]. »

Caqueux ou **Cacoux**. — Les cordiers, nommés *caqueux* ou *cacoux*, en Bretagne, sont relégués dans certains cantons du pays comme des espèces de parias ; on les évite ; ils inspirent même de l'horreur, parce qu'ils font des cordes, autrefois instruments de mort et d'esclavage. Ils ne s'alliaient jadis qu'entre eux, et l'entrée des églises leur était interdite. Ce préjugé commence à se dissiper ; cependant ils passent encore pour sorciers. Ils profitent de ce renom : ils vendent des talismans qui rendent invulnérable, des sachets à l'aide desquels on est invincible à la lutte ; ils prédisent l'avenir ; on croit aussi qu'ils jettent de mauvais vents. On les disait, au quinzième siècle, juifs d'origine, et séparés par la lèpre du reste des hommes. Le duc de Bretagne, François II, leur avait enjoint de porter une marque de drap rouge sur un endroit apparent de leur robe. On assure que le vendredi saint tous les caqueux versent du sang par le nombril. Néanmoins on ne fuit plus devant les cordiers ; mais on ne s'allie pas encore aisément avec leurs familles[1]. N'est-ce pas ici la même origine que celle des cagoths ? *Voy*. ce mot.

Carabia ou **Décarabia**, — démon peu connu, quoiqu'il jouisse d'un grand pouvoir au sombre empire ; car il est roi d'une partie de l'enfer, et comte d'une autre province considérable. Il se présente sous la figure d'une étoile à cinq rayons. Il connaît les vertus des plantes et des pierres précieuses ; il domine sur les oiseaux, qu'il rend familiers. Trente légions sont à ses ordres[2].

Caracalla. — L'empereur Caracalla venait d'être tué par un soldat ; au moment où l'on n'en savait encore rien à Rome, on vit un diable en forme humaine qui menait un âne, tantôt au Capitole, tantôt au palais de l'empereur, en disant tout haut qu'il cherchait un maître. On lui demanda s'il cherchait Caracalla ; il répondit que celui-là était mort, sur quoi il fut pris pour être envoyé à l'Empereur, et il dit ces mots : « Je m'en vais donc, puisqu'il le faut, non à l'empereur que vous pensez, mais à un autre ; » et là-dessus on le conduisit de Rome à Capoue, où il disparut, sans qu'on ait jamais su ce qu'il devint[3].

Caractères. — La plupart des talismans doivent leurs vertus à des caractères sacrés que les anciens regardaient comme de sûrs préservatifs. Le fameux anneau de Salomon, qui soumit les génies à la volonté de ce roi magicien, devait toute sa force à des caractères cabalistiques. Origène condamnait chez quelques-uns des premiers chrétiens l'usage de

---

[1] M. Salgues, Des Erreurs et des préjugés, etc., t. I, p. 509.

[1] Cambry, Voyage dans le Finistère, t. III, p. 146 ; t. Ier, etc.

[2] Wierus, in Pseudomonarchiâ dæm.

[3] Leloyer, Hist. et disc. des spectres, liv. III, ch. 16.

certaines plaques de cuivre ou d'étain chargées de caractères, qu'il appelle des restes de l'idolâtrie. L'*Enchiridion* du pape Léon III, le *Dragon Rouge*, les *Clavicules de Salomon*, indiquent dans tous leurs secrets magiques des caractères incompréhensibles, tracés dans des triangles ou dans des cercles, comme des moyens puissants et certains pour l'évocation des esprits. Souvent aussi des sorciers se sont servis de papiers sur lesquels ils avaient écrit avec du sang des caractères indéchiffrables ; et ces pièces, produites dans les procédures, ont été admises en preuve de maléfices jetés. Nous avons dit quel était le pouvoir des mots *agla, abracadabra*, etc. *Voy.* TALISMANS.

Cardan (JÉROME), — médecin, astrologue et visionnaire, né à Pavie en 1501, mort à Rome en 1576. Il nous a laissé une histoire de sa vie où il avoue sans pudeur tout ce qui peut tourner à sa honte. Il se fit beaucoup d'ennemis par ses mœurs ; du reste, ce fut un des hommes habiles de son temps. Il fit faire des pas aux mathématiques, et il paraît qu'il était savant médecin ; mais il avait une imagination presque toujours délirante, et on l'a souvent excusé en disant qu'il était fou. — Il rapporte, dans le livre *De vita propria*, que, quand la nature ne lui faisait pas sentir quelque douleur, il s'en procurait lui-même en se mordant les lèvres, ou en se tiraillant les doigts jusqu'à ce qu'il en pleurât, parce que, s'il lui arrivait d'être sans douleur, il ressentait des saillies et des impétuosités si violentes, qu'elles lui étaient plus insupportables que la douleur même. D'ailleurs, il aimait le mal physique à cause du plaisir qu'il éprouvait ensuite quand ce mal cessait. Il dit, dans le livre 8 de la Variété des choses, qu'il tombait en extase quand il voulait, et qu'alors son âme voyageait hors de son corps, qui demeurait impassible et comme inanimé. — Il prétendait avoir deux âmes, l'une qui le portait au bien et à la science, l'autre qui l'entraînait au mal et à l'abrutissement. — Il assure que, dans sa jeunesse, il voyait clair dans les ténèbres ; que l'âge affaiblit en lui cette faculté ; que cependant, quoique vieux, il voyait encore en s'éveillant au milieu de la nuit, mais moins parfaitement que dans son âge tendre. Il avait cela de commun, disait-il, avec l'empereur Tibère. — Il aurait pu dire aussi avec les hiboux. — Il donnait dans l'alchimie, et on voit, dans ses ouvrages, qu'il croyait à la cabale et qu'il faisait grand cas des secrets cabalistiques. Il dit quelque part que, la nuit du 13 au 14 août 1491, sept démons ou esprits élémentaires de haute stature apparurent à Fazio Cardan, son père (presque aussi fou que lui), ayant l'air de gens de quarante ans, vêtus de soie, avec des capes à la grecque, des chaussures rouges et des pourpoints cramoisis ; qu'ils se dirent hommes aériens, assurant qu'ils naissaient et mouraient ; qu'ils vivaient trois cents ans ; qu'ils approchaient beaucoup plus de la nature divine que les habitants de la terre ; mais qu'il y avait néanmoins entre eux et Dieu une distance infinie. Ces hommes aériens étaient sans doute des sylphes. — Il se vantait d'avoir, comme Socrate, un démon familier, qu'il plaçait entre les substances humaines et la nature divine, et qui se communiquait à lui par les songes. Ce démon était encore un esprit élémentaire ; car, dans le dialogue intitulé *Tetim*, et dans le traité *De libris propriis*, il dit que son démon familier tient de la nature de Mercure et de celle de Saturne. On sent bien qu'il s'agit ici des planètes. Il avoue ensuite qu'il doit tous ses talents, sa vaste érudition et ses plus heureuses idées à son démon. Tous ses panégyristes, en faisant son éloge, ont fait la part de son démon familier, ce qu'il est bon de remarquer pour l'honneur des esprits. Cardan assurait aussi que son père avait été servi trente ans par un esprit familier. — Comme ses connaissances en astrologie étaient grandes, il prédit à Édouard VI, roi d'Angleterre, plus de cinquante ans de règne, d'après les règles de l'art. Mais Édouard VI mourut à seize ans. — Ces mêmes règles lui avaient fait voir clairement qu'il ne vivrait que quarante-cinq ans. Il régla sa fortune en conséquence ; ce qui l'incommoda fort le reste de sa vie. Quand il se vit trompé dans ses calculs, il refit son thème, et trouva qu'au moins il ne passerait pas la soixante-quinzième année. La nature s'obstina encore à démentir l'astrologie. Alors, pour soutenir sa réputation, et ne pas supporter davantage la honte d'un démenti (car il pensait que l'art est infaillible et que lui seul avait pu se tromper), on assure que Cardan se laissa mourir de faim. — « De tous les événements annoncés par les astrologues, je n'en trouve qu'un seul qui soit réellement arrivé tel qu'il avait été prévu, dit un écrivain du dernier siècle [1], c'est la mort de Cardan, qu'il avait lui-même prédite et fixée à un jour marqué. Ce grand jour arriva : Cardan se portait bien ; mais il fallait mourir ou avouer l'insuffisance et la vanité de son art : Cardan ne balança pas ; et, se sacrifiant à la gloire des astres, il se tua lui-même ; il n'avait pas expliqué s'il périrait par une maladie ou par un suicide. » — Il faut rappeler, parmi les extravagances astrologiques de Cardan,

---

[1] Essai sur les superstitions, par M. L. C. In-12.

qu'il avait dressé l'horoscope de notre Seigneur Jésus-Christ, qu'il publia en Italie et en France. Il trouvait, dans la conjonction de Mars avec la Lune au signe de la Balance, le genre de mort de Jésus; et le mahométisme dans la rencontre de Saturne avec le Sagittaire, à l'époque de la naissance du Sauveur.
— En somme, Jérôme Cardan fut un homme superstitieux, qui avait plus d'imagination que de jugement. Ce qui est bizarre, c'est que, croyant à tout, il croyait mal aux seules merveilles vraies, celles que l'Église admet. On le poursuivit comme magicien et comme impie... — Delancre dit qu'il avait été bien instruit en la magie par son père, lequel avait eu trente ans un démon enfermé dans une cassette, et discourait avec ce démon sur toutes ses affaires [1]. — On trouve donc des choses bizarres dans presque tous ses ouvrages, qui ont été recueillis en 10 volumes in-folio, principalement dans les livres de la *Variété des choses*, de la *Subtilité des démons*, etc.; et dans son *Traité des Songes* [2]. Voyez MÉTOPOSCOPIE.

Carenus (ALEXANDRE),—auteur d'un *Traité des songes* [3] publié à Padoue en 1575.

Carlostad (ANDRÉ BODENSTEIN DE), — archidiacre de Wurtemberg, d'abord partisan, ensuite ennemi de Luther. Il nia la présence réelle de notre Seigneur Jésus-Christ dans l'eucharistie, après avoir gagé avec Luther, le verre à la main, qu'il soutiendrait cette erreur. Il abolit la confession auriculaire, le précepte du jeûne et l'abstinence des viandes. Il fut le premier prêtre qui se maria publiquement en Allemagne; il permit aux moines de sortir de leurs monastères et de renoncer à leurs vœux; il fit de mauvais ouvrages, aujourd'hui méprisés de toutes les sectes, et voici ce qui lui arriva, selon le récit de Mostrovius: — Le jour que Carlostad prononça son dernier prêche, un grand homme noir, à la figure triste et décomposée, monta après lui dans la chaire et lui annonça qu'il irait le voir dans trois jours. D'autres disent que l'homme noir se tint devant lui, le regardant d'un œil fixe, à quelques pas de la chaire. Quoi qu'il en soit, Carlostad se troubla; il dépêcha son prêche, et, au sortir de la chaire, il demanda si l'on connaissait l'homme noir qui venait de sortir du temple; mais personne que lui ne l'avait vu. — Cependant le même fantôme noir était allé à la maison de Carlostad, et avait dit au plus jeune de ses fils : « Souviens-toi d'avertir ton père que je reviendrai dans trois jours, et qu'il se tienne prêt.... » Quand l'archidiacre rentra chez lui, son fils lui raconta cette circonstance. Carlostad épouvanté se mit au lit, et trois jours après, le 25 décembre 1541, le diable, dit-on, lui tordit le cou. L'événement eut lieu dans la ville de Bâle [1].

Carmentes, — déesses tutélaires des enfants chez les anciens. Elles ont été remplacées par nos fées; elles présidaient à la naissance, chantaient l'horoscope du nouveau né, lui faisaient un don, comme les fées en Bretagne, et recevaient de petits présents de la part des mères. Elles ne se montraient pas; cependant on leur servait à dîner dans une chambre isolée pendant les couches. On donnait aussi, chez les Romains, le nom de *carmentes* (ou *charmeuses*) aux devineresses célèbres; et l'une des plus fameuses prophétesses de l'Arcadie s'est nommée Carmentie. On l'a mise dans le ci-devant Olympe.

Carnaval, — voy. MASCARADES.

Carnoet, — voy. TROU DU CHATEAU.

Carnus, — devin d'Acarnanie, qui, ayant prédit de grands malheurs sous le règne de Codrus, fut tué à coups de flèches comme magicien. Apollon envoya la peste pour venger sa mort.

Caron. — La fable du batelier des enfers vint, dit-on, de Memphis, en Grèce. Fils de l'Érèbe et de la Nuit, il traversait le Cocyte et l'Achéron dans une barque étroite. Vieux et avare, il n'y recevait que les ombres de ceux qui avaient reçu la sépulture et qui lui payaient le passage. Nul mortel pendant sa vie ne pouvait y entrer, à moins qu'un rameau d'or consacré à Proserpine ne lui servît de sauf-conduit; et le pieux Énée eut besoin que la sibylle lui en fît présent lorsqu'il voulut pénétrer dans le royaume de Pluton. Longtemps avant le passage de ce prince, le nocher infernal avait été exilé pendant un an dans un lieu obscur du Tartare, pour avoir reçu dans son bateau Hercule, qui ne s'en était pas muni. — Mahomet, dans le *Koran*, chap. 28, a confondu Caron avec Coré, que la terre engloutit lorsqu'il outrageait Moïse. L'Arabe Mutardi, dans son ouvrage sur l'Égypte, fait de Caron un oncle du législateur des Hébreux, et, comme il soutint toujours son parti avec zèle, ce dernier, dit-il, lui apprit l'alchimie et

---

[1] L'Incrédulité et mécréance, etc., traité 1er, p. 13, etc.
[2] Hieronymus Cardanus, De Somniis. Bâle, 1585. In-4°.
[3] Alex. Carenus, De Somniis, in-4°. Patavii, 1575.

[1] Cette anecdote se trouve encore dans les écrits de Luther, et dans un livre du dernier siècle, intitulé : La Babylone démasquée, ou Entretiens de deux dames hollandaises sur la religion catholique romaine, etc., p. 226; édition de Pépie, rue St-Jacques, à Paris, 1727.

le secret du grand œuvre, avec lequel il amassa des sommes immenses. Hérodote nous a indiqué l'opinion la plus sûre : Caron fut d'abord un simple prêtre de Vulcain, mais qui sut usurper en Égypte le souverain pouvoir. Parvenu au faîte de la grandeur, il voulut rendre son nom immortel par un ouvrage qui pût attester, dans tous les siècles, l'étendue de sa magnificence. Le tribut qu'il imposa sur les inhumations lui fournit des trésors qui facilitèrent son dessein. C'est à lui que l'on doit ce labyrinthe égyptien, qui fut d'abord le palais qu'il se plut à habiter, et qui passa ensuite dans l'opinion vulgaire pour faire partie des enfers [1].

Carpentier (RICHARD), — bénédictin anglais du dix-septième siècle. On recherche de lui : 1° *la Ruine de l'Antechrist*, in-8°, 1648 ; 2° *Preuves que l'astrologie est innocente, utile et précise*, in-4°, Londres, 1653. Il a publié une autre singularité intitulée « *la Loi parfaite de Dieu*, sermon qui n'est pas sermon, qui a été prêché et n'a pas été prêché, 1652. »

Carpocratiens, — hérésiarques du deuxième siècle, qui reconnaissaient pour chef Carpocrate, professeur de magie, selon l'expression de saint Irénée. Ils contaient que les anges venaient de Dieu par une suite de générations infinies, que lesdits anges s'étaient avisés un jour de créer le monde et les âmes, lesquelles n'étaient unies à des corps que parce qu'elles avaient oublié Dieu. Carpocrate prétendait que tout ce que nous apprenons n'est que réminiscence. Il regardait les anges comme nous les démons ; il les disait ennemis de l'homme, et croyait leur plaire en se livrant à toutes ses passions et aux plaisirs les plus honteux. Ses disciples cultivaient la magie, faisaient des enchantements et avaient des secrets merveilleux. Ils marquaient leurs sectateurs à l'oreille et commettaient beaucoup d'abominations. Cette secte ne subsista pas longtemps.

Carra (JEAN-LOUIS), — aventurier du dernier siècle, qui se fit girondin, et fut guillotiné en 1793. Il a laissé, entre autres ouvrages, un *Examen physique du magnétisme animal*, in-8°, 1785.

Carrefours, — lieux où quatre chemins aboutissent. C'est aux carrefours que les sorciers se réunissent ordinairement pour faire le sabbat. On montre encore, dans plusieurs provinces, quelques-uns de ces carrefours redoutés, au milieu desquels étaient placés des poteaux que les sorciers ou les démons entouraient de lanternes pendant la fête nocturne. On fait remarquer aussi sur le sol un large rond où les démons dansaient, et l'on prétend que l'herbe ne peut y croître. C'est aussi dans un carrefour qu'on tue la poule noire pour évoquer le diable.

Cartagra, — région du purgatoire, voy. GAMYGYN.

Cartes, — voy. CARTOMANCIE.

Carticeya, — divinité indienne qui commande les armées des génies et des anges ; il a six faces, une multitude d'yeux et un grand nombre de bras armés de massues, de sabres et de flèches. Il se prélasse à cheval sur un paon.

Cartomancie, — divination par les cartes, plus connue sous le nom d'*art de tirer les cartes*. — On dit que les cartes ont été inventées pour amuser la folie de Charles VI ; mais Alliette, qui écrivit sous le nom d'Ettéilla, nous assure que la cartomancie, qui est l'art de tirer les cartes, est bien plus ancienne. Il fait remonter cette divination au jeu des bâtons d'Alpha (nom d'un Grec fameux exilé en Espagne, dit-il). Il ajoute qu'on a depuis perfectionné cette science merveilleuse. On s'est servi de tablettes peintes ; et quand Jacquemin Gringoneur offrit les cartes au roi Charles le Bien-Aimé, il n'avait eu que la peine de transporter sur des cartons ce qui était connu des plus habiles devins sur des planchettes. Il est fâcheux que cette assertion ne soit appuyée d'aucune preuve. — Cependant les cartes à jouer sont plus anciennes que Charles VI. Boissonade a remarqué que le petit Jehan de Saintré ne fut honoré de la faveur de Charles V que parce qu'il ne jouait ni aux cartes ni aux dés. Il fallait bien aussi qu'elles fussent connues en Espagne lorsque Alphonse XI les prohiba en 1332, dans les statuts de l'ordre de la Bande. — Quoi qu'il en soit, les cartes, d'abord tolérées, furent ensuite condamnées ; et c'est une opinion encore subsistante dans l'esprit de quelques personnes crédules que qui tient les cartes tient le diable. C'est souvent vrai, au figuré. « Ceux qui font des tours de cartes sont sorciers le plus souvent, » dit Boguet. Il cite un comte italien qui vous mettait en main un dix de pique, et vous trouviez que c'était un roi de cœur [1]. Que dirait-il des prestidigitateurs actuels ? — Il n'est pas besoin de dire qu'on a trouvé tout dans les cartes, histoire, sabéisme, sorcellerie. Il y a même eu des doc-

---

[1] Delandine, Enfers des peuples anciens ch. 9. Voyez, dans les Légendes infernales, la légende de Caron, d'après Paul Lucas.

[1] Discours des sorciers, ch. 53.

les qui virent toute l'alchimie dans les figures; et certains cabalistes ont prétendu y reconnaître les esprits des quatre éléments. Les carreaux sont les salamandres, les cœurs sont les sylphes, les trèfles les ondins, et les piques les gnômes. Arrivons à l'art de tirer les cartes. — On se sert, pour la cartomancie, d'un jeu de piquet de trente-deux cartes. Les cœurs et les trèfles sont généralement bons et heureux ; les carreaux et les piques, généralement mauvais et malheureux. Les figures en cœur et en carreau annoncent des personnes blondes ou châtaines-blondes; les figures en pique ou en trèfle annoncent des personnes brunes ou châtaines-brunes. Voici ce que signifie chaque carte : — Les huit cœurs. — Le roi de cœur est un homme honorable qui cherche à vous faire du bien ; s'il est renversé, il sera arrêté dans ses loyales intentions. La dame de cœur est une femme honnête et généreuse de qui vous pouvez attendre des services ; si elle est renversée, c'est le présage d'un retard dans vos espérances. Le valet de cœur est un brave jeune homme, souvent un militaire, qui doit entrer dans votre famille et cherche à vous être utile ; il en sera empêché s'il est renversé. L'as de cœur annonce une nouvelle agréable; il représente un festin ou un repas d'amis quand il se trouve entouré de figures. Le dix de cœur est une surprise qui fera grande joie ; le neuf promet une réconciliation, il resserre les liens entre les personnes qu'on veut brouiller. Le huit promet de la satisfaction de la part des enfants. Le sept annonce un bon mariage. — Les huit carreaux. — Le roi de carreau est un homme assez important qui pense à vous nuire, et qui vous nuira s'il est renversé. La dame est une méchante femme qui dit du mal de vous et qui vous fera du mal si elle est renversée. — Le valet est un militaire ou un messager qui vous apporte des nouvelles désagréables, et s'il est renversé des nouvelles fâcheuses ; l'as de carreau annonce une lettre; le dix de carreau, un voyage nécessaire et imprévu ; le neuf, un retard d'argent; le huit, des démarches qui surprendront de la part d'un jeune homme; le sept, un gain de loterie; s'il se trouve avec l'as de carreau, bonnes nouvelles. — Les huit piques. — Le roi représente un commissaire ou un homme de robe avec qui on aura des disgrâces; s'il est renversé, perte d'un procès. La dame est une veuve qui cherche à vous tromper ; si elle est renversée, elle vous trompera. Le valet est un jeune homme qui vous causera des désagréments ; s'il est renversé, présage de trahison. L'as, grande tristesse ; le dix, emprisonnement; le neuf, retard dans les affaires; le huit, mauvaise nouvelle; s'il est suivi du sept de carreau, pleurs et discordes. Le sept, querelles et tourments, à moins qu'il ne soit accompagné de cœurs. — Les huit trèfles. — Le roi est un homme juste, qui vous rendra service ; s'il est renversé, ses intentions honnêtes éprouveront du retard. La dame est une femme qui vous aime; une femme jalouse, si elle est renversée. Le valet promet un mariage qui ne se fera pas sans embarras préliminaires, s'il est renversé. L'as, gain, profit, argent à recevoir ; le dix, succès; s'il est suivi du neuf de carreau, retard d'argent; perte s'il se trouve à côté du neuf de pique. Le neuf, réussite ; le huit, espérances fondées; le sept, faiblesses ; et s'il est suivi d'un neuf, héritage. — Quatre rois de suite, honneurs; trois rois de suite, succès dans le commerce ; deux rois de suite , bons conseils. — Quatre dames de suite, grands caquets; trois dames de suite, tromperies; deux dames de suite, amitié. — Quatre valets de suite, maladie contagieuse ; trois valets de suite, paresse ; deux valets de suite, dispute. — Quatre as de suite, une mort ; trois as de suite, libertinage ; deux as de suite, inimitié. — Quatre dix de suite, événements désagréables; trois dix de suite, changement d'état; deux dix de suite, perte. — Quatre neuf de suite, bonnes actions; trois neuf de suite, imprudence; deux neuf de suite, argent. — Quatre huit de suite, revers; trois huit de suite, mariage; deux huit de suite, désagréments. — Quatre sept de suite, intrigues; trois sept de suite, divertissements; deux sept de suite, petites nouvelles. — Il y a plusieurs manières de tirer les cartes. La plus sûre méthode est de les tirer par sept, comme il suit : — Après avoir mêlé le jeu, on compte les cartes de sept en sept, mettant de côté la septième de chaque paquet. On répète l'opération jusqu'à ce qu'on ait produit douze cartes. Vous étendez ces douze cartes sur la table les unes à côté des autres, selon l'ordre dans lequel elles sont venues; ensuite vous cherchez ce qu'elles signifient, d'après la valeur et la position de chaque carte, ainsi qu'on l'a expliqué. — Mais avant de tirer les cartes, il ne faut pas oublier de voir si la personne pour laquelle on les tire est sortie du jeu. On prend ordinairement le roi de cœur pour un homme blond marié; le roi de trèfle pour un homme brun marié ; la dame de cœur pour une dame ou une demoiselle blonde; la dame de trèfle pour une dame ou une demoiselle brune; le valet de cœur pour un jeune homme blond ; le valet de trèfle pour un jeune homme brun. — Si la carte qui représente la personne pour qui on opère ne se trouve pas dans les douze cartes que le hasard vient d'amener, on la cherche dans le reste du jeu, et on la place simplement à la fin des douze cartes sorties. Si au contraire elle s'y trouve, on fait tirer à la personne pour qui on travaille (ou l'on tire soi-même si c'est pour soi que l'on consulte) une treizième carte à jeu couvert. On la place pareillement à la fin des douze cartes étalées, parce qu'il est reconnu qu'il faut treize cartes. — Alors on explique sommairement l'ensemble du jeu. Ensuite, en partant de la carte qui représente la personne pour qui on interroge le sort, on compte sept et on s'arrête ; on interprète la valeur intrinsèque et relative de la carte sur laquelle on fait station ; on compte sept de nouveau, et de nouveau on explique, parcourant ainsi tout le jeu à plusieurs reprises jusqu'à ce qu'on revienne précisément à la carte de laquelle on est parti. On doit déjà avoir vu bien des choses. Il reste cependant une opération importante. — On relève les treize cartes, on les mêle, on fait couper de la main gauche. Après quoi on les dispose à couvert sur six paquets, 1° pour la personne, 2° pour la maison ou son intérieur, 3° pour ce qu'elle attend, 4° pour ce qu'elle n'attend pas, 5° pour sa surprise, 6° pour sa consolation ou sa pensée. — Les six premières cartes ainsi rangées sur la table, il en reste sept dans la main. On fait un second tour, mais on ne met une carte que sur chacun des cinq premiers paquets. Au troisième tour, on pose les deux dernières cartes sur les numéros 1 et 2. On découvre ensuite successivement chaque paquet, et on l'explique en commençant par le premier, qui a trois cartes ainsi que le deuxième, et finissant par le dernier qui n'en a qu'une. — Voilà tout entier l'art de tirer les cartes ; les méthodes varient, mais les résultats ne varient pas. — Nous terminerons en indiquant la manière de faire ce qu'on appelle la réussite. — Prenez également un jeu de piquet de trente-deux cartes. Faites huit paquets à couvert de quatre cartes chacun, et les rangez sur la table ; retournez la première carte de chaque paquet ; prenez les cartes de la même valeur deux par deux, comme deux dix, deux rois, deux as, etc., en retournant toujours à découvert sur chaque paquet la carte qui suit celle que vous enlevez. Pour que la réussite soit assurée, il faut que vous retiriez de la sorte toutes les cartes du jeu, deux par deux, jusqu'aux dernières. — On fait ces réussites pour savoir si un projet ou une affaire aura du succès, ou si une chose dont on doute a eu lieu. — Alliette, sous le nom d'Etteilla, a publié un long traité sur cette matière. Citons encore l'*Oracle parfait*, ou nouvelle manière de tirer les cartes, au moyen de laquelle chacun peut faire son horoscope. In-12, Paris, 1802. Ce petit livre, de 92 pages, est dédié au beau sexe par Albert d'Alby. L'éditeur est M. de Valembert, qui fait observer que l'*Oracle parfait* devait paraître en 1788 ; que la censure l'arrêta, et qu'on n'a pu qu'en 1802 en gratifier le public. La méthode de ce livre est embrouillée ; l'auteur veut qu'on emploie vingt cartes disposées par cinq, de cette manière : une au milieu, une au-dessus, une au-dessous, et une de chaque côté, ce qui fait une croix. La carte d'en haut signifie ce qui doit arriver bientôt, la carte de droite arrivera dans un temps plus éloigné ; la carte d'en bas est pour le passé ; la carte de gauche pour les obstacles ; la carte du milieu pour le présent. On explique ensuite d'après les principes. — Mais c'en est assez sur la cartomancie. Nous n'avons voulu rien laisser ignorer de cette science aux dames qui consultent leurs cartes et qui doutent de Dieu. Cependant nous les prierons d'observer que ce grand moyen de lever le rideau qui nous cache l'avenir s'est trouvé quelquefois en défaut. Une des plus fameuses tireuses de cartes fit le jeu pour un jeune homme sans barbe qui s'était déguisé en fille. Elle lui promit un époux riche et bien fait, trois garçons, une fille, des couches laborieuses mais sans danger. — Une dame qui commençait à hésiter dans sa confiance aux cartes se fit un jour une réussite pour savoir si elle avait déjeuné. Elle était encore à table devant les plats vides, elle avait l'estomac bien garni ; toutefois les cartes lui apprirent qu'elle était à jeun, car la réussite ne put avoir lieu.

Casaubon (MÉDÉRIC), fils d'Isaac Casaubon, né à Genève en 1599. On a de lui un *Traité de l'Enthousiasme*, publié en 1655 ; in-8°. Cet ouvrage est dirigé contre ceux qui attribuent l'enthousiasme à une inspiration du ciel ou à une inspiration du démon. On lui doit aussi un *Traité de la crédulité et de l'incrédulité dans les choses spirituelles*, in-8°, Londres, 1670. Il y établit la réalité des esprits, des merveilles surnaturelles et des sorciers [1]. Nous citerons aussi sa *Véritable et fidèle relation de ce qui s'est passé entre Jean Dée et certains esprits*, 1659, in-fol.

Casi. — C'est le nom d'une pagode fameuse sur les bords du Gange. Les Indiens recherchent le privilège d'y mourir ; car Eswara ne manque pas de venir souffler dans leur oreille

---

[1] Cet ouvrage est connu aussi sous le titre de Traité des esprits, des sorciers et des opérations surnaturelles, en anglais. Londres, 1672. In-8°.

droite au dernier instant pour les purifier : aussi ont-ils grand soin de mourir couchés sur le côté gauche.

Casmann (Othon), — savant Allemand du seizième siècle, auteur d'un livre sur les anges, intitulé : *Angélographie* [1]. Il a laissé un autre ouvrage, que quelques personnes recherchent, sur les mystères de la nature [2].

Cassandre, — fille de Priam, à qui Apollon donna le don de prophétie pour la séduire ; mais quand elle eut le don, elle ne voulut pas répondre à la tendresse du dieu, et le dieu discrédita ses pronostics. Aussi, quoique grande magicienne et sorcière, comme dit Delancre [3], elle ne put pas empêcher la ruine de Troie, ni se garantir elle-même des violences d'Ajax.

Cassius de Parme. — Antoine venait de perdre la bataille d'Actium ; Cassius de Parme, qui avait suivi son parti, se retira dans Athènes : là, au milieu de la nuit, pendant que son esprit s'abandonnait aux inquiétudes, il vit paraître devant lui un homme noir qui lui parla avec agitation. Cassius lui demanda qui il était. « Je suis ton démon [4], » répondit le fantôme. Ce mauvais démon était la peur. A cette parole, Cassius s'effraya et appela ses esclaves ; mais le démon disparut sans se laisser voir à d'autres yeux. Persuadé qu'il rêvait, Cassius se recoucha et chercha à se rendormir ; aussitôt qu'il fut seul, le démon reparut avec les mêmes circonstances. Le Romain n'eut pas plus de force que d'abord ; il se fit apporter des lumières, passa le reste de la nuit au milieu de ses esclaves, et n'osa plus rester seul. Il fut tué peu de jours après par l'ordre du vainqueur d'Actium [5].

Casso ou **Alouette**. — On assure que celui qui portera sur soi les pieds de cet oiseau ne sera jamais persécuté ; au contraire, il aura toujours l'avantage sur ses ennemis. Si on enveloppe l'œil droit de l'alouette dans un morceau de la peau d'un loup, l'homme qui le portera sera doux, agréable et plaisant ; et si on le met dans du vin, on se fera chérir de la personne qui le boira [6].

Cassotide, — fontaine de Delphes, dont la vertu prophétique inspirait des femmes qui y rendaient des oracles.

[1] Angelographia, 2 vol. in-8°, Francfort, 1597 et 1605.
[2] Nucleus mysteriorum naturæ enucleatus, 1605. In-8°.
[3] Tableau de l'inconstance des mauvais anges, etc., liv. 1ᵉʳ, disc. 3.
[4] L'original porte *cacodaimon*, mauvais démon. Chez les Grecs *daimon* simplement signifiait *un génie, une bonne intelligence*, comme le démon de Socrate et quelques autres.
[5] Valère-Maxime, et d'autres anciens.
[6] Admirables secrets d'Albert-le-Grand.

Castaigne (Gabriel de), — aumônier de Louis XIII, cordelier et alchimiste. On lui doit *l'Or potable qui guérit de tous maux*, in-8°, rare, Paris, 1644 ; *le Paradis terrestre*, où l'on trouve la guérison de toute maladie ; in-8°, Paris, 1615 ; « *le Grand Miracle de nature métallique*, que, en imitant icelle sans » sophistiqueries, tous les métaux imparfaits » se rendront en or ou fin, et les maladies incu-» rables se guériront, » in-8°, Paris, 1615.

Castalie, — fontaine d'Antioche, au faubourg de Daphné ; ses eaux étaient prophétiques, et il y avait auprès un oracle célèbre qui prédit l'empire à Adrien. Quand cet oracle fut accompli, Adrien fit boucher la fontaine avec de grosses pierres, de peur qu'un autre n'y allât chercher la même faveur qu'il avait obtenue.

Castellini (Luc), — frère prêcheur du dix-septième siècle. On trouve des prodiges infernaux dans son *Traité des miracles* [1].

Castor. — C'est une opinion très-ancienne et très-commune que le castor se mutile pour se dérober à la poursuite des chasseurs. On la trouve dans les hiéroglyphes des Égyptiens, dans les fables d'Ésope, dans Pline, dans Aristote, dans Élien ; mais cette opinion n'en est pas moins une erreur aujourd'hui reconnue [2].

Castor et Pollux, — fils de Jupiter et de Léda. On en fit des dieux marins ; et, dans l'antiquité, les matelots appelaient feux de Castor et Pollux ce que nos marins appellent feux Saint-Elme. Les histoires grecques et romaines sont remplies d'apparitions de Castor et Pollux. Pendant que Paul-Émile faisait la guerre en Macédoine, Publius Vatinius, revenant à Rome, vit subitement devant lui deux jeunes gens beaux et bien faits, montés sur des chevaux blancs, qui lui annoncèrent que le roi Persée avait été fait prisonnier la veille. Vatinius se hâta de porter au sénat cette nouvelle ; mais les sénateurs, croyant déroger à la majesté de leur caractère en s'arrêtant à des puérilités, firent mettre cet homme en prison. Cependant, après qu'on eut reconnu par les lettres du consul que le roi de Macédoine avait été effectivement pris ce jour-là, on tira Vatinius de sa prison, on le gratifia de plusieurs arpents de terre, et le sénat reconnut que Castor et Pollux étaient les protecteurs de la république. Pausanias explique cette apparition : « C'étaient, dit-il, des jeunes gens revêtus du costume des Tyndarides, et apostés pour frapper les esprits

[1] Tractatus de miraculis. Rome, 1629.
[2] Voyez Brown, *Des Erreurs populaires*, liv. III, ch. 4.

crédules. » — On sait que Castor et Pollux sont devenus la constellation des Gémeaux.

Castro (ALPHONSE DE), — célèbre prédicateur né au Pérou, et l'un des plus savants théologiens du seizième siècle, auteur d'un livre contre les magiciens [1].

Cataboliques. — « Ceux qui ont lu les anciens savent que les démons *cataboliques* sont des démons qui emportent les hommes, les tuent, brisent et fracassent, ayant cette puissance sur eux. De ces démons cataboliques, Fulgence raconte qu'un certain Campester avait écrit un livre particulier qui nous servirait bien si nous l'avions, pour apprendre au juste comment ces diables traitaient leurs suppôts les magiciens et sorciers [2]. »

Cataldo, — évêque de Tarente au sixième siècle. Mille ans après sa mort, on raconte qu'il se montra une nuit, en vision, à un jeune Tarentin du seizième siècle, et le chargea de creuser en un lieu qu'il lui désigna, où il avait caché et enterré un livre écrit de sa main pendant qu'il était au monde, lui disant qu'incontinent qu'il aurait recouvré ce livre, il ne manquât point de le faire tenir à Ferdinand, roi d'Aragon et de Naples, qui régnait alors. Le jeune enfant n'ajouta point de foi d'abord à cette vision, quoique Cataldo lui apparût presque tous les jours pour l'exhorter à faire ce qu'il lui avait ordonné. Enfin, un matin avant le jour, comme il faisait sa prière, il aperçut Cataldo en habit épiscopal, lequel lui dit avec une contenance sévère : « Tu n'as pas tenu compte de chercher le livre que je t'avais enseigné et de l'envoyer au roi Ferdinand; sois assuré, cette fois pour toutes, que si tu n'exécutes ce que je t'ai commandé, il t'en adviendra mal. » — L'enfant, intimidé de ces menaces, publia sa vision à tout le monde; le peuple ému s'assembla pour l'accompagner au lieu marqué. On y arriva, on creusa la terre; on trouva un petit coffre de plomb si bien clos et cimenté que l'air n'y pouvait pénétrer, et au fond du coffre se vit le livre où toutes les misères qui devaient arriver au royaume de Naples, au roi Ferdinand et à ses enfants, étaient décrites en forme de prophétie, lesquelles ont eu lieu; car Ferdinand fut tué au premier conflit; son fils Alphonse, à peine maître du trône, fut mis en déroute par ses ennemis, et mourut en exil. Ferdinand, le puîné, périt misérablement à la fleur de son âge, accablé de guerres, et Frédéric, petit-fils du défunt Ferdinand, vit brûler, saccager et ruiner son pays [1].

Catalonos ou **Babailanas**, — prêtresses des Indiens des îles Philippines. Elles lisent dans l'avenir et prédisent ce qui doit arriver. Quand elles ont annoncé le bien ou le mal à ceux qui les consultent, elles font le sacrifice d'un cochon qu'elles tuent d'un coup de lance et qu'elles offrent en dansant aux mauvais génies et aux âmes des ancêtres, lesquelles, dans l'opinion des Indiens, fixent leurs demeures sous de grands arbres.

Catanancée, — plante que les femmes de Thessalie employaient dans leurs philtres. On en trouve la description dans Dioscoride.

Cataramonachia, — anathème que fulminent les papas grecs. Dans quelques îles de la Morée, on dit que cet anathème donne une fièvre lente dont on meurt en six semaines.

Catelan (LAURENT), — pharmacien de Montpellier au dix-septième siècle. Il a laissé une *Histoire de la nature, chasse, vertus, propriétés et usages de la Licorne*, Montpellier, in-8°, 1624, et un *Rare et curieux Discours de la plante appelée Mandragore*, Paris, in-12, 1639.

Catharin (AMBROISE), — dominicain de Florence, mort à Rome en 1553, auteur d'une réfutation des prophéties de Savonarole [2], et d'un *Traité de la mort et de la résurrection*.

Catherine, — voy. REVENANTS.

Catherine (SAINTE), — voy. INCOMBUSTIBLES.

Catherine de Médicis, — célèbre reine de France, née à Florence en 1519, morte en 1589. Elle croyait non-seulement à l'astrologie judiciaire, mais encore à la magie. Elle portait, dit-on, sur l'estomac une peau de vélin, d'autres disent d'un enfant égorgé, semée de figures, de lettres et de caractères de différentes couleurs. Elle était persuadée que cette peau avait la vertu de la garantir de toute entreprise contre sa personne. Elle fit faire la colonne de l'hôtel de Soissons [3], dans le fût de laquelle il y avait un escalier à vis, pour monter à la sphère armillaire qui est au haut. Elle allait y consulter les astres avec ses astrologues, dont elle s'entoura

---

[1] De Sortilegis ac maleficis, eorumque punitione. Lyon, 1568.

[2] Leloyer, Hist. et disc. des spectres, liv. VII, ch. 4.

[1] Histoires prodigieuses de Boistuau, tom. 1er.

[2] Discorso contra la dottrina e le profetie di Girolamo Savonarola, da Ambrosio Catarino polito. In-8°. Venise, 1548. Thomas Neri combattit cet ouvrage dans un livre intitulé : Apologia di Tomaso Neri, in difesa della dottrina di Girolamo Savonarola. In-8°. Florence, 1564.

[3] Cette colonne existe encore à Paris; elle est adossée à la Halle au blé.

jusqu'à sa mort. — Cette princesse, que l'on a fort noircie, eut beaucoup d'ennemis, surtout les réformés, qui n'ont reculé devant aucune calomnie. Ils la représentent comme ayant été très-versée dans l'art d'évoquer les esprits; ils ajoutent que sur la peau d'enfant qu'elle portait au cou, étaient représentées plusieurs divinités païennes. Étant tombée gravement malade, elle remit, disent-ils, à M. de Mesmes, une boîte hermétiquement fermée, en lui faisant promettre de ne jamais l'ouvrir et de la lui rendre si elle revenait à la vie. Long-temps après, les enfants du dépositaire ayant ouvert la boîte, dans l'espoir d'y trouver des pierreries ou un trésor, n'y découvrirent qu'une médaille de forme antique, large et ovale, où Catherine de Médicis était représentée à genoux, adorant les Furies et leur présentant son offrande. Ce conte donne la mesure de vingt autres. Catherine de Médicis survécut à M. de Mesmes, et elle n'aurait pas manqué de retirer la cassette. — Elle avait attaché à sa personne plusieurs astrologues, parmi lesquels il ne faut pas oublier l'illustre Luc Gauric. Ils lui prédirent que Saint-Germain la verrait mourir. Dès-lors elle ne voulut plus demeurer à Saint-Germain-en-Laye; et on dit qu'elle n'y coucha jamais depuis. Mais Nicolas de Saint-Germain, évêque de Nazareth, l'ayant assistée à l'heure de sa mort, on regarda la prédiction comme accomplie.

Catho (Angelo), — savant habile dans l'astrologie, qui prédit à Charles-le-Téméraire sa mort funeste. Le duc de Bourgogne n'en tint compte, et perdit tout, comme on sait. Malheureusement rien ne prouve que la prédiction ait été faite en temps utile. Louis XI estimait tant Angelo Catho, à cause de sa science, qu'il lui donna l'archevêché de Vienne en Dauphiné.

Catillus, — *voy.* Gilbert.

Catoblebas, — serpent qui donne la mort à ceux qu'il regarde, si on en veut bien croire Pline. Mais la nature lui a fait la tête fort basse, de manière qu'il lui est difficile de fixer quelqu'un. On ajoute que cet animal habite près de la fontaine Nigris, en Éthiopie, que l'on prétend être la source du Nil.

Caton le Censeur. — Dans son livre, *De Re Rustica*, il enseigne, parmi divers remèdes, la manière de remettre les membres démis, et donne même les paroles enchantées dont il faut se servir.

Catoptromancie, — divination par le moyen d'un miroir. On trouve encore, dans beaucoup de villages, des devins qui emploient cette divination, autrefois fort répandue. Quand on a fait une perte, essuyé un vol, ou reçu quelques coups clandestins dont on veut connaître l'auteur, on va trouver le sorcier ou devin, qui introduit le consultant dans une chambre à demi éclairée. On n'y peut entrer qu'avec un bandeau sur les yeux. Le devin fait les évocations, et le diable montre dans un miroir le passé, le présent et le futur. Malgré le bandeau, les crédules villageois, dans de telles occasions, ont la tête tellement montée qu'ils ne manquent pas de voir quelque chose. — On se servait autrefois, pour cette divination, d'un miroir que l'on présentait, non devant, mais derrière la tête d'un enfant à qui l'on avait bandé les yeux. — Pausanias parle d'un autre effet de la catoptromancie. « Il y avait à Patras, dit-il, devant le temple de Cérès, une fontaine séparée du temple par une muraille; là on consultait un oracle, non pour tous les événements, mais seulement pour les maladies. Le malade descendait dans la fontaine un miroir suspendu à un fil, en sorte qu'il ne touchât la surface de l'eau que par sa base. Après avoir prié la déesse et brûlé des parfums, il se regardait dans ce miroir, et, selon qu'il se trouvait le visage hâve et défiguré ou gras et vermeil, il en concluait très-certainement que la maladie était mortelle ou qu'il en réchapperait. »

Cattani (François), — évêque de Fiésol, mort en 1595, auteur d'un livre sur les superstitions de la magie [1].

Cauchemar. — On appelle ainsi un embarras dans la poitrine, une oppression et une difficulté de respirer qui surviennent pendant le sommeil, causent des rêves fatigants, et ne cessent que quand on se réveille. On ne savait pas trop, au quinzième siècle, ce que c'était que le cauchemar, qu'on appelait aussi alors *chauche-poulet*. On en fit un monstre; c'était un moyen prompt de résoudre la difficulté. Les uns voyaient dans cet accident une sorcière ou un spectre qui pressait le ventre des gens endormis, leur dérobait la parole et la respiration, et les empêchait de crier et de s'éveiller pour demander du secours; les autres, un démon qui étouffait les gens. Les médecins n'y voyaient guère plus clair; on ne savait d'autre remède pour se garantir du cauchemar, que de suspendre une pierre creuse dans l'écurie de sa maison; et Delrio, embarrassé, crut décider la question en disant que *Cauchemar* était un suppôt de Belzébuth; il l'appelle ailleurs *incubus morbus*. — Dans les

---

[1] Sopra la superstitione dell' arte magica. Florence. 1562.

guerres de la république française en Italie, on caserna dans une église abandonnée un régiment français; les paysans avaient averti les soldats que la nuit on se sentait presque suffoqué dans ce lieu-là, et que l'on voyait passer un gros chien sur sa poitrine; les soldats en riaient. Ils se couchèrent après mille plaisanteries. Minuit arrive, tous se sentent oppressés, ne respirent plus et voient chacun sur son estomac un chien noir, qui disparut enfin, et leur laissa reprendre leurs sens. Ils rapportèrent le fait à leurs officiers, qui vinrent y coucher eux-mêmes la nuit suivante, et furent tourmentés du même fantôme. Comment expliquer ce fait? « Mangez peu, tenez le ventre libre, ne couchez point sur le dos, et votre cauchemar vous quittera sans grimoire, » dit M. Salgues [1]. Il est certain que dans les pays où l'on ne soupe plus, on a moins de cauchemars. — Bodin conte[2] qu'au pays de Valois, en Picardie, il y avait de son temps une sorte de sorciers et de sorcières qu'on appelait cauchemares, qu'on ne pouvait chasser qu'à force de prières.

Cauchon (Pierre), — évêque de Beauvais au quinzième siècle. Il poursuivit Jeanne d'Arc comme sorcière, et la fit brûler à Rouen. Il mourut subitement en 1443. Le pape Calixte IV excommunia après sa mort ce prélat déshonoré, dont le corps fut déterré et jeté à la voirie.

Causathan, — démon ou mauvais génie que Porphyre se vantait d'avoir chassé d'un bain public.

Causimomancie, — divination par le feu, employée chez les anciens mages. C'était un heureux présage quand les objets combustibles jetés dans le feu venaient à n'y pas brûler.

Cayet (Pierre-Victor-Palma); — savant écrivain tourangeau du seizième siècle. Outre la *Chronologie novennaire* et la *Chronologie septennaire*, il a laissé l'*Histoire prodigieuse et lamentable du docteur Faust, grand magicien*, traduite de l'allemand en français, Paris, 1603, in-12; et l'*Histoire véritable comment l'âme de l'empereur Trajan a été délivrée des tourments de l'enfer par les prières de saint Grégoire-le-Grand*, traduite du latin d'Alphonse Chacon, in-8°, rare; Paris, 1607. — Cayet rechercha toute sa vie la pierre philosophale, qu'il n'eut pas le talent de trouver; on débita aussi qu'il était magicien, mais on peut voir qu'il ne pensait guère à se mêler de magie, dans l'épître dédicatoire qu'il a mise en tête de l'histoire de Faust. Les huguenots, dont il avait abandonné le parti, l'accusèrent d'avoir fait pacte avec le diable, pour qu'il lui apprît les langues; c'était alors une grande injure; Cayet s'en vengea vivement dans un livre où il défendit contre eux la doctrine du purgatoire [1].

Caym, — démon de classe supérieure, grand président aux enfers; il se montre habituellement sous la figure d'un merle. Lorsqu'il paraît en forme humaine, il répond du milieu d'un brasier ardent; il porte à la main un sabre effilé. C'est, dit-on, le plus habile sophiste de l'enfer; et il peut, par l'astuce de ses arguments, désespérer le logicien le plus aguerri. C'est avec lui que Luther eut cette fameuse dispute dont il nous a conservé les circonstances. Caym donne l'intelligence du chant des oiseaux, du mugissement des bœufs, de l'aboiement des chiens et du bruit des ondes. Il connaît l'avenir. Ce démon, qui fut autrefois de l'ordre des anges, commande à présent trente légions aux enfers [2].

Cayol, — propriétaire à Marseille, mort au commencement de ce siècle. Un de ses fermiers lui apporta un jour douze cents francs, dont il promit la quittance pour le lendemain, parce qu'il était occupé. Le paysan ne revint qu'au bout de quelques jours. M. Cayol venait de mourir d'apoplexie. Son fils avait pris possession de ses biens, il refuse de croire au fait que le paysan raconte, et réclame les douze cents francs en justice. Le paysan fut condamné à payer une seconde fois. Mais la nuit qui suivit cette sentence, M. Cayol apparut à son fils bien éveillé, et lui reprocha sa conduite: « J'ai été payé, ajouta-t-il; regarde derrière le miroir qui est sur la cheminée de ma chambre, tu y trouveras mon reçu. » Le jeune homme se lève tremblant, trouve la quittance de son père et se hâte de payer les frais qu'il avait faits au pauvre fermier, en reconnaissant ses torts [3].

Cazotte (Jacques), — né à Dijon en 1720, guillotiné en 1793, auteur du poème d'*Olivier*, où beaucoup d'épisodes roulent sur les merveilles magiques. Le succès qu'obtint cette production singulière le décida à faire paraître le *Diable amoureux*. Comme il y a dans cet ouvrage des conjurations et autres propos de

---

[1] M. Salgues, Des Erreurs et des préjugés, t. I, p. 332.
[2] Démonomanie des sorciers, liv. II, ch. 7.

[1] La Fournaise ardente et le four du réverbère pour évaporer les prétendues eaux de Siloé, et pour corroborer le purgatoire contre les hérésies, calomnies, faussetés et cavillations ineptes du prétendu ministre Dumoulin, Paris, 1603. In-8°. Dumoulin, venait de publier les Eaux de Siloé, pour éteindre le feu du purgatoire, contre les raisons d'un cordelier portugais. In-8°, 1603.
[2] Wierus, in Pseudomonarchia dæm.
[3] Infernaliana, p. 226.

grimoire, un étranger alla un jour le prier de lui apprendre à conjurer le diable, science que Cazotte ne possédait pas. — Ce qui lui obtient encore place dans ce recueil, c'est sa prophétie rapportée par La Harpe, où l'on a cru long-temps qu'il avait pronostiqué la révolution dans la plupart de ses détails. Mais on n'avait imprimé, dit-on, qu'un fragment de cette pièce. On a cru, plus tard, la découvrir plus entière, et quelques-uns pensent à présent que la prophétie a été supposée.

Cébus ou Céphus, — monstre adoré des Égyptiens. C'était une espèce de satyre ou singe qui avait, selon Pline, les pieds et les mains semblables à ceux de l'homme. Diodore lui donne une tête de lion, le corps d'une panthère et la taille d'une chèvre. On ajoute que Pompée en fit venir un à Rome, et qu'on n'en a jamais vu que cette fois-là.

Cecco d'Ascoli (FRANÇOIS STABILI, *dit*), — professeur d'astrologie, né dans la marche d'Ancône au treizième siècle. Il se mêlait aussi de magie et d'hérésie. On dit, ce qui n'est pas certain, qu'il fut brûlé en 1327, avec son livre d'astrologie, qui est, à ce qu'on croit, le commentaire sur la sphère de Sacrobosco[1]. Il disait qu'il se formait dans les cieux des esprits malins qu'on obligeait, par le moyen des constellations, à faire des choses merveilleuses. Il assurait que l'influence des astres était absolue, et reconnaissait le fatalisme. Selon sa doctrine, Notre-Seigneur Jésus-Christ n'avait été pauvre et n'avait souffert une mort ignominieuse que parce qu'il était né sous une constellation qui causait nécessairement cet effet...; au contraire, l'antechrist sera riche et puissant, parce qu'il naîtra sous une constellation favorable. — On demandait un jour à Cecco ce que c'était que la lune; il répondit : « C'est une terre comme la nôtre, *ut terra terra est*. » On a beaucoup disputé sur cet astrologue, connu aussi sous le nom de *Cecus Asculan*, et plus généralement sous celui de *Chicus Æsculanus*. Delrio ne voit en lui qu'un homme superstitieux, qui avait la tête mal timbrée. Naudé le regarde comme un fou savant. Quelques auteurs, qui le mettent au nombre des nécromanciens, lui prêtent un esprit familier, nommé Floron, de l'ordre des chérubins, lequel Floron l'aidait dans ses travaux et lui donnait de bons conseils, ce qui ne l'empêcha pas de faire des livres ridicules.

Cécile. — Vers le milieu du seizième siècle, une femme, nommée Cécile, se montrait en spectacle à Lisbonne; elle possédait l'art de si bien varier sa voix, qu'elle la faisait partir tantôt de son coude, tantôt de son pied, tantôt de son ventre. Elle liait conversation avec un être invisible qu'elle nommait Pierre-Jean, et qui répondait à toutes ses questions. Cette femme ventriloque fut réputée sorcière et bannie dans l'île Saint-Thomas[1].

Ceintures magiques. — Plusieurs livres de secrets vous apprendront qu'on guérit toutes sortes de maladies intérieures en faisant porter au malade une ceinture de fougère cueillie la veille de la Saint-Jean, à midi, et tressée de manière à former le caractère magique HVTY. Le synode tenu à Bordeaux, en 1600, a condamné ce remède, et la raison le condamne tous les jours.

Celse, — philosophe éclectique du deuxième siècle, ennemi des chrétiens. En avouant les miracles de Jésus-Christ, il disait qu'ils avaient été opérés par la magie, et que les chrétiens étaient des magiciens. Il a été réfuté par Origène.

Celsius (ANDRÉ), — suédois mort en 1744, auteur d'une *Lettre sur les comètes*, publiée à Upsal l'année de sa mort.

Cenchroboles, — nation imaginaire dont parle Lucien. Il dit que les Cenchroboles allaient au combat montés sur de grands oiseaux couverts d'herbes vivaces au lieu de plumes.

Cendres. — On soutenait, dans le dix-septième siècle, entre autres erreurs, qu'il y avait des semences de reproduction dans les cadavres, dans les cendres des animaux et même des plantes brûlées; qu'une grenouille, par exemple, en se pourrissant, engendrait des grenouilles, et que les cendres des roses avaient produit d'autres roses. *Voy.* PALINGÉNÉSIE. — Le Grand Albert dit que les cendres de bois astringent resserrent, et qu'on se relâche avec des cendres de bois contraire. « Et, ajoute-t-il, Dioscoride assure que la lessive de cendres de sarments, bue avec du sel, est un remède souverain contre la suffocation de poitrine. Quant à moi, ajoute-t-il, j'ai guéri plusieurs personnes de la peste, en leur faisant boire une quantité d'eau où j'avais fait amortir de la cendre chaude, et leur ordonnant de suer après l'avoir bue[2]. »

---

[1] Commentarii in sphæram Joannis de Sacrobosco. In-fol. Bâle, 1485. — « Une preuve que Cecco était fou, disent Naudé et Delrio, c'est, 1° qu'il interprète le livre de Sacrobosco dans le sens des astrologues, nécromanciens et chiroscopistes; 2° qu'il cite grand nombre d'auteurs falsifiés, comme les Ombres des idées de Salomon, le Livre des esprits d'Hipparchus, les Aspects des étoiles, d'Hippocrate, etc. »

[1] M. Salgues, Des Erreurs, etc., t. II, p. 227.
[2] Les admirables secrets d'Albert-le-Grand, liv. III, ch. 1.

Cénéthus, — second roi d'Écosse. Désirant venger la mort de son père, tué par les Pictes, il exhortait les seigneurs du pays à reprendre les armes ; mais, parce qu'ils avaient été malheureux aux précédentes batailles, les seigneurs hésitaient. Cénéthus, sous prétexte de les entretenir des affaires du pays, manda les plus braves chefs à un conseil. Il les fit loger dans son château, où il avait caché dans un lieu secret quelques soldats accoutrés de vêtements horribles, faits de grandes peaux de loups marins, qui sont très-fréquents dans le pays à cause de la mer. Ils avaient à la main gauche un bâton de ce vieux bois qui luit la nuit, et dans la droite une corne de bœuf percée par le bout. Ils se tinrent reclus jusqu'à ce que les seigneurs fussent ensevelis dans leur premier sommeil : alors ils commencèrent à se montrer avec leurs bois qui éclairaient, et firent résonner leurs cornes de bœufs, disant qu'ils étaient envoyés pour leur annoncer la guerre contre les Pictes ; leur victoire, ajoutaient-ils, était écrite dans le ciel. Ces fantômes jouèrent bien leur rôle, et s'évadèrent sans être découverts. Les chefs vinrent trouver le roi, auquel ils communiquèrent leur vision ; et ils assaillirent si vivement les Pictes, qu'ils ne les défirent pas seulement en bataille, mais qu'ils en exterminèrent la race [1].

Céphalonomancie. — *voy.* KÉPHALONOMANCIE.

Céram, — l'une des îles Moluques. On y remarque, sur la côte méridionale, une montagne où résident, dit-on, les mauvais génies. Les habitants de l'île d'Amboine, qui sont tous très-superstitieux, ne passent guère à la vue de cette montagne sans faire une offrande à ces mauvais génies, qu'ils empêchent ainsi de leur susciter des tempêtes. Le jour, ils déposent des fleurs et une petite pièce de monnaie dans une coque de coco ; la nuit, ils y mettent de l'huile avec de petites mèches allumées, et ils laissent flotter cette coque au gré des vagues.

Céraunoscopie. — Divination qui se pratiquait, chez les anciens, par l'observation de la foudre et des éclairs, et par l'examen des phénomènes de l'air.

Cerbère. — Cerberus ou Naberus est chez nous un démon. Wierus le met au nombre des marquis de l'empire infernal. Il est fort et puissant ; il se montre sous la forme d'un corbeau ; sa voix est rauque : néanmoins il donne l'éloquence et l'amabilité ; il enseigne les beaux arts. Dix-neuf légions lui obéissent. — On voit que ce n'est plus le Cerbère des anciens, ce redoutable chien à trois têtes, portier incorruptible des enfers, appelé aussi la bête aux cent têtes, *centiceps bellua*, à cause de la multitude de serpents dont ses trois chevelures étaient ornées. Hésiode lui donne cinquante têtes de chien ; mais on s'accorde généralement à ne lui en reconnaître que trois. Ses dents étaient noires et tranchantes, et sa morsure causait une prompte mort. On croit que la fable de Cerbère remonte aux Égyptiens, qui faisaient garder les tombeaux par des dogues. — C'est principalement ici du démon Cerberus qu'il a fallu nous occuper. En 1586, il fit pacte d'alliance avec une Picarde nommée Marie Martin. *Voy.* MARTIN.

Cercles magiques. — On ne peut guère évoquer les démons avec sûreté sans s'être placé dans un cercle qui garantisse de leur atteinte, parce que leur premier mouvement serait d'empoigner, si l'on n'y mettait ordre. Voici ce qu'on lit à ce propos dans le fatras intitulé : *Grimoire du pape Honorius* : « Les cercles se doivent faire avec du charbon, de l'eau bénite aspergée, ou du bois de la croix bénite... Quand ils seront faits de la sorte, et quelques paroles de l'Évangile écrites autour du cercle, on jettera de l'eau bénite en disant une certaine prière superstitieuse... On récite, après cette prière, quelque formule de conjuration, et les esprits paraissent. » *Voy.* CONJURATION. — Le *Grand Grimoire* ajoute qu'en entrant dans ce cercle il faut n'avoir sur soi aucun métal impur, mais seulement de l'or ou de l'argent, pour jeter la pièce à l'esprit. On plie cette pièce dans un papier blanc, sur lequel on n'a rien écrit ; on l'envoie à l'esprit pour l'empêcher de nuire ; et, pendant qu'il se baisse pour la ramasser devant le cercle, on prononce la conjuration. Le *Dragon rouge* recommande les mêmes précautions. — Il nous reste à parler des cercles que les sorciers font au sabbat pour leurs danses. On en montre encore dans les campagnes ; on les appelle cercle du sabbat ou cercle des fées, parce qu'on croyait que les fées traçaient de ces cercles magiques dans leurs danses au clair de la lune. Ils ont quelquefois sept ou huit toises de diamètre, et contiennent un gazon pelé à la ronde de la largeur d'un pied, avec un gazon vert au milieu. Quelquefois aussi tout le milieu est aride et desséché, et la bordure tapissée d'un gazon vert. Jessorp et Walker, dans les Transactions philosophiques, attribuent ce phénomène au tonnerre : ils en donnent pour raison que c'est le plus souvent après des orages qu'on aperçoit ces cercles. — D'autres savants ont prétendu que

---

[1] Boistuaux, Hist. des prodigieuses, t. I*er*.

ces cercles magiques étaient l'ouvrage des fourmis, parce qu'on trouve souvent ces insectes qui y travaillent en foule. — On regarde encore aujourd'hui, dans les campagnes peu éclairées, les places arides comme le rond du sabbat; dans la Lorraine, les traces que forment sur le gazon les tourbillons des vents et les sillons de la foudre passent toujours pour les vestiges de la danse des fées, et les paysans ne s'en approchent qu'avec terreur [1].

Cercueil. — L'épreuve ou jugement de Dieu par le cercueil a été long-temps en usage. Lorsqu'un assassin, malgré les informations, restait inconnu, on dépouillait entièrement le corps de la victime; on mettait ce corps sur un cercueil, et tous ceux qui étaient soupçonnés d'avoir en part au meurtre étaient obligés de le toucher. Si l'on remarquait un mouvement, un changement dans les yeux, dans la bouche ou dans toute autre partie du mort, si la plaie saignait, — celui qui touchait le cadavre dans ce mouvement extraordinaire était regardé et poursuivi comme coupable. Richard Cœur-de-Lion s'était révolté contre Henri II son père, à qui il succéda. On rapporte qu'après la mort de Henri, Richard s'étant rendu à Fontevrault, où le feu roi avait ordonné sa sépulture, à l'approche du fils rebelle, le corps du malheureux père jeta du sang par la bouche et par le nez, et que ce sang jaillit sur le nouveau souverain. On cite plusieurs exemples semblables, dont la terrible morale n'était pas trop forte dans les temps barbares.

Cerdon, — hérétique du deuxième siècle, chef des cerdoniens. Il enseignait que le monde avait été créé par le démon, et admettait deux principes égaux en puissance.

Cérès. — Qu'étaient-ce que les mystères de Cérès à Éleusis, sinon les symboles de la sorcellerie, de la magie et du sabbat? A ces orgies, on dansait au son du clairon, comme au sabbat des sorcières, et il s'y passait des choses abominables, qu'il était défendu aux profés de révéler [2]. — On voit, dans Pausanias, que les Arcadiens représentaient Cérès avec un corps de femme et une tête de cheval. — On a donné le nom de *Cérès* à une planète découverte par Piazzi en 1804. Cette planète n'a encore aucune influence sur les horoscopes. *Voy.* ASTROLOGIE.

Cerf. — L'opinion qui donne une très-longue vie à certains animaux, et principalement aux cerfs, est fort ancienne. Hésiode dit que la vie de l'homme finit à quatre-vingt-seize ans; que celle de la corneille est neuf fois plus longue, et que la vie du cerf est quatre fois plus longue que celle de la corneille. Suivant ce calcul, la vie du cerf est de trois mille quatre cent cinquante-six ans. Pline rapporte que cent ans après la mort d'Alexandre on prit dans les forêts plusieurs cerfs auxquels ce prince avait attaché lui-même des colliers. On trouva, en 1037, dans la forêt de Senlis, un cerf avec un collier portant ces mots : *Cæsar hoc me donavit.* « C'est César qui me l'a donné; » mais quel César? Ces circonstances ont fortifié toutefois le conte d'Hésiode. Les cerfs ne vivent pourtant que trente-cinq à quarante ans. Ce que l'on a débité de leur longue vie, ajoute Buffon, n'est appuyé sur aucun fondement; ce n'est qu'un préjugé populaire, dont Aristote lui-même a relevé l'absurdité. Le collier du cerf de la forêt de Senlis ne peut présenter une énigme qu'aux personnes qui ignorent que tous les empereurs d'Allemagne ont été désignés par le nom de César. — Une autre tradition touchant le cerf, c'est que la partie destinée à la génération lui tombe chaque année. Après avoir ainsi observé ce qui a lieu par rapport à son bois, on s'est persuadé que la même chose arrivait à la partie en question. L'expérience et la raison détruisent également une opinion si absurde [1].

Cérinthe, — hérétique du temps des apôtres. Il disait que Dieu avait créé des génies chargés de gouverner le monde; qu'un de ces génies avait fait tous les miracles de l'histoire des Juifs; que les enfants de ces esprits étaient devenus des démons, et que le fils de Dieu n'était venu sur la terre que pour ruiner le pouvoir des mauvais anges. Il avait écrit des révélations qu'il prétendait lui avoir été faites par un ange, avec qui il se vantait de converser familièrement. « Mais cet ange, comme dit Leloyer, était un vrai démon, et pas autre chose. »

Cerne, — mot vieilli. C'était autrefois le nom qu'on donnait au cercle que les magiciens traçaient avec leur baguette pour évoquer les démons.

Céromancie ou **Ciromancie,** — Divination par le moyen de la cire, qu'on faisait fondre et qu'on versait goutte à goutte dans un vase d'eau, pour en tirer, selon les figures que formaient ces gouttes, des présages heureux ou malheureux. Les Turcs cherchaient surtout à

---

[1] Madame Élise Voïart, Notes au livre 1er de la Vierge d'Arduène.
[2] Leloyer, Disc. et hist. des spectres, p. 659, 768.

[1] Brown, Essais sur les erreurs, etc., t. 1er, liv. III, ch. 10. M. Salgues, Des Erreurs et des préjugés, t. II, p. 216. Buffon, Hist. nat., etc.

découvrir ainsi les crimes et les larcins. Ils faisaient fondre un morceau de cire à petit feu, en marmottant quelques paroles, puis ils ôtaient cette cire fondue de dessus le brasier, et y trouvaient des figures qui indiquaient le voleur, sa maison et sa retraite. Dans l'Alsace, au seizième siècle, et peut-être encore aujourd'hui, lorsque quelqu'un est malade et que les bonnes femmes veulent découvrir qui lui a envoyé sa maladie, elles prennent autant de cierges d'un poids égal qu'elles soupçonnent d'êtres ou de personnes ; elles les allument, et celui dont le cierge est le premier consumé passe dans leur esprit pour l'auteur du mal [1].

Cervelle. — On fait merveille avec la cervelle de certaines bêtes. L'auteur des *Admirables secrets d'Albert-le-Grand* dit, au liv. 3, que la cervelle de lièvre fait sortir les dents aux enfants, lorsqu'on leur en frotte les gencives. Il ajoute que les personnes qui ont peur des revenants se guérissent de leurs terreurs paniques, si elles mangent souvent de la cervelle de lièvre. La cervelle de chat ou de chatte, si on s'en frotte les dehors du gosier, guérit en moins de deux jours les inflammations qui s'y font sentir, mais après une crise de fièvre violente. — Les premiers hommes ne mangeaient la cervelle d'aucun animal, par respect pour la tête, qu'ils regardaient comme le siège de la vie et du sentiment.

Césaire ou **Césarius** (PIERRE), — moine de Cîteaux, mort en 1240. On lui doit un recueil de miracles où les démons figurent très-souvent [2]. Ce recueil a été mis à l'index en Espagne. Il est cité plusieurs fois dans ce dictionnaire.

Césaire (ST), — *voy.* MIRABILIS LIBER.

Césalpin (ANDRÉ), — médecin du seizième siècle, né à Arezzo en Toscane, auteur des *Recherches sur les Démons*, où l'on explique le passage d'Hippocrate, relatif aux causes surnaturelles de certaines maladies [3]. Ce traité, composé à la demande de l'archevêque de Pise, parut au moment où les religieuses d'un couvent de cette ville étaient obsédées du démon. L'archevêque demandait à tous les savants si les contorsions de ces pauvres filles avaient une cause naturelle ou surnaturelle.

---

[1] Delancre, *Incrédulité et mécréance du sortilège pleinement convaincue*, traité 5. Delrio, liv. IV.

[2] *Illustrium miraculorum et historiarum memorabilium libri XII*, a Cæsario Heisterbachcensi, ordinis cisterciensis, etc. In-8°. Antverpiæ, 1605. Nuremberg, 1481. In-fol. Cologne, 1599. In-8°. Douay, 1604.

[3] *Dæmonum investigatio peripatetica, in qua explicatur locus Hippocratis si quid divinum in morbis habeatur.* In-4°. Florence, 1580.

Césalpin, particulièrement consulté, répondit par le livre que nous citons. Il commence par exposer une immense multitude de faits attribués aux démons et à la magie. Ensuite il discute ces faits ; il avoue qu'il y a des démons, mais qu'ils ne peuvent guère communiquer matériellement avec l'homme ; il termine en se soumettant à la croyance de l'église. Il déclare que la possession des religieuses de Pise est surnaturelle ; que les secours de la médecine y sont insuffisants, et qu'il est bon de recourir au pouvoir des exorcistes.

César (CAÏUS JULIUS). — On a raconté de cet homme fameux quelques merveilles surprenantes. Suétone rapporte que, César étant avec son armée sur les bords du Rubicon que ses soldats hésitaient à traverser, il apparut un inconnu de taille extraordinaire, qui s'avança en sifflant vers le général. Les soldats accourent pour le voir ; aussitôt le fantôme saisit la trompette de l'un d'eux, sonne la charge, passe le fleuve ; et César s'écrie, sans délibérer davantage : « Allons où les présages des dieux et l'injustice de nos ennemis nous appellent. » L'armée le suivit avec ardeur. — Lorsqu'il débarqua en Afrique pour faire la guerre à Juba, il tomba à terre. Les Romains se troublèrent de ce présage ; mais César rassura les esprits en embrassant le sol et en s'écriant, comme si sa chute eût été volontaire : « Afrique, tu es à moi, car je te tiens dans mes bras. » — On a vanté l'étonnante force de ses regards ; on a dit que, des côtes des Gaules, il voyait ce qui se passait dans l'île des Bretons. Roger Bacon, qui ne doute pas de ce fait, dit que Jules César n'examinait ainsi tout ce qui se faisait dans les camps et dans les villes d'Angleterre qu'au moyen de grands miroirs destinés à cet usage. — On assure que plusieurs astrologues prédirent à César sa mort funeste ; que sa femme Calpurnie lui conseilla de se défier des ides de mars ; que le devin Artémidore tâcha également de l'effrayer par de sinistres présages lorsqu'il se rendait au sénat, où il devait être assassiné, toutes choses contées après l'événement. — On ajoute qu'une comète parut à l'instant de sa mort. On dit encore qu'un spectre poursuivit Brutus, son meurtrier, à la bataille de Philippes, et que, dans la même journée, Cassius crut voir au fort de la mêlée César accourir à lui à toute bride, avec un regard foudroyant. C'est, dit-on, effrayé de cette vision terrible qu'il se perça de son épée. Quoi qu'il en soit, Jules César fut mis au rang des dieux par ordre d'Auguste, qui prétendit que Vénus avait emporté son âme au ciel. On le représentait dans ses temples avec une étoile sur la tête, à cause de la comète qui parut au moment de sa mort.

César, — charlatan qui vivait à Paris sous Henri IV, astrologue, nécromancien, chiromancien, physicien, devin, faiseur de tours magiques; il disait la bonne aventure par l'inspection des lignes de la main; il guérissait en prononçant des paroles et par des attouchements. Il arrachait les dents sans douleur, vendait assez cher de petits joncs d'or émaillés de noir, comme talismans qui avaient des propriétés merveilleuses contre toutes les maladies. Il escamotait admirablement et faisait voir le diable avec ses cornes. Quant à sa dernière opération, il semble qu'il voulait punir les curieux d'y avoir cru; car ils en revenaient toujours si bien rossés par les sujets de Belzébuth, que le magicien lui-même était obligé de leur avouer qu'il était fort imprudent de chercher à les connaître. Le bruit courut à Paris, en 1611, que l'enchanteur César et un autre sorcier de ses amis avaient été étranglés par le diable. On publia même, dans un petit imprimé, les détails de cette aventure infernale. Ce qu'il y a de certain, c'est que César cessa tout à coup de se montrer; il n'était cependant point mort, il n'avait même pas quitté Paris. Mais il était devenu invisible, comme quelques autres que l'État se charge de loger [1].

Césara. — Les Irlandais croient remonter à Césara, petite-fille de Noé, qui se réfugia dans leur île, où, par grâce spéciale, elle fut à l'abri des eaux du déluge.

Césonie, — femme de Caligula. Suétone conte que, pour se faire aimer de son auguste époux, elle lui fit boire un philtre qui acheva de lui faire perdre l'esprit. On prétend qu'il y avait dans ce philtre de l'hippomane, qui est un morceau de chair qu'on trouve quelquefois, dit-on, au front du poulain nouveau-né. *Voy.* HIPPOMANE.

Ceurawats, — sectaires indiens, qui ont si grand'peur de détruire des animaux, qu'ils se couvrent la bouche d'un linge pour ne pas avaler d'insectes. Ils admettent un bon et un mauvais principe, et croient à des transmigrations perpétuelles dans différents corps d'hommes ou de bêtes.

Ceylan. — Les habitants croient que cette île fut le lieu qu'Adam et Ève habitèrent, après avoir été chassés du jardin de délices.

Chacon (ALPHONSE), en latin *Ciaconius*, — dominicain espagnol du seizième siècle, auteur du traité traduit par Cayet : *Comment l'âme de Trajan fut délivrée de l'enfer* [1].

Chagran, — tonnerre de Wishnou. Les Indiens le représentent sous la figure d'un cercle qui vomit du feu de tous côtés, comme nos soleils d'artifice.

Chaîne du diable. — C'est une tradition parmi les vieilles femmes de la Suisse que saint Bernard tient le diable enchaîné dans quelqu'une des montagnes qui environnent l'abbaye de Clairvaux ; et c'est sur cette tradition qu'est fondée la coutume des maréchaux du pays de frapper tous les lundis, avant de se mettre en besogne, trois coups de marteau sur l'enclume pour resserrer la chaîne du diable, afin qu'il ne puisse s'échapper.

Chais (PIERRE), — ministre protestant, né à Genève en 1701. Dans son livre intitulé *le Sens littéral de l'Écriture Sainte*, etc., traduit de l'anglais, de Stackhouse, 3 volumes in-8°, 1738, il a mis une curieuse dissertation, dont il est l'auteur, sur les démoniaques.

Chalcédoine. — On conte qu'après que les Perses eurent ruiné Chalcédoine, sur le Bosphore, Constantin-le-Grand voulut la rebâtir, parce qu'il en aimait le séjour ; mais des aigles vinrent, qui, avec leurs serres, enlevèrent les pierres des mains des ouvriers ; ce prodige se répéta tant de fois qu'il fallut renoncer à reconstruire la ville, si bien que l'empereur alla bâtir Constantinople....

Chaldéens. — On prétend qu'ils trouvèrent l'astrologie ou du moins qu'ils la perfectionnèrent. Ils étaient aussi habiles magiciens.

Cham, — troisième fils de Noé, inventeur ou conservateur de la magie noire. Il perfectionna les divinations et les sciences superstitieuses. Cecco d'Ascoli dit, dans le chapitre 4 de son Commentaire sur la Sphère de Sacrobosco, avoir vu un livre de magie composé par Cham, et contenant *les Éléments et la pratique de la nécromancie*. Il enseigna cette science redoutable à son fils Misraïm, qui, pour les merveilles qu'il faisait, fut appelé Zoroastre, et composa, sur cet art diabolique, cent mille vers, selon Suidas, et trois cent mille, selon d'autres. — Les monstruosités de Cham lui attirèrent, dit-on, un châtiment terrible ; il fut emporté par le diable à la vue de ses disciples. — Bérose prétend que Cham est le même que Zoroastre ; Annius de Viterbe, dans ses notes au texte supposé de cet écrivain, pense que Cham pourrait bien être le

---

[1] Charlatans célèbres, t. Ier. p. 202.

[1] Tractatus de liberatione animæ Trajani imperatoris a pœnis inferni, etc. Rome, 1676. Reggio, 1685.

type du Pan des anciens païens [1]. Kircher dit que c'est leur Saturne et leur Osiris, d'autres prétendent que c'est lui qui fut adoré sous le nom de Jupiter Ammon. — On dit encore que Cham a inventé l'alchimie, et qu'il avait laissé une prophétie dont l'hérétique Isidore se servait pour faire des prosélytes. Nous ne la connaissons pas autrement que par un passage de Sand, qui dit que Cham, dans cette prophétie, annonçait l'immortalité de l'âme [2].

Chamans, — prêtres sorciers des Yacouts. *Voy.* MANG-TAAR.

Chambres infestées, — *voy.* DESHOULIÈRES, DESPILLIERS, ATHÉNAGORE, AYOLA, etc.

Chameau. — Les musulmans ont pour cet animal une espèce de vénération ; ils croient que c'est un péché de le trop charger ou de le faire travailler plus qu'un cheval ; la raison de ce respect qu'ils ont pour le chameau, c'est qu'il est surtout commun dans les lieux sacrés de l'Arabie, et que c'est lui qui porte le Koran quand on va en pèlerinage à La Mecque. Les conducteurs de ces animaux, après les avoir fait boire dans un bassin, prennent l'écume qui découle de leur bouche et s'en frottent dévotement la barbe, en disant : « O père pèlerin ! ô père pèlerin ! » Ils croient que cette cérémonie les préserve de méchef dans leur voyage. — On voit dans les *Admirables Secrets d'Albert-le-Grand*, livre II, chap. 3, que « si le sang du chameau est mis dans la peau d'un taureau pendant que les étoiles brillent, la fumée qui en sortira fera qu'on croira voir un géant dont la tête semblera toucher le ciel, Hermès assure l'avoir éprouvé lui-même. Si quelqu'un mange de ce sang, il deviendra bientôt fou ; et si l'on allume une lampe qui aura été frottée de ce même sang, on s'imaginera que tous ceux qui seront présents auront des têtes de chameau, pourvu cependant qu'il n'y ait point d'autre lampe qui éclaire la chambre. » *Voy.* JEAN-BAPTISTE.

Chammadaï, — le même qu'*Asmodée*.

Chamos, — démon de la flatterie, membre du conseil infernal. Les Ammonites et les Moabites adoraient le soleil, sous le nom de Chamos, Kamosch ou Kemosch ; et Milton l'appelle l'*obscène terreur des enfants de Moab*. D'autres le confondent avec Jupiter Ammon. Vossius a cru que c'était le Comus des Grecs et des Romains, qui était le dieu des jeux, des danses et des bals. Ceux qui dérivent ce mot de l'hébreu Kamos prétendent qu'il signifie le dieu caché, c'est-à-dire Pluton, dont la demeure est aux enfers.

Chamouillard, — noueur d'aiguillette qui fut condamné, par arrêt du parlement de Paris, en 1597, à être pendu et brûlé, pour avoir maléficié une demoiselle de la Barrière. *Voy.* LIGATURES.

Champ du Rire. — Annibal, lorsqu'il faisait le siège de Rome, se retira, dit-on, de devant cette ville, épouvanté de vaines terreurs et de fantômes qui troublèrent ses esprits. Les Romains, lui voyant lever le siège, poussèrent de tels cris de joie et firent de si grands éclats de rire que le lieu d'où il décampa s'appela le Champ du Rire.

Champier (SYMPHORIEN), — Lyonnais du quinzième siècle, qui a publié en 1503 *la Nef des Dames vertueuses*, en quatre livres mêlés de prose et de vers, dont le troisième contient les prophéties des sibylles. On l'a soupçonné à tort d'être l'auteur du livre des *Trois Imposteurs* ; mais il a laissé un petit livre intitulé : *De Triplici disciplina*, in-8°, Lyon 1508. On lui doit aussi des Dialogues sur la nécessité de poursuivre les magiciens [1].

Champignon. — Les Hollandais appellent le champignon *pain du diable* (duivelsbrood).

Chandelle. — Cardan prétend que, pour savoir si un trésor est enfoui dans un souterrain où l'on creuse pour cela, il faut avoir une grosse chandelle, faite de suif humain, enclavée dans un morceau de coudrier, en forme de croissant, de manière à figurer avec les deux branches une fourche à trois rameaux. Si la chandelle, étant allumée dans le lieu souterrain, y fait beaucoup de bruit en pétillant avec éclat, c'est une marque qu'il y a un trésor ; plus on approchera du trésor, plus la chandelle pétillera ; enfin elle s'éteindra quand elle en sera tout à fait voisine. Ainsi il faut avoir d'autres chandelles dans des lanternes, afin de ne pas demeurer sans lumière. Quand on a des raisons solides pour croire que ce sont les esprits des hommes défunts qui gardent les trésors, il est bon d'avoir des cierges bénits au lieu de chandelles communes ; et on les conjure de la part de Dieu de déclarer si l'on peut faire quelque chose pour les mettre en lieu de repos ; il ne faudra jamais manquer d'exécuter ce qu'ils auront demandé [2]... — Les chandelles servent à plus d'un usage. On voit dans tous les démonographes que les sorcières, au sabbat, vont baiser

---

[1] Comment. ad Berosi lib. III. Wierus, De Præstigiis, dit que Pan est le prince des démons incubes.
[2] Christoph. Sandii lib. de Origine animæ, p. 99.

[1] Dialogus in magicarum artium destructionem. In-4°, Lyon, Balsarin, sans date (vers 1507).
[2] Le Solide trésor du Petit Albert.

le derrière du diable avec une chandelle noire à la main. Boguet dit qu'elles vont allumer ces chandelles à un flambeau qui est sur la tête de bouc du diable, entre ses deux cornes, et qu'elles s'éteignent et s'évanouissent dès qu'on les lui a offertes [1]. — N'oublions pas que trois chandelles ou trois bougies sur une table sont du plus mauvais augure; et que quand de petits charbons se détachent de la lumière d'une chandelle, ils annoncent, selon quelques-uns, une visite [2]; mais, selon le sentiment plus général, une nouvelle, agréable s'ils augmentent la lumière, fâcheuse s'ils l'affaiblissent.

Chant du coq. — Il dissipe le sabbat. Voy. Coq.

Chaomancie, — art de prédire les choses futures par le moyen des observations qu'on fait sur l'air. Cette divination est employée par quelques alchimistes qui ne nous en ont pas donné le secret.

Chapeaux venteux, — voy. Éric.

Chapelet. — On a remarqué pertinemment que tous les chapelets de sorcières avaient une croix cassée ou endommagée : c'était même un indice de sorcellerie qu'une croix de chapelet qui n'était pas entière.

Chapelle du Damné. — Raymond Diocres, chanoine de Notre-Dame de Paris, mourut en réputation de sainteté vers l'an 1084. Son corps ayant été porté dans le chœur de la cathédrale, il leva la tête hors du cercueil à ces mots de l'office des morts : *Responde mihi quantas habes iniquitates*, etc., et dit : *Justo judicio Dei accusatus sum*. (J'ai été cité devant le juste jugement de Dieu.) Les assistants effrayés suspendirent le service et le remirent au lendemain. En attendant, le corps du chanoine fut déposé dans une chapelle de Notre-Dame, qu'on appelle depuis *la Chapelle du Damné*. — Le lendemain, on recommença l'office, et lorsqu'on fut au même verset, le mort parla de nouveau, et dit : *Justo Dei judicio judicatus sum*. (J'ai été jugé au juste jugement de Dieu.) On remit encore l'office au jour suivant; et au même verset, le mort s'écria : *Justo Dei judicio condemnatus sum*. (J'ai été condamné au juste jugement de Dieu.) Là-dessus, dit la chronique, on jeta le corps à la voirie; et ce miracle fut cause, selon quelques-uns, de la retraite de saint Bruno, qui s'y trouvait présent. Quoique cette anecdote soit contestée, elle est consacrée par des monuments. La peinture s'en est emparée, et

[1] Discours des sorciers, ch. 22.
[2] Brown, liv. v, ch. 23.

Le Sueur en a tiré parti dans sa belle galerie de saint Bruno.

Chapuis (GABRIEL), — né à Amboise en 1546. Nous citerons de ses ouvrages celui qui porte ce titre : *les Mondes célestes, terrestres et infernaux*, etc., tiré des Mondes de Doni, in-8º, Lyon, 1583. C'est un ouvrage satirique.

Char de la mort, — voy. BROUETTE.

Charadrius, — oiseau immonde que nous ne connaissons pas; les rabbins disent qu'il est merveilleux, et que son regard guérit la jaunisse. Il faut, pour cela, que le malade et l'oiseau se regardent fixement; car si l'oiseau détournait la vue, le malade mourrait aussitôt.

Charbon d'impureté, — l'un des démons de la possession de Loudun. Voy. GRANDIER.

Charlatans. — On attribuait trop souvent autrefois aux sorciers ou au diable ce qui n'était que l'ouvrage des charlatans. Si nous pensions comme au seizième siècle, tous nos escamoteurs seraient sorciers. — Voici ce qu'on lit dans le *Voyage de Schouten aux Indes orientales* : « Il y avait au Bengale un charlatan qui, en faisant plusieurs tours de souplesse, prit une canne longue de vingt pieds, au bout de laquelle était une petite planche large de trois ou quatre pouces; il mit cette canne à sa ceinture, après quoi une fille de vingt-deux ans lui vint sauter légèrement par derrière sur les épaules, et, grimpant au haut de la canne, s'assit dessus, les jambes croisées et les bras étendus. Après cela, l'homme, ayant les deux bras balancés, commença à marcher à grands pas, portant toujours cette fille sur le bout de la canne, tendant le ventre pour s'appuyer, et regardant sans cesse en haut pour tenir la machine en équilibre. La fille descendit adroitement, remonta ensuite et se pencha le ventre sur le bâton, en frappant des mains et des pieds les uns contre les autres. Le charlatan ayant mis alors le bâton sur sa tête sans le tenir ni des mains ni des bras, cette même fille et une autre petite Moresque de quinze ans montèrent dessus l'une après l'autre; l'homme les porta ainsi autour de la place, en courant et se penchant, sans qu'il leur arrivât le moindre mal. Ces deux mêmes filles marchèrent sur la corde la tête en bas, et firent une multitude d'autres tours de force très-merveilleux. Mais, quoique plusieurs d'entre nous crussent que tous ces tours de souplesse fussent faits par art diabolique, il me semble qu'ils pouvaient se faire naturellement; car ces filles, qui étaient très-adroites, subtiles, et dont les membres étaient grandement agiles, faisaient tout cela à force de s'y être accou-

9

tumées et exercées. » — Il y a eu des charlatans de toutes les espèces : en 1728, du temps de Law, le plus fameux des charlatans, un autre, nommé Villars, confia à quelques amis que son oncle, qui avait vécu près de cent ans, et qui n'était mort que par accident, lui avait laissé le secret d'une eau qui pouvait aisément prolonger la vie jusqu'à cent cinquante années, pourvu qu'on fût sobre. Lorsqu'il voyait passer un enterrement, il levait les épaules de pitié. « Si le défunt, disait-il, avait bu de mon eau, il ne serait pas où il est. » Ses amis, auxquels il en donna généreusement, et qui observèrent un peu le régime prescrit, s'en trouvèrent bien et le prônèrent ; alors il vendit la bouteille six francs ; le débit en fut prodigieux. C'était de l'eau de Seine avec un peu de nitre. Ceux qui en prirent et qui s'astreignirent au régime, surtout s'ils étaient nés avec un bon tempérament, recouvrèrent en peu de jours une santé parfaite. Il disait aux autres : « C'est votre faute si vous n'êtes pas entièrement guéris. » On sut enfin que l'eau de Villars n'était que de l'eau de rivière ; on n'en voulut plus et on alla à d'autres charlatans. Voy. ANE, CHÈVRE, ALEXANDRE DE PAPHLAGONIE, etc.

Charles-Martel. — Saint Eucher, évêque d'Orléans, eut une vision, dans laquelle il se crut transporté par un ange dans le purgatoire. Là, il vit Charles-Martel, qui expiait les pillages qu'il avait faits et ceux qu'il avait soufferts. — A cette vision, on ajoute ce conte, que le tombeau de Charles-Martel fut ouvert et qu'on y trouva un serpent, lequel n'était qu'un démon. Et là-dessus les philosophes, s'en prenant au clergé, l'ont accusé de fraudes. Mais le tombeau de Charles-Martel n'a été ouvert à Saint-Denis que par les profanateurs de 1793.

Charlemagne. — On lit, dans la légende de Berthe au grand pied, que Pépin-le-Bref voulant épouser Berthe, fille du comte de Laon, qu'il ne connaissait pas, ceux qui la lui amenaient lui substituèrent une autre femme que Pépin épousa. Ils avaient chargé des assassins de tuer la princesse dans la forêt des Ardennes. Ayant ému leur pitié, elle en obtint la vie, à condition de se laisser passer pour morte. Elle se réfugia chez un meunier où elle vécut plusieurs années. — Un jour Pépin, égaré à la chasse, vint chez ce meunier ; son astrologue lui annonça qu'il se trouvait là une fille *destinée à quelque chose de grand*. Berthe fut reconnue, rétablie dans ses droits ; elle devint mère de Charlemagne. — La légende ajoute que la première épouse de Pépin avait donné le jour à un fils, lequel, par la suite, élu pape sous le nom de Léon III, couronna Charlemagne empereur d'Occident. — Il serait long de rapporter ici tous les prodiges qu'on raconte de Charlemagne. Son règne est l'époque chérie de nos romans chevaleresques. On voit toujours auprès de lui des enchanteurs, des géants, des fées. On a même dit qu'il ne porta la guerre en Espagne que parce que saint Jacques lui apparut pour l'avertir qu'il retirât son corps des mains des Sarrasins. Ses guerres de Saxe ne sont pas moins fécondes en merveilles, et les circonstances de sa vie privée sont rapportées également d'une manière extraordinaire par les chroniqueurs. — On dit qu'en sa vieillesse il devint si éperdument épris d'une Allemande, qu'il en négligea non-seulement les affaires de son royaume, mais même le soin de sa propre personne. Cette femme étant morte, sa passion ne s'éteignit pas, de sorte qu'il continua d'aimer son cadavre, dont il ne voulait pas se séparer. L'archevêque Turpin, ayant appris la durée de cette effroyable passion, alla un jour, pendant l'absence du prince, dans la chambre où était le cadavre, afin de voir s'il n'y trouverait pas quelque sort ou maléfice qui fût la cause de ce déréglement. Il visita exactement le corps mort, et trouva en effet, sous la langue, un anneau, qu'il emporta. Le même jour Charlemagne, étant rentré dans son palais, fut fort étonné d'y trouver une carcasse si puante ; et, se réveillant comme d'un profond sommeil, il la fit ensevelir promptement. — Mais la passion qu'il avait eue pour le cadavre, il l'eut alors pour l'archevêque Turpin, qui portait l'anneau : il le suivait partout, et ne pouvait le quitter. Le prélat, effrayé de cette nouvelle folie, et craignant que l'anneau ne tombât en des mains qui en pussent abuser, le jeta dans un lac afin que personne n'en pût faire usage à l'avenir. Dès lors Charlemagne devint amoureux du lac, ne voulut plus s'en éloigner, y bâtit auprès un palais et un monastère, et y fonda la ville d'Aix-la-Chapelle, où il voulut être enseveli. On sent que tout ce récit n'est qu'un conte. Voy. VÉTIN, etc.

Charles-le-Chauve, — deuxième du nom de Charles parmi les rois des Francs. Il eut la vision suivante, dont on prétend qu'il a écrit lui-même le détail. — La nuit d'un dimanche, au retour des matines, comme il allait se reposer, une voix terrible vint frapper à ses oreilles : « Charles, lui dit cette voix, ton esprit va sortir de ton corps ; tu viendras et verras les jugements de Dieu, qui te serviront ou de préservatif ou de présage. Ton esprit, néanmoins, le sera rendu quelque temps après. » A l'instant il fut ravi en esprit; celui qui l'enleva était d'une blancheur éclatante. Il lui mit dans la main un peloton de fil qui jetait une lumière extraordinaire : « Prends ce fil, lui dit-il, et l'attache fortement au pouce de ta main droite, par ce moyen je te conduirai dans les labyrinthes infernaux, séjour de peines et de souffrances. » Aussitôt le guide marcha devant lui avec vitesse, en dévidant le peloton de fil lumineux ; il le conduisit dans des vallées profondes remplies de feux et pleines de puits enflammés, où l'on voyait bouillir de la poix, du soufre, du plomb, de la cire et d'autres matières. — « Je remarquai, dit le monarque, des prélats qui avaient servi mon père et mes aïeux. Quoique tremblant, je ne laissai pas de les interroger pour apprendre d'eux quelle était la cause de leurs tourments ; ils me répondirent : « Nous avons été les officiers de votre père et de vos aïeux ; et, au lieu de les porter eux et leurs peuples à la paix et à l'union, nous avons semé parmi eux la discorde et le trouble : c'est pourquoi nous sommes dans ces souterrains. C'est ici que viendront ceux qui vous environnent et nous imitent dans le mal. » — Pendant que, tout tremblant, le roi considérait ces choses, il vit fondre sur lui d'affreux démons, lesquels, avec des crochets de fer enflammé, voulaient se saisir de son peloton de fil et le lui enlever des mains ; mais l'extrême lumière qu'il jetait les empêchait de le happer. Ces mêmes démons voulurent prendre le roi et le précipiter dans les puits du soufre ; son conducteur le débarrassa des embûches qu'on lui tendait, et le mena sur de hautes montagnes d'où sortaient des torrents de feux qui faisaient fondre et bouillir toutes sortes de métaux. « Là, dit le roi, je trouvai les âmes des seigneurs qui avaient servi mon père et mes frères : les uns y étaient plongés jusqu'au menton, et d'autres à mi-corps. Ils s'écrièrent, en s'adressant à moi : « Hélas ! Charles, vous voyez comme nous sommes punis pour avoir malicieusement semé le trouble et la division entre votre père, vos frères et vous... » Je ne pouvais, dit le monarque (qui a tout l'air de faire là une brochure politique, dans l'esprit de son époque), je ne pouvais m'empêcher de gémir de leurs peines. Je vis venir à moi des dragons dont la gueule enflammée cherchait à m'engloutir ; mon guide me fortifia par le fil du peloton lumineux dont il m'entoura, et cette clarté offusqua si bien les dangereux animaux qu'ils ne purent m'atteindre. — Nous descendîmes dans une vallée dont un côté était obscur et ténébreux, quoique rempli de fournaises ardentes. Je trouvai le côté opposé très-éclairé et fort agréable. Je m'attachai particulièrement à examiner le côté obscur : j'y vis des rois de ma race tourmentés par d'étranges supplices. Le cœur serré d'ennui et de tristesse, je croyais à tout moment me voir précipité moi-même dans ces gouffres par de noirs géants. La frayeur ne m'abandonna pas. De l'autre côté du vallon je remarquai deux fontaines, dont l'une était d'une eau très-chaude, et l'autre plus douce et plus tempérée. Je vis deux tonneaux remplis l'un et l'autre de ces eaux; et dans l'un je reconnus mon père, Louis-le-Débonnaire, qui y était plongé jusqu'aux cuisses. Il ne laissa pas de me rassurer, et me dit : « Mon fils Charles, ne craignez rien, je sais que votre esprit retournera dans votre corps; Dieu a permis que vous vinssiez ici pour voir les peines que mes péchés ont méritées. Si, par des prières et des aumônes, vous me secourez, vous, mes fidèles évêques et tout l'ordre ecclésiastique, je ne tarderai guère à être délivré de ce tonneau. Mon frère Lothaire et Louis son fils jouissent à présent du paradis. — Regardez à votre gauche, ajouta mon père. » A l'instant je tournai la tête, je remarquai deux grands tonneaux d'eau bouillante. « Voilà ce qui vous est destiné, continua-t-il, si vous ne vous corrigez et ne faites pénitence. » — Mon guide me dit alors : « Suivez-moi dans la partie qui est à droite de ce vallon, où se trouve toute la gloire du paradis. Je ne marchai pas longtemps sans voir au milieu des plus illustres rois mon oncle Lothaire, assis sur une topaze d'une grandeur extraordinaire et couronné d'un riche diadème; son fils, Louis, était dans un éclat aussi brillant. A peine m'eut-il aperçu, que, d'une voix fort douce, il m'appela et me parla en ces termes : « Charles, qui êtes mon troisième successeur dans l'empire romain, approchez. Je sais, continua-t-il, que vous êtes venu voir les lieux de supplices et de peines où votre père et mon frère gémissent encore pour quelque temps. Mais, par la miséricorde de Dieu, ils seront bientôt délivrés de leurs souffrances, comme nous-mêmes en avons été retirés, à la prière de saint Pierre, de saint Denis et de saint Remi, que Dieu a établis les patrons des rois et du peuple français. Sachez aussi que vous ne tarderez pas à être détrôné, après quoi vous vivrez peu. » Et Louis, se tournant vers moi : « L'empire romain, dit-il, que vous avez possédé, doit passer incessamment entre les mains de Louis, fils de ma fille. » — A l'instant j'aperçus ce jeune enfant. » Remettez-lui l'autorité souveraine, continua Louis, et lui en donnez les marques en lui confiant ce peloton que vous tenez. » Sur-le-champ je le détachai de ma main pour le lui donner. Par là il se trouva revêtu de l'empire, et tout le peloton passa dans sa main. A peine en fut-il maître, qu'il devint tout brillant de lumière, et mon esprit rentra dans mon corps. — Ainsi, tout le monde doit savoir que, quoi qu'on fasse, il possédera l'empire romain que Dieu lui a destiné, et quand je serai passé à une autre vie, c'est ce qu'exécutera le Seigneur, dont la puissance s'étend dans tous les siècles sur les vivants et les morts [1]. » Nous le répétons : brochure politique.

Charles VI, — roi de France. Ce prince, chez qui on avait déjà remarqué une raison affaiblie, allant faire la guerre en Bretagne, fut saisi en chemin d'une frayeur qui acheva de lui déranger entièrement le cerveau. Il vit sortir d'un buisson, dans la forêt du Mans, un inconnu d'une figure hideuse, vêtu d'une robe blanche, ayant la tête et les pieds nus, qui saisit la bride de son cheval, et lui cria d'une voix rauque : « Roi, ne chevauche pas plus avant ; retourne, tu es trahi ! » Le monarque, hors de lui-même, tira son épée et ôta la vie aux quatre premières personnes qu'il rencontra, en criant : « En avant sur les traîtres ! » Son épée s'étant rompue et ses forces épuisées, on le plaça sur un chariot et on le ramena au Mans. — Le fantôme de la forêt est encore aujourd'hui un problème difficile à résoudre. Était-ce un insensé qui se trouvait là par hasard? était-ce un émissaire du duc de Bretagne contre lequel Charles marchait? Tous les raisonnements du temps aboutissaient au merveilleux ou au sortilège. Quoi qu'il en soit, le roi devint tout à fait fou. Un médecin de Laon, Guillaume de Harsely, fut appelé au château de Creil, et, après six mois de soins et de ménagements, la santé du roi se trouva rétablie. — Mais, en 1393, son état devint désespéré à la suite d'une autre imprudence. La reine, à l'occasion du mariage, donnait un bal masqué. Le roi y vint déguisé en sauvage, conduisant avec lui de jeunes seigneurs dans le même costume, attachés par une chaîne de fer. Leur vêtement était fait d'une toile enduite de poix-résine, sur laquelle on avait appliqué des étoupes. Le duc d'Orléans, voulant connaître les masques, approcha un flambeau : la flamme se communiqua avec rapidité, les cinq seigneurs furent brûlés ; mais un cri s'étant fait entendre, « Sauvez le roi, » Charles dut la vie à la présence d'esprit de la duchesse de Berri, qui le couvrit de son manteau et arrêta la flamme. — L'état du roi empirait tous les jours ; le duc d'Orléans fut soupçonné de l'avoir ensorcelé. Jordan de Mejer, *de Divin.*, cap. 43, écrit que ce duc, voulant exterminer la race royale, confia ses armes et son anneau à un apostat, pour les consacrer au diable et les enchanter par des prestiges ; qu'une matrone évoqua le démon dans la tour de Montjoie, près Ligny ; qu'ensuite le duc se servit des armes ensorcelées pour ôter la raison au roi Charles, son frère, si subtilement, qu'on ne s'en aperçut pas d'abord. Le premier enchantement se fit près de Beauvais ; il fut si violent que les ongles et les cheveux en tombèrent au roi. Le second, qui eut lieu dans le Maine, fut plus fort encore ; personne ne pouvait assurer si le roi vivait ou non. Aussitôt qu'il revint à lui : « Je vous supplie, dit-il, enlevez-moi cette épée, qui me perce le corps par le pouvoir de mon frère d'Orléans. » C'est toujours Mejer qui parle. Le médecin qui avait guéri le roi n'existait plus ; on fit venir du fond de la Guienne un charlatan qui se disait sorcier, et qui s'était vanté de guérir le roi d'une seule parole ; il apportait avec lui un grimoire qu'il appelait *Simagorad*, par le moyen duquel il était maître de la nature. Les courtisans lui demandèrent de qui il tenait ce livre, il répondit effrontément que « Dieu, pour consoler Adam de la mort d'Abel, le lui avait donné, et que ce livre, par succession, était venu jusqu'à lui. » Il traita le roi pendant six mois et ne fit qu'irriter la maladie. — Dans ses intervalles lucides, le malheureux prince commandait qu'on enlevât tous les instruments dont il pourrait frapper. « J'aime mieux mourir, disait-il, que de faire du mal. » Il se croyait de bonne foi ensorcelé. Deux moines empiriques, à qui on eut l'imprudence de l'abandonner, lui donnèrent des breuvages désagréables, lui firent des scarifications magiques ; puis ils furent pendus, comme ils s'y étaient obligés en cas que la santé du roi ne fût point rétablie au bout de six mois de traitement. Au reste, la mode de ce temps-là était d'avoir près de soi des sorciers ou des charlatans, comme depuis les grands eurent des fous, des nains et des guenons [1].

Charles IX, — roi de France. Croirait-on qu'un des médecins astrologues de Charles IX lui ayant assuré qu'il vivrait autant de jours qu'il pourrait tourner de fois sur son talon

---

[1] Visio Caroli Calvi de locis pœnarum et felicitate justorum. Manuscripta Bibl. reg., n° 2247, p. 188.

[1] M. Garinet, Histoire de la magie en France, p. 87.

dans l'espace d'une heure, il se livrait tous les matins à cet exercice solennel pendant cet intervalle de temps, et que les principaux officiers de l'État, les généraux, le chancelier, les vieux juges pirouettaient tous sur un seul pied pour imiter le prince et lui faire leur cour [1]! — On assure qu'après le massacre de la Saint-Barthélemi, Charles IX vit des corbeaux sanglants, eut des visions effroyables, et reçut par d'affreux tourments le présage de sa mort prématurée. On ajoute qu'il mourut au moyen d'images de cire faites à sa ressemblance, et maudites par art magique, que ses ennemis, les sorciers protestants, faisaient fondre tous les jours par les cérémonies de l'envoûtement, et qui éteignaient la vie du roi à mesure qu'elles se consumaient [2]. En ces temps-là, quand quelqu'un mourait de consomption ou de chagrin, on publiait que les sorciers l'avaient envoûté. Les médecins rendaient les sorciers responsables des malades qu'ils ne guérissaient pas.

Charles IX, — duc de Lorraine. *Voy.* SABBAT.

Charles-le-Téméraire, — duc de Bourgogne. Il disparut après la bataille de Morat ; et, parmi les chroniqueurs, il en est qui disent qu'il fut emporté par le diable, comme Rodrigue ; d'autres croient qu'il se réfugia en une solitude et se fit ermite. Cette tradition a fait le sujet du roman de M. d'Arlincourt, intitulé *le Solitaire*.

Charles II, — roi d'Angleterre. Quoique fort instruit, Charles II était, comme son père, plein de confiance dans l'astrologie judiciaire. Il recherchait aussi la pierre philosophale. *Voy.* ALCHIMIE.

Charmes, — enchantement, sortilége, certain arrangement de paroles, en vers ou en prose, dont on se sert pour produire des effets merveilleux. Une femme, de je ne sais quelle contrée, ayant grand mal aux yeux, s'en alla à une école publique et demanda à un écolier quelques mots magiques qui pussent charmer son mal et le guérir, lui promettant récompense. L'écolier lui donna un billet enveloppé dans un chiffon, et lui défendit de l'ouvrir. Elle le porta et guérit. Une des voisines ayant eu la même maladie porta le billet, et guérit pareillement. Ce double incident excita leur curiosité ; elles développent le chiffon et lisent : « Que le diable t'écarquille les deux yeux et te les bouche avec de la boue.... ». — Delrio cite un sorcier qui, en allumant une certaine lampe charmée, excitait toutes les personnes qui étaient dans la chambre à danser devant lui. « Ces sortes de charmes, dit-il, s'opèrent ordinairement par des paroles qui font agir le diable. » — Toute l'antiquité a remarqué que les sorciers charmaient les serpents, qui quelquefois tuent le charmeur. Un sorcier de Salzbourg, devant tout le peuple, fit assembler en une fosse tous les serpents d'une lieue à la ronde, et là les fit tous mourir, hormis le dernier, qui était grand, lequel sautant furieusement contre le sorcier le tua. « En quoi, il appert que ce n'est pas le mot *hipokindu*, comme dit Paracelse, ni autres mots semblables, ni certaines paroles du psaume 94, qui font seules ces prodiges ; car comment les serpents eussent-ils ouï la voix d'un homme d'une lieue à la ronde, si le diable ne s'en fût mêlé [1] ? » — Nicétas indique à ce propos un charme qui s'opère sans le secours des paroles : « On tue un serpent, une vipère et tout animal portant aiguillon, dit-il, en crachant dessus avant déjeuner..... » Figuier prétend qu'il a tué diverses fois des serpents de cette manière, mouillant de sa salive un bâton ou une pierre, et en donnant un coup sur la tête du serpent..... — On cite un grand nombre d'autres charmes dont les effets sont moins vrais qu'étonnants. Dans quelques villages du Finistère, on emploie celui-ci : on place secrètement sur l'autel quatre pièces de six liards, qu'on pulvérise après la messe ; et cette poussière, avalée dans un verre de vin, de cidre ou d'eau-de-vie, rend invulnérable à la course et à la lutte [2]. Ces charmes se font au reste à l'insu du curé ; car l'Église a toujours sévèrement interdit ces superstitions. — Le grand Grimoire donne un moyen de charmer les armes à feu et d'en rendre l'effet infaillible ; il faut dire en les chargeant : « Dieu y ait part, et le diable la sortie ; » et, lorsqu'on met en joue, il faut dire en croisant la jambe gauche sur la droite : *Non tradas.... Mathon. Amen*, etc. — La plupart des charmes se font ainsi par des paroles dites ou tracées dans ce sens ; charme vient du mot latin *carmen*, qui signifie non-seulement des vers et de la poésie, mais une formule de paroles déterminées dont on ne doit pas s'écarter. On nommait *carmina* les lois, les formules des jurisconsultes, les déclarations de guerre, les clauses d'un traité, les évocations des dieux [3]. Tite-Live appelle *lex horrendi carminis* la loi qui condamnait à mort Horace meurtrier de sa sœur. — Quand

---

[1] Curiosités de la littérature, traduit de l'anglais par Bertin, t. I*er*, p. 249.
[2] Delrio, Disquisit. mag.; lib. III, cap. 1, quæst. 3.

[1] Bodin, Démonomanie, etc., liv. II, ch. 2.
[2] Cambry, Voyage dans le Finistère, t. III, p. 195.
[3] Bergier, Dictionnaire théologique, au mot *Charme*.

les Turcs ont perdu un esclave qui s'est enfui; ils écrivent une conjuration sur un papier qu'ils attachent à la porte de la hutte ou cellule de cet esclave, et il est forcé de revenir au plus vite devant une main invisible qui le poursuit à grands coups de bâton [1]. Pline dit que, de son temps, par le moyen de certains charmes, on éteignait les incendies, on arrêtait le sang des plaies, on remettait les membres disloqués, on guérissait la goutte, on empêchait un char de verser, etc. — Tous les anciens croyaient fermement aux charmes, dont la formule consistait ordinairement en certains vers grecs ou latins. — Bodin rapporte, au chap. 5 du liv. 3 de la *Démonomanie*, qu'en Allemagne les sorcières tarissent par charmes le lait des vaches, et qu'on s'en venge par un contre-charme qui est tel : on met bouillir dans un pot du lait de la vache tarie, en récitant certaines paroles (Bodin ne les indique pas) et frappant sur le pot avec un bâton. En même temps le diable frappe la sorcière d'autant de coups, jusqu'à ce qu'elle ait ôté le charme. — On dit encore que si, le lendemain du jour où l'on est mis en prison, on avale à jeun une croûte de pain sur laquelle on aura écrit : *Senozam, Gozoza, Gober, Dom*, et qu'on dorme ensuite sur le côté droit, on sortira avant trois jours. — On arrête les voitures en mettant au milieu du chemin un bâton sur lequel soient écrits ces mots : *Jerusalem, omnipotens*, etc., *convertis-toi, arrête-toi là*. Il faut ensuite traverser le chemin par où l'on voit arriver les chevaux. — On donne à un pistolet la portée de cent pas, en enveloppant la balle dans un papier où l'on a inscrit le nom des trois rois. On aura soin, en ajustant, de retirer son haleine, et de dire : « Je te conjure d'aller droit où je veux tirer. » — Un soldat peut se garantir de l'atteinte des armes à feu avec un morceau de peau de loup ou de bouc, sur lequel on écrira, quand le soleil entre dans le signe du Bélier : « Arquebuse, pistolet, canon ou autre arme à feu, je te commande que tu ne puisses tirer de par l'homme, etc. » — On guérit un cheval encloué en mettant trois fois les pouces en croix sur son pied, en prononçant le nom du dernier assassin mis à mort, et en récitant trois fois certaines prières [2]..... Il y a une infinité d'autres charmes. — On distingue le charme de l'enchantement, en ce que celui-ci se faisait par des chants. Souvent on les a confondus. *Voy.* CONTRE-CHARMES, ENCHANTEMENTS, MALÉFICES, TALISMANS, PAROLES, PHYLACTÈRES, LIGATURES, CHASSE, PHILTRES, etc.

Chartier (ALAIN), — poète du commencement du quinzième siècle. On lui attribue un traité *sur la Nature du feu de l'Enfer*, que nous ne sommes pas curieux de connaître.

Chartumins, — sorciers chaldéens, qui étaient en grand crédit du temps du prophète Daniel.

Chasdins, — astrologues de la Chaldée. Ils tiraient l'horoscope, expliquaient les songes et les oracles, et présidaient l'avenir par divers moyens.

Chassanion (JEAN DE), — écrivain protestant du seizième siècle. On lui doit le livre « *Des grands et redoutables jugements et punitions de Dieu* advenus au monde, principalement sur les grands, à cause de leurs méfaits. » In-8°; Morges, 1584. Dans cet ouvrage très-partial, il se fait de grands miracles en faveur des protestants. Chassanion a écrit aussi un volume sur les géants [1].

Chasse. — *Secrets merveilleux pour la chasse.* Mêlez le sucre de jusquiame avec le sang et la peau d'un jeune lièvre; cette composition attirera tous les lièvres des environs. — Pendez le gui de chêne avec une aile d'hirondelle à un arbre; tous les oiseaux s'y rassembleront de deux lieues et demie. On dit aussi qu'un crâne d'homme, caché dans un colombier, y attire tous les pigeons d'alentour. — Faites tremper une graine, celle que vous voudrez, dans la lie de vin, puis jetez-la aux oiseaux : ceux qui en tâteront s'enivreront, et se laisseront prendre à la main. Et le Petit Albert ajoute : « Ayez un hibou que vous attacherez à un arbre; allumez tout près un gros flambeau, faites du bruit avec un tambour; tous les oiseaux viendront en foule pour faire la guerre au hibou, et on en tuera autant qu'on voudra avec du menu plomb. » — Pour *chasse de Saint-Hubert*, *voy.* VENEUR, et pour les chasseurs merveilleux, *voy.* VENEUR, ARTHUS, M. DE LAFORÊT, etc.

Chassen (NICOLAS), — petit sorcier de Franeker, au dix-septième siècle, qui se distingua à l'âge de seize ans. Ce jeune homme, Hollandais et calviniste, étant à l'école, faisait des grimaces étranges, roulait les yeux et se contournait tout le corps; il montrait à ses camarades des cerises mûres au milieu de l'hiver; puis, quand il les leur avait offertes, il les reprenait et les mangeait. Dans le prêche, où les écoliers avaient une place à part, il faisait sortir de l'argent du banc où il était assis.

---

[1] Leloyer, Hist. et disc. des spectres, liv. IV, ch. 21.
[2] Thiers, Traité des superstitions, etc.

[1] De Gigantibus eorumque reliquiis atque iis quæ ante annos aliquot nostra ætate in Gallia reperta sunt. In-8°, Bâle, 1580.

Il disait qu'il opérait tous ces tours par le moyen d'un esprit malin qu'il appelait Serug. — Balthazar Bekker dit, dans le *Monde enchanté*[1], qu'étant allé à cette école, il vit, sur le plancher, un cercle fait de craie, dans lequel on avait tracé des signes dont l'un ressemblait à la tête d'un coq, et quelques chiffres au milieu; il remarqua aussi une ligne courbe comme la poignée d'un moulin à bras : tout cela était à demi effacé. Les écoliers avaient vu Chassen faire ces caractères magiques. Lorsqu'on lui demanda ce qu'ils signifiaient, il se tut d'abord; il dit ensuite qu'il les avait faits pour jouer. On voulut savoir comment il avait eu des cerises et de l'argent ; il répondit que l'esprit les lui donnait. « Qui est cet esprit ? — *Beelzébut*, » répondit-il. Il ajouta que le diable lui apparaissait sous forme humaine quand il avait envie de lui faire du bien, d'autres fois sous forme de bouc ou de veau; qu'il avait toujours un pied contrefait; etc. Mais, dit Bekker, on finit par reconnaître que tout cela n'était qu'un jeu que Chassen avait essayé pour *se rendre considérable* parmi les enfants de son âge; on s'étonne seulement qu'il ait pu le soutenir devant tant de *personnes d'esprit* pendant plus d'une année.

Chassi, — démon auquel les habitants des îles Mariannes attribuent le pouvoir de tourmenter ceux qui tombent dans ses mains. L'enfer est pour eux *la maison de Chassi*.

Chastenet (Léonarde), — vieille femme de quatre-vingts ans, mendiante en Poitou, vers 1594, et sorcière. Confrontée avec Mathurin Bonnevault, qui soutenait l'avoir vue au sabbat, elle confessa qu'elle y était allée avec son mari; que le diable, qui s'y montrait en forme de bouc, était une bête fort puante. Elle nia qu'elle eût fait aucun maléfice. Cependant elle fut convaincue, par dix-neuf témoins, d'avoir fait mourir cinq laboureurs et plusieurs bestiaux. — Quand elle se vit condamnée, elle confessa qu'elle avait fait pacte avec le diable, lui avait donné de ses cheveux et promis de faire tout le mal qu'elle pourrait. Elle ajouta que la nuit, dans sa prison, le diable était venu à elle en forme de chat, auquel ayant dit qu'elle voudrait être morte, icelui diable lui avait présenté deux morceaux de cire, lui disant que si elle en mangeait et qu'elle mourrait; ce qu'elle n'avait voulu faire. Elle avait ces morceaux de cire; on les visita, et on ne put juger de quelle matière ils étaient

[1] Tome IV, p. 154.

composés. Cette sorcière fut condamnée, et ces morceaux de cire brûlés avec elle[1].

Chasteté. — Les livres de secrets merveilleux, qui ne respectent rien, indiquent des potions qui, selon eux, ont pour effet de révéler la chasteté, mais qui, selon l'expérience, ne révèlent rien du tout.

Chat. — Le chat tient sa place dans l'histoire de la superstition. Un soldat romain ayant tué, par mégarde, un chat en Égypte, toute la ville se souleva ; ce fut en vain que le roi intercéda pour lui, il ne put le sauver de la fureur du peuple. Observons que les rois d'Égypte avaient rassemblé, dans Alexandrie, une bibliothèque immense, et qu'elle était publique; les Égyptiens cultivaient les sciences et n'en adoraient pas moins les chats[2]. — Mahomet avait beaucoup d'égards pour son chat. L'animal s'était un jour couché sur la manche pendante de la veste du prophète, et semblait y méditer si profondément que Mahomet, pressé de se rendre à la prière et n'osant le tirer de son extase, coupa, dit-on, la manche de sa veste. A son retour, il trouva son chat qui revenait de son assoupissement, et qui, s'apercevant de l'attention de son maître, se leva pour lui faire la révérence, et plia le dos en arc. Mahomet, qui comprit ce que cela signifiait, assura au chat, qui faisait le gros dos, une place dans son paradis. Ensuite, passant trois fois la main sur l'animal, il lui imprima, par cet attouchement, la vertu de ne jamais tomber que sur ses pattes. Ce conte n'est pas ridicule chez les Turcs. — Voici une anecdote où le chat joue un mauvais rôle : — Un aide-de-camp du maréchal de Luxembourg vint loger dans une auberge dont la réputation n'était pas rassurante. Le diable, disait-on, venait toutes les nuits dans une certaine chambre, tordait le cou à ceux qui osaient y coucher, et les laissait étranglés dans leur lit. Un grand nombre de voyageurs remplissant l'auberge quand l'aide-de-camp y entra, on lui dit qu'il n'y avait de vide que la chambre fréquentée par le diable, où personne ne voulait prendre gîte. « Oh! bien, moi, répondit-il, je ne serai pas fâché de lier connaissance avec lui; qu'on fasse mon lit dans la chambre en question, je me charge du reste. » Vers minuit, l'officier vit descendre le diable par la cheminée, sous la figure d'une bête furieuse, contre laquelle il fallut se dé-

[1] Discours sommaire des sortilèges et vénéfices, tirés des procès criminels jugés au siège royal de Montmorillon, en Poitou, en l'année 1599, p. 19.
[2] Saint-Foix, Essais sur Paris, t. II, p. 300.

fendre. Il y eut un combat acharné, à coups de sabre de la part du militaire, à coups de griffes et de dents de la part de la bête; cette lutte dura une heure; mais le diable finit par rester sur la place; l'aide-de-camp appela du monde, on reconnut un énorme chat sauvage qui, selon le rapport de l'hôte, avait déjà étranglé quinze personnes[1]. — On lit dans la Démonomanie de Bodin[2] que des sorciers de Vernon, auxquels on fit le procès en 1566, fréquentaient et s'assemblaient ordinairement dans un vieux château sous la forme d'un nombre infini de chats. Quatre hommes, qui avaient résolu d'y coucher, se trouvèrent assaillis par cette multitude de chats; l'un de ces hommes y fut tué, les autres blessés; néanmoins ils blessèrent aussi plusieurs chattes, qui se trouvèrent après en forme de femmes, mais bien réellement mutilées. — On sait que les chats assistent au sabbat, qu'ils y dansent avec les sorcières, et que lesdites sorcières, aussi bien que le diable leur maître, prennent volontiers la figure de cet animal. On lit dans Boguet qu'un laboureur près de Strasbourg fut assailli par trois gros chats, et qu'en se défendant il les blessa sérieusement. Une heure après, le juge fit demander le laboureur et le mit en prison pour avoir maltraité trois dames de la ville. Le laboureur étonné assura qu'il n'avait maltraité que des chats, et en donna les preuves les plus évidentes : il avait gardé de la peau. On le relâcha, parce qu'on vit que le diable était coupable en cette affaire. — On ne finirait pas si on rappelait tout ce que les démonomanes ont rêvé sur les chats. Boguet dit encore que la chatte, étant frottée d'une herbe appelée népeta, conçoit sur-le-champ, cette herbe suppléant au défaut du mâle[3]. Les sorciers se servent aussi de la cervelle des chats pour donner la mort; car c'est un poison, selon Bodin et quelques autres[4]. *Voy.* BLOKULA, BEURRE DES SORCIÈRES, MÉTAMORPHOSES, etc.

Château du Diable. — Plusieurs vieux manoirs portent ce nom dans des traditions et des contes populaires.

Chat-huant, — *voy.* HIBOU, CHOUETTE, CHASSE, CHEVESCHE, etc.

Chaudière. — C'est ordinairement dans une chaudière de fer que, de temps immémorial, les sorcières composent leurs maléfices, qu'elles font bouillir sur un feu de verveine et d'autres plantes magiques.

Chaudron (MAGDELEINE-MICHELLE), — Genevoise, accusée d'être sorcière en 1652. On dit qu'ayant rencontré le diable en sortant de la ville réformée, il reçut son hommage, et imprima sur sa lèvre supérieure son seing ou marque. Ce petit seing rend la peau insensible, comme l'affirment les démonographes. — Le diable ordonna à Michelle Chaudron d'ensorceler deux filles, elle obéit; les parents l'accusèrent de diablerie, les filles interrogées attestèrent qu'elles étaient possédées. On appela ceux qui passaient pour médecins; ils cherchèrent sur Michelle Chaudron le sceau du diable, que le procès-verbal appelle les *marques sataniques;* ils y enfoncèrent une aiguille. Michelle fit connaître par ses cris que les marques sataniques ne rendent point insensible. — Les juges, ne voyant pas de preuve complète, lui firent donner la question. Cette malheureuse, cédant à la violence des tourments, confessa tout ce qu'on voulut. Elle fut brûlée, après avoir été pendue et étranglée.

Chaudron-du-Diable. — gouffre qui se trouve au sommet du pic de Ténériffe. Les Espagnols ont donné le nom de Chaudron-du-Diable à ce gouffre, à cause du bruit que l'on entend lorsqu'on y jette une pierre; elle y retentit comme un vaisseau creux de cuivre contre lequel on frapperait avec un marteau d'une prodigieuse grosseur. Les naturels de l'île sont persuadés que c'est l'enfer, et que les âmes des méchants y font leur séjour[1].

Chauve-souris. — Les Caraïbes regardent les chauves-souris comme de bons anges qui veillent à la sûreté des maisons durant la nuit; les tuer, chez eux, est un sacrilège : chez nous, c'est un des animaux qui figurent au sabbat.

Chavigny (JEAN-AIMÉ DE), — astrologue, disciple de Nostradamus, mourut en 1604. Il a composé : *la Première face du Janus français, contenant les troubles de France depuis 1534 jusqu'en 1589; Fin de la maison valésienne, extraite et colligée des centuries et commentaires de Michel Nostradamus* (en latin et en français), Lyon, 1594, in-8°; et nouvelle édition, augmentée, sous le titre de *Commentaires sur les centuries et pronostications de Nostradamus*, Paris, in-8°, rare; *les Pléiades*, divisées en sept livres, prises des anciennes prophéties, et conférées avec les oracles de Nostradamus, Lyon, 1603; la plus ample édition est de 1606. C'est un recueil de prédictions,

---

[1] Gabrielle de P***, Hist. des Fantômes et des démons, etc., p. 203.
[2] Chap. 4, liv. II, p. 357.
[3] Discours des sorciers, ch. 14, p. 81.
[4] Bodin, Démonomanie des sorciers, liv. III, ch. 2, p. 326.

[1] La Harpe, Abrégé de l'Histoire générale des voyages, t. Iᵉʳ.

dans lesquelles l'auteur promet à Henri IV l'empire de l'univers. *Voy.* NOSTRADAMUS.

Chax ou **Scox**, — démon. *Voy.* SCOX.

Cheke, — professeur de grec à Cambridge, mort en 1557. Il a écrit un livre[1] qu'il adressa au roi Henri VIII, et qu'il plaça à la tête de sa traduction latine du Traité de Plutarque *de la Superstition*. Il avait des connaissances en astrologie, et croyait fermement à l'influence des astres, quoiqu'ils lui promissent du bonheur tout juste dans les occasions où il était le plus malheureux.

Chemens, — génies ou esprits que les Caraïbes supposent chargés de veiller sur les hommes. Ils leur offrent les premiers fruits, et placent ces offrandes dans un coin de leur hutte, sur une table faite de nattes, où ils prétendent que les génies se rassemblent pour boire et manger ; ils en donnent pour preuve le mouvement des vases et le bruit qu'ils se persuadent que font ces divinités en soupant.

Chemise de nécessité. — Les sorcières allemandes portaient autrefois une chemise faite d'une façon détestable, et chargée de croix mêlées à des caractères diaboliques, par la vertu de laquelle elles se croyaient garanties de tous maux[2]. On l'appelait la *chemise de nécessité*. — Les habitants du Finistère conservent encore quelques idées superstitieuses sur les *chemises* des jeunes enfants. Ils croient que si elles enfoncent dans l'eau de certaines fontaines, l'enfant meurt dans l'année ; il vit long-temps, au contraire, si ce vêtement surnage.

Chériourt, — ange terrible, chargé de punir le crime et de poursuivre les criminels, selon la doctrine des guèbres.

Chesnaye des Bois (FRANÇOIS-ALEXANDRE-AUBERT DE LA),—capucin, mort en 1784. On a de lui, *l'Astrologue dans le puits*, 1740, in-12 ; et *Lettres critiques*, avec des songes moraux, sur les songes philosophiques de l'auteur des *Lettres juives* (le marquis d'Argens), in-12, 1745.

Cheteb ou **Chereb**, *voy.* DEBER.

Cheval.—Cet animal était, chez les anciens, un instrument à présages pour la guerre. Les Suèves, qui habitaient la Germanie, nourrissaient à frais communs, dans des bois sacrés, des chevaux dont ils tiraient des augures. Le grand-prêtre et le chef de la nation étaient les seuls qui pouvaient les toucher : ils les attachaient aux chariots sacrés, et observaient avec attention leurs hennissements et leurs frémissements. Il n'y avait pas de présages auxquels les prêtres et les principaux de la nation ajoutassent plus de foi. — On voit encore que chez certains peuples on se rendait les divinités favorables en précipitant des chevaux dans les fleuves. Quelquefois on se contentait de les laisser vivre en liberté dans les prairies voisines, après les avoir dévoués. Jules César, avant de passer le Rubicon, voua à ce fleuve un grand nombre de chevaux, qu'il abandonna dans les pâturages des environs.—Une tradition superstitieuse portait qu'une espèce de chevaux, qu'on nommait *arzels*, et qui ont une marque blanche au pied de derrière du côté droit, était malheureuse et funeste dans les combats. Anciennement on croyait aussi que les chevaux n'avaient pas de fiel ; mais c'est une erreur aujourd'hui presque généralement reconnue. *Voy.* DRAPÉ, BAYARD, TROUPEAUX, etc.

Chevalier Impérial,— *voy.* ESPAGNET.

Chevaliers de l'Enfer. — Ce sont des démons plus puissants que ceux qui n'ont aucun titre, mais moins puissants que les comtes, les marquis et les ducs. On peut les évoquer depuis le lever de l'aurore jusqu'au lever du soleil, et depuis le coucher du soleil jusqu'à la nuit[1].

Chevalier (GUILLAUME), — gentilhomme béarnais, auteur d'un recueil de quatrains moraux, intitulé : *Le Décès ou Fin du monde, divisé en trois visions*, in-4°, 1584.

Chevanes (JACQUES),—capucin, plus connu sous le nom de *Jacques d'Autun*, du lieu de sa naissance, mort à Dijon en 1678. On a de lui *l'Incrédulité savante et la crédulité ignorante, au sujet des magiciens et des sorciers*. Lyon, 1671, in-4°. Ce recueil plein d'extravagances curieuses, dont nous rapportons en leur lieu les passages remarquables, est une réponse à l'apologie de Naudé pour tous les grands personnages soupçonnés de magie. Heureusement pour l'auteur, dit l'abbé Papillon, l'irascible Naudé était mort depuis long-temps quand ce livre parut.

Chevesche, — espèce de chouette, que Torquemada définit un oiseau nocturne fort bruyant, lequel tâche d'entrer où sont les enfants ; et, quand il y est, il leur suce le sang du corps et le boit. Les démonographes ont donné le nom de *chevesche* aux sorcières, parce que, semblables à cet oiseau, elles sucent le sang de ceux qu'elles peuvent saisir,

---

[1] De Superstitione, ad regem Henricum.
[2] Bodin, Démonomanie, liv. 1er, ch. 3.

[1] Wierus, in Pseudomonarch. dæm., ad finem.

et principalement des petits enfants[1]. C'est sans doute là l'idée mère des vampires. Les sorcières qui sucent le sang ont aussi quelque analogie avec les gholes des Arabes. *Voy.* Lamies.

Cheveux. — « Prenez des cheveux d'une femme dans ses jours de maladie ; mettez-les sous une terre engraissée de fumier, au commencement du printemps, et, lorsqu'ils seront échauffés par la chaleur du soleil, il s'en formera des serpents[2]..... » — Quelques conteurs assurent que les mauvais anges étaient amoureux des cheveux des femmes, et que les démons incubes s'attachent de préférence aux femmes qui ont de beaux cheveux. Les sorcières donnent de leurs cheveux au diable, comme arrhes du contrat qu'elles font avec lui ; le démon les coupe très-menu, puis les mêle avec certaines poudres : il les remet aux sorciers, qui s'en servent pour faire tomber la grêle ; d'où vient qu'on trouve ordinairement dans la grêle de petits poils, qui n'ont pas une autre origine..... On fait encore, avec ces mêmes cheveux, divers maléfices[3]. — On croit en Bretagne qu'en soufflant des cheveux en l'air on les métamorphose en animaux ; les petits garçons de Plougasnou, qui font des échanges entre eux, confirment la cession en soufflant au vent un cheveu, parce que ce cheveu était autrefois l'emblème de la propriété. Des cheveux, dans les temps modernes, ont même été trouvés sous des sceaux : ils tenaient lieu de signatures[4]. — Enfin il y a des personnes superstitieuses qui croient qu'il faut observer les temps pour se couper les cheveux et se rogner les ongles. — Autrefois on vénérait le toupet, par lequel les Romains juraient, et qu'on offrait aux dieux. Il paraît qu'ils étaient sensibles à ces présents, puisque, quand Bérénice eut offert sa chevelure, ils en firent une constellation. Chez les Francs, c'était une politesse de donner un de ses cheveux, et les familles royales avaient seules le privilége de les laisser pousser dans tout leur développement.

Chevillement, — sorte de maléfice employé par les sorciers et surtout par les bergers. Il empêche d'uriner. Le nom de ce maléfice lui vient de ce que pour le faire on se sert d'une cheville de bois ou de fer qu'on plante dans la muraille, en faisant maintes conjurations. « J'ai connu une personne , dit Wecker, qui mourut du chevillement : il est vrai qu'elle avait la pierre. » Et le diable, qui parfois aime à se divertir, chevilla un jour la seringue d'un apothicaire en fourrant sa queue dans le piston. *Voy.* Noals. — Pour empêcher l'effet de ce charme, il faut cracher sur son soulier du pied droit avant que de s'en chausser. Ce qui approche de ce qu'on lit dans Tibulle, que les anciens crachaient dans leur sein par trois fois pour se désensorceler ou empêcher le sortilége. On voit dans un livre, intitulé *l'Urotopégnie ou chevillement*, que les tonneaux, les fers, les fours, les lessives, les moulins à vent et ceux qui sont sur les ruisseaux et rivières, peuvent être pareillement liés et maléficiés. *Voy.* Ligatures.

Chèvres. — Ces animaux étaient fort révérés à Mendès en Égypte. Il était défendu d'en tuer, parce qu'on croyait que Pan, la grande divinité de cette ville , s'était caché sous la figure d'une chèvre ; aussi le représentait-on avec une face de chèvre, et on lui immolait des brebis. — Souvent des démons ou des sorciers ont pris la forme de chèvre. Claude Chappuis de Saint-Amour, qui suivit l'ambassadeur de Henri III près la sublime Porte , conte qu'il vit sur une place publique de Constantinople des bateleurs qui faisaient faire à des chèvres plusieurs tours d'agilité et de passe-passe tout à fait admirables, après quoi, leur mettant une écuelle à la bouche, ils leur commandaient d'aller demander, pour leur entretien, tantôt au plus beau ou au plus laid, tantôt au plus riche ou au plus vieux de la compagnie : ce qu'elles faisaient dextrement, entre quatre à cinq mille personnes, et avec une façon telle qu'il semblait qu'elles voulussent parler. Or qui ne voit clairement que ces chèvres étaient hommes ou femmes ainsi transmués, ou démons déguisés ?..... *Voy.* Bouc.

Chibados, — secte de sorciers qui font merveille au royaume d'Angola.

Chicota, — oiseau des îles Tonga qui a l'habitude de descendre du haut des airs en poussant de grands cris. Les naturels sont persuadés qu'il a le don de prédire l'avenir ; quand il s'abaisse près d'un passant, on croit que c'est pour lui annoncer quelque malheur.

Chicus Æsculanus, — *voy.* Cecco d'Ascoli.

Chien. — Les chiens étaient ordinairement les compagnons fidèles des magiciens ; c'était le diable qui les suivait sous cette forme, pour donner moins à soupçonner ; mais on le reconnaissait malgré ses déguise-

---

[1] Torquemada, Hexaméron, troisième journée.
[2] Secrets d'Albert-le-Grand, p. 27.
[3] Boguet, Discours des sorciers, ch. 25, p. 156.
[4] M. Cambry, Voyage dans le Finistère, t. I*er*, p. 174 et 195.

[1] Delancre, Incrédulité et mécréance du sortilége pleinement convaincues, traité 6, p. 318.

ments. Léon de Chypre écrit que le diable sortit un jour d'un possédé, sous la figure d'un chien noir. — C'est surtout la couleur noire qui dénote le diable sous une peau de chien. Des bonnes gens se noient assez fréquemment à Quimper; les vieilles et les enfants assurent que c'est le diable, en forme de gros chien noir, qui précipite les passants dans la rivière[1]. Il y a beaucoup de superstitions qui tiennent au chien dans le Finistère, où les idées druidiques ne sont pas toutes éteintes. On croit encore, dans le canton sauvage de Saint-Ronal, que l'âme des scélérats passe dans le corps d'un chien noir. — Les anciens mages croyaient aussi que les démons se montraient en forme de chiens; et Plutarque, dans la vie de Cimon, raconte qu'un mauvais génie, travesti en chien noir, vint annoncer à Cimon qu'il mourrait bientôt. — Un charlatan, du temps de Justinien, avait un chien si habile, que, quand toutes les personnes d'une assemblée avaient mis à terre leurs anneaux, il les rendait sans se tromper, l'un après l'autre, à qui ils appartenaient. Ce chien distinguait aussi dans la foule, lorsque son maître le lui ordonnait, les riches et les pauvres, les gens honnêtes et les fripons : « Ce qui fait voir, dit Leloyer, qu'il y avait là de la magie, et que ce chien était un démon[2]. » — De l'encre conté qu'en 1530 le démon, par le moyen d'un miroir, découvrit, à un pasteur de Nuremberg, des trésors cachés dans une caverne près de la ville, et enfermés dans des vases de cristal : le pasteur prit avec lui un de ses amis pour lui servir de compagnon; ils se mirent à fouiller et découvrir une espèce de coffre auprès duquel était couché un énorme chien noir. Le pasteur s'avança avec empressement pour se saisir du trésor; mais à peine fut-il entré dans la caverne qu'elle s'enfonça sous ses pieds et l'engloutit[3]. Notez que c'est un conte et que personne n'a vu ce grand chien. Mais on peut juger par ces traits quelle idée avaient des chiens les peuples mal civilisés. Chez les anciens, on appelait les Furies les chiennes de l'enfer; on sacrifiait des chiens noirs aux divinités infernales. Chez nos pères on pendait entre deux chiens les plus grands criminels. Quelques peuples pensaient pourtant autrement; on a même honoré le chien d'une manière distinguée. Élien parle d'un pays d'Éthiopie dont les habitants avaient pour roi un chien; ils prenaient ses caresses et ses aboiements pour des marques de sa bienveillance ou de sa colère. — Les guèbres ont une grande vénération pour les chiens. On lit dans Tavernier que, lorsqu'un guèbre est à l'agonie, les parents prennent un chien dont ils appliquent la gueule sur la bouche du mourant, afin qu'il reçoive son âme avec son dernier soupir. Le chien leur sert encore à faire connaître si le défunt est parmi les élus. Avant d'ensevelir le corps, on le pose à terre : on amène un chien qui n'ait pas connu le mort, et, au moyen d'un morceau de pain, on l'attire le plus près du corps qu'il est possible. Plus le chien en approche, plus le défunt est heureux. S'il vient jusqu'à monter sur lui et à lui arracher de la bouche un morceau de pain qu'on y a mis, c'est une marque assurée que le défunt est dans le paradis des guèbres. Mais l'éloignement du chien est un préjugé qui fait désespérer du bonheur du mort. — Il y a aussi des gens qui tiennent à honneur de descendre d'un chien. Les royaumes de Pégu et de Siam reconnaissent un chien pour chef de leur race. A Pégu et à Siam on a donc grand respect pour les chiens, si maltraités ailleurs[1]. — On a toutefois honoré quelques individus de cette race : tel est le dogue espagnol Barecillo qui dévorait les Indiens à Saint-Domingue, et qui avait, par jour, la paye de trois soldats... — Il y aurait encore bien des choses à dire sur les chiens. En Bretagne surtout, les hurlements d'un chien égaré annoncent la mort. Il faut que le chien de la mort soit noir; et s'il aboie tristement à minuit, c'est une mort inévitable qu'il annonce à quelqu'un de la famille pour la personne qui l'entend. — Wiérus dit qu'on chasse à jamais les démons en frottant les murs de la chambre qu'ils infestent avec le fiel ou le sang d'un chien noir[2]. Voy. AGRIPPA, BRAGADINI, DORMANTS, etc.

Chifflet (JEAN), — chanoine de Tournay, né à Besançon vers 1611. Il a publié : *Joannis Macarii Abraxas, seu apistopistus, quæ est antiquaria de gemmis basilidianis disquisitio commentariis illust.*, Anvers, 1657, in-4°. Cette dissertation traite des pierres gravées portant le nom cabalistique abraxas, par lequel Basilide, hérétique du deuxième siècle, désignait le Dieu créateur et conservateur. Elle est curieuse, et le commentaire que Chifflet y a joint est estimé.

Chija ou **Chaja** (ABRAHAM BEN), — rabbin espagnol du onzième siècle. Il a écrit, en

---

[1] Cambry, Voyage dans le Finistère, t. III, p. 22.
[2] Leloyer, Hist. et disc. des spectres, liv. Ier, ch. 8.
[3] Madame Gabrielle de P***, Histoire des fantômes, p. 27.

[1] Hexaméron de Torquemada, traduit par G. Chappuis, première journée.
[2] De Præst. dæm., lib. v, cap. 21.

hébreu, le *Volume du Révélateur*, où il traite de l'époque où viendra le Messie, et de celle où se fera la résurrection générale. Pic de la Mirandole cite cet ouvrage dans son traité contre les astrologues.

Childéric Ier, — voy. BASINE et CRISTALLOMANCIE.

Childéric III, — fils de Chilpéric II, et dernier des rois de la première race. Il publia, en 742, un édit contre les sorciers, où il ordonne que chaque évêque, aidé du magistrat défenseur des églises, mette tous ses soins à empêcher le peuple de son diocèse de tomber dans les superstitions païennes. Il défend les sacrifices aux mânes, les sortilèges, les philtres, les augures, les enchantements, les divinations, etc.

Chilpéric Ier, — roi de France, fils de Lothaire Ier. Saint Grégoire de Tours rapporte, sur le témoignage de Gontrand, frère de Chilpéric, cette vision merveilleuse. Gontrand vit l'âme de son frère Chilpéric liée et chargée de chaînes, qui lui fut présentée par trois évêques. L'un était Tétricus, l'autre Agricola, le troisième Nicétius de Lyon. Agricola et Nicétius, plus humains que l'autre, disaient : « Nous vous prions de le détacher, et, après l'avoir puni, de permettre qu'il s'en aille. » L'évêque Tétricus répondit avec amertume de cœur : « Il ne sera pas ainsi ; mais il sera châtié à cause de ses crimes. » Enfin, dit Gontrand, le résultat fut de précipiter cette pauvre âme dans une chaudière bouillante que j'aperçus de loin. Je ne pus retenir mes larmes lorsque je vis le misérable état de Chilpéric jeté dans la chaudière, où tout à coup il parut fondu et dissous.[1] »

Chimère, — monstre imaginaire, né en Lycie, que les poëtes disent avoir été vaincu par Bellérophon ; il avait la tête et l'estomac d'un lion, le ventre d'une chèvre et la queue d'un dragon. Sa gueule béante vomissait des flammes. Les démonographes disent que c'était un démon.

Chimie. — On la confondait autrefois avec l'alchimie. La chimie, selon les Persans, est une science superstitieuse qui tire ce qu'il y a de plus subtil dans les corps terrestres pour s'en servir aux usages magiques. Ils font Caron (le Coré du Pentateuque) inventeur de cette noire science qu'il apprit, disent-ils, de Moïse.

Chion, — philosophe d'Héraclée, disciple de Platon. Il fut averti en songe de tuer Cléarque, tyran d'Héraclée, qui était son ami. Il lui sembla voir une femme qui lui mit devant les yeux la bonne renommée qu'il acquerrait par le meurtre du tyran ; et, poussé par cette vision, il le tua. Mais ce qui prouve que c'était une vision diabolique, c'est que Cléarque, tyran tolérable, ayant été tué, fut remplacé par Satyre, son frère, bien plus cruel que lui, et que rien ne pouvait adoucir.

Chiorgaur, — voy. GAURIE.

Chiridirelles, — démon qui secourt les voyageurs dans leurs besoins, et qui leur enseigne leur chemin lorsqu'ils sont égarés. On dit qu'il se montre à ceux qui l'invoquent sous la forme d'un passant à cheval.

Chiromancie, — art de dire la bonne aventure par l'inspection des lignes de la main. Cette science, que les Bohémiens ont rendue célèbre, est, dit-on, très ancienne. Nous en exposons les principes à l'article MAIN.

Chodar, — démon que les nécromanciens nomment aussi Bélial ; il a l'Orient pour district, et commande aux démons des prestiges.

Choquet (LOUIS), — auteur d'un mystère très-rare, intitulé : *L'Apocalypse saint Jean Zébédée*, où sont comprises les visions et révélations qu'icelui saint Jean eut en l'île de Patmos ; in-fol., Paris, 1541.

Chorropique (MARIE), — sorcière bordelaise du temps de Henri IV, qui confessa s'être donnée au diable par le moyen d'un nommé Augerot d'Armore, qui la mena dans une lande où elle trouva un grand seigneur vêtu de noir, dont la figure était voilée. Il était entouré d'une infinité de gens richement habillés. Marie Chorropique ayant prononcé le nom de Jésus, tout disparut incontinent. Son guide ne vint la reprendre que trois heures après, la tança d'avoir prononcé le nom de Notre-Seigneur, et la conduisit au sabbat, près d'un moulin, où elle retrouva le même seigneur noir, avec un nommé Menjoin, qui portait un pot de terre où il y avait de grosses araignées enflées d'une drogue blanche, et deux crapauds qu'on tua à coups de gaule, et qu'on chargea Marie d'écorcher. Ensuite, Augerot pila ces araignées dans un mortier avec les crapauds. Ils jetèrent cette composition sur quelques pâturages pour faire mourir les bestiaux. Après quoi, ils s'en allèrent au bourg d'Irauris, où ils prirent sans bruit un enfant au berceau : Augerot et Menjoin l'étranglèrent et le mirent entre son père et sa mère qui dormaient, afin que le père

---

[1] Greg. Turon., Hist., Franc., lib. VIII, cap. 5. — Lenglet-Dufresnoy, Recueil de dissertations sur les apparitions, p. 72 de la préface.

crut que sa femme l'avait étouffé. Ils en empoisonnèrent d'autres; et, à toutes ces exécutions, Marie Chorropique les attendait à la porte des maisons. Que penser de ces récits? — Elle dit encore que, dans un autre sabbat, elle vit deux sorcières qui apportèrent le cœur d'un enfant dont la mère s'était fait avorter, et qu'elles le gardèrent pour en faire un sacrifice au diable. Cette sorcière fut brûlée le 2 octobre 1576 [1].

Chouette, — espèce de hibou de la grosseur d'un pigeon, qui ne paraît qu'au point du jour ou à l'approche de la nuit. Chez les Athéniens et les Siciliens, cet oiseau était d'un bon augure; partout ailleurs, la rencontre d'une chouette était d'un mauvais présage. Cette superstition vit encore dans plusieurs pays.

Choun, — divinité adorée chez les Péruviens, qui racontaient ainsi son histoire. Il vint des parties septentrionales du monde un homme qui avait un corps sans os et sans muscles, et qui s'appelait *Choun*; il abaissait les montagnes, comblait les vallées, et se frayait un chemin dans les lieux inaccessibles. Ce Choun créa les premiers habitants du Pérou, il leur apprit à se nourrir des herbes et des fruits sauvages. Mais un jour, offensé par quelques Péruviens, il convertit en sables arides une partie de la terre, auparavant très-fertile; il arrêta la pluie, desséchales plantes; et ensuite, ému de compassion, il ouvrit les fontaines et fit couler les rivières, pour réparer le mal qu'il avait fait...

Choux. — C'est une croyance qui n'est pas extrêmement rare qu'on ne doit pas manger de choux le jour de Saint-Étienne, parce qu'il s'était caché dans un carré de choux pour éviter le martyre [2].... Conte stupide et superstition absurde.

Chrisolytes, — hérétiques du sixième siècle qui disaient que Notre-Seigneur avait laissé son corps et son âme aux enfers, et qu'il n'était remonté aux cieux qu'avec sa divinité.

Christophe. — Autrefois, d'après une opinion exprimée par ce vers :

Christophorum videas, postea tutus eas,

on croyait que celui qui avait vu quelque image de saint Christophe le matin était en sûreté toute la journée.

Christoval de la Garrade, — *voy.* Marisane.

Chrysolithe, — pierre précieuse qu'Albert-le-Grand regarde comme un préservatif contre la folie. Elle a encore, dit-il, la vertu de mettre le repentir dans le cœur de l'homme qui a fait des fautes...

Chrysomallon, — nom du fameux bélier qui portait la toison d'or. On dit qu'il volait dans les airs, qu'il nageait en perfection, qu'il courait avec la légèreté d'un cerf, et que Neptune, dont il était fils, l'avait couvert de soie d'or au lieu de laine. Il avait aussi l'usage de la parole, et donnait de bons avis. Il est le premier signe du zodiaque.

Chrysopée, — œuvre d'or. C'est le nom grec que les alchimistes donnent à la pierre philosophale, ou à l'art de transmuer tous les métaux en or pur.

Chrysopole, — démon. *Voy.* Olive.

Chrysoprase, — pierre précieuse à laquelle la superstition attachait la propriété de fortifier la vue, de réjouir l'esprit et de rendre l'homme libéral et joyeux.

Cicéron (Marcus Tullius). — Leloyer dit qu'un spectre apparut à la nourrice de Cicéron : c'était un démon de ceux qu'on appelle *génies familiers*. Il lui prédit qu'elle allaitait un enfant qui, un jour à venir, ferait grand bien à l'État. « Mais d'où tenait-il tout cela, me dira-t-on? Je répondrai : C'est la coutume du diable de bégayer les choses futures. » Cicéron devint en effet ce qu'on sait [1]. — C'est lui qui disait qu'il ne concevait pas que deux augures pussent se regarder sans rire. Il a combattu les idées superstitieuses dans plusieurs de ses ouvrages, surtout dans les trois livres *de la Nature des dieux*, dans les *Tusculanes*, et dans les deux livres *de la Divination*. — Valère-Maxime conte que Cicéron, ayant été proscrit par les triumvirs, se retira dans sa maison de Formies, où les satellites des tyrans ne tardèrent pas à le poursuivre. Dans ces moments de trouble, il vit un corbeau arracher l'aiguille d'un cadran : c'était lui annoncer que sa carrière était finie. Le corbeau s'approcha ensuite de lui, comme pour lui faire sentir qu'il allait bientôt être sa proie, et le prit par le bas de sa robe, qu'il ne cessa de tirer que quand un esclave vint dire à l'orateur romain que des soldats arrivaient pour lui donner la mort. Les corbeaux d'aujourd'hui sont plus sauvages.

---

[1] Delancre, Tableau de l'inconstance des démons, etc., p. 107.

[2] Thiers, Traité des superstitions, t. I*er*.

[1] Leloyer, Hist. et disc. des spectres, liv. II, ch. 5; liv. III, ch. 17.

Ciel. — Un tel article ne peut entrer dans ce dictionnaire qu'à propos de quelques folles croyances. Les musulmans admettent neuf cieux ; il y eut, parmi les chrétiens, des hérétiques qui en annonçaient trois cent soixante-cinq, avec des anges spécialement maîtres de chaque ciel. *Voy.* BASILIDE. Bodin assure qu'il y a dix cieux, qui sont marqués par les dix courtines du tabernacle, et par ces mots : « Les cieux sont les œuvres de tes doigts, » qui sont au nombre de dix [1]. — Les rabbins prétendent que le ciel tourne sans cesse, et qu'il y a au bout du monde un lieu où le ciel touche la terre. On lit dans le *Talmud* que le rabbin Bar-Chana, s'étant arrêté en cet endroit pour se reposer, mit son chapeau sur une des fenêtres du ciel, et que, l'ayant voulu reprendre un moment après, il ne le retrouva plus, les cieux l'ayant emporté dans leur course ; de sorte qu'il fallut qu'il attendît la révolution des mondes pour le rattraper.

Cierges. — On allume deux cierges à Scaer au moment du mariage ; on en place un devant le mari, l'autre devant la femme : la lumière la moins brillante indique celui des deux qui doit mourir le premier. L'eau et le feu, comme chez les anciens, jouent un grand rôle dans la Bretagne : du côté de Guingamp, et ailleurs, quand on ne peut découvrir le corps d'un noyé, on met un cierge allumé sur un pain, qu'on abandonne au cours de l'eau ; on trouve, dit-on, le cadavre dans l'endroit où le pain s'arrête.

Cigogne. — On croit qu'elle préserve des incendies les maisons où elle se retire ; cette erreur n'est plus très-répandue. On a dit aussi que les cigognes ne s'établissaient que dans les États libres ; mais les Égyptiens, qui eurent toujours des rois, lui rendaient un culte ; et c'était un crime capital en Thessalie, qui était monarchique, de tuer une cigogne, parce que le pays est plein de serpents, et que les cigognes les détruisent. Elles sont enfin très-communes en Turquie, en Égypte et en Perse, où l'on ne songe guère aux idées républicaines.

Cilano (GEORGES-CHRÉTIEN-MATERNUS DE) ; — Hongrois du dix-huitième siècle, qui a écrit un livre de l'origine et de la célébration des saturnales chez les Romains [3] ; et, sous le nom d'Antoine Signatelli, des Recherches sur les géants [4].

Cimeriès, — grand et puissant démon, marquis de l'empire infernal. Il commande aux parties africaines ; il enseigne la grammaire, la logique et la rhétorique. Il découvre les trésors et révèle les choses cachées ; il rend l'homme léger à la course, et donne aux bourgeois la tournure fringante des militaires. Le marquis Cimeriès, capitaine de vingt légions, est toujours à cheval sur un grand palefroi noir [1].

Cimetière. — Il n'était pas permis en Espagne, au quatrième siècle, d'allumer des cierges en plein jour dans les cimetières, *de peur d'inquiéter les esprits.* On croyait que les âmes des trépassés fréquentaient les cimetières où leurs corps étaient enterrés [2]. — On croit encore aujourd'hui, dans les campagnes, que les âmes du purgatoire reviennent dans les cimetières ; on dit même que les démons aiment à s'y montrer, et que c'est pour les écarter qu'on y plante des croix. On conte des anecdotes effrayantes ; peu de villageois traverseraient le cimetière à minuit. Ils ont toujours l'histoire de l'un d'entre eux qui a été rossé par une âme (ou plutôt par un mauvais plaisant) qui lui a reproché de troubler sa pénitence. *Voy.* APPARITIONS. — Henri Estienne et les ennemis du catholicisme ont conté aussi des aventures facétieuses, où ils attribuent de petites fraudes aux gens d'église pour maintenir cette croyance ; mais ces historiettes sont des inventions. — On a vu quelquefois, dans les grandes chaleurs, des exhalaisons enflammées sortir des cimetières ; on sait aujourd'hui qu'elles ont une cause naturelle.

Cimmériens, — peuples qui habitaient autour des Palus-Méotides, et dont les Cimbres sont les descendants. Beaucoup de savants ont placé dans ce pays l'antre par lequel on allait aux enfers. Leloyer dit que les Cimmériens étaient de grands sorciers, et qu'Ulysse ne les alla trouver que pour interroger, par leur moyen, les esprits de l'enfer.

Cimon, — général athénien, fils de Miltiade. Ayant vu en songe une chienne irritée qui aboyait contre lui, et lui disait d'une voix humaine : « Viens, tu me feras plaisir, à moi et à mes petits, » il alla consulter un devin nommé Astyphile, qui interpréta sa vision de cette manière : « Le chien est ennemi de celui contre lequel il aboie ; or, on ne pourrait faire à son ennemi un plus grand plaisir que de mourir, et ce mélange de la voix humaine

---

[1] Préface de la Démonomanie des sorciers.
[2] Voyage de Cambry dans le Finistère, t. III, p. 159.
[3] De saturnalium origine et celebrandi ritu apud Romanos. 1759.
[4] De Gigantibus nova disquisitio historica et critica, 1756.

[1] Wierus, in Pseudomonarchia dæm.
[2] Dom Calmet, Traité sur les apparitions, etc. ch. 13.

avec l'aboi dénote un Mède qui vous tuera. » Les Grecs étaient en guerre avec les Perses et les Mèdes. Malheureusement pour le devin, le songe ne s'accomplit pas, et Cimon ne mourut que de maladie.

Cincinnatulus ou **Cincinnatus** (*le petit frisé*), — esprit qui, au rapport de Rhodiginus, parlait par la bouche d'une femme nommée Jocaba, laquelle était ventriloque.

Cinq. — Les Grecs modernes se demandent excuse en prononçant le nombre cinq, qui est du plus mauvais augure, parce qu'il exprime un nombre indéfini, réprouvé par les cabalistes.

Ciones. — *Voy.* Kiones.

Cippus Venelius, — chef d'une partie de l'Italie, qui, pour avoir assisté à un combat de taureaux et avoir eu toute la nuit l'imagination occupée de cornes, se trouva un front cornu le lendemain. D'autres disent que ce prince, entrant victorieux à Rome, s'aperçut en regardant dans le Tibre qu'il lui était poussé des cornes; il consulta les devins pour savoir ce que lui présageait une circonstance si extraordinaire. On pouvait expliquer ce prodige de plusieurs façons; on lui dit seulement que c'était une marque qu'il régnerait dans Rome; mais il n'y voulut plus entrer. Cette modération est plus merveilleuse que les cornes.

Circé, — fameuse magicienne qui changea les compagnons d'Ulysse en pourceaux. Elle savait composer des potions magiques et des enchantements par lesquels, au moyen du diable, elle troublait l'air, excitait les grêles et les tempêtes, et donnait aux hommes des maladies de corps et d'esprit. Saint Jean-Chrysostome regarde la métamorphose des compagnons d'Ulysse comme une allégorie.

Circoncellions, — fanatiques du quatrième siècle, de la secte des donatistes. Ils parurent en Afrique. Armés d'abord de bâtons qu'ils appelaient bâtons d'Israël, ils commettaient tous les brigandages sous prétexte de rétablir l'égalité. Ils prirent bientôt des armes plus offensives pour tuer les catholiques. On les appelait aussi scotopètes; ils faisaient grand cas du diable et l'honoraient en se coupant la gorge, en se noyant, en se jetant eux et leurs femmes dans les précipices. A la suite de Frédéric Barberousse, au treizième siècle, on vit reparaître des circoncellions qui damnaient les catholiques. Ces violents sectaires ne durèrent pas long-temps.

Cire. — C'est avec de la cire que les sorcières composaient les petites figures magiques qu'elles faisaient fondre pour envoûter et faire périr ceux qu'elles avaient pour ennemis. On décapita à Paris, en 1574, un gentilhomme chez qui l'on trouva une petite image de cire ayant à la place du cœur percée d'un poignard. *Voy.* Envoûtement.

Ciruelo (Pierre), — savant aragonais du quinzième siècle, à qui l'on doit un livre d'astrologie[1], où il défend les astrologues et leur science contre les raisonnements de Pic de la Mirandole.

Citation, — formule employée pour appeler les esprits et les forcer à paraître. *Voy.* Évocation.

Citu, — fête au Pérou, dans laquelle tous les habitants se frottaient d'une pâte où ils avaient mêlé un peu de sang tiré de l'entre-deux des sourcils de leurs enfants. Ils pensaient par là se préserver, pour tout le mois, de tout malaise. Des prêtres faisaient ensuite des conjurations afin d'éloigner les maladies, et les Péruviens croyaient que toutes les fièvres étaient chassées à cinq ou six lieues de leurs habitations.

Clairon (Claire-Josèphe-Leyris de Latude, connue sous le nom d'Hippolyte), — tragédienne française, morte en 1803. Dans ses *Mémoires*, publiés en 1799, elle raconte l'histoire d'un revenant qu'elle croit être l'âme de M. de S...., fils d'un négociant de Bretagne, dont elle avait rejeté les vœux à cause de son humeur haineuse et mélancolique, quoiqu'elle lui eût accordé son amitié. Cette passion malheureuse l'avait conduit au tombeau. Il avait souhaité de la voir dans ses derniers moments; mais on avait dissuadé mademoiselle Clairon de faire cette démarche; et il s'était écrié avec désespoir : « Elle n'y gagnera rien, je la poursuivrai autant après ma mort que je l'ai poursuivie pendant ma vie!... » — Depuis lors, mademoiselle Clairon entendit, vers les onze heures du soir, pendant plusieurs mois, un cri aigu; ses gens, ses amis, ses voisins, la police même, entendirent ce bruit toujours à la même heure, toujours partant sous ses fenêtres, et ne paraissant sortir que du vague de l'air. Ces cris cessèrent quelque temps; mais ils furent remplacés, toujours à onze heures du soir, par un coup de fusil tiré dans ses fenêtres, sans qu'il en résultât aucun dommage. La rue fut remplie d'espions; et ce bruit fut entendu, frappant toujours à la même heure, dans le même carreau de vitre, sans que jamais personne ait pu voir de quel endroit il partait. A ces explosions succéda un claquement de

---

[1] *Apotelesmata astrologiæ humanæ, hoc est de mutationibus temporum.* Alcala, 1521

mains, puis des sons mélodieux. Enfin, tout cessa après un peu plus de deux ans et demi[1].
— Voilà ce que disent les Mémoires publiés par mademoiselle Raucourt. Ce qui n'empêche pas que ce fait n'est qu'une mystification, qui eût fait plus de bruit à Paris si c'eût été autre chose.

Clarus. — Saint Augustin rapporte qu'un jeune homme de condition, nommé Clarus, s'étant donné à Dieu dans un monastère d'Hippone, se persuada qu'il avait commerce avec les anges; il en parla dans le couvent. Comme les frères refusaient de le croire, il prédit que la nuit suivante Dieu lui enverrait une robe blanche avec laquelle il paraîtrait au milieu d'eux. En effet, vers minuit, le monastère fut ébranlé, la cellule du jeune homme parut brillante de lumière, on entendit le bruit de plusieurs personnes qui allaient, venaient et parlaient entre elles, sans qu'on pût les voir. Clarus sortit de sa cellule et montra aux frères la tunique dont il était vêtu : c'était une étoffe d'une blancheur admirable, et d'une finesse si extraordinaire qu'on n'avait jamais rien vu de semblable. On passa le reste de la nuit à chanter des psaumes en actions de grâces ; ensuite on voulut conduire le jeune homme à saint Augustin ; mais il s'y opposa, disant que les anges le lui avaient défendu. Cependant on ne l'écouta point ; et, comme on l'y conduisait malgré sa résistance, la tunique disparut aux yeux des assistants ; ce qui fit juger que le tout n'était qu'une illusion de l'esprit de ténèbres.

Classyalabolas, — voy. CAACRINOLAAS.

Claude, — prieur de Laval, fit imprimer à la fin du seizième siècle un livre intitulé : *Dialogues de la Lycanthropie*.

Clauder (GABRIEL), — savant saxon, mort en 1694, membre de l'académie des Curieux de la Nature. Il a laissé, dans les Mémoires de cette société, divers opuscules singuliers : tels sont : « le Remède diabolique du délire, » et « les Vingt-cinq ans de séjour d'un démon sur la terre[2]. » Son neveu, Frédéric-Guillaume Clauder, a donné, dans les Éphémérides de la même académie, un petit traité sur les nains[3].

Clauneck, — démon qui a puissance sur les biens, sur les richesses ; il fait trouver des trésors à celui qu'il sert en vertu d'un pacte. Il est aimé de Lucifer, qui le laisse maître de prodiguer l'argent. Il rend complaisance pour complaisance à qui l'appelle[1].

Clauzette. — Sur la fin de 1684, une fille insensée, Marie Clauzette, se mit à courir les champs aux environs de Toulouse, en se réclamant du nom de Robert, qu'elle disait être le maître de tous les diables. On la crut possédée, et tout le monde voulut la voir. Quatre jeunes filles, qui assistèrent aux premiers exorcismes, se crurent possédées pareillement. Le vicaire-général de Toulouse, voulant éprouver si la possession était vraie, fit employer d'abord des exorcismes feints ; et l'eau commune, la lecture d'un livre profane, le ministère d'un laïque habillé en prêtre, agitèrent aussi violemment les prétendues possédées, qui n'étaient pas prévenues, que si un prêtre eût lu le rituel avec des aspersions d'eau bénite. Les médecins déclarèrent que le diable n'était pour rien dans cette affaire. Les possédées vomissaient des épingles crochues ; mais on remarqua qu'elles les cachaient dans leur bouche pour les rejeter devant les spectateurs. Le parlement de Toulouse proclama la fraude et dissipa cette ridicule affaire.

Clavicules de Salomon, — voy. SALOMON.

Clay (JEAN), — littérateur allemand, mort en 1592. On recherche son *Alkumistica*, petit poème en vers allemands contre la folie des alchimistes et faiseurs d'or.

Clédonismancie, — divination tirée de certaines paroles qui, entendues ou prononcées en diverses rencontres, étaient regardées comme bon ou mauvais présage. Cette divination était surtout en usage à Smyrne ; il y avait un temple où c'était ainsi qu'on rendait les oracles. Un nom seul offrait quelquefois l'augure d'un bon succès. Léotychide, pressé par un Samien d'entreprendre la guerre contre les Perses, demanda à ce Samien son nom ; et, apprenant qu'il s'appelait Hégésistrate, mot qui signifie conducteur d'armée, il répondit : « J'accepte l'augure d'Hégésistrate. » Ce qu'il y avait de commode en tout ceci, c'est qu'on était libre d'accepter ou de refuser le mot à présage. S'il était saisi par celui qui l'entendait et qu'il frappât son imagination, il avait toute son influence ; mais si l'auditeur le laissait tomber, on n'y faisait pas une prompte attention, l'augure était sans force.

Clef d'or. — On a publié, sous le titre de *la Clef d'or*, plusieurs petits volumes stupides qui enseignent les moyens infaillibles de faire

---

[1] Mémoires d'Hippolyte Clairon, édit. de Buisson, p. 167.
[2] De Diabolico deliri remedio. — De Diabolo per viginti quinque annos frequentante cum muliere nulla veneficii opera.
[3] De nanorum generatione.

[1] Obedias illi, et obediet. Clavicules de Salomon, p. 14.

fortune avec la loterie, et qui, quand la loterie existait, ne faisaient que des dupes. *La Clef d'or* ou *le Véritable trésor de la fortune*, qui se réimprimait de temps en temps à Lille, chez Castiaux, n'est pas autre chose que la découverte des nombres sympathiques, que l'auteur se vante d'avoir trouvés, ce qui lui a valu trois cent mille francs en deux ans et demi. Il est mal de mentir aussi impunément pour engager les pauvres gens à se ruiner dans les loteries. Or, les cinq nombres sympathiques ne manquent pas de sortir, dit-il effrontément, dans les cinq tirages qui suivent la sortie du numéro indicateur. Il faut donc les suivre pendant cinq tirages seulement pour faire fortune. Par exemple, les nombres sympathiques de 4 sont 30, 40, 50, 70, 76. Ces cinq numéros sortiront dans les cinq tirages qui suivront la sortie de 4, non pas tous à la fois peut-être, mais au moins deux ou trois ensemble. Du reste les nombres sympathiques sont imaginaires, et chacun les dispose à son gré.

Cléidomancie ou **Cleidonomancie**, — divination par le moyen d'une clef. On voit dans Delrio et Delancre qu'on employait cette divination pour découvrir l'auteur d'un vol ou d'un meurtre. On tortillait autour d'une clef un billet contenant le nom de celui qu'on soupçonnait ; puis on attachait cette clef à une Bible, qu'une fille vierge soutenait de ses mains. Le devin marmottait ensuite tout bas le nom des personnes soupçonnées, et on voyait le papier tourner et se mouvoir sensiblement. — On devine encore d'une autre manière par la cléidomancie. On attache étroitement une clef sur la première page d'un livre ; on ferme le livre avec une corde, de façon que l'anneau de la clef soit dehors ; la personne qui a quelque secret à découvrir par ce moyen pose le doigt dans l'anneau de la clef, en prononçant tout bas le nom qu'elle soupçonne. S'il est innocent, la clef reste immobile ; s'il est coupable, elle tourne avec une telle violence, qu'elle rompt la corde qui attache le livre [1]. Les Cosaques et les Russes emploient souvent cette divination, mais ils mettent la clef en travers et non à plat, de manière que la compression lui fait faire le quart de tour. Ils croient savoir par là si la maison où ils sont est riche, si leur famille se porte bien en leur absence, si leur père vit encore, etc. Ils en font usage surtout pour découvrir les trésors. On les a vus plusieurs fois en France recourir à cet oracle de la clef sur l'Évangile de saint Jean, durant l'invasion de 1814.

Cléonice. — Pausanias, général lacédémonien, ayant tué à Vicence une vertueuse jeune fille, nommée Cléonice, qui lui avait résisté, vécut dans un effroi continuel et ne cessa de voir, jusqu'à sa mort, le spectre de cette jeune fille à ses côtés. Si l'on connaissait ce qui a précédé les visions, on en trouverait souvent la source dans les remords.

Cléopâtre. — C'est, dit-on, une erreur que l'opinion où nous sommes que Cléopâtre se fit mourir avec deux aspics. Plutarque dit, dans la vie de Marc-Antoine, que personne n'a jamais su comment elle était morte. Quelques-uns assurent qu'elle prit un poison qu'elle avait coutume de porter dans ses cheveux. On ne trouva point d'aspic dans le lieu où elle était morte ; on dit seulement qu'on lui remarqua au bras droit deux piqûres imperceptibles ; c'est là-dessus qu'Auguste hasarda l'idée, qui est devenue populaire, sur le genre de sa mort. Il est probable qu'elle se piqua avec une aiguille empoisonnée [1].

Cléromancie, — art de dire la bonne aventure par le sort jeté, c'est-à-dire, avec des dés, des osselets, des fèves noires ou blanches. On les agitait dans un vase, et après avoir prié les dieux on les renversait sur une table et l'on prédisait l'avenir d'après la disposition des objets. Il y avait à Bura, en Achaïe, un oracle d'Hercule qui se rendait sur un tablier avec des dés. Le pèlerin, après avoir prié, jetait quatre dés dont le prêtre considérait les points, et il en tirait la conjecture de ce qui devait arriver. Il fallait que ces dés fussent faits d'os de bêtes sacrifiées [2]. Le plus souvent on écrivait sur les osselets ou sur de petites tablettes qu'on mêlait dans une urne ; ensuite on faisait tirer un lot par le premier jeune garçon qui se rencontrait ; et si l'inscription qui sortait avait du rapport avec ce qu'on voulait savoir, c'était une prophétie certaine. Cette divination était commune en Égypte et chez les Romains ; et l'on trouvait fréquemment des cléromanciens dans les rues et sur les places publiques, comme on trouve dans nos fêtes des cartomanciens. *Voy.* ASTRAGALOMANCIE.

Clèves. — On dit que le diable est chef de cette noble maison et père des comtes de Clèves. Les cabalistes prétendent que ce fut un sylphe qui vint à Clèves par les airs, sur un navire merveilleux traîné par des cygnes, et qui repartit un jour, en plein midi, à la vue de tout le monde sur son navire aérien. « Qu'a-t-il fait aux docteurs qui les oblige à

---

[1] Delancre, Incrédulité et mécréance du sortilège pleinement convaincue, traité 6.

[1] Voyez Brown, Des Erreurs populaires, liv. v, ch. 12.
[2] Delancre, l'Incrédulité et mécréance, etc.; traité 6.

l'ériger en démon? » dit l'abbé de Villars [1]. C'est en mémoire de cette origine merveilleuse, diversement expliquée, qu'on avait érigé, au pays de Clèves, l'ordre des chevaliers du Cygne.

Climatérique, — *voy.* ANNÉE.

Clistheret, — démon qui fait paraître la nuit au milieu du jour, et le jour au milieu de la nuit, quand c'est son caprice, si vous en croyez les *Clavicules de Salomon*.

Cloches. — Les anciens connaissaient les cloches, dont on attribue l'invention aux Égyptiens. Elles étaient connues à Athènes et chez les Romains. Les musulmans n'ont point de cloches dans leurs minarets; ils croient que le son des cloches effraierait les âmes des bienheureux dans le paradis. — Les cloches ne furent généralement en usage, dans les églises chrétiennes, que vers le septième siècle. On voit, dans Alcuin, que la cérémonie du baptême qui les consacre avait lieu déjà du temps de Charlemagne. — C'est, dit-on, parce qu'elles sont baptisées que les cloches sont odieuses à Satan. On assure que quand le diable porte ses suppôts au sabbat, il est forcé de les laisser tomber s'il entend le son des cloches. Torquemada raconte, dans son *Hexaméron*, qu'une femme revenant du sabbat, portée dans les airs par l'esprit malin, entendit la cloche qui sonnait l'*Angelus*. Aussitôt le diable l'ayant lâchée, elle tomba dans une haie d'épines au bord d'une rivière. Elle aperçut un jeune homme à qui elle demanda secours, et qui, à force de prières, se décida à la reconduire en sa maison. Il la pressa tellement de lui avouer les circonstances de son aventure qu'elle la lui apprit; elle lui fit ensuite de petits présents, pour l'engager à ne rien dire; mais la chose ne manqua pourtant pas de se répandre. — On croit, dans quelques contrées, que c'est le diable qui excite les tempêtes, et que, par ainsi, les cloches conjurent les orages. Les paysans sonnent donc les cloches dès qu'ils entendent le tonnerre, ce qui maintenant est reconnu pour une imprudence. Citons à ce sujet un fait consigné dans les Mémoires de l'Académie des sciences : « En 1718, le 15 août, un vaste orage s'étendit sur la Basse-Bretagne; le tonnerre tomba sur vingt-quatre églises situées entre Landernau et Saint-Pol-de-Léon; c'était précisément celles où l'on sonnait pour écarter la foudre; celles où l'on ne sonna pas furent épargnées. » M. Salgues pense cependant que le son des cloches n'attire pas le tonnerre, parce que leur mouvement a peu d'intensité; mais le bruit seul agite l'air avec violence, et le son du tambour sur un lieu élevé ferait peut-être le même effet d'attirer la foudre. On a cru encore, dans certains pays, qu'on se mettait à l'abri de toute atteinte des orages en portant sur soi un morceau de la corde attachée à la cloche au moment de son baptême. — Il nous reste à dire un mot de la *Cloche du Diable*. Dusaulx visitant les Pyrénées à pied, son guide, qui était un franc montagnard, le conduisit dans un marécage, comme pour lui montrer quelque chose de curieux. Il prétendit qu'une cloche avait jadis été enfoncée dans cet endroit; que cent ans après, le diable, à qui appartenaient alors tous les métaux souterrains, s'était emparé de cette cloche, et qu'un pâtre depuis peu de temps l'avait entendu sonner pendant la nuit de Noël dans l'intérieur de la montagne. « Fort bien, dit Dusaulx; ce qu'on a pris pour le son d'une cloche ne viendrait-il pas plutôt des eaux souterraines qui s'engouffrent dans quelque cavité? — Oh! que non, » répliqua le guide. — Il y a des cloches célèbres. On respecte beaucoup, dans les Pyrénées, la cloche de la vallée; on lui donne toutes sortes d'origines merveilleuses : la plus commune, c'est qu'elle a été fondue par les anges. On l'entend, ou peut-être on croit l'entendre quelquefois; mais on ne sait pas où elle est suspendue. C'est cette cloche qui doit, à ce que disent les montagnards, réveiller leurs patriarches endormis dans les creux des rochers, et appeler les hommes au dernier jugement. — Lorsque Ferdinand-le-Catholique fut attaqué de la maladie dont il mourut, la fameuse cloche de la Villela (qui a dix brasses de tour) sonna, dit-on, d'elle-même ; ce qui arrive quand l'Espagne est menacée de quelque malheur. On publia aussitôt qu'elle annonçait la mort du roi, qui mourut effectivement peu après.

Clofye, — oiseau d'Afrique, noir et gros comme un étourneau. C'est pour les nègres un oiseau de présage. Il prédit les bons événements lorsqu'en chantant il s'élève dans les airs; il en pronostique de mauvais s'il s'abaisse. Pour annoncer à quelqu'un une mort funeste, ils lui disent que le clofye a chanté sur lui.

Clotho. — L'une des trois Parques et la plus jeune. C'est elle qui file les destinées; on lui donne une quenouille d'une hauteur prodigieuse. La plupart des mythologues la placent avec ses sœurs à la porte du repaire de Pluton. Lucien la met dans la barque à

---

[1] L'abbé de Villars, dans le Comte de Gabalis.

Caron; mais Plutarque dit qu'elle est dans la lune, dont elle dirige les mouvements.

Clou. — Il y a, sur les clous, quelques petites superstitions dont on fera son profit. Les Grecs modernes sont persuadés qu'en fichant le clou d'un cercueil à la porte d'une maison infestée, on en écarte à jamais les revenants et les fantômes. — Boguet parle d'une sorcière qui, pour un cheval blessé, disait certains mots en forme d'oraison, et plantait en terre un clou qu'elle ne retirait jamais. Les Romains, pour chasser la peste, fichaient un clou dans une pierre qui était au côté droit du temple de Jupiter; ils en faisaient autant contre les charmes et sortiléges, et pour apaiser les discordes qui survenaient entre les citoyens. « Il y en a pareillement qui, se voulant prévaloir contre leurs ennemis, plantent un clou dans un arbre. Or, quelle force peut avoir ce clou ainsi planté [1]? »

Clovis. — fils de Chilpéric Ier. Il ne restait à Chilpéric que ce fils de sa première femme; il fut assez indiscret pour s'expliquer sans ménagement sur Frédégonde, qu'il regardait comme ennemie. Elle résolut de s'en débarrasser. Clovis aimait une jeune fille de basse extraction : un émissaire de Frédégonde vint dire au roi que c'était la fille d'une magicienne; que Clovis avait employé les artifices de cette femme pour se défaire de ses deux frères (empoisonnés, à ce qu'on croit) et qu'il tramait la mort de la reine. La vieille femme, mise à la question, fut forcée d'avouer qu'elle était sorcière. Clovis, convaincu, fut dépouillé de ses riches vêtements et conduit dans une prison où des assassins le poignardèrent, si les historiens disent vrai; et on fit accroire au monarque qu'il s'était tué lui-même. La magicienne, dont la fille venait aussi d'être mise à mort, fut épouvantée de ses aveux, qu'elle rétracta; mais on se hâta de lui imposer silence en la conduisant au bûcher. C'est du moins ainsi que racontent les choses, des chroniqueurs peu favorables, il est vrai, à Frédégonde.

Cobales, — génies malins et trompeurs de la suite de Bacchus, dont ils étaient à la fois les gardes et les bouffons. Selon Leloyer, les Cobales, connus des Grecs, étaient des démons doux et paisibles, nommés par quelques-uns bonhomets ou petits bonshommes des montagnes, parce qu'ils se montrent en vieux nains de basse stature; ils sont vêtus court, demi-nus, la manche retroussée sur l'épaule, et portent un tablier de cuir sur les reins. « Cette sorte de démons est présentement assez plaisante, car tantôt vous les verrez rire, tantôt se gaudir, tantôt sauter de joie et faire mille tours de singe; ils contreferont et imiteront les singes, et feront tant et plus les embesognés, combien qu'ils ne fassent rien du tout. A cette heure, vous les verrez bêcher dans les veines d'or ou d'argent, amasser ce qu'ils auront bêché, et le mettre en des corbeilles et autres vaisseaux pour cet effet préparés, tourner la corde et la poulie afin d'avertir ceux d'en haut de tirer le métal, et fort rarement voit-on qu'ils offensent les ouvriers, s'ils ne sont grandement provoqués de brocards, injures et risées dont ils sont impatients. Alors ils jetteront premièrement de la terre et des petits cailloux aux yeux des pionniers, et quelquefois les blesseront [1]. »

Coboli, — génies ou démons révérés par les anciens Sarmates. Ils croyaient que ces esprits habitaient les parties les plus secrètes des maisons, et même les fentes du bois. On leur offrait les mets les plus délicats. Lorsqu'ils avaient l'intention de se fixer dans une habitation, ils en prévenaient ainsi le père de famille : la nuit ils assemblaient des tas de copeaux et répandaient de la fiente de divers animaux dans des vases de lait; gracieuses manières de s'annoncer. Si le lendemain le maître de la maison laissait ces copeaux en un tas, et faisait boire à sa famille le lait ainsi souillé, alors les cobolis se rendaient visibles et habitaient désormais avec lui ; mais s'il dispersait les copeaux et jetait le lait, ils allaient chercher un autre gîte.

Cocconas, — voy. ALEXANDRE DE PAPHLAGONIE.

Cochon. — Est-il vrai, comme le croit le peuple, que de tous les animaux le cochon soit celui dont l'organisation ait le plus de ressemblance avec celle de l'homme? « Sur ce point, dit M. Salgues, on ne saurait mieux faire que de s'en rapporter à Cuvier. Or, voici ce que lui ont révélé ses recherches. L'estomac de l'homme et celui du cochon n'ont aucune ressemblance : dans l'homme, ce viscère a la forme d'une cornemuse; dans le cochon, il est globuleux; dans l'homme, le foie est divisé en trois lobes; dans le cochon, il est divisé en quatre; dans l'homme, la rate est courte et ramassée; dans le cochon, elle est longue et plate; dans l'homme, le canal intestinal égale sept à huit fois la longueur du

---

[1] Boguet, Discours des sorciers, ch. 40.

[1] Leloyer, Hist. et Disc. des spectres, etc., p. 345; post Wierum, De præst., lib. I, cap. 22.

corps; dans le cochon, il égale quinze à dix-huit fois la même longueur. Son cœur présente des différences notables avec celui de l'homme ; et j'ajouterai, pour la satisfaction des savants et des beaux-esprits, que le volume de son cerveau est aussi beaucoup moins considérable, ce qui prouve que ses facultés intellectuelles sont inférieures à celles de nos académiciens. » — Il y aurait bien des choses à dire sur le cochon. Le diable s'est quelquefois montré sous sa figure. On conte, à Naples, qu'autrefois il apparaissait souvent avec cette forme dans le lieu même où l'église de Sainte-Marie-Majeure a depuis été bâtie, ce qui réjouissait peu les Napolitains. Dès que l'église fut commencée, la singulière apparition ne se montra plus. C'est en mémoire de cet événement que l'évêque Pomponius fit faire le pourceau de bronze qui est encore sur le portail de cette église. — Camérarius raconte que, dans une ville d'Allemagne, un Juif malade étant venu chez une vieille, et lui ayant demandé du lait de femme, qu'il croyait propre à le guérir, la sorcière s'avisa de traire une truie et en porta le lait au Juif, qui le but. Ce lait commençant à opérer, le Juif s'aperçut qu'il grognait et devina la ruse de la sorcière, qui voulait sans doute lui faire subir la métamorphose des compagnons d'Ulysse. Il jeta le reste du lait sans le boire, et incontinent tous les cochons du voisinage moururent [1].....

Coclés (Barthélemy), — chiromancien du seizième siècle. Il avait aussi des connaissances en astrologie et en physiognomonie. Il prédit à Luc Gauric, célèbre astrologue du même temps, qu'il subirait injustement une peine douloureuse et infamante, et Luc Gauric fut en effet condamné au supplice de l'estrapade par Jean Bentivoglio, tyran de Bologne, dont il avait pronostiqué l'expulsion prochaine. Coclès prophétisa qu'il serait lui-même assassiné, et périrait d'un coup sur la tête ; son horoscope s'accomplit ponctuellement, car Hermès de Bentivoglio, fils du tyran, ayant appris qu'il se mêlait aussi de prédire sa chute, le fit assassiner par un brigand nommé Caponi, le 24 septembre 1504 [2]. On assure même que, connaissant le sort qui le menaçait, il portait depuis quelque temps une calotte de fer, et qu'il ne sortait qu'armé d'une épée à deux mains. On dit encore que celui qui devait l'assassiner étant venu le consulter peu auparavant, il lui prédit qu'avant vingt-quatre heures il se rendrait coupable d'un meurtre. Il est probable que ces prophéties n'ont été faites qu'après coup. — Coclès a écrit sur la physiognomonie et la chiromancie ; mais son livre a subi des modifications. L'édition originale est : *Physiognomiæ ac chiromanciæ Anastasis, sive compendium ex pluribus et penè infinitis autoribus, cum approbatione Alexandri Achillini*, Bologne, 1504, in-fol. La préface est d'Achillini.

Cocoto, — démon succube, adoré aux Indes occidentales et mentionné par Bodin [1].

Cocyte, — l'un des fleuves de l'enfer des anciens. Il entourait le Tartare et n'était formé que des larmes des méchants.

Code des Sorciers, voy. Sorciers.

Codronchi (Baptiste), — médecin d'Imola au seizième siècle. Il a laissé un traité des années climatériques, de la manière d'éviter le danger, et des moyens d'allonger sa vie [2].

Cœlicoles, — secte juive qui adorait les astres, et les anges gardiens des astres.

Cœur. — Des raisonneurs modernes ont critiqué ce qui est dit dans l'*Ecclésiaste*, que le cœur du sage est au côté droit, et celui de l'insensé au côté gauche. Mais il faut entendre cette maxime comme le mot de Jonas, à propos de ceux des Ninivites qui ne savaient pas faire la différence de leur main droite et de leur main gauche, c'est-à-dire du bien et du mal. — Que le cœur de l'homme soit situé au côté gauche de la poitrine, c'est un sentiment qui, à la rigueur, peut être réfuté par l'inspection seule, dit le docteur Brown ; car il est évident que la base et le centre du cœur sont exactement placés au milieu. La pointe à la vérité incline du côté gauche ; mais on dit de l'aiguille d'un cadran qu'elle est située au centre, quoique la pointe s'étende vers la circonférence du cadran. — Nous rappellerons que quelques hommes ont eu le cœur velu. Voy. Aristomène.

Coiffe. — On s'est formé différentes idées sur la membrane appelée coiffe, qui couvre quelquefois la tête des enfants lorsqu'ils sortent du sein de leur mère. Les personnes superstitieuses la conservent avec soin, comme un moyen de bonheur, et on dit d'un homme heureux qu'il est né coiffé. On a même dit que cette coiffe étend ses effets favorables jusque sur ceux qui la portent avec eux. Spartien

---

[1] Camerarius, De nat. et affect. dæmon., in prœmio.
[2] M. Salgues, Des Erreurs et des préjugés.

[1] Démonomanie, liv. II, ch. 7.
[2] De annis climatericis, nec non de ratione vitandi eorum pericula, itemque de modis vitam producendi commentarius. In-8°. Bologne, 1620.

parle de cette superstition dans la vie d'Antonin ; il dit que les sages-femmes vendaient ordinairement ces coiffes naturelles à des jurisconsultes crédules, qui en attendaient d'heureux résultats pour leurs affaires. Ils étaient persuadés que ce talisman leur ferait gagner toutes les causes[1]. On se les disputait chez nous au seizième siècle. Dans quelques provinces, on croyait que la coiffe révélait une vocation à la vie monastique[2]. Les sages-femmes prédisaient aussi, chez nos pères, le sort de l'enfant qui apportait la coiffe sur la tête.

Amniomancie.—Avant que l'empereur Macrin montât sur le trône, sa femme lui donna un fils qui naquit coiffé. On prédit qu'il s'élèverait au rang suprême, et on le surnomma *Diadematus*. Mais quand Macrin fut tué, il arriva de Diadematus qu'il fut proscrit et tué comme son père.

Coirières (Claude), — sorcière du seizième siècle. Pendant qu'elle était détenue en prison, elle donna une certaine graisse à un nommé François Gaillard, pareillement prisonnier, lequel, s'en étant frotté les mains, fut enlevé de sa prison par l'assistance du diable, qui toutefois le laissa reprendre[3].

Colarbasse, — hérétique valentinien, qui prêchait la cabale et l'astrologie comme sciences religieuses. Il était disciple de Valentin. Il disait que la génération et la vie des hommes dépendaient des sept planètes ; que toute la perfection et la plénitude de la vérité était dans l'alphabet grec, puisque Jésus-Christ était nommé *Alpha et Oméga*[4].

Colas (Antide), — sorcière du seizième siècle, qui, avec le diable, qu'elle nommait Lizabet, fut appréhendée et mise en prison, sur l'avis de Nicolas Millière, chirurgien. Elle confessa qu'étant détenue à Betoncourt, le diable s'était apparu à elle en forme d'homme noir, et l'avait sollicitée à se jeter par une fenêtre, ou bien à se pendre ; mais qu'une autre voix l'en avait dissuadée. Convaincue d'être sorcière, cette femme fut brûlée à Dôle en 1599[5], et c'est ainsi que se terminent ordinairement les histoires racontées par Boguet.

Coley (Henry),—astrologue anglais, mort en 1690. On a de lui, *la Clef des éléments de l'astrologie*, Londres, 1675, in-8°. C'est un traité complet de cette science fantastique. On y trouve l'art de dresser toutes sortes de thèmes d'horoscopes, avec des exemples de nativités calculées.

Collanges (Gabriel de),—mathématicien né en Auvergne en 1524. Il n'employa ses connaissances qu'à la recherche des secrets de la cabale et des nombres. Il est traducteur de la *Polygraphie et universelle Écriture cabalistique de Trithème*, Paris, 1561, in-4°. On cite plusieurs ouvrages de lui, dont aucun n'a été imprimé, non plus que sa version de la *Philosophie occulte d'Agrippa*. Il a laissé manuscrit un *Traité de l'heur et malheur du mariage*.

Collehites, — pierre que l'on assure être propre à chasser les démons et à prévenir les charmes[1]. Mais on aurait dû la désigner.

Colleman (Jean), — astrologue, né à Orléans ; le roi Charles VII en faisait grand cas. Louis XI, dit-on, lui donna des pensions, parce qu'il lui apprit à supputer des almanachs. On dit que Colleman étudiait si assidûment le cours de la lune, qu'à force d'application il en devint lépreux[2].....

Collyre. — On voit dans la *Lycanthropie* de Nynauld qu'un sorcier faisait un certain collyre avec le fiel d'un homme, les yeux d'un chat noir et quelques autres choses qu'il ne nomme pas ; « lequel faisait voir et apparaître en l'air ou ailleurs les ombres des démons. »

Colokyntho-Pirates, — pirates fabuleux, qui, dans l'histoire véritable de Lucien, naviguaient sur de grandes citrouilles ou coloquintes longues de six coudées. Lorsqu'elles étaient sèches, ils les creusaient ; les grains leur servaient de pierres dans les combats, et les feuilles de voiles, qu'ils attachaient à un mât de roseau.

Colombes. — Il y avait dans le temple de Jupiter, à Dodone, deux colombes que l'on gardait soigneusement ; elles répondaient d'une voix humaine lorsqu'elles étaient consultées. Mais on voit dans Pausanias que c'étaient des femmes prêtresses qu'on appelait colombes dodoniennes.—Les Perses, persuadés que le soleil avait en horreur les colombes blanches, les regardaient comme des oiseaux de mauvais augure, et n'en souffraient point dans leur pays.

---

[1] Brown, *Des Erreurs popul.*, t. II, p. 88.
[2] Salgues, *Des Erreurs et des préjugés*.
[3] Boguet, *Discours des sorciers*, ch. 52, p. 327.
[4] Bergier, *Dict. théolog.*
[5] Boguet, *Discours des sorciers*, ch. 13, p. 325.

[1] Delancre, *Tableau de l'Inconstance des démons*, etc., liv. IV, p. 297.
[2] Ancien manuscrit de la Bibliothèque royale. Voyez Joly, *Remarques sur Bayle*, à la fin.

Colonne du Diable. — On conserve à Prague trois pierres d'une colonne que le diable apporta de Rome pour écraser un prêtre avec lequel il avait fait pacte, et le tuer pendant qu'il disait la messe. Mais saint Pierre, s'il faut en croire la légende populaire, étant survenu, jeta trois fois de suite le diable et sa colonne dans la mer, et cette diversion donna au prêtre le temps de se repentir. Le diable en fut si désolé qu'il rompit la colonne et se sauva [1].

Combadaxus, — divinité dormante des Japonais. C'était un bonze dont ils racontent l'anecdote suivante. A huit ans, il fit construire un temple magnifique; et, prétendant être las de la vie, il annonça qu'il voulait se retirer dans une caverne et y dormir dix mille ans : en conséquence, il y entra; l'issue fut scellée sur-le-champ : les Japonais le croient encore vivant.

Comédiens. — « Il serait bon, comme dit Boguet, de chasser nos comédiens et nos jongleurs, attendu qu'ils sont pour la plupart sorciers et magiciens, n'ayant d'autre but que de vider nos bourses et de nous débaucher. » Boguet n'est pas tout à fait dans son tort.

Comenius (JEAN AMOS), — philologue du dix-septième siècle. Il a laissé *la Lumière dans les ténèbres*, Hollande, 1657, in-4°, idem *augmentée de nouveaux rayons*, 1665, 2 vol. in-4°, fig. C'est une traduction latine des prétendues prophéties et visions de Kotter, de Dabricius et de Christine Poniatowska, habiles gens que nous ne connaissons point.

Comètes. — On a toujours vu dans les comètes les signes avant-coureurs des plus tristes calamités. Une comète parut quand Xerxès vint en Europe avec dix-huit cent mille hommes (nous ne les avons pas comptés); elle prédisait la défaite de Salamine. Il en parut une, avant la guerre du Péloponèse; une, avant la défaite des Athéniens en Sicile; une, avant la victoire que les Thébains remportèrent sur les Lacédémoniens; une, quand Philippe vainquit les Athéniens; une, avant la prise de Carthage par Scipion; une, avant la guerre civile de César et de Pompée; une, à la mort de César; une, à la prise de Jérusalem par Titus; une, avant la dispersion de l'empire romain par les Goths; une, avant l'invasion de Mahomet, etc.; une enfin, avant la chute de Napoléon. — Tous les peuples regardent également les comètes comme un mauvais présage; cependant, si le présage est funeste pour les uns, il est heureux pour les autres, puisqu'en accablant ceux-ci d'une grande défaite il donne à ceux-là une grande victoire. — Cardan explique ainsi les causes de l'influence des comètes sur l'économie du globe : « Elles rendent l'air plus subtil et moins dense, dit-il, en l'échauffant plus qu'à l'ordinaire : les personnes qui vivent au sein de la mollesse, qui ne donnent aucun exercice à leur corps, qui se nourrissent trop délicatement, qui sont d'une santé faible, d'un âge avancé et d'un sommeil peu tranquille, souffrent dans un air moins animé, et meurent souvent par excès de faiblesse. Cela arrive plutôt aux princes qu'à d'autres, à cause du genre de vie qu'ils mènent; et il suffit que la superstition ou l'ignorance aient attaché aux comètes un pouvoir funeste, pour qu'on remarque, quand elles paraissent, des accidents qui eussent été fort naturels en tout autre temps. — On ne devrait pas non plus s'étonner de voir à leur suite la sécheresse et la peste, puisqu'elles dessèchent l'air, et ne lui laissent pas la force d'empêcher les exhalaisons pestiférées. Enfin les comètes produisent les séditions et les guerres en échauffant le cœur de l'homme, et en changeant les humeurs en bile noire. » — On a dit de Cardan qu'il avait deux âmes, l'une qui disait des choses raisonnables, l'autre qui ne savait que déraisonner. Après avoir parlé comme on vient de voir, l'astrologue retombe dans ses visions. Quand une comète paraît auprès de Saturne, dit-il, elle présage la peste, la mort des souverains pontifes et les révolutions dans les gouvernements; auprès de Mars, les guerres; auprès du soleil, de grandes calamités sur tout le globe; auprès de la lune, les inondations et quelquefois des sécheresses; auprès de Vénus, la mort des princes et des nobles; auprès de Mercure, divers malheurs en fort grand nombre. — Wiston a fait de grands calculs algébriques pour démontrer que les eaux extraordinaires du déluge furent amenées par une comète, et que quand Dieu décidera la fin du monde, ce sera une comète qui le brûlera....

Comiers (CLAUDE), — docteur en théologie, mort en 1693. Il est auteur d'*un Traité des prophéties, vaticinations, prédictions et prognostications*. Il a écrit aussi sur la baguette divinatoire et sur les sibylles.

Compitales, — fêtes des dieux Lares ou lutins du foyer, chez les anciens Romains. On leur sacrifiait dans l'origine des enfants, auxquels Brutus substitua des têtes de pavots.

Comtes de l'Enfer, — démons d'un ordre supérieur dans la hiérarchie infernale, et qui

---

[1] Voyages du docteur Patin.

commandent de nombreuses légions. On les évoque à toute heure du jour, pourvu que ce soit dans un lieu sauvage, que les hommes n'aient pas coutume de fréquenter [1].

Conclamation, — cérémonie romaine, du temps du paganisme. Elle consistait à appeler à grands cris l'individu qui venait de mourir, afin d'arrêter l'âme fugitive, ou de la réveiller si elle était attachée au corps.

Condé. — On lit dans une lettre de madame de Sévigné au président de Monceau que, trois semaines avant la mort du grand Condé, pendant qu'on l'attendait à Fontainebleau, M. de Vernillon, l'un de ses gentilshommes, revenant de la chasse sur les trois heures, et approchant du château de Chantilly (séjour ordinaire du prince), vit, à une fenêtre de son cabinet, un fantôme revêtu d'une armure, qui semblait garder un homme enseveli ; il descendit de cheval, et s'approcha, le voyant toujours ; son valet vit la même chose et l'en avertit. Ils demandèrent la clef du cabinet au concierge ; mais ils en trouvèrent les fenêtres fermées, et un silence qui n'avait pas été troublé depuis six mois. On conta cela au prince, qui en fut un peu frappé, qui s'en moqua cependant ou parut s'en moquer ; mais tout le monde sut cette histoire et trembla pour ce prince, qui mourut trois semaines après.....

Condormants, — sectaires qui parurent en Allemagne au treizième et au seizième siècle, et qui durent leur nom à l'usage qu'ils avaient de coucher tous ensemble, sous prétexte de charité. On dit que les premiers adoraient une image de Lucifer et qu'ils en tiraient des oracles.

Conférentes, — dieux des anciens, dont parle Arnobe, et qui étaient, dit Leloyer, des démons incubes.

Confucius. — On sait que ce philosophe est révéré comme un dieu à la Chine. On lui offre surtout en sacrifice de la soie, dont les restes sont distribués aux jeunes filles, dans la persuasion où l'on est que, tant qu'elles conservent ces précieuses amulettes, elles sont à l'abri de tous dangers.

Conjurateurs, — magiciens qui s'attribuent le pouvoir de conjurer les démons et les tempêtes.

Conjuration, — exorcisme, paroles et cérémonies par lesquelles on chasse les démons.

Dans l'église romaine, pour faire sortir le démon du corps des possédés, on emploie certaines formules ou exorcismes, des aspersions d'eau bénite, des prières et des cérémonies instituées à ce dessein [1]. — Les personnes superstitieuses et criminelles qui s'occupent de magie abusent du mot, et nomment conjurations leurs sortiléges impies. Dans ce sens, la conjuration est un composé de paroles et de cérémonies détestables ou absurdes, adoptées par les sorciers pour évoquer les démons. On commence par se placer dans le cercle magique (voy. CERCLE) ; puis on récite les formules suivantes. Elles sont extraites d'un *Grimoire*. — *Conjuration universelle pour les esprits.* « Moi (on se nomme), je te conjure, esprit (on nomme l'esprit qu'on veut évoquer), au nom du grand Dieu vivant, etc., etc., je te conjure de m'apparaître, comme dessus dit ; sinon, saint Michel archange, invisible, te foudroiera dans le plus profond des enfers ; viens donc (on nomme l'esprit), pour faire ma volonté. » — *Conjuration d'un livre magique.* « Je te conjure et ordonne, esprits, tous et autant que vous êtes, de recevoir ce livre en bonne part, afin que toutes fois que nous lirons ledit livre, ou qu'on le lira étant approuvé et reconnu être en forme et en valeur, vous ayez à paraître en belle forme humaine, lorsqu'on vous appellera, selon que le lecteur le jugera, dans toutes circonstances, etc. ; je vous conjure de venir aussitôt la conjuration faite, afin d'exécuter, sans retardement, tout ce qui est écrit et mentionné en son lieu dans ce dit livre : vous obéirez, vous servirez, enseignerez, donnerez, ferez tout ce qui est en votre puissance, en utilité de ceux qui vous ordonneront, le tout sans illusion. — Et si par hasard quelqu'un des esprits appelés parmi vous ne pouvait venir ou paraître lorsqu'il serait requis, il sera tenu d'en envoyer d'autres revêtus de son pouvoir, qui jureront solennellement d'exécuter tout ce que le lecteur pourra demander ; en vous conjurant tous, par les très-saints noms du tout-puissant Dieu vivant, etc... » — *Conjuration des démons.* « Alerte, venez tous, esprits. Par la vertu et le pouvoir de votre roi, et par les sept couronnes et chaînes de vos rois, tous esprits des enfers sont obligés d'apparaître à moi devant ce cercle, quand je les appellerai. Venez tous à mes ordres, pour faire tout ce qui est à votre pouvoir, étant recommandés ; venez donc de l'orient, midi, occident et septentrion ; je vous conjure et ordonne, par la vertu et puissance de celui, etc. »—*Conjurations pour cha-*

---

[1] Wierus, in Pseudomonarchia dœm.

[1] Bergier, Dictionnaire théolog.

que jour de la semaine. Pour le lundi, à Lucifer. Cette expérience se fait souvent depuis onze heures jusqu'à douze, et depuis trois heures jusqu'à quatre. Il faudra du charbon, de la craie bénite, pour faire le cercle, autour duquel on écrira certains mots magiques. Ensuite on récite la formule suivante : — « Je te conjure, Lucifer, par le Dieu vivant, etc. » —Pour le mardi, à Nambroth. Cette expérience se fait la nuit, depuis neuf heures jusqu'à dix ; on lui doit donner la première pierre que l'on trouve, pour être reçu en dignité et honneur. On procédera de la façon du lundi ; on fera un cercle autour duquel on écrira : « Obéis-moi, Nambroth, obéis-moi, etc. » On récite, à la suite, cette formule : — « Je te conjure Nambroth, et te commande par tous les noms par lesquels tu peux être contraint et lié, etc. » —Pour le mercredi, à Astaroth. Cette expérience se fait la nuit, depuis dix heures jusqu'à onze ; on le conjure pour avoir les bonnes grâces du roi et des autres. On écrira dans le cercle : « Viens, Astaroth ; viens, Astaroth ; viens, Astaroth ; » ensuite on récitera cette formule : — « Je te conjure, Astaroth, méchant esprit, par les paroles et vertus de Dieu, etc. » — Pour le jeudi, à Acham. Cette expérience se fait la nuit, de trois heures à quatre ; il paraît en forme de roi. Il faut lui donner un peu de pain, afin qu'il parte. On écrira autour du cercle : « Par le Dieu saint, etc. ; » ensuite on récite la formule qui suit : — « Je te conjure, Acham ; je te commande par tous les royaumes de Dieu ; agis, je t'adjure, etc. » — Pour le vendredi, à Béchet. Cette expérience se fait la nuit, de onze heures à douze ; il lui faut donner une noix. On écrira dans le cercle : « Viens, Béchet ; viens, Béchet ; viens, Béchet ; » et ensuite on dira cette conjuration : — « Je te conjure, Béchet, et te contrains de venir à moi ; je te conjure derechef, etc. » —Pour le samedi, à Nabam. Cette expérience se fait de nuit, de onze heures à douze, et sitôt qu'il paraît il lui faut donner du pain brûlé, et lui demander ce qui lui fait plaisir : on écrira dans son cercle : « N'entre pas, Nabam ; n'entre pas, Nabam ; n'entre pas, Nabam ; » et puis on récitera la conjuration suivante : — « Je te conjure Nabam, au nom de Satan, au nom de Béelzébuth, au nom d'Astaroth et au nom de tous les esprits, etc. » — Pour le dimanche, à Aquiel. Cette expérience se fait la nuit, de minuit à une heure ; il demandera un poil de votre tête ; il lui faut donner un poil de renard ; il le prendra. On écrira dans le cercle : « Viens, Aquiel ; viens, Aquiel ; viens, Aquiel. » Ensuite on récitera la conjuration suivante : — « Je te conjure, Aquiel, par tous les noms écrits dans ce livre, que sans délai tu sois ici tout prêt à m'obéir, etc. » — *Conjuration très-forte*, pour tous les jours et à toute heure du jour et de la nuit, pour les trésors cachés tant par les hommes que par les esprits. « Je vous commande, démons qui résidez en ces lieux, ou en quelque partie du monde que vous soyez, et quelque puissance qui vous ait été donnée de Dieu et des saints anges sur ce lieu même, je vous envoie au plus profond des abîmes infernaux. Ainsi, allez tous, maudits esprits et damnés, au feu éternel qui vous est préparé et à tous vos compagnons ; si vous m'êtes rebelles et désobéissants, je vous contrains et commande par toutes les puissances de vos supérieurs démons, de venir, obéir et répondre positivement à ce que je vous ordonnerai au nom de J.-C., etc. » *Voy.* PIERRE D'APONE, etc.—Nous n'avons fait qu'indiquer ces stupidités inconcevables. Les commentaires sont inutiles.

Constantin. — Tout le monde sait que, frappé de l'apparition d'une croix miraculeuse, et de l'avis qui lui était donné qu'il vaincrait par ce signe, Constantin-le-Grand se convertit et mit la croix sur ses étendards. — Jusqu'au seizième siècle, aucun écrivain n'avait attaqué la vision de Constantin ; tous les monuments contemporains attestent ce miracle. Mais les protestants, voyant qu'il pouvait servir à autoriser le culte de la croix, ont entrepris d'en faire une ruse militaire..... Les philosophes du dernier siècle n'ont pas manqué de copier leurs déraisonnements. — J.-B. Duvoisin, évêque de Nantes, et l'abbé de l'Estocq, docteurs en Sorbonne, ont publié des dissertations sur la vision de Constantin.

Constantin Copronyme, — empereur iconoclaste de Constantinople. Il était, dit-on, magicien. Il conjurait habilement les démons, dit Leloyer ; il évoquait les morts, et faisait des sacrifices détestables, et invocations du diable. Il mourut d'un feu qui le saisit par tout le corps, et dont la violence était telle, qu'il ne faisait que crier [1].

Constellations. — Il y en a douze, qui sont les douze signes du zodiaque, et que les astrologues appellent les douze maisons du soleil, savoir : le bélier, le taureau, les gémeaux, l'écrevisse, le lion, la vierge, la balance, le scorpion, le sagittaire, le capricorne, le verseau et les poissons. On les désigne

---

[1] Leloyer, Hist. des spectres et des apparitions des esprits, liv. IV, ch. 6, p. 302.

très-bien dans ces deux vers techniques, que tout le monde connaît :

Sunt aries, taurus, gemini, cancer, leo, virgo,
Libraque, scorpius, arcitenens, caper, amphora, pisces.

— On dit la bonne aventure par le moyen de ces constellations. *Voy.* Horoscopes et Astrologie.

Contre-Charmes, — charmes qu'on emploie pour détruire l'effet d'autres charmes. Quand les charmeurs opèrent sur des animaux ensorcelés, ils font des jets de sel préparés dans une écuelle avec du sang tiré d'un des animaux maléficiés. Ensuite on récite pendant neuf jours certaines formules. *Voy.* Gratianne, Amulettes, Sort, Maléfices, Ligatures, etc.

Convulsions. — Au neuvième siècle, des personnes suspectes déposèrent dans une église de Dijon des reliques qu'elles avaient, disaient-elles, apportées de Rome, et qui étaient d'un saint dont elles avaient oublié le nom. L'évêque Théobald refusa de recevoir ces reliques sur une allégation aussi vague. Néanmoins, elles faisaient des prodiges. Ces prodiges étaient des convulsions dans ceux qui venaient les révérer. L'opposition de l'évêque fit bientôt de ces convulsions une épidémie; les femmes surtout s'empressaient de leur donner de la vogue. Théobald consulta Amolon, archevêque de Lyon, dont il était suffragant. « Proscrivez, lui répondit l'évêque, ces fictions infernales, ces hideuses merveilles, qui ne peuvent être que des prestiges ou des impostures. Vit-on jamais, aux tombeaux des martyrs, ces funestes prodiges qui, loin de guérir les malades, font souffrir les corps et troublent les esprits?... » — Cette espèce de manie fanatique se renouvela quelquefois; elle fit grand bruit au commencement du dix-huitième siècle, et on prit encore pour des miracles les convulsions et les grimaces d'une foule d'insensés. Les gens mélancoliques et atrabilaires ont beaucoup de dispositions à ces jongleries; surtout si dans le temps que leur esprit est dérangé, ils s'appliquent à rêver fortement, ils finissent toujours par tomber en extase, et se persuadent qu'ils peuvent aussi prophétiser. Cette maladie se communique aux esprits faibles, et le corps s'en ressent. De là vient, ajoute Brueys[1], que dans le fort de leurs accès les convulsionnaires se jettent par terre, où ils demeurent quelquefois assoupis. D'autres fois, ils s'agitent extraordinairement; et c'est en ces différents états qu'on en entend parler d'une voix étouffée, et débiter toutes les extravagances dont leur folle imagination est remplie. — Tout le monde a entendu parler des convulsions et des merveilles absurdes qui eurent lieu, dans la capitale de la France, sur le tombeau du diacre Pâris, homme inconnu pendant sa vie, et trop célèbre après sa mort[1]. La frénésie fanatique alla si loin, que le gouvernement fut obligé, en 1732, de fermer le cimetière Saint-Médard, où Pâris était enterré. Sur quoi un plaisant fit ces deux vers :

De par le roi, défense à Dieu,
D'opérer miracle en ce lieu.

— Dès lors les convulsionnaires tinrent leurs séances dans des lieux particuliers, et se donnèrent en spectacle certains jours du mois. On accourait pour les voir, et leur réputation surpassa bientôt celle des bohémiens; puis elle tomba, tuée par le ridicule.

Copernic, — astronome célèbre, mort en 1543. On dit communément que son système fut condamné par la cour de Rome : ce qui est faux et controuvé. Il vivait à Rome d'un bon canonicat, et y professait librement l'astronomie. Mais voyez à ce sujet l'article Galilée.

Coq. — Le coq avait, dit-on, le pouvoir de mettre en fuite les puissances infernales; et comme on a remarqué que le démon, qu'on appelle le lion d'enfer, disparaît dès qu'il voit ou entend le coq, on a répandu aussi cette opinion que le chant ou la vue du coq épouvante et fait fuir le lion. C'est du moins le sentiment de Pierre Delancre. « Mais il faut répondre à ces savants, dit M. Salgues[2], que nous avons des lions dans nos ménageries; qu'on leur a présenté des coqs; que ces coqs ont chanté, et qu'au lieu d'en avoir peur, les lions n'ont témoigné que le désir de croquer l'oiseau chanteur ; que toutes les fois qu'on a mis un coq dans la cage d'un lion, loin que le coq ait tué le lion, c'est au contraire le lion qui a mangé le coq. » — On sait que tout disparaît au sabbat aussitôt que le coq chante. On cite plusieurs exemples d'assemblées de démons et de sorcières que le premier chant du coq a mises en déroute; on dit même que ce son qui est pour nous, par une sorte de miracle perpétuel, une horloge vivante, force les démons, dans les airs, à

---

[1] Préface de l'Histoire du Fanatisme.

[1] Carré de Montgeron a recueilli ces merveilles en trois gros volumes in-4°, avec figures. Voici un de ces miracles rapporté dans une chanson de madame la duchesse du Maine :

Un décrotteur à la royale,
Du talon gauche estropié,
Obtint, pour grâce spéciale,
D'être boiteux de l'autre pié.

[2] Des Erreurs et des préjugés, etc., préface.

laisser tomber ce qu'ils portent : c'est à peu près la vertu qu'on attribue au son des cloches. Pour empêcher le coq de chanter pendant leurs assemblées nocturnes, les sorciers, instruits par le diable, ont soin de lui frotter la tête et le front d'huile d'olive, ou de lui mettre au cou un collier de sarment.— Beaucoup d'idées superstitieuses se rattachent à cet oiseau, symbole du courage et de la vigilance, emblème des Français. On dit qu'un jour Vitellius rendant la justice à Vienne en Dauphiné, un coq vint se percher sur son épaule ; ses devins décidèrent aussitôt que l'empereur tomberait sûrement sous un Gaulois ; et, en effet, il fut vaincu par un Gaulois de Toulouse. — On devinait les choses futures par le moyen du coq (voy. ALECTRYOMANCIE). — On dit aussi qu'il se forme dans l'estomac des coqs une pierre qu'on nomme pierre alectorienne, du nom grec de l'animal. Les anciens accordaient à cette pierre la propriété de donner le courage et la force : c'est à sa vertu qu'ils attribuaient la force prodigieuse de Milon de Crotone. On lui supposait encore le don d'enrichir, et quelques-uns la regardaient comme un philtre qui modérait la soif. — On pensait autrefois qu'il y avait dans le coq des vertus propres à la sorcellerie. On disait qu'avant d'exécuter ses maléfices, Léonora Galigaï ne mangeait que des crêtes de coq et des rognons de bélier qu'elle avait fait charmer. On voit, dans les accusations portées contre elle, qu'elle sacrifiait des coqs aux démons [1]. Certains Juifs, la veille du chipur ou jour du pardon, chargent de leurs péchés un coq blanc qu'ils étranglent ensuite, qu'ils font rôtir, que personne ne veut manger, et dont ils exposent les entrailles sur le toit de leur maison. On sacrifiait, dans certaines localités superstitieuses, un coq à saint Christophe, pour en obtenir des guérisons. — On croyait enfin que les coqs pondaient des œufs, et que, ces œufs étant maudits, il en sortait un serpent ou un basilic. « Cette superstition fut très-répandue en Suisse ; et dans une petite chronique de Bâle, Gross raconte sérieusement qu'au mois d'août 1474 un coq de cette ville, ayant été accusé et convaincu de ce crime, fut condamné à mort. Le bourgeois le brûla publiquement avec son œuf, dans un endroit nommé Kablenberg, à la vue d'une grande multitude de personnes [2]. » Voy. BASILIC, MARIAGE, etc.

Corail. — Quelques auteurs ont écrit que le corail a la vertu d'arrêter le sang et d'écarter les mauvais génies. Marsile Ficin prétend que le corail éloigne les terreurs paniques et préserve de la foudre et de la grêle. Liceti en donne cette raison, que le corail exhale une vapeur chaude qui, s'élevant en l'air, dissipe tout ce qui peut causer la grêle ou le tonnerre. Brown, dans ses *Essais sur les erreurs populaires*, dit qu'il est tenté de croire que l'usage de mettre des colliers de corail au cou des enfants, dans l'espérance de leur faire sortir les dents, a une origine superstitieuse, et que l'on se servait autrefois du corail comme d'une amulette ou préservatif contre les sortiléges.

Corbeau, — oiseau de mauvais augure, qui, dans les idées superstitieuses, annonce des malheurs et quelquefois la mort. Il a pourtant des qualités merveilleuses. Le livre des *Admirables secrets d'Albert-le-Grand* dit que si l'on fait cuire ses œufs, et qu'ensuite on les remette dans le nid où on les aura pris, aussitôt le corbeau s'en ira dans une île où Alogricus, autrement appelé Alruy, a été enseveli, et il en apportera une pierre avec laquelle, touchant ses œufs, il les fera revenir dans leur premier état ; « ce qui est tout-à-fait surprenant. » Cette pierre se nomme pierre *indienne*, parce qu'elle se trouve ordinairement aux Indes. — On a deviné par le chant du corbeau, si son croassement peut s'appeler chant. M. Bory Saint-Vincent trouve que c'est un langage. On l'interprète en Islande pour la connaissance des affaires d'état. Le peuple le regarde comme instruit de tout ce qui se passe au loin, et annonçant aussi très-bien l'avenir. Il prévoit surtout les morts qui doivent frapper une famille, et vient se percher sur le toit de la maison, d'où il part pour faire le tour du cimetière, avec un cri continu et des inflexions de voix. Les Islandais disent qu'un de leurs savants avait le don d'entendre l'idiome du corbeau, et qu'il était, par ce moyen, instruit des choses les plus cachées. — Hésiode dit que la corneille vit huit cent soixante-quatre ans, tandis que l'homme ne doit vivre que quatre-vingt-seize ans, et il assure que le corbeau vit trois fois plus que la corneille : ce qui fait deux mille cinq cent quatre-vingt-douze ans.... — On croit dans la Bretagne que deux corbeaux président à chaque maison, et qu'ils annoncent la vie et la mort. Les habitants du Finistère assurent encore que l'on voit, sur un rocher éloigné du rivage, les âmes de leur roi Gralon et de sa fille Dahut, qui leur apparaissent sous la forme de deux corbeaux ; elles disparaissent à l'œil

---

[1] M. Garinet, Histoire de la magie en France, p. 100.
[2] Dictionnaire d'anecdotes suisses, p. 114.

de ceux qui s'en approchent [1]. Voy. ODIN, CICÉRON, AUGURES, etc.

Corde de pendu. — Les gens crédules prétendaient autrefois qu'avec de la corde de pendu on échappait à tous les dangers, et qu'on était heureux au jeu. On n'avait qu'à se serrer les tempes avec une corde de pendu pour se guérir de la migraine. On portait un morceau de cette corde dans sa poche pour se garantir du mal de dents. Enfin, on se sert de cette expression proverbiale, *avoir de la corde de pendu*, pour indiquer un bonheur constant, et les Anglais du menu peuple courent encore après la corde de pendu [2].

Cordeliers d'Orléans. — On a fait grand bruit de l'affaire des cordeliers d'Orléans, qui eut lieu sous François Ier. Les protestants s'en emparèrent; et d'un tort qui est assez mal établi, on fit un crime aux moines. C'était peut-être faire leur éloge que de s'étonner qu'ils ne fussent pas tous des anges. Voici l'histoire. — Le seigneur de Saint-Mesmin, prévôt d'Orléans, qui donnait dans les erreurs de Luther, devint veuf. Sa femme était comme lui luthérienne en secret. Il la fit enterrer sans flambeaux et sans cérémonies; elle n'avait pas reçu les derniers sacrements. Le gardien et le custode des cordeliers d'Orléans, indignés de ce scandale, firent cacher, dit-on, un de leurs novices dans les voûtes de l'église, avec des instructions. Aux matines, ce novice fit du bruit sur les voûtes. L'exorciste, qui pouvait bien n'être pas dans le secret, prit le rituel, et, croyant que c'était un esprit, lui demanda qui il était? Point de réponse. — S'il était muet? — Il frappa trois coups. On n'alla pas plus loin ce jour-là. Le lendemain et le surlendemain, le même incident se répéta. « Fantôme ou esprit, dit alors l'exorciste, es-tu l'âme d'un tel? » — Point de réponse. — « D'un tel? » Point de réponse. On nomma successivement plusieurs personnes enterrées dans l'église. Au nom de Louise de Mareau, femme de François de Saint-Mesmin, prévôt d'Orléans, l'esprit frappa trois coups. « Es-tu dans les flammes? » — Trois coups. — « Es-tu damnée pour avoir partagé les erreurs de Luther? » — Trois grands coups. Les assistants étaient dans l'effroi. On se disposait à signifier au seigneur de Saint-Mesmin d'enlever de l'église sa luthérienne; mais il ne se déconcerta pas. Il courut à Paris et obtint des commissaires du conseil d'État un arrêt qui condamnait huit cordeliers d'Orléans à faire amende honorable pour avoir supposé de fausses apparitions (1534). — Une preuve que cette faute était individuelle, c'est qu'elle fut condamnée par l'autorité ecclésiastique, et que les huit condamnés, dont deux seulement étaient coupables, le gardien et le custode, furent bannis sans que personne n'appelât ni ne réclamât.

Coré, — compagnon de Dathan et d'Abiron. Les mahométans, qui le confondent avec le batelier Caron, le font cousin-germain de Moïse, qui, le voyant pauvre, lui enseigna l'alchimie, par le moyen de laquelle il acquit de si grandes richesses qu'il lui fallait quarante chameaux pour porter son or et son argent. Il y en a d'autres qui prétendent même que plusieurs chameaux étaient chargés seulement des clefs de ses coffres-forts. Moïse ayant ordonné aux Israélites de payer la dîme de tous leurs biens, Coré refusa d'obéir, se souleva même contre son bienfaiteur jusqu'à répandre sur lui des calomnies qui allaient lui faire perdre son autorité parmi le peuple, si Moïse ne s'en fût plaint à Dieu, qui lui permit de punir l'ingrat; alors Moïse lui donna sa malédiction, et ordonna à la terre de l'engloutir, ce qui s'exécuta.

Corneille. — Le chant de la corneille était regardé des anciens comme un très-mauvais présage pour celui qui commençait une entreprise; ils l'invoquaient avant le mariage, parce qu'ils croyaient que les corneilles, après la mort de l'un ou de l'autre couple, observaient une sorte de veuvage. Voy. CORBEAU.

Cornélius, — prêtre païen de Padoue, dont parle Aulu-Gelle. Il avait des extases, et son âme voyageait hors de son corps; le jour de la bataille de Pharsale, il dit en présence de plusieurs assistants qu'il voyait une forte bataille, désignant les vainqueurs et les fuyards; et, à la fin, il s'écria tout à coup que César avait vaincu [1].

Cornes. — Tous les habitants du ténébreux empire portent des cornes; c'est une partie essentielle de l'uniforme infernal. — On a vu des enfants avec des cornes, et Bertholin cite un religieux du monastère de Saint-Justin qui en avait deux à la tête. Le maréchal de Lavardin amena au roi un homme sauvage qui portait des cornes. On montrait à Paris, en 1699, un Français, nommé Trouillon, dont le front était armé d'une corne de bélier [2]. — Dans le royaume de Naples et dans d'autres

---

[1] Cambry, Voyage dans le Finistère, t. II, p. 264.
[2] Salgues, Des Erreurs et des préjugés, t. I, p. 433.

[1] Leloyer, Histoire des spectres, ou Appar. des esprits, liv. IV, ch. 25, p. 456.
[2] M. Salgues, Des Erreurs et des préjugés, tome III, p. 128.

contrées, les cornes passent pour un préservatif contre les sortilèges. On a dans les maisons des cornes ornées ; et dans la rue ou dans les conversations, lorsqu'on soupçonne un sorcier, on lui fait discrètement des cornes avec les doigts pour paralyser ses intentions magiques. On pend au cou des enfants, comme ornement, une paire de petites cornes.

Cornet d'Oldenbourg, — *voy.* OLDENBOURG.

Correspondance — avec l'enfer. *Voy.* BERBIGUIER.

Corsned, — sorte d'épreuve chez les Anglo-Saxons, qui consistait à faire manger à l'accusé à jeun une once de pain ou de fromage consacré, avec beaucoup de cérémonies. Si l'accusé était coupable, cette nourriture devait l'étouffer en s'arrêtant dans le gosier ; mais si elle passait aisément, l'accusé était déclaré innocent.

Corybantiasme, — espèce de frénésie. Ceux qui en étaient attaqués s'imaginaient voir des fantômes devant leurs yeux ; et entendaient continuellement des sifflements ; ils ouvraient les yeux lorsqu'ils dormaient. Ce délire sanguin a souvent été jugé possession du diable par les démonomanes.

Cosingas, — prince des Cerrhéniens, peuples de Thrace, et prêtre de Junon. Il s'avisa d'un singulier expédient pour réduire ses sujets rebelles. Il ordonna d'attacher plusieurs longues échelles les unes aux autres, et fit courir le bruit qu'il allait monter au ciel, vers Junon, pour lui demander raison de la désobéissance de son peuple. Alors les Thraces, superstitieux et grossiers, se soumirent à Cosingas, et s'engagèrent par serment à lui rester fidèles.

Cosquinomancie, — sorte de divination qui se pratique au moyen d'un crible, d'un sas, ou d'un tamis. On mettait un crible sur des tenailles, qu'on prenait avec deux doigts ; ensuite on nommait les personnes soupçonnées de larcin ou de quelque crime secret, et on jugeait coupable celle au nom de qui le crible tournait ou tremblait, comme si celui qui tenait les tenailles ne pouvait pas remuer le crible à sa volonté ! — Au lieu du crible, on met aussi (car ces divinations se pratiquent encore) un tamis sur un pivot, pour connaître l'auteur d'un vol ; on nomme de même les personnes soupçonnées, et le tamis tourne au nom du voleur. C'est ce qu'on appelle, dans les campagnes, *tourner le sas*. Cette superstition est surtout très-répandue dans la Bretagne[1].

[1] M. Cambry, Voyage dans le Finistère, t. III, p. 48.

Côte. — Dieu prit une côte d'Adam, pour en faire notre mère Ève. Mais il ne faut pas croire pour cela, comme fait le vulgaire, que dans les descendants d'Adam les hommes ont une côte de moins que les femmes.

Cou. — On regardait chez les anciens comme un augure favorable une palpitation dans la partie gauche du cou, et comme funeste celle qui avait lieu dans la partie droite.

Couches. — On prétendait, en certains pays, faire accoucher aisément les femmes en liant leur ceinture à la cloche de l'église, et en sonnant trois coups. Ailleurs la femme en couches mettait la culotte de son mari. *Voy.* AÉTITE.

Coucou. — On croit, en Bretagne, qu'en comptant le chant du coucou, on y trouve l'annonce de l'année précise où l'on doit se marier[1]. S'il chante trois fois, on se mariera dans trois ans, etc. — On croit aussi, dans la plupart des provinces, que si on a de l'argent avec soi la première fois qu'on entend le chant du coucou, on en aura toute l'année. — Le coucou de Belkis, dont nous ne savons guère que le nom, est un des dix animaux que Mahomet place dans son paradis.

Coucoulampons, — anges du deuxième ordre, qui, quoique matériels, selon les habitants de Madagascar, sont invisibles et ne se découvrent qu'à ceux qu'ils honorent d'une protection spéciale. Il y en a des deux sexes ; ils contractent le mariage entre eux, et sont sujets à la mort ; mais leur vie est bien plus longue que celle des hommes, et leur santé n'est jamais troublée par les maladies. Leur corps est à l'épreuve du poison et de tous les accidents.

Coudrier. — Les branches de cet arbre ont servi à quelques divinations. *Voy.* BAGUETTE.

Couleurs. — Pline le naturaliste nous apprend que les anciens tiraient des augures et des présages de la couleur des rayons du soleil, de la lune, des planètes, de l'air, etc. Le noir est le signe du deuil, dit Rabelais, parce que c'est la couleur des ténèbres, qui sont tristes, et l'opposé du blanc, qui est la couleur de la lumière et de la joie.

Coupe (divination par la) ; — très-usitée en Égypte dès le temps de Joseph, employée encore aujourd'hui. *Voy.* HYDROMANCIE.

Coups. — « En 1582, dit Pierre Delancre[2], il arriva qu'à Constantinople, à Rome et à Paris, certains démons et mauvais esprits

[1] M. Cambry, Voyage dans le Finistère, t. Ier, p. 175.
[2] Incrédulité et mécréance du sortilége, etc., traité 7, p. 37.

frappaient des coups aux portes des maisons, et c'était un indice de la mort d'autant de personnes qu'il y avait de coups. »

Cour infernale. — Wierus et d'autres démonomanes, versés dans l'intime connaissance des enfers, ont découvert qu'il y avait là des princes, des nobles, des officiers, etc. Ils ont même compté le nombre des démons, et distingué leurs emplois, leurs dignités et leur puissance. — Suivant ce qu'ils ont écrit, Satan n'est plus le souverain de l'enfer; Belzébuth règne à sa place. Voici l'état actuel du gouvernement infernal. — *Princes et grands dignitaires.* — Belzébuth, chef suprême de l'empire infernal, fondateur de l'ordre de la Mouche. Satan, chef du parti de l'opposition. Eurynome, prince de la mort, grand'croix de l'ordre de la Mouche. Moloch, prince du pays des larmes, grand'croix de l'ordre. Pluton, prince du feu. Léonard, grand-maître des Sabbats, chevalier de la Mouche. Baalberith, maître des alliances. Proserpine, archidiablesse, souveraine princesse des esprits malins. — *Ministères.* — Adrameleck, grand-chancelier, grand'croix de l'ordre de la Mouche. Astaroth, grand trésorier. Nergal, chef de la police secrète. Baal, général en chef des armées infernales, grand'croix de l'ordre de la Mouche. Léviathan, grand-amiral, chevalier de la Mouche. — *Ambassadeurs.* — Belphégor, ambassadeur en France. Mammon, ambassadeur en Angleterre. Belial, ambassadeur en Turquie. Rimmon, ambassadeur en Russie. Thamuz, ambassadeur en Espagne. Hutgin, ambassadeur en Italie. Martinet, ambassadeur en Suisse. — *Justice.* — Lucifer, gand-justicier. Alastor, exécuteur des hautes œuvres. — *Maison des princes.* — Verdelet, maître des cérémonies. Succor Benoth, chef des eunuques. Chamos, grand-chambellan, chevalier de la Mouche. Melchom, trésorier-payeur. Nisroch, chef de la cuisine. Béhemoth, grand-échanson. Dagon, grand-panetier. Mullin, premier valet de chambre. — *Menus-plaisirs.* — Kobal, directeur des spectacles. Asmodée, surintendant des maisons de jeu. Nybbas, grand-paradiste. Antéchrist, escamoteur et nécromancien. Boguet l'appelle le *singe de Dieu.* On voit que les démonomanes se montrent assez gracieux envers les habitants du noir séjour. Dieu veuille qu'après tant de rêveries ils n'aient pas mérité d'aller leur tenir compagnie! M. Berbiguier a écrit en 1824, après avoir transcrit cette liste des princes de la cour infernale : « Cette cour a aussi ses représentants sur la terre : Moreau, magicien et sorcier à Paris; représentant de Belzébuth. — Pinel père, médecin à la Salpêtrière, représentant de Satan. — Bonnet, employé à Versailles, représentant d'Eurynome. — Bouge, associé de Nicolas, représentant de Pluton. — Nicolas, médecin à Avignon, représentant de Moloch. — Baptiste Prieur, de Moulins, représentant de Pan. — Prieur aîné, son frère, marchand droguiste, représentant de Lilith. — Étienne Prieur, de Moulins, représentant de Léonard. — Papon-Lominy, cousin des Prieur, représentant de Baalberith. — Jeanneton Lavalette, la Mansotte et la Vaudeval, représentant l'archidiablesse Proserpine, qui a voulu mettre trois diablesses à mes trousses, etc. [1] » *Voy.* Berbiguier.

Courils, — petits démons ou sorciers malins, corrompus et danseurs, dont M. Cambry a trouvé la croyance établie sur les côtes du Finistère. On les rencontre au clair de la lune, sautant autour des pierres consacrées ou des monuments druidiques; s'ils vous saisissent par la main, il faut suivre leurs mouvements, ils vous laissent exténués sur la place quand ils la quittent. Aussi les Bretons, dans la nuit, évitent avec soin les lieux habités par cette espèce de démons. On ajoute que les Courils perdirent une grande partie de leur puissance à l'arrivée des apôtres du catholicisme dans le pays.

Couronne nuptiale. — Chez les habitants de l'Entlebuch, en Suisse, le jour des noces, après le festin et les danses, une femme vêtue de jaune demande à la jeune épousée la couronne virginale, qu'elle brûle en cérémonie. Le pétillement du feu est, dit-on, de mauvais augure pour les nouveaux mariés [2].

Courroie de soulier. — C'était un mauvais présage, chez les Romains, de rompre la courroie de son soulier en sortant de chez soi. Celui qui avait ce malheur croyait ne pouvoir terminer une affaire commencée, et ajournait celles qu'il s'était proposé d'entreprendre.

Courtinière. — Un gentilhomme breton, nommé M. de La Courtinière, ayant reçu un jour dans son château plusieurs seigneurs ses voisins, les traita bien pendant quelques jours. Après leur départ, il se plaignit à sa femme de ce qu'elle ne leur avait pas fait assez bon visage; et, quoiqu'il fît ces remontrances avec des paroles honnêtes, cette femme, d'une humeur hautaine, ne répondit mot, mais résolut intérieurement de se venger. — M. de La Courtinière s'étant couché et dormant profondément, la dame, après avoir

---

[1] Les Farfadets, etc., t. Ier, p. 4 et 5.
[2] Dictionnaire d'anecdotes suisses, au mot *Noces.*

corrompu deux de ses domestiques, leur fit égorger son mari, dont ils portèrent le corps dans un cellier. Ils y firent une fosse, l'enterrèrent, et ils placèrent sur la fosse un tonneau plein de chair de porc salée. — La dame, le lendemain, annonça que son mari était allé faire un voyage ; peu après elle dit qu'il avait été tué dans un bois, en porta le deuil, montra du chagrin et fit faire des services dans les paroisses voisines. — Mais ce crime ne resta pourtant pas impuni : le frère du défunt, qui venait consoler sa belle-sœur et veiller à ses affaires, se promenant un jour dans le jardin du château, et contemplant un parterre de fleurs en songeant à son frère, fut pris d'un saignement de nez qui l'étonna, n'ayant jamais éprouvé cet accident. Au même instant il lui sembla voir l'ombre de M. de La Courtinière qui lui faisait signe de le suivre. Il suivit le spectre jusqu'au cellier, où il le vit disparaître. Ce prodige lui ayant donné des soupçons, il en parla à la veuve, qui se montra épouvantée. Les soupçons du frère se fortifiant de ce trouble, il fit creuser dans le lieu où il avait vu disparaître le fantôme. On découvrit le cadavre, qui fut levé et reconnu par le juge de Quimper-Corentin. Les coupables, arrêtés, furent condamnés, la veuve (Marie de Sornin), à avoir la tête tranchée et tous les membres de son corps dispersés, pour être ensuite brûlés et les cendres jetées au vent ; les deux domestiques, à avoir la main droite coupée, et, après, être pendus et étranglés, leurs corps aussi brûlés[1]. — Cet événement eut lieu vers la fin du seizième siècle.

Craca, — magicienne qui, au rapport de Saxon-le-Grammairien, changeait les viandes en pierres ou autres objets aussitôt qu'elle les voyait posées sur une table.

Crachat. — Lorsque les sorciers renoncent au diable, ils crachent trois fois à terre ; ils assurent que le diable n'a plus alors aucun pouvoir sur eux ; ils crachent encore lorsqu'ils guérissent des écrouelles. — Les anciens avaient l'habitude de cracher trois fois dans leur sein pour se préserver de tous charmes et fascinations. — Cracher sur soi : mauvais présage. Voy. CHEVILLEMENT.

Crachat de la lune. — Les alchimistes appellent ainsi la matière de la pierre philosophale avant sa préparation. C'est une espèce d'eau congelée, sans odeur et sans saveur, de couleur verte, qui sort de terre pendant la nuit ou après un orage. Sa substance aqueuse est très-volatile, et s'évapore à la moindre chaleur à travers une peau extrêmement mince qui la contient. Elle ne se dissout, ni dans le vinaigre, ni dans l'eau, ni dans l'esprit-de-vin ; mais si on la renferme dans un vase bien scellé, elle s'y dissout d'elle-même en une eau puante. Les philosophes hermétiques la recueillent avant le lever du soleil, avec du verre ou du bois, et en tirent une espèce de poudre blanche semblable à l'amidon, qui produit ensuite ou ne produit pas la pierre philosophale.

Crânologie, — voy. PHRÉNOLOGIE.

Crapaud. — Les crapauds tiennent une place dans la sorcellerie. Les sorcières les aiment et les choyent. Elles ont toujours soin d'en avoir quelques-uns, qu'elles habituent à les servir, et quelles accoutrent de livrées de velours vert. — Pierre Delancre dit que les grandes sorcières sont ordinairement assistées de quelque démon, qui est toujours sur leur épaule gauche, en forme de crapaud, ayant deux petites cornes en tête ; il ne peut être vu que de ceux qui sont ou qui ont été sorciers. — Le diable baptise ces crapauds au sabbat. Jeannette Abadie, et d'autres femmes, ont révélé qu'elles avaient vu de ces crapauds habillés de velours rouge, et quelques-uns de velours noir ; ils portaient une sonnette au cou et une autre aux jambes de derrière. — Au mois de septembre 1610, un homme se promenant dans la campagne, près de Bazas, vit un chien qui se tourmentait devant un trou ; ayant fait creuser, il trouva deux grands pots renversés l'un sur l'autre, liés ensemble à leur ouverture et enveloppés de toile ; le chien ne se calmant pas, on ouvrit les pots, qui se trouvèrent pleins de son, au dedans duquel reposait un gros crapaud vêtu de taffetas vert[1]. C'était à coup sûr une sorcière qui l'avait mis là pour quelque maléfice. Nous rions de ces choses à présent ; mais c'étaient choses sérieuses au seizième siècle, et dont l'esprit ne nous est pas bien expliqué. — Le peuple est persuadé, dit M. Salgues[2], que le crapaud a la faculté de faire évanouir ceux qu'il regarde fixement, et cette assertion est accréditée par un certain abbé Rousseau, qui a publié, dans le cours du dernier siècle, quelques observations d'histoire naturelle ; il prétend que la vue seule du crapaud provoque des spasmes, des convulsions, la mort même. Il rapporte qu'un gros crapaud, qu'il tenait renfermé sous un bocal, l'ayant regardé fixement, il se sentit aussitôt saisi de palpitations, d'angoisses, de mouvements convulsifs,

---

[1] Arrêt du parlement de Bretagne, t. II des Dissertations de Lenglet-Dufresnoy ; et Leloyer, liv. III, ch. 4.

[1] Delancre, Tableau de l'inconstance des démons, etc., liv. II, disc. 4, p. 133.
[2] Des Erreurs et des préjugés, etc., t. I, p. 423.

et qu'il serait mort infailliblement si l'on n'était venu à son secours..... — Élien, Dioscoride, Nicandre, Ætius, Gesner, ont encore écrit que l'haleine du crapaud était mortelle, et qu'elle infectait les lieux où il respire. On a cité l'exemple de deux amants qui, ayant pris de la sauge sur laquelle un crapaud s'était promené, moururent aussitôt ; mais ce sont là des contes, démentis, comme tant d'autres, par les expériences. — Sur les bords de l'Orénoque, sans doute pour consoler le crapaud de nos mépris, des Indiens lui rendaient les honneurs d'un culte ; ils gardaient soigneusement les crapauds sous des vases pour en obtenir de la pluie ou du beau temps, selon leurs besoins ; et ils étaient tellement persuadés qu'il dépendait de ces animaux de l'accorder, qu'on les fouettait chaque fois que la prière n'était pas promptement exaucée [1].

Crapaudine, — pierre qui se trouve dans la tête des crapauds ; les sorcières la recherchent pour leurs maléfices. Plusieurs écrivains assurent que c'est un objet très-rare ; mais quelques-uns nient l'existence de cette pierre. Cependant Thomas Brown ne croit pas le fait impossible, puisque, dit-il, tous les jours on trouve des substances pierreuses dans la tête des morues, des carpes, des gros limaçons sans coquilles. Il en est qui pensent que ces crapaudines sont des concrétions minérales que les crapauds rejettent après les avoir avalées, pour nuire à l'homme [2]. Mais ce ne sont là encore que des contes ridicules.

Crapoulet, — voy. Zozo.

Cratéis, — déesse des sorciers et des enchanteurs, mère de la fameuse Scylla.

Crescence, — cardinal, légat du Saint-Siége au concile de Trente, qui mourut paisiblement en 1552. Jean de Chassanion, huguenot, n'aimant pas ce prince de l'Église, parce qu'il s'était élevé contre les protestants, a écrit que le diable, en forme de chien noir, était venu le voir à son dernier moment et l'avait étranglé [3], ce qui n'est pas vrai. Mais voy. Carlostad et Luther.

Crespet (Pierre), — religieux célestin, mort en 1594, auteur d'un traité contre la magie, intitulé : *Deux livres de la haine de Satan et des malins esprits contre l'homme*, etc. Paris, 1590, in-8°. Cet ouvrage est rare et curieux.

[1] Pons, Voyage à la partie orientale de la terre ferme de l'Amérique méridionale, t. I.
[2] Thomas Brown, Essai sur les erreurs populaires, t. Ier, liv. III, ch. 13, p. 312.
[3] Des Grands et redoutables jugements de Dieu, p. 66.

Crible. — Parler au crible est un ancien proverbe qui signifiait faire danser un tamis par le moyen de paroles mystérieuses. Théocrite nommait les gens qui avaient ce pouvoir crible-sorciers ou sorciers du crible. — Je me suis trouvé, dit Bodin [1], il y a vingt ans, dans une maison à Paris, où un jeune homme fit mouvoir un tamis sans y toucher, par la vertu de certaines paroles françaises, et cela devant une société ; et la preuve, dit-il, que c'était par le pouvoir de l'esprit malin, c'est qu'en l'absence de ce jeune homme on essaya d'opérer en prononçant les mêmes paroles. Voy. Cosquinomancie.

Criériens, — fantômes des naufragés, que les habitants de l'île de Sein, en Bretagne, croient entendre demander la sépulture à travers ce bruit sourd qui précède les orages. Les anciens Bretons disaient : « Fermons les portes, on entend les criériens, le tourbillon les suit. »

Cristalomancie, — divination par le moyen du cristal. On tirait des présages des miroirs et des vases de cristal, dans lesquels le démon faisait, dit-on, sa demeure. Le roi Childéric cherchait l'avenir dans les prismes d'un petit globe de cristal. Voy. Chien. — Les devins actuels prédisent encore par le miroir. L'anecdote suivante fera connaître leur méthode. — Un pauvre laboureur de Sézanne, à qui on avait volé six cents francs, alla consulter le devin en 1807. Le devin lui fit donner douze francs, lui mit trois mouchoirs pliés sur les yeux, un blanc, un noir et un bleu, lui dit de regarder alors dans un grand miroir où il faisait venir le diable et tous ceux qu'il voulait évoquer. « Que voyez-vous ? lui demanda-t-il. — Rien, » répondit le paysan. Là dessus le sorcier parla fort et long-temps ; il recommanda au bonhomme de songer à celui qu'il soupçonnait capable de l'avoir volé, de se représenter les choses et les personnes. Le paysan se monta la tête, et, à travers les trois mouchoirs qui lui serraient les yeux, il crut voir passer dans le miroir un homme qui avait un sarrau bleu, un chapeau à grands bords et des sabots. Un moment après il crut le reconnaître, et s'écria qu'il voyait son voleur. « Eh bien ! dit le devin, vous prendrez un cœur de bœuf et soixante clous à lattes, que vous planterez en croix dans ledit cœur ; vous le ferez bouillir dans un pot neuf avec un crapaud et une feuille d'oseille : trois jours après, le voleur, s'il n'est pas mort, viendra vous apporter votre argent, ou bien il sera ensorcelé. » — Le paysan fit tout ce qui lui était

[1] Démonomanie des sorciers, liv. II, p. 155.

recommandé, mais son argent ne revint pas ; d'où il conclut que son voleur pouvait bien être ensorcelé...

Critomancie, — divination qui se pratiquait par le moyen des viandes et des gâteaux. On considérait la pâte des gâteaux qu'on offrait en sacrifice, et la farine d'orge qu'on répandait sur les victimes, pour en tirer des présages.

Crocodiles. — Les Égyptiens modernes assurent que jadis les crocodiles étaient des animaux doux, et ils racontent de la manière suivante l'origine de leur férocité. Humeth, gouverneur d'Égypte sous Gisar Al-Mutacil, calife de Bagdad, ayant fait mettre en pièces la statue de plomb d'un grand crocodile que l'on avait trouvée en creusant les fondements d'un ancien temple de païens, à l'heure même de cette exécution les crocodiles sortirent du Nil, et ne cessèrent, depuis ce temps, de nuire par leur voracité [1]. — Pline et Plutarque témoignent que les Égyptiens connaissent, par l'endroit où les crocodiles pondent leurs œufs, jusqu'où ira le débordement du Nil ; mais il serait difficile, dit Thomas Brown, de comprendre comment ces animaux ont pu deviner un effet qui, dans ses circonstances, dépend de causes extrêmement éloignées, c'est-à-dire de la mesure des rivages dans l'Éthiopie. — Les habitants de Thèbes et du lac Mœris rendaient un culte particulier aux crocodiles ; ils leur mettaient aux oreilles des pierres précieuses et ornements d'or, et les nourrissaient de viandes consacrées. Après leur mort, ils les embaumaient et les déposaient en des urnes que l'on portait dans le labyrinthe qui servait de sépulture aux rois. Les Ombites poussaient même la superstition jusqu'à se réjouir de voir leurs enfants enlevés par les crocodiles ; mais ces animaux étaient en horreur dans le reste de l'Égypte. Ceux qui les adoraient disaient que, pendant les sept jours consacrés aux fêtes de la naissance d'Apis, ils oubliaient leur férocité naturelle, et ne faisaient aucun mal ; mais que le huitième jour, après midi, ils redevenaient furieux.

Croix. — Les croix que les sorcières portent au cou et à leurs chapelets, et celles qui se trouvent aux lieux où se fait le sabbat, ne sont jamais entières, comme on le voit par celles que l'on trouve dans les cimetières infestés de sorciers, et dans les lieux où les sabbats se tiennent. La raison en est, disent les démonomanes, que le diable ne peut approcher d'une croix intacte.

[1] Leloyer, Hist. et disc. des spectres, etc., liv. IV, ch. 21, p. 417.

Croix (ÉPREUVES DE LA), — voy. ÉPREUVES.

Croix (MADELEINE DE LA), — religieuse de Cordoue, qui mena mauvaise vie au seizième siècle, se disant sorcière et se vantant d'avoir pour familier un démon. François de Torre-Blanca raconte qu'elle avait à volonté des roses en hiver, la neige au mois d'août, et qu'elle passait à travers les murs, qui s'ouvraient devant elle. Elle fut arrêtée par l'inquisition ; mais ayant tout confessé, elle fut admise à pénitence [1] ; car les inquisiteurs n'avaient pas la férocité que leur ont prêtée les livres.

Croméruach, — idole principale des Irlandais avant l'arrivée de saint Patrice en leur pays. L'approche du saint la fit tomber, disent les légendes, tandis que les divinités inférieures s'enfoncèrent dans la terre jusqu'au menton. Suivant certains récits, en mémoire de ce prodige, on voit encore leurs têtes à fleur de terre dans une plaine, qui ne se trouve plus.

Cromniomancie, — divination par les oignons. Ceux qui la pratiquaient mettaient la veille de Noël des oignons sur un autel ; ils écrivaient au-dessus le nom des personnes dont on voulait avoir nouvelle. L'oignon qui germait le plus vite annonçait que la personne dont il portait le nom jouissait d'une bonne santé. — Cette divination est en usage dans plusieurs cantons de l'Allemagne, parmi les jeunes filles, qui cherchent à savoir ainsi qui elles auront pour époux [2].

Croque-Mitaine, — espèce d'ogre dont on épouvante à Paris les petits enfants indociles. Aujourd'hui que ses dents sont tombées, il se contente de les mettre au cachot et de leur donner le fouet, malgré les lumières du siècle. Voy. BABAU.

Crusembourg (GUY DE), — alchimiste. Voy. ALCHIMIE.

Cubomancie, — divination par le moyen des dés. Auguste et Tibère avaient grande confiance en cette manière de consulter le sort. Les Grecs s'en servaient aussi. C'est à peu près la même chose que l'astragalomancie. Voy. ce mot.

Cuivre. — Théocrite assure que le cuivre pur a naturellement la vertu de chasser les spectres et fantômes ; c'est pourquoi les Lacédémoniens frappaient sur un chaudron toutes les fois qu'un de leurs rois venait à mourir.

[1] François de Torre-Blanca, Epit. delict., etc., p. 185 et 146.
[2] Delancre, Incrédulité et mécréance, etc., traité V, p. 261.

Culte. — Les démons recevaient un culte par tout l'univers, avant le christianisme. Jupiter et les autres dieux n'étaient véritablement que des démons ; mais le diable a reçu un culte plus spécial de gens qui savaient bien qu'ils s'adressaient à lui et non à un dieu. Ainsi, les sorciers au sabbat adorent le diable par son nom. Le culte qu'ils lui rendent consiste principalement à lui baiser le derrière, à genoux, avec une chandelle noire à la main. — Certains peuples de l'Afrique ne rendent aucun culte à Dieu, qu'ils croient bon, et font des sacrifices au diable pour la raison contraire.

Cunégonde, — femme de Henri II, empereur d'Allemagne. Elle fut soupçonnée d'adultère, et se purgea de l'accusation en marchant pieds nus, sans accident, sur des socs de charrue rougis au feu. *Voy.* ÉPREUVES.

Cupaï, — *voy.* KUPAI.

Cureau de la Chambre, — habile médecin, mort en 1669. On a de lui un *discours sur les principes de la chiromancie et de la métoposcopie*. Paris, 1653, in-8°. On l'a aussi imprimé sous le titre de l'Art de connaître les hommes.

Curma. — Du temps de saint Augustin un paysan des environs d'Hippone, nommé *Curma*, mourut un matin et demeura deux ou trois jours sans sentiment. Comme on allait l'enterrer, il rouvrit les yeux et demanda ce qui se passait chez un autre paysan du voisinage qui, comme lui, se nommait Curma : on lui répondit que ce dernier venait de mourir à l'instant où lui-même était ressuscité. « Cela ne me surprend pas, dit-il ; on s'était trompé sur les noms ; on vient de me dire que ce n'était pas Curma le jardinier, mais Curma le maréchal, qui devait mourir. » Il raconta en même temps qu'il avait entrevu les enfers ; et il mena depuis meilleure vie.

Curson, — *voy.* PURSAN.

Curtius, — fils d'un gladiateur romain. On dit qu'un spectre lui annonça ainsi sa mort. Il accompagnait un lieutenant du gouverneur de l'Afrique, n'ayant aucune garde auprès de lui ; il vit un jour, dans une galerie, le spectre d'une femme de haute stature, qui lui dit qu'elle était l'Afrique, et qu'elle venait lui annoncer le bonheur. Elle l'assura qu'il aurait de grands honneurs à Rome, et qu'il reviendrait en Afrique, non comme valet, mais en qualité de commandant en chef, et qu'il y mourrait. Cette prédiction s'accomplit entièrement ; Curtius fut questeur, puis préteur ; il eut les priviléges du consulat, et fut envoyé comme gouverneur en Afrique ; mais en débarquant il se sentit frappé d'une maladie dont il mourut [1]. Il est probable que ce conte a été fait après coup pour un autre Curtius. *Voy.* DÉVOUEMENT.

Cylindres, — sortes d'amulettes circulaires que les Perses et les Égyptiens portaient au cou, et qui étaient ornées de figures et d'hiéroglyphes.

Cymbale, — c'est le nom que les sorciers donnent au chaudron dans lequel ils mangent leur soupe au lard dans les assemblées du sabbat.

Cynanthropie, — espèce de frénésie dont ceux qui en sont attaqués se persuadent qu'ils sont changés en chiens. C'est, comme la bousanthropie, une nuance de l'état de loup-garou. *Voy.* LYCANTHROPIE.

Cynobalanes, — nation imaginaire, que Lucien représente avec des museaux de chien, et montés sur des glands ailés.

Cynocéphale, — singe que les Égyptiens nourrissaient dans leurs temples pour connaître le temps de la conjonction du soleil et de la lune. On était persuadé que, dans cette circonstance, l'animal, devenu aveugle, refusait toute nourriture. Son image, placée sur les clepsydres, était purement hiéroglyphique. On prétendait qu'à chaque heure du jour le cynocéphale criait très-exactement.

Cyprien. — Avant de se convertir au christianisme, saint Cyprien s'occupait de magie. On voit, dans la *Légende dorée*, qu'il évoquait les démons et que le furent les épreuves qu'il fit de leur impuissance contre le simple signe de la croix qui l'amenèrent à la foi.

Cyrano de Bergerac, — écrivain remarquable du dix-septième siècle. On trouve, dans ses œuvres, deux lettres sur les sorciers. Nous n'avons pas besoin d'indiquer ses histoires des empires du soleil et de la lune. Il a fait aussi un Voyage aux enfers ; c'est une plaisanterie : — « Je me suis trouvé cette nuit aux enfers, dit-il ; mais ces enfers-là m'ont paru bien différents des nôtres. J'y trouvai les gens fort sociables ; c'est pourquoi je me mêlai à leur compagnie. On était occupé alors à changer de maison tous les morts qui s'étaient plaints d'être mal associés ; l'un d'eux, voyant que j'étais étranger, me prit par la main et me conduisit à la salle des jugements. Nous nous plaçâmes tout proche de la chaire du juge, pour bien entendre les querelles de toutes les parties. — D'abord j'aperçus Pythagore qui, très-ennuyé d'une compagnie de comédiens, représentait que leurs caquets continuels le détournaient de ses hautes spéculations. Le

---

[1] Leloyer, Histoire des spectres ou apparitions des esprits, liv. III, ch. 16, p. 268.

juge lui dit que, l'estimant homme de grande mémoire, puisque après quinze cents ans il s'était souvenu d'avoir été au siége de Troie, on l'avait appareillé avec des personnages qui n'en sont pas dépourvus. On entendit toutefois ses raisons, et on le fit marcher ailleurs. — Aristote, Pline, Ælian, et beaucoup d'autres naturalistes, furent mis avec les Maures, parce qu'ils ont connu les bêtes : le médecin Dioscoride, avec les Lorrains, parce qu'il connaissait parfaitement les simples. Ésope et Apulée ne firent qu'un ménage, à cause de la conformité de leurs prodiges ; car Ésope d'un âne a fait un homme en le faisant parler, et Apulée d'un homme a fait un âne en le faisant braire. — Caligula voulut être mis dans un appartement plus magnifique que celui de Darius, comme ayant couru des aventures plus glorieuses ; car, dit-il, moi, Caligula, j'ai fait mon cheval consul, et Darius a été fait empereur par le sien. Dédale eut pour confrères les sergents, les huissiers, les procureurs, personnes qui comme lui volaient pour se sauver. Thésée suivit quelques tisserands, se promettant de leur apprendre à conduire le fil. Néron choisit Érostrate, ce fameux insensé qui brûla le temple de Diane, aimant comme lui à se chauffer de gros bois. Achille prit la main d'Eurydice : « Marchons, lui dit-il, marchons ; aussi bien ne saurait-on mieux nous assortir, puisque nous avons tous deux l'âme au talon. » — Il ne fut jamais possible de séparer les Furies des épiciers, tant elles avaient peur de manquer de flambeaux. Les tireurs d'armes furent logés avec les cordonniers, d'autant que la perfection du métier consiste à bien faire une botte ; les bourreaux, avec les médecins, parce qu'ils sont payés pour tuer ; Écho, avec nos auteurs modernes, d'autant qu'ils ne disent, comme elle, que ce que les autres ont dit ; Orphée, avec les chantres du Pont-Neuf, parce qu'ils avaient su attirer les bêtes. — On en mit quelques-uns à part, entre lesquels fut Midas, le seul homme qui se soit plaint d'avoir été trop riche ; Phocion, qui donna de l'argent pour mourir ; et Pygmalion, pareillement, n'eut point de compagnon, à cause qu'il n'y a jamais eu que lui qui ait épousé une femme muette..... »

D

Dabaïda. — Les naturels de Panama ont une idole de ce nom, qui était née de race mortelle, et qu'on déifia après sa mort. Quand il tonne ou qu'il fait des éclairs, c'est Dabaïda qui est fâchée ; alors on brûle des esclaves en son honneur.

Dactylomancie, — divination qui se pratiquait au moyen de bagues ou anneaux fondus sous l'aspect de certaines constellations, et auxquels étaient attachés des charmes et des caractères magiques (voy. ALECTRYOMANCIE). C'est, dit-on, avec un de ces anneaux que Gygès se rendait invisible, en tournant le chaton dans sa main. — Clément d'Alexandrie parle de deux anneaux que possédaient les tyrans de la Phocide, et qui les avertissaient par un son du temps propre à certaines affaires ; ce qui ne les empêcha pas de tomber dans les griffes du démon, lequel leur tendait un piége par ses artifices [1]. Voy. ANNEAUX.

Dadjal, — nom de l'antechrist chez les Chaldéens ; il signifie dans leur langue le menteur et l'imposteur par excellence.

Dagobert I**er****,** — roi de France, mort en 638 à l'âge de trente-sept ans. Une vieille légende conte qu'après qu'il fut mort un bon ermite, nommé Jean, qui s'était retiré dans une petite île voisine des côtes de la Sicile, vit en songe, sur la mer, l'âme du roi Dagobert enchaînée dans une barque, et des diables qui la maltraitaient en la conduisant vers la Sicile, où ils devaient la précipiter dans les gouffres de l'Etna. L'âme appelait à son secours saint Denis, saint Maurice et saint Martin, que le roi, en son vivant, avait fort honorés ; les trois saints descendirent revêtus d'habits lumineux, assis sur un nuage brillant ; ils se jetèrent sur les malins esprits, leur enlevèrent la pauvre âme, et l'emportèrent au ciel [4]. — Un monument curieux, le tombeau de Dagobert, sculpté vers le temps de saint Louis, retrace ces circonstances merveilleuses. La principale façade est divisée en trois bandes. Dans la première on voit quatre diables (deux ont des oreilles d'âne) qui emmènent l'âme du roi dans une barque ; la seconde représente saint Denis, saint Maurice et saint Martin, accompagnés de deux anges,

---

[1] Delancre, Incrédulité et mécréances du sortilége pleinement convaincues, traité 5, p. 261.

[2] Gesta Dagoberti regis, etc.

avec le bénitier et le goupillon, qui chassent les démons. Sur la troisième bande on voit l'âme qui s'enlève, et une main sort d'un nuage pour l'accueillir. Les farceurs ont glosé sur cette poésie du moyen âge, sur cette légende et le monument qui est à Saint-Denis; mais quel mal y a-t-il donc dans ces récits que l'église n'a jamais imposés, et qui sont toutefois des fleurs? Ce qu'il y a de mal, c'est que ces fleurs tombent quelquefois devant des pourceaux.

Dagon, — démon de second ordre, boulanger et grand panetier de la cour infernale. Les Philistins l'adoraient sous la forme d'un monstre réunissant le buste de l'homme à la queue de poisson. Ils lui attribuaient l'invention de l'agriculture, qu'on a attribuée à tant d'autres. — On voit, dans le premier livre des Rois, que les Philistins s'étant rendus maîtres de l'arche du Seigneur, et l'ayant placée dans leur temple d'Azot, à côté de l'idole de Dagon, on trouva le lendemain cette idole mutilée, et sa tête avec ses deux mains sur le seuil de la porte. « C'est pour cela, dit l'auteur sacré, que les sacrificateurs de Dagon et tous ceux qui entrent dans son temple ne marchent point sur le seuil de la porte. »

Dahut, — *voy.* Is.

Damnetus, ou **Damachus**, — loup-garou de l'antiquité. On conte qu'ayant mangé le ventre d'un petit enfant sacrifié à Jupiter Lycien, en Arcadie, il fut changé en loup; mais il reprit sa première forme au bout de dix ans; il remporta même le prix de la lutte aux jeux olympiques [1].

Daniel, — l'un des quatre grands prophètes. On lui attribue un traité de l'*Art des songes*. Les Orientaux le regardent aussi comme l'inventeur de la géomancie.

Danis, — sorcier du dernier siècle. Le vendredi, 1er mai 1705, à cinq heures du soir, Denis Milanges de la Richardière, fils d'un avocat au parlement de Paris, fut attaqué, à dix-huit ans, de léthargies et de démences si singulières que les médecins ne surent qu'en dire. On lui donna de l'émétique, et ses parents l'emmenèrent à leur maison à Noisy-le-Grand, où son mal devint plus fort; si bien qu'on déclara qu'il était ensorcelé. On lui demanda s'il n'avait pas eu de démêlés avec quelque berger; il conta que le 18 avril précédent, comme il traversait à cheval le village de Noisy, son cheval s'était arrêté court dans la rue Feret, vis-à-vis la chapelle, sans qu'il pût le faire avancer; qu'il avait vu sur ces entrefaites un berger qu'il ne connaissait pas, lequel lui avait dit : « Monsieur, retournez chez vous, car votre cheval n'avancera point. » Cet homme, qui lui parut âgé d'une cinquantaine d'années, était de haute taille, de mauvaise physionomie, la barbe et les cheveux noirs, ayant la houlette à la main, et deux chiens noirs à courtes oreilles auprès de lui. — Le jeune homme se moqua du propos du berger; cependant il ne put faire avancer son cheval et fut obligé de le ramener par la bride à la maison, où il tomba malade, car le sorcier lui avait jeté un sort. — M. de la Richardière le père fit mille choses pour la guérison de son fils. Comme un jour ce jeune homme rentrait seul dans sa chambre, il y trouva son vieux berger assis dans un fauteuil, avec sa houlette et ses deux chiens noirs. Cette vision l'épouvanta; il appela du monde; mais personne que lui ne voyait le sorcier. Il soutint toutefois qu'il le voyait très-bien; il ajouta même que ce berger s'appelait *Danis*, bien qu'il ignorât qui pouvait lui avoir révélé son nom. Il continua de le voir tout seul. Sur les six heures du soir, il tomba à terre en disant que le berger était sur lui et l'écrasait; et, en présence de tous les assistants qui ne voyaient rien, il tira de sa poche un couteau pointu, dont il donna cinq ou six coups dans le visage du malheureux par qui il se croyait assailli. — Enfin, au bout de huit semaines de souffrances, il alla à Saint-Maur, avec confiance qu'il guérirait ce jour-là. Il se trouva mal trois fois; mais, après la messe, il vit saint Maur debout, en habit de bénédictin, et le berger à sa gauche, le visage ensanglanté de cinq coups de couteau, sa houlette à la main, et ses deux chiens à ses côtés. Il s'écria qu'il était guéri, et il le fut en effet dès ce moment. — Quelques jours après, chassant dans les environs de Noisy, il vit effectivement son berger dans une vigne; cet aspect lui fit horreur; il donna au sorcier un coup de crosse de fusil sur la tête : « Ah! monsieur, vous me tuez! » s'écria le berger en fuyant; mais le lendemain il vint trouver M. de la Richardière, se jeta à ses genoux, lui avoua qu'il s'appelait Danis, qu'il était sorcier depuis vingt ans, qu'il lui avait en effet donné le sort dont il avait été affligé, que ce sort devait durer un an; qu'il n'en avait été guéri au bout de huit semaines qu'à la faveur des neuvaines qu'on avait faites; que le maléfice était retombé sur lui Danis, et qu'il se recommandait à sa miséricorde. Puis, comme les archers le poursuivaient, le ber-

---

[1] Delancre, Tableau de l'inconstance des démons, etc., liv. IV, disc. 3, p. 267.

ger tua ses chiens, jeta sa houlette, changea d'habits, se réfugia à Torcy, fit pénitence, et mourut au bout de quelques jours. — Le père Lebrun, qui rapporte[1] longuement cette aventure, pense qu'il peut bien y avoir là sortilége.

Danse des Esprits. — Olaüs Magnus, au troisième livre de son Histoire des peuples septentrionaux, écrit qu'on voyait encore de son temps, en beaucoup de ces pays-là, des esprits et fantômes dansant et sautant, principalement de nuit, au son de toutes sortes d'instruments de musique. Cette danse est appelée, par les gens du pays, *chorea elvarum* (danse des elfes). Saxon-le-Grammairien fait mention de ces danses fantastiques dans son Histoire de Danemarck. Pomponius Mela, en sa description de l'Éthiopie, dit qu'on a vu au delà du mont Atlas des flambeaux, et entendu des flûtes et clochettes, et que le jour venu on n'y trouvait plus rien[2]. On ajoutait que les fantômes faisaient danser ceux qu'ils rencontraient sur leur chemin, lesquels ne manquaient pas de se tenir pour avertis qu'ils mourraient bientôt. On ne rencontre plus de ces choses-là. *Voy.* FOLLETS.

Danse des Fées. — On prétendait chez nos pères que les fées habitaient les forêts désertes, et qu'elles venaient danser sur le gazon au clair de la lune. *Voy.* FÉES.

Danse des Géants. — Merlin, voulant faire une galanterie de courtisan, fit venir, dit-on, d'Irlande en Angleterre, des rochers qui prirent des figures de géants, et s'en allèrent en dansant former un trophée pour le roi Ambrosius. C'est ce qu'on appelle la danse des géants. Des écrivains soutenaient, il n'y a pas long-temps, que ces rochers dansaient encore à l'avénement des rois d'Angleterre.

Danse des Morts. — L'origine des danses des morts, dont on fit le sujet de tant de peintures, date du moyen âge; elles ont été long-temps en vogue. D'abord on voyait fréquemment, pendant le temps du carnaval, des masques qui représentaient la mort; ils avaient le privilége de danser avec tous ceux qu'ils rencontraient en les prenant par la main, et l'effroi des personnes qu'ils forçaient de danser avec eux amusait le public. Bientôt ces masques eurent l'idée d'aller dans les cimetières exécuter leur danse en l'honneur des trépassés. Ces danses devinrent ainsi un effrayant exercice de dévotion; elles étaient accompagnées de sentences lugubres, et l'on ne sait pourquoi alors elles prirent le nom de *danses macabres*. On fit des images de ces danses qui furent révérées par le peuple. — Les danses macabres se multiplièrent à l'infini, au quinzième et au seizième siècle: les artistes les plus habiles furent employés à les peindre dans les vestibules des couvents et sur les murs des cimetières. — La Danse des morts de Bâle fut d'abord exécutée dans cette ville en 1435 par l'ordre du concile qui y était rassemblé. Ce qui l'a rendue célèbre, c'est qu'elle fut ensuite refaite par Holbein. « L'idée de cette danse est juste et vraie, disait, il y a quelque temps, un rédacteur distingué du *Journal des Débats*: ce monde-ci est un grand bal où la mort donne le branle. On danse plus ou moins de contredanses, avec plus ou moins de joie; mais cette danse enfin, c'est toujours la mort qui la mène; et ces danseurs de tous rangs et de tous états, que sont-ils? Des mourants à plus ou moins long terme. — Je connais deux Danses des morts, poursuit le même écrivain, l'une à Dresde, dans le cimetière au delà de l'Elbe; l'autre en Auvergne, dans l'admirable église de la Chaise-Dieu. Cette dernière est une fresque que l'humidité ronge chaque jour. Dans ces deux Danses des morts, la mort est en tête d'un chœur d'hommes d'âges et d'états divers: il y a le roi et le mendiant, le vieillard et le jeune homme, et la mort les entraîne tous après elle. Ces deux danses des morts expriment l'idée populaire de la manière la plus simple: le génie d'Holbein a fécondé cette idée dans sa fameuse *Danse des Morts* du cloître des Dominicains. A Bâle, c'était une fresque, et elle a péri comme périssent peu à peu les fresques. Il en reste au Musée de Bâle quelques débris et des miniatures coloriées. La danse d'Holbein n'est pas, comme celles de Dresde et de la Chaise-Dieu, une chaîne continue de danseurs menés par la Mort; chaque danseur a sa mort costumée d'une façon différente selon l'état du mourant; de cette manière, la danse d'Holbein est une suite d'épisodes réunis dans le même cadre; il y a quarante et une scènes dans le drame d'Holbein, et dans ces quarante et une scènes, une variété infinie. Dans aucun de ces tableaux vous ne trouverez la même pose, la même attitude, la même expression, Holbein a compris que les hommes ne se ressemblent pas plus dans leur mort que dans leur vie, et que, comme nous vivons tous à notre manière, nous avons tous aussi notre manière de mourir. — Holbein costume le laid et vilain squelette sous lequel nous nous figurons la mort de la façon du monde la plus

---

[1] Histoire des pratiques superstitieuses, t. Ier, p. 281.
[2] Taillepied, Psychologie, p. 175.

bouffonne, exprimant, par les attributs qu'il lui donne, le caractère et les habitudes du personnage qu'il veut représenter. Chacun de ces tableaux est un chef-d'œuvre d'invention. — Il est incroyable avec quel art il donne l'expression de la vie et du sentiment à ces squelettes hideux, à ces figures décharnées. Toutes ses morts vivent, pensent, respirent; toutes ont le geste, la physionomie, j'allais presque dire les regards et les couleurs de la vie. — Holbein avait ajouté à l'idée populaire de la Danse des Morts; le peintre inconnu du Pont de Lucerne a ajouté aussi à la danse d'Holbein. Ce ne sont pas des peintures de prix que les peintures du Pont de Lucerne, mais elles ont un mérite d'invention fort remarquable. Le peintre a représenté, dans les triangles que forment les poutres qui soutiennent le toit du Pont, les scènes ordinaires de la vie, et comment la mort les interrompt brusquement. Dans Holbein, la mort prend le costume et les attributs de tous les états, montrant par là que nous sommes tous soumis à sa nécessité. Au Pont de Lucerne, la mort vit avec nous; faisons-nous une partie de campagne, elle s'habille en cocher, fait claquer son fouet; les enfants rient et pétillent : la mère seule se plaint que la voiture va trop vite. Que voulez-vous? C'est la mort qui conduit; elle a hâte d'arriver. Allez-vous au bal, voici la mort qui entre en coiffeur, le peigne à la main. Hâtez-vous, dit la jeune fille, hâtez-vous ! Je ne veux point arriver trop tard. — Je ferai vite ! Elle fait vite : car à peine a-t-elle touché du bout de son doigt décharné le front de la danseuse, que ce front de dix-sept ans se dessèche aussi bien que les fleurs qui devaient le parer. — Le Pont de Lucerne nous montre la Mort à nos côtés et partout : à table, où elle a la serviette autour du cou ; dans l'atelier du peintre, où en garçon barbouilleur elle tient la palette et broie les couleurs; dans le jardin où, vêtue en jardinier, l'arrosoir à la main, elle mène le maître voir si ses tulipes sont écloses; dans la boutique où, en garçon marchand, assise sur des ballots d'étoffe, elle a l'air engageant et appelle les pratiques; dans le corps-de-garde, où le tambour en main elle bat le rappel; dans le carrefour où en faiseur de tours elle rassemble les badauds; au barreau où, vêtue en avocat, elle prend des conclusions, le seul avocat (dit la légende en mauvais vers allemands placés au bas de chaque tableau) qui aille vite et qui gagne toutes ses causes; dans l'antichambre du ministre où, en solliciteur, l'air humble et le dos courbé, elle présente une pétition qui sera écoutée; dans le combat enfin, où elle court en tête des bataillons, et, pour se faire suivre, elle s'est noué le drapeau autour du cou.... »

Danse du Sabbat. — Pierre Delancre assure que les danses du sabbat rendent les hommes furieux, et font avorter les femmes. Le diable, dit-on, apprenait différentes sortes de danses aux sorciers de Genève; ces danses étaient fort rudes, puisqu'il se servait de verges et de bâtons, comme ceux qui font danser les animaux. Il y avait dans ce pays une jeune femme à qui le diable avait donné une baguette de fer, qui avait la vertu de faire danser les personnes qu'elle touchait ; elle se moquait des juges durant son procès, et leur protestait qu'ils ne pourraient la faire mourir; mais elle déchanta [1]. — Les démons [2] dansent avec les sorcières en forme de bouc ou de tout autre animal. — On danse généralement en rond, dos à dos, rarement seul ou à deux. Il y a trois branles : le premier se nomme le branle à la bohémienne; le second s'exécute comme celui de nos artisans dans les campagnes, c'est-à-dire en sautant toujours, le dos tourné ; dans le troisième branle, on se place tout en long, se tenant par les mains et avec certaine cadence. On exécute ces danses au son d'un petit tambourin, d'une flûte, d'un violon, ou d'un autre instrument que l'on frappe avec un bâton ; c'est la seule musique du sabbat ; cependant des sorciers ont assuré qu'il n'y avait pas de concerts au monde mieux exécutés.

Danse du Soleil. — C'est une croyance encore répandue dans beaucoup de villages que le soleil danse le jour de Pâques. Mais cette gracieuse tradition populaire n'est que de la poésie, comme les trois soleils qui se lèvent sur l'horizon le matin de la Trinité.

Danses épidémiques. — Au quatorzième siècle il y eut une secte de danseurs qui parcoururent le Luxembourg, le pays de Liége, le Hainaut et les provinces Rhénanes, dansant avec fureur et se prétendant favorisés pendant leurs danses de visions merveilleuses. On croit qu'ils étaient possédés, puisqu'on ne les guérit que par les exorcismes.

Daphnéphages, — devins qui, avant de répondre aux questions qu'on leur faisait, mangeaient des feuilles de laurier, parce que, cet arbre étant consacré à Apollon, ils se croyaient de la sorte inspirés de ce dieu.

---

[1] Delancre, Tableau de l'inconstance des démons, etc., liv. III, disc. 4, p. 204.

[2] Bodin, Démonomanie, liv. 1er, ch. 4.

Daphnomancie, — divination par le laurier. On en jetait une branche dans le feu ; si elle pétillait en brûlant, c'était un heureux présage ; mais si elle brûlait sans faire de bruit, le pronostic était fâcheux.

Dards magiques. — Les Lapons, qui passaient autrefois pour de grands sorciers, et qui le sont à présent bien peu, lançaient, dit-on, des dards de plomb, longs d'un doigt, contre leurs ennemis absents, et croyaient leur envoyer, avec ces dards enchantés, des maladies et des douleurs violentes.

Daroudji. — C'est le nom que les Persans donnent à la troisième classe de leurs mauvais génies.

Daugis, — auteur peu connu d'un livre contre les sorciers, intitulé *Traité sur la magie, le sortilége, les possessions, obsessions et maléfices*, où l'on en démontre la vérité et la réalité, avec une méthode sûre et facile pour les discerner, et les règlements contre les devins, sorciers, magiciens, etc. ; Paris, in-12, 1732.

Dauphin. — On ne sait trop sur quoi est fondée cette vieille croyance populaire, que le dauphin est ami de l'homme. Les anciens le connaissaient si imparfaitement, qu'on l'a presque toujours représenté avec le dos courbé en arc, tandis qu'il a le dos plat comme les autres poissons. On trouve, dans Élien et dans d'autres naturalistes, des enfants qui se promènent en mer à cheval sur des dauphins apprivoisés ; ce sont de ces merveilles qui ne sont plus faites pour nous. On sait que le dauphin est le symbole de la rapidité : et c'est dans un sens emblématique, pour rappeler qu'il faut se hâter avec prudence, qu'on a peint le dauphin entortillé à une ancre ; car il est faux que par affection pour l'homme il la conduise au fond de la mer, comme le contaient nos pères [1].

David. — Selon les Orientaux, ce prophète-roi se faisait obéir des poissons, des oiseaux et des pierres ; ils ajoutent que le fer qu'il tenait dans ses mains s'amollissait, et que les larmes qu'il versa pendant les quarante jours qu'il pleura son péché faisaient naître des plantes. Adam, disent les musulmans, avait donné soixante ans de la durée de sa vie pour prolonger celle de David, dont il prévoyait le règne glorieux.

David-George, — vitrier de Gand, qui, en 1525, se mit à courir les Pays-Bas, en disant qu'il était le Messie envoyé sur la terre pour remplir le ciel, qui avait beaucoup trop de vide. On le signala ; mais il changeait de nom pour se mettre à couvert des poursuites. On croyait qu'il avait intelligence avec les oiseaux ; car il parlait avec eux en différentes langues, et ces oiseaux lui portaient parfois de la proie pour ses aliments. A Bâle, il se fit appeler Jean Bruch, se disant neveu de Dieu, qu'il appelait son oncle, ajoutant toutefois qu'il était né en Hollande. Il voulut aussi se faire passer pour le prophète Daniel, que Dieu envoyait en ce monde afin de rétablir le royaume d'Israël et le tabernacle de Jacob. Il ensorcelait les esprits, dit Delancre, tandis que les autres sorciers ensorcelaient les corps. Au bout de treize ans qu'il séjourna à Bâle, il mourut, ayant abusé tellement le peuple qu'on lui fit de magnifiques obsèques, et qu'il fut enterré en l'église de Saint-Léonard. Ses disciples furent étonnés de sa mort, car ils le croyaient immortel ; il avait prédit qu'il ressusciterait trois jours après son trépas. Comme on vit que cette prophétie au bout de trois ans ne s'accomplissait point, on le reconnut pour imposteur ; on le tira de son cercueil, et on le porta sur un échafaud, où il fut brûlé avec les livres qu'il avait composés, le 26 août, 1559 [1].

David-Jones. — Les matelots anglais appellent de ce nom le mauvais génie qui préside à tous les esprits malfaisants de la mer. Il est dans tous les ouragans ; on l'a vu quelquefois d'une taille gigantesque, montrant trois rangs de dents aiguës dans sa bouche énorme, ouvrant de grands yeux effrayants, et de larges narines, d'où sortaient des flammes bleues.

Deber. — Des théologiens hébreux disent que Deber signifie le démon qui offense la nuit ; et Cheteb ou Chereb, celui qui offense en plein midi.

Decarabia, — *voy.* CARABIA.

Décius (PUBLIUS). — Pendant la guerre des Romains contre les Latins, les consuls Publius Décius et Manlius Torquatus, campés près du Vésuve, eurent tous deux le même songe dans la même nuit : ils virent en dormant un homme d'une figure haute, qui leur dit que l'une des deux armées devait descendre chez les ombres, et que celle-là serait victorieuse dont le général se dévouerait aux puissances de la mort. Le lendemain, les consuls, s'étant raconté leur songe, firent un sacrifice pour s'assurer encore de la volonté des dieux, et les entrailles des victimes con-

---

[1] Brown, *Des Erreurs popul.*, liv. v, ch. 2.

[1] Delancre, *Tableau de l'inconstance des démons*, etc., liv. v, p. 337.

firmèrent ce qu'ils avaient vu. Ils convinrent donc entre eux que le premier qui verrait plier ses bataillons s'immolerait au salut de la patrie. Quand le combat fut engagé, Décius, qui vit fléchir l'aile qu'il commandait, se dévoua, et avec lui toute l'armée ennemie, aux dieux infernaux, et se précipita dans les rangs des Latins, où il reçut la mort en assurant à Rome une victoire éclatante [1]. — Si ce double songe des consuls et les présages des victimes publiés dans les deux armées n'étaient qu'un coup de politique, le dévouement de Décius était un acte de patriotisme bien grand, même chez les Romains.

Decremps, — escamoteur du dernier siècle, qui publia un *Traité de la magie blanche*.

Dedschail, — le diable chez plusieurs tribus arabes.

Déiphobe, — sibylle de Cumes. *Voy.* SIBYLLES.

Déjections. — Le médecin de Haën, dans le dernier chapitre de son *Traité de la magie*, dit que si l'on voit sortir de quelques parties que ce soit du corps humain, sans lésion considérable, des choses qui naturellement ne puissent y entrer, comme des couteaux, des morceaux de verre, du fer, de la poix, des touffes de crin, des os, des insectes, de grosses épingles tordues, des charbons, etc., on doit attribuer tout cela au démon et à la magie. *Voy.* EXCRÉMENTS.

Delancre (PIERRE), — démonographe renommé, né à Bordeaux dans le seizième siècle. Il fut chargé d'instruire le procès de quantité de vauriens accusés de sortilèges; son esprit crédule en demeura convaincu de toutes les extravagances du sabbat et des sorciers. Il mourut à Paris, vers 1630. On a de lui deux ouvrages recherchés sur ces matières : — 1° *l'Incrédulité et mécréance du sortilége pleinement convaincues*, où il est amplement et curieusement traité de la vérité ou illusion du sortilége, de la fascination, de l'attouchement, du scopélisme, de la divination, de la ligature ou liaison magique, des apparitions et d'une infinité d'autres rares et nouveaux sujets, par P. Delancre, conseiller du roi en son conseil d'État. Paris, Nicolas Buon, 1612, in-4° de près de 900 pages, assez rare, dédié au roi Louis XIII; divisé en dix traités. Dans le premier, l'auteur prouve que tout ce qu'on dit des sorciers est véritable. Le second, intitulé *De la fascination*, démontre que les sorcières ne fascinent, en ensorcelant, qu'au moyen du diable. Par le troisième traité, consacré à *l'attouchement*, on voit ce que peuvent faire les sorciers par le toucher, bien plus puissant que le regard. Le traité quatrième, où il s'agit du *scopélisme*, nous apprend que, par cette science secrète, on maléficie les gens en jetant simplement des pierres charmées dans leur jardin. Le traité suivant détaille toutes les divinations. Au sixième traité, on s'instruit de tout ce qui tient aux ligatures. Le septième roule sur les apparitions. L'auteur, qui ne doute de rien, en rapporte beaucoup. Il tombe, dans le huitième traité, sur les juifs, apostats et athées. Dans le neuvième, il s'élève contre les hérétiques, dont l'apparition dans tous les temps a produit des fanatismes plus ou moins absurdes ou abominables. Il se récrie, dans le dernier traité, contre l'incrédulité et mécréance des juges en fait de sorcellerie. Le tout est suivi d'un recueil d'*Arrêts notables* contre les sorciers. — 2° *Tableau de l'inconstance des mauvais anges et démons*, où il est amplement traité de la sorcellerie et des sorciers; livre très-curieux et très-utile, avec un discours contenant la procédure faite par les inquisiteurs d'Espagne et de Navarre à cinquante-trois magiciens, apostats, juifs et sorciers, en la ville de Logrogne en Castille, le 9 novembre 1610; en laquelle on voit combien l'exercice de la justice en France est plus juridiquement traité et avec de plus belles formes qu'en tous autres empires, royaumes, républiques et États, par P. Delancre, conseiller du roi au Parlement de Bordeaux; Paris, Nicolas Buon, 1612, in-4° d'environ 800 pages[1], très-recherché, surtout lorsqu'il est accompagné de l'estampe qui représente les cérémonies du sabbat. Cet ouvrage est divisé en six livres : le premier contient trois discours sur l'inconstance des démons, le grand nombre des sorciers et le penchant des femmes du pays de Labour pour la sorcellerie. Le second livre traite du sabbat, en cinq discours. Le troisième roule sur la même matière et sur les pactes des sorciers avec le diable, pareillement en cinq discours. Le quatrième livre, qui contient quatre discours, est consacré aux loups-garous; le livre cinquième, en trois discours, aux superstitions et apparitions; et le sixième, aux prêtres sorciers, en cinq discours. — Tout ce que ces ouvrages présentent de curieux tient sa place dans ce Dictionnaire.

Delangle (LOUIS), — médecin espagnol et grand astrologue. On raconte qu'il prédit au roi Charles VII la journée de Frémigny, en 1450; il prédit aussi, selon quelques auteurs,

---

[1] Tite-Live et Valère-Maxime.

[1] Il y a une préface de Jean d'Espagnet.

l'emprisonnement du petit prince de Piémont, ainsi que la peste de Lyon l'année suivante. On l'accusa de superstition, quoiqu'il ne se dît qu'astrologue. Le roi le retint à quatre cents livres de pension, et l'envoya pratiquer sa science à Lyon. Il fit plusieurs livres, et traduisit, d'espagnol en latin, les *Nativités*, de Jean de Séville. On ajoute qu'il prévit le jour de sa mort. Il fit faire, dit-on, quinze jours d'avance, son service, que l'on continua jusqu'à l'heure marquée, où en effet il mourut [1].

Delrio (MARTIN-ANTOINE), — né à Anvers en 1551, savant jésuite, auteur d'un livre intitulé : *Recherches magiques* [2], en six livres, où il est traité soigneusement des arts curieux et des vaines superstitions; in-4°, Louvain, 1599, souvent réimprimé. Ce livre célèbre, qui eut dans son temps beaucoup de vogue, a été abrégé et traduit en français par André Duchesne, Paris, in-4°. et in-8°, 2 vol., 1611, très-recherché. L'auteur se montre généralement un peu crédule, mais plus éclairé que la plupart des écrivains de son siècle. Son ouvrage est divisé en six livres : le premier traite de la magie en général, naturelle et artificielle, et des prestiges; le second, de la magie infernale; le troisième, des maléfices; le quatrième, des divinations et prédictions; le cinquième, des devoirs du juge et de la manière de procéder en fait de sorcellerie; le sixième, des devoirs du confesseur et des remèdes permis ou prohibés contre la sorcellerie. En général, ces disquisitions magiques sont un recueil de faits bizarres, mêlés de raisonnements et de citations savantes.

Déluge. — *Voy.* Is, Noé, etc.

Démocrite, — philosophe célèbre, qui florissait en Grèce environ trois cents ans après la fondation de Rome. Les écrivains du quinzième et du seizième siècle l'ont accusé de magie; quelques-uns lui ont même attribué un traité d'alchimie. Psellus prétend qu'il ne s'était crevé les yeux qu'après avoir *soufflé* tout son bien à la recherche de la pierre philosophale. La cécité de Démocrite a embarrassé bien des personnes. Tertullien dit qu'il se priva de la vue parce qu'elle était pour lui une occasion de mauvaises convoitises. Plutarque pense que c'était pour philosopher plus à son aise, et c'est le sentiment le plus répandu, quoiqu'il soit aussi dénué de fondement que les autres. — Démocrite ne fut point aveugle, si l'on en croit Hippocrate, qui raconte qu'appelé par les Abdéritains pour guérir la folie prétendue de ce philosophe, il le trouva occupé à la lecture de certains livres et à la dissection de quelques animaux; ce qu'il n'eût point fait s'il eût été aveugle. De jeunes Abdéritains, sachant que Démocrite s'était enfermé dans un sépulcre écarté de la ville pour philosopher, s'habillèrent un jour en diables avec de longues robes noires, et portant des masques hideux; puis l'allèrent trouver, et se mirent à danser autour de lui; Démocrite n'en parut point effrayé, il ne leva pas même les yeux de dessus son livre et continua d'écrire [1]. Il riait de tout, nous dit-on, mais son rire était moral, et il voyait autrement que les hommes dont il se moquait. Croyons donc, avec Scaliger, qu'il était aveugle moralement, *quod aliorum more oculis non uteretur*. — On a dit qu'il entendait le chant des oiseaux, et qu'il s'était procuré cette faculté merveilleuse en mangeant un serpent engendré du sang mélangé de certains oisillons; mais que n'a-t-on pas dit! On a dit aussi qu'il commerçait avec le diable, parce qu'il vivait solitaire.

Démon barbu. — *voy.* BARBU.

Démoniaques, — *voy.* POSSÉDÉS.

Démonocratie, — gouvernement des démons, influence immédiate des esprits malfaisants, religion de quelques peuplades américaines, africaines, asiatiques, sibériennes, kamtschadales, etc., qui révèrent le diable avant tout.

Démonographie, — histoire et description de ce qui regarde les démons. On appelle démonographes les auteurs qui écrivent sur ce sujet, comme Delancre, Leloyer, Wiérus, etc.

Démonolâtrie, culte des démons. On a publié à Lyon, vers 1849, un volume in-12, intitulé : *Superstitions et Démonolâtrie des philosophes*. Ce livre a le tort d'être trivial quelquefois, mais il contient de bonnes choses.

Démonologie, — discours et traité sur les démons pour la démonologie du roi Jacques. *Voy.* ce nom. *Voy.* aussi WALTER SCOTT.

Démonomancie, — divination par le moyen des démons. Cette divination a lieu par les oracles qu'ils rendent, ou par les réponses qu'ils font à ceux qui les évoquent.

Démonomanie, — manie de ceux qui croient à tout ce qu'on raconte sur les démons et les sorciers, comme Bodin, Leloyer, Delancre, etc. L'ouvrage de Bodin porte le titre

---

[1] Ancien manuscrit de la Bibliothèque du roi, rapporté à la fin des Remarques de Joly sur Bayle.
[2] Disquisitionum magicarum libri sex, etc., auctore Martino Delrio, etc.

[1] Leloyer, Histoire des spectres ou apparition des esprits, liv. 1er, ch. 9, p. 89.

de *Démonomanie des sorciers*; mais là ce mot signifie diablerie. *Voy.* Bodin.

Démons. — Ce que nous savons d'exact sur les démons se borne à ce que nous en enseigne l'Église : que ce sont des anges tombés, qui privés de la vue de Dieu depuis leur révolte, ne respirent plus que le mal et ne cherchent qu'à nuire. Ils ont commencé leur règne sinistre par la séduction de nos premiers pères; ils continuent de lutter contre les anges fidèles qui nous protégent, et ils triomphent de nous quand nous ne leur résistons pas avec courage. — Nous ne pouvons faire ici un traité dogmatique sur les démons. Nous devons nous borner à rapporter les opinions bizarres et singulières auxquelles ces êtres maudits ont donné de l'intérêt. — Les anciens admettaient trois sortes de démons, les bons, les mauvais et les neutres. Mais ils appelaient démon tout esprit. Nous entendons par démon un ange de ténèbres, un esprit mauvais. — Presque toutes les traditions font remonter l'existence des démons plus loin que la création du monde matériel. Parmi les rêveurs juifs, Aben-Esra prétend qu'on la doit fixer au second jour de la création. Manassé Ben-Israël, qui suit la même opinion, ajoute qu'après avoir créé l'enfer et les démons, Dieu les plaça dans les nuages et leur donna le soin de tourmenter les méchants [1]. L'homme n'était pas créé le second jour; il n'y avait donc point de méchant à punir. Les démons d'ailleurs ne sont pas sortis noirs de la main du Créateur; ils ne sont que des anges de lumière devenus anges de ténèbres par leur chute. — Origène et quelques philosophes soutiennent que les bons et les mauvais esprits sont plus vieux que notre monde; qu'il n'est pas probable que Dieu se soit avisé tout d'un coup, il y a seulement sept ou huit mille ans [2], de tout créer pour la première fois, que les anges et les démons étaient restés immortels après la ruine des mondes qui ont précédé le nôtre, etc. Manès, ceux qu'il a copiés et ceux qui ont adopté son système, font le diable éternel et le regardent comme le principe du mal, ainsi que Dieu est le principe du bien. Il a été suffisamment réfuté. Nous devons donc nous en tenir sur les démons au sentiment de l'Église universelle. Dieu avait créé les chœurs des anges. Toute cette milice céleste était pure et non portée au mal. Quelques-uns se laissèrent aller à l'orgueil; ils osèrent se croire aussi grands que leur Créateur, et entraînèrent dans leur crime une partie de l'armée des anges. Satan, le premier des Séraphins et le plus grand de tous les êtres créés [1], s'était mis à la tête des rebelles. Il jouissait dans le ciel d'une gloire inaltérable et ne reconnaissait d'autre maître que l'Éternel. Une folle ambition causa sa perte; il voulut régner sur la moitié du ciel, et siéger sur un trône aussi élevé que celui du Créateur. L'archange Michel et les anges restés dans le devoir lui livrèrent combat. Satan fut vaincu et précipité dans l'abîme avec tous ceux de son parti [2]. — Dieu exila les anges déchus loin du ciel, dans un lieu que nous nommons *l'enfer* ou *l'abîme*. — Quelques opinions placent l'enfer au centre de notre globe. Plusieurs rabbins disent que les démons habitent l'air, qu'ils remplissent. Saint Prosper les place dans les brouillards. Swinden a voulu démontrer qu'ils logeaient dans le soleil; d'autres les ont logés dans la lune. Bornons-nous à savoir qu'ils sont dans les *lieux inférieurs*, bien loin du soleil et de nous, comme dit Milton, et que Dieu leur permet toutefois de tenter les hommes qui sont sur la terre, et de les porter au mal. — Tout chrétien connaît la dure et incontestable histoire du péché originel, réparé, dans ses effets éternels, par la divine rédemption. On sait aussi que depuis la venue du Messie le pouvoir des démons, resserré dans d'étroites limites, se borne à un rôle vil et ténébreux, qui a produit quelques tristes récits mêlés souvent de mensonge. — On ne sait trop se figurer le nombre des démons. Wiérus, toutefois, comme s'il les avait comptés, dit qu'ils se divisent en six mille six cent soixante-six légions, composées chacune de six mille six cent soixante-six anges ténébreux; il en élève ainsi le nombre à quarante-cinq millions, ou à peu près, et leur donne soixante-douze princes, ducs, marquis, prélats ou comtes. — Mais il y en a bien davantage, et ils ont leur bonne part dans le mal qui se fait ici-bas, puisque les mauvaises inspirations viennent d'eux seuls. Honte et malheur à qui les écoute! — Selon Michel Psellus, les démons se divisent en six grandes sections. Les premiers sont les démons du feu, qui en habitent les régions éloignées; les seconds sont les démons de l'air, qui volent autour de nous, et ont le pouvoir d'exciter les orages; les troisièmes sont les démons de la terre, qui se mêlent avec les hommes et s'occupent de les tenter;

---

[1] De Resurrectione mortuorum, lib. III, cap. 6.
[2] La version des Septante donne au monde quinze ou dix-huit cents ans de plus que nous. Les Grecs modernes ont suivi ce calcul, et le P. Pezron l'a un peu réveillé parmi nous dans l'Antiquité rétablie.

[1] Quique creaturæ præfulsit in ordine primus.... Alc. Aviti poem., lib. II.
[2] Apocalypse, ch. V, vers. 7 et 9.

les quatrièmes sont les démons des eaux, qui habitent la mer et les rivières, pour y élever des tempêtes et causer des naufrages ; les cinquièmes sont les démons souterrains, qui préparent les tremblements de terre, soufflent les volcans, font écrouler les puits et tourmentent les mineurs ; les sixièmes sont les démons ténébreux, ainsi nommés parce qu'ils vivent loin du soleil et ne se montrent pas sur la terre. On ne sait trop où Michel Psellus a trouvé ces belles choses ; mais c'est dans ce système que les cabalistes ont imaginé les salamandres, qu'ils placent dans les régions du feu ; les sylphes, qui remplissent l'air ; les ondins, ou nymphes, qui vivent dans l'eau, et les gnômes, qui sont logés dans l'intérieur de la terre. — Des doctes ont prétendu que les démons multiplient entre eux comme les hommes ; ainsi, leur nombre doit s'accroître surtout si l'on considère la durée de leur vie, que quelques savants ont bien voulu supputer ; car il en est qui ne les font pas immortels. Hésiode leur donne une vie de six cent quatre-vingt mille quatre cents ans. Plutarque, qui ne conçoit pas bien qu'on ait pu faire l'expérience d'une si longue vie, la réduit à neuf mille sept cent vingt ans..... — Il y aurait encore bien des choses à dire sur les démons et sur les diverses opinions qu'on s'est faites d'eux. On trouvera généralement ces choses, à leurs articles, dans ce dictionnaire. — Les Moluquois s'imaginent que les démons s'introduisent dans leurs maisons par l'ouverture du toit, et apportent un air infect qui donne la petite-vérole. Pour prévenir ce malheur, ils placent à l'endroit où passent ces démons certaines petites statues de bois pour les épouvanter, comme nous hissons des hommes de paille sur nos cerisiers pour écarter les oiseaux. Lorsque ces insulaires sortent le soir ou la nuit, temps destiné aux excursions des esprits malfaisants, ils portent toujours sur eux un oignon ou une gousse d'ail, avec un couteau et quelques morceaux de bois ; et quand les mères mettent leurs enfants au lit, elles ne manquent pas de mettre ce préservatif sous leur tête. — Les Chingulais, pour empêcher que leurs fruits ne soient volés, annoncent qu'ils les ont donnés aux démons. Dès lors, personne n'ose y toucher. — Les Siamois ne connaissent point d'autres démons que les âmes des méchants qui, sortant des enfers où elles étaient détenues, errent un certain temps dans ce monde et font aux hommes tout le mal qu'elles peuvent. De ce nombre sont encore les criminels exécutés, les enfants mort-nés, les femmes mortes en couches et ceux qui ont été tués en duel. Voy. DIABLE.

Démons blancs, — voy. FEMMES BLANCHES.

Démons familiers, — démons qui s'apprivoisent et se plaisent à vivre avec les hommes, qu'ils aiment assez à obliger. Voy. BÉRITH. — Un historien suisse rapporte qu'un baron de Regensberg s'était retiré dans une tour de son château de Bâle pour s'y adonner avec plus de soin à l'étude de l'Écriture Sainte et aux belles-lettres. Le peuple était d'autant plus surpris du choix de cette retraite, que la tour était habitée par un démon, qui jusqu'alors n'en avait permis l'entrée à personne ; mais le baron était au-dessus d'une telle crainte. Au milieu de ses travaux, le démon lui apparaissait, dit-on, en habit séculier, s'asseyait à ses côtés, lui faisait des questions sur ses recherches, et s'entretenait avec lui sur divers objets, sans jamais lui faire aucun mal. L'historien crédule ajoute que, si le baron eût voulu faire des questions au démon, il en eût tiré beaucoup d'éclaircissements utiles [1]. Voy. ESPRITS, LUTINS, FARFADETS, etc.

Démons de midi. — On parlait beaucoup chez les anciens de certains démons qui se montraient particulièrement vers midi à ceux avec lesquels ils avaient contracté familiarité. Voy. AGATHION. Ces démons visitent ceux à qui ils s'attachent, en forme d'hommes ou de bêtes, ou en se laissant enclore en un caractère, chiffre, fiole, ou bien en un anneau vide et creux au dedans. « Ils sont connus, ajoute Leloyer, des magiciens qui s'en servent, et, à mon grand regret, je suis contraint de dire que l'usage n'en est que trop commun [2]. » Voy. EMPUSE.

Denis Anjorrand, — docteur de Paris, médecin et astrologue au quatorzième siècle. Ce fut lui qui prédit la venue du prince de Galles, et qui configura d'avance par astrologie la prise du roi Jean à Poitiers ; mais on n'en tint pas compte. Néanmoins, après que la chose fut advenue, il fut grandement estimé à la cour [3].

Denis-le-Chartreux, — écrivain pieux du quinzième siècle, né dans le pays de Liège. Nous ne citerons que son ouvrage *Des Quatre dernières fins de l'homme*, où il traite, selon les idées de son temps et de son pays, du purgatoire et de l'enfer.

Denis de Vincennes, — médecin de la Faculté de Montpellier et grand astrologue. Appelé

---

[1] Dictionnaire d'anecdotes suisses, p. 82.
[2] Histoire des spectres, liv. III, ch. 4, p. 198.
[3] Ancien manuscrit de la Bibliothèque du roi, cité par Joly, Remarques sur Bayle.

au service du duc Louis d'Anjou, il fut fort expert en ses jugements particuliers, entre lesquels il en fit un audit duc, qui était gouverneur du petit roi Charles VI, au moyen duquel il trouva le trésor du roi Charles V, qui était seulement à la connaissance d'un nommé Errart de Serreuze, homme vertueux, discret et sage. Il y avait dans ce trésor, que Denis de Vincennes découvrit par son art, dix-huit millions d'or. Aucuns (attendu que ce roi avait toujours eu la guerre) disent que Jean de Meung, auteur du roman de *la Rose*, lui avait amassé ce trésor par la vertu de la pierre philosophale [1].

Dents. — Il y a aussi quelques histoires merveilleuses sur les dents ; et d'abord on a vu des enfants naître avec des dents ; Louis XIV en avait deux lorsqu'il vint au monde. Pyrrhus, roi des Épirotes, avait au lieu de dents un os continu en haut de la mâchoire et un pareil en bas. Il y avait même en Perse une race d'hommes qui apportaient ces os-là en naissant [2] ; la république des Gorgones devait être bien laide, comme dit M. Salgues, s'il est vrai que ces femmes n'avaient pour elles toutes qu'un œil et qu'une dent, qu'elles se prêtaient l'une à l'autre. — En 1591, le bruit courut en Silésie que, les dents étant tombées à un enfant de sept ans, il lui en était venu une d'or. On prétendait qu'elle était en partie naturelle et en partie merveilleuse, et qu'elle avait été envoyée du ciel à cet enfant pour consoler les Chrétiens affligés par les Turcs, quoiqu'il n'y eût pas grand rapport entre cette dent et les Turcs, et qu'on ne voie pas quelle consolation les chrétiens en pouvaient tirer. Cette nouvelle occupa plusieurs savants et éleva plus d'une dispute entre les grands hommes du temps, jusqu'à ce qu'un orfévre ayant examiné cette dent, il se trouva que c'était une dent ordinaire à laquelle on avait appliqué une feuille d'or avec beaucoup d'adresse : mais on commença par disputer et faire des livres, puis on consulta l'orfévre. — Nous ajouterons que dans le village de Senlices il y a une fontaine publique dont on dit que l'eau fait tomber les dents sans fluxion et sans douleur. D'abord elles branlent dans la bouche comme le battant d'une cloche, ensuite elles tombent naturellement. Il y a dans ce village plus de la moitié des habitants qui manquent de dents [3]. — On voit dans les *Admirables secrets d'Albert-le-Grand* qu'on calme le mal de dents en demandant l'aumône en l'honneur de saint Laurent. C'est une superstition. — Les racines d'asperges sont, dit-on, un très-bon spécifique : séchées et appliquées sur les dents malades, elles les arrachent sans douleur. Nous ne l'avons pas éprouvé.

Dérodon (DAVID), — dialecticien du dix-septième siècle. On conte qu'un professeur, pressé par un argumentateur inconnu, lui dit sur le point de se rendre : « Tu es le diable, ou tu es Dérodon. » Ce savant a laissé un *Discours contre l'astrologie judiciaire*, in-8°, 1663.

Dersail, — sorcier du pays de Labour, qui portait le bassin au sabbat vers l'an 1610. Plusieurs sorcières ont avoué l'y avoir vu recevant les offrandes à la messe du sabbat, et assurèrent qu'il employait cet argent pour les affaires des sorciers et pour les siennes [1].

Desbordes, — valet de chambre du duc de Lorraine Charles IV. Ce valet fut accusé, en 1628, d'avoir avancé la mort de la princesse Christine, mère du duc, et causé diverses maladies que les médecins attribuaient à des maléfices. Charles IV avait conçu de violents soupçons contre Desbordes depuis une partie de chasse où il avait servi un grand dîner au duc, sans autres préparatifs qu'une petite boîte à trois étages, dans laquelle se trouvait un repas exquis. Dans une autre occasion, il s'était permis de ranimer trois pendus (car il faisait toujours tout par trois) qui, depuis trois jours, étaient attachés au gibet ; et il leur avait ordonné de rendre hommage au duc, après quoi il les avait renvoyés à la potence. On vérifia encore qu'il avait ordonné aux personnages d'une tapisserie de s'en détacher et de venir danser dans le salon..... Charles IV, effrayé de ces prodiges, voulut qu'on informât contre Desbordes. On lui fit son procès et il fut condamné au feu.

Descartes (RENÉ), — l'un des hommes les plus célèbres du dix-septième siècle. Il fut persécuté en Hollande lorsqu'il publia pour la première fois ses opinions. Voët (*Voetius*) qui jouissait de beaucoup de crédit à Utrecht, l'accusa d'athéisme ; il conçut même le dessein de provoquer sa condamnation sans lui permettre de se défendre, et, avec la mansuétude protestante, de le faire brûler à Utrecht sur un bûcher très-élevé, dont la flamme serait aperçue de toutes les Provinces-Unies [3].....

---

[1] Torquemada, Hexaméron, p. 29.
[2] Saint-Foix, Essais, t. Ier.
[3] Manuscrit de la Bibliothèque, cité par Joly dans ses Remarques sur Bayle.

[1] Delancre, Tableau de l'Inconstance des démons, etc., etc., p 90.
[2] M. Salgues, Des Erreurs et des préjugés, et M. Jules Garinet, Histoire de la magie en France, p. 204.
[3] Curiosités de la littérature, trad. de l'anglais, par Bertin, t. Ier, p. 52.

Déserts. — C'est surtout dans les lieux déserts et abandonnés que les sorciers font leur sabbat, et les démons leurs orgies. C'est dans de tels lieux que le diable se montre à ceux qu'il veut acheter ou servir. C'est là aussi qu'on a peur et qu'on voit des fantômes. *Voy.* aussi CARREFOURS.

Desfontaines. — En 1695, un certain M. Bezuel (qui depuis fut curé de Valogne), étant alors écolier de quinze ans, fit connaissance des enfants d'un procureur nommé d'Abaquène, écoliers comme lui. L'aîné était de son âge; le cadet, un peu plus jeune, s'appelait Desfontaines; c'était celui des deux frères que Bezuel aimait davantage. Se promenant tous deux en 1696, ils s'entretenaient d'une lecture qu'ils avaient faite de l'histoire de deux amis qui s'étaient promis que celui qui mourrait le premier viendrait dire des nouvelles de son état au survivant. Le mort revint, disait-on, et conta à son ami des choses surprenantes. Le jeune Desfontaines proposa à Bezuel de se faire mutuellement une pareille promesse. Bezuel ne le voulut pas d'abord; mais, quelques mois après, il y consentit au moment où son ami allait partir pour Caen. Desfontaines tira de sa poche deux petits papiers qu'il avait tout prêts, l'un signé de son sang, où il promettait, en cas de mort, de venir voir Bezuel; l'autre où la même promesse était écrite, fut signée par Bezuel. Desfontaines partit avec son frère, et les deux amis entretinrent correspondance. — Il y avait six semaines que Bezuel n'avait reçu de lettres, lorsque, le 31 juillet 1697, se trouvant dans une prairie à deux heures après midi, il se sentit tout d'un coup étourdi et pris d'une faiblesse, qui néanmoins se dissipa; le lendemain, à pareille heure, il éprouva la même chose; le surlendemain, il vit pendant son affaiblissement son ami Desfontaines qui lui faisait signe de venir à lui. Comme il était assis, il se recula sur son siège. Les assistants remarquèrent ce mouvement. Desfontaines n'avançant pas, Bezuel se leva pour aller à sa rencontre; le spectre s'approcha alors, prit son ami par le bras gauche et le conduisit à trente pas de là, dans une rue écartée. « Je vous ai promis, lui dit-il, que si je mourais avant vous, je viendrais vous le dire : je me suis noyé avant-hier dans la rivière, à Caen, vers cette heure-ci. J'étais à la promenade; il faisait si chaud, qu'il nous prit envie de nous baigner. Il me vint une faiblesse dans la rivière, et je coulai au fond. L'abbé de Ménil-Jean, mon camarade, plongea; je saisis son pied, mais soit qu'il crût que ce fût un saumon, soit qu'il voulût promptement remonter sur l'eau, il secoua si rudement le jarret, qu'il me donna un grand coup dans la poitrine, et me jeta au fond de la rivière qui est là très-profonde. » — Desfontaines raconta ensuite à son ami beaucoup d'autres choses. Bezuel voulut l'embrasser, mais il ne trouva qu'une ombre; cependant, son bras était si fortement tenu qu'il en conserva une douleur. Il voyait continuellement le fantôme, un peu plus grand que de son vivant, à demi nu; il portait, entortillé dans ses cheveux blonds, un écriteau où Bezuel ne put lire que le mot *in*. Il avait le même son de voix; il ne paraissait ni gai ni triste, mais dans une tranquillité parfaite; il pria son ami, quand son frère serait revenu, de le charger de dire certaines choses à son père et à sa mère; il lui demanda de réciter pour lui les sept psaumes qu'il avait eus en pénitence le dimanche précédent, et qu'il n'avait pas encore récités; ensuite il s'éloigna en disant : *Jusqu'au revoir*, qui était le terme ordinaire dont il se servait quand il quittait ses camarades. — Cette apparition se renouvela plusieurs fois. On l'expliquerait peut-être par les pressentiments, la sympathie, etc. L'abbé Bezuel en raconta les détails dans un dîner, en 1708, devant l'abbé de Saint-Pierre, qui en fait une longue mention dans le tome IV de ses Œuvres politiques.

Desforges (PIERRE-JEAN-BAPTISTE CHOUDARD), — né à Paris en 1746, auteur plus que frivole. Dans les *Mille et un souvenirs* ou *Veillées conjugales*, livre immoral qu'on lui attribue, il raconte plusieurs histoires de spectres qui ont été reproduites par divers recueils.

Deshoulières. — Madame Deshoulières étant allée passer quelques mois dans une terre, à quatre lieues de Paris, on lui permit de choisir la plus belle chambre du château; mais on lui en interdisait une qu'un revenant visitait toutes les nuits. Depuis long-temps madame Deshoulières désirait voir des revenants; et, malgré les représentations qu'on lui fit, elle se logea précisément dans la chambre infestée. La nuit venue, elle se mit au lit, prit un livre selon sa coutume; et, sa lecture finie, elle éteignit sa lumière et s'endormit. Elle fut bientôt éveillée par un bruit qui se fit à la porte; elle se fermait mal; on l'ouvrit, quelqu'un entra, qui marchait assez fort. Elle parla d'un ton très-décidé, car elle n'avait pas peur. On ne lui répondit point. L'esprit fit tomber un vieux paravent qui tira les rideaux du lit avec bruit; elle harangua encore l'âme, laquelle s'avançant toujours lentement et sans mot dire, passa dans la ruelle du lit, renversa le guéridon et s'appuya sur la couverture. Ce fut là que madame Deshoulières fit paraître toute sa fermeté. « Ah ! dit-elle, je saurai qui vous êtes!..... » Alors, étendant ses deux mains vers l'endroit où elle entendait le spectre, elle saisit deux oreilles velues, qu'elle eut la constance de tenir jusqu'au matin. Aussitôt qu'il fut jour, les gens du château vinrent voir si elle n'était pas morte. Il se trouva que le prétendu revenant était un gros chien, qui trouvait plus commode de coucher dans cette chambre déserte que dans la basse-cour.

Despilliers. — Le comte Despilliers le père, qui mourut avec le grade de maréchal-de-camp de l'empereur Charles VI, n'était encore que capitaine de cuirassiers, lorsque se trouvant en quartier d'hiver en Flandre, un de ses cavaliers vint un jour le prier de le changer de logement, disant que toutes les nuits il revenait dans sa chambre un esprit qui ne le laissait pas dormir. Despilliers se moqua de sa simplicité et le renvoya ; mais le militaire revint au bout de quelques jours, et répéta la même prière ; il fut encore moqué. Enfin il revint une troisième fois, et assura à son capitaine qu'il serait obligé de déserter si on ne le changeait pas de logis. Despilliers, qui connaissait cet homme pour bon soldat, lui dit en jurant : « Je veux aller cette nuit coucher avec toi, et voir ce qui en est. » — Sur les dix heures du soir, le capitaine se rend au logis de son cavalier, et, ayant mis ses pistolets armés sur la table, il se couche tout vêtu, son épée à côté de lui. Vers minuit il entend quelqu'un qui entre dans la chambre, qui, en un instant, met le lit sens dessus dessous, et enferme le capitaine et le soldat sous le matelas et la paillasse. Après s'être dégagé de son mieux, le comte Despilliers, qui était cependant très-brave, s'en retourna tout confus et fit déloger le cavalier. Il raconta depuis son aventure, pensant bien qu'il avait eu affaire avec quelque démon. Néanmoins il se trouva que le lutin n'était qu'un singe.

Desrues, — empoisonneur, rompu et brûlé à Paris, en 1777, à l'âge de trente-deux ans. Il avait été exécuté depuis quinze jours, lorsque tout à coup le bruit se répandit qu'il revenait toutes les nuits sur la place de Grève. On voyait un homme en robe de chambre, tenant un crucifix à la main, se promenant lentement autour de l'espace qu'avaient occupé son échafaud et son bûcher, et s'écriant d'une voix lugubre : *Je viens chercher ma chair et mes os.* Quelques nuits se passèrent ainsi, sans que personne osât s'approcher d'assez près pour savoir quel pouvait être l'auteur de cette farce un peu sombre. Plusieurs soldats de patrouille et de garde en avaient été épouvantés ; mais enfin la terreur cessa ; un intrépide eut le courage de s'avancer sur la place ; il empoigna le spectre et le conduisit au corps-de-garde, où l'on reconnut que ce revenant était le frère de Desrues, riche aubergiste de Senlis, qui était devenu fou de désespoir.

Destinée, — *voy.* FATALISME.

Desvignes, — parisienne qui avait, au commencement du dix-septième siècle, des attaques de nerfs dont elle voulut tirer parti pour se faire une ressource. Les uns la disaient sorcière ou possédée, les autres la croyaient prophétesse. Le père Lebrun, qui parle d'elle dans son *Histoire des superstitions*, reconnut comme les médecins qu'il y avait dans son fait une grande fourberie. Le bruit qu'elle avait fait tomba subitement.

Deuil. — Les premiers poètes disaient que les âmes après la mort allaient dans le sombre empire : c'est peut-être conformément à ces idées, dit Saint-Foix, qu'ils crurent que le noir était la couleur du deuil. Les Chinois et les Siamois choisissent le blanc, croyant que les morts deviennent des génies bienfaisants. En Turquie, on porte le deuil en bleu ou en violet ; en gris, chez les Éthiopiens ; on le portait en gris de souris au Pérou quand les Espagnols y entrèrent ; le blanc, chez les Japonais, est la marque du deuil, et le noir est celle de la joie ; en Castille, les vêtements de deuil étaient autrefois de serge blanche. Les Perses s'habillaient de brun, et se rasaient avec toute leur famille et tous leurs animaux. Dans la Lycie, les hommes portaient des habits de femme pendant tout le temps du deuil. Chez nous, Anne de Bretagne, femme de Louis XII, changea en noir le deuil, qui jusque-là avait été porté en blanc à la cour. — A Argos, on s'habillait de blanc et on faisait de grands festins. A Délos, on se coupait les cheveux, qu'on mettait sur la sépulture du mort. Les Égyptiens se meurtrissaient la poitrine et se couvraient le visage de boue. Ils portaient des vêtements jaunes ou feuille-morte. Chez les Romains, les femmes étaient obligées de pleurer la mort de leurs maris, et les enfants celle de leur père, pendant une année entière. Les maris ne pouvaient pleurer leurs femmes, ni les pères leurs enfants s'ils n'avaient pas trois ans. — Le grand deuil des Juifs dure un an, il a lieu à la mort des parents. Les enfants ne s'habillent pas de noir ; mais ils sont obligés de porter toute l'année les habits qu'ils avaient à la mort de leur père, sans qu'il leur soit permis d'en changer, quelque déchirés qu'ils soient. Ils jeûnent tous les ans à pareil jour. Le deuil moyen dure un mois; il a lieu à la mort des enfants, des oncles et des tantes. Ils n'osent, pendant ce temps, ni se laver, ni se parfumer, ni se raser la barbe, ni même se couper les ongles; ils ne mangent point en famille. Le petit deuil dure une semaine : il a lieu à la mort du mari ou de la femme. En rentrant des funérailles, l'époux en deuil se lave les mains, déchausse ses souliers, et s'assied à terre, se tenant toujours en cette posture, et ne faisant que gémir et pleurer, sans travailler à quoi que ce soit jusqu'au septième jour. — Les Chinois en deuil s'habillent de grosse toile blanche, et pleurent pendant trois mois. Le magistrat n'exerce pas ses fonctions; le plaideur suspend ses procès. Les jeunes gens vivent dans la retraite, et ne peuvent se marier qu'après trois années. — Le deuil des Caraïbes consiste à se couper les cheveux et à jeûner rigoureusement jusqu'à ce que le corps soit pourri; après quoi, ils font la débauche, pour chasser toute tristesse de leur esprit. Chez certains peuples de l'Amérique, le deuil était conforme à l'âge du mort. On était inconsolable à la mort des enfants, et on ne pleurait presque pas les vieillards. Le deuil des enfants, outre sa durée, était commun, et ils étaient regrettés de tout le canton où ils étaient nés. Le jour de leur mort, on n'osait point approcher des parents, qui faisaient un bruit effroyable dans leur maison, se livraient à des accès de fureur, hurlaient comme des désespérés, s'arrachaient les cheveux, se mordaient, s'égratignaient tout le corps. Le lendemain, ils se renversaient sur un lit qu'ils trempaient de leurs larmes. Le troisième jour, ils commençaient les gémissements qui duraient toute l'année, pendant laquelle le père et la mère ne se lavaient jamais. Le reste de la ville, pour compatir à leur affliction, pleurait trois fois le jour jusqu'à ce qu'on eût porté le corps à la sépulture [2]. Voy. FUNÉRAILLES.

Deumus ou **Deumo**, — divinité des habitants de Calicut, au Malabar. Cette divinité, qui n'est qu'un diable adoré sous le nom de Deumus, a une couronne, quatre cornes à la tête et quatre dents crochues à la bouche, qui est fort grande; elle a le nez pointu et crochu, les pieds en pattes de coq, et tient entre elles une âme qu'elle semble prête à dévorer [2].

[1] Muret, Des Cérémonies funèbres, etc.
[2] Leloyer, Histoire des spectres ou apparitions des esprits, liv. III, ch. 4, p. 207.

Devaux, — sorcier du seizième siècle, à qui l'on trouva une marque sur le dos de la forme d'un chien noir. Lorsqu'on lui enfonçait une épingle dedans, il n'en éprouvait aucune douleur; mais lorsqu'on se disposait à y planter l'aiguille, il se plaignait beaucoup, quoiqu'il ne vît pas celui qui portait les doigts au-dessus de la marque [1].

Devins, — gens qui devinent et prédisent les choses futures. Dans un siècle aussi éclairé que le nôtre prétend l'être, il est encore des personnes qui croient aux devins; souvent même ces personnes si crédules ont reçu une éducation qui devrait les élever au-dessus des préjugés vulgaires. — Deux dames d'un rang distingué entendirent parler d'une devineresse pour qui l'avenir n'était point caché; elles résolurent de la consulter, et se rendirent chez elle en allant au spectacle, c'est-à-dire dans toute leur parure. Les bijoux qu'elles étalaient frappèrent la sorcière : « Mesdames, leur dit-elle, si vous voulez lire dans l'avenir, il faut vous armer de courage. Apprenez que nous avons tous, dans ce monde, un esprit qui nous accompagne sans cesse, mais qui ne se communique qu'autant qu'il y est forcé par une puissance supérieure. Il ne tient qu'à moi de vous procurer un entretien particulier avec le vôtre; mais il ne cédera point à mes conjurations si vous ne consentez à certaines conditions absolument nécessaires. » Les dames demandèrent avec empressement quelles étaient ces conditions : « Les voici, poursuivit la vieille; il s'agit de dépouiller les vêtements qui vous couvrent, et de déposer un instant ces ouvrages de luxe, qui prouvent combien le genre humain s'est perverti. Adam était nu quand il conversait avec les esprits. » — Les deux dames hésitent; elles sont d'abord tentées de se retirer; mais elles s'encouragent, et la curiosité l'emporte. Les robes et les bijoux sont déposés dans une chambre, et chacune des dames passe dans un cabinet séparé. Elles y restèrent deux heures dans une impatience difficile à exprimer. Enfin, ne voyant point paraître l'esprit, elles commencent à croire qu'elles ont été trompées. La frayeur les saisit, elles poussent des cris; leurs gens, les voisins accourent, et on les tire de leur prison. La prétendue sorcière, après les avoir enfermées, avait déménagé avec leurs hardes et les siennes [2]. — Un plat d'argent ayant été dérobé dans la maison d'un grand seigneur, celui qui avait la charge de la vaisselle s'en

[1] Delancre, Tableau de l'inconstance des démons, etc., liv. III, p. 186.
[2] Madame Gabrielle de P***, Démoniana, p. 24.

alla avec un de ses compagnons trouver une vieille qui gagnait sa vie à deviner. Croyant déjà avoir découvert le voleur et recouvré le plat, ils arrivèrent de bon matin à la maison de la devineresse, qui, remarquant en ouvrant sa porte qu'on l'avait salie de boue et d'ordure, s'écria tout en colère : « Si je connaissais le gredin qui a mis ceci à ma porte pendant la nuit, je lui rejetterais tout au nez. » Celui qui la venait consulter regardant son compagnon : « Pourquoi, lui dit-il, allons-nous perdre de l'argent? cette vieille nous pourra-t-elle dire qui nous a volé, quand elle ne sait pas les choses qui la touchent [1]? » Voy. CRISTALLOMANCIE, ASTROLOGIE, CHIROMANCIE, CARTOMANCIE, PRÉDICTIONS.

Dévouement, — mouvement de ceux qui se dévouent, ou sort de ceux qu'on dévoue. Les histoires grecque et romaine fournissent beaucoup de traits de dévouement. Nous ne rappellerons pas ici le dévouement de Décius (Voy. ce nom), ni celui de Codrus, ni tant d'autres. Il y avait aussi des villes où l'on donnait des malédictions à un homme pour lui faire porter tous les maux publics que le peuple avait mérités. Valère-Maxime rapporte l'exemple d'un chevalier romain, nommé Curtius, qui voulut attirer sur lui-même tous les malheurs dont Rome était menacée. La terre s'était épouvantablement entr'ouverte au milieu du marché; on crut qu'elle ne reprendrait son premier état que lorsqu'on verrait quelque action de dévouement extraordinaire. Le jeune chevalier monte à cheval, fait le tour de la ville à toute bride, et se jette dans le précipice que l'ouverture de la terre avait produit, et qu'on vit se refermer ensuite presque en un moment. — On voit dans Servius, sur Virgile, qu'à Marseille, dès qu'on apercevait quelque commencement de peste, on nourrissait un pauvre homme des meilleurs aliments; on le faisait promener par toute la ville en le chargeant hautement de malédictions, et on le chassait ensuite afin que la peste et tous les maux sortissent avec lui [2]. — Les Juifs dévouaient un bouc pour la rémission de leurs péchés. Voy. AZAZEL. — Voici des traits plus modernes : Un inquisiteur, en Lorraine, ayant visité un village devenu presque désert par une mortalité, apprit qu'on attribuait ce fléau à une femme ensevelie, qui avalait peu à peu le drap mortuaire dont elle était enveloppée. On lui dit encore que le fléau de la mortalité cesserait lorsque la morte, qui avait dévoué le village, aurait avalé tout son drap. L'inquisiteur, ayant assemblé le conseil, fit creuser la tombe. On trouva que le suaire était déjà avalé et digéré. A ce spectacle, un archer tira son sabre, coupa la tête au cadavre, la jeta hors de la tombe, et la peste cessa. Après une enquête exacte, on découvrit que cette femme avait été adonnée à la magie et aux sortilèges [1]. Au reste, cette anecdote convient au vampirisme. — On lit ce qui suit dans les *Grands et redoutables jugements de Dieu*, de Chassanion : « Un soldat qui passait par l'Allemagne, se sentant malade, demeura dans une hôtellerie, et donna son argent à garder à son hôtesse; quelques jours après qu'il fut guéri, il le redemanda à cette femme, laquelle avait déjà délibéré avec son mari de le retenir : elle le lui nia donc et l'accusa comme s'il lui eût fait injure. Le soldat de son côté taxa l'hôtesse d'infidélité ; ce que l'hôte ayant entendu, il jeta le pauvre homme hors de sa maison, lequel tira son épée et en donna de la pointe contre la porte. L'hôte commença à crier au larron, disant qu'il voulait forcer sa maison, ce qui fut cause que le soldat fut mis en prison et son procès fait par le magistrat, qui le voulut condamner à mort. — Le jour étant venu que la sentence devait être prononcée et exécutée, le diable entra en la prison, et annonça au prisonnier qu'il était condamné à mourir; toutefois, que s'il se voulait donner à lui, il lui promettait qu'il n'aurait aucun mal. Le prisonnier répondit qu'il aimerait mieux mourir innocent que d'être délivré par ce moyen. Le diable derechef lui ayant représenté le danger où il était, et voyant qu'il perdait sa peine, lui promit de l'aider gratis, disant qu'il ferait tant qu'il le vengerait de ses ennemis. Il lui conseilla, lorsqu'il serait appelé au jugement, de remontrer son innocence, en déclarant le tort qui lui était fait; et que, pour cette cause, il priât le juge de lui bailler pour avocat celui qu'il verrait là présent avec un bonnet bleu : c'est à savoir, lui, démon, qui l'assisterait. Le prisonnier accepta cette offre. Étant donc au jugement, après qu'il eut entendu l'accusation qui lui était faite, il ne faillit point à demander l'avocat qui s'était présenté à lui : ce qui lui fut accordé. Alors ce fin docteur ès-lois commença à plaider et à défendre subtilement sa partie, disant qu'elle était faussement accusée, et par conséquent mal jugée ; que l'hôte lui retenait son argent et l'avait forcé ; et il conta comme le tout s'était passé. Qui plus est, il déclara le lieu où l'argent avait été mis. L'hôte, étonné, ne s'en défen-

---

[1] Barclai, dans l'Argenis.
[2] Lebrun, Histoire des superstitions, t. Ier, chap. 4, p. 113.

[1] Sprenger, Malleus malefic., part. 1, quæst. 15.

dait pas moins fort et ferme, et niait impudemment *en se donnant au diable;* c'était là ce qu'attendait le gentil docteur au bonnet bleu, qui, ne demandant pas plus, laissa la cause, empoigna l'hôte, l'emporta hors du parquet et l'éleva si haut en l'air que jamais depuis on n'a pu savoir ce qu'il est devenu. Ainsi le soldat fut délivré de peine, et mis hors de procès par un moyen étrange, au grand étonnement de tous les assistants [1]. — On cite beaucoup d'histoires de ce genre, entre autres l'aventure d'une riche demoiselle d'Anvers, coquette et orgueilleuse, qui vivait au temps où le duc d'Alençon dominait pour quelques jours en Brabant. Irritée de certains contretemps survenus à sa toilette, dont elle s'occupait fort, elle se mit en fureur et se donna au diable dans son emportement. Elle tomba étranglée. *Voy.* Envoutement.

Diable. — C'est le nom général que nous donnons à toute espèce de démons. Il vient d'un mot grec qui désigne Satan, *précipité du ciel*. Mais on dit le diable lorsqu'on parle d'un esprit malin, sans le distinguer particulièrement. On dit le diable pour nommer spécialement l'ennemi des hommes. — On a fait mille contes sur le diable. Nous n'en citerons que deux ou trois. — Un chartreux, étant en prières dans sa chambre, sent tout à coup une faim non accoutumée, et aussitôt il voit entrer une femme, laquelle n'était qu'un diable. Elle s'approche de la cheminée, allume le feu, et, trouvant des pois qu'on avait donnés au religieux pour son dîner, les fricasse, les met dans l'écuelle et disparaît. Le chartreux continue ses prières, puis il demande au supérieur s'il peut manger les pois que le diable a préparés. Celui-ci répond qu'il ne faut jeter aucune chose créée de Dieu, pourvu qu'on la reçoive avec action de grâces. Le religieux mangea les pois, et assura qu'il n'avait jamais rien mangé qui fût mieux préparé [2]. — Nous ne dirons rien de ce petit trait. En voici d'autres qui font voir qu'on a pris souvent pour le diable des gens qui n'étaient pas de l'autre monde. — Un marchand breton s'embarqua pour le commerce des Indes, et laissa à sa femme le soin de sa maison. Cette femme était sage; le mari ne craignit pas de prolonger le cours de son voyage et d'être absent plusieurs années. — Or, un jour de carnaval, la dame voulant s'égayer donna à ses parents et à ses amis un petit bal qui devait être suivi d'une collation. Lorsqu'on se mit au jeu, un masque habillé en procureur, ayant des sacs de procès à la main, entra et proposa à la dame de jouer quelques pistoles avec elle; elle accepta le défi et gagna: le masque présenta encore plusieurs pièces d'or, qu'il perdit sans dire mot. Quelques personnes ayant voulu jouer contre lui perdirent; il ne se laissait gagner que lorsque la dame jouait. — On fit d'injurieux soupçons sur la cause qui l'engageait à perdre. « Je suis le dieu des richesses, dit alors le masque en sortant de ses poches plusieurs bourses pleines de louis. Je joue tout cela, madame, contre tout ce que vous avez gagné. » La dame trembla à cette proposition et refusa le défi en femme prudente. Le masque lui offrit cet or sans le jouer; mais elle ne voulut pas l'accepter. Cette aventure commençait à devenir extraordinaire. Une dame âgée, qui se trouvait présente, vint à s'imaginer que ce masque pouvait bien être le diable. Cette idée se communiqua dans l'assemblée, et comme on disait à demi-voix ce qu'on pensait, le masque qui l'entendit se mit à parler plusieurs langues pour les confirmer dans cette opinion; puis il s'écria tout à coup qu'il était sorti de l'enfer pour venir prendre une dame qui s'était donnée à lui, et qu'il ne quitterait point la place qu'il ne se fût emparé d'elle, quelque obstacle qu'on voulût y apporter… — Tous les yeux se fixèrent sur la dame. Les gens crédules étaient saisis de frayeur, les autres à demi épouvantés; la maîtresse du logis se mit à rire. Enfin le faux diable leva son masque, et se fit reconnaître pour le mari de la dame, qui jeta un cri de joie en le reconnaissant. « J'apporte avec moi l'opulence, » dit-il. Puis se tournant vers les joueurs: « Vous êtes des dupes, ajouta-t-il; apprenez à jouer. » Il leur rendit leur argent, et le bal continua. — Un vieux négociant des États-Unis, retiré du commerce, vivait paisiblement de quelques rentes acquises par le travail. Il sortit un soir pour toucher douze cents dollars qui lui étaient dus. Son débiteur, n'ayant pas davantage pour le moment, ne lui paya que la moitié de la somme. En rentrant chez lui, il se mit à compter l'argent qu'il venait de recevoir. Pendant qu'il s'occupait de ce soin, il entend quelque bruit, lève les yeux, et voit descendre de sa cheminée dans sa chambre le diable en personne. Il était en costume: tout son corps, couvert de poils rudes et noirs, avait six pieds de haut. De grandes cornes surmontaient son front, accompagnées d'oreilles pendantes; il avait des pieds fourchus, des griffes au lieu de mains, une queue, un museau comme on n'en voit point, et des yeux comme on n'en voit guère. — A la vue de ce personnage, le vieux marchand eut le frisson. Le diable s'ap-

---

[1] Chassanion, liv. 1er, p. 170, après Wierus, liv. III, ch. 17.
[2] Le cardinal Jacques de Vitry.

procha et lui dit : « Il faut que tu me donnes sur l'heure douze cents dollars, si tu ne veux pas que je t'emporte en enfer. » — « Hélas! répondit le négociant, je n'ai pas ce que vous demandez... » « Tu mens, interrompit brusquement le diable; je sais que tu viens de les recevoir à l'instant. » « Dites que je devais les recevoir, mais on ne m'en a pu donner que six cents. Si vous voulez me laisser jusqu'à demain, je promets de vous compter la somme... » « Eh bien! ajouta le diable après un moment de réflexion, j'y consens; mais que demain, à dix heures du soir, je trouve ici les douze cents dollars bien comptés, ou je t'entraîne sans miséricorde. Surtout que personne ne soit instruit de notre entrevue, si tu tiens à la vie. » — Après avoir dit ces mots, il sortit par la porte. Le lendemain matin, le négociant, qui était de bonne pâte, comme on voit, alla trouver un vieil ami, et le pria de lui prêter six cents dollars. Son ami lui demanda s'il en était bien pressé? « Oh! oui, très-pressé, il me les faut avant la nuit. Il y va de ma parole et peut-être d'autre chose. » « Mais n'avez-vous pas reçu hier une somme? » « J'en ai disposé. » « Cependant je ne vous connais aucune affaire qui nécessite absolument de l'argent. » « Je vous dis qu'il y va de ma vie... » Le vieil ami, étonné, demande l'éclaircissement d'un pareil mystère. On lui répond que le secret ne peut se trahir. « Considérez, dit-il, au négociant, que personne ne nous écoute; dites-moi votre affaire : je vous prêterai les six cents dollars. » « Sachez donc que le diable est venu me voir; qu'il faut que je lui donne douze cents dollars ce soir, et que je n'en ai que six cents. — L'ami du négociant ne répliqua plus; il savait l'imagination de ce pauvre ami facile à effrayer. Il tira de son coffre la somme qu'on lui demandait, et la prêta de bonne grâce; mais à huit heures du soir, il se rendit chez le vieux marchand. « Je viens vous faire société, lui dit-il, et attendre avec vous le diable, que je ne serai pas fâché de voir. » Le négociant répondit que c'était impossible, ou qu'ils s'exposeraient à être emportés tous les deux. Après des débats, il permit que son ami attendît l'événement dans un cabinet voisin. — A dix heures précises, un bruit se fait entendre dans la cheminée; le diable paraît dans son costume de la veille. Le vieillard se mit, en tremblant, à compter les écus. En même temps l'homme du cabinet entra. « Es-tu bien le diable? » dit-il à celui qui demandait de l'argent... Puis, voyant qu'il ne se pressait pas de répondre, et que son ami frissonnait, il tira de sa poche deux longs pistolets, et les présentant à la gorge du diable, il ajouta :

« Je veux savoir si tu es à l'épreuve du feu... » Le diable recula, et chercha à gagner la porte. « Fais-toi connaître bien vite, ou tu es mort... » Le démon se hâta de se démasquer et de mettre bas son costume infernal. On trouva, sous ce déguisement, un voisin du bon marchand, qui faisait quelquefois des dupes et qu'on n'avait pas encore soupçonné. Il fut jugé comme escroc, et le négociant apprit par là que le diable n'est pas le seul qui soit disposé à nous nuire. — Nous nous représentons souvent le diable comme un monstre noir; les nègres lui attribuent la couleur blanche. Au Japon, les partisans de la secte de Sintos sont persuadés que le diable n'est que le renard. En Afrique le diable est généralement respecté. Les nègres de la Côte-d'Or n'oublient jamais, avant de prendre leurs repas, de jeter à terre un morceau de pain qui est destiné pour le mauvais génie. Dans le canton d'Auté, ils se le représentent comme un géant d'une prodigieuse grosseur, dont la moitié du corps est pourrie, et qui cause infailliblement la mort par son attouchement; ils n'oublient rien de ce qui peut détourner la colère de ce monstre. Ils exposent de tous côtés des mets pour lui. Presque tous les habitants pratiquent une cérémonie bizarre et extravagante, par laquelle ils prétendent chasser le diable de leurs villages : huit jours avant cette cérémonie, on s'y prépare par des danses, des festins, etc; il est permis d'insulter impunément les personnes même les plus distinguées. Le jour de la cérémonie arrivé, le peuple commence, dès le matin, à pousser des cris horribles; les habitants courent de tous côtés comme des furieux, jetant devant eux des pierres et tout ce qu'ils trouvent sous leurs mains; les femmes furètent dans tous les coins de la maison, et récurent toute la vaisselle, de peur que le diable ne se soit fourré dans une marmite ou autre ustensile. La cérémonie se termine quand on a bien cherché et qu'on s'est bien fatigué; alors on est persuadé que le diable est loin. — Les habitants des îles Philippines se vantent d'avoir des entretiens avec le diable; ils racontent que quelques-uns d'entre eux, ayant hasardé de parler seuls avec lui, avaient été tués par ce génie malfaisant : aussi se rassemblent-ils en grand nombre lorsqu'ils veulent conférer avec le diable. Les insulaires des Maldives mettent tout en usage lorsqu'ils sont malades pour se rendre le diable favorable. Ils lui sacrifient des coqs et des poules. — On a publié à Amsterdam une *Histoire du diable*, 2 vol. in-12, qui est une espèce de mauvais roman, où les aventures du diable sont accommodées à la fantaisie de l'auteur. M. Frédéric Soulié a prodigué, dans les *Mémoires du Diable*, beaucoup de talent à faire un livre immoral, qui aurait pu être fort singulier et fort piquant, si l'auteur avait respecté ce que respectent tous les cœurs honnêtes. *Voy.* DÉMONS.

Diable de mer. — « Grand bruit parmi les matelots ; on a crié tout d'un coup : *Voilà le diable, il faut l'avoir*. Aussitôt tout s'est réveillé, tout a pris les armes. On ne voyait que piques, harpons et mousquets ; j'ai couru moi-même pour voir le diable, et j'ai vu un grand poisson qui ressemble à une raie, hors qu'il a deux cornes comme un taureau. Il a fait quelques caracoles, toujours accompagné d'un poisson blanc qui, de temps en temps, va à la petite guerre, et vient se remettre sous le diable. Entre ses deux cornes, il porte un petit poisson gris, qu'on appelle le pilote du diable, parce qu'il le conduit, et le pique quand il voit du poisson ; et alors le diable part comme un trait. Je vous conte tout ce que je viens de voir [1]. »

Diamant. — La superstition lui attribuait des vertus merveilleuses contre le poison, la peste, les terreurs paniques, les insomnies, les prestiges et les enchantements. Il calmait la colère et entretenait l'union entre les époux, ce qui lui avait fait donner le nom de pierre de réconciliation. Il avait en outre cette propriété talismanque de rendre invincible celui qui le portait, pourvu que sous la planète de Mars, la figure de ce dieu, ou celle d'Hercule surmontant l'hydre, y fût gravée. On a été jusqu'à prétendre que les diamants en engendraient d'autres ; et Ruérus parle sérieusement d'une princesse de Luxembourg qui en avait d'héréditaires, qui en produisaient d'autres en certains temps [2].

Diambiliche, — nom du diable dans l'île de Madagascar. Il y est plus révéré que les dieux mêmes : les prêtres lui offrent les prémices de tous les sacrifices.

Didier, — imposteur bordelais du sixième siècle, qui parut vers ce temps-là dans la ville de Tours. Il se vantait de communiquer avec saint Pierre et saint Paul ; il assurait même qu'il était plus puissant que saint Martin, et se disait égal aux apôtres. Ayant su gagner le peuple, on lui amenait de tous côtés des malades à guérir ; et voici, par exemple, comment il traitait les paralytiques. Il faisait étendre le malade à terre, puis lui faisait tirer les membres si fort que quelquefois il en mourait ; s'il guérissait, c'était un miracle. Didier n'était pourtant qu'un magicien et sorcier, comme dit Pierre Delancre ; car si quelqu'un disait du mal de lui en secret, il le lui reprochait lorsqu'il le voyait ; ce qu'il ne pouvait savoir que par le moyen du démon qui lui allait révéler tout ce qui se passait. Pour mieux tromper le public, il avait un capuchon et une robe de poil de chèvre. Il était sobre devant le monde, mais lorsqu'il était en particulier, il mangeait tellement qu'un homme n'aurait pu supporter la viande qu'il avalait. Enfin ses fourberies ayant été découvertes, il fut arrêté et chassé de la ville de Tours ; et on n'entendit plus parler de lui.

Didron, — savant archéologue qui a publié une curieuse *Histoire du diable*.

Didyme, — *voy.* POSSÉDÉES DE FLANDRE.

Diémats. — Petites images chargées de caractères que les guerriers de l'île de Java portent comme des talismans, et avec lesquelles ils se croient invulnérables : persuasion qui ajoute à leur intrépidité.

Digby, — fou et imposteur, connu sous le nom du Docteur Sympathique. Il avait le secret d'une poudre sympathique avec laquelle il guérissait les malades sans les voir, et donnait la fièvre aux arbres. Cette poudre composée de rognures d'ongles, d'urine ou de cheveux du malade, et placée dans un arbre, communiquait, disait-il, la maladie à l'arbre [1].

Dindarte (MARIE), — jeune sorcière de dix-sept ans, qui confessa avoir été souvent au sabbat. Quand elle se trouvait seule et que les voisines étaient déjà parties ou absentes, le diable lui donnait un onguent dont elle se frottait, et sur-le-champ elle se transportait par les airs. Elle voyageait ainsi la nuit du 27 septembre 1609 ; on l'aperçut et on la prit le lendemain. Elle confessa aussi avoir mené des enfants au sabbat, lesquels se trouvèrent marqués de la marque du diable [2]. *Voy.* SABBAT.

Dindons. — On a dit long-temps que les dindons nous ont été apportés des Indes par les pères jésuites ; c'est pourtant une erreur. Les poules d'Inde furent apportées en Grèce l'an du monde 3559, comme le prouvent les marbres d'Arundel, et elles se naturalisèrent en Béotie. Aristote a même décrit l'*Histoire physique et morale des dindons* ; les Grecs les appelaient méléagrides, parce qu'ils avaient été introduits dans leur pays par le roi Méléagre. Ils étaient fréquents chez les Romains ; mais leur race, par la suite, devint plus rare en Eu-

---

[1] L'abbé de Choisy, Relation de l'ambassade de Siam.
[2] Incrédulité et mécréance du sortilége, etc., traité 7, p. 37.

[1] Charlatans célèbres, de M. Gouriet, t. Ier, p. 263.
[2] Delancre, Tableau de l'inconstance des démons, etc., liv. IV, p. 117.

rope, et on les montrait comme des bêtes curieuses au commencement du seizième siècle. Les premiers qu'on vit en France y furent apportés par Jacques Cœur, en 1450. Améric Vespuce ne les fit connaître que cinquante-quatre ans après. On en attribua ensuite l'importation aux jésuites, parce qu'ils en envoyèrent beaucoup en Europe [1].

Dinscops, — sorcière et sibylle du pays de Clèves, dont parle Bodin en son quatrième livre. Elle ensorcelait et maléficiait tous ceux vers qui elle étendait la main. On la brûla ; et quand sa main sorcière et endiablée fut bien cuite, tous ceux qu'elle avait frappés de quelque mal revinrent en santé.

Dioclétien. — N'étant encore que dans les grades inférieurs de l'armée, il réglait un jour ses comptes avec une cabaretière de Tongres, dans la Gaule Belgique. Comme cette femme, qui était druidesse, lui reprochait d'être avare : « Je serai plus généreux, lui dit-il en riant, quand je serai empereur. — Tu le seras, répliqua la druidesse, quand tu auras tué un sanglier. » Dioclétien, étonné, sentit l'ambition s'éveiller dans son âme, et chercha sérieusement à presser l'accomplissement de cette prédiction, qui nous a été conservée par Vopiscus. Il se livra particulièrement à la chasse du sanglier. Cependant il vit plusieurs princes arriver au trône sans qu'on songeât à l'y élever ; et il disait sans cesse : « Je tue bien les sangliers ; mais les autres en ont le profit. » Il avait été consul, et il occupait des fonctions importantes. Quand Numérien eut été tué par son beau-père, Arrius Aper, toutes les espérances de Dioclétien se réveillèrent : l'armée le porta au trône. Le premier usage qu'il fit de son pouvoir fut de tuer lui-même, de son épée, le perfide Aper, dont le nom est celui du sanglier, en s'écriant qu'il venait enfin de tuer le sanglier fatal. — On sait que Dioclétien fut ensuite un des plus grands persécuteurs de l'Église.

Diocres, — voy. CHAPELLE DU DAMNÉ.

Diodore de Catane, — sorcier et magicien, dont le peuple de Catane garda long-temps le souvenir. C'était le plus grand magicien de son temps ; il fascinait tellement les personnes qu'elles se persuadaient être changées en bêtes ; il faisait voir en un instant, aux curieux, ce qui se passait dans les pays les plus éloignés. Comme on l'eût arrêté en qualité de magicien, il voulut se faire passer pour faiseur de miracles. Il se fit donc transporter, par le diable, de Catane à Constantinople, et de Constantinople à Catane en un seul jour, ce qui lui acquit tout d'un coup, parmi le peuple, une grande réputation ; mais ayant été pris, malgré son habileté et sa puissance, on le jeta en un four ardent où il fut brûlé [1].

Dion de Syracuse. — Étant une nuit couché sur son lit, éveillé et pensif, il entendit un grand bruit, et leva pour voir ce qui pouvait le produire. Il aperçut au bout d'une galerie une femme de haute taille, hideuse comme les Furies, qui balayait sa maison. Il fit appeler aussitôt ses amis et les pria de passer la nuit auprès de lui ; mais le spectre ne reparut plus, et quelques jours après le fils de Dion se précipita d'une fenêtre et se tua. Sa famille fut détruite en peu de jours, et, « par manière de dire, ajoute Leloyer, balayée et exterminée de Syracuse, comme la Furie, qui n'était qu'un diable, avait semblé l'en avertir par le balai. »

Dyonisio dal Borgo, — astrologue italien qui professait la théologie à l'université de Paris au treizième siècle. Villani conte (livre X) qu'il prédit juste la mort de Castruccio, tyran de Pistoie.

Diopite, — bateleur, né à Locres, qui, après avoir parcouru la Grèce, se présenta sur le théâtre de Thèbes pour y faire des tours. Il avait sur le corps deux peaux de bouc, l'une remplie de vin, et l'autre de lait, par le moyen desquelles il faisait sortir de ces deux liqueurs par sa bouche, si bien qu'on l'a mis au rang des sorciers [2].

Discours. — *Discours des esprits follets*, publié dans le *Mercure galant* de 1680. — *Discours épouvantable d'une étrange apparition de démons en la maison d'un gentilhomme, en Silésie*, in-8º, Lyon, par Jean Gazeau, 1609, brochure de 7 pages. — *Discours sur la vanité des songes, et sur l'opinion de ceux qui croient que ce sont des pressentiments*. Voy. SONGES.

Disputes. — L'abominable Henri VIII avait une telle passion de l'argumentation, qu'il ne dédaigna pas d'argumenter avec un pauvre argumentateur nommé Lambert. Une assemblée extraordinaire avait été assemblée à Wesminster pour juger des coups. Le roi voyant qu'il avait affaire à forte partie, et ne voulant pas avoir le dernier, donna à Lambert le choix d'être de son avis ou d'être pendu. C'est ainsi qu'un dey d'Alger, faisant un cent de piquet avec son vizir, lui disait : « Joue cœur ou je

---

[1] M. Salgues, *Des Erreurs et des préjugés*, t. III, p. 37.

[1] Leloyer, *Histoire des spectres et apparitions des esprits*, liv. III, ch. 8, p. 316.
[2] Ibid., liv. I, p. 63.

t'étrangle. » Lambert ne joua pas cœur; il fut étranglé.

Dives. — Les Persans nomment ainsi les mauvais génies; ils en admettent de mâles et de femelles, et disent qu'avant la création d'Adam Dieu créa les *Dives* ou génies mâles, et leur confia le gouvernement du monde pendant sept mille ans; après quoi, les *Péris* ou génies femelles leur succédèrent, et prirent possession du monde pour deux autres mille ans, sous l'empire de Gian-ben-Gian, leur souverain; mais ces créatures étant tombées en disgrâce pour leur désobéissance, Dieu envoya contre eux Éblis, qui, étant d'une plus noble nature, et formé de l'élément du feu, avait été élevé parmi les anges. Éblis, chargé des ordres divins, descendit du ciel, et fit la guerre contre les Dives et les Péris, qui se réunirent pour se défendre; Éblis les défit et prit possession de ce globe, lequel n'était encore habité que par des génies. Éblis ne fut pas plus sage que ses prédécesseurs; Dieu, pour abattre son orgueil, fit l'homme, et ordonna à tous les anges de lui rendre hommage. Sur le refus d'Éblis, Dieu le dépouilla de sa souveraineté et le maudit. Ce ne sont là, comme on voit, que des altérations de l'Écriture sainte.

Divinations. — Il y en a de plus de cent sortes. *Voy.* ALECTRYOMANCIE, ALPHITOMANCIE, ASTRAGALOMANCIE, ASTROLOGIE, BOTANOMANCIE, CARTOMANCIE, CATOPTROMANCIE, CHIROMANCIE, CRISTALLOMANCIE, CRANOLOGIE, DAPHNOMANCIE, GASTROMANCIE, HYDROMANCIE, LAMPADOMANCIE, MÉTOPOSCOPIE, MIMIQUE, NÉCROLOGIE, ONOMANCIE, ORNITHOMANCIE, PHYSIOGNOMONIE, PYROMANCIE, RABDOMANCIE, THÉOMANCIE, etc., etc.

Dogdo, ou **Dodo**, et encore **Dodu**, — *voy.* ZOROASTRE.

Doigt. — Dans le royaume de Macassar, si un malade est à l'agonie, le prêtre lui prend la main et lui frotte doucement le doigt du milieu, afin de favoriser par cette friction un chemin à l'âme, qui sort toujours, selon eux, par le bout du doigt. — Les Turcs mangent quelquefois du riz avec les doigts; mais lorsque cela arrive, ils n'emploient que les trois premiers doigts, parce qu'ils sont persuadés que le diable mange avec les deux autres. — Dans certaines contrées de la Grèce moderne, on se croit ensorcelé quand on voit quelqu'un étendre la main en présentant les cinq doigts.

Doigt annulaire. — C'est une opinion reçue que le quatrième doigt de la main gauche a une vertu cordiale, que cette vertu vient d'un vaisseau, d'une artère ou d'une veine qui lui est communiquée par le cœur, et, par cette raison, qu'il mérite préférablement aux autres doigts de porter l'anneau. Levinus Lemnius assure que ce vaisseau singulier est une artère, et non pas une veine, ainsi que le prétendent les anciens. Il ajoute que les anneaux qui sont portés à ce doigt influent sur le cœur; que dans les évanouissements il avait accoutumé de frotter ce doigt pour tout médicament; que la goutte l'attaque rarement, mais toujours plus tard que les autres doigts, et que la fin est bien proche quand il vient à se nouer.

Dojartzabal, — jeune sorcière de quinze à seize ans qui confessa, vers 1609, avoir été menée au sabbat par une autre sorcière, laquelle était détenue en prison [1]; ce que celle-ci niait, disant qu'étant attachée à de grosses chaînes de fer et surveillée, elle ne pouvait être sortie de la prison; et que, si elle en était sortie, elle n'y serait pas rentrée. La jeune personne expliqua toutefois que, comme elle était couchée près de sa mère, cette sorcière l'était venue chercher sous la forme d'un chat...., pour la transporter au sabbat, et que, malgré leurs fers, les sorcières peuvent aller à ces assemblées, bien que le diable ne puisse les délivrer des mains de la justice. Elle assura encore que le diable, qui la faisait enlever ainsi d'auprès de sa mère, mettait en sa place une figure qui lui ressemblait. Cette prétendue sorcière, qui n'exerçait probablement qu'une petite vengeance, ne fut pas châtiée.

Domfront (GUÉRIN DE), — fils de Guillaume de Bellême, seigneur de Domfront; ayant traîtreusement fait couper la tête à son ennemi endormi chez lui, il fut, dit-on, étouffé par le diable [2].

Domingina-Maletana, — sorcière qui, dans une joute qu'elle fit avec une autre sorcière, sauta, du haut de la montagne de la Rhune, qui borne les trois royaumes de France, d'Espagne et de Navarre, et gagna le prix [3].

Domitien. — Un jour qu'il donnait un festin aux sénateurs de Rome, à l'occasion de son triomphe sur les Daces, Domitien les fit entrer dans une salle qu'il avait fait tendre en noir, et qui était éclairée par des lampes sépulcrales. Chaque convive se trouva placé vis-à-vis d'un cercueil, sur lequel il vit son

---

[1] Delancre, Tableau de l'inconstance des dém., etc., liv. II, p. 101.

[2] Mémoires de Thébaut de Champassais sur la ville de Domfront.

[3] Delancre, Tableau de l'inconstance des démons, etc., liv. III, p. 210.

nom écrit.... U e troupe d'enfants barbouillés de noir représentaient une danse pour figurer les ombres infernales. La danse finie, ils se dispersèrent, chacun auprès du convive qu'il devait servir. Les mets furent les mêmes que ceux que l'on offrait aux morts dans les cérémonies funèbres. Un morne silence régnait dans cette assemblée. Domitien parlait seul; il ne racontait que des histoires sanglantes et n'entretenait les sénateurs que de mort. Les convives sortirent enfin de la salle du festin, et furent accompagnés, chacun à leur maison respective, par des hommes vêtus de noir, armés et silencieux. — A peine respiraient-ils, que l'Empereur les fit redemander; mais c'était pour leur donner la vaisselle qu'on avait servie devant eux, et à chacun un de ces petits esclaves qui avaient joué le rôle de démons. — C'était bien là un plaisir de tyran.

Doppet (FRANÇOIS-AMÉDÉE), — membre du conseil des Cinq-Cents, auteur d'un *Traité théorique et pratique du magnétisme animal*; Turin, 1784, un vol. in-8°; d'une *Oraison funèbre de Mesmer, avec son testament*; Genève, 1785, in-8°; d'une *Médecine occulte* ou *Traité de la magie naturelle et médicinale*, 1786, in-4°.

Dorée (CATHERINE), — sorcière du dix-septième siècle, qui fut brûlée vive pour avoir tué son enfant par ordre du diable; elle jetait des poudres et guérissait les ensorcelés en leur mettant un pigeon sur l'estomac. — Barbe Dorée, autre sorcière, était parente de Catherine.

Dormants. — L'histoire des sept Dormants est encore plus fameuse chez les Arabes que chez les chrétiens. Mahomet l'a insérée dans son Koran, et les Turcs l'ont embellie. Sous l'empire de Décius, l'an de notre ère 250, il y eut une grande persécution contre les chrétiens. Sept jeunes gens, attachés au service de l'empereur, ne voulant pas désavouer leur croyance, et craignant le martyre, se réfugièrent dans une caverne située à quelque distance d'Éphèse; et, par une grâce particulière, ils y dormirent d'un sommeil profond pendant deux cents ans. Les mahométans assurent que, durant ce sommeil, ils eurent des révélations surprenantes, et apprirent en songe tout ce que pourraient savoir des hommes qui auraient employé un pareil espace de temps à étudier assidûment. Leur chien, ou du moins celui d'un d'entre eux, les avait suivis dans leur retraite, et mit à profit, aussi bien qu'eux, le temps de son sommeil. Il devint le chien le plus instruit du monde. — Sous le règne de Théodose-le-Jeune, l'an de Notre Seigneur 450, les sept Dormants se réveillèrent et entrèrent dans la ville d'Éphèse, croyant n'avoir fait qu'un bon somme; mais ils trouvèrent tout bien changé. Il y avait long-temps que les persécutions contre le christianisme étaient finies; des empereurs chrétiens occupaient les deux trônes impériaux d'Orient et d'Occident. Les questions des frères et l'étonnement qu'ils témoignèrent aux réponses qu'on leur fit surprirent tout le monde. Ils contèrent naïvement leur histoire. Le peuple, frappé d'admiration, les conduisit à l'évêque, celui-ci au patriarche et le patriarche à l'empereur. Les sept Dormants révélèrent les choses du monde les plus singulières, et en prédirent qui ne l'étaient pas moins. Ils annoncèrent, entre autres, l'avénement de Mahomet, l'établissement et les succès de sa religion comme devant avoir lieu deux cents ans après leur réveil. Quand ils eurent satisfait la curiosité de l'empereur, ils se retirèrent de nouveau dans leur caverne et y moururent tout de bon : on montre encore cette grotte auprès d'Éphèse. — Quant à leur chien Kratim ou Katmir, il acheva sa carrière et vécut autant qu'un chien peut vivre, en ne comptant pour rien les deux cents ans qu'il avait dormi comme ses maîtres. C'était un animal dont les connaissances surpassaient celles de tous les philosophes, les savants et les beaux-esprits de son siècle; aussi s'empressait-on de le fêter et de le régaler; et les musulmans le placent dans le paradis de Mahomet, entre l'âne de Balaam et celui qui portait Notre Seigneur le jour des Rameaux. — Cette historiette a tout l'air d'une contrepartie de la fable d'Épiménides de Crète, qui, s'étant endormi sur le midi dans une caverne en cherchant une de ses brebis égarée, ne se réveilla que quatre-vingt-sept ans après, et se remit à chercher ses brebis comme s'il n'eût dormi qu'un peu de temps. — Delrio dit qu'un paysan dormit un automne et un hiver sans se réveiller [1].

Dourdans, — voy. ESPRITS.

Dourlet (SIMONE), — voy. POSSÉDÉES DE FLANDRE.

Douze, — c'est un nombre heureux. Les apôtres étaient douze, dit Césaire d'Hesterbach, parce que le nombre douze est composé de quatre fois trois, ou de trois fois quatre. Ils ont été élus douze, ajoute-t-il, pour annoncer aux quatre coins du monde la foi de la sainte Trinité. Les douze apôtres, dit-il encore, sont les douze signes du Zodiaque, les douze mois de l'année, les douze heures

[1] Dans les Disquisitions magiques.

du jour, les douze étoiles de la couronne de l'épouse. Les douze apôtres sont encore les douze fils de Jacob, les douze fontaines du désert, les douze pierres du Jourdain, les douze bœufs de la mer d'airain, les douze fondements de la Jérusalem céleste.

Drac, — voy. OGRES.

Draconites ou **Dracontia**, — pierre fabuleuse que Pline et quelques naturalistes anciens ont placée dans la tête du dragon ; pour se la procurer, il fallait l'endormir avant de lui couper la tête.

Dragon. — Les dragons [1] ont fait beaucoup de bruit, et parce que nous n'en voyons plus les sceptiques les ont niés ; mais Cuvier et les géologues modernes ont reconnu que les dragons avaient existé. C'est seulement une race perdue. C'étaient des sortes de serpents ailés. Philostrate dit que, pour devenir sorciers et devins, les Arabes mangeaient le cœur ou le foie d'un dragon volant. — On montre auprès de Beyrouth le lieu où saint Georges tua un monstrueux dragon ; il y avait sur ces lieux consacrés par le courage de saint Georges une église qui ne subsiste plus [2]. — Il est fait mention de plusieurs dragons dans les légendes, il est possible que quelques-unes soient des allégories. — Le diable porte souvent le nom d'*ancien dragon*, et quelquefois il a pris la forme de cet animal merveilleux : c'est ainsi qu'il se montra à sainte Marguerite. On dit que le dragon dont parle Possidonius couvrait un arpent de terre, et qu'il avalait comme une pilule un cavalier tout armé ; mais ce n'était encore qu'un petit dragon en comparaison de celui qu'on découvrit dans l'Inde, et qui, suivant Maxime de Tyr, occupait cinq arpents de terrain. — Les Chinois rendent une espèce de culte aux dragons. On en voit sur leurs vêtements, leurs livres, dans leurs tableaux. Ils le regardent comme le principe de leur bonheur ; ils s'imaginent qu'il dispose des saisons et fait à son gré tomber la pluie et gronder le tonnerre. Ils sont persuadés que tous les biens de la terre ont été confiés à sa garde, et qu'il fait son séjour ordinaire sur les montagnes élevées. — Le dragon était aussi très-important chez nos aïeux ; et tous nos contes de dragons doivent remonter à une haute antiquité. Voici la chronique du dragon de Niort [3]. — Un soldat avait été condamné à mort pour crime de désertion ; il apprit qu'à Niort, sa patrie, un énorme dragon faisait depuis trois mois des ravages, et qu'on promettait bonne récompense à celui qui pourrait en délivrer la contrée. Il se présente ; on l'admet à combattre le monstre, et on lui promet sa grâce s'il parvient à le détruire. Couvert d'un masque de verre et armé de toutes pièces, l'intrépide soldat va à l'antre obscur où se tient le monstre ailé, qu'il trouve endormi. Réveillé par une première blessure, il se lève, prend son essor et vole contre l'agresseur. Tous les spectateurs se retirent, lui seul reste et l'attend de pied ferme. Le dragon tombe sur lui et le terrasse de son poids ; mais au moment qu'il ouvre la gueule pour le dévorer, le soldat saisit l'instant de lui enfoncer son poignard dans la gorge. Le monstre tombe à ses pieds. Le brave soldat allait recueillir les fruits de sa victoire, lorsque, poussé par une fatale curiosité, il ôta son masque pour considérer à son aise le redoutable ennemi dont il venait de triompher. Déjà il en avait fait le tour, quand le monstre blessé mortellement, et nageant dans son sang, recueille des forces qui paraissaient épuisées, s'élance subitement au cou de son vainqueur, et lui communique un venin si malfaisant qu'il périt au milieu de son triomphe. — On voyait encore, il y a peu de temps, dans le cimetière de l'hôpital de Niort, un ancien tombeau d'un homme *tué par le venin du serpent*. Est-ce une allégorie ? — A Mons, on vous contera l'histoire du dragon qui dévastait le Hainaut, lorsqu'il fut tué par le vaillant Gilles de Chin, en 1432. Et que direz-vous du dragon de Rhodes ? — *Voy.* TROU DU CHATEAU DE CARNOET.

Dragon rouge. — Le *Dragon rouge*, ou l'art de commander les esprits célestes, aériens, terrestres, infernaux, avec le vrai secret de faire parler les morts, de gagner toutes les fois qu'on met aux loteries, de découvrir les trésors cachés, etc., etc., in-48, 1521. — Fatras qu'on réimprime souvent et dont on trouvera l'essence dans ce Dictionnaire. *Voy.* CONJURATIONS, BAGUETTE, ÉVOCATIONS, PACTES, LOTERIES, etc., etc.

Drapé. — On donne à Aigues-Mortes le nom de *Lou Drapé*, à un cheval fabuleux qui est la terreur des enfants, qui les retient un peu sous l'aile de leurs parents, et réprime la négligence des mères. On assure que quand *Lou Drapé* vient à passer, il ramasse sur son dos, l'un après l'autre, tous les enfants égarés ; et que sa croupe, d'abord de taille ordinaire, s'allonge au besoin jusqu'à contenir cinquante et cent enfants, qu'il emporte on ne sait où.

Driff, — nom donné à la pierre de Butler, à laquelle on attribuait la propriété d'al-

---

[1] Lenglet Dufresnoy, Recueil de dissertations sur les apparitions, etc., t. I, p. cxiv.
[2] Voyage de Monconis, de Thévenot et du P. Goujon.
[3] Voyage dans le Finistère, t. III, p. 112.

tirer le venin; elle était, dit-on, composée de mousse formée sur des têtes de mort, de sel marin, de vitriol cuivreux empâté avec de la colle de poisson. On a poussé le merveilleux jusqu'à prétendre qu'il suffisait de toucher cette pierre du bout de la langue pour être guéri des maladies les plus redoutables. Van-Helmont en fait de grands éloges.

Drolles. — Les drolles sont des démons ou lutins qui, dans certains pays du nord, prennent soin de panser les chevaux, font tout ce qu'on leur commande et avertissent des dangers. *Voy.* Farfadets, Bérith, etc.

Druides, — prêtres des Gaulois. Ils enseignaient la sagesse et la morale aux principaux personnages de la nation. Ils disaient que les âmes circulaient éternellement de ce monde-ci dans l'autre; c'est-à-dire que ce qu'on appelle la mort est l'entrée dans l'autre monde, et ce qu'on appelle la vie en est la sortie pour revenir dans ce monde-ci [1]. — Les druides d'Autun attribuaient une grande vertu à l'œuf du serpent; ils avaient pour armoiries dans leurs bannières, d'azur à la couchée de serpents d'argent, surmontée d'un gui de chêne garni de ses glands de sinople. Le chef des druides avait des clefs pour symbole [2]. — Dans la petite île de Senu, aujourd'hui Sein, vis-à-vis la côte de Quimper, il y avait un collége de druidesses, que les Gaulois appellent *Senes* (prophétesses). Elles étaient au nombre de neuf, gardaient une perpétuelle virginité, rendaient des oracles, et avaient le pouvoir de retenir les vents et d'exciter les tempêtes; elles pouvaient aussi prendre la forme de toute espèce d'animaux, guérir les maladies les plus invétérées et prédire l'avenir. Il y avait d'autres druidesses qui se mariaient, mais elles ne sortaient qu'une fois dans l'année, et ne passaient qu'un seul jour avec leurs maris [3].

Drusus, — chargé par l'empereur Auguste du commandement de l'armée romaine qui faisait la guerre en Allemagne. Drusus se préparait à passer l'Elbe, après avoir déjà remporté plusieurs victoires, lorsqu'une femme majestueuse lui apparut et lui dit : « Où cours-tu si vite, Drusus ? ne seras-tu jamais las de vaincre ? Apprends que tes jours touchent à leur terme..... » Drusus troublé tourna bride, fit sonner la retraite, et mourut au bord du Rhin. On vit en même temps deux chevaliers inconnus qui faisaient caracoler leurs chevaux autour des tranchées du camp romain, et on entendit aux environs des plaintes et des gé-

missements de femmes [1]; ce qui n'est pas merveille dans une déroute.

Dryden (Jean), — célèbre poète anglais, mort en 1707. On rapporte qu'il tirait aux dés, le jour de la naissance de ses enfants, pour deviner leur sexe; et sa prédiction relative à son fils Charles se réalisa [2], ce qui n'est pas fort étonnant. *Voy.* Astragalomancie.

Dualisme. — Il y a des tremblements de terre, des tempêtes, des ouragans, des débordements de rivières, des maladies pestilentielles, des bêtes venimeuses, des animaux féroces, des hommes naturellement méchants, perfides et cruels. Or, un être bienfaisant, disaient les dualistes, ne peut être l'auteur du mal; donc il y a deux êtres, deux principes : l'un bon, l'autre mauvais, également puissants, coéternels, et qui ne cessent point de se combattre. Dieu a donné à l'homme le libre arbitre : c'est à lui de choisir entre le bien et le mal. L'homme sans passions, et obligé de faire le bien sans pouvoir faire le mal, serait vertueux sans mérite. Dans un monde sans dangers et sans besoins, l'homme vivrait sans plaisirs. La vertu ne brille que par le contraste du vice; et Dieu ayant placé les mortels dans ce monde comme dans un lieu d'épreuves, on ne récompense point une machine qui ne va bien que parce qu'elle est bien montée. — Si l'on réfléchit bien sur le dualisme, dit Saint-Foix, je crois qu'on le trouvera encore plus absurde que l'idolâtrie. Les Lapons disent que Dieu, avant de produire la terre, se consulta avec l'esprit malin, afin de déterminer comment il arrangerait chaque chose. Dieu se proposa donc de remplir les arbres de moelle, les lacs de lait, et de charger les plantes et les arbres de tous les plus beaux fruits. Par malheur, un plan si convenable à l'homme déplut à l'esprit malin, et il en résulta que Dieu ne fit pas les choses aussi bien qu'il l'aurait voulu..... — Un certain Ptolomée soutenait que le grand Être avait deux femmes; que, par jalousie, elles se contrariaient sans cesse, et que le mal, tant dans le moral que dans le physique, venait uniquement de leur mésintelligence, l'une se plaisant à gâter, à changer ou à détruire tout ce que faisait l'autre.

Dufay (Charles-Jérôme de Cisternay), — chimiste, quoique homme de guerre. Il s'occupait du grand œuvre, et dépensa beaucoup d'argent à la recherche de la pierre philosophale. Il mourut en 1723.

---

[1] Diodore de Sicile.
[2] Saint-Foix, Essais, etc., t. II.
[3] Saint-Foix, Essais sur Paris, t. III, p. 384.

[1] Dion Cassius.
[2] Bertin, Curiosités de la littérature, t. Ier, p. 248.

Duffus, — roi d'Écosse. Pendant une maladie de ce prince, on arrêta plusieurs sorciers de son royaume qui rôtissaient, auprès d'un petit feu, une image faite à la ressemblance du roi, sortilége qui, selon leurs confessions, causait le mal du monarque. En effet, après leur arrestation, la santé de Duffus se rétablit [1].

Dulot, — magicien. *Voy.* MARIGNY.

Dumons (ANTOINE), — sorcier du dix-septième siècle, accusé de fournir des chandelles au sabbat pour l'adoration du diable.

Duncanius, — *voy.* PACTE.

Dupleix (SCIPION), — conseiller d'État et historiographe de France, mort en 1664. Parmi ses ouvrages très-remarquables, on peut voir *la Cause de la veille et du sommeil, des songes de la vie et de la mort*. Paris, 1615, in-12 ; Lyon, 1620, in-8°.

Dsigofk, — partie de l'enfer japonais où les méchants sont tourmentés suivant le nombre ou la qualité de leurs crimes. Leurs supplices ne durent qu'un certain temps, au bout duquel leurs âmes sont renvoyées dans le monde, pour animer les corps des animaux impurs dont les vices s'accordent avec ceux dont ces âmes s'étaient souillées; de là elles passent successivement dans les corps des animaux plus nobles, jusqu'à ce qu'elles rentrent dans les corps humains, où elles peuvent mériter ou démériter sur nouveaux frais.

Dysers, — déesses des anciens Celtes, que l'on supposait employées à conduire les âmes des héros au palais d'Odin, où ces âmes buvaient de la bière dans des coupes faites des crânes de leurs ennemis.

[1] Leloyer. Hist. et disc. des spectres, etc., liv. IV, ch. 15, p. 369.

E

Éatuas, — dieux subalternes des Otaïtiens, enfants de leur divinité suprême Taroataihétoomoo, et du rocher Lepapa. Les Éatuas, dit-on, engendrèrent le premier homme. Ces dieux sont des deux sexes : les hommes adorent les dieux mâles, et les femmes les dieux femelles. Ils ont des temples où les personnes d'un sexe différent ne sont pas admises, quoiqu'ils en aient aussi d'autres où les hommes et les femmes peuvent entrer. Le nom d'*Éatua* est aussi donné à des oiseaux, tels que le héron et le martin-pêcheur. Les Otaïtiens et les insulaires, leurs voisins, font une attention particulière à ces oiseaux, ils ne les tuent point et ne leur font aucun mal; mais ils ne leur rendent aucune espèce de culte, et paraissent n'avoir à leur égard que des idées superstitieuses, relatives à la bonne ou mauvaise fortune, telles que le peuple parmi nous en a sur le rouge-gorge et sur l'hirondelle. Les Otaïtiens croient que le grand Éatua lui-même est soumis aux génies inférieurs à qui il a donné l'existence, qu'ils le dévorent souvent, mais qu'il a le pouvoir de se recréer.

Eau. — Presque tous les anciens peuples ont fait une divinité de cet élément, qui, suivant quelques philosophes, était le principe de toute chose : les Guèbres le respectent; un de leurs livres sacrés leur défend d'employer l'eau la nuit et de jamais emplir tout à fait un vase d'eau pour la faire bouillir, de peur d'en renverser quelques gouttes. Les cabalistes peuplent l'eau d'Ondins. *Voy.* ce mot.

Eau amère (ÉPREUVE DE L'). — Elle avait lieu ainsi chez les anciens Juifs : lorsqu'un homme soupçonnait sa femme en mal, il demandait qu'elle se purgeât selon la loi. Le juge envoyait les parties à Jérusalem, au grand consistoire composé de soixante vieillards. La femme était exhortée à bien regarder sa conscience avant de se soumettre au hasard de boire les eaux amères. Si elle persistait à dire qu'elle était nette de péché, on la menait à la porte du Saint des Saints, et on la promenait afin de la fatiguer et de lui donner le loisir de songer en elle-même. On lui donnait alors un vêtement noir. Un prêtre était chargé d'écrire son nom et toutes les paroles qu'elle avait dites; puis, se faisant apporter un pot de terre, il versait dedans avec une coquille la valeur d'un grand verre d'eau ; il prenait de la poudre du tabernacle avec du jus d'herbes amères, raclait le nom écrit sur le parchemin, et le donnait à boire à la femme, qui, si elle était coupable, aussitôt blêmissait ; les yeux lui tournaient, et elle ne tardait pas à mourir [1]; mais il ne lui arrivait rien si elle était innocente.

Eau bénite. — C'est une coutume très-ancienne dans l'Église, et de tradition apostoli-

[1] Leloyer, Hist. des spectres et des apparitions des esprits, liv. IV, ch. 21, p. 408.

que [1], de bénir par des prières, des exorcismes et des cérémonies, de l'eau dont on fait des aspersions sur les fidèles et sur les choses qui sont à leur usage. Par cette bénédiction, l'église demande à Dieu de purifier du péché ceux qui s'en serviront, d'écarter d'eux les embûches de l'ennemi du salut et les fléaux de ce monde [2]. Dans les constitutions apostoliques, l'eau bénite est appelée un moyen d'expier le péché et de mettre en fuite le démon. — On se sert aussi au sabbat d'une eau bénite particulière. Le sorcier qui fait les fonctions sacriléges (qu'on appelle la messe du sabbat) est chargé d'en asperger les assistants [3].

Eau bouillante (ÉPREUVE DE L'). — On l'employait autrefois pour découvrir la vérité dans les tortures qu'on appelait témérairement jugements de Dieu. L'accusé plongeait la main dans un vase plein d'eau bouillante pour y prendre un anneau suspendu plus ou moins profondément. Ensuite on enveloppait la main du patient avec un linge sur lequel le juge et la partie adverse apposaient leurs sceaux. Au bout de trois jours on les levait ; s'il ne paraissait point de marques de brûlure, l'accusé était renvoyé absous. Voy. ÉPREUVES.

Eau d'ange. — Pour faire de bonne eau d'ange, ayez un grand alambic, dans lequel vous mettez les drogues suivantes : benjoin, quatre onces ; styrax, deux onces ; sandal citrin, une once ; clous de girofle, deux drachmes ; deux ou trois morceaux d'iris de Florence ; la moitié d'une écorce de citron ; deux noix muscades ; cannelle, demi-once ; deux pintes de bonne eau de roche ; chopine d'eau de fleurs d'orange ; chopine d'eau de mélilot ; vous mettez le tout dans un alambic bien scellé et distillé au bain-marie ; et cette distillation sera une eau d'ange exquise [4], ainsi nommée parce que la recette en fut enseignée par un ange.....

Eau froide (ÉPREUVE DE L'). — Elle était fort en usage au neuvième siècle, et s'étendait non-seulement aux sorciers et aux hérétiques, mais encore à tout accusé dont le crime n'était pas évident. Le coupable, ou prétendu tel, était jeté, la main droite liée au pied gauche, dans un bassin ou dans une grande cuve pleine d'eau, sur laquelle on priait pour qu'elle ne pût supporter un criminel : de façon que celui qui enfonçait était déclaré innocent.

[1] Le P. Lebrun, Explication des cérém., t. 1er, p. 76.
[2] Bergier, Dict. théolog.
[3] Boguet, Discours des sorciers, ch. 22, p. 141, et Delancre, Tableau de l'inconstance des démons, etc., liv. VI, disc. 3, p. 457.
[4] Secrets du Petit Albert, p. 162.

Eau lustrale. — Eau commune dans laquelle on éteignait un tison ardent tiré du foyer des sacrifices. Quand il y avait un mort dans une maison, on mettait à la porte un grand vase rempli d'eau lustrale apportée de quelque autre maison où il n'y avait point de mort. Tous ceux qui venaient à la maison de deuil s'aspergeaient de cette eau en sortant. Les druides employaient l'eau lustrale à chasser les maléfices.

Ébérard, — archevêque de Trèves, mort en 1067. Ayant menacé les Juifs de les chasser de sa ville, si dans un certain temps qu'il leur accorda pour se faire instruire, ils n'embrassaient le christianisme, ces misérables, qui se disaient réduits au désespoir, subornèrent un sorcier qui, pour de l'argent, leur baptisa du nom de l'évêque une image de cire, à laquelle ils attachèrent des mèches et des bougies ; ils les allumèrent le samedi saint, comme le prélat allait donner le baptême. Pendant qu'il était occupé à cette sainte fonction, la statue étant à moitié consumée, Ébérard se sentit extrêmement mal ; on le conduisit dans la sacristie, où (dit la chronique) il expira bientôt après [1].

Éblis, — nom que les mahométans donnent au diable. Ils disent qu'au moment de la naissance de leur prophète, le trône d'Éblis fut précipité au fond de l'enfer, et que les idoles des gentils furent renversées.

Ébroïn. — On lit ceci dans Jacques de Voragine (legenda 114) : — Une petite troupe de pieux cénobites regagnait de nuit le monastère. Ils arrivèrent au bord d'un grand fleuve, et s'arrêtèrent sur le gazon pour se reposer un instant. Bientôt ils entendirent plusieurs rameurs qui descendaient le fleuve avec une grande impétuosité. L'un des moines leur demanda qui ils étaient : « Nous sommes des démons, répondirent les rameurs, et nous emportons aux enfers l'âme d'Ébroïn, maire du palais, qui tyrannisa la France et qui abandonna le monastère de Saint-Gall pour rentrer dans le monde.

Ébron, — démon honoré à Tournay du temps de Clovis. Il est cité parmi les démons dans le roman de *Godefroid de Bouillon*, vieux poème dont l'auteur était du Hainaut.

Écho. — Presque tous les physiciens ont attribué la formation de l'écho à une répercussion de son, semblable à celle qu'éprouve la lumière quand elle tombe sur un corps poli. L'écho est donc produit par le moyen d'un ou de plusieurs obstacles qui intercep-

[1] Histoire des archevêques de Trèves, ch. 57.

tent le son et le font rebrousser en arrière. — Il y a des échos simples et des échos composés. Dans les premiers on entend une simple répétition du son ; dans les autres, on l'entend une, deux, trois, quatre fois et davantage. Il en est qui répètent plusieurs mots de suite les uns après les autres ; ce phénomène a lieu toutes les fois qu'on se trouve à une distance de l'écho, telle qu'on ait le temps de prononcer plusieurs mots avant que la répétition du premier soit parvenue à l'oreille. Dans la grande avenue du château de Villebertain, à deux lieues de Troyes, on entend un écho qui répète deux fois un vers de douze syllabes. — Quelques échos ont acquis une sorte de célébrité. On cite celui de la vigne Simonetta, qui répétait quarante fois le même mot. A Woodstock, en Angleterre, il y en avait un qui répétait le même son jusqu'à cinquante fois. A quelques lieues de Glascow, en Écosse, il se trouve un écho encore plus singulier. Un homme joue un air de trompette de huit à dix notes ; l'écho les répète fidèlement, mais une tierce plus bas, et cela jusqu'à trois fois, interrompues par un petit silence. — Il y eut des gens assez simples pour chercher des oracles dans les échos. Les écrivains des derniers siècles nous ont conservé quelques dialogues de mauvais goût sur ce sujet. — *Un amant* : Dis-moi, cruel amour, mon bonheur est-il évanoui ? — *L'écho* : Oui. — *L'amant* : Tu ne parles pas ainsi quand tu séduis nos cœurs, et que tes promesses les entraînent dans de funestes engagements. — *L'écho* : Je mens. — *L'amant* : Par pitié, ne ris pas de ma peine. Réponds-moi, me reste-t-il quelque espoir ou non ? — *L'écho* : Non. — *L'amant* : Eh bien ! c'en est fait, tu veux ma mort, j'y cours. — *L'écho* : Cours. — *L'amant* : La contrée, instruite de tes rigueurs, ne sera plus assez insensée pour dire de toi un mot d'éloges. — *L'écho* : Déloge ! — Les anciens Écossais croyaient que l'écho était un esprit qui se plaisait à répéter les sons. *Voy.* LAVISARI.

Éclairs. — On rendait autrefois une espèce de culte aux éclairs en faisant du bruit avec la bouche ; et les Romains honoraient, sous le nom de *Papysma*, une divinité champêtre, pour qu'elle en préservât les biens de la terre. Les Grecs de l'Orient les redoutent beaucoup.

Éclipses. — C'était une opinion générale, chez les païens, que les éclipses de lune procédaient de la vertu magique de certaines paroles, par lesquelles on arrachait la lune du ciel, et on l'attirait vers la terre pour la contraindre de jeter l'écume sur les herbes, qui devenaient, par là, plus propres aux sortilèges des enchanteurs. Pour délivrer la lune de son tourment et pour éluder la force du charme, on empêchait qu'elle n'en entendît les paroles en faisant un bruit horrible. Une éclipse annonçait ordinairement de grands malheurs, et on voit souvent, dans l'antiquité, des armées refuser de se battre à cause d'une éclipse. — Au Pérou, quand le soleil s'éclipsait, ceux du pays disaient qu'il était fâché contre eux, et se croyaient menacés d'un grand malheur. Ils avaient encore plus de crainte dans l'éclipse de lune. Ils la croyaient malade lorsqu'elle paraissait noire, et ils comptaient qu'elle mourrait infailliblement si elle achevait de s'obscurcir ; qu'alors elle tomberait du ciel, qu'ils périraient tous, et que la fin du monde arriverait ; ils en avaient une telle frayeur, qu'aussitôt qu'elle commençait à s'éclipser ils faisaient un bruit terrible avec des trompettes, des cornets et des tambours ; ils fouettaient des chiens pour les faire aboyer, dans l'espoir que la lune, qui avait de l'affection pour ces animaux, aurait pitié de leurs cris et s'éveillerait de l'assoupissement que sa maladie lui causait. En même temps, les hommes, les femmes et les enfants la suppliaient, les larmes aux yeux et avec de grands cris, de ne point se laisser mourir, de peur que sa mort ne fût cause de leur perte universelle. Tout ce bruit ne cessait que quand la lune, reparaissant, ramenait le calme dans les esprits épouvantés. — Les Talapoins prétendent que quand la lune s'éclipse c'est un dragon qui la dévore, et que quand elle reparaît, c'est le dragon qui rend son dîner. — Dans les vieilles mythologies germaniques, deux loups poursuivaient sans cesse le soleil et la lune ; les éclipses étaient des luttes contre ces monstres. — Les Européens crédules aussi regardaient autrefois les éclipses comme des signes fâcheux ; une éclipse de soleil, qui arriva le 13 août 1664, fut annoncée comme l'avant-coureur d'un déluge semblable à celui qui était arrivé du temps de Noé, ou plutôt d'un déluge de feu qui devait amener la fin du monde. Cette prédiction épouvanta tellement qu'un curé de campagne (c'est un petit conte que nous rapportons), ne pouvant suffire à confesser tous ses paroissiens, qui craignaient de mourir dans cette circonstance, et sachant que tout ce qu'il pourrait leur dire de raisonnable à cet égard ne prévaudrait pas contre les prédictions fâcheuses, fut contraint de leur annoncer au prône qu'ils ne se pressassent pas tant, et que l'éclipse avait été remise à quinzaine [1]..... — Dans les Indes on

[1] Legall., Calend. véritable, p. 46.

est persuadé, quand le soleil et la lune s'éclipsent, qu'un certain démon aux griffes noires les étend sur les astres dont il veut se saisir ; pendant ce temps, on voit les rivières couvertes de têtes d'Indiens qui sont dans l'eau jusqu'au cou. — Les Lapons sont convaincus aussi que les éclipses de lune sont l'ouvrage des démons. — Les Chinois prétendaient, avant l'arrivée des missionnaires, que les éclipses étaient occasionnées par un mauvais génie qui cachait le soleil de sa main droite et la lune de sa main gauche. Cependant cette opinion n'était pas générale, puisque quelques-uns d'entre eux disaient qu'il y avait au milieu du soleil un grand trou, et que, quand la lune se rencontrait vis-à-vis, elle devait naturellement être privée de lumière. — Dieu, disent les Persans, tient le soleil enfermé dans un tuyau qui s'ouvre et se ferme au bout par un volet. Ce bel œil du monde éclaire l'univers et l'échauffe par ce trou ; et quand Dieu veut punir les hommes par la privation de la lumière, il envoie l'ange Gabriel fermer le volet, ce qui produit les éclipses. — Les Mandingues, nègres mahométans qui habitent l'intérieur de l'Afrique, attribuent les éclipses de lune à un chat gigantesque qui met sa patte entre la lune et la terre ; et, pendant tout le temps que dure l'éclipse, ils ne cessent de chanter et de danser en l'honneur de Mahomet. — Les Mexicains, effrayés, jeûnaient pendant les éclipses. Les femmes se maltraitaient, et les filles se tiraient du sang des bras. Ils s'imaginaient que la lune avait été blessée par le soleil pour quelque querelle de ménage.

Écrégores, — pères des géants, suivant un livre apocryphe d'Énoch. Les anges qu'il nomme ainsi s'assemblèrent sur le mont Hémon du temps du partiarche Jared, et s'engagèrent par des anathèmes à ne se point séparer qu'ils n'eussent enlevé les filles des hommes.

Écriture. — *Art de juger les hommes par leur écriture*, d'après Lavater. — Tous les mouvements de notre corps reçoivent leurs modifications du tempérament et du caractère. Le mouvement du sage n'est pas celui de l'idiot, le port et la marche diffèrent sensiblement du colérique au flegmatique, du sanguin au mélancolique. — De tous les mouvements du corps, il n'en est point d'aussi variés que ceux de la main et des doigts ; et, de tous les mouvements de la main et des doigts, les plus diversifiés sont ceux que nous faisons en écrivant. Le moindre mot jeté sur le papier, combien de points, combien de courbes ne renferme-t-il pas !... — Il est évident encore, poursuit Lavater, que chaque tableau, que chaque figure détachée, et, aux yeux de l'observateur et du connaisseur, chaque trait conservent et rappellent l'idée du peintre. — Que cent peintres, que tous les écoliers d'un même maître dessinent la même figure, que toutes ces copies ressemblent à l'original de la manière la plus frappante, elles n'en auront pas moins, chacune, un caractère particulier, une teinte et une touche qui les feront distinguer. — Si l'on est obligé d'admettre une expression caractéristique pour les ouvrages de peinture, pourquoi voudrait-on qu'elle disparût entièrement dans les dessins et dans les figures que nous traçons sur le papier ? Chacun de nous a son écriture propre, individuelle et inimitable, ou qui du moins ne saurait être contrefaite que très-difficilement et très-imparfaitement. Les exceptions sont en trop petit nombre pour détruire la règle. — Cette diversité incontestable des écritures ne serait-elle point fondée sur la différence réelle du caractère moral ? — On objectera que le même homme, qui pourtant n'a qu'un seul et même caractère, peut diversifier son écriture. Mais cet homme, malgré son égalité de caractère, agit ou du moins paraît agir souvent de mille manières différentes. De même qu'un esprit doux se livre quelquefois à des emportements, de même aussi la plus belle main se permet, dans l'occasion, une écriture négligée ; mais alors encore celle-ci aura un caractère tout à fait différent du griffonnage d'un homme qui écrit toujours mal. On reconnaîtra la belle main du premier jusque dans sa plus mauvaise écriture, tandis que l'écriture la plus soignée du second se ressentira toujours de son barbouillage. — Cette diversité de l'écriture d'une seule et même personne ne fait que confirmer la thèse ; il résulte de là que la disposition d'esprit où nous nous trouvons influe sur notre écriture. Avec la même encre, avec la même plume, et sur le même papier, l'homme façonnera tout autrement son écriture quand il traite une affaire désagréable, ou quand il s'entretient cordialement avec son ami. — Chaque nation, chaque pays, chaque ville a son écriture particulière, tout comme ils ont une physionomie et une forme qui leur sont propres. Tous ceux qui ont un commerce de lettres un peu étendu pourront vérifier la justesse de cette remarque. L'observateur intelligent ira plus loin, et il jugera déjà du caractère de son correspondant sur la seule adresse (*j'entends l'écriture de l'adresse*, car le style fournit des indices plus positifs encore), à peu près comme le titre d'un livre nous fait connaître souvent la tournure d'esprit de l'auteur.

— Une belle écriture suppose nécessairement une certaine justesse d'esprit, et en particulier l'amour de l'ordre. Pour écrire avec une belle main, il faut avoir du moins une veine d'énergie, d'industrie, de précision et de goût, chaque effet supposant une cause qui lui est analogue. Mais ces gens, dont l'écriture est si belle et si élégante, la peindraient peut-être encore mieux si leur esprit était plus cultivé et plus orné. — On distingue, dans l'écriture, la substance et le corps des lettres, leur forme et leur arrondissement, leur hauteur et leur longueur, leur position, leur liaison, l'intervalle qui les sépare, l'intervalle qui est entre les lignes, la netteté de l'écriture, sa légèreté ou sa pesanteur. Si tout cela se trouve dans une parfaite harmonie, il n'est nullement difficile de découvrir quelque chose d'assez précis dans le caractère fondamental de l'écrivain. — Une écriture de travers annonce un caractère faux, dissimulé, inégal. Il y a la plupart du temps une analogie admirable entre le langage, la démarche et l'écriture. — Des lettres inégales, mal jointes, mal séparées, mal alignées, et jetées en quelque sorte séparément sur le papier, annoncent un naturel flegmatique, lent, peu ami de l'ordre et de la propreté. — Une écriture plus liée, plus suivie, plus énergique et plus ferme annonce plus de vie, plus de chaleur, plus de goût. Il y a des écritures qui dénotent la lenteur d'un homme lourd et d'un esprit pesant. — Une écriture bien formée, bien arrondie, promet de l'ordre, de la précision et du goût. Une écriture *extraordinairement* soignée annonce plus de précision et plus de fermeté, mais peut-être moins d'esprit. — Une écriture lâche dans quelques-unes de ses parties, serrée dans quelques autres, puis longue, puis étroite, puis soignée, puis négligée, laisse entrevoir un caractère léger, incertain et flottant. — Une écriture lancée, des lettres jetées, pour ainsi dire, d'un seul trait, et qui annoncent la vivacité de l'écrivain, désignent un esprit ardent, du feu et des caprices. — Une écriture un peu penchée sur la droite, et bien coulante, annonce de l'activité et de la pénétration. Une écriture bien liée, coulante et presque perpendiculaire, promet de la finesse et du goût. Une écriture originale et hasardée d'une certaine façon, sans méthode, mais belle et agréable, porte l'empreinte du génie, etc. — Il est inutile d'observer combien, avec quelques remarques judicieuses, ce système est plein d'exagérations. *Voy.* Physiognomonie.

Écrouelles. — Delancre dit que ceux qui naissent légitimement septième mâle, sans mélanges de filles, guérissent les écrouelles en les touchant. Les anciens rois d'Angleterre, suivant certains auteurs, avaient ce pouvoir[1]. Quand Jacques II fut reconduit de Rochester à White-Hall, on proposa de lui laisser faire quelque acte de royauté, comme de toucher les écrouelles. Il ne se présenta personne. — On attribua aussi aux rois de France le don d'enlever les écrouelles par l'imposition des mains. Louis XIII, en 1639, toucha, à Fontainebleau, douze cents scrofuleux. On fait remonter cette prérogative jusqu'à Clovis. *Voy.* Lancinet.

Écureuils. — Les Sirianes, peuplades de la Russie d'Europe, ont pour la chasse de l'écureuil une superstitieuse idée qu'on ne peut déraciner. Ils ne cherchent, dans toute la journée, les écureuils qu'au haut des sapins rouges si le premier tué le matin s'est trouvé sur un arbre de cette espèce ; et ils sont fermement convaincus qu'ils en chercheraient en vain ailleurs. Si c'est au contraire sur un sapin *sylvestris* qu'ils ont aperçu leur premier écureuil, ils ne porteront leurs regards que sur cette sorte d'arbres pendant tout le jour de chasse.

Édeline (Guillaume), — docteur en théologie du quinzième siècle, prieur de Saint-Germain-en-Laye. Il fut exposé et admonesté publiquement à Évreux, pour s'être donné au diable afin de satisfaire ses passions mondaines. Il avoua qu'il s'était transporté au sabbat sur un balai[2] ; et que, de sa bonne volonté, il avait fait hommage à l'ennemi, qui était sous la forme d'un mouton, qu'il lui semblait lors baiser brutalement sous la queue en signe de révérence et d'hommage[3]. Le jour du jugement étant arrivé, il fut conduit sur la place publique, ayant une mitre de papier sur la tête ; l'inquisiteur l'engagea à se repentir, et lut la sentence qui le condamnait à la prison, au pain et à l'eau. « Lors, ledit maître Guillaume commença à gémir et à condouloir de son méfait, criant merci à Dieu, à l'évêque et à justice[4]. »

Édris, — nom que les musulmans donnent à Énoch ou Hénoch, sur lequel ils ont forgé diverses traditions. Dans les guerres continuelles que se faisaient les enfants de Seth et de Caïn, Hénoch, disent-ils, fut le premier qui introduisit la coutume de faire des esclaves ; il avait reçu du ciel, avec le don de science et de sagesse, trente volumes remplis des connaissances les plus abstraites ; lui-même en com-

---

[1] Polydore Virgile.
[2] Edoctus scopam sumere, et inter femora equitis instar ponere, quo volebat brevi momento, etc. Gaguin, liv. X.
[3] Monstrelet, Alain Chartier, à l'année 1453.
[4] Monstrelet, cité par M. Garinet, Histoire de la magie en France, p. 107.

posa beaucoup d'autres aussi peu connus que les premiers. Dieu l'envoya aux Caïnites pour les ramener dans la bonne voie; mais ceux-ci ayant refusé de l'écouter, il leur fit la guerre, et réduisit leurs femmes et leurs enfants en esclavage. Les Orientaux lui attribuent l'invention de la couture et de l'écriture, de l'astronomie, de l'arithmétique, et encore plus particulièrement de la géomancie. On dit de plus qu'il fut la cause innocente de l'idolâtrie. Un de ses amis, affligé de son enlèvement, forma de lui, par l'instigation du démon, une représentation si vivement exprimée, qu'il s'entretenait des jours entiers avec elle, et lui rendait des hommages particuliers, qui peu à peu dégénérèrent en superstition. *Voy.* Hénoch.

Effrontés, — hérétiques qui parurent dans la première moitié du seizième siècle. Ils niaient le Saint-Esprit, pratiquaient diverses superstitions, rejetaient le baptême et le remplaçaient par une cérémonie qui consistait à se râcler le front avec un clou jusqu'à effusion de sang, puis à le panser avec de l'huile. C'est cette marque qui leur restait qui leur a fait donner leur nom d'effrontés.

Égérie, — nymphe qui seconda Numa Pompilius dans son projet de civiliser les Romains. Les démonomanes en ont fait un démon succube, et les cabalistes un esprit élémentaire, une ondine selon les uns, une salamandre selon les autres qui la disent fille de Vesta. *Voy.* Zoroastre et Numa.

Égipans, — démons que les païens disaient habiter les bois et les montagnes, et qu'ils représentaient comme de petits hommes velus, avec des cornes et des pieds de chèvre. Les anciens parlent de certains monstres de Libye, auxquels on donnait le même nom; ils avaient un museau de chèvre avec une queue de poisson : c'est ainsi qu'on représente le *capricorne*. On trouve cette même figure dans plusieurs monuments égyptiens et romains.

Égithe, — sorte d'épervier boiteux, dont une idée bizarre avait répandu l'opinion chez les anciens, que sa rencontre était du plus heureux présage pour les nouveaux mariés.

Élaïs, — Une des filles d'Annius, laquelle, en qualité de sorcière, changeait en huile tout ce qu'elle touchait.

Éléazar — magicien, juif de nation, qui attachait au nez des possédés un anneau où était enchâssé une racine dont Salomon se servait, et que l'on présume être la squille [1].

A peine le démon l'avait-il flairée, qu'il jetait le possédé par terre et l'abandonnait. Le magicien récitait ensuite des paroles que Salomon avait laissées par écrit; et, au nom de ce prince, il défendait au démon de revenir dans le même corps; après quoi il remplissait une cruche d'eau, et commandait audit démon de la renverser. L'esprit malin obéissait; ce signe était la preuve qu'il avait quitté son gîte.

Éléazar de Garniza, — auteur hébreu, qui a laissé divers ouvrages dont plusieurs ont été imprimés, et d'autres sont restés manuscrits. On distingue de lui un *Traité de l'âme*, cité par Pic de La Mirandole dans son livre contre les astrologues, et un *Commentaire cabalistique sur le Pentateuque*.

Éléments. — Les éléments sont peuplés de substances spirituelles, selon les cabalistes. Le feu est la demeure des salamandres; l'air, celle des sylphes; les eaux, celle des ondins ou nymphes, et la terre celle des gnômes. — Selon les démonomanes, les éléments sont abondamment peuplés de démons et d'esprits.

Éléphant. — On a dit des choses merveilleuses de l'éléphant. On lit encore dans de vieux livres qu'il n'a pas de jointures, et que, par cette raison, il est obligé de dormir debout, appuyé contre un arbre ou contre un mur; que, s'il tombe, il ne peut se relever. Cette erreur a été accréditée par Diodore de Sicile, par Strabon et par d'autres écrivains. Pline dit aussi que l'éléphant prend la fuite lorsqu'il entend un cochon : et, en effet, on a vu en 1769, qu'un cochon ayant été introduit dans la ménagerie de Versailles, son grognement causa une agitation si violente à un éléphant qui s'y trouvait, qu'il eût rompu ses barreaux si l'on n'eût retiré aussitôt l'animal immonde. — Ælien conte qu'on a vu un éléphant qui avait écrit des sentences entières avec sa trompe, et même qui avait parlé; Christophe Acosta assure la même chose [1]. Dion Cassius prête à cet animal des sentiments religieux. Le matin, dit-il, il salue le soleil de sa trompe; le soir il s'agenouille; et, quand la nouvelle lune paraît sur l'horizon, il rassemble des fleurs pour lui en composer un bouquet. On sait que les éléphants ont beaucoup de goût pour la musique; Arrien dit qu'il y en a eu un qui faisait danser ses camarades au son des cymbales. On vit à Rome des éléphants danser la pyrrhique, et exécuter des sauts périlleux sur la corde... Enfin, avant les fêtes données par Germanicus, douze éléphants en costume dramatique,

---

[1] Bodin, Démonomanie, etc., liv. 1er, ch. 3, p. 88.

[1] Thomas Brown, Essais sur les erreurs populaires, liv. III, ch. 1er, p. 241.

exécutèrent un ballet en action ; on leur servit ensuite une collation; ils prirent place avec décence sur des lits qui leur avaient été préparés. Les éléphants mâles étaient revêtus de la toge ; les femelles, de la tunique. Ils se comportèrent avec toute l'urbanité de convives bien élevés, choisirent les mets avec discernement, et ne se firent pas moins remarquer par leur sobriété que par leur politesse[1]. — Dans le Bengale l'éléphant blanc a les honneurs de la divinité ; il ne mange jamais que dans de la vaisselle de vermeil. Lorsqu'on le conduit à la promenade dix personnes de distinction portent un dais sur sa tête. Sa marche est une espèce de triomphe, et tous les instruments du pays l'accompagnent. Les mêmes cérémonies s'observent lorsqu'on le mène boire. Au sortir de la rivière, un seigneur de la cour lui lave les pieds dans un bassin d'argent. — Voici, sur l'éléphant blanc, des détails plus étendus : — Une personne établie à Calcutta depuis deux ans écrivait dernièrement au *Sémaphore* de Marseille une lettre dont le passage suivant rappelle une des plus étranges superstitions des peuples de l'Inde. — « Je veux vous envoyer le récit que vient de me faire M. Smithson, voyageur anglais, arrivé tout récemment de Juthia, capitale du royaume de Siam. M. Smithson m'a beaucoup amusé aux dépens de ces Siamois qui continuent toujours à adorer leurs éléphants blancs. Depuis plusieurs mois la tristesse était à la cour et parmi tous les habitants de Juthia : un seul éléphant blanc avait survécu à une espèce de contagion qui s'était glissée dans les écuries sacrées. Le roi fit publier à son de trompe qu'il donnerait dix esclaves, autant d'arpents de terre qu'un éléphant pourrait en parcourir dans un jour, et une de ses filles en mariage à l'heureux Siamois qui trouverait un autre éléphant blanc. — M. Smithson avait pris à son service, pour lui faire quelques commissions dans la ville, un pauvre hère borgne, bossu, tout exténué de misère, qui s'appelle Tungug-Poura. Ce Tungug-Poura avait touché le cœur compatissant du voyageur anglais, qui l'avait fait laver, habiller, et le nourrissait dans sa cuisine. Tungug, malgré sa chétive et stupide apparence, nourrissait une vaste ambition dans sa chemise de toile, son unique vêtement ; il entendit la proclamation de l'empereur de Siam, et vint, d'un air recueilli, se présenter à M. Smithson, qui rit beaucoup en l'entendant lui déclarer qu'il allait chercher un éléphant blanc, et qu'il était décidé à mourir s'il ne trouvait pas l'animal sacré. Tungug-Poura ne faisait pas sur M. Smithson l'effet d'un chasseur bien habile : les éléphants blancs se trouvent en très-petit nombre dans des retraites d'eaux et de bois d'un accès très-difficile. Mais rien ne put changer la résolution de Tungug, qui, serrant avec reconnaissance une petite somme d'argent dont son maître le gratifia, partit avec un arc, des flèches, et une mauvaise paire de pistolets. — M. Smithson, que je vais laisser parler, me disait donc l'autre soir : « Cinq mois après, je me réveillai au bruit de tous les tambours de l'armée du roi ; un tintamarre affreux remplissait la ville. Je m'habille et descends dans la rue, où des hommes, des femmes, des enfants couraient en poussant des cris de joie. Je m'informai de la cause de tous ces bruits ; on me répondit que l'éléphant blanc arrivait. Curieux d'assister à la réception de ce grand et haut personnage, je me rendis à la porte de la ville, que précède une place immense entourée d'arbres et de canaux ; la foule la remplissait. Sous un vaste dais, des officiers richement vêtus attendaient l'empereur, qui a bientôt paru avec tous ses ministres et ses esclaves : on agitait devant lui un vaste éventail de plume. — L'éléphant sacré, arrivé la veille, avait passé la nuit sous une tente magnifique dont j'apercevais les banderoles. Peu après, les *gongs*, les tambours, les cymbales retentirent avec leurs sons aigres et perçants ; j'étais assez commodément placé ; un cortège de talapoins commença à défiler, ces prêtres avaient l'air grave et s'avançaient lentement ; une triple rangée de soldats entourait le noble animal, qui avait un air maladif et marchait difficilement. — On cria à mes côtés : Voilà celui qui l'a pris. — Je regardai et vis un petit homme borgne et bossu, qui tenait un des nombreux rubans dorés passés au cou de l'éléphant ; cet homme était mon domestique, Tungug-Poura. Le voilà donc gendre du roi. Il vint me voir un jour en palanquin et me parut fort content de sa nouvelle position. — L'éléphant blanc, qui a fait sa fortune, se présenta à lui à cinquante journées de marche de Juthia, dans un marais où il était couché, abattu par une fièvre à laquelle les animaux de cette espèce sont sujets ; car leur couleur blanche est, comme on sait, le résultat d'une maladie. Tungug-Poura s'approcha de l'éléphant, le nettoya, versa de l'eau sur les plaies et les boutons du dos, et prodigua tellement ses soins et ses caresses à l'intelligente bête que celle-ci lécha Tungug de sa trompe, et se mit à le suivre avec la docilité d'un petit chien. Tungug est ainsi parvenu, favorisé d'abord par un hasard presque inespéré, à s'emparer d'un éléphant

---

[1] M. Salgues, Des Erreurs, etc. t. III, p. 196.

blanc. Le pauvre bossu a maintenant des esclaves, et possède la princesse dont le nom signifie en langue siamoise *les yeux de la nuit.* »

Elfes, — génies scandinaves. On croit, aux bords de la Baltique, qu'il y a un roi des Elfes, qui règne à la fois sur l'île de Stern, sur celle de Mœ et sur celle de Rugen. Il a un char attelé de quatre étalons noirs. Il s'en va d'une île à l'autre en traversant les airs; alors on distingue très-bien le hennissement de ses chevaux, et la mer est toute noire. Ce roi a une grande armée à ses ordres; ses soldats ne sont autre chose que les grands chênes qui parsèment l'île. Le jour ils sont condamnés à vivre sous une écorce d'arbre; mais la nuit, ils reprennent leur casque et leur épée, et se promènent fièrement au clair de la lune. Dans les temps de guerre, le roi les assemble autour de lui. On les voit errer au-dessus de la côte, et alors malheur à celui qui tenterait d'envahir le pays[1]! *Voy.* Danses des esprits.

Éligor, — le même qu'Abigor. *Voy.* Abigor.

Élinas, — roi d'Albanie. *Voy.* Mélusine.

Élixir de vie. — L'élixir de vie n'est autre chose, selon Trévisan, que la réduction de la pierre philosophale en eau mercurielle; on l'appelle aussi *or potable.* Il guérit toutes sortes de maladies et prolonge la vie bien au delà des bornes ordinaires. L'*élixir parfait ou rouge* change le cuivre, le plomb, le fer et tous les métaux en or plus pur que celui des mines. L'*élixir parfait au blanc,* qu'on appelle encore *huile de talc,* change tous les métaux en argent très-fin. — Voici la recette d'un autre *élixir de vie.* Pour faire cet élixir, prenez huit livres de suc mercuriel, deux livres de suc de bourrache, tiges et feuilles, douze livres de miel de Narbonne ou autre, le meilleur du pays; mettez le tout à bouillir ensemble un bouillon pour l'écumer, passez-le par la chausse à hypocras, et clarifiez-le. Mettez à part infuser, pendant vingt-quatre heures, quatre onces de racine de gentiane coupée par tranches dans trois chopines de vin blanc, sur des cendres chaudes, agitant de temps en temps; vous passerez ce vin dans un linge sans l'exprimer; mettez cette colature dans lesdits sucs avec le miel, faisant bouillir doucement le tout et cuire en consistance de sirop; vous le ferez rafraîchir dans une terrine vernisée, ensuite le déposerez dans des bouteilles que vous conserverez en un lieu tempéré, pour vous en servir, en en prenant tous les matins une cuillerée. Ce sirop prolonge la vie, rétablit la santé contre toutes sortes de maladies, même la goutte, dissipe la chaleur des entrailles; et quand il ne resterait dans le corps qu'un petit morceau de poumon et que le reste serait gâté, il maintiendrait le bon et rétablirait le mauvais; il guérit les douleurs d'estomac, la sciatique, les vertiges, la migraine, et généralement les douleurs internes. — Ce secret a été donné par un pauvre paysan de Calabre à celui qui fut nommé par Charles-Quint pour général de cette belle armée navale qu'il envoya en Barbarie. Le bonhomme était âgé de cent trente-deux ans, à ce qu'il assura à ce général, lequel était allé loger chez lui et, le voyant d'un si grand âge, s'informa de sa manière de vivre et de plusieurs de ses voisins, qui étaient presque tous âgés comme lui[1]. — On conte qu'un charlatan apporta un jour à l'empereur de la Chine Li-con-pan, un élixir merveilleux, et l'exhorta à le boire, en lui promettant que ce breuvage le rendrait immortel. Un ministre, qui était présent, ayant tenté inutilement de désabuser le souverain, prit la coupe et but la liqueur. Li-con-pan, irrité de cette hardiesse, condamna à mort le mandarin, qui lui dit d'un air tranquille : « Si ce breuvage donne l'immortalité, vous ferez de vains efforts pour me faire mourir; et s'il ne la donne pas, auriez-vous l'injustice de me faire mourir pour un si frivole larcin ? » Ce discours calma l'empereur, qui loua la sagesse et la prudence de son ministre[2].

Éloge de l'Enfer, — ouvrage critique, historique et moral; nouvelle édition, La Haye, 1759, 2 vol. in-12, fig. — C'est un livre satirique très-pesamment écrit.

Élossite, — pierre qui a la vertu de guérir les maux de tête. On ne sait pas trop bien où elle se trouve.

Elxaï ou Elcésaï, — chef des elcésaïtes, hérétique du deuxième siècle, qui faisait du Saint-Esprit une femme, et qui proposait une liturgie dont les prières étaient des jurements absurdes.

Émaguinquilliers, — race de géants, serviteurs d'Iamen, dieu de la mort chez les Indiens. Ils sont chargés de tourmenter les méchants dans les enfers.

Embarrer, — *voy.* Ligatures.

Embungala, — prêtre idolâtre du Congo. Il passe chez les noirs de ces contrées pour un si grand sorcier, qu'il peut d'un coup de

---

[1] Marmier, Traditions de la Baltique.

[1] Admirables secrets du Petit Albert, p. 165.
[2] Bibliothèque de société, t. III.

Émeraude. — La superstition a long-temps attribué à cette pierre des vertus miraculeuses, telles entre autres que celles d'empêcher les symptômes du mal caduc, et de se briser lorsque la crise est trop violente pour qu'elle puisse la vaincre. La poudre de franche émeraude arrêtait, disait-on, la dyssenterie et guérissait la morsure des animaux venimeux. Les peuples de la vallée de Manta, au Pérou, adoraient une émeraude grosse comme un œuf d'autruche, et lui offraient d'autres émeraudes.

Emma, — fille de Richard II, duc de Normandie. Cette princesse épousa Éthelred, roi d'Angleterre, et en eut deux fils, dont l'un régna après la mort de son père ; c'est saint Édouard. Ce prince écoutait avec déférence les pieux avis de sa mère ; mais Godwin, comte de Kent, qui était son ministre, et qui voyait avec peine son autorité partagée avec Emma, chercha à perdre cette princesse : il l'accusa de différents crimes, et il eut l'adresse de faire appuyer son accusation par plusieurs seigneurs mécontents comme lui du pouvoir d'Emma. Le roi dépouilla sa mère de toutes ses richesses. — La princesse eut recours à Alwin, évêque de Winchester, son parent. Le comte de Kent, voulant écarter un protecteur aussi puissant, accusa la princesse d'un commerce infâme avec ce prélat : cette odieuse accusation, appuyée par les ennemis de la princesse et de l'évêque, fit impression sur l'esprit d'Édouard ; il eut la faiblesse de mettre sa mère en jugement, elle fut condamnée à se purger par l'épreuve du feu. — La coutume de ce temps-là voulait que l'accusé passât nu-pieds sur neuf coutres de charrue rougis au feu, et la condamnation portait qu'Emma ferait sur ces coutres neuf pas pour elle-même et cinq pour l'évêque de Winchester : elle passa en prières la nuit qui précéda cette périlleuse épreuve ; puis elle marcha sur les neuf coutres au milieu de deux évêques, habillée comme une simple bourgeoise et les jambes nues jusqu'aux genoux. Le feu ne lui fit aucun mal, de sorte que son innocence fut reconnue.

Émodes, — démon de Madeleine de La Palud. *Voy.* GAUFRIDI.

Émole, — génie que les basilidiens invoquaient dans leurs cérémonies magiques.

Empuse, — démon de midi, qu'Aristophane, dans sa comédie des *Grenouilles*, représente comme un spectre horrible, qui prend diverses formes, de chien, de femme, de bœuf, de vipère, qui a le regard atroce, un pied d'âne et un pied d'airain, une flamme autour de la tête, et qui ne cherche qu'à faire du mal. — Les paysans grecs et russes, qui ont conservé des idées populaires attachées à ce monstre, tremblent au temps des foins et des moissons à la seule pensée de l'Empuse, qui, dit-on, rompt bras et jambes aux faucheurs et aux moissonneurs s'ils ne se jettent la face en terre lorsqu'ils l'aperçoivent. On dit même en Russie que l'Empuse et les démons de midi qui sont soumis à cet horrible fantôme, parcourent quelquefois les rues à midi en habits de veuve, et rompent les bras à ceux qui osent les regarder en face. — Le moyen de conjurer l'Empuse et de s'en faire obéir chez les anciens, c'était de lui dire des injures ; chacun a ses goûts. — Vasco de Gama, cité par Leloyer [1], rapporte qu'il y a dans la ville de Calicut un temple consacré à des démons qui sont des espèces d'Empuses. Personne n'ose entrer dans ces temples, surtout le mercredi, qu'après que le midi est passé ; car si on y entrait à cette heure-là, on mourrait à l'instant même.

Énarque. — Il revint de l'autre monde (ou d'une syncope) après avoir passé plusieurs jours en enfer, et raconta à Plutarque lui-même tout ce qui concernait Pluton, Minos, Éaque, les Parques, etc. [2].

Encens. — « En la région Sachalite, qui n'est autre que le royaume de Tartas, l'encens qui s'y recueillait se mettait à grands monceaux en certaine place, non loin du port, où les marchands abordaient. Cet encens n'était gardé de personne, parce que le lieu était assez gardé des démons ; et ceux qui abordaient près de la place n'eussent osé, en cachette ni ouvertement, prendre un seul grain d'encens et le mettre en leur navire sans la licence et permission expresse du prince ; autrement leurs navires étaient retenus par la puissance secrète des démons, gardiens de l'encens, et ne pouvaient se mouvoir ni partir du port [3]. »

Enchantements. — On entend par enchantement l'art d'opérer des prodiges par des paroles chantées ; mais on a beaucoup étendu le sens de ce mot. — On voyait, au rapport de Léon l'Africain, tout au haut des principales tours de la citadelle de Maroc, trois pommes d'or d'un prix inestimable, si bien gardées par enchantement que les rois de Fez n'y ont

---

[1] Histoire des spectres, etc., liv. III, ch. 14.
[2] M. Salgues, Des Erreurs et des préjugés, t. Ier, p. 313.
[3] Leloyer, Disc. et hist. des spectres, p. 415.

ais pu toucher, quelques efforts qu'ils aient
s. Ces pommes d'or ne sont plus. — Marc
ul conte que les Tartares ayant pris huit
ulaires de Zipangu, avec qui ils étaient en
erre, se disposaient à les décapiter ; mais
n'en purent venir à bout, parce que ces
ulaires portaient au bras droit, entre cuir
chair, une petite pierre enchantée qui les
ndait insensibles au tranchant du cimeterre ;
sorte qu'il fallut les assommer pour les
ire mourir. *Voy.* Paroles magiques, Charmes, Fascination, Tour enchantée, etc. —
n entend souvent par enchantement quelque
hose de merveilleux. Les arts ont aussi produit des enchantements, mais naturels et regardés comme œuvre de magie, par ceux-là
euls qui lui attribuent gratuitement tout ce
qui est extraordinaire. — M. Van Estin, dit
Decremps, dans sa Magie blanche dévoilée,
nous fit voir son cabinet de machines. Nous
entrâmes dans une salle, bien éclairée par
de grandes fenêtres pratiquées dans le dôme.
« Vous voyez, nous dit-il, tout ce que j'ai pu
rassembler de piquant et de curieux en mécaniques ; » cependant, nous n'apercevions de
tout côté que des tapisseries sur lesquelles
étaient représentées des machines utiles, telles
que des horloges, des pompes, des pressoirs,
des moulins à vent, des vis d'Archimède, etc.
« Toutes ces pièces ont apparemment beaucoup de valeur, dit en riant M. Hill ; elles
peuvent récréer un instant la vue, mais il
paraît qu'elles ne produiront jamais de grands
effets par leurs mouvements. » M. Van Estin
répondit par un coup de sifflet : aussitôt les
quatre tapisseries se lèvent et disparaissent,
la salle s'agrandit, et nos yeux éblouis voient
ce que l'industrie humaine a inventé de plus
étonnant : d'un côté, des serpents qui rampent, des fleurs qui s'épanouissent, des oiseaux qui chantent ; de l'autre, des cygnes
qui nagent, des canards qui mangent et qui
digèrent, des orgues jouant d'elles-mêmes et
des automates qui touchent du clavecin.
M. Van Estin donna un second coup de sifflet,
et tous les mouvements furent suspendus. —
Un instant après, nous vîmes un canard nageant et barbotant dans un vase, au milieu
duquel était un arbre. Plusieurs serpents rampaient autour du tronc, et allaient successivement se cacher dans les feuillages. Dans
une cage voisine, étaient deux serins qui
chantaient en s'accompagnant, un homme qui
jouait de la flûte, un autre qui dansait, un
petit chasseur et un sauteur chinois, tous
artificiels et obéissant au commandement.
Voy. Mécanique.

Enchiridion, — *voy.* Léon.

Énergumène. — On appelait énergumènes
ceux qui étaient possédés du démon.

Enfants. — Croirait-on que des savants en
démence et des médecins sans clientèle ont
recherché les moyens de s'assurer du sexe
d'un enfant qui n'était pas né, et qu'on a
fait, autour de ce thème absurde, des livres
niais qui trouvent des lecteurs ? *Voy.* Sexe.

Enfants, — *voy.* Sexe.

Enfants du Diable, — *voy.* Cambions.

Enfers, — lieux inférieurs où les méchants
subissent après leur mort le châtiment dû à
leurs crimes. Nier qu'il y ait des peines et
des récompenses après le trépas, c'est nier
l'existence de Dieu ; puisqu'il ne peut être
que nécessairement juste. Mais les tableaux
que certains poëtes et d'autres écrivains nous
ont faits de ces enfers ont été souvent les fruits
de l'imagination. On doit croire ce que l'église
enseigne, sans s'égarer dans des détails que
Dieu n'a pas jugé à propos de révéler. — Les
anciens, la plupart des modernes, et surtout
les cabalistes, placent les enfers au centre de
la terre. Le docteur Swinden, dans ses recherches sur le feu de l'enfer, prétend que
l'enfer est dans le soleil, *parce que le soleil
est le feu perpétuel*. Quelques-uns ont ajouté
que les damnés entretiennent ce feu dans une
activité continuelle, et que les taches qui paraissent dans le disque du soleil, après les
grandes catastrophes, ne sont produites que
par l'encombrement... — Dans Milton (c'est
du moins de la poésie) l'abîme où fut précipité Satan est éloigné du ciel trois fois autant
que le centre du monde l'est de l'extrémité
du pôle, c'est-à-dire, selon les calculs des
astronomes, à 990,000,000 de lieues[1]. —
L'enfer de Milton est un globe énorme, entouré d'une triple voûte de feux dévorants ; il
est placé dans le sein de l'antique chaos et
de la nuit informe. On y voit cinq fleuves : le
Styx, source exécrable consacrée à la Haine ;
l'Achéron, fleuve noir et profond qu'habite la
Douleur ; le Cocyte, ainsi nommé des sanglots
perçants qui retentissent sur ses funèbres rivages ; le fougueux Phlégéton, dont les flots
précipités en torrents de feu portent la rage
dans les cœurs ; et le tranquille Léthé, qui
roule dans un lit tortueux ses eaux silencieuses. — Au delà de ce fleuve s'étend une
zone déserte, obscure et glacée, perpétuellement battue des tempêtes et d'un déluge de
grêle énorme qui, loin de se fondre en tombant, s'élève en monceaux, semblable aux
ruines d'une antique pyramide. Tout autour

[1] Le poëte dit que la chute de Satan dura neuf jours :
d'où il suivrait que Satan aurait fait 1,200 lieues par
seconde.

sont des gouffres horribles, des abîmes de neige et de glace. Le froid y produit les effets du feu, et l'air gelé brûle et déchire. C'est là qu'à certains temps fixés tous les réprouvés sont traînés par les Furies aux ailes de Harpies. Ils ressentent tour à tour les tourments des deux extrémités dans la température, tourments que leur succession rapide rend encore plus affreux. Arrachés de leur lit de feu dévorant, ils sont plongés dans des monceaux de glaces; immobiles, presque éteints, ils languissent, ils frissonnent et sont de nouveau rejetés au milieu du brasier infernal. Ils vont et reviennent ainsi de l'un à l'autre supplice, et, pour le combler, ils franchissent à chaque fois le Léthé : ils s'efforcent, en le traversant, d'atteindre l'onde enchanteresse ; ils n'en désireraient qu'une seule goutte, elle suffirait pour leur faire perdre, dans un doux oubli, le sentiment de tous leurs maux. Hélas ! Méduse, aux regards terribles, à la tête hérissée de serpents, s'oppose à leurs efforts ; et, semblable à celle que poursuivait si vainement Tantale, l'eau fugitive se dérobe aux lèvres qui l'aspirent... — A la porte de l'enfer sont deux figures effroyables : l'une qui représente une femme jusqu'à la ceinture, finit en une énorme queue de serpent, recourbée à longs replis écailleux, et armée, à l'extrémité, d'un aiguillon mortel. Autour de ses reins est une meute de chiens féroces, qui, sans cesse ouvrant leur large gueule de Cerbères, frappent perpétuellement les airs des plus odieux hurlements. Ce monstre est le Péché, fille sans mère, sortie du cerveau de Satan ; il tient les clefs de l'enfer. L'autre figure (si l'on peut appeler ainsi un spectre informe, un fantôme dépourvu de substance et de membres distincts), noire comme la nuit, féroce comme les Furies, terrible comme l'enfer, agite un dard redoutable ; et ce qui semble être sa tête porte l'apparence d'une couronne royale. Ce monstre est la Mort, fille de Satan et du Péché. — Nous suivons toujours Milton, ce grand poète. Après que le premier homme fut devenu coupable, la Mort et le Péché construisirent un solide et large chemin sur l'abîme. Le gouffre enflammé reçut patiemment un pont, dont l'étonnante longueur s'étendit du bord des enfers au point le plus reculé de ce monde fragile. C'est à l'aide de cette facile communication que les esprits pervers passent et repassent sur la terre pour corrompre ou punir les hommes.
— Mais si le séjour des réprouvés est un séjour hideux, ses hôtes ne le sont pas moins. Citons à présent le Tasse. Quand d'un son rauque et lugubre l'infernale trompette appelle les habitants des ombres éternelles, le Tartare s'ébranle dans ses gouffres noirs et profonds ; l'air ténébreux répond par de longs gémissements. Soudain les puissances de l'abîme accourent à pas précipités : quels spectres étranges, horribles, épouvantables ! La terreur et la mort habitent dans leurs yeux ; quelques-uns, avec une figure humaine, ont des pieds de bêtes farouches ; leurs cheveux sont entrelacés de serpents ; leur croupe immense et fourchue se recourbe en replis tortueux. — On voit d'immondes Harpies, des Centaures, des Sphinx, des Gorgones, des Scylles qui aboient et dévorent ; des Hydres, des Pythons, des Chimères qui vomissent des torrents de flamme et de fumée ; des Polyphèmes, des Géryons, mille monstres plus bizarres que jamais n'en rêva l'imagination, mêlés et confondus ensemble. Ils se placent les uns à la gauche, les autres à la droite de leur sombre monarque. Assis au milieu d'eux, il tient d'une main un sceptre rude et pesant ; son front superbe, armé de cornes, surpasse en hauteur le roc le plus élevé, l'écueil le plus sourcilleux : Calpé, l'immense Atlas lui-même, ne seraient auprès de lui que de simples collines [1]. — Une horrible majesté empreinte sur son farouche aspect accroît la terreur et redouble son orgueil. Son regard, tel qu'une funeste comète, brille du feu des poisons dont ses yeux sont abreuvés. Une barbe longue, épaisse, hideuse, enveloppe son menton et descend sur sa poitrine velue ; sa bouche dégouttante d'un sang impur s'ouvre comme un vaste abîme : de cette bouche empestée s'exhalent un souffle empoisonné et des tourbillons de flamme et de fumée. Ainsi l'Etna, de ses flancs embrasés, vomit avec un bruit affreux de noirs torrents de soufre et de bitume. Au son de sa voix terrible, l'abîme tremble, Cerbère se tait épouvanté, l'Hydre est muette, le Cocyte s'arrête immobile [2]. — Voici quelques voyages aux enfers, empruntés aux chroniqueurs du moyen âge et qui sont moins agréables que les tableaux des poètes, mais qui ont pourtant aussi leur charme de naïveté.
— Le landgrave de Thuringe venait de mourir. Il laissait après lui deux fils à peu près du même âge, Louis et Hermann. Louis, qui était l'aîné et le plus religieux (puisqu'il est mort dans la première croisade), publia cet édit, après les funérailles de son père : « Si quelqu'un peut m'apporter des nouvelles certaines de l'état où se trouve maintenant l'âme de mon père, je lui donnerai une bonne

---
[1] Milton donne à Satan quarante mille pieds de haut.
[2] Et phlegetonteæ requirunt murmura ripæ.
CLAUDIEN.

ferme.... » Un pauvre soldat, ayant entendu parler de cette promesse, alla trouver son frère, qui passait pour un clerc distingué, et qui avait exercé pendant quelque temps la nécromancie ; il chercha à le séduire par l'espoir de la ferme qu'ils partageraient amicalement. « J'ai quelquefois évoqué le diable, répondit le clerc, et j'en ai tiré ce que j'ai voulu ; mais le métier de nécromancien est trop dangereux, et il y a long-temps que j'y ai renoncé. » Cependant l'idée de devenir riche surmonta les scrupules du clerc : il appela le diable, qui parut aussitôt, et demanda ce qu'on lui voulait. « Je suis honteux de l'avoir abandonné depuis tant de temps, répondit le nécromancien ; mais je reviens à toi. Indique-moi, je te prie, où est l'âme du landgrave, mon ancien maître ? — Si tu veux venir avec moi, dit le diable, je te la montrerai. — J'irais bien, répondit le clerc, mais je crains trop de n'en pas revenir. — Je te jure par le Très-Haut, et par ses décrets formidables, dit le démon, que si tu te fies à moi, je te conduirai sans méchef auprès du landgrave, et que je te ramènerai ici [1]. » Le nécromancien, rassuré par un serment aussi solennel, monta sur les épaules du démon, qui prit son vol et le conduisit à l'entrée de l'enfer. Le clerc eut le courage de considérer à la porte ce qui s'y passait, mais il n'eut pas la force d'y entrer. Il n'aperçut qu'un pays horrible, et des damnés tourmentés de mille manières. Il remarqua surtout un grand diable, d'un aspect effroyable, assis sur l'ouverture d'un puits, qui était fermé d'un large couvercle, et ce spectacle le fit trembler. Cependant le grand diable cria au démon qui portait le clerc : « Que portes-tu là sur tes épaules ? viens ici que je te décharge. — Non, répondit le démon ; celui que je porte est un de mes amis ; je lui ai juré que je ne lui causerais aucun mal ; et je lui ai promis que vous auriez la bonté de lui faire voir l'âme du landgrave, son ancien maître, afin qu'à son retour dans le monde il publie partout votre puissance. » Le grand diable ouvrit alors son puits, et sonna du cornet [2] avec tant de vigueur et de force, que la foudre et les tremblements de terre ne seraient qu'une musique fort douce en comparaison. En même temps le puits vomit des torrents de soufre enflammé, et, au bout d'une heure, l'âme du landgrave, qui remontait du gouffre au milieu des tourbillons étincelants, montra sa tête au-dessus du trou, et dit au clerc : « Tu vois devant toi ce malheureux prince qui fut ton maître, et qui voudrait maintenant n'avoir jamais régné.... » Le clerc répondit : « Votre fils est curieux de savoir ce que vous faites ici, et s'il peut vous aider en quelque chose ? — Tu sais où j'en suis, reprit l'âme du landgrave, je n'ai guère d'espérance ; cependant, si mes fils veulent restituer certaines possessions que je te vais nommer, et qui m'appartenaient injustement, ils me soulageront. » Le clerc répondit : « Seigneur, vos fils ne me croiront pas. — Je vais te dire un secret, répliqua le landgrave, qui n'est connu que de moi et de mes fils. » En même temps il nomma les possessions qu'il fallait restituer, et il donna le secret qui devait prouver la véracité du clerc. — Après cela, l'âme du landgrave rentra dans le gouffre ; le puits se referma, et le nécromancien revint dans la Thuringe, monté sur son démon. Mais, à son retour de l'enfer, il était si défait et si pâle, qu'on avait peine à le reconnaître. Il raconta aux princes ce qu'il avait vu et entendu ; et cependant ils ne voulurent point consentir à restituer les possessions que leur père les priait de rendre. Seulement le landgrave Louis dit au clerc : « Je reconnais que tu as vu mon père, et que tu ne me trompes point ; aussi te vais-je donner la récompense que j'ai promise. — Gardez votre ferme, répondit le clerc ; pour moi je ne dois plus songer qu'à mon salut. » Et il se fit moine de Cîteaux [1]. — On voit que le légendaire ne désigne pas bien si les lieux que son héros a cru visiter sont le purgatoire ou l'enfer. Citons encore un bon religieux anglais dont le voyage a été écrit par Pierre-le-Vénérable, abbé de Cluni, et par Denys-le-Chartreux [2]. Ce voyageur parle à la première personne : « J'avais saint Nicolas pour conducteur, dit-il ; il me fit parcourir un chemin plat jusqu'à un espace immense, horrible, peuplé de défunts qu'on tourmentait de mille manières affreuses. On me dit que ces gens-là n'étaient pas damnés, que leur supplice finirait avec le temps, et que je voyais le purgatoire. Je ne m'attendais pas à le trouver si rude ; tous ces malheureux pleuraient à chaudes larmes et poussaient de grands gémissements. Depuis que j'ai vu toutes ces choses, je sais bien que si j'avais quelque parent dans le purgatoire, je souffrirais mille morts pour l'en tirer. — Un peu plus loin, j'aperçus une vallée où coulait un épouvantable fleuve de feu qui s'élevait en tourbillons à une hauteur

---

[1] Juro tibi per Altissimum, et per tremendum ejus judicium quia, si fidei meæ te commiseris, etc.
[2] Buccinavit tam valide.

[1] Césarius, moine d'Heisterbach, de l'ordre de Cîteaux, Miracles illustres, liv. 1er ; ch. 34.
[2] Petri Venerabilis, de miracul., et Dyonisii carthusiani, De quatuor novissimis, art. 47.

13.

énorme. Au bord de ce fleuve il faisait un froid si glacial qu'il est impossible de s'en faire une idée. Saint Nicolas m'y conduisit, et me fit remarquer les patients qui s'y trouvaient, en me disant que c'était encore le purgatoire. — En pénétrant plus avant, nous arrivâmes en enfer. C'était un champ aride couvert d'épaisses ténèbres, coupé de ruisseaux de soufre bouillant ; on ne pouvait y faire un pas sans marcher sur des insectes hideux, difformes, extrêmement gros et jetant du feu par les narines. Ils étaient là pour le supplice des pécheurs qu'ils tourmentaient de concert avec les démons. Ceux-ci, avec des crochets, happaient les âmes punies et les jetaient dans des chaudières, où ces âmes se fondaient avec les matières liquides ; après cela on leur rendait leur forme pour de nouvelles tortures. — Ces tortures se faisaient en bon ordre et chacun était tourmenté selon ses crimes. » — Il voit ensuite des prélats, des chevaliers, des dames, des religieux, des princes. Mais toutes ces relations se ressemblent un peu. *Voy.* Vétin, Berthold, Charles-le-Chauve, Engelbrecht, etc. — Il serait très-long de rapporter les sentiments des différents peuples sur l'enfer. — Les Druses disent que tout ce qu'on mangera dans les enfers aura un goût de fiel et d'amertume, et que les damnés porteront sur la tête, en signe d'une éternelle réprobation, un bonnet de poil de cochon d'un pied et demi de long. — Les Grecs représentaient l'enfer comme un lieu vaste et obscur, partagé en plusieurs régions, l'une affreuse où l'on voyait des lacs dont l'eau infecte et bourbeuse exhalait des vapeurs mortelles, un fleuve de feu, des tours de fer et d'airain, des fournaises ardentes, des monstres et des furies acharnés à tourmenter les scélérats ; l'autre riante, paisible, destinée aux sages et aux héros. Le lieu le plus voisin de la terre était l'Érèbe ; on y voyait le palais de la Nuit, celui du Sommeil et des Songes ; c'était le séjour de Cerbère, des Furies et de la Mort ; c'est là qu'erraient pendant cent ans les ombres infortunées dont le corps n'avait pas reçu les honneurs de la sépulture ; et lorsqu'Ulysse évoqua les morts, ceux qui apparurent ne sortirent que de l'Érèbe. L'autre enfer était l'enfer des méchants : c'est là que chaque crime était puni, que les remords dévoraient leurs victimes, et que se faisaient entendre les cris aigus de la douleur. Le Tartare proprement dit venait après l'enfer : c'était la prison des dieux ; environné d'un triple mur d'airain, il soutenait les vastes fondements de la terre et des mers. Les Champs-Élysées, séjour heureux des ombres vertueuses, formaient la quatrième division des enfers ; il fallait traverser l'Érèbe pour y parvenir. — Chez les juifs modernes, les justes seront heureux, les méchants seront tourmentés en enfer, et ceux qui sont dans un état mitoyen, tant juifs que gentils, descendront dans un abîme avec leurs corps, et ils pleureront pendant douze mois, en montant et en descendant d'un lieu moins pénible à un lieu plus rigoureux. Après ce terme, leurs corps seront consumés, leurs âmes brûlées, et le vent les dispersera sous les pieds des justes. Les rabbins ajoutent que, le premier jour de l'an, Dieu fait un examen du nombre et de l'état des âmes qui sont en enfer. — L'enfer des Romains était divisé en sept provinces différentes : la première renfermait les enfants mort-nés, comme ne devant être ni récompensés ni punis ; la seconde était destinée aux innocents condamnés à mort ; la troisième logeait les suicides ; dans la quatrième erraient les parjures ; la cinquième province était habitée par les héros dont la gloire avait été souillée par la cruauté ; la sixième était le Tartare ou lieu des tourments, et la septième les Champs-Élysées comme chez les Grecs. — L'enfer des musulmans a sept portes, et chacune a son supplice particulier. Cet enfer est rempli de torrents de feu et de soufre, où les damnés chargés de chaînes de soixante-dix coudées seront plongés et replongés continuellement par de mauvais anges. A chacune des sept portes il y a une garde de dix-neuf anges, toujours prêts à exercer leur barbarie envers les damnés et surtout envers les infidèles, qui seront à jamais dans ces prisons souterraines, où les serpents, les grenouilles et les corneilles aggraveront encore les tourments de ces malheureux. Les mahométans n'y demeureront au plus que sept mille ans ; au bout de ce temps, le prophète obtiendra leur délivrance. On ne donnera aux damnés que des fruits amers, ressemblant à des têtes de diables ; leur boisson se puisera dans des sources d'eaux soufrées et brûlantes, qui leur procureront des tranchées douloureuses. — Quelques Japonais prétendent que la peine des méchants est de passer dans le corps d'un renard. — Les Guèbres disent que les méchants sont les victimes d'un feu dévorant qui les brûle sans les consumer. Un des tourments de leur enfer est l'odeur infecte qu'exhalent les âmes scélérates ; les unes habitent d'affreux cachots où elles seront étouffées par une fumée épaisse et dévorées par les morsures d'un nombre prodigieux d'insectes et de reptiles venimeux ; les autres seront plongées jusqu'au cou dans les flots noirs et glacés d'un fleuve ; celles-ci seront environnées de diables furieux qui les déchireront à coups de dents ; celles-là seront suspendues par les pieds, et dans cet état on les percera dans tous les endroits du corps avec un poignard. — On croit, dans l'île Formose, que les hommes, après leur mort, passent sur un pont étroit de bambous, sous lequel il y a une fosse profonde pleine d'ordures. Le pont s'écroule sous les pas de ceux qui ont mal vécu, et ils sont précipités dans cette horrible fosse. — Les Cafres admettent treize enfers et vingt-sept paradis, où chacun trouve la place qu'il a mérité d'occuper, suivant ses bonnes ou mauvaises actions. Les sauvages du Mississipi croient que les coupables iront dans un pays malheureux, où il n'y a point de chasse. Les Virginiens placent l'enfer à l'Occident, et précisément à l'un des bouts du monde. — Les Floridiens sont persuadés que les âmes criminelles sont transportées au milieu des montagnes du nord ; qu'elles restent exposées à la voracité des ours et à la rigueur des neiges et des frimas. — Les Kalmouks ont un enfer pour les bêtes de somme ; et celles qui ne s'acquittent pas bien de leurs devoirs ici-bas sont condamnées, selon eux, à porter sans relâche dans l'autre monde les fardeaux les plus pesants. — L'enfer du Dante est célèbre. La forme de cet enfer ressemble à un entonnoir ou à un cône renversé. L'espace qui se trouve depuis la porte de l'enfer jusqu'au fleuve Achéron se divise en deux parties : dans la première sont les âmes de ceux qui vécurent sans réputation ; ils sont tourmentés par les frelons qui leur piquent le visage : ces damnés courent après une bannière qui tourne sans cesse autour d'un cercle. Dans la seconde se trouvent les enfants morts sans baptême ; ces ombres poussent des gémissements continuels. Il y a des cercles concentriques autour de l'enfer. Le second cercle renferme les luxurieux ; ils sont sans cesse agités, transportés çà et là sur des tourbillons de vent. Le troisième est rempli par les gourmands étendus dans la fange et continuellement exposés à un déluge épouvantable de pluie, de neige et de grêle. Le quatrième contient les prodigues et les avares ; ils sont condamnés à rouler éternellement les uns contre les autres des poids énormes. Les autres cercles sont partagés aussi bien.

Engastrimisme, — art des ventriloques, que l'on attribuait autrefois à la magie.

Engastrimithes ou **Engastrimandres**, — devins qui faisaient entendre leurs réponses dans leur ventre. Voy. VENTRILOQUES.

Engelbrecht (JEAN), — visionnaire allemand, mort en 1642 ; il était protestant et d'un naturel si mélancolique, qu'il tenta souvent de s'ôter la vie. Un soir, vers minuit, il lui sembla que son corps était transporté au milieu des airs avec la rapidité d'une flèche. Après un voyage très-court, il arriva à la porte de l'enfer, où régnait une obscurité profonde, et d'où s'exhalait une puanteur à laquelle il n'y a rien à comparer sur la terre. Il entendit les cris et les gémissements des damnés. Une légion de diables voulut l'entraîner dans l'abîme ; il se débarrassa de leurs griffes, pria, et tout cet horrible spectacle s'évanouit. Le Saint-Esprit lui apparut, dit-il, sous la forme d'un homme blanc et le conduisit en paradis. Quand Engelbrecht eut goûté les délices du séjour divin, un ange lui ordonna de retourner sur la terre pour annoncer ce qu'il avait vu, entendu et senti, avec la charge d'exhorter les hommes à la pénitence. Engelbrecht revint à la vie, et raconta sa vision. Dans un de ses ouvrages, (car il a fait des ouvrages, quoiqu'il ne sût pas lire), il dit que tous les assistants, pendant son récit, sentirent la puanteur horrible de l'enfer, et que lui-même, en sortant de son lit, en était encore infecté ; mais personne, excepté lui, ne sentit les parfums suaves de la demeure des bienheureux. Il annonça dès lors qu'il avait été mort et qu'il était ressuscité, et il fonda sur ces prodiges la vérité de sa mission. — Il eut encore d'autres visions ; il entendit pendant quarante nuits une musique céleste si harmonieuse, qu'il ne put s'empêcher d'y joindre sa voix. Les ministres protestants crurent reconnaître en lui quelque chose de surnaturel ; mais dès qu'il leur eut reproché leur avarice, ils déclarèrent que tout n'était que l'œuvre du démon. Parcourant la Basse-Saxe, il prêchait, disait-il, comme il en avait reçu l'ordre d'en haut. Un jour qu'il racontait ses extases, il dit qu'il avait vu les âmes des bienheureux voltiger autour de lui, sous la forme d'étincelles, et que, voulant se mêler à leur danse, il avait pris le soleil d'une main et la lune de l'autre. Toutes ces absurdités ne l'empêchèrent pas de faire des prosélytes parmi les réformés. Il a laissé divers ouvrages : 1° *Véritable Vue et histoire du ciel*, Amsterdam, 1690, in-4° : c'est le récit de son excursion en enfer et en paradis ; 2° *Mandat et ordre divin et céleste délivrés par la chancellerie céleste*, Brême, 1625, in-4° ; cet écrit manque dans le recueil intitulé : *Œuvres, Visions et Révélations de Jean Engelbrecht*, Amsterdam, 1680, in-4°.

Énigme. — On lit dans de vieilles histoires

de Naples que, sous le règne de Robert Guiscard, on trouva une statue qui avait la tête dorée, et sur laquelle était écrit : *Aux calendes de mai, quand le soleil se lèvera, j'aurai la tête toute d'or*. Robert chercha long-temps à deviner le sens de cette énigme ; mais ni lui ni les savants de son royaume ne purent la résoudre. Cependant un prisonnier de guerre, Sarrazin de nation, promit au roi de l'interpréter s'il lui accordait la liberté sans rançon. Il avertit donc le prince d'observer aux premiers jours de mai l'ombre de la tête de la statue, au lever du soleil, et de faire bêcher la terre à l'endroit où tomberait cette ombre. Robert suivit ce conseil et trouva de grands trésors qui lui servirent dans ses guerres d'Italie ; il récompensa le Sarrazin, non-seulement en lui accordant la liberté, mais encore en lui donnant de bonnes sommes d'argent. — Il y a beaucoup d'énigmes dans les divinations. On peut voir le traité des énigmes du père Menestrier, de la compagnie de Jésus, intitulé : *la Philosophie des images énigmatiques*, où il est traité des énigmes, hiéroglyphiques, oracles, prophéties, sorts, divinations, loteries, talismans, songes, centuries de Nostradamus et de la baguette. Lyon, 1694, in-12.

Enlèvement. — Nous ne parlons ici que de ceux qui ont été enlevés par le diable. Une Allemande avait contracté l'habitude de jurer et de dire des mots de corps-de-garde ; elle fut bientôt le modèle de quelques femmes de son pays, et il fallut un exemple pour arrêter le désordre. Un jour qu'elle prononçait avec énergie ces paroles, qui sont tristes surtout dans la bouche d'une femme : *Que le diable m'emporte !....* le diable arriva et l'emporta [1]. — On lit en beaucoup de livres qu'un certain comte de Mâcon, homme violent et impie, exerçait une espèce de tyrannie contre les ecclésiastiques et contre ce qui leur appartenait, sans se mettre en peine de cacher ni de colorer ses violences. Un jour qu'il était assis dans son palais, bien accompagné, on y vit entrer un inconnu à cheval, qui s'avança jusqu'auprès du comte, et lui dit : « Suivez-moi, j'ai à vous parler. » Le comte le suit, entraîné par un pouvoir surnaturel. Lorsqu'il arrive à la porte, il trouve un cheval préparé, le monte, et il est transporté dans les airs, criant d'une voix terrible, à ceux qui étaient présents. « A moi ! au secours !.... » On le perdit de vue, et on ne put douter que le diable ne l'eût emporté. — Dans la même ville il y eut un bailli qui fut aussi enlevé par le diable à l'heure de son dîner, et porté trois fois autour de Mâcon, à la vue de tous les habitants, qui assurent ne l'avoir pas vu revenir [1]. *Voy.* AGRIPPA, SIMON, GABRIELLE D'ESTRÉES, LUTHER, etc.

Enoch, — *voy.* ÉDRIS.

Ensorcellement. — Bien des gens se sont crus ensorcelés, qui n'étaient que le jouet de quelque hallucination. On lisait ce fait dans le *Journal des Débats* du 5 mars 1844. — « Il y a trois jours, M. Jacques Coquelin, demeurant rue du Marché Saint-Jean, n° 21, à Paris, logé au troisième étage, rentrait chez lui vers onze heures du soir, la tête échauffée par le vin. Arrivé sur le palier du deuxième étage, il se croit dans son domicile ; il se déshabille tranquillement, jette une à une ses hardes par une large fenêtre donnant sur la cour et que dans son ivresse il prend pour son alcôve ; puis il se fait un bonnet de nuit avec sa cravate, et n'ayant plus que sa chemise sur le corps, il se lance lui-même par la fenêtre, croyant se jeter sur son lit.... Ce ne fut que le lendemain, vers six heures du matin, que les autres habitants de la maison s'aperçurent de ce malheureux événement. Le corps de l'infortuné Coquelin était étendu sans mouvement sur les dalles de la cour. Pourtant cet homme, âgé seulement de vingt-sept ans, et doué d'une grande force physique, n'était pas mort, quoique son corps fût horriblement mutilé. Transporté chez lui, il vécut deux jours encore ; mais son état était désespéré et il expira après soixante heures des plus cruelles souffrances. » — Dans d'autres temps ou dans d'autres pays, on eût vu là un ensorcellement. *Voy.* toutefois SORTILÉGES, PAROLES, BERGERS, etc., etc.

Enthousiastes. — On a donné ce nom à certains sectaires qui, étant agités du démon, se croyaient inspirés.

Envoûtement. — Les sorciers font, dit-on, la figure en cire de leurs ennemis, la piquent, la tourmentent, la fondent devant le feu, afin que les originaux vivants et animés ressentent les mêmes douleurs. C'est ce que l'on appelle *envoûter*, du nom de la figure, *volts* ou *voult* ; voyez ce mot. *Voy.* aussi DUFFUS, CHARLES IX, GLOCESTER, etc.

Éon de l'Étoile. — Dans le douzième siècle, un certain Éon de l'Étoile, gentilhomme breton, abusant de la manière dont on prononçait ces paroles : *Per cum qui venturus est* (on prononçait *per Eon*), prétendit qu'il était le Fils de Dieu qui doit venir juger les vivants et les morts, se donna pour tel, eut des adhé-

---

[1] Wierus, de Præst. dæm., lib. 2 ; Bodin, Démonomanie, liv. III, ch. 1er.

[1] Jean de Chassanion, huguenot, Des grands et redoutables jugements de Dieu advenus au monde, p. 116.

rents qu'on appela Éoniens, et qui se mirent à piller les églises et les monastères.

Éons. — Selon les gnostiques, les Éons sont des êtres vivants et intelligents que nous appelons des esprits. Les Grecs les nommaient démons ; ce mot a le même sens. Ces Éons prétendus étaient ou des attributs de Dieu personnifiés, ou des mots hébreux tirés de l'Écriture, ou des mots barbares forgés à discrétion. Ainsi de *Pléroma* la divinité, sortaient *Sophia* la sagesse, *Nous* l'intelligence, *Sigé* le silence, *Logos* le verbe, *Achamoth* la prudence, etc. L'un de ces Éons avait formé le monde, l'autre avait gouverné les juifs et fabriqué leur loi, un troisième était venu parmi les hommes, sous le nom de Fils de Dieu ou de Jésus-Christ. Il n'en coûtait rien pour les multiplier ; les uns étaient mâles et les autres femelles, et de leur mariage il était sorti une nombreuse famille. Les Éons étaient issus de Dieu par émanation et par nécessité de nature. Les inventeurs de ces rêveries disaient encore que l'homme a deux âmes, l'une sensitive qu'il a reçue des Éons, et l'autre intelligente et raisonnable que Dieu lui a donnée pour réparer les bévues des Éons maladroits [1].

Épaule de mouton. — Giraud, cité par M. Gautrel, dans son Mémoire sur la part que les Flamands prirent à la conquête de l'Angleterre par les Normands, dit que les Flamands qui vinrent en Angleterre connaissaient l'avenir et le passé par l'inspection de l'épaule droite d'un mouton, dépouillée de la viande non rôtie, mais cuite à l'eau : « par un art admirable et vraiment prophétique, ajoute le même écrivain, ils savent les choses qui, dans le moment même, se passent loin d'eux ; ils annoncent avec la plus grande certitude, d'après certains signes, la guerre et la paix, les massacres et les incendies, la maladie et la mort du roi. C'est à tel point qu'ils prévirent, un an auparavant, le bouleversement de l'État après la mort de Henri Ier, vendirent tous leurs biens, et échappèrent à leur ruine en quittant le royaume avec leurs richesses. » — Pourtant on voit dans les historiens du temps que ce fait avancé par Giraud n'est pas exact, et qu'il arriva au contraire à ces Flamands beaucoup de choses qu'ils n'avaient pas prévues.

Éphialtes ou **Hyphialtes**, **Éphélès**, — nom que donnaient les Éoliens à une sorte de démons incubes [2].

Épicure. — « Qui pourrait ne pas déplorer le sort d'Épicure, qui a le malheur de passer pour avoir attaché le souverain bien aux plaisirs des sens, et dont à cette occasion on a flétri la mémoire ? Si l'on fait réflexion qu'il a vécu soixante-dix ans, qu'il a composé plus d'ouvrages qu'aucun des autres philosophes, qu'il se contentait de pain et d'eau, et que quand il voulait dîner avec Jupiter il n'y faisait ajouter qu'un peu de fromage, on reviendra bientôt de cette fausse prévention. Que l'on consulte Diogène Laërce, on trouvera dans ses écrits la vie d'Épicure, ses lettres, son testament, et l'on se convaincra que les faits que l'on avance contre lui sont calomnieux. Ce qui a donné lieu à cette erreur, c'est que l'on a mal pris sa doctrine ; en effet, il ne faisait pas consister la félicité dans les plaisirs du corps, mais dans ceux de l'âme, et dans la tranquillité que selon lui on ne peut obtenir que de la sagesse et de la vertu [1]. » C'est ce que disent quelques critiques combattus par d'autres.

Épilepsie. — Les rois d'Angleterre ne guérissaient pas seulement les écrouelles, mais encore ils bénissaient des anneaux qui préservaient de la crampe et du mal caduc. Cette cérémonie se faisait le vendredi-saint. Le roi, pour communiquer aux anneaux leur vertu salutaire, les frottait entre ses mains. Ces anneaux, qui étaient d'or ou d'argent, étaient envoyés dans toute l'Europe, comme des préservatifs infaillibles ; il en est fait mention dans différents monuments anciens [2]. — Il y a d'autres moyens naïfs de traiter l'épilepsie, qui n'obligent pas à passer la mer. On croyait en guérir chez nos aïeux en attachant au bras du malade un clou tiré d'un crucifix. La même cure s'opérait en lui mettant sur la poitrine ou dans la poche les noms des trois rois mages, *Gaspar, Balthazar, Melchior*. Cette recette est indiquée dans des livres anciens.

Gaspar fert myrrham, thus Melchior, Balthazar aurum,
Hæc tria qui secum portabit nomina regum,
Solvitur à morbo, Christi pietate, caduco.

Épreuves. — L'épreuve gothique qui servait à reconnaître les sorciers a beaucoup de rapport avec la manière judicieuse que le peuple emploie pour s'assurer si un chien est enragé ou ne l'est pas. La foule se rassemble et tourmente, autant que possible, le chien qu'on accuse de rage. Si l'animal dévoué se défend et mord, il est condamné, d'une voix unanime, d'après ce principe, qu'un chien

---

[1] Bergier, Dict. théolog., au mot *Gnostiques*.
[2] Leloyer, Hist. des spectres ou ap. des esprits, liv. II, ch. 5, p. 197.

[1] Brown, Essais sur les erreurs, etc., liv. VII, ch. 27, p. 329.
[2] Lebrun, Hist. des pratiques superstitieuses, t. II, p. 128.

enragé mord tout ce qu'il rencontre. S'il tâche, au contraire, de s'échapper et de fuir à toutes jambes, l'espérance de salut est perdue sans ressource ; on sait de reste qu'un chien enragé court avec force et tout droit devant lui sans se détourner. — La sorcière soupçonnée était plongée dans l'eau, les mains et les pieds fortement liés ensemble. Surnageait-elle, on l'enlevait aussitôt pour la précipiter dans un bûcher, comme convaincue d'être criminelle, puisque l'eau des épreuves la rejetait de son sein. Enfonçait-elle, son innocence était dès lors irréprochable ; mais cette justification lui coûtait la vie [1]. — Il y avait bien d'autres épreuves. Celle de la croix consistait généralement, pour les deux adversaires, à demeurer les bras étendus devant une croix, celui qui y tenait le plus long-temps gagnait sa cause. Mais le plus souvent les épreuves judiciaires se faisaient autrefois par l'eau ou le feu. Voy. Eau bouillante, Cercueil, Fer chaud, Ordalie, etc.

Érèbe, — fleuve des enfers : on le prend aussi pour une partie de l'enfer et pour l'enfer même. Il y avait un sacerdoce particulier pour les âmes qui étaient dans l'Érèbe.

Ergenna, — devin d'Étrurie dans l'antiquité.

Éric au chapeau venteux. — On lit dans Hector de Boëce que le roi de Suède, Éric ou Henri, surnommé le *Chapeau venteux*, faisait changer les vents en tournant son bonnet sur sa tête, pour montrer au démon, avec qui il avait fait pacte, de quel côté il les voulait ; et le démon était si exact à donner le vent que demandait le signal du bonnet, qu'on aurait pu, en toute sûreté, prendre le couvre-chef royal pour une girouette.

Érichtho, — sorcière qui, dans la guerre entre César et Pompée, évoqua un mort lequel prédit toutes les circonstances de la bataille de Pharsale [2].

Éroconopes, — peuples imaginaires que Lucien représente comme d'habiles archers, montés sur des moucherons-monstres.

Érocordacès, — autre peuple imaginaire que le même auteur représente combattant avec des raves en guise de flèches.

Éromantie, — une des six espèces de divinations pratiquées chez les Perses par le moyen de l'air. Ils s'enveloppaient la tête d'une serviette, exposaient à l'air un vase rempli d'eau, et proféraient à voix basse l'objet de leurs vœux. Si l'eau venait à bouillonner, c'était un pronostic heureux.

Érotylos, — pierre fabuleuse dont Démocrite et Pline après lui vantent la propriété pour la divination.

Erreurs populaires. — Lorsque le Dante publia son Enfer, la simplicité de son siècle le reçut comme une véritable narration de sa descente dans les sombres manoirs. A l'époque où l'Utopie de Thomas Morus parut pour la première fois, elle occasionna une plaisante méprise. Ce roman poétique donne le modèle d'une république imaginaire dans une île qui est supposée avoir été nouvellement découverte en Amérique. Comme c'était le siècle, dit Granger, Buddœus et d'autres écrivains, prirent le conte pour une histoire véritable, et regardèrent comme une chose importante qu'on envoyât des missionnaires dans cette île. — Ce ne fut que long-temps après la publication des Voyages de Gulliver, par Swift, qu'un grand nombre de ses lecteurs demeura convaincu qu'ils étaient fabuleux [1]. — Les erreurs populaires sont en si grand nombre, qu'elles ne tiendraient pas toutes dans ce livre. Nous ne parlerons pas des erreurs physiques ou des erreurs d'ignorance : nous ne nous élèverons ici que contre les erreurs enfantées par les savants. Ainsi Cardan eut des partisans lorsqu'il débita que, dans le Nouveau-Monde, les gouttes d'eau se changent en petites grenouilles vertes. Cédrénus a écrit très-merveilleusement que tous les rois francs de la première race naissaient avec l'épine du dos couverte et hérissée d'un poil de sanglier. Le peuple croit fermement, dans certaines provinces, que la louve enfante, avec ses louveteaux, un petit chien qu'elle dévore aussitôt qu'il voit le jour. — Voyez la plupart des articles de ce Dictionnaire.

Érus ou Er, — fils de Zoroastre. Platon assure qu'il sortit de son tombeau douze jours après avoir été brûlé sur un bûcher, et qu'il conta beaucoup de choses sur le sort des bons et des méchants dans l'autre monde.

Escamotage. — On l'a pris quelquefois pour la sorcellerie ; le diable, dit Leloyer, s'en est souvent mêlé. Delrio (liv. 2, quest. 2) rapporte qu'on punit du dernier supplice, à Trèves, une sorcière très-connue qui faisait venir le lait de toutes les vaches du voisinage en un vase placé dans le mur. Sprenger assure pareillement que certaines sorcières se placent la nuit dans un coin de leur maison, tenant un vase devant elles ; qu'elles plantent

---
[1] Goldsmith, Essai sur les hommes et sur les mœurs.
[2] Wierus, de præstig. dæm., lib. 2, cap. 11.

[1] Bertin, Curiosités de la littérature, t. 1er, p. 304.

un couteau ou tout autre instrument dans le mur ; qu'elles tendent la main pour traire, en invoquant le diable, qui travaille avec elles à traire telle ou telle vache qui paraît la plus grasse et la mieux fournie de lait ; que le démon s'empresse de presser les mamelles de la vache, et de porter le lait dans l'endroit où se trouve la sorcière qui l'escamote ainsi. *Voy.* FASCINATION, CHARMES, AGRIPPA, etc. Dans les villages, les escamoteurs ont encore le nom de sorciers.

Eschyle, — tragique grec à qui on avait prédit qu'il mourrait de la chute d'une maison ; ce qui fit qu'il s'alla loger en pleine campagne ; mais le conte ajoute qu'un aigle, qui portait une tortue dans ses serres, la laissa tomber sur la tête chauve du poète, pensant que ce fût un rocher ; et la prédiction s'accomplit.

Esdras. — Pour les écrits qu'on lui attribue, *voy.* PIC DE LA MIRANDOLE.

Espagnet (JEAN D'), — philosophe hermétique qui a fait deux traités intitulés : l'un, *Enchiridion de la physique rétablie* ; l'autre, *Secret de la philosophie hermétique* [1] ; encore lui conteste-t-on ce dernier, que l'on attribue à un inconnu qui se faisait appeler le chevalier impérial [2]. Le *Secret de la philosophie* renferme la pratique du grand œuvre, et l'*Enchiridion* la théorie physique sur laquelle repose la transmutabilité des métaux. D'Espagnet est encore auteur de la préface qui précède le *Traité de l'inconstance des démons* de Pierre Delancre. On lit dans cette préface que les sorcières ont coutume de voler les petits enfants pour les consacrer au démon.

Espagnol (JEAN L'), — docteur en théologie, grand-prieur de Saint-Remi de Reims, auteur d'un livre intitulé : *Histoire notable de la conversion des Anglais*, etc. in-8°, Douai, 1614. La vingtième annotation, qui commence à la page 206 et va jusqu'à la 306e, est un traité sur les apparitions des esprits, où, avec des choses passables et médiocres, on trouve de bonnes observations [3].

Esprits. — Les anciens ont cru que les esprits, qu'ils appelaient démons ou génies, étaient des demi-dieux. Chaque nation, dit Apulée, même chaque famille et chaque homme, a son esprit qui le guide et qui veille sur sa conduite. Tous les peuples avaient du respect pour eux, et les Romains les révéraient. Ils n'assiégeaient les villes et n'entreprenaient leurs guerres qu'après que leurs prêtres avaient invoqué le génie du pays. Caligula même fit punir publiquement quelques-uns de ceux qui les avaient maudits [1]. — Il y a eu des philosophes qui se sont imaginé que ces esprits n'étaient que les âmes des morts qui, étant une fois séparées de leurs corps, erraient incessamment sur la terre. Ce sentiment leur paraissait d'autant plus vraisemblable qu'ils s'imaginaient voir des spectres auprès des tombeaux dans les cimetières, dans les lieux où l'on avait tué quelques personnes. « Les esprits, dit Wecker, sont les seigneurs de l'air ; ils peuvent exciter les tempêtes, rompre les nues et les transporter où ils veulent avec de grands tourbillons ; enlever l'eau de la mer, en former la grêle et tout ce que bon leur semble. » — Il y a dans l'intérieur de l'Amérique septentrionale des peuplades sauvages qui s'imaginent que lorsqu'un homme est enterré sans qu'on place auprès de lui tout ce qui lui a appartenu, son esprit revient sous forme humaine, et se montre sur les arbres les plus près de sa maison, armé d'un fusil ; on ajoute qu'il ne peut jouir du repos qu'après que les objets qu'il réclame ont été déposés dans sa tombe. — Les Siamois admettent une multitude d'esprits répandus dans l'air, dont la puissance est fort grande, et qui sont très-malfaisants. Ils tracent certaines paroles magiques sur des feuilles de papier, pour se prémunir contre leur malice. Lorsqu'ils préparent une médecine, ils garnissent le bord du vase d'un grand nombre de ces papiers, de peur que les esprits n'emportent la vertu des remèdes. — Les auteurs cabalistiques ont prétendu que les esprits étaient des créatures matérielles, composées de la substance la plus pure des éléments ; que plus cette matière était subtile, plus ils avaient de pouvoir et d'action. Ces auteurs en distinguent de deux sortes, de supérieurs et d'inférieurs : les supérieurs sont ou célestes ou aériens ; les inférieurs sont ou aquatiques ou terrestres. Ceux qui ont cru que ces esprits étaient des créatures matérielles, les ont assujettis à la mort comme les hommes. Cardan dit que les esprits qui apparurent à son père lui firent connaître qu'ils naissaient et qu'ils mouraient comme nous ; mais que leur vie était plus longue et plus heureuse que la nôtre.

---

[1] Enchiridion physicæ restitutæ. Arcanum philosophiæ hermeticæ.

[2] Ce chevalier, très-révéré des alchimistes, est mentionné souvent dans la *Trompette française*, petit volume contenant une *Prophétie de Bombart sur la naissance de Louis XIV*. On a, du Chevalier impérial, le *Miroir* des alchimistes, avec instructions aux dames pour dorénavant être belles sans plus user de leurs fards (Anvers, 1609. In-16.

[3] Lenglet-Dufresnoy, Catalogue des auteurs qui ont écrit sur les apparitions.

[1] Discours sur les esprits follets, Mercure galant, 1680.

— Guillaume de Paris écrit que, l'an 1447, il y avait un esprit à Poitiers dans la paroisse de Saint-Paul, lequel rompait vitres et verrières, et frappait à coups de pierres sans blesser personne[1]. Cæsarius écrit que la fille d'un prevôt de Cologne était si tourmentée d'un esprit malin, qu'elle en devint frénétique. Le père fut averti de faire aller sa fille au delà du Rhin et de la changer de lieu; ce qu'il fit. L'esprit fut obligé d'abandonner la fille, mais il battit tant le père qu'il en mourut trois jours après[2]. — Nous rapporterons quelques histoires d'esprits. « Au commencement du règne de Charles IV, dit le Bel, l'esprit d'un bourgeois, mort depuis quelques années, parut sur la place publique d'Arles en Provence; il rapportait des choses merveilleuses de l'autre monde. Le prieur des Jacobins d'Arles, homme de bien, pensa que cet esprit était un démon déguisé. Il se rendit sur la place; soudain l'esprit découvrit qui il était, et pria qu'on le tirât du purgatoire. Ayant ainsi parlé, il disparut; et, comme on pria pour son âme, *il ne fut oncques vu depuis*[3]. »

— En 1750, un officier du prince de Conti, étant couché dans le château de l'Ile-Adam, sentit tout à coup enlever sa couverture; il la retire. On renouvelle le manége, tant qu'à la fin l'officier, ennuyé, jure d'exterminer le mauvais plaisant, met l'épée à la main, cherche dans tous les coins et ne trouve rien. Étonné, mais brave, il veut, avant de conter son aventure, éprouver encore le lendemain si l'importun reviendra. Il s'enferme avec soin, se couche, écoute long-temps et finit par s'endormir: alors on lui joue le même tour que la veille. Il s'élance du lit, renouvelle ses menaces, et perd son temps en recherches. La crainte s'empare de lui; il appelle un frotteur, qu'il prie de coucher dans sa chambre, sans lui dire pour quel motif; mais l'esprit, qui avait fait son tour, ne paraît plus. La nuit suivante, il se fait accompagner du frotteur, à qui il raconte ce qui lui est arrivé, et ils se couchent tous deux. Le fantôme vient bientôt, éteint la chandelle qu'ils avaient laissée allumée, les découvre et s'enfuit. Comme ils avaient entrevu cependant un monstre difforme, hideux et gambadant, le frotteur s'écria que c'était le diable et courut chercher de l'eau bénite; mais au moment qu'il levait le goupillon pour asperger la chambre, l'esprit le lui enlève et disparaît.... Les deux champions poussent des cris; on accourt; on passe la nuit en alarmes, et le matin on aperçoit sur le toit de la maison un gros singe qui, armé du goupillon, le plongeait dans l'eau de la gouttière et en arrosait les passants. — En 1210, un bourgeois d'Épinal, nommé Hugues, fut visité par un esprit qui faisait des choses merveilleuses, et qui parlait sans se montrer. On lui demanda son nom et de quel lieu il venait? Il répondit qu'il était l'esprit d'un jeune homme de Clérentine, village à sept lieues d'Épinal; et que sa femme vivait encore. Un jour, Hugues ayant ordonné à son valet de seller son cheval et de lui donner à manger, le valet différa de faire ce qu'on lui commandait; l'esprit fit son ouvrage, au grand étonnement de tout le monde. Un autre jour, Hugues, voulant se faire saigner, dit à sa fille de préparer des bandelettes. L'esprit alla prendre une chemise neuve dans une autre chambre, la déchira par bandes, et vint la présenter au maître, en lui disant de choisir les meilleures. Un autre jour, la servante du logis ayant étendu du linge dans le jardin pour le faire sécher, l'esprit le porta au grenier et le plia plus proprement que n'aurait pu faire la plus habile blanchisseuse. Ce qui est remarquable, c'est que, pendant six mois qu'il fréquenta cette maison, il n'y fit aucun mal à personne, et ne rendit que de bons offices, contre l'ordinaire de ceux de son espèce. *Voy.* HECDEKIN. — Sur la fin de l'année 1746, on entendit comme des soupirs qui partaient d'un coin de l'imprimerie du sieur Lahard, l'un des conseillers de la ville de Constance. Les garçons de l'imprimerie n'en firent que rire d'abord. Mais dans les premiers jours de janvier, on distingua plus de bruit qu'auparavant. On frappait rudement contre la muraille, vers le même coin où l'on avait d'abord entendu des soupirs; on en vint jusqu'à donner des soufflets aux imprimeurs et à jeter leurs chapeaux par terre. L'esprit continua son manége pendant plusieurs jours, donnant des soufflets aux uns, jetant des pierres aux autres; en sorte que les compositeurs furent obligés d'abandonner ce coin de l'imprimerie. — Il se fit beaucoup d'autres tours dans lesquels les expériences de la physique amusante entrèrent probablement pour beaucoup; et enfin cette farce cessa. *Voy.* REVENANTS, APPARITIONS, DROLLES, etc. — Voici l'histoire d'un esprit qui fut cité en justice. — En 1761, un fermier de Southams, dans le comté de Warwick (Angleterre), fut assassiné en revenant chez lui: le lendemain, un voisin vint trouver la femme de ce fermier et lui demanda si son mari était rentré; elle répondit que non, et qu'elle en était dans de grandes inquiétudes.

---

[1] Bodin, Démonomanie des sorciers, liv. III, p. 393.
[2] *Id., ibid.*
[3] Leloyer, Hist. des spectres et apparitions des esprits.

« Vos inquiétudes, répliqua cet homme, ne peuvent égaler les miennes ; car, comme j'étais couché cette nuit, sans être encore endormi, votre mari m'est apparu couvert de blessures, et m'a dit qu'il avait été assassiné par son ami John Dick, et que son cadavre avait été jeté dans une marnière. » — La fermière, alarmée, fit des perquisitions. On découvrit dans la marnière le corps blessé aux endroits que le voisin avait désignés. Celui que le revenant avait accusé fut saisi et mis entre les mains des juges, comme violemment soupçonné du meurtre. Son procès fut instruit à Warwick ; les jurés l'auraient condamné aussi témérairement que le juge de paix l'avait arrêté, si lord Raymond, le principal juge, n'avait suspendu l'arrêt. « Messieurs, dit-il aux jurés, je crois que vous donnez plus de poids au témoignage d'un revenant qu'il n'en mérite. Quelque cas qu'on fasse de ces sortes d'histoires, nous n'avons aucun droit de suivre nos inclinations particulières sur ce point. Nous formons un tribunal de justice, et nous devons nous régler sur la loi ; or, je ne connais aucune loi existante qui admette le témoignage d'un revenant ; et quand il y en aurait une qui l'admettrait, le revenant ne paraît pas pour faire sa déposition. Huissiers, ajouta-t-il, appelez le revenant. » Ce que l'huissier fit par trois fois, sans que le revenant parût. — « Messieurs, continua lord Raymond, le prisonnier qui est à la barre est, suivant le témoignage de gens irréprochables, d'une réputation sans tache, et il n'a point paru, dans le cours des informations, qu'il y ait eu aucune espèce de querelle entre lui et le mort. Je le crois absolument innocent, et, comme il n'y a nulle preuve contre lui, ni directe ni indirecte, il doit être renvoyé. Mais par plusieurs circonstances qui m'ont frappé dans le procès, je soupçonne fortement la personne qui a vu le revenant d'être le meurtrier ; auquel il n'est pas difficile de concevoir qu'il ait pu désigner la place, les blessures, la marnière et le reste, sans aucun secours surnaturel ; en conséquence de ces soupçons, je me crois en droit de le faire arrêter, jusqu'à ce que l'on fasse de plus amples informations. » — Cet homme fut effectivement arrêté ; on fit des perquisitions dans sa maison ; on trouva les preuves de son crime, qu'il avoua lui-même à la fin, et il fut exécuté aux assises suivantes.

Esprits élémentaires. — Les cabalistes peuplent les éléments, comme on l'a dit [1], d'esprits divers. Les Salamandres habitent le feu ; les Sylphes, l'air ; les Gnomes, la terre ; l'eau est le séjour des Ondins ou Nymphes. *Voy.* ces mots.

Esprits familiers. — Scaliger, Cecco d'Ascoli, Cardan et plusieurs autres visionnaires ont eu, comme Socrate, des esprits familiers. Bodin dit avoir connu un homme qui était toujours accompagné d'un esprit familier, lequel lui donnait un petit coup sur l'oreille gauche quand il faisait bien, et le tirait par l'oreille droite quand il faisait mal. Cet homme était averti de la même façon si ce qu'il voulait manger était bon ou mauvais, s'il se trouvait avec un honnête homme ou avec un coquin, etc. C'était très-avantageux.

Esprits follets, — *voy.* FEUX FOLLETS.

Esséniens, — secte célèbre parmi les Juifs. Les Esséniens avaient des superstitions particulières. Leurs devins prétendaient connaître l'avenir par l'étude des livres saints faite avec certaines préparations ; ils y trouvaient même la médecine et toutes les sciences, par des combinaisons cabalistiques.

Esterelle, — *voy.* FÉES.

Étang de la vie. — Au sortir du pont où se fait la séparation des élus et des réprouvés, les docteurs persans font descendre les bienheureux dans cet étang, dont les eaux sont blanches et douces comme le miel. Pour la commodité des âmes, il y a tout le long de l'étang des cruches semblables aux étoiles toujours pleines de cette eau : les fidèles en boiront avant d'entrer dans le paradis, parce que c'est l'eau de la vie éternelle, et que si l'on en boit seulement une goutte, on n'a plus rien à désirer.

Éternument. — On vous salue quand vous éternuez, pour vous marquer, dit Aristote, qu'on honore votre cerveau, le siége du bon sens et de l'esprit. Cette politesse s'étend jusque chez les peuples que nous traitons de barbares. Quand l'empereur du Monomotapa éternuait, ses sujets en étaient avertis par un signal convenu, et il se faisait des acclamations générales dans tous ses états. Le père Famien Strada prétend que pour trouver l'origine de ces salutations, il faut remonter jusqu'à Prométhée ; que cet illustre contrefacteur de Jupiter, ayant dérobé un rayon solaire dans une petite boîte pour animer sa statue, lui insinua dans les narines comme une prise de tabac, ce qui la fit éternuer aussitôt. — Les rabbins soutiennent que c'est à Adam qu'il faut faire honneur du premier éternument. Dans l'origine des temps, c'était,

---

[1] Recueil de dissertations de Lenglet-Dufresnoy, t. III, p. 64.

dit-on, un mauvais pronostic et le présage de la mort. Cet état continua jusqu'à Jacob, qui, ne voulant pas mourir pour cause aussi légère, pria Dieu de changer cet ordre de choses ; et c'est de là qu'est venu, selon ces docteurs, l'usage de faire des souhaits heureux quand on éternue. — On a trouvé une cause plus probable de cette politesse ; c'est que, sous le pontificat de saint Grégoire-le-Grand, il y eut en Italie une sorte de peste qui se manifestait par des éternuments ; tous les pestiférés éternuaient ; on se recommanda à Dieu, et c'est de là qu'est venue l'opinion populaire que la coutume de se saluer tire son origine d'une maladie épidémique qui emportait tous ceux dont la membrane pituitaire était stimulée trop vivement. — En général, l'éternument chez les anciens était pris tantôt en bonne, tantôt en mauvaise part, suivant les temps, les lieux et les circonstances ; un bon éternument était celui qui arrivait depuis midi jusqu'à minuit, et quand la lune était dans les signes du taureau, du lion, de la balance, du capricorne et des poissons ; mais s'il venait de minuit à midi, si la lune était dans le signe de la vierge, du verseau, de l'écrevisse, du scorpion, si vous sortiez du lit ou de la table, c'était alors le cas de se recommander à Dieu [1]. — L'éternument, quand on l'entendait à sa droite, était regardé chez les Grecs et les Romains comme un heureux présage. Les Grecs, en parlant d'une belle personne, disaient que les amours avaient éternué à sa naissance. — Lorsque le roi de Sennaar éternuait, ses courtisans lui tournaient le dos, en se donnant de la main une claque sur la fesse droite.

Ethnophrones, — hérétiques du septième siècle qui joignaient au christianisme les superstitions païennes, l'astrologie, les augures, les expiations, les jours heureux et malheureux, les divinations diverses.

Étienne. — Un homme, qui s'appelait Étienne, avait la mauvaise habitude de parler à ses gens comme s'il eût parlé au diable, ayant toujours le diable à la bouche. Un jour, qu'il revenait de voyage, il appela son valet en ces termes : « *Viens çà, bon diable, tire-moi mes chausses.* » A peine eut-il prononcé ces paroles, qu'une griffe invisible délia ses caleçons, fit tomber ses jarretières et tira les chausses jusqu'aux talons. Étienne, effrayé, s'écria : « Retire-toi, Satan, ce n'est pas toi, mais bien mon domestique que j'appelle. »

[1] M. Salgues, Des erreurs et des préjugés, t. 1er, p. 391.

Le diable se retira sans se montrer, et maître Étienne n'invoqua plus ce nom [1]. *Voy.* Guibo.

Etna. — Le christianisme chassa de l'Etna et des îles de Lipari Vulcain, les Cyclopes et les Géants ; mais les démons se mirent à leur place ; et quand on institua la fête des morts, afin d'enlever au purgatoire et de rendre au paradis une foule d'âmes souffrantes, on entendit, comme le raconte un saint ermite, des bruits affreux dans l'Etna et des détonations étourdissantes dans les îles voisines. C'était Satan et toute sa cour, Satan et tout son peuple de démons qui hurlaient de désespoir et redemandaient à grands cris les âmes que la nouvelle foi venait de leur ravir [2].

Étoiles. — Mahomet dit que les étoiles stables et les étoiles qui filent sont les sentinelles du ciel, qui empêchent les diables d'approcher et de connaître les secrets de Dieu. — Les Romains voyaient des divinités dans les étoiles. — Les Étéens observaient, un certain jour dans l'année, le lever de l'étoile Sirius : si elle paraissait obscure, ils croyaient qu'elle annonçait la peste.

Étraphill, — l'un des anges des musulmans. Il se tient toujours debout : c'est lui qui embouchera la trompette pour annoncer le jour du jugement.

Etrennes. — Dans les temps reculés, chez nos pères, loin de se rien donner mutuellement dans les familles le premier jour de l'an, on n'osait même rien prêter à son voisin ; mais chacun mettait à sa porte des tables chargées de viandes pour les passants. On y plaçait aussi des présents superstitieux pour les esprits. Peut-être était-ce un reste de ce culte que les Romains rendaient, le premier jour de l'année, aux divinités qui présidaient aux petits cadeaux d'amis. Quoi qu'il en soit, l'Église fut obligée, sous Charlemagne, d'interdire les présents superstitieux que nos ancêtres déposaient sur leurs tables. Les canons donnent à ces présents le nom d'*étrennes du diable*.

Etteilla. — On a publié sous ce nom déguisé, qui est l'anagramme d'Alliette, plusieurs traités de *cartomancie*.

Eubius, — auteur d'un livre intitulé : *Apparitions d'Apollonius, ou Démonstration des apparitions d'aujourd'hui.* In-4°, Amsterdam, 1735. (En latin.)

Eucharistie. — « L'épreuve par l'Eucharistie se faisait en recevant la communion. Ainsi Lothaire, roi de Lotharingie, jura, en

[1] Gregorii magni dialog., lib. 3, cap. 20.
[2] M. Didron, Histoire du diable.

recevant la communion de la main du pape Adrien II, qu'il avait renvoyé Valdrade, sa concubine ; ce qui était faux. Comme Lothaire mourut un mois après, en 868, sa mort fut attribuée à ce parjure sacrilège. Cette épreuve fut défendue par le pape Alexandre II [1]. »

Eumèces, — caillou fabuleux, ainsi nommé de sa forme oblongue, et que l'on disait se trouver dans la Bactriane ; on lui attribuait la vertu d'apprendre à une personne endormie ce qui s'était passé pendant son sommeil, si elle avait dormi avec cette pierre posée sur sa tête.

Eurynome, — démon supérieur, prince de la mort, selon quelques démonomanes. Il a de grandes et longues dents, un corps effroyable, tout rempli de plaies, et pour vêtement une peau de renard. Pausanias dit qu'il se repaît de charognes et de corps morts. Il avait, dans le temple de Delphes, une statue qui le représentait avec un teint noir, montrant ses grandes dents comme un loup affamé, et assis sur une peau de vautour.

Évangile de saint Jean. — On croit dans les campagnes que celui qui porte sur soi l'évangile de saint Jean, *In principio erat verbum*, écrit sur du parchemin vierge, et renfermé dans un tuyau de plume d'oie, le premier dimanche de l'année, une heure avant le lever du soleil, sera invulnérable et se garantira de quantité de maux [2].

Ève. — Les musulmans et les talmudistes lui donnent, comme à notre premier père, une taille d'une lieue. *Voy.* Samael.

Évocations. — Celui qui veut évoquer le diable lui doit le sacrifice d'un chien, d'un chat ou d'une poule, à condition que ces trois animaux soient sa propriété ; il jure ensuite fidélité et obéissance éternelles, et reçoit une marque, au moyen de laquelle il jouit d'une puissance absolue sur trois esprits infernaux, l'un de la terre, l'autre de la mer, le troisième de l'air [3]. — On peut aussi faire venir le diable en lisant certaines formules du grimoire. *Voy.* Conjurations. — Deux chevaliers de Malte avaient un esclave qui se vantait de posséder le secret d'évoquer les démons et de les obliger à découvrir les choses cachées. On le conduisit dans un vieux château, où l'on soupçonnait des trésors enfouis. L'esclave descendit dans un souterrain, fit ses évocations : un rocher s'ouvrit, et il en sortit un coffre. Il tenta plusieurs fois de s'en emparer, mais il n'en put venir à bout, parce que le coffre rentrait dans le rocher dès qu'il s'en approchait. Il vint dire aux chevaliers ce qui lui arrivait, et demanda un peu de vin pour reprendre des forces. On lui en donna. Quelque temps après, comme il ne revenait point, on alla voir ce qu'il faisait ; on le trouva étendu mort, ayant sur toute sa chair des coups de canif représentant une croix. Les chevaliers portèrent son corps au bord de la mer, et l'y précipitèrent avec une pierre au cou [1]. — Pour l'évocation des âmes, *voy.* Nécromancie.

Exael, — le dixième des premiers hommes ; il prit aux hommes, selon le livre d'Énoch, l'art de fabriquer des armes et des machines de guerre, les ouvrages d'or et d'argent qui plaisent aux femmes, et l'usage des pierres précieuses, ainsi que le fard.

Excommunication. — Il y a eu quelquefois des abus, de la part des hommes, dans l'usage des excommunications ; et on est parti de là pour crier contre ces excommunications, qui ont cependant rendu de si grands services à la société dans des siècles barbares. Mais on ne trouverait pas facilement, dans l'histoire, un excommunié, frappé régulièrement par le Saint-Siége, qui ait prospéré jusqu'au bout. Napoléon même peut fournir un exemple récent. — On lit dans *les Menées des Grecs*, au 15 octobre, qu'un religieux du désert de Schété, ayant été excommunié par son supérieur pour quelque désobéissance, sortit du désert et vint à Alexandrie, où il fut arrêté par le gouvernement de la ville, dépouillé du saint habit, puis vivement sollicité de sacrifier aux faux dieux. Le solitaire résista généreusement ; il fut tourmenté en diverses manières, jusqu'à ce qu'enfin on lui tranchât la tête ; on jeta son corps hors de la ville. Les Chrétiens l'enlevèrent la nuit, et, l'ayant enveloppé de linceuls, l'enterrèrent dans l'église comme martyr. — Mais pendant le saint sacrifice de la messe, le diacre ayant crié tout haut à l'ordinaire : Que les catéchumènes et ceux qui ne communiaient pas se retirent, on vit tout à coup le tombeau s'ouvrir de lui-même, et le corps du martyr se retirer dans le vestibule de l'église. Après la messe il rentra de lui-même dans son sépulcre. Un pieux vieillard ayant prié pendant trois jours, apprit par révélation que ce religieux avait encouru l'excommunication pour avoir désobéi à son supérieur, et qu'il demeurerait lié jusqu'à ce que ce même supérieur lui eût donné l'absolution. On alla donc au désert, et l'on en

---

[1] Bergier, Dictionnaire théologique.
[2] Thiers, Traité des superstitions, t. Ier.
[3] Dameus Fortianis.

[1] D. Calmet et Guyot-Delamarre.

amena le supérieur, qui fit ouvrir le cercueil du martyr et lui donna l'absolution, après quoi il demeura en paix dans son tombeau[1]. — C'est un fait merveilleux, que nous ne prétendons pas donner comme incontestable. — Dans le second concile de Limoges, tenu en 1034, l'évêque de Cahors raconte une aventure qui lui était particulière, et qu'il présenta comme toute récente : « Un chevalier de notre diocèse, dit ce prélat, ayant été tué dans l'excommunication, je ne voulus pas céder aux prières de ses amis, qui me suppliaient vivement de lui donner l'absolution : je voulais en faire un exemple, afin que les autres fussent touchés de crainte ; il fut enterré par quelques gentilshommes, sans cérémonies ecclésiastiques et sans l'assistance des prêtres, dans une église dédiée à saint Pierre. — Le lendemain matin, on trouva son corps hors de terre et jeté nu loin de son tombeau, qui était demeuré entier, et sans aucune marque qui prouvât qu'on y eût touché. Les gentilshommes qui l'avaient enterré n'y trouvèrent que les linges où il avait été enveloppé ; ils l'enterrèrent une seconde fois, et couvrirent la fosse d'une énorme quantité de terre et de pierres. — Le lendemain ils trouvèrent de nouveau le corps hors du tombeau, sans qu'il parût qu'on y eût travaillé. La même chose arriva jusqu'à cinq fois ; enfin ils l'enterrèrent, comme ils purent, loin du cimetière, dans une terre profane ; ce qui remplit les seigneurs voisins d'une si grande terreur qu'ils vinrent tous demander la paix[2]. » — Jean Bromton raconte dans sa chronique que saint Augustin, apôtre de l'Angleterre, ayant dit devant tout le peuple, avant de commencer la messe : « Que nul excommunié n'assiste au saint sacrifice ! » on vit sortir aussitôt de l'église un mort qui était enterré depuis longues années. Après la messe, saint Augustin, précédé de la croix, alla demander à ce mort pourquoi il était sorti. Le défunt répondit qu'il était mort dans l'excommunication. Le saint pria cet excommunié de lui dire où était enterré le prêtre qui avait porté contre lui la sentence. On s'y transporta. Augustin pria le prêtre de se lever ; il le fit, et à la demande du saint évêque il donna l'absolution à l'excommunié, et les deux morts retournèrent dans leurs tombeaux. — Les critiques vont se récrier, nous adresser quelque froide plaisanterie ; nous les avertissons que nous ne rapportons cette légende que comme une tradition populaire que nous ne garantissons pas. — Les Grecs schismatiques croient que les corps excommuniés ne pourrissent pas en terre, mais qu'ils s'y conservent noirs et puants. — En Angleterre, le tribunal des *doctors commons* excommunie encore ; et, en 1837, il a frappé de cette peine un marchand de pain d'épices, nommé Studberry, pour avoir dit une parole injurieuse à un autre paroissien dans une sacristie anglicane. *Voy.* INTERDIT.

Excréments. — On sait que le dalaï-lama, chef de la religion des Tartares indépendants, est regardé comme un dieu. Ses excréments sont conservés comme des choses sacrées. Après qu'on les a fait sécher et réduits en poudre, on les renferme dans des boîtes d'or enrichies de pierreries, et on les envoie aux plus grands princes. Son urine est un élixir propre à guérir toute espèce de maladie. — Dans le royaume de Boutan, on fait sécher également les plus grossières déjections du roi, et après les avoir renfermées dans de petites boîtes, on les vend dans les marchés pour saupoudrer les viandes. *Voy.* DÉJECTIONS, FIENTES, TANCHELM, etc.

Exorcisme, — conjuration, prière à Dieu et commandement fait au démon de sortir du corps des personnes possédées. Souvent il est seulement destiné à les préserver du danger. On regarde quelquefois *exorcisme* et *conjuration* comme synonymes ; cependant la conjuration n'est que la formule par laquelle on commande au démon de s'éloigner ; l'exorcisme est la cérémonie entière[1]. — Les gens qui s'occupent de magie ont aussi leurs exorcismes pour évoquer et renvoyer. *Voy.* CONJURATIONS. — Voici une légende bizarre sur un exorcisme : on lit dans Césaire d'Hesterbach, que Guillaume, abbé de Sainte-Agathe, au diocèse de Liége, étant allé à Cologne avec deux de ses moines, fut obligé de tenir tête à une possédée. Il fit à l'esprit malin des questions auxquelles celui-ci répondit comme il lui plut. Le diable faisant autant de mensonges que de réponses, l'abbé s'en aperçut et le conjura de dire la vérité, il obéit. Il apprit au bon abbé comment se portaient plusieurs défunts dont il voulait savoir des nouvelles. Un des frères qui l'accompagnaient voulut lier conversation avec le diable. « Tais-toi, lui dit l'esprit malin, tu as volé hier douze sous à ton abbé ; ces douze sous sont maintenant dans ta ceinture. » — L'abbé, ayant entendu ces choses, voulut bien en donner l'absolution à son moine ; après quoi il ordonna au diable de quitter la possédée. « Où voulez-vous que j'aille ? demanda le dé-

---

[1] D. Calmet, Dissertation sur les revenants, p. 329.
[2] Concil., t. IX, p. 902.

[1] Cæsarii Heisterbach Miracul., liv. v, ch. 29 et Shellen, De Diabol., liv. vii.

mon. — Je vais ouvrir ma bouche, répondit l'abbé, tu entreras dedans, si tu peux. — Il y fait trop chaud, répliqua le diable; vous avez communié. — Eh bien! mets-toi ici; et l'abbé qui était gai tendait son pouce.— Merci, vos doigts sont sanctifiés. — En ce cas, va où tu voudras, mais pars. — Pas si vite, répliqua le diable; j'ai permission de rester ici deux ans encore. » — L'abbé dit alors au diable : « Montre-toi à nos yeux dans ta forme naturelle. — Vous le voulez? — Oui. — Voyez. » En même temps la possédée commença de grandir et de grossir d'une manière effroyable ; en deux minutes, elle était déjà haute comme une tour de trois cents pieds, ses yeux devinrent ardents comme des fournaises et ses traits épouvantables. Les deux moines tombèrent évanouis; l'abbé, qui seul avait conservé du courage, adjura le diable de rendre à la possédée la taille et la forme qu'elle avait d'abord. Le diable obéit encore et dit à Guillaume : « Vous faites bien d'être pur, car nul homme ne peut, sans mourir, me voir tel que je suis s'il est souillé. » — Nous pourrions citer beaucoup de contes saugrenus de ce genre; mais à quoi bon ?

Expiation. — Les anciens Arabes coupaient l'oreille à quelque animal et le lâchaient au travers des champs en expiation de leurs péchés. — Un Juif, dit Saint-Foix, s'arme d'un couteau, prend un coq, le tourne trois fois autour de sa tête, et lui coupe la gorge en lui disant : « Je te charge de mes péchés; ils sont à présent à toi : tu vas à la mort, et moi je suis rentré dans le chemin de la vie éternelle... »

Extases. — L'extase (considérée comme crise matérielle) est un ravissement d'esprit, une suspension des sens causée par une forte contemplation de quelque objet extraordinaire et surnaturel. Les mélancoliques peuvent avoir des extases. Saint Augustin fait mention d'un prêtre qui paraissait mort à volonté, et qui resta mort, très-involontairement sans doute, dans une de ses expériences. S'il fit le mort, il le fit bien. Ce prêtre se nommait Prétextat; il ne sentait rien de ce qu'on lui faisait souffrir pendant son extase. — Les démonomanes appellent l'extase *un transport en esprit seulement*, parce qu'ils reconnaissent le transport en chair et en os, par l'aide et assistance du diable. Une sorcière se frotta de graisse, puis tomba pâmée sans aucun sentiment; et trois heures après elle retourna en son corps, disant nouvelles de plusieurs pays *qu'elle ne connaissait point*, lesquelles nouvelles furent par la suite avérées [1]. — Cardan dit avoir connu un homme d'église qui tombait sans vie et sans haleine toutes les fois qu'il le voulait; cet état durait ordinairement quelques heures; on le tourmentait, on le frappait, on lui brûlait les chairs sans qu'il éprouvât aucune douleur; mais il entendait confusément, et comme à une distance fort éloignée, le bruit qu'on faisait autour de lui. Cardan assure encore qu'il tombait lui-même en extase à sa volonté; qu'il entendait alors les voix sans y rien comprendre, et qu'il ne sentait aucunement les douleurs. — Le père de Prestantius, après avoir mangé un fromage maléficié, crut qu'étant devenu cheval il avait porté de très-pesantes charges, quoique son corps n'eût pas quitté le lit; et l'on regarda comme une extase, produite par sortilége, ce qui n'était qu'un cauchemar causé par une indigestion.

Ézéchiel. — Les musulmans disent que les ossements desséchés que ranima le prophète Ézéchiel étaient les restes de la ville de Davardan, que la peste avait détruite et qu'il releva par une simple prière.

[1] Bodin, dans la Démonomanie.

F

Faal, — nom que les habitants de Saint-Jean-d'Acre donnent à un recueil d'observations astrologiques, qu'ils consultent dans beaucoup d'occasions.

Faber (ALBERT-OTHON), — médecin de Hambourg, au dix-septième siècle; il a écrit quelques rêveries sur l'or potable.

Fabert (ABRAHAM), — de simple soldat, il devint maréchal de France, et s'illustra sous Louis XIV. C'était si extraordinaire, qu'on l'accusa de devoir ses succès à un commerce avec le diable [1].

[1] Curiosités de la littérature, trad. de l'anglais, par Bertin, t. I*er*, p. 51.

Fabre (Pierre-Jean), — médecin de Montpellier, qui fit faire des pas à la chimie au commencement du dix-septième siècle. Il y mêlait un peu d'alchimie. Il a écrit sur cette matière et sur la médecine spagyrique. Son plus curieux ouvrage est *l'Alchimiste chrétien* (*Alchimista christianus,*) in-8°; Toulouse, 1632.

Fabricius (Jean-Albert), — bibliographe allemand, né à Leipsig en 1668. Il y a des choses curieuses sur les superstitions et les contes populaires de l'Orient dans son recueil des livres apocryphes que l'Église a repoussés de l'*Ancien* et du *Nouveau Testament* [1].

Fairfax (Édouard), poète anglais du seizième siècle, auteur d'un livre intitulé *la Démonologie*, où il parle de la sorcellerie avec assez de crédulité.

Fairfolks, — espèce de farfadets qui se montrent en Écosse, et qui sont à peu près nos fées.

Fakone, — lac du Japon, où les habitants placent une espèce de limbes habités par tous les enfants morts avant l'âge de sept ans. Ils sont persuadés que les âmes de ces enfants souffrent quelques supplices dans ce lieu-là, et qu'ils y sont tourmentés jusqu'à ce qu'ils soient rachetés par les passants. Les bonzes vendent des papiers sur lesquels sont écrits les noms de Dieu. Comme ils assurent que les enfants éprouvent quelque allégement lorsqu'on jette ces papiers sur l'eau, on en voit les bords du lac couverts. — Il est aisé de reconnaître dans ces usages des traditions altérées de l'Église.

Falconet (Noël), — médecin, mort en 1734. Nous ne citerons de ses ouvrages que ses Lettres et remarques sur l'*or* prétendu *potable*; elles sont assez curieuses.

Fanatisme. — L'Église l'a toujours condamné, comme elle condamne tous les excès. Les actes de fanatisme des conquérants du Nouveau Monde étaient commis par des scélérats, contre lesquels le clergé s'élevait de toutes ses forces. On peut le voir dans la vie et dans les écrits de Barthélemi de Las Casas. — Les écrivains philosophes ont souvent appelé fanatisme ce qui ne l'était pas. Ils se sont trompés ou ils ont trompé lorsque, par exemple, ils ont attribué le massacre de la Saint-Barthélemi à la religion, qui y fut étrangère; lorsqu'ils ont défendu les fanatiques des Cévennes, etc. Il y a eu très-souvent du fanatisme outré dans les hérésies et dans la sorcellerie. — Sous le règne de Louis XII, un écolier de l'université de Paris, persuadé que la religion d'Homère était la bonne, arracha la sainte hostie des mains d'un prêtre qui la consacrait, et la foula aux pieds. Voilà du fanatisme. — Les Juifs en ont fourni de nombreux exemples. Il y a enfin un très-grand fanatisme chez beaucoup de philosophes modernes. « Il y a un fanatisme politique, un fanatisme littéraire, un fanatisme guerrier, un fanatisme philosophique [1]. » On a nommé d'abord fanatiques les prétendus devins qui rendaient leurs oracles dans les temples, *fana*. Aujourd'hui on entend par fanatisme tout zèle aveugle.

Fannius (Caïus), — historien qui mourut de peur en composant un ouvrage contre Néron. Il en avait terminé trois livres, et il commençait le quatrième, lorsque Néron, dont il avait l'imagination remplie, lui apparut en songe, et, après avoir parcouru les trois premiers livres de son ouvrage, se retira sans toucher au quatrième qui était en train. Ce rêve frappa Fannius; il crut y voir que son ouvrage ne serait pas achevé, et il mourut en effet peu après.

Fantasmagoriana, — titre d'un recueil de contes populaires où les apparitions et les spectres jouent les premiers rôles. Ces contes sont, pour la plupart, traduits de l'allemand, 2 vol. in-12; Paris, 1812.

Fantasmagorie, — spectacle d'optique, du genre des lanternes magiques perfectionnées, et qui, aux yeux des ignorants, peut paraître de la sorcellerie.

Fantômes, — esprits ou revenants de mauvais augure, qui effrayaient fort nos pères, quoiqu'ils sussent bien qu'on n'a aucunement peur des fantômes si l'on tient dans sa main de l'ortie avec du millefeuille [2]. — Les juifs prétendent que le fantôme qui apparaît ne peut reconnaître la personne qu'il doit effrayer si elle a un voile sur le visage; mais quand cette personne est coupable, ils prétendent, au rapport de Buxtorf, que le masque tombe, afin que l'ombre puisse la voir et la poursuivre. — On a vu souvent des fantômes venir annoncer la mort; un spectre se présenta pour cela aux noces du roi d'Écosse Alexandre III, qui mourut peu après. — Camerarius rapporte que, de son temps, on voyait quelquefois dans les églises des fantômes sans tête, vêtus en moines et en religieuses, assis

---

[1] Codex pseudepigraphus veteris Testamenti, collectus, castigatus, testimoniisque censuris et animadversionibus illustratus. In-8°. Hambourg et Leipsig, 1713. — Codex apocryphus novi Testamenti, etc. Hambourg, 1719. In-8°.

[1] Bergier, Dict. théolog.
[2] Les Admirables secrets d'Albert-le-Grand.

dans les stalles des vrais moines et des sœurs qui devaient bientôt mourir. — Un chevalier espagnol avait osé concevoir une passion criminelle pour une religieuse. Une nuit, qu'il traversait l'église du couvent dont il s'était procuré la clef, il vit des cierges allumés et des prêtres, qui lui étaient inconnus, occupés à célébrer l'office des morts autour d'un tombeau. Il s'approcha de l'un d'eux et demanda pour qui on faisait le service. « Pour vous, » lui dit le prêtre. Tous les autres lui firent la même réponse; il sortit effrayé, monta à cheval, s'en retourna à sa maison, et deux chiens l'étranglèrent à sa porte [1]. — Une dame voyageant seule dans une chaise de poste fut surprise par la nuit près d'un village où l'essieu de sa voiture s'était brisé. On était en automne, l'air était froid et pluvieux; il n'y avait point d'auberge dans le village; on lui indiqua le château. Comme elle en connaissait le maître, elle n'hésita pas à s'y rendre. Le concierge alla la recevoir, et lui dit qu'ils avaient dans ce moment beaucoup de monde qui était venu célébrer une noce, et qu'il allait informer le seigneur de son arrivée. La fatigue, le désordre de sa toilette et le désir de continuer son voyage engagèrent la voyageuse à prier le concierge de ne point déranger son maître. Elle lui demanda seulement une chambre. Toutes étaient occupées à l'exception d'une seule, dans un coin écarté du château, qu'il n'osait lui proposer à cause de son délabrement; mais elle lui dit qu'elle s'en contenterait, pourvu qu'on lui fît un bon lit et un bon feu. Après qu'on eut fait ce qu'elle désirait, elle soupa légèrement et, s'étant bien réchauffée, elle se mit au lit. Elle commençait à s'endormir, lorsqu'un bruit de chaînes et des sons lugubres la réveillèrent en sursaut. Le bruit approche, la porte s'ouvre, elle voit, à la clarté de son feu, entrer un fantôme couvert de lambeaux blanchâtres; sa figure pâle et maigre, sa barbe longue et touffue, les chaînes qu'il portait autour du corps, tout annonçait un habitant d'un autre monde. Le fantôme s'approche du feu, se couche auprès tout de son long, se tourne de tous côtés en gémissant, puis, à un léger mouvement qu'il entend près du lit, il se relève promptement et s'en approche. Quelle amazone eût bravé un tel adversaire? Quoique notre voyageuse ne manquât pas de courage, elle n'osa l'attendre, se glissa dans la ruelle du lit, et, avec une agilité dont la frayeur rend capables les moins légères, elle se sauve en chemise à toutes jambes, enfile de longs et obscurs corridors, toujours poursuivie par le terrible fantôme, dont elle entend le frottement des chaînes contre la muraille. Elle aperçoit enfin une faible clarté, et, reconnaissant la porte du concierge, elle y frappe et tombe évanouie sur le seuil; il vient ouvrir, la fait transporter sur son lit et lui prodigue tous les secours qui sont en son pouvoir. Elle raconta ce qui lui était arrivé. « Hélas ! s'écria le concierge, notre fou aura brisé sa chaîne et se sera échappé ! » Ce fou était un parent du maître du château, qu'on gardait depuis plusieurs années. Il avait effectivement profité de l'absence de ses gardiens, qui étaient allés à la noce, pour détacher ses chaînes, et le hasard avait conduit ses pas à la chambre de la voyageuse, qui en fut quitte pour une grande peur [1]. *Voy.* Apparitions, Esprits, Revenants, Spectres, Deshoulières, etc., etc.

Fantôme volant. — On croit, dans la Basse-Bretagne, entendre dans les airs, lorsqu'il fait un orage, un fantôme volant, qu'on accuse de déraciner les arbres et de renverser les chaumières.

Fapisia, — herbe fameuse chez les Portugais, qui l'employaient comme un excellent spécifique pour chasser les démons [2].

Fakir. — Il y a dans l'Inde des fakirs qui sont d'habiles et puissants jongleurs. On lit ce qui suit dans l'ouvrage de M. Osborne, intitulé : *la Cour et le Camp de Rundjet-Sing* : — « A la cour de ce prince indien, la mission anglaise eut l'occasion de voir un personnage appelé le fakir, homme enterré et ressuscité dont les prouesses avaient fait du bruit dans les provinces du Punjab. — Ce fakir est en grande vénération parmi les Sihks à cause de la faculté qu'il a de s'enterrer tout vivant pendant un temps donné. Nous avions ouï raconter de lui tant d'histoires que notre curiosité était excitée. Voilà plusieurs années qu'il fait le métier de se laisser enterrer. Le capitaine Wade me dit avoir été témoin d'une de ses résurrections, après un enterrement de quelques mois. La cérémonie préliminaire avait eu lieu en présence de Rundjet-Sing, du général Ventura et des principaux sirdars. Les préparatifs avaient duré plusieurs jours; on avait arrangé un caveau tout exprès. Le fakir termina ses dispositions finales en présence du souverain; il se boucha avec de la cire les oreilles, le nez et tous les autres orifices par lesquels l'air aurait pu entrer dans son corps. Il n'excepta que la bouche. Cela fait, il fut déshabillé et mis dans un sac de

---

[1] Torquemada, Hexaméron.

[1] Spectriana, p. 79.
[2] Delancre, Tableau de l'inconstance des démons, etc., liv. IV, page 297.

toile après qu'il se fut retourné la langue pour fermer le passage de la gorge, et qu'il se fut posé dans une espèce de léthargie; le sac fut fermé et cacheté du sceau de Runjet-Sing et déposé dans une boîte de sapin qui, fermée et scellée également, fut descendue dans le caveau. Par dessus on répandit et on foula de la terre, on sema de l'orge et on plaça des sentinelles. Il paraît que le maha-rajah, très-sceptique sur cette mort, envoya deux fois des gens pour fouiller la terre, ouvrir le caveau et visiter le cercueil. On trouva chaque fois le fakir dans la même position et avec tous les signes d'une suspension de vie. Au bout de dix mois, terme fixé, le capitaine Wade accompagna le maha-rajah pour assister à l'exhumation: il examina attentivement par lui-même l'intérieur de la tombe; il vit ouvrir les serrures, briser les sceaux et porter la boîte ou cercueil au grand air. Quand on en tira le fakir, les doigts posés sur son artère et sur son cœur ne purent percevoir aucune pulsation. La première chose qui fut faite pour le rappeler à la vie, et la chose ne se fit pas sans peine, fut de ramener la langue à sa place naturelle. Le capitaine Wade remarqua que l'occiput était brûlant, mais le reste du corps très-frais et très-sain. On l'arrosa d'eau chaude, et au bout de deux heures le ressuscité était aussi bien que dix mois auparavant. Il prétend faire dans son caveau les rêves les plus délicieux: aussi redoute-t-il d'être réveillé de sa léthargie. Ses ongles et ses cheveux cessent de croître: sa seule crainte est d'être entamé par des vers ou des insectes; c'est pour s'en préserver qu'il fait suspendre au centre du caveau la boîte où il repose. — Ce fakir eut la maladroite fantaisie de faire l'épreuve de sa mort et de sa résurrection devant la mission anglaise lorsqu'elle arriva à Lahore. Mais les Anglais, avec une cruelle méfiance, proposèrent de lui imposer quelques précautions de plus: ils montrèrent des cadenas à eux appartenant, et parlèrent de mettre au tombeau des factionnaires européens. Le fakir fit d'abord de la diplomatie; il se troubla, et finalement refusa de se soumettre aux conditions britanniques. Runjet-Sing se fâcha. « Je vois bien, dit le fakir au capitaine Osborne, que vous voulez me perdre, et que je ne sortirai pas vivant de mon tombeau. Le capitaine, ne voulant pas avoir à se reprocher la mort du pauvre charlatan, renonça à l'épreuve. » *Voy.* JAMAMBUXES.

Farfadets, — esprits ou lutins ou démons familiers, que les personnes simples croient voir ou entendre la nuit. Quelques-uns se montrent sous des figures d'animaux, le plus grand nombre restent invisibles. Ils rendent généralement de bons offices. Des voyageurs crédules ont prétendu que les Indes étaient pleines de ces esprits bons ou mauvais, et qu'ils avaient un commerce habituel avec les hommes du pays. — Voici l'histoire d'un farfadet: « En l'année 1224, vers le temps des vendanges, le frère cuisinier d'un monastère de Cîteaux chargea deux serviteurs de garder les vignes pendant la nuit. Un soir, l'un de ces deux hommes, ayant grande envie de dormir, appela le diable à haute voix et promit de le bien payer s'il voulait garder la vigne à sa place. Il achevait à peine ces mots, qu'un farfadet parut. » « Me voici prêt, dit-il à celui qui l'avait demandé. Que me donneras-tu si je remplis ta charge? — Je te donnerai un panier de raisin, répondit le serviteur, à condition que tu veilleras jusqu'au matin. » — Le farfadet accepta l'offre, et le domestique entra à la maison pour s'y reposer. Le frère cuisinier, qui était encore debout, lui demanda pourquoi il avait quitté la vigne? « Mon compagnon la garde, répondit-il, et il la gardera bien. — Va, va, reprit le cuisinier, qui n'en savait pas davantage, ton compagnon peut avoir besoin de toi. » Le valet n'osa répliquer et sortit; mais il se garda bien de paraître dans la vigne. Il appela l'autre valet, lui conta le procédé dont il s'était avisé; et tous deux, se reposant sur la bonne garde du lutin, entrèrent dans une petite grotte qui était auprès de la vigne, et s'y endormirent. Les choses se passèrent aussi bien qu'on pouvait l'espérer; le farfadet fut fidèle à son poste jusqu'au matin, et on lui donna le panier de raisin promis. Ainsi finit le conte [1]. *Voy.* BERBIGUIER, BÉRITH, ESPRITS, FEUX FOLLETS, ORTHON, etc.

Farmer (HUGUES), — théologien anglican, mort en 1787. On a de lui un *Essai sur les démoniaques du Nouveau Testament*, 1775, où il cherche à prouver, assez gauchement, que les maladies attribuées à des possessions du démon sont l'effet de causes naturelles, et non l'effet de l'action de quelque malin esprit.

Fascination, — espèce de charme qui fait qu'on ne voit pas les choses telles qu'elles sont. Un Bohémien sorcier, cité par Boguet, changeait des bottes de foin en pourceaux, et les vendait comme tels, en avertissant toutefois l'acheteur de ne laver ce bétail dans aucune eau; mais un acquéreur de la denrée du Bohémien, n'ayant pas suivi ce conseil, vit, au lieu de pourceaux, des bottes de foin nager

---

[1] Cæsarius Heisterbachensis ill. miracul., lib. V.

sur l'eau où il voulait décrasser ses bêtes. Delrio conte qu'un certain magicien, au moyen d'un certain arc et d'une certaine corde tendue à cet arc, tirait une certaine flèche, faite d'un certain bois, et faisait tout d'un coup paraître devant lui un fleuve aussi large que le jet de cette flèche. Et d'autres rapportent qu'un sorcier juif dévorait des hommes *et des charretées de foin*, coupait des têtes, et démembrait des personnes vivantes, puis remettait tout en fort bon état. — Dans la guerre du duc Vladislas contre Grémozislas, duc de Bohême, une vieille sorcière dit à son beau-fils, qui suivait le parti de Vladislas, que son maître mourrait dans la bataille avec la plus grande partie de son armée, et que, pour lui, il pouvait se sauver du carnage en faisant ce qu'elle lui conseillerait; c'est-à-dire, qu'il tuât le premier qu'il rencontrerait dans la mêlée; qu'il lui coupât les deux oreilles, et les mît dans sa poche; puis qu'il fît, avec la pointe de son épée, une croix sur la terre entre les pieds de devant de son cheval, et qu'après avoir baisé cette croix il se hâtât de fuir. Le jeune homme, ayant accompli toutes ces choses, revint sain et sauf de la bataille, où périrent Vladislas et le plus grand nombre de ses troupes; mais en rentrant dans la maison de sa marâtre ce jeune guerrier trouva sa femme, qu'il chérissait uniquement, percée d'un coup d'épée, expirante et sans oreilles... — Les femmes maures s'imaginent qu'il y a des sorciers qui fascinent par leur seul regard, et tuent les enfants. Cette idée leur est commune avec les anciens Romains, qui honoraient le dieu Fascinus, à qui l'on attribuait le pouvoir de garantir les enfants des fascinations et maléfices. *Voy.* OEIL, CHARMES, ENCHANTEMENTS, PRESTIGES, etc.

Fatalisme, — doctrine de ceux qui reconnaissent une destinée inévitable. — Si quelqu'un rencontre un voleur, les fatalistes disent que c'était sa destinée d'être tué par un voleur. Ainsi cette fatalité a assujetti le voyageur au fer du voleur, et a donné long-temps auparavant au voleur l'intention et la force, afin qu'il eût, au temps marqué, la volonté et le pouvoir de tuer celui-ci. Et si quelqu'un est écrasé par la chute d'un bâtiment, le mur est tombé parce que cet homme était destiné à être enseveli sous les ruines de sa maison..... Dites plutôt qu'il a été accablé sous les ruines, parce que le mur est tombé[1]. — Où serait la liberté des hommes, s'il leur était impossible d'éviter une fatalité aveugle, une destinée inévitable? — Est-il rien de plus libre que de se marier, de suivre tel ou tel genre de vie? Est-il rien de plus fortuit que de périr par le fer, de se noyer, d'être malade?... L'homme vertueux, qui parvient par de grands efforts à vaincre ses passions, n'a donc plus besoin de s'étudier à bien faire, puisqu'il ne peut être vicieux?... C'est un peu la doctrine de Calvin.

Faunes, — dieux rustiques inconnus aux Grecs. On les distingue des satyres et sylvains, quoiqu'ils aient aussi des cornes de chèvre ou de bouc, et la figure d'un bouc depuis la ceinture jusqu'en bas; mais ils ont les traits moins hideux, une figure plus gaie que celle des satyres et moins de brutalité. D'anciens pères les regardent comme des démons incubes[1]; et voici l'histoire qu'en donnent les docteurs juifs : « Dieu avait déjà créé les âmes des faunes et des satyres, lorsqu'il fut interrompu par le jour du sabbat, en sorte qu'il ne put les unir à des corps, et qu'ils restèrent ainsi de purs esprits et des créatures imparfaites. Aussi, ajoutent-ils, ces esprits craignent le jour du sabbat, et se cachent dans les ténèbres jusqu'à ce qu'il soit passé; ils prennent quelquefois des corps pour épouvanter les hommes; mais ils sont sujets à la mort. Cependant ils peuvent approcher si près des intelligences célestes, qu'ils leur dérobent quelquefois la connaissance de certains événements futurs, ce qui leur a fait produire des prophéties, au grand étonnement des amateurs. »

Faust (JEAN), fameux magicien allemand, né à Weimar au commencement du seizième siècle. Un génie plein d'audace, une curiosité indomptable, un immense désir de savoir : telles étaient ses qualités prononcées. Il apprit la médecine, la jurisprudence, la théologie; il approfondit la science des astrologues; quand il eut épuisé les sciences naturelles, il se jeta dans la magie : du moins toutes ses histoires le disent. On le confond souvent avec Fust, l'associé de Guttemberg dans l'invention de l'imprimerie; et l'on sait que quand les premiers livres imprimés parurent, on cria à la magie! on soutint qu'ils étaient l'ouvrage du diable; et, sans la protection de Louis XI et de la Sorbonne, l'imprimerie, en naissant, était étouffée à Paris. Quoi qu'il en soit, voici les principaux traits de la légende de Faust. — Curieux de se lier avec les êtres d'un monde supérieur, il découvrit la terrible formule qui évoque les démons. Il s'abstint d'abord d'en faire usage; mais un jour, se promenant dans la campagne avec son ami Wagner, il aperçut un barbet noir qui for-

---

[1] Barclai, dans l'Argenis.

[1] Delancre, Tableau de l'inconstance des démons, etc., p. 214.

mait des cercles rapides en courant autour de lui ; une trace ardente brillait à la suite du chien. Faust étonné s'arrête ; les cercles que formait le chien devenaient toujours plus petits ; il s'approche bientôt de Faust et le flatte. Le savant s'en retourne pensif, et le barbet le suit. — Faust ne se retrouva seul que pour se livrer à de noires idées. Le chien, son nouveau compagnon, les interrompait par des hurlements. Faust le regarde, s'étonne de le voir grandir, s'aperçoit qu'il a reçu un démon, saisit son livre magique, se place dans un cercle, prononce la formule et ordonne à l'esprit de se faire connaître. Le chien s'agite, une fumée l'environne, et à sa place il voit un démon sous le costume d'un jeune seigneur vêtu avec élégance. C'était le démon Méphistophelès, le second des archanges déchus, et, après Satan, le plus redoutable chef des légions infernales... — Les divers légendaires rapportent cet événement avec des variantes. Widman dit qu'étant décidé à évoquer un démon, Faust alla dans l'épaisse forêt de Mangeall, près de Wittemberg ; là il fit à terre un cercle magique, il se plaça au milieu et prononça la formule de conjuration avec tant de rapidité qu'il se fit autour de lui un bruit effroyable. Toute la nature parut s'ébranler. Les arbres pliaient jusqu'à terre, de grands coups de tonnerre interrompaient les sons lointains d'une musique solennelle, à laquelle se mêlaient des cris, des gémissements, des cliquetis d'épées. De violents éclairs déchiraient le voile noir qui cachait le ciel. Une masse enflammée parut, se dessina peu à peu, et forma un spectre qui, s'approchant du cercle sans parler, se promena alentour, d'une marche inégale, pendant un quart d'heure. L'esprit revêtit enfin la figure et le costume d'un moine gris et entra en conversation avec Faust. — Le docteur signa de son sang, sur un parchemin vierge, avec une plume de fer que lui présenta le démon, un pacte par lequel Méphistophelès s'obligeait à le servir vingt-quatre ans, après quoi Faust appartiendrait à l'enfer. Widman, dans son Histoire de Faust, rapporte les conditions de ce pacte, dont on assure qu'on trouva le double parmi les papiers du docteur. Il était écrit sur parchemin en caractères d'un rouge foncé, et portait : 1° que l'esprit viendrait toujours au commandement de Faust, lui apparaîtrait sous une figure sensible, et prendrait celle qu'il lui ordonnerait de revêtir ; 4° que l'esprit ferait tout ce que Faust lui commanderait ; 3° qu'il serait exact et soumis comme un serviteur ; 4° qu'il arriverait à quelque heure qu'on l'appelât ; 5° qu'à la maison il ne serait vu ni reconnu que de lui. De son côté, Faust s'abandonnait au diable, sans réserve d'aucun droit à la rédemption ni de recours futur à la miséricorde divine. Le démon lui donna, pour arrhes de ce traité, un coffre plein d'or ; dès lors, Faust fut maître du monde, qu'il parcourut avec éclat. — Il allait partout, lorsqu'il ne voyageait pas à travers les airs, dans de riches équipages, accompagné de son démon. Il vit un jour, au village de Rosenthal, une jeune fille ingénue, que Widman représente comme surpassant en grâces toutes les beautés de la terre, et qu'il appelle Marguerite. Il en devint épris ; mais elle était vertueuse. Méphistophelès, pour le détourner de cette passion qu'il redoutait, le mena à la cour. Charles-Quint, sachant ses talents magiques, le pria de lui faire voir Alexandre-le-Grand ; Faust obligea aussitôt le fameux roi de Macédoine à paraître. Il vint sous la figure d'un petit homme trapu, haut en couleur, avec une espèce de barbe rousse, le regard perçant et la contenance fière. Il fit à l'empereur une révérence, et lui adressa même quelques mots dans une langue que Charles-Quint n'entendait point. D'ailleurs il lui était défendu de parler. Tout ce qu'il put faire fut de le bien considérer, ainsi que César et quelques autres que Faust ranima un instant pour lui. — L'enchanteur opéra mille merveilles semblables. A en croire ses historiens, il usait sans discrétion de son pouvoir surnaturel. Un jour, se rencontrant à table dans un cabaret avec douze ou quinze buveurs qui avaient entendu parler de ses prestiges, ils le supplièrent de leur en faire voir quelque chose. Faust perça la table avec un foret, et en fit sortir les vins les plus délicats. Un des convives n'ayant pas mis la coupe assez vivement sous le jet, la liqueur prit feu en tombant à terre, et ce prodige effraya quelques-uns des assistants. Le docteur sut dissiper leur trouble ; et ces gens, qui avaient la tête échauffée, lui demandèrent unanimement qu'il leur fît voir une vigne chargée de raisins mûrs. Ils pensaient que, comme on était alors en décembre, il ne pourrait produire un tel prodige. Faust leur annonça qu'à l'instant, sans sortir de table, ils allaient voir une vigne telle qu'ils la souhaitaient, mais à condition que tous ils resteraient à leurs places, et attendraient, pour couper les grappes de raisin, qu'il le leur commandât, les assurant que quiconque désobéirait, courait risque de la vie. Tous ayant promis d'obéir, le magicien fascina si bien les yeux de ces gens, qui étaient ivres, qu'il leur sembla voir une très-belle vigne chargée d'autant de longues grappes de raisin qu'ils étaient de convives. Cette vue les ravit; ils prirent leurs couteaux et se mirent en devoir de couper les grappes au premier signal de Faust. Il se fit un plaisir de les tenir quelque temps dans cette posture, puis, tout à coup, il fit disparaître la vigne et les raisins; et chacun de ces buveurs, pensant avoir en main sa grappe pour la couper, se trouva tenant d'une main le nez de son voisin, et de l'autre le couteau levé, de sorte que s'ils eussent coupé les grappes sans attendre l'ordre de Faust, ils se seraient coupé le nez les uns aux autres.—On a dit que Faust avait, comme Agrippa, l'adresse de payer ses créanciers en monnaie de corne ou de bois, qui paraissait bonne au moment où elle sortait de sa bourse, et reprenait, au bout de quelques jours, sa véritable forme. Mais le diable lui donnait assez d'argent pour qu'il n'eût pas besoin d'user de ces fraudes. Wecker dit qu'il n'aimait pas le bruit, et que souvent il faisait taire, par la force de sa magie, les gens qui le fatiguaient, « témoin ce certain jour qu'il lia la bouche à une demi-douzaine de paysans ivres, pour les empêcher de babiller et de piailler comme ils faisaient. » — Il n'avait pas renoncé à son projet chéri d'épouser Marguerite; mais le démon l'en détournait d'autant plus, comme dit Widman, qu'appartenant à l'enfer par son pacte, il n'avait plus le droit de disposer de lui ni de former un nouveau lien. Méphistophélès l'en éloignait donc sans cesse. Faust allait au sabbat; il poursuivait le cours de sa destinée infernale. Lorsque le temps du pacte fut accompli, il frissonna à la pensée du sort qui lui était maintenant réservé. Il voulut s'enfuir dans une église ou dans tout autre lieu saint, pour implorer la miséricorde divine; Méphistophélès l'en empêcha; il le conduisit tremblant sur la plus haute montagne de la Saxe. Faust voulut se recommander à Dieu : « Désespère et meurs, lui dit le démon, tu es maintenant à nous. » — A ces mots, l'esprit des ténèbres apparut aux yeux de Faust sous la forme d'un géant haut comme le firmament; ses yeux enflammés lançaient la foudre, sa bouche vomissait du feu, ses pieds d'airain ébranlaient la terre. Il saisit sa victime avec un éclat de rire qui retentit comme le tonnerre, déchira son corps en lambeaux, et précipita son âme dans les enfers. — Apprenez par là, frères, que tout n'est pas gain en mauvaise compagnie. — Nous avons dit que la découverte de l'imprimerie fit poursuivre Faust comme sorcier; on assurait que l'encre rouge de ses Bibles était du sang; il est vrai qu'elle a un éclat particulier, et qu'on a pu croire au moins, dans un siècle d'ignorance, que le secret en avait été donné par le diable. — On dit encore qu'il débitait en Allemagne des almanachs qui, dictés par Méphistophélès, prédisaient toujours juste, et avaient, par conséquent, plus de succès encore que Matthieu Laensberg, qui se trompe quelquefois. Mais on ne retrouve aucun de ces almanachs. — La vie de Faust et de Christophe Wagner, son valet, sorcier comme lui, a été écrite par Widman, Francfort, 1587, in-8°, traduite en plusieurs langues, et en français par Victor Palma Cayet; Paris, 1603, in-12. Adelung lui a consacré un grand article dans son Histoire des folies humaines. Tous les démonographes ont parlé de lui; Gœthe a mis ses aventures en un drame bizarre ou chronique dialoguée. MM. Desaur et de Saint-Geniès ont publié, en 1825, *les Aventures de Faust et sa descente aux enfers*, roman en 3 vol. in-12, où l'on ne trouve pas tout le merveilleux des légendes allemandes. M. Marmier a donné aussi une curieuse légende de Faust.

Fechner (JEAN), — auteur d'un traité latin sur la pneumatique, ou doctrine des esprits selon les plus célèbres philosophes de son temps. Breslau, in-12, 1698.

Fécondité. — De graves écrivains affirment que le vent produit des poulains et des perdrix. Varron dit qu'en certaines saisons le vent rend fécondes les juments et les poules de Lusitanie. Virgile, Pline, Columelle, ont adopté ce conte, et le mettent au nombre des faits constamment vrais, quoiqu'on n'en puisse dire la raison. — On a soutenu autrefois beaucoup d'impertinences de ce genre, qui aujourd'hui sont reconnues des erreurs. On a publié un arrêt donné en 1537 par le parlement de Grenoble, qui aurait reconnu la fécondité d'une femme produite par la seule puissance de l'imagination. Cet arrêt supposé n'est qu'une assez mauvaise plaisanterie.

Fées. — Si les histoires des génies sont anciennes dans l'Orient, la Bretagne a peut-être le droit de réclamer les fées et les ogres. Nos fées ou fades (*fatidicæ*) sont assurément les druidesses de nos pères. Chez les Bretons, de temps immémorial, et dans tout le reste des Gaules, pendant la première race des rois francs, on croyait généralement que les druidesses pénétraient les secrets de la nature, et disparaissaient du monde visible. Elles ressemblaient en puissance aux magiciennes des Orientaux; on en a fait les fées. On disait qu'elles habitaient au fond des puits, au bord des torrents, dans des cavernes sombres. Elles avaient le pouvoir de donner aux hommes des formes d'animaux, et faisaient quelquefois dans les forêts les mêmes fonctions que les nymphes du paganisme. Elles avaient une reine qui les convoquait tous les ans en assemblée générale, pour punir celles qui avaient abusé de leur puissance et récompenser celles qui avaient fait du bien. Dans certaines contrées de l'Écosse, on dit que les fées sont chargées de conduire au ciel les âmes des enfants nouveau-nés, et qu'elles aident ceux qui les invoquent à rompre les maléfices de Satan. — On voit dans tous les contes et dans les vieux romans de chevalerie, où les fées jouent un si grand rôle, que, quoique immortelles, elles étaient assujetties à une loi qui les forçait à prendre tous les ans, pendant quelques jours, la forme d'un animal, et les exposait, sous cette métamorphose, à tous les hasards, même à la mort, qu'elles ne pouvaient recevoir que violente. On les distinguait en bonnes et méchantes fées; on était persuadé que leur amitié ou leur haine décidait du bonheur ou du malheur des familles. — A la naissance de leurs enfants, les Bretons avaient grand soin de dresser, dans une chambre écartée, une table abondamment servie, avec trois couverts, afin d'engager les mères, ou fées, à leur être favorables, à les honorer de leur visite, et à douer le nouveau-né de quelques qualités heureuses. Ils avaient pour ces êtres mystérieux le même respect que les premiers Romains pour les *carmentes*, déesses tutélaires des enfants, qui présidaient à leur naissance, chantaient leur horoscope et recevaient des parents un culte. — On trouve des fées chez tous les anciens peuples du Nord, et c'était une opinion partout adoptée que la grêle et les tempêtes ne gâtaient pas les fruits dans les lieux qu'elles habitaient. Elles venaient le soir, au clair de la lune, danser dans les prairies écartées. Elles se transportaient aussi vite que la pensée partout où elles souhaitaient, à cheval sur un griffon, ou sur un chat d'Espagne, ou sur un nuage. — On assurait même que, par un autre caprice de leur destin, les fées étaient aveugles chez elles, et avaient cent yeux dehors. Frey remarque qu'il y avait entre les fées, comme parmi les hommes, inégalité de moyens et de puissance. Dans les romans de chevalerie et dans les contes, on voit souvent une bonne fée vaincue par une méchante, qui a plus de pouvoir. — Les cabalistes ont aussi adopté l'existence des fées, mais ils prétendent qu'elles sont des *sylphides*, ou esprits de l'air. On vit, sous Charlemagne et sous Louis-le-Débonnaire, une multitude de ces esprits, que les légendaires appelèrent des démons, les cabalistes des sylphes, et nos chroniqueurs des fées. Corneille de Kempen assure que, du temps de Lothaire, il y avait en Frise quantité de fées qui séjournaient dans les grottes, autour des montagnes, et qui ne sortaient qu'au clair de la lune. Olaüs Magnus dit qu'on en voyait beaucoup en Suède de son temps. « Elles ont pour demeure, ajoute-t-il, des antres obscurs, dans le plus profond des forêts; elles se montrent quelquefois, parlent à ceux qui les consultent, et s'évanouissent subitement. » On voit, dans Froissard, qu'il y avait également une multitude de fées dans l'île de Céphalonie; qu'elles protégeaient le pays contre tout méchef, et qu'elles s'entretenaient familièrement avec les femmes de l'île. — Les *femmes blanches* de l'Allemagne sont encore des fées; mais celles-là étaient presque toujours dangereuses. Leloyer conte que les Écossais avaient des fées, ou *fairs*, ou *fairfolks*, qui venaient la nuit dans les prairies. Ces fées paraissent être les *striges*, ou magiciennes, dont parle Ausone. Hector de Boëce, dans ses *Annales d'Ecosse*, dit que trois de ces fées prophétisèrent à Banquo, chef des Stuarts, la grandeur future de sa maison Shakspeare, dans son *Macbeth*, en a fait trois sorcières. — Il reste beaucoup de monuments de la croyance aux fées : telles sont les grottes du Chablais, qu'on appelle *les grottes des fées*. On n'y aborde qu'avec peine. Chacune des trois grottes a, dans le fond, un bassin dont l'eau passe pour avoir des vertus miraculeuses. L'eau qui distille dans la grotte supérieure, à travers le rocher, a formé, dans la voûte, la figure d'une poule qui couve ses poussins. A côté du bassin, on voit un rouet, ou tour à filer, avec la quenouille. « Les femmes des environs, dit un écrivain du dernier siècle, prétendent avoir vu autrefois, dans l'enfoncement, une femme pétrifiée au-dessus du rouet. Aussi on n'osait guère approcher de ces grottes ; mais depuis que la figure de la femme a disparu, on est devenu moins timide. » — Auprès de Ganges, en Languedoc, on montre une autre grotte des fées, ou *grotte des demoiselles*, dont on fait des contes merveilleux. On voit à Merlingen, en Suisse, une citerne noire qu'on appelle le *puits de la fée*. Non loin de Bord-Saint-Georges, à deux lieues de Chambon, on respecte encore les débris d'un vieux puits qu'on appelle aussi *le puits des fées*, ou *fades*, et sept bassins qu'on a nommés *les creux des fades*. On voit près de là, sur la roche de Beaune, deux empreintes de pied humain : l'une est celle du pied de saint Martial ; l'autre appartient, suivant la tradition, à la reine des fées, qui, dans un moment de fureur, frappa si fortement le

rocher de son pied droit qu'elle en laissa la marque. On ajoute que, mécontente des habitants du canton, elle tarit les sources minérales qui remplissaient les creux des fées, et les fit couler à Évaux, où elles sont encore.
— On voyait, près de Domremy, *l'arbre des Fées*; Jeanne d'Arc fut même accusée d'avoir eu des relations avec les fées qui venaient danser sous cet arbre. On remarque dans la petite île de Concourie, à une lieue de Saintes, une haute butte de terre, qu'on appelle *le mont des Fées*. La Bretagne est pleine de vestiges semblables ; plusieurs fontaines y sont encore consacrées à des fées qui métamorphosent en or, en diamant, la main des indiscrets qui souillent l'eau de leurs sources.
— Tallemant des Réaux rapporte une merveilleuse histoire de fée, qui se rattache à l'origine des maisons de Croy, de Salm et de Bassompierre. — Le comte d'Angeweiller, marié avec la comtesse de Kinspein, allait habituellement à la chasse; quand il revenait tard ou qu'il voulait partir de grand matin sans réveiller sa femme, il couchait dans une petite chambre, au-dessus de la porte d'entrée de son château. On avait mis là pour lui une couchette de bois, bien travaillée selon le temps. Or un lundi, en montant à sa chambre sur le portail, il y trouva une fée endormie. Il ne la troubla point; et durant quinze ans elle revint là tous les lundis, jusqu'à un certain jour que la comtesse, étant entrée dans cette chambre, y vit le couvre-chef de la fée et le dérangea. La fée, se voyant découverte, dit au comte qu'elle ne reviendrait plus et lui donna un gobelet, une cuiller et une bague, lui recommandant de partager ces trois dons à trois filles qu'il avait. « Ces gages, dit-elle, porteront le bonheur dans les maisons où ils entreront tant qu'on les y gardera; et tout malheur arrivera à qui dérobera un de ces objets précieux. » — Après ces mots, la fée s'en alla, et le comte d'Angeweiller ne la revit jamais plus. Il maria ses trois filles avec trois seigneurs des maisons de Croy, de Salm et de Bassompierre, et leur donna à chacune une terre et un gage de la fée. Croy eut le gobelet et la terre d'Angeweiller; Salm eut la bague et la terre de Fenestrange, et Bassompierre eut la cuiller avec la terre d'Answeiller. Trois abbayes étaient dépositaires de ces gages quand les enfants étaient mineurs, Nivelles pour Croy, Remenecour pour Salm, Épinal pour Bassompierre; et en effet ces trois maisons prospérèrent long-temps. — Quant à l'autre prédiction de la fée, relativement au vol de ces objets, on en reconnaît la vérité dans la maison de M. de Pange, seigneur lorrain qui déroba au prince de Salm la bague qu'il avait au doigt, un jour qu'il le trouva assoupi pour avoir trop bu. Ce M. de Pange avait quarante mille écus de revenu; il avait de belles terres ; il était surintendant des finances du duc de Lorraine. Cependant à son retour d'Espagne, où il ne réussit à rien, quoiqu'il y eût fait pendant long-temps bien de la dépense (il était ambassadeur chargé d'obtenir une fille du roi Philippe II pour son maître), il trouva tout son bien dissipé, il mourut de regret, et ses trois filles qu'il avait mariées furent abandonnées de leurs maris.
— On ne saurait dire de quelle matière sont ces dons de la fée. Ils sont grossiers. On raconte que Diane de Dampmartin, marquise d'Havré, de la maison de Croy, ayant laissé tomber le gobelet en le montrant, il se cassa en plusieurs pièces. Elle le ramassa, les remit dans l'étui en disant : « Si je ne puis l'avoir entier, je l'aurai au moins par morceaux; » et le lendemain, en ouvrant l'étui, elle trouva le gobelet aussi entier que devant... — Voilà, ajoute Tallemant, une belle petite fable. — On lit, dans la légende de saint Armentaire, écrite en l'an 1300, quelques détails sur la fée *Esterelle*, qui vivait auprès d'une fontaine où les Provençaux lui apportaient des offrandes. Elle donnait des breuvages enchantés aux femmes. Le monastère de Notre-Dame-de-l'Esterel était bâti sur le lieu qu'avait habité cette fée.
— Mélusine était encore une fée ; il y avait dans son destin cette particularité, qu'elle était obligée tous les samedis de prendre la forme d'un serpent dans la partie inférieure de son corps. La fée qui épousa le seigneur d'Argouges, au commencement du quinzième siècle, l'avait, dit-on, averti de ne jamais parler de la mort devant elle; mais un jour qu'elle s'était fait long-temps attendre, son mari, impatienté, lui dit qu'elle serait bonne à aller chercher la mort. Aussitôt la fée disparut en laissant les traces de ses mains sur les murs, contre lesquels elle frappa plusieurs fois de dépit. C'est depuis ce temps que la noble maison d'Argouges porte dans ses armes trois mains posées en pal, et une fée pour cimier. L'époux de Mélusine la vit également disparaître pour n'avoir pu vaincre la curiosité de la regarder à travers la porte dans sa métamorphose du samedi. — La reine des fées est Titania, épouse du roi Obéron, qui a inspiré à Wieland un poème célèbre en Allemagne.

Felgenhaver (PAUL), — visionnaire allemand du seizième siècle. Il se vantait d'avoir reçu de Dieu la connaissance du présent, du passé et de l'avenir; il prêchait un esprit astral, soumis aux régénérés, lequel esprit astral, soumis aux régénérés, a donné aux prophètes et aux apôtres le pouvoir d'opérer des prodiges et de chasser les démons. Ayant été mis en prison à cause de quelque scandale qu'il avait causé, il composa un livre où il prouvait la divinité de sa mission par ses souffrances. Il y raconte une révélation dont le Seigneur, disait-il, l'avait favorisé. Ses principaux ouvrages sont : 1° *Chronologie ou efficacité des années du monde*, sans désignation du lieu d'impression, 1620, in-4°. Il prétend y démontrer que le monde est de 235 ans plus vieux qu'on ne le croit ; que Jésus-Christ est né l'an 4235 de la création ; et il trouve de grands mystères dans ce nombre, parce que le double septénaire y est contenu ; or, le monde ne pouvant pas subsister plus de six mille ans, il n'avait plus, en 1620, à compter que sur une durée de 145 ans. Le jugement dernier était très-proche, et Dieu lui en avait révélé l'époque, qui était 1765. 2° *Miroir des temps, dans lequel, indépendamment des admonitions adressées à tout le monde, on expose aux yeux ce qui a été et est parmi tous les Etats, écrit par la grâce de Dieu et par l'inspiration du Saint-Esprit*, 1620, in-4° ; 3° *Postillon ou Nouveau calendrier et prognosticon astrologico-propheticum, présenté à tout l'univers et à toutes les créatures*, 1656, in-12 (en allemand).

Femmes. — Il y eut une doctrine, adoptée par quelques hérétiques, que les femmes étaient des brutes, *mulieres non esse homines*. Un concile de Mâcon foudroya cette extravagance. — Nous ne rapporterons pas ici toutes les mille et une erreurs qu'on a débitées contre les femmes. Delancre et Bodin assurent qu'elles sont bien plus aptes que les hommes à la sorcellerie, et que c'est une terrible chose qu'une femme qui s'entend avec le diable. — D'anciens philosophes disent aussi que la présence des femmes en certains jours fait tourner le lait, ternit les miroirs, dessèche les campagnes, engendre des serpents et rend les chiens enragés. Les philosophes sont bien niais.

Femmes blanches. — Quelques-uns donnent le nom de femmes blanches aux sylphides, aux nymphes, et à des fées qui se montraient en Allemagne ; d'autres entendent par là certains fantômes qui causent plus de peur que de mal. Il y a une sorte de spectres peu dangereux, dit Delrio, qui apparaissent en femmes toutes blanches, dans les bois et les prairies ; quelquefois même on les voit dans les écuries, tenant des chandelles de cire allumées, dont ils laissent tomber des gouttes sur le toupet et le crin des chevaux, qu'ils peignent et qu'ils tressent ensuite fort proprement ; ces femmes blanches, ajoute le même auteur, sont aussi nommées sibylles et fées. — En Bretagne, des femmes blanches, qu'on appelle *lavandières* ou *chanteuses de nuit*, lavent leur linge en chantant, au clair de la lune, dans les fontaines écartées ; elles invitent les passants à tordre leur linge et cassent le bras à qui les aide de mauvaise grâce. — Érasme parle d'une femme blanche célèbre en Allemagne, et dont voici le conte : « La chose qui est presque la plus remarquable dans notre Allemagne, dit-il, est la femme blanche qui se fait voir quand la mort est prête à frapper à la porte de quelque prince, et non-seulement en Allemagne, mais aussi en Bohême. En effet, ce spectre s'est montré à la mort de la plupart des grands de Neuhaus et de Rosemberg, et il se montre encore aujourd'hui. Guillaume Slavata, chancelier de ce royaume, déclare que cette femme ne peut être retirée du purgatoire tant que le château de Neuhaus sera debout ; elle y apparaît, non-seulement quand quelqu'un doit mourir, mais aussi quand il se doit faire un mariage ou qu'il doit naître un enfant ; avec cette différence que quand elle apparaît avec des vêtements noirs, c'est signe de mort ; et, au contraire, un témoignage de joie quand on la voit tout en blanc. Gerlanius témoigne avoir ouï dire au baron d'Ungenaden, ambassadeur de l'empereur à la Porte, que cette femme blanche apparaît toujours en habit noir lorsqu'elle prédit en Bohême la mort de quelqu'un de la famille de Rosemberg. Le seigneur Guillaume de Rosemberg s'étant allié aux quatre maisons souveraines de Brunswick, de Brandebourg, de Bade et de Pernstein, l'une après l'autre, et ayant fait pour cela de grands frais, surtout aux noces de la princesse de Brandebourg, la femme blanche s'est rendue familière à ces quatre maisons et à quelques autres qui lui sont alliées. — A l'égard de ses manières d'agir, elle passe quelquefois très-vite de chambre en chambre, ayant à sa ceinture un grand trousseau de clefs, dont elle ouvre et ferme les portes aussi bien de jour que de nuit. S'il arrive que quelqu'un la salue, pourvu qu'on la laisse faire, elle prend un ton de voix de femme veuve et une gravité de personne noble, et, après avoir fait une honnête révérence de la tête, elle s'en va. Elle n'adresse jamais de mauvaises paroles à personne ; au contraire, elle regarde tout le monde avec modestie et avec pudeur. Il est vrai que souvent elle s'est fâchée, et que même elle a jeté des pierres ceux à qui elle a entendu tenir des discours inconvenants, tant contre Dieu que contre son service; elle se montre bonne envers les pauvres, et se tourmente fort quand on ne les aide pas à sa fantaisie. Elle en donna des marques lorsqu'après que les Suédois eurent pris le château, ils oublièrent de donner aux pauvres le repas de bouillie qu'elle a institué de son vivant. Elle fit un si grand charivari que les soldats qui y faisaient la garde ne savaient où se cacher. Les généraux mêmes ne furent pas exempts de ses importunités, jusqu'à ce qu'enfin un d'eux rappelât aux autres qu'il fallait faire de la bouillie et la distribuer aux pauvres; ce qui ayant été fait, tout fut tranquille. »

Fer chaud (ÉPREUVE DU). — Celui que l'on condamnait à l'épreuve du fer chaud était obligé de porter, à neuf ou douze pas, une barre de fer rouge pesant environ trois livres. Cette épreuve se faisait aussi en mettant la main dans un gantelet de fer sortant de la fournaise, ou en marchant sur du fer rougi. Voy. EMMA. — Un mari de Didymotèque, soupçonnant la fidélité de sa femme, lui proposa d'avouer son crime ou de prouver son innocence par l'attouchement d'un fer chaud. Si elle avouait, elle était morte; si elle tentait l'épreuve, elle craignait d'être brûlée. Elle eut recours à l'évêque de Didymotèque, prélat recommandable; elle lui avoua sa faute en pleurant et promit de la réparer. L'évêque, assuré de son repentir, lui dit qu'alors elle pouvait sans crainte se soumettre à l'épreuve. Elle prit un fer rougi au feu, fit trois fois le tour d'une chaise, l'ayant toujours à la main, et le mari fut pleinement rassuré. Ce trait eut lieu sous Jean Cantacuzène. — Sur la côte du Malabar, l'épreuve du fer chaud était aussi en usage. On couvrait la main du criminel d'une feuille de bananier, et l'on y appliquait un fer rouge; après quoi le surintendant des blanchisseurs du roi enveloppait la main de l'accusé avec une serviette trempée dans de l'eau de riz; il la liait avec des cordons; puis le roi appliquait lui-même son cachet sur le nœud. Trois jours après on déliait la main et on déclarait le prévenu innocent, s'il ne restait aucune marque de brûlure; mais s'il en était autrement, il était envoyé au supplice. — Au reste, l'épreuve du fer chaud est fort ancienne; car il en est question dans l'*Electre* de Sophocle.

Ferdinand IV (dit L'AJOURNÉ), — roi de Castille et de Léon, né en 1285. Ayant condamné à mort deux frères que l'on accusait d'avoir assassiné un seigneur castillan au sortir du palais, il voulut que la sentence fût exécutée, quoique les accusés protestassent de leur innocence, et quoiqu'il n'y eût aucune preuve contre eux. Alors, disent les historiens de ce temps, les deux frères ajournèrent *Ferdinand* à comparaître dans trente jours au tribunal du juge des rois; et, précisément trente jours après, le roi s'étant retiré, après le dîner, pour dormir, fut trouvé mort dans son lit.

Fernand (ANTOINE), — jésuite espagnol, auteur d'un commentaire assez curieux sur les visions et révélations de l'*Ancien Testament*, publié en 1647 [1].

Ferragus, — géant dont parle la chronique de l'archevêque Turpin. Il avait douze pieds de haut, et la peau si dure qu'aucune lance ou épée ne la pouvait percer. Il fut vaincu par l'un des preux de Charlemagne.

Ferrier (AUGER), — médecin et astrologue, auteur d'un livre peu connu, intitulé : *Jugements d'astronomie sur les nativités*, ou horoscopes, in-16, qu'il dédia à la reine Catherine de Médicis. Auger Ferrier a laissé encore un petit traité latin, *De somniis*, imprimé à Lyon en 1549, avec le traité d'Hippocrate sur les insomnies.

Fétiches, — divinités des nègres de Guinée. Ces divinités varient : ce sont des animaux desséchés, des branches d'arbres, des arbres mêmes, des montagnes, ou toute autre chose, ils en ont de petits qu'ils portent au cou ou au bras, tels que des coquillages. Ils honorent un arbre qu'ils appellent l'*arbre des fétiches;* ils placent au pied une table couverte de vins de palmier, de riz et de millet. — Cet arbre est un oracle que l'on consulte dans les occasions importantes; il ne manque jamais de faire connaître sa réponse par l'organe d'un chien noir, qui est le diable, selon nos démonographes. — Un énorme rocher nommé Tabra, qui s'avance dans la mer en forme de presqu'île, est le grand fétiche du cap Corse. On lui rend des honneurs particuliers, comme au plus puissant des fétiches. Au Congo, personne ne boit sans faire une oblation à son principal fétiche, qui est souvent une défense d'éléphant.

Feu. — Plusieurs nations ont adoré cet élément. En Perse, on faisait des enclos fermés de murailles et sans toit, où l'on entretenait du feu. Les grands y jetaient des essences et des parfums. Quand un roi de Perse était à l'agonie, on éteignait le feu dans les villes

---

[1] Antonii Fernandii, etc. Commentarii in visiones veteris Testamenti. Lugd., 1617.

principales du royaume, pour ne le rallumer qu'au couronnement de son successeur. — Certains Tartares n'abordent jamais les étrangers qu'ils n'aient passé entre deux feux pour se purifier ; ils ont bien soin de boire la face tournée vers le midi, en l'honneur du feu. Les Jagous, peuple de Sibérie, croient qu'il existe dans le feu un être qui dispense le bien et le mal ; ils lui offrent des sacrifices perpétuels. — On sait que, selon les cabalistes, le feu est l'élément des salamandres. *Voy.* ce mot. — Parmi les épreuves superstitieuses qu'on appelait jugements de Dieu, l'épreuve du feu ne doit pas être oubliée. Lorsqu'il fallut décider en Espagne si l'on y conserverait la liturgie mozarabique ou si l'on suivrait le rit romain, on résolut d'abord de terminer le différend par un combat où les deux liturgies seraient représentées par deux champions ; mais ensuite on jugea qu'il était plus convenable de jeter au feu les deux liturgies et de retenir celle que le feu ne consumerait pas ; ce prodige fut opéré, dit-on, en faveur de la liturgie mozarabique [1]. *Voy.* FER CHAUD.

Feu de la Saint-Jean. — En 1634, à Quimper, en Bretagne, les habitants mettaient encore des siéges auprès des feux de joie de la Saint-Jean, pour que leurs parents morts pussent en jouir à leur aise. — On réserve, en Bretagne, un tison du feu de la Saint-Jean pour se préserver du tonnerre. Les filles, pour être sûres de se marier dans l'année, sont obligées de danser autour de neuf feux de joie dans cette même nuit : ce qui n'est pas difficile, car ces feux sont tellement multipliés dans la campagne, qu'elle paraît illuminée. On conserve ailleurs la même opinion qu'il faut garder des tisons du feu de la Saint-Jean comme d'excellents préservatifs qui, de plus, portent bonheur. — A Paris, autrefois, on jetait deux douzaines de petits chats (emblèmes du diable sans doute) dans le feu de la Saint-Jean, parce qu'on était persuadé que les sorciers faisaient leur grand sabbat cette nuit-là. On disait aussi que la nuit de la Saint-Jean était la plus propre aux maléfices, et qu'il fallait recueillir alors toutes les herbes dont on avait besoin pour les sortiléges.

Feu grégeois. — *Du terrible feu grégeois et de la manière de le composer.* Ce feu est si violent qu'il brûle tout ce qu'il touche, sans pouvoir être éteint, si ce n'est avec de l'urine, de fort vinaigre ou du sable. On le compose avec du soufre vif, du tartre, de la sarcocole, de la picole, du sel commun recuit, du pentréole et de l'huile commune ; on fait bien

[1] Bergier, Dict. théolog.

bouillir le tout, jusqu'à ce qu'un morceau de toile qu'on aura jeté dedans soit consumé ; on le remue avec une spatule de fer. Il ne faut pas s'exposer à faire cette composition dans une chambre, mais dans une cour ; parce que si le feu prenait, on serait très-embarrassé de l'éteindre [1]. — Ce n'est sans doute pas là le feu grégeois d'Archimède.

Feu Saint-Elme, ou feu Saint-Germain, ou feu Saint-Anselme. — Le prince de Radzivill, dans son Voyage de Jérusalem, parle d'un feu qui parut plusieurs fois au haut du grand mât du vaisseau sur lequel il était monté ; il le nommait *feu Saint-Germain*, d'autres *feu Saint-Elme*, et *feu Saint-Anselme*. Les païens attribuaient ce prodige à Castor et Pollux, parce que quelquefois il paraît double. Les physiciens disent que ce n'est qu'une exhalaison enflammée. Mais les anciens croyaient y voir quelque chose de surnaturel et de divin [2].

Feux follets. — On appelle feux follets, ou esprits follets, ces exhalaisons enflammées que la terre, échauffée par les ardeurs de l'été, laisse échapper de son sein, principalement dans les longues nuits de l'Avent ; et, comme ces flammes roulent naturellement vers les lieux bas et les marécages, les paysans, qui les prennent pour de malins esprits, s'imaginent qu'ils conduisent au précipice le voyageur égaré que leur éclat éblouit, et qui prend pour guide leur trompeuse lumière. Olaüs Magnus dit que les voyageurs et les bergers de son temps rencontraient des esprits follets qui brûlaient tellement l'endroit où ils passaient, qu'on n'y voyait plus croître ni herbes ni verdure [3]. — Un jeune homme revenant de Milan pendant une nuit fort noire, fut surpris en chemin par un orage ; bientôt il crut apercevoir dans le lointain une lumière et entendre plusieurs voix à sa gauche ; peu après il distingua un char enflammé qui accourait à lui, conduit par des bouviers dont les cris répétés laissaient entendre ces mots : *Prends garde à toi !* Le jeune homme épouvanté pressa son cheval ; mais plus il courait, plus le char le serrait de près. Enfin, après une heure de course, il arriva, en se recommandant à Dieu de toutes ses forces, à la porte d'une église où tout s'engloutit. Cette vision, ajoute Cardan, était le présage d'une grande peste qui ne tarda pas à se faire sentir, accompagnée de plusieurs autres fléaux [4].

[1] Admirables secrets du Petit Albert, p. 88.
[2] Dom Calmet, Dissertat. sur les apparitions, p. 88.
[3] Dom Calmet, Dissertation sur les apparitions, p. 109.
[4] Cardan était enfant lorsqu'on lui raconta cette histoire, de sorte qu'il peut aisément l'avoir dénaturée. Le

Fèves. — Pythagore défendait à ses élèves de manger des fèves, légume pour lequel il avait une vénération particulière, parce qu'elles servaient à ses opérations magiques et qu'il savait bien qu'elles étaient animées. On dit qu'il les faisait bouillir ; qu'il les exposait ensuite quelques nuits à la lune, jusqu'à ce qu'elles vinssent à se convertir en sang, dont il se servait pour écrire sur un miroir convexe ce que bon lui semblait. Alors, opposant ces lettres à la face de la lune quand elle était pleine, il faisait voir à ses amis éloignés, dans le disque de cet astre, tout ce qu'il avait écrit sur son miroir. — Pythagore avait puisé ses idées sur les fèves chez les Égyptiens, qui ne touchaient pas à ce légume, s'imaginant qu'elles servaient de refuge à certaines âmes. On conte qu'il aima mieux se laisser tuer par ceux qui le poursuivaient que de se sauver à travers un champ de fèves. C'est du moins une légende borgne très-répandue. — Quoi qu'il en soit, on offrait chez les anciens des fèves noires aux divinités infernales. Il y avait en Égypte, aux bords du Nil, de petites pierres faites comme des fèves, lesquelles mettaient en fuite les démons. Festus prétend que la fleur de la fève a quelque chose de lugubre, et que le fruit ressemble exactement aux portes de l'enfer.... — Dans l'*Incrédulité et mécréance du sortilége pleinement convaincue*, page 263, Delancre dit qu'en promenant une fève noire, avec les mains nettes, par une maison infestée, et la jetant ensuite derrière le dos en faisant du bruit avec un pot de cuivre, et priant neuf fois les fantômes de fuir, on les force de vider le terrain. — Les jeunes filles de Venise pratiquaient, avec des fèves noires, une divination qui n'est pas encore passée de mode. Quand on veut savoir de plusieurs cœurs quel sera le plus fidèle, on prend des fèves noires, on leur donne à chacune le nom d'un des jeunes gens par qui on est recherchée, on les jette ensuite sur le carreau : la fève qui se fixe en tombant annonce l'amant certain ; celles qui s'écartent avec bruit sont des amants volages.

Fiard, — auteur des *Lettres philosophiques sur la magie*, in-8° ; de *la France trompée par les magiciens et démonolâtres du dix-huitième siècle*, in-8° ; de *la Superstition et démonolâtrie des philosophes*, in-12, ouvrages publiés il y a quarante ans. Rien de plus crédule que ce bon abbé ; qui voit dans Cagliostro, Mesmer, Saint-Germain, ces charlatans,

jeune homme qui eut la vision n'avait que vingt ans ; il était seul, il avait éprouvé une grande frayeur. Quant à la peste qui suivit, elle était occasionnée, aussi bien que l'exhalaison, par une année de chaleurs extraordinaires.

de vrais sorciers. Il met dans la même liste Robertson, Olivier et tous les escamoteurs. Il prétend que Voltaire était un démon ; et qui sait ?

Ficino (MARSILE), — philosophe florentin, né en 1433. Un jour qu'il disputait avec Michel Mercati, son disciple, sur l'immortalité de l'âme, comme ils ne s'entendaient pas, ils convinrent que le premier qui partirait du monde en viendrait donner des nouvelles à l'autre ; peu après ils se séparèrent. Un soir que Michel, bien éveillé, s'occupait de ses études, il entendit le bruit d'un cheval qui venait en grande hâte à sa porte, et en même temps la voix de Marsile qui lui criait : — « Michel, rien n'est plus vrai que ce qu'on dit de l'autre vie. » — Michel ouvrit la fenêtre, et vit son maître Ficino monté sur un cheval blanc, qui s'éloignait au galop. Il lui cria de s'arrêter ; mais Marsile continua sa course jusqu'à ce qu'on ne le vît plus. Le jeune homme, stupéfait, envoya aussitôt chez Ficino, et apprit qu'il venait d'expirer. — Marsile Ficino a publié sur l'astrologie, sur l'alchimie, sur les apparitions et sur les songes, divers ouvrages devenus rares.

Fidélité. — On lit dans les *Admirables secrets d'Albert-le-Grand* qu'en mettant un diamant sur la tête d'une femme qui dort, on connaît si elle est fidèle ou infidèle ; parce que, si elle est infidèle, elle s'éveille en sursaut et de mauvaise humeur ; si, au contraire, elle est fidèle, elle a un réveil gracieux. — Le Petit Albert dit qu'on peut être bien sûr de la fidélité d'une femme quand on lui a fait manger la moelle de l'épine du dos d'un loup [1].

Fien (THOMAS), — anversois, auteur d'un livre curieux sur les effets prodigieux de l'imagination, *De viribus imaginationis*, Londres 1657.

Fientes. — *Des vertus et propriétés de plusieurs sortes de fientes.* Comme l'homme est la plus noble créature, ses excréments ont aussi une propriété particulière pour guérir plusieurs maladies ; Dioscoride et Galien en font cas et assurent qu'ils enlèvent les maux de gosier ou esquinancies. Voici la manière de les préparer : on donnera à manger à un jeune homme de bon tempérament des lupins pendant trois jours et du pain bien cuit, où il y aura du levain et du sel ; on lui fera boire du vin clairet, et on gardera les excréments qu'il rendra après trois jours de ce régime. On les mêlera avec autant de miel, et on les fera boire et avaler comme de l'opiat, ou bien

[1] Le Solide trésor du Petit Albert, p. 24.

on les appliquera comme un cataplasme : le remède est infaillible, nous ne dirons pas s'il est agréable. — *De la fiente de chien.* Si on enferme un chien et qu'on ne lui donne pendant trois jours que des os à ronger, on ramassera sa fiente, qui, séchée et réduite en poudre, est un admirable remède pour la dyssenterie. On prendra des cailloux de rivière qu'on fera chauffer, ensuite on les jettera dans un vaisseau plein d'urine, dans lequel on mettra un peu de cette fiente de chien réduite en poudre ; on en donnera à boire au malade deux fois la journée, pendant trois jours, sans qu'il sache ce qu'on lui donne. — Cette fiente est aussi un des meilleurs dessiccatifs pour les vieux ulcères malins et invétérés..... — *De la fiente de loup.* Comme on sait que cet animal dévore souvent les os avec la chair de sa proie, on prendra les os que l'on trouvera parmi sa fiente, parce que, pilés bien menu, bus dans du vin, c'est un spécifique contre la colique.... — *De la fiente de bœuf et de vache.* La fiente de bœuf ou de vache, récente et nouvelle, enveloppée dans des feuilles de vigne ou de chou, et chauffée dans les cendres, guérit les inflammations causées par les plaies. La même fiente apaise la sciatique. Si on la mêle avec du vinaigre, elle a la propriété de faire suppurer les glandes scrofuleuses et écrouelles. Galien dit qu'un médecin de Mysie guérissait toutes sortes d'hydropisies en mettant sur l'enflure de la fiente chaude de vache. Cette fiente, aussi appliquée sur la piqûre des mouches à miel, frelons et autres, en enlève aussitôt la douleur. — *Fiente de porc.* Cette fiente guérit les crachements de sang. On la fricasse avec autant de crachats de sang du malade, y ajoutant du beurre frais, et on la lui donne à avaler.... — *Fiente de chèvre.* La fiente de chèvre a la vertu de faire suppurer toutes sortes de tumeurs. Galien guérissait fort souvent ces tumeurs et les duretés des genoux, mêlant cette fiente avec de la farine d'orge et de l'oxicrat, et l'appliquant en forme de cataplasme sur la dureté ; elle est admirable pour les oreillons, mêlée avec du beurre frais et de la lie d'huile de noix. Ce secret semblera ridicule ; mais il est véritable ; car on a guéri plus de vingt personnes de la jaunisse, leur faisant boire tous les matins, pendant huit jours, à jeun, cinq petites crottes de chèvre dans du vin blanc.... — *De la fiente de brebis.* Il ne faut jamais prendre cette fiente par la bouche, comme celle des autres animaux ; mais l'appliquer extérieurement sur le mal ; elle a les mêmes propriétés que la fiente de chèvre. Elle guérit toutes sortes de verrues, de furoncles durs et de clous, si on la détrempe avec du vinaigre et qu'on l'applique sur la douleur. — *De la fiente des pigeons ramiers et des pigeons domestiques.* Pour les douleurs de l'os ischion, la fiente des pigeons ramiers ou domestiques est admirable, étant mêlée avec de la graine de cresson d'eau ; et lorsqu'on veut faire mûrir une tumeur ou une fluxion, on peut user d'un cataplasme dans lequel entre une once de cette fiente, deux drachmes de graine de moutarde et de cresson, une once d'huile distillée de vieilles tuiles. Il est sûr que plusieurs personnes ont été guéries par cette fiente, mêlée avec de l'huile de noyaux de pêches. — Galien dit que la *fiente d'oie* est inutile, à cause de son âcreté ; mais on est certain qu'elle guérit aussi de la jaunisse lorsqu'on la détrempe dans du vin blanc et qu'on en boit pendant neuf jours. — Dioscoride dit que la *fiente de poule* ne peut être efficace que pour guérir de la brûlure, lorsqu'elle est mêlée avec de l'huile rosat ; mais Galien et Éginette assurent que, mêlée avec de l'oximel, cette fiente apaise la suffocation et soulage ceux qui ont mangé des champignons ; car elle fait vomir tout ce qui embarrasse le cœur. Un médecin du temps de Galien guérissait la colique avec cette fiente mêlée d'hypocras fait de miel et de vin. — La *fiente de souris*, mêlée avec du miel, fait revenir le poil lorsqu'il est tombé, pourvu qu'on en frotte l'endroit avec cette mixtion.... — Pour conserver la beauté, voici un secret très-important au beau sexe : c'est une manière de faire le fard. On prendra de la fiente de petits lézards, du tartre de vin blanc, de la raclure de corne de cerf, du corail blanc et de la farine de riz, autant de l'un que de l'autre ; on broiera le tout dans un mortier, bien menu, on le fera tremper ensuite dans de l'eau distillée d'une semblable quantité d'amandes, de limaces de vigne ou de jardin, et de fleurs de bouillon-blanc ; après cela, on y mêlera autant de miel blanc, et l'on broiera encore le tout ensemble. Cette composition doit être conservée dans un vase d'argent ou de verre, et l'on s'en servira pour se frotter le visage et les mains [1]. — Voilà une singulière pharmacopée.

Fièvre. — Quelques personnes croient encore se guérir de la fièvre en buvant de l'eau bénite la veille de Pâques ou la veille de la Pentecôte. En Flandre, on croyait autrefois que ceux qui sont nés un vendredi ont reçu de Dieu le pouvoir de guérir la fièvre [2].

---

[1] Secrets d'Albert-le-Grand, p. 167.
[2] Delancre, Incrédulité et mécréance du sortilége pleinement convaincue, p. 157.

Figures du diable. — Le diable change souvent de formes, selon le témoignage de quantité de sorcières. Marie d'Aguère confessa qu'il sortait, en forme de bouc, d'une cruche placée au milieu du sabbat. Françoise Secrétain déclara qu'il avait la forme d'un grand cadavre. D'autres sorcières ont dit qu'il se faisait voir sous les traits d'un tronc d'arbre, sans bras et sans pieds, assis dans une chaire, ayant cependant quelque forme de visage humain. Mais plus généralement c'est un bouc ayant deux cornes par devant et deux par derrière. Lorsqu'il n'a que trois cornes, on voit une espèce de lumière dans celle du milieu, laquelle sert à allumer les bougies du sabbat; il a aussi une espèce de bonnet ou chapeau au-dessus des cornes. — On a prétendu que le diable se présente souvent sous l'accoutrement d'un homme qui ne veut pas se laisser voir clairement, et qu'il a le visage rouge comme du feu [1]. D'autres disent qu'il a deux visages à la tête, comme Janus. — Delancre rapporte que dans les procédures de la Tournelle on l'a représenté en grand lévrier noir, et parfois comme un bœuf d'airain couché à terre. Il prend encore la forme d'un dragon. Quelquefois c'est un gueux qui porte les livrées de la misère, dit Leloyer. D'autres fois il abuse de la figure des prophètes; et du temps de Théodose il prit celle de Moïse pour noyer les juifs de Candie, qui comptaient selon ses promesses traverser la mer à pied sec [2]. — Le commentateur de Thomas Valsingham rapporte que le diable sortit du corps d'un diacre schismatique sous la figure d'un âne, et qu'un ivrogne du comté de Warwick fut long-temps poursuivi par un esprit malin déguisé en grenouille. Leloyer cite quelque part un démon qui se montra à Laon sous la figure d'une mouche ordinaire. — Ces figures diverses, que prennent les démons pour se faire voir aux hommes, sont multipliées à l'infini. Quand ils apparaissent avec un corps d'homme, on les reconnaît à leurs pieds de bouc ou de canard, à leurs griffes et à leurs cornes, qu'ils peuvent bien cacher en partie, mais qu'ils ne déposent jamais entièrement. Cæsarius d'Heisterbach ajoute à ce signalement, qu'en prenant la forme humaine le diable n'a ni dos, ni derrière, de sorte qu'il se garde de montrer ses talons. (*Miracul.*, lib. 3.) — Les Européens représentent ordinairement le diable avec un teint noir et brûlé; les nègres soutiennent au contraire que le diable a la peau blanche. Un officier français se trouvant, au dix-septième siècle, dans le royaume d'Ardra, en Afrique, alla faire une visite au chef des prêtres du pays. Il aperçut, dans la chambre du pontife, une grande poupée blanche, et demanda ce qu'elle représentait. On lui répondit que c'était le diable. « Vous vous trompez, dit bonnement le Français, le diable est noir. — C'est vous qui êtes dans l'erreur, répliqua le vieux prêtre ; vous ne pouvez pas savoir aussi bien que moi quelle est la couleur du diable : *je le vois tous les jours*, et je vous assure qu'il est blanc comme vous [1]. » *Voy.* Sabbat, Démons, etc.

Fils de la Vierge. — Les bonnes gens croient que ces flocons blancs cotonneux, qui nagent dans l'atmosphère et descendent du ciel, sont des présents que la Sainte-Vierge nous fait, et que c'est de sa quenouille céleste qu'elle les détache. Le physicien Lamarck prétend que ce ne sont pas des toiles d'araignées ni d'autres insectes fileurs, mais des filaments atmosphériques qui se remarquent dans les jours qui n'ont pas offert de brouillard. Selon le résultat des observations de ce savant, les fils de la Vierge ne sont qu'un résidu des brouillards dissipés, et en quelque sorte réduits et condensés par l'action des rayons solaires, « de sorte qu'il ne nous faudrait qu'une certaine suite de beaux soleils et de brouillards secs pour approvisionner nos manufactures et nous fournir un coton tout filé beaucoup plus beau que celui que nous tirons du Levant [2]. »

Fin du monde. — Hérodote a prédit que le monde durerait 10,800 ans; Dion, qu'il durerait 13,984; Orphée, 120,000; Cassander, 1,800,000. Il serait peut-être mieux de croire à ces gens-là, dont les prédictions ne sont pas encore démenties, qu'à une foule de prophètes, maintenant réputés sots dans les annales astrologiques. Tel fut Aristarque, qui prédisait la débâcle générale du genre humain en l'an du monde 3484; Darétès, en l'an 5552; Arnauld de Villeneuve, en l'an de Notre-Seigneur 1395; Jean Hilten, allemand, en 1654. L'Anglais Wistons, explicateur de l'Apocalypse, qu'il voulait éclaircir par la géométrie et l'algèbre, avait conclu, après bien des supputations, que le jugement dernier aurait lieu en 1715, ou au plus tard en 1716. On nous a donné depuis bien d'autres frayeurs. Le 18 juillet 1816 devait être le dernier jour. M. de Krudener l'avait remis à 1819, M. de Libenstein à 1823, M. de Sallmard-Montfort

---

[1] Delancre, Tableau de l'inconstance des démons, etc., liv. II, p. 70.
[2] Socrate, Hist. eccl., liv. VII, chap. 28.

[1] Anecdotes africaines de la côte des Esclaves, p. 37.
[2] M. Salgues. Des Erreurs et des préjugés, t. III, p. 184.

à 1836, et d'autres prophètes, sans plus de succès, au 6 janvier 1840. — Attendons : mais, si nous sommes sages, tenons-nous prêts. — Non loin d'Avignonet, village qui est auprès de Villefranche en Languedoc, est *un petit monticule* situé au milieu d'une des plus fertiles plaines de l'Europe; au haut de ce monticule sont placées les pierres de Naurause, c'est-à-dire deux énormes blocs de granit qui doivent avoir été transportés là du temps des druides. Or, il faut que vous sachiez (tous les gens du pays vous le diront) que quand ces deux pierres viendront à se baiser, ce sera le signal de la fin du monde. Les vieilles gens disent que, depuis un siècle, elles se sont tellement rapprochées qu'un gros homme a tout au plus le passage libre, tandis qu'il y a cent ans un homme à cheval y passait sans difficulté. *Voy.* BERNARD DE THURINGE, FELGENHAVER, ÉCLIPSES, etc.

Finnes. — On lit dans Albert Krantz[1], que les Finnes ou Finlandais sont sorciers, qu'ils ont le pouvoir de connaître l'avenir et les choses cachées ; qu'ils tombent en extase, et qu'à leur réveil ils racontent ce qu'ils ont vu, et apportent, en témoignage de la vérité, une bague, un bijou, que leur âme a pris en voyageant dans les pays éloignés. — Delancre dit que ces sorciers du Nord vendent les vents dans des outres aux navigateurs, lesquels se dirigent alors comme ils veulent. Mais un jour, un maladroit, qui ne savait ce que contenaient ces outres, les ayant crevées, il en sortit une si furieuse tempête que le vaisseau y périt. Olaüs Magnus dit que certains de ces magiciens vendaient aux navigateurs trois nœuds magiques serrés avec une courroie. En dénouant le premier de ces nœuds on avait des vents doux et favorables; le second en élevait de plus véhéments; le troisième excitait les plus furieux ouragans.

Finskgalden, — espèce de magie en usage chez les Islandais; elle a été apportée en Islande par un magicien du pays, qui avait fait à ce dessein un voyage en Laponie; elle consiste à maîtriser un esprit, qui suit le sorcier sous la forme d'un ver ou d'une mouche, et lui fait faire merveilles.

Fioravanti (LÉONARD), — médecin, chirurgien, et alchimiste du seizième siècle. On remarque parmi ses ouvrages, qui sont nombreux, *le Résumé des secrets qui regardent la médecine, la chirurgie et l'alchimie*[2], Venise, 1574, in-8°, 1666; Turin, 1580.

[1] Leloyer, Hist. des spectres et apparitions des esprits, liv. IV, p. 450.
[2] Compendio dei secreti, etc.

Fiorina, — *voy.* FLORINE.

Flaga, — fée malfaisante des Scandinaves, quelques-uns disent que ce n'était qu'une magicienne qui avait un aigle pour monture.

Flambeaux. — Trois flambeaux allumés dans la même chambre sont un présage de mort. Ayez donc soin d'en avoir deux ou quatre.

Flamel (NICOLAS), — célèbre alchimiste du quatorzième siècle. On ne connaît ni la date ni le lieu de sa naissance; car il n'est pas certain qu'il soit né à Paris ou à Pontoise. Il fut écrivain public au charnier des Innocents, libraire juré, poète, peintre, mathématicien, architecte ; enfin, de pauvre qu'il était, il devint riche, par le bonheur qu'il eut de trouver la pierre philosophale. Une nuit, dit-on, pendant son sommeil, un ange lui apparut, tenant un livre assez remarquable, couvert de cuivre bien ouvragé, *les feuilles d'écorce déliée, gravées d'une très-grande industrie,* et écrites avec une pointe de fer. Une inscription en grosses lettres dorées contenait une dédicace *faite à la gent des Juifs,* par *Abraham le Juif,* prince, prêtre, astrologue et philosophe. — « Flamel, dit l'ange, vois ce livre auquel tu ne comprends rien : pour bien d'autres que toi, il resterait inintelligible; mais tu y verras un jour ce que tout autre n'y pourrait voir. » A ces mots, Flamel tend les mains pour saisir ce présent précieux; mais l'ange et le livre disparaissent, et il voit des flots d'or rouler sur leur trace. — Nicolas se réveilla ; mais le songe tarda si long-temps à s'accomplir, que son imagination s'était beaucoup refroidie, lorsqu'un jour, dans un livre qu'il venait d'acheter en bouquinant, il reconnut l'inscription du même livre qu'il avait vu en songe, la même couverture, la même dédicace, et le même nom d'auteur. Ce livre avait pour objet la transmutation métallique, et les feuillets étaient au nombre de 21, qui font le mystérieux nombre de trois fois sept. Nicolas se mit à étudier; mais, ne pouvant comprendre les figures, il fit un vœu, disent les conteurs hermétiques, pour posséder l'interprétation d'icelles, qu'il n'obtint pourtant que d'un rabbin. Le pèlerinage à Saint-Jacques eut lieu aussitôt, et Flamel en revint tout à fait illuminé. Voici, selon les mêmes conteurs, la prière qu'il avait faite pour obtenir la lumière : — « Dieu tout-puissant, éternel, père de la lumière, de qui viennent tous les biens et tous les dons parfaits, j'implore votre miséricorde infinie; laissez-moi connaître votre éternelle sagesse, elle qui environne votre trône, qui a créé et fait, qui conduit et conserve tout. Daignez me l'envoyer du ciel, votre sanctuaire, et du trône de votre gloire, afin qu'elle soit et qu'elle travaille en moi; car c'est elle qui est la maîtresse de tous les arts célestes et occultes, qui possède la science et l'intelligence de toutes choses; faites qu'elle m'accompagne dans toutes mes œuvres; que par son esprit j'aie la véritable intelligence; que je procède infailliblement dans l'art noble auquel je me suis consacré, dans la recherche de la miraculeuse pierre des sages que vous avez cachée au monde, mais que vous avez coutume au moins de découvrir à vos élus; que ce grand œuvre que j'ai à faire ici-bas, je le commence, je le poursuive et je l'achève heureusement; que, content, j'en jouisse à toujours. Je vous le demande par Jésus-Christ, la pierre céleste, angulaire, miraculeuse, et fondée de toute éternité, qui commande et règne avec vous[1], » etc. — Cette prière eut tout son effet, puisque Flamel convertit d'abord du mercure en argent, et bientôt du cuivre en or. — Il ne se vit pas plutôt en possession de la pierre philosophale, qu'il voulut que des monuments publics attestassent sa piété et sa prospérité. Il n'oublia pas aussi de faire mettre partout ses statues et son image, sculptées, accompagnées d'un écusson où une main tenait une écritoire en forme d'armoirie. Il fit graver aussi le portrait de sa femme, Pernelle, qui l'accompagna dans ses travaux alchimiques. — Flamel fut enterré dans l'église de Saint-Jacques-la-Boucherie, à Paris. Après sa mort, plusieurs personnes se sont imaginé que toutes ces peintures et sculptures allégoriques étaient autant de symboles cabalistiques qui renfermaient un sens qu'on pouvait mettre à profit. Sa maison, vieille rue de Marivaux, nº 16, passa dans leur imagination pour un lieu où l'on devait trouver des trésors enfouis; un ami du défunt s'engagea, dans cet espoir, à la restaurer gratis; il brisa tout et ne trouva rien. — D'autres ont prétendu que Flamel n'était pas mort, et qu'il avait encore mille ans à vivre; il pourrait même vivre plus, en vertu du baume universel qu'il avait découvert. Quoi qu'il en soit, le voyageur Paul Lucas affirme, dans une de ses relations, avoir parlé à un derviche, ou moine turc, qui avait rencontré Nicolas Flamel et sa femme s'embarquant pour les Indes. — On ne s'est pas contenté de faire de Flamel un adepte, on en a fait aussi un auteur. En 1561, cent quarante-trois ans après sa mort, Jacques Gohorry publia, in-18, sous le titre de *Transformation métallique*, trois traités en rhythme français : *la Fontaine des amoureux des sciences; les Remontrances de nature à l'alchimiste errant*, avec la réponse, par Jean de Meung, et *le Sommaire philosophique* attribué à Nicolas Flamel. On met aussi sur son compte *le Désir désiré*, ou *Trésor de philosophie*, autrement le *Livre des six paroles*, qui se trouve avec *le Traité du soufre*, du cosmopolite, et *l'œuvre royale de Charles VI*, Paris, 1618, 1629, in-8°. On le fait encore auteur du *grand Eclaircissement de la pierre philosophale pour la transmutation de tous métaux*, in-8°, Paris, 1628. L'éditeur promettait *la Joie parfaite de moi, Nicolas Flamel, et de Pernelle, ma femme*, lequel n'a point paru; on a donné enfin *la Musique chimique*, opuscule très-rare, et d'autres fatras qu'on ne recherche plus. — Au résumé, Flamel était un homme laborieux, qui fit quelque fortune en travaillant avec les juifs; et, comme il en fit mystère, on l'attribua à des moyens merveilleux. — L'abbé de Villars fit de Flamel, dans le *Comte de Gabalis*, un chirurgien qui commerçait avec les esprits élémentaires. On a débité sur lui mille contes singuliers; et, de nos jours un chercheur de dupes, ou peut-être un plaisant, répandit en mai 1818, dans les cafés de Paris, une espèce d'avertissement où il déclarait qu'il était le fameux Nicolas Flamel, qui recherchait la pierre philosophale au coin de la rue Marivaux, à Paris, il y a plus de quatre cents ans; qu'il avait voyagé dans tous les pays du monde, et qu'il prolongeait sa carrière depuis quatre siècles par le moyen de *l'élixir de vie*, qu'il avait le bonheur de posséder. Quatre siècles de recherches l'avaient rendu, disait-il, très-savant, et le plus savant des alchimistes. Il faisait de l'or à volonté. Les curieux pouvaient se présenter chez lui, rue de Cléry, nº 22, et y prendre une inscription qui coûtait *trois cent mille francs*, moyennant quoi ils seraient initiés aux secrets du maître, et se feraient sans peine un *un million huit cent mille francs de rente*....

Flaque (LOUIS-EUGÈNE), — sorcier jugé à Amiens en 1825. On l'accusa d'escroqueries à l'aide d'opérations magiques et cabalistiques, de complicité avec Boury, teinturier, logé rue des Hautes-Cornes, à Amiens, et encore avec François Russe, laboureur de Conti. — Au mois de mars 1825, la cour royale d'Amiens confirma un jugement par lequel il appert que les trois individus susnommés ont, par des manœuvres frauduleuses, persuadé à des particuliers l'existence d'un pouvoir mystérieux surnaturel; sur quoi,

---

[1] *Hydrolicus sophicus seu aquarium sapient.* Bibl. chim. de Manget, t. II, p. 557.

et pour en user, l'un desdits particuliers remit à Boury la somme de cent quatre-vingt-douze francs ; et Boury présenta le consultant à un individu déguisé en démon dans le bois de Naours. Le démon promit au particulier huit cent mille francs, qui n'arrivèrent jamais. Boury, Flaque et Russe n'en gardèrent pas moins les cent quatre-vingt-douze francs ; mais le bailleur les poursuivit. Boury fut condamné à quinze mois de prison, Flaque et Russe à une année, à l'amende de cinquante francs, et au remboursement des frais, etc. — Voici ce qu'on apprit dans les débats. Boury exerçait l'état de chirurgien dans la commune de Mirvaux ; et d'abord, n'étant pas toujours heureux dans ses cures, il persuadait à ses malades que l'on avait jeté un sort sur eux, et leur conseillait de chercher un devin plus savant que lui ; cependant il se faisait payer et se retirait. Ces escroqueries n'étaient que le prélude de facéties plus graves. En 1820 le charron Louis Pâque, ayant besoin d'argent, se rendit à Amiens, et en emprunta à un menuisier. Boury dit qu'il procurerait de l'argent à meilleur compte, moyennant quelques avances. Le charron alla le trouver, et Boury lui déclara que le meilleur moyen était de se vendre au diable. Il lui demanda deux cents francs pour assembler le conseil infernal ; Louis Pâque les donna. Boury s'arrangea de façon à toucher ainsi sept à huit mille francs. — Enfin il fut convenu qu'en donnant encore quatre louis Pâque obtiendrait cent mille francs ; malheureusement il n'en put donner que deux. Il partit néanmoins avec Boury, Flaque et un sieur de Noyencourt, pour le bois de Saint-Gervais. Boury tira d'une de ses poches un papier écrit qu'il fit tenir aux assistants, chacun par un coin : il était minuit ; Flaque fit trois conjurations. Le diable ne parut pas. Noyencourt et Boury dirent alors que le diable était occupé ce jour-là, et on prit un autre rendez-vous au bois de Naours. Pâque mena sa fille avec lui ; Boury lui avait dit qu'il fallait que son premier-né assistât à l'opération. Flaque et Boury appelèrent le diable en latin. Le diable parut ; il avait une redingote *rougeâtre-bleuâtre*, un chapeau galonné ; il portait un sabre. Sa taille était d'environ cinq pieds six pouces. Le nom de ce démon était Robert ; et celui du valet qui l'accompagnait, Saday. — Boury dit au diable : « Voici un homme que je te présente, il désire avoir quatre cent mille francs pour quatre louis, peux-tu les lui donner ? » — Le diable répondit : « il les aura. » — Pâque lui présenta l'argent, et le diable lui fit faire le tour du bois en quarante-cinq minutes, avec Boury et Flaque, avant de bailler les 400,000 francs : l'un des sorciers perdit un de ses souliers dans la course. Aussitôt Pâque aperçut une table et des chandelles dessus ; il poussa un cri : « Tais-toi, lui dit Flaque, ton affaire est manquée. » — Pâque s'enfuit à travers le bois et revint devant le diable, qui lui dit : « Scélérat, tu as traversé le bois au lieu d'en faire le tour. Retire-toi sans te retourner, ou je te tords le cou. » — Une autre opération eut encore lieu dans le même bois ; et quand le pauvre Pâque demanda l'argent, le diable lui dit : « Adresse-toi au bureau. » — C'était un buisson.... Comme il n'y avait rien, le démon promit que la somme se trouverait le lendemain dans la cave de Flaque ; Pâque s'y rendit le lendemain avec sa femme et celle du bonhomme qui avait donné les cent quatre-vingt-douze francs pour la première affaire. Mais Boury les mit à la porte en annonçant qu'il allait se plaindre au procureur du roi. Pâque reconnut qu'il était trompé, et se retira avec son argent perdu.... — Nous sommes cependant dans le dix-neuvième siècle, et nous avons les lumières du dix-huitième !

Flauros, — grand-général aux enfers. Il se fait voir sous la figure d'un terrible léopard ; et lorsqu'il prend la forme humaine, il porte un visage affreux, avec des yeux enflammés ; il connaît le passé, le présent et l'avenir, soulève tous les démons ou esprits contre ses ennemis les exorcistes, et commande vingt légions [1].

Flavia-Vénéria-Bessa, — femme qui fit bâtir une chapelle en l'honneur des anciens monarques de l'enfer, Pluton et Proserpine, par suite d'un avertissement qu'elle avait eu en songe [2].

Flavin, — auteur d'un ouvrage intitulé *l'État des âmes trépassées*, in-8°, Paris, 1579.

Flaxbinder. — Le professeur Hanov, bibliothécaire à Dantzick, après avoir combattu les apparitions et les erreurs des différents peuples touchant les revenants et les spectres, raconte toutefois le fait suivant : — « Flaxbinder, plus connu sous le nom de *Johannes de Curiis*, passa les années de sa jeunesse dans l'intempérance et la débauche. Un soir, tandis qu'il se plongeait dans l'ivresse des plus sales plaisirs, sa mère vit un spectre qui ressemblait si fort, par la figure et la contenance, à son fils, qu'elle le prit pour lui-même. Ce spectre était assis près d'un bureau

---

[1] Wierus, de præstig. dæm, p. 929.

[2] Leloyer, Hist. des spectres ou apparitions, t. IV, p. 439.

couvert de livres, et paraissait profondément occupé à méditer et à lire tour à tour. Persuadée qu'elle voyait son fils, et agréablement surprise, elle se livrait à la joie que lui donnait ce changement inattendu, lorsqu'elle entendit, dans la rue, la voix de ce même Flaxbinder qui était dans la chambre. Elle fut horriblement effrayée; on le serait à moins: cependant, ayant observé que celui qui jouait le rôle de son fils ne parlait pas, qu'il avait l'air sombre, hagard et taciturne, elle conclut que ce devait être un spectre; et, cette conséquence redoublant sa terreur, elle se hâta de faire ouvrir la porte au véritable Flaxbinder. Il entre, il approche; le spectre ne se dérange pas. Flaxbinder, pétrifié à ce spectacle, forme, en tremblant, la résolution de s'éloigner du vice, de renoncer à ses désordres, d'étudier enfin, et d'imiter le fantôme. A peine a-t-il conçu ce louable dessein que le spectre sourit d'une manière un peu farouche comme les savants, ferme les livres et s'envole.... »

Flèches. — Voici une divination qui se pratique chez les Turcs par le moyen des flèches. S'ils doivent aller à la guerre, entreprendre un voyage, ou acheter quelque marchandise, ils prennent quatre flèches qu'ils dressent en pointe l'une contre l'autre, et les font tenir par deux personnes; puis ils mettent sur un coussin une épée nue devant eux, et lisent un certain chapitre du Koran; alors les flèches se battent durant quelque temps, et enfin les unes montent sur les autres; si les victorieuses ont été nommées chrétiennes (car ils en appellent deux les Turcs, et donnent aux deux autres le nom de leur ennemi), c'est signe que les chrétiens vaincront; si autrement, c'est une marque du contraire [1]...., *Voy.* Bélomancie.

Flins. — Les anciens Vandales adoraient sous ce nom une grosse pierre, qui représentait la Mort couverte d'un long drap, tenant un bâton à la main, et une peau de lion sur les épaules. Ces peuples croyaient que cette divinité pouvait les ressusciter après leur trépas.

Florent de Villiers, — *voy.* Villiers.

Florine, — Florina et Florinde, noms d'un démon familier qui, au rapport de Pic de La Mirandole, fréquenta long-temps un sorcier nommé Pinet.

Floron, — démon familier de Cecco d'Ascoli. Il est de l'ordre des chérubins damnés.

Flotilde — Ce personnage est inconnu; mais ses *visions* ont été conservées. On les trouve dans le Recueil de Duchesne [1].

Flots. — Cambry parle d'un genre de divination assez curieux, qui se pratique dans les environs de Plougasnou: des sorciers ou devins interprètent les mouvements de la mer, les flots mourants sur la plage, et prédisent l'avenir d'après cette inspection [2].

Fo ou Foé, — l'un des principaux dieux des Chinois. Il naquit dans les Indes, environ mille ans avant notre ère. Sa mère, étant enceinte de lui, songea qu'elle avalait un éléphant blanc, conte qui a donné lieu aux honneurs que les rois indiens rendent aux éléphants de cette couleur. Il finit ses jours à soixante-dix-neuf ans. Les bonzes assurent qu'il est né huit mille fois, et qu'il a passé successivement dans le corps d'un grand nombre d'animaux, avant de s'élever à la divinité. Aussi est-il représenté dans les pagodes sous la forme d'un dragon, d'un éléphant, d'un singe, etc. Ses sectateurs l'adorent comme législateur du genre humain.

Focalor, — général aux enfers. Il se montre sous les traits d'un homme ayant des ailes de griffon. Sous cette forme il tue les bourgeois et les jette dans les flots; il commande à la mer, aux vents, et renverse les vaisseaux de guerre. Il espère rentrer au ciel dans mille ans, mais il se trompe; il commande à trente légions, et obéit en rechignant à l'exorciste [3].

Follet, — *voy.* Feux Follets, Lutins, Farfadets, etc.

Fong-Chwi, — Opération mystérieuse qui se pratique dans la Chine, dans la disposition des édifices, et surtout des tombeaux. Si quelqu'un bâtit par hasard dans une position contraire à ses voisins, et qu'un coin de sa maison soit opposé au côté de celle d'un autre, c'est assez pour faire croire que tout est perdu. Il en résulte des haines qui durent aussi longtemps que l'édifice. Le remède consiste à placer dans une chambre un dragon ou quelque autre monstre de terre cuite, qui jette un regard terrible sur le coin de la fatale maison, et qui repousse ainsi toutes les influences qu'on en peut appréhender. Les voisins qui prennent cette précaution contre le danger, ne manquent pas chaque jour de visiter plusieurs fois le monstre chargé de veiller à leur défense. Ils brûlent de l'encens de-

---

[1] Lebrun, Hist. des pratiques superstitieuses, t. II, p. 405.

[1] Flotildæ visiones, in tom. 2 Script. Hist. franc., And. Duchesne, 1836.
[2] Voyage dans le Finistère, t. 1er, p. 195.
[3] Wierus, De præstigiis dæm. p. 926.

vant lui, ou plutôt devant l'esprit qui le gouverne, et qu'ils croient sans cesse occupé de ce soin.

Fong-Onhang, — oiseau fabuleux auquel les Chinois attribuent à peu près les mêmes propriétés qu'au phénix. Les femmes se parent d'une figure de cet oiseau, qu'elles portent en or, en argent ou en cuivre, suivant leurs richesses et leurs qualités.

Fontaines. — On prétend encore dans la Bretagne que les fontaines bouillonnent quand le prêtre chante la préface le jour de la Sainte-Trinité[1]. *Voy.* Hydromancie. — Il y avait au château de Coucy, en Picardie, une fontaine appelée *Fontaine de la mort*, parce qu'elle se tarissait lorsqu'un seigneur de la maison de Coucy devait mourir.

Fontenettes (CHARLES), — auteur d'une *Dissertation sur une fille de Grenoble, qui depuis quatre ans ne boit ni ne mange*, 1737, in-4°, prodige qu'on attribuait au diable, et dont Fontenettes explique les causes moins ténébreuses.

Foray ou **Morax**, — *voy.* MORAX.

Forcas, **Forras** ou **Furcas**, — chevalier, grand président des enfers; il apparaît sous la forme d'un homme vigoureux, avec une longue barbe et des cheveux blancs; il est monté sur un grand cheval et tient un dard aigu. Il connaît les vertus des herbes et des pierres précieuses; il enseigne la logique, l'esthétique, la chiromancie, la pyromancie et la rhétorique; il rend l'homme invisible, ingénieux et beau parleur; il fait retrouver les choses perdues; il découvre les trésors, et a sous ses ordres vingt-neuf légions de démons[2].

Force. — Milon de Crotone n'eut pas seul une force prodigieuse. Louis de Boufflers, surnommé le Fort, au quatorzième siècle, possédait une force et une agilité extraordinaires. Quand il avait croisé ses deux pieds, il était impossible de le faire avancer ou reculer d'un pas. Il brisait sans peine un fer à cheval; et lorsqu'il saisissait un taureau par la queue, il l'entraînait où il voulait. Il enlevait un cheval et l'emportait sur ses épaules. On l'a vu souvent, armé de toutes pièces, sauter à cheval sans s'appuyer et sans se mettre le pied dans l'étrier. Sa vitesse à la course n'était pas moins remarquable, puisqu'il dépassait le cheval d'Espagne le plus léger, dans un espace de deux cents pas. — Un certain Barsabas, qui servait au commencement du dix-huitième siècle dans les armées françaises, emporta un jour,
devant Louis XIV, un cheval chargé de son cavalier. Il alla trouver une autre fois un maréchal-ferrant, il lui donna un fer de cheval à forger. Celui-ci s'étant un peu éloigné, Barsabas prit l'enclume et la cacha sous son manteau. Le maréchal se retourne bientôt pour battre le fer; il est tout étonné de ne plus trouver son enclume, et bien plus surpris encore de voir cet officier la remettre sans difficulté à sa place. Un Gascon, que Barsabas avait offensé dans une compagnie, lui fit un défi : Très-volontiers, répondit Barsabas; touchez là. Il prit la main du Gascon, et la lui serra si fort que tous les doigts en furent écrasés. Il le mit ainsi hors d'état de se battre. — Le maréchal de Saxe était de même calibre. — Dans les anciens jours, on regardait comme possédés par le diable tous les gens doués d'une force extraordinaire.

Forêts. — Les forêts sombres sont des lieux où, comme dit Leloyer[1], les diables se mêlent avec les sorciers. Ces diables y font leurs orgies commodément sous la feuillée, et il n'y a de lieux où ils se rendent plus volontiers visibles.

Forneus, — marquis infernal, semblable à un monstre marin. Il instruit l'homme dans les plus hautes affaires, fait du bien à ses amis et du mal à ses ennemis; il a sous son pouvoir vingt-neuf légions de trônes et d'anges[2].

Forras, — *voy.* FORCAS.

Fortes Épaules. — Le peuple de Dijon croit à l'existence d'une espèce de lutin de ce nom, qui porte des fardeaux et qui rappelle le forte-échine de madame d'Aulnoy, dans le conte du *chevalier Fortuné*.

Foudre. — L'empereur Auguste gardait soigneusement une peau de veau marin pour se mettre à l'abri de la foudre. — Tibère portait à la même vue une couronne de laurier. — Quand la foudre était partie de l'orient, et que n'ayant fait qu'effleurer quelqu'un, elle retournait du même côté, c'était le signe d'un bonheur parfait. — Les Grecs modernes chassent les chiens et les chats quand il tonne, parce que leur présence est censée attirer la foudre sur les maisons.

Fougère. — « Personne n'ignore les mauvaises et diaboliques façons dont on se sert pour cueillir la fougère. Le 23 juin, veille de la saint Jean-Baptiste, après un jeûne de quarante jours, plusieurs sorciers, conduits par Satan, recueillent pendant cette nuit la graine

---

[1] Cambry, Voyage dans le Finistère, t. II, p. 15.
[2] Wierus, de Præstig., p. 921.

[1] Leloyer, Hist. des spectres ou apparitions, chap. 4, p. 344.
[2] Wierus, de Præstigiis.

de cette herbe, qui n'a ni tige, ni fleur, ni semence, et qui renaît de la même racine ; qui plus est, le malin se joue de ces misérables sorciers en leur apparaissant cette nuit-là, au milieu des tempêtes, sous quelque forme monstrueuse, pour les épouvanter davantage. Ils croient s'en défendre par leurs exorcismes, les cercles et caractères qu'ils font sur la terre autour d'eux ; ensuite ils mettent une nappe neuve de fin lin ou de chanvre sous la fougère, qu'ils croient voir fleurir en une heure, pour en recevoir la graine. Ils la plient dans un taffetas ou dans du parchemin vierge, et la gardent soigneusement pour deviner les songes et faire paraître les esprits. Le démon, par ses malices et menteries, leur persuade que cette semence n'est pas seulement propre à deviner, et que si on met de l'or ou de l'argent dans la bourse où l'on doit garder la semence fougère, le nombre en sera doublé le jour suivant. Si l'événement n'a pas lieu, les magiciens vous accuseront de mauvaise foi, ou ils diront que vous avez commis quelque crime, tant nous nous laissons aller à ces abominables impostures de Satan[1]. »

Foulques. — Au temps de la guerre des Albigeois, vivait un méchant comte Foulques, lequel avait la coutume détestable de jurer et maugréer. Un jour qu'étant à cheval, il blasphémait furieusement, il fut jeté à bas de sa monture et ne se releva point. On pense qu'il avait été assommé par le diable, son grand ami.

Fourberies, — voy. SORCIERS, SABBAT, etc., etc. — Voy. aussi CAGLIOSTRO et les autres imposteurs.

Fourmis. — Les Thessaliens honoraient ces animaux, dont ils croyaient tirer leur origine. Les Grecs étaient si sottement vains, qu'ils aimaient mieux descendre des fourmis de la forêt d'Egine, que de reconnaître qu'ils étaient des colonies de peuples étrangers. — La fourmi était un attribut de Cérès ; elle fournissait matière aux observations des augures.

Francs-Maçons. — Les francs-maçons font remonter leur origine jusqu'au temps de Salomon, et l'entourent de contes merveilleux. C'est un ordre qui paraît avoir pris naissance en Angleterre, et qui avait pour but dans le principe la construction des églises. Maintenant ce goût de maçonnerie est purement allégorique, et il a bien changé de destination : former le cœur, régler l'esprit, rappeler le bon ordre, voilà, disent les maçons, ce qu'on entend par le *compas* et l'*équerre*. Mais la vérité est que la franc-maçonnerie, comme société secrète, créée au commencement du dernier siècle par un Anglais, lord Montague, n'est autre chose que le protestantisme parvenu à l'état d'indifférence, et une sourde conspiration contre le catholicisme. — Quand la franc-maçonnerie, qui détruit à présent, construisait, il n'y avait qu'un seul *grand-maître* qui résidait en Angleterre ; aujourd'hui chaque pays a le sien. — Les assemblées des maçons se nomment communément *loges*. Une loge doit être au moins composée de sept membres. Le président de la loge porte le nom de *vénérable*. Il a au-dessous de lui deux *surveillants*, qui font exécuter les règlements de l'ordre. — Dans les assemblées solennelles, chaque *frère* a un tablier de peau ou de soie blanche, dont les cordons sont blancs aussi et d'étoffe pareille à celle du tablier ; les apprentis le portent tout uni, les compagnons l'entourent des couleurs de la loge, les maîtres y font broder une équerre, un compas, deux colonnes et les divers ornements de l'ordre. Les maîtres portent aussi un cordon bleu, auquel pendent une équerre et un compas. — Dans le repas, les lumières doivent être en triangle, la table servie a trois, cinq, sept, neuf couverts et plus, suivant le nombre des convives, mais toujours en nombre impair. Tous les termes qu'on y emploie sont empruntés de l'artillerie, comme ceux qu'on emploie dans les travaux sont empruntés de l'architecture. On porte la première santé au prince à qui on obéit, la seconde au grand-maître, la troisième au *vénérable* de la loge. On boit ensuite aux surveillants, aux nouveaux reçus et à tous les frères. — Le fils d'un franc-maçon est *Loufton*[1] ; il peut être reçu à quatorze ans. Le fils d'un *profane* (celui qui n'est pas franc-maçon) ne peut l'être qu'à vingt et un ans. — Entre plusieurs signes mystérieux qui se voient dans les loges, on remarque, au milieu de l'*étoile flamboyante*, un *G*, première lettre de *God* (en anglais, DIEU). — Il y a dans la maçonnerie trois principaux grades. Il faut être *apprenti* avant d'être *compagnon*, et *compagnon* avant d'être *maître*. Les maîtres n'entrent en loge qu'avec le geste de l'horreur[2], et cela en mémoire de la mort d'*Adoniram* ou *Hiram*, dont on raconte diversement l'histoire. — Cette histoire ou ce conte n'est que pour amuser les niais. On peut appeler ainsi

---

[1] Delancre, Tableau de l'inconstance des dém., etc., p. 151.

[1] La plupart des Français disent improprement *Louveteau*.

[2] Les lamentations des maîtres sur la mort de Hiram, décédé il y a bientôt trois mille ans, rappellent, en quelque sorte, les fêtes funèbres d'Adonis chez les païens.

ceux qui se parent des trois grades dont nous venons de parler, et qui ne sont pas initiés aux grands secrets réservés aux dignitaires supérieurs. — Les uns vous diront que dans ce récit il s'agit de *Hiram*, roi de Tyr, qui fit alliance avec Salomon, et lui fut d'un grand secours pour la construction du temple. — D'autres content que ce *Hiram* était un excellent ouvrier en or, en argent et en cuivre; qu'il était fils d'un Tyrien, et d'une femme de la tribu de Nephtali[1]; que Salomon le fit venir de Tyr pour travailler aux ornements du temple, comme on le voit au quatrième livre des Rois; qu'entre autres ouvrages, il construisit, à l'entrée du temple, deux colonnes de cuivre, qui avaient chacune dix-huit coudées de haut et quatre de diamètre; qu'il donna le nom de *Jakin* à l'une, près de laquelle on payait les apprentis, et le nom de *Booz* à l'autre, près de laquelle on payait les compagnons, etc. Mais voici l'histoire d'*Adoniram*[2] ou de *Hiram*, suivant l'opinion la plus commune chez les francs-maçons. Ils prétendent qu'elle a été puisée dans le Talmud, où on lit que le *vénérable Hiram* donna l'habit et le caractère de maçon à Salomon, qui se fit honneur de le porter. — Adoniram, que Salomon avait chargé de diriger les travaux de son temple, avait un si grand nombre d'ouvriers à payer, qu'il ne pouvait les connaître tous. Pour ne pas risquer de payer l'apprenti comme le compagnon, et le compagnon comme le maître, il convint avec les maîtres de mots et d'attouchements qui serviraient à les distinguer de leurs subalternes, et donna pareillement aux compagnons des signes de reconnaissance qui n'étaient point connus des apprentis. — Trois compagnons, peu satisfaits de leur paye, formèrent le dessein de demander le *mot de maître* à Adoniram, dès qu'ils pourraient le trouver seul, ou de l'assassiner s'il ne voulait pas le leur dire. Ils l'attendirent un soir dans le temple, et se postèrent, l'un au nord, l'autre au midi, le troisième à l'orient. Adoniram étant entré seul par la porte de l'occident, et voulant sortir par celle du midi, un des trois compagnons lui demanda le mot de maître, en levant sur lui le marteau qu'il tenait à la main. Adoniram lui dit qu'il n'avait pas reçu le mot de maître de cette façon-là. Aussitôt le compagnon lui porta sur la tête un coup de marteau. Le coup n'ayant pas été assez violent pour le renverser, Adoniram s'enfuit vers la porte du nord, où il trouva le second qui lui en fit autant. Cependant ce second coup lui laissant encore quelques forces, il tenta de sortir par la porte de l'orient, où le troisième, après lui avoir fait la même demande que les deux premiers, acheva de l'assommer. Les assassins enfouirent le corps sous un tas de pierres, et quand la nuit fut venue, ils le transportèrent sur une montagne où ils l'enterrèrent; et, afin de pouvoir reconnaître l'endroit, ils plantèrent une branche d'*acacia* sur la fosse. — Salomon, ayant été sept jours sans voir Adoniram, ordonna à neuf maîtres de le chercher. Ces neuf maîtres exécutèrent fidèlement l'ordre; après de longues et vaines recherches, trois d'entre eux qui se trouvaient fatigués, s'étant assis par hasard à l'endroit où Adoniram avait été enterré, l'un des trois arracha machinalement la branche d'acacia, et s'aperçut que la terre, en cet endroit, avait été remuée depuis peu. Les trois maîtres, curieux d'en savoir la cause, se mirent à fouiller et trouvèrent le corps d'Adoniram. Alors ils appelèrent les autres, et ayant tous reconnu leur chef, dans la pensée que quelques compagnons pouvaient bien avoir commis le crime, et qu'ils avaient peut-être tiré d'Adoniram le mot de maître, ils le changèrent sur le champ[1], et allèrent rendre compte à Salomon de cette aventure. Ce prince en fut touché; il ordonna à tous les maîtres de transporter le corps d'Adoniram dans le temple, où on l'enterra en grande pompe. Pendant la cérémonie, tous les maîtres portaient des tabliers et des gants de peau blanche, pour marquer qu'aucun d'eux n'avait souillé ses mains du sang de leur chef. — Telle est l'histoire d'Adoniram. — L'ordre des francs-maçons a des prétentions à la gravité, quoiqu'il soit pétri et nourri de ridicules. Ce serait peu s'il n'avait pas en religion de pernicieuses tendances. Aussi le Saint-Siège, par quatre actes différents, a-t-il formellement condamné la franc-maçonnerie. Les mystérieuses jongleries de leurs loges leur ont donné la réputation de sorciers dans les campagnes. — Outre les ordres de chevalerie qu'ils ont créés pour leur amusement, il y a chez eux plusieurs schismes, et on citerait beaucoup de sociétés secrètes de ce genre plus ou moins absurdes. Les *mopses*, en Allemagne, étaient des francs-maçons qui avaient pour emblème un bouledogue. Une autre secte s'appelle l'*ordre de la*

---

[1] Salomon tulit Hiram de Tyro, filium mulieris viduae de tribu Nephtali, artificem aerarium, etc.
REG., lib. IV.

[2] L'Écriture nous apprend que celui qui conduisait les travaux du temple de Salomon s'appelait *Adoniram*. Josèphe, dans son *Histoire des Juifs*, le nomme *Adoram*.

[1] Le mot de maître était *Jehovah*. Celui qu'on a pris depuis signifie, selon les francs-maçons, *le corps est corrompu*.

liberté, et ils regardent Moïse comme leur fondateur. Les *chevaliers prussiens* font remonter leur origine à la tour de Babel, d'autres à Noé. — On ne reçoit les femmes chez les francs-maçons que dans les *loges d'adoption*, loges où l'on donne des bals et festins. On change alors les mots et les signes, pour ne pas exposer les secrets de l'ordre.

Frank (CHRISTIAN), — visionnaire qui mourut en 1590; il changea souvent de religion, ce qui le fit surnommer *Girouette*. Il croyait la religion japonaise meilleure que les autres, parce qu'il avait lu que ses ministres avaient des extases.

Frank (SÉBASTIEN), — autre visionnaire du seizième siècle, sur la vie duquel on a peu de données positives, quoiqu'il ait dans son temps excité l'attention du public. Il donna en 1534 un traité de *l'Arbre de la science du bien et du mal, dont Adam a mangé la mort, et dont encore aujourd'hui tous les hommes la mangent.* Le péché d'Adam n'est selon lui qu'une allégorie, et l'arbre que la personne, la volonté, la science, la vie d'Adam. Frank mourut en 1545. On a encore de lui une traduction allemande de *l'Éloge de la folie*, par Érasme; le *Traité de la vanité des sciences*, et l'*Éloge de l'âne*, traduit d'Agrippa en allemand; *Paradoxa ou deux cent quatre-vingts discours miraculeux*, tirés de l'Écriture sainte, Ulm, 1533, in-8°. *Témoignage de l'Écriture sur les bons et les mauvais anges*, 1535, in-8°, etc. N'était-il pas le père du précédent?

Franzotius, — auteur d'un ouvrage intitulé: *De la divination des anges*, in-4°, Francfort ou Venise, 1632.

Frayeur. — Piron racontait souvent qu'il avait environ dix ans, lorsqu'un soir d'hiver, soupant en famille chez son père, on entendit des cris affreux qui partaient de chez un tonnelier voisin; on alla voir ce que c'était. Un petit garçon transi de peur conduisit les curieux dans la chambre d'où venaient les cris, qui redoublèrent bientôt. — Ah! messieurs, dit le tonnelier tremblant, couché en travers sur son lit, daignez au plus tôt faire appeler un chirurgien, car je sens que je n'ai pas long-temps à vivre. — Le père de Piron, après avoir chargé un domestique de remplir les intentions du prétendu malade, s'étant approché de lui, et l'ayant interrogé sur la cause de sa maladie: — Vous voyez, mon cher voisin, répondit le tonnelier, l'homme le plus malheureux! Ah! maudite femme! on m'avait bien dit que tes liaisons avec la plus détestable sorcière de la Bourgogne, ne tarderaient guère à m'être fatales.... — Ces propos faisant soupçonner que la tête de cet homme était dérangée, on attendit que le chirurgien fût arrivé. — Monsieur, lorsqu'il le vit entrer, s'écria le tonnelier, j'implore votre secours, je suis un homme mort! — Sachons d'abord, lui dit le chirurgien, de quoi il s'agit. — Ah! faut-il que je sois forcé, en vous disant d'où partent mes douleurs, de déshonorer ma femme même! répondit le pauvre homme, mais elle le mérite, et, dans mon état, je n'ai plus rien à ménager. Apprenez donc qu'en rentrant chez moi ce soir, après avoir passé deux heures au plus chez le marchand de vin du coin, ma femme, qui me croit toujours ivre, m'ayant trop poussé à bout, je me suis vu forcé, pour pouvoir me coucher en paix, d'être un peu rude à son égard; sur quoi, après m'avoir menacé de sa vengeance, elle s'est sauvée du logis; je me suis déshabillé pour gagner mon lit; mais au moment d'y monter... Dieu! la méchante créature! une main, pour ne pas dire une barre de fer, plus brûlante qu'un tison, est tombée sur ma fesse droite, et la douleur que j'en ai ressentie, jointe à la peur qui m'a saisi, m'a fait manquer le cœur au point que je ne crois pas y survivre!.... Mais vous en riez, je crois? eh bien! messieurs, voyez, si toute autre main que celle de Lucifer même pût jamais appliquer une pareille claque! — Au premier aspect de la plaie, de sa noirceur et des griffes qui semblaient y être imprimées, la plupart des assistants furent saisis, et le petit Piron voulut se sauver. Mais on rassura le malade sur les idées qu'il avait conçues, tant contre sa femme que contre la prétendue sorcière; le chirurgien lui appliqua les remèdes convenables: on le laissa un peu dans son effroi, ce qui le corrigea légèrement de son ivrognerie. Ce remède avait été employé par la femme (au moyen d'un parent qu'elle avait fait cacher dans la maison), pour corriger l'intempérance du tonnelier.

Fribourg. — M. Lucien Brun a publié cette curieuse légende des deux Fribourg. — Wilfrid de Thanenburg, un des riches gentilshommes de Fribourg en Brisgaw, fêtait ses accordailles avec la noble héritière de Rosenberg. Les vins du Rhin, des meilleurs crus, coulaient largement dans des coupes souvent vidées. — Le vieux bourgmestre Conrad de Blumenthal céda doucement à une impulsion communicative, et ne manqua pas, après des révélations que l'histoire n'a pas conservées, d'épancher quelque dose de mauvaise humeur contre l'archevêque Adhémard, qui lui rognait ses priviléges. Les convives se récrièrent sur ce courage inconnu, dont ils firent, du reste, tous les honneurs au tokay, et chacun de rappeler au bourgmestre les prétentions de l'archevêque, suivies d'autant de soumissions du digne magistrat. — Par saint Conrad, Messeigneurs! s'écria-t-il aiguillonné, ne saurai-je donc pas mettre un frein à ses empiétements? — Eh! mais, nous avons tout lieu de le croire! lui dit un de ses voisins. — Eh bien! je veux que Satan nous emporte, et avec nous la moitié de notre bonne ville, si hier déjà je ne lui ai fait sentir combien son arrogance me déplait, et si demain... — En ce moment un éclat de rire moqueur, la chute de quelques vases et d'un riche bahut, interrompirent le bourgmestre: — Qui ose rire? s'écria-t-il exaspéré, quoiqu'un peu inquiet du mensonge qu'il venait de faire; qui veut que je lui prouve ce que j'avance? — C'est toi qui fais tout ce bruit! dit Wilfrid à un vieux serviteur effrayé. — Non, monseigneur, mais quand on a parlé du diable, j'ai senti... — Le brûlé, je parie, s'écria Wilfrid en riant; eh bien! donne-nous du vin et laisse le diable en paix, s'il peut y rester. — Cette saillie détourna l'attention, et les convives eurent bientôt oublié la colère de Blumenthal et le court incident qui en était résulté; ils s'amusèrent beaucoup toutefois de la figure bouleversée du vieil échanson, qui affirma très-positivement qu'il avait vu fuir les forêts et failli se heurter à la lune, qui n'était pas à hauteur d'homme. — Or voici ce qui se passait. — Le bourgmestre avait été pris au mot par Satan lui-même, qui faisait voyager, pour son instruction, un jeune diable. « Mon fils, lui avait-il dit, quand tu sauras qu'il y a chez un jeune fou un projet de fête, invite-toi sans crainte, le diable n'est jamais déplacé dans une orgie, au contraire. » Et ils s'en étaient allés chez Wilfrid de Thanenburg. — On a su ce qui précéda et suivit les paroles du bourgmestre. Satan fit un signe à son élève, et l'un de droite, et l'autre de gauche, ils prirent joyeusement la moitié de Fribourg la plus éloignée de la cathédrale et s'enfuirent comme des larrons. C'était leur joie et ce brusque mouvement qui avaient interrompu le bourgmestre. — Les deux démons ne savaient trop que faire de ce riche butin; ils avaient enlevé Fribourg en vrais voleurs qui prennent par goût, par instinct, sans songer que la porte de l'enfer, quelque vaste qu'elle fût, et quoique donnant passage à des consciences d'une largeur remarquable, ouvrait inutilement ses deux battants devant une demi-ville d'une dimension presque égale et d'une nature beaucoup moins élastique et compressible. Ils suivaient donc leur route aérienne sans but arrêté et en devisant de choses et d'autres. — Ils remontèrent ainsi le Rhin jusqu'à Bâle, non sans admirer les riches plaines de l'Alsace; puis, prenant un peu à droite, ils s'avancèrent dans la Suisse. Satan discourait toujours. — Il est tout à coup interrompu par un ébranlement subit du fardeau que son jeune compagnon avait cessé de soutenir. A la vue du gouffre au-dessus duquel il planait, tout entouré de rochers à pic et de noires forêts suspendues sur l'abîme au fond duquel grondait un torrent écumant, Satan comprit que l'autre avait été soudainement effrayé de l'aspect sauvage de cette nature inculte, et que ce mouvement d'horreur avait causé sa chute. Il se précipita tête baissée avec lui; Fribourg les suivait. — La malheureuse ville ne fut cependant pas gravement endommagée. Elle se posa un peu rudement sur le flanc du ravin et roula de ci de là au fond de l'entonnoir. Cette ville est maintenant Fribourg en Suisse, où vous voyez (chose parfaitement explicable sans légende) des maisons superposées et des rues courant sur les toits. Satan et son compagnon, voyant la ville prendre possession de l'endroit, trouvèrent original d'être les fondateurs de cette cité qui tombait des nues, et laissèrent les convives et la colonie reconnaître leurs domaines. — Et cependant vous lirez partout qu'en l'an 1478 Berthold V de Zæhringen érigea en ville Fribourg, dans l'OEchtland, sans que des ouvrages, du reste fort estimables, vous disent un mot du fondateur. — Ce que c'est que l'histoire!

Frisson des cheveux. — On disait autrefois dans certaines provinces que le frisson des cheveux annonçait la présence ou le passage d'un démon.

Front. — Divination par les rides du front. Voy. Métoposcopie.

Frothon. — On lit dans Albert Krantz que Frothon, roi de Danemark, fut tué par une sorcière transformée en vache. Ce roi croyait à la magie, et entretenait à sa cour une insigne sorcière qui prenait à son gré la forme des animaux. Elle avait un fils aussi méchant qu'elle, avec qui elle déroba les trésors du roi, et se retira ensuite. Frothon s'étant aperçu du larcin et ayant appris que la sorcière et son fils s'étaient absentés, ne douta plus qu'ils n'en fussent coupables. Il résolut d'aller dans la maison de la vieille. La sorcière, voyant entrer le roi chez elle, eut recours aussitôt à son art, se changea en vache et son fils en bœuf. Le roi s'étant baissé pour contempler la vache plus à son aise, pensant bien que c'était la sorcière, la vache se rua avec impétuosité sur lui, et lui donna un si grand coup dans les flancs qu'elle le tua sur-le-champ [1].

Fruit défendu, — voy. TABAC, POMME D'A-DAM, ADAM, etc.

Fruitier. — Celui qui fait le fromage et le beurre dans le Jura est le docteur du canton. On l'appelle le fruitier; il est sorcier, comme de juste. La richesse publique est dans ses mains; il peut à volonté faire avorter les fromages, et en accuser les éléments. Son autorité suffit pour ouvrir ou fermer en ce pays les sources du Pactole; on sent quelle considération ce pouvoir doit lui donner, et quels ménagements on a pour lui! Si vous ajoutez à cela qu'il est nourri dans l'abondance, et qu'une moitié du jour il n'a rien à faire qu'à songer aux moyens d'accaparer encore plus de confiance; qu'il voit tour à tour, en particulier, les personnes de chaque maison, qui viennent faire le beurre à la *fruiterie*; qu'il passe avec elles une matinée tout entière; qu'il peut les faire jaser sans peine, et par elles apprendre, sans même qu'elles s'en doutent, les plus intimes secrets de leurs familles ou de leurs voisins; si vous pesez bien toutes ces circonstances, vous ne serez point étonné d'apprendre qu'il est presque toujours sorcier, au moins devin; qu'il est consulté quand on a perdu quelque chose, qu'il prédit l'avenir, qu'il jouit enfin, dans le canton, d'un crédit très-grand, et que c'est l'homme qu'on appréhende le plus d'offenser [2].

Fumée. — Dans toutes les communes du Finistère, on voit à chaque pas, dit Cambry, des usages antérieurs à la religion catholique. Quand un individu va cesser d'être, on consulte la fumée. S'élève-t-elle avec facilité, le mourant doit habiter la demeure des bienheureux. Est-elle épaisse, il doit descendre dans les antres du désespoir, dans les cavernes de l'enfer. — C'est une espèce de proverbe en Angleterre que la fumée s'adresse toujours à la plus belle personne. Et quoique cette opinion ne semble avoir aucun fondement dans la nature, elle est pourtant fort ancienne. Victorin et Casaubon en ont fait la remarque à l'occasion d'un personnage d'Athénée, où un parasite se dépeint ainsi : « Je suis toujours le premier arrivé aux bonnes tables, d'où quelques-uns se sont avisés de m'appeler soupe. Il n'y a point de porte que je n'ouvre comme un bélier; semblable à un fouet, je m'attache à tout, et, comme la fumée, je me lie toujours à la plus belle [1]. » — On dit en Champagne que la fumée du foyer, quand elle s'échappe, s'adresse aux plus gourmands.

Fumée (MARTIN), — sieur de Génillé; il a publié, comme traduit d'Athénagore, un roman dont il est l'auteur, intitulé : *Du vrai et parfait amour*. Tout insipide qu'est ce roman, Fumée trouva le moyen de le faire rechercher des adeptes par diverses allusions et surtout par un passage curieux, où, sous le voile de l'allégorie, il peint la confusion du grand œuvre. Ce passage, devenu célèbre chez les enfants de l'art, se trouve à la page 345, de l'édition de 1612, moins rare que la première, ainsi que dans l'*Harmonie mystique* de David Laigneau, Paris, 1636, in-8º.

Fumigations. — Quelques doctes pensent que les bonnes odeurs chassent les démons, *gens qui puent et qui ne peuvent aimer*, comme a dit une grande sainte. — Les exorcistes emploient diverses fumigations pour chasser les démons; les magiciens les appellent également par des fumigations de fougère et de verveine; mais ce ne sont que des cérémonies accessoires.

Funérailles, — voy. MORT.

Furcas (le même que *Forcas*), — voy. ce nom.

Furfur, — comte aux enfers. Il se fait voir sous la forme d'un cerf avec une queue enflammée; il ne dit que des mensonges, à moins qu'il ne soit enfermé dans un triangle. Il prend souvent la figure d'un ange, parle d'une voix rauque, et entretient l'union entre les maris et les femmes. Il fait tomber la foudre, luire les éclairs et gronder le tonnerre dans les lieux où il en reçoit l'ordre. Il répond sur les choses abstraites. Vingt-six légions sont sous ses ordres [2].

Furies, — divinités infernales chez les anciens, ministres de la vengeance des dieux, et chargées d'exécuter les sentences des juges de l'enfer.

Fusely (HENRI), — célèbre peintre anglais, qui affectionnait les sujets infernaux et qu'on appelait *le peintre ordinaire du diable*, parce qu'il avait peint souvent. Il disait à ses amis : — Ah! si j'avais pu peindre le diable comme je l'ai vu! j'aurais surpassé Michel-Ange, et vous seriez tous morts de peur et d'admiration.

---

[1] Leloyer, Hist. et Disc. des spectres, etc., p. 142.
[2] Lequinio, Voyage dans le Jura, t. II, p. 366.

[1] Thomas Brown, Essais sur les erreurs, etc., ch. 22. p. 80.
[2] Wierus, In Pseudomonarchia daem.

G

Gaap (autrement dit *Tap*), — *voy*. TAP.

Gabinius ou **Gabienus**. — Dans la guerre de Sicile, entre Octave et Sextus-Pompée, un des gens d'Octave, nommé *Gabinius*, ayant été fait prisonnier, eut la tête coupée. Un loup emporta cette tête; on l'arracha au loup, et sur le soir on entendit ladite tête qui se plaignait et demandait à parler à quelqu'un. On s'assembla autour; alors la bouche de cette tête dit aux assistants qu'elle était venue des enfers pour révéler à Pompée des choses importantes. Pompée envoya aussitôt un de ses lieutenants, à qui le mort déclara que Pompée serait vainqueur. La tête chanta ensuite dans un poème les malheurs qui menaçaient Rome; après quoi elle se tut, à ce que disent Pline et Valère Maxime. — Si ce trait a quelque fondement, c'était une fourberie inventée pour relever le courage des troupes; mais elle n'eut point de succès: Sextus-Pompée, vaincu et sans ressource, s'enfuit en Asie, où il fut tué par les gens de Marc-Antoine.

Gabkar. — Les Orientaux croient à une ville fabuleuse appelée Gabkar, qu'ils disent située dans le désert habité par les génies.

Gabriel (GILLES), — a écrit au dix-septième siècle un essai de la morale chrétienne comparée à la morale du diable: *Specimina moralis christianæ et moralis diabolicæ in praxi*. Bruxelles, 1675, in-12.

Gabrielle. — Dans le Vexin français, le bourgeois qui a quatre filles et veut avoir un garçon, nomme la dernière Gabrielle, charme qu'il croit de nature à lui amener infailliblement un fils.

Gabrielle d'Estrées, — maîtresse de Henri IV, morte en 1599. Elle cherchait à épouser le roi, et se trouvait logée dans la maison de Zamet, riche financier de ce temps. Comme elle se promenait dans les jardins, elle fut frappée d'une apoplexie foudroyante. On la porta chez sa tante, madame de Sourdis. Elle eut une mauvaise nuit; le lendemain elle éprouva des convulsions qui la firent devenir toute noire; sa bouche se contourna, et elle expira horriblement défigurée. On parla diversement de sa mort; plusieurs en chargèrent le diable. On publia qu'il l'avait étranglée.

Gabrielle DE P., — auteur de *l'Histoire des Fantômes et des Démons qui se sont montrés parmi les hommes*, in-12, 1849; et du *Démoniana*, ou Anecdotes sur les apparitions de démons, de lutins et de spectres, in-18, 1820.

Gaeth, — dieu des morts chez les Kamtschadales. *Voy*. LÉZARDS.

Gaffarel (JACQUES), — hébraïsant et orientaliste, né en Provence en 1601, mort en 1681. Ses principaux ouvrages sont: *Mystères secrets de la cabale divine*, défendus contre les paradoxes des sophistes, Paris, 1625, in-4°. *Curiosités inouïes sur la sculpture talismanique des Persans, l'horoscope des patriarches et la Lecture des Étoiles*, Paris, 1629, in-8°. *Index de 19 cahiers cabalistiques dont s'est servi Jean Pic de La Mirandole*, Paris, 1651, in-8°. *Histoire universelle du monde souterrain, contenant la description des plus beaux antres et des plus rares grottes, caves, voûtes, cavernes et spélonques de la terre*. Le prospectus de ce dernier ouvrage fut imprimé à Paris, 1666, in-folio de 8 feuillets: il est très-rare. Quant au livre, il ne parut pas à cause de la mort de l'auteur. On dit que c'était un monument de folie et d'érudition. Il voyait des grottes jusque dans l'homme, dont le corps présente mille cavités; il parcourait les cavernes de l'enfer, du purgatoire et des limbes, etc.

Gailan. — Les Arabes appellent ainsi une espèce de démon des forêts, qui tue les hommes et les animaux.

Gaillard, — *voy*. COMIÈRES.

Gaius, — aveugle guéri par un prodige, du temps d'Antonin. Esculape l'avertit, dans un songe, de venir devant son autel, de s'y prosterner, de passer ensuite de la droite à la gauche, de poser ses cinq doigts sur l'autel, de lever la main, et de la mettre sur ses yeux. Il obéit, et recouvra la vue en présence du peuple, qui applaudit avec transport. C'était une singerie qu'on faisait pour balancer les miracles réels du christianisme.

Galachide ou **Garachide**, — pierre noirâtre, à laquelle des auteurs ont attribué plusieurs vertus merveilleuses, celle entre autres de garantir celui qui la tenait des mouches et autres insectes. Pour en faire épreuve, on frottait un homme de miel pendant l'été, et on lui faisait porter cette pierre dans la main droite; quand cette épreuve réussissait, on reconnaissait que la pierre était véritable. On prétendait aussi qu'en la portant dans sa bouche, on découvrait les secrets des autres.

Galanta, — sorcière du seizième siècle. Elle donna un jour une pomme à goûter à la fille du suisse de l'église du Saint-Esprit à Bayonne, qui désirait en avoir trois paniers. Cette fille n'eut pas plutôt mordu la pomme, qu'elle tomba du haut-mal, et la force du maléfice fut telle qu'elle en fut tourmentée toute sa vie. Aussitôt qu'elle voyait la sorcière, les accès lui prenaient très-violemment : « ce qui a été confirmé devant nos yeux, » comme dit Delancre. De nos jours on n'attribuerait pas cela au sortilége; mais alors on poursuivit la sorcière.

Galien. — Le plus grand médecin des temps passés après Hippocrate. On lui attribue un *Traité des enchantements*, et les médecins empiriques ont souvent abusé de son nom.

Galigaï (LÉONORA), — épouse du maréchal d'Ancre Concino Concini, qui fut tué par la populace en 1617. On la crut sorcière. On publia que par ses maléfices elle avait ensorcelé la reine; surtout lorsqu'on eut trouvé chez elle trois volumes pleins de caractères magiques, cinq rouleaux de velours destinés à dominer les esprits des grands, des amulettes qu'elle se mettait au cou, des agnus que l'on prit pour des talismans et une lettre que Léonora avait ordonné d'écrire à une sorcière nommée Isabelle. Il fut établi au procès que le maréchal et sa femme se servaient, pour envoûter, d'images de cire qu'ils gardaient dans de petits cercueils; qu'ils consultaient des magiciens, des astrologues et des sorciers; qu'ils en avaient fait venir de Nancy pour sacrifier des coqs, et que dans ces cérémonies Galigaï ne mangeait que des crêtes de coq et des rognons de bélier qu'elle faisait charmer auparavant. Elle fut encore convaincue de s'être fait exorciser par un certain Matthieu de Montanay, charlatan sorcier. Sur ses propres aveux, dit-on, elle eut la tête tranchée, et fut brûlée en 1617. Cependant le président Courtin lui demandant par quel charme elle avait ensorcelé la reine, elle répondit fièrement : « Mon sortilége a été le pouvoir que les âmes fortes ont sur les âmes faibles. »

Galilée. — Les protestants, copiés par les jansénistes, ont beaucoup déclamé contre la prétendue persécution qu'essuya Galilée, à cause de ses découvertes astronomiques. On a fait fracas de sa prétendue condamnation au tribunal de l'inquisition romaine. Mais il est prouvé, depuis long-temps déjà, qu'on en impose dans ces récits infidèles. Galilée ne fut pas censuré comme astronome, mais comme mauvais théologien ; car il voulait expliquer la Bible. Ses découvertes, à l'appui du système de Copernic, ne lui eussent pas fait plus d'ennemis qu'à cet autre savant. Ce fut son entêtement à vouloir concilier, à sa manière, la Bible et Copernic, qui le fit rechercher par l'inquisition. En même temps que lui vivaient à Rome plusieurs hommes célèbres, et le saint-siége n'était pas entouré d'ignorants. En 1611, pendant son premier voyage à Rome, Galilée fut admiré et comblé d'honneurs par les cardinaux et les grands seigneurs auxquels il montra ses découvertes. Lorsqu'il y retourna, en 1615, le cardinal Delmonte lui traça le cercle dans lequel il devait prudemment se renfermer. Mais son ardeur et sa vanité l'emportèrent. « Il exigeait, dit Guichardin, que le pape et le saint-office déclarassent le système de Copernic fondé sur la Bible. » Il écrivit à ce sujet mémoires sur mémoires. Paul V, fatigué de ses instances, accorda que cette controverse fût jugée dans une congrégation. Malgré tout l'emportement qu'y mit Galilée, il ne fut point intéressé dans le décret rendu par la congrégation, qui déclara seulement que le système de Copernic ne paraissait pas s'accorder avec la Bible. Avant son départ, il eut une audience très-gracieuse du pape, et Bellarmin se borna, sans lui interdire aucune hypothèse astronomique, à lui interdire ses prétentions théologiques. — Quinze ans après, en 1632, sous le pontificat d'Urbain VIII, Galilée imprima ses célèbres dialogues *Delle due massime sisteme del mondo*, avec une permission et une approbation supposées; personne ne réclama. Il fit reparaître ses mémoires écrits en 1616, où il s'efforçait d'ériger la rotation du globe sur son axe en question de dogme. Ses bravades le firent citer à Rome. Il y arriva le 3 février 1633. Il ne fut point logé à l'inquisition, mais au palais de l'envoyé de Toscane. Un mois après il fut mis, non dans les prisons de l'inquisition, comme tant de menteurs l'ont écrit, mais dans l'appartement du fiscal. Au bout de dix-huit mois, s'étant rétracté, c'est-à-dire ayant renoncé à sa conciliation de Copernic et de la Bible, seule question qui fût en cause, il s'en retourna dans sa patrie. Voici ce qu'il écrivait en 1633, au P. Récénéri, son disciple : — « Le pape me croyait digne de son estime. Je fus logé dans le délicieux palais de la Trinité du Mont. Quand j'arrivai au saint-office, deux pères dominicains m'invitèrent très-honnêtement à faire mon apologie. J'ai été obligé de rétracter mon opinion en bon catholique. Pour me punir, on m'a défendu les dialogues, et congédié après cinq mois de séjour à Rome. Comme la peste régnait à Florence, on m'a assuré pour demeure le palais de mon meilleur ami, monseigneur Piccolomini, archevêque de Sienne, où j'ai joui d'une pleine tranquillité. Aujourd'hui, je suis à ma campagne d'Arcêtre, où je respire un air pur auprès de ma chère patrie [1]. » — Néanmoins les philosophes rebelles continueront à faire de Galilée une victime de la superstition et du fanatisme. — Dans tout cela, nous ne jugeons pas le système de Galilée, sur lequel il n'est pas impossible que le dernier mot ne soit pas dit. — On vient de retrouver les manuscrits de Galilée, que l'on avait dit brûlés par l'inquisition. Que ne peut-on retrouver, à l'usage des ennemis de l'Église, la bonne foi !

Gamahé ou **Camaieu**, — espèce de talisman qui consiste dans des images ou des caractères naturellement gravés sur certaines pierres, auxquels la superstition a fait attribuer de grandes vertus, parce qu'elle les croit produits par l'influence des esprits. Galfarel dit qu'Albert-le-Grand avait une de ces pierres, sur laquelle était un serpent qui avait cette admirable vertu d'attirer les autres serpents lorsqu'on la plaçait dans le lieu où ils venaient. D'autres pierres, ajoute-t-il, guérissent les morsures et chassent les venins. George Agricola rapporte qu'on en voit de la forme de quelques parties du corps, ou de quelques plantes, et qui ont des vertus merveilleuses ; ainsi celles qui représentent du sang arrêtent les pertes, etc.

Gamoulis, — esprits qui, selon les habitants du Kamtschatka, produisent les éclairs en se lançant dans leurs querelles les tisons à demi consumés qui ont chauffé leurs huttes. Lorsqu'il tombe de la pluie, ce sont les Gamoulis qui rejettent le superflu de la boisson.

Gamygyn, — grand marquis des enfers ; c'est un puissant démon. On le voit sous la forme d'un petit cheval ; mais dès qu'il prend celle d'un homme, il a une voix rauque et discourt sur les arts libéraux ; il fait paraître aussi devant l'exorciste les âmes qui ont péri dans la mer, et celles qui souffrent dans cette partie du purgatoire qui est appelée Cartagra (c'est-à-dire affliction des âmes) ; il répond clairement à toutes les questions qu'on lui fait ; il reste auprès de l'exorciste jusqu'à ce qu'il ait exécuté tout ce qu'on lui ordonne ;

cependant là-bas, trente légions lui sont soumises [1].

Gandillon (PIERRE), — sorcier de la Franche-Comté, qui fut brûlé vers 1610, pour avoir couru la nuit en forme de lièvre [2].

Gandreid, — sorte de magie en usage chez les Islandais, laquelle magie donne la faculté de voyager dans les airs ; elle est, dit-on, d'invention nouvelle, quoique le nom en soit connu depuis des temps reculés. Mais on attribuait autrefois les cavalcades aériennes au diable et à de certains esprits. Les Islandais prétendent aujourd'hui que ce sont des sorcières montées sur des côtes de cheval et des tibia, en guise de manche à balai, qui se promènent par les airs. — Les sorcières de Basse-Saxe et du duché de Brunswick se mettent à califourchon sur la même monture ; et tous les autres ossements qui se trouvent dans la campagne, se pulvérisent à l'approche de l'un de ces cavaliers nocturnes. L'art de préparer leur équipage consiste dans une courroie d'une espèce de cuir qu'ils appellent Gandreid-Jaum, sur laquelle ils impriment leurs runes ou caractères magiques [3].

Ganga-Gramma, — démon femelle que les Indiens craignent beaucoup, et par conséquent auquel ils rendent de grands honneurs. Il a une seule tête et quatre bras ; il tient dans la main gauche une petite jatte, et dans la droite une fourchette à trois pointes. On le mène en procession sur un char avec beaucoup de pompe, et quelquefois il se trouve des fanatiques qui se font écraser par dévotion sous ses roues. Les boucs sont les victimes ordinaires qu'on lui immole. Dans les maladies ou dans quelque autre danger, il se trouve des Indiens qui font vœu, s'ils en réchappent, de pratiquer en l'honneur de Ganga-Gramma la cérémonie suivante. On leur enfonce dans la peau du dos des crochets, par le moyen desquels on les élève en l'air ; là ils font quelques tours d'adresse en présence des spectateurs. Il se trouve des femmes simples et crédules, à qui l'on persuade que cette cérémonie est agréable à Ganga-Gramma, et qu'elle ne cause aucune douleur. Lorsqu'elles la sentent, il n'est plus temps de s'en dédire, elles sont déjà en l'air, et les cris des assistants étouffent leurs plaintes. Une autre sorte de pénitence, toujours en l'honneur du même démon, consiste à se laisser passer une ficelle dans la chair, et à danser pendant que d'autres personnes tirent

---

[1] Bergier, Dict. de théologie, au mot *Sciences*.

[1] Wierus, de Praest. dæm., p. 920.
[2] M. Garinet, Hist. de la magie en France, p. 166.
[3] Voyage en Islande, traduit du danois, etc., 1802.

cette ficelle. La nuit qui suit le jour de sa fête, on lui sacrifie un buffle dont on recueille le sang dans un vase; on le place devant l'idole, et l'on assure que le lendemain il se trouve vide. Des auteurs disent qu'autrefois, au lieu d'un buffle, on immolait une victime humaine.

Ganguy (Simone), — dite la Petite-Mère, sorcière, amie de Madeleine Bavan. Il ne paraît pas qu'elle ait été brûlée.

Ganna, — devineresse germaine; elle avait succédé à Velléda; elle fit un voyage à Rome, où elle reçut de grands honneurs de Domitien [1].

Gantière, — sorcière. En 1582, le parlement de Paris confirma la sentence de mort du bailli de la Ferté contre la femme Gantière. Elle avouait que la Lofarde l'avait transportée au sabbat; que le diable l'avait marquée; qu'il était vêtu d'un habit jaune; qu'il lui avait donné huit sous pour payer sa taille; mais que de retour dans son logis, elle ne les avait plus trouvés dans son mouchoir.

Garde des troupeaux, — voy. Troupeaux.

Gargantua, — héros populaire de taille gigantesque, dont la légende ne s'accorde pas avec le roman de Rabelais. Quoique les récits qui se font dans les campagnes sur ce géant prodigieusement vorace ne soient que des contes bleus, on montre aux environs d'Aigues-Mortes une vieille tour appelée la tour de Gargantua; et on n'ose en approcher la nuit, de peur d'être empoigné par un bras de vingt-cinq mètres.

Gargouille. — « Que vous dire de la gargouille de Rouen? Il est certain que, tous les ans, le chapitre métropolitain de cette ville présentait au parlement le jour de l'Ascension, un criminel qui obtenait sa grâce, en l'honneur de saint Romain et de la gargouille. La tradition portait qu'à l'époque où saint Romain occupait le siége épiscopal de Rouen, un dragon, embusqué à quelque distance de la ville, s'élançait sur les passants et les dévorait; c'est ce dragon qu'on appelle la gargouille; saint Romain, accompagné d'un criminel condamné à mort, alla attaquer le monstre jusque dans sa caverne; il l'enchaîna et le conduisit sur la place publique, où il fut brûlé, à la grande satisfaction des diocésains [2]. » — On a contesté cette légende en niant les dragons, dont les géologues actuels reconnaissent pourtant que l'existence a été réelle. Il se peut toutefois que ce dragon soit ici une allégorie. Des historiens rapportent que, du temps de saint Romain, la ville de Rouen fut menacée d'une inondation; que ce saint prélat eut le bonheur de l'arrêter par ses soins et par ses prières. Voilà l'explication toute simple du miracle de la gargouille. Ce mot, dans notre vieille langue, signifie irruption, bouillonnement de l'eau. Des savants auront rendu le mot *hydra* par celui de dragon.

Garibaut (Jeanne), — sorcière, voy. Grenier, et Pierre-Labourant.

Garinet (Jules), — auteur de l'*Histoire de la magie en France*, Paris, 1818, in-8°. On trouve à la tête de cet ouvrage une description du sabbat, une dissertation sur les démons et un discours sur les superstitions qui se rattachent à la magie chez les anciens et les modernes. L'auteur, fort jeune lorsqu'il publia ce livre, lui a donné une teinte philosophique et immorale que son esprit élevé doit désapprouver aujourd'hui.

Garnier (Gilles), — loup-garou, condamné à Dôle sous Louis XIII, comme ayant dévoré plusieurs enfants. On le brûla vif et son corps réduit en cendres fut dispersé au vent. — « Henri Camus, docteur en droit et conseiller du roi, exposa que Gilles Garnier avait pris dans une vigne une jeune fille de dix ans, l'avait tuée et occise, l'avait traînée jusqu'au bois de La Serre, et que non content d'en manger, il en avait apporté à sa femme; qu'un autre jour étant en forme de loup (travestissement horrible qu'il prenait sans doute pour sa chasse), il avait également tué et dévoré un jeune garçon, à une lieue de Dôle, entre Grédisans et Monotée; qu'en sa forme d'homme et non de loup il avait pris un autre jeune garçon de l'âge de douze à treize ans, et qu'il l'avait emporté dans le bois pour l'étrangler.... [1] »

Garosmancie, — voy. Gastromancie.

Garuda, — oiseau fabuleux qu'on représente souvent avec la tête d'un beau jeune homme, un collier blanc et le corps d'un aigle. Il sert de monture à Wishnou comme l'aigle en servait à Jupiter. Les Indiens racontent qu'il naquit d'un œuf que sa mère Diti avait pondu et qu'elle couva cinq ans.

Gastrocnémie, — pays imaginaire dont parle Lucien, où les enfants étaient portés dans le gras de la jambe; ils en étaient extraits au moyen d'une incision.

Gastromancie ou **Garosmancie**, — divination qui se pratiquait en plaçant entre plu-

---

[1] Tacite, Annal. 55.
[2] M. Salgues, Des Erreurs, t. III, p. 370.

[1] M. Jules Garinet, Histoire de la magie en France, p. 129.

sieurs bougies allumées, des vases de verre ronds et pleins d'eau claire; après avoir invoqué et interrogé les démons à voix basse, on faisait regarder attentivement la superficie de ces vases par un jeune garçon ou par une jeune femme; puis on lisait la réponse dans des images tracées par la réfraction de la lumière dans les verres. — Une autre espèce de Gastromancie se pratiquait par le devin qui répondait sans remuer les lèvres, en sorte qu'on croyait entendre une voix aérienne. Le nom de cette divination signifie divination par le ventre; aussi pour l'exercer, il faut être ventriloque ou possédé ou sorcier. Dans le dernier cas, on allume des flambeaux autour de quelques verres d'eau limpide, puis on agite l'eau en invoquant un esprit qui ne tarde pas à répondre d'une voix grêle dans le ventre du sorcier en fonction. — Les charlatans trouvant, dans les moindres choses, des moyens sûrs d'en imposer au peuple et de réussir dans leurs fourberies, la ventriloquie doit être pour eux d'un grand avantage. — Un marchand de Lyon, étant un jour à la campagne avec son valet, entendit une voix qui lui ordonnait, de la part du ciel, de donner une partie de ses biens aux pauvres, et de récompenser son serviteur. Il obéit, et regarda comme miraculeuses les paroles qui sortaient du ventre de son domestique. On savait si peu autrefois ce que c'était qu'un ventriloque, que les plus grands personnages attribuaient toujours ce talent à la présence des démons. Photius, patriarche de Constantinople, dit, dans une de ses lettres: *On a entendu le malin esprit parler dans le ventre d'une personne, et il mérite bien d'avoir l'ordure pour logis.*

Gâteau des Rois. — La part des absents, quand on partage le gâteau des rois, se garde précieusement; dans certaines maisons superstitieuses elle indique l'état de la santé de ces personnes absentes, par sa bonne conservation; une maladie, par des taches ou des ruptures.

Gâteau triangulaire de Saint-Loup. — Les personnes superstitieuses font ce gâteau le 29 juillet, avant le lever du soleil; il est composé de pure farine de froment, de seigle et d'orge, pétrie avec trois œufs et trois cuillerées de sel, en forme triangulaire. On le donne par aumône, au premier pauvre qu'on rencontre, pour rompre les maléfices.

Gaufridi (Louis-Jean-Baptiste), — curé de Marseille qui, infidèle à ses devoirs, tomba dans le désordre et se fit passer pour sorcier vers la fin du seizième siècle. — On raconte que le diable lui apparut un jour, pendant qu'il lisait un livre de magie; ils entrèrent en conversation et firent connaissance. Le prêtre se livra au diable par un pacte en règle, à condition qu'il lui donnerait le pouvoir de suborner et de séduire, en soufflant au visage. Le diable y consentit d'autant plus volontiers, qu'il trouvait dans ce marché un double avantage. — L'apostat s'éprit de la fille d'un gentilhomme, Madeleine de La Palud, dont l'histoire est devenue célèbre. Mais bientôt la demoiselle effrayée se retira dans un couvent d'Ursulines. Gaufridi furieux y envoya, disent les relations du temps, une légion de diables; la sorcellerie du prêtre fut prouvée. Un arrêt du parlement de Provence le condamna au feu, en avril 1611.

Gauric, — génie ou lutin que la superstition des villageois bas-bretons croit voir danser autour des amas de pierres, ou monuments druidiques, désignés dans la langue des anciens insulaires par le mot *chiorgaur* que l'on a traduits par ceux-ci: *chorea gigantum*, ou danse des géants.

Gauric (Luc), — astrologue napolitain, né en 1476, qui, selon Mézeray et le président de Thou, annonça positivement que le roi Henri II serait tué dans un duel et mourrait d'une blessure à l'œil, ce qui fut vrai. Mais ne prédit-il pas après coup? — Catherine de Médicis avait en Luc Gauric la confiance la plus entière. Bentivoglio, seigneur de Bologne, le condamna à cinq tours d'estrapade, pour avoir eu la hardiesse de lui prédire qu'il serait chassé de ses États; ce qui n'était pas difficile à prévoir, vu la disposition des esprits qui détestaient ce seigneur. Gauric mourut en 1558. On a de lui une *Description de la sphère céleste*, publiée dans ses Œuvres, Bâle, 1575, 3 vol. in-fol. On y trouve aussi un *Éloge de l'astrologie*. — On attribue à son frère Pomponius Gauric un livre dans lequel on traite *de la physiognomonie, de l'astrologie naturelle*, etc. [1]; mais il ne paraît pas que cet ouvrage soit de Pomponius, il serait plutôt de Luc. — Le traité astrologique [2] de Luc Gauric est un livre assez curieux; pour prouver la vérité de l'astrologie, il dresse l'horoscope de tous les personnages illustres, dont il a pu découvrir l'heure de la naissance; il démontre que tout ce qui leur est arrivé se trouvait prédit dans leur horoscope, — comme si on n'y trouvait pas tout ce qu'on veut!

[1] Pomponii Gaurici Neapolitani tractatus de symmetriis, lineamentis et physiognomonia, ejusque specibus, etc., Argentor., 1630, avec la Chiromancie de Jean ab Indagine.

[2] Lucæ Gaurici geophonensis episcopi civitatensis tractatus astrologicus in quo agitur de præteritis multorum hominum accidentibus per proprias eorum genituras, ad unguem examinatis Venetiis. In-4°, 1552.

Gauthier (Jean), — alchimiste. Charles IX, trompé par ses promesses, lui fit donner cent vingt mille livres, et l'adepte se mit à l'ouvrage; mais après avoir travaillé huit jours il se sauva avec l'argent du monarque : on courut à sa poursuite, on l'attrapa et il fut pendu.

Gauthier, — conspirateur écossais, *voy.* Walter.

Gauthier de Bruges. — On conte que ce cordelier, nommé évêque par le pape Nicolas III, et déposé par Clément V, appela à Dieu de cette déposition et demanda qu'en l'inhumant on lui mît son acte d'appel à la main. Quelque temps après sa mort, le pape Clément V étant venu à Poitiers, et se trouvant logé au couvent des Cordeliers, désira visiter les restes de celui qu'il avait déposé; on ajoute qu'il se fit ouvrir le tombeau, et qu'il fut effrayé en voyant Gauthier de Bruges agitant son acte d'appel d'une main desséchée [1]. »

Gazardiel, — ange qui, selon le Talmud, préside à l'Orient, afin d'avoir soin que le soleil se lève, et de l'éveiller s'il ne se levait pas.

Gaze (Théodore de), — propriétaire d'une ferme dans la Campanie, au seizième siècle; il la faisait cultiver par un fermier. Comme ce bonhomme travaillait un jour dans un champ, il découvrit un vase rond où étaient enfermées les cendres d'un mort; aussitôt il lui apparut un spectre qui lui commanda de remettre en terre le même vase avec ce qu'il contenait, sinon qu'il ferait mourir son fils aîné. Le fermier ne tint compte de ces menaces, et, peu de jours après, son fils aîné fut trouvé mort dans son lit. Quelque temps plus tard, le même spectre lui apparut, lui réitérant le même commandement, et le menaça de faire mourir son second fils. Le laboureur avertit de tout ceci Théodore de Gaze, qui vint lui-même à sa métairie, et fit remettre le tout à sa place : sachant bien, dit Leloyer, qu'il fait mauvais jouer avec les morts....

Gaziel, — démon chargé de la garde des trésors souterrains, qu'il transporte d'un lieu à un autre pour les soustraire aux hommes. C'est lui qui ébranle les fondements des maisons et fait souffler des vents accompagnés de flammes. Quelquefois il forme des danses qui disparaissent tout à coup; il inspire la terreur par un grand bruit de cloches et de clochettes; il ranime les cadavres, mais pour un moment.

Géants. — Les géants de la fable avaient le regard farouche et effrayant, de longs cheveux, une grande barbe, des jambes et des pieds de serpent, et quelques-uns cent bras et cinquante têtes. Homère représente les Aloïdes, géants remarquables, comme étant d'une taille si prodigieuse, qu'à l'âge de neuf ans ils avaient neuf coudées de grosseur, trente-six de hauteur, et croissaient chaque année d'une coudée de circonférence et d'une aune de haut. — Les talmudistes assurent qu'il y avait des géants dans l'arche. Comme ils y tenaient beaucoup de place, on fut obligé, disent-ils, de faire sortir le rhinocéros, qui suivit l'arche à la nage. — Aux noces de Charles-le-Bel, roi de France, on vit une femme de Zélande d'une taille extraordinaire, auprès de qui les hommes les plus hauts paraissaient des enfants; elle était si forte, qu'elle enlevait de chaque main deux tonneaux de bière, et portait aisément huit hommes sur une poutre [1]. — Il est certain qu'il y a eu, de tout temps, des hommes d'une taille et d'une force au-dessus de l'ordinaire. On trouva au Mexique des os d'hommes trois fois aussi grands que nous, et, dit-on, dans l'île de Crète un cadavre de quarante-cinq pieds.... Hector de Boëce dit avoir vu les restes d'un homme qui avait quatorze pieds. — Pour la force nous citerons Milon de Crotone, tant de fois vainqueur aux Jeux olympiques; ce Suédois qui, sans armes, tua dix soldats armés; ce Milanais qui portait un cheval chargé de blé; ce Barsabas qui, du temps de Louis XIV, enlevait un cavalier avec son équipage et sa monture; ces géants et ces Hercules qu'on montre tous les jours au public. Mais la différence qu'il y a entre eux et le reste des hommes est petite, si on compare leur taille réelle à la taille prodigieuse que les traditions donnent aux anciens géants.

Geber, — roi des Indes, et grand magicien, auquel on attribue un traité absurde du rapport des sept planètes aux sept noms de Dieu, et quelques autres opuscules inconnus [2].

Gédi, — pierre merveilleuse qui, dans l'opinion des Gètes, avait la vertu, lorsqu'on la trempait dans l'eau, de changer l'air et d'exciter des vents et des pluies orageuses. On ne connaît plus la forme de cette pierre.

Gello ou Gilo, — c'était une fille qui avait la manie d'enlever des petits enfants. On dit même que parfois elle les mangeait, et qu'elle emporta un jour le petit empereur Maurice; mais

---

[1] M. de Marchangy, Tristan le voyageur, ou la France au quatorzième siècle, t. 1er, chap. 4, p. 68.

[1] Jonsthoni thaumatographia.
[2] Naudé, Apologie pour tous les grands personnages soupçonnés de magie, chap. 14, p. 360.

qu'elle ne put lui faire aucun mal, parce qu'il avait sur lui des amulettes. Son fantôme errait dans l'île de Lesbos, où, comme elle était jalouse de toutes les mères, elle faisait mourir dans leur sein les enfants qu'elles portaient, un peu avant qu'ils fussent à terme [1]. On voit que c'était l'épouvantail du sixième siècle.

Géloscopie, — Espèce de divination qui se tire du rire. On prétend acquérir ainsi la connaissance du caractère d'une personne, et de ses penchants bons ou mauvais. Un rire franc n'annonce certainement pas une âme fausse, et on peut se défier quelquefois d'un rire forcé. *Voy*. PHYSIOGNOMONIE.

Gématrie. — C'est une des divisions de la cabale, chez les juifs. Elle consiste à prendre les lettres d'un mot hébreu pour des chiffres ou nombres arithmétiques, et à expliquer chaque mot par la valeur arithmétique des lettres qui le composent. Selon d'autres, c'est une interprétation qui se fait par la transposition des lettres.

Gemma (CORNÉLIUS), — savant professeur de Louvain, auteur d'un livre intitulé : *Des caractères divins, et des choses admirables* [2], publié à Anvers, chez Christophe Plantin, architypographe du roi, 1575, in-12.

Génération, — *voy*. ENFANTS.

Gengues, — devins japonais qui font profession de découvrir les choses cachées et de retrouver les choses perdues. Ils habitent des huttes perchées sur le sommet des montagnes, et sont tous extrêmement laids. Il leur est permis de se marier, mais seulement avec des femmes de leur caste et de leur secte. Un voyageur prétend que le signe caractéristique de ces devins est une corne qui leur pousse sur la tête. Il ajoute qu'ils sont tous vendus au diable qui leur souffle leurs oracles ; quand leur bail est fini, le diable leur ordonne de l'attendre sur une certaine roche. A midi, ou plus souvent vers le soir, il passe au milieu de l'assemblée ; sa présence cause une vive émotion. Une force irrésistible entraîne alors ces malheureux, qui sont précipités à sa suite et ne reparaissent plus.

Géniane, — pierre fabuleuse à laquelle on attribuait la vertu de chagriner les ennemis de ceux qui la portaient. On pouvait, de très-loin, en frottant sa pierre, vexer de toute façon les amis dont on avait à se plaindre, et se venger sans se compromettre. Les doctes n'indiquent pas où se trouve cette pierre curieuse.

Génies. — La tradition des anges parvenue altérée chez les païens, en a fait des génies. Chacun avait son génie. Un magicien d'Égypte avertit Marc-Antoine que son génie était vaincu par celui d'Octave ; et Antoine intimidé se retira vers Cléopâtre [1]. Néron, dans *Britannicus*, dit en parlant de sa mère :

Mon génie étonné tremble devant le sien.

— Les borborites, hérétiques des premiers siècles de l'Église, enseignaient que Dieu ne peut être l'auteur du mal ; que, pour gouverner le cours du soleil, des étoiles et des planètes, il a créé une multitude innombrable de génies, qui ont été, qui sont et seront toujours bons et bienfaisants ; qu'il créa l'homme indifféremment avec tous les autres animaux, et que l'homme n'avait que des pattes comme les chiens ; que la paix et la concorde régnèrent sur la terre pendant plusieurs siècles, et qu'il ne s'y commettait aucun désordre ; que malheureusement un génie prit l'espèce humaine en affection, lui donna des mains, et que voilà l'origine et l'époque du mal. — L'homme alors se procura des forces artificielles, se fit des armes, attaqua les autres animaux, fit des ouvrages surprenants, et l'adresse de ses mains le rendit orgueilleux ; l'orgueil lui inspira le désir de la propriété, et de posséder certaines choses à l'exclusion des autres ; les querelles et les guerres commencèrent ; la victoire fit des tyrans et des esclaves, des riches et des pauvres. — Il est vrai, ajoutent les borborites, que si l'homme n'avait jamais eu que des pattes, il n'aurait point bâti des villes, ni des palais, ni des vaisseaux ; qu'il n'aurait pas couru les mers ; qu'il n'aurait pas inventé l'écriture, ni composé des livres ; et qu'ainsi les connaissances de son esprit ne se seraient point étendues ; mais aussi il n'aurait éprouvé que les maux physiques et corporels, qui ne sont pas comparables à ceux d'une âme agitée par l'ambition, l'orgueil, l'avarice, par les inquiétudes et les soins pour élever une famille, et par la crainte de l'opprobre, du déshonneur, de la misère et des châtiments. — Aristote observe que l'homme n'est pas supérieur aux animaux parce qu'il a une main ; mais qu'il a une main parce qu'il est supérieur aux animaux. — Les Arabes ne croient pas qu'Adam ait été le premier être raisonnable qui ait habité la terre, mais

---

[1] Delrio, *Disquisitions magiques*; Wierus, *de Præst.*, p. 466.

[2] De naturæ divinis characterismis; seu raris et admirandis spectaculis, causis, indiciis, proprietatibus rerum in partibus singulis universi libri 2, auctore Cornelio Gemma, etc.

[1] Plutarque, *Vie de Marc-Antoine*.

seulement le père de tous les hommes actuellement existants. Ils pensent que la terre était peuplée, avant la création d'Adam, par des êtres d'une espèce supérieure à la nôtre; que dans la composition de ces êtres, créés de Dieu comme nous, il entrait plus de feu divin et moins de limon. Ces êtres, qui ont habité la terre pendant plusieurs milliers de siècles, sont les génies, qui ensuite furent renvoyés dans une région particulière, mais d'où il n'est pas impossible de les évoquer et de les voir paraître encore quelquefois, par la force des paroles magiques et des talismans. Il y a deux sortes de génies, ajoutent-ils, les péris, ou génies bienfaisants, et les dives, ou génies malfaisants. Gian-ben-gian, du nom de qui ils furent appelés ginnes ou génies, est le premier comme le plus fameux de leurs rois. Le Ginnistan est un pays de délices et de merveilles, où ils ont été relégués par Taymural, l'un des plus anciens rois de Perse. — Ce sont encore là des vestiges altérés de l'ancienne tradition. — Les Chinois ont des génies qui président aux eaux, aux montagnes; et chacun d'eux est honoré par des sacrifices solennels. — *Voy.* Fées, Anges, etc.

Génirade, — médecin matérialiste, ami de saint Augustin et très-connu à Carthage pour sa grande capacité. Il doutait qu'il y eût un autre monde que celui-ci. Mais une nuit, il vit en songe un jeune homme qui lui dit: « Suivez-moi. » Il le suivit et se trouva dans une ville où il entendit une mélodie admirable. — Une autre fois il vit le même jeune homme qui lui dit : « Me connaissez-vous? — Fort bien, lui répondit-il. — Et d'où me connaissez-vous? — Génirade lui raconta ce qu'il lui avait fait voir dans la ville où il l'avait conduit. Le jeune homme ajouta : « Est-ce en songe ou éveillé que vous avez vu tout cela? — C'est en songe, répondit le médecin. Le jeune homme dit : — Où est à présent votre corps? — Dans mon lit. — Savez-vous bien que vous ne voyez rien à présent des yeux du corps? — Je le sais. — Quels sont donc les yeux par lesquels vous me voyez?... Comme le médecin hésitait et ne savait quoi répondre, le jeune homme lui dit encore : De même que vous me voyez et m'entendez, à présent que vos yeux sont fermés et vos sens engourdis; ainsi après votre mort vous vivrez, vous verrez, vous entendrez; mais des yeux de l'esprit. Ne doutez donc plus. » — Génirade conclut que si l'âme pouvait voyager ainsi dans le sommeil, elle n'était donc pas liée à la matière; et il se convertit.

Gennadius, — patriarche de Constantinople. Allant à son église, il rencontra un spectre hideux. Il reconnut que c'était le diable, le conjura et entendit une voix qui lui dit : « Je t'avertis, Gennadius, que durant ta vie je ne pourrai nuire à l'église grecque; mais après ta mort je la ruinerai. » Le patriarche se mit à genoux, pria pour son église, et mourut peu après [1]. Ceci se passait tandis que Mahomet II faisait la conquête de l'empire.

Geoffroi d'Iden. — Au treizième siècle le seigneur Humbert, fils de Guichard de Bélioc, dans le diocèse de Mâcon, ayant déclaré la guerre à d'autres seigneurs de son voisinage, Geoffroi d'Iden reçut dans la mêlée une blessure dont il mourut sur-le-champ. Environ deux mois après, Geoffroi apparut à Milon d'Anta, et le pria de dire à Humbert de Bélioc, au service duquel il avait perdu la vie, qu'il était dans les tourments pour l'avoir aidé dans une guerre injuste, et pour n'avoir pas expié avant sa mort ses péchés par la pénitence; qu'il le priait d'avoir compassion de lui et de son propre père Guichard, qui lui avait laissé de grands biens dont il abusait, et dont une grande partie était mal acquise; qu'à la vérité, Guichard, père de Humbert, avait embrassé la vie religieuse à Cluny, mais qu'il n'avait eu le temps ni de satisfaire entièrement à la justice de Dieu, ni de réparer ses torts envers le prochain; qu'il le conjurait donc de faire offrir, pour son père et pour lui, le sacrifice de la messe, de faire des aumônes et d'employer les prières des gens de bien pour leur procurer à l'un et à l'autre une prompte délivrance des peines qu'ils enduraient. Il ajouta : « Dites-lui que s'il ne vous écoute pas, je serai contraint d'aller moi-même lui annoncer ce que je viens de vous prescrire. » — Milon d'Anta s'acquitta de sa commission; Humbert en fut effrayé, mais il n'en devint pas meilleur. Toutefois, craignant que Guichard, son père, ou Geoffroi d'Iden, ne vinssent l'inquiéter, il n'osait demeurer seul, surtout pendant la nuit; il voulait toujours avoir auprès de lui quelqu'un de ses gens. — Un matin donc, qu'il était tout éveillé dans son lit, il vit paraître en sa présence Geoffroi, armé comme un jour de bataille, qui lui montrait la blessure mortelle qu'il avait reçue, et qui paraissait encore toute fraîche. Il lui fit de vifs reproches de son peu de pitié envers lui et envers son propre père, qui gémissait dans les tourments. « Prends garde, ajouta-t-il,

---

[1] Leloyer, Hist. des spectres et apparitions des esprits, p. 270.

que Dieu ne te traite dans sa rigueur, et ne te retire la miséricorde que tu nous refuses, et surtout garde-toi bien d'exécuter la résolution que tu as prise d'aller à la guerre avec le comte Amédée ; si tu y vas, tu y perdras la vie et les biens. » — Humbert se disposait à répondre au fantôme, lorsque l'écuyer Richard de Marsay, conseiller de Humbert, arriva venant de la messe ; aussitôt le mort disparut. Dès ce moment Humbert travailla sérieusement à soulager son père et Geoffroi, et il fit le voyage de Jérusalem pour expier ses péchés. — Ce fait est rapporté par Pierre le Vénérable.

Géomancie ou **Géomance**, — divination par la terre. Elle consiste à jeter une poignée de poussière ou de terre, au hasard, sur une table, pour juger des événements futurs, par les lignes et les figures qui en résultent, c'est à peu près la même chose que le marc de café. Voy. MARC DE CAFÉ. — Selon d'autres elle se pratique, tantôt en traçant par terre des lignes et des cercles, sur lesquels on croit pouvoir deviner ce qu'on a envie d'apprendre ; tantôt en faisant au hasard, par terre ou sur le papier, plusieurs points sans garder aucun ordre ; les figures que le hasard forme alors fondent un jugement sur l'avenir ; tantôt enfin en observant les fentes et les crevasses qui se font naturellement à la surface de la terre, d'où sortent, dit-on, des exhalaisons prophétiques, comme de l'antre de Delphes.

Gerbert. — Voy. SYLVESTRE II.

Géréahs. — Les habitants de Ceylan croient les planètes occupées par autant d'esprits qui sont les arbitres de leur sort. Ils leur attribuent le pouvoir de rendre leurs favoris heureux en dépit des démons. Ils forment autant d'images d'argile appelées Géréahs, qu'ils supposent d'esprits mal disposés, et leur donnent des figures monstrueuses ; le festin qui suit en cette occasion est accompagné de tambours et de danses jusqu'au point du jour ; les images sont jetées sur les grands chemins, où elles reçoivent les coups et épuisent la colère des démons malintentionnés.

Germanicus, — général romain qui fut empoisonné par Plancine. On ne dit pas si ce fut par des parfums ou par le poison ; mais ce qui est certain, dit Tacite, c'est que l'on trouva dans sa demeure des ossements et des cendres de morts arrachés aux tombeaux, et le nom de Germanicus écrit sur une lame de plomb qu'on avait dévouée à l'enfer [1].

Gerson (JEAN CHARLIER DE). — Chancelier, pieux et savant, de l'université de Paris, mort en 1429, auteur de l'*Examen des esprits* [1], où l'on trouve des règles pour discerner les fausses révélations des véritables, et de l'*Astrologie réformée*, qui eut un grand succès. Nous ne parlons pas ici de ses ouvrages de piété.

Gert (BERTHOMINE DE), — sorcière de la ville de Préchac en Gascogne, qui confessa vers 1608 que lorsqu'une sorcière revenant du sabbat était tuée dans le chemin, le diable avait l'habitude de prendre sa figure, et de la faire reparaître et mourir dans son logis pour la tenir en bonne réputation. Mais si celui qui l'a tuée a quelque bougie ou chandelle de cire sur lui, et qu'il en fasse une croix sur la morte, le diable ne peut, malgré toute sa puissance, la tirer de là, et par conséquent est forcé de l'y laisser [2].

Gervais, — archevêque de Reims, mort en 1067, dont on conte cette aventure. Un chevalier normand qui le connaissait voulant, pour le besoin de son âme, aller à Rome visiter les tombeaux des saints apôtres, passa par Reims, où il demanda à l'archevêque sa bénédiction, puis il reprit son chemin, dont il s'était écarté. Il arriva à Rome, et fit ses oraisons. Il voulut ensuite aller au mont Saint-Ange. Dans son chemin, il rencontra un ermite qui lui demanda s'il connaissait Gervais, archevêque de Reims ; à quoi le voyageur répondit qu'il le connaissait. — Gervais est mort, reprit l'ermite. — Le Normand demeura stupéfait ; il pria l'inconnu de lui dire comment il savait cette nouvelle. — L'ermite lui répondit, qu'ayant passé la nuit en prières dans sa cellule, il avait entendu le bruit d'une foule de gens qui marchaient le long de sa cellule en faisant beaucoup de bruit ; qu'il avait ouvert sa fenêtre, et demandé où ils allaient ; que l'un d'eux lui avait répondu : — Nous sommes les anges de Satan, nous venons de Reims. Nous emportions l'âme de Gervais ; mais à cause de ses bonnes œuvres, on vient de nous l'enlever, ce qui nous fâche cruellement. — Le pèlerin remarqua le temps et le jour où il avait appris tout cela, et, de retour à Reims, il trouva que l'archevêque Gervais était mort à la même heure [3].

Geyseric, — démoniaque goth, dont l'âme fut emportée par le diable en enfer, après que

---

[1] Leloyer, Hist. des spectres et apparitions des esprits, p. 370.

[1] De probatione spirituum, etc.
[2] Delancre, Tableau de l'inconstance des démons, etc, p. 455.
[3] Manuscrit de la Bibliothèque royale, rapporté par Lenglet-Dufresnoy, Dissertations, t. Ier.

son corps eût crevé, comme ceux de Bucer et d'Arius, pendant qu'il était au lit [1].

Ghiloul ou **Gilgul**. — Chez les juifs modernes, c'est la métempsycose ou transmigration des âmes en d'autres corps, doctrine reçue dans quelques-unes de leurs sectes.

Ghirardelli (CORNEILLE), — franciscain, né à Bologne vers la fin du seizième siècle. Il étudia l'astrologie et la métoposcopie ; on connaît de lui des discours astrologiques, des almanachs comme celui de Matthieu Lænsberg, enfin la Céphalonie Physionomique, avec cent têtes dessinées, et des jugements sur chaque figure, lesquels jugements sont renfermés en un sonnet rehaussé d'un distique ; in-4°, 1630.

Gholes. — La croyance aux vampires, aux gholes, aux lamies, qui sont à peu près le même genre de spectres, est répandue de temps immémorial chez les Arabes, chez les Perses, dans la Grèce moderne et dans tout l'Orient. *Les Mille et une Nuits*, et plusieurs autres contes arabes, roulent sur cette matière, et maintenant encore cette terrible superstition porte l'épouvante dans plusieurs contrées de la Grèce moderne et de l'Arabie.

Ghoolée-Beenban, — vampire, ou lamie, ou ghole. Les Afghans croient que chaque solitude, chaque désert de leur pays, est habité par un démon, qu'ils appellent le Ghoolée-Beenban, ou le spectre de la solitude. Ils désignent souvent la férocité d'une tribu en disant qu'elle est sauvage comme le démon du désert.

Giall, — fleuve des enfers scandinaves ; on le passe sur un pont appelé *Giallar*.

Gian-Ben-Gian, — *voy.* GÉNIES.

Gibel, — montagne volcanique, au sommet de laquelle se trouve un cratère d'où l'on entend, lorsqu'on prête l'oreille, des gémissements et un bouillonnement effroyable. Les Grecs jetaient, dans ce soupirail, des vases d'or et d'argent, et regardaient comme un bon présage lorsque la flamme ne les repoussait pas ; car ils pensaient apaiser par là les dieux de l'enfer, dont ils croyaient que cette ouverture était l'entrée [2].

Gilbert, — démon dont parle Olaus Magnus. Il se montrait chez les Ostrogoths ; et il avait enchaîné dans une caverne le savant Catillus, nécromancien suédois qui l'avait insulté [3].

[1] Delancre, Tableau de l'inconstance des démons, etc., p. 5.
[2] Leloyer, Histoire des spectres ou apparitions des esprits, p. 50.
[3] Wierus, De præst., p. 466.

Gilo, — *voy.* GELLO.

Gimi ou **Gimin**, — génies que les musulmans croient d'une nature mitoyenne entre l'ange et l'homme. Ce sont nos esprits follets.

Ginguérers, — cinquième tribu des géants ou génies malfaisants, chez les Orientaux.

Ginnes, — génies femelles chez les Persans, qui les disent maudites par Salomon, et formées d'un feu liquide et bouillonnant, avant la création de l'homme.

Ginnistan, — pays imaginaire, où les génies soumis à Salomon font leur résidence, selon les opinions populaires des Persans. *Voy.* GÉNIES.

Ginnungagap, — nom de l'abîme, partie de l'enfer, chez les Scandinaves.

Gioerninca-Vedur. — Les Islandais appellent de ce nom le pouvoir magique d'exciter des orages et des tempêtes, et de faire périr des barques et des bâtiments en mer. Cette idée superstitieuse appartient autant à la magie moderne qu'à l'ancienne. Les ustensiles que les initiés emploient sont très-simples : par exemple, une bajoue de tête de poisson, sur laquelle ils peignent ou gravent différents caractères magiques, entre autres la tête du dieu Thor, de qui ils ont emprunté cette espèce de magie. Le grand art consiste à n'employer qu'un ou deux caractères, et tout leur secret est que les mots *Thor*, *hafot* ou *hafut* puissent être lus devant eux ou en leur absence sans être compris de ceux qui ne sont pas admis à la connaissance de ces mystères.

Giourtasch, — pierre mystérieuse que les Turcs orientaux croient avoir reçue de main en main de leurs ancêtres, en remontant jusqu'à Japhet, fils de Noé, et qu'ils prétendent avoir la vertu de leur procurer de la pluie, quand ils en ont besoin.

Girard (JEAN-BAPTISTE), — jésuite, né à Dôle en 1680. Les ennemis de la société de Jésus n'ont négligé aucun effort pour le présenter comme un homme de scandale. Ils l'ont accusé d'avoir séduit une fille nommée Catherine Cadière ; et sur ce thème ils ont bâti tous les plus hideux romans. Cette fille, folle ou malade, sembla possédée dans les idées du temps, ou le fut peut-être, et on dut l'enfermer aux Ursulines de Brest. Sur quelques divagations qu'elle débita, un procès fut intenté par le parlement d'Aix. Mais toutes choses examinées et pesées, il fallut se borner à rendre Catherine Cadière à sa famille. On ne put pas même trouver moyen d'impliquer le père Girard dans cette affaire, comme coupable, quoiqu'on eût amené trois partis violents contre lui, les jansénistes, le parlement et les philosophes. — Ce qui n'a pas empêché les écrivains anti-religieux de faire revivre sur son compte des calomnies condamnées.

Girtanner, — docteur de Gottingue qui a annoncé que dans le dix-neuvième siècle tout le monde aurait le secret de la transmutation des métaux; que chaque chimiste saurait faire de l'or; que les instruments de cuisine seraient d'or et d'argent; ce qui contribuera beaucoup, dit-il, à prolonger la vie, qui se trouve aujourd'hui compromise par les oxydes de cuivre, de plomb et de fer que nous avalons avec notre nourriture [1]. Les bons chimistes actuels partagent cet avis. *Voy.* ALCHIMIE.

Gitanos, — mot espagnol qui veut dire Egyptiens. *Voy.* BOHÉMIENS.

Giwon, — esprit japonais. Les habitants croient qu'il veille particulièrement à la conservation de leur vie, et qu'il peut les préserver de tout accident fâcheux, comme des chutes, des mauvaises rencontres, des maladies, et surtout de la petite vérole. Aussi ont-ils coutume de placer sur la porte de leurs maisons l'image de Giwon.

Granville, — curé anglican d'Abbey-Church à Bath, mort en 1680. On lui attribue un traité *des Visions et apparitions*, in-8°, Londres, 1700; mais il est certainement auteur d'un ouvrage intitulé: *Considérations philosophiques touchant l'existence des sorciers et la sorcellerie*, 1666, in-4°.

Glaphyra, — épouse d'Alexandre, fils de cet effroyable Hérode qu'on a appelé Hérode-le-Grand. Cette princesse ayant perdu Alexandre, se maria avec Archélaüs, son beau-frère, et mourut la nuit même de ses noces, l'imagination troublée par la vision de son premier époux, qui semblait lui reprocher ces secondes noces avec son frère [2].

Glasialabolas, — *voy.* CAACRINOLAAS.

Glocester. — Sous Henri VI, les ennemis de la duchesse de Glocester voulant la perdre, l'accusèrent d'être sorcière. On prétendit qu'elle avait eu des entretiens secrets avec Roger Bolingbrocke, soupçonné de nécromancie, et Marie Gardemain, réputée sorcière. On déclara que ces trois personnes réunies avaient, à l'aide de cérémonies diaboliques, placé sur un feu lent une effigie du roi faite en cire, dans l'idée que les forces de ce prince s'épuiseraient à mesure que la cire fondrait, et qu'à sa totale dissolution la vie de Henri VI serait terminée. Une telle accusation devait s'accréditer sans peine dans ce siècle crédule; plus elle s'éloignait du bon sens, plus elle semblait digne de foi. Tous trois furent déclarés coupables, et ni le rang ni l'innocence ne purent les sauver. La duchesse fut condamnée à un emprisonnement perpétuel, Roger Bolingbrocke pendu, et Marie Gardemain brûlée dans Smithfield [1].

Glubbdubdrib, — île des sorciers, dans les voyages de Gulliver. Swift y fait des contes très-piquants.

Gnomes, — esprits élémentaires amis de l'homme, composés des plus subtiles parties de la terre, dont ils habitent les entrailles, selon les cabalistes. — La terre, disent-ils, est presque jusqu'au centre remplie de gnomes, gens de petite stature, gardiens des trésors, des mines et des pierreries. Ils aiment les hommes, sont ingénieux, et faciles à gouverner. Ils fournissent aux cabalistes tout l'argent qui leur est nécessaire, et ne demandent guère, pour prix de leurs services, que la gloire d'être commandés. Les gnomides, leurs femmes, sont petites, mais agréables, et vêtues d'une manière fort curieuse [2]. — Les gnomes vivent et meurent à peu près comme les hommes; ils ont des villes et se rassemblent en sociétés. Les cabalistes prétendent que ces bruits qu'on entendait, au rapport d'Aristote, dans certaines îles, où pourtant on ne voyait personne, n'étaient autre chose que les réjouissances et les fêtes de noces de quelque gnome. Ils ont une âme mortelle; mais ils peuvent se procurer l'immortalité en contractant des alliances avec les hommes. *Voy.* CABALE, PYGMÉES, NAINS.

Gnostiques, — hérétiques qui admettaient une foule de génies producteurs de tout dans le monde. Leur nom signifie illuminés; ils l'avaient pris parce qu'ils se croyaient plus éclairés que les autres hommes. Ils parurent au premier et au second siècle, principalement dans l'Orient. Ils honoraient, parmi les génies, ceux qu'ils croyaient avoir rendu au genre humain les bons offices les plus importants. Ils disaient que le génie qui avait appris aux hommes à manger le fruit de l'arbre de la science du bien et du mal avait fait pour nous quelque chose de très-signalé....

---

[1] Philosophie magique, t. VI, p. 383, citée dans les Curiosités de la littérature, t. Ier, p. 262.
[2] Leloyer, Hist. des spectres et des apparitions des esprits, chap. 23, p. 436.

[1] Goldsmith, Hist. d'Angleterre.
[2] Il y a apparence que ces contes de gnomes doivent leur origine aux relations de quelques anciens voyageurs en Laponie.

Ils l'honoraient sous la figure qu'il avait prise, et tenaient un serpent enfermé dans une cage : lorsqu'ils célébraient leurs mystères ils ouvraient la cage et appelaient le serpent, qui montait sur une table où étaient les pains, et s'entortillait alentour. C'est ce qu'ils appelaient leur eucharistie... — Les gnostiques, auxquels se rattachaient les basilidiens, les ophites, les simoniens, les carpocratiens, etc., tentèrent contre le catholicisme de grands efforts. Leur serpent, non plus que les autres, n'y put faire qu'user ses dents. *Voy.* Tête de Bophomet, Éons, etc.

Goap, — roi des démons de midi. On peut l'évoquer de trois heures du matin à midi, et de neuf heures du soir à minuit [1].

Gobbino, — *voy.* Imagination.

Gobelins, — espèce de lutins domestiques qui se retirent dans les endroits cachés de la maison, sous des tas de bois. On les nourrit des mets les plus délicats, parce qu'ils apportent à leurs maîtres du blé volé dans les greniers d'autrui. — On dit que la manufacture des Gobelins à Paris doit son nom à quelques follets qui, dans l'origine, venaient travailler avec les ouvriers et leur apprendre à faire de beaux tapis. C'est d'eux, ajoute-t-on, qu'on tient le secret des riches couleurs.

Gobes. — On appelle gobes, dans la campagne, des boules sphériques que l'on trouve quelquefois dans l'estomac des animaux ruminants, et qui sont formées de poils avalés spontanément, mêlés de fourrages et agglutinés par les sucs gastriques. On persuaderait difficilement à la plupart des gens de la campagne, que ces boules ne sont pas l'effet d'un sort [2].

Godeslas. — Lorsqu'on prêcha la première croisade dans le diocèse de Maëstricht, une bulle permettant aux vieillards et aux infirmes de s'exempter du voyage de Terre-Sainte moyennant une certaine contribution, un meunier, nommé Godeslas, qui était en même temps riche, vieux et usurier, s'arrangea de manière qu'il ne donna que cinq marcs d'argent pour avoir la liberté de rester à son moulin. Ses voisins rapportèrent à celui qui levait l'impôt que le meunier Godeslas pouvait donner quarante marcs sans se gêner, et sans diminuer l'héritage de ses enfants ; mais il soutint le contraire, et persuada si bien le dispensateur, qu'on le laissa tranquille. Son imposture, dit la légende, fut punie. — Un jour que, dans le cabaret, il avait raillé les pèlerins qui faisaient le saint voyage, leur disant : « Il faut convenir que vous êtes tous d'aller traverser les mers et risquer votre vie, tandis que, pour cinq marcs d'argent, je reste dans ma maison, et que j'aurai autant de mérite que vous, » il advint ce qui suit : — De retour en son logis, le meunier s'étant couché, entendit tourner la meule de son moulin, et toute la machine se mettre en mouvement d'elle-même, avec le bruit accoutumé. Il appela le garçon, et lui dit d'aller voir qui faisait tourner le moulin. Celui-ci y alla ; mais il fut si effrayé qu'il rentra sans trop savoir ce qu'il avait vu. « Ce qui se passe dans votre moulin m'a tellement épouvanté, répondit-il, que, quand on m'assommerait, je n'y retournerais point. » — « Fût-ce le diable, s'écria le meunier, j'irai et je le verrai. » — Il saute donc à bas du lit ; il met ses chausses, il ouvre la porte de son moulin, il entre et voit deux grands chevaux noirs gardés par un nègre, qui lui dit : « Monte ce cheval, il est préparé pour toi. » — Le meunier, tremblant, cherchait à s'esquiver ; le diable lui cria d'une voix terrible : « Plus de retard ! ôte ta robe, et suis-moi.... » Or, Godeslas portait une petite croix attachée à sa robe ; il ne réfléchit point que ce signe le garantissait ; il fit ce qu'on lui commandait, et grimpa sur le cheval noir, ou plutôt sur le démon qu'on lui disait de monter. Le diable se jeta sur l'autre cheval, et ces quatre personnages s'éloignèrent, allant aux enfers. Là on fit voir au meunier une chaise enflammée, où l'on ne pouvait attendre ni tranquillité, ni repos, et on lui dit : « Tu vas retourner dans ta maison, tu mourras dans trois jours, et tu reviendras ici pour y passer l'éternité tout entière sur cette chaise brûlante. » A ces paroles, le diable reconduisit Godeslas à son moulin. Sa femme, qui trouvait son absence longue, se leva enfin, et fut étonnée de le voir étendu sur le carreau, mourant de peur. Comme il parlait de l'enfer, du diable, de la mort, d'une chaise ardente, on envoya chercher un prêtre pour le rassurer. « Je n'ai pas besoin de me confesser, dit-il au prêtre, mon sort est fixé. Ma chaise est prête, ma mort arrive dans trois jours ; ma peine est inévitable. » Et ce malheureux mourut sans vouloir se reconnaître [1].

Godwin, — écrivain anglais qui a publié la *Vie des Nécromanciens*, ou histoire des personnages les plus célèbres auxquels on a attri-

---

[1] Wierus, In Pseudomonarchia dæmon.
[2] Salgues, Des Erreurs et des préjugés, t. II, p. 14.

[1] Cæsarii Heisterbach. de contritione, lib. 2, Mirac., cap. 7.

buó, dans les différents âges, une puissance surnaturelle.

Goétie, — art d'évoquer les esprits malfaisants, pendant la nuit obscure, dans des cavernes souterraines à la proximité des tombeaux et des ossements des morts, avec sacrifice de victimes noires, herbes magiques, lamentations, gémissements, et offrande de jeunes enfants dans les entrailles desquels on cherchait l'avenir. Voy. THÉURGIE.

Goguis, — démons de forme humaine qui accompagnent les pèlerins du Japon dans leurs voyages, les font entrer dans une balance et les contraignent de dire leurs péchés. Si les pèlerins taisent une de leurs fautes dans cet examen, les diables font pencher la balance de sorte qu'ils ne peuvent éviter de tomber dans un précipice où ils se rompent tous les membres [1].

Goîtres. — Les Arabes prétendent guérir cette infirmité avec des amulettes. Le docteur Abernethy, que l'on consultait sur la manière de dissiper un goître, répondit : « Je crois que le meilleur topique serait de siffler... »

Gomory, — fort et puissant duc des enfers ; il apparaît sous la forme d'une femme, une couronne ducale sur la tête, et monté sur un chameau ; il répond sur le présent, le passé et l'avenir ; il fait découvrir les trésors cachés ; il commande à vingt-six légions [2].

Gonderic, — roi des Vandales qui fut, à l'exemple de Geyseric et de Bucer, éventré par le diable, et dont l'âme, selon les chroniqueurs, fut conduite en enfer [3].

Gonin. — Les Français d'autrefois donnaient le nom de maître-gonin à leurs petits sorciers, charmeurs, escamoteurs et faiseurs de tours de passe-passe [4].

Gontran. — Helinand conte qu'un soldat nommé Gontran, de la suite de Henry, archevêque de Reims, s'étant endormi en pleine campagne, après le dîner, comme il dormait la bouche ouverte, ceux qui l'accompagnaient, et qui étaient éveillés, virent sortir de sa bouche une bête blanche semblable à une petite belette, qui s'en alla droit à un ruisseau assez près de là. Un homme d'armes la voyant monter et descendre le bord du ruisseau pour trouver un passage, tira son épée et en fit un petit pont sur lequel elle passa et courut plus loin. — Peu après on la vit revenir, et le même homme d'armes lui fit de nouveau un pont de son épée. La bête passa une seconde fois et s'en retourna à la bouche du dormeur, où elle rentra. Il se réveilla alors ; et comme on lui demandait s'il n'avait point rêvé pendant son sommeil, il répondit qu'il se trouvait fatigué et pesant, ayant fait une longue course et passé deux fois sur un pont de fer. Mais ce qui est plus merveilleux, c'est qu'il alla par le chemin qu'avait suivi la belette ; qu'il bêcha au pied d'une petite colline et qu'il déterra un trésor que son âme avait vu en songe.... — Le diable, dit Wierus, se sert souvent de ces machinations pour tromper les hommes et leur faire croire que l'âme est corporelle et meurt avec le corps ; car beaucoup de gens ont cru que cette bête blanche était l'âme de ce soldat, tandis que c'était une imposture du diable....

Goo, — épreuve par le moyen de pilules de papier que les *jammabos*, fakirs du Japon, font avaler aux personnes soupçonnées d'un vol ou de quelque autre délit. Ce papier est rempli de caractères magiques et de représentations d'oiseaux noirs ; le Jammabos y met ordinairement son cachet. Le peuple est persuadé que si celui qui prend cette pilule est coupable, il ne peut la digérer et souffre cruellement jusqu'à ce qu'il confesse son crime. Voy. KHUMANO-GOO.

Gorson, — l'un des principaux démons, roi de l'Occident ; il est visible le matin à neuf heures [1].

Gouffres, — On en a souvent fait des objets d'effroi. Sur une montagne voisine de Villefranche, on trouve trois gouffres ou étangs considérables qui sont toujours le théâtre des orages ; les habitants du pays croient que le diable est au fond, et qu'il ne faut qu'y jeter une pierre pour qu'il s'élève aussitôt une tempête.

Goul, — espèce de larves ou sorcières-vampires qui répondent aux empuses des anciens. C'est la même chose que *ghole*.

Gouleho, — génie de la mort chez les habitants des *îles des Amis*. Il gouverne une sorte de royaume sombre où se rendent les âmes.

Graa, — sorte d'immortelle (plante) que les Islandais employaient autrefois à la magie et pour écarter les sorciers.

Grains bénits. — On se sert encore dans les campagnes (et cette coutume est désapprouvée par l'Église comme superstitieuse) de certains grains bénits qui ont la propriété de délivrer les possédés par l'attouchement, d'é-

---

[1] Leloyer, Histoire des spectres ou appar. des esprits, ch. 11, p. 336.
[2] Wierus, In Pseudomon. dæmonum.
[3] Delancre, Tabl. de l'inconstance des démons, etc., p. 5.
[4] Bodin, Démonomanie, p. 148.

[1] Wierus, Pseudom. dæm., p. 931.

teindre les incendies et les embrasements, de garantir du tonnerre, d'apaiser les tempêtes, de guérir la peste, la fièvre, la paralysie, de délivrer des scrupules, des inquiétudes d'esprit, des tentations contre la foi, du désespoir, des magiciens et des sorciers[1].

Grains de blé, — divination du jour de Noël. Dans plusieurs provinces du Nord, on fait, le jour de Noël, une cérémonie qui ne doit pas manquer d'apprendre au juste combien on aura de peine à vivre dans le courant de l'année. Les paysans surtout pratiquent cette divination. On se rassemble auprès d'un grand feu, on fait rougir une plaque de fer ronde, et, lorsqu'elle est brûlante, on y place douze grains de blé sur douze points marqués à la craie, auxquels on a donné les noms des douze mois de l'année. Chaque grain qui brûle annonce disette et cherté dans le mois qu'il désigne; et si tous les grains disparaissent, c'est le signe assuré d'une année de misères. Triste divination !

Graisse des sorciers. — On assure que le diable se sert de graisse humaine pour ses maléfices. Les sorcières se frottent de cette graisse pour aller au sabbat par la cheminée; mais celles de France croient qu'en se mettant un balai entre les jambes, elles sont transportées sans graisse ni onguents. Celles d'Italie ont toujours un bouc à la porte pour les transporter.

Gralon, — voy. Is.

Grandier (URBAIN). — L'histoire d'Urbain Grandier est encore une de ces tristes intrigues dont nous n'avions pas eu jusqu'ici la clef. La relation des possessions où il fut impliqué a été entreprise par plusieurs écrivains, presque tous ignorants ou malintentionnés, surtout le calviniste Saint-André, dont l'*Histoire des diables de Loudun* a trompé beaucoup de monde. Heureusement aujourd'hui nous avons d'autres guides. On a publié en 1829, du bon et pieux père Surin, un livre jusque-là resté inédit[2], et qui nous permettra d'être plus véridique. Un couvent d'Ursulines avait été établi à Loudun en 1626. Sept ans après, il y éclata de sinistres symptômes. Il y avait eu de grands procès entre deux chanoines de la collégiale de Sainte-Croix de Loudun. L'un était M. Mignon, homme sage et vertueux, et l'autre Urbain Grandier, homme lettré, spirituel, caustique et plus dissipé que ne comportait sa condition, comme disent les écrits du temps. Il se répandait dans le monde, n'affectait pas des mœurs fort rigoureuses, et faisait sous le voile de l'anonyme des chansons et des pamphlets. On lui attribue la brochure politique intitulée *la Cordonnière de Loudun*, petit écrit dirigé contre Richelieu. Mignon, généralement reconnu pour un homme de bien, fut choisi par les religieuses pour la direction de leurs consciences. Grandier, qui eût voulu avoir accès auprès de ces dames, échoua dans tous ses efforts : aucune ne voulut même le voir. La haine qu'il portait à Mignon, et le dépit qu'il conçut dès lors contre les Ursulines l'entraînèrent dans une manœuvre dont on ne le croyait pas capable. Le procès qui survint l'en convainquit, bien qu'il n'ait jamais avoué que son fait fût une œuvre de magie noire. — Citons ici une réflexion de l'éditeur du livre que nous suivons[1] : « Le principal motif qui faisait nier la possession de Loudun, était l'impossibilité ou l'absurdité prétendue des phénomènes allégués en preuve. Cette impossibilité ou cette absurdité peut-elle être légitimement opposée, maintenant que les plus incrédules reconnaissent, ou du moins n'osent pas contester la réalité de tant d'autres phénomènes analogues tout aussi extraordinaires, tout aussi bizarres, tout aussi prodigieux, qui, dit-on, se produisent chaque jour par le moyen du magnétisme ? » — Donc, pour trancher le mot, Urbain Grandier résolut, non pas de magnétiser les Ursulines (le mot n'existait pas encore), mais de les ensorceler, de leur donner des diables, de les rendre possédées, de les livrer à des convulsions, et d'amener surtout cet effet qu'elles devinssent éprises de lui, quoiqu'elles ne le connussent pas. Il exécuta son dessein de cette sorte : une branche de rosier chargée de plusieurs roses fut jetée dans le couvent; toutes celles qui les flairèrent furent saisies d'esprits malins, et livrées à un charme qui les faisait soupirer après Urbain Grandier, qu'elles n'avaient jamais vu, Dieu permettant ainsi cette pluie et cette perturbation de leurs sens, pour des raisons que nous n'avons ni le droit ni le besoin d'approfondir. Elles étaient comme en démence, se retiraient dans les lieux écartés, appelaient Grandier; et lorsque, soit par une hallucination, soit par un acte de Satan, la figure imaginaire ou réelle de Grandier paraissait devant elles subitement, elles le fuyaient avec horreur; car le cœur de ces pauvres filles restait pur; leurs sens étaient seuls assiégés. Aucune d'elles ne consentit jamais aux suggestions qui les éprouvaient. Mignon, assisté d'un sage curé, exorcisa la prieure, qui était en proie à d'étranges

---

[1] Lebrun, Hist. des superstitions, t. Iᵉʳ, p. 397.
[2] Triomphe de l'Amour divin sur les puissances de l'enfer. Avignon, Seguin aîné, 1839. 1 vol. in-12.

[1] Triomphe de l'Amour divin, etc. Avis de l'éditeur p. XI.

crises, et dont le corps parfois restait élevé de terre par une puissance occulte. La chose fit bientôt tant de bruit, qu'on dut la déférer aux magistrats ordinaires. Le roi même, instruit de ce qui se passait, ordonna à Martin de Laubardemont, intendant de la justice dans la province, de prendre la conduite du procès. Cet homme, trop noirci, mit dans l'instruction la lenteur et la modération la plus louable. Il assembla pour juger un cas si grave quatorze juges de divers présidiaux voisins, Poitiers, Angers, Tours, Orléans, Chinon, La Flèche, etc. Un bon religieux récollet, le père Lactance, exorcisait les possédées en présence de l'évêque de Poitiers et d'un grand concours d'hommes éclairés, pendant que les juges recueillaient les dépositions à la charge de Grandier. On trouva sur son corps les marques dont les sorciers ne manquaient jamais d'être tatoués. Il fut démontré qu'il était l'auteur de la possession des pauvres sœurs; et quand même il n'eût pas été sorcier, l'enquête eût prouvé du moins sa mauvaise vie et ses mauvaises mœurs. On saisit dans ses papiers un livre scandaleux qu'il écrivait contre le célibat des prêtres. Mais on n'y trouva pas, comme l'ont dit de mauvais plaisants, l'original du pacte qu'il avait pu faire avec le diable; et les pièces qu'on a publiées dans ce genre ont été fabriquées après coup. Grandier fredonnait dans sa prison une chanson du temps: *L'heureux séjour de Parthénice et d'Alidor*, lorsqu'on vint lui annoncer qu'il était condamné au feu; ce qui fut exécuté sur le grand marché de Loudun. Une bande de corbeaux, dont quelques-uns ont fait une troupe de pigeons, voltigeaient autour du bûcher. Il paraît qu'il mourut mal. Après sa mort, la possession n'étant pas vaincue, les exorcismes continuèrent. Les démons qu'il fallait chasser sont nommés: Asmodée, Léviathan, Béhémoth, Élimi, Grésil, Aman, Easas, Astaroth, Zabulon, etc. Le père Lactance mourut de fatigue; il fut remplacé par le père Dupin; et enfin le roi chargea les jésuites de dompter cette hydre. Un très-saint homme et très-instruit, le père Surin, qui prêchait avec grands succès à Marennes, fut chargé de cette opération difficile. C'était un homme frêle et maladif, mais d'une grande piété. Il finit par obtenir une victoire complète. Toutefois il ne sortit pas de cette lutte sans en porter de rudes cicatrices; car pendant longues années, par la permission de Dieu, dont les secrets ne nous sont pas tous connus, le père Surin vécut obsédé et souffrit des peines qui ont fait de sa vie un martyre. *Voy.* son livre que nous avons indiqué.

Grange du diable. — Il n'y a presque pas de province où l'on ne montre dans quelque ferme écartée une grange mal famée qu'on appelle la Grange du diable. Par suite d'un pacte avec un paysan dans l'embarras, c'est toujours le diable qui l'a bâtie en une nuit, et partout le chant du coq l'a fait fuir avant qu'il n'eût gagné son pari; car il y a un trou qui n'est pas couvert, ou quelque autre chose qui manque à toutes les granges. On en cite une fameuse dans le Brabant [1].

Granson. — Paul Diacre (*Hist. Longob.*) fait ce conte. Deux seigneurs lombards nommés *Aldon* et *Granson*, ayant déplu à Cunibert, roi de Lombardie, ce prince résolut de les faire mourir. Il s'entretenait de ce projet avec son favori, lorsqu'une grosse mouche vint se planter sur son front et le piqua vivement; Cunibert chassa l'insecte, qui revint à la charge, et qui l'importuna jusqu'à le mettre dans une grande colère. Le favori, voyant son maître irrité, ferma la fenêtre pour empêcher l'ennemi de sortir, et se mit à poursuivre la mouche, pendant que le roi tira son poignard pour la tuer. Après avoir sué bien long-temps, Cunibert joignit l'insecte fugitif, le frappa; mais il ne lui coupa qu'une patte, et la mouche disparut. — Au même instant Aldon et Granson, qui étaient ensemble, virent apparaître devant eux une espèce d'homme qui semblait épuisé de fatigue et qui avait une jambe de bois. Cet homme les avertit du projet du roi Cunibert, leur conseilla de fuir, et s'évanouit tout aussitôt. Les deux seigneurs rendirent grâces à l'esprit de ce qu'il faisait pour eux; après quoi ils s'éloignèrent comme l'exigeaient les circonstances.

Gratarole (GUILLAUME). — médecin du seizième siècle, mort en 1568. Il est auteur d'un ouvrage intitulé: *Observations des différentes parties du corps de l'homme pour juger de ses facultés morales*[2]. Bâle, 1554, in-8°. Il a composé aussi sur l'Antechrist un ouvrage que nous ne connaissons pas. Enfin des traités sur l'alchimie et sur l'art de faire des almanachs.

Gratienne (JEANNETTE), — habitante de Sibour ou Siboro, au commencement du dix-septième siècle; accusée de sorcellerie à l'âge de seize ans, elle déposa qu'elle avait été menée au sabbat; qu'un jour le diable lui avait arraché un bijou de cuivre qu'elle portait au cou; ce bijou avait la forme d'un poing serré, le pouce passé entre les doigts, ce que

---

[1] Voyez les légendes infernales.
[2] De prædictione morum naturarumque hominum facili ex inspectione partium corporis.

les femmes du pays regardaient comme un préservatif contre toute fascination et sortilége. Aussi le diable ne le put emporter, mais le laissa près de la porte. Elle assura aussi qu'en revenant un jour du sabbat, elle vit le diable en forme d'homme noir avec six cornes sur la tête, une queue au derrière, deux visages, etc.; qu'ayant été présentée à lui, elle en reçut une grosse poignée d'or; qu'il la fit renoncer à son Créateur, à la Sainte-Vierge, à tous les saints et à tous ses parents [1].

Gratidia, — devineresse qui trompa Pompée, comme le rapporte Horace : car lui ayant demandé l'issue de la guerre de Pharsale, elle l'assura qu'il serait victorieux; néanmoins il fut vaincu [2].

Gratoulet, — insigne sorcier qui apprenait le secret d'embarrer ou nouer l'aiguillette, et qui s'était vendu à Belzébuth. Il donna des leçons de sorcellerie à Pierre Aupetit, condamné en 1598.

Greatrakes (VALENTIN), — empirique qui fit du bruit en Angleterre dans le dix-septième siècle; il était né en Irlande en 1628. On ignore la date de sa mort. Il remplit de brillants emplois, mais il avait la tête dérangée; en 1662, il lui sembla entendre une voix lui dire qu'il avait le don de guérir les écrouelles; il voulut en user et se crut même appelé à traiter toutes les maladies : ce qui lui attira une grande célébrité. Cependant une sentence de la cour de l'évêque de Lismore lui défendit de guérir. Sa méthode consistait à appliquer les mains sur la partie malade et à faire de légères frictions de haut en bas. Il touchait même les possédés, qui tombaient dans des convulsions aussitôt qu'ils le voyaient ou l'entendaient parler. Plusieurs écrivains se moquèrent de lui. Saint-Évremont écrivit contre la crédulité qu'on lui accordait. Mais Greatrakes a eu des défenseurs, et Deleuze, dans son *Histoire du magnétisme animal*, l'a présenté sous un jour qui fait voir que c'était un magnétiseur.

Grégoire VII (saint), l'un des plus grands papes, sauva l'Europe au onzième siècle. Comme il fit de grandes choses pour l'unité, il eut des ennemis dans tous les hérétiques, et en dernier lieu dans les protestants, qui l'accusèrent de magie et même de commerce avec le diable. Leurs mensonges furent stupidement répétés par les catholiques. Ce saint pape vient d'être vengé; car l'histoire qui lui rend justice enfin est écrite par un protestant (Voigt).

Grêle. — Chez les Romains, lorsqu'une nuée paraissait disposée à se résoudre en grêle, on immolait des agneaux, ou par quelque incision à un doigt on en faisait sortir du sang, dont la vapeur, montant jusqu'à la nuée, l'écartait ou la dissipait entièrement : ce que Sénèque réfute comme une folie [1].

Grenier (JEAN), — loup-garou qui florissait vers l'an 1600. Accusé d'avoir mangé des enfants par Jeanne Garibaut, et par d'autres, quoiqu'il eût à peine quinze ans, il avoua qu'il était fils d'un prêtre noir (prêtre du sabbat) qui portait une peau de loup [2], et qui lui avait appris le métier. On ne sait ce que devint ce jeune homme. — *Voy.* POIRIER et PIERRE LABOURANT.

Grenouille. — On n'ignore pas cet admirable secret des paysans, que la grenouille des buissons, coupée et mise sur les reins, fait tellement uriner que les hydropiques en sont guéris..... — *Voy.* MESSIE DES JUIFS, TREMBLEMENTS DE TERRE, etc.

Griffon. — Brown [3] assure qu'il y a des griffons, c'est-à-dire des animaux mixtes, qui par-devant ressemblent à l'aigle et par derrière au lion, avec des oreilles droites, quatre pieds et une large queue.

Grigri, — Démon familier que l'on voit chez les Américains, et surtout dans les forêts du Canada et de la Guinée [4].

Grillandus (PAUL), — Castillan, auteur d'un traité des maléfices (*De maleficiis*), publié à Lyon en 1535, d'un traité des Sortiléges, des Lamies, de la Torture, etc., Lyon, 1536, et de quelques autres ouvrages de ce genre. Il conte quelque part qu'un avocat ayant été noué par un puissant maléfice, que nul art de médecine ne pouvait secourir, eut recours à un magicien qui lui fit prendre, avant de dormir, une certaine potion, et lui dit de ne s'effrayer de rien. A onze heures et demie de la nuit survint un violent orage accompagné d'éclairs; il crut d'abord que la maison lui tombait sur le dos; il entendit bientôt de grands cris, des gémissements, et vit dans sa chambre une multitude de personnes qui se meurtrissaient à coups de poing et à coups de pied, et se déchiraient avec les ongles et les dents; il reconnut une certaine femme d'un village voisin, qui avait la répu-

---

[1] Delancre, Tabl. de l'inconstance des démons, etc., liv. IV, p. 132.

[2] Delancre, Tabl. de l'inconstance des démons, etc., liv. II, p. 53.

[1] Lebrun, t. I*er*, p 376.

[2] M. Jules Garinet, Histoire de la magie en France, p. 173.

[3] Essai sur les erreurs, etc., t. I*er*, p. 294.

[4] Wierus, de Præstig., p. 113.

tation de sorcière et qu'il soupçonnait de lui avoir donné son mal ; elle se plaignait plus que tous et s'était elle-même déchiré la face et arraché les cheveux. Ce mystère dura jusqu'à minuit ; après quoi le maître sorcier entra ; tout disparut ; il déclara au malade qu'il était guéri : ce qui fut vrai [1].

Grimaldi. — Sous le règne de Louis-le-Débonnaire, il y eut dans toute l'Europe une maladie épidémique qui s'étendit sur les troupeaux. Le bruit se répandit dans le peuple que Grimaldi, duc de Bénévent, ennemi de Charlemagne, avait occasionné ce dégât en faisant répandre de tous côtés une poudre meurtrière par ses affidés. On arrêta un grand nombre de malheureux, soupçonnés de ce crime ; la crainte et la torture leur firent confesser qu'ils avaient en effet répandu cette poudre qui faisait mourir les troupeaux. Saint Agobard, archevêque de Lyon, prit leur défense et démontra que nulle poudre n'avait la vertu d'infecter l'air ; et qu'en supposant même que tous les habitants de Bénévent, hommes, femmes, jeunes gens, vieillards et enfants, se fussent dispersés dans toute l'Europe, chacun suivi de trois chariots de cette poudre, ils n'auraient jamais pu causer le mal qu'on leur attribuait [2].

Grimoire. — Tout le monde sait qu'on fait venir le diable en lisant le Grimoire ; mais il faut avoir soin, dès qu'il paraît, de lui jeter quelque chose à la tête, une savate, une souris, un chiffon ; autrement on risque d'avoir le cou tordu. — Le terrible petit volume connu sous le nom de *Grimoire*, autrefois tenu secret, était brûlé très-justement dès qu'il était saisi. Nous donnerons ici quelques notes sur les trois Grimoires les plus connus. — *Grimoire* (sic) *du pape Honorius, avec un recueil des plus rares secrets;* sous la rubrique de Rome, 1670, in-16 orné de figures et de cercles. Les cinquante premières pages ne contiennent que des conjurations ; *voyez* Conjurations et Évocations. Dans le *Recueil des plus rares secrets,* on trouve celui qui force trois demoiselles à venir danser le soir dans une chambre. Il faut que tout soit lavé dans cette chambre; qu'on n'y remarque rien d'accroché ni de pendu, qu'on mette sur la table une nappe blanche, trois pains de froment, trois sièges, trois verres d'eau ; on récite ensuite une certaine formule de conjuration, et les trois personnes qu'on veut voir viennent, se mettent à table et dansent, mais au coup de minuit tout disparaît. — On trouve dans le même livre beaucoup de bêtises de ce genre, que nous rapporterons en leur lieu. — *Grimorium verum, vel probatissimæ Salomonis claviculæ rabbini hebraici, in quibus tum naturalia tum supernaturalia secreta, licet abditissima, impromptu apparent, modo operator pernecessaria et contenta faciat ; sciat tamen oportet dæmonum potentia dumtaxat peragantur :* traduit de l'hébreu, par Plaingière, avec un recueil de secrets curieux. A Memphis, chez Alibeck l'Égyptien, 1517, in-16 (sic omnia), et sur le revers du titre : *Les véritables clavicules de Salomon,* à Memphis, chez Alibeck l'Égyptien, 1517. — *Le grand Grimoire avec la grande clavicule de Salomon,* et la magie noire ou les forces infernales du grand Agrippa, pour découvrir les trésors cachés et se faire obéir à tous les esprits; suivis de tous les arts magiques, in-18, sans date ni nom de lieu. — Ces deux grimoires contiennent, comme l'autre, des secrets que nous donnons ici aux divers articles qu'ils concernent — Voici une anecdote sur le grimoire : — Un petit seigneur de village venait d'emprunter à son berger le livre du grimoire, avec lequel celui-ci se vantait de forcer le diable à paraître. Le seigneur, curieux de voir le diable, se retira dans sa chambre et se mit à lire les paroles qui obligent l'esprit de ténèbres à se montrer. Au moment où il prononçait, avec agitation, ces syllabes puissantes, la porte, qui était mal fermée, s'ouvre brusquement : le diable paraît, armé de ses longues cornes et tout couvert de poils noirs... Le curieux seigneur perd connaissance et tombe mourant de peur sur le carreau, en faisant le signe de la croix. — Il resta longtemps sans que personne vînt le relever. Enfin il rouvrit les yeux et se retrouva avec surprise dans sa chambre. Il visita les meubles, pour voir s'il n'y avait rien de dégradé : un grand miroir qui était sur une chaise se trouvait brisé, c'était l'œuvre du diable. Malheureusement pour la beauté du conte, on vint dire un instant après à ce pauvre seigneur que son bouc s'était échappé, et qu'on l'avait repris devant la porte de cette même pièce où il avait si bien représenté le diable. Il avait vu dans le miroir un bouc semblable à lui et avait brisé la glace en voulant combattre son ombre [1].

Grisgris, — nom de certains fétiches chez les Mores d'Afrique, qui les regardent comme des puissances subalternes. Ce sont de petits

---

[1] Delancre, Tabl. de l'inconstance des démons, etc., p. 356.

[2] M. Salgues, Des erreurs et des préjugés, t. Ier, p. 298.

[1] Histoire des fantômes et des démons, p. 214.

billets sur lesquels sont tracées des figures magiques ou des pages du Koran en caractères arabes ; ces billets sont vendus assez cher, et les habitants les croient des préservatifs assurés contre tous les maux. Chaque grisgris a sa forme et sa propriété.

Grœnjette. — Il y a, sur les côtes de la Baltique, comme dans la plupart des contrées montagneuses de l'Europe, des chasseurs défunts condamnés pour leurs méfaits à courir éternellement à travers les marais et les taillis. Les habitants du Sternsklint entendent souvent le soir les aboiements des chiens de Grœnjette, ils le voient passer dans la vallée, le chasseur réprouvé, la pique à la main ; et ils déposent devant leur porte un peu d'avoine pour son cheval, afin que dans ses courses il ne foule pas aux pieds leurs moissons [1].

Grossesse. — On a cru long-temps à Paris qu'une femme enceinte qui se regarde dans un miroir croit voir le diable ; fable autorisée par la peur qu'eut de son ombre une femme grosse, dans le temps qu'elle s'y mirait, et persuadée par son accoucheur qui lui dit qu'il était toujours dangereux de se regarder enceinte. On assure aussi qu'une femme grosse qui regarde un cadavre, aura un enfant pâle et livide [2]. Dans certains cantons du Brésil, aucun mari ne tue d'animal pendant la grossesse de sa femme, dans l'opinion que le fruit qu'elle porte s'en ressentirait. Voy. Imagination. — On ignore encore le motif pour lequel quelques églises particulières refusèrent long-temps la sépulture aux femmes qui mouraient enceintes, c'était sans doute pour engager les femmes à redoubler de soins envers leurs enfants ? Un concile tenu à Rouen en 1074, a ordonné que la sépulture en terre sainte ne fût nulle part refusée aux femmes enceintes ou mortes pendant l'accouchement.

Grosse-Tête (Robert), — évêque de Lincoln, auquel Gouvérus donne une androïde comme celle d'Albert-le-Grand.

Guacharo. — Dans la montagne de Tuméréquiri, située à quelque distance de Cumana, se trouve la caverne de Guacharo, fameuse parmi les Indiens. Elle est immense et sert d'habitation à des milliers d'oiseaux nocturnes dont la graisse donne l'huile de guacharo. Il en sort une assez grande rivière ; on entend dans l'intérieur le cri lugubre de ces oiseaux, cri que les Indiens attribuent aux âmes, qu'ils croient forcées d'entrer dans cette caverne, pour passer dans l'autre monde. Ce séjour ténébreux, disent-ils, leur arrache les gémissements plaintifs qu'on entend au dehors. Les Indiens du gouvernement de Cumana, non convertis à la foi, ont encore du respect pour cette opinion. Parmi ces peuples jusqu'à deux cents lieues de la caverne, *descendre au Guacharo* est synonyme de mourir.

Guayotta, — mauvais génie que les habitants de l'île Ténériffe opposent à Achguaya-Xérac, qui est chez eux le principe du bien.

Guécuba, — esprit du mal chez les Araucans, voy. Toqui.

Gueldre. — On trouve ce récit dans les historiens hollandais : « Un monstre affreux d'une grandeur prodigieuse ravageait la campagne, dévorant les bestiaux et les hommes mêmes ; il empoisonnait le pays de son souffle empesté. Deux braves gens, Wichard et Lupold, entreprirent de délivrer la contrée d'un fléau si terrible, et y réussirent. Le monstre, en mourant, jeta plusieurs fois un soupir qui semblait exprimer le mot *ghelre*. Les deux vainqueurs voulurent qu'en mémoire de leur triomphe, la ville qu'ils bâtirent prît le nom de ghelre, dont nous avons fait *Gueldre*. »

Gui de chêne, — plante parasite qui s'attache au chêne, et qui était regardée comme sacrée chez les druides. Au mois de décembre, qu'on appelait le mois sacré, ils allaient la cueillir en grande cérémonie. Les devins marchaient les premiers en chantant, puis le héraut venait, suivi de trois druides portant les choses nécessaires pour le sacrifice. Enfin paraissait le chef des druides, accompagné de tout le peuple ; il montait sur le chêne, coupait le gui avec une faucille d'or, le plongeait dans l'eau lustrale et criait : « Au gui de l'an neuf (ou du nouvel an). » On croyait que l'eau charmée ainsi par le gui de chêne était très-efficace contre le sortilège et guérissait de plusieurs maladies. Voy. Gutheyl. — Dans plusieurs provinces on est persuadé que si on pend le gui de chêne à un arbre avec une aile d'hirondelle, tous les oiseaux s'y rassembleront de deux lieues et demie.

Guido. — Un seigneur nommé Guido, blessé à mort dans un combat, apparut autrefois tout armé à un prêtre nommé Étienne, quelque temps après son décès, et le pria de dire à son frère Anselme de rendre un bœuf que lui Guido avait pris à un paysan, et de réparer le dommage qu'il avait fait à un village qui ne lui appartenait pas, ajoutant qu'il avait oublié de déclarer ces deux péchés dans sa dernière confession, et qu'il en était tourmenté. Pour assurance de ce que je vous dis, continua-t-il, quand vous serez retourné à

---

[1] Marmier, Trad. de la Baltique.
[2] Brown, Essai sur les erreurs popul., p. 101.

votre logis, vous trouverez qu'on vous a volé l'argent que vous destiniez à faire le voyage de Saint-Jacques. Étienne, de retour, trouva en effet son coffre forcé et son argent enlevé; mais il ne put s'acquitter de sa commission, parce qu'Anselme était absent. — Peu de jours après, le même Guido lui apparut de nouveau et lui reprocha sa négligence. Étienne s'excusa comme il put, et il alla trouver Anselme, qui lui répondit durement qu'il n'était pas obligé de faire pénitence pour les péchés de son frère. Le mort apparut une troisième fois au prêtre, et lui témoigna son déplaisir du peu de compassion que son frère avait de lui; puis il le pria de le secourir lui-même dans cette extrémité. Étienne restitua le prix du bœuf, dit des prières, fit des aumônes, recommanda l'âme aux gens de bien de sa connaissance; et Guido ne reparut plus [1].

Guillaume, — domestique de Mynheer Clatz, gentilhomme du duché de Juliers, au quinzième siècle. Ce Guillaume fut possédé du diable et demanda pour exorciste un pasteur hérétique, nommé Bartholomée Panen, homme qui se faisait payer pour chasser le diable, et qui, dans cette circonstance, fut penaud. Comme le démoniaque pâlissait, que son gosier enflait, et qu'on craignait qu'il ne fût suffoqué entièrement, l'épouse du seigneur Clatz, dame pieuse ainsi que toute sa famille, se mit à réciter la prière de Judith. Guillaume alors se prit à vomir, entre autres débris, la ceinture d'un bouvier, des pierres, des pelotons de fil, du sel, des aiguilles, des lambeaux de l'habit d'un enfant, des plumes de paon que de huit jours auparavant il avait arrachées de la queue du paon même. On lui demanda la cause de son mal. Il répondit que, passant sur un chemin, il avait rencontré une femme inconnue qui lui avait soufflé au visage, et que tout son mal datait de ce moment. Cependant lorsqu'il fut rétabli, il nia le fait, et ajouta que le démon l'avait forcé à faire cet aveu, et que toutes ces matières n'étaient pas dans son corps; mais qu'à mesure qu'il vomissait, le démon changeait ce qui sortait de sa bouche [2]....

Guillaume de Carpentras, — astrologue qui fit pour le roi René de Sicile, et pour le duc de Milan, des sphères astrologiques sur lesquelles on tirait les horoscopes. Il en fit une pour le roi Charles VIII, qui lui coûta douze cents écus; cette sphère contenait *plusieurs utilités*, et était fabriquée de telle manière que tous les mouvements des planètes, à toutes heures de jour et de nuit, s'y pouvaient trouver; il l'a depuis rédigée par écrit en tables astrologiques [1].

Guillaume-le-Roux, — fils de Guillaume-le-Conquérant, et tyran de l'Angleterre dans le onzième siècle; c'était un prince abominable, sans foi, sans mœurs, athée, blasphémateur et cruel. Il fit beaucoup de mal à l'église d'Angleterre; il chassa l'archevêque de Cantorbéry, et ne voulut point que ce siège fût rempli de son vivant, afin de profiter des revenus qui y étaient attachés. Il laissa les prêtres dans la misère et condamna les moines à la dernière pauvreté. Il entreprit des guerres injustes et se fit généralement détester. — Un jour qu'il était à la chasse (en l'année 1100, dans la quarante-quatrième de son âge et la treizième de son règne), il fut tué d'une flèche lancée par une main invisible; pendant qu'il rendait le dernier soupir, le comte de Cornouailles, qui s'était un peu écarté de la chasse, vit un grand bouc noir et velu, qui emportait un homme défiguré et percé d'un trait de part en part.... Le comte troublé de ce spectacle, cria pourtant au bouc de s'arrêter, et lui demanda qui il était, qui il portait, où il allait? Le bouc répondit : « Je suis le diable, j'emporte Guillaume-le-Roux, et je vais le présenter au tribunal de Dieu, où il sera condamné pour sa tyrannie; et il viendra avec nous [2]. »

Guillaume de Paris. — Il est cité par les démonographes pour avoir fait des statues parlantes, à l'exemple de Roger Bacon, chose qui ne peut être faite que par les opérations diaboliques [3].

Gullets ou **Bonasses**, — démons qui servent les hommes dans la Norvége, et qui se louent pour peu de chose. Ils pansent les chevaux, les étrillent, les frottent, les brident, les sellent, dressent leurs crins et leurs queues, comme le meilleur palefrenier : ils font même les plus viles fonctions de la maison [4]. *Voy.* Berith.

Gurme, — chien redoutable, espèce de Cerbère de l'enfer des Celtes. Pendant l'existence du monde, ce chien est attaché à l'entrée d'une caverne; mais au dernier jour il doit être lâché, attaquer le dieu Tyr ou Thor, et le tuer.

---

[1] Pierre le Vénérable, Livre des Miracles.
[2] Wierus, De præst., lib. 3, cap. 6.

[1] Extrait d'un ancien manuscrit, cité à la fin des remarques de Joly sur Bayle.
[2] Matthæi Tympii præmia virtutum. — Matthieu Paris, Historia major, t. II.
[3] Naudé, Apol. pour les grands personnages accusés de magie, chap. 17, p. 493.
[4] Leloyer, Hist. des spectres ou apparitions des esprits, p. 329.

Gusoyn, — grand-duc aux enfers. Il apparaît sous la forme d'un chameau. Il répond sur le présent, le passé, l'avenir, et découvre les choses cachées. Il augmente les dignités et affermit les honneurs. Il commande à quarante-cinq légions[1].

Gustaph, — *voy.* Zoroastre.

Gutheyl ou **Guthyl**, — nom sous lequel les Germains vénéraient le gui de chêne. Ils lui attribuaient des vertus merveilleuses, particulièrement contre l'épilepsie, et le cueillaient avec les mêmes cérémonies que les Gaulois. Dans certains endroits de la Haute-Allemagne, cette superstition s'est conservée, et les habitants sont encore aujourd'hui dans l'usage de courir de maison en maison et de ville en ville, en criant : « Gutheyl ! Gutheyl ! » — Des Septentrionaux s'imaginaient qu'un homme muni de gui de chêne non-seulement ne pouvait être blessé, mais était sûr de blesser tous ceux contre lesquels il lançait une flèche. C'est à cause de ces vertus magiques attribuées au gui de chêne, qu'on l'appelle en Alsace *Marentakein*; c'est-à-dire arbrisseau des spectres.

Guymond de La Touche, — poète dramatique, philosophe du dernier siècle. Il était allé, le 14 février 1760, chez une sorcière, à Paris, dans le dessein de s'en moquer et de découvrir les ruses qu'elle mettait en usage. Il accompagnait une grande princesse, qui montra en cette occasion plus de force d'esprit que lui. L'appareil religieux de chaque expérience, le silence des spectateurs, l'effroi dont quelques-uns étaient saisis, commencèrent à frapper Guymond, qui pourtant se posait en incrédule. Dans l'instant que, tout troublé, il regardait piquer des épingles dans la gorge d'une jeune fille : « Vous êtes bien empressé, lui dit la sorcière, à vous éclaircir de ce qu'on fait ici. Puisque vous êtes si curieux, apprenez que vous mourrez dans trois jours. » Ces paroles firent sur Guymond une impression étonnante, il tomba dans une profonde rêverie ; et cette prédiction, aussi bien que ce qu'il avait vu, causa en lui une telle révolution, qu'il tomba malade et mourut en effet au bout de trois jours, le 14 février 1760.

Gyromancie, — sorte de divination qui se pratiquait en marchant en rond, ou en tournant autour d'un cercle, sur la circonférence duquel étaient tracées des lettres. A force de tourner on s'étourdissait jusqu'à se laisser tomber, et de l'assemblage des caractères qui se rencontraient aux divers endroits où l'on avait fait des chutes, on tirait des présages pour l'avenir. *Voy.* Alectryomancie.

Gymnosophistes, — philosophes ainsi nommés parce qu'ils allaient nus ou sans habits. Chez les démonomanes les gymnosophistes sont des magiciens qui obligeaient les arbres à s'incliner et à parler aux gens comme des créatures raisonnables. Thespesion, l'un de ces sages, ayant commandé à un arbre de saluer Apollonius, il s'inclina, et, rabaissant le sommet de sa tête et ses branches les plus hautes, il lui fit des compliments d'une voix distincte mais féminine, ce qui surpasse la magie naturelle[1].

[1] Wierus, in Pseudomonarchia dæm.

[1] Delancre, Incrédulité et mécréance du sortilége pleinement convaincue, p. 33.

H

Haagenti, — grand-président aux enfers. Il paraît sous la figure d'un taureau avec des ailes de griffon. Lorsqu'il se montre portant face humaine, il rend l'homme habile à toutes choses ; il enseigne en perfection l'art de transmuer tous les métaux en or, et de faire d'excellent vin avec de l'eau claire. Il commande trente-trois légions[1].

Habondia, — reine des fées, des femmes blanches, des bonnes, des sorcières, des larves, des furies et des harpies, comme l'assure Pierre Delancre en son livre de l'Inconstance des Démons.

[1] Wierus, in Pseudom. dæm.

Haborym, — démon des incendies, appelé aussi Aym. Il porte aux enfers le titre de duc ; il se montre à cheval sur une vipère, avec trois têtes, l'une de serpent, l'autre d'homme, la troisième de chat. Il tient à la main une torche allumée. Il commande vingt-six légions. Quelques-uns disent que c'est le même que Raum ; ce qui nous paraît douteux.

Haceldama ou **Hakeldama**, — qui signifie *héritage* ou *portion de sang*. Ce mot est devenu commun à toutes les langues du christianisme, depuis le récit sacré qui nous apprend qu'après que Judas se fut pendu, les prêtres juifs achetèrent, des trente pièces d'argent qu'ils lui avaient données pour trahir notre Seigneur, un champ qui fut destiné à la sépulture des étrangers, et qui porta le nom d'Haceldama. On montre encore ce champ aux étrangers. Il est petit et couvert d'une voûte, sous laquelle on prétend que les corps qu'on y dépose sont consumés dans l'espace de trois ou quatre heures [1].

Haleine. — Une haleine forte et violente est la marque d'un grand esprit, dit un savant, et au contraire, ajoute-t-il, une haleine faible est la marque d'un tempérament usé et d'un esprit faible.

Hallucination, — *voy.* VISIONS.

Halphas, — grand comte des enfers. Il paraît sous la forme d'une cigogne, avec une voix bruyante. Il bâtit des villes, ordonne les guerres et commande vingt-six légions [2]. C'est peut-être le même que Malphas.

Haltias. — Les Lapons donnent ce nom aux vapeurs qui s'élèvent des lacs, et qu'ils prennent pour les esprits auxquels est commise la garde des montagnes.

Hamlet, — prince de Danemark, à qui apparut le spectre de son père pour demander une vengeance dont il se chargea. Shakspeare a illustré cette sombre histoire. On montre toujours sur une colline voisine d'Elseneur la tombe d'Hamlet, que des croyances peureuses entourent et protégent.

Handel, — célèbre musicien saxon; se trouvant en 1700 à Venise dans le temps du carnaval, il joua de la harpe dans une mascarade. Il n'avait alors que seize ans, mais son nom dans la musique était déjà très-connu. Dominique Scarlati, habile musicien d'alors sur cet instrument, l'entendit et s'écria : Il n'y a que le Saxon Handel ou le diable qui puisse jouer ainsi....

Hanneton. — Il y a dans la Cafrerie une sorte de hanneton qui porte bonheur quand il entre dans une hutte. On lui sacrifie des brebis. S'il se pose sur un nègre, le nègre en devient tout fier.

Hannon, — général carthaginois, distingué par cette fourberie : il nourrissait des oiseaux à qui il apprenait à dire : *Hannon est un dieu.* Puis il leur donnait la liberté.

Haquin. — Les anciennes histoires scandinaves font mention d'un vieux roi de Suède, nommé Haquin, qui commença à régner au troisième siècle et ne mourut qu'au cinquième, âgé de deux cent dix ans, dont cent quatre-vingt-dix de règne. Il avait déjà cent ans, lorsque ses sujets s'étant révoltés contre lui, il consulta l'oracle d'Odin qu'on révérait auprès d'Upsal. Il lui fut répondu que s'il voulait sacrifier le seul fils qui lui restât, il vivrait et régnerait encore soixante ans. Il y consentit, et ses dieux lui tinrent parole. Bien plus, sa vigueur se ranima à l'âge de cent cinquante ans; il eut un fils et successivement cinq autres, depuis cent cinquante ans jusqu'à cent soixante. Se voyant près d'arriver à son terme, il tâcha encore de le prolonger; et les oracles lui répondirent que s'il sacrifiait l'aîné de ses enfants, il régnerait encore dix ans; il le fit. Le second lui valut dix autres années de règne, et ainsi de suite jusqu'au cinquième. Enfin, il ne lui restait plus que celui-là; il était d'une caducité extrême, mais il vivait toujours; lorsqu'ayant voulu sacrifier ce dernier rejeton de sa race, le peuple, lassé du monarque et de sa barbarie, le chassa du trône; il mourut et son fils lui succéda. — Delancre dit que ce monarque était grand sorcier, et combattait ses ennemis à l'aide des éléments. Par exemple, il leur envoyait de la pluie ou de la grêle.

Haridi, — serpent honoré à Akhmin, ville de la Haute-Egypte. Il y a quelques siècles qu'un derviche y mourut; on lui éleva un tombeau surmonté d'une coupole au pied de la montagne, les peuples vinrent lui adresser des prières. Un autre derviche profita de leur crédulité et leur dit que Dieu avait fait passer l'esprit du défunt dans le corps d'un serpent. Il en avait apprivoisé un de ceux qui sont communs dans la Thébaïde et qui ne font point de mal; ce reptile obéissait à sa voix. Le derviche mit à l'apparition de son serpent tout l'appareil du charlatanisme, éblouit le vulgaire et prétendit guérir toutes les maladies. Quelques succès lui donnèrent la vogue. Ses successeurs n'eurent pas de peine à soutenir une imposture lucrative; ils enchérirent en donnant à leur serpent l'immortalité, et poussèrent l'impudence jusqu'à en faire un essai public; le serpent fut coupé en morceaux en présence de l'émir, et déposé sous un vase pendant deux heures. A l'instant où le vase fut levé, les serviteurs du derviche eurent sans doute l'adresse d'en substituer un semblable; on cria au prodige, et l'immortel Haridi acquit un nouveau degré de considération. — Paul Lucas raconte que, voulant s'assurer des choses merveilleuses que l'on racontait de cet animal, il fit pour le voir le voyage d'Akhmin; qu'il s'adressa à Assan-Bey, qui fit venir le derviche avec le serpent ou l'ange, car tel est le nom qu'on lui donnait; que ce derviche tira de son sein, en sa pré-

---

[1] L'abbé Prevost, Manuel lexique.
[2] Wierus in Pseudomonarchia dæm.

sence, l'animal qui était une couleuvre de médiocre grosseur et qui paraissait fort douce[1].

Harpe. — Chez les Calédoniens, lorsqu'un guerrier célèbre était exposé à un grand péril, les harpes rendaient d'elles-mêmes un son lugubre et prophétique ; souvent les ombres des aïeux du guerrier en pinçaient les cordes. Les bardes alors commençaient un chant de mort, sans lequel aucun guerrier n'était admis dans le palais de nuages, et dont l'effet était si salutaire que les fantômes retournaient dans leur demeure pour y recevoir avec empressement et revêtir de ses armes fantastiques le héros décédé.

Harppe. — Thomas Bartholin, qui écrivait au dix-septième siècle, raconte, après une ancienne magicienne nommée Landela, dont l'ouvrage n'a jamais été imprimé, un trait qui doit être du treizième siècle ou du quatorzième. — Un homme du nord qui se nommait Harppe, étant à l'article de la mort, ordonna à sa femme de le faire enterrer tout debout devant la porte de sa cuisine, afin qu'il ne perdît pas tout à fait l'odeur des ragoûts qui lui étaient chers, et qu'il pût voir à son aise ce qui se passerait dans sa maison. La veuve exécuta docilement et fidèlement ce que son mari lui avait commandé. — Quelques semaines après la mort de Harppe, on le vit souvent apparaître sous la forme d'un fantôme hideux qui tuait les ouvriers et molestait tellement les voisins, que personne n'osait plus demeurer dans le village. Un paysan, nommé Olaus Pa, fut assez hardi pour attaquer ce vampire ; il lui porta un grand coup de lance, et laissa la lance dans la plaie. Le spectre disparut, et le lendemain Olaus fit ouvrir le tombeau du mort ; il trouva sa lance dans le corps de Harppe au même endroit où il avait frappé le fantôme. Le cadavre n'était pas corrompu ; on le tira de terre, on le brûla, on jeta ses cendres à la mer, et on fut délivré de ses funestes apparitions[2]. — « Le corps de Harppe, dit ici Dom Calmet (si l'on admet la vérité de ce fait), était donc réellement sorti de terre lorsqu'il apparaissait. Ce corps devait être palpable et vulnérable, puisqu'on trouva la lance dans la plaie. Comment sortit-il de son tombeau, et comment y rentra-t-il ? C'est la difficulté ; car qu'on ait trouvé la lance et la blessure sur son corps, cela ne doit pas surprendre, puisqu'on assure que les sorciers qui se métamorphosent en chiens, en loups-garous, en chats, etc., portent dans leurs corps humains les blessures qu'ils ont reçues aux mêmes parties des corps dont ils se sont revêtus, et dans lesquels ils apparaissent. » Le plus croyable sur cette histoire peu avérée est que c'est un conte. — *Voy.* VAMPIRES.

Harvilliers (JEANNE). — sorcière des environs de Compiègne, au commencement du seizième siècle. Dans son procès, elle raconta que sa mère l'avait présentée au diable dès l'âge de douze ans ; que c'était un grand nègre vêtu de noir ; qu'il arrivait quand elle le voulait, botté, éperonné et ceint d'une épée ; qu'elle seule le voyait ainsi que son cheval, qu'il laissait à sa porte. La mère de Jeanne avait été brûlée comme sorcière ; elle, qui du reste avait commis d'autres crimes, fut également brûlée, à l'âge de cinquante ans, le dernier jour d'avril de l'année 1578[1]. — *Voy.* SORCIERS.

Hasard. — Le hasard, que les anciens appelaient la Fortune, a toujours eu un culte étendu, quoiqu'il ne soit rien par lui-même. Les joueurs, les guerriers, les coureurs d'aventures, ceux qui cherchent la fortune dans les roues de la loterie, dans l'ordre des cartes, dans la chute des dés, dans un tour de roulette ne soupirent qu'après le hasard. Qu'est-ce donc que le hasard ? Un événement fortuit, amené par l'occasion ou par des causes qu'on n'a pas su prévoir, heureux pour les uns, malheureux pour les autres. — Un Allemand sautant en la ville d'Agen sur le gravier, l'an 1597, au saut de l'Allemand, mourut tout roide au troisième saut. Admirez le hasard, la bizarrerie et la rencontre du nom, du saut et du sauteur, dit gravement Delancre : *Un Allemand saute au saut de l'Allemand, et la mort, au troisième saut, lui fait faire le saut de la mort.....* On voit qu'au seizième siècle même, on trouvait aussi des hasards merveilleux dans des jeux de mots.

Hatton II, — surnommé BONOSE, usurpateur du siège archiépiscopal de Mayence, qui vécut en 1074. Il avait refusé de nourrir les pauvres dans un temps de famine, et avait même fait brûler une grange pleine de gens qui lui demandaient du pain ; il périt misérablement. On rapporte que cet intrus, étant tombé malade dans une tour qui est située en une petite île sur les bords du Rhin, y avait été visité de tant de rats, qu'il fut impossible de les chasser. Il se fit transporter ailleurs, dans l'espoir d'en être délivré, mais les rats, s'étant multipliés, passèrent à la nage, le joignirent et le dévorèrent. — Poppiel II, roi

---

[1] Paul Lucas, Deuxième voyage, liv. v, t. II, p. 83.
[2] Bartholini, De causa contemptus mortis, etc., lib. 2, cap. 2.

[1] Histoire de la magie en France, p. 133.

de Pologne, souillé de crimes, fut pareillement dévoré par les rats.

Haussy (MARIE DE), sorcière du seizième siècle, qu'une autre sorcière déclara dans sa confession avoir vue danser au sabbat avec un sorcier de la paroisse de Faks, lequel adorait le diable [1].

Hécate, — diablesse qui préside aux rues et aux carrefours. Elle est chargée aux enfers de la police des chemins et de la voie publique. Elle a trois visages : le droit de cheval, le gauche de chien, le mitoyen de femme. Delrio dit : « Sa présence fait trembler la terre, éclater les feux, et aboyer les chiens. » — Hécate, chez les anciens, était aussi la triple Hécate : Diane sur la terre, Proserpine aux enfers, la Lune dans le ciel. Ce sont, au dire des astronomes, les trois phases de la lune.

Hécla. — Les Islandais prétendaient autrefois que l'enfer était dans leur île, et le plaçaient dans le gouffre du mont Hécla. Ils croyaient aussi que le bruit produit par les glaces, quand elles se choquent et s'amoncellent sur leurs rivages, vient des cris des damnés tourmentés par un froid excessif, et qu'il y a des âmes condamnées à geler éternellement, comme il y en a qui brûlent dans des feux éternels. Cardan dit que cette montagne est célèbre par l'apparition des spectres et des esprits. Il pense avec Leloyer [2] que c'est dans cette montagne d'Hécla que les âmes des sorciers sont punies après leur mort.

Hecdekin. — En l'année 1430, un démon que les Saxons appelaient Hecdekin, c'est-à-dire l'*esprit au bonnet*, à cause du bonnet dont il était coiffé, vint passer quelques mois dans la ville d'Hildesheim, en Basse-Saxe. L'évêque d'Hildesheim en était aussi le souverain. En raison de ces deux titres, le démon crut devoir s'attacher à sa maison. Il se posta donc dans le palais et s'y fit bientôt connaître avantageusement, soit en se montrant avec complaisance à ceux qui avaient besoin de lui, soit en disparaissant avec prudence lorsqu'il devenait importun, soit en faisant des choses remarquables et difficiles. — Il donnait de bons conseils dans les affaires diplomatiques, portait de l'eau à la cuisine, et servait les cuisiniers. La chose s'est passée dans le douzième siècle ; les mœurs étaient alors plus simples qu'aujourd'hui. Il fréquentait donc la cuisine et le salon ; et les marmitons, le voyant de jour en jour plus familier, se divertissaient en sa compagnie. — Mais un soir, un d'eux se porta contre lui aux injures, quelques-uns disent même aux voies de fait. Le démon en colère s'alla plaindre au maître-d'hôtel, de qui il ne reçut aucune satisfaction ; alors il crut pouvoir se venger. Il étouffa le marmiton, en assomma quelques autres, rossa le maître-d'hôtel, et sortit de la maison pour n'y plus reparaître [1].

Hérode. — On dit en Catalogne que la danseuse homicide d'Hérode se noya dans le Ségré, fleuve qui passe à Lérida, et cause de temps en temps des dévastations. Les bonnes femmes ajoutent qu'Hérode y est enseveli avec elle.

Héhugaste, — sylphide qui se familiarisait avec l'empereur Auguste. Les cabalistes disent qu'Ovide fut relégué à Tomes pour avoir surpris Auguste en tête à tête avec elle; que la sylphide fut si piquée de ce que ce prince n'avait pas donné d'assez bons ordres pour qu'on ne la vît point, qu'elle l'abandonna pour toujours [2].

Hékacontalithos. — pierre qui en renferme soixante autres diverses, que les Troglodites offraient au diable dans leurs sorcelleries [3].

Héla, — reine des trépassés chez les anciens Germains. Son gosier toujours ouvert ne se remplissait jamais. Elle avait le même nom que l'enfer. — *Voy.* ANGERBODE.

Hélène, — reine des Adiabénites, dont le tombeau se voyait à Jérusalem, non sans artifice, car on ne pouvait l'ouvrir et le fermer qu'à certain jour de l'année. Si on l'essayait dans un autre temps, tout était rompu [4].

Hélénéion, — plante que Pline fait naître des larmes d'Hélène auprès du chêne où elle fut pendue, et qui avait la vertu d'embellir les femmes et de rendre gais ceux qui en mettaient dans leur vin.

Helgafell, — montagne et canton d'Islande, qui a joui long-temps d'une grande réputation dans l'esprit des Islandais. Lorsque des parties plaidaient sur des objets douteux, et qu'elles ne pouvaient s'accorder, elles s'en allaient à Helgafell pour y prendre conseil : on s'imaginait que tout ce qui s'y décidait devait avoir une pleine réussite. Certaines familles avaient aussi la persuasion qu'après leur mort elles devaient revenir habiter ce

---

[1] Delancre, Tableau de l'inconstance des démons, p. 144.

[2] Histoire des spectres, p. 519.

[1] Trithême, Chronique d'Hirsauge.

[2] Lettres cabalistiques, t. I*er*, p. 64.

[3] Delancre, Tableau de l'inconstance des démons, etc., p. 18.

[4] Leloyer, Hist. des spectres et apparitions des esprits, p. 61.

canton. La montagne passait pour un lieu saint. Personne n'osait la regarder qu'il ne se fût lavé le visage et les mains.

Hélias. — « Apparition admirable et prodigieuse arrivée à Jean Hélias, le premier jour de l'an 1623, au faubourg Saint-Germain à Paris. » — C'est un gentilhomme qui conte[1] : « Étant allé le dimanche, premier jour de l'année 1623, sur les quatre heures après midi, à Notre-Dame, pour parler à M. le grand-pénitencier sur la conversion de Jean Hélias, mon laquais, ayant décidé d'une heure pour le faire instruire, parce qu'il quittait son hérésie pour embrasser la vraie religion, je m'en fus passer le reste du jour chez M. de Sainte-Foy, docteur en Sorbonne, et me retirai sur les six heures. Lorsque je rentrai, j'appelai mon laquais avant de monter dans ma chambre; il ne me répondit point. Je demandai s'il n'était pas à l'écurie; on ne m'en sut rien dire. Je montai, éclairé d'une servante; je trouvai les deux portes fermées, les clefs sur les serrures. En entrant dans la première chambre j'appelai encore mon laquais, qui ne répondit point; je le trouvai à demi couché auprès du feu, la tête appuyée contre la muraille, les yeux et la bouche ouverts; je crus qu'il avait du vin dans la tête; et le poussant du pied, je lui dis : Levez-vous, ivrogne! — Lui, tournant les yeux sur moi : Monsieur, me dit-il, je suis perdu, je suis mort, le diable a l'heure voulait m'emporter. Il poursuivit qu'étant entré dans la chambre, ayant fermé les portes sur lui et allumé le feu, il s'assit auprès, tira son chapelet de sa poche et vit tomber de la cheminée un gros charbon ardent entre les chenets; aussitôt on lui dit : — Eh bien, vous voulez donc me quitter? Croyant d'abord que c'était moi qui parlais, il répondit : — Pardonnez-moi, monsieur, qui vous a dit cela ? — Je l'ai bien vu, dit le diable, vous êtes allé tantôt à l'église. Pourquoi voulez-vous me quitter? je suis bon maître; tenez, voilà de l'argent: prenez-en tant qu'il vous plaira. — Je n'en veux point, répondit Hélias. Le diable voyant qu'il refusait son argent, voulut lui faire donner son chapelet. — Donnez-moi ces grains que vous avez dans la poche, dit-il, ou bien jetez-les au feu. — Mon laquais répondit : Dieu ne commande point cela, je ne veux pas vous obéir. Alors le diable se montra à lui, et voyant qu'il était tout noir, Hélias lui dit : — Vous n'êtes pas mon maître, car il porte une fraise blanche et du clinquant à ses habits. Au même instant, il fit le signe de la croix et le diable incontinent disparut. »

Héliogabale, — empereur de Rome et nécromancien qui méprisait toute religion. Bodin assure qu'il allait au sabbat et qu'il y adorait le diable.

Héliotrope. — On donnait ce nom à une pierre précieuse, verte et tachetée ou veinée de rouge, à laquelle les anciens ont attribué un grand nombre de vertus fabuleuses, comme de rendre invisibles ceux qui la portaient. — L'héliotrope, plante qui suit, dit-on, le cours du soleil, a été aussi l'objet de plusieurs contes populaires.

Hénoch. — Les rabbins croient qu'Hénoch, transporté au ciel, fut reçu au nombre des anges, et que c'est lui qui est connu sous le nom de Métatron et de Michel, l'un des premiers princes du ciel, qui tient registre des mérites et des péchés des Israélites. Ils ajoutent qu'il eut Dieu et Adam pour maîtres. — Saint Jude, dans son Épître, parlant de plusieurs chrétiens mal convertis, dit : « C'est d'eux qu'Hénoch, qui a été le septième depuis Adam, a prophétisé en ces termes : Voilà le Seigneur qui va venir avec la multitude de ses saints pour exercer son jugement sur tous les hommes, et pour convaincre tous les impies. » Ces paroles de Saint-Jude ont donné lieu de forger, dans le deuxième siècle, un prétendu *Livre d'Hénoch*, rempli de visions et de fables touchant la chute des anges. — *Voy.* ÉONS.

Henri III. — fils de Catherine de Médicis; il était infatué des superstitions de sa mère. Ses contemporains le représentent comme sorcier. Dans un des pamphlets qu'on répandit contre lui, on lui reproche d'avoir tenu au Louvre des écoles de magie et d'avoir reçu en présent des magiciens un esprit familier, nommé Terragon, du nombre des soixante esprits nourris en l'école de Soliman. Cette accusation de sorcellerie mit le poignard dans les mains de Jacques Clément. Les ligueurs avaient tenté auparavant de faire mourir Henri III, en piquant des images de ce monarque, ce qui s'appelait *envoûter*. — Voici l'extrait d'un pamphlet intitulé : *Les sorcelleries de Henri de Valois, et les oblations qu'il faisait au diable dans le bois de Vincennes* (Didier-Millot, 1589), pamphlet qui parut quelques mois avant l'assassinat de Henri III. — Henri de Valois, d'Epernon, et les autres mignons, faisaient quasi publiquement profession de sorcellerie, étant commune à la cour entre iceux et plusieurs personnes dévoyées de la religion catholique; on a trouvé

---

[1] Recueil de Dissertations de Lenglet-Dufresnoy, t. II, p. 159.

[1] Bergier, Dictionnaire théologique.

chez d'Epernon un coffre plein de papiers de sorcellerie, auxquels il y avait divers mots d'hébreu, chaldaïques, latins et plusieurs caractères inconnus, des rondeaux ou cernes, desquels alentour il y avait diverses figures et écritures, même des miroirs, onguents ou drogues, avec des verges blanches, lesquelles semblaient être de coudrier, que l'on a incontinent brûlés pour l'horreur qu'on en avait.
— On a encore trouvé dernièrement au bois de Vincennes deux satyres d'argent de la hauteur de quatre pieds. Ils étaient au-devant d'une croix d'or, au milieu de laquelle on avait enchâssé du bois de la vraie croix de notre Seigneur Jésus-Christ. Les politiques disent que c'étaient des chandeliers. Ce qui fait croire le contraire, c'est que dans ces vases il n'y avait point d'aiguille qui passât pour y mettre un cierge ou une petite chandelle. Ces monstres diaboliques ont été vus par messieurs de la ville. Outre ces deux diables, on a trouvé une peau d'enfant, laquelle avait été corroyée, et sur icelle y avait aussi plusieurs mots de sorcellerie et divers caractères. — Le fait est que les Valois s'occupaient de sciences occultes. *Voy.* TERRAGON.

Henri III, — empereur d'Allemagne. Étant encore très-jeune, Henri III obtint d'un clerc une petite canule d'argent avec laquelle les enfants s'amusent à jeter de l'eau; pour l'engager à lui faire ce modique présent, il promit à ce clerc que, dès qu'il serait monté sur le trône, il ne manquerait pas de le faire évêque. C'était à une époque où le Saint-Siège ne cessait de travailler à éteindre la Simonie, fréquente surtout en Allemagne. Henri devint empereur en 1139, il se souvint de sa parole et l'exécuta. Mais il ne tarda guère à tomber dans une fâcheuse maladie, il fut trois jours à l'extrémité sans aucun sentiment. Un faible mouvement du pouls fit juger seulement qu'il y avait encore quelque lueur d'espérance de le ramener à la vie. Le prince recouvra en effet la santé. Aussitôt il fit appeler ce prélat, qu'il avait fait si précipitamment évêque, et, de l'avis de son conseil, il le déposa. Afin de justifier un jugement aussi bizarre, il assura que pendant les trois jours de sa léthargie, les démons se servaient de cette même canule d'argent, qui avait été le prix de l'évêché, pour lui souffler un feu si violent que notre feu élémentaire ne saurait lui être comparé. Ce fait, qui n'est peut-être qu'une hallucination, est rapporté par Guillaume de Malmesbury, historien du douzième siècle.

Henri IV, — roi d'Angleterre. Il poursuivit les sorciers; mais il encouragea d'autres charlatans. Au rapport d'Evelyn, dans ses *Numismata*, Henri IV fut réduit à un tel degré de besoin par ses folles dépenses, qu'il chercha à remplir ses coffres avec les secours de l'alchimie. L'enregistrement de ce singulier projet contient les protestations les plus solennelles et les plus sérieuses de l'existence et des vertus de la pierre philosophale, avec des encouragements à ceux qui s'occuperont de sa recherche, et leur affranchissement de toute espèce de contrariétés de la part des statuts et prohibitions antérieures. *Voy.* LULLE.
— On avait prédit à Henri IV qu'il mourrait à Jérusalem : il tomba malade subitement dans l'abbaye de Westminster et y mourut dans une chambre appelée *Jérusalem*.

Henri IV, — roi de France. On fit une recherche assez curieuse sur le nombre quatorze, relativement à Henri IV. Il naquit quatorze siècles, quatorze décades, et quatorze ans après l'ère chrétienne. Il vint au monde le 14 décembre et mourut le 14 mai. Il a vécu quatre fois quatorze ans, quatorze semaines, quatorze jours. Enfin, dans son nom de *Henri de Bourbon*, il y avait quatorze lettres.

Hépatoscopie ou **Hiéroscopie**, — divination qui avait lieu par l'inspection du foie des victimes dans les sacrifices chez les Romains. — Quelques sorciers modernes cherchaient aussi l'avenir dans les entrailles des animaux. Ces animaux étaient ordinairement, ou un chat, ou une taupe, ou un lézard, ou une chauve-souris, ou un crapaud, ou une poule noire. *Voy.* ARUSPICES.

Héraïde, — *voy.* HERMAPHRODITES.

Herbadilla. — « Autrefois il y avait à la place du lac de Grand-Lieu en Bretagne, un vallon délicieux et fertile, qu'ombrageait la forêt de Vertave. Ce fut là que se réfugièrent les plus riches citoyens de Nantes, et qu'ils sauvèrent leurs trésors de la rapacité des légions de César. Ils y bâtirent une cité qu'on nomma *Herbadilla*, à cause de la beauté des prairies qui l'environnaient. Le commerce centupla leurs richesses; mais en même temps le luxe charria jusqu'au sein de leurs murs les vices des Romains. Ils provoquèrent le courroux du ciel. Un jour que saint Martin, fatigué de ses courses apostoliques, se reposait près d'Herbadilla, à l'ombre d'un chêne, une voix lui cria : *Fidèle confesseur de la foi, éloigne-toi de la cité pécheresse*. Saint Martin s'éloigne, et soudain jaillissent avec un bruit affreux des eaux jusqu'alors inaperçues, et qui faisaient irruption d'une caverne profonde. Le vallon où s'élevait la Babylone des

Bretons fut tout à coup submergé. A la surface de cette onde sépulcrale vinrent aboutir par milliers des bulles d'air, derniers soupirs de ceux qui expiraient dans l'abîme. Pour perpétuer le souvenir du châtiment, Dieu permet que l'on entende encore au fond de cet abîme les cloches de la ville engloutie, et que l'orage y vive familièrement. Auprès est une île au milieu de laquelle est une pierre en forme d'obélisque. Cette pierre ferme l'entrée du gouffre qui a vomi les eaux du lac, et ce gouffre est la prison où un géant formidable pousse d'horribles rugissements. — A quatre lieues de cet endroit, vers l'est, on trouve une grande pierre qu'on appelle *la vieille de saint Martin;* car il est bon de savoir que cette pierre, qui pour bonne raison garde figure humaine, fut jadis une femme véritable, laquelle, s'étant retournée malgré la défense en sortant de la ville d'Herbadilla, fut transformée en statue [1] » *Voy.* Is.

Herbe qui égare. — Il y a, dit-on, une certaine herbe qu'on ne peut fouler sans s'égarer ensuite de manière à ne plus retrouver son chemin. Cette herbe, qui n'est pas connue, se trouvait abondamment aux environs du château de Lusignan, bâti par Mélusine; ceux qui marchaient dessus erraient dans de longs circuits, s'efforçaient en vain de s'éloigner, et se retrouvaient dans l'enceinte redoutée jusqu'à ce qu'un guide préservé de l'enchantement les remît dans la bonne voie.

Herbe de coq. — Les habitants de Panama vantent beaucoup une herbe qu'ils appellent herbe de coq, et dont ils prétendent que l'application est capable de guérir sur-le-champ un poulet à qui l'on aurait coupé la tête, en respectant une seule vertèbre du cou. Des voyageurs sollicitèrent en vain ceux qui faisaient ce récit de leur montrer l'herbe; ils ne purent l'obtenir, quoiqu'on leur assurât qu'elle était commune : d'où l'on doit conclure que ce n'est qu'un conte populaire [2].

Hérenberg (JEAN-CHRISTOPHE), — auteur de *Pensées philosophiques et chrétiennes sur les Vampires,* 1733. *Voy.* VAMPIRES.

Hermaphrodites. — Long-temps avant Antoinette Bourignon, qui soutint cette singulière thèse au dix-septième siècle, il s'était élevé sous le pontificat d'Innocent III une secte de novateurs qui enseignait qu'Adam était, à sa naissance, homme et femme tout à la fois. Pline assure qu'il existait en Afrique, au delà du désert de Zara, un peuple d'androgynes. Les lois romaines mettaient les hermaphrodites au nombre des monstres, et les condamnaient à mort. Tite Live et Eutrope rapportent qu'il naquit auprès de Rome, sous le consulat de Claudius Néron, un enfant pourvu de deux sexes; que le sénat, effrayé de ce prodige, décréta qu'il fallait le noyer; on enferma l'enfant dans un coffre, on l'embarqua sur un bâtiment et on le jeta en pleine mer. Leloyer parle longuement d'une femme de Macédoine, nommée Héraïde, qui se maria comme femme, et devint homme ensuite dans une absence de son mari. C'était, dans les vieilles opinions, un hermaphrodite. Mais on ne voit plus d'hermaphrodites aujourd'hui. — Les hermaphrodites, dans les contes plus anciens, avaient les deux sexes, deux têtes, quatre bras et quatre pieds. Les dieux, dit Platon, avaient d'abord formé l'homme avec deux corps et les deux sexes. Ces hommes doubles étaient d'une force si extraordinaire qu'ils résolurent de faire la guerre aux dieux. Jupiter irrité les partagea pour les affaiblir, et Apollon seconda le père des dieux dans l'exécution de ses volontés. *Voy.* POLYCRITE.

Hermeline, — démon familier qui s'appelait aussi Hermione et Hermelinde, et qui fréquenta quarante ans Benedotto Berna, dont François Pic de La Mirandole rapporte lui-même l'histoire. « Cet homme, dit-il, buvait, mangeait, parlait avec son démon, qui l'accompagnait partout sans qu'on le vît; de sorte que le vulgaire ne pouvant comprendre le mystère de ces choses, se persuadait qu'il était fou [1].

Hermès. — On vous dira qu'il a laissé beaucoup de livres merveilleux; qu'il a écrit sur les démons et sur l'astrologie. C'est lui qui a décidé que, comme il y a sept trous à la tête, il y a aussi sept planètes qui président à ces trous, savoir : Saturne et Jupiter aux deux oreilles, Mars et Vénus aux deux narines, le soleil et la lune aux deux yeux, et Mercure à la bouche.

Hermialites, — ou Hermiens, disciples d'un hérétique du deuxième siècle nommé Hermas; ils honoraient l'univers-Dieu, disant à la fois que ce monde est Dieu et que ce monde est l'enfer.

Hermione, — *voy.* HERMELINE.

Hermotime. — On sait que Cardan et une foule d'autres se vantaient de faire voyager

---

[1] M. de Marchangy, Tristan le voyageur, tom. I, p. 115.

[2] La Harpe, Abrégé de l'Hist. générale des Voyages, t. XVI, p. 106 de l'édit. in-12.

[1] Lenglet-Dufresnoy, Dissertations sur les apparit., tom. 1er, p. 159, et Bodin, Démonomanie des sorciers, p. 279.

leur âme sans que le corps fût de la partie. L'âme d'Hermotime de Clazomène s'absentait de son corps lorsqu'il le voulait, parcourait des pays éloignés, et racontait à son retour des choses surprenantes. Apparemment que Hermotime eut des ennemis. Un jour que son âme était allée en course, et que son corps était comme de coutume semblable à un cadavre, ses ennemis le brûlèrent et ôtèrent ainsi à l'âme le moyen de rentrer dans son étui.

Héron, — ermite qui, après avoir passé plus de cinquante ans dans les déserts de la Thébaïde, se laissa persuader par le diable, sous la figure d'un ange, de se jeter dans un puits, attendu que, comme il était en bonne grâce avec Dieu, il ne se ferait point de mal. Il ajouta foi, dit-on, aux paroles du diable, et, se précipitant d'un lieu élevé, dans la persuasion que les anges le soutiendraient, il tomba dans le puits, d'où on le retira disloqué; il mourut trois jours après [1].

Hervilliers (JEANNE). — C'est la même que Jeanne Harvilliers.

Heure, — *voy.* MINUIT. — Anges ou démons des heures, *voy.* PIERRE D'APONE.

Hibou, — oiseau de mauvais augure. On le regarde vulgairement comme le messager de la mort; et les personnes superstitieuses qui perdent quelque parent ou quelque ami, se ressouviennent toujours d'avoir entendu le cri du hibou; sa présence, selon Pline, présage la stérilité. Son œuf, mangé en omelette, guérit un ivrogne de l'ivrognerie. — Cet oiseau est mystérieux, parce qu'il recherche la solitude, qu'il hante les clochers, les tours et les cimetières; on redoute son cri, parce qu'on ne l'entend que dans les ténèbres; et, si on l'a vu quelquefois sur la maison d'un mourant, il y était peut-être attiré par l'odeur cadavéreuse, ou par le silence qui régnait dans cette maison. — Un philosophe arabe, se promenant dans la campagne avec un de ses disciples, entendit une voix détestable qui chantait un air plus détestable encore. « Les gens superstitieux, dit-il, prétendent que le chant du hibou annonce la mort d'un homme; si cela était vrai, le chant de cet homme annoncerait la mort d'un hibou. » — Cependant si le hibou est regardé comme un mauvais présage chez les gens de la campagne quand on le voit perché sur le haut d'une maison, il est aussi regardé comme d'un bon augure quand il vient se réfugier dans un colombier. Les anciens Francs condamnaient à une forte amende quiconque tuait ou volait le hibou qui s'était réfugié dans le colombier de son voisin [1]. — On ne peut passer sous silence les vertus surprenantes de cet oiseau. Si l'on met son cœur avec son pied droit sur une personne endormie, elle dira aussitôt ce qu'elle aura fait et répondra aux demandes qu'on lui adressera; de plus, si on met les mêmes parties de cet oiseau sous les aisselles, les chiens ne pourront aboyer après la personne qui les portera; et enfin, si on pend le foie à un arbre, tous les oiseaux se rassembleront dessus [2].

Hiérarchie. — Agrippa disait qu'il y avait autant de mauvais anges que de bons, qu'il y en avait neuf hiérarchies de bons et neuf de mauvais. Wierus, son disciple, a fait l'inventaire de la monarchie de Satan, avec les noms et surnoms de 72 princes et de plusieurs millions de diables, nombres fantastiques, qui ne sont appuyés sur d'autres raisons que sur la révélation de Satan même. *Voy.* COUR INFERNALE, MONARCHIE, etc.

Hiéroglyphes. — Les Egyptiens avaient beaucoup d'idées superstitieuses, s'il faut les juger par leurs hiéroglyphes. Ils expriment le sexe masculin par un vautour, dit un ancien, parce que tous les vautours sont femelles, et que le vent seul féconde leurs œufs: ils représentaient le cœur par deux drachmes, parce que le cœur d'un enfant d'un an ne pèse que deux gros. Une femme qui n'avait qu'un enfant, ils la figuraient par une lionne, parce que cet animal ne fait qu'un petit (du moins ils le croyaient de la sorte). Ils figuraient l'avortement par un cheval qui donne un coup de pied à un loup, parce que, disaient-ils, une cavale avorte si elle marche sur les traces d'un loup [3], etc. M. Champollion donne d'autres explications.

Hiéromnénon, — pierre que les anciens employaient dans leurs divinations, mais dont ils ne nous ont laissé aucune description.

Hiéroscopie. — *Voy.* HÉPATOSCOPIE.

Hipokindo, — mot qui, prononcé d'une certaine façon, charme les serpents et les empêche de nuire. Paracelse en parle.

Hipparchus. — On lui attribue un ouvrage intitulé: *le Livre des Esprits*.

Hippocrate, — père de la médecine. Les légendes du moyen âge font de lui un grand

---

[1] Leloyer, Hist. des spectres et apparitions des esprits, p. 286.

[1] M. Salgues, Des erreurs et des préjugés, etc., t. I*er*, p. 439.
[2] Des Admirables secrets d'Albert-le-Grand, p. 107.
[3] Brown, Essai sur les erreurs populaires, t. II, p. 69.

magicien, et lui prêtent des aventures dans le genre de celles qu'elles attribuent à Virgile. On met sous son nom un *Traité des songes*, dont on recherche les éditions accompagnées *des commentaires* de Jules-César Scaliger; in-8°, Gnesse, 1610; et un autre livre intitulé les *Aspects des étoiles*.

Hippogriffe, — animal fabuleux, composé du cheval et du griffon, que l'Arioste et les autres romanciers donnent quelquefois pour monture aux héros des romans de chevalerie.

Hippomane, — excroissance charnue que les poulains apportent à la tête en naissant, et que la mère mange aussitôt. Les anciens donnaient le nom d'*hippomane* à certains philtres, parce qu'on prétend qu'il y entrait de cette excroissance. *Hippomane* est aussi le nom d'une herbe qui fait entrer les chevaux en fureur lorsqu'ils en broutent[1]. — On raconte qu'une cavale de bronze, placée auprès du temple de Jupiter olympien, faisait hennir les chevaux comme si elle eût été vivante, vertu qui lui était communiquée par l'hippomane qu'on avait mêlée avec le cuivre en la fondant. *Voy.* PHILTRES.

Hippomancie, — divination des Celtes. Ils formaient leurs pronostics sur le hennissement et le trémoussement de certains chevaux blancs, nourris aux dépens du public dans des forêts consacrées, où ils n'avaient d'autre couvert que les arbres. On les faisait marcher immédiatement après le char sacré. Le prêtre et le roi, ou chef du canton, observaient tous leurs mouvements, et en tiraient des augures auxquels ils donnaient une ferme confiance, persuadés que ces animaux étaient confidents du secret des dieux, tandis qu'ils n'étaient eux-mêmes que leurs ministres. Les Saxons tiraient aussi des pronostics d'un cheval sacré nourri dans le temple de leurs dieux, et qu'ils en faisaient sortir avant de déclarer la guerre à leurs ennemis. Quand le cheval avançait d'abord le pied droit, l'augure était favorable; sinon, le présage était mauvais, et ils renonçaient à leur entreprise.

Hippomyrmèces, — peuple imaginaire, placé par Lucien dans le globe du soleil. C'étaient des hommes montés sur des fourmis ailées, qui couvraient deux arpents de leur ombre, et qui combattaient de leurs cornes.

Hippopodes, — peuple fabuleux qui avait des pieds de cheval, et que les anciens géographes placent au nord de l'Europe.

[1] Manuel lexique de l'abbé Prévost.

Hirigoyen, — sorcier du commencement du dix-septième siècle, que l'on a vu danser au sabbat avec le diable, qu'il adorait[1].

Hirondelles. — Plutarque cite l'histoire d'un nommé Bessus qui avait tué son père et dont on ignorait le crime. Étant un jour près d'aller à un souper, il prit une perche avec laquelle il abattit un nid d'hirondelles. Ceux qui le virent en furent indignés, et lui demandèrent pourquoi il maltraitait ainsi ces pauvres oiseaux. Il leur répondit qu'il y avait assez long-temps qu'elles lui criaient qu'il avait tué son père. Tout stupéfaits de cette réponse, ces personnes la rapportèrent au juge, qui ordonna de prendre Bessus et de le mettre à la torture. Il avoua son crime et fut pendu. — Brown, dans son *Essai sur les erreurs populaires*, dit que l'on craint de tuer les hirondelles quoiqu'elles soient incommodes, parce qu'on est persuadé qu'il en résulterait quelque malheur. Élien nous apprend que les hirondelles étaient consacrées aux dieux Pénates, et que par cette raison on s'abstenait de les tuer. On les honorait, dit-il, comme les hérauts du printemps; et, à Rhodes, on avait une espèce de chant pour célébrer le retour des hirondelles.

Histoire. — Il y a, dans la bibliographie infernale, beaucoup d'histoires prodigieuses publiées sans nom d'auteur. Nous n'en citerons que quelques-unes. — Histoire d'une Apparition, avec des réflexions qui prouvent la difficulté de savoir la vérité sur le retour des esprits, in-8°; Paris, chez Saugrin, 1722, brochure de 24 pages. — Histoire prodigieuse nouvellement arrivée à Paris, d'une jeune fille agitée d'un esprit fantastique, in-8°. — Histoire du Diable, in-12, Amsterdam, 1729, 2 vol.; et Rouen, 1730, 2 vol. — Histoire miraculeuse advenue en La Rochette, ville de Maurienne en Savoie, d'une jeune fille ayant été enterrée dans un jardin en temps de peste, l'espace de quinze ans, par lequel son esprit est venu rechercher ses os par plusieurs évidents signes miraculeux; in-8°. Lyon. — Histoire remarquable d'une femme décédée depuis cinq ans, laquelle est revenue trouver son mari, et parler à lui au faubourg Saint-Marcel, Paris, 1618, etc. *Voy.* APPARITIONS.

Hocque. — Après l'édit de 1682 pour la punition des maléfices, la race des sorciers malfaisants diminua sensiblement en France. Mais il restait encore, dans la Brie, aux

[1] De l'inconstance, etc., p. 144.
[2] Taillepied, Apparitions des esprits, p. 40.

environs de Paris, une cabale de bergers qui faisaient mourir les bestiaux, attentaient à la vie des hommes, commettaient plusieurs autres crimes, et s'étaient rendus formidables à la province. Il y en eut enfin d'arrêtés ; le juge de Pacy instruisit le procès ; et, par les preuves, il parut évident que tous ces maux étaient commis par maléfices et sortilèges. Les sorts et les poisons dont ces bandits se servaient pour faire mourir les bestiaux consistaient dans une composition qu'ils avouèrent au procès, et qui est rapportée dans les factums, mais remplie de sacrilèges, d'impiétés, d'abominations et d'horreurs, en même temps que de poisons. Ils mettaient cette composition dans un pot de terre, et l'enterraient, ou sous le seuil de la porte des étables aux bestiaux, ou dans le chemin par où ils passaient ; et tant que ce sort demeurait en ce lieu, ou que celui qui l'avait posé était en vie, la mortalité ne cessait point ; c'est ainsi qu'ils s'en expliquèrent dans leurs interrogatoires. Une circonstance singulière de leur procès fit croire qu'il y avait un vrai pacte entre eux et le diable pour commettre tous ces maléfices. Ils avouèrent qu'ils avaient jeté les sorts sur les bestiaux du fermier de la terre de Pacy, près de Brie-Comte-Robert, pour venger l'un d'entre eux que ce fermier avait chassé et mis hors de son service. Ils firent le récit exact de leur composition ; mais jamais aucun d'eux ne voulut découvrir le lieu où ils avaient enterré le sort, et on ne savait, après de semblables aveux, d'où pouvait venir leur réticence sur ce dernier fait. Le juge les pressa de s'en expliquer ; ils dirent que s'ils découvraient ce lieu, et qu'on levât le sort, celui qui l'avait posé mourrait à l'instant. — L'un de leurs complices, nommé Étienne Hocque, moins coupable que les autres, et qui n'avait été condamné qu'aux galères, était à la chaîne dans les prisons de la Tournelle ; on gagna un autre forçat nommé Béatrix, qui était attaché avec lui. Ce dernier, à qui le seigneur de Pacy avait fait tenir de l'argent, fit un jour tant boire Hocque qu'il l'enivra, et en cet état le mit sur le chapitre du sort de Pacy. Il tira de lui le secret qu'il n'y avait qu'un berger nommé Bras-de-Fer, qui demeurait près de Sens, qui pût lever le sort par ses conjurations. Béatrix, profitant de ce commencement de confidence, engagea le vieux berger à écrire à son fils une lettre par laquelle il lui mandait d'aller trouver Bras-de-Fer, pour le prier de lever ce sort, et lui défendait surtout de dire à Bras-de-Fer qu'il fût condamné et emprisonné, ni que c'était lui, Hocque, qui avait posé le sort.

Cette lettre écrite, Hocque s'endormit. Mais à son réveil, les fumées du vin étant dissipées, et réfléchissant sur ce qu'il avait fait, il poussa des cris et des hurlements épouvantables, se plaignant que Béatrix l'avait trompé, et qu'il serait cause de sa mort. Il se jeta en même temps sur lui, et voulut l'étrangler ; ce qui excita les autres forçats contre Béatrix, en sorte qu'il fallut que le commandant de la Tournelle vînt avec ses gardes pour apaiser ce désordre, et tirer Béatrix de leurs mains. — Cependant la lettre fut envoyée au seigneur, qui la fit remettre à son adresse. Bras-de-Fer vint à Pacy, entra dans les écuries ; et, après avoir fait des figures et des imprécations, il trouva effectivement le sort qui avait été jeté sur les chevaux et les vaches ; il le leva, et le jeta au feu, en présence du fermier et de ses domestiques. Mais à l'instant il parut chagrin, témoigna du regret de ce qu'il venait de faire, et dit que le diable lui avait révélé que c'était Hocque, son ami, qui avait posé le sort en cet endroit, et qu'il était mort à six lieues de Pacy au moment que ce sort venait d'être levé. — En effet, par les observations qui furent faites au château de la Tournelle, il y a preuve qu'au même jour et à la même heure que Bras-de-Fer avait commencé à lever le sort, Hocque, qui était un homme des plus forts et des plus robustes, était mort en un instant dans des convulsions étranges, et se tourmentant comme un possédé, sans vouloir entendre parler de Dieu ni de confession. — Bras-de-Fer avait été pressé de lever aussi le sort jeté sur les moutons ; mais il dit qu'il n'en ferait rien, parce qu'il venait d'apprendre que ce sort avait été posé par les enfants de Hocque, et qu'il ne voulait pas les faire mourir comme leur père. Sur ce refus, le fermier eut recours aux juges du lieu. Bras-de-Fer, les deux fils et la fille de Hocque furent arrêtés avec deux autres bergers, leurs complices, nommés Jardin et le Petit-Pierre ; leur procès instruit, Bras-de-Fer, Jardin et le Petit-Pierre furent condamnés à être pendus et brûlés, et les trois enfants de Hocque bannis pour neuf ans [1].

Hoffmann, — célèbre auteur allemand de contes fantastiques, où le surnaturel occupe, d'une manière très-originale, la plus grande place.

Holda. — La holda était, chez les anciens Gaulois, une espèce de sabbat nocturne où des sorciers faisaient leurs orgies avec des démons transformés en danseuses. *Voy.* Ben-

---

[1] Le commissaire Delamarre, Traité de la police.

sozia. — On parle encore en Allemagne de *holda*, *la bonne fileuse* (sorte de fée qui remplace dans les opinions populaires une divinité antique). Elle visite sans être vue la maison du laboureur; elle charge de laines les fuseaux des ménagères diligentes et répand l'abondance autour d'elle [1].

Hollandais errant. — C'est un vaisseau fantastique qui apparaît, dit-on, dans les parages du cap de Bonne-Espérance. Ce vaisseau déploie toutes ses voiles lorsqu'aucun navire n'oserait en risquer une seule. On est partagé d'opinion sur la cause de ce prodige ; d'après la version la plus répandue, c'était dans l'origine un navire richement chargé, à bord duquel se commit un horrible forfait. La peste s'y déclara, et les coupables errèrent vainement de port en port, offrant leur riche cargaison pour prix d'un asile. On les repoussait partout de peur de la contagion ; et les matelots disent que la Providence, pour perpétuer le souvenir de ce châtiment, permet que le *Hollandais errant* apparaisse encore dans ces mers où la catastrophe eut lieu. Cette apparition est considérée comme un mauvais augure par les navigateurs [2].

Hollère, — magicien danois qui s'était acquis, au treizième siècle, la réputation d'un homme à miracles, et qui n'était qu'un sorcier adroit. Pour passer la mer, il se servait d'un os gigantesque marqué de quelques charmes et caractères magiques. Sur ce singulier esquif il traversait l'Océan comme s'il eût été aidé de voiles et poussé par les vents. Il fut maltraité par les autres sorciers, ses envieux, qui l'obligèrent à quitter le pays [3].

Holzhauser (BARTHÉLEMY), — visionnaire allemand, né en 1613. Le diable apparut à sa naissance, sous la forme d'un laid chien noir ; le nouveau-né s'écria qu'il ne le craignait point et le diable décampa. — En étudiant le latin, il fut attaqué de la peste qui régnait à Cologne. Comme il était sur son lit, il sentit quelqu'un lui donner un soufflet. Il se tourna, ne vit personne ; mais le soufflet l'avait guéri ; il retourna en classe. — Il alla faire sa philosophie à Ingolstadt, eut des visions sans nombre, fut vexé par les démons, pourchassé par des spectres ; il délivra des possédés, prophétisa et publia ses visions. — Et d'abord, il mit au jour son Voyage aux enfers. — Il fit paraître ensuite un recueil de diverses petites visions peu remarquables et son explication de l'Apocalypse, dont il trouva toutes les prédictions en train de s'accomplir. Il mourut en 1658. — Ses visions sont très-bizarres. Il vit un jour sept animaux : un crapaud qui chantait comme un perroquet ; un chameau qui portait des reliques ; un être qui tenait du cheval hennissant et du chien aboyant ; un grand serpent plein de fiel qui avalait des âmes ; un pourceau énorme qui se vautrait dans la fange et qui allait de travers ; un sanglier qui exécrait, et enfin une septième bête, morte et sans nom. Barthélemy vit ensuite une monarchie, deux sièges, et un archange qui se promenait entre plusieurs fauteuils ; il vit un roi à cheval sur le Danube, puis plusieurs petits vers qui allaient en manger un grand, lorsqu'un chat vint qui chassa tous les petits vers et délivra le grand [1].

Hommes. — Il paraît qu'il n'y a que l'homme à qui la nature ait donné une figure droite et la faculté de contempler les cieux. Seul parmi les animaux il a l'épine du dos et l'os de la cuisse en ligne droite. C'est un fait, dit Aristote, que si l'homme est le seul à qui il arrive des illusions nocturnes, c'est parce qu'il n'y a proprement que lui qui se couche sur le dos, c'est-à-dire de manière que l'épine et la cuisse fassent une ligne droite, et que l'une et l'autre avec les bras soient parallèles à l'horizon. Or les animaux ne peuvent pas se coucher ainsi ; quoique leur épine soit parallèle à l'horizon, leurs épaules sont détournées, et forment deux angles. — Lisez Xénophon, Hérodote, Plutarque et autres historiens, vous verrez qu'il existe des contrées fabuleuses où les hommes ont une tête de dogue ou de bichon, des pays où ils n'ont qu'un œil, d'autres où ils n'ont qu'un pied sur lequel ils sautent, de sorte que, quand ils veulent courir, ils sont obligés de se mettre deux et de se tenir par le bras ; d'autres enfin où ils n'ont point de tête [2], etc.

Homme noir. — L'homme noir qui promet aux pauvres de les faire riches s'ils se veulent donner à lui, n'est autre que le diable. — On lit ce qui suit dans la Légende dorée : — Un chevalier qui jouissait d'une grande fortune et qui la dépensait en libéralités, devint bientôt si pauvre qu'il manquait du nécessaire. Comme il n'avait pas le courage de recourir à ses amis, et que ses amis ne paraissaient pas

---

[1] M. Ozanam, De l'établissement du christianisme en Allemagne.
[2] Walter Scott, Mathilde de Rokeby, chant 2e.
[3] Jugements de Dieu, de Chassagnon, p. 114.

[1] Biographia venerabilis servi Dei Bartholomæi Holzhauser, etc., Bambergæ, 1784, in-8°. Accedunt ejusdem in Apocalypsin commentarii plane admirabiles. — Visiones venerabilis servi Dei Bartholomæi Holzhauser, etc., digna ævi nostri memoria ad ejus Biographiam appendix, Bambergæ, 1793, in-8°.
[2] M. Salgues, Des Erreurs et des préjugés, t. 1er, p. 10.

disposés à se souvenir de lui, il tomba dans une grande tristesse, qui redoubla encore à l'approche de son jour natal, où il avait coutume de faire le magnifique. Occupé de ses chagrins, il s'égara dans une solitude, où il vit paraître devant lui un homme vêtu de noir, d'une taille haute, monté sur un cheval superbe. Ce cavalier, qu'il ne connaissait pas, lui demanda la cause de sa douleur. Après qu'il l'eut apprise, il ajouta : « Si vous voulez me rendre hommage, je vous donnerai plus de richesse que vous n'en avez perdu. » — Cette proposition n'avait rien d'extraordinaire dans un temps où la féodalité était en usage. Le chevalier promit à l'étranger de faire ce qu'il exigerait, s'il pouvait lui rendre sa fortune. « Eh bien! reprit le diable (car c'était lui), retournez à votre maison, vous trouverez dans tel endroit de grandes sommes d'or et une quantité de pierres précieuses. Quant à l'hommage que j'attends de vous, c'est que vous ameniez votre femme ici dans un an. » — Le chevalier s'engagea, regagna sa maison, trouva les trésors indiqués, et reprit son habitude de largesses qui lui ramena ses bons amis. — A la fin de l'année, il songea à tenir sa promesse. Il appela sa femme. « Vous allez monter à cheval et venir avec moi, lui dit-il, car nous avons un petit voyage à faire. C'était une dame pieuse, qui avait grande dévotion à la Sainte-Vierge. Elle fit sa prière, et suivit son mari sans demander où il la conduisait. — Après avoir marché plus d'une heure, les deux époux rencontrèrent une église. La dame voulant y entrer, descendit de cheval; son mari l'attendit à la porte. A peine fut-elle entrée dans l'église qu'elle s'endormit en commençant à prier; la Sainte-Vierge ayant pris sa figure, rejoignit le chevalier et partit avec lui au rendez-vous. — Lorsqu'ils arrivèrent au lieu désigné, le prince des démons y parut avec fracas. Mais dès qu'il aperçut la dame que le chevalier lui amenait, il commença à trembler de tous ses membres, et ne trouva plus de force pour s'avancer au-devant d'elle. « Homme perfide, s'écria-t-il, est-ce ainsi que tu devais reconnaître mes bienfaits? Je t'avais prié de m'amener ta femme, et tu viens ici avec la mère de Dieu, qui va me renvoyer aux enfers!.... » — Le chevalier, stupéfait, ne savait quelle contenance garder; la Sainte-Vierge dit au diable : « Méchant esprit, oserais-tu bien faire du mal à une femme que je protège? Rentre dans l'abîme, et souviens-toi de ne jamais chercher à nuire à ceux qui mettent en moi leur confiance... » Le diable se retira. Le chevalier éperdu se jeta à genoux devant Notre-Dame, qui, après lui avoir reproché son égarement indigne, le reconduisit à l'église où sa femme dormait encore. Les deux époux rentrèrent chez eux, ils se dépouillèrent des richesses qu'ils tenaient du diable ; mais ils n'en furent pas plus pauvres, parce qu'ils reconnurent que les biens matériels ne sont pas les vraies richesses. — Le père Abram rapporte l'anecdote suivante, dans son Histoire manuscrite de l'université de Pont-à-Mousson : « Un jeune garçon de bonne famille, mais peu fourni d'argent, se mit à servir dans l'armée parmi les valets. De là ses parents l'envoyèrent aux écoles ; mais ne s'accommodant pas de l'assujettissement que demandent les études, il résolut de retourner à son premier genre de vie. En chemin, il rencontra un homme vêtu d'un habit de soie noire, mais de mauvaise mine, qui lui demanda où il allait, et pourquoi il avait l'air si triste. « Je suis, ajouta-t-il, en état de vous mettre à votre aise, si vous voulez vous donner à moi. » Le jeune homme, croyant qu'il parlait de l'engager à son service, lui demanda un moment pour y penser; mais, commençant à se défier des magnifiques promesses que l'étranger lui faisait, il le considéra de plus près, et ayant remarqué qu'il avait le pied gauche fendu comme celui d'un bœuf, il fut saisi de frayeur, fit le signe de la croix et invoqua le nom de Jésus. Aussitôt le spectre s'évanouit. — Trois jours après, la même figure lui apparut de nouveau, et lui demanda s'il avait pris sa résolution ; le jeune homme répondit qu'il n'avait pas besoin de maître. L'homme noir jeta à ses pieds une bourse pleine d'écus, dont quelques-uns paraissaient d'or et nouvellement frappés. Dans la même bourse il y avait une poudre que le spectre disait très-subtile. Il lui donna ensuite des conseils abominables, et l'exhorta à renoncer à l'usage de l'eau bénite et à l'adoration de l'hostie. Le jeune homme eut horreur de ces propositions ; il fit le signe de la croix sur son cœur, et en même temps il se sentit jeté si rudement contre terre qu'il y demeura une demi-heure. S'étant relevé, il retourna chez ses parents, fit pénitence et changea de conduite. Les pièces qui paraissaient d'or et nouvellement frappées, ayant été mises au feu, ne se trouvèrent être que du cuivre [1]. » Ainsi, bonnes gens, défiez-vous de l'homme noir. Voy. ARGENT. Voy. aussi HUGUES.

Homme rouge, — démon des tempêtes. « La nuit, dans les affreux déserts des côtes de la Bretagne, près Saint-Paul-de-Léon,

---

[1] Cambry, Voyage dans le Finistère, t. Ier.

des fantômes hurlants parcourent le rivage. L'homme rouge en fureur commande aux éléments et précipite dans les ondes le voyageur qui trouble ses secrets et la solitude qu'il aime. » — On croit dans le peuple qu'un petit homme rouge apparut à Napoléon pour lui annoncer ses revers.

Hongrois, — *voy.* OGRES.

Honorius, — *voy.* GRIMOIRE.

Horey, — nom que les nègres de la côte occidentale d'Afrique donnent au diable, qui n'est sans doute qu'un nègre aposté par les marabouts. Les cérémonies de la circoncision ne manquent jamais d'être accompagnées des mugissements du Horey. Ce bruit ressemble au son le plus bas de la voix humaine. Il se fait entendre à peu de distance, et cause une frayeur extrême aux jeunes gens. Dès qu'il commence, les nègres préparent des aliments pour le diable, et les lui portent sous un arbre. Tout ce qu'on lui présente est dévoré, dit-on, sur-le-champ, sans qu'il en reste un os. Si la provision ne lui suffit pas, il trouve le moyen d'enlever quelque jeune homme non encore circoncis. Les nègres prétendent qu'il garde sa proie dans son ventre, et que plusieurs jeunes gens y ont passé jusqu'à dix ou douze jours. Après sa délivrance, la victime qui a été avalée demeure muette autant de jours qu'elle en a passé dans le ventre du diable. Les nègres parlent avec effroi de cet esprit malin, et l'on ne peut qu'être surpris de la confiance avec laquelle ils assurent avoir été non-seulement enlevés, mais avalés par ce monstre.

Horoscopes. — Un maréchal ferrant de Beauvais avait fait tirer l'horoscope de son fils. L'astrologue, après avoir examiné les divers aspects des astres, découvrit que l'enfant était menacé de mourir à quinze ans d'un coup de tonnerre. Il désigna en même temps le mois, le jour et l'heure où l'événement devait avoir lieu; mais il ajouta qu'une cage de fer sauverait le jeune homme. Quand le temps arriva, le père chercha comment la cage de fer pourrait éviter à son fils une mort si prématurée; il pensa que le sens de l'oracle était probablement d'enfermer ce jour-là son enfant dans une cage de fer bien fermée. Il se mit à travailler à la construction de cette cage, sans en parler à personne. Le moment arriva. Une nuée paraissait se former dans le ciel, et justifiait jusqu'alors le dire de l'astrologue. Il appelle donc son fils et lui annonce que son étoile le condamnait à être tué du tonnerre, un peu avant midi, s'il n'avait heureusement trouvé le moyen de le soustraire à sa mauvaise planète; il le pria d'entrer dans la cage de fer. — Le fils, un peu plus instruit que son père, pensa que, loin de le garantir du tonnerre, cette cage ne servirait au contraire qu'à l'attirer; il s'obstina à rester dans sa chambre, où il se mit à réciter l'Évangile de saint Jean. Cependant les nuages s'amoncellent, le temps se couvre, le tonnerre gronde, l'éclair brille, la foudre tombe sur la cage de fer et la réduit en poudre. Le maréchal surpris bénit pour la première fois le ciel d'avoir rendu son fils désobéissant, et vit toutefois l'oracle accompli. Du moins tel est le conte. *Voy.* ASTROLOGIE.

— *Horoscopes tout faits*, ou moyen de connaître sa destinée par les constellations de la naissance. Nous empruntons ces plaisanteries aux divers livres sur la matière, traitée par Jacques de Hagen et par cent autres du ton le plus grave. — Les auteurs qui ont écrit sur les horoscopes ont établi plusieurs systèmes semblables à celui-ci pour la forme, et tout différents pour les choses. Les personnes qui se trouvent ici nées avec le plus heureux naturel, seront ailleurs des êtres abominables. Les astrologues ont fondé leurs oracles sur le caprice de leur imagination, et chacun d'eux nous a donné les passions qui se sont rencontrées sous sa plume au moment qu'il écrivait. Qui croira aux présages de sa constellation, devra croire aussi à tous les pronostics de l'almanach journalier, et avec plus de raison encore, puisque les astres ont sur la température une influence qu'ils n'ont pas sur nous. Enfin, si la divination qu'on va lire était fondée, il n'y aurait dans les hommes et dans les femmes que douze sortes de naturels, dès lors que tous ceux qui naissent sous le même signe ont les mêmes passions et doivent subir les mêmes accidents; et tout le monde sait si dans les millions de mortels qui habitent la surface du globe, il s'en trouve souvent deux dont les destinées se ressemblent.

— 1° *La Balance*. (C'est la balance de Thémis qu'on a mise au nombre des constellations. Elle donne les procès.) La Balance domine dans le ciel depuis le 22 septembre jusqu'au 24 octobre. Les hommes qui naissent dans cet espace de temps, naissent sous le signe de la Balance. — Ils sont ordinairement querelleurs; ils aiment les plaisirs, réussissent dans le commerce, principalement sur les mers, et feront de grands voyages. Ils ont en partage la beauté, des manières aisées, des talents pour la parole; cependant ils manquent à leurs promesses, et ont plus de bonheur que de soin. Ils auront de grands héritages. — Ils seront veufs de leur première femme, et n'auront pas beaucoup d'enfants. Qu'ils se défient des incendies et de l'eau chaude. — La femme qui naît sous cette constellation sera aimable, gaie, agréable, enjouée, assez heureuse. Elle aimera les fleurs ; elle aura de bonnes manières ; la douce persuasion coulera de ses lèvres. Elle sera cependant susceptible et querelleuse. — Elle se mariera à dix-sept ou à vingt-trois ans. Qu'elle se défie du feu et de l'eau chaude. — 2° *Le Scorpion.* (C'est Orion que Diane changea en cet animal, et qu'on a mis au nombre des constellations. Il donne la malice et la fourberie.) Le Scorpion domine dans le ciel du 22 octobre au 21 novembre. — Ceux qui naissent sous cette constellation seront hardis, effrontés, flatteurs, fourbes, et cachant la méchanceté sous une aimable apparence. On les entendra dire une chose, tandis qu'ils en feront une autre. Ils seront généralement secrets et dissimulés. Leur naturel emporté les rendra inconstants. Ils penseront mal des autres, conserveront rancune, parleront beaucoup, et auront des accès de mélancolie. Cependant ils aimeront à rire aux dépens d'autrui, auront quelques amis, et l'emporteront sur leurs ennemis. — Ils seront sujets aux coliques, et peuvent s'attendre à de grands héritages. — La femme qui naît sous cette constellation sera adroite et trompeuse. Elle se conduira moins bien avec son premier mari qu'avec son second. Elle aura les paroles plus douces que le cœur. Elle sera enjouée, gaie, aimant à rire, mais aux dépens des autres. Elle fera des inconséquences, parlera beaucoup, et pensera mal de tout le monde. Elle deviendra mélancolique avec l'âge. — Elle aura un cautère aux épaules à la suite d'une maladie d'humeurs. — 3° *Le Sagittaire.* (C'est Chiron le Centaure, qui apprit à Achille à tirer de l'arc, et qui fut mis au nombre des constellations. Il donne l'amour de la chasse et des voyages.) Le Sagittaire domine dans le ciel, du 22 novembre au 21 décembre. — L'homme qui naît sous cette constellation aimera les voyages et s'enrichira sur les mers. Il sera d'un tempérament robuste, aura de l'agilité et se montrera d'un esprit attentif. Il se fera des amis dont il dépensera l'argent. Il aura un goût déterminé pour l'équitation, la chasse, les courses, les jeux de force et d'adresse et les combats. Il sera juste, secret, fidèle, laborieux, sociable, et aura autant d'amour-propre que d'esprit. — La femme qui naît sous cette constellation sera d'un esprit inquiet et remuant ; elle aimera le travail. Son âme s'ouvrira aisément à la pitié ; elle aura du goût pour les voyages, et ne pourra rester long-temps dans le même pays. Elle sera présomptueuse, et douée de quelques qualités tant de l'esprit que du cœur. — Elle se mariera à dix-neuf ou à vingt-quatre ans. Elle sera bonne mère. — 4° *Le Capricorne.* (C'est la chèvre Amalthée qui allaita Jupiter, et qui fut mise au nombre des constellations. Elle donne l'étourderie.) Le Capricorne domine dans le ciel du 22 décembre au 21 janvier. — Celui qui naît sous cette constellation sera d'un naturel irascible, léger, soupçonneux, ami des procès et des querelles ; il aimera le travail, mais il hantera de mauvaises sociétés. Ses excès le rendront malade. Rien n'est plus inconstant que cet homme, s'il est né dans la nuit. Il sera enjoué, actif, et fera quelquefois du bien. Son étoile le rendra heureux sur mer. Il parlera modérément, aura la tête petite et les yeux enfoncés. — Il deviendra riche et avare dans les dernières années de sa vie. Les bains, dans ses maladies, pourront lui rendre la santé. — La femme qui naît sous cette constellation sera vive, légère, et cependant tellement timide dans ses jeunes années, qu'un rien pourra la faire rougir ; mais son caractère deviendra plus ferme et plus hardi dans l'âge plus avancé. Elle se montrera jalouse, tout en voulant cacher sa jalousie. Elle parlera beaucoup, et fera des inconséquences. Elle aimera à voyager. — Elle ne sera pas d'une grande beauté. — 5° *Le Verseau.* (C'est Ganymède, fils de Tros, que Jupiter enleva pour verser le nectar aux dieux, et qu'on a mis au nombre des constellations. Il donne la gaieté.) Le Verseau domine dans le ciel du 22 janvier au 21 février. — L'homme qui naît sous cette constellation sera aimable, spirituel, ami de la joie, curieux, sujet à la fièvre, pauvre dans la première partie de sa vie, riche ensuite, mais modérément. Il sera bavard et léger, quoique discret. Il fera des maladies, courra des dangers. Il aimera la gloire ; il vivra long-temps. Il aura peu d'enfants. — La femme qui naît sous cette constellation sera constante, généreuse, sincère et libérale. Elle aura des chagrins, sera en butte aux adversités, et fera de longs voyages. Elle sera fidèle, sage et enjouée. — 6° *Les Poissons.* (Les dauphins qui amenèrent Amphitrite à Neptune furent mis au nombre des constellations. Ils donnent la douceur.) Les Poissons dominent dans le ciel du 22 février au 22 mars. — Celui qui naît sous cette constellation sera officieux, gai, aimant à jouer, d'un bon naturel, heureux hors de sa maison. Il ne sera pas riche dans sa jeunesse. Devenu plus aisé, il prendra peu de soin de sa fortune, et ne profitera pas des leçons de l'expérience. Des paroles indiscrètes lui attireront quelques désagréments. Il sera présomptueux. — La femme qui naît sous cette constellation sera belle. Elle éprouvera des ennuis et des peines dans sa jeunesse. Elle aimera à faire du bien. Elle sera sensée, discrète, économe, médiocrement sensible, et fuira le monde. Sa santé, faible jusqu'à vingt-huit ans, deviendra alors plus robuste. Elle aura cependant de temps en temps des coliques. — 7° *Le Bélier*. (C'est le bélier qui portait la toison d'or, et qui fut mis au nombre des constellations. Il donne les emportements.) Le Bélier domine dans le ciel du 23 mars au 21 avril. — Ceux qui naissent sous cette constellation sont irascibles, prompts, vifs, éloquents, studieux, violents, menteurs, enclins à l'inconstance. Ils tiennent rarement leur parole et oublient leurs promesses. Ils courront des dangers avec les chevaux. Ils aimeront la pêche et la chasse. — La femme qui naît sous cette constellation sera jolie, vive et curieuse. Elle aimera les nouvelles, aura un grand penchant pour le mensonge, et ne sera point ennemie de la bonne chère. Elle aura des colères, sera médisante dans sa vieillesse et jugera sévèrement les femmes. Elle se mariera de bonne heure et aura beaucoup d'enfants. — 8° *Le Taureau*. (C'est le taureau dont Jupiter prit la forme pour enlever Europe, et qui fut mis au nombre des constellations. Il donne la hardiesse et la force.) Le Taureau domine dans le ciel du 22 avril au 21 mai. — L'homme qui naît sous cette constellation est audacieux; il aura des ennemis qu'il saura mettre hors d'état de lui nuire. Le bonheur ne lui sera point étranger. Il voyagera dans des pays lointains. Sa vie sera longue et peu sujette aux maladies. — La femme qui naît sous cette constellation est douée de force et d'énergie. Elle aura du courage; mais elle sera violente et emportée. Néanmoins elle saura se plier à son devoir et obéir à son mari. On trouvera dans cette femme un fonds de raison et de bon sens. Elle parlera pourtant un peu trop. Elle sera plusieurs fois veuve et aura quelques enfants, à qui elle laissera des richesses. — 9° *Les Gémeaux*. (Les Gémeaux sont Castor et Pollux qu'on a mis au nombre des constellations. Ils donnent l'amitié.) Les Gémeaux dominent dans le ciel du 22 mai au 21 juin. — Celui qui naît sous cette constellation aura un bon cœur, une belle figure, de l'esprit, de la prudence et de la générosité. Il sera présomptueux, aimera les courses et les voyages, et ne cherchera pas beaucoup à augmenter sa fortune; cependant il ne s'appauvrira point. Il sera rusé, gai, enjoué; il aura des dispositions pour les arts. — La femme qui naît sous cette constellation est aimante et belle. Elle aura le cœur doux et simple. Elle négligera peut-être un peu trop ses affaires. Les beaux-arts, principalement le dessin et la musique, auront beaucoup de charmes pour elle. — 10° *L'Écrevisse*. (C'est le cancre ou l'écrevisse qui piqua Hercule tandis qu'il tuait l'hydre du marais de Lerne, et qui fut mise au nombre des constellations. Elle donne les désagréments.) L'Écrevisse domine dans le ciel du 22 juin au 21 juillet. — Les hommes qui naissent sous cette constellation sont sensuels. Ils auront des procès et des querelles, dont ils sortiront souvent à leur avantage; ils éprouveront de grands périls sur mer. Cet horoscope donne ordinairement un penchant à la gourmandise; quelquefois aussi de la prudence, de l'esprit, une certaine dose de modestie. — La femme qui naît sous cette constellation est assez belle, active, emportée, mais facile à apaiser. Elle ne deviendra jamais très-grasse; elle aimera à rendre service, sera timide et un peu trompeuse. — 11° *Le Lion*. (C'est le lion de la forêt de Némée, qu'Hercule parvint à étouffer, et qui fut mis au nombre des constellations. Il donne le courage.) Le Lion domine dans le ciel du 22 juillet au 21 août. — Celui qui naît sous cette constellation est brave, hardi, magnanime, fier, éloquent et orgueilleux. Il aime la raillerie. Il sera souvent entouré de dangers; ses enfants feront sa consolation et son bonheur. Il s'abandonnera à sa colère et s'en repentira toujours. Les honneurs et les dignités viendront le trouver; mais auparavant il les aura cherchés long-temps. Il aura de gros mollets. — La femme qui naît sous cette constellation sera vive, colère et hardie. Elle gardera rancune. Elle parlera beaucoup, et ses paroles seront souvent amères. Au reste, elle sera belle; elle aura la tête grosse. — Qu'elle se tienne en garde contre l'eau bouillante et le feu. Elle sera sujette aux coliques d'estomac. Elle aura peu d'enfants. — 12° *La Vierge*. (C'est Astrée qu'on a mise au nombre des constellations. Elle donne la pudeur.) La Vierge domine dans le ciel du 22 août au 21 septembre. — L'homme qui naît sous cette constellation est bien fait, sincère, généreux, spirituel, aimant les honneurs. Il sera volé. Il ne saura garder le secret des autres ni le sien. Il aura de l'orgueil, sera décent dans son maintien, dans son langage, et fera du bien à ses amis. Il sera compatissant aux maux des autres. Il aimera la propreté et la toilette. — La femme qui naît sous cette constellation sera chaste, honnête, timide, prévoyante et spirituelle. Elle aimera à faire et à dire du bien. Elle rendra service toutes les fois qu'elle le pourra; mais elle sera un peu irascible. Cependant sa colère ne sera ni dangereuse ni de longue durée. — On peut espérer que le lecteur ne s'arrêtera à cette ridicule prescience que pour se divertir un instant.

Hortilopits (JEANNE DE), — sorcière du pays de Labour, arrêtée comme telle en 1603, dès l'âge de 14 ans, et châtiée pour avoir été au sabbat.

Houille. — Le charbon de terre qui se trouve dans le Hainaut et dans le pays de Liège, et que l'on y brûle communément, porte le nom de houille, à cause d'un certain maréchal nommé *Prudhomme-le-Houilleux*, qui, dit-on, en fit la première découverte au onzième siècle; et des doctes assurent qu'un fantôme, sous la figure d'un vieillard habillé de blanc, ou d'un ange, lui montra la première mine et disparut.

Houmani, — génie femelle qui gouverne la région des astres chez les Orientaux. *Voy.* SCHADA-SCHIVAOUN.

Houris, — vierges merveilleuses du paradis de Mahomet; elles naîtront des pepins de toutes les oranges servies aux fidèles croyants dans ce séjour fabuleux. Il y en aura de blanches, de jaunes, de vertes et de rouges. Leur crachat sera nécessairement parfumé.

Hubner (ÉTIENNE), — revenant de Bohême. Plusieurs auteurs ont dit qu'il parut quelques temps après sa mort dans sa ville, et qu'il embrassa même de ses amis qu'il rencontra [1].

Hugon, — espèce de fantôme malfaisant à l'existence duquel le peuple de Tours croit très-fermement. Il servait d'épouvantail aux petits enfants, pour qui il était une manière de Croquemitaine. C'est de lui, dit-on, que les *réformés* sont appelés *huguenots*, à cause du mal qu'ils faisaient et de l'effroi que semait leur passage au seizième siècle, qu'ils ont ensanglanté.

Hugues, — bourgeois d'Épinal. *Voy.* ESPRITS.

Hugues-le-Grand, — chef des Français, père de Hugues-Capet. Gualbert-Radulphe rapporte qu'il était guetté par le diable à l'heure de la mort. Une grande troupe d'hommes noirs se présentant à lui, le plus apparent lui dit : « Me connais-tu? — Non, répondit Hugues; qui peux-tu être? — Je suis, dit l'homme noir, le puissant des puissants,

le riche des riches; si tu veux croire en moi, je te ferai vivre. » Quoique ce capitaine eût été assez dérangé dans sa vie, il fit le signe de la croix. Aussitôt cette bande de diables se dissipa en fumée [1].

Huile bouillante. — Les habitants de Ceylan et des côtes de Malabar emploient l'huile bouillante comme épreuve. Les premiers ne s'en servent que dans les affaires de grande importance, comme lorsqu'ils ont des procès pour leurs terres, et qu'il n'y a point de témoins. — On se servait autrefois en Europe de l'épreuve par l'huile bouillante pour les affaires obscures. L'accusé mettait le poing dans la chaudière; s'il le retirait sans brûlure, il était absous.

Huile de baume. — L'huile de baume, extraite du marc de l'eau céleste, dissipera la surdité, si on en met dans les oreilles trois gouttes de temps en temps, en bouchant les oreilles avec du coton imbibé de ce baume. Il guérit toute sorte de gale et de teigne la plus invétérée, apostèmes, plaies, cicatrices, ulcères vieux et nouveaux; toutes sortes de morsures venimeuses, de serpents, scorpions, etc.; toutes fistules, crampes et érysipèles; toute palpitation de cœur et des autres membres, par fomentation et emplâtre. Crollius en fait tant d'estime qu'il le nomme par excellence *huile mère de baume* [2].

Huile de talc. — Le talc est la pierre philosophale fixée au blanc. Les anciens ont beaucoup parlé de l'huile de talc, à laquelle ils attribuaient tant de vertus que presque tous les alchimistes ont mis en œuvre tout leur savoir pour la composer. Ils ont calciné, purifié, sublimé le talc, et n'en ont jamais pu extraire cette huile précieuse. Quelques-uns entendent, sous ce nom, l'élixir des philosophes hermétiques.

Hu-Jum-Sin, — célèbre alchimiste chinois qui trouva, dit-on, la pierre philosophale. Ayant tué un horrible dragon qui ravageait le pays, Hu-Jum-Sin attacha ce monstre à une colonne qui se voit encore aujourd'hui, et s'éleva ensuite dans le ciel. Les Chinois, par reconnaissance, lui érigèrent un temple dans l'endroit même où il avait tué le dragon.

Hulin, — petit marchand de bois d'Orléans; étant ensorcelé à mort, il envoya chercher un sorcier qui se vantait d'enlever toutes les maladies. Le sorcier répondit qu'il ne pouvait le guérir, s'il ne donnait la maladie à son fils qui était encore à la mamelle.

---

[1] Lenglet-Dufresnoy, Dissert., t. Ier.

[1] Leloyer, Histoire des spectres ou apparitions des esprits, liv. III, p. 273.
[2] Le Petit-Albert, p. 112.

Le père y consentit. La nourrice, ayant entendu cela, s'enfuit avec l'enfant pendant que le sorcier touchait le père pour lui ôter le mal. Quand il eut fait, il demanda où était l'enfant. Ne le trouvant pas, il commença à s'écrier : « Je suis mort, où est l'enfant? » puis il s'en alla : mais il n'eut pas plutôt mis les pieds hors la porte, que le diable le tua soudain. Il devint aussi noir que si on l'eût noirci de propos délibéré ; car la maladie était restée sur lui [1].

Humma, — dieu souverain des Cafres, qui fait tomber la pluie, souffler les vents, et qui donne le froid et le chaud. Ils ne croient pas qu'on soit obligé de lui rendre hommage, parce que, disent-ils, il les brûle de chaleur et de sécheresse, sans garder la moindre proportion.

Hunéric. — Avant la persécution d'Hunéric, fils de Genseric, roi des Vandales, qui fut si violente contre les catholiques d'Afrique, plusieurs signes annoncèrent, dit-on, cet orage. On aperçut sur le mont Ziquen un homme de haute stature, qui criait à droite et à gauche : « Sortez, sortez. » On vit aussi à Carthage, dans l'église de Saint-Fausto, une grande troupe d'Éthiopiens qui chassaient les saints comme le pasteur mène ses brebis. Il n'y eut guère de persécution d'hérétiques contre les catholiques plus forte que celle-là [2].

Huns. — Les anciens historiens donnent à ces peuples l'origine la plus monstrueuse. Jornandès raconte [3] que Philimer, roi des Goths, entrant dans les terres gétiques, n'y trouva que des sorcières d'une laideur affreuse ; qu'il les chassa loin de son armée ; qu'elles errèrent seules dans les déserts, où des démons s'unirent avec elles. C'est de ce commerce infernal que naquirent les Huns, si souvent appelés *les enfants du diable* [4]. Ils étaient d'une difformité horrible. Les historiens disent qu'à leurs yeux louches et sauvages, à leur figure torse, à leur barbe de bouc, on ne pouvait s'empêcher de les reconnaître pour enfants de démons. *Voy.* OGNES.

Huppe, — oiseau commun, nommé par les Chaldéens *Bori*, et par les Grecs *Isan*. Celui qui le regarde devient gros ; si on porte ses yeux sur l'estomac, on se réconciliera avec tous ses ennemis ; et de peur d'être trompé par quelque marchand, on a sa tête dans une bourse [1].

Hutgin, — démon qui prend plaisir à obliger les hommes, se plaisant en leur société, répondant à leurs questions, et leur rendant service quand il le peut, selon les traditions de la Saxe. Voici une de nombreuses complaisances qu'on lui attribue : — Un Saxon partant pour un voyage, et se trouvant fort inquiet sur la conduite de sa femme, dit à Hutgin : « Compagnon, je te recommande ma femme, aie soin de la garder jusqu'à mon retour. » La femme, aussitôt que son mari fut parti, voulut se donner des licences ; mais le démon l'en empêcha. Enfin le mari revint ; Hutgin courut au-devant de lui et lui dit : « Tu fais bien de revenir, car je commence à me lasser de la commission que tu m'as donnée. Je l'ai remplie avec toutes les peines du monde ; et je te prie de ne plus t'absenter, parce que j'aimerais mieux garder tous les pourceaux de la Saxe que ta femme [2]. » On voit que ce démon ne ressemble guère aux autres.

Hvergelmer, — fontaine infernale. *Voy.* NIFLHEIM.

Hyacinthe, — pierre précieuse que l'on pendait au cou pour se défendre de la peste. De plus elle fortifiait le cœur, garantissait de la foudre, et augmentait les richesses et les honneurs.

Hydraoth, — magicien célébré par le Tasse ; il était père du roi de Damas, et oncle d'Armide, qu'il instruisit dans les arts magiques [3].

Hydromancie ou **Hydroscopie,** — art de prédire l'avenir par le moyen de l'eau ; on en attribue l'invention aux Perses. On en distingue plusieurs espèces : — 1° lorsqu'à la suite des invocations et autres cérémonies magiques, on voyait écrits sur l'eau les noms des personnes ou des choses qu'on désirait de connaître ; ces noms se trouvaient écrits à rebours ; — 2° on se servait d'un vase plein d'eau et d'un anneau suspendu à un fil, avec lequel on frappait un certain nombre de fois les côtés du vase ; 3° on jetait successivement et à de courts intervalles trois petites pierres dans une eau tranquille et dormante ; et des cercles qu'on formait la surface, ainsi que de leur intersection, on tirait des présages ; — 4° on examinait attentivement les divers mouvements et l'agitation des flots de la mer. Les

---

[1] Bodin, Démonomanie, p. 330.
[2] Leloyer, Hist. des spectres, p. 272.
[3] De rebus gothicis.
[4] Besoldus prétend, après Servin, que le nom de *Huns* vient d'un mot tudesque, ou celtique, ou barbare, qui signifie *puissants par la magie, grands magiciens*. De Bonnaire dit, dans son *Histoire de France*, que les Huns, venant faire la guerre à Cherebert, ou Caribert, furent attaqués près de la rivière d'Elbe par Sigebert, roi de Metz, et que les Francs furent obligés de combattre contre les Huns et contre les spectres dont ces barbares avaient rempli l'air, par un effet de la magie ; ce qui rendit leur victoire plus distinguée.

[1] Secrets d'Albert-le-Grand, p. 111.
[2] Wierus, De præstigiis dæm., etc.
[3] Delancre, Tableau de l'inconstance des démons, etc., liv. I, p. 57.

Siciliens et les Eubéens étaient fort adonnés à cette superstition ; — 5° on tirait des présages de la couleur de l'eau et des figures qu'on croyait y voir. C'est ainsi, selon Varron, qu'on apprit à Rome quelle serait l'issue de la guerre contre Mithridate. Certaines rivières ou fontaines passaient chez les anciens pour être plus propres que d'autres à ces opérations ; — 6° c'était encore par une espèce d'hydromancie que les anciens Germains éclaircissaient leurs soupçons sur la fidélité des femmes : ils jetaient dans le Rhin, sur un bouclier, les enfants dont elles venaient d'accoucher ; s'ils surnageaient, ils les tenaient pour légitimes, et pour bâtards s'ils allaient au fond ; — 7° on remplissait d'eau une coupe ou une tasse, et, après avoir prononcé dessus certaines paroles, on examinait si l'eau bouillonnait et se répandait par-dessus les bords ; — 8° on mettait de l'eau dans un bassin de verre ou de cristal ; puis on y jetait une goutte d'huile, et l'on s'imaginait voir dans cette eau, comme dans un miroir, ce dont on désirait d'être instruit ; — 9° les femmes des Germains pratiquaient une neuvième sorte d'hydromancie, en examinant, pour y deviner l'avenir, les tours et détours et le bruit que faisaient les eaux des fleuves dans les gouffres ou tourbillons qu'ils formaient ; — 10° enfin, on peut rapporter à l'hydromancie une superstition qui a long-temps été en usage en Italie. Lorsqu'on soupçonnait des personnes d'un vol, on écrivait leurs noms sur autant de petits cailloux qu'on jetait dans l'eau. Le nom du voleur ne s'effaçait pas. *Voy.* OOMANCIE.

Hyène. — Les Égyptiens croyaient que l'hyène changeait de sexe chaque année. — On donnait le nom de pierres d'hyène à des pierres qui, au rapport de Pline, se trouvent dans le corps de l'hyène, lesquelles, placées sous la langue, attribuaient à celui qui les portait le don de prédire l'avenir.

Hyméra. — Une femme de Syracuse, nommée Hyméra, eut un songe, pendant lequel elle crut monter au ciel, conduite par un jeune homme qu'elle ne connaissait point. Après qu'elle eut vu tous les dieux et admiré les beautés de leur séjour, elle aperçut, attaché avec des chaînes de fer, sous le trône de Jupiter, un homme robuste, d'un teint roux, et le visage tacheté de lentilles. Elle demanda à son guide quel était cet homme ainsi enchaîné. Il lui fut répondu que c'était le *mauvais destin* de l'Italie et de la Sicile, et que, lorsqu'il serait délivré de ses fers, il causerait de grands maux. Hyméra s'éveilla là-dessus, et le lendemain elle divulgua son rêve. — Quelque temps après, quand Denys-le-Tyran se fut emparé du trône de la Sicile, Hyméra le vit entrer à Syracuse et s'écria que c'était l'homme qu'elle avait vu enchaîné dans le ciel. Le tyran, l'ayant appris, la fit mourir [1].

[1] Valère-Maxime.

I

Ialysiens, — peuple dont parle Ovide, et dont les regards avaient la vertu magique de gâter tout ce qu'ils fixaient. Jupiter les changea en rochers et les exposa aux fureurs des flots.

Ibis, — oiseau d'Égypte qui ressemble à la cigogne. Quand il met sa tête et son cou sous ses ailes, dit Élien, sa figure est à peu près celle du cœur humain. On dit que cet oiseau a introduit l'usage des lavements, honneur qui est réclamé aussi par les cigognes. Les Égyptiens autrefois lui rendaient les honneurs divins, et il y avait peine de mort pour ceux qui tuaient un ibis, même par mégarde. De nos jours, les Égyptiens regardent encore comme sacrilége celui qui tue l'ibis blanc, dont la présence bénit, disent-ils, les travaux champêtres, et qu'ils révèrent comme un symbole d'innocence.

Ichneumon, — rat du Nil, auquel les Égyptiens rendaient un culte particulier ; il avait ses prêtres et ses autels. Buffon dit qu'il vit dans l'état de domesticité, et qu'il sert comme les chats à prendre les souris. Il est plus fort que le chat, s'accommode de tout, chasse aux oiseaux, aux quadrupèdes, aux serpents et aux lézards. Pline dit qu'il fait la guerre au crocodile, qu'il l'épie pendant son sommeil, et que si ce vaste reptile était assez imprudent pour dormir la gueule ouverte, l'ichneumon s'introduirait dans son estomac et lui rongerait les entrailles. M. Denon assure que c'est une fable ; ces deux animaux n'ont jamais rien à démêler ensemble, ajoute-t-il, puisqu'ils n'habitent pas les mêmes parages ; on ne voit pas de crocodiles dans la basse Égypte, on ne voit pas non plus d'ichneumons dans la haute [1].

Ichthyomancie, — divination très-ancienne qui se pratique par l'inspection des entrailles des poissons. Polydamas, pendant la guerre de Troie, et Tirésias s'en sont servis. On dit que les poissons de la fontaine d'Apollon à Miré étaient prophètes, et Apulée fut aussi accusé de s'en être servi [2].

Ida. — On voit dans la légende de la bienheureuse Ida de Louvain quelques pâles apparitions du diable, qui cherche à la troubler et qui n'y parvient pas. (*Bollandistes*, 13 avril.)

Idiot. — En Écosse, les gens du peuple ne voient pas comme un malheur un enfant idiot dans une famille. Ils voient là au contraire un signe de bénédiction. Cette opinion est partagée par plusieurs peuples de l'Orient, et nous nous bornons à la mentionner sans la juger.

Idoles. — L'idole est une image, une figure, une représentation d'un être imaginaire ou réel. Le culte d'adoration rendu à quelque idole s'appelle idolâtrie. — Si les idoles ont fait chez les païens des choses qu'on pouvait appeler prodiges, ces prodiges n'ont eu lieu que par le pouvoir des démons ou par le charlatanisme. — Saint Grégoire le thaumaturge, se rendant à Néocésarée, fut surpris par la nuit et par une pluie violente qui l'obligea d'entrer dans un temple d'idoles, fameux dans le pays à cause des oracles qui s'y rendaient. Il invoqua le nom de Jésus-Christ, fit des signes de croix pour purifier le temple, et passa une partie de la nuit à chanter les louanges de Dieu suivant son habitude. Après qu'il fut parti, le prêtre des idoles vint au temple, se disposant à faire les cérémonies de son culte. Les démons, dit-on, lui apparurent aussitôt, et lui dirent qu'ils ne pouvaient plus habiter ce lieu depuis qu'un saint évêque y avait séjourné. Il promit bien des sacrifices pour les engager à tenir ferme sur leurs autels; mais la puissance de Satan s'était éclipsée devant Grégoire. Le prêtre, furieux, poursuivit l'évêque de Néocésarée, et le menaça de le faire punir juridiquement s'il ne réparait le mal qu'il venait de causer. Grégoire, qui l'écoutait sans s'émouvoir, lui répondit : « Avec l'aide de Dieu, qui chasse les démons, ils pourront revenir s'il le permet. » Il prit alors un papier sur lequel il écrivit : « Grégoire à Satan. Rentre. » — Le sacrificateur porta ce billet dans son temple, fit ses sacrifices, et les démons y revinrent. Mais, réfléchissant alors à la puissance de Grégoire, il retourna vers lui, se fit instruire dans la religion chrétienne et devint son disciple. — Porphyre avoue que les démons s'enfermaient dans les idoles pour recevoir le culte des gentils. « Parmi les idoles, dit-il, il y a des esprits impurs, trompeurs et malfaisants, qui veulent passer pour des dieux et se faire adorer par les hommes; il faut les apaiser, de peur qu'ils ne nous nuisent. Les uns, gais et enjoués, se laissent gagner par des spectacles et des jeux ; l'humeur sombre des autres veut l'odeur de la graisse et se repaît des sacrifices sanglants. »

Ifurin, — enfer des Gaulois. C'était une région sombre et terrible, inaccessible aux rayons du soleil, infectée d'insectes venimeux, de reptiles, de lions rugissants et de loups carnassiers. Les grands criminels étaient enchaînés dans des cavernes encore plus horribles, plongés dans un étang plein de couleuvres et brûlés par les poisons qui distillaient sans cesse de la voûte. Les gens inutiles, ceux qui n'avaient fait ni bien ni mal, résidaient au milieu des vapeurs épaisses et pénétrantes élevées au-dessus de ces hideuses prisons. Le plus grand supplice était un froid très-rigoureux.

Ignorance. — Ceux qui enseignèrent que l'Océan était salé de peur qu'il ne se corrompît, et que les marées étaient faites pour conduire nos vaisseaux dans les ports, ne savaient sûrement pas que la Méditerranée a des ports et point de reflux. *Voy.* Erreurs, Merveilles, Prodiges, etc., etc., etc.

Iles. — Il y a dans la Baltique des îles rapprochées que les pêcheurs croient avoir été faites par des enchanteurs, qui voulaient s'en aller plus facilement d'un lieu à un autre, et qui établissaient ainsi des stations sur leur route [1].

Illuminés, — sorte de francs-maçons d'Allemagne, qui croient avoir la seconde vue et qui prophétisent. On connaît peu leur doctrine, qui est vague et libre, mais ils ont eu des prédécesseurs. En 1575, Jean de Villalpando et une carmélite nommée Catherine de Jésus, établirent une secte d'illuminés, que l'inquisition de Cordoue dispersa. Pierre Guérin les ramena en France en 1634. Ils prétendaient que Dieu avait révélé à l'un d'entre

---

[1] M. Salgues, Des Erreurs, etc., t. III, p. 361.
[2] Delancre, Incrédulité et mécréance, etc., p. 267.

[1] Marmier, Trad. de la mer Baltique.

eux, le frère Antoine Bocquet, une pratique de vie et de foi suréminente, au moyen de laquelle on devenait tellement saint qu'on ne faisait plus qu'un avec Dieu et qu'alors on pouvait sans péché se livrer à toutes ses passions. Ils se flattaient d'en remontrer aux apôtres, à tous les saints et à toute l'Église. Louis XIII dissipa cette secte de fous.

Images de cire, — *voy.* ENVOUTEMENT.

Imagination. — Les rêves, les songes, les chimères, les terreurs paniques, les superstitions, les préjugés, les prodiges, les châteaux en Espagne, le bonheur, la gloire, et tous ces contes d'esprits et de revenants, de sorciers et de diables, sont les enfants de l'imagination. Son domaine est immense, son empire est despotique ; une grande force d'esprit peut seule en réprimer les écarts. Un Athénien, ayant rêvé qu'il était devenu fou, en eut l'imagination tellement frappée qu'à son réveil il fit des folies comme il croyait devoir en faire, et perdit en effet la raison. — On connaît l'origine de la fièvre de Saint-Vallier. A cette occasion Pasquier parle de la mort d'un bouffon du marquis de Ferrare, nommé Gonelle, qui, ayant entendu dire qu'une grande peur guérissait de la fièvre, voulut guérir de la fièvre quarte le prince son maître, qui en était tourmenté. Pour cet effet, passant avec lui sur un pont assez étroit, il le poussa et le fit tomber dans l'eau au péril de sa vie. On repêcha le souverain, et il fut guéri ; mais, jugeant que l'indiscrétion de Gonelle méritait quelque punition, il le condamna à avoir la tête coupée, bien résolu cependant de ne pas le faire mourir. Le jour de l'exécution, il lui fit bander les yeux, et ordonna qu'au lieu d'un coup de sabre on ne lui donnât qu'un petit coup de serviette mouillée ; l'ordre fut exécuté et Gonelle délié aussitôt après, mais le malheureux bouffon était mort de peur. — Héquet parle d'un homme qui, s'étant couché avec les cheveux noirs, se leva le matin avec les cheveux blancs, parce qu'il avait rêvé qu'il était condamné à un supplice cruel et infamant. Dans le *Dictionnaire de police* de Des Essarts, on trouve l'histoire d'une jeune fille à qui une sorcière prédit qu'elle serait pendue ; ce qui produisit un tel effet sur son esprit qu'elle mourut suffoquée la nuit suivante. — Athénée raconte que quelques jeunes gens d'Agrigente étant ivres, dans une chambre de cabaret, se crurent sur une galère, au milieu de la mer en furie, et jetèrent par les fenêtres tous les meubles de la maison, pour soulager le bâtiment. — Il y avait, à Athènes, un fou qui se croyait maître de tous les vaisseaux qui entraient dans le Pirée, et donnait ses ordres en conséquence. Horace parle d'un autre fou, qui croyait toujours assister à un spectacle, et qui, suivi d'une troupe de comédiens imaginaires, portait un théâtre dans sa tête, où il était tout à la fois et l'acteur et le spectateur. On voit, dans les maniaques, des choses aussi singulières ; tel s'imagine être un moineau, un vase de terre, un serpent ; tel autre se croit un dieu, un orateur, un Hercule. Et parmi les gens qu'on dit sensés, en est-il beaucoup qui maîtrisent leur imagination, et se montrent exempts de faiblesses et d'erreurs ? — Plusieurs personnes mordues par des chiens ont été très-malades parce que, les supposant atteints de la rage, elles se croyaient menacées ou déjà affectées du même mal. La société royale des sciences de Montpellier rapporte, dans un mémoire publié en 1730, que deux frères ayant été mordus par un chien enragé, l'un d'eux partit pour la Hollande, d'où il ne revint qu'au bout de dix ans. Ayant appris, à son retour, que son frère était mort hydrophobe, il mourut lui-même enragé par la crainte de l'être. — Voici un fait qui n'est pas moins extraordinaire : un jardinier rêva qu'un grand chien noir l'avait mordu. Il ne pouvait montrer aucune trace de morsure ; et sa femme, qui s'était levée au premier cri, lui assura que toutes les portes étaient bien fermées et qu'aucun chien n'avait pu entrer. Ce fut en vain ; l'idée du gros chien noir restait toujours présente à son imagination, il croyait le voir sans cesse : il en perdit le sommeil et l'appétit, devint triste, rêveur, languissant. Sa femme qui, raisonnable au commencement, avait fait tous ses efforts pour le calmer et le guérir de son illusion, finit par s'imaginer que, puisqu'elle n'avait pas réussi, il y avait quelque chose de réel dans l'idée de son mari, et qu'ayant été couchée à côté de lui, il était fort possible qu'elle eût été aussi mordue. Cette disposition d'esprit développa chez elle les mêmes symptômes que chez son mari, abattement, lassitude, frayeur, insomnie. — Le médecin, voyant échouer toutes les ressources ordinaires de son art contre cette maladie de l'imagination, leur conseilla d'aller en pèlerinage à Saint-Hubert. — Dès ce moment les deux malades furent plus tranquilles : ils allèrent à Saint-Hubert, y subirent le traitement usité, et revinrent guéris. — Un homme pauvre et malheureux s'était tellement frappé l'imagination de l'idée des richesses, qu'il avait fini par se croire dans la plus grande opulence. Un médecin le guérit, et il regretta sa folie. — On a vu, en Angleterre, un homme qui voulait absolument que rien ne l'affligeât dans ce monde. En vain on lui annonçait un événement fâcheux ; il s'obstinait à le nier. Sa femme étant morte, il n'en voulut rien croire. Il faisait mettre à table le couvert de la défunte, et s'entretenait avec elle, comme si elle eût été présente ; il en agissait de même lorsque son fils était absent. Près de sa dernière heure, il soutint qu'il n'était pas malade, et mourut avant d'en avoir eu le démenti. — Voici une autre anecdote : Un maçon, sous l'empire d'une monomanie qui pouvait dégénérer en folie absolue, croyait avoir avalé une couleuvre ; il disait la sentir remuer dans son ventre. M. Jules Cloquet, chirurgien de l'hôpital Saint-Louis, à qui il fut amené, pensa que le meilleur, peut-être le seul moyen pour guérir ce monomane, était de se prêter à sa folie. Il offrit en conséquence d'extraire la couleuvre par une opération chirurgicale. Le maçon y consent ; une incision longue, mais superficielle, est faite à la région de l'estomac ; des linges, des compresses, des bandages rougis par le sang sont appliqués. La tête d'une couleuvre dont on s'était précautionné est passée avec adresse entre les bandes et la plaie. « Nous la tenons enfin, s'écrie l'adroit chirurgien ; la voici. » En même temps, le patient arrache son bandeau ; il veut voir le reptile qu'il a nourri dans son sein. Quelque temps après une nouvelle mélancolie s'empare de lui ; il gémit, il soupire ; le médecin est rappelé : « Monsieur, lui dit-il avec anxiété, si elle avait fait des petits ? — Impossible ! c'est un mâle. » — On attribue ordinairement à l'imagination des femmes la production des fœtus monstrueux. M. Salgues a voulu prouver que l'imagination n'y avait aucune part, en citant quelques animaux qui ont produit des monstres, et par d'autres preuves insuffisantes. Plessman, dans sa *Médecine puerpérale*; Harting, dans une thèse ; Demangeon, dans ses *Considérations physiologiques sur le pouvoir de l'imagination maternelle dans la grossesse*, soutiennent l'opinion générale. — Les femmes enceintes défigurent leurs enfants, quoique déjà formés, lorsque leur imagination est violemment frappée. Malebranche parle d'une femme qui, ayant assisté à l'exécution d'un malheureux condamné à la roue, en fut si affectée qu'elle mit au monde un enfant dont les bras, les cuisses et les jambes étaient rompus à l'endroit où la barre de l'exécuteur avait frappé le condamné. — Le peintre Jean-Baptiste Rossi fut surnommé Gobbino, parce qu'il était agréablement *gobbo*, c'est-à-dire bossu. Sa mère était enceinte de lui lorsque son père sculptait le gobbo, bénitier devenu célèbre et qui a fait le pendant du pasquino, autre bénitier de Gabriel Cagliari. — Une femme enceinte jouait aux cartes. En relevant son jeu, elle voit que, pour faire un grand coup, il lui manque l'as de pique. La dernière carte qui lui rentre était effectivement celle qu'elle attendait. Une joie immodérée s'empare de son esprit, se communique, comme un choc électrique, à toute son existence ; et l'enfant qu'elle mit au monde porta dans la prunelle de l'œil la forme d'un as de pique, sans que l'organe de la vue fût d'ailleurs offensé par cette conformation extraordinaire. — « Le trait suivant est encore plus étonnant, dit Lavater. Un de mes amis m'en a garanti l'authenticité. Une dame de condition du Rhinthal voulut assister, dans sa grossesse, au supplice d'un criminel qui avait été condamné à avoir la tête tranchée et la main droite coupée. Le coup qui abattit la main effraya tellement la femme enceinte, qu'elle détourna la tête avec un mouvement d'horreur, et se retira sans attendre la fin de l'exécution. Elle accoucha d'une fille qui n'eut qu'une main, et qui vivait encore lorsque mon ami me fit part de cette anecdote ; l'autre main sortit séparément, d'abord après l'enfantement. » — Il y a du reste, sur les accouchements prodigieux, bien des contes. « J'ai lu, dans un recueil de faits merveilleux, dit M. Salgues (*Des Erreurs et des préjugés répandus dans la société*), qu'en 1778, un chat, né à Stap en Normandie, devint épris d'une poule du voisinage et qu'il lui fit une cour assidue. La fermière ayant mis sous les ailes de la poule des œufs de cane qu'elle voulait faire couver, le chat s'associa à ses travaux maternels. Il détourna une partie des œufs et les couva si tendrement qu'au bout de vingt-cinq jours il en sortit de petits êtres amphibies, participant de la cane et du chat, tandis que ceux de la poule étaient des canards ordinaires. Le docteur Vimond atteste qu'il a vu, connu, tenu le père et la mère de cette singulière famille, et les petits eux-mêmes. Mais on dit au docteur Vimond : « Aviez-vous la vue bien nette quand vous avez examiné vos canards amphibies ? vous avez trouvé l'animal vêtu d'un poil noirâtre, touffu et soyeux ; mais ne savez-vous pas que c'est le premier duvet des canards ? Croyez-vous que l'incubation d'un chat puisse dénaturer le germe renfermé dans l'œuf ? Alors pourquoi l'incubation de la poule aurait-elle été moins efficace et n'aurait-elle pas produit des êtres moitié poules et moitié canards ? » — On rit aujourd'hui de ces contes, on n'oserait plus écrire ce que publiaient les journaux de Paris, il y a soixante ans, qu'une chienne du faubourg Saint-Honoré venait de mettre au jour quatre chats et trois chiens. — Élien, dans le vieux temps, a pu parler d'une truie qui mit bas un cochon ayant une tête d'éléphant, et d'une brebis qui mit bas un lion. Nous le rangerons à côté de Torquemada, qui rapporte, dans la sixième journée de son *Examéron*, qu'en un lieu d'Espagne, qu'il ne nomme pas, une jument était tellement pleine qu'au temps de mettre bas son fruit elle creva, et qu'il sortit d'elle une mule qui mourut incontinent, ayant comme sa mère le ventre si gros et si enflé que le maître voulut voir ce qui était dedans. On l'ouvrit et on y trouva une autre mule de laquelle elle était pleine... — Voici une autre anecdote. Un duc de Mantoue avait dans ses écuries une cavale pleine qui mit bas un mulet. Il envoya aussitôt aux plus célèbres astrologues d'Italie l'heure de la naissance de cette bête, les priant de lui faire l'horoscope d'un bâtard né dans son palais sous les conditions qu'il indiquait. Il prit bien soin qu'ils ne sussent pas que c'était d'un mulet qu'il voulait parler. Les devins firent de leur mieux pour flatter le prince, ne doutant pas que ce bâtard ne fût du prince. Les uns dirent qu'il serait général d'armée ; les autres en firent mieux encore, et tous le comblèrent de dignités. — Mais rentrons dans les accouchements prodigieux. On publia au seizième siècle qu'une femme ensorcelée venait d'enfanter plusieurs grenouilles. De telles nouveautés étaient reçues alors sans opposition. Au commencement du dix-huitième siècle, les gazettes d'Angleterre annoncèrent, d'après le certificat du chirurgien accoucheur, appuyé de l'anatomiste du roi, qu'une paysanne venait d'accoucher de beaucoup de lapins ; et le public le crut, jusqu'au moment où l'anatomiste avoua qu'il s'était prêté à une mystification. — On fit courir le bruit, en 1471, qu'une femme, à Pavie, avait mis bas un chien ; on cita la Suissesse qui, en 1278, avait donné le jour à un lion, et la femme que Pline dit avoir été mère d'un éléphant. — On voit dans d'autres conteurs anciens qu'une autre Suissesse se délivra d'un lièvre ; une Thuringienne, d'un crapaud ; que d'autres femmes mirent bas des poulets [1]. Ambroise Paré cite un jeune cochon napolitain qui portait une tête d'homme sur son corps de cochon. Boguet assure, dans ses *Discours des exécrables sorciers*, qu'une femme maléficiée mit au jour à la fois, en 1531, une tête d'homme, un serpent à deux pieds et un petit pourceau. Bayle parle d'une femme qui passa pour être accouchée d'un chat noir ; le chat fut brûlé comme produit d'un démon [1]. — Le même Torquemada que nous avons cité énumère beaucoup d'accouchements extraordinaires : une femme qui mit au monde sept enfants à la fois, à Médina del Campo ; une autre femme de Salamanque qui en eut neuf d'une seule couche ; puis une Italienne qui donna le jour à soixante-dix enfants d'une même portée. Et comme on pourrait être surpris du nombre, il rappelle ce que conte Albert-le-Grand, qu'une Allemande enfanta, d'une seule couche, cent cinquante enfants, grands comme le doigt, très-bien formés et tous enveloppés dans une pellicule. On ne dit pas ce que devint cette petite famille. Mais avouez qu'il n'y a que les Allemandes pour faire de ces choses-là. — Une Hollandaise pourtant fit plus encore. *Voy*. MARGUERITE. — « Ces faits sont difficiles à croire à qui ne les a pas vus, » dit Torquemada ; et il parle, *de visu*, d'un enfant né en Italie avec une barbe de bouc ; comment a-t-il reconnu que cette barbe était précisément une barbe de bouc ? — Volaterranus parle d'un enfant qui naquit homme jusqu'à la ceinture, et chien dans la partie inférieure du corps. Un autre enfant monstrueux naquit, sous le règne de Constance, avec deux bouches, quatre yeux, deux petites oreilles et de la barbe. — Un savant professeur de Louvain, Cornelius Gemma, écrivant à une époque où l'on admettait tout, rapporte qu'en 1545 une dame de noble lignée mit au monde, dans la Belgique, un garçon qui avait, au dire des experts, la tête d'un démon avec une trompe d'éléphant au lieu de nez, des pattes d'oie au lieu de mains, des yeux de chat au milieu du ventre, une tête de chien à chaque genou, deux visages de singe sur l'estomac et une queue de scorpion longue d'une demi-aune de Brabant. Ce petit monstre ne vécut que quatre heures, et poussa des cris en mourant par les deux gueules de chien qu'il avait aux genoux [2]. — Nous pourrions multiplier ces contes ridicules, fondés sur quelques phénomènes naturels que l'imagination des femmes enceintes a produits. Arrêtons-nous un moment aux faits prodigieux plus réels. Tels sont les enfants nés sans tête, ou plutôt dont la tête n'est pas distincte des épaules. Un de ces enfants vint au monde au village de Schmechten, près de Paderborn, le 16 mai 1565 ; il avait la bouche à l'épaule gauche et une seule oreille à l'épaule droite. Mais en compensation de ces enfants sans tête, une Normande accoucha, le 20 juillet 1684, d'un enfant mâle

---

[1] Bayle, République des lettres, 1684, t. III, p. 172, cité par M. Salgues.

[1] Bayle, République des lettres, 1686, t. III, p. 1018.
[2] Cornelii Gemmæ cosmocriticæ, lib. 1, cap. 8.

dont la tête semblait double. Il avait quatre yeux, deux nez crochus, deux bouches, deux langues et seulement deux oreilles. L'intérieur renfermait deux cerveaux, deux cervelets et trois cœurs ; les autres viscères étaient simples. Ce garçon vécut une heure ; et peut-être eut-il vécu plus long-temps, si la sage-femme qui en avait peur ne l'eût laissé tomber. — Le phénomène des êtres bicéphales est moins rare que celui des acéphales. On présenta en 1779, à l'Académie des sciences de Paris, un lézard à deux têtes, qui se servait également bien de toutes les deux. Le journal de médecine du mois de février 1808 donne des détails curieux sur un enfant né avec deux têtes, mais placées l'une au-dessus de l'autre, de sorte que la première en portait une seconde ; cet enfant était né au Bengale. A son entrée dans le monde, il effraya tellement la sage-femme que, croyant tenir le diable dans les mains, elle le jeta au feu. On se hâta de l'en retirer, mais il eut les oreilles endommagées. Ce qui rendait le cas encore plus singulier, c'est que la seconde tête était renversée, le front en bas et le menton en haut. Lorsque l'enfant eut atteint l'âge de six mois, les deux têtes se couvrirent d'une quantité à peu près égale de cheveux noirs. On remarqua que la tête supérieure ne s'accordait pas avec l'inférieure ; qu'elle fermait les yeux quand l'autre les ouvrait, et s'éveillait quand la tête principale était endormie ; elle avait alternativement des mouvements indépendants et des mouvements sympathiques. Le rire de la bonne tête s'épanouissait sur la tête d'en haut ; mais la douleur de cette dernière ne passait pas à l'autre, de sorte qu'on pouvait la pincer sans occasionner la moindre sensation à la tête d'en bas. Cet enfant mourut d'un accident à sa quatrième année. — Ce que nous venons de rapporter n'est peut-être pas impossible. Mais remarquez que ces merveilles viennent toujours de très-loin. Cependant nous avons vu de nos jours Ritta-Christina, cette jeune fille à deux têtes, ou plutôt ces deux jeunes filles accouplées. Nous avons vu aussi les jumeaux Siamois, deux hommes qu'une partie du ventre rendait inséparables et semblait réunir en un seul être. Pour le reste, le plus sûr est de rejeter en ces matières ce qui n'est pas certifié par de suffisants témoignages. — Dans ce genre de faits, on attribuait autrefois au diable tout ce qui sortait du cours ordinaire de la nature. — Il est certain qu'on exagère ordinairement ces phénomènes. On a vu des fœtus monstrueux, à qui on donnait gratuitement la forme d'un mouton, et qui étaient aussi bien un chien, un cochon, un lièvre, etc., puisqu'ils n'avaient aucune figure distincte. On prend souvent pour une cerise, ou pour une fraise, ou pour un bouton de rose, ce qui n'est qu'un seing plus large et plus coloré qu'ils ne le sont ordinairement. *Voy.* FRAYEURS, etc.

Ime, — géant. *Voy.* NAINS.

Immortalité. — Ménandre, disciple de Simon le magicien, se vantait de donner un baptême qui rendait immortel. On fut bien vite détrompé. — Les Chinois sont persuadés qu'il y a quelque part une eau qui empêche de mourir ; et ils cherchent toujours ce breuvage d'immortalité, qui n'est pas trouvé encore. — Les Struldbruggs ou immortels de Gulliver sont fort malheureux de leur immortalité. La même pensée se retrouve dans cette légende des bords de la Baltique. — A Falster, il y avait autrefois une femme fort riche qui n'avait point d'enfants. Elle voulut faire un pieux usage de sa fortune, et elle bâtit une église. L'édifice achevé, elle le trouva si bien, qu'elle se crut en droit de demander à Dieu une récompense. Elle le pria donc de la laisser vivre aussi long-temps que son église subsisterait. Son vœu fut exaucé. La mort passa devant sa porte sans entrer ; la mort frappa autour d'elle voisins, parents, amis, et ne lui montra pas seulement le bout de sa faux. Elle vécut au milieu de toutes les guerres, de toutes les pestes, de tous les fléaux qui traversèrent le pays. Elle vécut si long-temps, qu'elle ne trouva plus un ami avec qui elle pût s'entretenir ; elle parlait toujours d'une époque si ancienne, que personne ne la comprenait. Elle avait bien demandé une vie perpétuelle, mais elle avait oublié de demander aussi la jeunesse ; le ciel ne lui donna que juste ce qu'elle voulait avoir, et la pauvre femme vieillit ; elle perdit ses forces, puis la vue, et l'ouïe et la parole. Alors elle se fit enfermer dans une caisse de chêne et porter dans l'église. Chaque année, à Noël, elle recouvre, pendant une heure, l'usage de ses sens, et chaque année, à cette heure-là, le prêtre s'approche d'elle pour prendre ses ordres. La malheureuse se lève à demi dans son cercueil et s'écrie : « Mon église subsiste-t-elle encore ? — Oui, répond le prêtre. — Hélas ! dit-elle. » Et elle s'affaisse en poussant un profond soupir, et le coffre de chêne se referme sur elle [1].

Impair. — Une crédulité superstitieuse a attribué, dans tous les temps, bien des prérogatives au nombre impair. Le nombre pair passait, chez les Romains, pour mauvais, parce que ce nombre, pouvant être divisé éga-

[1] Marmier, Trad. de la Baltique.

lement, est le symbole de la mortalité et de la destruction; c'est pourquoi Numa, corrigeant l'année de Romulus, y ajouta un jour, afin de rendre impair le nombre de ceux qu'elle contenait. C'est en nombre impair que les livres magiques prescrivent leurs opérations les plus mystérieuses. L'alchimiste d'Espagnet, dans sa Description du Jardin des Sages, place à l'entrée une fontaine qui a sept sources. Il faut, dit-il, y faire boire le dragon par le nombre magique de trois fois sept, et l'on doit y chercher trois sortes de fleurs, qu'il faut y trouver nécessairement pour réussir au grand œuvre. Le crédit du nombre impair s'est établi jusque dans la médecine : l'année climatérique est, dans la vie humaine, une année impaire.

Impostures. — On lit dans Leloyer qu'un valet, par le moyen d'une sarbacane, engagea une veuve d'Angers à l'épouser, en le lui conseillant de la part de son mari défunt. — Un roi d'Écosse, voyant que ses troupes ne voulaient point combattre contre les Pictes, suborna des gens habillés d'écailles brillantes, ayant en main des bâtons de bois luisant, qui les excitèrent à combattre, comme s'ils avaient été des anges, ce qui eut le succès qu'il souhaitait [1]. — Nous aurions un gros volume à faire, si nous voulions citer ici toutes les impostures de l'histoire. *Voy.* Apparitions, Fantomes, Bohémiens, Jetzer, etc.

Imprécations. — Ce qui va suivre est de Chassanion, huguenot, en ses *Grands jugements de Dieu* : « Quant à ceux qui sont adonnés à maugréer, et qui, comme des gueules d'enfer, à tout propos dépitent Dieu par d'horribles exécrations, et sont si forcenés que de le renier pour se donner au diable, ils méritent bien d'être abandonnés de Dieu et d'être livrés entre les mains de Satan pour aller avec lui en perdition ; ce qui est advenu visiblement à certains malheureux de notre temps qui ont été emportés par le diable, auquel ils s'étaient donnés. — Il y a quelque temps qu'en Allemagne un homme de mauvaise vie était si mal embouché, que jamais il ne parlait sans nommer les diables. Si en cheminant il lui advenait de faire quelque faux pas ou de se heurter, aussitôt il avait les diables dans sa gueule. De quoi combien que plusieurs fois il eût été repris par ses voisins, et admonesté de se châtier d'un si méchant et détestable vice, toutefois ce fut en vain. Continuant dans cette mauvaise et damnable coutume, il advint un jour qu'en passant sur un pont il trébucha et, étant tombé du haut en bas, proféra ces paroles : Lève-toi par tous les cent diables. Soudain, voici celui qu'il avait tant de fois appelé qui le vint étrangler, et l'emporta. — L'an mil cinq cent cinquante et un, près Mégalopole, joignant Voilstadt, il advint encore, durant les fêtes de la Pentecôte, ainsi que le peuple s'amusait à boire, qu'une femme, qui était de la campagne, nommait ordinairement le diable parmi ses jurements : lequel, à cette heure, en la présence d'un chacun, l'enleva par la porte de la maison, et l'emporta en l'air. Ceux qui étaient présents sortirent incontinent tout étonnés, pour voir où cette femme était ainsi transportée : laquelle ils virent, hors du village, pendue quelque temps en l'air bien haut, dont elle tomba en bas, et la trouvèrent à peu près morte au milieu d'un champ. Environ ce temps-là, il y eut un grand jureur en une ville de Savoie, homme fort vicieux et qui donnait beaucoup de peine aux gens de bien, qui, pour le devoir de leur charge, s'employèrent à le reprendre et l'admonestèrent bien souvent, afin qu'il s'amendât : à quoi il ne voulut oncques entendre. Or, advint que, la peste étant en la ville, il en fut frappé et se retira en un sien jardin, avec sa femme et quelques parents. Là, les ministres de l'église ne cessèrent de l'exhorter à repentance, lui remontrant ses fautes et péchés pour le réduire au bon chemin. Mais tant s'en fallut qu'il fût touché par tant de bonnes et saintes remontrances, qu'au contraire il ne fit que s'endurcir davantage en ses péchés. Avançant donc son malheur, un jour, comme ce méchant reniait Dieu et se donnait au diable et l'appelait tant qu'il pouvait, voilà le diable qui le ravit soudainement et l'emporta en l'air ; sa femme et sa parente le virent passer par-dessus leurs têtes. Étant ainsi transporté, son bonnet lui tomba de dessus la tête, et fut trouvé auprès du Rhône. Le magistrat, averti de cela, vint sur le lieu, et s'informa du fait, prenant attestation de ces deux femmes de ce qu'elles avaient vu. — Voilà des événements terribles, épouvantables, pour donner crainte et frayeur à tels ou semblables jureurs et renieurs de Dieu, desquels le monde n'est que trop rempli aujourd'hui. Réfrénez donc, misérables que vous êtes, vos langues infernales ; départez-vous de toutes méchantes paroles et exécrations, et vous accoutumez à louer et glorifier Dieu tant de bouche que de fait [1]. » — Quand les femmes grecques entendent des imprécations comme il s'en fait dans les chaudes colères de leur pays, elles se hâtent de mouiller leurs seins avec

---

[1] Hector de Boëce.

[1] Chassanion, Jugements de Dieu, p. 169.

leur salive, de peur qu'une partie de ces malédictions ne tombent sur elles [1]. *Voy.* JUREMENTS.

Incendies. — En 1807, un professeur de Brunswick annonça qu'il vendait de la poudre aux incendies, comme un apothicaire vend de la poudre aux vers; il ne s'agissait, pour sauver un édifice, que de le saupoudrer de quelques pincées de cette poudre; deux onces suffisaient par pied carré; et comme la livre ne coûtait que sept à huit sous, et qu'un homme n'a que quatorze pieds de superficie, on pouvait, pour 17 sous ou six deniers (vieux style), se rendre incombustible. Quelques gens crédules achetèrent la poudre du docteur. Les gens raisonnables crurent qu'il voulait attraper le public, et se moquèrent de lui [2]. *Voy.* APPARITIONS.

Incombustibles. — Il y avait jadis en Espagne des hommes d'une trempe supérieure qu'on appelait *Saludadores*, *Santiguadores*, *Ensalmadores*. Ils avaient non-seulement la vertu de guérir toutes les maladies avec leur salive, mais ils maniaient le feu impunément; ils pouvaient avaler de l'huile bouillante, marcher sur les charbons ardents, se promener à l'aise au milieu des bûchers enflammés. Ils se disaient parents de sainte Catherine et montraient sur leur chair l'empreinte d'une roue, signe manifeste de leur glorieuse origine. — Il existe aujourd'hui en France, en Allemagne et dans presque toute l'Europe, des hommes qui ont les mêmes priviléges, et qui pourtant évitent avec soin l'examen des savants et des docteurs. Léonard Vair conte qu'un de ces hommes incombustibles ayant été sérieusement enfermé dans un four très-chaud, on le trouva calciné quand on rouvrit le four. Il y a quelques années qu'on vit à Paris un Espagnol marcher pieds nus sur des barres de fer rougies au feu, promener des lames ardentes sur ses bras et sur sa langue, se laver les mains avec du plomb fondu, etc.; on publia ces merveilles. Dans un autre temps, l'Espagnol eût passé pour un homme qui avait des relations avec le démon; alors, on se contenta de citer Virgile, qui dit que les prêtres d'Apollon au mont Soracte marchaient sur les charbons ardents; on cita Varron, qui affirme que ces prêtres avaient le secret d'une composition qui les rendait pour quelques instants inaccessibles à l'action du feu. — Le P. Regnault, qui a fait quelques recherches pour découvrir les secrets de ces procédés, en a publié un dans ses Entretiens sur la physique expérimentale. Ceux qui font métier, dit-il, de manier le feu et d'en tenir à la bouche, emploient quelquefois un mélange égal d'esprit de soufre, de sel ammoniac, d'essence de romarin et de suc d'oignon. L'oignon est en effet regardé, par les gens de la campagne, comme un préservatif contre la brûlure. Dans le temps où le P. Regnault s'occupait de ces recherches, un chimiste anglais, nommé Richardson, remplissait toute l'Europe du bruit de ses expériences merveilleuses. Il mâchait des charbons ardents sans se brûler; il faisait fondre du soufre, le plaçait tout animé sur sa main, et le reportait sur sa langue, où il achevait de se consumer; il mettait aussi sur sa langue des charbons embrasés, y faisait cuire un morceau de viande ou une huître, et soufflait, sans sourciller, qu'on allumât le feu avec un soufflet; il tenait un fer rouge dans ses mains, sans qu'il y restât aucune trace de brûlure, prenait ce fer dans ses dents, et le lançait au loin avec une force étonnante; il avalait de la poix et du verre fondus, du soufre et de la cire mêlés ensemble, et tout ardents, de sorte que la flamme sortait de sa bouche comme d'une fournaise. Jamais, dans toutes ces épreuves, il ne donnait le moindre signe de douleur. — Depuis le chimiste Richardson, plusieurs hommes ont essayé comme lui de manier le feu impunément. En 1774, on vit à la forge de Laune un homme qui marchait sans se brûler sur des barres de fer ardentes, tenait sur sa main des charbons, et les soufflait avec sa bouche; sa peau était épaisse et enduite d'une sueur grasse, onctueuse, mais il n'employait aucun spécifique. Tant d'exemples prouvent qu'il n'est pas nécessaire d'être parent de sainte Catherine pour braver les effets du feu. Mais il fallait que quelqu'un prît la peine de prouver, par des expériences décisives, qu'on peut aisément opérer tous les prodiges dont l'Espagnol incombustible a grossi sa réputation; ce physicien s'est trouvé à Naples. — M. Sementini, premier professeur de chimie à l'université de cette ville, a publié à ce sujet des recherches qui ne laissent rien à désirer. Ses premières tentatives ne furent pas heureuses, mais il ne se découragea point. Il conçut que ses chairs ne pouvaient acquérir subitement les mêmes facultés que celles du fameux Lionetti, qui était alors incombustible; qu'il était nécessaire de répéter long-temps les mêmes tentatives et que, pour obtenir les résultats qu'il cherchait, il fallait beaucoup de constance. A force de soins il réussit. Il se fit sur

---

[1] Mac-Farlane, Souvenirs du Levant.
[2] M. Salgues, Des Erreurs et des préjugés, tome III, p. 213.

le corps des frictions sulfureuses, et les répéta si souvent, qu'enfin il put y promener impunément une lame de fer rouge. Il essaya de produire le même effet avec une dissolution d'alun, l'une des substances les plus propres à repousser l'action du feu : le succès fut encore plus complet. Mais quand M. Sementini avait lavé la partie incombustible, il perdait aussitôt tous ses avantages, et devenait aussi périssable que le commun des mortels. Il fallut donc tenter de nouvelles expériences. Le hasard servit M. Sementini à souhait. En cherchant jusqu'à quel point l'énergie du spécifique qu'il avait employé pouvait se conserver, il passa sur la partie frottée un morceau de savon dur, et l'essuya avec un linge : il y porta ensuite une lame de fer. Quel fut son étonnement de voir que sa peau avait non-seulement conservé sa première insensibilité, mais qu'elle en avait acquis une bien plus grande encore! Quand on est heureux, on devient entreprenant : M. Sementini tenta sur sa langue ce qu'il venait d'éprouver sur son bras, et sa langue répondit parfaitement à son attente; elle soutint l'épreuve sans murmurer; un fer étincelant n'y laissa pas la moindre empreinte de brûlure. — Voilà donc les prodiges de l'incombustibilité réduits à des actes naturels et vulgaires [1]. *Voy.* Feu.

Incrédules. — On a remarqué, par de tristes expériences, que les incrédules, qui nient les faits de la religion, croient aux fables superstitieuses, aux songes, aux cartes, aux présages, aux plus vains pronostics, — comme pour montrer que l'esprit fort est surtout un esprit faible.

Incubes, — démons qui séduisaient les femmes. Servius Tullius, qui fut roi des Romains, était le fils d'une esclave et de Vulcain, selon d'anciens auteurs; d'un salamandre, selon les cabalistes; d'un démon incube, selon les démonographes.

Incubo, — génie gardien des trésors de la terre. Le petit peuple de l'ancienne Rome croyait que les trésors cachés dans les entrailles de la terre étaient gardés par des esprits nommés Incubones, qui avaient de petits chapeaux dont il fallait d'abord se saisir. Si on avait ce bonheur, on devenait leur maître, et on les contraignait à déclarer et à découvrir où étaient ces trésors.

Infernaux. — On nomma ainsi dans le seizième siècle les partisans de Nicolas Gallus et de Jacques Smidelin, qui soutenaient que, pendant les trois jours de la sépulture de Notre-Seigneur, son âme, descendue dans le lieu où les damnés souffrent, y fut tourmentée avec ces malheureux [1].

Infidélité. — Quand certaines peuplades d'Egypte soupçonnaient leurs femmes d'infidélité, ils leur faisaient avaler de l'eau soufrée, dans laquelle ils mettaient de la poussière et de l'huile de lampe, prétendant que, si elles étaient coupables, ce breuvage leur ferait souffrir des douleurs insupportables : espèce d'épreuves connue sous le nom de *calice du soupçon*.

Influence des astres. — Le Taureau domine sur le cou; les Gémeaux sur les épaules; l'Écrevisse sur les bras et sur les mains; le Lion sur la poitrine, le cœur et le diaphragme; la Vierge sur l'estomac, les intestins, les côtes et les muscles; la Balance sur les reins; le Scorpion sur les parties secrètes; le Sagittaire sur le nez et les excréments; le Capricorne sur les genoux; le Verseau sur les cuisses; le Poisson sur les pieds. — Voilà en peu de mots ce qui regarde les douze signes du Zodiaque touchant les différentes parties du corps. Il est donc très-dangereux d'offenser quelque membre, lorsque la lune est dans le signe qui le domine, parce que la lune en augmente l'humidité, comme on le verra si on expose de la chair fraîche pendant la nuit aux rayons de la lune; il s'y engendrera des vers, et surtout dans la pleine lune [2]. *Voy.* Astrologie.

Inis Fail, — nom d'une pierre fameuse attachée encore aujourd'hui sous le siège où l'on couronnait dans l'église de Westminster les rois de la Grande-Bretagne. Cette pierre du destin, que dans la légende héroïque de ces peuples les anciens Écossais avaient apportée d'Irlande, au quatrième siècle, devait les faire régner partout où elle serait placée au milieu d'eux.

Inquisition. — Ce fut vers l'an 1200 que le pape Innocent III établit le tribunal de l'inquisition pour procéder contre les Albigeois, hérétiques perfides qui bouleversaient la société. Déjà, en 1184, le concile de Vérone avait ordonné aux évêques de Lombardie de rechercher les hérétiques, et de livrer au magistrat civil ceux qui seraient opiniâtres. Le comte de Toulouse adopta ce tribunal en 1229; Grégoire IX, en 1233, le confia aux dominicains. Les écrivains qui ont dit que saint Dominique fut le premier inquisiteur-général, ont dit la chose qui n'est pas. Saint Domini-

---

[1] M. Salgues, Des Erreurs et des préjugés, t. II, p. 186 et suiv.

[1] Bergier, Dict. théolog.
[2] Admirables secrets d'Albert-le-Grand, p. 18.

que ne fut jamais inquisiteur; il était mort en 1221. Le premier inquisiteur-général fut le légat Pierre de Castelnau, que les Albigeois assassinèrent. Le pape Innocent IV étendit l'inquisition dans toute l'Italie, à l'exception de Naples. L'Espagne y fut soumise de 1480 à 1484, sous le règne de Ferdinand et d'Isabelle; le Portugal l'établit en 1557. L'inquisition parut depuis dans les pays où ces puissances dominèrent; mais elle ne s'est exercée dans aucun royaume que du consentement et le plus souvent à la demande des souverains [1]. Elle a été repoussée en France et en Belgique. — « Si l'on excepte un très-petit nombre d'hommes instruits, dit Joseph de Maistre, il ne vous arrivera guère de parler de l'inquisition sans rencontrer dans chaque tête trois erreurs capitales, plantées et comme rivées dans les esprits, au point qu'elles cèdent à peine aux démonstrations les plus évidentes. — On croit que l'inquisition est un tribunal purement ecclésiastique : cela est faux. On croit que les ecclésiastiques qui siègent dans ce tribunal condamnent certains accusés à la peine de mort : cela est faux. On croit qu'ils les condamnent pour de simples opinions : cela est faux. — Le tribunal espagnol de l'inquisition était purement royal. C'était le roi qui désignait l'inquisiteur général, et celui-ci nommait à son tour les inquisiteurs particuliers, avec l'agrément du roi. Le règlement constitutif de ce tribunal fut publié en l'année 1484 par le cardinal Torquemada, de concert avec le roi [2]. — Doux, tolérant, charitable, consolateur dans tous les pays du monde, par quelle magie le gouvernement ecclésiastique sévirait-il en Espagne, au milieu d'une nation éminemment noble et généreuse? Dans l'examen de toutes les questions possibles, il n'y a rien de si essentiel que d'éviter la confusion des idées. Séparons donc et distinguons bien exactement, lorsque nous raisonnons sur l'inquisition, la part du gouvernement de celle de l'Église. Tout ce que le tribunal montre de sévère et d'effrayant, et la peine de mort surtout, appartient au gouvernement; c'est son affaire; c'est à lui, et c'est à lui seul qu'il faut en demander compte. Toute la clémence au contraire, qui joue un si grand rôle dans le tribunal de l'inquisition, est l'action de l'Église, qui ne se mêle de supplices que pour les supprimer ou les adoucir. Ce caractère indélébile n'a jamais varié. Aujourd'hui, ce n'est plus une erreur, c'est un crime de soutenir, d'imaginer seulement que des prêtres puissent prononcer des jugements de mort. — Il y a dans l'histoire de France un grand fait qui n'est pas assez observé, c'est celui des templiers; ces infortunés, coupables ou non (ce n'est point de quoi il s'agit ici), demandèrent expressément d'être jugés par le tribunal de l'inquisition; car ils savaient bien, disent les historiens, que s'ils obtenaient de tels juges, ils ne pouvaient plus être condamnés à mort.... — Le tribunal de l'inquisition était composé d'un chef nommé grand-inquisiteur, qui était toujours archevêque ou évêque; de huit conseillers ecclésiastiques, dont six étaient toujours séculiers, et de deux réguliers, dont l'un était toujours dominicain, en vertu d'un privilège accordé par le roi Philippe III [1]. » — Ainsi les dominicains ne dirigeaient donc pas l'inquisition, puisque l'un d'eux seulement en faisait partie par privilège. — « On ne voit pas bien précisément, dit encore Joseph de Maistre, à quelle époque le tribunal de l'inquisition commença à prononcer la peine de mort. Mais peu nous importe; il nous suffit de savoir, ce qui est incontestable, qu'il ne put acquérir ce droit qu'en devenant royal, et que tout jugement de mort demeure, par sa nature, étranger au sacerdoce. » — La teneur des jugements établit ensuite que les confiscations étaient faites *au profit de la chambre royale et du fisc de Sa Majesté*. « Ainsi, encore un coup, le tribunal est purement royal, malgré la fiction ecclésiastique, et toutes les belles phrases sur l'avidité sacerdotale tombent à terre [2]. » Ainsi l'inquisition religieuse n'était, dans le fond, comme dit Garnier, qu'une inquisition politique [3]. Le rapport des Cortès de 1812 appuie ce jugement. — « Philippe II, le plus absurde des princes, dit ce rapport, fut le véritable fondateur de l'inquisition. Ce fut sa politique raffinée qui la porta à ce point de hauteur où elle était montée. Les rois ont toujours repoussé les avis qui leur étaient adressés contre ce tribunal, parce qu'ils sont, dans tous les cas, maîtres absolus de nommer, de suspendre ou de renvoyer les inquisiteurs, et qu'ils n'ont, d'ailleurs, rien à craindre de l'inquisition, qui n'est terrible que pour leurs sujets.... » — Ainsi tombent ces contes bleus de rois d'Espagne qui s'apitoyaient sur les condamnés sans pouvoir leur faire grâce, quand il est démontré que c'étaient ces rois eux-mêmes qui condamnaient. — On a dit

---

[1] Bergier, Dict. théolog.
[2] Voyez le rapport officiel en vertu duquel l'inquisition fut supprimée par les cortès de 1812.

[1] Joseph de Maistre, Lettres à un gentilhomme russe sur l'inquisition espagnole.
[2] Id., ibid.
[3] Hist. de François 1er, t. II, chap. 3.

que depuis trois siècles l'histoire était une vaste conspiration contre le catholicisme. On ferait un volume effrayant du catalogue des mensonges qui ont été prodigués dans ce sens par les historiens. La plupart viennent de la réforme ; mais les écrivains catholiques les copient tous les jours sans réflexion. C'est la réforme qui la première a écrit l'histoire de l'inquisition ; on a trouvé commode de transcrire son odieux roman, qui épargnait des recherches. Vous trouverez donc partout des faits inventés qui se présentent avec une effronterie incroyable. Nous en citerons deux ou trois. — « Si l'on en croit quelques historiens, Philippe III, roi d'Espagne, obligé d'assister à un auto-da-fé (c'est le nom qu'on donne aux exécutions des inquisiteurs), frémit, et ne put retenir ses larmes en voyant une jeune Juive et une jeune Maure de quinze à seize ans qu'on livrait aux flammes, et qui n'étaient coupables que d'avoir été élevées dans la religion de leurs pères et d'y croire. Ces historiens ajoutent que l'inquisition fit un crime à ce prince d'une compassion si naturelle ; que le grand inquisiteur osa lui dire que pour l'expier il fallait qu'il lui en coûtât du sang, que Philippe III se laissa saigner, et que le sang qu'on lui tira fut brûlé par la main du bourreau.... » — C'est Saint-Foix qui rapporte ce tissu d'absurdes faussetés, dans ses *Essais sur Paris*, sans songer qu'aucun historien ne rapporte vraiment ces faits ; qu'ils ont été imaginés quatre-vingts ans après la mort de Philippe III ; que Philippe III était maître de faire grâce et de condamner ; que l'inquisition ne brûlait pas les Juifs et les Maures, coupables seulement d'avoir été élevés dans la religion de leurs pères et d'y croire ; qu'elle se contentait de les bannir pour raisons politiques, etc. — Vous lirez ailleurs que le cardinal Torquemada, qui remplit dix-huit ans les fonctions de grand-inquisiteur, condamnait dix mille victimes par an, ce qui ferait cent quatre-vingt mille victimes. Mais vous verrez pourtant ensuite qu'il mourut ayant fait dans sa vie six mille poursuites, ce qui n'est pas cent quatre-vingt mille ; que le pape lui fit trois fois des représentations pour arrêter sa sévérité ; vous trouverez dans les jugements assez peu de condamnations à mort. Les auto-da-fé ne se faisaient que tous les deux ans ; les condamnés à mort attendaient longuement leur exécution, parce qu'on espérait toujours leur conversion ; et vous regretterez de rencontrer si rarement la vérité dans les livres. — Un savant ouvrage qui vient de paraître (le Dictionnaire universel de la Géographie et de l'Histoire) porte à cinq millions le nombre des personnes que l'inquisition a fait périr en Espagne. C'est, de plus de quatre millions et neuf cent mille, une erreur, — pour ne pas dire plus. — Rapportons maintenant quelque procédure de l'inquisition. Le fait qui va suivre est tiré de l'histoire de l'inquisition d'Espagne, faite à Paris sur les matériaux fournis par D. Llorente, matériaux qu'on n'a pas toujours employés comme Llorente l'eût voulu ; car on a fait de son livre un pamphlet. — « L'inquisition faisait naturellement la guerre aux francs-maçons et aux sorciers. A la fin du dernier siècle, un artisan fut arrêté au nom du saint-office pour avoir dit dans quelques entretiens qu'il n'y avait ni diables, ni aucune autre espèce d'esprits infernaux capables de se rendre maîtres des âmes humaines. Il avoua, dans la première audience, tout ce qui lui était imputé, ajouta qu'il en était alors persuadé pour les raisons qu'il exposa, et déclara qu'il était prêt à détester de bonne foi son erreur, à en recevoir l'absolution, et à faire la pénitence qui lui serait imposée. « J'avais vu (dit-il en se justifiant) un si grand nombre de malheurs, dans ma personne, ma famille, mes biens et mes affaires, que j'en perdis patience, et que, dans un moment de désespoir, j'appelai le diable à mon secours : je lui offris en retour ma personne et mon âme. Je renouvelai plusieurs fois mon invocation, dans l'espace de quelques jours, mais inutilement, car le diable ne vint point. Je m'adressai à un pauvre homme qui passait pour sorcier ; je lui fis part de ma situation. Il me conduisit chez une femme, qu'il disait beaucoup plus habile que lui dans les opérations de la sorcellerie. Cette femme me conseilla de me rendre, trois nuits de suite, sur la colline des *Vistillas* de saint François, et d'appeler à grands cris Lucifer, sous le nom d'*ange de lumière*, en reniant Dieu et la religion chrétienne, et en lui offrant mon âme. Je fis tout ce que cette femme m'avait conseillé, mais je ne vis rien : alors elle me dit de quitter le rosaire, le scapulaire et les autres signes de chrétien que j'avais coutume de porter sur moi, et de renoncer franchement et de toute mon âme à la foi de Dieu, pour embrasser le parti de Lucifer, en déclarant que je reconnaissais sa divinité et sa puissance pour supérieures à celles de Dieu même ; et, après m'être assuré que j'étais véritablement dans ces dispositions, de répéter, pendant trois autres nuits, ce que j'avais fait la première fois. J'exécutai ponctuellement ce que cette femme venait de me prescrire ; cependant l'*ange de lumière* ne m'apparut point. La vieille me recommanda de prendre de mon sang, et de m'en servir pour écrire sur du papier que j'engageais mon âme à Lucifer, comme à son maître et à son souverain ; de porter cet écrit au lieu où j'avais fait mes invocations, et, pendant que je le tiendrais à la main, de répéter mes anciennes paroles : je fis tout ce qui m'avait été recommandé, mais toujours sans résultat. — Me rappelant alors tout ce qui venait de se passer, je raisonnai ainsi : S'il y avait des diables, et s'il était vrai qu'ils désirassent de s'emparer des âmes humaines, il serait impossible de leur en offrir une plus belle occasion que celle-ci, puisque j'ai véritablement désiré de leur donner la mienne. Il n'est donc pas vrai qu'il y ait des démons ; le sorcier et la sorcière n'ont donc fait aucun pacte avec le diable, et ils ne peuvent être que des fourbes et des charlatans l'un et l'autre. » — Telles étaient en substance les raisons qui avaient fait apostasier l'artisan Jean Pérez. Il les exposa, en confessant sincèrement son péché. On entreprit de lui prouver que tout ce qui s'était passé ne prouvait rien contre l'existence des démons, mais faisait voir seulement que le diable avait manqué de se rendre à l'appel, Dieu le lui défendant quelquefois, pour récompenser le coupable, de quelques bonnes œuvres qu'il a pu faire avant de tomber dans l'apostasie. Il se soumit à tout ce qu'on voulut, reçut l'absolution et fut condamné à une année de prison, à se confesser et à communier aux fêtes de Noël, de Pâques et de la Pentecôte, pendant le reste de ses jours, sous la conduite d'un prêtre qui lui serait donné pour directeur spirituel ; à réciter une partie du rosaire et à faire tous les jours des actes de foi, d'espérance, de charité, de contrition, etc. Tel fut son châtiment. — Voici maintenant l'histoire d'un autre épouvantable auto-da-fé, extraite du Voyage en Espagne pendant les années 1786 et 1787, par Joseph Townsend, recteur de Pewsey : — « Un mendiant, nommé Ignazio Rodriguez, fut mis en jugement au tribunal de l'inquisition pour avoir distribué des philtres amoureux dont les ingrédients étaient tels que *l'honnêteté ne permet pas de les désigner*. En administrant le *ridicule* remède (il paraît que le prédicant anglais n'est pas sévère), il prononçait quelques paroles de nécromancie. Il fut bien constaté que la poudre avait été administrée à des personnes de tout rang. Rodriguez fut condamné à être conduit dans les rues de Madrid, monté sur un âne, et à être fouetté. On lui imposa de plus quelques pratiques de religion et l'exil de la capitale pour cinq ans.

La lecture de la sentence fut souvent interrompue par de grands éclats de rire, auxquels se joignait le mendiant lui-même. Le coupable fut, en effet, promené par les rues, mais non fouetté ; pendant la route, on lui offrait du vin et des biscuits pour se rafraîchir.... » — Nous pourrions rassembler beaucoup de traits pareils, qui peindraient l'inquisition tout autrement que ne la montrent des livres menteurs. Voy. Tribunal secret.

Insensibilité. — On prétendait que le diable rendait les sorciers insensibles à la question ou torture. Mais ce fait ne s'est jamais vu, du moins avec certitude.

Interdit, — censure de l'Église qui suspend les ecclésiastiques de leurs fonctions, et qui prive le peuple de l'usage des sacrements, du service divin et de la sépulture en terre sainte. L'objet de l'interdit n'était, dans son origine, que de punir ceux qui avaient causé quelque scandale public, et de les ramener au devoir en les obligeant à demander la levée de l'interdit. — Ordinairement l'interdit arrêtait les déréglements des monastères, empêchait les hérésies de s'étendre, était un frein aux seigneurs tyranniques, aux criminels puissants, aux perturbateurs de la paix publique. Ainsi, après le massacre des vêpres siciliennes, Martin IV mit en interdit la Sicile et les états de Pierre d'Aragon. Grégoire VII, qui fit grand usage de l'interdit, sauva plus d'une fois par cette mesure la cause de l'humanité. — L'interdit doit être prononcé dans les mêmes formes que l'excommunication, par écrit, nommément, avec l'expression de la cause et après trois monitions. La peine de ceux qui violent l'interdit est de tomber dans l'excommunication.

Invisibilité. — Pour être invisible, il ne faut que mettre devant soi le contraire de la lumière ; un mur, par exemple[1]. — Mais le petit Albert et les Clavicules de Salomon nous découvrent des secrets importants pour l'invisibilité. On se rend invisible en portant sous son bras droit le cœur d'une chauve-souris, celui d'une poule noire ou celui d'une grenouille ; ou bien, disent ces infâmes petits livres de secrets stupides, volez un chat noir, achetez un pot neuf, un miroir, un briquet, une pierre d'agate, du charbon et de l'amadou, observant d'aller prendre de l'eau au coup de minuit à une fontaine ; après quoi allumez votre feu, mettez le chat dans le pot, et tenez le couvert de la main gauche sans jamais bouger ni regarder derrière vous, quelque bruit que vous entendiez ; et après l'avoir

[1] Le comte de Gabalis.

fait bouillir vingt-quatre heures, toujours sans bouger et sans regarder derrière vous, mettez-le dans un plat neuf, prenez la viande et la jetez par-dessus l'épaule gauche, en disant ces paroles : *Accipe quod tibi do et nihil amplius;* puis mettez les os l'un après l'autre sous les dents, du côté gauche, en vous regardant dans le miroir ; et si l'os que vous tenez n'est pas le bon, jetez-le successivement, en disant les mêmes paroles jusqu'à ce que vous l'ayez trouvé ; sitôt que vous ne vous verrez plus dans le miroir, retirez-vous à reculons. — On peut encore, pour se rendre invisible, faire cette opération que l'on commence un mercredi avant le soleil levé ; on se munit de sept fèves noires, puis on prend une tête de mort ; on met une fève dans la bouche, deux dans les narines, deux dans les yeux et deux dans les oreilles ; on fait ensuite sur cette tête la figure d'un triangle, puis on l'enterre la face vers le ciel ; on l'arrose pendant neuf jours avec d'excellente eau-de-vie, de bon matin, avant le soleil levé. Au huitième jour, vous y trouverez un esprit ou démon qui vous demandera, Que fais-tu là ? vous lui répondrez, J'arrose ma plante. Il vous dira, Donne-moi cette bouteille, je l'arroserai moi-même ; vous lui répondrez que vous ne le voulez pas. Il vous la demandera encore, vous la lui refuserez jusqu'à ce que, tendant la main, vous verrez dedans une figure semblable à celle que vous avez faite sur la tête ; vous devez être assuré que c'est l'esprit véritable de la tête : n'ayant plus de surprise à craindre, vous lui donnerez votre fiole, il arrosera lui-même et vous vous en irez. — Le lendemain, qui est le neuvième jour, vous y retournerez ; vous y trouverez vos fèves mûres, vous les prendrez, vous en mettrez une dans votre bouche, puis vous regarderez dans un miroir : si vous ne vous y voyez pas, elle sera bonne. Vous en ferez de même de toutes les autres ; celles qui ne vaudront rien doivent être enterrées où est la tête. — Pour cette expérience, ayez toutes les choses bien préparées avec diligence et avec toutes les solennités requises.... Soyez sûr qu'il y a de malheureux niais qui croient à ces procédés. *Voy.* ANNEAU.

Invocations. — Agrippa dit que, pour invoquer le diable et l'obliger à paraître, on se sert de paroles magiques : *Dies mies, jesquet benedo efet douvema enitemaüs !* Mais Pierre Leloyer dit que ceux qui ont des rousseurs au visage ne peuvent faire venir les démons, quoiqu'ils les invoquent. *Voy.* ÉVOCATIONS et CONJURATIONS.

Io. — Cette femme que Junon changea en génisse est traitée de sorcière dans les démonographes. Delancre assure [1] que c'était une magicienne qui se faisait voir tantôt sous les traits d'une femme, tantôt sous ceux d'une vache avec ses cornes.

Ipès ou **Ayperos**, — prince et comte de l'enfer ; il apparaît sous la forme d'un ange, quelquefois sous celle d'un lion, avec la tête et les pattes d'une oie et une queue de lièvre ; il connaît le passé et l'avenir, donne du génie et de l'audace aux hommes, et commande trente-six légions [2].

Irlande. — Parmi beaucoup d'opinions poétiques ou bizarres, les Irlandais croient qu'une personne qui doit mourir naturellement ou par accident, se montre la nuit à quelqu'un, ou plutôt son image, dans un drap mortuaire. Cette apparition a lieu dans les trois jours qui précèdent la mort.

Is, — ville bretonne, gouvernée par le roi Gralon ; toute espèce de luxe et de débauche régnaient dans cette opulente cité. Les plus saints personnages y prêchaient en vain les mœurs et la réforme. La princesse Dahut, fille du roi, oubliant la pudeur et la modération naturelle à son sexe, y donnait l'exemple de tout genre de dépravation. L'heure de la vengeance approchait : le calme qui précède les plus horribles tempêtes, les chants, la musique, le vin, toute espèce de spectacle et de débauche enivraient, endormaient les habitants endurcis de la grande ville. Le roi Gralon seul n'était pas insensible à la voix du ciel ; un jour le prophète Guénolé prononça d'une voix sombre ces mots devant le roi Gralon : « Prince, le désordre est au comble, le bras de l'Éternel se lève, la mer se gonfle, la cité d'Is va disparaître : partons. » Gralon monte aussitôt à cheval, s'éloigne à toute bride ; sa fille Dahut le suit en croupe.... La main de l'Éternel s'abaisse ; les plus hautes tours de la ville sont englouties, les flots pressent en grondant le coursier du saint roi, qui ne peut s'en dégager ; une voix terrible se fait entendre : « *Prince, si tu veux te sauver, renvoie le diable qui te suit en croupe.* » La belle Dahut perdit la vie, se noya près du lieu qu'on nomme Poul-Dahut. La tempête cessa, l'air devint calme, le ciel serein ; mais, depuis ce moment, le vaste bassin sur lequel s'étendait une partie de la ville d'Is fut couvert d'eau. C'est maintenant la baie de Douarnenez [3].

---

[1] Tableau de l'inconstance des démons, p. 48.
[2] Wierus, in Pseudomonarchia dæm.
[3] M. Cambry, Voyage dans le Finistère, t. II, p. 284.

Isaacarum, — l'un des adjoints de Leviatan dans la possession de Loudun.

Islandais. — Les Islandais sont si experts dans l'art magique, dit un voyageur du dernier siècle, qu'ils font voir aux étrangers ce qui se passe dans leurs maisons, même leurs pères, mères, parents et amis vivants ou morts [1].

Isle en Jourdain (MAINFROY DE L'), — habile devin qui découvrit par l'astrologie l'horrible conduite de deux chevaliers, Philippe et Gauthier d'Aunoy, lesquels étaient amants, l'un de Marguerite de Navarre, femme de Louis-le-Hutin, et l'autre de Blanche, femme de Charles-le-Bel ; on prouva encore qu'ils envoûtaient les maris de ces deux dames. C'étaient les deux frères de Philippe de Valois. Le roi Philippe en fit justice ; les deux chevaliers furent écorchés vifs et pendus, et les deux dames périrent en prison [2].

[1] Nouv. voyage vers le septent., 1708, chap. 66.
[2] Manuscrit de la Bibliothèque, cité par Joly dans ses *Remarques sur Bayle*.

Isparetta, — idole principale des habitants de la côte du Malabar. Antérieurement à toute création, Isparetta se changea en un œuf, d'où sortirent le ciel et la terre et tout ce qu'ils contiennent. On le représente avec trois yeux et huit mains, une sonnette pendue au cou, une demi-lune et des serpents sur le front.

Israfil ou **Asrafil**, — *voy.* ASRAFIL.

Ithyphalle, — nom d'une espèce d'amulettes que l'on pendait au cou des enfants et des vestales ; on leur attribuait de grandes vertus. Pline dit que c'était un préservatif pour les empereurs mêmes, qu'il protégeait contre les effets de l'envie.

Iwan Basilowitz, — *voy.* JEAN.

Iwangis, — sorciers des îles Moluques, qui font aussi le métier d'empoisonneurs. On prétend qu'ils déterrent les corps morts et s'en nourrissent ; ce qui oblige les Moluquois à monter la garde auprès des sépultures jusqu'à ce que les cadavres soient pourris.

Jabamiah, — mot puissant de la cabale élémentaire, lequel prononcé par un sage cabaliste restitue les membres tronqués.

Jacobins de Berne, — *voy.* JETZER.

Jacques Ier. — Le roi d'Angleterre Jacques Ier, que Henri IV appelait si plaisamment maître Jacques, ne se contentait pas de faire brûler partout les sorciers, il a fait encore, sous le titre de *Démonologie*, un gros volume pour prouver que les sorciers entretiennent un commerce exécrable avec le diable. On trouve dans ce livre toutes les idées de son temps, dont quelques-unes sont étroites.

Jade, — pierre à laquelle les Indiens attribuaient, entre autres propriétés merveilleuses, celles de soulager les douleurs de reins, quand on l'y appliquait, et de faire écouler le sable de la vessie. Ils la regardaient aussi comme un remède souverain contre l'épilepsie, et s'étaient persuadé que, portée en amulette, elle était un préservatif contre les morsures des bêtes venimeuses. Ces prétendues propriétés lui avaient donné la vogue à Paris, il y a quelques années ; mais cette pierre prodigieuse a perdu sa réputation, et ses grandes vertus sont mises au rang des fables.

Jakises, — esprits malins répandus dans l'air chez les Japonais. On célèbre des fêtes pour obtenir leurs bonnes grâces.

Jamambuxes, — espèces de fanatiques japonais qui errent dans les campagnes et prétendent converser familièrement avec le diable. Quand ils vont aux enterrements, ils enlèvent, dit-on, le corps sans qu'on s'en aperçoive, et ressuscitent les morts. Après s'être meurtris de coups de bâton pendant trois mois ils entrent en nombre dans une barque, s'avancent en pleine mer, font un trou à la barque, et se noient en l'honneur de leurs dieux. Cette sorte de fakirs fait profession, à ce qu'on assure, entre les mains du diable même, qui se montre à eux sous une forme terrible. Ils découvrent les objets perdus ou dérobés ; pour cela ils font asseoir un petit garçon à terre, les deux pieds croisés ; ensuite ils conjurent le diable d'entrer dans le corps du jeune homme, qui écume, tourne les yeux, et fait des contorsions effrayantes. Le jamambuxe, après l'avoir laissé se débattre, lui recommande de s'arrêter et de dire où est ce qu'on cherche ; le jeune homme obéit, et prononce d'une voix enrouée le nom du voleur, le lieu où il a mis l'objet volé, le temps où il l'a pris, et la manière dont on peut le faire rendre.

Jamblique, — philosophe platonicien du quatrième siècle, né en Syrie sous le règne de Constantin le Grand. Il fut disciple d'Anatole et de Porphyre. Il admettait l'existence d'une classe de démons ou esprits d'un ordre inférieur, médiateurs entre Dieu et les hommes. Il s'occupait des divinations, et on a vu à l'article *Alectryomancie*, que c'est lui qui prédit par cette divination l'avénement au trône de Théodose. On ignore où, quand et comment il mourut; mais Bodin assure qu'il s'empoisonna lui-même pour éviter le supplice que Valens réservait aux magiciens. — On conte qu'étant un jour dans la ville de Gadare en Syrie, pour faire voir sa science magique, il fit sortir en présence du peuple deux génies ou démons d'une fontaine; il les nommait Amour et Contre-Amour [1]; l'Amour avait les cheveux dorés, tressés et flottants sur les épaules; ils paraissaient éclatants comme les rayons du soleil; l'autre était moins brillant; ce qui attira l'admiration de toute la populace. Leloyer dit [2] encore que c'est Jamblique et Maximus qui ont perdu Julien l'apostat. — On recherche de Jamblique le traité des *Mystères des Égyptiens, des Chaldéens et des Assyriens* [3]. Il s'y montre crédule pour toutes les rêveries des astrologues.

Jambrès et **Jamnès**, — sorciers égyptiens les plus anciens que les saints livres nous fassent connaître par leur nom après Cham. Ils faisaient apparaître des grenouilles, des serpents; ils changeaient l'eau du Nil en sang, et tâchaient d'anéantir par leurs prestiges la vérité des miracles que Dieu faisait par l'organe de Moïse [4].

Jamma-Locon, — enfer indien d'où, après certain temps de peine et de souffrance, les âmes reviennent en ce monde pour y animer le premier corps où elles peuvent entrer.

Jarretière. — *Secret de la jarretière pour les voyageurs.* Vous cueillerez de l'herbe que l'on appelle armoise, dans le temps que le soleil fait son entrée au premier signe du Capricorne; vous la laisserez un peu sécher à l'ombre, et en ferez des jarretières avec la peau d'un jeune lièvre, c'est-à-dire qu'ayant coupé la peau du lièvre en courroie de la largeur de deux pouces, vous en ferez un redoublé dans lequel vous coudrez ladite herbe, et les porterez aux jambes. Il n'y a point de cheval qui puisse suivre long-temps un homme de pied qui est muni de ces jarretières. — Ou bien vous prendrez un morceau de cuir de la peau d'un jeune loup, dont vous ferez deux jarretières sur lesquelles vous écrirez avec votre sang les paroles suivantes : *Abumalith cados*; vous serez étonné de la vitesse avec laquelle vous cheminerez étant muni de ces jarretières à vos jambes. De peur que l'écriture ne s'efface, il sera bon de doubler la jarretière d'un padoue de fil blanc du côté de l'écriture. — « Il y a encore une manière de faire la jarretière, que j'ai lue dans un vieux manuscrit en lettres gothiques. En voici la recette. Vous aurez les cheveux d'un larron pendu, desquels vous ferez des tresses dont vous formerez des jarretières que vous coudrez entre deux toiles de telle couleur qu'il vous plaira; vous les attacherez aux jambes de derrière d'un jeune poulain; puis vous laisserez échapper le poulain, le ferez courir à perte d'haleine, et vous vous servirez avec plaisir de ces jarretières [1]. — On prétendait autrefois que les magiciens pouvaient donner une jarretière enchantée, avec laquelle on faisait beaucoup de chemin en peu de temps. C'est là peut-être l'origine des bottes de sept lieues.

Jaunisse. — Les rois de Hongrie croyaient avoir le privilége de guérir la jaunisse par l'attouchement [2].

Jayet d'Islande. — Les anciens Islandais attribuaient des vertus surnaturelles à ce jayet, qu'ils regardaient comme un ambre noir. Sa principale qualité était de préserver de tout sortilége celui qui en portait sur soi. En second lieu, ils le croyaient un antidote contre le poison. Sa troisième propriété était de chasser les esprits et les fantômes, lorsqu'on en brûlait dans une maison; la quatrième, de préserver de maladies épidémiques les appartements qui en étaient parfumés. La plupart de ces idées superstitieuses subsistent encore.

Jean (ÉVANGILE DE SAINT), — *voy.* BIBLIOMANCIE.

Jean, — magicien sectateur d'Apollonius de Tyane. Il courait de ville en ville, faisant le métier de charlatan, et portait une chaîne de fer au cou. Après avoir séjourné quelque temps à Lyon, il acquit une si grande célé-

---

[1] Éros et Antéros.
[2] Hist. des spectres ou apparitions des esprits, liv. IV, p. 312.
[3] Jamblichus, De mysteriis Ægyptiorum, Chaldæorum, Assyriorum, avec d'autres opuscules. In-16, 1607.
[4] Leloyer, Hist. des spectres ou apparit. des esprits, liv. II, p. 129.

[1] Secrets du Petit Albert, p. 90.
[2] Salgues, Des erreurs et des préjugés, t. I, p. 272.

brité par ses cures merveilleuses, que le souverain du pays l'admit en sa présence. Jean donna à ce prince une superbe épée enchantée ; elle s'entourait merveilleusement, dans le combat, de cent quatre-vingts couteaux tirés. Il lui donna aussi un bouclier portant un miroir, qu'il disait avoir la vertu de divulguer les plus grands secrets. Ces armes disparurent un jour ou furent volées; sur quoi Delancre conclut[1] que si les rois de France dressaient, comme les ducs d'Italie, des arsenaux de vieilleries (ce qu'ils font à présent), on y trouverait de ces armes enchantées et fabriquées par quelque magicien ou sorcier.

Jean, — patriarche schismatique de Constantinople. Zonaras conte que l'empereur grec Théophile, se voyant obligé de mettre à la raison une province révoltée sous la conduite de trois capitaines, consulta le patriarche Jean, habile enchanteur. Celui-ci fit faire trois gros marteaux d'airain, les mit entre les mains de trois hommes robustes, et conduisit ces hommes au milieu du cirque, devant une statue de bronze à trois têtes. Ils abattirent deux de ces têtes avec leurs marteaux, et firent pencher le cou à la troisième sans l'abattre. Peu après une bataille se donna entre Théophile et les rebelles : deux des capitaines furent tués, le troisième fut blessé et mis hors de combat, et tout rentra dans l'ordre.

Jean XXII, — pape, mort en 1334, après un pontificat de dix-huit ans. On lui attribue les *Taxes de la chambre apostolique*, traduites en français sous le titre de *Taxes des parties casuelles de la boutique du pape*. C'est une supposition d'un protestant faussaire. On attribue encore à Jean XXII l'*Elixir des philosophes ou Art transmutatoire des métaux*, livre qu'il n'a pas fait. Ce livre a été traduit du latin en français; in-12, Lyon, 1557. — On dit encore que Jean XXII ou Jean XXI s'occupait d'astrologie et s'amusait à supputer les changements de temps. On a fait là-dessus de petits contes imaginaires.

Jean ou Iwan Basilowitz, — grand-duc de Moscovie, au quatorzième siècle, tyran cruel; à l'article de la mort, il tomba, dit-on, dans des pâmoisons terribles; et son âme fit de pénibles voyages. Dans le premier, il fut tourmenté en un lieu obscur, pour avoir tenu au cachot des prisonniers innocents; dans la seconde excursion, il fut encore plus tourmenté pour avoir accablé le peuple d'impôts; et son successeur Théodore eut soin de l'en décharger en partie. Iwan mourut dans le troisième voyage ; son corps jeta une puanteur si infecte qu'on ne pouvait l'approcher ; ce qui fit penser que son âme avait été emportée par le diable; d'autant plus que son corps disparut le jour fixé pour l'enterrement[1].

Jean-Baptiste. — Il y a des paysans qui croient qu'il est né dans un chameau. *Voy.* à l'article TROUPEAUX, la garde contre la gale.

Jean d'Arras, — écrivain français du quatorzième siècle, qui compila le roman de *Mélusine. Voy.* ce mot.

Jean d'Estampes. — D'anciennes chroniques rapportent que Jean d'Estampes, l'un des gardes de Charlemagne, mourut en 1439, après avoir vécu 336 ans ; mais d'autres disent qu'il ne vécut que 250 ans : malheureusement son secret de longévité n'est connu de personne[2].

Jean de Meung, — astrologue qui composa le roman de la *Rose*, où il montre bien son savoir, quoiqu'il ne fût âgé que de dix-neuf ans lorsqu'il le fit. Il est aussi l'auteur d'un livre intitulé : *Traité sur la direction des nativités et révolutions des ans* ; il traduisit le livre des *Merveilles d'Irlande*. On prétend que c'est lui qui a prédit les hauts faits d'armes du connétable de France Bertrand du Guesclin[3].

Jean de Milan, — astrologue du quinzième siècle, qui prédit à Velasquez, gouverneur d'Hispaniola ou Saint-Domingue, l'heureuse issue de la guerre du Pérou, entreprise par Fernand Cortez.

Jean de Sicile, — habile astrologue et théologien qui prédit le couronnement de l'empereur Sigismond. C'est encore lui qui annonça à Boucicault ce qui lui devait advenir, et qui l'avertit de la trahison que firent aux Français le marquis de Montferrat et le comte Francisque, trahison qu'il évita en fuyant[4].

Jeanne d'Arc, — dite la *Pucelle d'Orléans*, née en Champagne, à Domrémi près de Vaucouleurs sur la lisière de la Lorraine, en 1410. Jamais la France ne fut accablée de calamités aussi grandes que durant le demi-siècle qui précéda l'année mémorable où l'on vit le courage abattu de ses guerriers, près de subir le joug de l'étranger, se ranimer à la voix d'une jeune fille de dix-huit ans. Charles VII était sur le point de céder Chinon à l'ennemi, lorsque Jeanne d'Arc parut dans cette place

---

[1] Tableau de l'inconstance des démons, etc., liv. v, p. 343.

[1] Leloyer. Hist. des spectres et des apparitions des esprits, liv. IV, p. 301.

[2] Legall, Calend. véritab., p. 140.

[3] Manuscrit de la Bibliothèque du roi, cité dans les *Remarques sur Bayle*.

[4] Manuscrit de la Bibliothèque du roi; extrait du livre de Joly.

vers la fin de février 1429. Ce n'était qu'une simple paysanne. Son père se nommait Jacques d'Arc; sa mère, Isabelle Romée. Dès sa plus tendre enfance elle avait montré une timidité sans exemple et fuyait le plaisir pour se livrer tout entière à Dieu; mais elle s'exerçait à manier les chevaux, et l'on remarquait déjà en elle l'ardeur martiale qui devait signaler la libératrice des Français. A l'âge de seize ans, le cœur de Jeanne s'exalta. Vers l'heure de midi, elle croyait voir dans le jardin de son père l'archange Michel et l'ange Gabriel, sainte Catherine et sainte Marguerite, tout resplendissants de lumière. Ces saintes la guidaient dans ses actions. Les *voix* (car elle s'exprimait ainsi) lui ordonnèrent d'aller en France, et de faire lever le siége d'Orléans. Malgré les avis contraires, elle obéit et se rendit d'abord à Vaucouleurs. Jean de Metz se chargea de la présenter au roi. Ils arrivèrent tous deux, le 24 février 1429, à Chinon, où Charles tenait sa cour. Jeanne s'agenouilla devant lui. « Je ne suis pas le roi, lui dit-il pour l'éprouver; le voici, ajouta-t-il en lui montrant un des seigneurs de sa suite. — Gentil prince, lui dit la jeune vierge, c'est vous et non un autre; je suis envoyée de la part de Dieu, pour prêter secours à vous et à votre royaume, et vous mande le roi des cieux par moi que vous serez sauvé, et couronné en la ville de Reims, et serez lieutenant du roi des cieux qui est le vrai roi de France. » — Charles surpris la tira à l'écart, et, après un court entretien, il déclara que Jeanne lui avait dit des choses si secrètes, que nul ne pouvait le savoir que Dieu et lui: ce qui attira la confiance de la cour. Cependant un doute restait à éclaircir, c'était de savoir si elle était pure: ce qui fut reconnu; si elle était inspirée du ciel ou de l'enfer: ce qui sembla devoir être interprété en faveur du ciel. Après plusieurs consultations, on lui donna des chevaux et des hommes; on l'arma d'une épée que, sur sa révélation, on trouva enterrée dans l'église de Sainte-Catherine de Fierbois; elle se rendit aussitôt sous les murs d'Orléans, et combattit avec un courage qui éclipsa celui des plus grands capitaines. Elle chassa les Anglais d'Orléans, fit ensuite, selon l'ordre qu'elle avait reçu, sacrer son roi à Reims, lui rendit Troyes, Châlons, Auxerre, et la plus grande partie de son royaume. Après quoi, elle voulut se retirer, disant que sa mission était accomplie. Mais elle avait donné trop de preuves de sa vaillance, on ne voulut pas lui accorder cette liberté. Ce fut la cause de ses malheurs; bientôt, s'étant jetée dans Compiègne pour défendre cette place contre le duc de Bourgogne, elle fut prise par un gentilhomme picard qui la vendit à Jean de Luxembourg, lequel la revendit aux Anglais. Pour se venger de ce qu'elle les avait trop souvent vaincus, ceux-ci l'accusèrent d'avoir employé les sortiléges et la magie à ses triomphes. On la traduisit devant un tribunal corrompu, qui la déclara fanatique et sorcière. Ce procès serait ridicule s'il n'était atroce. Ce qu'il y a de plus horrible, c'est que l'ingrat monarque qui lui devait sa couronne l'abandonna; il crut n'avoir plus besoin d'elle. — Le procès se poursuivit avec activité; à la treizième séance, on voulut lui faire comprendre la différence qui existait entre l'église triomphante et l'église militante. On lui demanda ce qu'elle en pensait. « Je me soumets au jugement du Saint-Siége, » répondit-elle. On lui demanda si, dès son enfance, les saints qui lui apparaissaient parlaient anglais ou français, s'ils avaient des boucles d'oreilles, des bagues, etc. « Vous m'en avez pris une, dit-elle pour toute réponse, rendez-la-moi. — Les saints sont-ils nus ou habillés? — Pensez-vous que Dieu n'ait pas de quoi les vêtir? » — Comme on insistait sur la chevelure de saint Michel, elle dit : « Pourquoi la lui aurait-on coupée? — Avez-vous vu des fées? — Je n'en ai point vu, j'en ai entendu parler.; mais je n'y ajoute aucune foi. — Avez-vous une mandragore? qu'en avez-vous fait? — Je n'en ai point eu; je ne sais ce que c'est. On dit que c'est une chose dangereuse et criminelle. » — Quelquefois plusieurs juges l'interrogeaient à la fois. « Beaux pères, disait-elle, l'un après l'autre, s'il vous plaît. » Durant l'instruction, Ligny-Luxembourg vint la voir, accompagné de Warwick et de Straffort. : « Je sais bien, leur dit-elle, que ces Anglais me feront mourir, croyant qu'après ma mort ils gagneront le royaume de France; mais, seraient-ils cent mille avec ceux qu'ils sont à présent, ils n'auront pas ce royaume. » — Fatiguée de mauvais traitements, elle tomba dangereusement malade. Bedfort, Wincester, Warwick chargèrent deux médecins d'en avoir soin, et leur enjoignirent de prendre garde qu'elle ne mourût de sa mort naturelle ; le roi d'Angleterre l'avait trop cher achetée pour être privé de la joie de la faire brûler. — Le 24 mai, on la conduisit à la place du cimetière de l'abbaye de Rouen. Guillaume Érard déclama contre le roi de France et contre les Français ; puis, s'adressant à la Pucelle: « C'est à toi, Jeanne, que je parle, et te dis que ton roi est hérétique et schismatique. » L'exécuteur attendait la victime à l'extrémité de la place, avec une charrette, pour la conduire au bûcher. Mais tout cet effrayant appareil n'avait pour but que de lui arracher des aveux. On lui lut une formule par laquelle elle promettait de ne jamais monter à cheval, de laisser croître ses cheveux, de ne plus porter les armes à l'avenir. Il fallait mourir ou signer cet écrit. Elle signa, mais on avait substitué une cédule, par laquelle elle se reconnaissait dissolue, hérétique, séditieuse, invocatrice des démons et sorcière. Cette supercherie servit de base au jugement. Elle fut condamnée à passer le reste de ses jours dans une prison perpétuelle, au pain de douleur et à l'eau d'angoisse. Les juges, après l'arrêt, furent poursuivis à coups de pierres par le peuple; en même temps les Anglais voulaient les exterminer, les accusant de n'avoir reçu l'argent du roi d'Angleterre que pour le tromper. « Ne vous embarrassez pas, dit l'un d'eux; nous la rattraperons bien. — Jeanne avait promis de ne plus porter d'habits d'homme, et repris ceux de son sexe. La nuit, les gardes de sa prison enlevèrent ses habits et y substituèrent des habits d'homme. Lorsque le jour vint, elle demanda qu'on la déferrât, c'est-à-dire qu'on relâchât la chaîne qui l'attachait par le milieu du corps. Puis, voyant des habits d'homme, elle supplia qu'on lui rendît ses vêtements du jour précédent, mais on les lui refusa. Elle resta couchée jusqu'à midi. Alors elle fut forcée de s'habiller avec les seuls vêtements qu'elle eût à sa disposition. Des témoins apostés entrèrent pour constater sa désobéissance; les juges accoururent. Incontinent, elle fut condamnée comme relapse, hérétique, sorcière, excommuniée, rejetée du sein de l'Église. On lui lut la sentence de mort, qu'elle entendit avec constance. Elle demanda qu'il lui fût permis de s'approcher de l'eucharistie : ce qui lui fut accordé. Massieu, curé de Saint-Claude de Rouen, qui avait la charge de la conduire devant ses juges, lui permettait de faire sa prière devant la chapelle. Cette indulgence lui attira de sanglants reproches. — Jeanne alla au supplice le 30 mai, sous l'escorte de cent vingt hommes. On l'avait revêtue d'un habit de femme; sa tête était chargée d'une mitre en carton, sur laquelle étaient écrits ces mots : Hérétique, relapse, apostate, idolâtre. Deux pères dominicains la soutenaient; elle s'écriait sur la route : « Ah! Rouen, Rouen, seras-tu ma dernière demeure? » On avait élevé deux échafauds sur la place du Vieux-Marché. Les juges attendaient leur victime chargée de fers. Son visage était baigné de pleurs : on la fit monter sur le bûcher, qui était fort élevé, pour que le peuple entier pût la voir. — Lorsqu'elle sentit que la flamme approchait, elle avertit les deux religieux de se retirer. Tant qu'elle conserva un reste de vie, au milieu des gémissements que lui arrachait la douleur, on l'entendit prononcer le nom de Jésus, en baisant une croix de bois qu'elle tenait de ses mains enchaînées. Un dernier soupir, longuement prolongé, avertit qu'elle venait d'expirer. — Alors le cardinal de Wincester fit rassembler ses cendres, et ordonna qu'elles fussent jetées dans la Seine. Son cœur fut respecté par les flammes; on le trouva sain et entier. En face du bûcher se trouvait un tableau portant une inscription qui qualifiait Jeanne de meurderesse, invocatrice des démons, apostate et mal créante de la foi de Jésus-Christ. — Louis XI fit réhabiliter la mémoire de Jeanne d'Arc. Deux de ses juges furent brûlés vifs, deux autres exhumés pour expier aussi dans les flammes leur jugement inique; mais le procès de la Pucelle n'en sera pas moins à jamais un sujet d'opprobre pour les Anglais, et aussi pour les Français de l'époque.

Jeanne Dibisson, — sorcière arrêtée à l'âge de vingt-neuf ans : on l'avait vue plusieurs fois danser au sabbat; elle disait que ceux qui y vont trouvent le temps si court, qu'ils n'en peuvent sortir sans regret. Il ne paraît pas qu'elle ait été brûlée [1].

Jeanne du Hard, — sorcière saisie à l'âge de cinquante-six ans. On la trouve impliquée dans l'affaire de Marie Chorropique, pour lui avoir touché le bras, lequel devint comme mort. Nous ne dirons pas si elle fut brûlée [2].

Jeanne (MÈRE). — Une vieille fille vénitienne, connue sous le nom de mère Jeanne, infatua tellement Guillaume Postel de ses rêveries, qu'il soutint, dans un livre écrit à son sujet, que la rédemption des femmes n'avait pas encore été achevée, et que cette Vénitienne devait accomplir le grand ouvrage. C'était la *mère* que cherchent les saints-simoniens. *Voy.* POSTEL.

Jeanne Southcott, — visionnaire anglaise du dernier siècle, qui se fit une secte avec des cérémonies bizarres. De temps à autre on entend encore parler de cette fanatique. Une centaine de sectaires se sont réunis dans un bois, il y a une trentaine d'années, auprès de Sydenham, et ont commencé leur culte superstitieux par le sacrifice d'un petit cochon

---

[1] Delancre, Tableau de l'inconstance des démons, etc., liv. II, p. 127.
[2] Delancre, Tableau de l'inconstance des démons, etc., liv. II, p. 107.

noir, qu'ils ont brûlé pour répandre ses cendres sur leurs têtes. Ces fous disent et croient que Jeanne Southcott, qu'ils appellent la *fille de Sion*, est montée au ciel, et qu'elle reviendra avec le Messie.

Jéchiel, — rabbin et cabaliste. Voy. LAMPE MERVEILLEUSE.

Jehovah. — Ce nom auguste est employé souvent chez les cabalistes juifs. On le trouve dans les odieuses et absurdes conjurations de la magie noire.

Jenounes, — sortes de génies intermédiaires entre les anges et les diables : ils fréquentent les bosquets et les fontaines, cachés sous la forme de divers reptiles, exposés à être foulés sous les pieds des passants. La plupart des maladies sont le résultat de leurs vengeances. Lorsqu'un Arabe est indisposé, il s'imagine avoir outragé un de ces agents invisibles ; il a aussitôt recours à une magicienne qui se rend à une source voisine, y brûle de l'encens, et sacrifie un coq ou une poule, un bélier ou une brebis, suivant le sexe, la qualité du malade, ou la nature de la maladie.

Jérôme (SAINT). — On a eu le front de lui attribuer des livres de nécromancie, et particulièrement l'*Art notoire*. Voy. ce mot.

Jérusalem. — Avant la destruction de Jérusalem par Titus, fils de Vespasien, on distingua, dit-on, une éclipse de lune pendant douze nuits de suite. Un soir, vers le coucher du soleil, on aperçut dans l'air des chariots de guerre, des cavaliers, des cohortes de gens armés, qui, mêlés aux nuages, couvraient toute la ville et l'environnaient de leurs bataillons. Pendant le siége, et peu de jours avant la ruine de la ville, on vit tout à coup paraître un homme absolument inconnu, qui se mit à parcourir les rues et les places publiques, en criant sans cesse pendant trois jours et trois nuits : « Malheur à toi, Jérusalem ! On le fit battre de verges, on le déchira de coups, pour lui faire dire d'où il sortait ; mais, sans pousser une seule plainte, sans répondre un seul mot, sans donner le moindre témoignage de souffrance, il criait toujours : « Malheur à toi, Jérusalem ! » Enfin, le troisième jour, à la même heure où il avait paru pour la première fois, se trouvant sur le rempart, il s'écria : « Malheur à moi-même ! » et un instant après, il fut écrasé par une pierre que lançaient les assiégeants.

Jésabel, — reine des Israélites, que Jéhu fit manger aux chiens après l'avoir fait précipiter du haut d'une tour, et que Bodin met au nombre des sorcières.

Jetzer. — Cette affaire des Jacobins de Berne a fait un grand bruit ; et les ennemis de la religion l'ont travestie avec une insigne mauvaise foi. Voici toute l'histoire : Les Dominicains ou Jacobins ne s'accordaient pas avec les Cordeliers sur le fait de l'immaculée conception de la très-Sainte-Vierge. Les Dominicains ne l'admettaient pas. Or, au commencement du seizième siècle, il y avait, au couvent des Dominicains de Berne, alors fort relâché, quatre mauvais moines, qui imaginèrent une affreuse jonglerie, pour faire croire que la Sainte-Vierge se prononçait contre les Cordeliers, qui défendaient une de ses plus belles prérogatives. Ils avaient parmi eux un jeune moine, simple et crédule, nommé Jetzer ; ils lui firent apparaître pendant la nuit des âmes du purgatoire, et lui persuadèrent qu'il les délivrerait en restant couché en croix dans une chapelle, pendant le temps qu'on célébrerait la sainte messe ; on lui fit voir ensuite sainte Barbe, à laquelle il avait beaucoup de dévotion, et qui lui annonça qu'il était destiné à de grandes choses. Par une nouvelle imposture sacrilége, le sous-prieur, qui était un des quatre moines criminels, fit le personnage de la Sainte-Vierge, s'approcha la nuit de Jetzer et lui donna trois gouttes de sang, disant que c'étaient trois larmes que Jésus-Christ avaient répandues sur Jérusalem. Ces trois larmes signifiaient que la Sainte-Vierge était restée trois heures dans le péché originel. Cette explication était rehaussée de diatribes contre les Cordeliers. Jetzer, qui était de bonne foi et qui avait l'âme droite, s'inquiétait de la passion qui perçait dans cette affaire, et se troublait surtout de reconnaître la voix du sous-prieur dans la voix de la Sainte-Vierge. Pour le raffermir, on l'endormit avec un breuvage et on voulut le stigmatiser ; puis, comme il ne répondait pas à l'espoir qu'on avait mis en lui, on voulut l'empoisonner, et on l'enferma, mais il trouva moyen de s'échapper ; il s'enfuit à Rome, où il révéla toute l'intrigue. Le Saint-Siége fit poursuivre les moines scélérats. Les quatre Dominicains coupables furent brûlés le 31 mars 1509, à la porte de Berne. Mais le malheur de ces grandes profanations, c'est que les ennemis de l'Église oublient la réparation ou la taisent, et n'en gardent que le scandale [1].

Jeudi. — Les sorciers font ce jour-là un de leurs plus abominables sabbats, s'il faut en croire les démonomanes.

Jeu. — Prenez une anguille morte par faute d'eau ; prenez le fiel d'un taureau qui aura

---

[1] Gaillard, Histoire de François Ier.

été tué par la fureur des chiens ; mettez-le dans la peau de cette anguille, avec un drachme de sang de vautour ; liez la peau d'anguille par les deux bouts avec de la corde de pendu, et mettez cela dans du fumier chaud l'espace de quinze jours ; puis vous le ferez sécher dans un four chauffé avec de la fougère cueillie la veille de la Saint-Jean ; puis vous en ferez un bracelet, sur lequel vous écrirez avec une plume de corbeau et de votre propre sang ces quatre lettres HVTV, et, portant ce bracelet autour de votre bras, vous ferez fortune dans tous les jeux [1].

Joachim, — abbé de Flore en Calabre, passa pour prophète pendant sa vie et laissa des livres de prédictions qui ont été condamnés en 1245, par le concile de Latran. On lui attribue aussi l'ouvrage intitulé : l'*Évangile éternel*.

Job. — Des alchimistes disent que Job, après son affliction, connut le secret de la pierre philosophale et devint si puissant, qu'il pleuvait chez lui du sel d'or ; idée analogue à celle des Arabes, qui tiennent que la neige et les pluies qui tombaient chez lui étaient précieuses. — Isidore place dans l'Idumée la fontaine de Job, claire trois mois de l'année, trouble trois mois, verte trois mois, et rouge trois autres mois. C'est peut-être cette fontaine que, selon les musulmans, l'ange Gabriel fit sortir en frappant du pied, et dont il lava Job et le guérit.

Jocaba, — *voy*. CINCINNATULUS.

Johnson (SAMUEL). — Johnson, incrédule pour tout ce qui n'était qu'extraordinaire, adoptait avec plus de confiance tout ce qui sentait le miracle, traitant de fable, par exemple, un phénomène de la nature, et écoutant volontiers le récit d'un songe ; doutant du tremblement de terre de Lisbonne pendant six mois, et allant à la chasse du revenant de Cock-Lane ; rejetant les généalogies et les poèmes celtiques, et se déclarant prêt à ajouter foi à la *seconde vue* des montagnards d'Écosse. En religion, plusieurs de ses opinions étaient plus que libérales, et en même temps il vivait sous la tyrannie de certaines pratiques superstitieuses [2].

Joli-Bois, — *voy*. VERDELET.

Jours. — Les magiciens et sorciers ne peuvent rien deviner le vendredi ni le dimanche ; quelques-uns disent même que le diable ne fait pas ordinairement ses orgies et ses assemblées ces jours-là [1] ; mais ce sentiment n'est pas général. — Si on rogne ses ongles les jours de la semaine qui ont un r, comme le mardi, le mercredi et le vendredi, il viendra des envies des doigts. Il n'est pas facile d'en donner la raison. — Suivant une autre croyance, en ne coupant ses ongles que le vendredi, on n'a jamais mal aux dents. — On a fait des tables des jours heureux et malheureux pour chaque mois. Mais comme elles varient toutes, le jour heureux de l'une étant malheureux dans l'autre, nous laissons aux amateurs le soin de dresser ces tables à leur gré pour leur usage.

Josué Ben-Lévi, — rabbin si rusé et si sage, qu'il trompa le ciel et l'enfer tout ensemble. Comme il était près de trépasser, il gagna si bien le diable, qu'il lui fit promettre de le porter jusqu'à l'entrée du paradis, lui disant qu'il ne voulait que voir le lieu de l'habitation divine, et qu'il sortirait du monde plus content. Le diable, ne voulant pas lui refuser cette satisfaction, le porta jusqu'au guichet du paradis ; mais Josué s'en voyant si près se jeta dedans avec vitesse, laissant le diable derrière, et jura par le Dieu vivant qu'il n'en sortirait point. Dieu, disent les rabbins, fit conscience que le rabbin se parjurât, et consentit qu'il demeurât avec les justes. *Voy*. MESSIE DES JUIFS.

Judas Iscariote. — Après sa trahison infâme, il fut possédé du diable et se pendit à un sureau. Les Flamands appellent encore les excroissances parasites de l'écorce du sureau sueur de Judas.

Jugement de Dieu, — *voy*. ÉPREUVES.

Juif errant. — On voit, dans la légende du Juif errant, que ce personnage était cordonnier de sa profession et qu'il se nommait Ahasuérus, mais la complainte l'appelle Isaac Laquedem. A l'âge de dix ans, il avait entendu dire que trois rois cherchaient le nouveau roi d'Israël ; il les suivit et visita avec eux la sainte étable de Bethléem. Il allait souvent entendre notre Seigneur. Lorsque Judas eut vendu son maître, Ahasuérus abandonna aussi celui qu'on trahissait. Comme on conduisait Jésus au Calvaire, chargé de l'instrument de sa mort, le bon Sauveur voulut se reposer un instant devant la boutique du cordonnier, qui, craignant de se compromettre, lui dit : « Allez plus loin, je ne veux pas qu'un criminel se repose à ma porte. » Jésus le regarda et lui répondit : « Je vais, et reposerai ; mais vous marcherez et vous ne

---

[1] Admirables secrets du Petit Albert, p. 25.
[2] J. Macaulay, Samuel Johnson et ses contemporains.

[1] Delancre, Tableau de l'inconstance des démons, etc.

reposerez pas ; vous marcherez tant que le monde durera, et au jugement dernier vous me verrez assis à la droite de mon père. »
— Le cordonnier prit aussitôt un bâton à la main et se mit à marcher sans pouvoir s'arrêter nulle part. Depuis dix-huit siècles il a parcouru toutes les contrées du globe, sous le nom du Juif errant. Il a affronté les combats, les naufrages, les incendies. Il a cherché partout la mort et ne l'a pas trouvée. Il a toujours cinq sous dans sa bourse. Personne ne peut se vanter de l'avoir vu ; mais nos grands-pères nous disent que leurs grands-pères l'ont connu, et qu'il a paru, il y a plus de cent ans, dans certaines villes. Les aïeux de nos grands-pères en disaient autant, et les bonnes gens croient à l'existence personnelle du Juif errant.
— Ce n'est pourtant qu'une allégorie ingénieuse, qui représente toute la nation juive, errante et dispersée depuis l'anathème tombé sur elle. Leur race ne se perd point, quoique confondue avec les nations diverses, et leurs richesses sont à peu près les mêmes dans tous les temps aussi bien que leurs forces. La religion qu'ils professent les a jusqu'ici distingués des autres hommes, et en fera toujours un peuple isolé au milieu du monde.

Juifs. — Indépendamment de ce coup de foudre qui marque partout les Juifs et les fait partout reconnaître ; il y a sur eux plusieurs signes de l'abandon où les a jetés la malédiction de Dieu. Tant qu'ils ont été le peuple fidèle, ils ont conservé intact le dépôt des saintes écritures. Depuis leur crime, les enseignements de Moïse sont étouffés chez eux par les incroyables absurdités du Thalmud et le sens n'est plus avec eux. — La Terre-Sainte, qui était le plus fertile et le plus beau pays du monde, maudite avec la nation qu'elle portait, est devenue si horrible, qu'elle ne nourrit plus ses rares habitants. Partout en exécration, les Juifs, qui avaient massacré et torturé les chrétiens toutes les fois qu'ils avaient été les plus forts, se sont vus en tous lieux haïs et mal tolérés. On vous dira que souvent on les poursuivit pour des crimes imaginaires ; mais on ne prête qu'aux riches, et leur histoire est sérieusement pleine de crimes trop réels. On les chassa violemment de l'Espagne, qu'ils voulaient dominer ; mais sans les mesures violentes des rois chrétiens, la Péninsule serait aujourd'hui la proie des Juifs et des Maures.
— Quelquefois sans doute on mit peu d'humanité dans les poursuites exercées contre eux ; mais on ne les bannissait pas sans leur donner trois mois pour s'expatrier, et ils s'obstinaient à demeurer dans les pays où leurs têtes étaient proscrites. Parmi les moyens que l'on employait pour les découvrir, il en est un singulier que rapporte Tostat, dans son livre des Démons ; c'était une tête d'airain, une androïde qui, en Espagne, dit-il, révélait les Juifs cachés..... — Ils faisaient l'usure et dépouillaient largement les chrétiens dans les contrées où ils étaient soufferts ; puis, quand ils avaient tout ravi, les princes qui avaient besoin d'argent les faisaient regorger avec violence. Dans de tels cas, ils essuyèrent surtout de grandes vexations chez les Anglais. Le roi Jean fit un jour emprisonner les riches Juifs de son royaume pour les forcer à lui donner de l'argent ; un d'eux, à qui on arracha sept dents l'une après l'autre, en l'engageant de la sorte à contribuer, paya mille marcs d'argent à la huitième. Henri III tira d'Aaron, juif d'York, quatorze mille marcs d'argent, et dix mille pour la reine. Il vendit les autres Juifs de son pays à son frère Richard, pour le terme d'une année, afin que ce comte éventrât ceux qu'il avait déjà écorchés, comme dit Mathieu Pâris.... — En général, lorsqu'on tolérait les Juifs, on les distinguait des autres habitants par des marques infamantes. Philippe-le-Hardi les obligea en France à porter une corne sur la tête : il leur était défendu de se baigner dans la Seine ; et, quand on les pendait, c'était toujours entre deux chiens. — Le jour de la fête de Pâques, c'était un vieil usage à Toulouse de donner un soufflet à un Juif de la ville. On raconte qu'Aymeric, vicomte de Rochechouart, accompagné de Hugues son chapelain, se trouvant à Toulouse, le dimanche de Pâques, les chanoines chargèrent Hugues de cette cérémonie. Le chapelain donna un coup si violent au Juif, qu'il lui fit sauter la cervelle ; ce malheureux tomba mort : ce qui est faux. Les Juifs de Toulouse l'enlevèrent de la cathédrale et l'inhumèrent dans le cimetière de leur synagogue sans oser se plaindre, ajoute Dulaure[1], qui était un menteur. Le vrai de ce fait, et nous sommes loin de l'excuser, c'est que le soufflet renversa le Juif. *Voy.* BOHÉMIENS. — « Avant de quitter Jaffa, je vous parlerai d'une coutume que vous ignorez peut-être et qui est établie chez les Grecs de cette ville. Chaque soir, pendant le carême, les petits enfants des familles grecques vont à la porte des maisons chrétiennes, et demandent avec des cris monotones, qu'on prendrait pour une complainte, du bois ou des paras (demi-cents) pour acheter du bois : « Donnez, donnez, disent-
» ils ; et l'an prochain vos enfants seront ma-
» riés ; et leurs jours seront heureux ; et vous
» jouirez long-temps de leur bonheur. » Le

[1] Dulaure, Principaux lieux de France, t. II, p. 236.

bois que sollicitent ces enfants est destiné à brûler les *Juifs*. C'est le soir du jeudi saint des Grecs qu'on allume les feux ; chaque petite troupe allume le sien. On fabrique un homme de paille avec le costume juif, et la victime en effigie est ainsi conduite devant le feu, au milieu des clameurs et des huées. Les enfants délibèrent gravement sur le genre de supplice auquel il faut condamner l'Israélite ; les uns disent : Crucifions-le, il a crucifié Jésus-Christ ; les autres : Coupons-lui la barbe et les bras, puis la tête ; d'autres enfin : Fendons-le, déchirons-lui les entrailles, car il a tué notre Dieu. Le chef de la troupe, prenant alors la parole : « Qu'est-il besoin, dit-il, de recourir à tous ces supplices ? Il y a là un feu tout allumé ; brûlons le juif. » Et le juif est jeté dans les flammes. « Feu, feu, s'écrient les enfants, ne l'épargne pas, dévore-le ; il a souffleté Jésus-Christ ; il lui a cloué les pieds et les mains. » Et les enfants énumèrent ainsi toutes les souffrances que les Juifs firent endurer au Sauveur. Quand la victime est consumée, on jette au vent ses cendres avec des imprécations ; et puis chacun se retire, satisfait d'avoir puni le bourreau du Christ. — De semblables coutumes portent avec elles leur caractère, et n'ont pas besoin d'être accompagnées de réflexions [1]. » — Les diverses religions sont plus ou moins tolérées dans les états des Turcs et des Persans. Des juifs, à Constantinople, s'avisèrent de dire, en conversation, qu'ils seraient les seuls qui entreraient dans le Paradis. « Où serons-nous donc, nous autres ? » leur demandèrent quelques Turcs avec qui ils s'entretenaient. Les Juifs, n'osant pas leur dire ouvertement qu'ils en seraient exclus, leur répondirent qu'ils seraient dans les cours. Le grand-vizir, informé de cette dispute, envoya chercher les chefs de la synagogue, et leur dit que, puisqu'ils plaçaient les musulmans dans les cours du paradis, il était juste qu'ils leur fournissent des tentes, afin qu'ils ne fussent pas éternellement exposés aux injures de l'air. On prétend que c'est depuis ce temps-là que les juifs, outre le tribut ordinaire, paient une somme considérable pour les tentes du grand-seigneur et de toute sa maison quand il va à l'armée [2].

Julien l'Apostat, — né en 331, empereur romain, mort en 363. — Variable dans sa philosophie, inconstant dans sa manière de penser, après avoir été chrétien, il retomba dans le paganisme. Les ennemis seuls de l'Église ont trouvé dans quelques qualités apparentes des prétextes pour faire son éloge. Ce sage consultait Apollon et sacrifiait aux dieux de pierre, quoiqu'il connût la vérité. Les démonomanes l'ont mis au nombre des magiciens ; et il est vrai qu'avec Maximus et Jamblique il évoquait les esprits et recherchait l'avenir par la nécromancie. Il avait des visions ; Ammien Marcellin rapporte que, peu avant sa mort, comme il écrivait dans sa tente, à l'imitation de Jules César, il vit paraître devant lui le génie de Rome avec un visage blême. — Il fut tué par un trait que personne ne vit venir, à l'âge de trente-deux ans. Ennemi acharné de Jésus-Christ, il recueillit, dit-on, en tombant un peu de son sang dans sa main et le lança vers le ciel, en disant : « Tu as vaincu, Galiléen ! » — Après sa mort, on trouva, dans le palais qu'il habitait, des charniers et des cercueils pleins de têtes et de corps morts. En la ville de Carres de Mésopotamie, dans un temple d'idoles, on trouva une femme morte pendue par les cheveux, les bras étendus, le ventre ouvert et vide. On prétend que Julien l'avait immolée pour apaiser les dieux infernaux auxquels il s'était voué, et pour apprendre par l'inspection du foie de cette femme le résultat de la guerre qu'il faisait alors contre les Perses. — La mort de l'Apostat fut signifiée, dit-on, dans plusieurs lieux à la fois, et au même moment qu'elle advint. Un de ses domestiques, qui allait le trouver en Perse, ayant été surpris par la nuit, et obligé de s'arrêter dans une église faute d'auberge, vit en songe des apôtres et des prophètes assemblés qui déploraient les calamités de l'Église sous un prince aussi impie que Julien, et un d'entre eux, s'étant levé, assura les autres qu'il allait y porter remède. La nuit suivante, ce valet, ayant vu dans son sommeil la même assemblée, vit venir l'homme de la veille qui annonça la mort de Julien. Le philosophe Didyme d'Alexandrie vit aussi en songe des hommes montés sur des chevaux blancs, et courant dans les airs en disant : « Annoncez à Didyme qu'à cette heure Julien l'apostat est tué. »

Jung, — auteur allemand, vivant encore sans doute ; il a écrit sur les esprits un ouvrage intitulé *Théorie de Geister-Kunder*, Nuremberg, 1808, in-8°.

Jupiter-Ammon. — Les Égyptiens portaient sur le cœur, comme un puissant préservatif, une amulette ou philactère, qui était une lame sur laquelle ils écrivaient le nom de Jupiter-Ammon. Ce nom était si grand dans leur esprit, et même chez les Romains, qu'on en croyait l'invocation suffisante pour obtenir

---
[1] Michaud et Poujoulat, Correspondance de l'Orient.
[2] Saint-Foix, Essais, t. II.

toutes sortes de biens. On sait que Jupiter-Ammon avait des cornes de bélier. Sa statue, adorée à Thèbes, dans la Haute-Égypte, était un automate qui faisait des signes de tête.

Jurement. — « C'est une chose honteuse, dit un bon légendaire, que d'entendre si souvent répéter le nom du diable sans nécessité. Un père en colère dit à ses enfants : « Venez ici, mauvais diables. » Un autre s'écrie : « Te voilà, bon diable ! » Celui-ci, qui a froid, vous l'apprend en disant : « Diable ! le temps est rude. » Celui-là qui soupire après la table dit qu'il y a une faim de diable. Un autre, qui s'impatiente, souhaite que le diable l'emporte. Un savant de société, quand il a proposé une énigme, s'écrie bravement : « Je me donne au diable si vous devinez cela. » Une chose paraît-elle embrouillée, on vous avertit que le diable s'en mêle. Une bagatelle est-elle perdue, on dit qu'elle est à tous les diables. Un homme laborieux prend-il quelque sommeil, un plaisant vient vous dire que le diable le berce. — Ce qu'il y a de pis, c'est que des gens emploient le nom du diable en bonne part ; ainsi on vous dira d'une chose médiocre : « Ce n'est pas le diable. » Un homme fait-il plus qu'on ne demande, on dit qu'il travaille comme le valet du diable. Que l'on voie passer un grenadier de cinq pieds dix pouces, on s'écrie : « Quel grand diable ! » D'un qui vous étonne par son esprit, par son adresse ou par ses talents, vous dites : « Quel diable d'homme ! » On dit encore : « Une force de diable, un esprit de diable, un courage de diable ; un homme franc est un bon diable ; un homme qu'on plaint, un pauvre diable ; un homme divertissant a de l'esprit en diable, etc. ; et une foule de mots semblables. — Un père en colère dit un jour à son fils : « Va-t'en au diable. » Le fils étant sorti peu après rencontra le diable, qui l'emmena ; et on ne le revit plus[1]. Un autre homme irrité contre sa fille, qui mangeait trop avidement une écuelle de lait, eut l'imprudence de lui dire : « Puisses-tu avaler le diable dans ton ventre ! » La jeune fille sentit aussitôt la présence du démon, et elle fut possédée plusieurs mois[2]. Un mari de mauvaise humeur donna sa femme au diable ; au même instant, comme s'il fût sorti de la bouche de l'époux, le démon entra par l'oreille dans le corps de cette pauvre dame. Ces contes vous font rire, puissent-ils vous corriger ! » — Un avocat gascon avait recours aux grandes figures, pour émouvoir ses juges. Il plaidait au quinzième siècle, dans ces temps où les jugements de Dieu étaient encore en usage. Un jour qu'il défendait la cause d'un Manceau cité en justice pour une somme d'argent dont il niait la dette, comme il n'y avait aucun témoin pour éclaircir l'affaire, les juges déclarèrent qu'on aurait recours à une épreuve judiciaire. L'avocat de la partie adverse, connaissant l'humeur peu belliqueuse du Gascon, demanda que les avocats subissent l'épreuve, aussi bien que leurs clients ; le Gascon n'y consentit qu'à condition que l'épreuve fût à son choix. — La chose se passait au Mans. Le jour venu, l'avocat gascon ayant longuement réfléchi sur les moyens qu'il avait à prendre pour ne courir aucun péril, s'avança devant les juges, et demanda qu'avant de recourir à une plus violente ordalie, on lui permît d'essayer d'abord celle-ci, c'est-à-dire qu'il se donnait hautement et fermement au diable, lui et sa partie, s'ils avaient touché l'argent dont ils niaient la dette. Les juges, étonnés de l'audace du Gascon, se persuadèrent là-dessus qu'il était nécessairement fort de son innocence et se disposaient à l'absoudre ; mais, auparavant, ils ordonnèrent à l'avocat de la partie adverse de prononcer le même dévouement que venait de faire l'avocat gascon. « Il n'en est pas besoin, » s'écria aussitôt du fond de la salle une voix rauque. En même temps on vit paraître un monstre noir, hideux, ayant des cornes au front, des ailes de chauve-souris aux épaules, et avançant les griffes sur l'avocat gascon... Le champion, tremblant, se hâta de révoquer sa parole, en suppliant les juges et les assistants de le tirer des griffes de l'ange de ténèbres. « Je ne céderai, répondit le diable, que quand le crime sera révélé.... » En disant ces mots, il s'avança encore sur le plaideur manceau et sur l'avocat gascon. Les deux menteurs interdits se hâtèrent d'avouer, l'un, qu'il devait la somme qu'on lui demandait ; l'autre, qu'il soutenait sciemment une mauvaise cause. Alors le diable se retira, mais on sut par la suite que le second avocat, sachant combien le Gascon était peureux, avait été instruit de son idée ; qu'il avait en conséquence affublé son domestique d'un habit noir bizarrement taillé, et l'avait équipé d'ailes et de cornes, pour découvrir la vérité par ce ministère.

---

[1] Cæsarii Heisterb. miracul., lib. 5, cap. 12.
[2] Ejusdem, cap. 2, ibid.

[1] Ejusdem, cap. 2, ibid.

K

Kaaba. — Ce lieu célèbre à La Mecque, dans l'enceinte du temple, est, dit-on, la maison d'Abraham, bâtie par lui, selon les croyances musulmanes. Le seuil est un bloc de pierre qui a été, disent les Arabes, la statue de Saturne, autrefois élevée sur la Kaaba même, et renversée par un prodige ainsi que toutes les autres idoles du lieu, au moment de la naissance de Mahomet. — La Kaaba est un petit édifice d'une quinzaine de pieds. Les musulmans l'appellent la maison carrée et la maison de Dieu ; dans le Koran, elle est désignée comme le lieu le plus saint de la terre : aussi les bons musulmans se tournent-ils toujours dans leurs prières vers la Kaaba, et il faut être peu dévot pour n'en pas faire au moins une fois en sa vie le pèlerinage. On y révère la fameuse pierre noire qui servait d'échafaud à Abraham lorsqu'il maçonnait la maison carrée. On conte qu'elle se haussait et se baissait d'elle-même, selon les désirs du patriarche. Elle lui avait été apportée par l'ange Gabriel ; et on ajoute que cette pierre, se voyant abandonnée après qu'on n'eut plus besoin d'elle, se mit à pleurer ; Abraham la consola en lui promettant qu'elle serait extrêmement vénérée des musulmans ; et il la plaça en effet près de la porte, où elle est baisée par tous les pèlerins.

Kacher, — vieux magicien qui, dans l'histoire fabuleuse des anciens rois de Cachemire, transforma le lac qui occupait ce beau pays en un vallon délicieux, et donna aux eaux une issue miraculeuse en coupant une montagne nommée Baraboulé.

Kaf, — montagne prodigieuse qui entoure l'horizon de tous côtés, à ce que disent les musulmans. La terre se trouve au milieu de cette montagne, ajoutent-ils, comme le doigt au milieu de l'anneau. Elle a pour fondement la pierre Sakhrat, dont le moindre fragment opère les plus grands miracles. C'est cette pierre, faite d'une seule émeraude, qui excite les tremblements de terre, en s'agitant selon que Dieu le lui ordonne. Pour arriver à la montagne de Cafa, il faut traverser de vastes régions ténébreuses, ce qu'on ne peut faire que sous la conduite d'un être supérieur. C'est, dit-on, la demeure des génies. Il est souvent parlé de cette montagne dans les contes orientaux. *Voy.* SAKHRAT.

Kaha, — maléfice employé aux îles Marquises. Les habitants attribuent au Kaha la plupart de leurs maladies. Voici comment il se pratique : « Quelque sorcier aura attrapé de votre salive, et puis il vous a lié du terrible Kaha ou maléfice du pays, en enveloppant cette salive dans un morceau de feuille d'arbre et la conservant en sa puissance. Il tient là votre âme et votre vie enchaînées. A ce mal voici le remède : ceux qui ont eu le pouvoir de vous jeter le charme ont aussi le pouvoir de vous l'ôter, moyennant quelque présent. Le sorcier vient donc se coucher près de vous ; il voit ou il entend le génie du mal ou de la maladie quand il entre en vous et quand il sort, car il paraît que ces génies se promènent souvent ; et il l'attrape comme au vol, ou bien il le saisit en vous frottant le bras, et il l'enferme à son tour dans une feuille, où il peut le détruire [1]. »

Kaidmords, — nom du premier homme qui sortit de la jambe de devant d'un taureau, selon la doctrine des mages ; il fut tué par les Dives ; mais il ressuscitera le jour du jugement. On invoque son âme chez les Guèbres. *Voy.* BOUNDSCHESCH.

Kalpa-Tarou, — arbre fabuleux sur lequel les Indiens d'autrefois cueillaient tout ce qu'ils pouvaient désirer.

Kamlat, — opération magique en usage chez les Tartares de Sibérie, et qui consiste à évoquer le diable au moyen d'un tambour magique ayant la forme d'un tamis, ou plutôt d'un tambour de basque. Le sorcier qui fait le Kamlat marmotte quelques mots tartares, court de côté et d'autre, s'assied, se relève, fait d'épouvantables grimaces et d'horribles contorsions, roulant les yeux, les fermant, et gesticulant comme un insensé. Au bout d'un quart d'heure, il fait croire que par ses conjurations il évoque le diable, qui vient toujours du côté de l'Occident, en forme d'ours, pour lui révéler ce qu'il doit répondre ; il fait entendre qu'il est quelquefois maltraité cruellement par le démon, et tourmenté jusque dans le sommeil. Pour en convaincre ses auditeurs, il feint de s'éveiller en sursaut en criant comme un possédé.

[1] Lettres du P. Mathias Gracia sur les îles Marquises, lettre 6e.

Kamosch et **Kemosch**, — *voy.* CHAMOS.

Karra-Kalf, — le plus haut degré de la magie en Islande. Dans les temps modernes, lorsqu'on pratiquait le karra-kalf, le diable paraissait sous la forme d'un veau nouvellement né et non encore nettoyé par sa mère. Celui qui désirait d'être initié parmi les magiciens était obligé de nettoyer le veau avec sa langue; et, par ce moyen, il parvenait à la connaissance des plus grands mystères.

Katakhanès. — C'est le nom que les habitants de l'île de Candie donnent à leurs vampires. En aucune contrée du Levant la croyance aux vampires ou katakhanès n'est aussi générale que dans cette île, où l'on croit aussi aux démons des montagnes, de l'air et des eaux. Voici un récit fait il n'y a pas longtemps à un voyageur anglais, M. Pashley, qui le rapporte comme il lui a été raconté. Nous l'empruntons à la *Revue britannique* (mars 1837) : — « Un jour le village de Kalikrati, dans le district de Sfakia, fut visité par un katakhanès ; les habitants s'efforcèrent de découvrir qui il était et d'où il venait. Ce katakhanès tuait non-seulement les enfants, mais encore les adultes, et il étendait ses ravages jusqu'aux villages des environs. Il avait été enterré dans l'église de Saint-George à Kalikrati, et une arche avait été construite au-dessus de sa tombe. Un berger, gardant ses moutons et ses chèvres auprès de l'église, fut surpris par une averse, et vint se réfugier sous l'arche du tombeau. Après avoir ôté ses armes pour prendre du repos, il les posa en croix à côté de la pierre qui lui tenait lieu d'oreiller. — La nuit vint. Le katakhanès, sentant alors le besoin de sortir pour faire du mal aux hommes, dit au berger : « Compère, lève-toi de là, car j'ai des affaires qui m'obligent de sortir. » Le berger ne répondit ni la première fois, ni la seconde, ni la troisième ; il supposa que le katakhanès était l'auteur de tous les meurtres commis dans la contrée. En conséquence, la quatrième fois qu'il lui adressa la parole, le berger dit : — « Je ne me lèverai point de là, compère, car je crains que tu ne vailles pas grand'chose, et tu pourrais me faire du mal ; mais s'il faut que je me lève, jure par ton linceul que tu ne me toucheras pas, et alors je me lèverai. » Le katakhanès ne prononça pas d'abord les paroles qu'on lui demandait ; mais le berger persistant à ne point se lever, il finit par faire le serment exigé. Sur cela le berger se leva et ôta ses armes du tombeau ; le katakhanès sortit aussitôt, et après avoir salué le berger, il lui dit : « Compère, il ne faut pas que tu t'en ailles ; reste assis là ; j'ai des affaires dont il est nécessaire que je m'occupe, mais je reviendrai dans une heure et je te dirai quelque chose. » Le berger donc l'attendit, le katakhanès s'en alla à environ dix milles de là, où vivaient deux jeunes époux nouvellement mariés ; il les égorgea tous deux. A son retour, le berger s'aperçut que les mains du vampire étaient souillées de sang, et qu'il rapportait un foie dans lequel il soufflait, comme font les bouchers, pour le faire paraître plus grand. « Asseyons-nous, compère, lui dit le katakhanès, et mangeons le foie que j'apporte. » Mais le berger fit semblant de manger : il n'avalait que le pain et laissait tomber les morceaux de foie sur ses genoux. — Or, quand le moment de se séparer fut venu, le katakhanès dit au berger : « Compère, ce que tu as vu, il ne faut point en parler, car, si tu le fais, mes vingt ongles se fixeront dans ta figure et dans celles de tes enfants. » — Malgré cela, le berger ne perdit point de temps ; il alla sur-le-champ tout déclarer à des prêtres et à d'autres personnes ; et on se rendit au tombeau, dans lequel on trouva le corps du katakhanès précisément dans l'état où il était quand on l'avait enterré ; tout le monde fut convaincu que c'était lui qui était cause des maux qui pesaient sur le pays. On rassembla une grande quantité de bois que l'on jeta dans la tombe, et on brûla le cadavre. Le berger n'était pas présent ; mais quand le katakhanès fut à moitié consumé, il arriva pour voir la fin de la cérémonie, et alors le vampire lança un crachat ; c'était une goutte de sang qui tomba sur le pied du berger ; ce pied se desséchea comme s'il eût été consumé par le feu. Quand on vit cela, on fouilla avec soin dans les cendres, et on y trouva encore l'ongle du petit doigt du katakhanès ; on le réduisit en poussière. — Telle est la terrible histoire du vampire de Kalikatri. C'est sans doute au goût qu'on suppose à ces êtres malfaisants pour le foie humain qu'il faut attribuer cette exclamation que Tavernier attribue à une femme candiote : « J'aimerais mieux manger le foie de mon enfant ! » *Voy.* VAMPIRES.

Kaybora, — esprit des forêts, à l'existence duquel croient encore les Américains ; ils disent que cet esprit enlève les enfants, les cache dans les creux des arbres et les y nourrit [1].

Kelby, — esprit qu'une superstition écossaise suppose habiter les rivières sous différentes formes, mais plus fréquemment sous

[1] Voyage au Brésil, par le père Neuwied, t. II, c. 12.

celle du cheval. Il est regardé comme malfaisant et porte quelquefois une torche. On attribue aussi à ses regards un pouvoir de fascination.

Kélen et **Nysrock**, — démons que les démonographes font présider aux débauches, aux danses, aux orgies.

Kenne, — pierre fabuleuse qui se forme dans l'œil d'un cerf, et à laquelle on attribue des vertus contre les venins.

Képhalonomancie, — divination qui se pratiquait en faisant diverses cérémonies sur la tête cuite d'un âne. Elle était familière aux Germains. Les Lombards y substituèrent une tête de chèvre. Delrio soupçonne que ce genre de divination, en usage chez les juifs infidèles, donna lieu à l'imputation qui leur fut faite d'adorer un âne. Les anciens la pratiquaient en mettant sur des charbons allumés la tête d'un âne, en récitant des prières superstitieuses, en prononçant les noms de ceux qu'on soupçonnait d'un crime, et en observant le moment où les mâchoires se rapprochaient avec un léger craquement. Le nom prononcé en cet instant désignait le coupable. — Le diable arrivait aussi quelquefois sans se montrer pour répondre aux questions qu'on avait à lui faire.

Khumano-Goo, — sorte d'épreuve en usage au Japon. On appelle goo un petit papier rempli de caractères magiques, de figures de corbeau et d'autres oiseaux. On prétend que ce papier est un préservatif assuré contre la puissance des esprits malins, et les Japonais ont soin d'en acheter pour les exposer à l'entrée de leurs maisons; mais parmi ces goos ceux qui ont la plus grande vertu viennent d'un certain endroit nommé Kuhmano; ce qui fait qu'on les appelle Kuhmano-goos. — Lorsque quelqu'un est accusé d'un crime et qu'il n'y a pas de preuves suffisantes pour le condamner, on le force à boire une certaine quantité d'eau dans laquelle on met un morceau de khumano-goo. Si l'accusé est innocent, cette boisson ne produit sur lui aucun effet; mais s'il était coupable, il se sent attaqué de coliques qui le forcent à avouer. Voy. aussi Goo.

Kijoun, — nom d'une idole que les Israélites honorèrent dans le désert, et qui paraît avoir été le soleil. Le prophète Amos en parle au chap. V.

Kiones, — idoles communes en Grèce, qui ne consistaient qu'en pierres oblongues en forme de colonnes, d'où vient leur nom.

Kobal, — démon perfide qui mord en riant, directeur général des farces de l'enfer, qui doivent être peu joyeuses; patron des comédiens.

Koran, — voy. MAORIDATH.

Koughas, — démons ou esprits malfaisants, redoutés des Aléotes, insulaires voisins du Kamtschatka. Ils attribuent leur état d'asservissement et leur détresse à la supériorité des koughas russes sur les leurs; ils s'imaginent aussi que les étrangers, qui paraissent curieux de voir leurs cérémonies, n'ont d'autre intention que d'insulter à leurs koughas, et de les engager à retirer leur protection au gens du pays.

Kratim ou **Katmir**. — C'est le nom qu'on donne au chien des sept Dormants. Voy. DORMANTS.

Kuhlmann (QUIRINUS), — l'un des visionnaires du dix-septième siècle, né à Breslau en 1651. Il était doué d'un esprit vif; étant tombé malade à l'âge de huit ans, il éprouva un dérangement dans ses organes, et crut avoir des visions. Une fois il s'imagina voir le diable escorté d'une foule de démons subalternes; un autre jour, il se persuada que Dieu lui avait apparu: dès ce moment, il ne cessa de voir à côté de lui une auréole éclatante de lumière. Il parcourut le nord escorté d'une très-mauvaise réputation; il escroquait de l'argent à ceux qui lui montraient quelque confiance, pour l'employer, disait-il, à l'avancement du royaume de Dieu. Il fut chassé de Hollande au commencement de l'année 1675; il voulut se lier avec Antoinette Bourguignon, qui rejeta ses avances. Il fut arrêté en Russie pour des prédictions séditieuses, et brûlé à Moscou le 3 octobre 1689. Il a publié à Lubeck un *Traité de la sagesse infuse d'Adam et de Salomon* [1]; on lui doit une quarantaine d'opuscules qui n'ont d'autre mérite que leur rareté.

Kupay, — nom que les Péruviens donnaient au diable. Quand ils prononçaient son nom, ils crachaient par terre en signe d'exécration. On l'écrit aussi Cupai, et c'est encore le nom que les Floridiens donnent au souverain de l'enfer.

Kutuktus. — Les Tartares-Kalkas croient que leur souverain pontife, le kutuktus, est immortel; et, dans le dernier siècle, leurs fakirs firent déterrer et jeter à la voirie le corps d'un savant qui dans ses écrits avait paru en douter.

---

[1] De Sapientia infusa Adamea Salomoneaque. — Arcanum microcosmicum; Paris, 1681. — Prodromus quinquennii mirabilis. In-8°; Leyde, 1674. On n'a qu'un volume de cet ouvrage, qui devait en avoir trois et contenir cent mille inventions curieuses, etc.

Labadie (Jean), — fanatique du dix-septième siècle, né en 1610 à Bourg sur la Dordogne. Il se crut un nouveau Jean-Baptiste envoyé pour annoncer la seconde venue du Messie, et s'imagina qu'il avait des révélations. Il assurait que Jésus-Christ lui avait déclaré qu'il l'envoyait sur la terre comme son prophète; il poussa bientôt la suffisance jusqu'à se dire revêtu de la divinité et participant du nom et de la substance de notre Seigneur. Mais il joignit à l'ambition d'un sectaire le goût des plaisirs; il faisait servir à ses odieux projets le masque de la religion, et il ne fut qu'un détestable hypocrite. Il mourut en 1674. Voici quelques-unes de ses productions : *Le Hérauld du grand roi Jésus*, Amsterdam, 1667, in-12. *Le Véritable exorcisme ou l'unique moyen de chasser le diable du monde chrétien*; *le Chant royal du roi Jésus-Christ*. Ces ouvrages sont condamnés.

Labour, — pays de Gascogne dont les habitants s'adonnaient au commerce du diable, et entreprenaient de longs voyages. Pendant que les hommes étaient absents, Delancre dit que les femmes devenaient sorcières. Henri IV envoya en 1609 ledit Pierre Delancre, conseiller au parlement de Bordeaux, pour purger le pays de ses sorciers, qui, instruits de son arrivée, s'enfuirent en Espagne. Il en fit toutefois brûler quelques-uns.

Labourant. — *voy.* Pierre Labourant.

Lac. — Grégoire de Tours rapporte que dans le Gévaudan il y avait une montagne appelée Hélanie, au pied de laquelle était un grand lac; à certaines époques de l'année, les villageois s'y rendaient de toutes parts pour y faire des festins, offrir des sacrifices, et jeter dans le lac, pendant trois jours, une infinité d'offrandes de toute espèce. Quand ce temps était expiré, selon la tradition que rapporte Grégoire de Tours, un orage mêlé d'éclairs et de tonnerre s'élevait; il était suivi d'un déluge d'eau et de pierres. Ces scènes durèrent jusqu'à la fin du quatrième siècle. Cent ans avant l'ère chrétienne, il y avait aussi à Toulouse un lac célèbre consacré au dieu du jour, et dans lequel les Tectosages jetaient en offrandes de l'or, de l'argent en profusion, tant en lingots et monnayé que mis en œuvre et façonné. — On lit dans la Vie de saint Sulpice, évêque de Bourges, qu'il y avait de son temps dans le Berry un lac de mauvaise renommée, qu'on appelait le *lac des Démons. Voy.* Pilate, Herbidilla, etc.

Lacaille (Denyse de). En 1612, la ville de Beauvais fut le théâtre d'un exorcisme sur lequel on n'a écrit que des facéties sans autorité. La possédée était une vieille nommée Denyse de Lacaille. Nous donnons la pièce suivante en résumé; nous ne la croyons pas très-sérieuse : — *Extrait de la sentence donnée contre les démons qui sont sortis du corps de Denyse de Lacaille*. — « Nous, étant dûment informés que plusieurs démons et malins esprits vexaient et tourmentaient une certaine femme, nommée Denyse de Lacaille, de la Landelle, nous avons donné à Laurent Lepot toute puissance de conjurer lesdits malins esprits. Ledit Lepot, ayant pris la charge, a fait plusieurs exorcismes et conjurations, desquels plusieurs démons sont sortis, comme le procès-verbal le démontre. Voyant que, de jour en jour, plusieurs diables se présentaient; comme il est certain qu'un certain démon, nommé Lissi, a dit posséder ladite Denyse, nous commandons, voulons, mandons, ordonnons audit Lissi de descendre aux enfers, sortir hors du corps de ladite Denyse, sans jamais y rentrer; et, pour obvier à la revenue des autres démons, nous commandons, voulons, mandons et ordonnons que Belzébuth, Satan, Motelu et Briffault, les quatre chefs, et aussi les quatre légions qui sont sous leur puissance, et tous les autres, tant ceux qui sont de l'air, de l'eau, du feu, de la terre et autres lieux, qui ont encore quelque puissance de ladite Denyse de Lacaille, comparent maintenant et sans délai, qu'ils aient à parler les uns après les autres, à dire leurs noms de façon qu'on les puisse entendre, pour les faire mettre par écrit. — Et à défaut de comparoir, nous les mettons et les jetons en la puissance de l'enfer, pour être tourmentés davantage que de coutume; et faute de nous obéir, après les avoir appelés par trois fois, commandons, voulons, mandons que chacun d'eux reçoive les peines imposées ci-dessus, défendant au même Lissi, et à tous ceux qui auraient possédé le corps de ladite Denyse de Lacaille, d'entrer jamais dans aucun corps, tant de créatures raisonnables que d'autres. — Suivant quoi ledit Lissi, malin esprit, prêt à sortir, a signé ces présentes.

Belzébuth paraissant, Lissi s'est retiré au bras droit; lequel Belzébuth a signé; pareillement Belzébuth s'étant retiré, Satan apparut, et a signé pour sa légion, se retirant au bras gauche; Motelu, paraissant, a signé pour toute la sienne, s'étant retiré à l'oreille droite; incontinent, Briffault est comparu, et a signé ces présentes. — *Signé* Lissi; Belzébuth; Satan; Motelu; Briffault.

» Le signe et la marque de ces cinq démons sont apposés à l'original du procès-verbal.

» Beauvais, le 12 décembre 1612. »

Lachanoptères, — animaux imaginaires que Lucien place dans le globe de la lune. C'étaient de grands oiseaux couverts d'herbes au lieu de plumes.

Lachus, — génie céleste, dont les Basilidiens gravaient le nom sur leurs pierres d'aimant magique; ce talisman préservait des enchantements.

Laci (Jean), — auteur d'un ouvrage intitulé *Avertissements prophétiques*, publié en 1708, un vol. in-8°; il parut différents ouvrages de cette sorte à l'occasion des prétendus prophètes des Cévennes.

Laensbergh (Mathieu), — Liégeois célèbre qui passe parmi le peuple pour le plus grand mathématicien, astrologue et prophète des temps modernes. Ses prédictions trouvent encore, dans les campagnes, de bonnes gens qui se feraient scrupule d'en douter, et qui, quand son almanach prédit de la pluie pour un jour de beau temps, se contentent de dire: « Il pleut ailleurs. » Le premier almanach de Mathieu Laensbergh a paru en 1636.

Lafin (Jacques), — sorcier qui fut accusé d'envoûtement; on dit même qu'on trouva sur lui des images de cire qu'il faisait parler [1].

Laïca. — Nom de fées chez les Péruviens. Les laïcas étaient ordinairement bienfaisantes, au lieu que la plupart des autres magiciennes mettaient leur plaisir à faire du mal.

Lamia, — reine de Libye, qui fendait le ventre des femmes grosses pour dévorer leurs fruits. Elle a donné son nom aux lamies.

Lamies, — démons qu'on trouve dans les déserts sous des figures de femmes, ayant des têtes de dragon au bout des pieds. Elles hantent aussi les cimetières, y déterrent les cadavres, les mangent, et ne laissent des morts que les ossements. — A la suite d'une longue guerre, on aperçut dans la Syrie, pendant plusieurs nuits, des troupes de lamies qui dévoraient les cadavres des soldats inhumés à fleur de terre. On s'avisa de leur donner la chasse, et quelques jeunes gens en tuèrent plusieurs à coups d'arquebuse; il se trouva, le lendemain, que ces lamies n'étaient plus que des loups et des hyènes. — Il se rencontre des lamies, très-agiles à la course, dans l'ancienne Libye; leur voix est un sifflement de serpent. Quelle que soit la demeure des lamies, il est certain, dit Leloyer, qu'il en existe, puisque cette croyance était en vigueur chez les anciens. Le philosophe Ménippe fut épris d'une lamie. Elle l'attirait à elle; heureusement qu'il fut averti de s'en défier, sans quoi il eût été dévoré. Semblables aux sorcières, ajoute Leloyer [1], ces démons sont très-friands du sang des petits enfants. — Tous les démonomanes ne sont pas d'accord sur la forme des lamies; Torquemada, dans son Hexameron, dit qu'elles ont une figure de femme et des pieds de cheval; qu'on les nomme aussi chevesches, à cause du cri et de la friandise de ces oiseaux pour la chair fraîche. Ce sont des espèces de sirènes selon les uns; d'autres les comparent aux gholes de l'Arabie. — On a dit bien des bizarreries sur ces femmes singulières. Quelques-uns prétendent qu'elles ne voient qu'à travers une lunette [2]. Wierus parle beaucoup de ces monstres, dans le troisième livre de son ouvrage sur les *Prestiges*. Il a même consacré aux *Lamies* un ouvrage particulier [3].

Lamotte le Vayer (François), — littérateur, né à Paris en 1588, et mort en 1672. C'était, selon Naudé, le Plutarque de la France, ressemblant aux anciens par ses opinions et ses mœurs. Il a laissé des *Opuscules sur le Sommeil et les Songes*, in-8°, Paris, 1643.

Lampadomancie, — divination dans laquelle on observait la forme, la couleur et les divers mouvements de la lumière d'une lampe, afin d'en tirer des présages pour l'avenir.

Lampe merveilleuse. — Il y avait à Paris, du temps de saint Louis, un rabbin fameux, nommé Jéchiel, grand faiseur de prodiges, et si habile à fasciner les yeux par les illusions de la magie ou de la physique, que les Juifs le regardaient comme un de leurs saints, et les Parisiens comme un sorcier. La nuit, quand tout le monde était couché, il travaillait, à la clarté d'une lampe merveilleuse, qui répandait dans sa chambre une lumière aussi pure que celle du jour. Il n'y mettait point d'huile;

---

[1] M. Garinet, Hist. de la magie en France, p. 173.

[1] Hist. des spectres ou Apparit. des esprits, liv. II 1, p. 199.
[2] Naudé, Apol. pour les grands personnages, etc., chap. 8.
[3] J. Wieri de Lamiis liber. In-4°; Bâle, 1577.

elle éclairait continuellement, sans jamais s'éteindre, et sans avoir besoin d'aucun aliment. On disait que le diable entretenait cette lampe, et venait passer la nuit avec Jéchiel. Aussi tous les passants heurtaient à sa porte pour l'interrompre. Quand des seigneurs ou d'honnêtes gens frappaient, la lampe jetait une lueur éclatante, et le rabbin allait ouvrir; mais toutes les fois que des importuns faisaient du bruit pour le troubler dans son travail, la lampe pâlissait; le rabbin, averti, donnait un coup de marteau sur un grand clou fiché au milieu de la chambre; aussitôt la terre s'entr'ouvrait et engloutissait les mauvais plaisants [1]. — Les miracles de la lampe inextinguible étonnaient tout Paris. Saint Louis, en ayant entendu parler, fit venir Jéchiel, afin de le voir; il fut content, disent les Juifs, de la science étonnante de ce rabbin.

Lampes perpétuelles. — En ouvrant quelques anciens tombeaux, tels que celui de la fille de Cicéron, on trouva des lampes qui répandirent un peu de lumière pendant quelques moments, et même pendant quelques heures; d'où l'on a prétendu que ces lampes avaient toujours brûlé dans les tombeaux. Mais comment le prouver? dit le père Lebrun; on n'a vu paraître des lueurs qu'après que les sépulcres ont été ouverts et qu'on leur a donné de l'air. Or il n'est pas surprenant que dans les urnes qu'on a prises pour des lampes il y eût une matière qui, étant exposée à l'air, devînt lumineuse comme les phosphores. On sait qu'il s'excite quelquefois des flammes dans les caves, dans les cimetières, et dans tous les endroits où il y a beaucoup de sel et de salpêtre. L'eau de la mer, l'urine, et certains bois, produisent de la lumière et même des flammes, et l'on ne doute pas que cet effet ne vienne des sels qui sont en abondance dans ces sortes de corps. — Mais d'ailleurs Ferrari a montré clairement, dans une savante dissertation, que ce qu'on débitait sur ces lampes éternelles n'était appuyé que sur des contes et des histoires fabuleuses.

Lampon, — devin d'Athènes. On apporta un jour à Périclès, de sa maison de campagne, un bélier qui n'avait qu'une corne très-forte au milieu du front; sur quoi Lampon pronostiqua (ce que tout le monde prévoyait) que la puissance, jusqu'alors partagée en deux factions, celle de Thucydide et celle de Périclès, se réunirait dans la personne de celui chez qui ce prodige était arrivé.

Lamproies, — poisson à qui l'on a donné neuf yeux; mais on a reconnu que c'était une erreur populaire, fondée sur ce que les lamproies ont sur le côté de la tête des cavités, qui n'ont aucune communication avec le cerveau [1].

Lancinet. — Les rois de France ont, de temps immémorial, revendiqué l'honneur de guérir les écrouelles. Le premier qui fut guéri fut un chevalier nommé Lancinet. Voici comment le fait est conté. — Il était un cavalier Lancinet, de l'avis duquel le roi Clovis se servait ordinairement lorsqu'il était question de faire la guerre à ses ennemis. Étant affligé de cette maladie des écrouelles, et s'étant voulu servir de la recette dont parle Cornélius Celsus, qui dit que les écrouelles se guérissent si l'on mange un serpent, l'ayant essayée par deux fois, et ce remède ne lui ayant point réussi, un jour, comme le roi Clovis sommeillait, il lui fut avis qu'il touchait doucement le cou à Lancinet, et qu'au même instant ledit Lancinet se trouva guéri sans que même il parût aucune cicatrice. — Le roi s'étant levé plus joyeux qu'à l'ordinaire, tout aussitôt qu'il fit jour, manda Lancinet, et essaya de le guérir en le touchant, ce qui fut fait; et toujours depuis, cette vertu et faculté a été comme héréditaire aux rois de France, et s'est transmise à leur postérité [2]. — Voilà sans contredit un prodige: mais on représentera que personne ne se nommait Lancinet du temps de Clovis; que ni Clovis, ni Clotaire, ni le roi Dagobert, ni aucun des Mérovingiens, ne se vantèrent de guérir les humeurs froides; que ce secret fut également inconnu aux Carlovingiens, et qu'il faut descendre aux Capétiens pour en trouver l'origine [3].

Landéla, — magicienne. Voy. HARPE.

Langeac, — ministre de France, qui employait beaucoup d'espions, et qui fut souvent accusé de communiquer avec le diable [4].

Langue. — On lit dans Diodore de Sicile que les anciens peuples de la Taprobane avaient une langue double, fendue jusqu'à la racine, ce qui animait singulièrement leur conversation et leur facilitait le plaisir de parler à deux personnes en même temps [5]. Mahomet vit dans son paradis des anges bien plus merveilleux; car ils avaient chacun soixante-dix mille têtes; à chaque tête soixante-dix mille bouches, et dans chaque bouche soixante-dix mille lan-

---

[1] Sauval, Antiquités de Paris, etc.

[1] Brown, Des Erreurs popul., t. Ier, liv. III, p. 349.
[2] Delancre, Traité de l'attouchement, p. 159; Forcatel, De Imper. et philosop. gall.
[3] M. Salgues, Des Erreurs et des préjugés, etc., t. Ier, p. 273.
[4] Bertin, Curiosités de la littérature, t. Ier, p. 51.
[5] M. Salgues, Des Erreurs et des préjugés, t. III, p. 119.

gues qui parlaient chacune soixante-dix mille idiomes différents.

Langue primitive. — On a cru autrefois que si on abandonnait les enfants à l'instruction de la nature ils apprendraient d'eux-mêmes la langue primitive, c'est-à-dire celle que parlait Adam, que l'on croit être l'hébreu. Mais malheureusement l'expérience a prouvé que cette assertion n'était qu'une erreur populaire [1]. Les enfants élevés par des chèvres parlent l'idiome des boucs, et il est impossible d'établir que le langage n'a pas été révélé.

Languet, — curé de Saint-Sulpice, qui avait un talent tout particulier pour l'expulsion de certains esprits malins; quand on lui amenait une de ces prétendues possédées qui ont donné matière à tant de scandales, il accourait avec un grand bénitier plein d'eau commune, qu'il lui versait sur la tête, en disant : « Je t'adjure de te rendre tout à l'heure à la Salpêtrière, sans quoi je t'y ferai conduire à l'instant. » La possédée ne reparaissait plus.

Lanthila, — nom que les habitants des Moluques donnent à un être supérieur qui commande à tous les Nétos ou génies malfaisants.

Lapalud, — voy. PALUD.

Lapons. — Les Lapons se distinguent un peu des autres peuples. La hauteur des plus grands n'excède pas un mètre et demi; ils ont la tête grosse, le visage plat, le nez écrasé, les yeux petits, la bouche large, une barbe épaisse qui leur pend sur l'estomac. Leur habit d'hiver est une peau de renne, taillée comme un sac, descendant sur les genoux, et rehaussée sur les hanches avec une ceinture ornée de plaques d'argent; ce qui a donné lieu à plusieurs historiens de dire qu'il y avait des hommes vers le nord velus comme des bêtes, et qui ne se servaient point d'autres habits que ceux que la nature leur avait donnés. — On dit qu'il y a chez eux une école de magie, où les pères envoient leurs enfants, persuadés que la magie leur est nécessaire pour éviter les embûches de leurs ennemis, qui sont eux-mêmes grands magiciens. Ils font passer les démons familiers dont ils se servent en héritage à leurs enfants, afin qu'ils les emploient à surmonter les démons des autres familles qui leur sont contraires. — Ils se servent souvent du tambour pour les opérations de leur magie. Quand ils ont envie d'apprendre ce qui se passe en pays étranger, un d'entre eux bat ce tambour, mettant dessus, à l'endroit où l'image du soleil est dessinée, des anneaux de laiton attachés ensemble par une chaîne de même métal. Il frappe sur ce tambour avec un marteau fourchu, fait d'un os, de telle sorte que ces anneaux se remuent. Le curieux chante en même temps, d'une voix distincte, une chanson que les Lapons nomment jonk; tous ceux qui sont présents, hommes et femmes, y ajoutent chacun leur couplet, exprimant de temps en temps le nom du lieu dont ils désirent savoir quelque chose. Le Lapon qui frappe le tambour le met ensuite sur sa tête d'une certaine façon, et tombe aussitôt par terre, immobile, sans donner aucune marque de vie. Les assistants continuent de chanter jusqu'à ce qu'il soit revenu à lui; car si on cesse de chanter, l'homme meurt, disent-ils, ce qui lui arrive également si quelqu'un essaie de l'éveiller en le touchant de la main ou du pied. On éloigne même de lui les mouches et les autres animaux qui pourraient le faire revenir. — Quand il reprend ses sens de lui-même, il répond aux questions qu'on lui fait sur le lieu où il a été envoyé. Quelquefois il ne se réveille qu'au bout de vingt-quatre heures, selon que le chemin qu'il lui a fallu parcourir a été long ou court; et pour ne laisser aucun doute sur la vérité de ce qu'il raconte, il se vante d'avoir rapporté du pays où il a été la marque qu'on lui a demandée, comme un couteau, un anneau, un soulier ou quelqu'autre chose. — Les Lapons se servent aussi du même tambour pour savoir la cause d'une maladie, ou pour faire perdre la vie ou la santé à leurs ennemis. — Parmi ces peuples, certains magiciens ont une espèce de gibecière de cuir, dans laquelle ils tiennent des mouches magiques ou des démons, qu'ils lâchent de temps en temps contre leurs ennemis, ou contre leur bétail, ou simplement pour exciter des tempêtes et faire lever des vents orageux. Enfin ils ont une sorte de dard qu'ils jettent en l'air, et qui, dans leur opinion, cause la mort à tout ce qu'il rencontre. Ils se servent encore, pour ce même effet, d'une pelote nommée tyre, de la grosseur d'une noix, fort légère, presque ronde, qu'ils envoient contre leurs ennemis pour les faire périr; si par malheur cette pelote rencontre en chemin quelque autre personne, ou quelque animal, elle ne manque pas de lui causer la mort [1]. Voy. FINNES.

Lares. — Les lares étaient, chez les anciens, des démons ou des génies, gardiens du foyer. Cicéron, traduisant le *Timée* de Platon, appelle lares ce que Platon nomme démons. Festus les appelle dieux ou démons inférieurs,

---

[1] Thomas Brown, Essais sur les erreurs, t. II, ch. 23, p. 95.

[1] Dom Calmet, Sur les Vampires.

gardiens des toits et des maisons. Apulée dit que les lares n'étaient autre chose que les âmes de ceux qui avaient bien vécu et bien rempli leur carrière. Au contraire, ceux qui avaient mal vécu erraient vagabonds et épouvantaient les hommes. Selon Servius, le culte des dieux lares est venu de ce qu'on avait coutume autrefois d'enterrer les corps dans les maisons; ce qui donna occasion au peuple crédule de s'imaginer que leurs âmes y demeuraient aussi comme des génies secourables et propices, et de les honorer en cette qualité. On peut ajouter que, la coutume s'étant introduite plus tard d'inhumer les morts sur les grands chemins, ce pouvait bien être de là qu'on prit occasion de les regarder comme les dieux des chemins. C'était le sentiment des platoniciens, qui des âmes des bons faisaient les lares, et les lémures des âmes des méchants. On plaçait leurs statues dans un oratoire que l'on avait soin de tenir proprement. Cependant quelquefois on perdait le respect à leur égard, comme à la mort de quelques personnes chères; on les accusait de n'avoir pas bien veillé à leur conservation, et de s'être laissé surprendre par les esprits malfaisants. Caligula fit jeter les siens par la fenêtre, parce que, disait-il, il était mécontent de leur service. Quand les jeunes garçons étaient devenus assez grands pour quitter les bulles qu'on ne portait qu'en la première jeunesse, ils les pendaient au cou des dieux lares. Les esclaves y pendaient aussi leurs chaînes lorsqu'ils recevaient la liberté. *Voy.* Larves.

Larmes. — Les femmes accusées de sorcellerie étaient regardées comme véritablement sorcières lorsqu'elles voulaient pleurer et qu'elles ne le pouvaient. Une sorcière, dont parle Boguet dans son premier avis, ne put jeter aucune larme, bien qu'elle se fût plusieurs fois efforcée devant son juge: « Car il a été reconnu par expérience que les sorciers ne jettent point de larmes: ce qui a donné occasion à Spranger, Grilland et Bodin de dire que l'une des plus fortes présomptions que l'on puisse élever contre le sorcier est qu'il ne larmoie point [1]. »

Larrivey (Pierre), — ancien poète dramatique du seizième siècle, né à Troyes en 1596. Il s'est fait connaître par un *Almanach avec grandes prédictions*, le tout diligemment calculé, qu'il publia de 1648 à 1647. Il précéda ainsi Mathieu Laensbergh. Il ne mangeait point de poisson, parce que, selon son horoscope, il devait mourir étranglé par une arête, prédiction qui ne fut pas accomplie. — Les almanachs qui continuent de porter son nom sont encore très-estimés dans le midi de la France, comme ceux de Matthieu Laensbergh dans le nord.

Larves, — âmes des méchants, que l'on dit errer çà et là pour épouvanter les vivants; on les confond souvent avec les lémures, mais les larves ont quelque chose de plus effrayant. — Lorsque Caligula fut assassiné, on dit que son palais devint inhabitable, à cause des larves qui l'occupaient, jusqu'à ce qu'on lui eût décerné une pompe funèbre. *Voy.* Fantômes, Spectres, etc.

Launay (Jean), — célèbre docteur de Sorbonne, né le 21 décembre 1603 à Valdéric, diocèse de Coutances. Il a laissé un ouvrage pédantesque intitulé: *Dissertation sur la vision de Simon Stokius*, un vol. in-8°; Paris, 1653 et 1663.

Laurier, — arbre qu'Apulée met au rang des plantes qui préservent les hommes des esprits malins. On croyait aussi chez les anciens qu'il garantissait de la foudre.

Lauthu, — magicien tunquinois, qui prétendait avoir été porté soixante-dix ans dans le sein de sa mère. Ses disciples le regardaient comme le créateur de toutes choses. Sa morale est très-relâchée; c'est celle que suit le peuple, tandis que la cour suit celle de Confucius.

Lavater (Louis), — théologien protestant, né à Kybourg en 1527, auteur d'un traité sur *les Spectres, les Lémures* [1], etc. Zurich, 1570, in-12, plusieurs fois réimprimé.

Lavater (Jean-Gaspard), — né à Zurich en 1744, mort en 1801, auteur célèbre de l'art de juger les hommes par la physionomie. *Voy.* Physiognomonie.

Lavisari. — Cardan écrit qu'un Italien nommé Lavisari, conseiller et secrétaire d'un prince, se trouvant une nuit seul dans un sentier, le long d'une rivière, et ne sachant où était le gué pour la passer, poussa un cri, dans l'espoir d'être entendu des environs. Son cri ayant été répété par une voix de l'autre côté de l'eau, il se persuada que quelqu'un lui répondait, et demanda: *Dois-je passer ici?* la voix lui répondit: *Ici.* Il vit alors qu'il était sur le bord d'un gouffre où l'eau se jetait en tournoyant. Épouvanté du danger que ce gouffre lui présentait, il s'écrie encore une fois: *Faut-il que je passe ici?* la voix lui ré-

---

[1] Boguet, Premier avis, n° 60, p. 26.

[1] *De spectris, lemuribus et magnis atque insolitis fragoribus et praesagitionibus quae obitum hominum, clades, mutationesque imperiorum praecedunt*, etc.

pondit : *Passe ici.* Il n'osa s'y hasarder, et prenant l'écho pour le diable, il crut qu'il voulait le faire périr et retourna sur ses pas [1].

Lazare (Denys), — prince de Servie qui vivait en l'année de l'hégire 788. Il est auteur d'un ouvrage intitulé *les Songes*, publié en 1686, 1 vol. in-8°. Il prétend avoir eu des visions nocturnes dans les royaumes de Stéphan, de Mélisch et de Prague.

Leaupartie, — seigneur normand d'un esprit épais, qui fit paraître en 1735 un mémoire pour établir la possession et l'obsession de ses enfants et de quelques autres filles qui avaient copié les extravagances de ces jeunes demoiselles. — Il envoya à la Sorbonne et à la faculté de médecine de Paris des observations pour savoir si l'état des possédées pouvait s'expliquer naturellement. Il exposa que les possédées entendaient le latin; qu'elles étaient malicieuses; qu'elles parlaient en hérétiques; qu'elles n'aimaient pas le son des cloches; qu'elles aboyaient comme des chiennes; que l'aboiement de l'une d'elles ressemblait à celui d'un dogue; que leur servante Anne Néel, quoique fortement liée, s'était dégagée pour se jeter dans le puits : ce qu'elle ne put exécuter, parce qu'une personne la suivait; mais que, pour échapper à cette poursuite, elle s'élança contre une porte fermée et passa au travers, etc. — Le bruit s'étant répandu que les demoiselles de Leaupartie étaient possédées, un curé nommé Heurtin, faible ou intrigant, s'empara de l'affaire, causa du scandale, fit des extravagances. Mais M. de Luynes, évêque de Bayeux, le fit renfermer dans un séminaire; et les demoiselles, ayant été placées dans des communautés religieuses, se trouvèrent immédiatement paisibles.

Lebrun (Charles), — célèbre peintre, né à Paris en 1649, mort en 1690. On lui doit un *Traité sur la physionomie humaine comparée avec celle des animaux*, 1 vol. in-folio.

Lebrun (Pierre), — oratorien, né à Brignolles en 1661, mort en 1729. On a de lui : 1° *Lettres qui découvrent l'illusion des philosophes sur la baguette et qui détruisent leurs systèmes*, 1693, in-12 ; 2° *Histoire critique des pratiques superstitieuses qui ont séduit les peuples et embarrassé les savants*, 1702, 3 vol. in-12, avec un supplément, 1737, in-12. — Nous avons occasion de le citer souvent.

Lécanomancie, — divination par le moyen de l'eau. On écrivait des paroles magiques sur des lames de cuivre, qu'on mettait dans un vase plein d'eau, et une vierge qui regardait dans cette eau y voyait ce qu'on voulait savoir, ou ce qu'elle voulait y voir. — Ou bien on remplissait d'eau un vase d'argent pendant un beau clair de lune; ensuite, on réfléchissait la lumière d'une chandelle dans le vase avec la lame d'un couteau, et l'on y voyait ce qu'on cherchait à connaître. — C'est encore par la lécanomancie que chez les anciens on mettait dans un bassin plein d'eau des pierres précieuses et des lames d'or et d'argent gravées de certains caractères, dont on faisait offrande aux démons. Après les avoir conjurés par certaines paroles, on leur proposait la question à laquelle on désirait une réponse. Alors il sortait du fond de l'eau une voix basse, semblable à un sifflement de serpent, qui donnait la solution désirée. Glycas rapporte que Nectanébus, roi d'Egypte, connut par ce moyen qu'il serait détrôné; et Delrio ajoute que, de son temps, cette divination était encore en vogue parmi les Turcs. Elle était anciennement familière aux Chaldéens, aux Assyriens et aux Egyptiens. Vigenère ajoute qu'on jetait aussi du plomb fondu tout bouillant dans un bassin plein d'eau; et par les figures qui s'en formaient, on avait la réponse à ce qu'on demandait [1].

Lechies, — démons des bois, espèces de satyres chez les Russes, qui leur donnent un corps humain depuis la partie supérieure jusqu'à la ceinture, avec des cornes, des oreilles, une barbe de chèvre, et, de la ceinture en bas, des formes de bouc. Quand ils marchent dans les champs, ils se rapetissent au niveau des herbages; mais lorsqu'ils courent dans les forêts, ils égalent en hauteur les arbres les plus élevés. Leurs cris sont effroyables. Ils errent sans cesse autour des promeneurs, empruntent une voix qui leur est connue, et les égarent vers leurs cavernes, où ils prennent plaisir à les chatouiller jusqu'à la mort.

Lecoq, — sorcier qui fut exécuté à Saumur, au seizième siècle, pour avoir composé des vénéfices et poisons exécrables contre les enfants. Le bruit courait dans ce temps-là que, lui et d'autres sorciers ayant jeté leur sort diabolique sur les lits de plume, il devait s'engendrer certains serpents qui piqueraient et tueraient les bonnes gens endormis; si bien qu'on n'osait plus se coucher. On attrapa Lecoq, et on le brûla, après quoi on alla dormir [2] : ce que vous pouvez faire aussi.

---

[1] Lenglet-Dufresnoy, Dissert., t. I, p. 169.

[1] Delancre, Incrédulité et mécréance du sortilége pleinement convaincues, p. 268.
[2] Nynauld, Discours de la Lycanthropie, p. 5.

Ledoux (Mademoiselle), — tireuse de cartes, dont on fit le procès à Paris le 14 juillet 1848; elle fut condamnée à deux ans d'emprisonnement et à douze francs d'amende pour avoir prescrit à une jeune demoiselle d'aller la nuit en pèlerinage au Calvaire, près Paris, et d'y porter quatre queues de morue enveloppées dans quatre morceaux d'un drap coupé en quatre, afin de détacher, par ce moyen cabalistique, le cœur d'un jeune homme riche de neuf veuves et demoiselles qui le poursuivaient en mariage [1].

Legendre (Gilbert-Charles), — marquis de Saint-Aubin-sur-Loire, né à Paris en 1688, mort en 1746. On a de lui un *Traité de l'Opinion, ou Mémoires pour servir à l'histoire de l'esprit humain*, Paris, 1733, 6 vol. in-12; ouvrage dont M. Salgues a tiré très-grand parti pour son livre *Des erreurs et des préjugés répandus dans la société*.

Légions. — Il y a aux enfers six mille six cent soixante-six légions de démons. Chaque légion de l'enfer se compose de six mille six cent soixante-six diables, ce qui porte le nombre de tous ces démons à quarante-quatre millions quatre cent trente-cinq mille cinq cent cinquante-six, à la tête desquels se trouvent soixante-douze chefs, selon le calcul de Wierus. Mais d'autres doctes mieux informés élèvent bien plus haut le nombre des démons.

Leleu (Augustin), — contrôleur des droits du duc de Chaulnes sur la chaîne de Piquigny, qui demeurait à Amiens, rue de l'Aventure, et dont la maison fut infestée de démons pendant quatorze ans. Après s'être plaint, il avait obtenu qu'on fît la bénédiction des maisons infestées, ce qui força les diables à détaler [2].

Lemia, — sorcière d'Athènes, qui fut punie du dernier supplice, au rapport de Démosthène, pour avoir enchanté, charmé et fait périr le bétail; car dans cette république on avait établi une chambre de justice destinée à poursuivre les sorciers [3].

Lemnius ou **Lemmens** (Livin), — né en 1505 à Ziriczée en Zélande, médecin et théologien, publia un livre sur ce qu'il y a de vrai et de faux en astrologie, et un autre sur les merveilles occultes de la nature [4].

Lémures, — génies malfaisants ou âmes des morts damnés qui (selon les croyances superstitieuses) reviennent tourmenter les vivants, et dans la classe desquels il faut mettre les vampires. On prétend que le nom de Lémure est une corruption de Rémure, qui vient à son tour du nom de Rémus, tué par Romulus, fondateur de Rome; car après sa mort les esprits malfaisants se répandirent dans Rome [1]. *Voy.* Lares, Larves, Spectres, Vampires, etc.

Lenglet-Dufresnoy (Nicolas), — né à Beauvais en 1674, et mort en 1755. On lui doit 1° une *Histoire de la philosophie hermétique, accompagnée d'un catalogue raisonné des écrivains de cette science, avec le véritable philalète, revu sur les originaux*, 1742, 3 vol. in-12; 2° un *Traité historique et dogmatique sur les apparitions, visions et révélations particulières*, avec des observations sur les dissertations du R. P. Dom Calmet sur les apparitions et les revenants, 1751, 2 vol. in-12; 3° un *Recueil de Dissertations anciennes et nouvelles sur les apparitions, les visions et les songes*, avec une préface historique et un catalogue des auteurs qui ont écrit sur les esprits, les visions, les apparitions, les songes et les sortilèges; 1752, 4 vol. in-12. Nous avons puisé fréquemment dans ces ouvrages.

Le Normant (Martin), — astrologue qui fut apprécié par le roi Jean, auquel il prédit la victoire qu'il gagna contre les Flamands [2].

Lenormant (Mademoiselle), — sibylle qui exerçait avec bruit au faubourg Saint-Germain sous l'empire et sous la restauration. Elle devinait par les cartes et par le marc de café. Morte en 1843. Elle a publié des mémoires et des souvenirs sibylliens. On a donné aussi sous son nom, depuis sa mort, de prétendues prophéties. Le seul fait vrai en tout cela, c'est que sous l'empire mademoiselle Lenormant était un des organes de la police de Napoléon.

Léon III, — élu pape en 795. On a eu l'effronterie de lui attribuer un recueil de platitudes et de choses ridicules, embrouillées dans des figures et des mots mystiques et inintelligibles, composé par un visionnaire, plus de trois cents ans après lui, sous le titre d'*Enchiridion Leonis papæ* [3]. On a ajouté qu'il

---

[1] M. Garinet, Hist. de la magie en France, p. 291.
[2] Lenglet-Dufresnoy, Dissertations sur les apparit., t. III, p. 213.
[3] M. Garinet, Hist. de la magie en France, p. 14.
[4] De astrologia liber unus, in quo obiter indicatur quid illa veri, quid ficti falsique habeat et quatenus arti sit habenda fi·les; Anvers, 1554. In-8°. — De occultis naturæ miraculis libri II; Anvers, 1559. In-12. Réimprimé chez Plantin en quatre livres; Anvers, 1564.

[1] Leloyer, Hist. des spectres ou Appar. des esprits, ch. 5.
[2] Manuscrit cité à la fin des rem. de Joly sur Bayle.
[3] Enchiridion Leonis papæ serenissimo imperatori Carolo Magno in munus pretiosum datum, nuperrime mendis omnibus purgatum, etc.

avait envoyé ce livre à Charlemagne. — Voici le titre exact de cet ouvrage : *Enchiridion du pape Léon*, donné comme un présent précieux au sérénissime empereur Charlemagne, récemment purgé de toutes ses fautes. Rome, 1670, in-42 long, avec un cercle coupé d'un triangle pour vignette, et à l'entour ces mots en légende : *formation, réformation, transformation*. Après un avis aux sages cabalistes, le livre commence par l'Évangile de saint Jean, que suivent les secrets et oraisons pour conjurer le diable. Voy. CONJURATIONS, etc.

Léonard, — démon du premier ordre, grand maître des sabbats, chef des démons subalternes, inspecteur général de la sorcellerie, de la magie noire et des sorciers. On l'appelle souvent *le Grand Nègre*. Il préside au sabbat sous la figure d'un bouc de haute taille ; il a trois cornes sur la tête, deux oreilles de renard, les cheveux hérissés, les yeux ronds, enflammés et fort ouverts, une barbe de chèvre et un visage au derrière. Les sorcières l'adorent en lui baisant ce visage inférieur avec une chandelle verte à la main. Quelquefois il ressemble à un lévrier ou à un bœuf, ou à un grand oiseau noir, ou à un tronc d'arbre surmonté d'un visage ténébreux. Ses pieds, quand il en porte au sabbat, sont toujours des pattes d'oie. Cependant les experts, qui ont vu le diable au sabbat, observent qu'il n'a pas de pieds quand il prend la forme d'un tronc d'arbre, et dans d'autres circonstances extraordinaires. — Léonard est taciturne et mélancolique ; mais dans toutes les assemblées de sorciers et de diables où il est obligé de figurer, il se montre avantageusement et toujours une gravité superbe [1].

Léopold, — fils de l'empereur Rodolphe. Il embrassa la magie et étudia les arts du diable, qui lui apparut plus d'une fois. Il arriva que son frère Frédéric fut pris en bataille en combattant contre Louis de Bavière. Léopold voulant lui envoyer un magicien, pour le délivrer de la prison de l'empereur sans payer rançon, s'enferma avec ce magicien dans une chambre, en conjurant et appelant le diable, qui se présenta à eux sous forme et costume d'un messager de pied, ayant ses souliers usés et rompus, le chaperon en tête ; quant au visage, il avait les yeux chassieux. Il leur promit, sans que le magicien se dérangeât, de tirer Frédéric d'embarras, pourvu qu'il y consentit. Il se transporta de suite dans la prison, changea d'habit et de forme, prit celle d'un écolier, avec une nappe autour du cou, et invita Frédéric à entrer dans la nappe, ce qu'il refusa en faisant le signe de la croix. Le diable s'en retourna confus chez Léopold, qui ne le quitta point pour cela ; car, pendant la maladie à la suite de laquelle il mourut, s'étant levé un jour sur son séant, il commanda à son magicien qu'il tenait à gages d'appeler le diable, lequel se montra sous la forme d'un homme noir et hideux ; Léopold ne l'eut pas plutôt vu, qu'il dit : « C'est assez, » et il demanda qu'on le recouchât dans son lit, où il trépassa [1].

Lesage, — voy. LUXEMBOURG.

Lescorière (MARIE), — vieille sorcière arrêtée au seizième siècle, à l'âge de quatre-vingt-dix ans. Elle répondit dans son interrogatoire qu'elle passait pour sorcière sans l'être ; qu'elle croyait en Dieu, l'avait prié journellement, et avait quitté le diable depuis long-temps ; qu'il y avait quarante ans qu'elle n'avait été au sabbat. Interrogée sur le sabbat, elle dit qu'elle avait vu le diable en forme d'homme et de bouc, qu'elle lui avait cédé les galons dont elle liait ses cheveux, que le diable lui avait donné un écu qu'elle avait mis dans sa bourse ; que le diable lui avait surtout recommandé de ne pas prier Dieu, de nuire aux gens de bien, et lui avait donné pour cela de la poudre dans une boîte ; qu'il était venu la trouver en forme de chat, et que, parce qu'elle avait cessé d'aller au sabbat, il l'avait meurtrie à coups de pierre ; que quand elle appelait le diable, il venait à elle en forme de chien pendant le jour et en forme de chat pendant la nuit ; qu'une fois elle l'avait prié de faire mourir une voisine, ce qu'il avait fait ; qu'une autre fois passant par un village, les chiens l'avaient suivie et mordue ; que dans l'instant elle avait appelé le diable, qui les avait tués. Elle dit aussi qu'il ne se faisait autre chose au sabbat sinon honneur au diable, qui promettait ce qu'on lui demandait ; qu'on lui faisait offrande le baisant au derrière, ayant chacun une chandelle à la main [2].

Lescot, — devin de Parme, qui disait indifféremment à tout homme qui en voulait faire l'essai : « Pensez ce que vous voudrez, et je devinerai ce que vous pensez, » parce qu'il était servi par un démon [3].

Lespèce, — Italien, qui fut avalé pendant le séjour de la flotte française au port de Zante, sous le règne de Louis XII. Il était

---

[1] Delrio, Delancre, Bodin, etc.

[1] Leloyer, Histoire des spectres, p. 304.
[2] Discours des sortiléges et vénéfices, tirés des procès criminels, p. 32.
[3] Delancre, Incrédulité et mécréance de la divination, du sortilége, p. 304.

dans le brigantin de François de Grammont. Un jour, après avoir bien bu, il se mit à jouer aux dés, et perdit tout son argent. Il maugréa Dieu, les saints, la vierge Marie, mère de Dieu, et invoqua le diable à son aide. La nuit venue, comme l'impie commençait à ronfler, un gros et horrible monstre, aux yeux étincelants, approcha du brigantin. Quelques matelots prirent cette bête pour un monstre marin, et voulurent l'éloigner ; mais elle aborda le navire, et alla droit à l'hérétique, qui fuyait de tous côtés. Dans sa fuite il trébucha, et tomba dans la gueule de cet horrible serpent [1].

Léthé, — fleuve qui arrosait une partie du Tartare, et allait jusqu'à l'Élysée. Ses ondes faisaient oublier aux ombres, forcées d'en boire, les plaisirs et les peines de la vie qu'elles avaient quittée. — On surnommait le Léthé le fleuve d'Huile, parce que son cours était paisible, et par la même raison Lucain l'appelle *Deus tacitus*, le dieu du silence ; car il ne fait entendre aucun murmure. C'était aux bords du Léthé que les âmes des méchants, après avoir expié leurs crimes par de longs tourments, venaient perdre le souvenir de leurs maux, et puiser une nouvelle vie. Sur ses rives, comme sur celles du Cocyte, on voyait une porte qui communiquait au Tartare [2].

Lettres *sur les diverses apparitions d'un bénédictin de Toulouse*, in-4°, 1679. — Ces apparitions étaient, dit-on, des supercheries de quelques novices de la congrégation de Saint-Maur, qui voulaient tromper leurs supérieurs. On les fit sortir de l'ordre.

Lettres infernales, — ou *Lettres des campagnes infernales*, publiées en 1734. Ce n'est qu'une satire contre les premiers généraux.

Leuce-Carin, — hérétique du second siècle, auteur apocryphe d'un livre intitulé : *Voyages des apôtres*. Il y conte des absurdités.

Leucophylle, — plante fabuleuse qui, selon les anciens, croissait dans le Phase, fleuve de la Colchide. On lui attribuait la vertu d'empêcher les infidélités ; mais il fallait la cueillir avec de certaines précautions, et on ne la trouvait qu'au point du jour, vers le commencement du printemps, lorsqu'on célébrait les mystères d'Hécate.

Léviathan, — grand amiral de l'enfer, selon les démonomanes. Wierus l'appelle le grand menteur. Il s'est mêlé de posséder, de tous temps, les gens qui courent le monde. Il leur apprend à mentir et à en imposer. Il est tenace, ferme à son poste et difficile à exorciser. — On donne aussi le nom de Léviathan à un poisson immense, que les rabbins disent destiné au repas du Messie. Ce poisson est si monstrueux, qu'il en avale d'un coup un autre qui, pour être moins grand que lui, ne laisse pas d'avoir trois lieues de long. Toute la masse des eaux est portée sur Léviathan. Dieu, au commencement, en créa deux, l'un mâle et l'autre femelle ; mais, de peur qu'ils ne renversassent la terre et qu'ils ne remplissent l'univers de leurs semblables, Dieu, disent encore les rabbins, tua la femelle, et la sala pour le repas du Messie qui doit venir. — En hébreu, Léviathan veut dire monstre des eaux. Il paraît que c'est le nom de la baleine dans le livre de Job, chap. 41. Samuel Bochard croit que c'est aussi le nom du crocodile.

Lewis (MATHIEU-GRÉGOIRE), — auteur de romans et de pièces de théâtre, né en 1773 et mort en 1818. On a de lui *le Moine*, 1795, 3 vol. in-12, production effroyable et dangereuse, qui fit plus de bruit qu'elle ne mérite ; *le Spectre du château*, opéra ou drame en musique, etc.

Lézards. — Les Kamtschadales en ont une crainte superstitieuse. Ce sont, disent-ils, les espions de Gaeth (dieu des morts), qui viennent leur prédire la fin de leurs jours. Si on les attrape, on les coupe en petits morceaux pour qu'ils n'aillent rien dire au dieu des morts. Si un lézard échappe, l'homme qui l'a vu tombe dans la tristesse, et meurt quelquefois de la peur qu'il a de mourir. — Les nègres qui habitent les deux bords du Sénégal ne veulent pas souffrir au contraire qu'on tue les lézards autour de leurs maisons. Ils sont persuadés que ce sont les âmes de leur père, de leur mère et de leurs proches parents, qui viennent faire le folgar, c'est-à-dire se réjouir avec eux [1].

Libanius, — magicien né en Asie, qui, pendant le siège de Ravenne par Constance, envoyait des moyens magiques en place d'armes pour vaincre les ennemis [2].

Libanomancie, — divination qui se faisait par le moyen de l'encens. Voici, selon Dion Cassius, les cérémonies que les anciens pratiquaient dans la libanomancie. On prend, dit-il, de l'encens, et, après avoir fait des prières relatives aux choses que l'on demande, on jette cet encens dans le feu, afin que sa fumée porte les prières jusqu'au ciel. Si

---

[1] D'Auton, Histoire de Louis XII.
[2] Delandine, l'Enfer des anciens, p. 281.

[1] Abrégé des voyages, par de La Harpe, t. II, p. 131.
[2] Leloyer, Hist. et disc. des spectres, etc., p. 726.

ce qu'on souhaite doit arriver, l'encens s'allume sur-le-champ, quand même il serait tombé hors du feu, le feu semble l'aller chercher pour le consumer ; mais si les vœux qu'on a formés ne doivent pas être remplis, ou l'encens ne tombe pas dans le feu, ou le feu s'en éloigne et ne le consume pas. Cet oracle, ajoute-t-il, prédit tout, excepté ce qui regarde la mort et le mariage.

Libertins, — fanatiques qui s'élevèrent en Flandre au milieu du seizième siècle et qui se répandirent en France, où ils eurent pour chef un tailleur picard nommé Quintin. Ils professaient exactement le panthéisme des philosophes de nos jours, et les rêveurs allemands les copient. Ils regardaient le paradis et l'enfer comme des illusions, et se livraient à leurs sens. Le nom qu'ils se donnaient, comme affranchis, est devenu une injure.

Licorne. — La corne de licorne préserve des sortiléges. Torquemada, dit-on, en avait toujours une sur sa table. Les licornes du cap de Bonne-Espérance sont décrites avec des têtes de cheval, d'autres avec des têtes de cerf. On dit que le puits du palais de Saint-Marc ne peut être empoisonné, parce qu'on y a jeté des cornes de licornes. On est d'ailleurs indécis sur ce qui concerne ces animaux, dont la race semble perdue. *Voy.* CORNES.

Lierre. — Nous ne savons pourquoi les Flamands appellent le lierre *fil du diable* (Duivels-Naaigaren).

Lièvre. — On raconte des choses merveilleuses du lièvre. Evax et Aaron disent que si l'on joint ses pieds avec la tête d'un merle, ils rendront l'homme qui les portera si hardi qu'il ne craindra pas même la mort. Celui qui se les attachera au bras ira partout où il voudra, et s'en retournera sans danger. Que si on en fait manger à un chien, avec le cœur d'une belette, il est sûr qu'il n'obéira jamais, quand même on le tuerait[1]. — Si des vieillards aperçoivent un lièvre traversant un grand chemin, ils ne manquent guère d'en augurer quelque mal. Ce n'est pourtant, au fond, qu'une menace des anciens augures, exprimée en ces termes : *Inauspicatum dat iter oblatus lepus.* Cette idée n'avait apparemment d'autre fondement, si ce n'est que nous devons craindre quand un animal timide passe devant nous ; comme un renard, s'il y passe aussi, nous présage quelque imposture. Ces observations superstitieuses étaient défendues aux Juifs, comme on le voit dans Maimonide, qui les rapporte à l'art de ceux qui abusent des événements pour les convertir en signe heureux ou sinistre. Chez les Grecs modernes, si un lièvre croise le chemin d'une caravane, elle fera halte jusqu'à ce qu'un passant, qui ne l'ait pas vu, coupe le charme en traversant la même route[1].

Lièvre (LE GRAND). — Les Chipiouyans, peuplade sauvage qui habite l'intérieur de l'Amérique septentrionale, croient que le Grand Lièvre, nom qu'ils donnent à l'Être suprême, étant porté sur les eaux avec tous les quadrupèdes qui composaient sa cour, forma la terre d'un grain de sable tiré de l'Océan, et les hommes des corps des animaux ; mais le Grand Tigre, dieu des eaux, s'opposa aux desseins du Grand Lièvre. Voilà, suivant eux, les principes qui se combattent perpétuellement. *Voy.* aussi SAKIMOUNI.

Ligature. — On donne ce nom à un maléfice spécial, par lequel on liait et on paralysait quelque faculté physique de l'homme ou de la femme. On appelait chevillement le sortilége qui fermait un conduit et empêchait par exemple les déjections naturelles. On appelait embarrer l'empêchement magique qui empêchait un mouvement. On appelait plus spécialement ligature le maléfice qui affectait d'impuissance un bras, un pied ou tout autre membre. — Le plus fameux de ces sortiléges est celui qui est appelé, dans tous les livres où il s'agit de superstitions, dans le curé Thiers, dans le père Lebrun et dans tous les autres, le nouement de l'aiguillette ou l'aiguillette nouée, désignation honnête d'une chose honteuse. C'est, au reste, le terme populaire. — Cette matière si délicate, que nous aurions voulu pouvoir éviter, tient trop de place dans les abominations superstitieuses pour être passée sous silence. — Les rabbins attribuent à Cham l'invention du nouement de l'aiguillette. Les Grecs connaissaient ce maléfice. Platon conseille à ceux qui se marient de prendre garde à ces charmes ou ligatures qui troublent la paix des ménages[2]. On nouait aussi l'aiguillette chez les Romains ; cet usage passa des magiciens du paganisme aux sorciers modernes. On nouait surtout beaucoup au moyen âge ; plusieurs conciles frappèrent d'anathème les noueurs d'aiguillettes ; le cardinal du Perron fit même insérer dans le rituel d'Evreux des prières contre l'aiguillette nouée ; car jamais ce maléfice ne fut plus fréquent qu'au seizième siècle. — « Le nouement de l'aiguillette devient si com-

---

[1] Secrets d'Albert-le-Grand, p. 108.

[1] Brown, Erreurs populaires.
[2] Platon, Des Lois, liv. II.

mun, dit Pierre Delancre, qu'il n'y a guère d'hommes qui s'osent marier, sinon à la dérobée. On se trouve lié sans savoir par qui, et de tant de façons que le plus rusé n'y comprend rien. Tantôt le maléfice est pour l'homme, tantôt pour la femme, ou pour tous les deux. Il dure un jour, un mois, un an. L'un aime et n'est pas aimé; les époux se mordent, s'égratignent et se repoussent; ou bien le diable interpose entre eux un fantôme, etc. » Le démonologue expose tous les cas bizarres et embarrassants d'une si fâcheuse circonstance. — Mais l'imagination, frappée de la peur du sortilége, faisait le plus souvent tout le mal. On attribuait aux sorciers les accidents qu'on ne comprenait point, sans se donner la peine d'en chercher la véritable cause. — L'impuissance n'était donc généralement occasionnée que par la peur du maléfice, qui frappait les esprits et affaiblissait les organes; et cet état ne cessait que lorsque la sorcière soupçonnée voulait bien guérir l'imagination du malade en lui disant qu'elle le restituait. Une nouvelle épousée de Niort, dit Bodin [1], accusa sa voisine de l'avoir liée. Le juge fit mettre la voisine au cachot. Au bout de deux jours, elle commença à s'y ennuyer, et s'avisa de faire dire aux mariés qu'ils étaient déliés; et dès lors ils furent déliés. — Les détails de ce désordre sont presque toujours si honteux qu'on ne peut mettre sous les yeux d'un lecteur honnête cet enchenillement, comme l'appelle Delancre [2]. — Les mariages ont rarement lieu en Russie sans quelque frayeur de ce genre. « J'ai vu un jeune homme, dit un voyageur [3], sortir comme un furieux de la chambre de sa femme, s'arracher les cheveux et crier qu'il était ensorcelé. On eut recours au remède employé chez les Russes, qui est de s'adresser à des magiciennes blanches, lesquelles, pour un peu d'argent, rompent le charme et dénouent l'aiguillette; ce qui était la cause de l'état où je vis ce jeune homme. » — *Nouement de l'aiguillette.* — Nous croyons devoir rapporter la stupide formule suivante, qu'on lit au chapitre premier des *Admirables secrets du petit Albert :* « Qu'on prenne la verge d'un loup nouvellement tué, qu'on aille à la porte de celui qu'on veut lier et qu'on l'appelle par son propre nom. Aussitôt qu'il aura répondu, on liera la verge avec un lacet de fil blanc, et le pauvre homme sera impuissant aussitôt. » — Ce qui est surprenant, c'est que les gens de village croient à de telles formules,

qu'ils les emploient, et qu'on laisse vendre publiquement les livres qui les donnent. — On trouve, dans Ovide et dans Virgile, les procédés employés par les noueurs d'aiguillette de leur temps. Ils prenaient une petite figure de cire qu'ils entouraient de rubans ou de cordons; ils prononçaient sur sa tête des conjurations en serrant les cordons l'un après l'autre; ils lui enfonçaient ensuite, à la place du foie, des aiguilles ou des clous, et le charme était achevé. — Bodin assure qu'il y a plus de cinquante moyens de nouer l'aiguillette. Le curé Thiers rapporte plusieurs de ces sortes de moyens, qui sont encore usités dans les villages. — *Contre l'aiguillette nouée.* — On prévient ce maléfice en portant un anneau dans lequel soit enchâssé l'œil droit d'une belette; ou en mettant du sel dans sa poche, ou des sous marqués dans ses souliers, lorsqu'on sort du lit; ou, selon Pline, en frottant de graisse de loup le seuil et les poteaux de la porte qui ferme la chambre à coucher. — Hincmar, archevêque de Reims, conseille avec raison aux époux qui se croient maléficiés du nouement d'aiguillette la pratique des sacrements comme un remède efficace; d'autres ordonnaient le jeûne et l'aumône. — Le *Petit Albert* conseille contre l'aiguillette nouée de manger un pivert rôti avec du sel bénit, ou de respirer la fumée de la dent d'un mort jetée dans un réchaud. — Dans quelques pays on se flatte de dénouer l'aiguillette en mettant deux chemises à l'envers l'une sur l'autre. Ailleurs on perce un tonneau de vin blanc, dont on fait passer le premier jet par la bague de la mariée. Ou bien, pendant neuf jours, avant le soleil levé, on écrit sur du parchemin vierge le mot *avigazirtor*. Il n'y a, comme on voit, aucune extravagance qui n'ait été imaginée. — Voici, avant de finir, un exemple curieux d'une manière peu usitée de nouer l'aiguillette : « Une sorcière, voulant exciter une haine mortelle entre deux futurs époux, écrivit sur deux billets des caractères inconnus, et les leur fit porter sur eux. Comme ce charme ne produisait pas assez vite l'effet qu'elle désirait, elle écrivit les mêmes caractères sur du fromage qu'elle leur fit manger; puis, elle prit un poulet noir qu'elle coupa par le milieu, en offrit une partie au diable, et leur donna l'autre, dont ils firent leur souper. Cela les anima tellement, qu'ils ne pouvaient plus se regarder l'un l'autre. — Y a-t-il rien de si ridicule, ajoute Delancre, persuadé pourtant de la vérité du fait, et peut-on reconnaître en cela quelque chose qui puisse forcer deux personnes qui s'entr'aiment à se haïr à mort?»

---

[1] Démonomanie des sorciers, liv. IV, ch. 5.
[2] L'Incrédulité et mécréance, etc., tr. 6.
[3] Nouveau Voyage vers le Septentrion, 1708, ch. 2.

On dit que les sorciers ont coutume d'enterrer des têtes et des peaux de serpents sous le seuil de la porte, ou dans les coins de la maison, afin d'y semer la haine et les dissensions ; mais ce ne sont que les marques visibles des conventions qu'ils ont faites avec Satan, lequel est le maître et auteur du maléfice de la haine. — Parfois, continue-t-il, le diable ne va pas si avant, et se contente, au lieu de la haine, d'apporter seulement de l'oubli, mettant les maris en tel oubli de leurs femmes qu'ils en perdent tout à fait la mémoire, comme s'ils ne s'étaient jamais connus. Un jeune homme d'Étrurie devint si épris d'une sorcière, qu'il abandonna sa femme et ses enfants pour venir demeurer avec elle, et continua jusqu'à ce que sa femme, avertie du maléfice, l'étant venue trouver, fureta si exactement dans la maison de la sorcière qu'elle découvrit sous son lit le sortilège, qui était un crapaud enfermé dans un pot, ayant les yeux cousus et bouchés, lequel elle prit, et, lui ayant ouvert les yeux, elle le fit brûler. Aussitôt l'amour et l'affection qu'il avait autrefois pour sa femme et ses enfants revinrent tout à coup dans la mémoire du jeune homme, qui s'en retourna chez lui honteux et repentant, et passa dans de bons sentiments le reste de ses jours. » — Delancre cite d'autres exemples bizarres des effets de ce charme, comme des époux qui se détestaient de près et qui se chérissaient de loin. Ce sont de ces choses qui se voient aussi de nos jours, sans qu'on pense à y trouver du maléfice. — Le P. Lebrun ne semble pas croire aux noueurs d'aiguillette ; cependant il rapporte le trait de l'abbé Guilbert de Nogent, qui raconte [1] que son père et sa mère avaient eu l'aiguillette nouée pendant sept ans, et qu'après cet intervalle pénible une vieille femme rompit le maléfice et leur rendit l'usage du mariage. — Nous le répétons, la peur de ce mal, qui n'a guère pu exister que dans les imaginations faibles, était autrefois très-répandue. Personne aujourd'hui ne s'en plaint dans les villes ; mais on noue encore l'aiguillette dans les villages ; bien plus, on se sert encore des procédés que nous rapportons ici, car la superstition n'est pas progressive. Et tandis qu'on nous vante à grand bruit l'avancement des lumières, nous vivons à quelques lieues de pauvres paysans qui ont leurs devins, leurs sorciers, leurs présages, qui ne se marient qu'en tremblant, et qui ont la tête obsédée de terreurs infernales. Voy. CHEVILLEMENT, IMAGINATIONS, MALÉFICES, etc.

[1] De Vita sua, lib. 1, cap. 11.

Lilith. — Wierus et plusieurs autres démonomanes font de Lilith le prince ou la princesse des démons succubes. — Les démons soumis à Lilith portent le même nom que leur chef, et, comme les Lamies, cherchent à faire périr les nouveau-nés ; ce qui fait que les Juifs, pour les écarter, ont coutume d'écrire aux quatre coins de la chambre d'une femme nouvellement accouchée : « Adam, Ève, hors d'ici Lilith [1]. »

Lilly (WILLIAM), astrologue anglais du dix-septième siècle, qui se fit une réputation en publiant l'horoscope de Charles Ier. Il mourut en 1684. Sa vie, écrite par lui-même, contient des détails si naïfs et en même temps une imposture si palpable, qu'il est impossible de distinguer ce qu'il croit vrai de ce qu'il croit faux. C'est lui qui a fourni la partie la plus considérable de l'ouvrage intitulé *Folie des Astrologues*. Les opinions de Lilly et sa prétendue science avaient tant de vogue dans son siècle, que Gataker fut obligé d'écrire contre cette déception populaire. Parmi un grand nombre d'écrits ridicules, dont le titre indique assez le sujet, nous citerons de Lilly : 1° *le jeune Anglais Merlin*, Londres, 1664 ; 2° *le Messager des étoiles*, 1645 ; 3° *Recueil de prophéties*, 1646.

Limaçons. — Les limaçons ont de grandes propriétés pour le corps humain, dit l'auteur des *Secrets* d'Albert-le-Grand, et il indique de suite quelques stupidités. Beaucoup de personnes doutent si les limaçons ont des yeux. On s'est guéri de ce doute par le secours des microscopes : les points ronds et noirs de leurs cornes sont leurs yeux, et il est certain qu'ils en ont quatre.

Limbes. — C'est le mot consacré parmi les théologiens pour signifier le lieu où les âmes des saints patriarches étaient détenues en attendant la venue de Jésus-Christ. On donne aussi le nom de Limbes aux lieux où vont les âmes des enfants morts sans baptême.

Limyre, — fontaine de Lycie, qui rendait des oracles par le moyen de ses poissons. Les consultants leur présentaient à manger. Si les poissons se jetaient dessus, le présage était favorable ; s'ils le refusaient, surtout s'ils le rejetaient avec leurs queues, c'était un mauvais indice.

Linurgus, — pierre fabuleuse qui se trouvait, dit-on, dans le fleuve Archéloüs. Les anciens l'appelaient *Lapis lineus* : on l'enveloppait dans un linge, et lorsqu'elle devenait

[1] Dom Calmet, Dissertation sur les apparit., t. II, p. 74.

blanche, on se promettait bon succès dans ses projets de mariage.

Lion. — Si on fait des courroies de sa peau, celui qui s'en ceindra ne craindra point ses ennemis ; si on mange de sa chair, ou qu'on boive de son urine pendant trois jours, on guérira de la fièvre quarte....; si vous portez les yeux de cet animal sous l'aisselle, toutes les bêtes s'enfuiront devant vous en baissant la tête [1]. — Le diable s'est montré quelquefois sous la forme d'un lion, disent les démonographes. Un des démons qui possédèrent Élisabeth Blanchard est désigné sous le nom du *Lion d'enfer*. *Voy.* MESSIE DES JUIFS.

Lissi, — démon peu connu, qui posséda Denise de La Caille, et signa le procès-verbal d'expulsion.

Litanies du sabbat. — Les vendredis et mercredis, on chantait au sabbat les litanies suivantes, s'il faut en croire les relations :
Lucifer, prenez pitié de nous.
Belzébuth, prenez pitié de nous.
Léviathan, prenez pitié de nous.
Baal, prince des séraphins, priez pour nous.
Baalbérith, prince des chérubins,
Astaroth, prince des trônes,
Rosier, prince des dominations,
Carreau, prince des puissances,
Bélias, prince des vertus,
Perrier, prince des principautés,
Olivier, prince des archanges,
Junier, prince des anges,
Sarcueil,
Fume-Bouche,
Pierre-de-Feu,
Carniveau,
Terrier,
Coutellier,
Candélier,
Béhémoth,
Oilette,
Belphégor,
Sabathan,
Garandier,
Dolers,
Pierre-Fort,
Axaphat,
Prisier,
Kakos,
Lucesme [2],
} priez pour nous.

Lithomancie, — divination par les pierres. Elle se faisait au moyen de plusieurs cailloux qu'on poussait l'un contre l'autre, et dont le son plus ou moins clair ou aigu donnait à connaître la volonté des dieux. On rapporte encore à cette divination la superstition de ceux qui croient que l'améthyste a la vertu de faire connaître à ceux qui la possèdent les événements futurs par les songes. On disait aussi que si on arrose l'améthyste avec de l'eau, et qu'on l'approche de l'aimant, elle répondra aux questions qu'on lui fera, mais d'une voix faible, comme celle d'un enfant [1].

Lituus, — baguette d'augure, recourbée dans le bout le plus fort et le plus épais. Le lituus, dont on fit usage à l'élection de Numa, second roi de Rome, était conservé dans le temple de Mars. On conte qu'il fut trouvé entier après l'incendie général de Rome [2].

Livres. — Presque tous les livres qui contiennent les secrets merveilleux et les manières d'évoquer le diable ont été attribués à de grands personnages : Abel, Adam, Alexandre, Albert-le-Grand, Daniel, Hippocrate, Galien, Léon III, Hermès, Platon, saint Thomas, saint Jérôme, passent, dans l'idée des imbéciles, pour auteurs de livres magiques. — La plupart de ces livres sont inintelligibles, et d'autant plus admirés des sots qu'ils en sont moins entendus. Voyez ces grands hommes à leurs noms. — Le *Livre des prodiges*, ou Histoires et Aventures merveilleuses et remarquables de spectres, revenants, esprits, fantômes, démons, etc., rapportés par des personnes dignes de foi. 1 vol. in-12, 5ᵉ édition, Paris, 1821. — Compilation sans objet. *Voy.* MIRABILIS LIBER.

Lizabet, — démon. *Voy.* COLAS.

Locki. — Chez les Scandinaves, les tremblements de terre étaient personnifiés dans un dieu, un dieu mauvais, un démon, nommé Locki. Après avoir répandu le mal dans toute la Scandinavie, comme un semeur une graine, Locki fut à la fin enchaîné sur des roches aiguës. Lorsqu'il se retourne, ainsi qu'un malade, sur son lit de pierres coupantes, la terre tremble ; lorsqu'il écume et répand sur ses membres sa bave, qui est un poison, ses nerfs entrent en convulsion et la terre s'agite [3].

Lofarde, — sorcière qui fut accusée en 1582 par sa compagne la femme Gantière, de l'avoir menée au sabbat où le diable l'avait marquée, lequel était vêtu d'un hilaret jaune.

---

[1] Admirables secrets d'Albert-le-Grand, p. 109.
[2] M. Garinet, Hist. de la magie en France.

[1] Brown, Erreurs populaires, t. Iᵉʳ, p. 162.
[2] Lebrun, Traité des superstitions, t. II, p. 394.
[3] M. Didron, Histoire du diable.

Lokman, — fabuliste célèbre de l'Orient qui vivait, dit-on, vers le temps de David ; il fut surnommé le *Sage*. Les Perses disent qu'il trouva le secret de faire revivre les morts, et qu'il usa de ce secret pour lui-même ; ils lui accordent une longévité de trois cents ans : quelques-uns prétendent qu'il en vécut mille. Il a laissé un grand nombre d'apologues qui jouissent d'une grande célébrité. Les écrivains de l'Asie lui attribuent la plupart des actions que les Grecs attribuent à Ésope.

Lollard (GAUTHIER), — hérétique qui commença en 1345 à semer ses erreurs, qu'il avait prises des Albigeois. Il enseignait que les démons avaient été chassés du ciel injustement, qu'ils y seraient un jour rétablis et que saint Michel et les autres anges seraient alors éternellement damnés. Il prêchait des mœurs corrompues. Ses disciples firent beaucoup de mal ; pour lui, il fut brûlé à Cologne en 1322.

Longévité. — On a vu, surtout dans les pays du Nord, des hommes qui ont prolongé leur vie au delà des termes ordinaires. Cette longévité ne peut s'attribuer qu'à une constitution robuste, à une vie sobre et active, à un air vif et pur. Il n'y a pas cinquante ans que Kotzebue rencontra en Sibérie un vieillard bien portant, marchant et travaillant encore, dans sa cent trente-deuxième année. — Des voyageurs, dans le Nord, trouvèrent au coin d'un bois un vieillard à barbe grise, qui pleurait à chaudes larmes. Ils lui demandèrent le sujet de sa douleur. Le vieillard répondit que son père l'avait battu. Les voyageurs surpris le reconduisirent à la maison paternelle, et intercédèrent pour lui. Après quoi, ils demandèrent au père le motif de la punition qu'il avait infligée à son fils. — « Il a manqué de respect à son grand-père, » répondit le vieux bonhomme. — Les chercheurs de merveilles ont ajouté les leurs à celles de la nature. Torquemada conte qu'en 1534 un vieillard de Trente, âgé de cent ans, rajeunit et vécut encore cinquante ans ; et Langius dit que les habitants de l'île Bonica, en Amérique, peuvent aisément s'empêcher de vieillir, parce qu'il y a, dans cette île, une fontaine qui rajeunit pleinement. *Voy.* HAQUIN. — Lorsque Charles-Quint envoya une armée navale en Barbarie, le général qui commandait cette expédition passa par un village de la Calabre, où presque tous les paysans étaient âgés de cent trente-deux ans, et tous aussi sains et dispos que s'ils n'en avaient eu que trente. C'était, disent les relations, un sorcier qui les rajeunissait. — En 1773 mourut près de Copenhague un matelot nommé Drakenberg, âgé de cent quarante-six ans. La dernière fois qu'il se maria, il avait cent onze ans, et il en avait cent trente quand sa femme mourut. Il devint épris d'une jeune fille de dix-huit ans qui le refusa ; de dépit, il jura de vivre garçon, et il tint parole. — En 1670, sous Charles II, mourut dans l'Yorkshire Henri Jenkins, né en 1501, sous Henri VII. Il se rappelait à merveille d'avoir été de l'expédition de Flandre sous Henri VIII, en 1543. Il mourut à cent soixante-neuf ans révolus, après avoir vécu sous huit rois, sans compter le règne de Cromwell. Son dernier métier était celui de pêcheur. Âgé de plus de cent ans, il traversait la rivière à la nage. Sa petite-fille mourut à Cork à cent treize ans. — *Voy.* DORMANTS, FLAMEL, JEAN D'ESTAMPES, LOKMAN, ZOROASTRE, etc.

Loota, — oiseau qui, dans l'opinion des habitants des îles des Amis, mange à l'instant de la mort les âmes des gens du peuple, et qui, pour cet effet, se promène sur leurs tombes [1].

Loray, — *voy.* ORAY.

Loterie. — La loterie doit son origine à un Génois. Elle fut établie à Gênes en 1720, en France en 1758. Elle est supprimée depuis peu. Entre plusieurs moyens imaginés par les visionnaires pour gagner à la loterie, le plus commun était celui des songes. Un rêve, sans que l'on en sache la raison, indiquait à celui qui l'avait fait les numéros qui devaient sortir au prochain tour de roue. Si l'on voit en songe un aigle, disent les livres qui enseignent cette science, il donne : 8, 20, 46. Un ange : 20, 46, 56. Un bouc : 10, 13, 90. Des brigands : 4, 19, 33. Un champignon : 70, 80, 90. Un chat-huant : 13, 85. Un crapaud : 4, 46. Le diable : 1, 70, 80. Un dindon : 8, 40, 66. Un dragon : 8, 12, 43, 60. Des fantômes : 4, 22, 52. Une femme : 4, 9, 22. Une fille : 20, 35, 58. Une grenouille : 3, 19, 27. La lune : 9, 46, 79, 80. Un moulin : 15, 49, 62. Un ours : 21, 50, 63. Un pendu : 17, 74. Des puces : 45, 57, 83. Des rats : 9, 40, 56. Un spectre : 34, 43, 74, etc. — Or, dans cent mille personnes qui mettaient à la loterie, il y avait cent mille rêves différents, et il ne sortait que cinq numéros ; de plus, aucun système ne se ressemblait. Si Cagliostro donnait pour tel rêve les numéros 14, 27, 82, un autre indiquait des numéros tout opposés. — *Secret pour gagner à la loterie*. — Croirait-on que les livres de secrets merveilleux donnent gravement ce procédé ? Il faut avant de se coucher réciter trois fois la formule qui va

[1] Voyages de Cook.

suivre ; après quoi vous la mettrez sous l'oreiller, écrite sur un parchemin vierge ; et pendant le sommeil le génie de votre planète vient vous dire l'heure où vous devez prendre votre billet et vous révéler en songe les numéros. Voici la formule : — « Seigneur, montrez-moi donc un mort mangeant de bonnes viandes, un beau pommier ou de l'eau courante, tous bons signes ; et envoyez-moi les anges Uriel, Rubiel ou Barachiel, qui m'instruisent des nombres que je dois prendre pour gagner, par celui qui viendra juger les vivants et les morts et le siècle par le feu. » Dites alors trois *Pater* et trois *Ave* pour les âmes du purgatoire.....

Loudun. — Pour la possession de Loudun, voy. GRANDIER. — L'histoire des diables de Loudun est l'ouvrage d'un calviniste très-partial.

Louis Ier, — surnommé le *Débonnaire*, fils de Charlemagne, né en 778, mort en 840. Les astrologues jouirent, dit-on, d'une grande faveur à sa cour. A l'article de la mort, on raconte qu'au moment où il recevait la bénédiction il se tourna du côté gauche, roula les yeux comme une personne en colère et proféra ces mots allemands : hutz, hutz !!! (dehors, dehors !). Ce qui fit conclure qu'il s'adressait au diable, dont il redoutait les approches [1].

Louis XI, — roi de France, né en 1423, mort en 1483. Un astrologue ayant prédit la mort d'une personne qu'il aimait, et cette personne étant morte en effet, il crut que la prédiction de l'astrologue en était la cause. Il le fit venir devant lui avec le dessein de le faire jeter par la fenêtre. « Toi qui prétends être né si habile homme, lui dit-il, apprends-moi quel sera ton sort ? » Le prophète, qui se doutait du projet du prince, lui répondit : « Sire, je prévois que je mourrai trois jours avant votre majesté. » Le roi le crut, et se garda bien de le faire mourir. Du moins tel est le conte sur ce qui est bizarre.

Louis XIII, — roi de France, né en 1601, mort en 1644, surnommé le Juste parce qu'il était né sous le signe de la Balance. Lorsqu'il épousa l'infante Anne d'Autriche, on prouva, dit Saint-Foix, qu'il y avait entre eux une merveilleuse et très-héroïque correspondance. Le nom de *Loys de Bourbon* contient treize lettres. Ce prince avait treize ans quand le mariage fut résolu ; il était le treizième roi de France du nom de Loys. Anne d'Autriche avait aussi treize lettres en son nom ; son âge était de treize ans, et treize infantes du même nom se trouvaient dans la maison d'Espagne. Anne et Loys étaient de la même taille ; leur condition était égale ; ils étaient nés la même année et le même mois.

Louis XIV, — voy. ANAGRAMMES.

Louis de Hongrie. — Peu de temps avant la mort de ce prince, arrivée en 1526, comme il dînait, enfermé dans la citadelle de Bude, on vit paraître à sa porte un boiteux mal vêtu, qui demandait avec grande instance à parler au roi. Il assurait qu'il avait des choses de la dernière importance à lui communiquer. On le méprisa d'abord, et l'on ne daigna pas l'annoncer. Il cria plus haut et protesta qu'il ne pouvait découvrir qu'au roi seul ce dont il était chargé. On alla dire à Louis ce qui se passait. Le prince envoya le plus apparent des seigneurs qui étaient auprès de lui, et qui feignit d'être le roi ; il demanda à cet homme ce qu'il avait à lui dire. Il répondit : « Je sais que vous n'êtes pas le roi ; mais puisqu'il méprise de m'entendre, dites-lui qu'il mourra certainement bientôt. » Ayant dit cela il disparut, et le roi mourut peu après [1].

Louise de Savoie, — duchesse d'Angoulême, mère de François Ier, morte en 1532. Elle avait quelques préjugés superstitieux, et redoutait surtout les comètes. Brantôme raconte que trois jours avant sa mort, ayant aperçu pendant la nuit une grande clarté dans sa chambre, elle fit tirer son rideau, et fut frappée de la vue d'une comète : « Ah ! dit-elle alors, voilà un signe qui ne paraît pas pour une personne de basse qualité ; refermez la fenêtre. C'est une comète qui m'annonce la mort ; il faut donc s'y préparer. » Les médecins l'assuraient néanmoins qu'elle n'en était pas là. « Si je n'avais vu, dit-elle, le signe de ma mort, je le croirais, car je ne me sens point si bas. » — Cette comète n'est pas la seule qui ait épouvanté Louise de Savoie. Comme elle se promenait dans le bois de Romorantin la nuit du 28 août 1514, elle en vit une vers l'occident, et s'écria : « Les Suisses ! les Suisses ! » Elle resta persuadée que c'était un avertissement que le roi serait en grande affaire contre eux [2].

Loup. — Chez les anciens Germains et chez les Scandinaves, le diable ou le mauvais principe était représenté par un loup énorme et béant. — A Quimper, en Bretagne, les habitants mettent dans leurs champs un trépied ou un couteau fourchu, pour garantir le bé-

---

[1] M. Garinet, Hist. de la magie en France, p. 41.

[1] Leunclavius, Pandectæ hist. turcicæ et suricæ, p. 597.

[2] M. Weiss, Biographie universelle.

tail des loups et autres bêtes féroces[1]. — Pline dit que si un loup aperçoit un homme avant qu'il en soit vu, cet homme deviendra enroué et perdra la voix; fable qui est en vigueur dans toute l'Italie. — En Espagne, on parle souvent de sorciers qui vont faire des courses à cheval sur des loups, le dos tourné vers la tête de la bête, parce qu'ils ne sauraient aller autrement à cause de la rapidité. Ils font cent lieues par heure. La queue de ces loups est roide comme un bâton, et il y a au bout une chandelle qui éclaire la route. — Il n'y a pas un homme à la campagne qui ne vous assure que les moutons devinent à l'odorat la présence du loup; qu'un troupeau ne franchira jamais le lieu où l'on aura enterré quelque portion des entrailles d'un loup; qu'un violon monté avec des cordes tirées des intestins d'un loup mettrait en fuite tout le bercail. Des hommes instruits et sans préjugés ont vérifié toutes ces croyances et en ont reconnu l'absurdité. Kirker a répété à ce sujet des expériences démonstratives; il a même poussé l'épreuve jusqu'à suspendre un cœur de loup au cou d'un mouton, et le pacifique animal n'en a pas moins brouté l'herbe[2]. *Voy.* Oraison du Loup.

Loup-Garou ou **Lycanthrope**, — homme ou femme métamorphosé en loup par enchantement ou sorcellerie. *Voy.* Lycanthropie.

Louviers (Possession de), — *voy.* Picard.

Loyer (Pierre le), — sieur de la Brosse, conseiller du roi au siège présidial d'Angers, et démonographe, né à Huillé dans l'Anjou en 1550, auteur d'un ouvrage intitulé : *Discours et histoire des spectres, visions et apparitions des esprits, anges, démons et âmes se montrant visibles aux hommes*; divisé en huit livres, desquels, par les visions merveilleuses et prodigieuses apparitions avenues en tous les siècles, tirées et recueillies des plus célèbres auteurs tant sacrés que profanes, est manifestée la certitude des spectres et visions des esprits, et sont baillées les causes des diverses sortes d'apparitions d'iceux, leurs effets, leurs différences, les moyens pour reconnaître les bons et les mauvais, et chasser les démons; aussi est traité des extases et ravissements; de l'essence, nature et origine des âmes, et de leur état après le décès de leurs corps; plus des magiciens et sorciers; de leur communication avec les malins esprits; ensemble des remèdes pour se préserver des illusions et impostures diaboliques. Paris, chez Nicolas Buon, 1605, 1 vol. in-4°. Ce volume singulier est dédié *Deo optimo maximo*, il est divisé en huit livres. Le premier contient la définition du spectre; la réfutation des saducéens, qui nient les apparitions et les esprits; la réfutation des épicuriens, qui tiennent les esprits corporels, etc. Le livre second traite, avec la physique du temps, des illusions de nos sens, des prestiges, des extases et métamorphoses des sorciers, des philtres. Le troisième livre établit les degrés, charges, grades et honneurs des esprits; les histoires de Philinnion et de Polycrite, et diverses aventures de spectres et de démons. Dans le livre suivant, on apprend à quelles personnes les spectres apparaissent; on y parle des démoniaques, des pays où les spectres et démons se montrent plus volontiers. Le démon de Socrate, les voix prodigieuses, les signes merveilleux, les songes diaboliques, les voyages de certaines âmes hors de leurs corps tiennent place dans ce livre. Le cinquième traite de l'essence de l'âme, de son origine, de sa nature, de son état après la mort, des revenants. Le livre sixième roule tout entier sur l'apparition des âmes; on y démontre que les âmes des damnés et des bienheureux ne reviennent pas, mais seulement les âmes qui souffrent en purgatoire. Dans le septième livre, on voit que la pythonisse d'Endor fit paraître le diable sous la figure de l'âme de Samuel. Il est traité en ce livre de la magie, de l'évocation des démons, des sorciers, etc. Le dernier livre est employé à l'indication des exorcismes, fumigations, prières et autres moyens antidiaboliques. — L'auteur, qui a rempli un ouvrage de recherches et de science indigérée, combat le sentiment ordinaire qu'il faut donner quelque chose au diable pour le renvoyer. « Quant à ce qui est de donner quelque chose au diable, dit-il, l'exorcisme ne le peut faire, non pas jusqu'à un cheveu de la tête, non jusqu'à un brin d'herbe d'un pré; car la terre et tout ce qui habite en elle appartient à Dieu. »

Lubin, — poisson dont le fiel servit à Tobie pour recouvrer la vue. On dit qu'il a contre l'ophthalmie une grande puissance, et que son cœur sert à chasser les démons[1].

Lucifer, — nom de l'esprit qui préside à l'Orient, selon l'opinion des magiciens. Lucifer était évoqué le lundi dans un cercle au milieu duquel était son nom. Il se contentait d'une souris pour prix de ses complaisances. On le prend souvent pour le roi des enfers.

---

[1] Voyage au Finistère, t. III, p. 35.
[2] Salgues, Des Erreurs et des préjugés, t. Ier, p. 9.

[1] Leloyer, Hist. des spectres ou apparit. des esprits, liv. VIII, p. 833.

Lucifer commande aux Européens et aux Asiatiques. Il apparaît sous la forme et la figure du plus bel enfant. Quand il est en colère, il a le visage enflammé, mais cependant rien de monstrueux. C'est, selon quelques démonographes, le grand justicier des enfers.

Lucifériens, — nom donné aux partisans de Lucifer, évêque schismatique de Cagliari, au quatrième siècle.

Lucumoriens, — sujets du czar de Moscovie, qui, à l'instar de la marmotte, depuis le mois d'octobre jusqu'à la fin du mois d'avril suivant, demeurent comme morts, au dire de Leloyer [1].

Lucien, — écrivain grec dont on ignore l'époque de la vie et de la mort. On a dit qu'il fut changé en âne, ainsi qu'Apulée, par les sorciers de Larisse, qu'il était allé voir pour essayer si leur art magique était visible; de sorte qu'il devint sorcier [2].

Ludlam, — sorcière, fée ou magicienne très-fameuse, dont les habitants du comté de Surrey, en Angleterre, placent l'habitation dans une caverne voisine du château de Farnham, connu dans le pays sous le nom de Ludlam's Hole, *caverne de la mère Ludlam*. La tradition populaire porte que cette sorcière n'était point un de ces êtres malfaisants qui tiennent une place distinguée dans la démonologie; au contraire, elle faisait du bien à tous ceux qui imploraient sa protection d'une manière convenable. Les pauvres habitants du voisinage, manquant d'ustensiles de cuisine ou d'instruments de labourage, n'avaient qu'à lui manifester leurs besoins, ils la trouvaient disposée à leur prêter ce qui leur était nécessaire. L'homme qui voulait avoir un de ces meubles se rendait à la caverne à minuit, en faisait trois fois le tour, et disait ensuite: « Bonne mère Ludlam, ayez la bonté de m'envoyer telle chose; je vous promets de vous la rendre dans deux jours.» Cette prière faite, on se retirait; le lendemain, de grand matin, on retournait à la caverne, à l'entrée de laquelle on trouvait la chose demandée. Ceux qui invoquaient la mère Ludlam ne se montrèrent pas toujours aussi honnêtes qu'elle; un paysan vint la prier une fois de lui prêter une grande chaudière, et la garda plus longtemps qu'il ne l'avait promis; la mère Ludlam, offensée de ce manque d'exactitude, refusa de recevoir sa chaudière lorsqu'on la lui rapporta; et depuis ce temps elle se venge en ne se prêtant plus à aucune des demandes qu'on lui fait [1].

Lugubre, — oiseau du Brésil, dont le cri funèbre ne se fait entendre que la nuit; ce qui le fait respecter des naturels, qui sont persuadés qu'il est chargé de leur apporter des nouvelles des morts. Léry, voyageur français, raconte que, traversant un village, il en scandalisa les habitants pour avoir ri de l'attention avec laquelle ils écoutaient le cri de cet oiseau. « Tais-toi, lui dit rudement un vieillard, ne nous empêche pas d'entendre les nouvelles que nos grands-pères nous envoient. »

Lumière merveilleuse. — Prenez quatre onces d'herbe appelée serpentinette, mettez-la dans un pot de terre bouché, puis faites-la digérer au ventre de cheval, c'est-à-dire dans le fumier chaud, quinze jours; elle se changera en de petits vers rouges, desquels vous tirerez une huile selon les principes de l'art; de cette huile vous garnirez une lampe, et lorsqu'elle sera allumée dans une chambre, elle provoquera au sommeil et endormira si profondément ceux qui seront dans ladite chambre, que l'on ne pourra en éveiller aucun tant que la lampe brûlera [2].

Lune, — la plus grande divinité du sabéisme après le soleil. Pindare l'appelle l'œil de la nuit, et Horace la reine du silence. Une partie des Orientaux l'honoraient sous le titre d'Uranie. C'est l'Isis des Égyptiens, l'Astarté des Phéniciens, la Mylitta des Perses, l'Alilat des Arabes, la Séléné des Grecs, et la Diane, la Vénus, la Junon des Romains. César ne donne point d'autres divinités aux peuples du nord et aux anciens Germains que le feu, le soleil et la lune. Le culte de la lune passa dans les Gaules, où la lune avait un oracle desservi par des druidesses dans l'île de Sein, sur la côte méridionale de la Basse-Bretagne. Les magiciennes de Thessalie se vantaient d'avoir un grand commerce avec la lune, et de pouvoir, par leur enchantement, la délivrer du dragon qui voulait la dévorer (lorsqu'elle était éclipsée), ou la faire à leur gré descendre sur la terre. L'idée que cet astre pouvait être habité a donné lieu à des fictions ingénieuses: telles sont entre autres les voyages de Lucien, de Cyrano de Bergerac, et la fable de l'Arioste, qui place dans la lune un vaste magasin rempli de fioles étiquetées où le bon sens de chaque individu est renfermé. On a récemment publié, sous le nom

---

[1] Leloyer, Hist. des spectres ou apparit. des esprits, liv. IV, p. 455.
[2] Delancre, Tableau de l'inconstance des démons, etc., liv. IV, p. 231.

[1] M. Noël, Dictionnaire de la Fable.
[2] Le Petit Albert, p. 152.

d'Herschell, une plaisante description des prétendus habitants de la lune. — Les Péruviens regardaient la lune comme la sœur et la femme du soleil, et comme la mère de leurs incas; ils l'appelaient mère universelle de toutes choses, et avaient pour elle la plus grande vénération. Cependant ils ne lui avaient point élevé de temple, et ne lui offraient point de sacrifices. Ils prétendaient aussi que les marques noires qu'on aperçoit dans la lune avaient été faites par un renard qui, ayant monté au ciel, l'avait embrassée si étroitement qu'il lui avait fait ces taches à force de la serrer. Suivant les Taïtiens, les taches que nous voyons à la lune sont des bosquets d'une espèce d'arbres qui croissaient autrefois à Taïti; un accident ayant détruit ces arbres, les graines furent portées par des pigeons à la lune, où elles ont prospéré [1]. — Les mahométans ont une grande vénération pour la lune; ils ne manquent jamais de la saluer dès qu'elle paraît, de lui présenter leurs bourses ouvertes, et de la prier d'y faire multiplier les espèces à mesure qu'elle croîtra. — La lune est la divinité des Nicaborins, habitants de Java. Lorsqu'il arrive une éclipse de lune, les Chinois idolâtres, voisins de la Sibérie, poussent des cris et des hurlements horribles, sonnent les cloches, frappent contre du bois ou des chaudrons, et touchent à coups redoublés sur les timbales de la grande pagode. Ils croient que le méchant esprit de l'air Arachula attaque la lune, et que leurs clameurs doivent l'effrayer. — Il y a des gens qui prétendent que la lune est douée d'un appétit extraordinaire; que son estomac, comme celui de l'autruche, digère des pierres; en voyant un bâtiment vermoulu, ils disent que c'est la lune qui l'a ainsi mutilé, et que ses rayons peuvent ronger le marbre. — Combien de personnes n'osent couper leurs cheveux dans le décours de la lune! dit M. Salgues [2]. Mais les médecins sont convenus que la lune influe sur le corps humain. La plupart des peuples ont cru encore que le lever de la lune était un signal mystérieux auquel les spectres sortaient de leurs tombeaux. Les Orientaux content que les lamies et les gholes vont déterrer les morts dans les cimetières, et faire leurs horribles festins au clair de la lune. Dans certains cantons de l'orient de l'Allemagne, on prétendait que les vampires ne commençaient leurs infestations qu'au lever de la lune, et qu'ils étaient obligés de rentrer en terre au chant du coq. L'idée la plus extraordinaire, et cette idée fut adoptée dans quelques villages, c'est que la lune ranimait les vampires. Ainsi, lorsqu'un de ces spectres, poursuivi dans ses courses nocturnes, était frappé d'une balle ou d'un coup de lance, on pensait qu'il pouvait mourir une seconde fois; mais qu'exposé aux rayons de la lune, il reprenait ses forces perdues et le pouvoir de sucer de nouveau les vivants.

Lundi. — En Russie, le lundi passe pour un jour malheureux. Parmi le peuple et les personnes superstitieuses, la répugnance à entreprendre ce jour-là quelque chose, surtout un voyage, est si universelle, que le petit nombre de personnes qui ne la partagent pas s'y soumet par égard pour l'opinion générale.

Lure (Guillaume), — docteur en théologie qui fut condamné comme sorcier, à Poitiers, en 1453, convaincu par sa propre confession, par témoins et pour avoir été trouvé saisi d'un pacte fait avec le diable, par lequel il renonçait à Dieu et se donnait à icelui diable [1].

Lusignan. — On prétend que la maison de Lusignan descend en ligne directe de Mélusine. Voy. Mélusine.

Luther (Martin), — le plus fameux novateur religieux du seizième siècle, né en 1484 en Saxe, et mort en 1546. Il fut d'abord d'une condition misérable, dut son éducation à la charité des moines, et entra chez les Augustins d'Erfurt. Devenu professeur de théologie, il s'irrita de ne pas être le judas des indulgences, c'est-à-dire de n'en pas tenir la bourse; il écrivit contre le pape et prêcha contre l'Église romaine. — Luther devint épris de Catherine Boro, religieuse; il l'enleva de son couvent avec huit autres sœurs, se hâta de l'épouser, et publia un écrit où il comparait ce rapt à celui que Jésus-Christ fit, le jour de la passion, lorsqu'il arracha les âmes de la tyrannie de Satan.... — Quant à sa mort, ses ennemis ont assuré que le diable l'avait étranglé; et d'autres, qu'il était mort subitement en allant à la garde-robe, comme Arius, après avoir trop soupé; que, son tombeau ayant été ouvert le lendemain de son enterrement, on n'y avait pu trouver son corps, et qu'il en était sorti une odeur de soufre insupportable. — George Lapôtre a dit qu'il était fils d'un démon et d'une sorcière. — A la mort de Luther, disent les relations les plus répandues, une troupe de démons en deuil vint chercher cet ami de l'en-

---

[1] Voyages de Cook.
[2] Des Erreurs et des préjugés, etc., t. Ier, p. 240.

[1] Delancre, Tableau de l'inconstance des dém., etc. liv. VI, p. 495.

fer; ils étaient habillés en corbeaux. Ils assistèrent invisiblement aux funérailles; et Thyræus ajoute qu'ils emportèrent ensuite le défunt loin de ce monde, où il ne devait que passer. — On conte encore que le jour de sa mort, tous les démons qui se trouvaient en une certaine ville de Brabant sortirent des corps qu'ils possédaient, et y revinrent le lendemain; et comme on leur demandait où ils avaient passé la journée précédente, ils répondirent, que par le commandement de leur prince, ils s'étaient rendus aux funérailles de Luther. — Le valet de Luther, qui l'assistait à sa mort, déclara, en conformité de ceci, qu'ayant mis la tête à la fenêtre pour prendre de l'air au moment du trépas de son maître, il aperçut plusieurs esprits hideux et horribles qui sautaient et dansaient autour de la maison, et des corbeaux qui accompagnaient le corps en croassant jusqu'à Wittemberg.... — La dispute de Luther avec le diable a fait beaucoup de bruit. Un religieux vint un jour frapper rudement à sa porte, en demandant à lui parler. Le renégat ouvre; le prétendu moine regarde un moment le réformateur, et lui dit : « J'ai découvert dans vos opinions certaines erreurs papistiques, sur lesquelles je voudrais conférer avec vous. — Parlez, répond Luther.... » L'inconnu propose d'abord quelques discussions assez simples, que Luther résolut aisément; mais chaque question nouvelle était plus difficile que la précédente, et le moine supposé exposa bientôt des syllogismes très-embarrassants. Luther offensé lui dit brusquement : — « Vos questions sont trop embrouillées; j'ai pour le moment autre chose à faire que de vous répondre. » Cependant il se levait pour argumenter encore, lorsqu'il remarqua que le religieux avait le pied fendu, et les mains armées de griffes. « N'es-tu pas, lui dit-il, celui dont la naissance du Christ a dû briser la tête ? » Et le diable, qui s'attendait avec son ami à un combat d'esprit et non à un assaut d'injures, reçut dans la figure l'encrier de Luther, qui était de plomb[1]. On montre encore sur la muraille à Wittemberg les éclaboussures de l'encre. On trouve ce fait rapporté avec quelque différence de détails dans le livre de Luther sur la messe privée, sous le titre de *Conférence de Luther avec le diable*[2]. Il conte que, s'étant éveillé un jour vers l'heure de minuit, Satan disputa avec lui, l'éclaira sur les erreurs du catholicisme, et l'engagea à se séparer du pape. C'est donner à sa secte une assez triste origine. — L'abbé Cordemoy pense, avec beaucoup d'apparence de raison, que certains critiques ont tort de prétendre que cette pièce n'est pas de Luther. Il est constant qu'il était très-visionnaire.

Lutins. — Les lutins sont du nombre des démons qui ont plus de malice que de noire méchanceté. Ils se plaisent à tourmenter les gens, à faire des tours de laquais, et se contentent de donner plus de peur que de mal. Cardan parle d'un de ses amis qui, couchant dans une chambre que hantaient les lutins, sentit une main froide et molle comme du coton passer sur son cou et son visage, et chercher à lui ouvrir la bouche. Il se garda bien de bâiller; mais, s'éveillant en sursaut, il entendit de grands éclats de rire sans rien voir autour de lui. — Leloyer raconte que de son temps il y avait de mauvais garnements qui faisaient leurs sabbats et leurs lutineries dans les cimetières, pour établir leur réputation et se faire craindre, et que, quand ils y étaient parvenus, ils allaient dans les maisons buffeter le bon vin. — Les lutins s'appelaient ainsi parce qu'ils prenaient quelquefois plaisir à lutter avec les hommes. Il y en avait un à Thermesse qui se battait avec tous ceux qui arrivaient dans cette ville. Au reste, disent de bons légendaires, les lutins ne mettent ni dureté ni violence dans leurs jeux...

Lutschin. — Au pied du Lutschin, rocher gigantesque de la Suisse, coule un torrent où se noya un fratricide en voulant laver son poignard ensanglanté. La nuit, à l'heure où le meurtre fut commis, on entend encore près du torrent des soupirs et comme le râle d'un homme qui se meurt. On dit aussi que l'âme du meurtrier rôde dans les environs, cherchant qu'elle ne peut trouver.

Lutteurs, — démons qui aiment la lutte et les petits jeux de main. C'est de leur nom qu'on a nommé les lutins.

Luxembourg (François de Montmorency), — maréchal de France, né en 1628, mort en 1695. On l'accusa de s'être donné au diable. Un de ses gens, nommé Bonard, voulant retrouver des papiers qui étaient égarés, s'adressa à un certain Lesage pour les recouvrer. Ce Lesage était un homme dérangé qui se mêlait de sorcellerie et de divinations. Il lui ordonna d'aller visiter les églises, de réciter des psaumes; Bonard se soumit à tout ce qu'on exigeait de lui, et les papiers ne se retrouvèrent pas. Une fille, nommée la Dupin, les retenait; Bonard, sous les yeux de Lesage, fit une conjuration au nom du maréchal de Luxembourg; la Dupin ne rendit rien. Déses-

---

[1] Melanchton. de Examin. theolog. operum, t. Ier.

[2] Colloquium Lutherum inter et diabolum, ab ipso Luthero conscriptum, in ejus libro De missa privata, etc.

péré, Bonard fit signer un pacte au maréchal qui se donnait au diable. A la suite de ces menées, la Dupin fut trouvée assassinée. On en accusa le maréchal. Le pacte fut produit au procès. Lesage déposa que le maréchal s'était adressé au diable et à lui pour faire mourir la Dupin. Les assassins de cette fille avouèrent qu'ils l'avaient découpée en quartiers, et jetée dans la rivière par les ordres du maréchal. La cour des pairs devait le juger; mais Louvois, qui ne l'aimait pas, le fit enfermer dans un cachot. On mit de la négligence à instruire son procès; enfin on lui confronta Lesage et un autre sorcier, nommé Davaux, avec lesquels on l'accusa d'avoir fait des sortilèges pour faire mourir plus d'une personne. — Parmi les imputations horribles qui faisaient la base du procès, Lesage dit que le maréchal avait fait un pacte avec le diable pour pouvoir allier un de ses fils avec la famille de Louvois. Le procès dura quatorze mois. Il n'y eut de jugement ni pour ni contre. La Voisin, la Vigoureux et Lesage, compromis dans ces crimes, furent brûlés à la Grève. Le maréchal de Luxembourg fut élargi, passa quelques jours à la campagne, puis revint à la cour, et reprit ses fonctions de capitaine des gardes.

Luxembourg (LA MARÉCHALE DE). — « Madame la maréchale de Luxembourg avait pour valet de chambre un vieillard qui la servait depuis long-temps, et auquel elle était attachée. Ce vieillard tomba tout à coup dangereusement malade. La maréchale était dans l'inquiétude. Elle ne cessait d'envoyer demander des nouvelles de cet homme, et souvent allait elle-même en savoir. Se portant très-bien, elle s'éveille au milieu de la nuit avec une agitation singulière; elle veut sonner pour demander ce que fait son valet de chambre; elle ouvre les rideaux de son lit; à l'instant, l'imagination fortement frappée, elle croit apercevoir dans son appartement un fantôme couvert d'un linceul blanc; elle croit entendre ces paroles : — « Ne vous inquiétez point de moi, je ne suis plus de ce monde, et avant la Pentecôte vous viendrez me rejoindre. » La fièvre s'empara d'elle, et elle fut bientôt à toute extrémité. Ce qui contribua le plus à augmenter sa terreur, c'est qu'à l'instant même où elle fut frappée de cette vision, l'homme en question venait effectivement d'expirer. La maréchale a cependant survécu à la prédiction du fantôme imaginaire, et cette résurrection fait furieusement de tort aux spectres pour l'avenir [1]. »

[1] Hist. des revenants ou prétendus tels, t. I, p. 174.

Lycanthropie, — transformation d'un homme en loup. Le lycanthrope s'appelle communément loup-garou. Les loups-garous ont été bien long-temps la terreur des campagnes, parce qu'on savait que les sorciers ne pouvaient se faire loups que par le secours du diable. Dans les idées des démonographes, un loup-garou est un sorcier que le diable lui-même transmue en loup, et qu'il oblige à errer dans les campagnes en poussant d'affreux hurlements. L'existence des loups-garous est attestée par Virgile, Solin, Strabon, Pomponius Méla, Dionysius Afer, Varron, et par tous les jurisconsultes et démonomanes des derniers siècles. A peine commençait-on à en douter sous Louis XIV. L'empereur Sigismond fit débattre devant lui la question des loups-garous, et il fut unanimement résolu que la transformation des loups-garous était un fait positif et constant — Un garnement, qui voulait faire des friponneries, mettait aisément les gens en fuite en se faisant passer pour un loup-garou. Il n'avait pas besoin pour cela d'avoir la figure d'un loup, puisque les loups-garous de réputation étaient arrêtés comme tels, quoique sous leur figure humaine. On croyait alors qu'ils portaient le poil de loup garou entre cuir et chair. — Pencer conte qu'en Livonie, sur la fin du mois de décembre, il se trouve tous les ans un bélître qui va sommer les sorciers de se rendre en certain lieu; et, s'ils y manquent, le diable les y mène de force, à coups si rudement appliqués que les marques y demeurent. Leur chef passe devant, et quelques milliers le suivent, traversant une rivière, laquelle passée, ils changent leur figure en celle d'un loup, se jettent sur les hommes et sur les troupeaux, et font mille dommages. Douze jours après, ils retournent au même fleuve et redeviennent hommes. — On attrapa un jour un loup-garou qui courait dans les rues de Padoue; on lui coupa ses pattes de loup, et il reprit au même instant la forme d'homme, mais avec les bras et les pieds coupés, à ce que dit Fincel. — L'an 1588, en un village distant de deux lieues d'Apchon, dans les montagnes d'Auvergne, un gentilhomme, étant sur le soir à sa fenêtre, aperçut un chasseur de sa connaissance, et le pria de lui rapporter de sa chasse. Le chasseur en fit promesse, et, s'étant avancé dans la plaine, il vit devant lui un gros loup qui venait à sa rencontre. Il lui lâcha un coup d'arquebuse et le manqua. Le loup se jeta aussitôt sur lui et l'attaqua fort vivement. Mais l'autre, en se défendant, lui ayant coupé la patte droite avec son couteau de chasse, le loup estropié s'enfuit et ne revint plus. Comme la nuit approchait, le chasseur gagna la maison de son ami, qui lui demanda s'il avait fait bonne chasse. Il tira de sa gibecière la patte qu'il avait coupée au prétendu loup; mais il fut bien étonné de voir cette patte convertie en main de femme, et à l'un des doigts un anneau d'or que le gentilhomme reconnut être celui de son épouse. Il alla aussitôt la trouver. Elle était auprès du feu, et cachait son bras droit sous son tablier. Comme elle refusait de l'en tirer, il lui montra la main que le chasseur avait rapportée; cette malheureuse éperdue avoua que c'était elle en effet qu'on avait poursuivie, sous la figure d'un loup-garou; ce qui se vérifia encore en confrontant la main avec le bras dont elle faisait partie. Le mari courroucé livra sa femme à la justice; elle fut brûlée. — On ne sait trop que penser d'une telle histoire, qui est rapportée par Boguet, comme étant de son temps. Était-ce une abominable trame d'un mari qui voulait, comme disent les Wallons, être quitte de sa femme? — Les loups-garous étaient fort communs dans le Poitou; on les y appelait la *bête bigourne qui court la galipode*. Quand les bonnes gens entendent, dans les rues, les hurlements du loup-garou, ce qui n'arrive qu'au milieu de la nuit, ils se gardent de mettre la tête à la fenêtre, parce que, s'ils le faisaient, ils auraient le cou tordu. — On assure dans cette province qu'on peut forcer le loup-garou à quitter sa forme d'emprunt en lui donnant un coup de fourche entre les deux yeux. — On sait que la qualité distinctive des loups-garous est un grand goût pour la chair fraîche. Delancre assure qu'ils étranglent les chiens et les enfants; qu'ils les mangent de bon appétit; qu'ils marchent à quatre pattes; qu'ils hurlent comme de vrais loups, avec de grandes gueules, des yeux étincelants et des dents crochues. — Bodin raconte sans rougir qu'en 1542 on vit un matin cent cinquante loups-garous sur une place publique de Constantinople. — On trouve dans le roman de *Persilès et Sigismonde*, le dernier ouvrage de Cervantès, des îles de loups-garous et des sorcières qui se changent en louves pour enlever leur proie; comme on trouve dans Gulliver une île de sorciers. Mais au moins ces livres sont des romans. — Delancre propose [1], comme un bel exemple, ce trait d'un duc de Russie, lequel, averti qu'un sien sujet se changeait en toutes sortes de bêtes, l'envoya chercher, et, après l'avoir enchaîné, lui commanda de faire une expérience de son art; ce qu'il fit, se transformant en loup; mais ce duc, ayant préparé deux dogues, les fit lancer contre ce misérable, qui aussitôt fut mis en pièces. — On amena au médecin Pomponace un paysan atteint de lycanthropie, qui criait à ses voisins de s'enfuir s'ils ne voulaient pas qu'il les mangeât. Comme ce pauvre homme n'avait rien de la forme d'un loup, les villageois, persuadés pourtant qu'il l'était, avaient commencé à l'écorcher, pour voir s'il ne portait pas le poil sous la peau. Pomponace le guérit; ce n'était qu'un hypocondre. — J. de Nynauld a publié en 1615 un traité complet de la *Lycanthropie*, qu'il appelle aussi *Folie louvière* et *lycaonie*, mais dont il admet incontestablement la réalité. Un sieur de Beauvoys-de-Chauvincourt, gentilhomme angevin, a fait imprimer en 1599 (Paris, petit in-12) un volume intitulé: *Discours de la lycanthropie, où de la transmutation des hommes en loups*. Claude, prieur de Laval, avait publié quelques années auparavant un autre livre sur la même matière, intitulé: *Dialogues de la lycanthropie*. Ils affirment tous qu'il y a certainement des loups-garous. — Ce qui est plus singulier, c'est qu'il n'y a peut-être pas de village qui n'ait encore ses loups-garous; celui dont on va parler est peut-être encore aux galères. Il se faisait appeler Maréchal, et demeurait en 1804 au village de Longueville, à deux lieues de Méry-sur-Seine. Il était bûcheron, faisait des fossés, et s'occupait de divers métiers qui s'exercent dans la solitude et sont par conséquent propres à la sorcellerie. — Avec l'aide du diable, il se changeait toutes les nuits en loup ou en ours, et faisait de grandes peurs aux bonnes gens. — Un jeune paysan s'arma d'un fusil et l'attendit une nuit. Il aperçut un monstre à quatre pattes, qui venait lourdement à lui. Il le coucha en joue et le manqua. Le loup-garou, qui avait aussi un fusil, tira à son tour sur le paysan et le blessa à la jambe. Celui-ci, stupéfait de se trouver en face d'un loup qui tirait des coups de fusil, se mit à fuir. — A la fin, la justice informée s'empara de l'homme. On ne trouva dans le prétendu sorcier qu'un vaurien, coupable de vols et de brigandages qu'il exerçait dans ses courses nocturnes. On le condamna aux galères perpétuelles. — Le lecteur fera sans doute ici une réflexion toute naturelle: comment se fait-il qu'un loup-garou épouvante une contrée pendant trois ou quatre ans sans que la justice l'arrête? C'est encore une des misères de nos paysans. Comme il y a chez eux beaucoup de méchants, ils se craignent entre eux, ils ont un discernement et une expérience qui leur apprennent que la justice n'est pas toujours

---

[1] Tableau de l'inconstance des mauvais anges, liv. IV, p. 304.

juste; et ils disent : « Si nous dénonçons un coupable et que ce coupable ne soit pas mis hors d'état de nuire, c'est un ennemi implacable que nous allons nous faire. — Les paysans sont vindicatifs. Après dix ans de galères, ils reviennent se venger de leurs dénonciateurs. Il faudrait peut-être qu'un coupable qui sort des galères n'eût pas le droit de reparaître dans la contrée qui a été le théâtre de ses crimes. Voy. CYNANTHROPIE, BOUSANTHROPIE, RAOLLET, etc.

Lycaon, — fils de Phoronée, roi d'Arcadie, à laquelle il donna le nom de Lycaonie. Il bâtit sur les montagnes la ville de Lycosure, la plus ancienne de toute la Grèce, et y éleva un autel à Jupiter Lycæus, auquel il commença à sacrifier des victimes humaines. Il faisait mourir, pour les manger, tous les étrangers qui passaient dans ses États. Jupiter étant allé loger chez lui, Lycaon se prépara à lui ôter la vie pendant que son hôte serait endormi; mais auparavant il voulut s'assurer si ce n'était pas un dieu, et lui fit servir à souper les membres d'un de ses hôtes, d'autres disent d'un esclave. Un feu vengeur allumé par l'ordre de Jupiter consuma bientôt le palais, et Lycaon fut changé en loup : c'est le plus ancien loup-garou.

Lycas, — démon de Thémèse, chassé par le champion Euthymus, et qui fut en grande renommée chez les Grecs. Il était extrêmement noir, avait le visage et tout le reste du corps hideux, et portait une peau de loup pour vêtement [1].

Lychnomancie, — divination qui se faisait par l'inspection de la flamme d'une lampe; il en reste quelques traces. Lorsqu'une étincelle se détache de la mèche, elle annonce une nouvelle et la direction de cette nouvelle. — Voy. LAMPADOMANCIE.

Lynx. — Les anciens disent des merveilles du lynx. Non-seulement ils lui attribuent la faculté de voir à travers les murs, mais encore la vertu de produire des pierres précieuses. Pline raconte sérieusement que les filets de son urine se transforment en ambre, en rubis et en escarboucles; mais il ajoute que, par un sentiment de jalousie, cet animal avare a soin de nous dérober ces richesses, en couvrant de terre ses précieuses évacuations. Sans cela nous aurions pour rien l'ambre, les rubis et les escarboucles [2].

Lysimachie, — plante ainsi nommée parce que, posée sur le joug auquel les bœufs et autres animaux étaient attelés, elle avait la vertu de les empêcher de se battre.

Lysimaque, — devin dont parle Démétrius de Phalère dans son livre de Socrate, lequel gagnait sa vie à interpréter des songes par le moyen de certaines tables astrologiques. Il se tenait ordinairement auprès du temple de Bacchus [3].

[1] Leloyer, Histoire des spectres, p. 198.
[2] M. Salgues, Des Erreurs, etc., t. II, p. 103.
[3] Plutarque, Vie d'Aristide, § LXVI.

M

Ma, — nom japonais qui signifie esprit malin; on le donne au renard, qui cause de grands ravages au Japon, où des sectaires n'admettent qu'une espèce de démons, uniquement destinés à animer le renard.

Mab, — reine des fées, dans Shakspeare.

Maberthe. — On lit dans l'*Histoire des possédés de Flandre*, tome II, page 275, qu'il y a eu, en quelque royaume de l'Europe, une jeune fille nommée Maberthe, menant une vie célèbre, qui fut reçue en pitié dans la maison du seigneur de Swert, l'an 1648. Elle se faisait passer pour sainte, et se vantait que son Dieu lui parlait souvent. Mais elle refusa de conférer de ces merveilles avec un évêque. Comme on disait qu'un jour le diable l'avait prise par la main et s'était promené avec elle, de Swert insista pour qu'elle en parlât à l'évêque, ce qu'enfin elle accorda; après la conférence, qui embarrassa tout le monde, elle s'en alla de la maison en disant : « S'ils savaient que je sais ce que je sais, ils diraient que je suis une sorcière. » On finit par découvrir de grandes abominations dans cette fille. Lorsqu'on lui parlait de se convertir, elle répondait : « J'y penserai; il y a vingt-quatre heures au jour. » On croit qu'elle finit par être brûlée.

Macha-Halla ou **Messa-Hala**, — astrologue arabe du huitième siècle de notre ère. On a de lui plusieurs ouvrages dont on trouve la liste dans Casiri. On a traduit en latin les principaux : 1° Un *traité des Éléments et des choses célestes*; 2° un autre, *De* la *Révolution des années du monde*; 3° un troisième, *De la Signification des planètes pour les nativités*, Nuremberg, 1549. La bibliothèque Bodléienne a parmi ses manuscrits une traduction hébraïque de ses *Problèmes astrologiques*, faite par Aben-Ezra.

Machlyes, — peuple fabuleux d'Afrique, que Pline prétend avoir eu les deux sexes et deux mamelles, la droite semblable à celle d'un homme, et la gauche à celle d'une femme.

Macreuses, — oiseaux de la famille des canards, qui sont très-communs sur les côtes d'Angleterre, d'Écosse et d'Irlande. Ils ont été le sujet de bien des contes. Plusieurs auteurs ont assuré que ces oiseaux sont produits sans œufs; les uns les font venir des coquilles qui se trouvent dans la mer; d'autres ont avancé qu'il y a des arbres semblables à des saules, dont le fruit se change en macreuses, et que les feuilles de ces arbres qui tombent sur la terre produisent des oiseaux, pendant que celles qui tombent dans l'eau deviennent des poissons. Il est surprenant, dit le P. Lebrun, que ces pauvretés aient été si souvent répétées, quoique divers auteurs aient remarqué et assuré que les macreuses étaient engendrées de la même manière que les autres oiseaux. Albert-le-Grand l'avait déclaré en termes précis, et depuis un voyageur a trouvé, au nord de l'Écosse, de grandes troupes de macreuses et les œufs qu'elles devaient couver, dont il mangea. — « Il n'y a pas trois ans qu'un journal de Normandie nous racontait sérieusement, dit M. Salgues[1], qu'on venait de pêcher, sur les côtes de Granville, un mât de vaisseau qui dormait depuis plus de vingt ans sous les eaux; que l'on fut fort étonné de le trouver enveloppé d'une espèce de poisson fort singulier, que les Normands nomment *bernacle* ou *bernache*. Or, ce bernache ou bernacle est un long boyau rempli d'eau jaunâtre, au bout duquel se trouve une coquille qui renferme un oiseau, lequel produit une macreuse. Cette absurde nouvelle se répandit; et les Parisiens, ajoute M. Salgues, furent bien étonnés d'apprendre qu'il y avait des oies qui naissaient au bout d'un boyau dans une petite coquille. » — Johnston, dans sa *Thaumatographie naturelle*, rapporte que les macreuses se forment dans le bois pourri, que le bois pourri se change en ver et le ver en oiseau. Boëtius est celui dont l'autorité lui paraît la plus imposante. Or ce savant rapporte qu'en 1490 on pêcha sur les côtes d'Écosse une pièce de bois pourri, qu'on ouvrit en la présence du seigneur du lieu, et qu'on y trouva une quantité énorme de vers; mais ce qui surprit singulièrement l'honorable baronnet et les spectateurs, c'est que plusieurs de ces vers commençaient à prendre la forme d'oiseau, que les uns avaient des plumes et que les autres étaient encore tout rouges. Ce phénomène parut si étonnant, que l'on déposa la pièce de bois dans l'église voisine, où elle fut conservée. Boëtius ajoute qu'il fut lui-même témoin d'un prodige semblable: que le ministre d'une paroisse voisine des bords de la mer ayant pêché une grande quantité d'algues et de roseaux, il aperçut, à l'extrémité de leurs racines, des coquillages singuliers, qu'il les ouvrit et y trouva au lieu de poisson un oiseau. L'auteur assure que le pasteur lui fit part de cette merveille, et qu'il fut lui-même témoin de la vérité de ce fait.....

Macrodor, — médecin écossais dont voici l'aventure: « En l'année 1574, un nommé Trois-Rieux s'obligea envers un médecin écossais nommé Macrodor (tous deux habitants de Bordeaux) de lui servir de démon après sa mort; c'est-à-dire que son esprit viendrait lui obéir en toutes choses et lui faire connaître ce qui était caché aux hommes. Pour parvenir à ces fins, ils signèrent un pacte en lettres de sang sur un parchemin vierge. Ce Macrodor était regardé comme sorcier et magicien; il eut une fin misérable, ainsi que toute sa famille. On surprit chez lui l'obligation que nous venons de mentionner, avec une platine de cuivre ronde, de médiocre grandeur, sur laquelle étaient gravés les sept noms de Dieu, sept anges, sept planètes et plusieurs autres figures, caractères, lignes, points, tous inconnus[1].

Magares, — sorciers de Mingrélie, fort redoutés des gens du pays parce qu'ils nouaient l'aiguillette. Aussi la cérémonie du mariage se faisait toujours en secret, et sans qu'on en sût le jour, de peur que ces prétendus sorciers ne jetassent quelques sortilèges fâcheux sur les époux.

Mages, — sectateurs de Zoroastre, adorateurs du feu et grands magiciens. C'est d'eux que la magie ou science des mages tire son nom. Ils prêchaient la métempsycose astronomique; c'est-à-dire que, selon leur doctrine, les âmes au sortir de ce monde allaient habiter successivement toutes les planètes avant de revenir sur la terre.

Magie et **Magiciens**. — La magie est l'art de produire dans la nature des choses au-

[1] *Des Erreurs et des préjugés*, t. Ier, p. 448.

[1] Delancre, *Tableau de l'inconstance des dém.*, etc., liv. II, p. 174.

dessus du pouvoir des hommes, par le secours des démons, ou en employant certaines cérémonies que la religion interdit. Celui qui exerce cet art est appelé magicien. On distingue la magie noire, la magie naturelle, la cœlestialis, c'est-à-dire l'astrologie judiciaire, et la cœremonialis ; cette dernière consiste dans l'invocation des démons, en conséquence d'un pacte formel ou tacite fait avec les puissances infernales. Ses diverses branches sont la cabale, l'enchantement, le sortilége, l'évocation des morts et des esprits malfaisants, la découverte des trésors cachés et des plus grands secrets ; la divination, le don de prophétie, celui de guérir par des termes magiques et par des pratiques mystérieuses les maladies les plus opiniâtres, de préserver de tous maux, de tous dangers, au moyen d'amulettes, de talismans ; la fréquentation du sabbat, etc. — La magie naturelle, selon les démonographes, est l'art de connaître l'avenir et de produire des effets merveilleux par des moyens naturels, mais au-dessus de la portée du commun des hommes. La magie artificielle est l'art de fasciner les yeux et d'étonner les hommes, ou par des automates, ou par des escamotages, ou par des tours de physique. — La magie blanche est l'art de faire des opérations surprenantes par l'évocation des bons anges, ou simplement par adresse et sans aucune évocation. Dans le premier cas, on prétend que Salomon en est l'inventeur ; dans le second, la magie blanche est la même chose que la magie naturelle, confondue avec la magie artificielle. — La magie noire ou diabolique, enseignée par le diable, et pratiquée sous son influence, est l'art de commercer avec les démons, en conséquence d'un pacte fait avec eux, et de se servir de leur ministère pour faire des choses au-dessus de la nature. C'est de cette magie que sont entichés ceux qu'on appelle proprement magiciens. Cham en a été, dit-on, l'inventeur ou plutôt le conservateur ; car Dieu n'envoya le déluge, disent les démonomanes, que pour nettoyer la terre des magiciens et des sorciers qui la souillaient. Cham enseigna la magie et la sorcellerie à son fils Misraïm, qui, pour les grandes merveilles qu'il faisait, fut appelé Zoroastre. Il composa cent mille vers sur ce sujet, et fut emporté par le diable en présence de ses disciples. — Il n'est pas nécessaire d'établir ici la vérité des faits rapportés dans l'Écriture sainte sur la magie et les magiciens. Ils ne sont contestés que par la mauvaise foi des incrédules qui ont leur parti pris de nier. C'est plus tôt fait. Tous les peuples ont reconnu l'existence de la magie. Mais on a attribué à cet art noir bien des accidents qui n'en ont pas été le produit ; et il est constant que les écrivains des siècles passés ont entouré les historiens magiques d'une crédulité trop étendue. La magie, disent-ils, donne à ceux qui la possèdent une puissance à laquelle rien ne peut résister ; d'un coup de baguette, d'un mot, d'un signe, ils bouleversent les éléments, changent l'ordre immuable de la nature, livrent le monde aux puissances infernales, déchaînent les tempêtes, les vents et les orages, en un mot, font le froid et le chaud. Les magiciens et sorciers, dit Vecker, sont portés par l'air d'un très-léger mouvement, vont où ils veulent, et cheminent sur les eaux, comme Oddon le pirate, lequel voltigeait çà et là, en haute mer, sans esquif ni navire.... — On conte qu'un magicien coupa la tête d'un valet en présence de plusieurs personnes qu'il voulait divertir, et dans le dessein de la remettre ; mais pendant qu'il se disposait à rétablir cette tête, il vit un autre magicien qui s'obstinait à le contrecarrer, quelque prière qu'il lui adressât ; il fit naître tout d'un coup un lys sur une table, et en ayant abattu la tête, son ennemi tomba par terre sans tête et sans vie. Puis il rétablit celle du valet, et s'enfuit. — Mais voici un fait moins grotesque. — Les habitants d'Hamel sur le Wéser, en Basse-Saxe, étant, en l'année 1284, tourmentés d'une quantité surprenante de rats et de souris, jusque-là qu'il ne leur restait pas un grain qui ne fût endommagé, et plusieurs d'entre eux songeant aux moyens de se délivrer de ce fléau, il apparut tout d'un coup un homme étranger, d'une taille extraordinaire, qui entreprit, moyennant une somme d'argent dont on convint, de chasser sur l'heure toutes les souris hors du territoire de la ville. Après que le marché fut conclu, il tira une flûte de sa gibecière, et se mit à en jouer. Aussitôt tous les rats qui se trouvaient dans les maisons, sous les toits, dans les planchers, sortirent par bandes, en plein jour, et suivirent le joueur de flûte jusqu'au Wéser, où ayant relevé ses habits il entra dans la rivière, et les rats qu'il entraînait s'y noyèrent. — Lorsqu'il eut ainsi exécuté sa promesse, il vint demander l'argent dont on était convenu avec lui ; mais il ne trouva plus les bourgeois dans la disposition de le lui compter. Cette mauvaise foi le rendit furieux ; il les menaça d'une vengeance terrible s'ils ne le satisfaisaient sur-le-champ. Les bourgeois se moquèrent de lui et de ses menaces. — Mais, le lendemain, le magicien leur apparut, avec une mine effrayante, sous la figure d'un chasseur ; il avait un chapeau de pourpre sur la tête ; il joua d'une autre flûte tout à fait différente de la première, et tous les enfants de la ville, depuis quatre ans jusqu'à douze, le suivirent spontanément. Il les mena dans une caverne, sous une montagne hors la ville, sans que depuis ce temps-là on en ait jamais revu un seul, et sans qu'on ait appris ce que tous ces enfants étaient devenus. — Depuis cette surprenante aventure, on a pris, dans Hamel, la coutume de compter les années *depuis la sortie des enfants*, en mémoire de ceux qui furent perdus de cette manière ; et les annales transylvaines disent que, vers ce temps-là, il arriva en Transylvanie quelques enfants dont on n'entendait pas la langue, et que ces enfants, s'y étant établis, y perpétuèrent aussi leur langage, tellement qu'encore aujourd'hui on y parle allemand-saxon. — La première preuve de cette histoire consiste dans la vitre d'une église d'Hamel, sur laquelle elle est peinte, avec quelques lettres que le temps n'a pas encore effacées. La seconde preuve était sur la porte appelée la Neuve, où l'on voyait des vers latins qui apprenaient qu'en 1284 un magicien enleva aux habitants cent trente enfants, et les emmena sous le mont Coppenberg. — Ces inscriptions ne prouvent pas tout à fait que cette histoire soit vraie, mais seulement qu'on le croyait ainsi. — Mouchemberg, dans la suite de l'Argenis, raconte les aventures singulières du magicien Lexilis. Ce magicien ayant été mis en prison par ordre du souverain de Tunis (le fait a eu lieu quelque temps avant la splendeur de Rome), il arriva dans ces entrefaites une étrange aventure au fils du geôlier de la prison où Lexilis était détenu. Ce jeune homme venait de se marier, et les parents célébraient les noces hors de la ville. Le soir venu, on joua au ballon. Pour avoir la main plus libre, le jeune marié ôta de son doigt l'anneau nuptial, et le mit au doigt d'une statue qui était près de là. Après avoir bien joué, il retourne vers la statue pour reprendre son anneau ; mais la main s'était fermée, et il lui fut impossible de le retirer. Il ne dit rien de ce prodige ; mais quand tout le monde fut rentré dans la ville, il revint seul devant la statue, trouva la main ouverte et étendue comme auparavant, toutefois sans la bague qu'il y avait laissée. Ce second événement le jeta dans une grande surprise. Il n'en alla pas moins rejoindre sa famille. Mais il voulut inutilement se rapprocher de sa femme. Un corps solide se plaçait continuellement devant lui. — « C'est moi que tu dois embrasser, lui dit-on enfin, puisque tu m'as épousée aujourd'hui : je suis la statue au doigt de qui tu as mis ton anneau. » — Le jeune époux, effrayé, révéla la chose à ses parents. Son père lui conseilla d'aller trouver Lexilis dans son cachot ; il lui en remit la clef. Le jeune homme s'y rendit et trouva le magicien endormi sur une table. Après avoir attendu long-temps sans qu'il s'éveillât, il le tira doucement par le pied ; le pied avec la jambe lui demeura dans les mains..... — Lexilis, s'éveillant alors, poussa un cri : la porte du cachot se referma d'elle-même. Le marié tremblant se jeta aux genoux du magicien, lui demanda pardon de sa maladresse, et implora son assistance. Le magicien promit de le débarrasser de la statue, moyennant qu'on le mît en liberté. Le marché fait, il rajusta sa jambe à sa place, et sortit. — Quand il fut libre, Lexilis écrivit une lettre qu'il donna au jeune homme : « Va-t'en à minuit, lui dit-il, dans le carrefour voisin où aboutissent quatre rues ; attends debout et en silence ce que le hasard t'amènera. Tu n'y seras pas long-temps sans voir passer plusieurs personnages, chevaliers, piétons, laquais, gentilshommes ; les uns armés, les autres sans armes ; les uns tristes, les autres gais. Quoi que tu voies et que tu entendes, garde-toi de parler ni de remuer. Après cette troupe, suivra *un certain*, puissant de taille, assis sur un char ; tu lui remettras la lettre, sans dire un mot, et tout ce que tu désires arrivera. » — Le jeune homme fit ce qui lui était prescrit, et vit passer un grand cortége. Le maître de la compagnie venait le dernier, monté sur un char triomphal. Il passa devant le fils du geôlier ; et, jetant sur lui des regards terribles, il lui demanda de quel front il osait se trouver à sa rencontre ? Le jeune homme, mourant de peur, eut pourtant le courage d'avancer la main et de présenter sa lettre. L'esprit, reconnaissant le cachet, la lut aussitôt et s'écria : « Ce Lexilis sera-t-il long-temps encore sur la terre !... » Un instant après, il envoya un de ses gens ôter l'anneau du doigt de la statue, et le jeune époux cessa d'être troublé. — Cependant le geôlier fit annoncer au souverain de Tunis que Lexilis s'était échappé. Tandis qu'on le cherchait de toutes parts, le magicien entra dans le palais, suivi d'une vingtaine de jeunes filles qui portaient des mets choisis pour le prince. Mais, tout en avouant qu'il n'avait rien mangé de si délicieux, le roi de Tunis n'en renouvela pas moins l'ordre d'arrêter Lexilis. Les gardes voulant s'emparer de lui ne trouvèrent à sa place qu'un chien mort, sur le ventre duquel ils avaient tous la main... — Ce prestige excita la risée générale. Après qu'on se fut calmé, on alla à la maison du magicien ; il était à sa fenêtre, regardant venir son monde. Aussitôt que les soldats le virent, ils coururent à sa porte, qui se ferma incontinent. *De par le roi*, le capitaine des gardes lui commanda de se rendre, le menaçant d'enfoncer la porte s'il refusait d'obéir. « Et si je me rends, dit Lexilis, que ferez-vous de moi ? — Nous vous conduirons courtoisement au prince. — Je vous remercie de votre courtoisie ; mais par où irons-nous au palais ? — Par cette rue, » reprit le capitaine, en la montrant du doigt. Et en même temps il aperçut un grand fleuve qui venait à lui en grossissant ses eaux, et remplissait la rue qu'il venait de désigner, tellement qu'en moins de rien ils en eurent jusqu'à la gorge. Lexilis, riant, leur criait : « Retournez au palais, car pour moi je ne me soucie pas d'y aller en barbet. » — Le prince ayant appris ceci résolut de perdre la couronne plutôt que de laisser le magicien impuni. Il s'arma lui-même pour aller à sa poursuite, et le trouva dans la campagne qui se promenait paisiblement. Les soldats l'entourèrent pour le saisir ; mais Lexilis faisant un geste, chaque soldat se trouva la tête engagée entre deux piquets, avec deux cornes de cerf qui l'empêchaient de se retirer. Ils restèrent long-temps dans cette posture, pendant que des enfants leur donnaient de grands coups de houssine sur les cornes... — Le magicien sautait d'aise à ce spectacle, et le prince était furieux. Ayant aperçu à terre, aux pieds de Lexilis, un morceau de parchemin carré, sur lequel étaient tracés des caractères, le roi de Tunis se baissa et le ramassa, sans être vu du magicien. Dès qu'il eut ces caractères dans la main, les soldats perdirent leurs cornes ; les piquets s'évanouirent : Lexilis fut pris, enchaîné, mené en prison, et de là sur l'échafaud *pour y être rompu*. Mais ici il joua encore un tour de son métier ; car, comme le bourreau déchargeait la barre de fer sur lui, le coup tomba sur un tambour plein de vin, qui se répandit sur la place, et Lexilis ne reparut plus à Tunis..... — Voici une autre histoire contée par Wierus. — Un magicien de Magdebourg gagnait sa vie en faisant des tours de son métier, des enchantements, des fascinations et des prestiges, sur un théâtre public. Un jour qu'il montrait, pour quelque monnaie, un petit cheval à qui il faisait exécuter, par la force de sa magie, des choses incroyables, après qu'il eut fini son jeu, il s'écria qu'il gagnait trop peu d'argent avec les hommes, et qu'il allait monter au ciel... Ayant donc jeté son fouet en l'air, ce fouet commença de s'enlever. Le petit cheval ayant saisi, avec sa mâchoire, l'extrémité du fouet, s'enleva pareillement. L'enchanteur, comme s'il eût voulu retenir son bidet, le prit par la queue, et fut emporté de même. La femme de cet habile magicien empoigna à son tour les jambes de son mari, qu'elle suivit ; enfin, la servante s'accrocha aux pieds de sa maîtresse, le valet aux jambes de la servante, et bientôt le fouet, le petit cheval, le sorcier, la femme, la cuisinière, le laquais, s'enlevèrent si haut qu'on ne les vit plus. — Pendant que tous les assistants demeuraient tout stupéfaits d'admiration, il survint un homme qui leur demanda pourquoi ils bayaient aux corneilles ; et quand il le sut : « Soyez en paix, leur dit-il, votre sorcier n'est pas perdu, je viens de le voir à l'autre bout de la ville, qui descendait à son auberge avec tout son monde.... [1] » *Voy.* Hoque, Agrippa, Faust, etc., etc. — On raconte qu'Hemmingius, théologien célèbre, cita un jour deux vers barbares dans une de ses leçons, et ajouta, pour se divertir, qu'ils pouvaient chasser la fièvre, parce qu'ils étaient magiques. L'un de ses auditeurs en fit l'essai sur son valet, et le guérit. Puis après on fit courir le remède, et il arriva que plusieurs fébricitants s'en trouvèrent bien. Hemmingius, après cela, se crut obligé de dire qu'il n'avait parlé de la sorte qu'en riant, et que ce n'était qu'un jeu d'esprit. Dès lors le remède tomba ; mais il y en eut beaucoup qui ne voulurent point se dédire de la confiance qu'ils y avaient ajoutée. — Les maladies n'existent souvent que dans l'imagination : telle personne guérira avec un charlatan en qui elle a confiance ; telle autre ne guérira point avec un excellent médecin de qui elle se défie. — Il y a eu de tous temps, chez tous les peuples peu éclairés, grand nombre de magiciens, et on a beaucoup écrit contre eux. Nous citerons ici quelques-uns des mille et un volumes qui traitent de cette matière *ex professo* : 1° le *Traité de la magie blanche*, ou de l'escamotage, de Decremps ; 2° la *Magie naturelle* de Porta ; 3° la *Véritable magie noire*, ou le *Secret des secrets*, manuscrit trouvé à Jérusalem, dans le sépulcre de Salomon, contenant quarante-cinq talismans, avec la manière de s'en servir et leurs merveilleuses propriétés ; plus, tous les caractères magiques connus jusqu'à ce jour, traduit de l'hébreu du mage Iroé-Grégo, Rome, 1750. Cet ouvrage stupide est donné comme un écrit de Salomon. On y trouve surtout des conjurations ; 4° *Trinum magicum*, ou *Traité des secrets magiques*, contenant des recherches sur la magie naturelle, artificielle

[1] Wierus, De præst., lib. II, cap. 7.

et superstitieuse, les talismans, les oracles de Zoroastre, les mystères des Égyptiens, Hébreux, Chaldéens, etc., in-8°. Francfort, 1673; 5° *Lettres* de Saint-André, conseiller-médecin ordinaire du roi, à quelques-uns de ses amis, au sujet de la magie, des maléfices et des sorciers, etc., Paris, in-12, 1725; 6° *Traité sur la magie*, le sortilége, les possessions, obsessions et maléfices, etc.; par M. Daugis; Paris, in-12, 1732. — *Voy.* BODIN, DELANCRE, LOYER, WIERUS, etc.

Magie islandaise. — La première magie de ces peuples consiste à évoquer des esprits aériens, et à les faire descendre sur terre pour s'en servir. Elle était regardée comme la magie des grands; cependant ces derniers en avaient une seconde, qui consistait à interpréter le chant des oiseaux, surtout des corneilles, les oiseaux les plus instruits dans la connaissance des affaires d'État et les plus capables de prédire l'avenir; mais, comme il n'en existe point en Islande, les corbeaux remplissaient cet office : les rois ne faisaient pas même scrupule de se servir de cette magie.

Magnétisme. — Science occulte, pratiquée autrefois par l'hérétique Marc, renouvelée par Mesmer pour la guérison des maladies, perfectionnée pour la pratique manuelle par Puységur, et qui produit des effets surprenants, dit-on, mais quelquefois ténébreux; car tous ne supportent pas la lumière. Pigault-Lebrun, qui ne croyait à rien, croyait au magnétisme. Un Gascon, venu à Paris en octobre 1819, pour solliciter une place, alla trouver un magnétiseur illustre. « Monsieur le comte, lui dit-il, je suis atteint d'un mal où les médecins ne peuvent rien...... j'ai sans cesse des besoins.... des inquiétudes.... j'éprouve un vide insupportable.... un grand appétit.... je suis d'humeur enjouée, et je me désole.... » — Cette maladie sembla si embrouillée qu'on négligea les autres cures pour s'en occuper. On fit dîner le Gascon, qui mangea honorablement; le soir même on voulut le magnétiser. On l'endormit si bien, qu'il n'éprouva aucune crise de somnambulisme, et qu'il ne put répondre à rien. L'expérience fut répétée plusieurs fois sans que le malade voulût jamais parler dans son sommeil magnétique. Il n'en parut que plus intéressant; on le soigna mieux, et, pour apprendre enfin la cause du mal qui le tourmentait, on le conduisit éveillé devant une dame qui se faisait magnétiser quelquefois, qui, dans ces sortes de circonstances, devinait avec le plus grand talent. Elle n'eut pas plutôt touché le Gascon qu'elle s'écria qu'il avait le ver solitaire, la rate dérangée et une foule d'autres maladies. On cria merveille; mais le lendemain, lorsqu'on voulut achever l'opération, le Gascon troubla l'allégresse générale. « Le vide dont je vous ai parlé, dit-il, est dans ma bourse; j'étais malade de n'avoir pas d'argent; je viens d'obtenir ma place, je suis guéri et reconnaissant de la bonne chère que vous m'avez faite, car je n'avais pas de crédit. » — Les partisans du magnétisme peuvent lire l'*Histoire critique du magnétisme animal*, par M. Deleuze, 2 vol. in-8°; Paris, 1813. Les incrédules consulteront aussi les *Recherches et doutes sur le magnétisme animal*, par M. Thouret, in-12, 1784.

Magoa, — l'un des plus puissants démons, roi de l'Orient; on l'évoque par l'oraison suivante, prononcée au milieu d'un cercle. Elle peut servir tous les jours et à toute heure, dit un Grimoire : — « Je te conjure et invoque, ô puissant Magoa, roi de l'Orient, je te fais commandement d'obéir, à ce que tu aies à venir ou m'envoyer sans retardement Massayel, Asiel, Satiel, Arduel, Acorib, et sans aucun délai, pour répondre à tout ce que je veux savoir et faire, etc..

Maillat (LOUISE), — petite démoniaque, qui vivait en 1598 : elle perdit l'usage de ses membres; on la trouva possédée de cinq démons, qui s'appelaient *loup*, *chat*, *chien*, *joly*, *griffon*. Deux de ces démons sortirent d'abord par sa bouche en forme de pelotes grosses comme le poing; l'une rouge comme du feu; et l'autre, qui était le chat, sortit toute noire; les autres partirent avec moins de violence. Tous ces démons, étant hors du corps de la jeune personne, firent plusieurs tours auprès du feu, et disparurent. On a su que c'était Françoise Secrétain qui avait fait avaler ces diables à cette petite fille dans une croûte de pain de couleur de fumier[1].

Maimon, — chef de la neuvième hiérarchie des démons, capitaine de ceux qui sont tentateurs, insidiateurs, dresseurs de piéges, lesquels se tortillent autour de chaque personne pour contrecarrer le bon ange[2].

Main. — Les gens superstitieux prétendent qu'un signe de croix fait de la main gauche n'a pas de valeur, parce que la main droite est destinée aux œuvres pieuses; c'est pourquoi on habitue les enfants à tout faire de la main droite et à regarder la gauche comme nulle. Ce serait pourtant un avantage que de pouvoir se servir également des deux mains.

[1] M. Garinet, Hist. de la magie en France, p. 162.
[2] Delancre, Tableau de l'inconstance des dém., etc., liv. I, p. 22.

— Les nègres ne portent jamais les morceaux à la bouche que de la main droite, parce que, l'autre étant destinée au travail, il serait indécent, disent-ils, qu'elle touchât le visage, et c'est sacrilége chez eux que de blesser ce préjugé. Les habitants du Malabar ne sont pas moins scrupuleux : c'est chez eux un crime de toucher les aliments de la main gauche. Dès les temps anciens, les Perses et les Mèdes faisaient toujours serment de la main droite; les Romains lui donnaient une si haute préférence sur la gauche, que lorsqu'ils se mettaient à table ils se couchaient sur le côté gauche pour avoir l'autre entièrement libre; ils se défiaient tellement de la main gauche, que quand ils voulaient représenter l'amitié, ils la figuraient par deux mains droites réunies. — Aristote cite l'écrevisse comme un être privilégié d'une patte droite beaucoup plus grosse que la gauche [1]. *Voy.* Génies. — Voici les principes de *l'art de dire la bonne aventure dans la main*, science célèbre parmi les sciences mystérieuses, appelée par les adeptes chiromancie et chiroscopie, et cultivée spécialement par les bohémiennes. — Il y a dans la main plusieurs parties qu'il est important de distinguer : la paume ou dedans de la main; le poing ou dehors de la main, lorsqu'elle est fermée; les doigts, les ongles, les jointures, les lignes et les montagnes. — Il y a cinq doigts, le pouce, l'index, le doigt du milieu, l'annulaire, l'auriculaire ou petit doigt. Il y a quinze jointures : trois au petit doigt, trois à l'annulaire, trois au doigt du milieu, trois à l'index, deux au pouce et une entre la main et le bras. — Il y a quatre lignes principales. La ligne de la vie, qui est la plus importante, commence au haut de la main, entre le pouce et l'index, et se prolonge au bas de la racine du pouce, jusqu'au milieu de la jointure qui sépare la main du bras; la ligne de la santé et de l'esprit, qui a la même origine que la ligne de vie, entre le pouce et l'index, coupe la main en deux et finit au milieu de la base de la main, entre la jointure du poignet et l'origine du petit doigt; la ligne de la fortune ou du bonheur, qui commence à l'origine de l'index, finit sous la base de la main, en deçà de la racine du petit doigt; enfin la ligne de la jointure, qui est la moins importante, se trouve sous le bras, dans le passage du bras à la main; c'est plutôt un pli qu'une ligne. — On remarque une cinquième ligne qui ne se trouve pas dans toutes les mains; elle se nomme ligne du triangle, parce que, commençant au milieu de la jointure, sous la racine du pouce, elle finit sous la racine du petit doigt. — Il y a aussi sept tubérosités ou montagnes, qui portent le nom des sept planètes. Nous les désignerons tout à l'heure. — Pour la chiromancie, on se sert toujours de la main gauche, parce que la droite, étant plus fatiguée, présente quelquefois dans les lignes des irrégularités qui ne sont point naturelles. On prend donc la main gauche lorsqu'elle est reposée, un peu fraîche et sans aucune agitation, pour voir au juste la couleur des lignes et la forme des traits qui s'y trouvent. La figure de la main peut déjà donner une idée, sinon du sort futur des personnes, au moins de leur naturel et de leur esprit. En général, une grosse main annonce un esprit bouché, à moins que les doigts ne soient longs et un peu déliés. Une main potelée, avec des doigts qui se terminent en fuseaux, comme on se plaît à en souhaiter aux femmes, n'annonce pas un esprit très-étendu. Des doigts qui rentrent dans la main sont le signe non équivoque d'un esprit lent, quelquefois d'un naturel enclin à la fourberie. Des doigts qui se relèvent au-dessus de la main annoncent des qualités contraires. Des doigts aussi gros à l'extrémité qu'à la racine n'annoncent rien de mauvais. Des doigts plus gros à la jointure du milieu qu'à la racine n'annoncent rien que de bon. — Nous donnons sérieusement ces détails, ne pensant pas qu'il soit nécessaire de les réfuter. — Une main large vaut mieux qu'une main trop étroite. Pour qu'une main soit belle, il faut qu'elle porte en largeur la longueur du doigt du milieu. — Si la *ligne de la jointure*, qui est quelquefois double, est vive et colorée, elle annonce un heureux tempérament. Si elle est droite, également marquée dans toute sa longueur, elle promet des richesses et du bonheur. Si la jointure présentait quatre lignes visibles, égales et droites, on peut s'attendre à des honneurs, à des dignités, à de riches successions. Si elle est traversée de trois petites lignes perpendiculaires, ou marquée de quelques points bien visibles, c'est le signe certain qu'on sera trahi. Des lignes qui partent de la jointure et se perdent le long du bras annoncent qu'on sera exilé. Si ces lignes se perdent dans la paume de la main, elles présagent de longs voyages sur terre et sur mer. — Une femme qui porte la figure d'une croix sur la ligne de la jointure est chaste, douce, remplie d'honneur et de sagesse; elle fera le bonheur de son époux. — Si la *ligne de vie*, qui se nomme aussi ligne du cœur, est longue, marquée, égale, vivement colorée, elle présage une vie exempte de maux et une belle vieillesse. Si cette ligne

[1] M. Salgues, Des Erreurs et des préjugés, p. 123.

est sans couleur, tortueuse, courte, peu apparente, séparée par de petites lignes transversales, elle annonce une vie courte, une mauvaise santé. Si cette ligne est étroite, mais longue et bien colorée, elle désigne la sagesse, l'esprit ingénieux. Si elle est large et pâle, c'est le signe quelquefois de la sottise. Si elle est profonde et d'une couleur inégale, elle dénote la malice, le babil, la jalousie, la présomption. Lorsqu'à son origine, entre le pouce et l'index, la ligne de vie se sépare en deux, de manière à former la fourche, c'est le signe de l'inconstance. — Si cette ligne est coupée vers le milieu par deux petites lignes transversales bien apparentes, c'est le signe d'une mort prochaine. Si la ligne de vie est entourée de petites rides qui lui donnent la forme d'une branche chargée de rameaux, pourvu que ces rides s'élèvent vers le haut de la main, c'est le présage des richesses. Si ces rides sont tournées vers le bas de la main, elles annoncent la pauvreté. Toutes les fois que la ligne de vie est interrompue, brisée, c'est autant de maladies. — La *ligne de la santé et de l'esprit* est aussi appelée ligne du milieu. Lorsqu'elle est droite, bien marquée, d'une couleur naturelle, elle donne la santé et l'esprit, le jugement sain, une heureuse mémoire et une conception vive. Si elle est longue, on jouira d'une santé parfaite. Si elle est tellement courte qu'elle n'occupe que la moitié de la main, elle dénote la timidité, la faiblesse, l'avarice — Si la ligne de santé est tortueuse, elle donne le goût du vol; droite, au contraire, c'est la marque d'une conscience pure et d'un cœur juste. Si cette ligne s'interrompt vers le milieu pour former une espèce de demi-cercle, c'est le présage qu'on sera exposé à de grands périls avec les bêtes féroces. — La *ligne de la fortune ou du bonheur* commence, comme nous l'avons dit, sous la racine de l'index, et se termine à la base de la main, en deçà de la racine du petit doigt : elle est presque parallèle à la ligne de santé. Si la ligne de la fortune est égale, droite, assez longue et bien marquée, elle annonce un excellent naturel, la force, la modestie et la constance dans le bien. Si, au lieu de commencer sous la racine de l'index, entre l'index et le doigt du milieu, elle commence presqu'au haut de la main, c'est le signe de l'orgueil. Si elle est très-rouge dans sa partie supérieure, elle dénote l'envie. — Si la ligne de la fortune est chargée de petites lignes formant des rameaux qui s'élèvent vers le haut de la main, elle présage les dignités, le bonheur, la puissance et les richesses; mais si cette ligne est absolument nue, unie, sans rameaux, elle prépare la misère et l'infortune. — S'il se trouve une petite croix sur la ligne de la fortune, c'est la marque d'un cœur libéral, ami de la véracité, bon, affable, orné de toutes les vertus. — Si la ligne du bonheur ou de la fortune, au lieu de naître où nous l'avons dit, prend racine entre le pouce et l'index, au même lieu que la ligne de santé, de façon que les deux lignes forment ensemble un angle aigu, on doit s'attendre à de grands périls, à des chagrins. Si la ligne de santé ne se trouvait pas au milieu de la main, et qu'il n'y eût que la ligne de vie et la ligne de la fortune ou du bonheur, réunies à leur origine, de manière à former un angle, c'est le présage qu'on perdra la tête à la bataille, ou qu'on sera blessé mortellement dans quelque affaire. — Si la ligne de la fortune est droite et déliée dans sa partie supérieure, elle donne le talent de gouverner sa maison et de faire une face honnête à ses affaires. Si cette ligne est interrompue vers le milieu par de petites lignes transversales, elle indique la duplicité. — Si la ligne de la fortune est pâle dans toute sa longueur, elle promet la pudeur et la chasteté. — La ligne du triangle manque dans beaucoup de mains, sans qu'on en soit plus malheureux. Si la ligne du triangle est droite, apparente (car ordinairement elle paraît peu), et qu'elle s'avance jusqu'à la ligne de la santé, elle promet de grandes richesses. Si elle se prolonge jusque vers la racine du doigt du milieu, elle donne les plus heureux succès. Mais si elle se perd au-dessous de la racine du petit doigt, vers le bas de la main, elle amène des rivalités. Si elle est tortueuse, inégale, de quelque côté qu'on elle se dirige, elle annonce que l'on ne sortira pas de la pauvreté. — L'éminence qui se trouve à la racine du pouce et s'étend jusqu'à la ligne de la vie se nomme *la montagne de Vénus*. Quand cette tubérosité est douce, unie, sans rides, c'est l'indice d'un heureux tempérament. Si cette montagne est ornée d'une petite ligne parallèle à la ligne de vie, et voisine de cette ligne, c'est le présage des richesses. — Si le pouce est traversé dans sa longueur de petites lignes qui se rendent de l'ongle à la jointure, ces lignes promettent un grand héritage. Mais si le pouce est coupé de lignes transversales, comme le pli des jointures, c'est le signe qu'on fera de voyages longs et périlleux. Si le pouce ou la racine du pouce présentent des points ou des étoiles, c'est la gaieté. — L'éminence qui se trouve à la racine de l'index se nomme *la montagne de Jupiter*. Quand cette tubérosité est unie et agréablement colorée, c'est le signe d'un heureux naturel et d'un cœur porté à la vertu. Si elle est chargée de petites lignes doucement marquées, on recevra des honneurs et des dignités importantes. — La tubérosité qui s'élève dans la paume de la main à la racine du doigt du milieu se nomme *la montagne de Saturne*. Si cette éminence est unie et naturellement colorée, elle marque la simplicité et l'amour du travail; mais si elle est chargée de petites rides, c'est le signe de l'inquiétude, c'est l'indice d'un esprit prompt à se chagriner. — Si la jointure qui sépare la main du doigt du milieu présente des plis tortueux, elle désigne un jugement lent, un esprit paresseux, une conception dure. Une femme qui aurait sous le doigt du milieu, entre la seconde jointure et la jointure voisine de l'ongle, la figure d'une petite croix, porterait là un signe heureux pour l'avenir. La tubérosité qui se trouve à la racine du doigt annulaire se nomme *la montagne du Soleil*. Si cette montagne est chargée de petites lignes naturellement marquées, elle annonce un esprit vif et heureux, de l'éloquence, des talents pour les emplois, un peu d'orgueil. Si ces lignes ne sont qu'au nombre de deux, elles donnent moins d'éloquence, mais aussi plus de modestie. Si la racine du doigt annulaire est chargée de lignes croisées les unes sur les autres, celui qui porte ce signe sera victorieux sur ses ennemis et l'emportera sur ses rivaux. — L'éminence qui s'élève dans la main à la racine du petit doigt se nomme *la montagne de Mercure*. Si cette éminence est unie, sans rides, on aura un heureux tempérament, de la constance dans l'esprit et dans le cœur; les hommes, de la modestie; les femmes, de la pudeur. Si cette éminence est traversée par deux lignes légères qui se dirigent vers le petit doigt, c'est la marque de la libéralité. — L'espace qui se trouve sur le bord inférieur de la main au-dessous de la montagne de Mercure, depuis la ligne du bonheur jusqu'à l'extrémité de la ligne de l'esprit, se nomme *la montagne de la Lune*. — Quand cet espace est uni, doux, net, il indique la paix de l'âme et un esprit naturellement tranquille. Lorsqu'il est fort coloré, c'est le signe de la tristesse, d'un esprit chagrin et morose, et d'un tempérament mélancolique. Si cet espace est chargé de rides, il annonce des voyages et des dangers sur mer. — L'espace qui se trouve sur le bord inférieur de la main, en deçà de la montagne de la Lune, depuis l'extrémité de la ligne de l'esprit jusqu'à l'extrémité inférieure de la ligne de la jointure, se nomme *la montagne de Mars*. Quand cet espace est uni, doux et net, il est le caractère du vrai courage et de cette bravoure que la prudence accompagne toujours. S'il est fortement coloré, il désigne l'audace, la témérité. — Lorsque la montagne de Mars est chargée de grosses rides, ces rides sont autant de dangers plus ou moins grands, suivant la profondeur et la longueur des rides; c'est aussi le présage d'une mort possible entre les mains des brigands, si les lignes sont livides; elles sont l'indice d'un trépas funeste si elles sont fort rouges, d'une mort glorieuse au champ de bataille si elles sont droites. Des croix sur la montagne de Mars promettent des dignités et des commandements. — N'oublions pas les signes des ongles. — De petits signes blanchâtres sur les ongles présagent des craintes; s'ils sont noirs, ils annoncent des frayeurs et des dangers; s'ils sont rouges, ce qui est plus rare, des malheurs et des injustices; s'ils sont d'un blanc pur, des espérances et du bonheur. — Quand ces signes se trouvent à la racine de l'ongle, l'accomplissement de ce qu'ils présagent est éloigné. Ils se rapprochent avec le temps, et se trouvent à la sommité de l'ongle quand les craintes et les espérances se justifient par l'événement. — Pour qu'une main soit parfaitement heureuse, il faut qu'elle ne soit pas trop potelée, qu'elle soit un peu longue, que les doigts ne soient pas trop arrondis, que l'on distingue les nœuds des jointures. La couleur en sera fraîche et douce, les ongles plus longs que larges; la ligne de la vie bien marquée, égale, fraîche, ne sera point interrompue et s'éteindra dans la ligne de la jointure. La ligne de la santé occupera les trois quarts de l'étendue de la main. La ligne de la fortune sera chargée de rameaux et vivement colorée. — On voit, dans tous les livres qui traitent de la chiromancie, que les doctes en cette matière reconnaissaient deux sortes de divinations par le moyen de la main : la *chiromancie physique*, qui, par la simple inspection de la main, devine le caractère et les destinées des personnes; et la *chiromancie astrologique*, qui examine les influences des planètes sur les lignes de la main, et croit pouvoir déterminer le caractère et prédire ce qui doit arriver en calculant ces influences. Nous nous sommes plus appesantis sur les principes de la chiromancie physique, parce que c'est la seule qui soit encore en usage. C'est aussi la plus claire et la plus ancienne. — Aristote regarde la chiromancie comme une science certaine; Auguste disait lui-même la bonne aventure dans la main; mais Torquemada pense qu'on ne peut pas être chiromancien sans avoir aussi un peu de nécromancie, et que ceux qui devinent juste, en vertu de cette science, sont inspirés par quelque mauvais esprit [1]. — « Gardez-vous, en chiromancie, dit M. Salgues [2], des lignes circulaires qui embrasseraient la totalité du pouce; les cabalistes les nomment l'anneau de Gygès, et Adrien Sicler nous prévient que ceux qui les portent courent risque qu'un jour un lacet fatal ne leur serre la jugulaire; pour le prouver, il cite Jacquin Caumont, enseigne de vaisseau, qui fut pendu pour ne s'être pas assez méfié de cette funeste figure. — Ce serait bien pis si ce cercle était double en dehors et simple en dedans : alors nul doute que votre triste carrière ne se terminât sur une roue. Le même Adrien Sicler a connu à Nîmes un fameux impie, qui fut roué en 1589, et qui portait ce signe mortel à la première phalange. Il n'est pas possible de vous tracer toutes les lignes décrites et indiquées par les plus illustres chiromanciens pour découvrir la destinée et fixer l'horoscope de chaque individu; mais il est bon que vous sachiez qu'Isaac Kim-Ker a donné soixante-dix figures de mains au public; le docte Melampus, douze; le profond Compotus, huit; Jean de Hagen, trente-sept; le subtil Romphilius, six; l'érudit Corvœus, cent cinquante; Jean Cirus, vingt; Patrice Tricassus, quatre-vingts; Jean Belot, quatre; Traisnerus, quarante, et Perrucho, six; ce qui fait de bon compte quatre cent vingt-trois mains sur lesquelles votre sagacité peut s'exercer. — Mais, dites-vous, l'expérience et les faits parlent en faveur de la chiromancie. Un Grec prédit à Alexandre de Médicis, duc de Toscane, sur l'inspection de sa main, qu'il mourrait d'une mort violente; et il fut en effet assassiné par Laurent de Médicis, son cousin. De tels faits ne prouvent rien; car si un chiromancien rencontra juste une fois ou deux, il se trompa mille fois. A quel homme raisonnable persuadera-t-on en effet que le soleil se mêle de régler le mouvement de son index (comme le disent les maîtres en chiromancie astrologique)? que Vénus a soin de son pouce, et Mercure de son petit doigt? Quoi! Jupiter est éloigné de vous d'environ cent cinquante millions de lieues dans sa moindre distance; il est quatorze cents fois plus gros que le petit globe que vous habitez, et décrit dans son orbite des années de douze ans, et vous voulez qu'il s'occupe de votre doigt médius!... — Le docteur Bruhier, dans son ouvrage des *Caprices de l'imagination*, rapporte qu'un homme de quarante ans, d'une humeur vive et enjouée, rencontra en société une femme qu'on avait fait venir pour tirer des horoscopes. Il présente sa main, la vieille le regarde en soupirant : « Quel dommage qu'un homme si aimable n'ait plus qu'un mois à vivre! » Quelque temps après, il s'échauffe à la chasse, la fièvre le saisit, son imagination s'allume, et la prédiction de la bohémienne s'accomplit à la lettre.... »

Main de gloire. — Ce que les sorciers appellent *main de gloire* est la main d'un pendu, qu'on prépare de la sorte : on l'enveloppe dans un morceau de drap mortuaire, en la pressant bien, pour lui faire rendre le peu de sang qui pourrait y être resté; puis on la met dans un vase de terre, avec du sel, du salpêtre, du zimat et du poivre long, le tout bien pulvérisé. On la laisse dans ce pot l'espace de quinze jours; après quoi on l'expose au grand soleil de la canicule, jusqu'à ce qu'elle soit parfaitement desséchée; si le soleil ne suffit pas, on la met dans un four chauffé de fougère et de verveine. — On compose ensuite une espèce de chandelle, avec de la graisse de pendu, de la cire vierge et du sésame de Laponie; et on se sert de la main de gloire, comme d'un chandelier, pour tenir cette merveilleuse chandelle allumée. Dans tous les lieux où l'on va avec ce funeste instrument, ceux qui y sont demeurent immobiles, et ne peuvent non plus remuer que s'ils étaient morts. — Il y a diverses manières de se servir de la main de gloire, que les scélérats connaissent bien; mais, depuis qu'on ne pend plus chez nous, ce doit être chose rare. — Deux magiciens, étant venus loger dans un cabaret pour y voler, demandèrent à passer la nuit auprès du feu; ce qu'ils obtinrent. Lorsque tout le monde fut couché, la servante, qui se défiait de la mine des deux voyageurs, alla regarder par un trou de la porte pour voir ce qu'ils faisaient. Elle vit qu'ils tiraient d'un sac la main d'un corps mort, qu'ils en oignaient les doigts de je ne sais quel onguent, et les allumaient, à l'exception d'un seul qu'ils ne purent allumer, quelques efforts qu'ils fissent; et cela parce que, comme elle le comprit, il n'y avait qu'elle des gens de la maison qui ne dormît point; car les autres doigts étaient allumés pour plonger dans le plus profond sommeil ceux qui étaient déjà endormis. Elle alla aussitôt à son maître pour l'éveiller, mais elle ne put en venir à bout, non plus que des autres personnes du logis, qui, après avoir éteint les doigts allumés, pendant que les deux voleurs commençaient à faire leur coup dans une

---

[1] Hexameron, 4ᵉ journée.
[2] Des erreurs et des préjugés, etc., t. II, p. 49 et suiv.

chambre voisine. Les deux magiciens, se voyant découverts, s'enfuirent au plus vite, et on ne les trouva plus [1]. — Les voleurs ne peuvent se servir de la main de gloire quand on a eu la précaution de frotter le seuil de la porte avec un onguent composé de fiel de chat noir, de graisse de poule blanche et de sang de chouette, lequel onguent doit être fait dans la canicule [2].

Main invisible. — Gaspard Schotter, dans sa Magie universelle, livre 4, page 407, rapporte le fait suivant, dont il a été témoin dans son enfance, et qu'il a entendu raconter à des témoins plus âgés que lui : Deux compagnons sortaient d'une ville, armés et portant leur bagage, pour aller travailler dans une autre contrée. L'un d'eux, ayant trop bu, attaque l'autre, qui refuse de se battre avec un homme ivre. Mais il reçut un coup à la tête; voyant couler son sang, il riposta et perça de part en part le malheureux ivrogne. On accourt aussitôt de la ville, et parmi les assistants se trouve la femme même du mort. Dans le moment qu'elle donne des soins à son époux, le meurtrier, qui s'enfuyait, se sentit saisi par une main invisible, et fut entraîné auprès du magistrat, lequel le fit mettre en prison. Qu'était-ce que cette main invisible? Celle du mort, qui revenait déguisé.

Mainfroi ou **Manfred**, — roi de Naples, qui régna dans les Deux-Siciles de 1254 à 1266, fils naturel de l'empereur Frédéric II. Lorsqu'il fut excommunié, il s'occupa, dit-on, de la magie. Pic de La Mirandole conte que Mainfroi, étant en guerre contre Charles d'Anjou, voulut savoir du diable l'événement de la bataille qu'il allait lui livrer, et que le démon pour le tromper ne lui répondit qu'en paroles ambiguës, quoique cependant il lui prédit sa mort; et en effet, malgré le secours qu'il reçut des Sarrasins, il fut tué dans le combat par un soldat. — On remarque que Charles d'Anjou écrivit à Mainfroi avant la bataille : « Aujourd'hui je t'enverrai en enfer si tu ne m'envoies pas en paradis. » — On a attribué à Manfred un livre latin intitulé : *la Pomme philosophique*, où il traite de la science de l'alchimie, qu'il dit être la sœur germaine de la magie [3].

Maison ensorcelée. — A la fin de nivôse an 13 (1805), il s'est passé à Paris, rue Notre-Dame-de-Nazareth, dans une ancienne maison de religieuses Cordelières, une scène qui fit quelque bruit. On vit tout à coup voler en l'air des bouteilles, depuis la cave jusqu'au grenier; plusieurs personnes furent blessées, les débris de bouteilles restèrent entassés dans le jardin sans que la foule des curieux pût découvrir d'où provenait ce phénomène. On consulta des physiciens et des chimistes, ils ne purent pas même dire de quelle manufacture venaient les bouteilles qu'on leur montra. Les gens du peuple se persuadèrent qu'elles venaient de la manufacture du diable, et que cette aventure ne pouvait être que l'ouvrage des sorciers ou des revenants; les personnes plus instruites, tout aussi crédules, ne surent que penser. La police découvrit enfin que ces revenants n'étaient que des habitants de la maison voisine, aidés d'un physicien de leurs amis, qui au moyen de l'électricité, et d'un trou imperceptible pratiqué dans le mur, parvenaient à faire mouvoir à leur gré les meubles de la maison prétendue ensorcelée. Ils avaient pour objet d'empêcher le propriétaire de la vendre; ils se vengeaient en même temps d'une personne dont ils croyaient avoir à se plaindre [1]. *Voy.* ALESSANDRO, ATHÉNODORE, AYOLA, BOLACRÉ, CHAMBRES INFESTÉES, REVENANTS, etc.

Malade. — « Divers sont les jugements qui se font d'aucuns, si un malade doit vivre ou mourir; mais je publierai ce présent signe infaillible, duquel se pourra servir un chacun, et en faire un ferme jugement : prenez une ortie, et la mettez dans l'urine du malade incontinent après que le malade l'aura faite et avant qu'elle soit corrompue; laissez l'ortie dans ladite urine l'espace de vingt-quatre heures; et après, si l'ortie se trouve verte, c'est un signe de vie [2]. » — Delancre [3] nous conseille de ne pas admettre l'opinion des gnostiques, qui disent que chaque maladie a son démon, et d'éviter l'erreur populaire qui prétend que tous ceux qui tombent du haut-mal sont possédés. — Les maladies ont souvent causé de grands désordres. Le P. Lebrun rapporte l'exemple d'une femme attaquée d'une maladie de l'œil, qui lui faisait voir une foule d'images bizarres et effrayantes; elle se crut ensorcelée : un habile oculiste l'opéra, et guérit en même temps son œil et son imagination. — La plupart des sorciers, loups-garous et possédés n'étaient que des malades.

Malafar, — *voy.* VALAFAR.

---

[1] Delrio, Disquisitions magiques.
[2] Le Solide trésor du Petit Albert.
[3] Leloyer, Hist. des spectres et apparitions des esprits, liv. IV, p. 303.

[1] M. Salgues, Des erreurs et des préjugés.
[2] Le Petit Albert, p. 172.
[3] Tableau de l'inconstance des dém., sorc. et magic., liv. IV, p. 284.

Malaingha, — nom général des anges du premier ordre chez les habitants de Madagascar. Ces anges font mouvoir les cieux, les étoiles, les planètes, et sont chargés du gouvernement des saisons : les hommes sont confiés à leur garde ; ils veillent sur leurs jours, détournent les dangers qui les menacent, et écartent les démons.

Mal caduc — Pour guérir ce mal on se sert d'un anneau dont voilà la recette : Vous ferez un anneau de pur argent, dans le chaton duquel vous enchâsserez un morceau de corne de pied d'élan ; puis vous choisirez un lundi du printemps auquel la lune sera en aspect bénin ou en conjonction avec Jupiter ou Vénus, et à l'heure favorable de la constellation vous graverez en dedans de l'anneau ce qui suit : + *Dabi*, + *Habi*, + *Haber*, + *Habi*. Soyez assuré qu'en portant habituellement cet anneau au doigt du milieu de la main, il vous garantira du mal caduc [1]. Si vous n'y croyez pas, moi non plus.

Maldonat, — célèbre jésuite, né en 1534, à Casas de la Reina dans l'Estramadure. Il étudia à Salamanque, et entra chez les jésuites de Rome en 1562. Deux ans après, il ouvrit, au collége de Clermont, à Paris, un cours de philosophie, dans lequel il obtint les plus brillants succès, quoiqu'il n'eût encore que trente ans. Ayant formé le dessein de travailler à un commentaire sur les quatre évangélistes, il crut voir, pendant quelques nuits, un homme qui l'exhortait à finir promptement cet ouvrage, et qui l'assurait qu'il l'achèverait, mais qu'il survivrait peu de jours à sa conclusion ; cet homme lui marquait en même temps un certain endroit du ventre, qui fut le même où Maldonat sentit les vives douleurs dont il mourut en 1583, peu de temps après avoir achevé son ouvrage.

Male-bête, — monstre qui passait autrefois, dans l'opinion du peuple de Toulouse, pour courir les rues la nuit. La superstition avait fait croire que tous ceux qui rencontraient ou envisageaient la male-bête, mouraient le lendemain.

Malebranche (NICOLAS), — savant prêtre de l'Oratoire, né à Paris en 1638, mort en 1715. On trouve dans sa *Recherche de la Vérité* de fort bonnes choses sur la sorcellerie, qu'il regarde comme une maladie d'imagination. — On dit qu'il n'osait pas se moucher, parce qu'il était persuadé qu'il lui pendait un gigot de mouton au bout du nez.

Maléfices. — On appelle maléfices toutes pratiques superstitieuses employées dans le dessein de nuire aux hommes, aux animaux ou aux fruits de la terre ; on appelle encore maléfices les maladies et autres accidents malheureux causés par un art infernal, et qui ne peuvent s'enlever que par un pouvoir surnaturel. Il y a sept principales sortes de maléfices employés par les sorciers : 1° ils mettent dans le cœur une passion criminelle ; 2° ils inspirent des sentiments de haine ou d'envie à une personne contre une autre ; 3° ils jettent des ligatures ; 4° ils donnent des maladies ; 5° ils font mourir les gens ; 6° ils ôtent l'usage de la raison ; 7° ils nuisent dans les biens et appauvrissent leurs ennemis. Les anciens se préservaient des maléfices à venir en crachant dans leur sein. — En Allemagne, quand une sorcière avait rendu un homme ou un cheval impotent et maléficié, on prenait les boyaux d'un autre homme ou d'un cheval mort, on les traînait jusqu'à quelque logis, sans entrer par la porte commune, mais par le soupirail de la cave, ou par-dessous terre, et on y brûlait ces intestins. Alors la sorcière qui avait jeté le maléfice sentait, dans les entrailles, une violente douleur, et s'en allait droit à la maison où l'on brûlait les intestins pour y prendre un charbon ardent, ce qui faisait cesser le mal. Si on ne lui ouvrait promptement la porte, la maison se remplissait de ténèbres avec un tonnerre effroyable, et ceux qui étaient dedans étaient contraints d'ouvrir pour conserver leur vie [1]. — Les sorciers, en ôtant un sort ou maléfice, sont obligés de le donner à quelque chose de plus considérable que l'être ou l'objet à qui ils l'ôtent : sinon, le maléfice retombe sur eux. Mais un sorcier ne peut ôter un maléfice s'il est entre les mains de la justice ; il faut pour cela qu'il soit pleinement libre. *Voy.* HOCQUE. — On a regardé souvent les épidémies comme des maléfices. Les sorciers, disait-on, mettent quelquefois, sous le seuil de la bergerie ou de l'étable qu'ils veulent ruiner, une touffe de cheveux, ou un crapaud, avec trois maudissons, pour faire mourir étiques les moutons et les bestiaux qui passent dessus : on n'arrête le mal qu'en ôtant le maléfice. Delancre dit qu'un boulanger de Limoges voulant faire du pain blanc suivant sa coutume, sa pâte fut tellement charmée et maléficiée par une sorcière, qu'il fit du pain noir, insipide et infect. — Une magicienne ou sorcière, pour gagner le cœur d'un jeune homme marié, mit sous son lit, dans un pot bien bouché, un crapaud qui avait les yeux fermés ; le jeune homme quitta sa femme et ses enfants pour s'attacher à la sorcière ; mais la femme trouva le malé-

---

[1] Le Petit Albert, page 156.

[1] Bodin, Démonomanie, liv. IV.

lice, le fit brûler, et son mari revint à elle [1]. — Un pauvre jeune homme ayant quitté ses sabots pour monter à une échelle, une sorcière y mit *quelque poison* sans qu'il s'en aperçût, et le jeune homme, en descendant, s'étant donné une entorse, fut boiteux toute sa vie [2]. — Une femme ensorcelée devint si grasse, dit Delrio, que c'était une boule dont on ne voyait plus le visage, ce qui ne laissait pas d'être considérable. De plus, on entendait dans ses entrailles le même bruit que font les poules, les coqs, les canards, les moutons, les bœufs, les chiens, les cochons et les chevaux, de façon qu'on aurait pu la prendre pour une basse-cour ambulante. — Une sorcière avait rendu un maçon impotent et tellement courbé qu'il avait presque la tête entre les jambes. Il accusa la sorcière du maléfice qu'il éprouvait; on l'arrêta, et le juge lui dit qu'elle ne se sauverait qu'en guérissant le maçon. Elle se fit apporter par sa fille un petit paquet de sa maison, et, après avoir adoré le diable, la face en terre, en marmottant quelques charmes, elle donna le paquet au maçon, lui commanda de se baigner et de le mettre dans son bain, en disant : *Va de par le diable!* Le maçon le fit, et guérit. Avant de mettre le paquet dans le bain, on voulut savoir ce qu'il contenait; on y trouva trois petits lézards vifs; et quand le maçon fut dans le bain, il sentit sous lui comme trois grosses carpes, qu'on chercha un moment après sans rien trouver [3]. — Les sorciers mettent parfois le diable dans des noix, et les donnent aux petits enfants, qui deviennent maléficiés. Un de nos démonographes (c'est, je pense, Boguet) rapporte que, dans je ne sais quelle ville, un sorcier avait mis sur le parapet d'un pont une pomme maléficiée, pour un de ses ennemis, qui était gourmand de tout ce qu'il pouvait trouver sans desserrer la bourse. Heureusement le sorcier fut aperçu par des gens expérimentés, qui défendirent prudemment à qui que ce fût d'oser porter la main à la pomme, sous peine d'avaler le diable. Il fallait pourtant l'ôter, à moins qu'on ne voulût lui donner des gardes. On fut long-temps à délibérer, sans trouver aucun moyen de s'en défaire; enfin il se présenta un champion qui, muni d'une perche, s'avança à une distance de la pomme et la poussa dans la rivière, où étant tombée on en vit sortir plusieurs petits diables en forme de poissons. Les spectateurs prirent des pierres et les jetèrent à la tête de ces petits démons, qui ne se montrèrent plus...

— Boguet conte encore qu'une jeune fille ensorcelée rendit de petits lézards, lesquels s'envolèrent par un trou qui se fit au plancher. Voy. Charmes, Enchantements, Magiciens, Sorciers, etc.

Malices du Démon. — On trouve sur ce chapitre des légendes bien naïves. Il y avait à Bonn, dit Césaire d'Heisterbach, un prêtre remarquable par sa pureté, sa bonté et sa dévotion. Le diable se plaisait à lui jouer de petits tours de laquais; lorsqu'il lisait son bréviaire, l'esprit malin s'approchait sans se laisser voir, mettait sa griffe sur la leçon du bon curé et l'empêchait de finir; une autre fois il fermait le livre, ou tournait le feuillet à contre-temps. Si c'était la nuit, il soufflait la chandelle. Le diable espérait se donner la joie d'impatienter son homme; mais le bon prêtre recevait tout cela si bien et résistait si constamment à l'impatience, que l'importun esprit fut obligé de chercher une autre dupe [1]. — Cassien parle de plusieurs esprits ou démons de la même trempe qui se plaisaient à tromper les passants, à les détourner de leur chemin et à leur indiquer de fausses routes, le tout par malicieux divertissement [2]. — Un baladin avait un démon familier, qui jouait avec lui et se plaisait à lui faire des espiègleries. Le matin il le réveillait en tirant les couvertures, quelque froid qu'il fît; et quand le baladin dormait trop profondément, son démon l'emportait hors du lit et le déposait au milieu de la chambre [3]. — Pline parle de quelques jeunes gens qui furent tondus par le diable. Pendant que ces jeunes gens dormaient, des esprits familiers, vêtus de blanc, entraient dans leurs chambres, se posaient sur leur lit, leur coupaient les cheveux proprement, et s'en allaient après les avoir répandus sur le plancher [4].

Malin. — C'est une des épithètes qu'on donne volontiers au démon, appelé souvent l'esprit malin.

Mallebranche, — marqueur de jeu de paume, demeurant en la rue Sainte-Geneviève, à Paris, lequel fut, le 14 décembre 1618, visité par un revenant. C'était sa femme, morte depuis cinq ans. Elle lui donna de bons conseils qui redressèrent sa mauvaise vie, mais parla sans se montrer. On a fait là-dessus une brochure in-12, intitulée : Histoire nouvelle et remarquable de l'esprit d'une femme

---

[1] Delrio, Disquisitions magiques.
[2] Delancre, De l'Inconstance, etc.
[3] Bodin, Démonomanie.

[1] Cæsarii Heisterb. miracul., lib. v, cap. 53.
[2] Cassiani collat. 7, cap. 32.
[3] Guillelmi Parisiensis, partis 2 princip., cap. 8.
[4] Pline, lib. xvi, epit. 27.

qui s'est apparue au faubourg Saint-Marcel, etc.; Paris, 1648.

Malphas, — grand président des enfers, qui apparaît sous la forme d'un corbeau. Quand il se montre avec la figure humaine, le son de sa voix est rauque : il bâtit des citadelles et des tours inexpugnables, renverse les remparts ennemis, fait trouver de bons ouvriers, donne des esprits familiers, reçoit des sacrifices, et trompe les sacrificateurs : quarante légions obéissent à ses commandements [1].

Mammon, — démon de l'avarice : c'est lui, dit Milton, qui, le premier, apprit aux hommes à déchirer le sein de la terre pour en arracher les trésors.

Mammouth, — animal dont la race est perdue; il est un sujet de vénération parmi les peuples de la Sibérie, qui lui donnent quatre ou cinq mètres de longueur; sa couleur est grisâtre, sa tête fort longue et son front large; il lui sort des deux côtés, au-dessus des yeux, des cornes qu'il remue et croise à son gré, disent les Sibériens; ils ajoutent qu'il a la faculté de s'étendre considérablement en marchant, et de se rétrécir en plus petit volume; ses pattes ressemblent à des pattes d'ours [2].

Man, — ennemi de Sommona-Codom. Les Siamois le représentent comme une espèce de monstre, avec une tête hérissée de serpents, un visage fort large et des dents horriblement grandes.

Mancanas, — imposteur qui, dans les îles Mariannes, s'attribuait le pouvoir de commander aux éléments, de rendre la santé aux malades, de changer les saisons et de procurer une récolte abondante ou d'heureuses pêches.

Manche à balai. — Quand les sorciers et les démons faisaient le sabbat, les sorcières s'y rendaient à cheval sur un manche à balai.

Mandragores, — démons familiers assez débonnaires; ils apparaissent sous la figure de petits hommes sans barbe, avec les cheveux épars. Un jour qu'un mandragore osa se montrer à la requête d'un sorcier qu'on tenait en justice, le juge ne craignit pas de lui arracher les bras et de les jeter dans le feu [3]. Ce qui explique ce fait, c'est qu'on appelle aussi mandragores de petites poupées dans lesquelles le diable se loge, et que les sorciers consultent en cas d'embarras. — On lit dans le Petit Albert que, voyageant en Flandres et passant par Lille, l'auteur de cet ouvrage fut invité par un de ses amis à l'accompagner chez une vieille femme qui passait pour une grande devineresse, et dont il découvrit la fourberie. Cette vieille conduisit les deux amis dans un cabinet obscur, éclairé seulement d'une lampe, à la lueur de laquelle on voyait, sur une table couverte d'une nappe, une espèce de petite statue ou mandragore, assise sur un trépied, ayant la main gauche étendue et tenant de cette main un cordon de soie très délié, au bout duquel pendait une petite mouche de fer bien poli. On avait placé au-dessous un verre de cristal, en sorte que la mouche se trouvait suspendue au-dessus de ce verre. Le mystère de la vieille consistait à commander à la mandragore de frapper la mouche contre le verre, pour rendre témoignage de ce que l'on voulait savoir. Ainsi elle disait, en s'adressant à la statue : « Je t'ordonne, mandragore, au nom de celui à qui tu dois obéir, que si monsieur doit être heureux dans le voyage qu'il va faire, tu fasses frapper trois fois la mouche contre le verre. » La mouche frappait aussitôt les trois coups demandés, quoique la vieille ne touchât aucunement ni au verre, ni au cordon de soie, ni à la mouche, ni à la statue; ce qui surprenait les spectateurs. Et afin de mieux duper les gens par la diversité de ses oracles, la vieille faisait de nouvelles questions à la mandragore, et lui défendait de frapper, si telle ou telle chose devait ou ne devait pas arriver; alors la mouche restait immobile. — Voici en quoi consistait tout l'artifice de la vieille : la mouche de fer, qui était suspendue dans le verre, étant fort légère et bien aimantée, quand la vieille voulait qu'elle frappât contre le verre, elle mettait à un de ses doigts une bague dans laquelle était enchâssé un assez gros morceau d'aimant. On sait que la pierre d'aimant a la vertu d'attirer le fer : l'anneau de la vieille mettait en mouvement la mouche aimantée, et la faisait frapper autant de fois qu'on voulait contre le verre. Lorsqu'elle désirait que la mouche ne frappât point, elle ôtait la bague de son doigt sans qu'on s'en aperçût. Ceux qui étaient d'intelligence avec elle avaient soin de s'informer des affaires de ceux qu'ils lui menaient, et c'est ainsi que tant de personnes furent trompées. — Les anciens Germains avaient aussi des mandragores qu'ils nommaient Alrunes : c'étaient des figures de bois qu'ils révéraient, comme les Romains leurs dieux Lares, et comme les nègres leurs fétiches. Ces figures prenaient soin des maisons et des personnes qui les habitaient. On

---

[1] Wierus, In Pseudomonarchiâ dæm.
[2] Laharpe, Hist. des Voyages, t. 11, p. 151.
[3] Delrio, Disquisitions magiques.

les faisait des racines les plus dures, surtout de la mandragore : on les habillait proprement, on les couchait mollement dans de petits coffrets ; toutes les semaines on les lavait avec du vin et de l'eau, et à chaque repas on leur servait à boire et à manger ; sans quoi elles auraient jeté des cris comme des enfants qui souffriraient la faim et la soif, ce qui eût attiré des malheurs ; enfin, on les tenait renfermées dans un lieu secret, d'où on ne les retirait que pour les consulter. — Dès qu'on avait le bonheur d'avoir chez soi de pareilles figures (hautes de huit à neuf pouces), on se croyait heureux, on ne craignait plus aucun danger, on en attendait toutes sortes de biens, surtout la santé et la guérison des maladies les plus rebelles. Mais ce qui était encore plus admirable, c'est qu'elles faisaient connaître l'avenir : on les agitait pour cela, et on croyait attraper leurs réponses dans des hochements de tête que le mouvement leur imprimait. On dit que cette superstition des anciens Germains subsiste encore aujourd'hui parmi le peuple de la Basse-Allemagne, du Danemarck et de la Suède. — Les anciens attribuaient de grandes vertus à la plante appelée mandragore. Les plus merveilleuses de ces racines étaient celles qui avaient pu être arrosées de l'urine d'un pendu ; mais on ne pouvait l'arracher sans mourir. Pour éviter ce malheur, on creusait la terre tout autour, on y fixait une corde attachée par l'autre extrémité au cou d'un chien ; ensuite, ce chien étant chassé arrachait la racine en s'enfuyant, il succombait à l'opération ; mais l'heureux mortel qui ramassait alors cette racine ne courait plus le moindre danger, et possédait un trésor inestimable contre les maléfices. *Voy.* Bouchey, Brioché, etc.

Manes, — dieux des morts, qui présidaient aux tombeaux chez les anciens ; mais plus souvent encore les mânes sont les âmes des morts. Le nom de mânes en Italie était particulièrement attribué aux génies bienfaisants et secourables. Ces dieux pouvaient sortir des enfers avec la permission de Summanus, leur souverain. Ovide rapporte que, dans une peste violente, on vit les mânes sortir des tombeaux et errer dans la ville et les champs en jetant des hurlements affreux. Ces apparitions ne cessèrent avec la peste, suivant ce poète, que lorsqu'on eut établi les fêtes *férales*, instituées par Numa, et qu'on eut rendu aux ombres le culte ordinaire qu'on avait depuis quelque temps interrompu. — Lorsque les mânes étaient nommés *Lémures* ou *Rémures*, on les regardait comme des génies irrités et occupés à nuire. Leloyer[1] dit que les mânes étaient des démons noirs et hideux, comme les diables et les ombres infernales. *Voy.* Lémures.

Manfred, — *voy.* Mainfroy.

Mang-Taar, — espèce d'enfer des Yakouts, habité par huit tribus d'esprits malfaisants : ces esprits ont un chef, dont le nom est *Acharaï Rioho*, le puissant. Le bétail dont le poil est entièrement blanc est sacré pour les Yakouts, comme dévoué au grand Acharaï. Les Yakouts croient que dès que leurs chamans (prêtres sorciers) meurent, ils se réunissent à ces esprits.

Manichéens, — sectateurs de l'hérésiarque Manès, né dans la Perse en 240. Ils reconnaissaient deux principes également puissants, également éternels, Dieu, auteur du bien, et le diable, auteur du mal.

Manitou. — C'est le nom que les nègres donnent au diable. *Voy.* Matchi-Manitou.

Manto, — sibylle thessalienne, à qui on attribua cette prophétie appliquée à notre Seigneur Jésus-Christ : « Celui qui est grand viendra, il traversera les montagnes et les eaux du ciel ; il règnera dans la pauvreté et dominera dans le silence ; et il naîtra d'une vierge[2]. »

Many, — faux prophète et peintre célèbre parmi les Orientaux, qui fonda en Perse une secte dont l'existence des deux principes éternels du bien et du mal, la métempsycose, l'abstinence des viandes, la prohibition du meurtre de tout animal, sont les dogmes principaux.

Maoridath, — préservatif contre les enchantements. C'est le nom que les musulmans donnent aux deux derniers chapitres du Koran, qu'ils récitent souvent pour se garantir des sortilèges et de toutes autres mauvaises rencontres.

Marbas ou **Barbas**, — grand président des enfers ; il se montre sous la forme d'un lion furieux ; lorsqu'il est en présence d'un exorciste, il prend la figure humaine et répond sur les choses cachées ; il envoie les maladies ; il donne la connaissance des arts mécaniques ; il change l'homme en différentes métamorphoses ; il commande trente-six légions[3].

---

[1] Hist. des spectres, etc.
[2] Magnus veniet, et transibit montes et aquas cœli et regnabit in paupertate et in silentio dominabitur, nasceturque ex utero virginis.
[3] Wierus, in Pseudomonarchiâ dæmon

Marc. — L'hérésiarque Valentin eut entre autres disciples un nommé Marc, qui exerçait une espèce de magnétisme par lequel il prétendait communiquer le don de prophétie. Quand une femme à qui il avait promis ce don lui disait : — Mais je ne suis pas prophétesse ; il faisait sur elle des invocations afin de l'étonner, et lui disait : — Ouvre la bouche et dis tout ce qui te viendra, tu prophétiseras. La pauvre femme se hasardait et se croyait prophétesse. — Il donnait dans la cabale; et sans doute ses sectateurs tenaient de lui cette doctrine, que les vingt-quatre lettres de l'alphabet sont vingt-quatre éons ou esprits qui dirigent toutes choses. On ajoute que dans ses prestiges, car il faisait aussi de la magie, il était secondé par le démon Azazel.

Marc de café (ART DE DIRE LA BONNE AVENTURE PAR LE). — Les préparatifs de l'*Art de lire les choses futures dans le marc de café* sont fort simples. Vous laisserez dans la cafetière le marc que le café y a laissé ; qu'il soit vieux ou frais, il a des résultats, pourvu qu'il soit à peu près sec quand vous voudrez l'employer. Vous jetterez un verre d'eau sur ce marc ; vous le ferez chauffer jusqu'à ce qu'il se délaie. Vous aurez une assiette blanche, sans tache, essuyée et séchée. Vous remuerez d'abord le marc avec une cuiller, vous le verserez sur l'assiette, mais en petite quantité et de façon qu'il n'emplisse l'assiette qu'à moitié. Vous l'agiterez en tous sens, avec légèreté, pendant une minute; ensuite vous répandrez doucement tout le liquide dans un autre vase. — Par ce moyen, il ne reste dans l'assiette que des particules de marc de café disposées de mille manières, et formant une foule de dessins hiéroglyphiques. Si ces dessins sont trop brouillés, que le marc soit trop épais, que l'assiette ne ressemble à rien, vous recommencerez l'opération. On ne peut lire les secrets de la destinée que si les dessins de l'assiette sont clairs et distincts, quoique pressés. — Les bords sont ordinairement plus épais; il y a même souvent des parties embrouillées dans le milieu; mais on ne s'en inquiète point; on peut *deviner* quand la majeure partie de l'assiette est déchiffrable. — Il y a des sibylles qui prétendent qu'on doit dire certaines paroles mystérieuses[1] en versant l'eau dans la cafetière, en remuant le marc avec la cuiller devant le feu, et en le répandant sur l'assiette : c'est une supercherie. Les paroles n'ont pas ici vertu. Si on les ajoute, ce n'est que pour donner à l'œuvre quelque *solennité*, et pour contenter les gens qui veulent que tout se fasse en cérémonie. — Le marc de café, après qu'on l'a versé dans l'assiette, y laisse donc diverses figures. Il s'agit de les démêler; car il y a des courbes, des ondulations, des ronds, des ovales, des carrés, des triangles, etc. — Si le nombre des *ronds* ou cercles, plus ou moins parfaits, l'emporte sur la quantité des autres figures, ce signe annonce que la personne recevra de l'argent. S'il y a peu de *ronds*, il y a de la gêne dans les finances de la personne qui consulte. — Des figures carrées annoncent des désagréments en raison de leur nombre. Des figures ovales promettent du succès dans les affaires quand elles sont nombreuses ou distinctement marquées. — Des lignes grandes ou petites, quand elles sont saillantes ou multipliées, présagent une vieillesse heureuse. Les ondulations ou lignes qui serpentent annoncent des revers et des succès entremêlés. — Une croix au milieu des dessins de l'assiette promet une mort douce. Trois croix présagent des honneurs. S'il se trouve dans l'assiette un grand nombre de croix, on reviendra à Dieu après la fougue des passions. — Un triangle promet un emploi honorable. Trois triangles à peu de distance l'un de l'autre sont un signe heureux. En général, cette figure est de bon présage. Une figure qui aurait la forme d'un H annonce un empoisonnement. Un carré long bien distinct promet des discordes dans le ménage. — Si vous apercevez au milieu des dessins de l'assiette une raie dégagée, c'est un chemin qui annonce un voyage. Il sera long si ce chemin s'étend ; facile si le chemin est net; embarrassé si le chemin est chargé de points ou de petites lignes. — Un rond dans lequel on trouve quatre points promet un enfant. Deux ronds de cette sorte en promettent deux, et ainsi de suite. — Si vous découvrez dans l'assiette la figure d'une maison à côté d'un cercle, attendez-vous à posséder cette maison. Elle sera à la ville si vous voyez un X dans le voisinage. Elle sera à la campagne si vous distinguez auprès de ce signe la forme d'un arbre ou d'un arbuste, ou quelque plante quelconque. Cette maison vous sera donnée ou vous l'aurez par héritage, si elle est accompagnée de triangles. Vous y mourrez si elle est surmontée d'une croix. — Vous trouverez peut-être la forme d'une couronne, elle vous annonce des succès à la cour. — On rencontre souvent la figure d'un ou de plusieurs petits poissons; ils annoncent qu'on sera invité à quelque dî-

---

[1] Les voici. En jetant l'eau sur le marc : *Aqua boraxit venias curajos*; en remuant le marc avec la cuiller : *Fixatur et patricum explinabit tornare*; en répandant le marc sur l'assiette : *Hax verticaline, pax fantas marobum, max destinatus, veida porol*. Ces paroles ne signifient rien, ne s'adressent à personne, et sont sans utilité.

ner. La figure d'un animal à quatre pattes promet des peines. La figure d'un oiseau présage un coup de bonheur. Si l'oiseau semble pris dans un filet, c'est un procès. La figure d'un reptile annonce une trahison. La figure d'une rose promet la santé ; la forme d'un saule pleureur, une mélancolie ; la figure d'un buisson, des retards. La forme d'une roue est le signe d'un accident. Une fenêtre ou plusieurs carrés joints ensemble de manière à former une espèce de croisée, vous avertissent que vous serez volé. — Si vous voyez une tête ou une forme de chien à côté d'une figure humaine, vous avez un ami. Si vous voyez un homme monté sur un cheval ou sur tout autre quadrupède, un homme estimable fait pour vous de grandes démarches. Quand vous apercevez trois figures l'une auprès de l'autre, attendez quelque emploi honorable. Si vous distinguiez une couronne de croix, un homme de vos parents mourrait dans l'année. Une couronne de triangles ou de carrés annonce la mort d'une de vos parentes également dans l'année qui court. Un bouquet composé de quatre fleurs, ou d'un plus grand nombre, est le plus heureux de tous les présages. Voilà.

Marchocias, — grand marquis des enfers ; il se montre sous la figure d'une louve féroce, avec des ailes de griffon et une queue de serpent. Il vomit des flammes. Lorsqu'il prend la figure humaine, on croit voir un grand soldat ; il obéit aux exorcistes, est de l'ordre des dominations, et commande trente légions [1].

Marcionites, — hérétiques du cinquième siècle, qui avaient pour chef Marcion. Ils étaient dualistes et disaient que Dieu avait créé nos âmes, mais que le diable jaloux avait aussitôt créé nos corps, dans lesquels il avait emprisonné lesdites âmes.

Mardi. — Si on rogne ses ongles les jours de la semaine qui ont un R, comme le mardi, le mercredi et le vendredi, il viendra des envies aux doigts.

Margaritomancie, — divination par les perles. On en pose une auprès du feu ; on la couvre d'un vase renversé, on l'enchante en récitant les noms de ceux qui sont suspects. Si quelque chose a été dérobé au moment où le nom du larron est prononcé, la perle bondit en haut et perce le fond du vase pour sortir ; c'est ainsi qu'on reconnaît le coupable [2].

Marguerite, — princesse hollandaise qui vivait au treizième siècle. Ayant refusé brutalement l'aumône à une pauvre femme qui avait plusieurs enfants et lui ayant reproché sa fécondité, cette pauvresse lui prédit qu'elle-même aurait autant d'enfants qu'il y a de jours dans l'an. Elle accoucha en effet de trois cent soixante-cinq enfants qui furent présentés sur deux grands plats à Loosduynen près de La Haye, où cette histoire n'est pas mise en doute, et où les deux plats ont été conservés ainsi que le tombeau des trois cent soixante-cinq enfants, morts aussitôt après leur baptême.

Marguerite, — Italienne, qui avait un esprit familier. Lenglet-Dufresnoy rapporte ainsi son histoire, sur le témoignage de Cadrau : — « Il y avait à Milan une femme, nommée Marguerite, qui publiait partout qu'elle avait un diable ou esprit familier qui la suivait et l'accompagnait partout, mais qui pourtant s'absentait deux ou trois mois de l'année. Elle trafiquait de cet esprit, car souvent elle était appelée en beaucoup de maisons, et incontinent qu'on lui avait fait commandement d'évoquer son esprit, elle courbait la tête ou l'enveloppait de son tablier, et commençait à l'appeler et adjurer en sa langue italienne ; il se présentait soudain à elle et répondait à son évocation ; la voix de cet esprit ne s'entendait pas auprès d'elle, mais loin, comme si elle fût sortie de quelque trou de muraille ; et si quelqu'un se voulait approcher du lieu où la voix de cet esprit résonnait, il était étonné qu'il ne l'entendait plus en ce lieu, mais en quelque autre coin de la maison ; quant à sa voix, elle n'était point articulée ni formée de manière qu'on la pût entendre ; mais elle était grêle et faible, de sorte qu'elle se pouvait dire plutôt un murmure qu'un son de voix ; et après que cet esprit avait ainsi sifflé et murmuré, cette vieille lui servait de truchement, et faisait entendre aux autres ce qu'il avait dit. Elle a demeuré en quelques maisons où il y a des femmes qui ont observé ses façons de faire, qui disent qu'elle enferme quelquefois cet esprit en un linceul, et qu'il a coutume de lui mordre la bouche tellement qu'elle a presque toujours les lèvres ulcérées. Cette misérable femme est en si grande horreur à tout le monde à cause de cet esprit, qu'elle ne trouve personne qui la veuille loger ou fréquenter avec elle [1]. » Nous n'avons pas besoin d'ajouter que c'était là un tour de ventriloquie.

Mariacho de Molères, — insigne sorcière qui fut accusée par une jeune fille nommée

---

[1] Wierus, In Pseudomonarchiâ dæm.
[2] Delancre, Incrédulité et mécréance du sortilége pleinement convaincue, p. 270.

[1] Recueil de Dissertat. de Lenglet-Dufresnoy, t. 1er, p. 156.

Marie Aspiculette, âgée de dix-neuf ans, de l'avoir menée au sabbat, l'emportant sur son cou après s'être frottée d'une eau épaisse et verdâtre, dont elle se graissait les mains, les hanches et les genoux [1].

Mariagrane (MARIE), — sorcière qui dit avoir vu souvent le diable, et qui se trouve citée dans Delancre.

Mariage. — On a plusieurs moyens de connaître quand et avec qui on se mariera. M. Chopin conte qu'en Russie les jeunes filles curieuses de connaître si elles seront mariées dans l'année forment un cercle dans lequel chacune répand devant soi une pincée de grains d'avoine. Cela fait, une femme placée au centre, et tenant un coq enveloppé, tourne plusieurs fois sur elle-même en fermant les yeux et lâche l'animal, qu'on a eu soin d'affamer ; il ne manque pas d'aller picoter le grain. Celle dont l'avoine a été la première entamée peut compter sur un prochain mariage. Plus le coq y met d'avidité, et plus promptement l'union pronostiquée doit se conclure. — S'il est naturel à une jeune fille russe de désirer le mariage, il ne l'est pas moins qu'elle souhaite de connaître celui qui sera son époux. Le moyen suivant satisfait sa curiosité. Elle se rend à minuit dans une chambre écartée où sont préparés deux miroirs placés parallèlement vis-à-vis l'un de l'autre et éclairés de deux flambeaux. Elle s'assied et prononce par trois fois [2] ces mots : *Kto moy soujnoy kto moy riajnoy, tot pokajetsia mnie.* « Que celui qui sera mon époux m'apparaisse ! » Après quoi elle porte ses regards sur l'un des miroirs, et la réflexion lui présente une longue suite de glaces ; sa vue doit se fixer sur un espace éloigné et plus obscur, où l'on prétend que se fait l'apparition. On conçoit que plus le lieu observé paraît éloigné, et plus il est facile à l'imagination déjà préoccupée de se faire une illusion. On se sert du même procédé pour savoir ce que font des personnes absentes. — Ceux qui désirent apprendre (toujours chez les Russes) si une jeune fille se mariera bientôt, font un treillage en forme de pont avec de petites branches entrelacées, et le mettent sous son chevet sans qu'elle s'en aperçoive. Le lendemain on lui demande ce qu'elle a vu en songe ; si elle raconte avoir passé un pont avec un jeune homme, c'est un signe infaillible qu'elle lui sera unie la même année. Cette divination s'appelle en russe *most maslite* [1].
— On lit dans les admirables secrets du *Petit Albert* cette manière de connaître avec qui on s'unira. Il faut avoir du corail pulvérisé et de la poudre d'aimant, les délayer ensemble avec du sang de pigeon blanc ; on fera un petit peloton de pâte qu'on enveloppera dans un morceau de taffetas bleu, on se le pendra au cou ; on mettra sous son chevet une branche de myrte vert, et on verra en songe la personne qu'on doit épouser. Les filles ou veuves obtiennent le même résultat en liant une branche de peuplier avec leurs chausses sous le chevet, et se frottant les tempes avant de dormir d'un peu de sang de huppe. — On croit aussi dans plusieurs provinces que les époux qui mangent ou boivent avant la célébration du mariage ont des enfants muets.

Marigny (ENGUERRAND DE), — ministre de Louis X, roi de France. Alix de Mons, femme d'Enguerrand, et la dame de Canteleu, sa sœur, furent accusées d'avoir eu recours aux sortilèges pour envoûter le roi, messire Charles son frère et autres barons, et d'avoir fait des maléfices pour faire évader Enguerrand qui était emprisonné. On fit arrêter les deux dames. Jacques Dulot, magicien, qui était censé les avoir aidées de ses sortilèges, fut mis en prison ; sa femme fut brûlée, et son valet pendu. Dulot, craignant pareil supplice, se tua ou fut tué dans son cachot. Le comte de Valois, oncle du roi, lui fit considérer que la mort volontaire du magicien était une grande preuve contre Marigny. On montra au monarque les images de cire ; il se laissa persuader et déclara qu'il ôtait sa main de Marigny, et qu'il l'abandonnait à son oncle. On assembla aussitôt quelques juges ; la délibération ne fut pas longue : Marigny fut condamné, malgré sa qualité de gentilhomme, à être pendu comme sorcier ; l'arrêt fut exécuté la veille de l'Ascension, et son corps fut attaché au gibet de Montfaucon, qu'il avait fait relever durant son ministère. Le peuple, que l'insolence du ministre avait irrité, se montra touché de son malheur. Les juges n'osèrent condamner sa femme et sa sœur ; le roi lui-même se repentit d'avoir abandonné Marigny à ses ennemis ; et dans son testament il laissa une somme considérable à sa famille, en considération, dit-il, de la grande infortune qui lui était arrivée [2].

Marionnettes. — On croyait autrefois que dans les marionnettes logeaient de petits dé-

---

[1] Delancre, Tableau de l'inconstance des dém., etc., liv. II, p. 116.
[2] Les Russes supposent au nombre trois une vertu particulière. *Bog tionbit troitzon* et un dicton populaire qui signifie : Dieu aime le nombre trois.

[1] M. Chopin, De l'État actuel de la Russie, ou Coup d'œil sur Saint-Pétersbourg, p. 82.
[2] M. Garinet, Hist. de la magie en France.

mons. *Voy.* Brioché, Bouchey, Mandragores, etc.

Marissane. — Un jeune homme de quinze ou seize ans, nommé Christoval de la Garrade fut enlevé, sans graisse ni onguent, par Marissane de Tartras, sorcière, laquelle le porta si loin et si haut à travers les airs, qu'il ne put reconnaître le lieu du sabbat; mais il avoua qu'il avait été bien étrillé pour n'avoir pas voulu y prendre part, et sa déposition fut une des preuves qui firent brûler la sorcière; pourtant il pouvait n'avoir fait qu'un rêve. *Voy.* Ralde.

Marius. — Il menait avec lui une sorcière scythe qui lui pronostiquait le succès de ses entreprises.

Marot. — Mahomet cite l'histoire des deux anges Arot et Marot pour justifier la défense qu'il fait de boire du vin. « Dieu, dit-il, chargea Arot et Marot d'une commission sur la terre. Une jeune dame les invita à dîner, et ils trouvèrent le vin si bon qu'ils s'enivrèrent. Ils remarquèrent alors que leur hôtesse était belle, s'éprirent d'amour et se déclarèrent. Cette dame, qui était sage, répondit qu'elle ne les écouterait que quand ils lui auraient appris les mots dont ils se servaient pour monter au ciel. Dès qu'elle les sut, elle s'éleva jusqu'au trône de Dieu, qui la transforma, pour prix de sa vertu, en une étoile brillante (c'est l'étoile du matin), et condamna les deux anges ivrognes à demeurer jusqu'au jour du jugement suspendus par les pieds dans le puits de Babel, que les pèlerins musulmans vont visiter encore auprès de Bagdad. »

Marque du diable. — On sait que les sorcières qui vont au sabbat sont marquées par le diable, et ont particulièrement un endroit insensible, que les juges ont fait quelquefois sonder avec de longues épingles. Lorsque les prévenues ne jettent aucun cri et ne laissent voir aucune souffrance, elles sont réputées sorcières et condamnées comme telles, parce que c'est une preuve évidente de leur transport au sabbat. Delancre[1] ajoute que toutes celles qui ont passé par ses mains ont avoué toutes ces choses lorsqu'elles furent jetées au feu. Bodin prétend que le diable ne marque point celles qui se donnent à lui volontairement et qu'il croit fidèles; mais Delancre réfute cette assertion en disant que toutes les plus grandes sorcières qu'il a vues avaient une ou plusieurs marques, soit à l'œil, soit ailleurs; ces marques ont d'ordinaire la forme d'un petit croissant ou d'une griffe, ou d'une paire de cornes qui font la fourche.

Marquis de l'enfer. — Les marquis de l'enfer, comme Phœnix, Cimeries, Andras, sont, ainsi que chez nous, un peu supérieurs aux comtes. On les évoque avec fruit depuis trois heures du soir jusqu'à la chute du jour[1].

Marthym ou **Bathym**, — duc aux enfers, grand et fort; il a l'apparence d'un homme robuste, et au derrière une queue de serpent. Il monte un cheval d'une blancheur livide. Il connaît les vertus des herbes et des pierres précieuses. Il transporte les hommes d'un pays dans un autre avec une vitesse incroyable. Trente légions lui obéissent.

Martin — Un jour que saint Martin de Tours disait la messe, le diable entra dans l'église avec l'espoir de le distraire. — Cette naïve historiette de la *Légende dorée*, représentée dans une église de Brest, parut à Grosnet un trait si joli qu'il le mit en vers. Le diable était, selon cet ancien poète, dans un coin de l'église, écrivant sur un parchemin les caquets des femmes et les propos inconvenants qu'on tenait à ses oreilles pendant les saints offices. Quand sa feuille fut remplie, comme il avait encore bien des notes à prendre, il mit le parchemin entre ses dents et le tira de toutes ses forces pour l'allonger; mais la feuille se déchira, et la tête du diable alla frapper contre un pilier qui se trouvait derrière lui. Saint Martin, qui se retournait alors pour le *Dominus vobiscum*, se mit à rire de la grimace du diable, et perdit ainsi le mérite de sa messe, au jugement du moins de l'esprit malin, qui se hâta de fuir.

Martin (Marie), — sorcière du bourg de La Neufville-le-Roi, en Picardie, qui fut arrêtée pour avoir fait mourir des bêtes et des hommes par sortilège. Un magicien qui passait par là la reconnut; et, sur son avis, la sorcière fut rasée. On lui trouva la marque du diable, ayant l'empreinte d'une patte de chat. Elle dit au juge qu'elle se reconnaissait coupable. Traduite à la prévôté, elle avoua qu'elle était sorcière, qu'elle jetait des sorts au moyen d'une poudre composée d'ossements de trépassés; que le diable Cerbérus lui parlait ordinairement. Elle nomma les personnes qu'elle avait ensorcelées et les chevaux qu'elle avait maléficiés. Elle dit que, pour plaire à Cerbérus, elle n'allait pas à la messe deux jours avant de jeter ses sorts, qu'elle a été au chapitre tenu par Cerbérus, et qu'elle y a été conduite la première fois par Louise Morel,

---

[1] Tableau de l'inconstance des démons, p. 103.

[1] Wierus, In Pseudomon. dæm.

sa tante. Dans son second interrogatoire, elle déclara que la dernière fois qu'elle avait été au sabbat, c'était à Varipon, près Noyon; que Cerbérus, vêtu d'une courte robe noire, ayant une barbe noire, coiffé d'un chapeau à forme haute, tenait son chapitre près des haies dudit Varipon, et qu'il appelait par leurs noms les sorciers et sorcières. Elle fut condamnée par le conseil de la ville de Montdidier à être pendue, le 2 juin 1586. Elle en appela au parlement de Paris, qui rejeta le pourvoi. Son exécution eut lieu le 25 juillet même année [1].

Martinet, — démon familier, qui accompagnait les magiciens et leur défendait de rien entreprendre sans sa permission, ni de sortir d'un lieu sans le congé de maître Martinet. Quelquefois aussi il rendait service aux voyageurs, en leur indiquant les chemins les plus courts; ce qui était de la complaisance.

Mascarades. — Les Gaulois croyaient que Mythras présidait aux constellations; ils l'adoraient comme le principe de la chaleur, de la fécondité, et des bonnes et mauvaises influences. Les initiés à ses mystères étaient partagés en plusieurs confréries, dont chacune avait pour symbole une constellation; les confrères célébraient leurs fêtes, et faisaient leurs processions et leurs festins, déguisés en lions, en béliers, en ours, en chiens, etc., c'est-à-dire sous les figures qu'on suppose à ces constellations. Voilà sans doute, selon Saint-Foix, l'origine de nos mascarades. — On demandait à un Turc revenu d'Europe ce qu'il y avait vu de remarquable. « A Venise, répondit-il, ils deviennent fous pendant un temps de l'année; ils courent déguisés par les rues, et cette extravagance augmente au point que les ecclésiastiques sont obligés de l'arrêter; de savants exorcistes font venir les malades un certain jour (le mercredi des Cendres), et, aussitôt qu'ils leur ont répandu un peu de cendres sur la tête, le bon sens leur revient, et ils retournent à leurs affaires. »

Massaliens ou **Messaliens**, — illuminés des premiers siècles qui croyaient que chaque homme tire de ses parents et apporte en lui un démon qui ne le quitte pas. Ils faisaient de longues prières pour le dompter; après quoi ils dansaient et se livraient à des contorsions et à des gambades, en disant qu'ils sautaient sur le diable. — Une autre secte de Massaliens au dixième siècle admettait deux dieux, nés d'un premier être; le plus jeune gouvernait le ciel, l'aîné présidait à la terre;

ils nommaient le dernier Sathan, et supposaient que les deux frères se faisaient une guerre continuelle, mais qu'un jour ils devaient se réconcilier [1].

Mastication. — Les anciens croyaient que les morts mangeaient dans leurs tombeaux. On ne sait pas s'ils les entendaient mâcher; mais il est certain qu'il faut attribuer à l'idée qui conservait aux morts la faculté de manger l'habitude des repas funèbres qu'on servait de temps immémorial, et chez tous les peuples, sur la tombe du défunt. — L'opinion que les spectres se nourrissent est encore répandue dans le Levant. Il y a long-temps que les Allemands sont persuadés que les morts *mâchent comme des porcs* dans leurs tombeaux, et qu'il est facile de les entendre grogner en broyant ce qu'ils dévorent. Philippe Rherius, au dix-septième siècle, et Michel Rauff, au commencement du dix-huitième, ont même publié des *Traités sur les morts qui mâchent dans leurs sépulcres* [2]. Ils disent qu'en quelques endroits de l'Allemagne, pour empêcher les morts de mâcher, on leur met dans le cercueil une motte de terre sous le menton; ailleurs on leur fourre dans la bouche une petite pièce d'argent, et d'autres leur serrent fortement la gorge avec un mouchoir. — Ils citent ensuite plusieurs morts qui ont dévoré leur propre chair dans leur sépulcre. On doit s'étonner de voir des savants trouver quelque chose de prodigieux dans des faits aussi naturels. Pendant la nuit qui suivit les funérailles du comte Henri de Salm, on entendit dans l'église de l'abbaye de Haute-Seille, où il était enterré, des cris sourds que les Allemands auraient sans doute pris pour le grognement d'une personne qui mâche; et le lendemain, le tombeau du comte ayant été ouvert, on le trouva mort, mais renversé et le visage en bas, au lieu qu'il avait été inhumé sur le dos. On l'avait enterré vivant, comme on en a enterré tant d'autres. — On doit attribuer à une cause semblable l'histoire rapportée par Rauff, d'une femme de Bohême, qui en 1345 mangea, dans sa fosse, la moitié de son linceul sépulcral. Dans le dernier siècle, un pauvre homme ayant été inhumé précipitamment dans le cimetière, on entendit pendant la nuit du bruit dans son tombeau : on l'ouvrit le lendemain, et on trouva qu'il s'était mangé les chairs des bras. Cet homme, ayant bu de l'eau-de-vie avec excès, avait été enterré vivant. — Une demoiselle d'Augsbourg étant tombée en léthargie, on la crut morte, et son corps fut mis

---

[1] Garinet, Hist. de la magie en France, p. 146.

[1] Dictionnaire théolog. de Bergier.
[2] De Masticatione mortuorum in tumulis.

dans un caveau profond, sans être couvert de terre. On entendit bientôt quelque bruit dans son tombeau; mais on n'y fit pas attention. Deux ou trois ans après, quelqu'un de la famille mourut : on ouvrit le caveau, et l'on trouva le corps de la demoiselle auprès de la pierre qui en fermait l'entrée. Elle avait inutilement tenté de déranger cette pierre, et elle n'avait plus de doigts à la main droite, qu'elle s'était dévorée de désespoir. *Voy.* VAMPIRES.

Mastiphal, — c'est le nom qu'on donne au prince des démons dans un livre apocryphe cité par Cedrenus, et qui a pour titre : *la petite Genèse*.

Matchi-Manitou, — esprit malfaisant, auquel les sauvages de l'Amérique septentrionale attribuent tous les maux qui leur arrivent. Ce mauvais génie n'est autre que la lune. Plusieurs de ces sauvages s'imaginent que les orages sont causés par l'esprit de la lune. Ils jettent à la mer ce qu'ils ont de plus précieux dans leurs canots, espérant apaiser par ces offrandes l'esprit irrité.

Matignon (JACQUES GOYON DE), — gentilhomme, qui servit Henri III et Henri IV. Ses envieux, apparemment pour le décrier, disaient que l'esprit, l'habileté, la prudence, le courage n'étaient point naturellement en lui, mais qu'ils lui venaient d'un pacte qu'il avait fait avec le diable. Il fallait que ce diable fût une bonne créature, dit Saint-Foix, puisque Matignon donna, dans toutes les occasions, des marques d'un caractère plein de douceur et d'humanité [1].

Matzou, — divinité chinoise. C'était, suivant quelques auteurs, une magicienne.

Maury (JEAN-SIFFREIN). — Un colporteur, en 1792, pour mieux piquer la curiosité du peuple de Paris, criait, en vendant ses pamphlets : *Mort de l'abbé Maury!* L'abbé passe, s'en approche, lui donne un soufflet et lui dit : « Tiens, si je suis mort, au moins tu croiras aux revenants. »

Mécanique. — Ainsi que toutes les sciences compliquées, la mécanique a produit des combinaisons surprenantes qui ont été reçues autrefois comme des prodiges. Ce qui a le plus étonné les esprits, c'est l'automate qu'on appelait aussi androïde. Nous avons parlé de l'androïde d'Albert-le-Grand, qui passa aux yeux de ses contemporains pour une œuvre de magie. Jean Muller, savant du quinzième siècle, plus connu sous le nom de Regiomontanus, fit, dit-on, un aigle-automate qui avait la faculté de se diriger dans les airs ; il devançait le canard-automate de Vaucanson, qui barbottait, voltigeait, cancanait et digérait. Aulu-Gelle rapporte qu'Architas, dans l'antiquité, avait construit un pigeon qui prenait son vol, s'élevait à une certaine hauteur et revenait à sa place. On attribue à Roger Bacon une tête qui prononçait quelques paroles. Vaucanson fit un joueur de flûte qui exécutait plusieurs airs. Jacques Droz, son contemporain, fit au dernier siècle un automate qui dessinait et un autre qui jouait du clavecin. Dans le même temps, l'abbé Mical construisit deux têtes de bronze qui, comme l'androïde de Roger Bacon, prononçaient des paroles. Mais ce qui fit plus d'effet encore, ce fut le joueur d'échecs du baron de Kempelen. C'était un automate mû par des ressorts, qui jouait aux échecs contre les plus forts joueurs et les gagnait quelquefois. On ignorait, il est vrai, que le mécanisme était dirigé par un homme caché dans l'armoire à laquelle l'automate était adossé. Mais ce n'en était pas moins un travail admirable. — Autrefois, nous le répétons, on ne voyait dans les androïdes que l'œuvre d'une science occulte. Aujourd'hui, par un revirement inconcevable, on semble faire peu de cas de ces efforts du génie de la mécanique. On a laissé périr tous les automates célèbres, et nos musées et nos conservatoires, qui sont encombrés de tant de futilités, ne possèdent pas d'androïdes.

Mécasphins, — sorciers chaldéens, qui usaient d'herbes, de drogues particulières et d'os de morts, pour leurs opérations superstitieuses.

Méchant. — Le diable est appelé souvent le méchant, le mauvais et le malin. Il est le principe en effet et le père de la méchanceté.

Mechtilde (SAINTE). Elle parut environ cent ans après sainte Hildegarde. Elle était sœur de sainte Gertrude. Ses visions et révélations ont été imprimées en 1513. C'est un recueil assez curieux et assez rare, qui contient le livre du Pasteur et les Visions du moine Vetin, réimprimées depuis par le père Mabillon, au quatrième livre de ses Actes de Saint-Benoît, partie première. On y trouve aussi les révélations de sainte Élisabeth de Schonaw, qui contiennent cinq livres, aussi bien que celles de sainte Mechtilde. Celles de sainte Gertrude viennent ensuite, et sont suivies des visions du frère Robert, dominicain, qui vivait en 1330. Sainte Mechtilde est morte en l'an 1284 ou 1286 [1]. On trouve dans ce recueil beaucoup de descriptions de l'enfer.

---

[1] Hist. de l'ordre du St-Esprit, promotion de 1579.

[1] Lenglet-Dufresnoy, Traité des apparitions, 274.

Médée, — enchanteresse de Colchide, qui rendit Jason victorieux de tous les monstres, et guérit Hercule de sa fureur par certains remèdes magiques. Elle n'est pas moins célèbre par ses vastes connaissances en magie que par le meurtre de ses enfants. Les démonographes remarquent qu'elle pouvait bien être grande magicienne, parce qu'elle avait appris la sorcellerie de sa mère, Hécate. — Les songe-creux lui attribuent un livre de conjuration qui porte en effet son nom. *Voy.* MÉLYE.

Médie. — On trouvait, dit-on, chez les Mèdes, des pierres merveilleuses, noires ou vertes, qui rendaient la vue aux aveugles et guérissaient la goutte, appliquées sur le mal dans une compresse de lait de brebis.

Meerman, — homme de mer. Les habitants des bords de la mer Baltique croient à l'existence de ces hommes de mer ou esprits des eaux, qui ont la barbe verte et les cheveux tombant sur les épaules comme des tiges de nénuphar [1]. Ils chantent le soir parmi les vagues, appelant les pêcheurs. Mais malheur à qui se laisse séduire par eux; leur chant précède les tempêtes.

Mégalanthropogénésie, — moyen d'avoir de beaux enfants et des enfants d'esprit. On sait quels sont les effets de l'imagination sur les esprits qui s'y laissent emporter; ces effets sont surtout remarquables dans les femmes enceintes, puisque souvent l'enfant qu'elles portent dans leur sein est marqué de quelqu'un des objets dont l'imagination de la mère a été fortement occupée pendant sa grossesse, — Quand Jacob voulut avoir des moutons de diverses couleurs, il présenta aux yeux des brebis des choses bigarrées, qui les frappèrent assez pour amener le résultat qu'il en espérait. L'effet que l'imagination d'une brebis a pu produire doit agir plus sûrement encore sur l'imagination incomparablement plus vive d'une femme; aussi voyons-nous bien plus de variété dans les enfants des hommes que dans les petits des animaux. — On a vu des femmes mettre au monde des enfants noirs et velus; et lorsque l'on a cherché la cause de ces effets, on a découvert que, pendant sa grossesse, la femme avait l'esprit occupé de quelque tableau monstrueux. — Les statues de marbre et d'albâtre sont quelquefois dangereuses. Une jeune épouse admira une petite statue de l'Amour en marbre blanc. Cet Amour était si gracieux, qu'elle en demeura frappée; elle conserva plusieurs jours les mêmes impressions, et accoucha d'un enfant plein de grâces,

[1] M. Marmier, Traditions de la Baltique.

parfaitement semblable à l'Amour de marbre, mais pâle et blanc comme lui. Torquemada rapporte qu'une Italienne des environs de Florence, s'étant frappé l'esprit d'une image de Moïse, mit au monde un fils qui avait une longue barbe blanche. On peut se rappeler, sur le même sujet, une foule d'anecdotes non moins singulières; peut-être quelques-unes sont-elles exagérées. *Voy.* ACCOUCHEMENTS. — En 1802, une paysanne enceinte, arrivant à Paris pour la première fois, fut menée au spectacle par une sœur qu'elle avait dans la capitale. Un acteur qui jouait le rôle d'un *niais* la frappa si fortement, que son fils fut idiot, stupide et semblable au personnage forcé que la mère avait vu avec trop d'attention. — — Puisque l'imagination des femmes est si puissante sur leur fruit, c'est de cette puissance qu'il faut profiter, disent les professeurs de mégalanthropogénésie. Ornez la chambre des femmes de belles peintures durant toute la grossesse, n'occupez leurs regards que de beaux anges et de sujets gracieux; évitez de les conduire aux spectacles de monstres, etc. A Paris, où les salons de peinture occupent les dames, les enfants sont bien plus jolis que dans les villages, où l'on voit rarement des choses qui puissent donner une idée de la beauté. Chez les cosaques, où tout est grossier, tous les enfants sont hideux comme leurs pères. — Pour obtenir des enfants d'esprit, il n'est pas nécessaire que les parents en aient, mais qu'ils en désirent, qu'ils admirent ceux qui en ont, qu'ils lisent de bons livres, que la mère se frappe des avantages que donnent l'esprit, la science, le génie; qu'on parle souvent de ces choses, qu'on s'occupe peu de sottises. *Voy.* IMAGINATION. — On a publié il y a quelques années un traité de *Mégalanthropogénésie* qui est un peu oublié, 2 vol. in-8°.

Mehdi. — Les journaux d'avril 1841 annonçaient l'apparition en Arabie d'un nouveau prophète appelé Mehdi. « Ceux qui croient en lui (disaient ces journaux), et ils sont nombreux, comptent la nouvelle ère mahométane du jour de son apparition. Ils disent qu'il entrera à La Mecque dans sa quarantième année, que de là il ira à Jérusalem, et règnera avec puissance et grandeur jusqu'à ce que *Dedschail*, le démon du mal, se soit levé contre lui et l'ait vaincu. Alors Jésus, le prophète des chrétiens, viendra à son secours avec soixante-dix mille anges. Toute la terre reconnaîtra Mehdi, et après la conversion des païens, des juifs et des chrétiens à l'islamisme, commencera l'empire des mille et mille années. Ce prophète a fait battre des monnaies, sur lesquelles il s'intitule : *Iman des deux continents et des deux mers.* » Toutefois, on ne parla de Mehdi qu'un moment, et nous ignorons ce qu'il est devenu.

Mélampus, — auteur d'un Traité de l'art de juger les inclinations et le sort futur des hommes par l'inspection des seings ou grains de beauté. *Voy.* SEINGS.

Mélanchton, — disciple de Luther, mort en 1568 : il croyait aux revenants comme son maître, et ne croyait pas à l'Église ; il rapporte, dans un de ses écrits, que sa tante ayant perdu son mari lorsqu'elle était enceinte et près de son terme, vit un soir, étant assise auprès de son feu, deux personnes entrer dans sa chambre, l'une ayant la figure de son époux défunt, l'autre celle d'un franciscain de la ville. D'abord elle en fut effrayée ; mais son mari la rassura, et lui dit qu'il avait quelque chose d'important à lui communiquer ; ensuite il fit un signe au franciscain de passer un moment dans la pièce voisine, en attendant qu'il eût fait connaître ses volontés à sa femme ; alors il la pria de lui faire dire des messes, et l'engagea à lui donner la main sans crainte ; elle donna donc la main à son mari, et elle la retira sans douleur, mais brûlée, de sorte qu'elle en demeura noire tout le reste de ses jours ; après quoi le spectre rappela le franciscain, et tous deux disparurent.

Mélancolie. — Les anciens appelaient la mélancolie le bain du diable, à ce que disent quelques démonomanes. Les personnes mélancoliques étaient au moins maléficiées quand elles n'étaient pas démoniaques ; et les choses qui dissipaient l'humeur mélancolique, comme faisait la musique sur l'esprit de Saül, passaient pour des moyens sûrs de soulager les possédés.

Melchisédech. — Plusieurs sectes d'hérétiques, qu'on appela Melchisédéchiens, tombèrent dans de singulières erreurs à propos de ce patriarche. Les uns crurent qu'il n'était pas un homme, mais la grande vertu de Dieu, et supérieur à Jésus-Christ ; les autres dirent qu'il était le Saint-Esprit. Il y en eut qui soutinrent qu'il était Jésus-Christ même. Une de ces sectes avait soin de ne toucher personne, de peur de se souiller.

Melchom, — démon qui porte la bourse ; il est aux enfers le payeur des employés publics.

Mélusine. — Jean d'Arras ayant recueilli, sur la fin du quatorzième siècle, tous les contes qu'on faisait sur Mélusine, en composa ce qu'il appelle la chronique de cette princesse. — Mélusine fut l'aînée de trois filles, que sa mère, Pressine, femme d'Élinas roi d'Albanie, eut d'une seule couche. Pressine avait exigé d'Élinas qu'il n'entrerait point dans sa chambre jusqu'à ce qu'elle fût relevée. Le désir de voir ses enfants le fit manquer à sa promesse. Pressine, qui était une sylphide ou une fée, fut donc forcée de le quitter ; ce qu'elle fit, ayant emmené avec elle ses trois filles, auxquelles d'une haute montagne elle montrait le pays albanais, où elles eussent régné sans la fatale curiosité de leur père. Les trois sœurs, pour s'en venger, enfermèrent leur père dans la montagne de Brundelois. — Pressine aimait encore son mari ; elle les punit par différents châtiments ; celui de Mélusine fut d'être moitié serpent tous les samedis, et d'être fée jusqu'au jour du jugement, à moins qu'elle ne trouvât un chevalier qui voulût être son mari, et qui ne vît jamais sa forme de serpent. Raimondin, fils du comte de Forez, ayant rencontré Mélusine dans un bois, l'épousa ; cette princesse bâtit le château de Lusignan. — Son premier enfant fut un fils nommé Vriam, en tout bien formé, excepté qu'il avait le *visage court et large en travers* ; il avait un œil rouge et l'autre bleu, et les oreilles aussi grandes que les manilles d'un van. Le second fut Odon, qui était beau et bien formé ; mais il avait une oreille plus grande que l'autre. Le troisième fut Guion, qui fut bel enfant ; mais il eut un œil plus haut que l'autre. Le quatrième fut Antoine : nul plus bel enfant ne fut vu ; mais il apporta en naissant une griffe de lion sur la joue. Le cinquième fut Regnault ; il fut bel enfant, mais il n'eut qu'un œil, dont il voyait si bien qu'il voyait de vingt-une lieues. Le sixième fut Geoffroi, qui naquit avec une grande dent qui lui sortait de la bouche de plus d'un pouce, d'où il fut nommé Geoffroi à la grande dent. Le septième fut Froimond, assez beau, qui eut sur le nez une petite tache velue comme la peau d'une taupe. Le huitième fut grand à merveille, il avait trois yeux, desquels il s'en trouvait un au milieu du front. Vriam et Guion étant allés avec une armée secourir le roi de Chypre contre les Sarrasins, et les ayant taillés en pièces, Vriam épousa Hermine, fille et héritière du roi de Chypre, et Guion, la belle Florie, fille du roi d'Arménie. Antoine et Regnault étant allés au secours du duc de Luxembourg, Antoine épousa Christine, fille de ce prince, et Regnault, Aiglantine, fille et héritière du roi de Bohême. Des quatre autres fils de Mélusine, un fut roi de Bretagne, l'autre seigneur de Lusignan, le troisième comte de Parthenay, et le dernier se fit religieux. — Raimondin ne tint pas la promesse qu'il avait faite à Mélusine de ne jamais la voir le samedi ; il fit une ouverture avec son épée dans la porte de la chambre où elle se baignait ; il la vit en forme de serpent. Mélusine ne put dès lors demeurer avec lui, et s'envola par une fenêtre sous la même forme : elle demeurera fée jusqu'au jour du jugement ; et lorsque Lusignan change de seigneur, ou qu'il doit mourir quelqu'un de sa lignée, elle paraît trois jours avant sur les tours du château, et y pousse de grands cris [1]. — Selon quelques démonomanes, Mélusine était un démon de la mer ; Paracelse prétend que c'était une nymphe cabalistique ; le plus grand nombre en fait une fée puissante. — Le beau château de Lusignan passa dans le domaine royal. Hugues-le-Brun avait fait à Philippe-le-Bel des legs considérables, Guy son frère, irrité, jeta le testament au feu. Le roi le fit accuser de conspiration et confisqua le château de Lusignan. A cette occasion, l'ombre de Mélusine se lamenta sur la plate-forme du château pendant douze nuits consécutives [2]. — On dit ailleurs que cette Mélusine ou Merline était une dame fort absolue, et commandait avec une telle autorité que, lorsqu'elle envoyait des lettres ou patentes scellées de son sceau ou cachet, sur lequel était gravée une sirène, il ne fallait plus songer qu'à obéir aveuglément. C'est de là qu'on a pris sujet de dire qu'elle était magicienne, et qu'elle se changeait quelquefois en sirène.

Mélye. — Il y avait, dans les fées comme dans les hommes, une inégalité de moyens et de puissance. On voit, dans les romans de chevalerie et dans les contes merveilleux, que souvent une fée bienfaisante était gênée dans ses bonnes intentions par une méchante fée dont le pouvoir était plus étendu. — La célèbre fée Urgande, qui protégeait si généreusement Amadis, avait donné au jeune Esplandian, fils de ce héros, une épée enchantée qui devait rompre tous les charmes. Un jour qu'Esplandian et les chevaliers chrétiens se battaient en Galatie, aidés de la fée Urgande, ils aperçurent la fée Mélye, leur ennemie implacable, qui, sous la figure la plus hideuse, était assise sur la pointe d'un rocher, d'où elle protégeait les armes des Sarrasins. Esplandian courut à elle pour purger la terre de cette furie (car, bien qu'immortelles de leur nature, les fées n'étaient pas à l'épreuve d'un bon coup d'épée, et pouvaient, comme d'autres, recevoir la mort, pourvu qu'elle fût violente). Mélye évita le coup en changeant de place avec la plus grande agilité ; et, comme elle se vit pressée, elle parut s'abîmer dans un antre qui vomit aussitôt des flammes. — Urgande, qui reconnut Mélye au portrait que les chevaliers lui en firent, voulut la voir, et conduisit Esplandian et quelques chevaliers dans une prairie, au bout de laquelle ils trouvèrent Mélye assise sur ses talons et absorbée dans une profonde rêverie. Cette fée possédait un livre magique, dont Urgande désirait depuis long-temps la possession ; Mélye, apercevant Urgande, composa son visage, accueillit la fée avec aménité, et la fit entrer dans sa grotte. — Mais à peine y avait-elle pénétré que, s'élançant sur elle, la méchante fée la renversa par terre en lui serrant la gorge avec violence ; les chevaliers, les entendant se débattre, entrèrent dans la grotte ; le pouvoir des enchantements les fit tomber sans connaissance ; le seul Esplandian, que son épée garantissait de tous les pièges magiques, courut sur Mélye, et retira Urgande de ses mains. Au même instant Mélye prit celui de ses livres qui portait le nom de *Médée*, et, formant une conjuration, le ciel s'obscurcit et il sortit d'un nuage noir un chariot attelé de deux dragons qui vomissaient des flammes. Tout à coup Mélye, enlevant Urgande, la plaça dans le chariot et disparut avec elle. Elle l'emmena dans Thésyphante, et l'enferma dans une grosse tour, d'où Esplandian parvint à la tirer quelque temps après.

Ménandre, — disciple de Simon le magicien, qui profita des leçons de son maître, et qui enseigna la même doctrine que lui. Il professait la magie. Simon se faisait appeler la *grande vertu*. Ménandre dit que, quant à lui, il était envoyé sur la terre par les puissances invisibles pour opérer le salut des hommes. Ainsi, Ménandre et Simon doivent être mis au nombre des faux messies plutôt qu'au rang des hérétiques. L'un et l'autre enseignaient que la suprême intelligence, qu'ils nommaient Ennoïa, avait donné l'être à un grand nombre de génies qui avaient formé le monde et la race des hommes. Valentin, qui vint plus tard, trouva là ses éons [1]. Ménandre donnait un baptême qui devait rendre immortel...

Menasseh ben Israel, — savant Juif portugais, né vers 1604. Il a beaucoup écrit sur le Thalmud. Il y a quelques faits merveilleux

---

[1] Bullet, Dissertations sur la mythologie française.
[2] En Belgique, Mélusine passe pour être la protectrice de la maison de Gavre. On croyait qu'elle ne quittait jamais le château d'Enghien. (M. Jules de Saint-Genois, La Cour de Jean IV, t. 1er, p. 82.)

[1] Bergier, Dictionn. théologique.

dans ses trois livres de la Résurrection des morts[1]. Son ouvrage de l'Espérance d'Israël[2] est curieux. Un juif rénégat de Villaflor en Portugal, Antoine Montesini, étant venu à Amsterdam vers 1649, publia qu'il avait vu, dans l'Amérique méridionale, de nombreuses traces des anciens Israélites, Menasseh ben Israël s'imagina, là-dessus (avait-il tort?), que les dix tribus enlevées par Salmanazar étaient allées s'établir dans ce pays-là, et que telle était l'origine des habitants de l'Amérique ; il publia son *Spes Israelis* pour le prouver. Dans la troisième partie de son livre *Souffle de vie*[3], il traite des esprits et des démons, selon les idées des rabbins de son temps ; et, dans la quatrième partie, de la métempsycose, qui est pour beaucoup de Juifs une croyance. Il avait commencé un traité de la science des thalmudistes et un autre de la philosophie rabbinique, qui n'ont pas été achevés.

Menestrier (CLAUDE-FRANÇOIS), — Jésuite, auteur d'un livre intitulé : *la Philosophie des Images énigmatiques*, où il traite des énigmes, hiéroglyphes, oracles, prophéties, sorts, divinations, loteries, talismans, songes, centuries de Nostradamus et de baguette divinatoire, in-12, Lyon, 1694.

Meneurs de loups. — Près du château de Lusignan, ancienne demeure de Mélusine, on rencontre de vieux bergers, maigres et hideux comme des spectres ; on dit qu'ils mènent des troupeaux de loups. Cette superstition est encore accréditée dans quelques pays, entre autres dans le Nivernais[4].

Menippe, — compagnon d'Apollonius de Thyane. Visité d'une lamie ou démon succube, il en fut délivré par Apollonius[5].

Mensonge. — Le diable est appelé dans l'Évangile le père du mensonge.

Méphistophélès, — démon de Faust ; on le reconnaît à sa froide méchanceté, à ce rire amer qui insulte aux larmes, à la joie féroce que lui cause l'aspect des douleurs. C'est lui qui par la raillerie attaque les vertus, abreuve de mépris les talents, fait mordre sur l'éclat de la gloire la rouille de la calomnie. Il n'était pas inconnu à Voltaire, à Parny et à quelques autres. C'est après Satan le plus redoutable chef de l'enfer[1]. *Voy.* FAUST.

Mercati (MICHEL), — *voy.* FICINO.

Mercier, — auteur d'un *Tableau de Paris*, qui a fait quelque bruit, et de *Songes philosophiques*, où l'on trouve deux ou trois songes qui roulent sur les vampires et les revenants.

Mercredi. — Ce jour est celui où les sorciers jouent au sabbat leurs mystères et chantent leurs litanies. *Voy.* LITANIES DU SABBAT. — Les Persans regardent le mercredi comme un jour blanc, c'est-à-dire heureux, parce que la lumière fut créée ce jour-là ; pourtant ils exceptent le dernier mercredi du mois de séphar, qui répond à février, qu'ils appellent mercredi du malheur, et qui est le plus redouté de leurs jours noirs.

Mercure. — Il est chargé dans l'ancienne mythologie de conduire les âmes des morts à leur destination dernière.

Merle, — oiseau commun, dont la vertu est admirable Si l'on pend les plumes de son aile droite, avec un fil rouge, au milieu d'une maison où l'on n'aura pas encore habité, personne n'y pourra sommeiller tant qu'elles y seront pendues ; si l'on met son cœur sous la tête d'une personne endormie et qu'on l'interroge, elle dira tout haut ce qu'elle aura fait dans la journée ; si on le jette dans l'eau de puits avec le sang d'une huppe, et qu'on frotte de ce mélange les tempes de quelqu'un, il tombera malade et en danger de mort. On se sert de ces secrets sous une planète favorable et propre, comme celles de Jupiter et de Vénus, et, quand on veut faire du mal, celles de Saturne et de Mars[2]. — Le diable s'est quelquefois montré sous la forme de cet oiseau. — On sait aussi qu'il y a des merles blancs.

Merlin. — Merlin n'est pas né en Angleterre, comme on le dit communément, mais en Basse-Bretagne, dans l'île de Sein. Il était fils d'un démon et d'une druidesse, fille d'un roi des Bas-Bretons. Les cabalistes disent que le père de Merlin était un sylphe. Que ce fût un sylphe ou un démon, il éleva son fils dans toutes les sciences et le rendit habile à opérer des prodiges. — Ce qui a fait croire à quelques-uns que Merlin était Anglais, c'est qu'il fut porté dans ce pays quelques jours après sa naissance. Voici l'occasion de ce voyage. — Wortigern, roi d'Angleterre, avait résolu de faire

---

[1] Libri tres de Resurrectione mortuorum. Amsterdam, 1636, in-8°. Typis et sumptibus auctoris.
[2] Spes Israelis, Amsterdam, 1650, in-12.
[3] En hébreu. Amsterdam, 5412 (1652), in-4°.
[4] M. de Marchangy, Tristan le voyageur, ou la France au quatorzième siècle, t. 1er.
[5] Leloyer, Histoire des spectres et des apparitions des esprits, liv. IV, p. 310.

[1] MM. Desaur et de Saint-Geniès, les Aventures de Faust, t. 1er.
[2] Albert-le-Grand, Admirables secrets, p. 115.

22.

bâtir une tour inexpugnable où il pût se mettre en sûreté contre les bandes de pirates qui dévastaient ses États. Lorsqu'on en jeta les fondements, la terre engloutit pendant la nuit tous les travaux de la journée. Ce phénomène se répéta tant de fois que le roi assembla les magiciens pour les consulter; ceux-ci déclarèrent qu'il fallait affermir les fondements de la tour avec le sang d'un petit enfant qui fût né sans père. — Après beaucoup de recherches dans le pays et hors le pays, on apprit qu'il venait de naître dans l'île de Sein un petit enfant d'une druidesse et qui n'avait point de père connu : c'était Merlin; il présentait les qualités requises par les magiciens; on l'enleva et on l'amena devant le roi Wortigern. — Merlin n'avait que seize jours; cependant il n'eut pas plutôt entendu la décision des magiciens, qu'il se mit à disputer contre eux avec une sagesse qui consterna tout l'auditoire. Il annonça ensuite que, sous les fondements de la tour que l'on voulait bâtir, il y avait un grand lac, et dans ce lac deux dragons furieux. On creusa; les deux dragons parurent : l'un, qui était rouge, représentait les Anglais; l'autre, qui était blanc, représentait les Saxons; ces peuples étaient alors en guerre et les deux dragons étaient leurs génies protecteurs. Ils commencèrent, à la vue du roi et de sa cour, un combat terrible, sur lequel Merlin se mit à prophétiser l'avenir des Anglais. — On pense bien qu'après ce qui venait de se passer, il ne fut plus question de tuer le petit enfant; on se disposa à le reconduire dans son pays, et on l'invita à visiter quelquefois l'Angleterre. Merlin pria qu'on ne s'occupât point de lui; il frappa la terre, et il en sortit un grand oiseau sur lequel il se plaça; il fut en moins d'une heure dans les bras de sa mère, qui l'attendait sans inquiétude parce qu'elle savait ce qui se passait. — Merlin fut donc élevé dans les sciences et dans l'art des prodiges par son père et par les conseils de sa mère, qui était prophétesse; on croit même qu'elle était fée. Quand il fut devenu grand, il se lia d'amitié avec Ambrosius, autre roi des Anglais. Pour rendre plus solennelle l'entrée de ce prince dans sa capitale, il fit venir d'Irlande en Angleterre plusieurs rochers qui accompagnèrent en dansant le cortège royal, et formèrent en s'arrêtant une espèce de trophée à la gloire du monarque. On voit encore ces rochers à quelques lieues de Londres, et on assure qu'il y a des temps où ils s'agitent par une suite du prodige de Merlin; on dit même que pour ce roi, son ami, il bâtit un palais de fées en moins de temps que Satan ne construisit le Pandémonium des enfers. — Après une foule de choses semblables, Merlin, jouissant de la réputation la plus étendue et de l'admiration universelle, pouvait étonner le monde et s'abandonner aux douceurs de la gloire; il aima mieux agrandir ses connaissances et sa sagesse. Il se retira dans une forêt de la Bretagne, s'enferma dans une grotte, et s'appliqua sans relâche à l'étude des sciences mystérieuses; son père le visitait tous les sept jours et sa mère plus fréquemment encore; il fit, sous eux, des progrès étonnants et les surpassa bientôt l'un et l'autre. — On a lu, dans les histoires de la chevalerie héroïque, les innombrables aventures de Merlin. Il purgea l'Europe de plusieurs tyrans; il protégea les dames, et bien souvent les chevaliers errants bénirent les heureux secours de Merlin. Las de parcourir le monde, il se condamna à passer sept ans dans l'île de Sein. C'est là qu'il composa ses prophéties, dont quelques-unes ont été publiées. On sait qu'il avait donné à l'un des chevaliers errants qui firent la gloire de la France une épée enchantée avec laquelle on était invincible; un autre avait reçu un cheval indomptable à la course. Le sage enchanteur avait aussi composé pour le roi Arthus une chambre magique où ne pouvaient entrer que les braves, une couronne transparente qui se troublait sur la tête d'une coquette et une épée qui jetait des étincelles dans les mains des guerriers intrépides. — Quelques-uns ont dit qu'il mourut dans une extrême vieillesse; d'autres, qu'il fut emporté par le diable; mais l'opinion la plus répandue aujourd'hui en Bretagne, c'est que Merlin n'est pas mort, qu'il a su se mettre à l'abri de la fatalité commune et qu'il est toujours plein de vie dans une forêt du Finistère nommée Brocéliande, où il est enclos et invisible à l'ombre d'un bois d'aubépine. On assure que messire Gauvain et quelques chevaliers de la Table-Ronde cherchèrent vainement partout ce magicien célèbre; Gauvain seul l'entendit, mais ne put le voir dans la forêt de Brocéliande. *Voy.* GARGANTUA.

Mérovée, — troisième roi des Francs, dont la naissance doit être placée vers l'an 440; il monta sur le trône en 440 et mourut en 458. Des chroniqueurs rapportent ainsi sa naissance. « La femme de Clodion-le-Chevelu se promenant un jour au bord de la mer fut surprise par un monstre qui sortit des flots; elle en eut un fils qui fut nommé Mérovée, et qui succéda à Clodion. » Sauval croit que cette fable fut inventée par Mérovée lui-même pour imprimer du respect dans l'esprit des siens en s'attribuant une origine si extraordinaire. Des chroniqueurs ont dit que son nom Mer-Wech signifie *veau marin*.....

Merveilles. — Pline assure que les insulaires de Minorque demandèrent un secours de troupes à l'empereur Auguste contre les lapins qui renversaient leurs maisons et leurs arbres. Aujourd'hui on demanderait à peine un secours de chiens. — Un vieux chroniqueur conte qu'il y avait à Cambaya, dans l'Indoustan, un roi qui se nourrissait de venin, et qui devint si parfaitement vénéneux qu'il tuait de son haleine ceux qu'il voulait faire mourir. — On lit dans Pausanias que, quatre cents ans après la bataille de Marathon, on entendait toutes les nuits, dans l'endroit où elle se donna, des hennissements de chevaux et des bruits de gens d'armes qui se battaient. Et ce qui est admirable, c'est que ceux qui y venaient exprès, n'entendaient rien de ces bruits ; ils n'étaient entendus que de ceux que le hasard conduisait en ce lieu. — Albert-le-Grand assure qu'il y avait, en Allemagne, deux enfants jumeaux, dont l'un ouvrait les portes en les touchant avec son bras droit ; l'autre les fermait en les touchant avec son bras gauche. — Paracelse dit qu'il a vu beaucoup de sages passer vingt années sans manger quoi que ce fût. Si on veut se donner cette satisfaction, qu'on enferme de la terre dans un globe de verre, qu'on l'expose au soleil jusqu'à ce qu'elle soit pétrifiée, qu'on se l'applique sur le nombril, et qu'on la renouvelle quand elle sera trop sèche, on se passera de manger et de boire, sans aucune peine, ainsi que Paracelse lui-même assure en avoir fait l'expérience pendant six mois. *Voy.* la plupart des articles de ce dictionnaire.

Mesmer (Antoine). — médecin allemand, fameux par la doctrine du magnétisme animal, né en 1734, mort en 1815. — Il a laissé plusieurs ouvrages dans lesquels il soutient que les corps célestes, en vertu de la même force qui produit leurs attractions mutuelles, exercent une influence sur les corps animés, et principalement sur le système nerveux, par l'intermédiaire d'un fluide subtil qui pénètre tous les corps, et remplit tout l'univers. Il alla s'établir à Vienne, et tenta de guérir par le magnétisme minéral, en appliquant des aimants sur les parties malades. Ayant trouvé un rival dans cet art, il se restreignit au magnétisme animal, c'est-à-dire à l'application des mains seulement sur le corps, ce qui le fit regarder comme un fou et un visionnaire par les différentes académies de médecine où il présenta ses découvertes. — Il vint à Paris : le peuple et la cour eurent quelque temps les yeux éblouis par ce nouveau genre de cures. On nomma des docteurs pour examiner le magnétisme animal, et on publia des écrits contre Mesmer, qui fut contraint de quitter la France, emportant avec lui une somme de 300,000 francs. Il alla vivre incognito en Angleterre, ensuite en Allemagne, où il mourut. Il reste de lui : 1° *De l'influence des planètes*[1], Vienne, 1766, in-12 ; 2° *Mémoire sur la découverte du magnétisme animal*, Paris, 1779, in-12 ; 3° *Précis historique des faits relatifs au magnétisme animal*, jusqu'en avril 1781, Londres, 1781, in-8° ; 4° *Histoire abrégée du magnétisme animal*, Paris, 1783, in-8° ; 5° *Mémoire de F.-A. Mesmer sur ses découvertes*, Paris, an VII (1799), in-8°.

Messa-Hala, — *voy.* Macha-Halla.

Messe du Diable. — On a vu, par différentes confessions de sorciers, que le diable fait aussi dire des messes au sabbat. Pierre Aupetit, prêtre apostat du village de Fossas, en Limousin, fut brûlé pour y avoir célébré les mystères. — Au lieu de dire les saintes paroles de la consécration, on dit au sabbat: *Belzébuth, Belzébuth, Belzébuth* ; le diable vole sous la forme d'un papillon autour de celui qui dit la messe, et qui mange une hostie noire, qu'il faut mâcher pour l'avaler[2].

Messie des Juifs. — Quand le Messie viendra sur la terre (disent les rabbins dans le *Talmud*), comme ce prince sera revêtu de la force toute-puissante de Dieu, aucun tyran ne pourra lui résister. Il remportera de grandes victoires sur tous ceux qui régneront dans le monde et tirera d'entre leurs mains tous les Israélites qui gémissent sous leur domination. Après les avoir rassemblés, il les mènera en triomphe à la terre de Chanaan, où ils trouveront les habits les plus précieux, qui se feront d'eux-mêmes, et s'ajusteront à toute sorte de grandeur et de taille ; ils y auront aussi toutes les viandes qu'on peut souhaiter, que le pays produira cuites et bien apprêtées, un air pur et tempéré, qui les conservera dans une santé robuste, et prolongera leur vie au delà de celle qui a été accordée aux premiers patriarches. — Mais tout cela n'est rien, en comparaison du festin que leur fera le Messie, où, entre autres viandes, seront servis le bœuf Behemoth, qui s'engraisse depuis le commencement du monde, et mange chaque jour toute l'herbe qui croît sur mille

[1] De planetarum inflexu.
[2] Delancre, Incrédulité et mécréance, etc., p. 506.

montagnes; le poisson Leviathan, qui occupe une mer tout entière; et l'oiseau fameux qui, en étendant seulement ses ailes, obscurcit le soleil. On raconte qu'un jour cet oiseau ayant laissé tomber un de ses œufs, cet œuf abattit par sa chute trois cents gros cèdres; et inonda, en se crevant, soixante villages. — Avant de mettre ces animaux à la broche, le Messie les fera battre ensemble, pour donner à son peuple un plaisir agréable et nouveau : car, outre la monstrueuse grosseur de ces animaux qui s'entre-choqueront, il est rare de voir le combat d'un animal terrestre, d'un poisson et d'un oiseau. Mais aussi faut-il que toutes les actions de ce Messie soient extraordinaires. Il tiendra dans son palais, pour marque de sa grandeur, un corbeau et un lion qui sont des plus rares. Le corbeau est d'une force prodigieuse : une grenouille, grosse comme un village de soixante maisons, ayant été dévorée par un serpent, le corbeau du Messie mangea l'un et l'autre aussi aisément qu'un renard avale une poire, comme dit le rabbin Bahba, présumé témoin oculaire du fait. Le lion n'est pas moins surprenant : un empereur romain en ayant ouï parler et prenant ce qu'on en disait pour une fable, commanda au rabbin Josué de le lui faire voir. Le rabbin, ne pouvant désobéir à de pareils ordres, se mit en prières; et Dieu lui ayant accordé la permission de montrer cette bête, il alla la chercher dans le bois d'Éla, où elle se tenait. Mais quand elle fut à quatorze cents pas de Rome, elle se mit à mugir si furieusement que toutes les femmes enceintes avortèrent, et que les murs de la ville furent renversés. Quand elle en fut à mille pas, elle rugit une seconde fois, ce qui fit tomber les dents à tous les citoyens; et l'empereur, ayant été jeté à bas de son trône, fit prier Josué de reconduire au plus tôt le lion dans son bois.

Métamorphoses. — La mythologie des païens avait ses métamorphoses; nous avons aussi les transformations moins gracieuses des sorciers. Mais nous avons aussi les fées. — Les sorciers qu'on brûla à Vernon, en 1566, s'assemblaient dans un vieux château, sous des formes de chats. Quatre ou cinq hommes, un peu plus hardis que qu'on ne l'était alors, résolurent d'y passer la nuit, mais ils se trouvèrent assaillis d'un si grand nombre de chats que l'un d'eux fut tué et les autres grièvement blessés. Les chats, de leur côté, n'étaient pas invulnérables; et on en vit plusieurs le lendemain qui, ayant repris leur figure d'hommes et de femmes, portaient les marques du combat qu'ils avaient soutenu. *Voy.* Loups-Garous. — Spranger conte qu'un jeune homme de l'île de Chypre fut changé en âne par une sorcière; parce qu'il avait un penchant pour l'indiscrétion. Si les sorcières étaient encore puissantes, bien des jeunes gens d'aujourd'hui auraient les oreilles longues. On lit quelque part qu'une sorcière métamorphosa en grenouille un cabaretier qui mettait de l'eau dans son vin. *Voy.* Fées, Mélye, etc.

Métempsycose. — La mort, suivant cette doctrine, n'était autre chose que le passage de l'âme dans un autre corps. Ceux qui croyaient à la métempsycose disaient que les âmes, étant sorties des corps, s'envolaient sous la conduite de Mercure dans un lieu souterrain où étaient d'un côté le Tartare, et de l'autre les Champs-Élysées. Là, celles qui avaient mené une vie pure étaient heureuses, et celles des méchants se voyaient tourmentées par les furies. Mais, après un certain temps, les unes et les autres quittaient ce séjour pour habiter de nouveaux corps, même ceux des animaux; et, afin d'oublier entièrement tout le passé, elles buvaient de l'eau du fleuve Léthé. On peut regarder les Égyptiens comme les premiers auteurs de cette ancienne opinion de la métempsycose, que Pythagore a répandue dans la suite. — Les manichéens croient à la métempsycose, tellement que les âmes, selon eux, passent dans des corps de pareille espèce à ceux qu'elles ont le plus aimés dans leur vie précédente ou qu'elles ont le plus maltraités. Celui qui a tué un rat ou une mouche sera contraint, par punition, de laisser passer son âme dans le corps d'un rat ou d'une mouche. L'état où l'on sera mis après sa mort sera pareillement opposé à l'état où l'on est pendant la vie. Celui qui est riche sera pauvre, et celui qui est pauvre deviendra riche. C'est cette dernière croyance qui dans le temps multiplia le parti des manichéens. *Voy.* Ginlcül et Transmigration.

Métoposcopie. — Art de connaître les hommes par les rides du front. Cardan publia dans le seizième siècle un traité de *Métoposcopie*, dans lequel il fait connaître au public une foule de découvertes curieuses. Le front, dit-il, est de toutes les parties du visage la plus importante et la plus caractéristique; un physionomiste habile peut, sur l'inspection du front seul, deviner les moindres nuances du caractère d'un homme. En général, un front très-élevé avec un visage long et un menton qui se termine en pointe est l'indice de la nullité des moyens. Un front très-osseux annonce un naturel opiniâtre et querelleur; si ce front est aussi très-charnu, il est le signe de la grossièreté. Un front carré, large, avec un œil franc sans effronterie, indique du courage avec de la sagesse. Un front arrondi et saillant par le haut, qui descend ensuite perpendiculairement sur l'œil, et qui paraît plus large qu'élevé, annonce du jugement, de la mémoire, de la vivacité, mais un cœur froid. — Des rides obliques au front, surtout si elles se trouvent parallèles, annoncent un esprit soupçonneux. Si ces rides parallèles sont presque droites, régulières, pas très-profondes, elles promettent du jugement, de la sagesse, un esprit droit. Un front qui serait bien ridé dans sa moitié supérieure, et sans rides dans sa moitié inférieure, serait l'indice de quelque stupidité. — Les rides ne se prononcent qu'avec l'âge. Mais avant de paraître, elles existent dans la conformation du front; le travail quelquefois les marque dans l'âge le plus tendre. Il y a au front sept rides ou lignes principales qui le traversent d'une tempe à l'autre. La planète de Saturne préside à la première, c'est-à-dire la plus haute; Jupiter préside à la seconde; Mars préside à la troisième; le soleil à la quatrième; Vénus à la cinquième; Mercure à la sixième; la Lune à la septième, qui est la dernière, la plus basse et la plus voisine des sourcils. — Si ces lignes sont petites, tortueuses, faibles, elles annoncent un homme débile et dont la vie sera courte. Si elles sont interrompues, brisées, inégales, elles amènent des maladies, des chagrins, des misères; également marquées, disposées avec grâce ou prononcées fortement, c'est l'indice d'un esprit juste et l'assurance d'une vie longue et heureuse. Remarquons cependant que chez un homme à qui le travail ou des revers ont sillonné le front de rides profondes, on ne peut plus tirer de ce signe les mêmes conséquences; car alors ces lignes étant forcées, ce n'est plus que l'indice de la constance. — Quand la ligne de Saturne n'est pas marquée, on peut s'attendre à des malheurs que l'on s'attirera par imprudence. Si elle se brise au milieu du front, c'est une vie agitée. Prononcée fortement, c'est une heureuse mémoire, une patience sage. — Quand la ride de Jupiter est brisée, on est menacé de faire des sottises. Si elle n'est pas marquée, esprit faible, inconséquent, qui restera dans la médiocrité. Si elle se prononce bien, on peut espérer les honneurs et la fortune. — La ligne de Mars brisée promet un caractère inégal. Si elle ne paraît point, c'est un homme doux, timide et modeste. Fortement prononcée, audace, colère, emportement. — Quand la ligne du Soleil manque tout à fait, c'est le signe de l'avarice. Brisée et inégale, elle dénote un bourru, maussade et avare, mais qui a de meilleurs moments. Fortement prononcée, elle annonce de la modération, de l'urbanité, du savoir-vivre, un penchant à la magnificence. — La ride de Vénus fortement prononcée est le signe d'un homme porté aux plaisirs. Brisée et inégale, cette ride promet des retours sur soi-même. Si elle n'est pas du tout prononcée, la complexion est froide. — La ride de Mercure bien marquée donne l'imagination, les inspirations poétiques, l'éloquence. Brisée, elle ne donne plus que l'esprit de conversation, le ton de la société. Si elle ne paraît pas du tout, caractère nul. — Enfin la ride de la Lune, lorsqu'elle est très-prononcée, indique un tempérament froid, mélancolique. Inégale et brisée, elle promet des moments de gaieté entremêlés de tristesse. Si elle manque tout à fait, c'est l'enjouement et la bonne humeur. — L'homme qui a une croix sur la ride de Mercure se consacrera aux lettres et aux sciences. Deux lignes parallèles et perpendiculaires sur le front annoncent qu'on se mariera deux fois, trois fois si ces lignes sont au nombre de trois, quatre fois si elles sont au nombre de quatre, et toujours ainsi. — Une figure qui aura la forme d'un C, placée au haut du front sur la ligne de Saturne, annonce une grande mémoire. Ce signe était évident sur le front d'un jeune Corse dont parle Muret, qui pouvait retenir en un jour et répéter sans effort dix-huit mille mots barbares qu'il n'entendait pas. Un C sur la ligne de Mars présage la force du corps. Ce signe était remarquable sur le front du maréchal de Saxe, qui était si robuste qu'il cassait des barres de fer aussi aisément qu'un paysan ordinaire casse une branche d'arbre ou un bâton de bois blanc. Un C sur la ligne de Vénus promet de mauvaises affaires. Un C sur la ligne de Mercure annonce un esprit mal fait, un jugement timbré. Un C entre les deux sourcils, au-dessous de la ride de la Lune, annonce un naturel prompt à s'emporter, une humeur vindicative. Les hommes qui portent cette figure sont ordinairement des duellistes, des boxeurs. Les époux qui ont le front chargé de ce signe se battent en ménage.... — Celui qui aura entre les deux sourcils, sur la ligne de la Lune, la figure d'un X, est exposé à mourir au champ d'honneur dans une grande bataille. — Celui qui porte au milieu du front, sur la ligne du Soleil, une petite figure carrée ou un triangle, fera fortune sans peine. Si ce signe est à droite, il promet une succession. S'il est à gauche, il annonce des biens mal acquis. — Deux lignes partant du nez et se recourbant des deux côtés sur le front, au-dessus des yeux, annoncent des procès. Si ces lignes sont au nombre de quatre et qu'elles se recourbent deux à deux sur le front, on peut craindre d'être un jour prisonnier de guerre et de gémir captif sur un sol étranger.... — Les figures rondes sur la ligne de la Lune annoncent des maladies aux yeux. — Si vous avez dans la partie droite du front, sur la ligne de Mars, quelque figure qui ressemble à un Y, vous aurez des rhumatismes. Si cette figure est au milieu du front, craignez la goutte. Si elle est à gauche, toujours sur la ligne de Mars, vous pourrez bien mourir d'une goutte remontée. — La figure du chiffre 3 sur la figure de Saturne annonce des coups de bâton. Sur la ligne de Jupiter, un emploi lucratif. Sur la ligne de Mars, commandement d'un corps d'armée dans une bataille, mais le commandant sera fait prisonnier dans le combat. Sur la ligne du Soleil, ce signe annonce quelque accident qui vous fera perdre le tiers de votre fortune. Sur la ride de Vénus, disgrâces dans le ménage. Sur la ligne de Mercure, elle fait un avocat. Enfin, sur la ligne de la Lune, la figure du chiffre 3 annonce à celui qui la porte qu'il mourra malheureusement, s'il ne réprime sa passion pour le vol. — La figure d'un V sur la ligne de Mars annonce qu'on sera soldat et qu'on mourra caporal. La figure d'un H sur la ligne du Soleil ou sur celle de Saturne est le présage qu'on sera persécuté pour des opinions politiques. La figure d'un P est le signe, partout où elle paraît, d'un penchant à la gourmandise qui pourra faire faire de grandes fautes. — Nous terminerons ce petit traité par la révélation du signe le plus flatteur : c'est celui qui a une ressemblance plus ou moins marquée avec la lettre M. En quelque partie du front, sur quelque ride du front que cette figure paraisse, elle annonce le bonheur, les talents, une conscience calme, la paix du cœur, une heureuse aisance, l'estime générale et une heureuse mort. — Toutes bénédictions que je souhaite au lecteur.

Meurtre. — « Dans la nuit qui suivit l'ensevelissement du comte de Flandre Charles-le-Bon, ses meurtriers, selon la coutume des païens et des sorciers, firent apporter du pain et un vase plein de cervoise. Ils s'assirent autour du cadavre, placèrent la boisson et le pain sur le linceul comme sur une table, buvant et mangeant sur le mort, dans la confiance que par cette action ils empêcheraient qui que ce fût de venger le meurtre commis[1]. » Année 1127.

[1] Gualbert, Vie de Charles-le-Bon, chap. 18, dans la collection des Bollandistes ; 2 mars.

Meyer, — professeur de philosophie à l'université de Halle, auteur d'un *Essai sur les apparitions*, traduit de l'allemand par F. Ch. de Bær. 1748, in-42. — L'auteur convient qu'on est sur un mauvais terrain lorsqu'on écrit sur les spectres. Il avoue qu'il n'en a jamais vu et n'a pas grande envie d'en voir. Il observe ensuite que l'imagination est pour beaucoup dans les aventures d'apparitions. « Supposons, dit-il, un homme dont la mémoire est remplie d'histoires de revenants ; car les nourrices, les vieilles et les premiers maîtres ne manquent pas de nous en apprendre ; que cet homme pendant la nuit soit couché seul dans sa chambre ; s'il entend devant sa porte une démarche mesurée, lourde et traînante, ce qui marche est peut-être un chien, mais il est loin d'y songer, et il a entendu un revenant, qu'il pourra même avoir vu dans un moment de trouble. » — L'auteur termine en donnant cette recette contre les apparitions : 1° qu'on tâche d'améliorer son imagination et d'éviter ce qui pourrait la faire extravaguer ; 2° qu'on ne lise point d'histoires de spectres, car un homme qui n'en a jamais lu ni entendu n'a guère d'apparitions. « Qu'un spectre soit ce qu'il voudra, ajoute Meyer, Dieu est le maître, et il nous sera toujours plus favorable que contraire. »

Michael (ÉLIACIM). — Jean Desmarets, sieur de Saint-Sorlin, avait publié des *Avis du Saint-Esprit au roi*. Mais le plus éclatant et le plus important des avis de cette sorte est celui qui fut apporté un peu plus tard par le grand prophète Éliacim Michael. Il nous avertissait, dit Baillet, que dans peu de temps on verrait une armée de cent quarante-quatre mille hommes de troupes sacrées sous les ordres du roi, qui avait pour lieutenants les quatre princes des anges. Il ajoutait que Louis XIV avec cette armée exterminerait absolument tous les hérétiques et tous les mahométans ; mais que tous ses soldats merveilleux seraient immolés[1].

Michel (MONT SAINT-). — Il y a sur le mont Saint-Michel en Bretagne cette croyance que les démons chassés du corps des hommes sont enchaînés dans un cercle magique sur le haut de cette montagne ; ceux qui mettent le pied dans ce cercle courent toute la nuit sans pouvoir s'arrêter : aussi la nuit on n'ose traverser le mont Saint-Michel[2].

Michel, — maréchal-ferrant de Salon en Provence, eut une singulière aventure en

[1] P. Nicole, sous le nom de Damvilliers, Lettres des visionnaires ; Baillet, Jugem. des savants, Préjugés des titres des livres.
[2] Cambry, Voyage dans le Finistère, t. Ier, p. 242.

1697. Un spectre, disait-on, s'était montré à un bourgeois de la ville et lui avait ordonné d'aller parler à Louis XIV, qui était alors à Versailles. Il lui avait recommandé le secret envers tout autre que l'intendant de la province, sous peine de mort. Ce bourgeois effrayé conta sa vision à sa femme et paya son indiscrétion de sa vie. Quelque temps après la même apparition s'étant adressée à un autre habitant de Salon, il eut l'indiscrétion d'en faire part à son père; et il mourut comme le premier. Tous les alentours furent épouvantés de ces deux tragédies. Le spectre se montra alors à Michel, qui se rendit aussitôt chez l'intendant, où il fut d'abord traité de fou; mais ensuite on lui accorda des dépêches pour le marquis de Barbezieux, lequel lui facilita les moyens de se présenter au premier ministre du roi. Le ministre voulut savoir les motifs qui engageaient ce bonhomme à parler au prince en secret. Michel, à qui le spectre apparut de nouveau à Versailles, assura qu'au risque de sa vie il ne pouvait rien divulguer; et comme il était néanmoins pressé de lui parler, il dit au ministre que, pour lui prouver qu'il ne s'agissait pas de chimères, il pouvait demander à Sa Majesté si, à sa dernière chasse de Fontainebleau, elle-même n'avait pas vu un fantôme? si son cheval n'en avait pas été troublé? s'il n'avait pas pris un écart? et si Sa Majesté, persuadée que ce n'était qu'une illusion, n'avait pas évité d'en parler à personne? — Le marquis et le ministre ayant informé le roi de ces particularités, Louis XIV voulut voir secrètement Michel le jour même; personne n'a jamais pu savoir ce qui eut lieu dans cette entrevue. Mais Michel, après avoir passé trois jours à la cour, s'en revint dans sa province, chargé d'une bonne somme d'argent que lui avait donnée Louis XIV avec ordre de garder le secret le plus rigoureux sur le sujet de sa mission. — On ajoute que, le roi étant un jour à la chasse, le duc de Duras, capitaine des gardes du corps, ayant dit qu'il n'aurait jamais laissé approcher Michel de la personne du roi s'il n'en avait reçu l'ordre, Louis XIV répondit : « Il n'est pas fou comme vous le pensez, et voilà comme on juge mal. » Mais on n'a pu découvrir ce mystère.

Michel de Sahourspe, — sorcier du pays de Saxe, qui déclara qu'il avait vu au sabbat un grand et un petit diable; que le grand se servait du petit comme d'un aide-de-camp; et que le derrière du grand-maître des sabbats était un visage.

Michel l'Écossais, — astrologue du seizième siècle. Il prédit qu'il mourrait dans une église; ce qui arriva, dit Granger. Comme il était un jour à l'office, il lui tomba sur la tête une pierre qui le tua.

Midas. — Lorsque Midas, qui fut depuis roi de Phrygie, était encore enfant, un jour qu'il dormait dans son berceau, des fourmis emplirent sa bouche de grains de froment. Ses parents voulurent savoir ce que signifiait ce prodige; les devins consultés répondirent que ce prince serait le plus riche des hommes [1]. Ce qui n'a été écrit qu'après qu'il l'était devenu.

Midi, — voy. DÉMON DE MIDI.

Migalena, — sorcier du pays de Labour, qui fut arrêté à l'âge de soixante ans, et traduit devant les tribunaux en même temps que Bocal, autre sorcier du même pays. Migalena avoua qu'il avait été au sabbat, qu'il y avait fait des sacrifices abominables, qu'il y avait célébré les mystères en présence de deux cents sorciers. Pressé par son confesseur de prier Dieu, il ne put réciter une prière couramment, il commençait le *Pater*, l'*Ave*, sans les achever, comme si le diable qu'il servait l'en eût empêché [2].

Milan, — oiseau qui a des propriétés admirables. Albert-le-Grand dit que si on prend sa tête et qu'on la porte devant son estomac, on se fera aimer de tout le monde. Si on l'attache au cou d'une poule, elle courra sans relâche jusqu'à ce qu'elle l'ait déposée; si on frotte de son sang la crête d'un coq, il ne chantera plus. Il se trouve une pierre dans ses rognons qui, mise dans la viande que doivent manger deux ennemis, les rend bons amis et les fait vivre en bonne intelligence.

Millénaires. — On a donné ce nom 1° à des gens qui croyaient que notre Seigneur, à la fin du monde, régnera mille ans sur la terre; 2° à d'autres qui pensaient que la fin du monde arriverait en l'an mil; 3° à d'autres encore qui avaient imaginé que, de mille ans en mille ans, il y avait pour les damnés une cessation des peines de l'enfer.

Millo, — vampire de Hongrie au dix-huitième siècle. Une jeune fille, nommée Stanoska, s'étant couchée un soir en parfaite santé, se réveilla au milieu de la nuit toute tremblante, jetant des cris affreux, et disant que le jeune Millo, mort depuis neuf semaines, avait failli l'étrangler. Cette fille mourut au bout de trois jours. On pensa que Millo pouvait être un vampire; il fut déterré, re-

---
[1] Valère-Maxime.
[2] Delancre, Tableau de l'inconstance des démons, liv. VI, p. 423.

Milon, — athlète grec qui était doué d'une force prodigieuse. Galien, Mercurialis et d'autres disent qu'il se tenait si ferme sur une planche huilée, que trois hommes ne pouvaient la lui faire abandonner. Athénée ajoute qu'aux jeux olympiques il porta long-temps sur ses épaules un bœuf de quatre ans, qu'il mangea le même jour tout entier; fait aussi vrai que le trait de Gargantua, lequel avala six pèlerins dans une bouchée de salade [1].

Mimer. — En face de Kullan, on aperçoit une colline couverte de verdure qu'on appelle la colline d'Odin. C'est là, dit-on, que le dieu scandinave a été enterré. Mais on n'y voit que le tombeau du conseiller d'état Schimmelmann, qui était un homme fort paisible, très-peu soucieux, je crois, de monter au Valhalla et de boire le *miœd* avec les valkyries. Cependant une enceinte d'arbres protége l'endroit où les restes du dieu suprême ont été déposés; une source d'eau limpide y coule avec un doux murmure. Les jeunes filles des environs qui connaissent leur mythologie disent que c'est la vraie source de la sagesse, la source de Mimer, pour laquelle Odin sacrifia un de ses yeux. Dans les beaux jours d'été, elles y viennent boire [2].

Mimi, — *voy.* Zozo.

Mimique, — *art de connaître les hommes par leurs gestes, leurs attitudes*, etc. C'est la partie la moins douteuse de la physiognomonie. La figure est souvent trompeuse; mais les gestes et les mouvements d'une personne qui ne se croit pas observée peuvent donner une idée plus ou moins parfaite de son caractère. Rien n'est plus significatif, dit Lavater, que les gestes qui accompagnent l'attitude et la démarche. Naturel ou affecté, rapide ou lent, passionné ou froid, uniforme ou varié, grave ou badin, aisé ou forcé, dégagé ou roide, noble ou bas, fier ou humble, hardi ou timide, décent ou ridicule, agréable, gracieux, imposant, menaçant, le geste est différencié de mille manières. L'harmonie étonnante qui existe entre la démarche, la voix et le geste, se dément rarement. Mais pour démêler le fourbe, il faudrait le surprendre au moment où se croyant seul il est encore lui-même, et n'a pas eu le temps de faire prendre à son visage l'expression qu'il sait lui donner. Découvrir l'hypocrisie est la chose la plus difficile et en même temps la plus aisée : difficile tant que l'hypocrite se croit observé ; facile dès qu'il oublie qu'on l'observe. — Cependant on voit tous les jours que la gravité et la timidité donnent à la physionomie la plus honnête un aperçu de malhonnêteté. Souvent c'est parce qu'il est timide, et non point parce qu'il est faux, que celui qui vous fait un récit ou une confidence n'ose vous regarder en face. — N'attendez jamais une humeur douce et tranquille d'un homme qui s'agite sans cesse avec violence, et en général ne craignez ni emportement ni excès de quelqu'un dont le maintien est toujours sage et posé. Avec une démarche alerte, on ne peut guère être lent et paresseux ; et celui qui se traîne nonchalamment à pas comptés n'annonce pas cet esprit d'activité qui ne craint ni dangers, ni obstacles pour arriver au but. — Une bouche béante et fanée, une attitude insipide, les bras pendants et la main gauche tournée en dehors, sans qu'on en devine le motif, annoncent la stupidité naturelle, la nullité, le vide, une curiosité hébétée. — La démarche d'un sage est différente de celle d'un idiot, et un idiot est assis autrement qu'un homme sensé. L'attitude du sage annonce la méditation, le recueillement ou le repos. L'imbécile reste sur sa chaise sans savoir pourquoi ; il semble fixer quelque chose et son regard ne porte sur rien ; son assiette est isolée comme lui-même. — La prétention suppose un fond de sottise. Attendez-vous à rencontrer l'une et l'autre dans toute physionomie disproportionnée et grossière qui affecte un air de solennité et d'autorité. Jamais l'homme sensé ne se donnera des airs, ni ne prendra l'attitude d'une tête éventée. Si son attention excitée l'oblige à lever la tête, il ne croisera pourtant pas les bras sur le dos ; ce maintien suppose de l'affectation, surtout avec une physionomie qui n'a rien de désagréable, mais qui n'est pas celle d'un penseur. — Un air d'incertitude dans l'ensemble, un visage qui dans son immobilité ne dit rien du tout, ne sont pas des signes de sagesse. Un homme qui, réduit à son néant, s'applaudit encore lui-même avec joie, qui rit comme un sot sans savoir pourquoi, ne parviendra jamais à former ou à suivre une idée raisonnable. — La crainte d'être distrait se remarque dans la bouche. Dans l'attention elle n'ose respirer. — Un homme vide de sens, et qui veut se donner des airs, met la main droite dans son sein et la gauche dans la poche de sa culotte avec un maintien affecté et théâtral. — Une personne qui est toujours aux écoutes ne promet rien de bien distingué. — Quiconque sourit sans sujet avec

---

[1] Brown, Essai sur les erreurs popul., t. VII, ch. XVIII, p. 334.
[2] Marmier, Souvenirs danois.

une lèvre de travers, quiconque se tient souvent isolé sans aucune direction, sans aucune tendance déterminée ; quiconque salue le corps roide, n'inclinant que la tête en avant, est un fou. — Si la démarche d'une femme est sinistre, non-seulement désagréable, mais gauche, impétueuse, sans dignité, se précipitant en avant et de côté d'un air dédaigneux, soyez sur vos gardes. Ne vous laissez éblouir, ni par le charme de la beauté, ni par les grâces de son esprit, ni même par l'attrait de la confiance qu'elle pourra vous témoigner ; sa bouche aura les mêmes caractères que sa démarche, et ses procédés seront durs et faux comme sa bouche ; elle sera peu touchée de tout ce que vous ferez pour elle, et se vengera de la moindre chose que vous aurez négligée. Comparez sa démarche avec les lignes de son front et les plis qui se trouvent autour de sa bouche, vous serez étonné du merveilleux accord de toutes ces lignes caractéristiques. — Ayez le plus de réserve possible en présence de l'homme gras et d'un tempérament colère qui semble toujours mâcher, roule sans cesse les yeux autour de soi, ne parle jamais de sens rassis, s'est donné cependant l'habitude d'une politesse affectée, mais traite tout avec une espèce de désordre et d'impropreté. Dans son nez rond, court, retroussé, dans sa bouche béante, dans les mouvements irréguliers de sa lèvre inférieure, de son front saillant et plein d'excroissances, dans sa démarche qui se fait entendre de loin, vous reconnaîtrez l'expression du mépris et de la dureté, des demi-talents avec la prétention d'un talent accompli ; de la méchanceté sous une gauche apparence de bonhomie. — Fuyez tout homme dont la voix toujours tendue, toujours montée, toujours haute et sonore, ne cesse de décider ; dont les yeux, tandis qu'il décide, s'agrandissent, sortent de leur orbite ; dont les sourcils se hérissent, les veines se gonflent, la lèvre inférieure se pousse en avant, dont les mains se tournent en poings ; mais qui se calme tout à coup, qui reprend le ton d'une politesse froide, qui fait rentrer ses yeux et ses lèvres, s'il est interrompu par la présence imprévue d'un personnage important qui se trouve être votre ami. — L'homme dont les traits et la couleur du visage changent subitement, qui cherche avec soin à cacher cette altération soudaine, et sait reprendre aussitôt un air calme ; celui qui possède l'art de tendre et détendre les muscles de sa bouche, de les tenir pour ainsi dire en bride, particulièrement lorsque l'œil observateur se dirige sur lui : cet homme a moins de probité que de prudence ; il est plus courtisan que sage et modéré. — Rappelez-vous les gens qui glissent plutôt qu'ils ne marchent, qui reculent en s'avançant, qui disent des grossièretés d'une voix basse et d'un air timide, qui vous fixent hardiment dès que vous ne les voyez plus, et n'osent jamais vous regarder tranquillement en face, qui ne disent du bien de personne, sinon des méchants, qui trouvent des exceptions à tout et paraissent avoir toujours contre l'assertion la plus simple une contradiction toute prête ; et fuyez l'atmosphère où ces gens respirent. — Celui qui relève la tête et la porte en arrière (que cette tête soit grosse ou singulièrement petite) ; celui qui se mire dans ses pieds mignons de manière à les faire remarquer ; celui qui, voulant montrer de grands yeux encore plus grands qu'ils ne sont, les tourne exprès de côté comme pour regarder tout par-dessus l'épaule ; celui qui, après vous avoir prêté long-temps un silence orgueilleux, vous fait ensuite une réponse courte, sèche et tranchante, qu'il accompagne d'un froid sourire ; qui, du moment qu'il aperçoit la réplique sur vos lèvres, prend un air sourcilleux et murmure tout bas d'un ton propre à vous ordonner le silence : cet homme a pour le moins trois qualités haïssables avec tous leurs symptômes, l'entêtement, l'orgueil, la dureté ; très-probablement il y joint encore la fausseté, la fourberie et l'avarice. — Le corps penché en avant annonce un homme prudent et laborieux. Le corps penché en arrière annonce un homme vain, médiocre et orgueilleux. — Les borgnes, les boiteux et surtout les bossus, dit Albert-le-Grand, sont rusés, spirituels, un peu malins et passablement méchants. — L'homme sage rit rarement et peu. Il se contente ordinairement de sourire. Quelle différence entre le rire affectueux de l'humanité et le rire infernal qui se réjouit du mal d'autrui ! Il est des larmes qui pénètrent les cieux ; il en est d'autres qui provoquent l'indignation et le mépris. — Remarquez aussi la voix (comme les Italiens font dans leurs passe-ports et dans leurs signalements) ; distinguez si elle est haute ou basse, forte ou faible, claire ou sourde, douce ou rude, juste ou fausse. Le son de la voix, son articulation, sa faiblesse et son étendue, ses inflexions dans le haut et dans le bas, la volubilité et l'embarras de la langue, tout cela est infiniment caractéristique. Le cri des animaux les plus courageux est simple, dit Aristote, et ils le poussent sans effort marqué. Celui des animaux timides est beaucoup plus perçant. Comparez à cet égard le lion, le bœuf, le coq qui chante son triomphe, avec le cerf et le lièvre ; ceci peut s'appliquer aux hommes. La voix grosse et forte annonce un homme robuste; la voix faible, un homme timide. La voix claire et sonnante dénote quelquefois un menteur; la voix habituellement tremblante indique souvent un naturel soupçonneux. L'effronté et l'insolent ont la voix haute. La voix rude est un signe de grossièreté. La voix douce et pleine, agréable à l'oreille, annonce un heureux naturel. — Un homme raisonnable se met tout autrement qu'un fat; une femme pieuse autrement qu'une coquette. La propreté et la négligence, la simplicité et la magnificence, le bon et le mauvais goût, la présomption et la décence, la modestie et la fausse honte : voilà autant de choses qu'on distingue à l'habillement seul. La couleur, la coupe, la façon, l'assortiment d'un habit, tout cela est expressif encore et nous caractérise. Le sage est simple et uni dans son extérieur; la simplicité lui est naturelle. On reconnaît bientôt un homme qui s'est paré dans l'intention de plaire, celui qui ne cherche qu'à briller, et celui qui se néglige soit pour insulter à la décence, soit pour se singulariser. — Il y aurait aussi des remarques à faire sur le choix et l'arrangement des meubles, dit Lavater. Souvent d'après ces bagatelles on peut juger l'esprit et le caractère du propriétaire ; mais on ne doit pas tout dire. *Voy.* Physiognomonie.

Mineurs (Démons). — Il y a de malins esprits qui, sous la forme de chèvres, vont tourmenter les mineurs; on dit qu'ils apparaissent souvent aux mines métalliques et battent ceux qui tirent les métaux. Cependant ces démons ne sont pas tous mauvais, puisqu'il y en a qui au contraire aident les ouvriers. Olaüs Magnus dit que ces derniers se laissent voir sous la forme de nains, grands d'un demi-mètre; qu'ils aident à scier les pierres, à creuser la terre; mais que malgré cela ils ont toujours une tendance au mal, et que les malheureux mineurs sont souvent victimes de leurs mauvais traitements. — Au reste on a distingué six sortes d'esprits qui fréquentent les mines et sont plus ou moins méchants; quelques-uns disent qu'ils en ont vu dans les mines d'Allemagne qui ne laissaient aucun repos aux ouvriers, tellement qu'ils étaient contraints d'abandonner le métier; et entre autres exemples qu'ils donnent de la malignité de cette engeance infernale, on cite qu'un démon mineur tua douze artisans à la fois; ce qui fit délaisser la mine d'argent, qui était cependant très-productive[1].
Voy. Anneberg, Montagnards, etc.

[1] Lenglet-Dufresnoy, Recueil de dissert., tom. Ier, p. 162.

Mingrélie. — Le christianisme dans ce pays de schisme grec est très-corrompu. On y voit des prêtres baptiser des enfants distingués avec du vin. Lorsqu'un malade demande des secours spirituels, le prêtre ne lui parle pas de confession ; mais il cherche dans un livre la cause de sa maladie et l'attribue à la colère de quelqu'une de leurs images, qu'il faut apaiser par des offrandes.

Minoson. — démon qui fait gagner à toutes sortes de jeux; il dépend de Haël, l'un des plus puissants chefs de l'enfer[1].

Minuit. — C'est à cette heure-là que se fait le sabbat des sorciers, et que les spectres et les démons apparaissent. Cependant le diable n'aime pas uniquement l'heure de minuit, car il peut tenir sabbat à midi, comme l'ont avoué plusieurs sorcières, telles que Jeannette d'Abadie et Catherine de Naguille[2].

Mirabel (Honoré), fripon qui fut condamné aux galères perpétuelles, après avoir été appliqué à la question, par arrêt du 18 février 1729. Il avait promis à un de ses amis, nommé Auguier, de lui faire trouver des trésors par le moyen du diable. Il fouilla, après maintes conjurations, dans un jardin près de Marseille, et dit qu'il y avait là un sac de pièces portugaises que lui avait indiqué un spectre. Il tira en présence de plusieurs personnes et d'un valet, nommé Bernard, un paquet enveloppé d'une serviette; l'ayant emporté chez lui, il le délia et y trouva un peu d'or, qu'il donna à Auguier, lui en promettant davantage et le priant de lui prêter quarante francs; ce qui doit sembler assez singulier. L'ami lui prêta cette somme, lui passa un billet par lequel il reconnaissait lui devoir vingt mille livres, et lui remettait les quarante francs. Le billet fut signé le 27 septembre 1726. Quelque temps après, Mirabel demanda le payement du billet; comme on le refusa, parce que le sorcier n'avait donné que des espérances, il eut la hardiesse d'intenter un procès; mais en fin de cause il se vit, comme on l'a dit, condamné aux galères par messieurs du parlement d'Aix[3].

Mirabilis liber. — On attribue la plus grande part de ce livre à saint Césaire. C'est un recueil de prédictions dues à des saints et à des sibylles. Ce qui peut surprendre les esprits forts, c'est que dans l'édition de 1522 on voit annoncés les événements qui ont clos si tragiquement le dernier siècle, l'expulsion et

[1] Clavicules de Salomon, p. 20.
[2] Delancre, Tabl. de l'inconstance des démons, etc. liv. II, p. 66.
[3] D. Calmet, Dissertat. sur les apparitions, p. 145.

l'abolition de la noblesse, les persécutions contre le clergé, la suppression des couvents, le mariage des prêtres, le pillage des églises, la mort violente du roi et de la reine, etc. On y lit ensuite que l'aigle venant des pays lointains rétablira l'ordre en France [1].

Miracles. — Un certain enchanteur abattit une bosse en y passant la main; on cria au miracle !.... La bosse était une vessie enflée. Tels sont les miracles des charlatans. — Mais parce que les charlatans font des tours de passe-passe qui singent les faits surnaturels proprement appelés miracles (et il n'y a de miracles que ceux qui viennent de Dieu), il est absurde de les nier. Nous vivons entourés de miracles qui ne se peuvent expliquer quoiqu'ils soient constants. — Nous ne pouvons parler ici que des faux miracles, œuvre de Satan, ou fourberie des imposteurs qui servent ainsi la cause de l'esprit du mal. Ce qui est affligeant, c'est que les jongleries souvent plus de crédit chez les hommes fourvoyés que les faits extraordinaires dont la vérité est établie, comme les superstitions ont parfois plus de racines que les croyances religieuses. — On raconte l'anecdote suivante pour prouver que les plus grandes absurdités trouvent des partisans. Deux charlatans débutaient dans une petite ville de province; comme Cagliostro, Mesmer et d'autres personnages importants venaient de se présenter à Paris à titre de docteurs qui guérissaient toutes les maladies; ils pensèrent qu'il fallait quelque chose de plus relevé pour accréditer leur savoir-faire. Ils s'annoncèrent donc comme ayant le pouvoir de ressusciter les morts; et, afin qu'on n'en pût douter, ils déclarèrent qu'au bout de trois semaines, jour pour jour, ils rappelleraient à la vie, dans le cimetière qu'on leur indiquerait, le mort dont on leur montrerait la sépulture, fût-il enterré depuis dix ans. Ils demandent au juge du lieu qu'on les garde à vue pour s'assurer qu'ils ne s'échapperont pas, mais qu'on leur permette en attendant de vendre des drogues et d'exercer leurs talents. La proposition paraît si belle qu'on n'hésite pas à les consulter. Tout le monde assiège leur maison; tout le monde trouve de l'argent pour payer de tels médecins. — Le grand jour approchait. Le plus jeune des deux charlatans, qui avait moins d'audace, témoigna ses craintes à l'autre, et lui dit : « Malgré toute votre habileté, je crois que vous nous exposez à être lapidés; car enfin vous n'avez pas le talent de ressusciter les morts. — Vous ne connaissez pas les hommes, lui répliqua le docteur; je suis tranquille. » L'événement justifia sa présomption. Il reçut d'abord une lettre d'un gentilhomme du lieu; elle était ainsi conçue : — « Monsieur, j'ai appris que vous deviez faire une grande opération qui me fait trembler. J'avais une méchante femme, Dieu m'en a délivré; et je serais le plus malheureux des hommes si vous la ressuscitiez. Je vous conjure donc de ne point faire usage de votre secret dans notre ville, et d'accepter un petit dédommagement que je vous envoie, etc. » — Une heure après les charlatans virent arriver chez eux deux jeunes gens qui leur présentèrent une autre gratification, sous la condition de ne point employer leur talent à la résurrection d'un vieux parent dont ils venaient d'hériter. Ceux-ci furent suivis par d'autres, qui apportèrent aussi leur argent pour de pareilles craintes, en faisant la même supplication. Enfin le juge du lieu vint lui-même dire aux deux charlatans qu'il ne doutait nullement de leur pouvoir miraculeux, qu'ils en avaient donné des preuves par une foule de guérisons; mais que l'expérience qu'ils devaient faire le lendemain dans le cimetière avait mis d'avance toute la ville en combustion, que l'on craignait de voir ressusciter un mort dont le retour pourrait causer des révolutions dans les fortunes, qu'il les priait de partir, et qu'il allait leur donner une attestation comme quoi ils ressusciteraient réellement des morts. — Le certificat fut signé, paraphé, légalisé, dit le conte; et les deux compagnons parcoururent les provinces, montrant partout la preuve légale de leur talent surnaturel....

Miroir. — Lorsque François 1er faisait la guerre à Charles-Quint, on conte qu'un magicien apprenait aux Parisiens ce qui se passait à Milan, en écrivant sur un miroir les nouvelles de cette ville et l'exposant à la lune, de sorte que les Parisiens lisaient dans cet astre ce que portait le miroir. Ce secret est perdu comme tant d'autres. Voy. PYTHAGORE. Pour la divination par le miroir, voy. CRISTALLOMANCIE.

Misraïm, — fils de Cham; voy. MAGIE.

Mœnsklint. — Les riverains de la mer Baltique vous montrent avec orgueil une grande masse de roc, toute blanche, taillée à pic, surmontée de quelques flèches aiguës et couronnée d'arbustes. Mais voyez, ce que le géologue appelle de la pierre calcaire, ce n'est pas la pierre calcaire; et ce qui s'élève au haut de cette montagne sous la forme d'un

---

[1] Mirabilis liber qui prophetias revelationesque, necnon res mirandas, præteritas, præsentes et futuras aperte demonstrat. In-4°; Paris, 1522.
[2] Le Monde enchanté, de Becker.

massif d'arbres, ce n'est pas un massif d'arbres. Il y a là une jeune fée très-belle qui règne sur les eaux et sur l'île. Ce roc nu, c'est sa robe blanche qui tombe à grands replis dans les vagues et se diapre aux rayons du soleil ; cette pyramide aiguë qui le surmonte, c'est son sceptre ; et ces rameaux de chêne, c'est sa couronne. Elle est assise au haut du pic qu'on appelle le *Dronnings Stol* (le Siége de la Reine). De là elle veille sur son empire, elle protége la barque du pêcheur et le navire du marchand. Souvent la nuit on a entendu sur cette côte des voix harmonieuses, des voix étranges qui ne ressemblent pas à celles qu'on entend dans le monde. Ce sont les jeunes fées qui chantent et dansent autour de leur reine, et la reine est là qui les regarde et leur sourit. Oh ! le peuple est le plus grand de tous les poëtes. Là où la science analyse et discute, il invente, il donne la vie à la nature animée, il divinise les êtres que le physicien regarde comme une matière brute. Il passe le long d'un lac et il y voit des esprits ; il passe au pied d'un roc de craie, et il y voit une reine, et il l'appelle le *Mœnsklint* (le rocher de la Jeune Fille) [1]. »

Mog. — De ce nom peut-être est venu le mot *magus*, magicien. On retrouve encore dans l'Arménie l'ancienne région des Mogs. « Le nom de *Mog*, dit M. Eugène Boré [2], est un mot zend et pehlvi qui a passé dans la langue chaldéenne à l'époque où le symbole religieux de la Perse fut adopté par le peuple de Babylone. Il représentait la classe pontificale, initiée sans doute à des doctrines secrètes dont l'abus et l'imposture firent tomber ensuite ce titre en discrédit. Les prêtres ainsi désignés étaient ces anciens desservants du temple de Bélus, qu'avait visités et entretenus Hérodote, et qu'il nomme Chaldéens aussi bien que le prophète Daniel. Ils avaient encore le nom de sages ou philosophes, de voyants et d'astronomes. Lorsqu'ils mêlèrent aux principes élevés de la science et de la sagesse les superstitions de l'idolâtrie et toutes les erreurs de l'astrologie et de la divination, ils furent appelés enchanteurs, interprètes de songes, sorciers, en un mot, *magiciens*. » Mais au dixième siècle Thomas Ardzérouni, cité par M. Boré, appelle encore la contrée qu'ils habitaient le pays des Mogs. Les Mogols viendraient-ils des Mogs ?

Mogol. — Delancre dit qu'un empereur mogol guérissait certaines maladies avec l'eau dans laquelle il lavait ses pieds.

Moine bourru, — *voy.* BOURRU.

Moines. — On lit partout ce petit conte. Un moine, qu'une trop longue abstinence faisait souffrir, s'avisa un jour dans sa cellule de faire cuire un œuf à la lumière de sa lampe. L'abbé qui faisait sa ronde, ayant vu le moine occupé à sa petite cuisine, l'en reprit ; de quoi le bon religieux s'excusant dit que c'était le diable qui l'avait tenté et lui avait inspiré cette ruse. Tout aussitôt parut le diable lui-même, qui était caché sous la table, et qui s'écria en s'adressant au moine : « Tu en as menti par ta barbe ; ce tour n'est pas de mon invention, et c'est toi qui viens de me l'apprendre. » — Césaire d'Heisterbach donne cet autre petit fait. Le moine Herman, comparant la rigoureuse abstinence de son ordre aux bons ragoûts que l'on mange dans le monde, vit entrer dans sa cellule un inconnu de bonne mine qui lui offrit un plat de poisson. Il reçut ce présent ; et lorsqu'il voulut accommoder son poisson, il ne trouva plus sous sa main qu'un plat de fiente de cheval. — Il comprit qu'il venait de recevoir une leçon, et fut plus sobre [1].

Mois. — *Divinités de chaque mois chez les païens.* — Junon préside au mois de janvier ; Neptune, à février ; Mars, au mois qui porte son nom ; Vénus, au mois d'avril ; Phébus, au mois de mai ; Mercure, au mois de juin ; Jupiter, à juillet ; Cérès, au mois d'août ; Vulcain, à septembre ; Pallas, au mois d'octobre ; Diane, à novembre ; Vesta, à décembre. — *Anges de chaque mois.* — Janvier est le mois de Gabriel ; février, le mois de Barchiel ; mars, le mois de Machidiel ; avril, le mois d'Asmodel ; mai, le mois d'Ambriel ; juin, le mois de Muriel ; juillet, le mois de Verchiel ; août, le mois d'Humaliel ; septembre, le mois d'Uriel ; octobre, le mois de Barbiel ; novembre, le mois d'Adnachiel ; décembre, le mois d'Hanaël. — *Démons de chaque mois.* — Janvier est le mois de Bélial ; février, le mois de Léviathan ; mars, le mois de Satan ; avril, le mois d'Astarté ; mai, le mois de Lucifer ; juin, le mois de Baalberith ; juillet, le mois de Belzébuth ; août, le mois d'Astaroth ; septembre, le mois de Thamuz ; octobre, le mois de Baal ; novembre, le mois d'Hécate ; décembre, le mois de Moloch. — *Animaux de chaque mois.* — La brebis est consacrée au mois de janvier ; le cheval, au mois de février ; la chèvre, au mois de mars ; le bouc, au mois d'avril ; le taureau, au mois de mai ; le chien, au mois de juin ; le cerf, au

---

[1] Mar..ier, Traditions de la mer Baltique.
[2] De la Chaldée et des Chaldéens.

[1] Cæsarii Heisterbach. De tentat., lib. IV, Miracul. cap. 87.

mois de juillet; le sanglier, au mois d'août; l'âne, au mois de septembre; le loup, au mois d'octobre; la biche, au mois de novembre; le lion, au mois de décembre. — *Oiseaux de chaque mois.* — Le paon est consacré au mois de janvier; le cygne, au mois de février; le pivert, au mois de mars; la colombe, au mois d'avril; le coq, au mois de mai; l'ibis, au mois de juin; l'aigle, au mois de juillet; le moineau, au mois d'août; l'oie, au mois de septembre; la chouette, au mois d'octobre; la corneille, au mois de novembre; l'hirondelle, au mois de décembre. — *Arbres de chaque mois.* — Le peuplier est l'arbre de janvier; l'orme, de février; le noisetier, de mars; le myrte, d'avril; le laurier, de mai; le coudrier, de juin; le chêne, de juillet; le pommier, d'août; le buis, de septembre; l'olivier, d'octobre; le palmier, de novembre; le pin, de décembre.

Moïse. — Le diable selon les uns, un imposteur selon les autres, pour induire en erreur le peuple juif, prit la figure de Moïse en 434. Il se présenta aux Israélites de l'île de Candie, leur disant qu'il était leur ancien libérateur, ressuscité pour les conduire une seconde fois à la terre promise. Les Israélites donnèrent tête baissée dans le piège; ils se rassemblèrent des diverses contrées. Quand tout fut prêt pour le départ de l'île, l'armée du peuple se rendit au bord de la mer, dans la persuasion qu'on allait la passer à pied sec. Le diable, riant sous cape, conduisit les cohortes jusqu'au rivage. La confiance de ces gens était si grande, qu'ils n'attendirent pas que leur conducteur eût fait signe à la mer de se fendre : ils se jetèrent en masse au milieu des flots, certains que la mer se retirerait sous leurs pas; malheureusement la verge de Moïse n'était pas là; plus de vingt mille Juifs, dit-on, se noyèrent en plein jour, et le faux Moïse ne se trouva plus.

Mokissos, — génies révérés des habitants de Loango, mais subordonnés au Dieu suprême. Ils pensent que ces génies peuvent les châtier, et même leur ôter la vie s'ils ne sont pas fidèles à leurs obligations. Lorsqu'un homme est heureux et bien portant, il est dans les bonnes grâces de son mokisso. Est-il malade ou éprouve-t-il des revers, il attribue cette calamité à la colère de son génie. Ces peuples donnent le même nom à leur souverain, auquel ils croient un pouvoir divin et surnaturel, comme de pouvoir faire tomber la pluie, et d'exterminer en un instant des milliers d'hommes, etc. — Les mokissos sont des figures de bois qui représentent ou des hommes grossièrement faits, ou des quadrupèdes, ou des oiseaux. On leur offre des vœux et des sacrifices pour les apaiser.

Moloch, — prince du pays des larmes, membre du conseil infernal. Il était adoré par les Ammonites, sous la figure d'une statue de bronze assise sur un trône de même métal, ayant une tête de veau surmontée d'une couronne royale. Ses bras étaient étendus pour recevoir les victimes humaines : on lui sacrifiait des enfants. Dans Milton, Moloch est un démon affreux et terrible *couvert des pleurs des mères et du sang des enfants.*

Momies. — Le prince de Radziville, dans son Voyage de Jérusalem, raconte une chose singulière, dont il a été le témoin. Il avait acheté en Egypte deux momies, l'une d'homme et l'autre de femme, et les avait enfermées secrètement en des caisses qu'il fit mettre dans son vaisseau lorsqu'il partit d'Alexandrie pour revenir en Europe. Il n'y avait que lui et ses deux domestiques qui sussent ce que contenaient les caisses, parce que les Turcs alors permettaient difficilement qu'on emportât les momies, croyant que les chrétiens s'en servaient pour des opérations magiques. — Lorsqu'on fut en mer, il s'éleva une tempête qui revint à plusieurs reprises avec tant de violence que le pilote désespérait de sauver le navire; tout le monde était dans l'attente d'un naufrage prochain et inévitable. Un bon prêtre polonais, qui accompagnait le prince de Radziville, récitait les prières convenables à une telle circonstance; le prince et sa suite y répondaient. Mais le prêtre était tourmenté, disait-il, par deux spectres (un homme et une femme) noirs et hideux, qui le harcelaient et le menaçaient. On crut d'abord que la frayeur et le danger du naufrage lui avaient troublé l'imagination. Le calme étant revenu, il parut tranquille; mais le tumulte des éléments reparut bientôt; alors ces fantômes le tourmentèrent plus fort qu'auparavant, et il n'en fut délivré que quand on eut jeté les deux momies à la mer, ce qui fit en même temps cesser la tempête [1]. — Ajoutons que de nos jours les marins du Levant conservent cette opinion que les momies attirent les tempêtes, et on ne peut les embarquer qu'à leur insu.

Monarchie infernale. — Elle se compose, selon Wierus, d'un empereur, qui est Belzébuth; de sept rois, qui régnent aux quatre points cardinaux et qui sont Baël, Pursan, Byleth, Paymon, Belial, Asmoday, Zapan; de vingt-trois ducs, qui sont Agarès, Busas,

[1] Dom Calmet, Dissert. sur les apparitions.

Gusoyn, Bathym, Eligor, Valefar, Zepar, Sytry, Bune, Berith, Astaroth, Vepar, Chax, Pricel, Murmur, Focalor, Gomory, Amduscias, Aym, Orobas, Vapula, Hauros, Alocer; de treize marquis, qui sont Aamon, Loray, Naberus, Forneus, Roneve, Marchocias, Sabnac, Gamigyn, Arias, Andras, Androalphus, Cimeries, Phœnix; de dix comtes, qui sont Barbatos, Botis, Morax, Ipes, Furfur, Raym, Halphas, Vine, Decarabia, Zaleos; de onze présidents, qui sont Marbas, Buer, Glasialabolas, Forcas, Malphas, Gaap, Caym, Volac, Oze, Amy, Haagenti; et de plusieurs chevaliers, qui sont Furcas, Bifrons, etc. Ses forces se composent de 6666 légions, chacune de 6666 démons. *Voy.* Coun.

Monde. — Tout s'accorde pour donner au monde une origine peu éloignée. L'histoire, aussi bien que la Sainte-Bible, ne nous permet guère de donner au monde plus de six mille ans; et rien dans les arts, dans les monuments, dans la civilisation des anciens peuples, ne contredit cette époque de la création. Quelques sophistes ont voulu établir le stupide système de l'éternité du monde; d'autres ont prétendu que le monde était fait par le hasard; mais, indépendamment de la foi, la main de Dieu paraît trop clairement dans les chefs-d'œuvre de la nature pour qu'on puisse croire que le monde se soit fait de lui-même. — Racontons, toutefois, les rêveries des conteurs païens. Sanchoniaton présente ainsi l'origine du monde. Le Très-Haut et sa femme habitaient le sein de la lumière. Ils eurent un fils beau comme le ciel, dont il porta le nom, et une fille belle comme la terre, dont elle porta le nom. Le Très-Haut mourut tué par des bêtes féroces, et ses enfants le déifièrent. — Le Ciel, maître de l'empire de son père, épousa la Terre, sa sœur, et en eut plusieurs enfants, entre autres Ilus ou Saturne. Il prit encore soin de sa postérité avec quelques autres femmes; mais la Terre en témoigna tant de jalousie qu'ils se séparèrent. — Néanmoins le Ciel revenait quelquefois à elle, et l'abandonnait ensuite de nouveau, ou cherchait à détruire les enfants qu'elle lui avait donnés. Quand Saturne fut grand, il prit le parti de sa mère, et la protégea contre son père, avec le secours d'Hermès, son secrétaire. Saturne chassa son père, et régna en sa place. Ensuite, il bâtit une ville, et se défiant de *Sadid*, l'un de ses fils, il le tua, et coupa la tête à sa fille, au grand étonnement des dieux. Cependant le Ciel, toujours fugitif, envoya trois de ses filles à Saturne pour le faire périr; ce prince les fit prisonnières et les épousa. A cette nouvelle, le père en détacha deux autres, que Saturne épousa pareillement. Quelque temps après, Saturne ayant tendu des embûches à son père, l'estropia, et l'honora ensuite comme un dieu. — Tels sont les divins exploits de Saturne; tel fut l'âge d'or. Astarté-la-Grande régna alors dans le pays par le consentement de Saturne; elle porta sur sa tête une tête de taureau, pour marque de sa royauté, etc. [1] — Au commencement, dit Hésiode, était le Chaos, ensuite la Terre, le Tartare, l'Amour, le plus beau des dieux. Le Chaos engendra l'Érèbe et la Nuit, de l'union desquels naquirent le Jour et la Lumière. La Terre produisit alors les étoiles, les montagnes et la mer. Bientôt, unie au Ciel, elle enfanta l'Océan, Hypérion, Japhet, Rhéa, Phœbé, Thétis, Mnémosyne, Thémis et Saturne, ainsi que les cyclopes, et les géants Briarée et Gygès, qui avaient cinquante têtes et cent bras. A mesure que ses enfants naissaient, le Ciel les enfermait dans le sein de la Terre. La Terre irritée, fabriqua une faux qu'elle donna à Saturne. Celui-ci en frappa son père, et du sang qui sortit de cette blessure naquirent les géants et les furies. Saturne eut de Rhéa, son épouse et sa sœur, Vesta, Cérès, Junon, Pluton, Neptune et Jupiter. Ce dernier, sauvé de la dent de son père, qui mangeait ses enfants, fut élevé dans une caverne, et par la suite fit rendre à Saturne ses oncles qu'il tenait en prison, ses frères qu'il avait avalés, le chassa du ciel, et, la foudre à la main, devint le maître des dieux et des hommes. — Les Égyptiens faisaient naître l'homme et les animaux du limon échauffé par le Soleil. Les Phéniciens disaient que le Soleil, la Lune et les astres ayant paru, le Limon, fils de l'Air et du Feu, enfanta tous les animaux; que les premiers hommes habitaient la Phénicie; qu'ils furent d'une grandeur démesurée et donnèrent leur nom aux montagnes du pays; que bientôt ils adorèrent deux pierres, l'une consacrée au Vent, l'autre au Feu, et leur immolèrent des victimes. Mais le Soleil fut toujours le premier et le plus grand de leurs dieux. — Tous les peuples anciens faisaient remonter très-haut leur origine, et chaque nation se croyait la première sur la terre. Quelques peuples modernes ont la même ambition : les Chinois se disent antérieurs au déluge; les Japonais soutiennent que les dieux dont ils sont descendus ont habité leur pays

---

[1] L'auteur du *Monde primitif* trouve la clef de ce morceau dans l'agriculture......; d'autres en cherchent l'explication dans l'astronomie, ce qui n'est pas moins ingénieux; ceux-ci n'y voient que les opinions religieuses des Phéniciens touchant l'origine du monde; ceux-là y croient voir l'histoire dénaturée des premiers princes du pays, etc.

plusieurs millions d'années avant le règne de *Fin-Alu*, fondateur de leur monarchie. — Origène prétend que Dieu a toujours créé, par succession, des mondes infinis, et les a ruinés au temps déterminé par sa sagesse; à savoir: le monde élémentaire, de sept en sept mille ans; et le monde céleste, de quarante-neuf en quarante-neuf mille ans, réunissant auprès de lui tous les esprits bienheureux, et laissant reposer la matière l'espace de mille ans, puis renouvelant toutes choses. Le monde élémentaire doit durer six mille ans, ayant été fait en six jours, et se reposer le septième millénaire, pour le repos du septième jour; et, comme la cinquantième année était le grand jubilé chez les Hébreux, le cinquantième millénaire doit être le millénaire du repos pour le monde céleste. Il n'est point parlé dans la Bible de la création des anges, parce qu'ils étaient restés immortels après la ruine des mondes précédents. — Les Parsis ou Guèbres prétendent que, pour peupler plus promptement le monde nouvellement créé, Dieu permit qu'Ève, notre mère commune, mît au monde chaque jour deux enfants jumeaux; ils ajoutent que durant mille ans la mort respecta les hommes, et leur laissa le temps de se multiplier. Les Lapons, qui ne sont pas très-forts, s'imaginent que le monde existe de toute éternité, et qu'il n'aura jamais de fin. — Les hommes tirent plus de vanité d'une noble origine et d'une naissance illustre que d'un noble cœur et d'un mérite personnel. Les peuples de la Côte-d'Or, en Afrique, croient que le premier homme fut produit par une araignée. Les Athéniens se disaient descendus des fourmis d'une forêt de l'Attique. Parmi les sauvages du Canada, il y a trois familles principales: l'une prétend descendre d'un lièvre; l'autre dit qu'elle descend d'une très-belle et très-courageuse femme, qui eut pour mère une carpe, dont l'œuf fut échauffé par les rayons du soleil; la troisième famille se donne pour premier ancêtre un ours [1]. Les rois des Goths étaient pareillement nés d'un ours. Les Pégusiens sont nés d'un chien. Les Suédois et les Lapons sont issus de deux frères dont le courage était bien différent, s'il faut en croire les Lapons. Un jour qu'il s'était élevé une tempête horrible, l'un des deux frères qui se trouvaient ensemble fut si épouvanté, qu'il se glissa sous une planche que Dieu, par pitié, convertit en maison. De ce poltron sont nés tous les Suédois. L'autre, plus courageux, brava la furie de la tempête, sans chercher même à se cacher: ce brave fut le père des Lapons, qui vivent encore aujourd'hui sans s'abriter.

Monkir et Nekir, — anges qui, selon la croyance des musulmans, interrogent le mort aussitôt qu'il est dans le sépulcre, et commencent leur interrogatoire par cette demande: Qui est votre seigneur? et qui est votre prophète? Leurs fonctions sont aussi de tourmenter les réprouvés. Ces anges, qui ont un aspect hideux et une voix aussi terrible que le tonnerre, après avoir reconnu que la mort est dévoué à l'enfer, le fouettent avec un fouet moitié fer et moitié feu [1]. Les mahométans ont tiré cette idée du Thalmud.

Monsieur de Laforêt. — C'est le nom qu'on donnait autrefois au fantôme, plus connu sous le titre de grand *Veneur*, de la forêt de Fontainebleau. *Voy.* VENEUR. Sa résidence ordinaire était dans cette forêt; mais il s'en écartait quelquefois. Delancre rapporte qu'un enfant, qui vivait en Allemagne, fut trouvé vêtu d'une peau de loup, et courant comme un petit loup-garou; il dit que c'était Monsieur de Laforêt qui lui avait donné sa peau; que son père s'en servait aussi. Dans un interrogatoire, cet enfant avoua que si Monsieur de Laforêt lui apparaissait, il pouvait le mettre en fuite par des signes de croix; qu'il lui demandait s'il voulait être à lui, qu'il lui offrait pour cela de grandes richesses, etc.

Monstres. — Méry, célèbre anatomiste et chirurgien-major des invalides, vit et disséqua, en 1720, un petit monstre né à six mois de terme, sans tête, sans bras, sans cœur, sans poumons, sans estomac, sans reins, sans foie, sans rate, sans pancréas, et pourtant né vivant. Cette production extraordinaire fut suivie d'une fille bien organisée, qui tenait au petit monstre par un cordon ombilical commun. Son observation est consignée dans les *Mémoires de l'Académie des sciences*. Comment la circulation du sang s'opérait-elle dans cet individu dépourvu de cœur? Méry essaya de l'expliquer dans une dissertation [2]. En d'autres temps, on eût tout mis sur le compte du diable. *Voy.* IMAGINATION. — Il y a beaucoup de monstres dans les historiens des siècles passés. Torquemada rapporte qu'Alexandre, faisant la guerre des Indes, vit plus de cent trente mille hommes ensemble qui avaient des têtes de chiens et aboyaient comme eux: il dit aussi que certains habitants du mont Milo avaient huit doigts aux pieds et tournés en arrière, ce qui rendait

---

[1] Saint-Foix, Essais, t. II.

[1] Delancre, Tableau de l'inconstance des démons, etc., liv. IV, p. 318.
[2] M. Salgues, Des erreurs et des préjugés, etc., t. III, p. 116.

ces hommes extrêmement légers à la course. — On voit dans des vieilles chroniques qu'il y avait au nord des hommes qui n'avaient qu'un œil au milieu du front; en Albanie, des hommes dont les cheveux devenaient blancs dès l'enfance, et qui voyaient mieux la nuit que le jour (conte produit par les Albinos); des Indiens qui avaient des têtes de chien; d'autres sans cou et sans tête, ayant les yeux aux épaules; et, ce qui surpasse toute admiration, un peuple dont le corps était velu et couvert de plumes comme les oiseaux, et qui se nourrissaient seulement de l'odeur des fleurs. — On a pourtant ajouté foi à ces fables: n'oublions pas celles qui se trouvent consignées dans le Journal des voyages de Jean Struys, qui dit avoir vu de ses propres yeux les habitants de l'île de Formose, ayant une queue au derrière, comme les bœufs; il parle aussi d'une espèce de concombre qui se nourrit, dit-on, des plantes voisines. Cet auteur ajoute que ce fruit surprenant a la figure d'un agneau avec les pieds, la tête et la queue de cet animal distinctement formés; d'où on l'appelle, en langage du pays, *banarel* ou *bonarez*, qui signifie agneau. Sa peau est couverte d'un duvet fond blanc aussi délié que de la soie. Les Tartares et les Moscovites en font grand état, et la plupart le gardent avec soin dans leurs maisons, où cet auteur en a vu plusieurs. Il croît sur une tige d'environ trois pieds de haut. L'endroit par où il tient est une espèce de nombril sur lequel il se tourne et se baisse vers les herbes qui lui servent de nourriture, se séchant et se flétrissant aussitôt que ces herbes lui manquent. Les loups l'aiment et le dévorent avec avidité, parce qu'il a le goût de la chair d'agneau; et l'auteur ajoute qu'on lui a assuré que cette plante a effectivement des os, du sang et de la chair: d'où vient qu'on l'appelle dans le pays *Zoaphité*, c'est-à-dire plante animale [1].

Montagnards, — démons qui font leur séjour dans les mines sous les montagnes, et tourmentent les mineurs. Ils ont trois pieds de haut, un visage horrible, un air de vieillesse, une camisole et un tablier de cuir, comme les ouvriers dont ils prennent souvent la figure. On dit que ces démons n'étaient point malfaisants, et entendaient la plaisanterie; mais une insulte leur était sensible, et ils la souffraient rarement sans se venger. Un mineur eut l'audace de dire des injures à un de ces démons. Le démon indigné sauta sur le mineur et lui tordit le cou. L'infortuné n'en mourut point; mais il eut le cou renversé et le visage tourné par derrière tout le reste de sa vie. Il y a eu des gens qui l'ont vu en cet état..... Ils avaient de bons yeux ! Voy. Mineurs.

Montalembert (Adrien de), — aumônier de François Ier, auteur d'un ouvrage intitulé: *La Merveilleuse histoire de l'esprit qui depuis naguère s'est apparu au monastère des religieuses de Saint-Pierre de Lyon*, Paris, 1528, in-4°; Rouen, 1529; Paris, 1580, in-12.

Montan, — chef des hérétiques montanistes au deuxième siècle. C'était un eunuque phrygien. Comme il avait des attaques d'épilepsie, il en fit des extases où il s'entretenait avec Dieu. Il reconnaissait que le Saint-Esprit était venu; mais il le distinguait du Paraclet et il disait: C'est moi qui suis le Paraclet. Les montanistes admettaient les femmes à la prêtrise.

Montanay, — sorcier. Voy. Galigaï.

Montézuma, — voy. Présages.

Morail, — démon qui a la puissance de rendre invisible, selon les *Clavicules de Salomon*.

Morax ou **Forai**, — capitaine, comte et président de plusieurs bandes infernales; il se fait voir sous la forme d'un taureau. Lorsqu'il prend la figure humaine, il instruit l'homme dans l'astronomie et dans tous les arts libéraux. — Il est le prince des esprits familiers qui sont doux et sages. Il a sous ses ordres trente-six légions [2].

Moreau, — chiromancien du dix-neuvième siècle, qui, dit-on, prédit à Napoléon sa chute et ses malheurs. Bien d'autres furent aussi sorciers que lui. Il exerçait à Paris, où il mourut en 1825.

Morel (Louise), — sorcière, tante de Marie Martin. Voy. Martin.

Morgane, — sœur du roi Arthus, élève de Merlin, qui lui enseigna la magie; elle est fameuse dans les romans de chevalerie par ses enchantements et par les tours qu'elle joua à Genièvre sa belle-sœur. — C'est dans la Bretagne une grande fée, l'une des prophétesses de l'île de Sein, et la plus puissante des neuf sœurs druidesses.

Morin (Louis), — médecin de mademoiselle de Guise, né au Mans en 1645 et mort en 1705. Il pronostiquait, comme Luc Gauric; on dit qu'il annonça le sort de Gustave-Adolphe

---

[1] Lebrun, Hist. des superstitions, t. Ier, p. 112.
[2] Wierus, in Pseudomonarchia dæm.

et du jeune Cinq-Mars, et qu'il fixa, à quelques légères différences près, le jour et l'heure où moururent le cardinal de Richelieu et le connétable de Lesdiguières. On lui attribue à tort la réponse adroite de cet astrologue qui, interrogé par Louis XI s'il connaissait lui-même l'époque de sa propre mort, répondit : « Oui, prince, trois jours avant la vôtre. »

Morin (Simon), — visionnaire fanatique du dix-septième siècle, né vers 1623, qui voulut rétablir la secte des Illuminés. Il fit quelques prosélytes ; mais à la suite de plusieurs détentions à la Bastille, il fut condamné à être brûlé, après avoir fait amende honorable comme accusé de conspiration contre le roi ; il monta sur le bûcher le 14 mars 1663. C'était un agitateur qui eût bien voulu une petite révolution.

Mort. — « La mort, si poétique parce qu'elle touche aux choses immortelles, si mystérieuse à cause de son silence, devait avoir mille manières de s'énoncer pour le peuple. Tantôt un trépas se faisait prévoir par le tintement d'une cloche qui sonnait d'elle-même ; tantôt l'homme qui devait mourir entendait frapper trois coups sur le plancher de sa chambre. Une religieuse de Saint-Benoît, près de quitter la terre, trouvait une couronne d'épine blanche sur le seuil de sa cellule. Une mère perdait-elle son fils dans un pays lointain, elle en était instruite à l'instant par ses songes. Ceux qui nient le pressentiment ne connaîtront jamais les routes secrètes par où deux cœurs qui s'aiment communiquent d'un bout du monde à l'autre. Souvent le mort chéri, sortant du tombeau, se présentait à son ami, lui recommandait de dire des prières pour le racheter des flammes et le conduire à la félicité des élus [1]. » — De tous les spectres de ce monde, la mort est le plus effrayant. Dans une année d'indigence, un paysan se trouve au milieu de quatre petits enfants qui portent leurs mains à leurs bouches, qui demandent du pain, et à qui il n'a rien à donner.... La démence s'empare de lui ; il saisit un couteau ; il égorge les trois aînés ; le plus jeune, qu'il allait frapper aussi, se jette à ses pieds et lui crie : « Ne me tuez pas, je n'ai plus faim. » — Dans les armées des Perses, quand un simple soldat était malade à l'extrémité, on le portait dans quelque forêt prochaine, avec un morceau de pain, un peu d'eau et un bâton, pour se défendre contre les bêtes sauvages, tant qu'il en aurait la force. Ces malheureux étaient ordinairement dévorés. S'il en échappait quelqu'un qui revînt chez soi, tout le monde fuyait devant lui, comme si c'eût été un démon ou un fantôme ; et on ne lui permettait de communiquer avec personne qu'il n'eût été purifié. On était persuadé qu'il devait avoir eu de grandes liaisons avec les démons, puisque les bêtes ne l'avaient pas mangé, et qu'il avait recouvré ses forces sans aucun secours. — Les anciens attachaient tant d'importance aux cérémonies funèbres, qu'ils inventèrent les dieux Mânes pour veiller aux sépultures. On trouve, dans la plupart de leurs écrits, des traits frappants qui nous prouvent combien était sacré, parmi eux, ce dernier devoir que l'homme puisse rendre à l'homme. Pausanias conte que certains peuples de l'Arcadie, ayant tué inhumainement quelques petits garçons qui ne leur faisaient aucun mal, sans leur donner d'autre sépulture que les pierres avec lesquelles ils les avaient assommés, et leurs femmes, quelque temps après, se trouvant atteintes d'une maladie qui les faisait toutes avorter, on consulta les oracles, qui commandèrent d'enterrer au plus vite les enfants si cruellement privés de funérailles. — Les Égyptiens rendaient de grands honneurs aux morts. Un de leurs rois, se voyant privé d'héritiers par la mort de sa fille unique, n'épargna rien pour lui rendre les derniers devoirs, et tâcha d'immortaliser son nom par la plus riche sépulture qu'il pût imaginer. Au lieu de mausolée, il lui fit bâtir un palais ; et on ensevelit le corps de la jeune princesse dans un bois incorruptible, qui représentait une génisse couverte de lames d'or et revêtue de pourpre. Cette figure était à genoux, portant entre ses cornes un soleil d'or massif, au milieu d'une salle magnifique et entourée de cassolettes où brûlaient continuellement des parfums odoriférants. — Les Égyptiens embaumaient les corps et les conservaient précieusement ; les Grecs et les Romains les brûlaient. Cette coutume de brûler les morts est fort ancienne. — Les Égyptiens, avant de rendre à leurs rois les honneurs funèbres, les jugeaient devant le peuple, et les privaient de sépulture s'ils s'étaient conduits en tyrans. — Quand le roi des Tartares mourait, on mettait son corps embaumé dans un chariot, et on le promenait dans toutes ses provinces. Il était permis à chaque gouverneur de lui faire quelque outrage, pour se venger du tort qu'il en avait reçu. Par exemple, ceux qui n'avaient pu obtenir audience maltraitaient les oreilles, qui leur avaient été fermées ; ceux qui avaient été indignés contre ses débauches, s'en prenaient aux cheveux, qui étaient sa principale beauté, et lui faisaient mille huées, après

[1] M. de Châteaubriand, Génie du christianisme.

l'avoir rasé, pour le rendre laid et ridicule ; ceux qui se plaignaient de sa trop grande délicatesse lui déchiraient le nez, croyant qu'il n'était devenu efféminé que parce qu'il avait trop aimé les parfums. Ceux qui décriaient son gouvernement lui brisaient le front, d'où étaient sorties toutes ses ordonnances tyranniques ; ceux qui en avaient reçu quelque violence lui mettaient les bras en pièces. Après qu'on l'avait ramené au lieu où il était mort, on le brûlait avec une de ses femmes, un échanson, un cuisinier, un écuyer, un palefrenier, quelques chevaux et cinquante esclaves [1]. — Quand un Romain mourait, on lui fermait les yeux pour qu'il ne vît point l'affliction de ceux qui l'entouraient. Quand il était sur le bûcher, on les lui rouvrait pour qu'il pût voir la beauté des cieux qu'on lui souhaitait pour demeure. On faisait faire ordinairement la figure du mort, ou en cire, ou en marbre, ou en pierre; et cette figure accompagnait le cortége funèbre, entourée de pleureuses à gages. — Chez plusieurs peuples de l'Asie et de l'Afrique, aux funérailles d'un homme riche et de quelque distinction, on égorge et on enterre avec lui cinq ou six de ses esclaves. Chez les Romains, dit Saint-Foix, on égorgeait aussi des vivants pour honorer les morts ; on faisait combattre des gladiateurs devant le bûcher, et on donnait à ces massacres le nom de jeux funéraires. — En Égypte et au Mexique, dit le même auteur, on faisait toujours marcher un chien à la tête du convoi funèbre. En Europe, sur les anciens tombeaux des princes et des chevaliers, on voit communément des chiens à leurs pieds. — Les Parthes, les Mèdes et les Ibériens exposaient les corps, ainsi que chez les Perses, pour qu'ils fussent au plus tôt dévorés par les bêtes sauvages, ne trouvant rien de plus indigne de l'homme que la putréfaction. Les Bactriens nourrissaient, pour ce sujet, de grands chiens dont ils avaient un soin extrême. Ils se faisaient autant de gloire de les nourrir grassement, que les autres peuples de se bâtir de superbes tombeaux. Un Bactrien faisait beaucoup d'estime du chien qui avait mangé son père. — Les Barcéens faisaient consister le plus grand honneur de la sépulture à être dévorés par les vautours; de sorte que toutes les personnes de mérite et ceux qui mouraient en combattant pour la patrie, étaient aussitôt exposés dans des lieux où les vautours pouvaient en faire curée. Quant à la populace, on l'enfermait dans des tombeaux, ne la jugeant pas digne d'avoir pour sépulture le ventre des oiseaux sacrés. — Plusieurs peuples de l'Asie eussent cru se rendre coupables d'une grande impiété en laissant pourrir les corps ; c'est pourquoi, aussitôt que quelqu'un était mort parmi eux, ils le mettaient en pièces et le mangeaient en grande dévotion avec les parents et les amis. C'était lui rendre honorablement les derniers devoirs. Pythagore enseigna la métempsycose des âmes ; ceux-ci pratiquaient la métempsycose des corps, en faisant passer le corps des morts dans celui des vivants. — D'autres peuples, tels que les anciens Hiberniens, les Bretons et quelques nations asiatiques, faisaient encore plus pour les vieillards ; ils les égorgeaient dès qu'ils étaient septuagénaires, et en faisaient pareillement un festin. C'est ce qui se pratique encore chez quelques peuplades sauvages. — Les Chinois font publier le convoi, pour que le concours du peuple soit plus nombreux. On fait marcher devant le mort des drapeaux et des bannières, puis des joueurs d'instruments, suivis de danseurs revêtus d'habits fort bizarres, qui sautent tout le long du chemin avec des gestes ridicules. Après cette troupe, viennent des gens armés de boucliers et de sabres, ou de gros bâtons noueux. Derrière eux, d'autres portent des armes à feu dont ils font incessamment des décharges. Enfin, les prêtres crient de toutes leurs forces, marchent avec les parents, qui mêlent à ces cris des lamentations épouvantables ; le cortége est fermé par le peuple. Cette musique enragée et ce mélange burlesque de joueurs, de danseurs, de soldats, de chanteuses et de pleureurs, donnent beaucoup de gravité à la cérémonie. On ensevelit le mort dans un cercueil précieux, et on enterre avec lui, entre plusieurs objets, de petites figures horribles, pour faire sentinelle près de lui et effrayer les démons. Après quoi on célèbre le festin funèbre, où l'on invite de temps en temps le défunt à manger et à boire avec les convives. — Les Chinois croient que les morts reviennent en leur maison, une fois tous les ans, la dernière nuit de l'année. Pendant toute cette nuit, ils laissent leur porte ouverte, afin que les âmes de leurs parents trépassés puissent entrer ; ils leur préparent des lits et mettent dans la chambre un bassin plein d'eau, pour qu'ils puissent se laver les pieds. Ils attendent jusqu'à minuit. Alors, supposant les morts arrivés, ils leur font compliment, allument des cierges, brûlent des odeurs, et les prient, en leur faisant de profondes révérences, de ne pas oublier leurs enfants et de leur obtenir des dieux la force, la santé, les biens et une longue vie. — Les

---

[1] Muret, Des cérémonies funèbres.

Siamois brûlent les corps et mettent autour du bûcher beaucoup de papiers où sont peints des jardins, des maisons, des animaux, des fruits, en un mot, tout ce qui peut être utile et agréable dans l'autre vie. Ils croient que ces papiers brûlés deviennent réellement ce qu'ils représentent. Ils croient aussi que tout être, dans la nature, quel qu'il soit, un habit, une flèche, une hache, un chaudron, etc., a une âme, et que cette âme suit dans l'autre monde le maître à qui la chose appartenait dans ce monde-ci. On aurait dit sérieusement pour eux ces vers burlesques :

> J'aperçus l'ombre d'un cocher
> Qui, tenant l'ombre d'une brosse,
> En frottait l'ombre d'un carrosse [1].

— Le gibet, qui nous inspire tant d'horreur, a passé chez quelques peuples pour une telle marque d'honneur, que souvent on ne l'accordait qu'aux grands seigneurs et aux souverains. Les Tibaréniens, les Suédois, les Goths suspendaient les corps à des arbres et les laissaient se défigurer ainsi peu à peu, et servir de jouet aux vents. D'autres emportaient dans leurs maisons ces corps desséchés, et les pendaient au plancher comme des pièces de cabinet [2]. Les Groënlandais, habitant le pays du monde le plus froid, ne prennent pas d'autres soins des morts que de les exposer nus à l'air, où ils se gèlent et se durcissent aussitôt comme des pierres ; puis, de peur qu'en les laissant au milieu des champs ils ne soient dévorés par les ours, les parents les enferment dans de grands paniers qu'ils suspendent aux arbres. — Les Troglodites exposaient les corps morts sur une éminence, le derrière tourné vers les assistans ; de sorte qu'excitant, par cette posture, le rire de toute l'assemblée, on se moquait du mort au lieu de pleurer ; chacun lui jetait des pierres, et quand il en était couvert, on plantait au-dessus une corne de chèvre et on se retirait. — Les habitants des îles Baléares dépeçaient le corps en petits morceaux, et croyaient honorer infiniment le défunt en l'ensevelissant dans une cruche. — Dans certains pays de l'Inde, la femme se brûle sur le bûcher de son mari. Lorsqu'elle a dit adieu à sa famille, on lui apporte des lettres pour le défunt, des pièces de toile, des bonnets, des souliers, etc. Quand les présents cessent de venir, elle demande jusqu'à trois fois à l'assemblée si l'on n'a plus rien à lui apporter à lui recommander, ensuite elle fait un paquet de tout et l'on met le feu au bûcher. — Dans le royaume de Tonquin, il est d'usage, parmi les personnes riches, de remplir la bouche du mort de pièces d'or et d'argent, pour ses besoins dans l'autre monde. On revêt l'homme de sept de ses meilleurs habits, et la femme de neuf. Les Galates mettaient dans la main du mort un certificat de bonne conduite. — Chez les Turcs, on loue des pleureuses qui accompagnent le convoi, et on porte des rafraîchissements auprès du tombeau, pour régaler les passants, qu'on invite à pleurer et à pousser des cris lamentables. — Les Gaulois brûlaient, avec le corps mort, ses armes, ses habits, ses animaux, et même ceux de ses esclaves qu'il avait paru le plus chérir. Quand on découvrit le tombeau de Childéric, père de Clovis, à Tournay, on y trouva des pièces d'or et d'argent, des boucles, des agrafes, des filaments d'habits, la poignée d'une épée, le tout d'or ; la figure en or d'une tête de bœuf, qui était, dit-on, l'idole qu'il adorait ; les os, le mors, un fer et quelques restes du harnais d'un cheval, un globe de cristal dont il se servait pour deviner, une pique, une hache d'armes, un squelette d'homme en entier, une autre tête moins grosse, qui paraissait avoir été celle d'un jeune homme, et apparemment de l'écuyer qu'on avait tué, selon la coutume, pour accompagner et aller servir là-bas son maître. On voit qu'on avait eu soin d'enterrer avec lui ses habits, ses armes, de l'argent, un cheval, un domestique, des tablettes pour écrire, en un mot, tout ce qu'on croyait pouvoir lui être nécessaire dans l'autre monde. Quelquefois même on enterrait avec les grands personnages leur médecin. La belle Austregilde obtint en mourant du roi Gontran, son mari, qu'il ferait tuer et enterrer avec elle les deux médecins qui l'avaient soignée pendant sa maladie. « Ce sont, je crois, les seuls, dit Saint-Foix, qu'on ait inhumés dans le tombeau des rois ; mais je ne doute pas que plusieurs autres n'aient mérité le même honneur. » — On observait anciennement, en France, une coutume singulière aux enterrements des nobles ; on faisait coucher dans le lit de parade qui se portait aux enterrements un homme armé de pied en cap pour représenter le défunt. On trouva dans les comptes de la maison de Polignac : *Donné cinq sous à Blaise, pour avoir fait le chevalier mort, à la sépulture de Jean, fils de Randonnet-Armand, vicomte de Polignac.* — Quelques peuples de l'Amérique enterraient leurs morts assis et entourés de pain, d'eau, de fruits et d'armes. — A Panuco, dans le Mexique, on regardait les médecins comme de petites divinités, à cause qu'ils procuraient la santé,

---

[1] De Ch. Perrault, attribués mal à propos à Scarron.
[2] Muret, Des cérémonies funèbres, etc.

qui est le plus précieux de tous les biens. Quand ils mouraient, on ne les enterrait pas comme les autres, mais on les brûlait avec des réjouissances publiques ; les hommes et les femmes dansaient pêle-mêle autour du bûcher. Dès que les os étaient réduits en cendres, chacun tâchait d'en emporter dans sa maison, et les buvaient ensuite avec du vin, comme un préservatif contre toutes sortes de maux. — Quand on brûlait le corps de quelque empereur du Mexique, on égorgeait d'abord sur son bûcher l'esclave qui avait eu soin, pendant sa vie, d'allumer ses lampes, afin qu'il lui allât rendre les mêmes devoirs dans l'autre monde. Ensuite on sacrifiait deux cents esclaves, tant hommes que femmes, et, parmi eux, quelques nains et quelques bouffons pour son divertissement. Le lendemain, on enfermait les cendres dans une petite grotte voûtée, toute peinte en dedans, et on mettait au-dessus la figure du prince, à qui l'on faisait encore de temps en temps de pareils sacrifices ; car, le quatrième jour après qu'il avait été brûlé, on lui envoyait quinze esclaves en l'honneur des quatre saisons, afin qu'il les eût toujours belles ; on en sacrifiait cinq le vingtième jour, afin qu'il eût, toute l'éternité, une vigueur pareille à celle de vingt ans ; le soixantième, on en immolait trois autres afin qu'il ne sentît aucune des trois principales incommodités de la vieillesse, qui sont la langueur, le froid et l'humidité ; enfin, au bout de l'année, on lui en sacrifiait encore neuf, qui est le nombre le plus propre à exprimer l'éternité, pour lui souhaiter une éternité de plaisir. — Quand les Indiens supposent qu'un de leurs chefs est près de rendre le dernier soupir, les savants de la nation se rassemblent. Le grand-prêtre et le médecin apportent et consultent chacun la figure de la divinité, c'est-à-dire de l'esprit bienfaisant de l'air et de celui du feu. Ces figures sont en bois, artistement taillées, et représentent un cheval, un cerf, un castor, un cygne, un poisson, etc. Tout autour sont suspendues des dents de castor, des griffes d'ours et d'aigles. Leurs maîtres se placent avec elles dans un coin écarté de la cabane pour les consulter ; il existe ordinairement entre eux une rivalité de réputation, d'autorité, de crédit : s'ils ne tombent pas d'accord sur la nature de la maladie, ils frappent violemment ces idoles les unes contre les autres, jusqu'à ce qu'une dent ou une griffe en tombe. Cette perte prouve la défaite de l'idole qui l'a éprouvée, et assure par conséquent une obéissance formelle à l'ordonnance de son compétiteur. — Aux funérailles du roi de Méchoacan, le corps était porté par le prince que le défunt avait choisi pour son successeur ; la noblesse et le peuple suivaient le corps avec de grandes lamentations. Le convoi ne se mettait en marche qu'à minuit, à la lueur des torches. Quand il était arrivé au temple, on faisait quatre fois le tour du bûcher, après quoi on y déposait le corps et on amenait les officiers destinés à le servir dans l'autre monde ; entre autres, sept jeunes filles, l'une pour serrer ses bijoux, l'autre pour lui présenter sa coupe, la troisième pour lui laver les mains, la quatrième pour lui donner la serviette, la cinquième pour faire sa cuisine, la sixième pour mettre son couvert, la septième pour laver son linge. On mettait le feu au bûcher, et toutes ces malheureuses victimes, couronnées de fleurs, étaient assommées à grands coups de massue et jetées dans les flammes. — Chez les sauvages de la Louisiane, après les cérémonies des obsèques, quelque homme notable de la nation, mais qui doit n'être pas de la famille du mort, fait son éloge funèbre. Quand il a fini, les assistants vont tout nus, les uns après les autres, se présenter devant l'orateur, qui leur applique à chacun, d'un bras vigoureux, trois coups d'une lanière large de deux doigts, en disant : « Souvenez-vous que pour être un bon guerrier comme l'était le défunt, il faut savoir souffrir. » — Les protestants luthériens n'ont point de cimetière et enterrent indistinctement les morts dans un champ, dans un bois, dans un jardin. « Parmi nous, dit Simon de Paul, l'un de leurs prédicateurs, il est fort indifférent d'être enterré dans les cimetières, ou dans les lieux où l'on écorche les ânes. » « Hélas ! disait un vieillard du Palatinat, faudra-t-il donc qu'après avoir vécu avec honneur, j'aille demeurer après ma mort parmi les raves, pour en être éternellement le gardien ? » — Les Circassiens lavent les corps des morts, à moins que le défunt ne soit mort loyalement dans une bataille pour la défense du pays, auquel cas on l'enterre dans son harnais, sans le laver, supposant qu'il sera reçu d'emblée en paradis [1]. — Les Japonais témoignent la plus grande tristesse pendant la maladie d'un des leurs, et la plus grande joie à sa mort. Ils s'imaginent que les maladies sont des démons invisibles ; et souvent ils présentent requête contre elles dans les temples. Ces mêmes Japonais poussent quelquefois si loin la vengeance, qu'ils ne se contentent pas de faire périr leur ennemi ; mais ils se donnent encore la mort, pour aller l'accuser devant leur dieu et le prier d'em-

---

[1] Stanislas Bell, Voyage en Circassie.

brasser leur querelle ; on conte même que des veuves, non contentes d'avoir bien tourmenté leur mari pendant sa vie, se poignardent pour avoir encore le plaisir de le faire enrager après sa mort. — Quand un Caraïbe est mort, ses compagnons viennent visiter le corps et lui font mille questions bizarres, accompagnées de reproches sur ce qu'il s'est laissé mourir, comme s'il eût dépendu de lui de vivre plus long-temps : « Tu pouvais faire si bonne chère ! il ne te manquait ni manioc, ni patates, ni ananas ; d'où vient donc que tu es mort ? Tu étais si considéré ! chacun avait de l'estime pour toi, chacun t'honorait, pourquoi donc es-tu mort ?... Tes parents t'accablaient de caresses ; ils ne te laissaient manquer de rien ; dis-nous donc pourquoi tu es mort ? Tu étais si nécessaire au pays ; tu t'étais signalé dans tant de combats, tu nous mettais à couvert des insultes de nos ennemis ; d'où vient donc que tu es mort ? » — Ensuite, on l'assied dans une fosse ronde ; on l'y laisse pendant dix jours sans l'enterrer ; ses compagnons lui apportent tous les matins à manger et à boire ; mais enfin, voyant qu'il ne veut point revenir à la vie, ni toucher à ces viandes, ils les lui jettent sur la tête, et, comblant la fosse, ils font un grand feu autour duquel ils dansent, avec des hurlements. — Les Turcs, en enterrant les morts, leur laissent les jambes libres, pour qu'ils puissent se mettre à genoux quand les anges viendront les examiner ; ils croient qu'aussitôt que le mort est dans la fosse, son âme revient dans son corps et que deux anges horribles se présentent à lui et lui demandent : « Quel est ton dieu, ta religion et ton prophète ? » S'il a bien vécu, il répond : « *Mon dieu est le vrai Dieu, ma religion est la vraie religion, et mon prophète est Mahomet.* » Alors, on lui amène une belle figure, qui n'est autre chose que ses bonnes actions, pour le divertir jusqu'au jour du jugement, où il entre en paradis. Mais, si le défunt est coupable, il tremble de peur et ne peut répondre juste. Les anges noirs le frappent aussitôt avec une massue de feu, et l'enfoncent si rudement dans la terre, que tout le sang qu'il a pris de sa nourrice s'écoule par le nez. Là-dessus, vient une figure très-vilaine (ses mauvaises actions) qui le tourmente jusqu'au jour du jugement, où il entre en enfer. C'est pour délivrer le mort de ces anges noirs, que les parents lui crient sans cesse : « *N'ayez pas peur et répondez bravement.* » — Ils font une autre distinction des bons et des méchants, qui n'est pas moins absurde. Ils disent qu'au jour du jugement Mahomet viendra dans la vallée de Josaphat, pour voir si Jésus-Christ jugera bien les hommes ; qu'après le jugement il prendra la forme d'un mouton blanc, que tous les Turcs se cacheront dans sa toison, changés en petite vermine, qu'il se secouera alors, et que tous ceux qui tomberont seront damnés, tandis que tous ceux qui resteront seront sauvés, parce qu'il les mènera en paradis. — Des docteurs musulmans exposent encore autrement la chose : au jugement dernier, Mahomet se trouvera à côté de Dieu, monté sur le Borak et couvert d'un manteau fait des peaux de tous les chameaux qui auront porté à la Mecque le présent que chaque sultan y envoie à son avènement à l'empire. Les âmes des bienheureux musulmans se transformeront en puces, qui s'attacheront aux poils du manteau du prophète, et Mahomet les emportera dans son paradis avec une rapidité prodigieuse ; il ne sera plus question alors que de se bien tenir, car les âmes qui s'échapperont, soit par la rapidité du vol, ou autrement, tomberont dans la mer, où elles nageront éternellement. — Parmi les Juifs modernes, aussitôt que le malade est abandonné des médecins, on fait venir un rabbin, accompagné, pour le moins, de dix personnes. Le Juif répare le mal qu'il a pu faire ; puis il change de nom, pour que l'ange de la mort qui doit le punir, ne le reconnaisse plus ; ensuite, il donne sa bénédiction à ses enfants, s'il en a, et reçoit celle de son père s'il ne l'a pas encore perdu. De ce moment, on n'ose plus le laisser seul, de peur que l'ange de la mort, qui est dans sa chambre, ne lui fasse quelque violence. Ce méchant esprit, disent-ils, avec l'épée qu'il a dans sa main, paraît si effroyable, que le malade en est tout épouvanté. De cette épée qu'il tient toujours nue sur lui, découlent trois gouttes d'une liqueur funeste : la première qui tombe lui donne la mort, la seconde le rend pâle et difforme, la dernière le corrompt et le fait devenir puant et infect. — Aussitôt que le malade expire, les assistants jettent par la fenêtre toute l'eau qui se trouve dans la maison : ils la croient empoisonnée, parce que l'ange de la mort, après avoir tué le malade, y a trempé son épée pour en ôter le sang. Tous les voisins, dans la même crainte, en font autant. — Les Juifs racontent que cet ange de la mort était bien plus méchant autrefois ; mais que, par la force du grand nom de Dieu, des rabbins le lièrent un jour et lui crevèrent l'œil gauche : d'où vient que, ne voyant plus si clair, il ne saurait plus faire tant de mal. — Dans leurs cérémonies funèbres, les Juifs sont persuadés que, si on omettait une seule des observations et des prières prescrites, l'âme ne saurait être portée par les anges jusqu'au lit de Dieu, pour s'y reposer éternellement ; mais que, tristement obligée d'errer çà et là, elle serait rencontrée par des troupes de démons qui lui feraient souffrir mille peines. Ils disent qu'avant d'entrer en paradis ou en enfer, l'âme revient pour la dernière fois dans le corps et le fait lever sur ses pieds ; qu'alors l'ange de la mort s'approche avec une chaîne dont la moitié est de fer et l'autre moitié de feu, et lui en donne trois coups : au premier, il disjoint tous les os et les fait tomber confusément à terre ; au second, il les brise et les éparpille ; et au dernier, il les réduit en poudre. Les bons anges viennent ensuite et ensevelissent les cendres. — Les Juifs croient que ceux qui ne sont pas enterrés dans la terre promise ne pourront point ressusciter ; mais que toute la grâce que Dieu leur fera, ce sera de leur ouvrir de petites fentes, au travers desquelles ils verront le séjour des bienheureux. — Cependant, le rabbin Juda, pour consoler les vrais Israélites, assure que les âmes des justes enterrés loin du pays de Chanaan, rouleront par de profondes cavernes qui leur seront pratiquées sous terre, jusqu'à la montagne des Oliviers, d'où elles entreront en Paradis. — En Bretagne, on croit que tous les morts ouvrent la paupière à minuit [1] ; et à Plouerden, près Landernau, si l'œil gauche d'un mort ne se ferme pas, un des plus proches parents est menacé sous peu de cesser d'être [2]. On dit ailleurs que tout le monde voit les démons en mourant, et que la Sainte-Vierge fut seule exemptée de cette vision. — Les Arméniens frottent les morts d'huile, parce qu'ils s'imaginent qu'ils doivent lutter corps à corps avec de mauvais génies. Chez les chrétiens schismatiques de l'Archipel grec, si le corps d'un mort n'est pas bien raide, c'est un signe que le diable y est entré, et on le met en pièces pour empêcher les fredaines. — Les Tonquinois de la secte des lettrés rendent un culte religieux à ceux qui sont morts de faim ; les premiers jours de chaque semaine, ils leur présentent du riz cuit qu'ils ont été mendier par la ville. *Voy.* NÉCROMANCIE, VAMPIRES, REVENANTS, etc.

Mortemart. — Un seigneur de cette famille célèbre perdit sa femme, qu'il chérissait. Tandis qu'il se livrait à son désespoir, le diable lui apparut et lui offrit de ranimer la défunte s'il voulait se donner à lui. Le mari, dit-on, y consentit ; la femme revécut. Mais un jour qu'on prononça devant elle le nom de Jésus, elle retomba morte, et ce fut tout de bon.

Most-Mastite, — *voy* MARIAGE.

Motelu, — démon que l'on trouve cité dans le procès intenté à Denise de Lacaille.

Mouche. — Le diable apparaît quelquefois en forme de mouche ou de papillon. On le vit sortir sous cette forme de la bouche d'un démoniaque de Laon [1]. Les démonomanes appellent Belzébuth *seigneur des mouches* ; les habitants de Ceylan appellent le diable *Achor*, qui signifie en leur langue dieu des mouches ou chasse-mouches ; ils lui offrent des sacrifices pour être délivrés de ces insectes, qui causent quelquefois, dans leur pays, des maladies contagieuses ; ils disent qu'elles meurent aussitôt qu'on a sacrifié à Achor. — M. Éméric David, à propos de Jupiter, dit que les ailes de mouches qui dans quelques monuments forment (à ce qu'on prétend) la barbe de Jupiter, sont un hommage au feu générateur, les mouches étant produites par la canicule... *Voy.* GRANSON, MYIAGORUS, etc.

Mouni, — esprits que reconnaissent les Indiens, quoiqu'aucun de leurs livres sacrés n'en fasse mention ; ils leur attribuent les qualités que les Européens accordent aux esprits follets. Ces esprits n'ont point de corps, mais ils prennent la forme qui leur plaît ; ils rôdent la nuit pour faire mal aux hommes, tâchent de conduire les voyageurs égarés dans des précipices, des puits ou des rivières, se transformant en lumière et cachant le péril où ils les entraînent. C'est pour se les rendre propices que les Indiens élèvent en leur honneur de grossières statues colossales, auxquelles ils vont adresser des prières.

Mouton. — Le diable s'est montré plusieurs fois sous la forme d'un mouton. Le sorcier Aupetit, qui fut condamné à être brûlé vif, avoua qu'il s'était présenté à lui sous la figure d'un mouton plus noir que blanc, et qu'il lui avait dit que toutes les fois qu'il verrait dans les nuages un mouton, ce serait le signal du sabbat [2]. — Quand vous rencontrez dans un voyage des moutons qui viennent à vous, c'est un signe que vous serez bien reçu ; s'ils fuient devant vous, ils présagent un triste accueil. *Voy.* MORTS.

Mouzouko, — nom que les habitants du Monomotapa donnent au diable, qu'ils représentent comme fort méchant [3].

---

[1] Cambry, Voyage dans le Finistère, t. II, p. 15.
[2] *Idem, ibid.*, t. II, p. 170.

[1] Leloyer, Hist. et Disc. des spectres, etc.
[2] Delancre, Tableau de l'inconstance des démons, etc., p. 503.
[3] Abrégé des Voyages, par de La Harpe, t. IV, p. 34.

Mozart. — Un jour que Mozart, célèbre compositeur allemand, était plongé dans ses rêveries mélancoliques, devenues habituelles par l'idée de sa mort dont il s'était frappé, il entendit un carrosse s'arrêter à sa porte ; on lui annonce un inconnu qui demande à lui parler. « Un grand personnage m'a chargé de venir vous trouver, dit l'inconnu. — Quel est cet homme ? interrompt Mozart. — Il ne veut pas être nommé. — Que désire-t-il ? — Il vous demande un *Requiem* pour un service solennel. » — Mozart se sentit frappé de ce discours, du ton dont il était prononcé, de l'air mystérieux qui semblait répandu sur cette aventure ; la disposition de son âme fortifiait encore ces impressions. Il promit de faire le *Requiem*. « Mettez à cet ouvrage tout votre génie ; vous travaillez pour un connaisseur. — Tant mieux. — Combien de temps demandez-vous ? — Quatre semaines. — Eh bien, je reviendrai dans quatre semaines. Quel prix mettez-vous à votre travail ? — Cent ducats. » L'inconnu les compta sur la table et disparut. — Mozart reste plongé quelques moments dans de profondes réflexions, puis tout à coup il se met à écrire. Cette fougue de travail continua pendant plusieurs jours. Il travailla jour et nuit avec une ardeur qui semblait augmenter en avançant, mais son corps ne put résister à cette fatigue. Il tomba un jour sans connaissance. Peu de temps après, sa femme cherchant à le distraire des sombres pensées qui l'assiégeaient, Mozart lui dit brusquement: « Cela est certain ; ce sera pour moi que je ferai ce *Requiem*, il servira à mes funérailles. » Rien ne put le détourner de cette idée ; il continua de travailler à son *Requiem*, comme Raphaël travaillait à son tableau de la Transfiguration, frappé aussi de l'idée de sa mort. Mozart sentait ses forces diminuer chaque jour, et son travail avançait lentement. Les quatre semaines qu'il avait demandées s'étant écoulées, il vit entrer l'inconnu. « Il m'a été impossible, dit Mozart, de tenir ma parole. — Ne vous gênez pas, dit l'étranger ; quel temps vous faut-il encore ? — Quatre semaines ; l'ouvrage m'a inspiré plus d'intérêt que je ne croyais, et je l'ai étendu plus que je ne voulais. — En ce cas, dit l'inconnu, il est juste d'augmenter les honoraires. Voici cinquante ducats de plus. — Monsieur, reprit Mozart toujours plus étonné, qui êtes vous donc? — Cela ne fait rien à la chose. Je reviendrai dans quatre semaines. » Mozart envoya sur-le-champ sa servante à la suite de cet homme extraordinaire, pour savoir où il s'arrêterait ; mais la servante vint rapporter qu'elle n'avait pu retrouver sa trace. — Mozart se mit dans la tête que cet inconnu n'était pas un être ordinaire, qu'il avait sûrement des relations avec l'autre monde, qu'il lui était envoyé pour lui annoncer sa fin prochaine. Il n'en travailla qu'avec plus d'ardeur à son *Requiem*, qu'il regarda comme le monument le plus durable de son talent. Pendant ce travail, il tomba plusieurs fois dans des évanouissements alarmants. Enfin l'ouvrage fut achevé avant les quatre semaines. L'inconnu revint au terme convenu... Mozart n'était plus. — Saliéri en mourant avoua que c'était lui qui avait joué le personnage de l'inconnu, et s'accusa de la mort de Mozart, dont il était envieux.

Muhazimim, — nom que les Africains donnent à leurs possédés ; ils font des cercles, impriment des caractères sur le front de ces muhazimim, et le diable qui les possède déloge aussitôt [1].

Muller (JEAN), — astronome et astrologue, plus connu sous le nom de Regiomontanus, né en 1436 en Franconie, mort à Rome en 1476. Il paraît qu'il prophétisait aussi, puisqu'on dit qu'il annonça la fin du monde en même temps que Stoffler. Ces deux hommes firent tant de bruit que les esprits faibles crurent que le monde finirait infailliblement en 1588. On dit qu'il fit deux automates merveilleux : 1° un aigle qui volait et qui alla au-devant de l'empereur lors de son entrée à Ratisbonne ; 2° une mouche de fer qui faisait le tour d'une table en bourdonnant à l'oreille de chaque convive, et revenait se poser sur sa main. Ses contemporains voyaient dans ces deux objets des œuvres de magie.

Mullin, — démon d'un ordre inférieur, premier valet de chambre de Belzébuth. — Il y a aussi dans quelques procès de sorciers, un certain *maître Jean Mullin*, qui est le lieutenant du grand-maître des sabbats.

Mummol. — En 578, Frédégonde perdit un de ses fils, qui mourut de la dyssenterie. On accusa le général Mummol, qu'elle haissait, de l'avoir fait périr par des charmes et des maléfices. Il avait eu l'imprudence de dire à quelques personnes qu'il connaissait une herbe d'une efficacité absolue contre la dyssenterie. Il n'en fallut pas davantage pour qu'il fût soupçonné d'être sorcier. — La reine fit arrêter plusieurs femmes de Paris, qui confessèrent qu'elles étaient sorcières, qu'elles avaient tué plusieurs personnes, que Mummol devait périr, et que le prince avait été sacrifié pour sauver Mummol. De ces sorciè-

[1] Bodin, Démonomanie, p. 396.

res, les unes furent brûlées, d'autres noyées; quelques-unes expirèrent sur la roue. Après ces exécutions, Frédégonde partit pour Compiègne, et accusa Mummol auprès du roi [1]. Ce prince le fit venir, on lui lia les mains derrière le dos; on lui demanda quel maléfice il avait employé pour tuer le prince; il ne voulut rien avouer de ce qu'avaient déposé les sorcières, mais il convint qu'il avait souvent charmé des onguents et des breuvages, pour gagner la faveur du roi et de la reine. Quand il fut retiré de la torture, il appela un sergent, et lui commanda d'aller dire au roi qu'il n'avait éprouvé aucun mal. Chilpéric, entendant ce rapport, s'écria : « Il faut vraiment qu'il soit sorcier, pour n'avoir pas souffert de la question !... » En même temps il fit reprendre Mummol; on l'appliqua de nouveau à la torture; mais quand on se préparait à lui trancher la tête, la reine lui fit grâce de la vie, se contentant de prendre ses biens. On le plaça sur une charrette qui devait le conduire à Bordeaux, où il était né; il ne devait point y mourir, tout son sang se perdit pendant la route, et il expira d'épuisement. On brûla tout ce qui avait appartenu au jeune prince, autant à cause des tristes souvenirs qui s'y attachaient que pour anéantir tout ce qui portait avec soi l'idée du sortilège [2].

Muraille du Diable. — C'est cette fameuse muraille qui séparait autrefois l'Angleterre de l'Écosse, et dont il subsiste encore diverses parties que le temps n'a pas trop altérées. La force du ciment et la dureté des pierres ont persuadé aux habitants des lieux voisins qu'elle a été faite de la main du diable; et les plus superstitieux ont grand soin d'en recueillir jusqu'aux moindres débris, qu'ils mêlent dans les fondements de leurs maisons pour leur communiquer la même solidité. Elle a été bâtie par Adrien. — Un jardinier écossais, ouvrant la terre dans son jardin, trouva une pierre d'une grosseur considérable sur laquelle on lisait, en caractères du pays, qu'elle était là pour la sûreté des murs du château et du jardin, et qu'elle y avait été apportée de la grande muraille, dont elle avait fait autrefois partie; mais qu'il serait aussi dangereux de la remuer qu'il y aurait d'avantage à la laisser à sa place. — Le seigneur de la maison, moins crédule que ses ancêtres, voulut la faire transporter dans un autre endroit, pour l'exposer à la vue, comme un ancien monument. On entreprit de la faire sortir de terre à force de machines, et on en vint à bout, comme on l'aurait fait d'une pierre ordinaire. Elle demeura sur le bord du trou pendant que la curiosité y fit descendre le jardinier, plusieurs domestiques, les deux fils du gentilhomme qui s'amusèrent quelques moments à creuser encore le fond. La pierre fatale, qu'on avait négligé apparemment de placer dans un juste équilibre, prit ce temps pour retomber au fond du trou, et écrasa tous ceux qui s'y trouvaient. — Ce n'était là que le prélude des malheurs que devait causer cette pierre. La jeune épouse de l'aîné des deux frères apprit ce qui venait d'arriver. Elle courut au jardin, elle y arriva dans le temps que les ouvriers s'empressaient de lever la pierre, avec quelque espérance de trouver un reste de vie aux infortunés qu'elle couvrait. Ils l'avaient levée à demi, l'on s'aperçut en effet qu'ils respiraient encore, lorsque l'imprudente épouse, perdant tout soin d'elle-même, se jeta si rapidement sur le corps de son mari, que les ouvriers saisis de son action lâchèrent malheureusement les machines qui soutenaient la pierre, et l'ensevelirent ainsi avec les autres. — Cet accident confirma plus que jamais la superstition des Écossais; on ne manqua pas de l'attribuer à quelque pouvoir établi pour la conservation du mur d'Écosse et de toutes les pierres qui en sont détachées.

Murmur, — grand-duc et comte de l'empire infernal, démon de la musique. Il paraît sous la forme d'un soldat monté sur un vautour, et accompagné d'une multitude de trompettes; sa tête est ceinte d'une couronne ducale, il marche précédé du bruit des clairons. Il est de l'ordre des anges et de celui des trônes [1].

Muspelheim. — Les Scandinaves nomment ainsi un monde lumineux, ardent, inhabitable aux étrangers. Surtur-le-Noir y tient son empire; dans ses mains brille une épée flamboyante. Il viendra à la fin du monde, vaincra tous les dieux, et livrera l'univers aux flammes.

Musique céleste. — Entre plusieurs découvertes surprenantes que fit Pythagore, on admire surtout cette musique céleste que lui seul entendait. Il trouvait les sept tons de la musique dans la distance qui est entre les planètes : de la terre à la lune, un ton; de la lune à Mercure, un demi-ton; de Mercure à Vénus, un demi-ton; de Vénus au soleil, un ton et demi; du soleil à Mars, un ton; de Mars à Jupiter, un demi-ton; de Jupiter à Saturne, un demi-ton; et de Saturne au zodiaque, un ton et demi. C'est à cette musique

---

[1] Chilpéric Ier.
[2] Grégoire de Tours, liv. IV de l'Hist. de France.

[1] Wierus, in Pseudomonarchia dæm.

des corps célestes qu'est attachée l'harmonie de toutes les parties qui composent l'univers. Nous autres, dit Léon l'Hébreu, nous ne pouvons entendre cette musique, parce que nous en sommes trop éloignés, ou bien parce que l'habitude continuelle de l'entendre fait que nous ne nous en apercevons point, comme ceux qui habitent près de la mer ne s'aperçoivent point du bruit des vagues, parce qu'ils y sont accoutumés.

Musucca, — nom du diable chez quelques peuples de l'Afrique. Ils en ont une très-grande peur, et le regardent comme l'ennemi du genre humain ; mais ne lui rendent aucun hommage. C'est le même que Mouzouko.

Mycale, — magicienne qui faisait descendre la lune par la force de ses charmes. Elle fut mère de deux célèbres Lapithes, Brotéas et Orion.

Myiagorus, — génie imaginaire auquel on attribuait la vertu de chasser les mouches pendant les sacrifices. Les Arcadiens avaient des jours d'assemblée, et commençaient par invoquer ce dieu et le prier de les préserver des mouches. Les Éléens encensaient avec constance les autels de Myiagorus, persuadés qu'autrement des essaims de mouches viendraient infecter leur pays sur la fin de l'été, et y porter la peste. *Voy.* Achor, Belzébuth.

Myoam, — génie invoqué par les Basilidiens.

Myomancie, — divination par les rats ou les souris ; on tirait des présages malheureux ou de leur cri, ou de leur voracité. Élien raconte que le cri aigu d'une souris suffit à Fabius Maximus pour l'engager à se démettre de la dictature ; et, selon Varron, Cassius Flaminius, sur un pareil présage, quitta la charge de général de cavalerie. Plutarque dit qu'on augura mal de la dernière campagne de Marcellus, parce que des rats avaient rongé quelques dorures du temple de Jupiter. — Un Romain vint un jour fort effrayé consulter Caton, parce que les rats avaient rongé un de ses souliers. Caton lui répondit que c'eût été un tout autre prodige si le soulier avait rongé un rat.

Myricœus, — surnom donné à Apollon, comme président à la divination par les branches de bruyère, à laquelle on donnait l'épithète de prophétique. On lui mettait alors une branche de cette plante à la main.

N

Nabam, — démon que l'on conjure le samedi. *Voy.* Conjurations.

Naberus, autrement **Cerbère**, appelé aussi **Nébiros**, — marquis du sombre empire, maréchal-de-camp et inspecteur-général des armées. Il se montre sous la figure d'un corbeau ; sa voix est rauque ; il donne l'éloquence, l'amabilité, et enseigne les arts libéraux. Il fait trouver la main de gloire ; il indique les qualités des métaux, des végétaux et de tous les animaux purs et impurs ; l'un des chefs des nécromanciens, il prédit l'avenir. Il commande à dix-neuf légions [1].

Nabuchodonosor, — roi de Babylone, qui crut pouvoir exiger des peuples le culte et les hommages qui ne sont dus qu'à Dieu, et qui fut pendant sept ans changé en bœuf. — Les paradistes croient faire une grande plaisanterie en annonçant qu'on verra chez eux l'ongle de Nabuchodonosor parmi d'autres bagatelles ; mais l'ongle de Nabuchodonosor est dans le cabinet de curiosités du roi de Danemark.

Nachtmannetje, — ou petit homme de nuit, nom que les Flamands donnent aux incubes.

Nachtvrouwtje, — ou petite femme de nuit, nom que les Flamands donnent aux succubes.

Nagates, — astrologues de Ceylan. Des voyageurs crédules vantent beaucoup le savoir de ces devins, qui, disent-ils, font souvent des prédictions que l'événement accomplit. Ils décident du sort des enfants ; s'ils déclarent qu'un astre malin a présidé à leur naissance, les pères, en qui la superstition étouffe la nature, leur ôtent une vie qui doit être malheureuse. Cependant si l'enfant qui voit le jour sous l'aspect d'une planète contraire est un premier né, le père la garde, en dépit des prédictions ; ce qui prouve que l'as-

[1] Wierus, in Pseudomon. dæmonum.

trologie n'est qu'un prétexte dont les pères trop chargés d'enfants se servent pour en débarrasser leur maison. Ces nagates se vantent encore de prédire, par l'inspection des astres, si un mariage sera heureux, si une maladie est mortelle, etc.

Naglefare, — vaisseau fatal chez les Celtes; il est fait des ongles des hommes morts; il ne doit être achevé qu'à la fin du monde, et son apparition fera trembler les hommes et les dieux. C'est sur ce vaisseau que l'armée des mauvais génies doit arriver d'Orient.

Naguille (CATHERINE), — petite sorcière âgée de onze ans, qui fut accusée d'aller au sabbat en plein midi [1].

Naguille (MARIE), — jeune sorcière, sœur de la précédente. Arrêtée à seize ans, elle avoua que sa mère l'avait conduite au sabbat. Lorsqu'elles devaient y aller ensemble, le diable venait ouvrir la fenêtre de leur chambre, et les attendait à la porte; sa mère tirait un peu de graisse d'un pot, s'en oignait la tête, excepté la figure, prenait sa fille sous le bras et elles s'en allaient en l'air au sabbat. Pour revenir à la maison, le diable leur servait de porteur. Elle avoua encore que le sabbat se tenait à Pagole, près d'un petit bois [2].

Nahama, — sœur de Tubalcaïn. On lit dans le Thalmud que c'est une des quatre mères des diables. Elle est devenue elle-même, selon les démonomanes, un démon succube.

Nains. — Aux noces d'un certain roi de Bavière, on vit un nain si petit, qu'on l'enferma dans un pâté, armé d'une lance et d'une épée. Il en sortit au milieu du repas, sauta sur la table, la lance en arrêt et excita l'admiration de tout le monde [3]. La fable dit que les Pygmées n'avaient que deux pieds de hauteur, et qu'ils étaient toujours en guerre avec les grues. Les Grecs, qui reconnaissaient des géants, pour faire le contraste parfait, imaginèrent ces petits hommes qu'ils appelèrent pygmées. L'idée leur en vint peut-être de certains peuples d'Éthiopie, appelés l'échinies, qui étaient d'une petite taille; et, comme les grues se retiraient tous les hivers dans leur pays, ils s'assemblaient pour leur faire peur, et les empêcher de s'arrêter dans leurs champs. Voilà le combat des Pygmées contre les grues. — Swift fait trouver à son Gulliver des hommes hauts d'un demi-pied dans l'île de Lilliput. Avant lui, Cyrano de Bergerac, dans son Voyage au soleil, avait vu de petits nains *pas plus hauts que le pouce*. — Les Celtes pensaient que les nains étaient des espèces de créatures formées du corps du géant Ime, c'est-à-dire de la poudre de la terre. Ils n'étaient d'abord que des vers; mais, par l'ordre des dieux, ils participèrent à la raison et à la figure humaine, habitant toujours cependant entre la terre et les rochers. — « On a découvert sur les bords de la rivière Merrimak, à vingt milles de l'île Saint-Louis, dans les États-Unis, des tombeaux en pierres, construits avec une sorte d'art et rangés en ordre symétrique, mais dont aucun n'avait plus de quatre pieds de long. Les squelettes humains n'excèdent pas trois pieds en longueur. Cependant les dents prouvent que c'étaient des individus d'un âge mûr. Les crânes sont hors de proportion avec le reste du corps. Voilà donc les pygmées retrouvés [1]. *Voy.* PYGMÉE.

Nairancie. — Espèce de divination usitée parmi les Arabes, et fondée sur plusieurs phénomènes du soleil et de la lune.

Nakaronkir, — esprit que Mahomet envoie dans leur sommeil aux musulmans coupables, pour les pousser au repentir.

Nambroth, — démon que l'on conjure le mardi. *Voy.* CONJURATIONS.

Nan, — mouches assez communes en Laponie. Les Lapons les regardent comme des esprits et les portent avec eux dans des sacs de cuir, bien persuadés que, par ce moyen, ils seront préservés de toute espèce de maladies.

Napoléon, — empereur des Français. On a prétendu qu'il avait un génie familier, comme Socrate et tous les grands hommes dont les actions ont excité l'admiration de leurs contemporains. On l'a fait visiter par un petit homme rouge. — On a vu aussi dans Napoléon un des terribles précurseurs de l'Antéchrist. Qui sait?

Narac, — enfer des Indiens; on y sera tourmenté par des serpents.

Nastrande, — partie de l'enfer des Scandinaves. Là sera un bâtiment vaste et infâme; la porte, tournée vers le nord, ne sera construite que de cadavres, de serpents, dont toutes les têtes, tendues à l'intérieur,

---

[1] Delancre, Tabl. de l'inconstance des démons, etc., liv. II, p. 66.
[2] Delancre, Tabl. de l'inconstance des démons, etc., liv. II, p. 118.
[3] Johnson, Taumatographia naturalis.

[1] Journal des Débats du 23 janvier 1819.

somiront des flots de venin. Il s'en formera un fleuve empoisonné, dans les ondes rapides duquel flotteront les parjures, les assassins et les adultères. Dans une autre région, la condition des damnés sera pire encore ; car un loup dévorant y déchirera sans cesse les corps qui y seront envoyés.

Naudé (Gabriel), — l'un des savants distingués de son temps, né à Paris en 1600. Il fut d'abord bibliothécaire du cardinal Mazarin, ensuite de la reine Christine, et mourut à Abbeville en 1653. Il a laissé une *Instruction à la France sur la vérité de l'histoire des frères de la Rose-Croix*, 1623, in-4° et in-8°, rare. Naudé y prouve que les prétendus frères de la Rose-Croix sont des fourbes qui cherchaient à trouver des dupes, en se vantant d'enseigner l'art de faire de l'or et d'autres secrets non moins merveilleux. Ce curieux opuscule est ordinairement réuni à une autre brochure intitulée : *Avertissement au sujet des frères de la Rose-Croix*. On a encore de lui : *Apologie pour les grands hommes faussement soupçonnés de magie*, 1625, in-8° ; cet ouvrage a eu plusieurs éditions. — Il y prend la défense des sages anciens et modernes accusés d'avoir eu des génies familiers, tels que Socrate, Aristote, Plotin, etc., ou d'avoir acquis par la magie des connaissances au-dessus du vulgaire.

Naurouse (Pierre de), — *voy.* Fin du Monde.

Navius (Accius). — Ce Navius, étant jeune, dit Cicéron, fut réduit par la pauvreté à garder les pourceaux. En ayant perdu un, il fit vœu que, s'il le retrouvait, il offrirait au dieu la plus belle grappe de raisin qu'il y aurait dans l'année. Lorsqu'il l'eut retrouvé, il se tourna vers le midi, s'arrêta au milieu d'une vigne, partagea l'horizon en quatre parties ; et, après avoir eu dans les trois premières des présages contraires, il trouva une grappe de raisin d'une admirable grosseur. Ce fut le récit de cette aventure qui donna à Tarquin la curiosité de mettre à l'épreuve son talent de divination. Il coupa un jour un caillou avec un rasoir pour prouver qu'il devinait bien.

Naylor (James), — imposteur du seizième siècle, né dans le diocèse d'York, en Angleterre. Après avoir servi pendant quelque temps en qualité de maréchal-des-logis dans le régiment du colonel Lambert, il se retira parmi les trembleurs, et s'acquit tant de réputation par ses discours qu'on le regardait comme un saint homme. Voulant profiter de la bonne opinion qu'on avait de lui, et se donner en quelque sorte pour un dieu, il résolut en 1656 d'entrer dans Bristol en plein jour, monté sur un cheval dont un homme et une femme tenaient les rênes, suivi de quelques autres qui chantaient tous : *Saint, saint, saint le dieu de Sabaoth*. Les magistrats l'arrêtèrent et l'envoyèrent au parlement, où son procès ayant été instruit, il fut condamné le 25 janvier 1657, comme blasphémateur et séducteur du peuple, à avoir la langue percée avec un fer chaud, et le front marqué de la lettre B (blasphémateur), à être ensuite reconduit à Bristol, où il rentrerait à cheval, ayant le visage tourné vers la queue, ce qui fut exécuté à la lettre, quoique ce fou misérable eût désiré paraître sur un âne. Naylor fut ensuite renfermé pour le reste de ses jours. On l'élargit ensuite, et il ne cessa de prêcher ceux de sa secte jusqu'à sa mort.

Naxac, — séjour de peines où les habitants du Pégu font arriver les âmes après plusieurs transmigrations.

Nebiros, — *voy.* Naberus.

Nécromancie, — art d'évoquer les morts ou de deviner les choses futures par l'inspection des cadavres. *Voy.* Anthropomancie. Il y avait à Séville, à Tolède et à Salamanque, des écoles publiques de nécromancie, dans de profondes cavernes, dont la grande Isabelle fit murer l'entrée. — Pour prévenir les superstitions de l'évocation des mânes et de tout ce qui a pris le nom de nécromancie, Moïse avait fait de sages défenses aux Juifs. Isaïe condamne également ceux qui demandent aux morts ce qui intéresse les vivants, et ceux qui dorment sur les tombeaux pour avoir des rêves. C'est même pour obvier aux abus de la nécromancie, répandue en Orient, que chez le peuple israélite celui qui avait touché un mort était censé impur. — Cette divination était en usage chez les Grecs, et surtout chez les Thessaliens ; ils arrosaient de sang chaud un cadavre, et prétendaient ensuite en recevoir des réponses certaines sur l'avenir. Ceux qui le consultaient devaient auparavant avoir fait les expiations prescrites par le magicien qui présidait à cette cérémonie, et surtout avoir apaisé par quelques sacrifices les mânes du défunt, qui, sans ces préparatifs, demeurait sourd à toutes les questions. — Les Syriens se servaient aussi de cette divination, et voici comment ils s'y prenaient : Ils tuaient de jeunes enfants en leur tordant le cou, leur coupaient la tête, qu'ils salaient et embaumaient, puis gravaient, sur une lame ou une plaque d'or, le nom de l'esprit malin pour lequel ils avaient fait ce sacrifice, plaçaient la tête dessus, l'entouraient de cierges, adoraient cette sorte d'idole et en tiraient des réponses [1]. Voy. MAGIE. — Les rois idolâtres d'Israël et de Juda se livrèrent à la nécromancie. Saül y eut recours lorsqu'il voulut consulter l'ombre de Samuel. L'Église a toujours condamné ces abominations. Lorsque Constantin, devenu chrétien, permit encore aux païens de consulter leurs augures, pourvu que ce fût au grand jour, il ne toléra ni la magie noire ni la nécromancie. Julien se livrait à cette pratique exécrable. — Il restait au moyen âge quelque trace de la nécromancie dans l'épreuve du cercueil.

Neffesoliens, — secte de mahométans qui prétendent être nés du Saint-Esprit, c'est-à-dire sans opérations d'homme, ce qui les fait tellement révérer qu'on ne s'approche d'eux qu'avec réserve. On prétend qu'un malade guérit, pour peu qu'il puisse toucher un de leurs cheveux ; mais Delancre dit que ces saints hommes sont au contraire des enfants du diable, qui tâchent de lui faire des prosélytes [2].

Nègre. — Il est démontré que les nègres ne sont pas d'une race différente des blancs, comme l'ont voulu dire quelques songe-creux ; qu'ils ne sont pas non plus la postérité de Caïn, qui a péri dans le déluge. Les hommes, cuivrés en Asie, sont devenus noirs en Afrique et blancs dans le Septentrion ; et tous descendent d'un seul couple. Les erreurs plus ou moins innocentes des philosophes à ce sujet ne sont plus admises que par les ignorants. — Les sorciers appelaient quelquefois le diable le grand nègre. Un jurisconsulte, dont on n'a conservé ni le nom ni le pays, ayant envie de voir le diable, se fit conduire par un magicien dans un carrefour peu fréquenté, où les démons avaient coutume de se réunir. Il aperçut un grand nègre sur un trône élevé, entouré de plusieurs soldats noirs, armés de lances et de bâtons. Le grand nègre, qui était le diable, demanda au magicien qui il lui amenait : — « Seigneur, répondit le magicien, c'est un serviteur fidèle. — Si tu veux me servir et m'adorer, dit le diable au jurisconsulte, je le ferai asseoir à ma droite. » Mais le prosélyte, trouvant la cour infernale plus triste qu'il ne l'avait espéré, fit un signe de la croix, et les démons s'évanouirent [1]. — Les nègres, comme de juste, font le diable blanc.

Nekir, — voy. MONKIR.

Nembroth, — un des esprits que les magiciens consultent. Le mardi lui est consacré ; et on l'évoque ce jour-là : il faut, pour le renvoyer, lui jeter une pierre.

Nemrod, — roi d'Assyrie, qui ayant fait bâtir la tour de Babel, et voyant, disent les auteurs arabes, que cette tour, à quelque hauteur qu'il l'eût fait élever, était encore loin d'atteindre au ciel, imagina de s'y faire transporter dans un panier par quatre énormes vautours ; les oiseaux l'emportèrent en effet lui et son panier, mais si haut et si loin, que depuis on n'entendit plus parler de lui.

Nénufar, — plante aquatique froide, dont voici un effet : Un couvreur travaillait en été sur une maison, à l'une des fenêtres de laquelle le maître avait un flacon d'eau de fleurs de nénufar à purifier au soleil. Comme il était échauffé et altéré, il prit le flacon et but de cette eau ; il retourna chez lui avec les sens glacés. Au bout de quelques jours, surpris de son refroidissement, il se crut ensorcelé. Il se plaint du maléfice qu'on lui a fait. Le maître de la maison examine son flacon et le trouve vide. Il reconnaît aussitôt d'où vient le maléfice, console le couvreur en lui faisant boire du vin de gingembre confit, et toutes choses propres à le réchauffer. Il le rétablit enfin et fit cesser ses plaintes [2].

Néphélim, — nom qui signifie également géants ou brigands. Aussi est-ce celui que l'Écriture donne aux enfants nés du commerce des anges avec les filles des hommes. Selon l'auteur du livre d'Énoch, les néphélim étaient fils des géants et pères des éliuds.

Nequam, — prétendu prince des magiciens, à qui les chroniques mayençaises attribuent la fondation de Mayence.

Nergal, — démon du second ordre, chef de la police du ténébreux empire, premier espion de Belzébuth, sous la surveillance du grand justicier Lucifer. — Ainsi le disent les démonomanes. Toutefois Nergal ou Nergel fut une idole des Assyriens ; il paraît que dans cette idole ils adoraient le feu.

Néron, — empereur romain, dont le nom odieux est devenu la plus cruelle injure pour les mauvais princes. Il portait avec lui une petite statue ou mandagore qui lui prédisait

---

[1] Leloyer, Histoire des spectres ou appar. des esprits, liv. v, p. 544.
[2] Delancre, Tableau de l'inconstance des démons, etc., liv. III, p. 231.

[1] Legenda aurea Jacobi de Voragine, leg. 64.
[2] Saint-André, Lettres sur la magie.

l'avenir. On rapporte qu'en ordonnant aux magiciens de quitter l'Italie, il comprit sous le nom de magiciens les philosophes, parce que, disait-il, la philosophie favorisait l'art magique. Cependant il est certain, disent les démonomanes, qu'il évoqua lui-même les mânes de sa mère Agrippine [1].

Netla, — *voy.* Ortie.

Netos, — génies malfaisants aux Moluques.

Neuf. — Ce nombre est sacré chez différents peuples. Les Chinois se prosternent neuf fois devant leur empereur. En Afrique, on a vu des princes supérieurs aux autres en puissance exiger des rois leurs vassaux de baiser neuf fois la poussière avant de leur parler. Pallas observe que les Mogols regardent aussi ce nombre comme sacré, et l'Europe n'est pas exempte de cette idée.

Neuhaus (Femme blanche de), — *voy.* Femmes blanches.

Neures ou **Neuriens**, — peuples de la Sarmatie européenne, qui prétendaient avoir le pouvoir de se métamorphoser en loups une fois tous les ans, et de reprendre ensuite leur première forme.

New-Haven. — La barque de la fée de New-Haven apparaît, dit-on, sur les mers avant les naufrages au Nouveau-Monde. Cette tradition prend sa source dans une de ces apparitions merveilleuses et inexplicables, qu'on suppose être occasionnées par la réfraction de l'atmosphère, comme le palais de la fée Morgane, qui brille au-dessus des eaux dans la baie de Messine.

Nid, — degré supérieur de magie que les Islandais comparaient à leur seidur ou magie noire. Cette espèce de magie consistait à chanter un charme de malédictions contre un ennemi.

Niflheim, — nom d'un double enfer chez les Scandinaves. Ils le plaçaient dans le neuvième monde; suivant eux, la formation en avait précédé de quelques hivers celle de la terre. Au milieu de cet enfer, dit l'Edda, il y a une fontaine nommée Hvergelmer. De là coulent les fleuves suivants : l'Angoisse, l'Ennemi de la Joie, le Séjour de la Mort, la Perdition, le Gouffre, la Tempête, le Tourbillon, le Rugissement, le Hurlement, le Vaste ; celui qui s'appelle le Bruyant coule près des grilles du séjour de la mort. Cet enfer est une espèce d'hôtellerie, ou, si l'on veut, une prison où sont détenus les hommes lâches ou pacifiques qui ne peuvent défendre les dieux inférieurs en cas d'attaque imprévue. Mais les habitants ne doivent en sortir au dernier jour pour être condamnés ou absous. C'est une idée très-imparfaite du purgatoire.

Nigromancie, — art de connaître les choses cachées dans les endroits noirs, ténébreux, comme les mines, les pétrifications souterraines, etc. Ceux qui faisaient des découvertes de ce genre invoquaient les démons et leur commandaient d'apporter les trésors cachés. La nuit était particulièrement destinée à ces invocations, et c'est aussi durant ce temps que les démons exécutaient les commissions dont ils étaient chargés.

Ninon de Lenclos. — On conte que, seule un jour devant son miroir, à l'âge de dix-huit ans, elle s'admirait avec une expression de tristesse. Une voix tout à coup répond à sa pensée et lui dit : « N'est-il pas vrai qu'il est bien dur d'être si jolie et de vieillir ? » Elle se tourne vivement et voit avec surprise auprès d'elle un vieux petit nain noir, qui reprend : « Vous me devinez sans doute ? si vous voulez vous donner à moi, je conserverai vos charmes ; à quatre-vingts ans vous serez belle encore. » Ninon réfléchit un instant, passa le marché, qui fut bien tenu ; et quelques instants avant sa mort elle vit au pied de son lit le petit nain noir qui l'attendait....

Nirudy, — roi des démons malfaisants chez les Indiens. On le représente porté sur les épaules d'un géant et tenant un sabre à la main.

Nitoès, — démons ou génies que les habitants des îles Moluques consultent dans les affaires importantes. On se rassemble ; on appelle les démons au son d'un petit tambour, on allume des flambeaux, et l'esprit paraît, ou plutôt un de ses ministres ; on l'invite à boire et à manger ; et, sa réponse faite, l'assemblée dévore les restes du festin.

Noals (Jeanne), — sorcière qui fut brûlée par arrêt du parlement de Bordeaux, le 20 mars 1619, pour avoir chevillé le moulin de Las-Coudourleiras, de la paroisse de Végenne. Ayant porté un jour du blé à moudre à ce moulin avec deux autres femmes, le meunier, Jean Destrade, les pria d'attendre que le blé qu'il avait déjà depuis plusieurs jours fût moulu ; mais elles s'en allèrent mécontentes, et aussitôt le moulin se trouva chevillé, de façon

---

[1] Suétone, Vie de Néron, chap. 24.

que le meunier ni sa femme n'en surent trouver le défaut. Le maître du moulin, ayant été appelé, il s'avisa d'y amener ladite sorcière, qui, s'étant mise à genoux sur l'engin avec lequel le meunier avait coutume d'arrêter l'eau, fit en sorte qu'un quart d'heure après le moulin se remit à moudre avec plus de vitesse qu'il n'avait jamais fait [1].

Nodier (Charles), — spirituel auteur de *Trilby* ou *le lutin d'Argail* (Argyle), et beaucoup d'écrits charmants où les fées et les follets tiennent poétiquement leur personnage.

Noel (Jacques), — prétendu possédé qui fit quelque bruit en 1667. Il était neveu d'un professeur de philosophie au collège d'Harcourt à Paris. Il s'imaginait sans cesse voir des spectres. Il était sujet aux convulsions épileptiques, faisait des grimaces, des contorsions, des cris et des mouvements extraordinaires. On le crut démoniaque, on l'examina; il prétendit qu'on l'avait maléficié, parce qu'il n'avait pas voulu aller au sabbat. Il assura avoir vu le diable plusieurs fois en différentes formes [2]. On finit par découvrir qu'il était fou.

Noh, — nom du premier homme selon les Hottentots. Ils prétendent que leurs premiers parents entrèrent dans le pays par une porte ou par une fenêtre; qu'ils furent envoyés de Dieu même, et qu'ils communiquèrent à leurs enfants l'art de nourrir les bestiaux avec quantité d'autres connaissances.

Noix. — « Un grand secret est renfermé dans les noix; car si on les fait brûler, qu'on les pile et qu'on les mêle avec du vin et de l'huile, elles entretiennent les cheveux et les empêchent de tomber [3]. »

Nono, — génies malfaisants que les Indiens des îles Philippines placent dans des sites extraordinaires entourés d'eau; ils ne passent jamais dans ces lieux, qui remplissent leur imagination d'effroi, sans leur en demander permission. Quand ils sont attaqués de quelque infirmité ou maladie, ils portent à ces génies en forme d'offrande du riz, du vin, du coco, et le cochon qu'on donne ensuite à manger aux malades.

Nornes, — fées ou parques chez les Celtes. Elles dispensaient les âges des hommes, et se nommaient Urda (le passé), Verandi (le présent), et Skalda (l'avenir).

---

[1] Delancre, Incrédulité et mécréance de la divination, du sortilège, etc., tr. 6, p. 348.
[2] Lettres de Saint-André sur la magie, etc.
[3] Albert le Grand, p. 199.

Nostradamus (Michel), — médecin et astrologue, né en 1503 à Saint-Remi en Provence, mort à Salon en 1566. Les talents qu'il déploya pour la guérison de plusieurs maladies qui affligeaient la Provence lui attirèrent la jalousie de ses collègues; il se retira de la société. Vivant seul avec ses livres, son esprit s'exalta au point qu'il crut avoir le don de connaître l'avenir. Il écrivit ses prédictions dans un style énigmatique; et pour leur donner plus de poids, il les mit en vers. Il en composa autant de quatrains, dont il publia sept *centuries* à Lyon en 1555. Ce recueil eut une vogue inconcevable; on prit parti pour le nouveau devin; les plus raisonnables le regardèrent comme un visionnaire, les autres imaginèrent qu'il avait commerce avec le diable, d'autres qu'il était véritablement prophète. Le plus grand nombre des gens sensés ne virent en lui qu'un charlatan qui, n'ayant pas fait fortune à son métier de médecin, cherchait à mettre à profit la crédulité du peuple. La meilleure de ses visions est celle qui lui annonça qu'il s'enrichirait à ce métier. Il fut comblé de biens et d'honneurs par Catherine de Médicis, par Charles IX, et par le peuple des petits esprits. — Le poëte Jodelle fit ce jeu de mots sur son nom :

Nostra damus cùm falsa damus, nam fallere nostrum est;
Et cùm falsa damus, nil nisi nostra damus.

Ce n'est point merveille, dit Naudé, si, parmi le nombre de mille quatrains, dont chacun parle toujours de cinq ou six choses différentes, et surtout de celles qui arrivent ordinairement, on rencontre quelquefois un hémistiche qui fera mention d'une ville prise en France, de la mort d'un grand en Italie, d'une peste en Espagne, d'un monstre, d'un embrasement, d'une victoire, ou de quelque chose de semblable. Ces prophéties ne ressemblent à rien mieux qu'à ce soulier de Théramène, qui se chaussait indifféremment par toutes sortes de personnes. Et quoique Chavigny, qui a tant rêvé là-dessus, ait prouvé dans son *Janus français* que la plupart des prédictions de Nostradamus étaient accomplies au commencement du dix-septième siècle, on ne laisse pas néanmoins de les remettre encore sur le tapis. Il en est des prophéties comme des almanachs; les idiots croient à tout ce qu'ils y lisent, parce que sur mille mensonges ils ont rencontré une fois la vérité. — Nostradamus est enterré à Salon; il avait prédit de son vivant que son tombeau changerait de place après sa mort. On l'enterra dans l'église des Cordeliers, qui fut détruite. Alors le tombeau se trouva dans un champ, et le peuple est persuadé plus que jamais qu'un homme qui prédit si juste mérite au moins qu'on le croie.

Notarique, — une des trois divisions de la cabale chez les Juifs. Elle consiste à prendre, ou chaque lettre d'un mot pour en faire une phrase entière, ou les premières lettres d'une sentence pour en former un seul mot.

Noyés. — Les marins anglais et américains croient que retirer un noyé et l'amener sur le pont d'un navire qui va appareiller, s'il y meurt, c'est un mauvais présage, qui annonce des malheurs et le danger de périr : superstition inhumaine. Aussi laissent-ils les noyés à l'eau. « Voici une légende qui a été racontée par le poète OEhlenschlœger. Ce n'est point une légende, c'est un drame de la vie réelle. Un pauvre matelot a perdu un fils dans un naufrage, et la douleur l'a rendu fou. Chaque jour il monte sur sa barque et s'en va en pleine mer ; là, il frappe à grands coups sur un tambour, et il appelle son fils à haute voix : «Viens, lui dit-il, viens ! sors de ta retraite ! nage jusqu'ici ! je te placerai à côté de moi dans mon bateau ; et si tu es mort, je te donnerai une tombe dans le cimetière, une tombe entre des fleurs et des arbustes ; tu dormiras mieux là que dans les vagues. » — Mais le malheureux appelle en vain et regarde en vain. Quand la nuit descend, il s'en retourne en disant : « J'irai demain plus loin, mon pauvre fils ne m'a pas entendu[1]. »

Nuit des Trépassés. — «De tous les jours de l'année, il n'en est point que l'imagination superstitieuse des Flamands ait entouré de plus grandes terreurs que le 1er novembre. Les morts sortent à minuit de leur tombe pour venir, en longs suaires, rappeler les prières dont ils ont besoin aux vivants qui les oublient ; la sorcière et le vieux berger choisissent cette soirée pour exercer leurs redoutables maléfices ; l'ange Gabriel soulève alors pour douze heures le pied sous lequel il retient le démon captif, et rend à cet infernal ennemi des hommes le pouvoir momentané de les faire souffrir…. D'ordinaire la désolation de la nature vient encore ajouter aux terreurs de ces croyances : la tempête mugit, la neige tombe avec abondance, les torrents se gonflent et débordent ; enfin la souffrance et la mort menacent de toutes parts le voyageur[2]. »

Numa-Pompilius, — second roi de Rome.
Il donna à son peuple des lois assez sages, qu'il disait tenir de la nymphe Égérie. Il marqua les jours heureux et les jours malheureux, etc. — Les démonomanes font de Numa un insigne enchanteur et magicien. Cette nymphe, qui se nommait Égérie, n'était autre chose qu'un démon qu'il s'était rendu familier, comme étant un des plus versés et mieux entendus qui aient jamais existé en l'évocation des diables. Aussi tient-on pour certain, dit Leloyer, que ce fut par l'assistance et l'industrie de ce démon qu'il fit beaucoup de choses curieuses, pour se mettre en crédit parmi le peuple de Rome, qu'il voulait gouverner à sa fantaisie. — A ce propos, Denys d'Halicarnasse raconte qu'un jour, ayant invité à souper bon nombre de citoyens, il leur fit servir des viandes fort simples et communes en vaisselle peu somptueuse ; mais dès qu'il eut dit un mot, sa diablesse le vint trouver, et tout incontinent la salle devint pleine de meubles précieux, et les tables furent couvertes de toutes sortes de viandes exquises et délicieuses. — Il était si habile en conjurations qu'il forçait Jupiter à quitter son séjour et à venir causer avec lui. Numa Pompilius fut le plus grand sorcier et magicien de tous ceux qui aient porté couronne, dit Delancre, et il avait encore plus de pouvoir sur les diables que sur les hommes. Il composa des livres de magie qu'on brûla quatre cents ans après sa mort…. *Voy.* Égérie.

Nybbas, — démon d'un ordre inférieur, grand paradiste de la cour infernale. Il a aussi l'intendance des visions et des songes. On le traite avec assez peu d'égards, le regardant comme bateleur et charlatan.

Nymphes, — démons femelles. Leur nom vient de la beauté des formes sous lesquelles ils se montrent. Chez les Grecs, les nymphes étaient partagées en plusieurs classes : les mélies suivaient les personnes qu'elles voulaient favoriser ou tromper ; elles couraient avec une vitesse inconcevable. Les nymphes genetyllides présidaient à la naissance, assistaient les enfants au berceau, faisaient les fonctions de sages-femmes, et leur donnaient même la nourriture. Ainsi Jupiter fut nourri par la nymphe Mélisse, etc. — Ce qui prouve que ce sont bien des démons, c'est que les Grecs disaient qu'une personne était remplie de nymphes pour dire qu'elle était possédée des démons ; du reste, les cabalistes pensent que ces démons habitent les eaux, ainsi que les salamandres habitent le feu ; les sylphes, l'air ; et les gnômes ou pygmées, la terre. *Voy.* Ondins.

---

[1] Marmier, Traditions des bords de la Baltique.
[2] H. Berthoud, La Nuit de la Toussaint.

Nynauld (J. DE), auteur d'un traité *De la Lycanthropie*, publié en 1615.

Nyol, — vicomte de Brosse, poursuivi comme sorcier à la fin du seizième siècle. Il confessa qu'ayant entendu dire qu'on brûlait les sorciers, il avait quitté sa maison, et en était demeuré long-temps absent. Ses voisins l'ayant suivi l'avaient trouvé dans une étable de pourceaux; ils l'interrogèrent sur différents maléfices dont il était accusé; il reconnut qu'il était allé une fois au sabbat à la croix de la Motte, où il avait vu le diable en forme de chèvre noire, à laquelle il s'était donné sous promesse qu'il aurait des richesses et serait bien heureux au monde, « et lui bailla pour gage sa ceinture, partie de ses cheveux, et après sa mort un de ses pouces. Ensuite le diable le marqua sur l'épaule: il lui commanda de donner des maladies, de faire mourir les hommes et les bestiaux, et faire périr les fruits par des poudres qu'il jetterait au nom de Satan. Il avoua que le diable les avait tous fait danser au sabbat avec chacun une chandelle; que le diable se retirait enfin et eux aussi, et se trouvaient transportés dans leurs maisons. » — Vingt-huit témoins confrontés soutinrent qu'il avait la réputation de sorcier, et qu'il avait fait mourir quatre hommes et beaucoup de bestiaux [1].

Nypho (AUGUSTIN), — sorcier italien qui avait un démon familier et barbu, dit Delancre [2], lequel lui apprenait toutes choses.

Nysrock, — démon du second ordre, chef de cuisine de Belzébuth, seigneur de la délicate tentation et des plaisirs de la table.

[1] Rikius, Disc. sommaire des sortiléges, vénéfices, idolâtries, etc.
[2] Tableau de l'inconstance des mauvais anges, etc., liv. V, p. 414.

Oannès ou **Oès**, — monstre moitié homme et moitié poisson, dans les vieilles mythologies de l'Orient, venu de la mer égyptienne, sorti de l'œuf primitif d'où tous les autres êtres avaient été tirés. Il parut, dit Bérose, près d'un lieu voisin de Babylone. Il avait une tête d'homme sous une tête de poisson. A sa queue étaient joints des pieds d'homme, et il en avait la voix et la parole. Ce monstre demeurait parmi les hommes sans manger, leur donnait la connaissance des lettres et des sciences, leur enseignait les arts, l'arithmétique, l'agriculture; en un mot, tout ce qui pouvait contribuer à adoucir les mœurs. Au soleil couchant, il se retirait dans la mer, et passait la nuit sous les eaux. C'était un poisson comme on n'en voit guère.

Ob, — démon des Syriens, qui était, à ce qu'il paraît, ventriloque. Il donnait ses oracles par le derrière, organe qui n'est pas ordinairement destiné à la parole, et toujours d'une voix basse et sépulcrale, en sorte que celui qui le consultait ne l'entendait souvent pas du tout, ou plutôt entendait tout ce qu'il voulait.

Obereit (JACQUES-HERMANN), — alchimiste et mystique, né en 1725, à Arbon en Suisse, et mort en 1798. Son père avait eu le même goût pour l'alchimie, qu'il appelait l'art de perfectionner les métaux par la grâce de Dieu. Le fils voulut profiter des leçons que lui avait laissées le vieillard: comme sa famille était réduite à l'indigence, il travailla sans relâche dans son laboratoire; mais l'autorité vint le fermer, comme dangereux pour la sûreté publique. Cependant il réussit à prouver que ses opérations ne pouvaient nuire; et il s'établit chez un frère de Lavater. Depuis dix-huit ans, Jacques, qui était fou, connaissait, disait-il, une personne qu'il nomme *Théantis, bergère séraphique;* il l'épousa dans un château, sur une montagne entourée de nuages. « Notre mariage, dit-il, n'était ni platonique ni épicurien, c'était un état dont le monde n'a aucune idée. » Elle mourut au bout de trente-six jours, et le veuf se souvenant que Marsay, grand mystique de ce temps, avait entonné un cantique de reconnaissance à la mort de sa femme, il chanta à gorge déployée durant toute la nuit du décès de la sienne. Il a publié, en 1776, à Augsbourg, un traité de la *Connexion originaire des esprits et des corps, d'après les principes de Newton*. On lui doit aussi les *Promenades de Gamaliel, juif philosophe*, 1780.

Obéron, — roi des fées et des fantômes aériens ; il joue un grand rôle dans la poésie anglaise ; c'est l'époux de Titania. Ils habitent l'Inde ; la nuit ils franchissent les mers, et viennent dans nos climats danser au clair de la lune ; ils redoutent le grand jour, et fuient au premier rayon du soleil, ou se cachent dans les bourgeons des arbres jusqu'au retour de l'obscurité. Obéron est le sujet d'un poème célèbre de Wiéland.

Obole, — pièce de monnaie que les Romains et les Grecs mettaient dans la bouche des morts pour payer leur passage dans la barque à Caron.

Obsédés. — Dom Calmet fait cette distinction entre les *possédés* et les *obsédés*. Dans les possessions, dit-il, le diable parle, pense, agit pour le possédé. Dans les obsessions, il se tient au dehors, il assiège, il tourmente, il harcelle. Saül était *possédé*, le diable le rendait sombre ; Sara, qui épousa le jeune Tobie, n'était qu'*obsédée*, le diable n'agissait qu'autour d'elle. *Voy.* POSSÉDÉS.

Occultes. — On appelle sciences occultes la magie, la nécromancie, la cabale, l'alchimie et toutes les sciences secrètes.

Ochosias, — roi d'Israël, mort 896 ans avant Jésus-Christ. Il s'occupait de magie et consultait Belzébuth, honoré à Accaron. Il eut une fin misérable.

Oculomancie, — divination dont le but était de découvrir un larron en examinant la manière dont il tournait l'œil, après certaines cérémonies superstitieuses.

Oddon, — pirate flamand des temps anciens, qui voguait en haute mer par magie, sans esquif ni navire.

Odin, — dieu des Scandinaves. Deux corbeaux sont toujours placés sur ses épaules et lui disent à l'oreille tout ce qu'ils ont vu ou entendu de nouveau. Odin les lâche tous les jours ; et, après qu'ils ont parcouru le monde, ils reviennent le soir à l'heure du repas. C'est pour cela que ce dieu sait tant de choses, et qu'on l'appelle le *dieu des corbeaux*. — A la fin des siècles, il sera mangé par un loup. Il en a toujours deux à ses pieds ; beau cortége ! — Les savants vous diront que l'un des corbeaux est l'emblème de la pensée : quelle pensée ! et l'autre le symbole de la mémoire. Les deux loups figuraient la puissance. — Il y a des gens qui ont admiré ce *mythe*.

Odontotyrannus, — *voy.* SERPENT.

Odorat. — Cardan dit, au livre 13 de la *Subtilité*, qu'un odorat excellent est une marque d'esprit, parce que la qualité chaude et sèche du cerveau est propre à rendre l'odorat plus subtil, et que ces mêmes qualités rendent l'imagination plus vive et plus féconde. Rien n'est moins sûr que cette assertion ; il n'y a point de peuple qui ait si bon nez que les habitants de Nigaragua, les Abaquis, les Iroquois ; et on sait qu'ils n'en sont pas plus spirituels. — Mamurra, selon Martial, ne consultait que son nez pour savoir si le cuivre qu'on lui présentait *était de Corinthe*.

OEil, — *voy.* YEUX.

OEnomancie, — divination par le vin, dont on considère la couleur en le buvant, et dont on remarque les moindres circonstances pour en tirer des présages. Les Perses étaient fort attachés à cette divination.

OEnothère, — géant de l'armée de Charlemagne, qui d'un revers de son épée fauchait des bataillons ennemis comme on fauche l'herbe d'un pré [1].

OEonistice, — divination par le vol des oiseaux. *Voy.* AUGURES.

Oès, — *voy.* OANNÈS.

OEufs. — On doit briser la coque des œufs frais, quand on les a mangés, par pure civilité ; aussi cet usage est-il pratiqué par les gens bien élevés, dit M. Salgues [2] ; cependant il y a des personnes qui n'ont pas coutume d'en agir ainsi. Quoi qu'il en soit, cette loi remonte à une très-haute antiquité. On voit, par un passage de Pline, que les Romains y attachaient une grande importance. L'œuf était regardé comme l'emblème de la nature, comme une substance mystérieuse et sacrée. On était persuadé que les magiciens s'en servaient dans leurs conjurations, qu'ils le vidaient et traçaient dans l'intérieur des caractères magiques dont la puissance pouvait opérer beaucoup de mal. On en brisait les coques pour détruire les charmes. Les anciens se contentaient quelquefois de le percer avec un couteau, et dans d'autres moments de frapper trois coups dessus. — Les œufs leur servaient aussi d'augure. Julie, fille d'Auguste, étant grosse de Tibère, désirait ardemment un fils ; pour savoir si ses vœux seraient accomplis, elle plaça son œuf, le mit dans son sein, l'échauffa ; quand elle était obligée de le quitter, elle le donnait à une nourrice pour lui conserver sa chaleur. L'augure fut heureux, dit Pline : elle eut un coq de son œuf et mit au monde un garçon. — Les druides pratiquaient, dit-on, cette superstition étrange ;

---

[1] M. Salgues, Des Erreurs et des préjugés, etc., t. 1er, p. 416.

[2] Des Erreurs et des préjugés, t. Ier, p. 392.

ils vantaient fort une espèce d'œuf inconnu à tout le monde, formé en été par une quantité prodigieuse de serpents entortillés ensemble, qui y contribuaient tous de leur bave et de l'écume qui sortait de leur corps. Aux sifflements des serpents, l'œuf s'élevait en l'air; il fallait s'en emparer alors, avant qu'il ne touchât la terre : celui qui l'avait reçu devait fuir ; les serpents couraient tous après lui jusqu'à ce qu'ils fussent arrêtés par une rivière qui coupât leur chemin [1]. Ils faisaient ensuite des prodiges avec cet œuf. — Aujourd'hui on n'est pas exempt de bien des superstitions sur l'œuf. Celui qui en mange tous les matins sans boire meurt, dit-on, au bout de l'an. — Il ne faut pas brûler les coques des œufs, suivant une croyance populaire superstitieuse, de peur de brûler une seconde fois saint Laurent, qui a été brûlé avec de pareils coques [2]. — Albert-le-Grand nous apprend dans ses secrets que la coque d'œuf, broyée avec du vin blanc et bue, rompt les pierres tant des reins que de la vessie. — Pour la divination par les blancs d'œufs, voy. OOMANCIE.

Ogres. — Sauf le nom, ces monstres étaient connus des anciens. Polyphème, dans l'*Odyssée*, n'est autre chose qu'un ogre; on trouve des ogres dans les *Voyages de Sindbad le marin* ; et un autre passage des *Mille et une nuits* prouve que les ogres ne sont pas étrangers aux Orientaux. Dans le conte du *Visir puni*, un jeune prince égaré rencontre une dame qui le conduit à sa masure ; elle dit en entrant : « Réjouissez-vous, mes fils, je vous amène un garçon bien fait et fort gras. — Maman, répondent les enfants, où est-il, que nous le mangions? car nous avons bon appétit. » Le prince reconnaît alors que la femme, qui se disait fille du roi des Indes, est une ogresse, femme de ces démons sauvages qui se retirent dans les lieux abandonnés et se servent de mille ruses pour surprendre et dévorer les passants ; comme les sirènes, qui, selon quelques mythologues, étaient certainement des ogresses. — C'est à peu près l'idée que nous nous faisons de ces êtres effroyables ; les ogres, dans nos opinions, tenaient des trois natures : humaine, animale et infernale. Ils n'aiment rien tant que la chair fraîche ; et les petits enfants étaient leur plus délicieuse pâture. Le Drac, si redouté dans le midi, était un ogre qui avait son repaire aux bords du Rhône, où il se nourrissait de chair humaine. — Il paraît que cette anthropophagie est ancienne dans nos contrées, car le chapitre 67 de la loi salique prononce une amende de deux cents écus contre tout sorcier ou stryge qui aura mangé un homme. Quelques-uns font remonter l'existence des ogres jusqu'à Lycaon, ou du moins à la croyance où l'on était que certains sorciers se changeaient en loups dans leurs orgies nocturnes, et mangeaient, au sabbat, la chair des petits enfants qu'ils pouvaient y conduire. On ajoutait que, quand ils en avaient mangé une fois, ils en devenaient extrêmement friands, et saisissaient ardemment toutes les occasions de s'en repaître : ce qui est bien le naturel qu'on donne à l'ogre. On voit une multitude d'horreurs de ce genre dans les procès des sorciers ; on appelait ces ogres des loups-garous; et le loup du petit Chaperon-Rouge n'est pas autre chose. — Quant à l'origine du nom des ogres, l'auteur des *Lettres sur les contes des fées* de Ch. Perrault l'a trouvée sans doute. Ce sont les féroces Huns ou Hongrois du moyen âge, qu'on appelait Hunnigours, Oïgours, et ensuite par corruption Ogres. Voy. FÉES, LOUPS-GAROUS, OMESTES.

Oïarou, — objet du culte des Iroquois. C'est la première bagatelle qu'ils auront vue en songe, un calumet, une peau d'ours, un couteau, une plante, un animal, etc. Ils croient pouvoir, par la vertu de cet objet, opérer ce qu'il leur plaît, même se transporter et se métamorphoser.

Oïgours, — voy. OGRES.

Oiseaux. — Naudé conte que l'archevêque Laurent expliquait le chant des oiseaux, comme il en fit un jour l'expérience à Rome devant quelques prélats; car il entendit un petit moineau qui avertissait les autres par son chant qu'un chariot de blé venait de verser à la porte Majeure, et qu'ils trouveraient là de quoi faire leur profit [1]. — A la côte du Croizic, en Bretagne, sur un rocher au fond de la mer, les femmes du pays vont, parées avec recherche, les cheveux épars, ornées d'un beau bouquet de fleurs nouvelles ; elles se placent sur le rocher, les yeux élevés vers le ciel, et demandent avec un chant sentimental aux oiseaux, de leur ramener leurs époux et leurs amants [2]. Voy. CORNEILLE, HIBOU, AUGURES, etc.

Okkisik, — nom sous lequel les Hurons désignent des génies ou esprits, bienfaisants ou malfaisants, attachés à chaque homme.

---

[1] Pline, liv. XXIX, chap. 3.
[2] Thiers, Traité des superst., etc.

[1] Apol. pour les grands personnages accusés de magie.
[2] Cambry, Voyage dans le Finistère.

Oldenbourg. — « Je ne puis m'empêcher, dit Balthasar Bekker, dans le tome IV, chapitre 17, du *Monde enchanté*, de rapporter une fable dont j'ai cherché aussi exactement les détails qu'il m'a été possible ; c'est celle du fameux cornet d'Oldenbourg. On dit que le comte Otton d'Oldenbourg étant allé un jour à la chasse sur la montagne d'Ossemberg, fut atteint d'une soif qu'il ne pouvait étancher ; il se mit à jurer d'une manière indigne, en disant qu'il ne se souciait pas de ce qui pourrait lui arriver, pourvu que quelqu'un lui donnât à boire. Le diable lui apparut aussitôt sous la forme d'une femme qui semblait sortir de terre et qui lui présenta à boire dans un cornet fort riche, d'une matière inconnue, et qui ressemblait au vermeil. Le comte, se doutant de quelque chose, ne voulut pas boire, et renversa ce qui était le cornet sur la croupe de son cheval. La force de ce breuvage emporta tout le poil aux endroits qu'il avait touchés. Le comte frémit ; mais il garda le cornet qui subsiste encore, dit-on, et que plusieurs se sont vantés d'avoir vu. On le trouve représenté dans plusieurs hôtelleries : c'est un grand cornet recourbé, comme un cornet à bouquin, et chargé d'ornements bizarres. »

Olive (ROBERT), — sorcier qui fut brûlé à Falaise en 1556. On établit à son procès, que le diable le transportait d'un lieu à un autre ; que ce diable s'appelait Chrysopole, et que c'était à l'instigation dudit Chrysopole que Robert Olive tuait les petits enfants et les jetait au feu [1].

Ololygmancie, — divination tirée du hurlement des chiens. Dans la guerre de Messénie, le roi Aristodème apprit que les chiens hurlaient comme des loups, et que du chiendent avait poussé autour d'un autel. Désespérant du succès, d'après cet indice et d'autres encore (*voy.* OPHIONEUS), quoiqu'il eût déjà immolé sa fille pour apaiser les dieux, il se tua sur la foi des devins, qui virent dans ces signes de sinistres présages.

Olys, — talisman que les prêtres de Madagascar donnent aux peuples pour les préserver de plusieurs malheurs, et notamment pour enchaîner la puissance du diable.

Ombre. — Dans le système de la mythologie païenne, ce qu'on nommait ombre n'appartenait ni au corps ni à l'âme, mais à un état mitoyen. C'était cette ombre qui descendait aux enfers. On croyait que les animaux voyaient les ombres des morts. Aujourd'hui même, dans les montagnes d'Écosse, lorsqu'un animal tressaille subitement, sans aucune cause apparente, le peuple attribue ce mouvement à l'apparition d'un fantôme. — En Bretagne, les portes des maisons ne se ferment qu'aux approches de la tempête. Des feux follets, des sifflements l'annoncent. Quand on entendait ce murmure éloigné qui précède l'orage, les anciens s'écriaient : Fermons les portes, écoutez les crieriens, le tourbillon les suit. Ces crieriens sont les ombres, les ossements des naufragés qui demandent la sépulture, désespérés d'être depuis leur mort ballottés par les éléments [1]. — On dit encore que celui qui vend son âme au diable n'a plus d'ombre au soleil ; cette tradition, très-répandue en Allemagne, est le fondement de plusieurs légendes.

Ombriel, — génie vieux et rechigné, à l'aile pesante, à l'air refrogné. Il joue un rôle dans la *Boucle de Cheveux enlevée* de Pope.

Omestès, — surnom de Bacchus, considéré comme chef des ogres ou loups-garous qui mangent la chair fraîche.

Omomancie, — divination par les épaules chez les rabbins. Les Arabes devinent par les épaules du mouton, lesquelles, au moyen de certains points dont elles sont marquées, représentent diverses figures de géomancie.

Omphalomancie, — divination par le nombril. Les sages-femmes, par les nœuds inhérents au nombril de l'enfant premier-né, devinaient combien la mère en aurait encore après celui-là.

Omphalophysiques, — fanatiques de Bulgarie que l'on trouve du onzième au quatorzième siècle, et qui, par une singulière illusion, croyaient voir la lumière du Thabor à leur nombril.

On, — mot magique, comme tétragrammaton, dont on se sert dans les formules de conjurations.

Ondins ou Nymphes, — esprits élémentaires, composés des plus subtiles parties de l'eau qu'ils habitent. Les mers et les fleuves sont peuplés, disent les cabalistes, de même que le feu, l'air et la terre. Les anciens sages ont nommé *Ondins* ou *Nymphes* cette espèce de peuple. Il y a peu de mâles, mais les femmes y sont en grand nombre ; leur beauté est extrême, et les filles des hommes n'ont rien de comparable [2]. *Voy.* CABALES. — En Allemagne, le peuple croit encore aux *Ondines*, esprits des eaux, qui ont une assez

---

[1] Bodin, Démonomanie, p. 108.

[1] Cambry, Voyage dans le Finistère, t. II, p. 253.
[2] L'abbé de Villars, dans le Comte de Gabalis.

mauvaise réputation. Du fond de leurs humides demeures, elles épient le pêcheur qui rêve au bord des ondes, et l'attirent dans un gouffre où il disparaît pour toujours.

Oneirocritique, — art d'expliquer les songes. *Voy.* SONGES.

Ongles. — Les Madécasses ont grand soin de se couper les ongles une ou deux fois la semaine; ils s'imaginent que le diable s'y cache quand ils sont longs. C'était une impiété chez les Romains que de se couper les ongles tous les neuf jours. Cardan assure dans son traité *de Varietate Rerum* qu'il avait prévu, par les taches de ses ongles, tout ce qu'il lui était arrivé de singulier. *Voy.* CHIROMANCIE. — On sait qu'il pousse des envies aux doigts quand on coupe ses ongles les jours qui ont un R, comme mardi, mercredi et vendredi. — Enfin, quelques personnes croient en Hollande qu'on se met à l'abri du mal de dents en coupant régulièrement ses ongles le vendredi. *Voy.* ONYCHOMANCIE.

Onguents. — Il y a plusieurs espèces d'onguents, qui ont tous leur propriété particulière. — On sait que le diable en compose de différentes façons, lesquels il emploie à nuire au genre humain. Pour endormir, on en fait un avec de la racine de belladone, de la morelle furieuse, du sang de chauve-souris, du sang de huppe, de l'aconit, de la suie, du persil, de l'opium et de la ciguë. *Voy.* GRAISSE.

Onomancie ou **Onomatomancie**, — divination par les noms. Elle était fort en usage chez les anciens. Les pythagoriciens prétendaient que les esprits, les actions et les succès des hommes étaient conformes à leur destin, à leur génie et à leur nom. On remarquait qu'Hippolyte avait été déchiré par ses chevaux, comme son nom le portait. De même on disait d'Agamemnon, que, suivant son nom, il devait rester long-temps devant Troie; et de Priam, qu'il devait être racheté d'esclavage. Une des règles de l'onomancie, parmi les pythagoriciens, était qu'un nombre pair de voyelles, dans le nom d'une personne, signifiait quelque imperfection au côté gauche, et un nombre impair quelque imperfection au côté droit. Ils avaient encore pour règle que, de deux personnes, celle-là était la plus heureuse dans le nom de laquelle les lettres numérales, jointes ensemble, formaient la plus grande somme. Ainsi, disaient-ils, Achille devait vaincre Hector, parce que les lettres numérales comprises dans le nom d'Achille formaient une somme plus grande que celles du nom d'Hector. C'était sans doute d'après un principe semblable que, dans les parties de plaisir, les Romains buvaient à la santé de leurs belles autant de coups qu'il y avait de lettres dans leur nom. Enfin, on peut rapporter à l'onomancie tous les présages qu'on prétendait tirer des noms, soit considérés dans leur ordre naturel, soit décomposés et réduits en anagrammes; folie trop souvent renouvelée chez les modernes. *Voy.* ANAGRAMMES. — Cœlius Rhodiginus a donné la description d'une singulière espèce d'onomancie; Théodat, roi des Goths, voulant connaître le succès de la guerre qui projetait contre les Romains, un devin juif lui conseilla de faire enfermer un certain nombre de porcs dans de petites étables, de donner aux uns des noms goths, avec des marques pour les distinguer, et de les garder jusqu'à un certain jour. Ce jour étant arrivé, on ouvrit les étables, et l'on trouva morts les cochons désignés par des noms goths, ce qui fit prédire au juif que les Romains seraient vainqueurs [1].

Onychomancie, — divination par les ongles. Elle se pratiquait en frottant avec de la suie les ongles d'un jeune garçon, qui les présentait au soleil, et l'on s'imaginait y voir des figures qui faisaient connaître ce qu'on souhaitait de savoir. On se servait aussi d'huile et de cire.

Oomancie ou **Ooscopie**, — divination par les œufs. Les devins des anciens jours voyaient dans la forme extérieure et dans les figures intérieures d'un œuf les secrets les plus impénétrables de l'avenir. Suidas prétend que cette divination fut inventée par Orphée. — On devine à présent par l'inspection des *blancs d'œufs;* et des sibylles modernes (entre autres mademoiselle Lenormant) ont rendu cette divination célèbre. Il faut prendre pour cela un verre d'eau, casser dessus un œuf frais et l'y laisser tomber doucement. On voit par les figures que le blanc forme dans l'eau divers présages. Quelques-uns cassent l'œuf dans de l'eau bouillante; on explique alors les signes comme pour le marc de café. Au reste cette divination n'est pas nouvelle; elle est même indiquée par le Grimoire. — « L'opération de l'œuf, dit ce livre, est pour savoir ce qui doit arriver à quelqu'un qui est présent lors de l'opération. On prend un œuf d'une poule noire, pondu du jour, on le casse, on en tire le germe; il faut avoir un grand verre bien fin et bien net, l'emplir d'eau claire et y mettre le germe de l'œuf; on met ce verre au soleil de midi dans l'été, en récitant des oraisons et conjurations, et avec le doigt on remue l'eau du verre pour faire tourner le

---

[1] M. Noël, Dictionnaire de la Fable.

germe ; on le laisse ensuite reposer un instant et on regarde sans toucher : on y voit ce qui aura rapport à celui ou à celle pour qui l'opération se fait ; il faut tâcher que ce soit un jour de travail, parce qu'alors les objets s'y présentent dans leurs occupations ordinaires. *Voy.* ŒUFS [1].

Opale. — Cette pierre récrée le cœur, préserve de tout venin et contagion de l'air, chasse la tristesse, empêche les syncopes, les maux de cœur et les affections malignes.

Opalski, — sources d'eaux chaudes dans le Kamtschatka. Les habitants s'imaginent que c'est la demeure de quelque démon, et ont soin de lui apporter de légères offrandes pour apaiser sa colère ; sans cela, disent-ils, il soulèverait contre eux de terribles tempêtes.

Ophiomancie, — divination par les serpents. Elle était fort usitée chez les anciens, et consistait à tirer des présages des divers mouvements qu'on voyait faire aux serpents. On avait tant de foi à ces oracles, qu'on nourrissait exprès des serpents pour connaître ainsi l'avenir. *Voy.* SERPENTS.

Ophionée, — chef des démons ou mauvais génies qui se révoltèrent contre Jupiter, selon Phérécyde-le-Syrien.

Ophioneus, — célèbre devin de Messénie, aveugle de naissance, qui demandait à ceux qui venaient le consulter comment ils s'étaient conduits jusqu'alors, et, d'après leur réponse, prédisait ce qui leur devait arriver. Ce n'était pas si bête. — Aristodème, roi des Messéniens, ayant consulté l'oracle de Delphes sur le succès de la guerre contre les Lacédémoniens, il lui fut répondu que, quand deux yeux s'ouvriraient à la lumière et se refermeraient peu après, c'en serait fait des Messéniens. Ophioneus se plaignit de violents maux de tête qui durèrent quelques jours, au bout desquels ses yeux s'ouvrirent pour se refermer bientôt. Aristodème, en apprenant cette double nouvelle, désespéra du succès et se tua pour ne pas survivre à sa défaite. *Voy.* OLOLYGMANCIE.

Ophites, — hérétiques du deuxième siècle, qui rendaient un culte superstitieux au serpent. Ils enseignaient que le serpent avait rendu un grand service aux hommes en leur faisant connaître le bien et le mal ; ils maudissaient Jésus-Christ, parce qu'il est écrit qu'il est venu dans le monde pour écraser la tête du serpent. Aussi Origène ne les regardait-il pas comme chrétiens. Leur secte était peu nombreuse.

[1] Les trois Grimoires, p. 55.

Ophthalmius, — pierre fabuleuse qui rendait, dit-on, invisible celui qui la portait.

Ophthalmoscopie, — art de connaître le caractère ou le tempérament d'une personne par l'inspection de ses yeux. *Voy.* PHYSIOGNOMONIE.

Optimisme. — On parle d'une secte de philosophes optimistes qui existaient jadis dans l'Arabie, et qui employaient tout leur esprit à ne rien trouver de mal. Un docteur de cette secte avait une femme acariâtre, qu'il supporta long-temps, mais qu'enfin il étrangla de son mieux, et il trouva que tout était bien. Le calife fit empaler le coupable, qui souffrit sans se plaindre. Comme les assistants s'étonnaient de sa tranquillité : « Eh mais, leur dit-il, ne suis-je pas bien empalé ? » — On fait aussi ce conte : Le diable emportait un philosophe de la même secte, et celui-ci se laissait emporter tranquillement. « Il faut bien que nous arrivions quelque part, disait-il, et tout est pour le mieux. »

Or potable, Or artificiel, etc., — *voy.* ALCHIMIE.

Oracles. — Les oracles étaient chez les anciens ce que sont les devins parmi nous. Toute la différence qu'il y a entre ces deux espèces, c'est que les gens qui rendaient les oracles se disaient les interprètes des dieux, et que les sorciers ne peuvent relever que du diable. On honorait les premiers ; on méprise les seconds. — Le père Kirker, dans le dessein de détromper les gens superstitieux sur les prodiges attribués à l'oracle de Delphes, avait imaginé un tuyau, adapté avec tant d'art à une figure automate, que, quand quelqu'un parlait, un autre entendait dans une chambre éloignée ce qu'on venait de dire, et répondait par ce même tuyau, qui faisait ouvrir la bouche et remuer les lèvres de l'automate. Il supposa en conséquence que les prêtres du paganisme, en se servant de ces tuyaux, faisaient accroire aux sots que l'idole satisfaisait à leurs questions. — L'oracle de Delphes est le plus fameux de tous. Il était situé sur un côté du Parnasse, coupé de sentiers taillés dans le roc, entouré de rochers qui répétaient plusieurs fois le son d'une seule trompette. Un berger le découvrit en remarquant que ses chèvres étaient enivrées de la vapeur que produisait une grotte autour de laquelle elles paissaient. La prêtresse rendait ses oracles, assise sur un trépied d'or, au-dessus de cette cavité ; la vapeur qui en sortait la faisait entrer dans une sorte de délire effrayant, qu'on prenait pour un enthousiasme divin. — Les oracles de la Pythie n'étaient autre chose qu'une inspiration démoniaque, dit Leloyer, et ne procédaient point d'une voix humaine. Dès qu'elle entrait en fonction, son visage s'altérait, sa gorge s'enflait, « sa poitrine pantoisait et haletait sans cesse; elle ne ressentait rien que rage; elle remuait la tête, faisait la roue du cou, pour parler comme le poète Stace, agitait tout le corps, et rendait ainsi ses réponses. — Les prêtres de Dodone disaient que deux colombes étaient venues d'Égypte dans leur forêt, parlant le langage des hommes; et qu'elles avaient commandé d'y bâtir un temple à Jupiter, qui promettait de s'y trouver et d'y rendre des oracles. Pausanias conte que des filles merveilleuses se changeaient en colombes, et sous cette forme rendaient les célèbres oracles de Dodone. Les chênes parlaient dans cette forêt enchantée (voy. Arbres); et on y voyait une statue qui répondait à tous ceux qui la consultaient, en frappant avec une verge sur des chaudrons d'airain, laissant à ses prêtres le soin d'expliquer les sons prophétiques qu'elle produisait. — Le bœuf Apis, dans lequel l'âme du grand Osiris s'était retirée, était regardé chez les Égyptiens comme un oracle. En le consultant, on se mettait les mains sur les oreilles, et on les tenait bouchées jusqu'à ce qu'on fut sorti de l'enceinte du temple; alors on prenait pour réponse du dieu la première parole qu'on entendait. — Les oracles présentaient ordinairement un double sens, qui sauvait l'honneur du dieu et leur donnait un air de vérité, mais de vérité cachée au milieu du mensonge que peu de gens avaient l'esprit de voir. — Théagènes de Thase avait remporté quatorze cents couronnes en différents jeux; de sorte qu'après sa mort on lui éleva une statue en mémoire de ses victoires. Un de ses ennemis allait souvent insulter cette statue, qui tomba sur lui et l'écrasa. Ses enfants, conformément aux lois de Dracon qui permettaient d'avoir action, même contre les choses inanimées, quand il s'agissait de punir l'homicide, poursuivirent la statue de Théagènes pour le meurtre de leur père; elle fut condamnée à être jetée dans la mer. Les Thasiens furent peu après affligés d'une peste. L'oracle consulté répondit : *Rappelez vos exilés.* Ils rappelèrent en conséquence quelques-uns de leurs citoyens. Mais la calamité ne cessant point, ils renvoyèrent à l'oracle, qui leur dit alors plus clairement : *Vous avez détruit les honneurs du grand Théagènes !...* La statue fut remise à sa place; on lui sacrifia comme à un dieu; et la peste s'apaisa. — Philippe, roi de Macédoine, fut averti par l'oracle d'Apollon qu'il serait tué d'une charrette. C'est pourquoi il commanda aussitôt qu'on fit sortir toutes les charrettes et tous les chariots de son royaume. Toutefois il ne put échapper au sort que l'oracle avait si bien prévu : Pausanias, qui lui donna la mort, portait une charrette gravée à la garde de l'épée dont il le perça. — Ce même Philippe désirant savoir s'il pourrait vaincre les Athéniens, l'oracle qu'il consultait lui répondit :

Avec lances d'argent, quand tu feras la guerre,
Tu pourras terrasser les peuples de la terre.

Ce moyen lui réussit merveilleusement, et il disait quelquefois qu'il était maître d'une place s'il pouvait y faire entrer un mulet chargé d'or. — Quelquefois les oracles ont dit des vérités; qui les y contraignait? On est surpris de lire dans Porphyre que l'oracle de Delphes répondit un jour à des gens qui lui demandaient ce que c'était que Dieu : « Dieu est la source de la vie, le principe de toutes choses, le conservateur de tous les êtres. Tout est plein de Dieu; il est partout, personne ne l'a engendré : il est sans mère; il sait tout, et on ne peut rien lui apprendre. Il est inébranlable dans ses desseins, et son nom est ineffable. Voilà ce que je sais de Dieu, ne cherche pas à en savoir davantage : ta raison ne saurait le comprendre, quelque sage que tu sois. Le méchant et l'injuste ne peuvent se cacher devant lui; l'adresse et l'excuse ne peuvent rien déguiser à ses regards perçants. » — Dans Suidas, l'oracle de Sérapis dit à Thulis, roi d'Égypte : « Dieu, le verbe, et l'esprit qui les unit, tous ces trois ne sont qu'un : c'est le Dieu dont la force est éternelle. Mortel, adore et tremble, ou tu es plus à plaindre que l'animal dépourvu de raison. ». — Le comte de Gabalis, en attribuant les oracles aux esprits élémentaires, ajoute qu'avant Jésus-Christ ces esprits prenaient plaisir à expliquer aux hommes ce qu'ils savaient de Dieu, et à leur donner de sages conseils; mais qu'ils se retirèrent quand Dieu vint lui-même instruire les hommes, et que dès lors les oracles se turent. — On pensera des oracles des païens ce que l'on voudra, dit dom Calmet dans ses Dissertations sur les Apparitions; je n'ai nul intérêt à les défendre, je ne ferai pas même difficulté d'avouer qu'il y a eu de la part des prêtres et des prêtresses qui rendaient ces oracles beaucoup de supercheries et d'illusions. Mais s'ensuit-il que le démon ne s'en soit jamais mêlé? On ne peut disconvenir que depuis le christianisme les oracles ne soient tombés insensiblement dans le mépris, et n'aient été réduits au silence, et que les prêtres qui se mêlaient de prédire les choses cachées et futures n'aient été souvent forcés d'avouer que la présence des chrétiens leur imposait silence. *Voy.* BALTUS.

Orages, — *voy.* CRIERIENS, TONNERRE, etc.

Oraison du loup. — Quand on l'a prononcée pendant cinq jours au soleil levant, on peut défier les loups les plus affamés et mettre les chiens à la porte. La voici, cette oraison fameuse : — « Viens, bête à laine, c'est l'agneau d'humilité, je te garde. Va droit, bête grise, à gris gripeuse, va chercher ta proie, loups et louves et louveteaux, tu n'as point à venir à cette viande qui est ici. *Vade retro, o Satana!* » *Voy.* GARDES.

Oray ou **Loray**, — grand marquis des enfers, qui se montre sous la forme d'un superbe archer portant un arc et des flèches ; il anime les combats, empire les blessures faites par les archers, lance les javelines les plus meurtrières. Trente légions le reconnaissent pour dominateur et souverain [1].

Orcavelle, — magicienne célèbre dans les romans de chevalerie. Elle opérait des enchantements extraordinaires.

Ordalie. — On donnait le nom d'*ordalie* à une série d'épreuves par les éléments. Elles consistaient à marcher les yeux bandés parmi des socs de charrue rougis au feu, à traverser des brasiers enflammés, à plonger le bras dans l'eau bouillante, à tenir à la main une barre de fer rouge, à avaler un morceau de pain mystérieux, à être plongé les mains liées aux jambes dans une grande cuve d'eau, enfin à étendre pendant assez long-temps les bras devant une croix. *Voy.* CROIX, EAU, FEU, etc.

Oreille. — On dit que nos amis parlent de nous quand l'oreille gauche nous tinte, et nos ennemis quand c'est la droite.

Oresme (GUILLAUME), — astrologue du quatorzième siècle, dont on sait peu de chose.

Orias, — démon des astrologues et des devins, grand marquis de l'empire infernal ; il se montre sous les traits d'un lion furieux assis sur un cheval qui a la queue d'un serpent. Il porte dans chaque main une vipère. Il connaît l'astronomie et enseigne l'astrologie. Il métamorphose les hommes à leur volonté, leur fait obtenir des dignités et des titres, et commande trente légions [2].

Originel (PÉCHÉ), — la source de tous les maux qui affligent l'humanité, réparé par le baptême dans ses conséquences éternelles. Ceux qui nient le péché originel n'ont pourtant jamais pu expliquer leur négation.

Origines, — *voy.* MONDE.

Ornithomancie, — divination qu'on tirait de la langue, du vol, du cri et du chant des oiseaux. *Voy.* AUGURES.

Orobas, — grand prince du sombre empire. On le voit sous la forme d'un beau cheval. Quand il paraît sous celle d'un homme, il parle de l'essence divine. Consulté, il donne des réponses sur le passé, le présent et l'avenir. Il découvre le mensonge, accorde des dignités et des emplois, réconcilie les ennemis, et a sous ses ordres vingt légions [1].

Oromasis, — salamandre distingué que les cabalistes donnent pour compagnon de Noé dans l'arche.

Orphée, — époux d'Eurydice, qu'il perdit le jour de ses noces, qu'il pleura si long-temps, et qu'il alla enfin redemander aux enfers. Pluton la lui rendit à condition qu'il ne regarderait point derrière lui jusqu'à ce qu'il fût hors du sombre empire. Orphée ne put résister au désir de revoir sa femme ; il la perdit une seconde fois : il s'enfonça dans un désert, jura de ne plus aimer, et chanta ses douleurs d'un ton si touchant, qu'il attendrit les bêtes féroces. Les bacchantes furent moins sensibles, car il fut mis en pièces par ces furieuses. — Les anciens voyaient dans Orphée un musicien habile à qui rien ne pouvait résister. Les compilateurs du moyen âge l'ont regardé comme un magicien insigne, et ont attribué aux charmes de la magie les merveilles que la mythologie attribue au charme de sa voix. Orphée, dit Leloyer, fut le plus grand sorcier et le plus grand nécromancien qui ait jamais vécu. Ses écrits ne sont farcis que des louanges des diables. Il savait les évoquer. Il institua l'ordre des *Orphéotélestes*, espèces de sorciers, parmi lesquels Bacchus tenait anciennement pareil lieu que le diable tient aujourd'hui aux assemblées du sabbat. Bacchus, qui n'était qu'un diable déguisé, s'y nommait *Sabasius*; c'est de là que le sabbat a tiré son nom. — Après la mort d'Orphée, sa tête rendit des oracles dans l'île de Lesbos. Tzetzès dit qu'Orphée apprit en Égypte la funeste science de la magie, qui y était en grand crédit, et surtout l'art de charmer les serpents. Pausanias explique sa descente aux enfers par un voyage en Thesprotide, où l'on évoquait par des enchantements les âmes des morts. L'époux d'Eurydice, trompé par un fantôme qu'on lui fit voir pendant quelques

---

[1] Wierus, Pseudom. dæm.
[2] Idem, ibid.

[1] Wierus, in Pseudom. dæm.

instants, mourut de regret, ou du moins renonça pour jamais à la société des hommes et se retira sur les montagnes de Thrace. Leclerc prétend qu'Orphée était un grand magicien, que ses hymnes sont des évocations infernales, et que, si l'on en croit Apollodore et Lucien, c'est lui qui a mis en vogue dans la Grèce la magie, l'art de lire dans les astres et l'évocation des mânes.

Orphéotélestes, — ordre de gens qui faisaient le sabbat institué par Orphée, comme on vient de le dire.

Ortie brûlante. — Les Islandais, qui appellent cette plante Netla, croient qu'elle a une vertu singulière pour écarter les sortiléges. Selon eux, il faut en faire des poignées de verges et en fouetter les sorciers à nu.

Os des morts. — Les habitants de la Mauritanie ne mettent jamais deux corps dans la même sépulture, de peur qu'ils ne s'escamotent mutuellement leurs os au jour de la résurrection.

Othon. — Suétone dit que le spectre de Galba poursuivait sans relâche Othon, son meurtrier, le tiraillait hors du lit, l'épouvantait et lui causait mille tourments. C'était peut-être le remords.

Otis ou **Botis**, — grand-président des enfers; il apparaît sous la forme d'une vipère; quand il prend la figure humaine, il a de grandes dents, deux cornes sur la tête et un glaive à la main; il répond effrontément sur le présent, le passé et l'avenir. Il a autant d'amis que d'ennemis. Il commande soixante légions [1].

Ouahiche, — génie ou démon dont les jongleurs iroquois se prétendent inspirés. C'est lui qui leur révèle les choses futures.

Ouikka, — mauvais génie qui, chez les Esquimaux, fait naître les tempêtes et renverse les barques.

Oulon-Toyon, — chef des vingt-sept tribus d'esprits malfaisants, que les Yakouts supposent répandus dans l'air et acharnés à leur nuire. Il a une femme et beaucoup d'enfants.

Oupires, — voy. VAMPIRES.

Ouran et **Ouran-Soangue** (HOMME ENDIABLÉ), — sorte de magiciens de l'île Gromboccanore, dans les Indes orientales. Ils ont la réputation de se rendre invisibles quand il leur plaît, et de se transporter où ils veulent. Le peuple les craint et les hait mortellement; quand on peut en attraper quelqu'un, on le tue sans miséricorde.

Ours. — Quand les Ostiacks ont tué un ours, ils l'écorchent et mettent sa peau sur un arbre auprès d'une de leurs idoles; après quoi ils lui rendent leurs hommages, lui font de très-humbles excuses de lui avoir donné la mort, et lui représentent que dans le fond ce n'est pas à eux qu'il doit s'en prendre, puisqu'ils n'ont pas forgé le fer qui l'a percé, et que la plume qui a hâté le vol de la flèche appartient à un oiseau étranger. — Au Canada, lorsque des chasseurs tuent un ours, un d'eux s'en approche, lui met entre les dents le tuyau de sa pipe, souffle dans le fourneau, et, lui remplissant ainsi de fumée la gueule et le gosier, il conjure l'esprit de cet animal de ne pas s'offenser de sa mort; mais comme l'esprit ne fait aucune réponse, le chasseur, pour savoir si sa prière est exaucée, coupe le filet qui est sous la langue de l'ours et le garde jusqu'à la fin de la chasse. Alors on fait un grand feu dans toute la bourgade, et toute la troupe y jette ces filets avec cérémonie: s'ils y pétillent et se retirent, comme il doit naturellement arriver, c'est une marque certaine que les esprits des ours sont apaisés; autrement on se persuade qu'ils sont irrités, et que la chasse ne sera point heureuse l'année d'après, à moins qu'on ne prenne soin de se les réconcilier par des présents et des invocations [1]. — Le diable prend quelquefois la forme de cet animal. Un choriste de Cîteaux, s'étant légèrement endormi aux matines, s'éveilla en sursaut et aperçut un ours qui sortait du chœur. Cette vision commença à l'effrayer quand il vit l'ours reparaître et considérer attentivement tous les novices, comme un officier de police qui fait sa ronde..... Enfin le monstre sortit de nouveau en disant: « Ils sont bien éveillés; je reviendrai tout à l'heure voir s'ils dorment.... » Le naïf légendaire ajoute que c'était le diable qu'on avait envoyé pour contenir les frères dans leur devoir [2]. — On croyait autrefois que ceux qui avaient mangé la cervelle d'un ours étaient frappés de vertiges durant lesquels ils se croyaient transformés en ours, et en prenaient les manières. Voy. VISIONS.

Ovide. — On lui attribue un ouvrage de magie intitulé le *Livre de la Vieille*, que nous ne connaissons pas.

Oxyones, — peuples imaginaires de Germanie, qui avaient, dit-on, la tête d'un homme et le reste du corps d'une bête.

---

[1] Wierus, in Pseudom. dæm.

[1] La Harpe, Hist. des Voyages, t. XVIII, p. 386.
[2] Cæsarii Heisterb. Miracul. illustrium, lib. v, cap. 49.

Oze, — grand-président des enfers. Il se présente sous la forme d'un léopard ou sous celle d'un homme. Il rend ses adeptes habiles dans les arts libéraux. Il répond sur les choses divines et abstraites, métamorphose l'homme, le rend insensé au point de lui faire croire qu'il est roi ou empereur. Oze porte une couronne; mais son règne ne dure qu'une heure par jour [1].

[1] Wierus, In Pseudomon. dæmon.

P

Pa (Olaus), — *voy.* Hauppe.

Pacte. — Il y a plusieurs manières de faire pacte avec le diable. Les gens qui donnent dans les croyances superstitieuses pensent le faire venir en lisant le Grimoire à l'endroit des évocations, en récitant les formules de *conjuration* rapportées dans ce Dictionnaire, ou bien en saignant une poule noire dans un grand chemin croisé, et l'enterrant avec des paroles magiques. Quand le diable veut bien se montrer, on fait alors le marché, que l'on signe de son sang. Au reste, on dit l'ange des ténèbres accommodant, sauf la condition accoutumée de se donner à lui. — Le comte de Gabalis, qui ôte aux diables leur antique pouvoir, prétend que ces pactes se font avec les gnômes, qui achètent l'âme des hommes pour les trésors qu'ils donnent largement; en cela, cependant, conseillés par les hôtes du sombre empire. — Un pacte, dit Bergier, est une convention expresse ou tacite faite avec le démon dans l'espérance d'obtenir, par son entremise, des choses qui passent les forces de la nature. — Un pacte peut donc être exprès et formel, ou tacite et équivalent. Il est censé exprès et formel 1° lorsque par soi-même on invoque expressément le démon, et que l'on demande son secours, soit que l'on voie réellement cet esprit de ténèbres, soit que l'on croie le voir; 2° quand on l'invoque par le ministère de ceux que l'on croit être en relation et en commerce avec lui; 3° quand on fait quelque chose dont on attend l'effet de lui. — Le pacte est seulement tacite ou équivalent lorsque l'on se borne à faire une chose de laquelle on espère un effet qu'elle ne peut produire naturellement, ni surnaturellement et par l'opération de Dieu, parce que alors on ne peut espérer cet effet que par l'intervention du démon. Ceux, par exemple, qui prétendent guérir les maladies par des paroles, doivent comprendre que les paroles n'ont pas naturellement cette vertu. Dieu n'y a pas attaché non plus cette efficacité. Si donc elles produisaient cet effet, ce ne pourrait être que par l'opération de l'esprit infernal. — De là les théologiens concluent que non-seulement toute espèce de magie, mais encore toute espèce de superstition, renferme un pacte au moins tacite ou équivalent avec le démon, puisque aucune pratique superstitieuse ne peut rien produire à moins qu'il ne s'en mêle. C'est le sentiment de saint Augustin, de saint Thomas et de tous ceux qui ont traité cette matière [1]. — Voici l'histoire d'un pacte. Plusieurs autres se trouvent dans ce dictionnaire : — Un gentilhomme allemand, Michel-Louis de Boubenhoren, envoyé assez jeune à la cour du duc de Lorraine, perdit au jeu tout son argent; dans son désespoir, il résolut de se vendre au diable s'il voulait l'acheter un peu cher. Comme il se livrait à cette pensée, tout d'un coup il vit paraître devant lui un jeune homme de son âge, élégamment vêtu, qui lui donna une bourse pleine d'or, et lui promit de revenir le lendemain. — Louis courut retrouver ses amis, regagna ce qu'il avait perdu, et emporta même l'argent des autres. Le jeune homme mystérieux parut de nouveau, lui demanda, pour récompense du service qu'il lui avait rendu, trois gouttes de son sang, qu'il reçut dans une coquille de gland; puis, offrant une plume au jeune seigneur, il lui dicta quelques mots barbares que Louis écrivit sur deux billets différents. L'un demeura au pouvoir de l'inconnu, l'autre fut enfoncé, par un pouvoir magique, dans le bras de Louis, à l'endroit où il s'était piqué pour tirer les trois gouttes de sang. La plaie se referma sans laisser de cicatrice. — « Je m'engage, dit alors l'étranger, à vous servir sept ans, au bout desquels vous m'appartiendrez. » Le jeune homme y consentit, quoiqu'avec une certaine horreur; depuis ce jour, le démon ne manqua pas de lui apparaître sous diverses formes, et de l'aider en toute occasion. Il s'empara peu à peu de son esprit; il lui in-

[1] Bergier, Dictionn. théologique.

spirait des idées neuves et curieuses qui le séduisaient ; le plus souvent il le poussait à de mauvaises actions. — Le terme des sept années vint vite ; le jeune homme, qui avait alors vingt-cinq ans, rentra à la maison paternelle. Le démon auquel il s'était donné lui conseilla et parvint à lui persuader d'empoisonner son père et sa mère, de mettre le feu à leur château, et de se tuer lui-même après. Il essaya de commettre tous ces crimes : Dieu, qui sans doute avait encore pitié de lui, ne permit pas qu'il réussît ; le poison n'opéra point sur ses parents. Inquiet et troublé, Louis eut des remords ; il découvrit à quelques domestiques fidèles l'état où il se trouvait, les priant de lui porter secours. Aussitôt qu'il eut fait cette démarche, le démon le saisit, quoique la dernière heure ne fût pas venue, lui tourna le corps en arrière, et tenta de lui rompre les os. Sa mère, qui était hérétique aussi bien que lui, fut contrainte de recourir aux exorcismes. Le diable parut, dit-on, avec les traits d'un sauvage hideux et velu, et jeta à terre un pacte différent de celui qu'il avait extorqué du jeune homme, pour donner à croire qu'il abandonnait sa proie. Mais on ne tomba point dans le panneau ; et enfin, le 20 octobre 1603, on força le démon à rapporter la véritable cédule, contenant le pacte fait entre lui et Louis de Boubenhoren. Le jeune homme renonça alors au démon, abjura l'hérésie, fit sa confession générale, et il sortit de son bras gauche, presque sans douleur, et sans laisser de cicatrice, le pacte secret, qui tomba aux pieds de l'exorciste. — On voyait, dans une chapelle de Molsheim, une inscription célèbre qui contenait toute l'aventure de ce gentilhomme…. Voy. Faust.

Pain (Épreuve du). — C'était un pain fait de farine d'orge, bénit ou plutôt maudit par les imprécations d'un prêtre. Les Anglo-Saxons le faisaient manger à un accusé non convaincu, persuadés que, s'il était innocent, ce pain ne lui ferait point de mal ; que s'il était coupable, il ne pourrait l'avaler, ou que s'il l'avalait, il étoufferait. Le prêtre qui faisait cette cérémonie demandait, par une prière composée exprès, que les mâchoires du criminel restassent roides, que son gosier se rétrécît, qu'il ne pût avaler, qu'il rejetât le pain de sa bouche. C'était une profanation des prières de l'Église [1]. La seule chose qui fût réelle dans cette épreuve, qu'on appelait souvent l'épreuve du pain conjuré, c'est que, de toutes les espèces de pain, le pain d'orge moulue un peu gros est le plus difficile à avaler. Voy. Corsned, Alphitomancie, etc.

[1] Bergier, Dictionn. théologique.

Pain bénit. — Du côté de Guingamp en Bretagne, et dans beaucoup d'autres lieux, quand on ne peut découvrir le corps d'un noyé, on met un petit cierge allumé sur un pain que l'on a fait bénir et qu'on abandonne au cours de l'eau ; on trouve le cadavre dans l'endroit où le pain s'arrête [1], et ce qui peut surprendre les curieux, c'est que ce miracle s'est fait souvent. Comment l'expliquer ? — On a le même usage en Champagne et ailleurs.

Pajot (Marguerite), — sorcière qui fut exécutée à Tonnerre en 1576, pour avoir été aux assemblées nocturnes des démons et des sorciers. Elle composait des maléfices et faisait mourir les hommes et les animaux. Elle avait de plus tué un sorcier qui n'avait pas voulu lui prêter un lopin de bois avec lequel il faisait des sortilèges. Une remarque singulière qu'on avait notée, c'est qu'elle revenait du sabbat toujours toute froide [2].

Palingénésie. — Ce mot veut dire renaissance. Duchesne dit avoir vu, à Cracovie, un médecin polonais qui conservait, dans des fioles, la cendre de plusieurs plantes ; lorsqu'on voulait voir une rose dans ces fioles, il prenait celle où se trouvait la cendre du rosier, et la mettait sur une chandelle allumée : après qu'elle avait un peu senti la chaleur, on commençait à voir remuer la cendre ; puis on remarquait comme une petite nue obscure qui, se divisant en plusieurs parties, venait enfin à représenter une rose si belle, si fraîche et si parfaite, qu'on l'eût jugée palpable et odorante, comme celle qui vient du rosier. — Cette nouveauté fut poussée plus loin. On assura que les morts pouvaient revivre naturellement, et qu'on avait des moyens de les ressusciter en quelque façon. Van der Beck, surtout, a donné ces opinions pour des vérités incontestables ; et dans le système qu'il a composé pour expliquer de si étranges merveilles, il prétend qu'il y a, dans le sang, des idées séminales, c'est-à-dire des corpuscules qui contiennent en petit tout l'animal. Quelques personnes, dit-il, ont distillé du sang humain nouvellement tiré, et elles y ont vu, au grand étonnement des assistants saisis de frayeur, un spectre humain *qui poussait des gémissements.* C'est pour ces causes, ajoute-t-il, que Dieu a défendu aux Juifs de manger le sang des animaux, de peur que les esprits ou idées de leurs espèces qui y sont contenues ne produisissent de funestes effets. — Ainsi en conservant les cendres de nos ancêtres, nous pourrons en tirer des fantômes qui nous en représenteront la figure.

[1] Cambry, Voyage dans le Finistère, t. III, p. 159.
[2] Bodin, Démonomanie.

Quelle consolation, dit le P. Lebrun, que de passer en revue son père et ses aïeux, sans le secours du démon, et par une nécromancie très-permise! Quelle satisfaction pour les savants que de ressusciter, en quelque manière, les Romains, les Grecs, les Hébreux et toute l'antiquité! Rien d'impossible à cela, il suffit d'avoir les cendres de ceux qu'on veut faire paraître. — Ce système eut, comme toutes les rêveries, beaucoup de partisans. On prétendait qu'après avoir mis un moineau en cendres, et en avoir extrait le sel, on avait obtenu, par une chaleur modérée, le résultat désiré. L'académie royale d'Angleterre essaya, dit-on, cette expérience sur un homme. Je ne sache pas qu'elle ait réussi. Mais cette découverte, qui n'aurait pas dû occuper un seul instant les esprits, ne tomba que quand un grand nombre de tentatives inutiles eut prouvé que ce n'était non plus qu'une ridicule chimère. *Voy.* CENDRES. — La *palingénésie philosophique* de Bonnet est un système publié au dernier siècle et condamné; il est plus du ressort des théologiens que du nôtre.

Palmoscopie, — augure qui s'appelait aussi Palmicum, et qui se tirait de la palpitation des parties du corps de la victime, calculées à la main.

Palud (MADELEINE DE MENDOZ DE LA), — fille d'un gentilhomme de Marseille, et sœur du couvent des Ursulines, qui fut ensorcelée par Gaufridi, à l'âge de dix-neuf ans. *Voy.* GAUFRIDI. — Cette femme, quarante ans après le procès de Gaufridi, ayant voulu se mêler encore de sorcellerie, fut condamnée, par arrêt du parlement de Provence, à la prison perpétuelle, en 1653.

Pamilius. — Pamilius de Phères, tué dans un combat, resta dix jours au nombre des morts; on l'enleva ensuite du champ de bataille, pour le porter sur le bûcher; mais il revint à la vie, et raconta des histoires surprenantes de ce qu'il avait vu pendant que son corps était resté sans sentiment[1].

Pan, — l'un des huit grands dieux, ou dieux de la première classe chez les Egyptiens. On le représentait sous les traits d'un homme dans la partie supérieure de son corps, et sous la forme d'un bouc dans la partie inférieure. — Dans les démonographies, c'est le prince des démons incubes.

Pandæmonium, — capitale de l'empire infernal, selon Milton.

Panéros. — Pline cite une pierre précieuse de ce nom qui rendait les femmes fécondes.

Panjangam, — almanach des bramines, où sont marqués les jours heureux et les jours malheureux, et les heures du jour et de la nuit heureuses ou malheureuses.

Pantacles, — espèces de talismans magiques. Toute la science de la clavicule dépend de l'usage des pantacles, qui contiennent les noms ineffables de Dieu. Les pantacles doivent être faits le mercredi, au premier quartier de la lune, à trois heures du matin, dans une chambre aérée, nouvellement blanchie, où l'on habite seul. On y brûle des plantes odoriférantes. On a du parchemin vierge, sur lequel on décrit trois cercles l'un dans l'autre, avec les trois principales couleurs : or, cinabre et vert; la plume et les couleurs doivent être exorcisées. On écrit alors les noms sacrés; puis on met le tout dans un drap de soie. On prend un pot de terre où l'on allume du charbon neuf, de l'encens mâle et du bois d'aloès, le tout exorcisé et purifié; puis, la face tournée vers l'orient, on parfume encore les pantacles avec les espèces odoriférantes, et on les remet dans le drap de soie consacré, pour s'en servir au besoin[1].

Pantarbe, — pierre fabuleuse à laquelle quelques docteurs ont attribué la propriété d'attirer l'or, comme l'aimant attire le fer. Philostrate, dans la *Vie d'Apollonius*, en raconte des merveilles : L'éclat en est si vif, dit-il, qu'elle ramène le jour au milieu de la nuit; mais, ce qui est plus étonnant encore, cette lumière est un esprit qui se répand dans la terre et attire insensiblement les pierres précieuses; plus cette vertu s'étend, plus elle a de force; et toutes ces pierres dont la pantarbe se fait une ceinture ressemblent à un essaim d'abeilles qui environnent leur roi. De peur qu'un si riche trésor ne devînt trop vil, non-seulement la nature l'a caché dans la terre profonde, mais elle lui a donné la faculté de s'échapper des mains de ceux qui voudraient la prendre sans précaution. On la trouve dans cette partie des Indes où s'engendre l'or. Suivant l'auteur des *Amours de Théagène et de Chariclée*, elle garantit du feu ceux qui la portent.

Paouaouci, — enchantements ou conjurations au moyen desquels les naturels de la Virginie prétendent faire paraître des nuages et tomber de la pluie.

Pape. — Les huguenots ont dit que le pape était l'antéchrist. C'est ainsi que les filous crient au voleur pour détourner l'attention — Le conte absurde de la *papesse Jeanne*, in-

---

[1] Leloyer, Hist. des spectres ou appar. des esprits.

[1] Magie noire, p. 80.

venté par les précurseurs de Luther, est maintenant reconnu si évidemment faux, qu'il ne peut nous arrêter un instant [1].

Papillon. — L'image matérielle de l'âme la plus généralement adoptée est le papillon. Les artistes anciens donnent à Platon une tête avec des ailes de papillon, parce que c'est le premier philosophe grec qui ait écrit sur l'immortalité de l'âme.

Paracelse, — né dans le canton de Zurich en 1493. Il voyagea, vit les médecins de presque toute l'Europe, et conféra avec eux. Il se donnait pour le réformateur de la médecine. Il voulut en arracher le sceptre à Hippocrate et à Galien. Il décria leurs principes et leur méthode. On lui doit la découverte de l'opium et du mercure, dont il enseigna l'usage. — Paracelse est surtout le héros de ceux qui croient à la pierre philosophale, et qui lui attribuent hautement l'avantage de l'avoir possédée, s'appuyant en cela de sa propre autorité. C'était quelquefois un grand charlatan. Quant il était ivre, dit Wetternus, qui a demeuré vingt-sept mois avec lui, il menaçait de faire venir un million de diables, pour montrer quel empire et quelle puissance il avait sur eux ; mais il ne disait pas de si grandes extravagances quand il était à jeun. Il avait un démon familier renfermé dans le pommeau de son épée. Il disait que Dieu lui avait révélé le secret de faire de l'or ; et il se vantait de pouvoir, soit par le moyen de la pierre philosophale, soit par la vertu de ses remèdes, conserver la vie aux hommes pendant plusieurs siècles. Néanmoins il mourut à quarante-huit ans, en 1541, à Saltzbourg.

Parchemin vierge. — Il est employé dans la magie en plusieurs manières. On appelle parchemin vierge celui qui est fait de peaux de bêtes n'ayant jamais engendré. Pour le faire, on met l'animal qui doit le fournir dans un lieu secret où personne n'habite, on prend un bâton vierge ou de la sève de l'année, on le taille en forme de couteau ; puis on écorche l'animal avec le couteau de bois, et avec le sel on sale ladite peau, que l'on met au soleil pendant quinze jours. On prendra alors un pot de terre vernissé, autour duquel on écrira des caractères magiques. Dans ce pot on mettra une grosse pierre de chaux vive avec de l'eau bénite et ladite peau ; on l'y laissera neuf jours entiers. On la tirera enfin, et avec le couteau de canne on la ratissera pour en ôter le poil ; on la mettra sécher pendant huit jours à l'ombre, après l'avoir aspergée ; on la serrera ensuite dans un drap de soie avec tous les instruments de l'art. Qu'aucune femme ne voie ce parchemin, parce qu'il perdrait sa vertu. C'est sur ce parchemin qu'on écrit ensuite les pantacles, talismans, figures magiques, pactes et autres pièces.

Parfums. — On dit que si l'on se parfume avec de la semence de lin et de psellium, ou avec les racines de violette et d'ache, on connaîtra les choses futures ; et que pour chasser les mauvais esprits et fantômes nuisibles, il faut faire un parfum avec calament, pivoine, menthe et palma-Christi. On peut assembler les serpents par le parfum des os de l'extrémité du gosier de cerf, et, au contraire, on les peut chasser et mettre en fuite si on allume la corne du même cerf ; la corne du pied droit d'un cheval ou d'une mule, allumée dans une maison, chasse les souris, et celle du pied gauche, les mouches. Si on fait un parfum avec le fiel de seiche, du thymiamas, des roses et du bois d'aloès, et qu'on jette sur ce parfum allumé de l'eau ou du sang, la maison semblera pleine d'eau ou de sang ; et si on jette dessus de la terre labourée, il semblera que le sol tremble [1].

Paris. — Une prédiction avait annoncé que Paris serait détruit par une pluie de feu le 6 janvier 1840. Mais la catastrophe a été remise au cinquième mois de l'année 1900.

Parlements. — Le clergé n'a jamais demandé la mort des sorciers. Ce sont les parlements qui les ont toujours poursuivis avec chaleur. A la fin du dix-septième siècle, le clergé réclamait contre l'exécution de plusieurs sorcières convaincues d'avoir fait le sabbat avec maître Verdelet : le parlement de Rouen pria très-humblement le roi de permettre qu'on brûlât incontinent lesdites sorcières. On citerait mille exemples pareils.

Paroles magiques. — On peut charmer les dés ou les cartes de manière à gagner continuellement au jeu, en les bénissant en même temps que l'on récite ces paroles : *Contra me ad incarte cla, à filii à Eniol, Lieber, Braya, Braguesca.* On n'est point mordu des puces si l'on dit en se couchant : *Och och.* On fait tomber les verrues des mains en les saluant d'un *bonsoir* le matin, et d'un *bonjour* le soir. On fait filer le diable avec ces mots : *Per ipsum, et cum ipso, et in ipso.* Qu'on dise : *Sista, pista, rista, xista*, pour n'avoir plus mal à la cuisse. Qu'on prononce trois fois : *Onasages*, pour guérir le mal de dents. On prévient les suites funestes de la morsure des

---

[1] Voyez Bergier, Dict. théologique, au mot *Papesse Jeanne*.

[1] Nynauld, p. 72 de la Lycanthropie.

chiens enragés en disant : *Hax, pax, max.* Voy. Beurre, Charmes, Sabbat, Éléazar, Ananisapta, Amulettes, etc.

Parques, — divinités que les anciens croyaient présider à la vie et à la mort; maîtresses du sort des hommes, elles en réglaient les destinées. La vie était un fil qu'elles filaient; l'une tenait la quenouille, l'autre le fuseau, la troisième avec ses grands ciseaux coupait le fil. On les nomme *Clotho, Lachésis* et *Atropos*. On les fait naître de la nuit, sans le secours d'aucun dieu; Orphée, dans l'hymne qu'il leur adresse, les appelle les filles de l'Érèbe.

Parthénomancie, — divination ridicule pour connaître la présence ou l'absence de la virginité. On mesurait le cou d'une fille avec un fil, et en répétant l'épreuve avec le même fil, on tirait mauvais présage du grossissement du cou.

Pasétès, — magicien qui achetait les choses sans les marchander; mais l'argent qu'il avait donné n'enrichissait que les yeux, car il retournait toujours dans sa bourse. *Voy.* Pistole volante.

Passalorynchites, — hérétiques des premiers siècles, ainsi nommés de deux mots grecs qui veulent dire pieu dans le nez. Ils croyaient qu'on ne pouvait prier convenablement qu'en se mettant deux doigts, comme deux pieux, dans les deux narines.

Patala, — nom de l'enfer des Indiens.

Patiniac, — superstition particulière aux Indiens des îles Philippines. C'est un sortilège qu'ils prétendent attaché au fruit d'une femme, dont l'effet est de prolonger les douleurs de l'enfantement et même de l'empêcher. Pour lever le charme, le mari ferme bien la porte de la case, fait un grand feu tout à l'entour, quitte le peu de vêtements dont il est ordinairement couvert, prend une lance ou un sabre, et s'en escrime avec fureur contre les esprits invisibles jusqu'à ce que sa femme soit délivrée.

Patris (Pierre), poëte, né à Caen en 1583. Il fut premier maréchal-des-logis de Gaston de France, duc d'Orléans. L'esprit de plaisanterie lui valut sa fortune et la confiance dont il jouissait auprès du prince. Il mourut à Paris en 1671. On raconte qu'étant au château d'Egmont, dans une chambre où un esprit venait de se montrer, il ouvrit la porte de cette chambre, qui donnait sur une longue galerie, au bout de laquelle se trouvait une grande chaise de bois si pesante que deux hommes avaient peine à la soulever. Il vit cette chaise matérielle se remuer, quitter sa place et venir à lui comme soutenue en l'air. Il s'écria : « Monsieur le diable, les intérêts de Dieu à part, je suis bien votre serviteur, mais je vous prie de ne me pas faire peur davantage. » La chaise s'en retourna à sa place comme elle était venue. Cette vision, dit-on, fit une forte impression sur l'esprit de Patris, et ne contribua pas peu à le faire rentrer dans son devoir.

Paul (Arnold), — paysan de Médroïga, village de Hongrie, qui fut écrasé par la chute d'un chariot chargé de foin, vers 1728. Trente jours après sa mort, quatre personnes moururent subitement et de la même manière que meurent ceux qui sont molestés des vampires. On se ressouvint alors qu'Arnold avait souvent raconté qu'aux environs de Cassova, sur les frontières de la Turquie, il avait été tourmenté long-temps par un vampire turc; mais que, sachant que ceux qui étaient victimes d'un vampire le devenaient après leur mort, il avait trouvé le moyen de se guérir en mangeant de la terre du tombeau du vampire et en se frottant de son sang. On présuma que si ce remède avait guéri Arnold Paul, il ne l'avait pas empêché de devenir vampire à son tour; en conséquence on le déterra pour s'en assurer, et, quoiqu'il fût inhumé depuis quarante jours, on lui trouva le corps vermeil; on s'aperçut que ses cheveux, ses ongles, sa barbe s'étaient renouvelés, et que ses veines étaient remplies d'un sang fluide. Le bailli du lieu, en présence de qui se fit l'exhumation, et qui était un homme expert, ordonna d'enfoncer dans le cœur de ce cadavre un pieu fort aigu et de le percer de part en part; ce qui fut exécuté sur le champ. Le corps du vampire jeta un cri et fit des mouvements; après quoi on lui coupa la tête et on le brûla dans un grand bûcher. On fit subir ensuite le même traitement aux quatre morts qu'Arnold Paul avait tués, de peur qu'ils ne devinssent vampires à leur tour. *Voy.* Vampires.

Paule. — Il y avait au couvent des Cordeliers de Toulouse un caveau qui servait de catacombes, et où les morts se conservaient. Dans ce caveau était enterrée depuis la fin du seizième siècle une femme célèbre dans le pays sous le nom de la belle Paule. Il était d'usage de visiter son tombeau le jour anniversaire de sa mort. Un jeune cordelier, la tête un peu échauffée, s'était un jour engagé à descendre dans ces catacombes sans lumière et sans témoin, et à enfoncer un clou sur le cercueil de Paule. Il y descendit en effet; mais il attacha par mégarde au cercueil un pan de sa robe; il se crut retenu par la défunte quand il voulut s'enfuir, ce qui lui causa une telle frayeur qu'il tomba mort sur la place.

Pausanias. — Quelques écrivains ont prétendu que les Lacédémoniens n'avaient point de sorciers, parce que, quand ils voulurent apaiser les mânes de Pausanias, qu'on avait laissé mourir de faim dans un temple, et qui s'était montré depuis à certaines personnes, on fut obligé de faire venir des sorciers d'Italie pour chasser le spectre du défunt. Mais ce trait ne prouve rien, sinon que les sorciers de Lacédémone n'étaient pas aussi habiles que ceux de l'Italie.

Paymon, — l'un des rois de l'enfer. S'il se montre aux exorcistes, c'est sous la forme d'un homme à cheval sur un dromadaire, couronné d'un diadème étincelant de pierreries, avec un visage de femme. Deux cents légions, partie de l'ordre des anges, partie de l'ordre des puissances, lui obéissent; si Paymon est évoqué par quelque sacrifice ou libation, il paraît accompagné des deux grands princes Bébal et Abalam [1].

Péanite, — pierre fabuleuse que les anciens croyaient douée du privilége de faciliter les accouchements.

Peau. — Pour guérir les taches de la peau et les verrues, il suffit de toucher un cadavre ou de se frotter les mains au clair de la lune. Voy. VERRUES [2].

Péché. — Chemin de l'enfer.

Péché originel. — « Un enfant, dites-vous, ne peut naître responsable de la faute d'un père. En êtes-vous bien sûr ? Au sein de l'humanité un sentiment universel se manifeste; la vie de tous les peuples exprime par les faits les plus significatifs l'existence d'une loi terrible et mystérieuse, de la loi d'hérédité et de solidarité pour le crime et la peine entre les hommes. Interrogez les nations qui furent les plus voisines des traditions primitives. En Chine le fils est puni pour le père, une famille et même une ville entière répondent pour le crime d'un seul. Dans l'Inde, les parents, l'instituteur, l'ami du coupable doivent être punis. Tout l'Orient jugeait ainsi. Il en est de même encore parmi les peuplades sauvages. De là aussi ces chants lugubres des poëtes qui, voyant Rome désolée par les guerres civiles, en donnent instinctivement pour raison qu'elle expiait les parjures de Laomédon, les parjures des Troyens, le parricide de Romulus, c'est-à-dire les crimes commis par ses aïeux. — Alexandre meurt au milieu de ses plus belles années; après lui de sanglantes divisions se déclarent; des maux sans nombre accablent les parents du conquérant; les historiens païens attribuent sans hésiter tous ces malheurs à la vengeance divine, qui punissait les impiétés et les parjures du père d'Alexandre sur sa famille. — Thésée dans Euripide, troublé de l'attentat dont il croit son fils coupable, s'écrie : « Quel est donc celui de nos pères qui a commis un crime digne de m'attirer un tel opprobre ? » J'omets à dessein une foule d'autres monuments, et je m'abstiens même de citer les livres de l'ancien Testament, fort explicites sur ce point. — Mais parmi ces témoignages et ces faits, une loi est écrite évidemment; elle est écrite en caractères de sang dans les annales de tous les peuples; c'est la loi de l'hérédité du crime et de la peine. Un sentiment profond et universel la proclame. Le cri des peuples ne saurait être ni la fausseté ni l'injustice [1]. »

Pégomancie, — divination par les sources. Elle se pratiquait soit en y jetant un certain nombre de pierres dont on observait les divers mouvements, soit en y plongeant des vases de verre, et en examinant les efforts que faisait l'eau pour y entrer et chasser l'air qui les remplissait. La plus célèbre des pégomancies est la divination par le sort des dés, qui se pratiquait à la fontaine d'Abano, près de Padoue; on jetait les dés dans l'eau pour voir s'ils surnageaient ou s'ils s'enfonçaient, et quels numéros ils donnaient; sur quoi un devin expliquait l'avenir.

Pendus. — On sait qu'on gagne à tous les jeux quand on a dans sa poche de la corde de pendu. — Un soldat de belle corpulence ayant été pendu, quelques jeunes chirurgiens demandèrent la permission d'anatomiser son corps. On la leur accorda, et ils allèrent à dix heures du soir prier le bourreau de le leur remettre. Celui-ci, qui était déjà couché, leur répondit qu'il ne voulait pas se lever, et qu'ils pouvaient l'aller dépendre eux-mêmes. Pendant qu'ils s'y décidaient, le plus éveillé d'entre eux se détacha sans rien dire, courut devant, se mit en chemise et se cacha sous son manteau au pied de la potence en attendant les autres. Quand ils furent arrivés, le plus hardi monta à l'échelle et se mit à couper la corde pour faire tomber le corps, mais aussitôt l'autre se montra et dit : « Qui êtes-

---

[1] Wierus, in Pseudomon. dæm.
[2] Brown, Erreurs populaires, t. II.

[1] M. Le P. Ravignan, Conférences de 1843 à Notre-Dame de Paris.

» vous? et pourquoi venez-vous enlever mon corps?...» A ces mots et à la vue du fantôme blanc qui gardait la potence, ces jeunes gens prennent la fuite épouvantés; celui qui était sur l'échelle saute à bas sans compter les échelons, pensant que l'esprit du pendu le tenait déjà. « Et ne furent, ces pauvres chirurgiens, de long-temps rassurés [1]. »

Pératoscopie, — divination par l'inspection des phénomènes et choses extraordinaires qui apparaissent dans les airs.

Perdrix. — On dit qu'un malade ne peut mourir lorsqu'il est couché sur un lit de plumes d'ailes de perdrix [2].

Pérez (Juan), — voy. Inquisition.

Périclès, — général athénien qui, se défiant de l'issue d'une bataille, pour rassurer les siens, fit entrer dans un bois consacré à Pluton un homme d'une taille haute, chaussé de longs brodequins, ayant les cheveux épars, vêtu de pourpre, et assis sur un char traîné de quatre chevaux blancs, qui parut au moment de la bataille, appela Périclès par son nom, et lui commanda de combattre, l'assurant que les dieux donnaient la victoire aux Athéniens. Cette voix fut entendue des ennemis, comme venant de Pluton; et ils en eurent une telle peur qu'ils s'enfuirent sans tirer l'épée.

Péris, — génies femelles des Persans, d'une beauté extraordinaire; elles sont bienfaisantes, habitent le Ginnistan, se nourrissent d'odeurs exquises, et ressemblent un peu à nos fées. Elles ont pour ennemis les dives. Voy. Dives.

Périthe, — pierre jaune qui avait, dit-on, la vertu de guérir la goutte, et qui brûlait la main quand on la serrait fortement.

Perlimpinpin, — voy. Secrets Merveilleux.

Persil (Maître), — voy. Verdelet.

Pertinax. — Trois ou quatre jours avant que l'empereur Pertinax fût massacré par les soldats de sa garde, on conte qu'il vit dans un étang je ne sais quelle figure qui le menaçait l'épée en main.

Peste. — Les rois de Hongrie se vantaient de guérir la jaunisse, les rois de France de guérir les écrouelles, ceux de Bourgogne de dissiper la peste.

Pet. — Qui pète en mangeant voit le diable en mourant. Axiome populaire répandu pour enseigner la bienséance aux enfants dans les contrées où l'on mange beaucoup de choux et de navets.

Petchimancie, — divination par les brosses ou vergettes. Quand un habit ne peut pas se vergeter, c'est un signe qu'il y aura de la pluie.

Petit monde. — On appelait *petit monde* une société secrète qui conspirait en Angleterre au dernier siècle pour le rétablissement des Stuarts. On débitait beaucoup de contes sur cette société : par exemple, on disait que le diable en personne, assis dans un grand fauteuil, présidait aux assemblées. C'étaient des francs-maçons.

Petit-Pierre. — Les contes populaires de l'Allemagne donnent ce nom au démon qui achète les âmes et avec qui on fait pacte. Il vient au lit de mort sous la forme d'un nain chercher ceux qu'il a achetés.

Petpayaton. — Les Siamois appellent ainsi les mauvais esprits répandus dans l'air. S'ils préparent une médecine, ils attachent au vase plusieurs papiers, où sont écrites des paroles mystérieuses pour empêcher que les *Petpayatons* n'emportent la vertu du remède.

Pétrobusiens, — disciples de Pierre de Bruys, hérétique du Dauphiné, contemporain de la première croisade. Ils reconnaissaient deux créateurs, Dieu et le diable. Ils disaient que les prières sont aussi bonnes dans un cabaret que dans une église, dans une étable que sur un autel : en conséquence, ils détruisaient les édifices sacrés et brûlaient les croix et les images.

Pettimancie, — divination par le jet des dés. Voy. Astragalomancie et Cubomancie.

Peuplier. — Les anciens regardaient le peuplier comme un arbre dédié aux enfers et aux démons.

Peur. — On prétend que pour se préserver de la peur il faut porter sur soi une épingle qui ait été fichée dans le linceul d'un mort. — Un officier logé en chambre garnie, et sur le point de rejoindre son régiment, était encore dans son lit au petit point du jour, lorsqu'un menuisier, qui portait un cercueil pour un homme qui venait de mourir dans la pièce voisine, entra, croyant ouvrir la porte de la chambre du mort. «*Voilà*, dit-il, *une bonne redingote pour l'hiver.*» L'officier ne douta pas qu'on ne vint pour le voler. Aussitôt il saute à bas du lit, et s'élance contre le prétendu voleur.... Le menuisier, voyant quelque chose de blanc, laisse tomber son cercueil, et s'enfuit à toutes jambes,

---

[1] Leloyer, Hist. des spectres et appartt. des esprits.
[2] Thiers, Traité des superstitions.

criant que le mort était à ses trousses.... On dit qu'il en fut malade. — Un marchand de la rue Saint-Victor, à Paris, donnant un grand souper, la servante de la maison fut obligée de descendre à la cave à dix heures du soir. Elle était peureuse; elle ne fut pas plutôt descendue, qu'elle remonta tout épouvantée, en criant qu'il y avait un fantôme entre deux tonneaux!... L'effroi se répandit dans la maison, les domestiques les plus hardis descendirent à la cave, les maîtres suivirent, et l'on reconnut que le spectre était un mort qui y avait glissé de la charrette de l'Hôtel-Dieu, et était tombé dans la cave par le soupirail. — Pour les traits qui se rapportent à la peur, voy. Revenants, Apparitions, Imagination, Visions, Fannius, etc.

Pharmacie, — divination employée par les magiciens et enchanteurs, lesquels devinent, à l'aide du seul commerce qu'ils ont avec les démons, qu'ils évoquent pour cela au moyen de fumigations faites sur un réchaud.

Phénix, — grand marquis des enfers. Il paraît sous la forme d'un phénix avec la voix d'un enfant; avant de se montrer à l'exorciste, il rend des sons mélodieux; il faut se boucher les oreilles quand on lui commande de prendre la forme humaine. Il répond sur toutes les sciences; c'est un bon poète, qui satisfait en vers à toutes les demandes; après mille ans, il espère retourner au septième ordre des trônes. Vingt légions lui obéissent [1].

Phénix. — Il y a, dit Hérodote, un oiseau sacré qu'on appelle phénix. Je ne l'ai jamais vu qu'en peinture. Il est grand comme un aigle; son plumage est doré et entremêlé de rouge. Il vient tous les cinq cents ans en Egypte, chargé du cadavre de son père enveloppé de myrrhe, qu'il enterre dans le temple du soleil. — Solin dit que le phénix naît en Arabie; que sa gorge est entourée d'aigrettes, son cou brillant comme l'or, son corps pourpre, sa queue mêlée d'azur et de rose; qu'il vit cinq cent quarante ans; que certains historiens lui ont donné jusqu'à douze mille neuf cent cinquante-quatre ans de vie. — Saint Clément le Romain rapporte qu'on croit que le phénix naît en Arabie, qu'il est unique dans son espèce, qu'il vit cinq ans; que, lorsqu'il est près de mourir, il se fait avec de l'encens, de la myrrhe et d'autres aromates, un cercueil où il entre à temps marqué et meurt; que sa chair corrompue produit un ver qui se nourrit de l'humeur de l'animal mort et se revêt de plumes; qu'ensuite, devenu plus fort, il prend le cercueil de son père et le porte en Égypte, sur l'autel du soleil, à Héliopolis. — Outre que tous ceux qui parlent de cet oiseau mystérieux ne l'ont point vu, et n'en parlent que par ouï-dire, qui peut être sûr qu'il a vécu cinq cents ans? qui peut assurer qu'il soit seul de son espèce? — Le P. Martini rapporte, dans son Histoire de la Chine, qu'au commencement du règne de l'empereur Xao-Hao IV, on vit paraître l'oiseau du soleil, dont les Chinois regardent l'arrivée comme un heureux présage pour le royaume. Sa forme, dit-il, le ferait prendre pour un aigle sans la beauté et la variété de son plumage. Il ajoute que sa rareté lui fait croire que cet oiseau est le même que le phénix.

Phénomènes, — voy. Merveilles, Prodiges, Visions, Imaginations, Apparitions, etc.

Philinnion. — Voici un trait rapporté par Phlégon, et qu'on présume être arrivé à Hypate en Thessalie. Philinnion, fille unique de Démocrate et de Charito, mourut en âge nubile; ses parents inconsolables firent enterrer avec le corps mort les bijoux et les atours que la jeune fille avait le plus aimés pendant sa vie. Quelque temps après sa mort, un jeune seigneur, nommé Machates, vint loger chez Démocrate, qui était son ami. Le soir, comme il était dans sa chambre, Philinnion lui apparaît, lui déclare qu'elle l'aime; ignorant sa mort, il l'épouse en secret. Machates, pour gage de son amour, donne à Philinnion une coupe d'or, et se laisse tirer un anneau de fer qu'il avait au doigt. Philinnion, de son côté, lui fait présent de son collier et d'un anneau d'or, et se retire avant le jour. — Le lendemain, elle revint à la même heure. Pendant qu'ils étaient ensemble, Charito envoya une vieille servante dans la chambre de Machates pour voir s'il ne lui manquait rien. Cette femme retourna bientôt éperdue vers sa maîtresse, et lui annonça que Philinnion était avec Machates. On la traita de visionnaire; mais comme elle s'obstinait à soutenir ce qu'elle disait, quand le matin fut venu Charito alla trouver son hôte et lui demanda si la vieille ne l'avait point trompée. Machates avoua qu'elle n'avait pas fait un mensonge, raconta les circonstances de ce qui lui était arrivé, et montra le collier et l'anneau d'or, que la mère reconnut pour ceux de sa fille. Cette vue réveilla la douleur de la perte qu'elle avait faite, elle jeta des cris épouvantables et supplia Machates de l'avertir quand sa fille reviendrait; ce qu'il exécuta. — Le père et la mère la virent et coururent à elle pour l'embrasser. Mais Philinnion, baissant les yeux,

---

[1] Wierus, in Pseudomonarchia dæmon.

leur dit avec une contenance morne : « Hélas ! mon père, et vous, ma mère, vous détruisez ma félicité en m'empêchant, par votre présence importune, de vivre seulement trois jours. Votre curiosité vous sera funeste, car je m'en retourne au séjour de la mort, et vous me pleurerez autant que quand je fus portée en terre pour la première fois. Mais je vous avertis que je ne suis pas venue ici sans la volonté des dieux. » — Après ces mots, elle tomba morte ; et son corps fut exposé sur un lit à la vue de tous ceux de la maison. On alla visiter le tombeau, où l'on ne trouva point son corps, mais seulement l'anneau de fer et la coupe que Machates lui avait donnés.

Philosophie hermétique, — *voy*. PIERRE PHILOSOPHALE.

Philotanus, — démon d'ordre inférieur, soumis à Bélial.

Philtre, — breuvage ou drogue, dont l'effet prétendu est de donner de l'amour. Les anciens, qui en connaissaient l'usage, invoquaient dans la confection des philtres les divinités infernales. Il y entrait différents animaux, herbes ou matières, tels que le poisson appelé remore, certains os de grenouilles, la pierre astroïte et surtout l'hippomane. Delrio, qui met les philtres au rang des maléfices, ajoute qu'on s'est aussi servi pour les composer de rognures d'ongles, de métaux, de reptiles, d'intestins de poissons et d'oiseaux, et qu'on y a mêlé quelquefois des fragments d'ornements d'église. Les philtres s'expliquent comme les poisons par la pharmacie. — L'hippomane est le plus fameux des philtres ; c'est un morceau de chair noire et ronde, de la grosseur d'une figue sèche, que le poulain apporte quelquefois sur le front en naissant. Suivant les livres de secrets magiques, il fait naître une passion ardente, quand, étant mis en poudre, il est pris avec le sang de celui qui veut se faire aimer. Jean-Baptiste Porta détaille au long les surprenantes propriétés de l'hippomane ; il est fâcheux qu'on n'ait jamais pu le trouver, ni au front du poulain naissant, ni ailleurs. *Voy*. HIPPOMANE. — Les philtres sont en grand nombre et plus ridicules les uns que les autres. Les anciens les connaissaient autant que nous, et on rejetait chez eux sur les charmes magiques les causes d'une passion violente, un amour disproportionné, le rapprochement de deux cœurs entre qui la fortune avait mis une barrière, ou que les parents ne voulaient point unir. — Il y a de certains toniques qui enflamment les intestins, causent la démence ou la mort et inspirent une ardeur qu'on a prise pour de l'amour. Telles sont les mouches cantharides avalées dans un breuvage. Un Lyonnais, voulant se faire aimer de sa femme qui le repoussait, lui fit avaler quatre de ces insectes pulvérisés dans un verre de vin du Rhône ; il s'attendait à être heureux : il fut veuf le lendemain. A ces moyens violents on a donné le nom de philtres.

Phlégéton, — fleuve d'enfer, qui roulait des torrents de flamme et environnait de toutes parts la prison des méchants. On lui attribuait les qualités les plus nuisibles. Après un cours assez long en sens contraire du Cocyte, il se jetait comme lui dans l'Achéron.

Phrénologie ou Crânologie, — art ou science qui donne les moyens de juger les hommes par les protubérances du crâne. Nous ne voyons pas, comme quelques-uns l'ont dit, que la crânologie consacre le matérialisme, ni qu'elle consolide les funestes principes de la fatalité. Nous sommes persuadé au contraire que les dispositions prétendues innées se modifient par l'éducation religieuse, surtout par rapport aux mœurs. Dans les arts on dit bien que le génie est inné : c'est vrai en partie seulement, car il n'y a pas de génie brut qui ait produit des chefs-d'œuvre. Les grands poètes et les grands peintres ne sont pourtant devenus grands qu'à force de travail. Le génie, a dit Buffon, c'est la patience ; et Socrate, né vicieux, est devenu homme de bien. — Avant Gall et Spurzheim, les vieux physiologistes n'avaient jeté que des idées vagues sur la crânologie, ou crânoscopie, ou phrœnologie, qui est l'art de juger les hommes au moral par la conformation du crâne et ses protubérances. Gall et Spurzheim en firent un système qui, à son apparition, divisa le public en deux camps, comme c'est l'usage ; les uns admirèrent et applaudirent ; les autres doutèrent et firent de l'opposition. Peu à peu on reconnut des vérités dans les inductions crânologiques des deux Allemands. Le système devint une science ; la médecine légale y recourut ; aujourd'hui il y a des chaires de crânologie, et peut-être cette science, dont on avait commencé par rire, deviendra un auxiliaire de la procédure criminelle. — On a soutenu que l'âme a son siège dans le cerveau. Dans toute l'échelle de la création, la masse du cerveau et des nerfs augmente en raison de la capacité pour une éducation plus élevée. La gradation a lieu jusqu'à l'homme, qui, parmi tous les êtres créés, roi de la création, est susceptible du plus haut degré d'ennoblissement, et à qui Dieu a donné le cerveau le plus parfait et proportionnellement le plus grand. Il y a dans l'homme, comme dans les animaux, certaines dispositions innées. L'histoire nous offre plusieurs grands hommes qui, dès leur tendre jeunesse, ont eu un penchant décidé pour tel art ou telle science. La plupart des grands peintres et des poètes distingués se sont livrés aux beaux-arts par cette inclination que la nature donne à ses favoris, et sont devenus fameux quelquefois malgré leurs parents. Ces dispositions peuvent être développées et perfectionnées par l'éducation; mais elle ne les donne point, car les premiers indices de ces talents commencent à se montrer quand les enfants ne sont pas encore propres à une éducation proprement dite. — Dans le règne animal, toutes les espèces ont des inclinations qui leur sont particulières : la cruauté du tigre, l'industrie du castor, l'adresse de l'éléphant, sont dans chaque individu de ces espèces, sauf quelques variations accidentelles. — De même qu'il y a dans les hommes et dans les animaux des dispositions innées, de même il existe autant d'organes rassemblés et placés les uns près des autres dans le cerveau, qui est le mobile des fonctions supérieures de la vie; les organes s'expriment sur la surface du cerveau par des protubérances. Plus ces protubérances sont grandes, plus on doit s'attendre à de grandes dispositions. Ces organes, exprimés à la surface du cerveau, produisent nécessairement des protubérances à la surface extérieure du crâne, enveloppe du cerveau depuis sa première existence dans le sein maternel. Cette thèse au reste n'est applicable qu'aux cerveaux sains en général, les maladies pouvant faire des exceptions. — Mais il ne faut pas, comme a fait Gall, l'appliquer aux vertus et aux vices, qui seraient sans mérite si les bosses du crâne les donnaient. Ce serait admettre une fatalité matérielle. S'il est vrai qu'un voleur ait la protubérance du vol, c'est son mauvais penchant qui peu à peu a fait croître la protubérance en agissant sur le cerveau. Mais la protubérance antérieure n'est pas vraie. Voici une notice de ce système : L'instinct de *propagation* se manifeste par deux éminences placées derrière l'oreille immédiatement au-dessus du cou. Cet organe est plus fortement développé chez les mâles que chez les femelles. — L'*amour des enfants* est dans la plus étroite union avec ces organes. Aussi la protubérance qui le donne est-elle placée auprès de celle qui indique l'instinct de la propagation. Elle s'annonce par deux éminences sensibles derrière la tête, au-dessus de la nuque, à l'endroit où se termine la fosse du cou. Elle est plus forte chez les femelles que chez les mâles, et si on compare les crânes des animaux, on le trouvera plus prononcé dans celui du singe que dans tout autre. — L'organe de l'*amitié* et de la *fidélité* est placé dans la proximité de celui des enfants; il se présente des deux côtés par deux protubérances arrondies, dirigées vers l'oreille. On le trouve dans les chiens, surtout dans le barbet et le basset. — L'organe de l'*humeur querelleuse* se manifeste de chaque côté par une protubérance demi-globulaire, derrière et au-dessus de l'oreille. On le trouve bien prononcé chez les duellistes. — L'organe du *meurtre* s'annonce de chaque côté par une protubérance placée au-dessus de l'organe de l'humeur querelleuse, en se rapprochant vers les tempes. On le trouve chez les animaux carnivores et chez les assassins. — L'organe de la *ruse* est indiqué de chaque côté par une éminence qui s'élève au-dessus du conduit extérieur de l'ouïe, entre les tempes et l'organe du meurtre. On le rencontre chez les fripons, chez les hypocrites, chez les gens dissimulés. On le voit aussi chez de sages généraux, d'habiles ministres et chez des auteurs de romans ou de comédies, qui conduisent finement les intrigues de leurs fictions. — L'organe du *vol* se manifeste de chaque côté par une protubérance placée au haut de la tempe, de manière à former un triangle avec le coin de l'œil et le bas de l'oreille. On le remarque dans les voleurs et dans quelques animaux; il est très-prononcé au crâne de la pie. — L'organe des *arts* forme une voûte arrondie à côté de l'os frontal, au-dessous de l'organe du vol; il est proéminent sur les crânes de Raphaël, de Michel-Ange et de Rubens. — L'organe des *tons* et de la *musique* s'exprime par une protubérance à chaque angle du front, au-dessous de l'organe des arts. On trouve ces deux protubérances aux crânes du perroquet, de la pivoine, du corbeau, et de tous les oiseaux mâles chantants; on ne les rencontre ni chez les oiseaux et les animaux à qui ce sens manque, ni même chez les hommes qui entendent la musique avec répugnance. Cet organe est d'une grandeur sensible chez les grands musiciens, tels que Mozart, Gluck, Haydn, Viotti, Boïeldieu, Rossini, Meyerbeer, etc. — L'organe de l'*éducation* se manifeste par une protubérance au bas du front, sur la racine du nez, entre les deux sourcils. Les animaux qui ont le crâne droit, depuis l'occiput jusqu'aux yeux, comme le blaireau, sont incapables d'aucune éducation; et cet organe se développe de plus en plus dans le renard, le lévrier, le caniche, l'éléphant et l'orang-outang, dont le crâne approche le plus des têtes humaines mal organisées. Le rang suprême est occupé par le crâne de l'homme bien constitué. — L'organe du *sens des lieux* se manifeste extérieurement par deux protubérances placées au-dessus de la racine du nez, à l'os intérieur des sourcils. Il indique en général la capacité de concevoir les distances, le penchant pour toutes les sciences et arts où il faut observer, mesurer et établir des rapports d'espace : par exemple, le goût pour la géographie. Tous les voyageurs distingués ont cet organe, comme le prouvent les bustes de Cook, de Colomb et d'autres. On le trouve aussi chez les animaux errants. Les oiseaux de passage l'ont plus ou moins, selon le terme plus ou moins éloigné de leurs migrations. Il est très-sensible au crâne de la cigogne. C'est par la disposition de cet organe que la cigogne retrouve l'endroit où elle s'est arrêtée l'année précédente, et que, comme l'hirondelle, elle bâtit tous les ans son nid sur la même cheminée. — L'organe du *sens des couleurs* forme de chaque côté une protubérance au milieu de l'arc des sourcils, immédiatement à côté du sens des lieux. Lorsqu'il est porté à un haut degré, il forme une voûte particulière. C'est pour cela que les peintres ont toujours le visage plus jovial, plus réjoui, que les autres hommes, parce que leurs sourcils sont plus arqués vers le haut. Cet organe donne la manie des fleurs et le penchant à réjouir l'œil par la diversité des couleurs qu'elles offrent. S'il est lié avec l'organe du sens des lieux, il forme le paysagiste. Il paraît que ce sens manque aux animaux, et que leur sensibilité à l'égard de certaines couleurs ne provient que de l'irritation des yeux. — L'organe du *sens des nombres* est placé également au-dessus de la cavité des yeux, à côté du sens des couleurs, dans l'angle extérieur de l'os des yeux. Quand il existe dans un haut degré, il s'élève vers les tempes par un gonflement qui donne à la tête une apparence carrée. Cet organe est fortement exprimé sur un buste de Newton, et en général il est visible chez les grands mathématiciens. Il est ordinairement lié avec les têtes des astronomes avec l'organe du sens des lieux. — L'organe de la *mémoire* a son siège au-dessus de la partie supérieure et postérieure de la cavité des yeux. Il presse les yeux en bas et en avant. Beaucoup de comédiens célèbres ont les yeux saillants par la disposition de cet organe. — Le *sens de la méditation* se manifeste par un renflement du crâne environ un demi-pouce sous le bord supérieur du front. On le trouve au buste de Socrate et à plusieurs penseurs. — L'organe de la *sagacité* se manifeste par un renflement oblong au milieu du front. — L'organe de la *force de l'esprit* se manifeste par deux protubérances demi-circulaires, placées au-dessous du renflement de la méditation et séparées par l'organe de la sagacité. On le trouve dans Lesage, Boileau, Cervantes, etc. — L'organe de la *bonhomie* se manifeste par une élévation oblongue partant de la courbure du front vers le sommet de la tête, au-dessus de l'organe de la sagacité. On le trouve au mouton, au chevreuil et à plusieurs races de chiens. — L'organe de la *piété vraie* ou *fausse* se manifeste par un gonflement au-dessus de l'organe de la bonhomie. — L'organe de l'*orgueil* et de la *fierté* se manifeste par une protubérance ovale au haut de l'occiput. — L'organe de l'*ambition* et de la *vanité* se manifeste par deux protubérances placées au sommet de la tête et séparées par l'organe de la fierté. — L'organe de la *prudence* se manifeste par deux protubérances placées à côté des protubérances de l'ambition, sur les angles postérieurs du crâne. — Enfin, l'organe de la *constance* et de la *fermeté* se manifeste par une protubérance placée derrière la tête, au-dessous de l'organe de la fierté. — Ce système du docteur Gall a eu de nombreux partisans ; mais il n'a guère en moins d'ennemis. Quelques-uns l'ont comparé aux rêveries de certains physionomistes, quoiqu'il ait, en apparence du moins, un fondement moins chimérique. On a vu cent fois le grand homme et l'homme ordinaire se ressembler par les traits du visage, et jamais, dit-on, le crâne du génie ne ressemble à celui de l'idiot. Peut-être le docteur Gall a-t-il voulu pousser trop loin sa doctrine ; et on peut s'abuser en donnant des règles invariables sur les choses qui ne sont pas toujours constantes. — Un savant de nos jours a soutenu, contre le sentiment du docteur Gall, que les inclinations innées n'existaient point dans les protubérances du crâne, puisqu'il dépendrait alors du bon plaisir des sages-femmes de déformer les enfants, et de les modeler dès leur naissance en idiots ou en génies ; mais le docteur Gall trouve cette objection risible, parce que, quand même on enfoncerait le crâne par exemple à un endroit où se trouve un organe précieux, cet organe comprimé se rétablirait peu à peu de lui-même, et parce que le cerveau résiste à toute pression extérieure par l'élasticité des tendres filets, et qu'aussi long-temps qu'il n'a pas été écrasé ou totalement détruit, il fait une répression suffisante. — Cependant Blumenbach écrit que les Caraïbes pressent le crâne de urs enfants avec une certaine machine, et donnent à la tête la forme propre à ce peuple. Les naturalistes placent aussi les qualités de l'esprit, non dans les protubérances, mais dans la conformation du crâne; et plusieurs prétendent qu'un soufflet ou une pression au crâne de Corneille venant de naître, en eût pu faire un imbécile. On voit d'ailleurs des gens qui perdent la raison ou la mémoire par un coup reçu à la tête. — Au surplus, le docteur Fodéré parle dans sa *Médecine légale* de voleurs et de fous sur le crâne desquels on n'a point remarqué les protubérances du vol ni celles de la folie. Ajoutons que le crâne de Napoléon avait de très-mauvaises bosses qui ont fort intrigué les phrénologistes.

Phylactères, — préservatifs. Les Juifs portaient à leurs manches et à leur bonnet des bandes de parchemin sur lesquelles étaient écrits des passages de la loi; ce que Notre-Seigneur leur reproche dans saint Matthieu, chap. 23. Leurs descendants suivent la même pratique, et se persuadent que ces bandes ou phylactères sont des amulettes qui les préservent de tout danger, et surtout qui les gardent contre l'esprit malin. — Des chrétiens ont fait usage aussi de paroles écrites ou gravées, comme de phylactères et préservatifs. L'Église a toujours condamné cet abus. *Voy.* AMULETTES.

Phyllorhodomancie, — divination par les feuilles de roses. Les Grecs faisaient claquer sur la main une feuille de rose, et jugeaient, par le son, du succès de leurs vœux.

Physiognomonie, — art de juger les hommes par les traits du visage, ou talent de connaître l'intérieur de l'homme par son extérieur. — Cette science a eu plus d'ennemis que de partisans, elle ne paraît pourtant ridicule que quand on veut la pousser trop loin. Tous les visages, toutes les formes, tous les êtres créés diffèrent entre eux, non-seulement dans leurs classes, dans leurs genres, dans leurs espèces, mais aussi dans leur individualité. Pourquoi cette diversité de formes ne serait-elle pas la conséquence de la diversité des caractères, ou pourquoi la diversité des caractères ne serait-elle pas liée à cette diversité de formes? Chaque passion, chaque sens, chaque qualité prend sa place dans le corps de tout être créé; la colère enfle les muscles: les muscles enflés sont donc un signe de colère?... Des yeux pleins de feu, un regard aussi prompt que l'éclair, et un esprit vif et pénétrant se retrouvent cent fois ensemble. Un œil ouvert et serein se rencontre mille fois avec un cœur franc et honnête. — Pourquoi ne pas chercher à connaître les hommes par leur physionomie? On juge tous les jours le ciel sur sa physionomie. Un marchand apprécie ce qu'il achète par son extérieur, par sa physionomie..... — Tels sont les raisonnements des physionomistes pour prouver la sûreté de leur science. Il est vrai, ajoutent-ils, qu'on peut quelquefois s'y tromper; mais une exception ne doit pas nuire aux règles. J'ai vu, dit Lavater, un criminel condamné à la roue pour avoir assassiné son bienfaiteur, et ce monstre avait le visage ouvert et gracieux comme l'ange du Guide. Il ne serait pas impossible de trouver aux galères des têtes de Régulus, et des physionomies de vestales dans une maison de force. Cependant le physionomiste habile distinguera les traits, quoique presque imperceptibles, qui annoncent le vice et la dégradation. — Quoi qu'il en soit de la physiognomonie, en voici les principes, tantôt raisonnables, tantôt forcés: le lecteur en prendra ce qu'il voudra. — La beauté morale est ordinairement en harmonie avec la beauté physique. (Socrate et cent mille autres prouvent le contraire.) Beaucoup de personnes gagnent à mesure qu'on apprend à les connaître, quoiqu'elles vous aient déplu au premier aspect. Il faut qu'il y ait entre elles et vous quelque point de dissonance, puisque, du premier abord, ce qui devait vous rapprocher ne vous a point frappé. Il faut aussi qu'il y ait entre vous quelque rapport secret, puisque, plus vous vous voyez, plus vous vous convenez. Cependant faites attention au premier mouvement d'instinct que vous inspire une nouvelle liaison. — Tout homme dont la figure, dont la bouche, dont la démarche, dont l'écriture est de travers, aura dans sa façon de penser, dans son caractère, dans ses procédés, du louche, de l'inconséquence, de la partialité, du sophistique, de la fausseté, de la ruse, du caprice, des contradictions, de la fourberie, une imbécillité dure et froide. — La tête est la plus noble partie du corps humain, le siège de l'esprit et des facultés intellectuelles. (Le docteur Van Helmont plaçait les facultés intellectuelles dans l'estomac.) Une tête qui est en proportion avec le reste du corps, qui paraît telle au premier abord, qui n'est ni trop grande ni trop petite, annonce un caractère d'esprit plus parfait qu'on n'en oserait attendre d'une tête disproportionnée. Trop volumineuse, elle indique presque toujours la grossièreté; trop petite, elle est un signe de faiblesse. Quelque proportionnée que soit la tête au corps, il faut encore qu'elle ne soit ni trop arrondie ni trop allongée: plus elle est régulière, et plus elle est parfaite. On peut appeler bien organisée celle dont la hauteur perpendiculaire, prise depuis l'extrémité de l'occiput jusqu'à la pointe du nez, est égale à sa largeur horizontale. Une tête trop longue annonce un homme de peu de sens, vain, curieux, envieux et crédule. La tête penchée vers la terre est la marque d'un homme sage, constant dans ses entreprises. Une tête qui tourne de tous côtés annonce la présomption, la médiocrité, le mensonge, un esprit pervers, léger, et un jugement faible. — On peut diviser le visage en trois parties, dont la première s'étend depuis le front jusqu'aux sourcils; la seconde depuis les sourcils jusqu'au bas du nez; la troisième depuis le bas du nez jusqu'à l'extrémité de l'os du menton. Plus ces trois étages sont symétriques, plus on peut compter sur la justesse de l'esprit et sur la régularité du caractère en général. Quand il s'agit d'un visage dont l'organisation est extrêmement forte ou extrêmement délicate, le caractère peut être apprécié plus facilement par le profil que par la face. Sans compter que le profil se prête moins à la dissimulation, il offre des lignes plus vigoureusement prononcées, plus précises, plus simples, plus pures; par conséquent la signification en est aisée à saisir; au lieu que souvent les lignes de la face en plein sont assez difficiles à démêler. Un beau profil suppose toujours l'analogie d'un caractère distingué. Mais on trouve mille profils qui, sans être beaux, peuvent admettre la supériorité du caractère. Un visage charnu annonce une personne timide, enjouée, crédule et présomptueuse. Un homme laborieux a souvent le visage maigre. Un visage qui sue à la moindre agitation annonce un tempérament chaud, un esprit vain et grossier, un penchant à la gourmandise. — Les cheveux offrent des indices multipliés du tempérament de l'homme, de son énergie, de sa façon de sentir, et aussi de ses facultés spirituelles. Ils n'admettent pas la moindre dissimulation; ils répondent à notre constitution physique, comme les plantes et les fruits répondent au terroir qui les produit. Je suis sûr, dit Lavater, que par l'élasticité des cheveux on pourrait juger de l'élasticité du caractère (très-fréquemment démenti). Les cheveux longs, plats, disgracieux, n'annoncent rien que d'ordinaire. Les chevelures d'un jaune doré, ou d'un blond tirant sur le brun, qui reluisent doucement, qui se roulent facilement et agréablement, sont les *chevelures nobles* (en Suisse, patrie de Lavater). Des cheveux noirs, plats, épais et gros dénotent peu d'esprit, mais de l'assiduité et de l'amour de l'ordre. Les cheveux blonds annoncent généralement un tempérament délicat, sanguin-flegmatique. Les cheveux roux caractérisent, dit-on, un homme souverainement bon, ou souverainement méchant. — Les cheveux fins marquent la timidité; rudes ils annoncent le courage (Napoléon les avait très-fins), ce signe caractéristique est du nombre de ceux qui sont communs à l'homme et aux animaux. Parmi les quadrupèdes, le cerf, le lièvre et la brebis, qui sont au rang des plus timides, se distinguent particulièrement des autres par la douceur de leur poil; tandis que la rudesse de celui du lion et du sanglier répond au courage qui fait leur caractère. En appliquant ces remarques à l'espèce humaine, les habitants du nord sont ordinairement très-courageux, et ils ont la chevelure rude; les Orientaux sont beaucoup plus timides, et leurs cheveux sont plus doux. Les cheveux crépus marquent un homme de dure conception. Ceux qui ont beaucoup de cheveux sur les tempes et sur le front sont grossiers et orgueilleux. — Une barbe fournie et bien rangée annonce un homme d'un bon naturel et d'un tempérament raisonnable. L'homme qui a la barbe claire et mal disposée tient plus du naturel et des inclinations de la femme que de celles de l'homme. — Si la couleur de la barbe diffère de celle des cheveux, elle n'annonce rien de bon. De même, un contraste frappant entre la couleur de la chevelure et la couleur des sourcils peut inspirer quelque défiance..... — Le front, de toutes les parties du visage, est la plus importante et la plus caractéristique. Les fronts, vus de profil, peuvent se réduire à trois classes générales. Ils sont ou *penchés en arrière*, ou *perpendiculaires*, ou *proéminents*. Les fronts penchés en arrière indiquent en général de l'imagination, de l'esprit et de la délicatesse. — Une perpendicularité complète, depuis les cheveux jusqu'aux sourcils, est le signe d'un manque total d'esprit. Une forme perpendiculaire, qui se voûte insensiblement par le haut, annonce un esprit capable de beaucoup de réflexion, un penseur rassis et profond. Les fronts proéminents appartiennent à des esprits faibles et bornés, et qui ne parviendront jamais à une certaine maturité. Plus le front est allongé, plus l'esprit est dépourvu d'énergie et manque de ressort. Plus il est serré, court et compacte, plus le caractère est concentré, ferme et solide..... — Pour qu'un front soit heureux, parfaitement beau et d'une expression qui annonce à la fois la richesse du jugement et la noblesse du caractère, il doit se trouver dans la plus exacte proportion avec le reste du visage. Exempt de toute espèce d'inégalités et de rides permanentes, il doit pourtant en être susceptible; mais alors il ne se plissera que dans les moments d'une méditation sérieuse, dans un mouvement de douleur ou d'indignation. Il doit reculer par le haut La couleur de la peau doit en être plus claire que celle des autres parties du visage. Si l'os de l'œil est saillant, c'est le signe d'une aptitude singulière aux travaux de l'esprit, d'une sagacité extraordinaire pour les grandes entreprises. Mais sans cet angle saillant, il y a des têtes excellentes, qui n'en ont que plus de solidité lorsque le bas du front s'affaisse, comme un mur perpendiculaire, sur des sourcils placés horizontalement, et qu'il s'arrondit et se voûte imperceptiblement, des deux côtés, vers les tempes. — Les fronts courts, ridés, noueux, irréguliers, enfoncés d'un côté, échancrés, ou qui se plissent toujours différemment, ne sont pas une bonne recommandation, et ne doivent pas inspirer beaucoup de confiance. Les fronts carrés, dont les marges latérales sont encore assez spacieuses, et dont l'os de l'œil est en même temps bien solide, supposent un grand fonds de sagesse et de courage. Tous les physionomistes s'accordent sur ce point. Un front très-osseux et garni de beaucoup de peau annonce un naturel acariâtre et querelleur... — Un front élevé, avec un visage long et pointu vers le menton, est un signe de faiblesse. Des fronts allongés, avec une peau fortement tendue et très-unie, sur lesquels on n'aperçoit, même à l'occasion d'une joie peu commune, aucun pli doucement animé, sont toujours l'indice d'un caractère froid, soupçonneux, caustique, opiniâtre, fâcheux, rempli de prétentions, rampant et vindicatif. Un front qui du haut penche en avant et s'enfonce vers l'œil est, dans un homme fait, l'indice d'une imbécillité sans ressource. — Au-dessous du front commence sa belle frontière, le sourcil, arc-en-ciel de paix dans sa douceur, arc tendu de la discorde lorsqu'il exprime le courroux. Des sourcils doucement arqués s'accordent avec la modestie et la simplicité. Placés en ligne droite et horizontalement, ils se rapportent à un caractère mâle et vigoureux. Lorsque leur forme est moitié horizontale et moitié courbée, la force de l'esprit se trouve réunie à une bonté ingénue. Des sourcils rudes et en désordre sont toujours le signe d'une vivacité intraitable; mais cette même confusion annonce un feu modéré si le poil est fin. Lorsqu'ils sont épais et compactes, que les poils sont couchés parallèlement, et pour ainsi dire tirés au cordeau, ils promettent un jugement mûr et solide, un sens droit et rassis. Des sourcils qui se joignaient passaient pour un trait de beauté chez les Arabes, tandis que les anciens physionomistes y attachaient l'idée d'un caractère sournois. La première de ces deux opinions est fausse, la seconde exagérée, car on trouve souvent ces sortes de sourcils aux physionomies les plus honnêtes et les plus aimables. Les sourcils minces sont une marque infaillible de flegme et de faiblesse; ils diminuent la force et la vivacité du caractère dans un homme énergique. Anguleux et entrecoupés, les sourcils dénotent l'activité d'un esprit productif. — Plus les sourcils s'approchent des yeux, plus le caractère est sérieux, profond et solide. Une grande distance de l'un à l'autre annonce une âme calme et tranquille. Le mouvement des sourcils est d'une expression infinie; il sert principalement à marquer les passions ignobles, l'orgueil, la colère, le dédain. Un homme *sourcilleux* est un être méprisant et méprisable..... — C'est surtout dans les yeux, dit Buffon, que se peignent les images de nos secrètes agitations, et qu'on peut les reconnaître; l'œil appartient à l'âme plus qu'aucun autre organe; il semble y toucher et participer à tous ses mouvements; il en exprime les passions les plus vives et les émotions les plus tumultueuses, comme les sentiments les plus délicats; il les rend dans toute leur force, dans toute leur pureté, tels qu'ils viennent de naître; il les transmet par des traits rapides.—Les yeux bleus annoncent plus de faiblesse que les yeux bruns ou noirs. Ce n'est pas qu'il n'y ait des gens très-énergiques avec des yeux bleus, mais, sur la totalité, les yeux bruns sont l'indice plus ordinaire d'un esprit mâle; tout comme le génie, proprement dit, s'associe presque toujours des yeux d'un jaune tirant sur le brun..... — Les gens colères ont des yeux de différentes couleurs, rarement bleus, plus souvent bruns ou verdâtres. Les yeux de cette dernière nuance sont, en quelque sorte, un signe distinctif de vivacité et de courage. On ne voit presque jamais des yeux bleu-clair à des personnes colères Des yeux qui forment un angle allongé, aigu et pointu vers le nez, appartiennent à des personnes, ou très-judicieuses, ou très-fines. Lorsque la paupière d'en haut décrit un plein cintre, c'est la marque d'un bon naturel et de beaucoup de délicatesse, quelquefois aussi d'un caractère timide. Quand la paupière se dessine presque horizontalement sur l'œil et coupe diamétralement la prunelle, elle annonce souvent un homme très-adroit, très-rusé; mais il n'est pas dit pour cela que cette forme de l'œil détruise la droiture du cœur. — Des yeux très-grands, d'un bleu fort clair, et vus de profil presque transparents, annoncent toujours une conception facile, étendue, mais en même temps un caractère extrêmement sensible, difficile à manier, soupçonneux, jaloux, susceptible de prévention. — De petits yeux noirs, étincelants, sous des sourcils noirs et touffus, qui paraissent s'enfoncer lorsqu'ils sourient malignement, annoncent de la ruse, des aperçus profonds, un esprit d'intrigue et de chicane. Si de pareils yeux ne sont pas accompagnés d'une bouche moqueuse, ils désignent un esprit froid et pénétrant, beaucoup de goût, de l'élégance, de la précision, plus de penchant à l'avarice qu'à la générosité — Des yeux grands, ouverts, d'une clarté transparente, et dont le feu brille avec une mobilité rapide dans des paupières parallèles, peu larges et fortement dessinées, réunissent ces caractères : une pénétration vive, de l'élégance et du goût, un tempérament colère, de l'orgueil. Des yeux qui laissent voir la prunelle tout entière, et sous la prunelle encore plus ou moins de blanc, sont dans un état de tension qui n'est pas naturel, ou n'appartiennent qu'à ces hommes inquiets, passionnés, à moitié fous; jamais à des hommes d'un jugement sain, mûr, précis, et qui méritent confiance. — Certains yeux sont très-ouverts, très-luisants, avec des physionomies fades ; ils annoncent de l'entêtement, de la bêtise unie à des prétentions. — Les gens soupçonneux, emportés, violents, ont souvent les yeux enfoncés dans la tête, et la vue longue et étendue. Le fou, l'étourdi, ont souvent les yeux hors de la tête. Le fourbe a, en parlant, les paupières penchées et le regard en dessous. Les gens fins et rusés ont coutume de tenir un œil et quelquefois les deux yeux à demi fermés. C'est un signe de faiblesse. En effet, on voit bien rarement un homme bien énergique qui soit rusé : notre méfiance envers les autres naît du peu de confiance que nous avons en nous. — Les anciens avaient raison d'appeler le nez *honestamentum faciei*. Un beau nez ne s'associe jamais avec un visage difforme. On peut être laid et avoir de beaux yeux, mais un nez régulier exige nécessairement une heureuse analogie des autres traits; aussi voit-on mille beaux yeux contre un seul nez parfait en beauté; et là où il se trouve, il suppose toujours un caractère distingué : *Non cuiquam datum est habere nasum*. — Voici, d'après les physionomistes, ce qu'il faut pour la conformation d'un nez parfaitement beau : sa longueur doit être égale à celle du front; il doit y avoir une légère cavité auprès de sa racine. Vue par devant, l'épine du nez doit être large et presque parallèle des deux côtés, mais il faut que cette largeur soit un peu plus sensible vers le milieu. Le bout ou la pomme du nez ne sera ni dure ni charnue. De face, il faut que les ailes du nez se présentent distinctement, et que les narines se raccourcissent agréablement au-dessous. Dans le profil, le bas du nez n'aura d'étendue qu'un tiers de sa hauteur. Vers le haut, il joindra de près l'arc de l'os de l'œil; et sa largeur, du côté de l'œil, doit être au moins d'un demi-pouce. —Un nez qui rassemble toutes ces perfections exprime tout ce qui peut s'exprimer. Cependant nombre de gens du plus grand mérite ont le nez difforme ; mais il faut différencier aussi l'espèce de mérite qui les distingue. Un petit nez échancré en profil, n'empêche pas d'être honnête et judicieux, mais ne donne point le génie. Des nez qui se courbent au haut de la racine conviennent à des caractères impérieux, appelés à commander, à opérer de grandes choses, fermes dans leurs projets et ardents à les poursuivre. Les nez perpendiculaires (c'est-à-dire qui approchent de cette forme, car, dans toutes ses productions, la nature abhorre les lignes complétement droites) tiennent le milieu entre les nez échancrés et les nez arqués ; ils supposent une âme qui sait *agir et souffrir tranquillement et avec énergie.* — Un nez dont l'épine est large, n'importe qu'il soit droit ou courbé, annonce toujours des facultés supérieures. Mais cette forme est très-rare. La narine petite est le signe certain d'un esprit timide, incapable de hasarder la moindre entreprise. Lorsque les ailes du nez sont bien dégagées, bien mobiles, elles dénotent une grande délicatesse de sentiment, qui peut dégénérer en sensualité. Où vous ne trouverez pas une petite inclinaison, une espèce d'enfoncement dans le passage du front au nez, à moins que le nez ne soit fortement recourbé, n'espérez pas découvrir le moindre caractère de grandeur. — Les hommes dont le nez penche extrêmement vers la bouche ne sont jamais ni vraiment bons, ni vraiment gais, ni grands, ni nobles: leur pensée s'attache toujours aux choses de la terre; ils sont réservés, froids, insensibles, peu communicatifs, ont ordinairement l'esprit malin ; ils sont hypocondres ou mélancoliques. — Les peuples tartares ont généralement le nez plat et enfoncé ; les nègres d'Afrique l'ont camard ; les Juifs, pour la plupart, aquilin ; les Anglais, cartilagineux et rarement pointu. S'il faut en juger par les tableaux et les portraits, les beaux nez ne sont pas communs parmi les Hollandais. Chez les Italiens, au contraire, ce trait est distinctif. Enfin, il est absolument caractéristique pour les hommes célèbres de la France et de la Belgique. — Des joues charnues indiquent l'humidité du tempérament. Maigres et rétrécies, elles annoncent la sécheresse des humeurs. Le chagrin les creuse; la rudesse et la bêtise leur impriment des sillons grossiers; la sagesse, l'expérience et la finesse d'esprit les entrecoupent de traces légères et doucement ondulées. — Certains enfoncements, plus ou moins triangulaires, qui se remarquent quelquefois dans les joues, sont le signe infaillible de l'envie ou de la jalousie. Une joue naturellement gracieuse, agitée par un doux tressaillement qui la relève vers les yeux, est le garant d'un cœur sensible. Si, sur la joue qui sourit, on voit se former trois lignes parallèles et circulaires, comptez dans ce caractère sur un fond de folie. — L'oreille, aussi bien que les autres parties du corps humain, a sa signification déterminée; elle n'admet pas le moindre déguisement; elle a ses convenances et une analogie particulière avec l'individu auquel elle appartient. Quand le bout de l'oreille est dégagé, c'est un bon augure pour les facultés intellectuelles. Les oreilles larges et dépliées annoncent l'effronterie, la vanité, la faiblesse du jugement. — Les oreilles grandes et grosses marquent un homme simple, grossier, stupide. Les oreilles petites dénotent la timidité. Les oreilles trop repliées et entourées d'un bourrelet mal dessiné n'annoncent rien de bon quant à l'esprit et aux talents. Une oreille moyenne, d'un contour bien arrondi, ni trop épaisse, ni excessivement mince, ne se trouve guère que chez des personnes spirituelles, judicieuses, sages et distinguées. — La bouche est l'interprète de l'esprit et du cœur; elle réunit, dans son état de repos et dans la variété infinie de ses mouvements, un monde de caractères. Elle est éloquente jusque dans son silence. On remarque un parfait rapport entre les lèvres et le naturel. Qu'elles soient fermes, qu'elles soient molles et mobiles, le caractère est toujours d'une trempe analogue. De grosses lèvres bien prononcées et bien proportionnées, qui présentent des deux côtés la ligne du milieu également bien serpentée et facile à reproduire au dessin, de telles lèvres sont incompatibles avec la bassesse; elles répugnent aussi à la fausseté et à la méchanceté. — La lèvre supérieure caractérise le goût. L'orgueil et la colère la courbent; la finesse l'aiguise; la bonté l'arrondit; le libertinage l'énerve et la flétrit. L'usage de la lèvre inférieure est de lui servir de support. Une bouche resserrée, dont la fente court en ligne droite, et où le bord des lèvres ne paraît pas, est l'indice certain du sang-froid, d'un esprit appliqué, de l'exactitude et de la propreté, mais aussi de la sécheresse de cœur. Si elle remonte, en même temps, aux deux extrémités, elle suppose un fond d'affectation et de vanité. Des lèvres rognées inclinent à la timidité et à l'avarice. — Une lèvre de dessus qui déborde un peu est la marque distinctive de la bonté; non qu'on puisse refuser absolument cette qualité à la lèvre d'en bas qui avance; mais, dans ce cas, on doit s'attendre plutôt à une froide et sincère bonhomie qu'au sentiment d'une vive tendresse. Une lèvre inférieure qui se creuse au milieu n'appartient qu'aux esprits enjoués. Regardez attentivement un homme gai dans le moment où il va produire une saillie, le centre de sa lèvre ne manquera jamais de se baisser et de se creuser un peu. Une bouche bien close, si toutefois elle n'est pas affectée et pointue, annonce le courage; et dans les occasions où il s'agit d'en faire preuve, les personnes même qui ont l'habitude de tenir la bouche ouverte la fermeront ordinairement. Une bouche béante est plaintive, une bouche fermée souffre avec patience. — La bouche, dit Le Brun, dans son Traité des passions, est la partie qui, de tout le visage, marque le plus particulièrement les mouvements du cœur. Lorsqu'il se plaint, la bouche s'abaisse par les côtés; lorsqu'il est content, les coins de la bouche s'élèvent en haut; lorsqu'il a de l'aversion, la bouche se pousse en avant et s'élève par le milieu. — Toute bouche qui a deux fois la largeur de l'œil est la bouche d'un sot; j'entends la largeur de l'œil prise de son extrémité vers le nez jusqu'au bout intérieur de son orbite, les deux largeurs mesurées sur le même plan. — Si la lèvre inférieure, avec les dents, dépasse horizontalement la moitié de la largeur de la bouche vue de profil, comptez, suivant l'indication des autres nuances de physionomie, sur un de ces quatre caractères isolés, ou sur tous les quatre réunis, bêtise, rudesse, avarice, malignité. De trop grandes lèvres, quoique bien proportionnées, annoncent toujours un homme peu délicat, sordide ou sensuel, quelquefois même un homme stupide ou méchant. — Une bouche, pour ainsi dire, sans lèvres, dont la ligne du milieu est fortement tracée, qui se retire vers le haut, aux deux extrémités, et dont la lèvre supérieure, vue de profil depuis le nez, paraît arquée; une pareille bouche ne se voit guère qu'à des avares rusés, actifs, industrieux, froids, durs, flatteurs et polis, mais atterrants dans leurs refus. — Une petite bouche, étroite, sous de petites narines, et un front elliptique, est toujours peureuse, timide à l'excès, d'une vanité puérile, et s'énonce avec difficulté. S'il se joint à cette bouche de grands yeux saillants, troubles, un menton osseux, oblong, et surtout si la bouche se tient habituellement ouverte, soyez encore plus sûr de l'imbécillité d'une pareille tête. — Les dents petites et courtes sont regardées, par les anciens physionomistes, comme le signe d'une constitution faible. De longues dents sont un indice de timidité. Les dents blanches, propres et bien rangées, qui, au moment où la bouche s'ouvre, paraissent s'avancer sans déborder, et qui ne se montrent pas toujours entièrement à découvert, annoncent dans l'homme fait un esprit doux et poli, un cœur bon et honnête. Ce n'est pas qu'on ne puisse avoir un caractère très-estimable, avec des dents gâtées, laides ou inégales ; mais ce dérangement physique provient, la plupart du temps, de maladie ou de quelque mélange d'imperfection morale.— Celui qui a les dents inégales est envieux. Les dents grosses, larges et fortes, sont la marque d'un tempérament fort, et promettent une longue vie, si l'on en croit Aristote. — Pour être en belle proportion, dit Herder, le menton ne doit être ni pointu, ni creux, mais uni. Un menton avancé annonce toujours quelque chose de positif, au lieu que la signification du menton reculé est toujours négative. Souvent le caractère de l'énergie ou de la non-énergie de l'individu se manifeste uniquement par le menton. — Il y a trois principales sortes de mentons : les mentons qui reculent, ceux qui, dans le profil, sont en perpendicularité avec la lèvre inférieure, et ceux qui débordent la lèvre d'en bas, ou, en d'autres termes, les mentons pointus. Le menton reculé, qu'on pourrait appeler hardiment le menton féminin, puisqu'on le retrouve presque à toutes les personnes de l'autre sexe, fait toujours soupçonner quelque côté faible. Les mentons de la seconde classe inspirent la confiance. Ceux de la troisième dénotent un esprit actif et délié, pourvu qu'ils ne fassent pas anse, car cette forme exagérée conduit ordinairement à la pusillanimité et à l'avarice. —Une forte incision au milieu du menton semble indiquer un homme judicieux, rassis et résolu, à moins que ce trait ne soit démenti par d'autres traits contradictoires. Un menton pointu passe ordinairement pour le signe de la ruse. Cependant on trouve cette forme chez les personnes les plus honnêtes ; la ruse n'est alors qu'une bonté raffinée. — Cet entre-deux de la tête et de la poitrine, qui tient de l'une et de l'autre, est significatif comme tout ce qui a rapport à l'homme. Nous connaissons certaines espèces de goîtres qui sont le signe infaillible de la stupidité, tandis qu'un cou bien proportionné est une recommandation irrécusable pour la solidité du caractère. Le cou long et la tête haute sont quelquefois le signe de l'orgueil et de la vanité. Un cou raisonnablement épais et un peu court ne s'associe guère à la tête d'un fat ou d'un sot. Ceux qui ont le cou mince, délicat et allongé sont timides comme le cerf, au sentiment d'Aristote ; et ceux qui ont le cou épais et court ont de l'analogie avec le taureau irrité. Mais les analogies sont fausses, pour la plupart, dit Lavater, et jetées sur le papier sans que l'esprit d'observation les ait dictées. — Il y a autant de diversité et de dissemblance entre les formes des mains qu'il y en a entre les physionomies. Deux visages parfaitement ressemblants n'existent nulle part ; de même vous ne rencontrerez pas, chez deux personnes différentes, deux mains qui se ressemblent.— Chaque main, dans son état naturel, c'est-à-dire abstraction faite des accidents extraordinaires, se trouve en parfaite analogie avec les corps dont elle fait partie. Les os, les nerfs, les muscles, le sang et la peau de la main ne sont que la continuation des os, des nerfs, des muscles, du sang et de la peau du reste du corps. Le même sang circule dans le cœur, dans la tête et dans la main. — La main contribue donc, pour sa part, à faire connaître le caractère de l'individu ; elle est, aussi bien que les autres membres du corps, un objet de physiognomonie, objet d'autant plus significatif et d'autant plus frappant que la main ne peut pas *dissimuler*, et que sa mobilité la trahit à chaque instant. Sa position la plus tranquille indique nos dispositions naturelles ; ses flexions, nos actions et nos passions. Dans tous ses mouvements, elle suit l'impulsion que lui donne le reste du corps.— Tout le monde sait que des épaules larges, qui descendent insensiblement, et qui ne remontent pas en pointes, sont un signe de santé et de force. Des épaules de travers influent ordinairement aussi sur la délicatesse de la complexion ; mais on dirait qu'elles favorisent la finesse et l'activité de l'esprit, l'amour de l'exactitude et de l'ordre. — Une poitrine large et carrée, ni trop convexe, ni trop concave, suppose toujours des épaules bien constituées, et fournit les mêmes indices. Une poitrine plate, et pour ainsi dire creuse, dénote la faiblesse du tempérament. — Un ventre gros et proéminent incline bien plus à la sensualité et à la paresse qu'un ventre plat et rétréci. On doit attendre plus d'énergie et d'activité, plus de flexibilité d'esprit et de finesse, d'un tempérament sec, que d'un corps surchargé d'embonpoint. Il se trouve cependant des gens d'une taille effilée, qui sont excessivement lents et paresseux ; mais alors le caractère de leur indolence reparaît dans le bas du visage. — Les gens d'un mérite supérieur ont ordinairement les cuisses maigres... Les pieds plats s'associent rarement avec le génie... — *Des ressemblances entre l'homme et les animaux.* — Quoiqu'il n'y ait aucune ressemblance proprement dite entre l'homme et les animaux, selon la remarque d'Aristote, il peut arriver néanmoins que certains traits du visage humain nous rappellent l'idée de quelque animal. — Porta a été plus loin, puisqu'il a trouvé dans chaque figure humaine la figure d'un animal ou d'un oiseau, et qu'il juge les hommes par le naturel de l'animal dont ils portent les traits. Le singe, le cheval et l'éléphant sont les animaux qui ressemblent le plus à l'espèce humaine, par le contour de leurs profils et de leur face. Les plus belles ressemblances sont celles du cheval, du lion, du chien, de l'éléphant et de l'aigle. — Ceux qui ressemblent au singe sont habiles, actifs, adroits, rusés, malins, avares et quelquefois méchants. La ressemblance du cheval donne le courage et la noblesse de l'âme..... — Un front comme celui de l'éléphant annonce la prudence et l'énergie. Un homme qui, par le nez et le front, ressemblerait au profil du lion, ne serait certainement pas un homme ordinaire (la face du lion porte l'empreinte de l'énergie, du calme et de la force); mais il est bien rare que ce caractère puisse se trouver en plein sur une face humaine. La ressemblance du chien annonce la fidélité, la droiture et un grand appétit [1]. Celle du loup, qui en diffère si peu, dénote un homme violent, dur, lâche, féroce, passionné, traître et sanguinaire. Celle du renard indique la petitesse, la faiblesse, la ruse et la violence. — La ligne qui partage le museau de l'hyène porte le caractère d'une dureté inexorable. La ressemblance du tigre annonce une férocité gloutonne. Dans les yeux et le mufle du tigre, quelle expression de perfidie ! La ligne que forme la bouche du lynx et du tigre est l'expression de la cruauté. Le chat : hypocrisie, attention et friandise. Les chats sont des tigres en petit, apprivoisés par une éducation domestique. — La ressemblance de l'ours indique la fureur, le pouvoir de déchirer, une humeur misanthrope. Celle du sanglier ou du cochon annonce un naturel lourd, vorace et brutal. Le blaireau est ignoble, méfiant et glouton. Le bœuf est patient, opiniâtre, pesant, d'un appétit grossier. La ligne que forme la bouche de la vache et du bœuf est l'expression de l'insouciance, de la stupidité et de l'entêtement. Le cerf et la biche : timidité craintive, agilité, attention, douce et paisible innocence..... — La ressemblance de l'aigle annonce une force victorieuse. Son œil étincelant a tout le feu de l'éclair. Le vautour a plus de souplesse et en même temps quelque chose de moins noble. Le hibou est plus faible, plus timide que le vautour. Le perroquet : affectation de force, aigreur et babil, etc. Toutes ces sortes de ressemblances varient à l'infini ; mais elles sont difficiles à trouver. — Tels sont les principes de physiognomonie, d'après Aristote, Albert-le-Grand, Porta, etc. ; mais principalement d'après Lavater, qui a le plus écrit sur cette matière, et qui du moins a mis quelquefois un grain de bon sens dans ses essais. — Il parle avec sagesse lorsqu'il traite des mouvements du corps et du visage, des gestes et des parties mobiles, qui expriment, sur la figure de l'homme, ce qu'il sent intérieurement et au moment où il le sent. Mais combien il extravague aussi lorsqu'il veut décidément trouver du génie dans la main ! Il juge les femmes avec une injustice extrême. — Tant que la physiognomonie apprendra à l'homme à connaître la dignité de l'être que Dieu lui a donné, cette science, quoique en grande partie hasardeuse, méritera pourtant quelques éloges, puisqu'elle aura un but utile et louable. Mais lorsqu'elle dira qu'une personne constituée de telle sorte est vicieuse de sa nature ; qu'il faut la fuir et s'en défier, etc. ; que quoique cette personne présente un extérieur séduisant et un air plein de bonté et de candeur, il faut toujours l'éviter, parce que son *naturel* est affreux, que son visage l'annonce et que le signe en est certain, immuable, la physiognomonie sera une science abominable, qui établit le fatalisme. — On a vu des gens assez infatués de cette science pour se donner les défauts que leur visage portait nécessairement, et devenir vicieux, en quelque sorte, parce que *la fatalité de leur physionomie* les y condamnait ; semblables à ceux-là qui abandonnaient la vertu, parce que *la fatalité de leur étoile* les empêchait d'être vertueux. *Voy.* MIMIQUE, ÉCRITURES, etc.

Piaches, — prêtres idolâtres de la côte de Cumana en Amérique. Pour être admis dans leur ordre, il faut passer par une espèce de noviciat qui consiste à errer deux ans dans les forêts, où ils persuadent au peuple qu'ils reçoivent des instructions de certains esprits qui prennent une forme humaine pour leur enseigner leurs devoirs et les dogmes de leur

---

[1] Dans la physiognomonie de Porta, Platon ressemble à un chien de chasse.

religion. Ils d'sent que le soleil et la lune sont le mari et la femme. Pendant les éclipses, les femmes se tirent du sang et s'égratignent les bras, parce qu'elles croient la lune en querelle avec son mari. Les piaches donnent un talisman en forme de X comme préservatif contre les fantômes. Ils se mêlent de prédire, et il s'est trouvé des Espagnols assez crédules pour ajouter foi à leurs prédictions. Ils disent que les échos sont les voix des trépassés.

Picard (MATHURIN), — directeur d'un couvent de Louviers, qui fut accusé d'être sorcier, et d'avoir conduit au sabbat Madeleine Bavan, tourière de ce couvent. — Comme il était mort lorsqu'on arrêta Madeleine, et qu'on lui fit son procès, où il fut condamné ainsi qu'elle, son corps fut délivré à l'exécuteur des sentences criminelles, traîné sur des claies par les rues et lieux publics, puis conduit en la place du Vieux-Marché ; là brûlé et les cendres jetées au vent, 1647.

Picatrix, — médecin ou charlatan arabe, qui vivait en Espagne vers le treizième siècle. Il se livra de bonne heure à l'astrologie, et se rendit si recommandable dans cette science que ses écrits devinrent célèbres parmi les amateurs des sciences occultes. On dit qu'Agrippa, étant allé en Espagne, eut connaissance de ses ouvrages, et prit beaucoup d'idées creuses, notamment dans le traité que Picatrix avait laissé *de la Philosophie occulte*.

Pic de la Mirandole (JEAN), — l'un des hommes les plus célèbres par la précocité et l'étendue de son savoir, né le 24 février 1463. Il avait une mémoire prodigieuse et un esprit très-pénétrant. Cependant, un imposteur l'abusa en lui faisant voir soixante manuscrits qu'il assurait avoir été composés par l'ordre d'Esdras, et qui ne contenaient que les plus ridicules rêveries cabalistiques. L'obstination qu'il mit à les lire lui fit perdre un temps plus précieux que l'argent qu'il en avait donné et le remplit d'idées chimériques dont il ne fut jamais entièrement désabusé. Il mourut en 1494. On a recueilli de ses ouvrages, des *Conclusions philosophiques de cabale et de théologie*, Rome, Silbert, in-fol., célèbrement rare ; c'est le seul mérite de ce livre. Car, de l'aveu même de Tiraboschi, on ne peut que gémir, en le parcourant, de voir qu'un si beau génie, un esprit si étendu et si laborieux, se soit occupé de questions si frivoles. On dit qu'il avait un démon familier.

Pichacha, — nom collectif des esprits follets chez les Indiens.

Picollus, — démon révéré par les anciens habitants de la Prusse, qui lui consacraient la tête d'un homme mort, et brûlaient du suif en son honneur. Ce démon se faisait voir aux derniers jours des personnages importants. Si on ne l'apaisait pas, il se présentait une seconde fois ; et, lorsqu'on lui donnait la peine de paraître une troisième, on ne pouvait plus l'adoucir que par l'effusion du sang humain. Lorsque Picollus était content, on l'entendait rire dans le temple ; car il avait un temple.

Pie, — oiseau de mauvais augure. En Bretagne, les tailleurs sont les entremetteurs des mariages ; ils se font nommer, dans cette fonction, *basvanals*; ces basvanals, pour réussir dans leurs demandes, portent un bas rouge et un bas bleu, et rentrent chez eux s'ils voient une pie, qu'ils regardent comme un funeste présage [1]. — M. Berbiguier dit que la *pie voleuse*, dont on a fait un mélodrame, était un farfadet.

Pied. — Les Romains distingués avaient dans leur vestibule un esclave qui avertissait les visiteurs d'entrer du pied droit. On tenait à mauvais augure d'entrer du pied gauche chez les dieux et chez les grands. — On entrait du pied gauche lorsqu'on était dans le deuil ou dans le chagrin [2].

Pierre d'aigle, — ainsi nommée parce qu'on a supposé qu'elle se trouvait dans les nids d'aigle. Dioscoride dit que cette pierre sert à découvrir les voleurs ; Matthiole ajoute que les aigles vont chercher cette pierre jusqu'aux Indes pour faire éclore plus facilement leurs petits. C'est là-dessus qu'on a cru qu'elle accélérait les accouchements. Voyez à leur nom les autres pierres précieuses. *Voy.* aussi RUGNER et SAKHRAT.

Pierre du diable. — Il y a dans la vallée de Schellenen, en Suisse, des fragments de rocher de beau granit, qu'on appelle la *pierre du diable* : dans un démêlé qu'il y eut entre les gens du pays et le diable, celui-ci l'apporta là pour renverser un ouvrage qu'il avait eu, quelque temps auparavant, la complaisance de leur construire.

Pierre philosophale. — On regarde la pierre philosophale comme une chimère. Ce mépris, disent les philosophes hermétiques, est un effet du juste jugement de Dieu, qui ne permet pas qu'un secret si précieux soit connu des méchants et des ignorants. Cette science fait partie de la cabale, et ne s'enseigne que de bouche à bouche. Les alchimistes donnent une foule de noms à la pierre philosophale : c'est *la fille du grand secret, le soleil est son père ; la lune est sa mère, le vent l'a portée dans*

---

[1] Cambry, Voyage dans le Finistère, t. III, p. 47.
[2] M. Nisard, Stace.

son ventre, etc. — Le secret plus ou moins chimérique de faire de l'or a été en vogue parmi les Chinois long-temps avant qu'on en eût les premières notions en Europe. Ils parlent dans leurs livres, en termes magiques, de la semence d'or et de la poudre de projection. Ils promettent de tirer de leurs creusets, non-seulement de l'or, mais encore un remède spécifique et universel, qui procure à ceux qui le prennent une espèce d'immortalité. — Zosime, qui vivait au commencement du cinquième siècle, est un des premiers parmi nous qui aient écrit sur l'art de faire de l'or et de l'argent, ou la manière de fabriquer la pierre philosophale. Cette pierre est une poudre ou une liqueur formée de divers métaux en fusion sous une constellation favorable. — Gibbon remarque que les anciens ne connaissaient pas l'alchimie. Cependant on voit dans Pline que l'empereur Caligula entreprit de faire de l'or avec une préparation d'arsenic, et qu'il abandonna son projet, parce que les dépenses l'emportaient sur le profit. — Des partisans de cette science prétendent que les Égyptiens en connaissaient tous les mystères. — Cette précieuse pierre philosophale, qu'on appelle aussi élixir universel, eau du soleil, poudre de projection, qu'on a tant cherchée, et que sans doute on n'a jamais pu découvrir [1], procurerait à celui qui aurait le bonheur de la posséder des richesses incompréhensibles, une santé toujours florissante, une vie exempte de toutes sortes de maladies, et même, au sentiment de plus d'un cabaliste, l'immortalité.... Il ne trouverait rien qui pût lui résister, et serait sur la terre le plus glorieux, le plus puissant, le plus riche et le plus heureux des mortels; il convertirait à son gré tout en or, et jouirait de tous les agréments. L'empereur Rodolphe n'avait rien plus à cœur que cette inutile recherche. Le roi d'Espagne Philippe II employa, dit-on, de grandes sommes à faire travailler les chimistes aux conversions des métaux. Tous ceux qui ont marché sur leurs traces n'ont eu pas de succès. — Quelques-uns donnent cette recette comme le véritable secret de faire l'œuvre hermétique : Mettez dans une fiole de verre fort, au feu de sable, de l'élixir d'aristée, avec du baume de mercure et une pareille pesanteur du plus pur or de vie ou précipité d'or, et la calcination qui restera au fond de la fiole se multipliera cent mille fois. — Que si l'on ne sait comment se procurer de l'élixir d'aristée et du baume de mercure, on peut implorer les esprits cabalistiques, ou même, si on l'aime mieux, le démon barbu, dont nous parlerons. — On a dit aussi que saint Jean l'évangéliste avait enseigné le secret de faire de l'or; et, en effet, on chantait autrefois, dans quelques églises, une hymne en son honneur où se trouve une allégorie que les alchimistes s'appliquent :

> Inexhaustum fert thesaurum
> Qui de virgis facit aurum,
> Gemmas de lapidibus.

D'autres disent que pour faire le grand œuvre, il faut de l'or, du plomb, du fer, de l'antimoine, du vitriol, du sublimé, de l'arsenic, du tartre, du mercure, de l'eau, de la terre et de l'air, auxquels on joint un œuf de coq, du crachat, de l'urine et des excréments humains. Aussi un philosophe a dit avec raison que la pierre philosophale était une salade, et qu'il y fallait du sel, de l'huile et du vinaigre. — Nous donnerons une plus ample idée de la matière et du raisonnement des adeptes, en présentant au lecteur quelques passages du traité de chimie philosophique et hermétique publié à Paris en 1725 [1]. — « Au commencement, dit l'auteur, les sages, ayant bien considéré, ont reconnu que l'or engendre l'or et l'argent, et qu'ils peuvent se multiplier en leurs espèces. — Les anciens philosophes, travaillant par la *voie sèche*, ont rendu une partie de leur or volatil, et l'ont réduit en sublimé blanc comme neige et luisant comme cristal ; ils ont converti l'autre partie en sel fixe ; et de la conjonction du volatil avec le fixe, ils ont fait leur *élixir*. — Les philosophes modernes ont extrait de l'intérieur du mercure un esprit igné, minéral, végétal et multiplicatif, dans la concavité humide duquel est caché le *mercure primitif* ou *quintessence universelle*. Par le moyen de cet esprit, ils ont attiré la semence spirituelle contenue dans l'or ; et par cette voie, qu'ils ont appelée *voie humide*, leur soufre et leur mercure ont été faits : c'est le mercure des philosophes, qui n'est pas solide comme le métal, ni mou comme le vif-argent, mais entre les deux. — Ils ont tenu long-temps ce secret caché, parce que c'est le commencement, le milieu et la fin de l'œuvre : nous l'allons découvrir pour le bien de tous. — Il faut donc, pour faire l'œuvre : 1º purger le mercure avec du sel et du vinaigre (salade) ; 2º le sublimer avec du vitriol et du salpêtre ; 3º le dissoudre dans l'eau-forte ; 4º le sublimer derechef ; 5º le calciner et le fixer ; 6º en dissoudre une

---

[1] Voyez pourtant Raymond Lulle, — quant à ce qui concerne l'or.

[1] Traité de chimie philosophique et hermétique, enrichi des opérations les plus curieuses de l'art, sans nom d'auteur. Paris, 1725, in-12, avec approbation signée Audry, docteur en médecine, et privilège du roi.

partie par défaillance à la cave, où il se résoudra en liqueur ou huile (salade); 7° distiller cette liqueur pour en séparer l'eau spirituelle, l'air et le feu; 8° mettre de ce corps mercuriel calciné et fixé dans l'eau spirituelle ou esprit liquide mercuriel distillé; 9° les putréfier ensemble jusqu'à la noirceur; puis il s'élèvera en superficie de l'esprit un soufre blanc non odorant, qui est aussi appelé *sel armoniac;* 10° dissoudre ce sel armoniac dans l'esprit mercuriel liquide, puis le distiller jusqu'à ce que tout passe en liqueur, et alors sera fait le *vinaigre des sages;* 11° cela parachevé, il faudra passer de l'or à l'antimoine par trois fois, et après le réduire en chaux; 12° mettre cette chaux d'or dans ce vinaigre très-aigre, les laisser putréfier; et, en superficie du vinaigre, il s'élèvera une terre feuillée de la couleur des perles orientales. il faut sublimer de nouveau jusqu'à ce que cette terre soit très-pure; alors vous aurez fait la première opération du grand œuvre. — Pour le second travail, prenez, au nom de Dieu, une part de cette chaux d'or et deux parts de l'eau spirituelle chargée de son sel armoniac; mettez cette noble confection dans un vase de cristal de la forme d'un œuf; scellez le tout du sceau d'Hermès; entretenez un feu doux et continuel; l'eau ignée dissoudra peu à peu la chaux d'or; il se formera une liqueur qui est l'eau des sages et leur vrai *chaos*, contenant les qualités élémentaires, chaud, sec, froid et humide. Laissez putréfier cette composition jusqu'à ce qu'elle devienne noire: cette noirceur, qui est appelée la *tête de corbeau* et le *saturne des sages*, fait connaître à l'artiste qu'il est en bon chemin. — Mais pour ôter cette noirceur puante, qu'on appelle aussi *terre noire*, il faut faire bouillir de nouveau, jusqu'à ce que le vase ne présente plus qu'une substance blanche comme la neige. Ce degré de l'œuvre s'appelle le *cygne*. Il faut enfin fixer par le feu cette liqueur blanche qui se calcine et se divise en deux parts, l'une blanche pour l'argent, l'autre rouge pour l'or: alors vous aurez accompli les travaux, et vous possèderez la pierre philosophale. — Dans les diverses opérations, on peut tirer divers produits: d'abord le *lion vert*, qui est un liquide épais, qu'on nomme aussi l'*azot*, et qui fait sortir l'or caché dans les matières ignobles. Le *lion rouge*, qui convertit les métaux en or; c'est une poudre d'un rouge vif. La *tête de corbeau*, dite encore *la voile noire du navire de Thésée*, dépôt noir qui précède le lion vert, et dont l'apparition, au bout de quarante jours, promet le succès de l'œuvre; il sert à la décomposition et putréfaction des objets dont on veut tirer l'or. La *poudre blanche*, qui transmue les métaux blancs en argent fin. L'*élixir au rouge*, avec lequel on fait de l'or et on guérit toutes les plaies. L'*élixir au blanc*, avec lequel on fait de l'argent et on se procure une vie extrêmement longue; on l'appelle aussi la *fille blanche des philosophes*. Toutes ces variétés de la pierre philosophale végètent et se multiplient.... » — Le reste du livre est sur le même ton. Il contient tous les secrets de l'alchimie. *Voy.* BAUME UNIVERSEL, ELIXIR DE VIE, OR POTABLE, etc. — Les adeptes prétendent que Dieu enseigna l'alchimie à Adam, qui en apprit le secret à Énoch, duquel il descendit par degrés à Abraham, à Moïse, à Job, qui multiplia ses biens au septuple par le moyen de la pierre philosophale, à Paracelse, et surtout à Nicolas Flamel. Ils citent avec respect des livres de philosophie hermétique qu'ils attribuent à Marie, sœur de Moïse, à Hermès Trismégiste, à Démocrite, à Aristote, à saint Thomas d'Aquin, etc. La boîte de Pandore, la toison d'or de Jason, le caillou de Sisyphe, la cuisse d'or de Pythagore, ne sont, selon eux, que le grand œuvre[1]. Ils trouvent tous leurs mystères dans la Genèse, dans l'*Apocalypse* surtout, dont ils font un poème à la louange de l'alchimie; dans l'*Odyssée*, dans les *Métamorphoses d'Ovide*. Les dragons qui veillent, les taureaux qui soufflent du feu, sont des emblèmes des travaux hermétiques. Gobineau de Montluisant, gentilhomme chartrain, a même donné une explication extravagante des figures bizarres qui ornent la façade de Notre-Dame de Paris; il y voyait une histoire complète de la pierre philosophale. Le Père éternel étendant les bras, et tenant un ange dans chacune de ses mains, annonce assez, dit-il, la perfection de l'œuvre achevé. — D'autres assurent qu'on ne peut posséder le grand secret que par le secours de la magie; ils nomment *démon barbu* le démon qui se charge de l'enseigner; c'est, disent-ils, un très-vieux démon. On trouve à l'appui de cette opinion, dans plusieurs livres de conjurations magiques, des formules qui évoquent les démons hermétiques. Cédrénus, qui donnait dans cette croyance, raconte qu'un alchimiste présenta à l'empereur Anastase, comme l'ouvrage de son art, un frein d'or et de pierreries pour son cheval. L'empereur accepta le présent et fit mettre l'alchimiste dans une prison où il mourut; après quoi le frein devint noir, et on reconnut que l'or des alchimistes n'était qu'un prestige

---

[1] Naudé, Apologie pour les grands personnages, etc.

du diable. Beaucoup d'anecdotes prouvent que ce n'est qu'une friponnerie ordinaire. — Un rose-croix, passant à Sedan, donna à Henri 1er, prince de Bouillon, le secret de faire de l'or, qui consistait à faire fondre dans un creuset un grain d'une poudre rouge qu'il lui remit, avec quelques onces de litharge. Le prince fit l'opération devant le charlatan, et tira trois onces d'or pour trois grains de cette poudre; il fut encore plus ravi qu'étonné; et l'adepte, pour achever de le séduire, lui fit présent de toute sa poudre transmutante. — Il y en avait trois cent mille grains. Le prince crut posséder trois cent mille onces d'or. Le philosophe était pressé de partir; il allait à Venise tenir la grande assemblée des philosophes hermétiques; il ne lui restait plus rien, mais il ne demandait que vingt mille écus; le duc de Bouillon les lui donna et le renvoya avec honneur. — Comme en arrivant à Sedan le charlatan avait fait acheter toute la litharge qui se trouvait chez les apothicaires de cette ville et l'avait fait revendre ensuite chargée de quelques onces d'or, quand cette litharge fut épuisée, le prince ne fit plus d'or, ne vit plus le rose-croix et en fut pour ses vingt mille écus. — Jérémie Médérus, cité par Delrio [1], raconte un tour absolument semblable qu'un autre adepte joua au marquis Ernest de Bade. Tous les souverains s'occupaient autrefois de la pierre philosophale; la fameuse Elisabeth la chercha long-temps. Jean Gauthier, baron de Plumerolles, se vantait de savoir faire de l'or; Charles IX, trompé par ses promesses, lui fit donner cent vingt mille livres, et l'adepte se mit à l'ouvrage. Mais après avoir travaillé huit jours, il se sauva avec l'argent du monarque. On courut à sa poursuite, on l'attrapa, et il fut pendu : mauvaise fin, même pour un alchimiste. — En 1646, la reine Marie de Médicis donna à Guy de Crüsembourg vingt mille écus pour travailler dans la Bastille à faire de l'or. Il s'évada au bout de trois mois avec les vingt mille écus, et ne reparut plus en France. — Le pape Léon X fut moins dupe. Un homme qui se vantait de posséder le secret de la pierre philosophale, demandait à Léon X une récompense. Le protecteur des arts le pria de revenir le lendemain; et il lui fit donner un grand sac, en lui disant que puisqu'il savait faire de l'or il lui offrait de quoi le contenir [2]. — Le roi d'Angleterre Henri VI fut réduit à un tel degré de besoin, qu'au rapport d'Evelyn (dans ses *Numismata*) il chercha à remplir ses coffres avec le secours de l'alchimie. L'enregistrement de ce singulier projet contient les protestations les plus solennelles et les plus sérieuses de l'existence et des vertus de la pierre philosophale, avec des encouragements à ceux qui s'en occuperont. Il annule et condamne toutes les prohibitions antérieures. Aussitôt que cette patente royale fut publiée, il y eut tant de gens qui s'engagèrent à faire de l'or, selon l'attente du roi, que l'année suivante Henri VI publia un autre édit dans lequel il annonçait que l'heure était proche où, par le moyen de la pierre philosophale, il allait payer les dettes de l'état en or et en argent monnayés. — Charles II d'Angleterre s'occupait aussi de l'alchimie. Les personnes qu'il choisit pour opérer le grand œuvre formaient un assemblage aussi singulier que leur patente était ridicule. C'était une réunion d'épiciers, de merciers et de marchands de poisson. Leur patente fut accordée *authoritate parlamenti*. — Les alchimistes étaient appelés autrefois multiplicateurs; on le voit par un statut de Henri IV d'Angleterre, qui ne croyait pas à l'alchimie. Le statut se trouve rapporté dans la patente de Charles II. Comme il est fort court, nous le citerons : — « Nul dorénavant ne s'avisera de multiplier l'or et l'argent, ou d'employer la supercherie de la multiplication, sous peine d'être traité et puni comme félon. » — On lit dans les *Curiosités de la littérature*, ouvrage traduit de l'anglais par Th. Bertin, qu'une princesse de la Grande-Bretagne, éprise de l'alchimie, fit la rencontre d'un homme qui prétendait avoir la puissance de changer le plomb en or. Il ne demandait que les matériaux et le temps nécessaires pour exécuter la conversion. Il fut emmené à la campagne de sa protectrice, où l'on construisit un vaste laboratoire; et afin qu'il ne fût pas troublé on défendit que personne n'y entrât. Il avait imaginé de faire tourner sa porte sur un pivot, et recevait à manger sans voir, sans être vu, sans que rien pût le distraire. — Pendant deux ans il ne condescendit à parler à qui que ce fût, pas même à la princesse. Lorsqu'elle fut introduite enfin dans son laboratoire, elle vit des alambics, des chaudières, de longs tuyaux, des forges, des fourneaux, et trois ou quatre feux d'enfer allumés; elle ne contempla pas avec moins de vénération la figure enfumée de l'alchimiste, pâle, décharné, affaibli par ses veilles, qui lui révéla, dans un jargon inintelligible, les succès obtenus; elle vit ou crut voir des monceaux d'or encore imparfait répandus dans le laboratoire. — Cependant

---

[1] Disquisit. mag., lib. 1, cap. 5, quæst. 3.

[2] Le comte d'Oxenstiern attribue ce trait au pape Urbain VIII, à qui un adepte dédiait un traité d'alchimie. Pensées, t. 1er, p. 172.

l'alchimiste demandait souvent un nouvel alambic, et des quantités énormes de charbon. La princesse, malgré son zèle, voyant qu'elle avait dépensé une grande partie de sa fortune à fournir aux besoins du philosophe, commença à régler l'essor de son imagination sur les conseils de la sagesse. Elle découvrit sa façon de penser au physicien : celui-ci avoua qu'il était surpris de la lenteur de ses progrès; mais il allait redoubler d'efforts et hasarder une opération de laquelle, jusqu'alors, il avait cru pouvoir se passer. La protectrice se retira; les visions dorées reprirent leur premier empire. — Un jour qu'elle était à dîner, un cri affreux, suivi d'une explosion semblable à celle d'un coup de canon, se fit entendre; elle se rendit avec ses gens auprès du chimiste. On trouva deux larges retortes brisées, une grande partie du laboratoire en flammes, et le physicien grillé depuis les pieds jusqu'à la tête. — Elie Ashmole écrit, dans sa *Quotidienne* du 13 mai 1655 : « Mon père Backhouse (astrologue qui l'avait adopté pour son fils, méthode pratiquée par les gens de cette espèce), étant malade dans Fleet-street, près de l'église de Saint-Dunstan, et se trouvant, sur les onze heures du soir, à l'article de la mort, me révéla le secret de la pierre philosophale, et me le légua un instant avant d'expirer. » Nous apprenons par là qu'un malheureux qui connaissait l'art de faire de l'or vivait cependant de charités, et qu'Ashmole croyait fermement être en possession d'une pareille recette. — Ashmole a néanmoins élevé un monument curieux des savantes folies de son siècle, dans son *Theatrum chimicum britannicum*, vol. in-4° dans lequel il a réuni les traités des alchimistes anglais. Ce recueil présente divers échantillons des mystères de la secte des Rose-Croix, et Ashmole raconte des anecdotes dont le merveilleux surpasse les chimères des inventions arabes. Il dit de la pierre philosophale qu'il en sait assez pour se taire, et qu'il n'en sait pas assez pour en parler. — La chimie moderne n'est pourtant pas sans avoir l'espérance, pour ne pas dire la certitude, de voir un jour vérifiés les rêves dorés des alchimistes. Le docteur Girtanner de Gottingue a dernièrement hasardé cette prophétie que, dans le dix-neuvième siècle, la transmutation des métaux sera généralement connue; que chaque chimiste saura faire de l'or; que les instruments de cuisine seront d'or et d'argent, ce qui contribuera beaucoup à prolonger la vie, qui se trouve aujourd'hui compromise par les oxydes de cuivre, de fer et de plomb que nous avalons avec notre nourriture [1]. — C'est ce que surtout le galvanisme amènera.

Pierre de santé. — A Genève et en Savoie, on appelle ainsi une espèce de pyrite martiale très-dure et susceptible d'un beau poli. On taille ces pyrites en facettes comme le cristal, et l'on en fait des bagues, des boucles et d'autres ornements. Sa couleur est à peu près la même que celle de l'acier poli. On lui donne le nom de pierre de santé, d'après le préjugé où l'on est qu'elle pâlit lorsque la santé de la personne qui la porte est sur le point de s'altérer.

Pierre d'Apone, — philosophe, astrologue et médecin, né dans le village d'Abano ou Apono [2] près de Padoue, en 1250. C'était le plus habile magicien de son temps, disent les démonomanes; il s'acquit la connaissance des sept arts libéraux, par le moyen de sept esprits familiers qu'il tenait enfermés dans des bouteilles ou dans des boîtes de cristal. Il avait de plus l'industrie de faire revenir dans sa bourse tout l'argent qu'il avait dépensé. — Il fut poursuivi comme hérétique et magicien; et s'il eût vécu jusqu'à la fin du procès, il y a beaucoup d'apparence qu'il eût été brûlé vivant, comme il le fut en effigie après sa mort. Il mourut à l'âge de soixante-six ans. — Cet homme avait, dit-on, une telle antipathie pour le lait, qu'il n'en pouvait sentir le goût ni l'odeur. Thomazo Garsoni dit, entre autres contes merveilleux sur Pierre d'Apone, que, n'ayant point de puits dans sa maison, il commanda à quelque démon de porter dans la rue près de son voisin, parce qu'il refusait de l'eau à sa servante. Malheureusement pour ces belles histoires, il paraît prouvé que Pierre d'Apone était une sorte d'esprit fort qui ne croyait pas aux démons. — Les amateurs de livres superstitieux recherchent sa *Géomancie* [3]. Mais ne lui attribuons pas un petit livre qu'on met sur son compte et dont voici le titre : *les OEuvres magiques de Henri-Corneille Agrippa, par Pierre d'Aban, latin et français, avec des secrets occultes*, in-24, réimprimé à Liège, 1788. — On dit dans ce livre que Pierre d'Aban était disciple d'Agrippa. La partie principale est intitulée : *Heptaméron, ou les Éléments magiques*. On y trouve les sûrs moyens d'évoquer les esprits et de faire venir le diable. Pour cela il faut faire trois cercles l'un dans l'autre, dont le plus grand ait neuf pieds de

---

[1] Philosophie magique, vol. 6, p. 383.
[2] Il y a, dans le village d'A ne, aujourd'hui Abano, une fontaine qui prêtait autrefois la parole aux muets, et qui donnait à ceux qui y buvaient le talent de dire la bonne aventure. Voyez le septième chant de *la Pharsale* de Lucain.
[3] Geomantia, in-8°, Venise, 1549.

circonférence, et se tenir dans le plus petit, où l'on écrit les noms des anges qui président à l'heure, au jour, au mois, à la saison, etc. Voici les anges qui président aux heures; notez que les heures sont indiquées ici dans la langue infernale : Yayn ou première heure, l'ange Michaël; Ianor ou deuxième heure, Anaël; Nasnia ou troisième heure, Raphaël; Salla ou quatrième heure, Gabriel; Sadedali ou cinquième heure, Cassiel; Thamus ou sixième heure, Sachiel; Ourer ou septième heure, Samaël; Thanir ou huitième heure, Araël; Néron ou neuvième heure, Cambiel; Jaya ou dixième heure, Uriel; Abaï ou onzième heure, Azaël; Natalon ou douzième heure, Sambaël. — Les anges du printemps, cabalistiquement nommé Talvi, sont Spugliguel, Caracasa, Commissoros et Amatiel; le nom de la terre est alors Amadaï, le nom du soleil Abraïm, celui de la lune Agusita. — Les anges de l'été, nommé Gasmaran, sont Tubiel, Gargatiel, Tariel et Gaviel. La terre s'appelle alors Festativi, le soleil Athémaï et la lune Armatas. — Les anges de l'automne, qui se nommera Ardaraël, sont Torquaret, Tarquam et Guabarel. La terre s'appelle Rahimara, le soleil Abragini, la lune Matafignaïs. — Les anges de l'hiver, appelé Fallas, sont Altarib, Amabaël, Crarari. La terre se nomme Gerenia, le soleil Commutaf et la lune Affatérim. Pour les anges des mois et des jours, voy. Mois et Jours. — Après avoir écrit les noms dans le cercle, mettez les parfums dans un vase de terre neuf, et dites : « Je t'exorcise, parfum, pour que tout fantôme nuisible s'éloigne de moi. » Ayez une feuille de parchemin vierge sur laquelle vous écrirez des croix; puis appelez, des quatre coins du monde, les anges qui président à l'air, les sommant de vous aider sur-le-champ, et dites : « Nous t'exorcisons par la mer flottante et transparente, par les quatre divins animaux qui vont et viennent devant le trône de la divine Majesté; nous t'exorcisons; et si tu ne parais aussitôt, ici, devant ce cercle, pour nous obéir en toutes choses, nous te maudissons et te privons de tout office, bien et joie; nous te condamnons à brûler sans aucun relâche dans l'étang de feu et de soufre, etc. » — Cela dit, on verra plusieurs fantômes qui rempliront l'air de clameurs. On ne s'en épouvantera point, et on aura soin surtout de ne pas sortir du cercle. On apercevra des spectres qui paraîtront menaçants et armés de flèches; mais ils n'auront pas puissance de nuire. On soufflera ensuite vers les quatre parties du monde et on dira : « Pourquoi tardez-vous? soumettez-vous à votre maître. » — Alors paraîtra l'esprit en belle forme qui dira : « Ordonnez et demandez, me voici prêt à vous obéir en toutes choses. » Vous lui demanderez ce que vous voudrez, il vous satisfera; et après que vous n'aurez plus besoin de lui, vous le renverrez en disant : « Allez en paix chez vous, et soyez prêt à venir quand je vous appellerai. » — Voilà ce que présentent de plus curieux les *OEuvres magiques*. Et le lecteur qui s'y fiera sera du moins mystifié. *Voyez* SECRETS OCCULTES, etc.

Pierre-le-Brabançon, — charlatan né dans les Pays-Bas. M. Salgues[1] rapporte de lui le fait suivant : étant devenu épris d'une Parisienne, riche héritière, le Brabançon contrefit aussitôt la voix du père défunt, et lui fit pousser du fond de sa tombe de longs gémissements; il se plaignit des maux qu'il endurait au purgatoire, et reprocha à sa femme le refus qu'elle faisait de donner sa fille à un si galant homme. La femme effrayée n'hésita plus; le Brabançon obtint la main de la demoiselle, mangea la dot, s'évada de Paris et courut se réfugier à Lyon. Un gros financier venait d'y mourir, et son fils se trouvait possesseur d'une fortune opulente. Le Brabançon va le trouver, lie connaissance avec lui, et le mène dans un lieu couvert et silencieux; là, il fait entendre la voix plaintive du père, qui se reproche les malversations qu'il a commises dans ce monde, et conjure son fils de les expier par des prières et des aumônes; il l'exhorte, d'un ton pressant et pathétique, à donner six mille francs au Brabançon pour racheter des captifs. Le fils hésite et remet l'affaire au lendemain. Mais le lendemain la même voix se fait entendre, et le père déclare nettement à son fils qu'il sera damné lui-même s'il tarde davantage à donner les six mille francs à ce brave homme que le ciel lui a envoyé. Le jeune traitant ne se le fit pas dire trois fois; il compta les six mille francs au ventriloque, qui alla boire et rire à ses dépens.

Pierre-Labourant, — nom que des sorciers donnèrent au diable du sabbat. Jeanne Garibaut, sorcière, déclara que Pierre-Labourant porte une chaîne de fer qu'il ronge continuellement, qu'il habite une chambre enflammée où se trouvent des chaudières dans lesquelles on fait cuire des personnes pendant que d'autres rôtissent sur de larges chenets, etc.

Pierre-le-Vénérable, — abbé de Cluny, mort en 1156. Il a laissé un livre de miracles qui contient plusieurs légendes où le diable ne joue pas le beau rôle.

---

[1] *Des erreurs et des préjugés*, t Ier, p. 315.

Pierres d'anathèmes. — Non loin de Patras, je vis des tas de pierres au milieu d'un champ, j'appris que c'était ce que les Grecs appellent pierres d'anathèmes, espèces de trophées qu'ils élèvent à la barbarie de leurs oppresseurs. En dévouant leur tyran aux génies infernaux, ils le maudissent « dans ses ancêtres, dans son âme et dans ses enfants ; » car tel est le formulaire de leurs imprécations ; ils se rendent dans le champ qu'ils veulent vouer à l'anathème, et chacun jette sur le même coin de terre la pierre de réprobation. Les passants ne manquent pas dans la suite d'y joindre leur suffrage, il s'élève bientôt dans le lieu voué à la malédiction un tas de pierres assez semblables aux monceaux de cailloux qu'on rencontre sur le bord de nos grandes routes ; ce qui du reste nettoie le champ [1].

Pigeons. — C'est une opinion accréditée dans le peuple que le pigeon n'a point de fiel. Cependant Aristote et de nos jours l'anatomie ont prouvé qu'il en avait un, sans compter que la fiente de cet oiseau contient un sel inflammable qui ne peut exister sans le fiel. — On conte que le crâne d'un homme caché dans un colombier y attire tous les pigeons des environs.

Pij, — nom que les Siamois donnent aux lieux où les âmes des coupables sont punies ; elles y doivent renaître avant de revenir en ce monde.

Pilapiens, — peuples qui habitent une presqu'île sur les bords de la mer Glaciale, et qui boivent, mangent et conversent familièrement avec les ombres. On allait autrefois les consulter. Leloyer rapporte que quand un étranger voulait savoir des nouvelles de son pays, il s'adressait à un Pilapien, qui tombait aussitôt en extase, et invoquait le diable, lequel lui révélait les choses cachées.

Pilate (MONT), — montagne de Suisse, au sommet de laquelle est un lac ou étang célèbre dans les légendes. On disait que Pilate s'y était jeté, que les diables y paraissaient souvent, que Pilate, en robe de juge, s'y faisait voir tous les ans une fois, et que celui qui avait le malheur d'avoir cette vision mourait dans l'année. De plus, il passait pour certain que, quand on lançait quelque chose dans ce lac, cette imprudence excitait des tempêtes terribles qui causaient de grands ravages dans le pays, en sorte que, même au seizième siècle, on ne pouvait monter sur cette montagne, ni aller voir ce lac, sans une permission expresse du magistrat de Lucerne,

et il était défendu, sous de fortes peines, d'y rien jeter. — La même tradition se rattache au lac de Pilate, voisin de Vienne en Dauphiné.

Pillal-karras, — exorcistes ou devins du Malabar, aux conjurations desquels les pêcheurs de perles ont recours, pour se mettre à l'abri des attaques du requin lorsqu'ils plongent dans la mer. Ces conjurateurs se tiennent sur la côte, marmottent continuellement des prières et font mille contorsions bizarres.

Pinet. — Pic de la Mirandole parle d'un sorcier nommé Pinet, lequel eut commerce trente ans avec le démon Fiorina [1].

Pipi (MARIE), — sorcière qui sert d'échanson au sabbat ; elle verse à boire dans le repas, non-seulement au roi de l'enfer, mais encore à ses officiers et à ses disciples, qui sont les sorciers et magiciens [2].

Piqueur. — A Marsanne, village du Dauphiné, près de Montélimart, on entend toutes les nuits, vers les onze heures un bruit singulier, que les gens du pays appellent *le piqueur* : il semble, en effet, que l'on donne plusieurs coups sous terre [3]. — M. Berbiguier, dans son tome III des Farfadets, nous apprend qu'en 1821 les piqueurs qui piquaient les femmes dans les rues de Paris n'étaient ni des filous ni des méchants, mais des farfadets ou démons. J'étais plus savant, dit-il, que le vulgaire, qui ignore que les farfadets ne font le mal que par plaisir.

Piripiris, — talismans en usage chez certains Indiens du Pérou. Ils sont composés de diverses plantes ; ils doivent faire réussir la chasse, assurer les moissons, amener de la pluie, provoquer des inondations, et défaire des armées ennemies.

Pison. — Après la mort de Germanicus, le bruit courut qu'il avait été empoisonné par les maléfices de Pison. On fondait les soupçons sur les indices suivants : on trouva dans la demeure de Germanicus des ossements de morts, des charmes et des imprécations contre les parois des murs, le nom de Germanicus gravé sur des lames de plomb, des cendres souillées de sang, et plusieurs autres maléfices par lesquels on croit que les hommes sont dévoués aux dieux infernaux [4].

Pistole volante. — Quoique les sorciers de profession aient toujours vécu dans la misère,

---

[1] M. Maugeart, Souvenirs de la Morée, 1830.

[1] Leloyer, Hist. des spectres ou apparitions des esprits, liv. III, p. 215.
[2] Delancre, Tableau de l'inconstance des démons, etc., liv. II. p. 143.
[3] Bibliothèque de société, t. III.
[4] Tacite.

on prétendait qu'ils avaient cent moyens d'éviter l'indigence et le besoin. On cite entre autres *la Pistole volante,* qui, lorsqu'elle était enchantée par certains charmes et paroles magiques, revenait toujours dans la poche de celui qui l'employait, au grand profit des magiciens qui achetaient, et au grand détriment des bonnes gens qui vendaient ainsi en pure perte. *Voy.* AGRIPPA, FAUST, PASÉTÈS, etc.

Pivert. — Nos anciens, dit *le Petit Albert,* assurent que le pivert est un souverain remède contre le sortilége de l'aiguillette nouée, si on le mange rôti à jeun avec du sel bénit.

Planètes. — Il y a maintenant douze planètes : le Soleil, Mercure, Vénus, la Terre, Mars, Vesta, Junon, Cérès, Pallas, Jupiter, Saturne et Uranus. — Les anciens n'en connaissaient que sept, en comptant la Lune, qui n'est qu'un satellite de la Terre ; ainsi les nouvelles découvertes détruisent tout le système de l'astrologie judiciaire. Les vieilles planètes sont : le Soleil, la Lune, Mercure, Vénus, Mars, Jupiter et Saturne. — Chaque planète gouverne un certain nombre d'années. Les années où Mercure préside sont bonnes au commerce, etc. ; la connaissance de cette partie de l'astrologie judiciaire s'appelle *Alfridarie.*

Platon, — célèbre philosophe grec, né l'an 430 avant Jésus-Christ. On lui attribue un livre de nécromancie. Il y a vingt-cinq ans qu'on a publié de lui une *prophétie* contre les francs-maçons ; des doctes l'ont expliquée comme celles de Nostradamus.

Plats. — Divination par les plats. Quinte-Curce dit que les prêtres égyptiens mettaient Jupiter Ammon sur une nacelle d'or, d'où pendaient des plats d'argent, par le mouvement desquels ils jugeaient de la volonté du dieu, et répondaient à ceux qui les consultaient.

Plogojowits (PIERRE), — vampire qui répandit la terreur au dernier siècle dans le village de Kisolova en Hongrie, où il était enterré depuis dix semaines. Il apparut la nuit à quelques-uns des habitants du village pendant leur sommeil, et leur serra tellement le gosier qu'en vingt-quatre heures ils en moururent. Il fit périr ainsi neuf personnes, tant vieilles que jeunes, dans l'espace de huit jours. — La veuve de Plogojowits déclara que son mari lui était venu demander ses souliers; ce qui l'effraya tellement qu'elle quitta le village de Kisolova. — Ces circonstances déterminèrent les habitants du village à tirer de terre le corps de Plogojowits et à le brûler pour se délivrer de ses infestations. Ils trouvèrent que son corps n'exhalait aucune mauvaise odeur; qu'il était entier et comme vivant, à l'exception du nez qui paraissait flétri ; que ses cheveux et sa barbe avaient poussé, et qu'à la place de ses ongles, qui étaient tombés, il lui en était venu de nouveaux ; que sous la première peau, qui paraissait comme morte et blanchâtre, il en croissait une nouvelle, saine et de couleur naturelle. Ils remarquèrent aussi dans sa bouche du sang tout frais, que le vampire avait certainement sucé aux gens qu'il avait fait mourir. On envoya chercher un pieu pointu, qu'on lui enfonça dans la poitrine, d'où il sortit quantité de sang frais et vermeil, de même que par le nez et par la bouche. Ensuite les paysans mirent le corps sur un bûcher, le réduisirent en cendres [1] ; et il ne suça plus.

Pluies merveilleuses. — Le peuple met les pluies de crapauds et de grenouilles au nombre des phénomènes de mauvais augure ; et il n'y a pas encore long-temps qu'on les attribuait aux maléfices des sorciers. Elles ne sont pourtant pas difficiles à concevoir : les grenouilles et les crapauds déposent leur frai en grande quantité dans les eaux marécageuses. Si ce frai vient à être enlevé avec les vapeurs que la terre exhale, et qu'il reste long-temps exposé aux rayons du soleil, il en naît ces reptiles que nous voyons tomber avec la pluie. — Les pluies de feu ne sont autre chose que la succession très-rapide des éclairs et des coups de tonnerre dans un temps orageux. — Des savants ont avancé que les pluies de pierres nous venaient de la lune ; et cette opinion a grossi la masse énorme des erreurs populaires. Ces pluies ne sont ordinairement que les matières volcaniques, les ponces, les sables et les terres brûlées qui sont portés par les vents impétueux à une très-grande distance : on a vu les cendres du Vésuve tomber jusque sur les côtes d'Afrique. La quantité de ces matières, la manière dont elles se répandent dans les campagnes, souvent si loin de leur origine, et les désastres qu'elles occasionnent quelquefois, les ont fait mettre au rang des pluies les plus formidables. — Mais, de toutes les pluies prodigieuses, la pluie de sang a toujours été la plus effrayante aux yeux du peuple ; et cependant elle est chimérique. Il n'y a jamais eu de vraie pluie de sang. Toutes celles qui ont paru rouges ou approchant de cette couleur ont été teintes par des terres, des poussières de minéraux ou d'autres matières emportées par les vents dans l'atmosphère, où elles se sont mêlées

---

[1] Traité des visions et apparitions, t. II, p. 216.

avec l'eau qui tombait des nuages. Plus souvent encore, ce phénomène, en apparence si extraordinaire, a été occasionné par une grande quantité de petits papillons qui répandent des gouttes d'un suc rouge sur les endroits où ils passent [2].

Pluton, — roi des enfers, selon les païens, et, selon les démonomanes, archidiable, prince du feu, gouverneur-général des pays enflammés, et surintendant des travaux forcés du ténébreux empire.

Plutus, — dieu des richesses. Il était mis au nombre des dieux infernaux, parce que les richesses se tirent du sein de la terre. Dans les sacrifices en son honneur, les signes ordinairement funestes qu'offraient les entrailles des victimes devaient toujours s'interpréter en bonne part.

Pocol, — roi de l'enfer chez les Prussiens. Ils nomment aussi *Pocol* le chef des hordes d'esprits aériens, et *Porquet* celui qui garde les forêts. Ce dernier est le Pan des anciens [2]. *Voy.* PICOLLUS et PUCEL.

Poirier (MARGUERITE), — petite fille de treize ans, qui déposa comme témoin contre Jean Grenier, jeune loup-garou. Elle déclara qu'un jour qu'elle gardait ses moutons dans la prairie, Grenier se jeta sur elle en forme de loup, et l'eût mangée si elle ne se fût défendue avec un bâton, dont elle lui donna un coup sur l'échine. Elle avoua qu'il lui avait dit qu'il se changeait en loup à volonté, qu'il aimait à boire le sang et à manger la chair des petits garçons et des petites filles ; cependant qu'il ne mangeait pas les bras ni les épaules [3].

Polkan, — Centaure de Slavons, auquel on attribuait une force et une vitesse extraordinaire. Dans les anciens contes russes, on le dépeint homme depuis la tête jusqu'à la ceinture, et cheval ou chien depuis la ceinture.

Polyglossos, — nom que les anciens donnaient à un chêne prophétique de la forêt de Dodone, qui rendait des oracles dans la langue de ceux qui venaient le consulter.

Polycrite. — Il y avait en Étolie un citoyen vénérable, nommé Polycrite, que le peuple avait élu gouverneur du pays, à cause de son rare mérite et de sa probité. Sa dignité lui fut prorogée jusqu'à trois ans, au bout desquels il se maria avec une femme de Locres. Mais il mourut la quatrième nuit de ses noces, et la laissa enceinte d'un hermaphrodite, dont elle accoucha neuf mois après. Les prêtres et les augures ayant été consultés sur ce prodige, conjecturèrent que les Étoliens et les Locriens auraient guerre ensemble, parce que ce monstre avait les deux sexes. On conclut enfin qu'il fallait mener la mère et l'enfant hors des limites d'Étolie et les brûler tous deux. Comme on était près de faire cette exécution, le spectre de Polycrite apparut et se mit auprès de son enfant ; il était vêtu d'un habit noir. Les assistants effrayés voulaient s'enfuir ; il les rappela, leur dit de ne rien craindre, et fit ensuite, d'une voix grêle et basse, un beau discours par lequel il leur montra que, s'ils brûlaient sa femme et son fils, ils tomberaient dans des calamités extrêmes. Mais, voyant que malgré ses remontrances les Étoliens étaient décidés à faire ce qu'ils avaient résolu, il prit son enfant, le mit en pièces et le dévora. Le peuple fit des huées contre lui, et lui jeta des pierres pour le chasser ; il fit peu d'attention à ces insultes et continua de manger son fils, dont il ne laissa que la tête, après quoi il disparut. — Ce prodige sembla si effroyable qu'on prit le dessein d'aller consulter l'oracle de Delphes. Mais la tête de l'enfant, s'étant mise à parler, leur prédit, en vers, tous les malheurs qui devaient leur arriver dans la suite, et, disent les anciens conteurs, la prédiction s'accomplit. La tête de l'enfant de Polycrite, se trouvant exposée sur un marché public, prédit encore aux Étoliens, alors en guerre contre les Acarnaniens, qu'ils perdraient la bataille. — Ce Polycrite était un vampire ou un ogre.

Polyphage. — On a publié à Wittemberg, il y a vingt ou trente ans, une dissertation sous ce titre : *De Polyphago et alio triophago Wittembergensi dissertatio*, in-4°. C'est l'histoire d'un des plus grands mangeurs qui aient jamais existé. Cet homme, si distingué dans son espèce, dévorait quand il voulait (ce qu'il ne faisait toutefois que pour de l'argent) un mouton entier, ou un cochon, ou deux boisseaux de cerises avec leurs noyaux ; il brisait avec les dents, mâchait et avalait des vases de terre et de verre, et même des pierres très-dures ; il engloutissait comme un ogre des animaux vivants, oiseaux, souris, chenilles, etc. Enfin, ce qui surpasse toute croyance, on présenta un jour à cet *avale-tout* une écritoire couverte de plaques de fer ; il la mangea avec les plumes, le canif, l'encre et le sable. Ce fait si singulier a été attesté par sept témoins oculaires, devant le

---

[1] Voyez l'Histoire naturelle de l'air et des météores, par l'abbé Richard.
[2] Leloyer, Histoire des spectres, etc., liv. III, p. 212.
[3] Delancre, Tabl. de l'inconstance des démons, etc., liv. IV, p. 257.

sénat de Wittemberg. — Quoi qu'il en soit, ce terrible mangeur jouissait d'une santé vigoureuse, et termina ses prouesses à l'âge de soixante ans. Alors il commença à mener une vie sobre et réglée, et vécut jusqu'à l'âge de soixante-dix-neuf ans. Son cadavre fut ouvert, et on le trouva rempli de choses extraordinaires, dont l'auteur donne la description [1]. La seconde partie de la dissertation renferme l'histoire de quelques hommes de cette trempe, et l'explication de ces singularités. — Mais le tout nous semble farci de ce que l'on appelle, en termes de journalisme, des *canards;* et il y en a beaucoup dans les récits de merveilles.

Polyphidée, — devin d'Hypérésie, pays d'Argos.

Polythéisme. — Un brame de Calcutta a publié, ces dernières années, une défense théologique du système des Indous, qui admettent trois cent cinquante millions de dieux et de déesses.

Pomme-d'Adam. — La légère protubérance qu'on appelle Pomme-d'Adam à la gorge des hommes vient, dans les opinions populaires, d'un pépin qui s'est arrêté là quand notre premier père mangea le fruit défendu.

Pont. — Les anciens Scandinaves disaient que les dieux avaient fait un pont qui communiquait du ciel à la terre, et qu'ils le montaient à cheval. Quand Satan se révolta contre Dieu, il fit bâtir un fameux pont qui allait de l'abîme au paradis. Il est rompu. — On appelle *Pont-d'Adam* une suite de bancs de sable qui s'étendent presque en ligne directe entre l'île de Manaar et celle de Ceylan. C'est, selon les Chingulais, le chemin par lequel Adam, chassé du paradis, se rendit sur le continent. Les Indiens disent que le golfe se referma pour empêcher son retour.

Pont-du-Diable. — Dans la vallée de Schellenen, en Suisse, l'imagination croit voir partout les traces d'un agent surnaturel. Le diable n'est point, aux yeux de ces montagnards, un ennemi malfaisant ; il s'est même montré assez bonne personne, en perçant des rochers, en jetant des ponts sur les précipices, etc., que lui seul, selon les habitants, pouvait exécuter. — On ne peut rien imaginer de plus hardi que la route qui parcourt la vallée de Schellenen. Après avoir suivi quelque temps les détours capricieux de cette route terrible, on arrive à cette œuvre de Satan qu'on appelle le *Pont-du-Diable.* Cette construction imposante est moins merveilleuse encore que le site où elle est placée. Le pont est jeté entre deux montagnes droites et élevées, sur un torrent furieux, dont les eaux tombent par cascades sur des rocs brisés, et remplissent l'air de leur fracas et de leur écume [1]. — Le pont de Pont-à-Mousson était aussi l'ouvrage du diable, aussi bien que le pont de Saint-Cloud, et le pont qu'on appelait à Bruxelles le Pont-du-Diable, et plusieurs autres. L'architecte du pont de Saint-Cloud, n'ayant pas de quoi payer les maçons, se vendit au diable, qui fit la besogne, à condition qu'on lui donnerait la première personne qui traverserait le pont. L'architecte, qui était rusé, y fit passer un chat que le diable emporta d'assez mauvaise humeur. *Voy.* Teruptenur.

Popoguno, — enfer des Virginiens, dont le supplice consiste à être suspendu entre le ciel et la terre.

Poppiel, — *voy.* Hatton.

Porom-Houngse, sorte de fakirs chez les Indiens ; ils se vantent d'être descendus du ciel et de vivre des milliers d'années sans jamais prendre la moindre nourriture. Ce qu'il y a de vrai, c'est qu'on ne voit jamais un porom-houngse manger ou boire en public.

Porphyre, — visionnaire grec et philosophe creux du troisième siècle, que quelques-uns de ses ouvrages ont fait mettre au rang des sorciers.

Porriciæ, — entrailles de la victime que les prêtres jetaient dans le feu, après les avoir considérées pour en tirer de bons ou de mauvais présages.

Porta (Jean-Baptiste), — physicien célèbre qui a fait faire des pas à la science, né à Naples vers 1550. On dit qu'il composa à quinze ans les premiers livres de sa *Magie naturelle,* qui sont gâtés par les préjugés du siècle où il vécut. Il croyait à l'astrologie judiciaire, à la puissance indépendante des esprits, etc. — On cite comme le meilleur de ses ouvrages la *Physiognomonie céleste,* 1664, in-4° ; il s'y déclare contre les chimères de l'astrologie : mais il continue néanmoins à attribuer une grande influence aux corps célestes. On lui doit encore un traité de *Physiognomonie,* où il compare les figures humaines aux figures des animaux, pour en tirer des inductions systématiques. *Voy.* Physiognomonie.

Porte. — Les Tartares mantchoux révèrent un esprit gardien de la porte, sorte de divinité domestique qui écarte le malheur de leurs maisons.

---

[1] Extrait de l'Almanach historique de l'an XI.

[1] Voyage en Suisse d'Hélène-Marie Williams.

Portes des Songes. — Dans Virgile, l'une est de corne, l'autre est d'ivoire. Par la porte de corne passent les songes véritables, et par la porte d'ivoire les vaines illusions et les songes trompeurs.

Possédés. — Le bourg de Teilly, à trois lieues d'Amiens, donna en 1846 le spectacle d'une fille qui voulait se faire passer pour possédée. Elle était, disait-elle, au pouvoir de trois démons, Mimi, Zozo et Crapoulet. Un honnête ecclésiastique prévint l'autorité, qui reconnut que cette fille était malade. On la fit entrer dans un hôpital, et il ne fut plus parlé de la possession. — On trouve de la sorte dans le passé beaucoup de supercheries, que la bonne foi de nos pères n'a pas su réprimer assez tôt. Cependant il y eut bien moins de scandales qu'on ne le conte, et les possessions n'étaient pas de si libre allure qu'on le croit. — Une démoniaque commençait à faire du bruit sous Henri III; le roi aussitôt envoya son chirurgien Pigray, avec deux autres médecins, pour examiner l'affaire. Quand la possédée fut amenée devant ces docteurs, on l'interrogea, et elle débita des sornettes. Le prieur des Capucins lui fit des demandes en latin auxquelles elle répondit fort mal; et enfin on trouva dans certains papiers qu'elle avait été déjà, quelques années précédemment, fouettée en place publique pour avoir voulu se faire passer pour démoniaque; on la condamna à une réclusion perpétuelle. — Du temps de Henri III, une Picarde se disait possédée du diable, apparemment pour se rendre formidable. L'évêque d'Amiens, qui soupçonnait quelque imposture, la fit exorciser par un laïque déguisé en prêtre, et lisant les épîtres de Cicéron. La démoniaque, qui savait son rôle par cœur, se tourmenta, fit des grimaces effroyables, des cabrioles et des cris, absolument comme si le diable, qu'elle disait chez elle, eût été en face d'un prêtre lisant le livre sacré [1]. Elle fut ainsi démasquée. — Les vrais possédés ou démoniaques sont ceux dont le diable s'est emparé. Plusieurs aujourd'hui prétendent que toutes les possessions sont des monomanies, des folies plus ou moins furieuses, plus ou moins bizarres. Mais comment expliquer ce fait qu'à Gheel en Belgique, où l'on traite les fous colonisés, on guérit les fous furieux en les exorcisant? Le savant docteur Moreau, dans la visite qu'il a faite à Gheel en 1842, et qu'il a publiée, a reconnu cet fait, qui ne peut être contesté. Le diable serait-il donc pour quelque chose dans certaines folies? et connaissons-nous bien tous les mystères au milieu desquels nous vivons? — Dans tous les cas beaucoup de possessions, et la plupart, ont été soupçonnées de charlatanisme. Nous croyons que souvent le soupçon a été fondé. — On a beaucoup écrit sur les démoniaques, qui sont, disent les experts, plus ou moins tourmentés, suivant le cours de la lune. — L'historien Josèphe dit que ce ne sont pas les démons, mais les âmes des méchants, qui entrent dans les corps des possédés et les tourmentent. — On a vu des démoniaques à qui les diables arrachaient les ongles des pieds sans leur faire du mal. On en a vu marcher à quatre pattes, se traîner sur le dos, ramper sur le ventre, marcher sur la tête. Il y en eut qui se sentaient chatouiller les pieds sans savoir par qui; d'autres parlaient des langues qu'ils n'avaient jamais apprises, etc. — En l'an 1556, il se trouva à Amsterdam trente enfants démoniaques, que les exorcismes ordinaires ne purent délivrer; on publia qu'ils n'étaient en cet état que par maléfices et sortilèges; ils vomissaient des ferrements, des lopins de verre, des cheveux, des aiguilles et autres choses semblables. On conte qu'à Rome, dans un hôpital, soixante-dix filles devinrent folles ou démoniaques en une seule nuit; deux ans se passèrent sans qu'on les pût guérir. Cela peut être arrivé, dit Cardan, ou par le mauvais air du lieu, ou par la mauvaise eau, ou par la fourberie, ou par suite de mauvais déportements. — On croyait reconnaître autrefois qu'une personne était démoniaque à plusieurs signes: 1° les contorsions; 2° l'enflure du visage; 3° l'insensibilité et la ladrerie; 4° l'immobilité; 5° les clameurs du ventre; 6° le regard fixe; 7° des réponses en français à des mots latins; 8° les piqûres de lancette sans effusion de sang, etc. — Mais les saltimbanques et les grimaciers font des contorsions, sans pour cela être possédés du diable. L'enflure du visage, de la gorge, de la langue, est souvent causée par des vapeurs ou par la respiration retenue. L'insensibilité peut bien être la suite de quelque maladie, ou n'être que factice, si la personne insensible a beaucoup de force. Un jeune Lacédémonien se laissa ronger le foie par un renard qu'il venait de voler, sans donner le moindre signe de douleur; un enfant se laissa brûler la main dans un sacrifice que faisait Alexandre, sans faire aucun mouvement: du moins les historiens le disent. Ceux qui se faisaient fouetter devant l'autel de Diane ne fronçaient pas le sourcil). — L'immobilité est volontaire, aussi bien dans les gestes que dans les regards. On est libre de se mouvoir ou de ne se mouvoir pas, pour

---

[1] Pigray, Traité de chirurgie.

peu qu'on ait de fermeté dans les nerfs. Les *clameurs et jappements* que les possédés faisaient entendre dans leur ventre sont expliqués par nos ventriloques. — On attribuait aussi à la présence du diable les piqûres d'aiguille ou de lancette sans effusion de sang ; mais dans les mélancoliques, le sang, qui est épais et grossier, ne peut souvent sortir par une petite ouverture, et les médecins disent que certaines personnes piquées de la lancette ne saignent point. — On regardait encore comme possédés les gens d'un estomac faible, qui, ne digérant point, rendaient les choses telles qu'ils les avaient avalées. Les fous et les maniaques avaient la même réputation. Les symptômes de la manie sont si affreux [1], que nos ancêtres sont très-excusables de l'avoir mise sur le compte des esprits malins. — On a publié un traité sur les démoniaques intitulé : *Recherches sur ce qu'il faut entendre par les démoniaques dont il est parlé dans le Nouveau Testament*, par T. P. A. P. O. A. B. J. T. C. O. S., in-12, 1738.

Possédées de Flandre. — L'affaire des possédées de Flandre, au dix-septième siècle, a fait trop de bruit pour que nous puissions nous dispenser d'en parler. Leur histoire a été écrite en deux volumes in-8°, par les pères Domptius et Michaelis. — Ces possédées étaient trois femmes qu'on exorcisa à Douay. L'une était Didyme, qui répondait en vers et en prose, disait des mots latins et des mots hébreux, et faisait des impromptus. C'était une religieuse infectée d'hérésie et convaincue de mauvaises mœurs. La seconde était une fille, appelée Simone Dourlet, qui ne répugnait pas à passer pour sorcière. La troisième était Marie de Sains, qui allait au sabbat et prophétisait par l'esprit de Satan. La presse de temps a publié un factum curieux intitulé : *les Confessions de Didyme, sorcière pénitente, avec les choses qu'elle a déposées touchant la synagogue de Satan. Plus, les instances que cette complice (qui depuis est rechutée) a faites pour rendre nulles ses premières confessions : véritable récit de tout ce qui s'est passé en cette affaire*. Paris, 1623. — On voit, dans cette pièce, que « Didyme n'était pas en réputation de sainteté, mais suspecte au contraire à cause de ses mœurs fâcheuses. » On la reconnut possédée et sorcière ; on découvrit le 29 mars 1617 qu'elle avait sur le dos une marque faite par le diable. Elle confessa avoir été à la synagogue (c'est ainsi qu'elle nommait le sabbat), y avoir eu commerce avec le diable et y avoir reçu ses marques. Elle s'accusa d'avoir fait des maléfices, d'avoir reçu du diable des poudres pour nuire, et de les avoir employées avec certaine formule de paroles terribles. Elle avait, disait-elle, un démon familier de l'ordre de Belzébuth. Elle dit encore qu'elle avait entrepris d'ôter la dévotion à sa communauté pour la perdre ; que, pour elle, elle avait mieux aimé le diable que son Dieu. Elle avait renoncé à Dieu, livrant corps et âme au démon ; ce qu'elle avait confirmé en donnant au diable quatre épingles ; convention qu'elle avait signée de son sang, tiré de sa veine avec une petite lancette que le diable lui avait fournie. Elle se confessa encore de plusieurs abominations, et dit qu'elle avait entendu parler au sabbat d'un certain grand miracle par lequel Dieu exterminera la synagogue ; et alors ce sera fait de Belzébuth qui sera plus puni que les autres. Elle parla de grands combats que lui livraient le diable et la princesse des enfers pour empêcher sa confession. Puis elle désavoua tout ce qu'elle avait confessé, s'écriant que le diable la perdait. Était-ce folie ? dans tous les cas cette folie était affreuse. — Marie de Sains disait de son côté qu'elle s'était aussi donnée au diable, qu'elle avait assisté au sabbat, qu'elle y avait adoré le diable, une chandelle noire à la main. Elle prétendit que l'Antechrist était venu, et elle expliquait l'Apocalypse. — Simone Dourlet avait aussi fréquenté le sabbat. Mais comme elle témoignait du repentir, on la mit en liberté, car elle était arrêtée comme sorcière. Un jeune homme de Valenciennes, de ces jeunes gens dont la race n'est pas perdue, pour qui le scandale est un attrait, s'éprit alors de Simone Dourlet et voulut l'épouser. L'ex-sorcière y consentit. Mais le comte d'Estaires la fit remettre en prison, où elle fut retenue long-temps avec Marie de Sains. Didyme fut brûlée. *Voy.* SABBAT.

Postel (GUILLAUME), visionnaire du seizième siècle, né au diocèse d'Avranches. Il fut si précoce qu'à l'âge de quatorze ans on le fit maître d'école. Il ne devint absurde que dans l'âge mûr. On dit qu'une lecture trop approfondie des ouvrages des rabbins et la vivacité de son imagination le précipitèrent dans des écarts qui semèrent sa vie de trou-

---

[1] La manie universelle est le spectacle le plus hideux et le plus terrible qu'on puisse voir. Le maniaque a les yeux fixes, sanglants, tantôt hors de l'orbite, tantôt enfoncés, le visage rouge, les vaisseaux engorgés, les traits altérés, tout le corps en contraction ; il ne reconnaît plus ni amis, ni parents, ni enfants, ni épouse. Sombre, furieux, rêveur, cherchant la terre nue et l'obscurité, il s'irrite du contact de ses vêtements, qu'il déchire avec les ongles et les dents, même de celui de l'air et de la lumière, contre lesquels il s'épuise en sputations et en vociférations. La faim, la soif, le chaud, le froid, deviennent souvent, pour le maniaque, des sensations inconnues, d'autres fois exaltées. (Le docteur Fodéré, *Médecine légale*.)

bles, et lui causèrent de cuisants chagrins. Il crut qu'il était appelé par Dieu à réunir tous les hommes sous une même loi, par la parole ou par le glaive, voulant toutefois les soumettre à l'autorité du pape et du roi de France, à qui la monarchie universelle appartenait de droit, comme descendant en ligne directe du fils aîné de Noé. — S'étant donc fait nommer aumônier à l'hôpital de Venise, il se lia avec une femme timbrée, connue sous le nom de *mère Jeanne*, dont les visions achevèrent de lui tourner la tête. Postel se prétendit capable d'instruire et de convertir le monde entier. A la nouvelle des rêveries qu'il débitait il fut dénoncé comme hérétique ; mais on le mit hors de cause comme fou. Après avoir parcouru l'Orient et fait paraître plusieurs ouvrages dans lesquels il parle des visions de la *mère Jeanne*, il rentra dans de meilleurs sentiments, se retira au prieuré de Saint-Martin-des-Champs à Paris, et y mourut en chrétien à quatre-vingt-seize ans, le 6 septembre 1581. On lui attribue à tort le livre des *Trois imposteurs*. Voy. JEANNE.

Pot à beurre. — Un habile exorciste avait enfermé plusieurs démons dans un pot à beurre ; après sa mort, comme les démons faisaient du bruit dans le pot, les héritiers le cassèrent, persuadés qu'ils allaient y surprendre quelque trésor ; mais ils n'y trouvèrent que le diable assez mal logé. Il s'envola avec ses compagnons, et laissa le pot vide [1].

Pou d'argent. — C'est la décoration que le diable donne aux sorciers. Voy. SABBAT.

Poudot, — savetier de Toulouse, dans la maison duquel le diable se cacha en 1557. Le malin jetait des pierres qu'il tenait enfermées dans un coffre que l'on trouva fermé à clef, et que l'on enfonça ; mais, malgré qu'on le vidât, il se remplissait toujours. Cette circonstance fit beaucoup de bruit dans la ville, et le président de la cour de justice, M. Latomy, vint voir cette merveille. Le diable fit sauter son bonnet d'un coup de pierre au moment où il entrait dans la chambre où était ce coffre ; il s'enfuit effrayé, et on ne délogea qu'avec peine cet esprit, qui faisait des tours de physique amusante [2].

Poulets, — voy. AUGURES.

Pourang, — nom du premier homme, selon les Japonais, lequel sortit d'une citrouille échauffée par l'haleine d'un bœuf, après qu'il eut cassé l'œuf d'où le monde était issu.

[1] Legenda aurea Jac. de Voragine, leg. 88.
[2] M. Garinet, Hist. de la magie en France. p. 124.

Pou sha, — dieu de la porcelaine chez les Chinois. Des ouvriers, dit-on, ne pouvant exécuter un dessin donné par un empereur, l'un d'eux, nommé Pou-sha, dans un moment de désespoir, s'élança dans le fourneau tout ardent. Il fut à l'instant consumé, et la porcelaine prit la forme que souhaitait le prince. Ce malheureux acquit à ce prix l'honneur de présider, en qualité de dieu, aux ouvrages de porcelaine.

Poule noire. — C'est en sacrifiant une poule noire à minuit, dans un carrefour, qu'on engage le diable à venir faire pacte. Il faut prononcer une conjuration, ne se point retourner, faire un trou en terre, y répandre le sang de la poule et l'y enterrer. Le même jour, ou neuf jours après, le diable vient et donne de l'argent, ou bien il fait présent à celui qui a sacrifié d'une autre poule noire qui est une poule aux œufs d'or. Les doctes croient que ces sortes de poules, données par le diable, sont de vrais démons. Le juif Samuel Bernard, banquier de la cour de France, mort à quatre-vingt-dix ans en 1739, et dont on voyait la maison à la place des Victoires, à Paris, avait, disait-on, une poule noire qu'il soignait extrêmement ; il mourut peu de jours après sa poule, laissant trente-trois millions. — La superstition de la poule noire est encore très-répandue. On dit en Bretagne qu'on vend la poule noire au diable, qui l'achète à minuit, et paie le prix qu'on lui en demande [1]. — Il y a un mauvais et sot petit livre dont voici le titre : *la Poule noire* ou la poule aux œufs d'or, avec la science des talismans et des anneaux magiques, l'art de la nécromancie et de la cabale, pour conjurer les esprits infernaux, les sylphes, les ondins, les gnômes, acquérir la connaissance des sciences secrètes, découvrir les trésors et obtenir le pouvoir de commander à tous les êtres et déjouer tous les maléfices et sortilèges, etc. En Égypte, 740, 1 vol. in-18. — Ce n'est qu'un fatras niais et incompréhensible.

Poupart, — voy. APPARITIONS.

Pra-Ariaseria, — personnage fameux qui vivait dans le royaume de Siam, du temps de Sommona-Codom. Les Siamois en font un colosse de quarante brasses et demie de circonférence, et de trois brasses et demie de diamètre, ce qui paraît peu compréhensible. Il est vrai que nous ne savons pas quelle était sa forme.

Préadamites. — En 1655, Isaac de la Perreyre fit imprimer, en Hollande, un livre dans lequel il voulait établir qu'il y a eu des hommes avant Adam. Quoiqu'il n'eût pour appui que

[1] Cambry, Voyage dans le Finistère, t. III, p. 16.

les fables des Égyptiens et des Chaldéens, ce paradoxe eut un moment des sectateurs, comme en ont toutes les absurdités. Desmarais, qui professait à Groningue, le combattit, et plus tard l'auteur même se rétracta.

Précy, — *voy.* Rambouillet.

Prédictions. — Pompée, César et Crassus avaient été assurés par d'habiles astrologues qu'ils mourraient chez eux comblés de gloire, de biens et d'années, et tous trois périrent misérablement. Charles-Quint, François 1er et Henri VIII, tous trois contemporains, furent menacés de mort violente, et leur mort ne fut que naturelle. — Le grand seigneur Osman voulant déclarer la guerre à la Pologne en 1621, malgré les remontrances de ses ministres, un santon aborda le sultan et lui dit : « Dieu m'a révélé la nuit dernière dans une vision que, si Ta Hautesse va plus loin, elle est en danger de perdre son empire; ton épée ne peut cette année faire de mal à qui que ce soit — Voyons, dit Osman, si la prédiction est certaine; » et donnant son cimeterre à un janissaire, il lui commanda de couper la tête à ce prétendu prophète, ce qui fut exécuté sur-le-champ. — Cependant Osman réussit mal dans son entreprise contre la Pologne, et perdit, peu de temps après, la vie avec l'empire. — On cite encore le fait suivant, comme exemple de prédiction accomplie : — Un ancien coureur, nommé Languille, s'était retiré sur ses vieux jours à Aubagne près de Marseille. Il se prit de querelle avec le bedeau de la paroisse, qui était en même temps fossoyeur; cette dispute avait produit une haine si vive, que Languille avait signifié au bedeau qu'il ne mourrait jamais que par lui; de sorte que le pauvre bedeau effrayé l'évitait comme un ennemi formidable. — Peu de temps après, Languille mourut, âgé de soixante-quinze ans. Il logeait dans une espèce de chambre haute où l'on montait par un escalier étroit et très-roide. Quand il fut question de l'enterrer, le bedeau bien joyeux alla le chercher, et chargea sur ses épaules la bière dans laquelle était le corps de Languille, qui était devenu assez gros. Mais en le descendant d'un air triomphal, il fit un faux pas; glissa en avant; la bière tombant sur lui l'écrasa. Ainsi s'accomplit la menace de Languille, autrement sans doute qu'il ne l'avait entendu. — *Manière de prédire l'avenir.* — Qu'on brûle de la graine de lin, des racines de persil et de violette; qu'on se mette dans cette fumée, on prédira les choses futures [1]... *Voy.* Astrologie, etc.

Prélati, — charlatan de magie. *Voy.* Raiz.

Présages. — Cette faiblesse, qui consiste à regarder comme des indices de l'avenir les événements les plus simples et les plus naturels, est l'une des branches les plus considérables de la superstition. Il est à remarquer qu'on distinguait autrefois les présages des augures, en ce que ceux-ci s'entendaient des augures recherchés ou interprétés selon les règles de l'art augural, et que les présages qui s'offraient fortuitement étaient interprétés par chaque particulier d'une manière plus vague et plus arbitraire. — De nos jours on regarde comme d'un très-mauvais augure de déchirer trois fois ses manchettes; de trouver sur une table des couteaux en croix, d'y voir des salières renversées, etc. Quand nous rencontrons en chemin quelqu'un qui nous demande où nous allons, il faut retourner sur nos pas, de peur que mal ne nous arrive. — Si une personne à jeun raconte un mauvais songe à une personne qui ait déjeuné, le songe sera funeste à la première. Il sera funeste à la seconde, si elle est à jeun, et que la première ait déjeuné. Il sera funeste à toutes les deux, si toutes les deux sont à jeun. Il serait sans conséquence, si toutes les deux ont l'estomac garni. — Malheureux généralement qui rencontre le matin, ou un lièvre, ou un serpent, ou un lézard, ou un cerf, ou un chevreuil, ou un sanglier! Heureux qui rencontre un loup, une cigale, une chèvre, un crapaud! *Voy.* Araignée, Chasse, Pie, Hibou, etc., etc., etc. — Cécilia, femme de Métellus, consultait les dieux sur l'établissement de sa nièce, qui était nubile. Cette jeune fille, lasse de se tenir debout devant l'autel sans recevoir de réponse, pria sa tante de lui prêter la moitié de son siége. « De bon cœur, lui dit Cécilia, je vous cède même ma place tout entière. » Sa bonté lui inspira ces mots, qui furent pourtant, dit Valère-Maxime, un présage de ce qui devait arriver; car Cécilia mourut quelque temps après, et Métellus épousa sa nièce. — Lorsque Paul-Émile faisait la guerre au roi Persée, il lui arriva quelque chose de remarquable. Un jour, rentrant à sa maison, il embrassa, selon sa coutume, la plus jeune de ses filles, nommée Tertia, et la voyant plus triste qu'à l'ordinaire, il lui demanda le sujet de son chagrin. Cette petite fille lui répondit que Persée était mort (un petit chien que l'enfant nommait ainsi venait de mourir). Paul saisit le présage; et en effet, peu de temps après, il vainquit le roi Persée, et entra triomphant dans Rome [1].

---

[1] Wecker, des Secrets merveilleux.

[1] Valère Maxime.

— Un peu avant l'invasion des Espagnols au Mexique, on prit au lac de Mexico un oiseau de la forme d'une *grue*, qu'on porta à l'empereur Montézuma, comme une chose prodigieuse. Cet oiseau, dit le conte, avait au haut de la tête une espèce de miroir où Montézuma vit les cieux parsemés d'étoiles, de quoi il s'étonna grandement. Puis levant les yeux au ciel, et n'y voyant plus d'étoiles, il regarda une seconde fois dans le miroir, et aperçut un peuple qui venait de l'Orient, *armé, combattant et tuant*. Ses devins étant venus pour lui expliquer ce présage, l'oiseau disparut, les laissant en grand trouble. « C'était, à mon avis, dit Delancre, son mauvais démon qui venait lui annoncer sa fin, laquelle lui arriva bientôt. » — Dans le royaume de Loango en Afrique, on regarde comme le présage le plus funeste pour le roi que quelqu'un le voie boire et manger ; ainsi il est absolument seul et sans domestiques quand il prend ses repas. Les voyageurs, en parlant de cette superstition, rapportent un trait barbare d'un roi de Loango : Un de ses fils, âgé de huit ou neuf ans, étant entré imprudemment dans la salle où il mangeait, et dans le moment qu'il buvait, il se leva de table, appela le grand-prêtre, qui saisit cet enfant, le fit égorger, et frotta de son sang les bras du père, pour détourner les malheurs dont ce présage semblait le menacer. Un autre roi de Loango fit assommer un chien qu'il aimait beaucoup, et qui, l'ayant un jour suivi, avait assisté à son dîner [1]. — Les hurlements des bêtes sauvages, les cris des cerfs et des singes sont des présages sinistres pour les Siamois. S'ils rencontrent un serpent qui leur barre le chemin, c'est pour eux une raison suffisante de s'en retourner sur leurs pas, persuadés que l'affaire pour laquelle ils sont sortis ne peut pas réussir. La chute de quelque meuble que le hasard renverse est aussi d'un très-mauvais augure. Que le tonnerre vienne à tomber, par un effet naturel et commun, voilà de quoi gâter la meilleure affaire. Plusieurs poussent encore plus loin la superstition et l'extravagance. Dans une circonstance critique et embarrassante, ils prendront pour règle de leur conduite les premières paroles qui échapperont au hasard à un passant, et qu'ils interpréteront à leur manière. — Dans le royaume de Benin, en Afrique, on regarde comme un augure très-favorable qu'une femme accouche de deux enfants jumeaux : le roi ne manque pas d'être aussitôt informé de cette importante nouvelle, et l'on célèbre par des concerts et des festins un événement si heureux. Le même présage est regardé comme très-sinistre dans le village d'Arebo, quoiqu'il soit situé dans le même royaume de Benin.

Prescience, — connaissance certaine et infaillible de l'avenir. Elle n'appartient qu'à Dieu. Rappelons-nous ici la maxime d'Hervey : « Mortel, qui que tu sois, examine et pèse tant que tu voudras ; nul sur la terre ne sait quelle fin l'attend. »

Préservatifs, — *voy.* Amulettes, Cornes, Phylactères, Troupeaux, etc.

Pressentiment — Suétone assure que Calpurnie fut tourmentée de noirs pressentiments peu d'heures avant la mort de César. Mais que sont les pressentiments ? est-ce une voix secrète et intérieure ? est-ce une inspiration céleste ? est-ce la présence d'un génie invisible qui veille sur nos destinées ? Les anciens avaient fait du pressentiment une sorte de religion, et de nos jours on y ajoute foi. M. C. de R..., après s'être beaucoup amusé au bal de l'Opéra, mourut d'un coup de sang en rentrant chez lui. Madame de V., sa sœur, qui avait quitté assez tard, fut tourmentée toute la nuit de songes affreux qui lui représentaient son frère dans un grand danger, l'appelant à son secours. Souvent réveillée en sursaut, et dans des agitations continuelles, quoiqu'elle sût que son frère était au bal de l'Opéra, elle n'eut rien de plus pressé, dès que le jour parut, que de demander sa voiture et de courir chez l'objet de sa tendresse fraternelle. Elle arriva au moment que le suisse avait reçu ordre de ne laisser entrer personne, et de dire que M. C. de R.... avait besoin de repos. Elle s'en retourna consolée et riant de sa frayeur. Ce ne fut que dans l'après-midi qu'elle apprit que ses noirs pressentiments ne l'avaient point trompée. *Voy.* Songes.

Pressine, — *voy.* Mélusine

Prestantius, — *voy.* Extases.

Prestiges. — « Il y a eu de nos jours, dit Gaspard Peucer, en ses commentaires *de Divinatione*, une vierge bateleuse à Bologne, laquelle, pour l'excellence de son art, était fort renommée par toute l'Italie ; néanmoins elle ne sut, avec toute sa science, si bien prolonger sa vie qu'enfin, surprise de maladie, elle ne mourût. Quelque autre magicien, qui l'avait toujours accompagnée, sachant le profit qu'elle retirait de son art pendant sa vie, lui mit, par le secours des esprits, quelque charme ou poison sous les aisselles, de sorte qu'il semblait qu'elle eût vie, et commença à

---

[1] Saint-Foix, Essais historiques.

[1] Spectriana, p. 64.

se retrouver aux assemblées jouant de la harpe, chantant, sautant et dansant, comme elle avait accoutumé ; de sorte qu'elle ne différait d'une personne vivante que par sa couleur qui était excessivement pâle. Peu de jours après, il se trouva à Bologne un autre magicien, lequel, averti de l'excellence de l'art de cette fille, la voulut voir jouer comme les autres. Mais à peine l'eut-il vue, qu'il s'écria : « Que faites-vous ici, messieurs ? celle que vous voyez devant vos yeux, qui fait de si jolis soubresauts, n'est autre qu'une charogne morte ; » et à l'instant elle tomba morte à terre. Au moyen de quoi le prestige et l'enchanteur furent découverts. »

Prétextat, — *voy*. EXTASES. — Une jeune femme de la ville de Laon vit le diable sous la forme de son grand-père, puis sous celles d'une bête velue, d'un chat, d'un escarbot, d'une guêpe et d'une jeune fille [1]. *Voy*. APPARITIONS, ENCHANTEMENTS, SICIDITES, MÉTAMORPHOSES, CHARMES, etc.

Prêtres noirs. — C'est le nom que donnent les sorciers aux prêtres du sabbat.

Prières superstitieuses. — Nous empruntons à l'abbé Thiers et à quelques autres ces petits chefs-d'œuvre de niaiserie ou de naïveté. — *Pour le mal de dents* : Sainte Apolline qui est assise sur la pierre ; sainte Apolline, que faites-vous là ? — Je suis venue ici pour le mal de dents. Si c'est un ver, ça s'ôtera ; si c'est une goutte, ça s'en ira. — *Contre le tonnerre*. Sainte Barbe, sainte Fleur, la vraie croix de notre Seigneur ; partout où cette oraison se dira, jamais le tonnerre ne tombera. — *Pour toutes les blessures*. Dieu me bénisse et me guérisse, moi pauvre créature, de toute espèce de blessure, quelle qu'elle soit, en l'honneur de Dieu et de la Vierge Marie, et de messieurs saint Cosme et saint Damien. *Amen*. — *Pour les maladies des yeux*. Monsieur saint Jean passant par ici trouva trois vierges en son chemin. Il leur dit : Vierges, que faites-vous ici ? — Nous guérissons de la maille. — Oh ! guérissez, vierges, guérissez cet œil. — *Pour arrêter le sang du nez*. Jésus-Christ est né en Bethléem, et a souffert en Jérusalem. Son sang s'est troublé ; je le dis et te commande, sang, que tu t'arrêtes par la puissance de Dieu, par l'aide de saint Fiacre et de tous les saints, tout ainsi que le Jourdain, dans lequel saint Jean-Baptiste baptisa notre Seigneur, s'est arrêté. Au nom du Père et du Fils et du Saint-Esprit. *Voy*. ORAISON DU LOUP, GARDES, BARBE-A-DIEU, etc.

[1] Cornelii Gemmæ Cosmocriticæ, lib. II, cap. 2.

Prodige, — événement surprenant dont on ignore la cause, et que l'on est tenté de regarder comme surnaturel. C'est la définition de Bergier. Sous le consulat de Volumnius, on entendit parler un bœuf ; il tomba du ciel, en forme de pluie, des morceaux de chair, que les oiseaux dévorèrent en grande partie ; le reste fut quelques jours sur la terre sans rendre de mauvaise odeur. Dans d'autres temps, on rapporta des événements aussi extraordinaires, qui ont néanmoins trouvé créance parmi les hommes : un enfant de six mois cria victoire dans un marché de bœufs. Il plut des pierres à Picenne. Dans les Gaules, un loup s'approcha d'une sentinelle, lui tira l'épée du fourreau et l'emporta. Il parut en Sicile une sueur de sang sur deux boucliers ; et, pendant la seconde guerre punique, un taureau dit en présence de Cneus Domitius : *Rome, prends garde à toi* [1] ! Dans la ville de Galène, sous le consulat de Lépide, on entendit parler un coq d'Inde, qui ne s'appelait pas alors un coq d'Inde ; car c'était une pintade. Voilà des prodiges. — Delancre parle d'un sorcier qui, de son temps, sauta du haut d'une montagne sur un rocher éloigné de deux lieues. Quel saut !... — Un homme ayant bu du lait, Schenkius dit qu'il vomit deux petits chiens blancs aveugles. — Vers la fin du mois d'août 1682, on montrait à Charenton une fille qui vomissait des chenilles, des limaçons, des araignées et beaucoup d'autres insectes. Les docteurs de Paris étaient émerveillés. Le fait semblait constant. Ce n'était pas en secret, c'était devant des assemblées nombreuses que ces singuliers vomissements avaient lieu ; déjà on préparait de toutes parts des dissertations pour expliquer ce phénomène, lorsque le lieutenant criminel entreprit de s'immiscer dans l'affaire. Il interrogea la maléficiée, lui fit peur du fouet et du carcan, et elle avoua que depuis sept ou huit mois elle s'était accoutumée à avaler des chenilles, des araignées et des insectes ; qu'elle désirait depuis long-temps avaler des crapauds, mais qu'elle n'avait pu s'en procurer d'assez petits [2]. On a pu lire il y a vingt ans un fait pareil rapporté dans les journaux. Une femme vomissait des grenouilles et des crapauds ; un médecin peu crédule, appelé pour vérifier le fait, pressa de questions la malade, et parvint à lui faire avouer qu'elle avait eu recours à cette jonglerie pour gagner un peu d'argent [3].

[1] Valère Maxime.
[2] Dict. des merveilles de la nature, article *Estomac*.
[3] M. Salgues, Des erreurs et des préjugés, t. II, p. 94.

Prométhée. — Atlas et Prométhée, tous deux grands astrologues, vivaient du temps de Joseph. Quand Jupiter délivra Prométhée de l'aigle ou du vautour qui devait lui dévorer les entrailles pendant trente mille ans, le dieu, qui avait juré de ne le point détacher du Caucase, ne voulut pas fausser son serment, et lui ordonna de porter à son doigt un anneau où serait enchâssé un fragment de ce rocher. C'est là, selon Pline, l'origine des bagues enchantées.

Pronostics populaires. — Quand les chênes portent beaucoup de glands, ils pronostiquent un hiver long et rigoureux. — Tel vendredi, tel dimanche. Le peuple croit qu'un vendredi pluvieux ne peut être suivi d'un dimanche serein. Racine a dit au contraire :

> Ma foi sur l'avenir bien fou qui se fiera,
> Tel qui rit vendredi, dimanche pleurera.

Si la huppe chante avant que les vignes ne germent, c'est un signe d'abondance de vin :

> De saint Paul la claire journée
> Nous dénote une bonne année.
> Si l'on voit épais les brouillards,
> Mortalité de toutes parts.
> S'il fait vent, nous aurons la guerre ;
> S'il neige ou pleut, cherté sur terre ;
> Si beaucoup d'eau tombe en ce mois,
> Lors peu de vin croître tu vois.

Des étoiles en plein jour pronostiquent des incendies et des guerres. Sous le règne de Constance, il y eut un jour de ténèbres pendant lequel on vit les étoiles ; le soleil à son lever était aussi pâle que la lune : *ce qui présageait la famine et la peste.*

> Du jour de saint Médard, en juin,
> Le laboureur se donne soin ;
> Car les anciens disent, s'il pleut,
> Que trente jours durer il peut.
> Et s'il fait beau, sois tout certain
> D'avoir abondamment du grain.

Les tonnerres du soir amènent un orage ; les tonnerres du matin promettent des vents ; ceux qu'on entend vers midi annoncent la pluie. Les pluies de pierres pronostiquent des charges et des surcroîts d'impôts.

> Quiconque en août dormira
> Sur midi, s'en repentira.
> Bref en tous temps je te prédi
> Qu'il ne faut dormir à midi.

Trois soleils pronostiquent un triumvirat. On vit trois soleils, dit Cardan, après la mort de Jules César ; la même chose eut lieu un peu avant le règne de François Ier, Charles-Quint et Henri VIII. — Si le soleil luit avant la messe le jour de la Chandeleur, c'est un signe que l'hiver sera encore bien long. — Qui se couche avec les chiens se lève avec les puces.

Prophètes. — Les Turcs en reconnaissent plus de cent quarante mille ; les seuls que nous devions révérer comme vrais prophètes sont ceux des saintes Écritures. — Toutes les fausses religions en ont eu de faux comme elles.

Prophéties, — *voy.* PRÉDICTIONS, SIBYLLES, DEVINS, etc.

Proserpine, — épouse de Pluton selon les païens, et reine de l'empire infernal. Selon les démonomanes, Proserpine est archiduchesse et souveraine princesse des esprits malins. Son nom vient de *proserpere*, ramper, serpenter ; les interprètes voient en elle le serpent funeste.

Prostrophies, — esprits malfaisants qu'il fallait supplier avec ferveur, chez les anciens, pour éviter leur colère.

Pruflas ou **Busas**, — grand prince et grand-duc de l'empire infernal. Il régna dans Babylone, quoiqu'il eût la tête d'un hibou. Il excite les discordes, allume les guerres, les querelles, et réduit à la mendicité ; il répond avec profusion à tout ce qu'on lui demande, il a vingt-six légions sous ses ordres [1].

Pséphos, — sorte de divination où l'on faisait usage de petits cailloux, qu'on cachait dans du sable.

Psychomancie, — divination par les esprits, ou art d'évoquer les morts. *Voy.* NÉCROMANCIE.

Psylles, — peuples de Libye, dont la présence seule charmait le poison le plus subtil des serpents les plus redoutables. Ils prétendaient aussi guérir la morsure des serpents avec leur salive ou par leur simple attouchement. Hérodote prétend que les anciens Psylles périrent dans la guerre insensée qu'ils entreprirent contre le vent du midi, indignés qu'ils étaient de voir leurs sources desséchées.

Psylotoxotes, — peuple imaginaire de Lucien. Ils étaient montés sur des puces grosses comme des éléphants.

Publius, — *voy.* TÊTE.

Pucel, — grand et puissant duc de l'enfer ; il paraît sous la forme d'un ange obscur ; il répond sur les sciences occultes ; il apprend la géométrie et les arts libéraux ; il cause de grands bruits et fait entendre le mugissement des eaux dans les lieux où il n'y en a pas. Il commande quarante-huit légions [2]. Il pourrait bien être le même que Pocel.

Pucelle d'Orléans, — *voy.* JEANNE D'ARC.

---

[1] Wierus, in Pseudomonarchiâ dœm.
[2] Wierus, in Pseudomon. dœm.

Puces. — L'abbé Thiers, parmi les superstitions qu'il a recueillies, rapporte celle-ci : qu'on peut se prémunir contre la piqûre des puces, en disant : *Och, och*.

Punaises. — Si on les boit avec du bon vinaigre, elles font sortir du corps les sangsues que l'on a avalées, sans y prendre garde, en buvant de l'eau de marais [1].

Purgatoire. — Les juifs reconnaissent une sorte de purgatoire qui dure pendant toute la première année qui suit la mort de la personne décédée. L'âme, pendant ces douze mois, a la liberté de venir visiter son corps et revoir les lieux et les personnes pour lesquels elle a eu pendant la vie quelque affection particulière. Le jour du sabbat est pour elle un jour de relâche. — Les Kalmoucks croient que les Berrids, qui sont les habitants de leur purgatoire, ressemblent à des tisons ardents et souffrent surtout de la faim et de la soif. Veulent-ils boire, à l'instant ils se voient environnés de sabres, de lances, de couteaux ; à l'aspect des aliments, leur bouche se rétrécit comme un trou d'aiguille, leur gosier ne conserve que le diamètre d'un fil, et leur ventre s'élargit et se déploie sur leurs cuisses comme un paquet d'allumettes. Leur nourriture ordinaire se compose d'étincelles. — Ceux qui ont dit que le purgatoire n'est séparé de l'enfer que par une grande toile d'araignée, ou par des murs de papier, qui en forment l'enceinte et la voûte, ont dit des choses que les vivants ne savent pas. Le purgatoire, que rejettent les protestants, est pourtant indiqué suffisamment dans l'Évangile même. Jésus-Christ parle (saint Matthieu, ch. XII) de péchés qui ne sont remis ni dans le siècle présent, ni dans le siècle futur. Quel est ce siècle futur où les péchés ne peuvent être remis? *Voy.* dans le Dictionnaire de théologie de Bergier l'article *Purgatoire*. *Voy.* ENFER dans ce Dictionnaire.

Purrikeh, — épreuve par le moyen de l'eau et du feu, en usage chez les Indiens pour découvrir les choses cachées.

Pursan ou **Curson,** — grand roi de l'enfer. Il apparaît sous la forme humaine avec une tête de lion ; il porte une couleuvre toujours furieuse ; il est monté sur un ours et précédé continuellement du son de la trompette ; il connaît à fond le présent, le passé, l'avenir, découvre les choses enfouies comme les trésors. S'il prend la forme d'un homme, il est aérien ; il est le père des bons esprits familiers. Vingt-deux légions reçoivent ses ordres [2].

[1] Albert-le-Grand, p. 187.
[2] Wierus, Pseudom. dæm.

Putéorites, — secte juive dont la superstition consistait à rendre des honneurs particuliers aux puits et aux fontaines.

Pygmées, — peuple fabuleux qu'on disait avoir existé en Thrace. C'étaient des hommes qui n'avaient qu'une coudée de haut ; leurs femmes accouchaient à trois ans et étaient vieilles à huit. Leurs villes et leurs maisons n'étaient bâties que de coquilles d'œufs : à la campagne ils se retiraient dans des trous qu'ils faisaient sous terre. Ils coupaient leurs blés avec des cognées, comme s'il eût été question d'abattre une forêt. Une armée de ces petits hommes attaqua Hercule, qui s'était endormi après la défaite du géant Antée, et prit pour le vaincre les mêmes précautions qu'on prendrait pour former un siège. Les deux ailes de cette petite armée fondent sur la main du héros ; et, pendant que le corps de bataille s'attache à la gauche, et que les archers tiennent ses pieds assiégés, la reine, avec ses plus braves sujets, livre un assaut à la tête. Hercule se réveille, et riant du projet de cette fourmilière, les enveloppe tous dans sa peau de lion et les porte à Eurysthée. — Les Pygmées avaient guerre permanente contre les grues, qui tous les ans venaient de la Scythie les attaquer. Montés sur des perdrix, ou, selon d'autres, sur des chèvres et des béliers d'une taille proportionnée à la leur, ils s'armaient de toutes pièces pour aller combattre leurs ennemis. — Près du château de Morlaix, en Bretagne, il existe, dit-on, de petits hommes d'un pied de haut, vivant sous terre, marchant et frappant sur des bassins. Ils étalent leur or et le font sécher au soleil. L'homme qui tend la main modestement reçoit deux poignées de ce métal ; celui qui vient avec un sac, dans l'intention de le remplir, est éconduit et maltraité : leçon de modération qui tient à des temps reculés [1]. *Voy.* NAINS, GNOMES, etc.

Pyramides. — Les Arabes prétendent que les pyramides ont été bâties long-temps avant le déluge par une nation de géants. Chacun d'eux apportait sous son bras une pierre de vingt-cinq francs.

Pyromancie, — divination par le feu. On jetait dans le feu quelques poignées de poix broyée ; et, si elle s'allumait promptement, on en tirait un bon augure. Ou bien on brûlait une victime, et on prédisait l'avenir sur la couleur et la figure de la flamme. Les démonomanes regardent le devin Amphiaraüs comme l'inventeur de cette divination. — Il y avait à Athènes un temple de Minerve Po-

[1] Cambry, Voyage dans le Finistère, en 1794.

liade où se trouvaient des vierges occupées à examiner les mouvements de la flamme d'une lampe continuellement allumée. Delrio rapporte que de son temps les Lithuaniens pratiquaient une espèce de pyromancie, qui consistait à mettre un malade devant un grand feu ; et, si l'ombre formée par le corps était droite et directement opposée au feu, c'était signe de guérison ; si l'ombre était de côté, c'était signe de mort.

Pyrrhus. — Il avait forcé les habitants de Locres à remettre entre ses mains les trésors de Proserpine. Il chargea ses vaisseaux de ce butin sacrilège et mit à la voile ; mais il fut surpris d'une tempête si furieuse qu'il échoua sur la côte voisine du temple. On retrouva sur le rivage tout l'argent qui avait été enlevé, et on le remit dans le dépôt sacré [1].

Pythagore, — fils d'un sculpteur de Samos. Il voyagea pour s'instruire : les prêtres d'Égypte l'initièrent à leurs mystères, les mages de Chaldée lui communiquèrent leurs sciences ; les sages de Crète, leurs lumières. Il rapporta dans Samos tout ce que les peuples les plus instruits possédaient de sagesse et de connaissances utiles ; mais, trouvant sa patrie sous le joug du tyran Polycrate, il passa à Crotone, où il éleva une école de philosophie dans la maison du fameux athlète Milon. C'était sous le règne de Tarquin-le-Superbe. Il enseignait la morale, l'arithmétique, la géométrie et la musique. On le fait inventeur de la métempsycose. — Il paraît que, pour étendre l'empire qu'il exerçait sur les esprits, il ne dédaigna pas d'ajouter le secours des prestiges aux avantages que lui donnaient ses connaissances et ses lumières. Porphyre et Jamblique lui attribuent des prodiges ; il se faisait entendre et obéir des bêtes mêmes. Une ourse faisait de grands ravages dans le pays des Dauniens ; il lui ordonna de se retirer : elle disparut. Il se montra avec une cuisse d'or aux jeux olympiques ; il se fit saluer par le fleuve Nessus ; il arrêta le vol d'un aigle ; il fit mourir un serpent ; il se fit voir, le même jour et à la même heure, à Crotone et à Métaponte. — Il vit un jour, à Tarente, un bœuf qui broutait un champ de fèves ; il lui dit à l'oreille quelques paroles mystérieuses, qui le firent cesser pour toujours de manger des fèves [1]. On n'appelait plus ce bœuf que le bœuf sacré, et dans sa vieillesse il ne se nourrissait que de ce que les passants lui donnaient. Enfin, Pythagore prédisait l'avenir et les tremblements de terre avec une adresse merveilleuse ; il apaisait les tempêtes, dissipait la peste, guérissait les maladies d'un seul mot ou par l'attouchement. Il fit un voyage aux enfers, où il vit l'âme d'Hésiode attachée avec des chaînes à une colonne d'airain, et celle d'Homère pendue à un arbre au milieu d'une légion de serpents, pour toutes les fictions injurieuses à la divinité dont leurs poèmes sont remplis. — Pythagore intéressa les femmes au succès de ses visions, en assurant qu'il avait vu dans les enfers beaucoup de maris très-rigoureusement punis pour avoir maltraité leurs femmes, et que c'était le genre de coupables le moins ménagé dans l'autre vie. Les femmes furent contentes, les maris eurent peur ; et tout fut reçu. Il y eut encore une circonstance qui réussit merveilleusement ; c'est que Pythagore, au moment de son retour des enfers, et portant encore sur le visage la pâleur et l'effroi qu'avait dû lui causer la vue de tant de supplices, savait parfaitement tout ce qui était arrivé sur la terre pendant son absence.

Pythons. — Les Grecs nommaient ainsi, du nom d'Apollon Pythien, les esprits qui aidaient à prédire les choses futures, et les personnes qui en étaient possédées. La Vulgate se sert souvent de ce terme pour exprimer les devins, les magiciens, les nécromanciens. La sorcière, qui fit apparaître devant Saül l'ombre de Samuel, est appelée la pythonisse d'Endor. On dit aussi esprit de Python pour esprit de devin. Les prêtresses de Delphes s'appelaient Pythonisses ou Pythées. — Python, dans la mythologie grecque, est un serpent qui naquit du limon de la terre après le déluge. Il fut tué par Apollon, pour cela surnommé Pythien.

[1] Les Pythagoriciens respectaient tellement les fèves, que non-seulement ils n'en mangeaient point, mais même il ne leur était pas permis de passer dans un champ de fèves, de peur d'écraser quelque parent dont elles pouvaient loger l'âme.

[1] Valère Maxime.

Queiran (ISAAC), — sorcier de Nérac, arrêté à Bordeaux, où il était domestique, à l'âge de vingt-cinq ans. Interrogé comment il avait appris le métier de sorcier, il avoua qu'à l'âge de dix ou douze ans, étant au service d'un habitant de la bastide d'Armagnac, un jour qu'il allait chercher du feu chez une vieille voisine, elle lui dit de se bien garder de renverser deux pots qui étaient devant la cheminée; ils étaient pleins de poison que Satan lui avait ordonné de faire. Cette circonstance ayant piqué sa curiosité, après plusieurs questions, la vieille lui demanda s'il voulait voir le grand-maître des sabbats et son assemblée. Elle le suborna de sorte qu'après l'avoir oint d'une graisse dont il n'a pas vu la couleur ni senti l'odeur, il fut enlevé et porté dans les airs jusqu'au lieu où se tenait le sabbat; des hommes et des femmes y criaient et dansaient; ce qui l'ayant épouvanté, il s'en retourna. Le lendemain, passant par la métairie de son maître, un grand homme noir se présenta à lui, et lui demanda pourquoi il avait quitté l'assemblée où il avait promis à la vieille de rester. S'étant excusé sur ce qu'il n'y avait rien à faire, il voulut continuer son chemin; mais l'homme noir lui déchargea un coup de gaule sur l'épaule, en lui disant: «Demeure, je te baillerai bien chose qui t'y fera venir.» Ce coup lui fit mal pendant deux jours, et il s'aperçut que ce grand homme noir l'avait marqué sur le bras auprès de la main; la peau paraissait noire et tannée. — Un autre jour passant sur le pont de la rivière qui est près de la bastide, le même homme noir lui apparut de nouveau, lui demanda s'il se ressouvenait des coups qu'il lui avait donnés, et s'il voulait le suivre; il refusa. Le diable, l'ayant chargé sur son cou, voulut le noyer; mais le pauvre garçon cria si fort que les gens d'un moulin qui était près de là étant accourus, le vilain noir fut obligé de fuir. — Enfin le diable l'enleva un soir dans une vigne qui appartenait à son maître, et le conduisit au sabbat, où il dansa et mangea comme les autres. Un petit démon frappait sur un tambour. Le diable, ayant entendu les coqs chanter, renvoya tout son monde. — Interrogé s'il n'avait pas fait quelques maléfices, il répondit qu'il avait maléficié un enfant dans la maison où il avait servi; qu'il lui avait mis dans la bouche une boulette que le diable lui avait donnée, laquelle rendit cet enfant muet pendant trois mois. Après avoir été entendu en la chambre de la Tournelle, où il fut reconnu pour un bandit qui faisait l'ingénu, Queiran fut condamné au supplice le 8 mai 1609 [1].

Question, — *voy.* INSENSIBILITÉ.

Queys, — mauvais génies chez les Chinois.

Quintillianistes. — Une femme de la secte des caïnistes, nommée Quintille, vint en Afrique du temps de Tertullien et y pervertit plusieurs personnes. On appela quintillianistes les abominables sectateurs qu'elle forma. Il paraît qu'elle ajoutait encore d'horribles pratiques aux infamies des caïnites. *Voy.* CAÏN.

Quirim, — pierre merveilleuse qui, suivant les démonographes, placée sur la tête d'un homme durant son sommeil, lui fait dire tout ce qu'il a dans l'esprit. On l'appelle aussi *pierre des traîtres*.

[1] Delancre, Tableau de l'inconstance des dém., etc., p. 146 et suivantes.

Rabbats, — lutins qui font du vacarme dans les maisons et empêchent les gens de dormir. On les nomme rabbats parce qu'ils portent une bavette à leur cravate, comme les gens qu'on appelle en Hollande consolateurs des malades.

Rabbins, — docteurs juifs, qui furent longtemps soupçonnés d'être magiciens et d'avoir commerce avec les démons [1].

Rabdomancie, — divination par les bâ-

[1] Leloyer, Hist. des spectres ou apparit. des esprits, p. 291.

tons. C'est une des plus anciennes superstitions. Ézéchiel et Osée reprochent aux juifs de s'y laisser tromper. On dépouillait d'un côté et dans toute sa longueur une baguette choisie, on la jetait en l'air ; si en retombant elle présentait la partie dépouillée, et qu'en la jetant une seconde fois elle présentât le côté revêtu de l'écorce, on en tirait un heureux présage ; si au contraire, elle tombait une seconde fois du côté pelé, c'était un augure fâcheux. Cette divination était connue chez les Perses, chez les Tartares et chez les Romains. — La baguette divinatoire, qui a fait grand bruit sur la fin du dix-septième siècle, tient à la rabdomancie. Voy. BAGUETTE. Bodin dit qu'une sorte de rabdomancie était de son temps en vigueur à Toulouse ; qu'on marmottait quelques paroles ; qu'on faisait baiser les deux parties d'un bâton fendu, et qu'on en prenait deux parcelles qu'on pendait au cou pour guérir la fièvre quarte.

Rachaders, — génies malfaisants des Indiens.

Radcliffe (ANNE), Anglaise qui publia, il y a quarante ans, des romans pleins de visions, de spectres et de terreurs, comme les *Mystères d'Udolphe*, etc.

Ragalomancie, — divination qui se faisait avec des bassinets, des osselets, de petites balles, des tablettes peintes, et que nul auteur n'a pu expliquer [1].

Rage. — Pour être guéri de la rage, des écrivains superstitieux donnent ce conseil : On mangera une pomme ou un morceau de pain dans lequel on enfermera ces mots : *Zioni*, *Kirioni*, *Ezzeza*, etc. ; ou bien on brûlera les poils d'un chien enragé, on en boira la cendre dans du vin, et on guérira [2]. Voy. IMAGINATION.

Raginis, — espèce de fées chez les Kalmouks. Elles habitent le séjour de la joie, d'où elles s'échappent quelquefois pour venir au secours des malheureux. Mais elles ne sont pas toutes bonnes ; c'est comme chez nous.

Rahouart, — démon que nous ne connaissons pas. Dans la *Moralité* du mauvais riche et du ladre, imprimée à Rouen, sans date, chez Durzel, et jouée à la fin du quinzième siècle, Satan a pour compagnon le démon Rahouart. C'est dans la hotte de Rahouart qu'ils emportent l'âme du mauvais riche quand il est mort.

[1] Delancre, Incrédulité et mécréance du sortilége pleinement convaincues, p. 278.
[2] Lemnius.

Raiz (GILLES DE LAVAL DE), maréchal de France, qui fut exécuté comme convaincu de sorcellerie et d'abominations au quinzième siècle. Après avoir vainement cherché à faire de l'or par les secrets de l'alchimie, il voulut commercer avec le diable. Deux charlatans abusèrent de sa crédulité ; l'un se disait médecin du Poitou, l'autre était Italien. Le prétendu médecin lui vola son argent et disparut. Prélati était de Florence ; il fut présenté au maréchal comme magicien et habile chimiste. Prélati n'était ni l'un ni l'autre ; c'était un adroit fripon qui s'entendait avec Sillé, l'homme d'affaires du maréchal. — Prélati fit une évocation; Sillé, habillé en diable, se présenta avec d'horribles grimaces. Le maréchal voulait avoir une conversation, mais Sillé n'osait parler ; Prélati, pour trouver du temps, imagina de faire signer un pacte au seigneur de Raiz, par lequel il promettait au diable de lui donner tout ce qu'il lui demanderait, excepté son âme et sa vie. Il s'engageait dans cet écrit, signé de son sang, à faire des encensements et des offrandes en l'honneur du diable, et à lui offrir en sacrifice le cœur, une main, les yeux et le sang d'un enfant. — Le jour choisi pour l'évocation, le maréchal se rendit au lieu désigné, marmottant des formules, craignant et espérant de voir le diable. Prélati se fatigua vainement : le maréchal, malgré sa bonne volonté, ne vit rien du tout. Il paraîtrait assez, par ce que dit Lobineau, que le maréchal était devenu fou. Gilles de Raiz s'abandonnait aux plus infâmes débauches ; et, par un dérèglement inconcevable, les victimes de ses affreuses passions n'avaient de charmes pour lui que dans le moment qu'elles expiraient. Cet homme effroyable se divertissait aux mouvements convulsifs que donnaient à ces malheureux les approches de la mort, qu'il leur faisait lui-même souffrir de sa propre main. Par les procès-verbaux qui furent dressés et par sa propre confession, le nombre des enfants qu'il fit mourir dans les châteaux de Machecou et de Chantocé se montait à plus de cent, sans compter ceux qu'il avait immolés à Nantes, à Vannes et ailleurs. — Sa hideuse folie est d'autant plus constatée qu'il sortit un jour de son château pour aller voler des enfants à Nantes, au lieu de prendre le chemin de Jérusalem, comme il l'avait annoncé. — Sur le cri public, le duc Jean V le fit prisonnier ; les juges de l'Église se disposèrent à le juger comme hérétique et sorcier. Le parlement de Bretagne le décréta de prise de corps comme homicide. Il parut devant un tribunal composé de laïques et d'ecclésiastiques ; il injuria ces derniers, voulut décliner leur juridiction : « J'aimerais mieux être pendu par le cou, leur disait-il, que de vous répondre. » — Mais la crainte d'être appliqué à la torture le fit tout confesser devant l'évêque de Saint-Brieuc et le président Pierre de l'Hôpital. Le président le pressa de dire par quel motif il avait fait périr tant d'innocents, et brûlé ensuite leurs corps ; le maréchal impatienté lui dit : « Hélas ! monseigneur, vous vous tourmentez, et moi avec ; je vous en ai dit assez pour faire mourir dix mille hommes » — Le lendemain le maréchal en audience publique réitéra ses aveux. Il fut condamné à être brûlé vif, le 25 octobre 1440. L'arrêt fut exécuté dans le pré de la Madeleine, près Nantes [1].

Ralde (MARIE DE LA), — sorcière qu'on arrêta à l'âge de dix-huit ans, au commencement du dix-septième siècle. Elle avait commencé le métier à dix ans, conduite au sabbat pour la première fois par la sorcière Marissane. Après la mort de cette femme, le diable la mena lui-même à son assemblée, où elle avoua qu'il se tenait en forme de tronc d'arbre. Il semblait être dans une chaire, et avait quelque ombre humaine *fort ténébreuse*. Cependant elle l'a vu sous la figure d'un homme ordinaire, tantôt rouge, tantôt noir ; il s'approchait souvent des enfants, tenant un fer chaud à la main ; mais elle ignore s'il les marquait. Elle n'avait jamais baisé le diable ; mais elle avait vu comment on s'y prenait : le diable présentait sa figure ou son derrière, *le tout à sa discrétion et comme il lui plaisait*. Elle ajouta qu'elle aimait tellement le sabbat, qu'il lui semblait aller à la noce, « non pas tant par la liberté et licence qu'on y a, mais parce que le diable tenait tellement liés leur cœur et leurs volontés, qu'à peine y laissait-il entrer nul autre désir. » En outre, les sorcières y entendaient une musique harmonieuse, et le diable leur persuadait que l'enfer n'est qu'une *niaiserie*, que le feu qui brûle continuellement n'était qu'artificiel. Elle dit encore qu'elle ne croyait pas faire mal d'aller au sabbat, et que même elle avait bien du plaisir à la célébration de la messe où s'y disait, où le diable se faisait passer pour le vrai Dieu. Cependant elle voyait à l'élévation l'hostie noire [2]. Il ne paraît pas qu'elle ait été brûlée, mais on ignore ce que les tribunaux en firent.

Raleigh (WALTER), — courtisan célèbre de la reine Élisabeth. Il se vante d'avoir vu dans l'Amérique du sud, des sauvages trois fois aussi grands que les hommes ordinaires, des cyclopes qui avaient les yeux aux épaules, la bouche sur la poitrine et la chevelure au milieu du dos.

Rambouillet. — Le marquis de Rambouillet et le marquis de Précy, tous deux âgés de vingt-cinq à trente ans, étaient intimes amis. Un jour qu'ils s'entretenaient des affaires de l'autre monde, après plusieurs discours qui témoignaient assez qu'ils n'étaient pas trop persuadés de tout ce qui s'en dit, ils se promirent l'un à l'autre que le premier qui mourrait en viendrait apporter des nouvelles à son compagnon. — Au bout de trois mois, le marquis de Rambouillet partit pour la Flandre, où Louis XIV faisait alors la guerre ; le marquis de Précy, arrêté par une grosse fièvre, demeura à Paris. Six semaines après, Précy entendit, sur les six heures du matin, tirer les rideaux de son lit ; et, se tournant pour voir qui c'était, il aperçut le marquis de Rambouillet, en buffle et en bottes. Il sortit de son lit, voulant sauter à son cou et lui témoigner la joie qu'il avait de son retour ; mais Rambouillet, reculant de quelques pas, lui dit que ces caresses n'étaient plus de saison, qu'il ne venait que pour s'acquitter de la parole qu'il lui avait donnée ; qu'il avait été tué la veille ; que tout ce que l'on disait de l'autre monde était très-certain ; qu'il devait songer à vivre d'une autre manière, et qu'il n'avait pas de temps à perdre, parce qu'il serait tué lui-même dans la première affaire où il se trouverait. — On ne peut exprimer la surprise où fut le marquis de Précy à ce discours. Ne pouvant croire ce qu'il entendait, il fit de nouveaux efforts pour embrasser son ami, qu'il croyait le vouloir abuser ; mais il n'embrassa que du vent ; et Rambouillet, voyant qu'il était incrédule, lui montra l'endroit où il avait reçu le coup, qui était dans les reins, d'où le sang paraissait encore couler. Après cela, le fantôme disparut, laissant Précy dans une frayeur plus aisée à comprendre qu'à décrire. Il appela son valet de chambre, et réveilla toute la maison par ses cris. Plusieurs personnes accoururent, à qui il conta ce qu'il venait de voir : tout le monde attribua cette vision à l'ardeur de la fièvre qui pouvait altérer son imagination ; on le pria de se recoucher, lui remontrant qu'il fallait qu'il eût rêvé ce qu'il disait. Le marquis, au désespoir de voir qu'on le prît pour un visionnaire, répéta toutes les circonstances qu'on vient de lire ; mais il eut beau protester qu'il avait vu et entendu son ami, on demeura toujours dans

---

[1] M. Garinet, Hist. de la magie en France, p. 103.
[2] Delancre, Tableau de l'inconstance des dém., etc., liv. II, p. 127.

la même pensée, jusqu'à ce que la poste de Flandres, par laquelle on apprit la mort du marquis de Rambouillet, fût arrivée. Cette première circonstance s'étant trouvée véritable, et de la manière que l'avait dit Précy, ceux à qui il avait conté l'aventure commencèrent à s'étonner; Rambouillet ayant été tué précisément la veille du jour qu'il avait dit, il était impossible qu'il l'eût appris naturellement. — Dans la suite, Précy, ayant voulu aller, pendant les guerres civiles, au combat de Saint-Antoine, y fut tué.....

Raollet (JACQUES), — loup-garou de la paroisse de Maumusson, près de Nantes, qui fut arrêté et condamné à mort par le parlement d'Angers. Durant son interrogatoire, il demanda à un gentilhomme qui était présent s'il ne se souvenait pas d'avoir tiré de son arquebuse sur trois loups; celui-ci ayant répondu affirmativement, il avoua qu'il était l'un des loups, et que, sans l'obstacle qu'il avait eu en cette occasion, il aurait dévoré une femme qui était près du lieu. Rickius dit que lorsque Raollet fut pris, il avait les cheveux flottants sur les épaules, les yeux enfoncés dans la tête, les sourcils refrognés, les ongles extrêmement longs; qu'il puait tellement qu'on ne pouvait s'en approcher. Quand il se vit condamné par la cour d'Angers, il ajouta à ses aveux qu'il avait mangé des charrettes ferrées, des moulins à vent, des avocats, procureurs et sergents, disant que cette viande était tellement dure et si mal assaisonnée qu'il n'avait pu la digérer [1].....

Rat. — Pline dit que de son temps la rencontre d'un rat blanc était de bon augure. Les boucliers de Lavinium, rongés par les rats, présagèrent un événement funeste, et la guerre des Marses qui survint bientôt après donna un nouveau crédit à cette superstition. — Le voile de Proserpine était parsemé de rats brodés. — Les peuples de Bassora et de Cambaie se feraient un cas de conscience de nuire à ces animaux. — Les matelots donnent aux rats une prescience remarquable : « Nous sommes condamnés, disent-ils, par un calme plat ou par quelque autre accident; il n'y a pas un seul rat à bord !.... » Ils croient que les rats abandonnent un bâtiment qui est destiné à périr. Voy. HATTON.

Raum, — grand comte du sombre empire, qui se présente sous la forme d'un corbeau lorsqu'il est conjuré : il détruit des villes, donne des dignités. Il est de l'ordre des trônes et commande trente légions [2].

[1] Rickius, Discours de la Lycanthropie, p. 18.
[2] Wierus, in Pseudom. dæm.

Regard, — voy. YEUX.
Regensberg, — voy. DÉMONS FAMILIERS.
Regiomontanus, — voy. MULLER.
Remmon, — voy. RIMMON.

Rémore, — poisson sur lequel on a fait bien des contes. — « Les rémores, dit Cyrano de Bergerac, qui était un plaisant, habitent vers l'extrémité du pôle, au plus profond de la mer Glaciale; et c'est la froideur évaporée de ces poissons, à travers leurs écailles, qui fait geler en ces quartiers-là l'eau de la mer, quoique salée. La rémore contient si éminemment tous les principes de la froidure, que passant par-dessous un vaisseau, le vaisseau se trouve saisi de froid, en sorte qu'il en demeure tout engourdi jusqu'à ne pouvoir démarrer de sa place. La rémore répand autour d'elle tous les frissons de l'hiver. Sa sueur forme un verglas glissant. C'est un préservatif contre la brûlure..... » — Rien n'est plus singulier, dit le P. Lebrun, que ce qu'on raconte de la rémore. Aristote, Élian, Pline, assurent qu'elle arrête tout court un vaisseau voguant à pleines voiles. Mais ce fait est absurde, et n'a jamais eu lieu; cependant plusieurs auteurs l'ont soutenu, et ont donné, pour cause de cette merveille, une qualité occulte. Ce poisson, qu'on nomme à présent *succet*, est grand de deux ou trois pieds. Sa peau est gluante et visqueuse. Il s'attache et se colle aux requins, aux chiens de mer; il s'attache aussi aux corps inanimés; de sorte que, s'il s'en trouve un grand nombre collés à un navire, ils peuvent bien l'empêcher de couler légèrement sur les eaux, mais non l'arrêter.

Remures, — voy. LÉMURES et MANES.

Renards. — Les sintoïstes, secte du Japon, ne reconnaissent d'autres diables que les âmes des méchants, qu'ils logent dans le corps des renards, animaux qui font beaucoup de ravages en ce pays.

Réparé. — Un homme qui s'appelait Réparé, et un soldat qui se nommait Étienne, firent avant de mourir, et par une faveur spéciale, le voyage de l'autre monde; du moins on en a écrit la légende, qui est un petit conte moral. Ils virent, dans une caverne, quelques démons qui élevaient un bûcher pour y brûler un défunt dont la vie était impure. Ils aperçurent un peu plus loin une maison enflammée, où l'on jetait un grand nombre de coupables qui brûlaient comme du bois sec. Il y avait auprès de cette maison une place fermée de hautes murailles, où l'on était continuellement exposé au froid, au vent, à la pluie, à la neige, où les patients souffraient une faim et une soif perpétuelles sans pouvoir rien avaler. On dit à l'homme qui se nommait Réparé, et au soldat qui s'appelait Étienne, que ce triste gîte était le purgatoire. A quelques pas de là, ils furent arrêtés par un feu qui s'élevait à perte de vue; ils virent arriver un diable qui portait un cercueil sur ses épaules. Réparé demanda pour qui on allumait le grand feu. Mais le démon qui portait le cercueil déposa sa charge, et la jeta dans les flammes sans dire un mot. — Les deux voyageurs passèrent; après avoir parcouru divers autres lieux, où ils remarquèrent plusieurs scènes infernales, ils arrivèrent devant un pont qu'il fallut traverser. Ce pont était bâti sur un fleuve noir et bourbeux, dans lequel on voyait barbotter des défunts d'un aspect effroyable. On l'appelait *le Pont des épreuves*, celui qui le passait sans broncher était juste et entrait dans le ciel, au lieu que le pécheur tombait dans le fleuve. Quoique ce pont n'eût pas six pouces de largeur, Réparé le traversa heureusement; mais le pied d'Étienne glissa au milieu du chemin; ce pied fut empoigné aussitôt par des hommes noirs qui l'attirèrent à eux. Le pauvre soldat se croyait perdu; des anges arrivèrent, saisirent Étienne par les bras, et le disputèrent aux hommes noirs. Après de longs débats, les anges emportèrent le soldat de l'autre côté du pont. « Vous avez bronché, lui dirent-ils, parce que vous êtes trop mondain; et nous sommes venus à votre secours, parce que vous faites des aumônes. » Les deux voyageurs virent alors le paradis, dont les maisons étaient d'or, et les campagnes couvertes de fleurs odorantes; et les anges les renvoyèrent sur la terre, en leur recommandant de profiter de ce qu'ils avaient vu.

Repas du mort. — cérémonie funéraire en usage chez les anciens Hébreux et chez d'autres peuples. Dans l'origine, c'était simplement la coutume de faire un repas sur le tombeau de celui qu'on venait d'inhumer. Plus tard on y laissa des vivres, dans l'opinion que les morts venaient les manger.

Résurrection — Les Parsis ou Guèbres pensent que les gens de bien, après avoir joui des délices de l'autre monde pendant un certain nombre de siècles, rentreront dans leurs corps, et reviendront habiter la même terre où ils avaient fait leur séjour pendant leur première vie; mais cette terre, purifiée et embellie, sera pour eux un nouveau paradis. — Les habitants du royaume d'Ardra, sur la côte occidentale d'Afrique, s'imaginent que ceux qui sont tués à la guerre sortent de leurs tombeaux au bout de quelques jours, et reprennent une vie nouvelle. Cette opinion est une invention de la politique pour animer le courage des soldats. Les amantas, docteurs et philosophes du pays, croyaient la résurrection universelle, sans pourtant que leur esprit s'élevât plus haut que cette vie animale pour laquelle ils disaient que nous devions ressusciter, et sans attendre ni gloire ni supplice. Ils avaient un soin extraordinaire de mettre en lieu de sûreté les rognures de leurs ongles et de leurs cheveux, et de les cacher dans les fentes ou dans les trous de muraille. Si, par hasard, les cheveux et les ongles venaient à tomber à terre avec le temps et qu'un Indien s'en aperçût, il ne manquait pas de les relever de suite, et de les serrer de nouveau. — Savez-vous bien, disaient-ils à ceux qui les questionnaient sur cette singularité, que nous devons revivre dans ce monde, et que les âmes sortiront des tombeaux avec tout ce qu'elles auront de leurs corps? Pour empêcher donc que les nôtres ne soient en peine de chercher leurs ongles et leurs cheveux (car il y aura ce jour-là bien de la presse et bien du tumulte), nous les mettons ici ensemble, afin qu'on les trouve plus facilement. — Gaguin, dans sa description de la Moscovie, dit que, dans le nord de la Russie, les peuples meurent le 27 novembre, à cause du grand froid, et ressuscitent le 24 avril : ce qui est, à l'instar des marmottes, une manière fort commode de passer l'hiver. *Voy.* Gabinius, Pamilius de Phères, Trespésius, Vampires, etc.

Retz. — Le cardinal de Retz, n'étant encore qu'abbé, avait fait la partie de passer une soirée à Saint-Cloud, dans la maison de l'archevêque de Paris, son oncle, avec madame et mademoiselle de Vendôme, madame de Choisi, le vicomte de Turenne, l'évêque de Lisieux, et MM. de Brion et Voiture. On s'amusa tant que la compagnie ne put s'en retourner que très-tard à Paris. La petite pointe du jour commençait à paraître (on était alors dans les plus grands jours d'été) quand on fut au bas de la descente des Bons-Hommes. Justement au pied, le carrosse s'arrêta tout court. « Comme j'étais à l'une des portières avec mademoiselle de Vendôme (dit le cardinal, dans ses Mémoires), je demandai au cocher pourquoi il s'arrêtait? il me répondit, avec une voix tremblante : « Voulez-vous que je passe par-dessus tous les diables qui sont là devant moi? » Je mis la tête hors de la portière; et, comme j'ai toujours eu la vue fort basse, je ne vis rien. Madame de Choisi, qui était à l'autre portière avec M. de Turenne, fut la première qui aperçut, du carrosse, la cause de la frayeur du cocher; je dis du carrosse, car cinq ou six laquais, qui étaient derrière, criaient : *Jésus, Maria !* et tremblaient déjà de peur. M. de Turenne se jeta en bas, aux cris de madame de Choisi. Je crus que c'étaient des voleurs; je sautai aussitôt hors du carrosse, je pris l'épée d'un laquais, et j'allai joindre M. de Turenne, que je trouvai regardant fixement quelque chose que je ne voyais point. Je lui demandai ce qu'il regardait, et il me répondit, en me poussant du bras, et assez bas : « Je vous le dirai ; mais il ne faut pas épouvanter ces dames, » qui, à la vérité, hurlaient plutôt qu'elles ne criaient. — Voiture commença un *oremus*, madame de Choisi poussait des cris aigus ; mademoiselle de Vendôme disait son chapelet, madame de Vendôme voulait se confesser à M. de Lisieux, qui lui disait : — « Ma fille, n'ayez point de peur, vous êtes en la main de Dieu. » Le comte de Brion avait entonné bien tristement les litanies de la Sainte Vierge. Tout cela se passa, comme on peut se l'imaginer, en même temps et en moins de rien. M. de Turenne, qui avait une petite épée à son côté, l'avait aussi tirée, et, après avoir un peu regardé, comme je l'ai déjà dit, il se tourna vers moi de l'air dont il eût donné une bataille, et me dit ces paroles : « *Allons voir ces gens-là !* — Quelles gens ? » lui repartis-je ; et dans la vérité, je croyais que tout le monde avait perdu le sens. Il me répondit : « Effectivement, je crois que ce pourraient bien être des diables. » — Comme nous avions déjà fait cinq ou six pas du côté de la Savonnerie, et que nous étions par conséquent plus proches du spectacle, je commençai à entrevoir quelque chose, et ce qui m'en parut fut une longue procession de fantômes noirs, qui me donna d'abord plus d'émotion qu'elle n'en avait donné à M. de Turenne, mais qui par la réflexion que je fis que j'avais long-temps cherché des esprits, et qu'apparemment j'en trouverais en ce lieu, me fit faire deux ou trois sauts vers la procession. Les pauvres augustins déchaussés, que l'on appelle capucins noirs, et qui étaient nos prétendus diables, voyant venir à eux deux hommes qui avaient l'épée à la main, eurent encore plus peur. L'un d'eux, se détachant de la troupe, nous cria : « Messieurs, nous sommes de pauvres religieux, qui ne faisons de mal à personne, et qui venons nous rafraîchir un peu dans la rivière, pour notre santé. « Nous retournâmes au carrosse, M. de Turenne et moi, avec des éclats de rire que l'on peut s'imaginer.

Rêve. — Au bon temps de la loterie royale, les bonnes femmes croyaient que quand on dormait le petit doigt de la main gauche dans la main droite, on était assuré de voir en rêve une multitude d'ambes, de ternes et de quaternes [1]. — Un homme rêvait qu'il mangeait la lune. Ce rêve le frappe, il se lève encore à moitié endormi, il court à sa fenêtre ; regardant au ciel, il ne voit plus que la moitié de cet astre.... il s'écrie : « Mon Dieu ! vous avez bien fait de me réveiller ; car avec l'appétit que j'avais, la pauvre lune, je l'aurais mangée tout entière. » *Voy.* Songes.

Réveille-matin. — Les Flamands appellent cette plante *le lait du diable* (Duivelsmelk).

Révélations. — Un citoyen d'Alexandrie vit sur le minuit des statues d'airain se remuer et crier à haute voix que l'on massacrait à Constantinople l'empereur Maurice et ses enfants : ce qui se trouva vrai ; mais la révélation ne fut publiée qu'après que l'événement fut connu. — L'archevêque Angello-Catto (Philippe de Comines l'atteste) connut la mort de Charles-le-Téméraire, qu'il annonça au roi Louis XI à la même heure qu'elle était arrivée. — Les prodiges faux sont toujours des singeries de vrais miracles. Pareillement, une foule de révélations supposées ont trouvé le moyen de se faire admettre, parce qu'il y a eu des révélations vraies. — Nous ne parlons pas de la révélation qui est un des fondements de notre foi.

Revenants. — On débite, comme une chose assurée, qu'un revenant se trouve toujours froid quand on le touche. Cardan et Alessandro-Alessandri sont des témoins qui l'affirment ; et Cajetan en donne la raison, qu'il a apprise de la bouche d'un esprit, lequel, interrogé à ce sujet par une sorcière, lui répondit qu'*il fallait que la chose fût ainsi*. La réponse est satisfaisante. Elle nous apprend au moins que le diable se sauve quelquefois par le pont aux ânes. — Dom Calmet raconte qu'une jeune fille, nommée Catherine, du pays des Itans, au Pérou, mourut à seize ans, coupable de plusieurs sacriléges. Son corps, immédiatement après sa mort, se trouva si infect, qu'il fallut le mettre hors du logis. On entendit en même temps tous les chiens hurler ; un cheval, jusque-'à fort doux, commença à ruer, à s'agiter, à frapper des pieds, à rompre ses liens. Un jeune homme couché fut tiré par le bras et jeté hors de son lit ; une servante reçut un coup de pied à l'épaule, sans voir qui le lui donnait ; elle en porta les marques plusieurs semaines. Tout ceci arriva avant que le corps de Catherine

---

[1] Musnier des Closeaux, les Mères d'actrices.

fût inhumé. — Après son enterrement, plusieurs habitants du lieu virent quantité de briques et de tuiles renversées avec grand fracas, dans la maison où elle était décédée. La servante fut traînée par le pied sans qu'il parût personne qui la touchât, et cela en présence de sa maîtresse et de dix ou douze autres femmes. La même servante, entrant le lendemain dans une chambre, aperçut la défunte Catherine qui s'élevait sur la pointe du pied, pour saisir un vase de terre posé sur une corniche; elle était toute en feu, et jetait des flammes par la bouche et par toutes les jointures du corps. Elle lui confessa qu'elle était damnée et pria la servante de jeter par terre et d'éteindre un cierge bénit, qu'elle tenait à la main, disant qu'il augmentait son mal. La fille se sauva aussitôt; mais le spectre prit le vase, la poursuivit et le lui jeta avec force. La maîtresse, ayant entendu le coup, accourut, vit la servante toute tremblante, le vase en mille pièces, et reçut pour sa part un coup de brique qui ne lui fit heureusement aucun mal. Le lendemain, une image du crucifix, collée contre le mur, fut tout d'un coup arrachée en présence de tout le monde, et brisée en trois pièces. On reconnut là que l'esprit était réellement damné : on le chassa par des exorcismes.... Mais tous les revenants n'ont pas de tels symptômes. — Un Italien, retournant à Rome après avoir fait enterrer son ami de voyage, s'arrêta le soir dans une hôtellerie où il coucha. Étant seul et bien éveillé, il lui sembla que son ami mort, tout pâle et décharné, lui apparaissait et s'approchait de lui. Il leva la tête pour le regarder et lui demanda en tremblant qui il était. Le mort ne répond rien, se dépouille, se met au lit et se serre contre le vivant, comme pour se réchauffer. L'autre, ne sachant de quel côté se tourner, s'agite et repousse le défunt. Celui-ci, se voyant ainsi rebuté, regarde de travers son ancien compagnon, se lève du lit, se rhabille, chausse ses souliers et sort de la chambre, sans plus apparaître. — Le vivant a rapporté qu'ayant touché dans le lit un des pieds du mort, il l'avait trouvé plus froid que la glace. — Cette anecdote peut n'être qu'un conte. En voici une autre qui est plus claire. Un aubergiste d'Italie, qui venait de perdre sa mère, étant monté le soir dans la chambre de la défunte, en sortit hors d'haleine, en criant à tous ceux qui logeaient chez lui que sa mère était revenue et couchée dans son lit; qu'il l'avait vue, mais qu'il n'avait pas eu le courage de lui parler. — Un ecclésiastique qui se trouvait là voulut y monter; toute la maison se mit de la partie. On entra dans la chambre, on tira les rideaux du lit, et on aperçut la figure d'une vieille femme, noire et ridée, coiffée d'un bonnet de nuit et qui faisait des grimaces ridicules. On demanda au maître de la maison si c'était bien là sa mère? « Oui, s'écria t-il, oui, c'est elle; ah! ma pauvre mère! » Les valets la reconnurent de même. Alors le prêtre lui jeta de l'eau bénite sur le visage. L'esprit, se sentant mouillé, sauta à la figure de l'abbé. Tout le monde prit la fuite en poussant des cris. Mais la coiffure tomba, et on reconnut que la vieille femme n'était qu'un singe. Cet animal avait vu sa maîtresse se coiffer, il l'avait imitée. — L'auteur de *Paris, Versailles et les provinces au dix-huitième siècle*, raconte une histoire de revenant assez originale. M. Bodry, fils d'un riche négociant de Lyon, fut envoyé, à l'âge de vingt-deux ans, à Paris, avec des lettres de recommandation de ses parents, pour leur correspondant, dont il n'était pas personnellement connu. Muni d'une somme assez forte pour pouvoir vivre agréablement quelque temps dans la capitale, il s'associa pour ce voyage un de ses amis extrêmement gai. Mais, en arrivant, M. Bodry fut attaqué d'une fièvre violente; son ami, qui resta auprès de lui la première journée, ne voulait pas le quitter, et se refusait d'autant plus aux instances qu'il lui faisait pour l'engager à se dissiper, que, n'ayant fait ce voyage que par complaisance pour lui, il n'avait aucune connaissance à Paris. M. Bodry l'engagea à se présenter sous son nom chez le correspondant de sa famille, et à lui remettre ses lettres de recommandation, sauf à éclaircir comme ils le pourraient l'imbroglio qui résulterait de cette supposition lorsqu'il se porterait mieux. — Une proposition aussi singulière ne pouvait que plaire au jeune homme; elle fut acceptée : sous le nom de M. Bodry, il se rend chez le correspondant, lui présente les lettres apportées de Lyon, joue très-bien son rôle, et se voit parfaitement accueilli. — Cependant, de retour au logis, il trouve son ami dans l'état le plus alarmant; et, nonobstant tous les secours qu'il lui prodigue, il a le malheur de le perdre dans la nuit. Malgré le trouble que lui occasionnait ce cruel événement, il sentit qu'il n'était pas possible de le taire au correspondant de la maison Bodry : mais comment avouer une mauvaise plaisanterie dans une si triste circonstance? N'ayant plus aucun moyen de la justifier, ne serait-ce pas s'exposer volontairement aux soupçons les plus injurieux, sans avoir, pour les écarter, que sa bonne foi, à laquelle on ne voudrait pas croire?... Cependant il ne pouvait se dispenser de rester pour rendre les derniers devoirs à son ami ; et il était impossible de ne pas inviter le correspondant à cette lugubre cérémonie. — Ces différentes réflexions, se mêlant avec le sentiment de la douleur, le tinrent dans la plus grande perplexité ; mais une idée originale vint tout à coup fixer son incertitude. Pâle, défait par les fatigues, accablé de tristesse, il se présente à dix heures du soir chez le correspondant, qu'il trouve au milieu de sa famille, et qui, frappé de cette visite à une heure indue, ainsi que du changement de sa figure, lui demande ce qu'il a, s'il lui est arrivé quelque malheur... — « Hélas ! monsieur, le plus grand de tous, répond le jeune homme, d'un ton solennel ; je suis mort ce matin, et je viens vous prier d'assister à mon enterrement, qui se fera demain. » Profitant de la stupeur de la société, il s'échappe sans que personne fasse un mouvement pour l'arrêter ; on veut lui répondre, il a disparu : on décide que le jeune homme est devenu fou, et le correspondant se charge d'aller le lendemain, avec son fils, lui porter les secours qu'exige sa situation. Arrivés en effet à son logement, ils sont troublés d'abord par les préparatifs funéraires ; ils demandent M. Bodry ; on leur répond qu'il est mort la veille et qu'il va être enterré ce matin.... A ces mots, frappés de la plus grande terreur, ils ne doutèrent plus que ce ne fût l'âme du défunt qui leur avait apparu, et revinrent communiquer leur effroi à la famille, qui n'a jamais voulu revenir de cette idée. — On a pu lire ce qui suit dans plusieurs journaux : Une superstition incroyable a causé récemment un double suicide dans la commune de Bussy-en-Oth, département de l'Aube. Voici les circonstances de ce singulier et déplorable événement (1841) : — Un jeune homme des environs était allé à la pêche aux grenouilles, et en avait mis plusieurs toutes vivantes dans un sac. En s'en revenant il aperçoit un paysan qui cheminait à petits pas. Ce bonhomme portait une veste dont la poche était entrebâillée. Le pêcheur trouva plaisant de prendre une de ses grenouilles et de la glisser dans la poche de la veste du paysan. Ce dernier, nommé Joachim Jacquemin, rentre chez lui et se couche, après avoir mis sa veste sur son lit. Au milieu de la nuit, il est réveillé par un corps étranger qu'il sent sur sa figure, et qui s'agitait en poussant de petits cris inarticulés. C'était la grenouille qui avait quitté sa retraite et qui, cherchant sans doute une issue pour se sauver, était arrivée jusque sur le visage du dormeur et s'était mise à coasser. Le paysan n'ose remuer, et bientôt sa visiteuse nocturne disparaît. Mais le pauvre homme, dont l'esprit était d'une grande faiblesse, ne doute pas qu'il n'ait eu affaire à un revenant. — Sur ces entrefaites, un de ses amis, voulant lui jouer un tour, vient le prévenir qu'un de ses oncles, qui habite Sens, est mort il y a peu de jours, et il l'engage à se rendre sur les lieux pour recueillir l'héritage. Jacquemin fait faire des vêtements de deuil pour lui et pour sa femme, et se met en route pour le chef-lieu du département de l'Yonne, distant de son domicile de huit lieues. Il se présente à la maison du défunt ; la première personne qu'il aperçoit en entrant c'est son oncle, tranquillement assis dans un fauteuil, et qui témoigne à son neveu la surprise qu'il éprouve de le voir. Jacquemin saisit le bras de sa femme, et se sauve, en proie à une terreur qu'il ne peut dissimuler et sans donner à son oncle étonné aucune explication. — Cependant la grenouille n'avait pas abandonné la demeure du paysan : elle avait trouvé une retraite dans une fente du plancher, et là elle poussait fréquemment des coassements qui jetaient Jacquemin dans des angoisses épouvantables, surtout depuis qu'il avait vu son oncle. Il était convaincu que c'était l'ombre de ce parent qu'il avait aperçue, et que les cris qu'il entendait étaient poussés par lui, qui revenait chaque nuit pour l'effrayer. — Pour conjurer le maléfice, Jacquemin fit faire des conjurations, qui restaient inefficaces ; car les coassements n'en continuaient pas moins. Chaque nuit, le malheureux se relevait, prenait sa couverture, qu'il mettait sur sa tête en guise de capuce, et chantait devant un bahut qu'il avait transformé en autel. Les coassements continuaient toujours !...... Enfin, n'y pouvant plus tenir, le pauvre Jacquemin fit part à quelques personnes de l'intention où il était de se donner la mort, et les pria naïvement de l'y aider ; il acheta un collier en fer, se le mit au cou, et un des amis voulut bien serrer la vis pour l'étrangler, mais il s'arrêta quand il crut que la douleur aurait fait renoncer Jacquemin à son projet. Le paysan choisit un autre moyen et pria une autre personne de l'étouffer entre deux matelas ; cette personne feignit d'y consentir, et s'arrêta quand elle pensa que Jacquemin avait assez souffert et que ce serait pour lui une leçon. Mais l'esprit de Jacquemin était trop vivement impressionné et un malheur était imminent. En effet, un jour, on fut étonné de ne pas l'apercevoir ; on fit des recherches dans la maison, et on le trouva pendu dans son grenier. Le lendemain, sa femme, au désespoir de la perte de son mari, se jeta dans une mare, où elle trouva aussi la mort... — On conte qu'il y avait dans un village du Poitou, un fermier nommé Hervias. Le valet de cet homme pensa qu'il lui serait avantageux d'épouser la fille de la maison, qui s'appelait Catherine et qui était riche. Comme il ne possédait rien et que, pour surcroît, la main de la jeune fille était promise à un cousin qu'elle aimait, le valet imagina un stratagème. Un mois avant la noce, comme le fermier se trouvait une certaine nuit plongé dans son meilleur sommeil, il en fut tiré en sursaut par un bruit étrange qui se fit dans sa chambre. Une main agita les rideaux de son lit, et il vit au fond de sa chambre un fantôme couvert d'un drap noir sur une longue robe blanche. Le fantôme tenait une torche à demi éteinte à la main droite et une fourche à la gauche. Il traînait des chaînes ; il avait une tête de cheval lumineuse. Hervias poussa un gémissement, son sang se glaça, et il eut à peine la force de demander au fantôme ce qu'il voulait. « Tu mourras dans trois jours, répondit l'esprit, si tu songes encore au mariage projeté entre ta fille et son jeune cousin ; tu dois la marier, dans la maison, avec le premier homme que tu verras demain à ton lever…. Garde le silence ; je viendrai la nuit prochaine savoir ta réponse. » — En achevant ces mots le fantôme disparut. Hervias passa la nuit sans dormir. Au point du jour, quelqu'un entra pour lui demander des ordres ; c'était le valet. Le fermier fut consterné de la pensée qu'il fallait lui donner sa fille ; mais il ne témoigna rien, se leva, alla trouver Catherine et finit par lui raconter le tout. Catherine, désolée, ne sut que répondre. Son jeune cousin vint ce jour-là ; elle lui apprit la chose ; mais il ne se troubla point. Il proposa à son futur beau-père de passer la nuit dans sa chambre : Hervias y consentit. Le jeune cousin feignit donc de partir le soir pour la ville, et rentra après la chute du jour dans la ferme. Il resta sur une chaise auprès du lit d'Hervias, et tous deux attendirent patiemment le spectre. — La fenêtre s'ouvrit vers minuit ; comme la veille, on vit paraître le fantôme dans le même accoutrement, il répéta le même ordre. Hervias tremblait ; le jeune cousin, qui ne craignait pas les apparitions, se leva et dit : « Voyons qui nous fait des menaces si précises. » En même temps, il sauta sur le spectre qui voulait fuir, il le saisit, et sentant entre ses bras un corps solide, il s'écria : « Ce n'est pas un esprit. » Il jeta le fantôme par la fenêtre, qui était élevée de douze pieds. On entendit un cri plaintif. « Le revenant n'osera plus revenir, dit le jeune cousin ; allons voir s'il se porte bien. » — Le fermier ranima son courage autant qu'il put, et descendit avec son gendre futur. On trouva que le prétendu démon était le valet de la maison… On n'eut pas besoin de lui donner des soins ; sa chute l'avait assommé, et il mourut au bout de quelques heures ; sort fâcheux dans tous les cas. — Dans le château d'Ardivilliers, près de Breteuil, en Picardie, du temps de la jeunesse de Louis XV, un esprit faisait un bruit effroyable ; c'étaient toute la nuit des flammes qui faisaient paraître le château en feu, c'étaient des hurlements épouvantables ; mais cela n'arrivait qu'en certain temps de l'année, vers la Toussaint. Personne n'osait y demeurer que le fermier, avec qui l'esprit était apprivoisé. Si quelque malheureux passant y couchait une nuit, il était si bien étrillé qu'il en portait long-temps les marques. Les paysans d'alentour voyaient mille fantômes qui ajoutaient à l'effroi. Tantôt quelqu'un avait aperçu en l'air une douzaine d'esprits au-dessus du château ; ils étaient tous de feu et dansaient un branle à la paysanne ; un autre avait trouvé, dans une prairie, je ne sais combien de présidents et de conseillers en robe rouge, assis et jugeant à mort un gentilhomme du pays qui avait eu la tête tranchée il y avait cent ans. Plusieurs autres avaient vu, ou tout au moins ouï dire, des merveilles du château d'Ardivilliers. — Cette farce dura quatre ou cinq ans, et fit grand tort au maître du château, qui était obligé d'affermer sa terre à très-vil prix. Il résolut enfin de faire cesser la lutinerie, persuadé par beaucoup de circonstances qu'il y avait de l'artifice en tout cela. Il se rend à sa terre vers la Toussaint, couche dans son château, et fait demeurer dans sa chambre deux gentilshommes de ses amis, bien résolus au premier bruit ou à la première apparition de tirer sur les esprits avec de bons pistolets. Les esprits, qui savent tout, surent apparemment ces préparatifs : pas un ne parut. Ils se contentèrent de traîner des chaînes dans une chambre du haut, au bruit desquelles la femme et les enfants du fermier vinrent au secours de leur seigneur, en se jetant à ses genoux pour l'empêcher de monter dans cette chambre. « Ah ! monseigneur, lui criaient-ils, qu'est-ce que la force humaine contre des gens de l'autre monde ? Tous ceux qui ont tenté avant vous la même entreprise en sont revenus disloqués. » Ils firent tant d'histoires au maître du château que ses amis ne voulurent pas qu'il s'exposât ; mais ils montèrent tous deux à cette grande et vaste chambre où se faisait le bruit, le pistolet dans une main, la chandelle dans l'autre. — Ils ne virent d'abord qu'une épaisse fumée, que quelques flammes redoublaient par intervalles. Un instant après, elle s'éclaircit et l'esprit parut confusément au milieu. C'était un grand diable tout noir, qui faisait des gambades, et qu'un autre mélange de flammes et de fumée déroba une seconde fois à la vue. Il avait des cornes, une longue queue. Son aspect épouvantable diminua un peu l'audace de l'un des deux champions : « Il y a là quelque chose de surnaturel, dit-il à son compagnon; retirons-nous. — Non, non, répondit l'autre; ce n'est que de la fumée de poudre à canon... et l'esprit ne sait son métier qu'à demi de n'avoir pas encore soufflé nos chandelles. » — Il avance à ces mots, poursuit le spectre, lui lâche un coup de pistolet, ne le manque pas; mais au lieu de tomber, le spectre se retourne et le fixe. Il commence alors à s'effrayer à son tour. Il se rassure toutefois, persuadé que ce ne peut être un esprit; et, voyant que le spectre évite de l'approcher, il se résout de le saisir, pour voir s'il sera palpable ou s'il fondra entre ses mains. L'esprit, trop pressé, sort de la chambre et s'enfuit par un petit escalier. Le gentilhomme descend après lui, ne le perd point de vue, traverse cours et jardins, et fait autant de tours qu'en fait le spectre, tant qu'enfin le fantôme, étant parvenu à une grange qu'il trouve ouverte, se jette dedans et fond contre un mur au moment où le gentilhomme pensait l'arrêter. — Celui-ci appelle du monde; et dans l'endroit où le spectre s'était évanoui, il découvre une trappe qui se fermait d'un verrou après qu'on y était passé; il descend, trouve le fantôme sur de bons matelas, qui l'empêchaient de se blesser quand il s'y jetait la tête la première. Il l'en fait sortir, et l'on reconnaît sous le masque du diable le malin fermier, qui avoua toutes ses souplesses et en fut quitte pour payer à son maître les redevances de cinq années sur le pied de ce que la terre était affermée avant les apparitions. Le caractère qui le rendait à l'épreuve du pistolet était une peau de buffle ajustée à tout son corps... — Dans la Guinée, on croit que les âmes des trépassés reviennent sur la terre, et qu'elles prennent dans les maisons les choses dont elles ont besoin; de sorte que, quand on a fait quelque perte, on en accuse les revenants; opinion très-favorable aux voleurs. Voy. APPARITIONS, FANTÔMES, SPECTRES, ATHÉNAGORE, RAMBOUILLET, SANCHE, STEINLIN, etc. — *L'Esprit de Dourdans,* histoire tirée d'un manuscrit de M. Barré. M. Vidi, receveur des tailles de Dourdans, rapporte ainsi une histoire d'esprit arrivée au temps de Pâques de l'année 1700. L'esprit commença par faire du bruit dans une chambre peu éloignée des autres, où M. Vidi mettait ses serviteurs malades; la servante entendit auprès d'elle pousser des soupirs semblables à ceux d'une personne qui souffre; cependant elle ne vit rien. Elle tomba malade; on l'envoya chez son père pour prendre l'air natal : elle y resta un mois. Étant revenue, on la mit coucher à part dans une autre chambre. Elle se plaignit encore d'avoir entendu un bruit extraordinaire, et deux ou trois jours après, étant dans le bûcher, elle se sentit tirer par la jupe. L'après-dînée du même jour, on l'envoya au salut; lorsqu'elle sortit de l'église, l'esprit la tira si fort par derrière qu'elle dut s'arrêter. En rentrant au logis, elle fut si fort tirée qu'on entendit le craquement de l'étoffe, et qu'on remarqua que les basques de son corps par derrière étaient hors de sa jupe; une agrafe avait même été rompue. Madame Vidi frémit de peur. C'était un vendredi au soir. La nuit du dimanche au lundi, sitôt qu'elle fut couchée, la servante entendit marcher dans sa chambre, et quelque temps après l'esprit lui passa sur le visage une main froide comme pour lui faire des caresses. Elle prit son chapelet. On lui avait dit que si elle continuait à entendre quelque chose, elle conjurât l'esprit, de la part de Dieu, de s'expliquer : ce qu'elle fit mentalement, la peur lui ôtant l'usage de la parole. Elle entendit murmoter à son oreille; mais rien n'était articulé. — Vers trois heures du matin, l'esprit fit si grand bruit qu'il semblait que la maison tombât. On alla voir ce que c'était : on trouva la servante toute en eau, on la fit habiller; ses maîtres virent une fumée qui la suivait et qui disparut un moment après. On lui dit qu'il fallait aller à confesse et communier. Elle fut chercher ses chausses, qui étaient dans la ruelle du lit. Elle trouva ses souliers sur la fenêtre, les deux bouts se regardant, et remarqua qu'une des croisées était ouverte. — A son retour de l'église, on lui demanda ce qu'elle avait fait. Elle dit que, sitôt qu'elle s'était mise à la sainte table, elle avait vu sa mère à son côté, quoiqu'il y eût onze ans qu'elle était morte; qu'après la communion sa mère s'était mise à genoux devant elle et lui avait pris les mains en lui disant : « Ma fille, n'ayez point peur, je suis votre mère. Votre frère fut brûlé par accident près d'Étampes. J'allai trouver M. le curé de Garancières, pour lui demander une pénitence, croyant qu'il y avait de ma faute. Il ne voulut pas m'en donner, disant que je n'étais pas coupable; il me renvoya à Chartres, au pénitencier, qui, voyant que je m'obstinais à vouloir une pénitence, m'imposa celle de porter pendant deux ans une ceinture de crin ; ce que je n'ai pu exécuter à cause de mes grossesses et maladies. Ne voulez-vous pas bien, ma fille, accomplir pour moi cette pénitence? » La fille le lui promit. La mère la chargea ensuite de déjeuner au pain et à l'eau pendant quatre vendredis et samedis qui restaient jusqu'à l'Ascension prochaine, de faire dire une messe à Gomerville, de payer au nommé Lanier, mercier, vingt-six sous qu'elle lui devait pour du fil qu'il lui avait vendu; d'aller dans la cave de la maison où elle était morte, qu'elle y trouverait la somme de vingt-sept livres sous la troisième marche. Elle lui fit beaucoup de remontrances, lui disant surtout de prier toujours la Sainte-Vierge. — Le lendemain, la servante fit dire une messe, et pendant deux jours elle vit sa mère à côté d'elle. Ses maîtres acquittèrent au plus tôt ce dont elle s'était chargée ; ensuite elle alla à Chartres, où elle fit dire trois messes, se confessa et communia dans la chapelle basse. En sortant, sa mère lui apparut encore, en lui disant : « Ma fille, vous voulez donc faire tout ce que je vous ai dit? — Oui, ma mère. — Eh bien ! je m'en décharge sur vous. Adieu, je vais à la gloire éternelle. » Depuis ce temps, la fille ne vit, n'entendit plus rien. Elle porta la ceinture de crin nuit et jour pendant les deux ans que sa mère lui avait recommandé de le faire ; — et voilà comment s'est terminée l'histoire de l'esprit de Dourdans.

Rhapsodomancie, — divination qui se faisait en ouvrant au hasard les ouvrages d'un poète, et prenant l'endroit sur lequel on tombait pour une prédiction de ce qu'on voulait savoir. C'était ordinairement Homère et Virgile que l'on choisissait. D'autres fois on écrivait des sentences ou des vers détachés du poète ; on les remuait dans une urne ; la sentence ou le vers qu'on en tirait était le sort. On jetait encore des dés sur une planche où des vers étaient écrits, et ceux sur lesquels s'arrêtaient les dés passaient pour contenir la prédiction. Chez les modernes, on ouvrait le livre avec une épingle, et on interprétait le vers que l'épingle marquait.

Rhombus, — instrument magique des Grecs, espèce de toupie dont on se servait dans les sortilèges. On l'entourait de lanières tressées, à l'aide desquelles on la faisait pirouetter. Les magiciens prétendaient que le mouvement de cette toupie avait la vertu de donner aux hommes les passions et les mouvements qu'ils voulaient leur inspirer; quand on l'avait fait tourner dans un sens, si l'on

voulait corriger l'effet qu'elle avait produit et lui en donner un contraire, le magicien la reprenait et lui faisait décrire un cercle opposé à celui qu'elle avait déjà parcouru. Les amants malheureux la faisaient tourner en adressant à Némésis des imprécations contre l'objet de leur amour, dont ils étaient dédaignés.

Rhotomago, — magicien fameux au théâtre des ombres chinoises. M. Berbiguier en fait sérieusement une espèce de démon, qui serait le grand-maître des sorciers [1].

Ribadin (JEANNETTE), — jeune personne de dix-huit ans, dont l'histoire a fait du bruit au seizième siècle. Elle était de la paroisse de Jouin de Cernes, aux environs de Bordeaux. Cueillant un dimanche des herbes dans la campagne, elle fut réprimandée par Jean d'Etouppe, prêtre, qui voulut qu'elle publiât sa faute en pleine assemblée, et la conduisit à la paroisse après lui avoir donné ses instructions. Un grand concours arriva ; la jeune fille annonça au peuple assemblé qu'elle avait eu grand mal pour avoir travaillé le dimanche; ce qu'il fallait éviter pour ne pas s'attirer les mêmes maux de la part de Dieu ; ensuite elle eut des extases, se roula par terre, se releva et prononça d'un ton prophétique que Dieu ne voulait pas que les femmes portassent des manches froncées, ni les hommes des bonnets rouges. — L'affaire parvint aux oreilles de l'archevêque de Bordeaux, qui la fit arrêter avec ses complices, reconnut la fraude, et fit avouer à la fille que l'argent que les fidèles lui donnaient pour ses prétendues révélations était partagé entre trois suborneurs qui l'avaient engagée à contrefaire la sainte. Le juge ecclésiastique la condamna *à faire amende honorable en l'église métropolitaine de Saint-André, la torche au poing, et là demander pardon à Dieu.* Cette sentence fut exécutée ; mais elle fut encore renvoyée en la cour, où, par arrêt donné à la Tournelle, elle fut condamnée comme criminelle d'imposture, de séduction, d'impiété, d'abus et de scandale public (1587). Ses complices furent condamnés à la réclusion perpétuelle, comme convaincus de séductions envers cette malheureuse fille [2]. Ce qui fait voir que les fraudes pieuses n'étaient pas encouragées autrefois, comme le disent les menteurs qui attaquent la religion.

Ribenzal, — spectre dont le peuple en Silésie place la demeure au sommet du Risemberg. C'est lui, dans leur idée, qui couvre subitement cette montagne de nuages et qui ex-

---

[1] Les farfadets, t. Ier, p. 275.
[2] Delancre, Tableau de l'inconstance des dém., etc., liv. VI, p. 440.

cite les tempêtes. C'est le même que Rubezahl. Voy. ce mot.

Richelieu. — Le maréchal de Richelieu, étant ambassadeur à Vienne, se fit initier dans la société de quelques nécromanciens, qui lui promirent de lui montrer Belzébuth, le prince des démons; il donna dans cette chimère. Il y eut une assemblée nocturne, des évocations; en sorte que l'affaire éclata. — Un jour que le maréchal disait à Louis XV que les Bourbons avaient peur du diable, le roi lui répondit : — « C'est qu'ils ne l'ont pas vu comme vous. »

Rickius (JACQUES), — auteur d'une défense des épreuves par l'eau froide, publié en latin [1] à Cologne, 1597.

Rimmon, — démon d'un ordre inférieur, peu considéré là-bas, quoique premier médecin de l'empereur infernal. Il était adoré à Damas sous le nom de Remmon ou Remnon, qui, selon les uns, est Saturne, et selon les autres, le Soleil. — On lui attribuait le pouvoir de guérir la lèpre.

Rivière (ROCH LE BAILLIF, SIEUR DE LA), — médecin empirique et astrologue, né à Falaise dans le seizième siècle. Il devint premier médecin de Henri IV, fut comblé des faveurs de la cour, et mourut le 5 novembre 1605. On dit que Henri eut la faiblesse de lui faire tirer l'horoscope de son fils, depuis Louis XIII; il s'en défendit long-temps, mais enfin, forcé par le roi, dont la résistance avait excité la curiosité, il lui prédit que ce jeune prince s'attacherait à ses opinions, et que cependant il s'abandonnerait à celles des autres ; qu'il aurait beaucoup à souffrir des huguenots; qu'il ferait de grandes choses et vivrait six âges d'homme. Henri IV fut affligé de cette prédiction, dont il aurait pu deviner aussi une partie. — La Rivière a passé de son temps pour un grand amateur de philosophie naturelle et curieux des secrets de cette science. On a de lui : *Discours sur la signification de la comète apparue en Occident au signe du Sagittaire, le 10 novembre.* Rennes, 1577, in-4°, rare.

Robert, — c'est le nom que la petite démoniaque Marie Clauzette donnait au maître des sabbats.

Robert, — sorcier de l'Artois, qui fut condamné, en 1334, au bannissement et à la confiscation de ses biens. Il avait formé le dessein d'envoûter le roi, la reine et le duc de Normandie. Il avait montré à un prêtre une petite figure de ci e mystérieusement enveloppée dans un écrin. Cette figure représentait Jean, duc de Normandie, fils du roi [1].

Robert, — roi de France. Ce monarque avait épousé Berthe, sa cousine issue de germain. Le pape Grégoire V examina l'affaire dans un concile ; suivant la discipline du temps, le mariage fut déclaré incestueux, et le concile décréta que les époux seraient tenus de se séparer et de faire pénitence. Le roi Robert, refusant de se soumettre, fut excommunié et son royaume mis en interdit. — Un jour qu'il était allé faire sa prière à la porte d'une église, on lui présenta un petit monstre qui avait le cou et le dessus de la tête d'un canard. « Voyez-vous, lui dit-on, les effets de votre désobéissance; la reine Berthe vient d'accoucher de cet enfant. » Le roi, à ce spectacle, répudia Berthe, et l'excommunication fut levée. C'est à cause de cet incident que la reine Berthe, femme de Robert, fut représentée dans ses statues avec un pied d'oie.

Roderik ou **Rodrigue**. — Roderik, dernier roi des Goths en Espagne, se rendit fameux par ses crimes et ses débauches au commencement du huitième siècle ; mais il y eut une fin. Il était devenu épris de la fille du comte Julien, l'un des grands seigneurs de l'Espagne ; il la déshonora et la renvoya ensuite de la cour. Le comte Julien, qui était alors en ambassade chez les Maures d'Afrique, n'eut pas plutôt appris sa honte et le malheur de sa fille, qu'il forma la résolution de se venger. Il fit venir sa famille en Afrique, demanda aux Maures leur appui et promit de leur livrer toute l'Espagne. Cette proposition fut avidement reçue ; une armée partit sous la conduite du prince Mousa et de Julien lui-même. Ils débarquèrent en Espagne et s'emparèrent de quelques villes avant que Roderik fût instruit de leur approche. — Il y avait auprès de Tolède une vieille tour déserte, que l'on appelait la *Tour enchantée*. Personne n'avait osé y pénétrer, parce qu'elle était fermée de plusieurs portes de fer. Mais on disait qu'elle renfermait d'immenses trésors. Roderik, ayant besoin d'argent pour lever une armée contre les Maures, se décida à visiter cette tour, malgré les avis de tous ses conseillers. Après en avoir parcouru plusieurs pièces, il fit enfoncer une grande porte de fer battu, que mille verrous, dit-on, fermaient intérieurement. Il entra dans une galerie où il ne trouva qu'un étendard de plusieurs couleurs, sur lequel on lisait

---

[1] *Defensio compendiosa certisque modis astricta probationum aquæ frigidæ quâ in examinatione maleficorum judices hodie utuntur, omnibus scitu per quam necessaria, quatuor distincta capitibus; authore Jacobo Rickio, in-12, Coloniæ Agrippinæ, 1597.*

[1] M. Garinet, Hist. de la magie en France, p. 87.
[2] M. Salgues, des Erreurs et des préjugés, etc., t. III, p. 111.

ces mots : *Lorsqu'on ouvrira cette tour, les barbares s'empareront de l'Espagne....* Aboulkacim-Tarista-Ben-Tarik, historien arabe, ajoute que, malgré son effroi, Roderik, ayant fait faire certains flambeaux que l'air de la cave ne pouvait éteindre, poursuivit sa recherche suivi de beaucoup de personnes. A peine eut-il fait quelques pas, qu'il se trouva dans une belle salle enrichie de sculptures, au milieu de laquelle on voyait une statue de bronze qui représentait le Temps, sur un piédestal de trois coudées de haut : elle tenait de la main droite une masse d'armes, avec laquelle elle frappait de temps en temps la terre, dont les coups, retentissant dans la cave, faisaient un bruit épouvantable. Roderik, loin de s'effrayer, s'approcha du fantôme, l'assura qu'il ne venait faire aucun désordre dans le lieu de sa demeure, et lui promit d'en sortir dès qu'il aurait vu les merveilles qui l'entouraient; alors la statue cessa de battre la terre. Le roi, encourageant les siens par son exemple, fit une visite exacte de cette salle, à l'entrée de laquelle on vit une cave ronde, d'où sortait un jet d'eau qui faisait un sourd murmure. Sur l'estomac de la statue du Temps était écrit en arabe : *Je fais mon devoir;* et sur le dos : *A mon secours!* A gauche on lisait ces mots sur la muraille : *Malheureux prince, ton mauvais destin t'a amené ici;* et ceux-ci à droite : *Tu seras détrôné par des nations étrangères, et tes sujets, aussi bien que toi, seront châtiés.* — Roderik, ayant contenté sa curiosité, s'en retourna; et dès qu'il eut tourné le dos, la statue recommença ses coups. Le prince sortit, fit refermer les portes et marcha à la rencontre des ennemis. La bataille se livra un dimanche, au pied de la Sierra-Moréna [1]. Elle dura huit jours; l'armée espagnole fut taillée en pièces, et Roderik disparut du milieu des siens sans qu'on sût jamais ce qu'il était devenu. — On pensa qu'il avait été emporté par le diable, puisqu'il fut impossible de découvrir son corps après le combat, et qu'on ne retrouva que son cheval, ses vêtements et sa couronne au bord d'une petite rivière. Ce qui confirme encore cette opinion dans l'esprit du peuple espagnol, c'est que, le lendemain de la bataille, trois anachorètes, qui vivaient dans la pénitence à quelques lieues de Tolède, eurent ensemble la vision suivante : Une heure avant le retour de l'aurore, ils aperçurent devant eux une grande lumière et plusieurs démons qui emmenaient Roderik en le traînant par les pieds; malgré l'altération de sa figure, il leur fut aisé de le reconnaître à ses cris et aux reproches que lui faisaient les démons. Les trois ermites gardèrent le silence de l'effroi à ce spectacle; tout à coup ils virent descendre du ciel la mère de Roderik accompagnée d'un vénérable vieillard, qui cria aux démons de s'arrêter. « Que demandez-vous, répondit le plus grand diable de la troupe ? — Nous demandons grâce pour ce malheureux, répliqua la mère. — Il a commis trop de crimes pour qu'on l'ôte de nos mains, s'écrièrent les démons; et les saints ne peuvent l'avoir en leur compagnie. La mère de Roderik et le vieillard qui l'accompagnait reprenaient la parole, quand la fille du comte Julien parut et dit d'une voix haute : « Il ne mérite point de pitié; il m'a perdue; il a porté le désespoir dans ma famille et la désolation dans le royaume. Je viens de mourir précipitée du haut d'une tour; et ma mère expire écrasée sous un monceau de pierres. Que ce monstre soit jeté dans l'abîme, et qu'il se souvienne des maux qu'il a faits. — Qu'on le laisse vivre quelque temps encore, reprit la mère de Roderik, il fera pénitence. » Alors on entendit dans les airs une voix éclatante qui prononça ces paroles : « Les jours de Roderik sont à leur terme : la mesure est comblée; que la justice éternelle s'accomplisse ! » Et aussitôt ceux qui étaient descendus d'en haut y remontèrent; la terre s'entr'ouvrit, les démons s'engloutirent avec Roderik au milieu d'une épaisse fumée ; et les trois anachorètes ne trouvèrent plus dans l'endroit où tout cela venait de se passer, qu'un sol aride et une végétation éteinte. — Toute cette vision n'est rapportée que par un historien aujourd'hui peu connu [1], et bien des gens ne la regarderont que comme une vision. L'histoire ne parle de Roderik qu'avec blâme, et son nom est resté impur pour la postérité [2].

Rodriguez (IGNAZIO), — *voy.* INQUISITION.

Rois de l'enfer. — Les rois de l'enfer sont au nombre de sept. On peut les lier depuis trois heures jusqu'à midi, et depuis neuf heures jusqu'au soir [3]. *Voy.* MONARCHIE INFERNALE.

Rois de France. — Il est rapporté dans quelques chroniques que les premiers rois de France portaient une queue comme les singes; qu'ils avaient du poil de sanglier tout le long de l'épine du dos, etc. On sait aussi que les rois de France guérissaient les écrouelles.

---

[1] On voyait encore, il n'y a pas deux siècles, plusieurs milliers de croix plantées en terre, à l'endroit où s'est livrée cette fameuse bataille. Lambertinus, *ubi infrà*.

[1] Sanctii a Corduba historiarum Hispaniæ antiquarum, lib 3, sect. 12.

[2] Nomen ejus in æternum putrescet.... (Lambertinus de Cruz-Howen, Theatrum regium Hispaniæ, ab anno 711, ad annum 717.)

[3] Wierus, In Pseudomon. dæmon.

Rolande du Vernois. — Boguet cite cette femme comme sorcière. Elle fut convaincue au seizième siècle tout à la fois d'être possédée, voleuse et ventriloque ; et fut pendue et brûlée.

Romulus, — celui qui éleva la ville de Rome. Romulus était enfant du diable selon quelques-uns, et grand magicien selon tous les démonomanes. Mars, au fait, qui fut son père, n'était qu'un démon. Après qu'il eut bien établi son empire, un jour qu'il faisait la revue de son armée, il fut enlevé dans un tourbillon à la vue de la multitude [1], et Bodin observe que le diable, à qui il devait le jour, l'emporta dans un autre royaume [2].

Ronwe, — marquis et comte de l'enfer, qui apparaît sous la forme d'un monstre ; il donne à ses adeptes la connaissance des langues et la bienveillance de tout le monde. Dix-neuf cohortes infernales sont sous ses ordres [3].

Rose-Croix. — Les Rose-Croix sont maintenant de hauts-officiers dans les grades ridicules de la maçonnerie. Autrefois, c'étaient les conservateurs des secrets de la cabale. Naudé a écrit sur les Rose-Croix un petit livre curieux. *Voy.* NAUDÉ.

Rose de Jéricho, — *voy.* BROWN.

Roux. — Il y a chez les modernes une antipathie assez générale contre les roux. On expliquait autrefois ainsi l'origine des barbes rousses. Lorsque Moïse surprit les Israélites adorant le veau d'or, il le fit mettre en poudre, mêla cette poudre dans de l'eau et la fit boire au peuple. L'or s'arrêta aux barbes de ceux qui avaient adoré l'idole et les fit reconnaître ; car, toujours depuis ils eurent la barbe dorée [4].

Rubezahl, — prince des gnômes, fameux chez les habitants des monts Sudètes. Il est extrêmement malin, comme tous les êtres de son espèce, et joue mille tours aux montagnards. On a écrit des volumes sur son compte ; il est même le héros de quelques romans ; Musœus en a fait un de ses héros. Et toutefois on n'a pas encore suffisamment éclairci ce qui concerne ce lutin, qui probablement est un personnage de l'ancienne mythologie slave. Il paraît encore, dit-on, dans quelque coin éloigné ; mais chaque année il perd de sa renommée et de sa considération. C'est le même que Ribenzal.

Rubis. — Les anciens lui attribuent la propriété de résister au venin, de préserver de la peste, de bannir la tristesse et de détourner les mauvaises pensées. S'il venait à changer de couleur, il annonçait les malheurs qui devaient arriver ; il reprenait sa teinte aussitôt qu'ils étaient passés.

Rue d'Enfer, — *voy.* VAUVERT.

Ruggieri (COSME), — sorcier florentin et courtisan de Catherine de Médicis, qui fut appliqué à la question en 1574, comme prévenu d'avoir attenté par ses charmes aux jours de Charles IX, qu'il voulait envoûter [1].

Rugner, — géant scandinave, dont la lance énorme était faite de pierre à aiguiser. Dans un duel, Thor la lui brisa d'un coup de sa massue grosse comme un dôme, et en fit sauter les éclats si loin que c'est de là que viennent toutes les pierres à aiguiser qu'on trouve dans le monde, et qui paraissent évidemment rompues par quelque effort.

Runes, — lettres ou caractères magiques, que les peuples du Nord croyaient d'une grande vertu dans les enchantements. Il y en avait de nuisibles, que l'on nommait *runes amères*; on les employait lorsqu'on voulait faire du mal. Les *runes secourables* détournaient les accidents; les *runes victorieuses* procuraient la victoire à ceux qui en faisaient usage; les *runes médicinales* guérissaient des maladies, on les gravait sur des feuilles d'arbres ; enfin, il y avait des runes pour éviter les naufrages, pour soulager les femmes en travail, pour préserver des empoisonnements. Ces runes différaient par les cérémonies qu'on observait en les écrivant, par la matière sur laquelle on les traçait, par l'endroit où on les exposait, par la façon dont on arrangeait les lignes, soit en cercle, soit en serpentant, soit en triangle, etc. On trouve encore plusieurs de ces caractères tracés sur les rochers des mers du Nord.

Rymer, — géant, ennemi des dieux chez les Scandinaves, lequel doit à la fin du monde être le pilote du vaisseau Naglefare.

---

[1] Denys d'Halicarnasse, Tite-Live, Plutarque, in Romulo, etc.
[2] Bodin, Démonomanie, liv. III, ch. Ier, et dans la préface.
[3] Wierus, in Pseudomon. dæm.
[4] Jérémie de Pours, la Divine mélodie du saint Psalmiste, p. 329.

[1] M. Garinet, Hist. de la magie en France, p. 431.

Sabaoth. — Les archontiques, secte du deuxième siècle, faisaient de Sabaoth un ange douteux qui était pour quelque chose dans les affaires de ce monde. Les mêmes disaient que la femme était l'ouvrage de Satan.

Sabasius, — chef du sabbat, selon certains démonographes. C'était autrefois l'un des surnoms de Bacchus, grand-maître des sorciers dans l'antiquité païenne. C'est un gnome chez les cabalistes.

Sabba, — devineresse mise au nombre des sibylles. On croit que c'était celle de Cumes.

Sabbat. — C'est l'assemblée des démons, des sorciers et des sorcières, dans leurs orgies nocturnes. Nous devons donner ici l'opinion des démonomanes sur ce sujet. On s'occupe au sabbat, disent-ils, à faire ou à méditer le mal, à donner des craintes et des frayeurs, à préparer les maléfices, à des mystères abominables. — Le sabbat se fait dans un carrefour, ou dans quelque lieu désert et sauvage, auprès d'un lac, d'un étang, d'un marais, parce qu'on y fait la grêle et qu'on y fabrique des orages. Le lieu qui sert à ce rassemblement reçoit une telle malédiction, qu'il n'y peut croître ni herbe, ni autre chose. Strozzi dit avoir vu, dans un champ auprès de Vicence, un cercle autour d'un châtaignier, dont la terre était aussi aride que les sables de la Libye, parce que les sorciers y dansaient et y faisaient le sabbat. Les nuits ordinaires de la convocation du sabbat sont celles du mercredi au jeudi, et du vendredi au samedi. Quelquefois le sabbat se fait en plein midi, mais c'est rare. Les sorciers et les sorcières portent une marque qui leur est imprimée par le diable; cette marque, par un certain mouvement intérieur qu'elle leur cause, les avertit de l'heure du ralliement. En cas d'urgence, le diable fait paraître un mouton dans une nuée (lequel mouton n'est vu que des sorciers), pour rassembler son monde en un instant. Dans les circonstances ordinaires, lorsque l'heure du départ est arrivée, après que les sorciers ont dormi, ou du moins fermé un œil, ce qui est d'obligation, ils se rendent au sabbat, montés sur des bâtons ou sur des manches à balai, oints de graisse d'enfant; ou bien des diables subalternes les transportent, sous des formes de boucs, de chevaux, d'ânes ou d'autres animaux. Ce voyage se fait toujours en l'air. Quand les sorcières s'oignent pour monter sur le manche à balai qui doit les porter au sabbat, elles répètent plusieurs fois ces mots : *Emen-hétan! emen-hétan!* qui signifient, dit Delancre : *Ici et là! ici et là!* — Il y avait cependant, en France, des sorcières qui allaient au sabbat sans bâton, ni graisse, ni monture, seulement en prononçant quelques paroles. Mais celles d'Italie ont toujours un bouc, qui les attend pour les emporter. Elles ont coutume, comme les nôtres, de sortir généralement par la cheminée. Ceux où celles qui manquent au rendez-vous paient une amende; le diable aime la discipline. — Les sorcières mènent souvent au sabbat, pour différents usages, des enfants qu'elles dérobent. Si une sorcière promet de présenter au diable, dans le sabbat prochain, le fils ou la fille de quelque gueux du voisinage, et qu'elle ne puisse venir à bout de l'attraper, elle est obligée de présenter son propre fils, ou quelque autre enfant d'aussi haut prix. Les enfants qui plaisent au diable sont admis parmi ses sujets de cette manière : Maître Léonard, le grand nègre, président des sabbats, et le petit diable, maître Jean Mullin, son lieutenant, donnent d'abord un parrain et une marraine à l'enfant; puis on le fait renoncer Dieu, la Vierge et les saints; et, après qu'il a renié sur le grand livre, Léonard le marque d'une de ses cornes dans l'œil gauche. Il porte cette marque pendant tout son temps d'épreuves, à la suite duquel, s'il s'en est bien tiré, le diable lui administre un autre signe qui a la figure d'un petit lièvre, ou d'une patte de crapaud, ou d'un chat noir. — Durant leur noviciat, on charge les enfants admis de garder les crapauds, avec une gaule blanche, sur le bord du lac, tous les jours de sabbat; quand ils ont reçu la seconde marque, qui est pour eux un brevet de sorcier, ils sont admis à la danse et au festin. Les sorciers, initiés aux mystères du sabbat, ont coutume de dire : *J'ai bu du tabourin, j'ai mangé du cymbale, et je suis fait profés.* Ce que Leloyer explique de la sorte : « Par le tabourin, on entend la peau de bouc enflée de laquelle ils tirent le jus et consommé, pour boire; et, par le cymbale, le chaudron ou bassin dont ils usent pour cuire leurs ragoûts. » Les petits enfants qui ne promettent rien de bon sont condamnés à être fricassés. Il y a là des sorcières qui les dépècent, et les font cuire pour le banquet. — Lorsqu'on est arrivé au sabbat, la première chose est d'aller rendre hommage à maître Léonard. Il est assis sur un trône infernal, ordinairement sous la figure d'un grand bouc, ayant trois cornes, dont celle du milieu jette une lumière qui éclaire l'assemblée ; quelquefois sous la forme d'un lévrier, ou d'un bœuf, ou d'un tronc d'arbre sans pied, avec une face humaine fort ténébreuse, ou d'un oiseau noir, ou d'un homme tantôt noir, tantôt rouge. Mais sa figure favorite est celle du bouc. Alors il a ordinairement sur la tête la corne lumineuse ; les deux autres sont au cou ; il porte une couronne noire, les cheveux hérissés, le visage pâle et troublé, les yeux ronds, grands, fort ouverts, enflammés et hideux, une barbe de chèvre, les mains comme celles d'un homme, excepté que les doigts sont tous égaux, courbés comme les griffes d'un oiseau de proie, et terminés en pointes, les pieds en pattes d'oie, la queue longue comme celle d'un âne ; il a la voix effroyable et sans ton, tient une gravité superbe, avec la contenance d'une personne mélancolique, et porte toujours sous la queue un visage d'homme noir, visage que tous les sorciers baisent en arrivant au sabbat. — Léonard donne ensuite un peu d'argent à tous ses adeptes ; puis il se lève pour le festin, où le maître des cérémonies place tout le monde, chacun selon son rang, mais toujours un diable à côté d'un sorcier. Quelques sorcières ont dit que la nappe y est dorée, et qu'on y sert toutes sortes de bons mets, avec du pain et du vin délicieux. Mais le plus grand nombre de ces femmes ont déclaré au contraire qu'on n'y sert que des crapauds, de la chair de pendus, de petits enfants non baptisés, et mille autres horreurs, et que le pain du diable est fait de millet noir. On chante, pendant le repas, des choses abominables ; et, après qu'on a mangé, on se lève de table, on adore le grand-maître ; puis chacun se divertit. — Les uns dansent en rond, ayant chacun un chat pendu au derrière. D'autres rendent compte des maux qu'ils ont faits, et ceux qui n'en ont pas fait assez sont punis. Des sorcières répondent aux accusations des crapauds qui les servent ; quand ils se plaignent de n'être pas bien nourris par leurs maîtresses, les maîtresses subissent un châtiment. Les correcteurs du sabbat sont de petits démons sans bras, qui allument un grand feu, y jettent les coupables, et les en retirent quand il le faut. — Ici, on fait honneur à des crapauds, habillés de velours rouge ou noir, portant une sonnette au cou, et une autre aux pieds. On les donne aux sorcières qui ont bien mérité des légions infernales. Là, une magicienne dit la messe du diable pour ceux qui veulent l'entendre. Ailleurs, se commettent les plus révoltantes et les plus honteuses horreurs. Ceux et celles qui vont baiser le visage inférieur du maître tiennent une chandelle sombre à la main. Il en est qui forment des quadrilles avec des crapauds vêtus de velours et chargés de sonnettes. Ces divertissements durent jusqu'au chant du coq. Aussitôt qu'il se fait entendre, tout est forcé de disparaître. Alors le grand nègre leur donne congé, et chacun s'en retourne chez soi [1]. — On conte qu'un charbonnier, ayant été averti que sa femme allait au sabbat, résolut de l'épier. Une nuit qu'elle faisait semblant de dormir, elle se leva, se frotta d'une drogue et disparut. Le charbonnier, qui l'avait bien examinée, en fit autant, et fut aussitôt transporté, par la cheminée, dans la cave d'un comte, homme de considération dans le pays, où il trouva sa femme et tout le sabbat rassemblé pour une séance secrète. Celle-ci, l'ayant aperçu, fit un signe : au même instant tout s'envola, et il ne resta dans la cave que le charbonnier, qui, se voyant pris pour un voleur, avoua ce qui s'était passé à son égard, et ce qu'il avait vu dans cette cave [2]. — Un paysan se rencontrant de nuit dans un lieu où l'on faisait le sabbat, on lui offrit à boire. Il jeta la liqueur à terre et s'enfuit, emportant le vase, qui était d'une matière et d'une couleur inconnues. Il fut donné à Henri le Vieux, roi d'Angleterre, si l'on en croit le conte [3]. Mais, malgré son prix et sa rareté, le vase est sans doute retourné à son premier maître. — Pareillement, un boucher allemand entendit, en passant de nuit par une forêt, le bruit des danses du sabbat ; il eut la hardiesse de s'en approcher, et tout disparut. Il prit des coupes d'argent qu'il porta au magistrat, lequel fit arrêter et pendre toutes les personnes dont les coupes portaient le nom [4]. — Un sorcier mena son voisin au sabbat, en lui promettant qu'il serait l'homme le plus heureux du monde. Il le transporta fort loin, dans un lieu où se trouvait rassemblée une nombreuse compagnie, au milieu de laquelle était un grand bouc. Le nouvel apprenti-sorcier appela Dieu à son secours. Alors vint un tourbillon impétueux : tout disparut ; il demeura seul, et fut trois ans

---

[1] Delancre, Bodin, Delrio, Malol, Leloyer, Danæus, Boguet, Monstrelet, Torquemada, etc.
[2] Delrio, Disquisitions magiques, et Bodin, p. 30.
[3] Trinum Magicum.
[4] Joachim de Cambray.

à retourner dans son pays[1]. — « Le sabbat se fait, disent les cabalistes, quand les sages rassemblent les gnomes pour les engager à épouser les filles des hommes. Le grand Orphée fut le premier qui convoqua ces peuples souterrains. A sa première semonce, Sabasius, le plus ancien des gnomes, contracta alliance avec une femme. C'est de ce Sabasius qu'a pris son nom cette assemblée, sur laquelle on a fait mille contes impertinents. Les démonomanes prétendent aussi qu'Orphée fut le fondateur du sabbat, et que les premiers sorciers qui se rassemblèrent de la sorte se nommaient *orphéotélestes*. La véritable source de ces orgies sinistres a pu prendre naissance dans les bacchanales, où l'on invoquait Bacchus en criant : *Saboé !* » — Dans l'affaire de la possession de Louviers, Madeleine Bavan, tourière du couvent de cette ville, confessa des choses singulières sur le sabbat. Elle avoua qu'étant à Rouen, chez une couturière, un magicien l'avait engagée et conduite au sabbat ; qu'elle fut mariée là à Dagon, diable d'enfer ; que Mathurin Picard l'éleva à la dignité de princesse du sabbat quand elle eut promis d'ensorceler toute sa communauté ; qu'elle composa des maléfices en se servant d'hosties consacrées ; que dans une maladie qu'elle éprouva, Picard lui fit signer un pacte de grimoire ; qu'elle vit accoucher quatre magiciennes au sabbat ; qu'elle aida à égorger et à manger leurs enfants ; que le jeudi saint on y fit la Cène, en y mangeant un petit enfant ; que dans la nuit du jeudi au vendredi, Picard et Boulé avaient percé une hostie par le milieu, et que l'hostie jeta du sang. De plus, elle confessa avoir assisté à l'évocation de l'âme de Picard, faite par Thomas Boulé, dans une grange, pour confirmer les maléfices du diocèse d'Évreux. — Elle ajouta à ces dépositions devant le parlement de Rouen, que David, premier directeur du monastère, était magicien ; qu'il avait donné à Picard une cassette pleine de sorcelleries, et qu'il lui avait délégué tous ses pouvoirs diaboliques ; qu'un jour, dans le jardin, s'étant assise sous un mûrier, un horrible chat noir et puant lui mit ses pattes sur les épaules et approcha sa gueule de sa bouche ; c'était un démon. — Elle dit en outre qu'on faisait la procession ; que le diable, moitié homme et moitié bouc, assistait à ces cérémonies exécrables, et que sur l'autel il y avait des chandelles allumées qui étaient toutes noires. — On trouve généralement le secret de ces horreurs dans des mœurs abominables. Dans le Limbourg, au dernier siècle, il y avait encore beaucoup de bohémiens et de bandits qui faisaient le sabbat. Leurs initiations avaient lieu dans un carrefour solitaire, où végétait une masure qu'on appelait la Chapelle des boucs. Celui qu'on recevait sorcier était enivré, puis mis à califourchon sur un bouc de bois qu'on agitait au moyen d'un pivot ; on lui disait qu'il voyageait par les airs. Il le croyait d'autant plus qu'on le descendait de sa monture pour le jeter dans une orgie qui était pour lui le sabbat. *Voy.* SPÉE, BLOKULA, etc. — On sait, dit Malebranche, que cette erreur du sabbat n'a aucun fondement ; que le prétendu sabbat des sorciers est l'effet d'un délire et d'un déréglement de l'imagination, causé par certaines drogues desquelles se servent les malheureux qui veulent se procurer ce délire. — Ce qui entretient la crédulité populaire, ajoute Bergier, ce sont les récits de quelques peureux qui, se trouvant égarés la nuit dans les forêts, ont pris pour le sabbat des feux allumés par les bûcherons et les charbonniers, ou qui, s'étant endormis dans la peur, ont cru entendre et voir le sabbat, dont ils avaient l'imagination frappée. — Il n'y a aucune notion du sabbat chez les anciens pères de l'Église. Il est probable que c'est une imagination qui a pris naissance chez les barbares du nord ; que ce sont eux qui l'ont apportée dans nos climats, et qu'elle s'y est accréditée au milieu de l'ignorance dont leur irruption fut suivie. Les décrets des conciles n'ont jamais fait mention du sabbat ; preuve évidente qu'on a toujours méprisé cette imagination populaire. — Charles II, duc de Lorraine, voyageant incognito dans ses états, arriva un soir dans une ferme où il se décida à passer la nuit. Il fut surpris de voir qu'après son souper on préparait un second repas plus délicat que le sien, et servi avec un soin et une propreté admirables. Il demanda au fermier s'il attendait de la compagnie. « Non, monsieur, répondit le paysan, mais c'est aujourd'hui jeudi ; et toutes les semaines, à pareille heure, les démons se rassemblent dans la forêt voisine avec les sorciers des environs, pour y faire leur sabbat. Après qu'on a dansé le branle du diable, ils se divisent en quatre bandes. La première vient souper ici ; les autres se rendent dans des fermes peu éloignées. — Et paient-ils ce qu'ils prennent ? demanda Charles. — Loin de payer, répondit le fermier, ils emportent encore ce qui leur convient, et s'ils ne se trouvent pas bien reçus, nous en passons de dures ; mais que voulez-vous qu'on fasse contre des sorciers et des démons ? » Le prince étonné voulut approfondir ce mystère ; il dit quelques mots à l'oreille d'un de ses écuyers, et celui-

---

[1] Torquemada, dans l'Hexameron.

partit au grand galop pour la ville de Toul, qui n'était qu'à trois lieues. Vers deux heures du matin, une trentaine de sorciers et de démons entra; les uns ressemblaient à des ours, les autres avaient des cornes et des griffes. A peine étaient-ils à table, que l'écuyer de Charles II reparut, suivi d'une troupe de gens d'armes; et le prince escorté, entrant dans la salle du souper : — Des diables ne mangent pas, dit-il; ainsi vous voudrez bien permettre que mes gens d'armes se mettent à table à votre place... Les sorciers voulurent répliquer, et les démons proférèrent des menaces. — Vous n'êtes point des démons, leur cria Charles : les habitants de l'enfer agissent plus qu'ils ne parlent, et si vous en sortiez, nous serions déjà tous fascinés par vos prestiges. — Voyant ensuite que la bande infernale ne s'évanouissait pas, il ordonna à ses gens de faire main basse sur les sorciers et leurs patrons; on arrêta pareillement les autres membres du sabbat; et le matin, Charles II se vit maître de plus de cent vingt personnes. On les dépouilla, et on trouva des paysans, qui, sous ces accoutrements, se rassemblaient de nuit dans la forêt pour y faire des orgies abominables, et piller ensuite les riches fermiers. Le duc de Lorraine (qui avait généreusement payé son souper avant de quitter la ferme), fit punir ces prétendus sorciers et démons comme des coquins et des misérables. Le voisinage fut délivré pour le moment de ces craintes; mais la foi au sabbat ne s'affaiblit pas pour cela dans la Lorraine. — Duluc, dans ses Lettres sur l'histoire de la terre et de l'homme, tome 4, lettre 94, rapporte encore ce qui suit : — « Il y a environ dix ans, vers 1769, qu'il s'était formé dans la Lorraine allemande et dans l'électorat de Trèves, une association de gens de la campagne qui avaient secoué tout principe de religion et de morale. Ils s'étaient persuadés qu'en se mettant à l'abri des lois, ils pouvaient satisfaire sans scrupules toutes leurs passions. Pour se soustraire aux poursuites de la justice, ils se comportaient dans leurs villages avec la plus grande circonspection : l'on n'y voyait aucun désordre; mais ils s'assemblaient la nuit en grandes bandes, allaient à force ouverte dépouiller les habitations écartées, commettaient d'abominables excès et employaient les menaces les plus terribles pour forcer au silence les victimes de leur brutalité. Un de leurs complices ayant été saisi par hasard pour quelque délit isolé, on découvrit la trame de cette confédération détestable, et l'on compte par centaines les scélérats qu'il a fallu faire périr sur l'échafaud. »

Sabéisme, — culte que l'on rend aux éléments et aux astres, et qui, selon quelques-uns, est l'origine de l'astrologie judiciaire.

Sabellicus (GEORGES), — farceur allemand qui parcourait l'Allemagne au commencement du dix-septième siècle, en se disant chef des nécromanciens, astrologues, magiciens, chiromanciens, pyromanciens, etc. Il gagna ainsi beaucoup d'argent, et fut très-révéré des vieilles femmes et des petits enfants [1].

Sabiénus. — Dans la guerre de Sicile, entre César et Pompée, Sabiénus, commandant la flotte de César, ayant été pris, fut décapité par ordre de Pompée. Il demeura tout le jour sur le bord de la mer; sa tête ne tenant plus au corps que par un filet. Sur le soir, il pria qu'on fît venir Pompée ou quelqu'un des siens, parce qu'il venait des enfers, et qu'il avait des choses importantes à communiquer. Pompée y envoya plusieurs de ses amis auxquels Sabiénus déclara que la cause et le parti de Pompée étaient agréables aux dieux des enfers, et qu'il réussirait selon ses désirs; qu'il avait ordre de lui annoncer cela, et que, pour preuve de ce qu'il disait, il allait mourir aussitôt : ce qui arriva. Mais on ne voit pas que le parti de Pompée ait réussi.

Sabins, — nom des astrologues turcs.

Sable. — Les Madécasses n'entreprennent jamais la guerre sans consulter leurs augures : ceux-ci ont une petite calebasse remplie d'un sable qui ne se trouve qu'en certains lieux; ils le répandent sur une planche et y marquent plusieurs figures. Ils prétendent connaître par là s'ils vaincront leurs ennemis [2].

Sabnac ou **Salmac**, — grand marquis infernal, démon des fortifications. Il a la forme d'un soldat armé, avec une tête de lion. Il est monté sur un cheval hideux. Il métamorphose les hommes en pierres, et bâtit des tours avec une adresse surprenante. Il a sous ses ordres cinquante légions [3].

Sacaras, — anges du sixième ordre chez les Madécasses. Ils sont tous malfaisants.

Saccilaires, — anciens charlatans qui se servaient de la magie pour s'approprier l'argent d'autrui.

Sacrifices. — L'homme, partout où il a perdu les lumières de la révélation, s'est fait des dieux cruels, altérés de sang, avides de carnage. Hérodote dit que les Scythes immolaient la cinquième partie de leurs prisonniers à Mars Exterminateur. Autrefois les Sibériens se disputaient

---

[1] Salgues, des Erreurs et des préjugés.
[2] Voyage de Madagascar, en 1722.
[3] Wierus, in Pseudom. dæm.

28

l'honneur de périr sous le couteau de leurs prêtres. — Il y avait un temple, chez les Thraces, où l'on n'immolait que des victimes humaines ; les prêtres de ce temple portaient un poignard pendu au cou, pour marquer qu'ils étaient toujours prêts à tuer. Dans le temple de Bacchus, en Arcadie, et dans celui de Minerve, à Lacédémone, on croyait honorer ces divinités en déchirant impitoyablement, à coups de verges, de jeunes filles sur leurs autels. Les Germains et les Cimbres ne sacrifiaient les hommes qu'après leur avoir fait endurer les plus cruels supplices. Il y avait, dans le Pégu, un temple où l'on renfermait les filles les plus belles et de la plus haute naissance ; elles étaient servies avec respect ; elles jouissaient des honneurs les plus distingués ; mais tous les ans une d'elles était solennellement sacrifiée à l'idole de la nation. C'était ordinairement la plus belle qui avait l'honneur d'être choisie ; et le jour de ce sacrifice était un jour de fête pour tout le peuple. Le prêtre dépouillait la victime, l'étranglait, fouillait dans son sein, en arrachait le cœur, et le jetait au nez de l'idole. — Les Mexicains immolaient des milliers de victimes humaines au dieu du mal. Presque tous les peuples, hors le peuple de Dieu dans l'ère ancienne et les chrétiens dans la nouvelle, ont exercé, sans scrupule, de pareilles barbaries. — On accusait les sorciers de sacrifier au diable, dans leurs orgies, des crapauds, des poules noires et de petits enfants non baptisés.

Sadial ou **Sadiel**, — ange qui, selon les musulmans, gouverne le troisième ciel et qui est chargé d'affermir la terre, laquelle serait dans un mouvement perpétuel, s'il n'avait le pied dessus.

Saignement de nez. — Quand on perd par le nez trois gouttes de sang seulement, c'est un présage de mort pour quelqu'un de la famille.

Sains (MARIE DE), — sorcière et possédée. *Voy.* POSSÉDÉES DE FLANDRE.

Sainokavara, — endroit du lac Fakone où les Japonais croient que les âmes des enfants sont retenues comme dans une espèce de limbes.

Saint-André. — Ce docteur, qui a écrit contre les superstitions, fut appelé, en 1726, par une femme qui lui fit confidence qu'elle était accouchée d'un lapereau. Le docteur témoigna d'abord sa surprise, mais, quelques jours après, cette femme prétendit ressentir des tranchées : elle ne douta pas qu'elle n'eût encore quelque lapin à mettre au monde.

Saint-André arrive, et, pour ne rien négliger, il délivre lui-même la malade. Elle accouche en effet d'un petit lapin encore vivant. Les voisines et le docteur de crier miracle. On donne de l'argent à la mère des lapins ; elle prend goût au métier, et se met indiscrètement à accoucher tous les huit jours. La police, étonnée d'une si féconde maternité, croit devoir se mêler de cette affaire. On enferme la dame aux lapins, on la surveille exactement, et l'on s'assure bientôt qu'elle s'est moquée du public, et qu'elle a cru trouver une dupe dans le docteur Saint-André [1].

Saint-Aubin, — auteur calviniste de l'*Histoire des diables de Loudun*, dans l'affaire d'Urbain Grandier. Un vol. in-12, Amsterdam, 1716. Ce livre est écrit avec une grande mauvaise foi.

Saint-Germain (LE COMTE DE), — charlatan célèbre du dernier siècle qui se vantait de faire de l'or, de gonfler les diamants et d'opérer beaucoup de choses merveilleuses. Comme on ignorait son origine, il se disait immortel par la vertu de la pierre philosophale ; et le bruit courait qu'il était âgé de deux mille ans. Il avait l'art d'envelopper ses dupes dans le tissu de ses étranges confidences. Contant un jour qu'il avait beaucoup connu Ponce-Pilate à Jérusalem, il décrivait minutieusement la maison de ce gouverneur romain, et disait les plats qu'on avait servis sur sa table un soir qu'il avait soupé chez lui. Le cardinal de Rohan, croyant n'entendre là que des rêveries, s'adressa au valet de chambre du comte de Saint-Germain, vieillard aux cheveux blancs, à la figure honnête : — Mon ami, lui dit-il, j'ai de la peine à croire ce que dit votre maître. Qu'il soit ventriloque, passe ; qu'il fasse de l'or, j'y consens ; mais qu'il ait deux mille ans et qu'il ait vu Ponce-Pilate, c'est trop fort. Étiez-vous là ? — Oh ! non, monseigneur, répondit ingénument le valet de chambre, c'est plus ancien que moi. Il n'y a guère que quatre cents ans que je suis au service de M. le comte.

Saint-Gille, — marchand épicier à Saint-Germain en Laye, qui fut présenté comme ventriloque à l'Académie des sciences, le 22 décembre 1770. Il avait le talent d'articuler des paroles très-distinctes, la bouche bien fermée et les lèvres bien closes, ou la bouche grandement ouverte ; en sorte que les spectateurs et auditeurs pouvaient y plonger. Il variait admirablement le timbre, la direction et le ton de sa voix qui semblait venir, tan-

---

[1] M. Salgues, des Erreurs et des préjugés, etc., t. 3, p. 111.

tôt du milieu des airs, tantôt du toit d'une maison opposée, de la voûte d'un temple, du haut d'un arbre, tantôt du sein de la terre, etc. [1].

Sakhar, — génie infernal qui, suivant le Talmud, s'empara du trône de Salomon. Après avoir pris Sidon et tué le roi de cette ville, Salomon emmena sa fille Térèda ; comme elle ne cessait de déplorer la mort de son père, il ordonna au diable de lui en faire l'image pour la consoler. Mais cette statue, placée dans la chambre de la princesse, devint l'objet de son culte et de celui de ses femmes Salomon, informé de cette idolâtrie par son vizir Asaf, brisa la statue, châtia sa femme et se retira dans le désert où il s'humilia devant Dieu ; ses larmes et son repentir ne le sauvèrent pas de la peine que méritait sa faute. Ce prince était dans l'usage de remettre, avant d'entrer dans le bain, son anneau, dont dépendait sa couronne, à une de ses femmes nommée Amina. Un jour, Sakhar vint à elle sous les traits du roi, et, recevant l'anneau de ses mains, prit, en vertu de ce talisman, possession du trône, et fit dans les lois tous les changements dont sa méchanceté s'avisa. En même temps Salomon, dont la figure n'était plus la même, méconnaissable aux yeux de ses sujets, fut obligé d'errer et de demander l'aumône. Enfin, au bout de quarante jours, espace de temps durant lequel l'idole avait été honorée dans son palais, le diable prit la fuite, et jeta l'anneau dans la mer. Un poisson qui venait de l'avaler fut pris et donné à Salomon, qui retrouva sa bague dans les entrailles dudit poisson. Rentré en possession de son royaume, ce prince saisit Sakhar, lui chargea le cou d'une pierre, et le précipita dans le lac de Tibériade.

Sakhrat. — Il y a une montagne que les mahométans croient entourer tout le globe. C'est la montagne de Kaf. Elle a pour fondement la pierre Sakhrat, dont Lokman disait que quiconque en aurait seulement le poids d'un grain ferait des miracles. Cette pierre est faite d'une seule émeraude, et c'est de sa réflexion que le ciel nous paraît azuré. Lorsque Dieu veut exciter un tremblement de terre, il commande à cette pierre de donner le mouvement à quelqu'une de ses racines. La terre se trouve au milieu de cette montagne, comme le doigt au milieu de l'anneau ; sans cet appui, elle serait dans une perpétuelle agitation. Pour y arriver, il faut traverser un très-grand pays ténébreux ; nul homme n'y pent pénétrer, s'il n'est conduit par quelque intelligence. C'est là que les Dives ou mauvais génies ont été confinés, après avoir été subjugués par les premiers héros de la race des hommes, et que les Péris ou fées font leur demeure ordinaire.

Sakimouni, — génie ou dieu, dont les légendes des Kalmouks racontent qu'il habitait le corps d'un lièvre ; il rencontra un homme qui mourait de faim, il se laissa prendre pour satisfaire l'appétit de ce malheureux. L'esprit de la terre, satisfait de cette belle action, plaça aussitôt l'âme de ce lièvre dans la lune, où les Kalmouks prétendent la découvrir encore [1].

Salamandres. — Selon les cabalistes, ce sont des esprits élémentaires, composés des plus subtiles parties du feu, qu'ils habitent. « Les salamandres, habitants enflammés de la région du feu, servent les sages, dit l'abbé de Villars, mais ils ne cherchent pas leur compagnie ; leurs filles et leurs femmes se font voir rarement. De tous les hôtes des éléments, les salamandres sont ceux qui vivent le plus long-temps. » — Les historiens disent que Romulus était fils de Mars. Les esprits forts ajoutent, c'est une fable ; les démonomanes disent : il était fils d'un incube. Nous qui connaissons la nature, poursuit le même auteur, nous savons que ce Mars prétendu était un salamandre. *Voy*. Cabale. — Il y a un animal amphibie, de la classe des reptiles et du genre des lézards, qu'on nomme la salamandre ; sa peau est noire, parsemée de taches jaunes, sans écailles, et presque toujours enduite d'une matière visqueuse qui en suinte continuellement. La salamandre ressemble, pour la forme, à un lézard. Les anciens croyaient que cet animal vivait dans le feu. « La salamandre loge dans la terre, dit Bergerac, qui est toujours farceur, sous des montagnes de bitume allumé, comme l'Etna, le Vésuve et le cap Rouge. Elle sue de l'huile bouillante et crache de l'eau-forte, quand elle s'échauffe ou qu'elle se bat. Avec le corps de cet animal, on n'a que faire de feu dans une cuisine. Pendu à la crémaillère, il fait bouillir et rôtir tout ce que l'on met devant la cheminée. Ses yeux éclairent la nuit comme de petits soleils ; et, placés dans une chambre obscure, ils y font l'effet d'une lampe perpétuelle.... »

Salgues (Jean-Baptiste), — auteur d'un livre intitulé *Des erreurs et des préjugés répandus dans les diverses classes de la société*, 3 vol. in-8°, 3° édit., Paris, 1848. Une quatrième édition a paru depuis.

---

[1] Le ventriloque de l'abbé de La Chapelle, cité par M. Garinet, Hist. de la Magie en France, p. 278.

[1] Voyages de Pallas.

Salière. — Le sel, chez les anciens, était consacré à la sagesse; aussi n'oubliait-on jamais la salière dans les repas; si l'on ne songeait pas à la servir, cet oubli était regardé comme un mauvais présage. — Il était aussi regardé comme le symbole de l'amitié; les amis avaient coutume de s'en servir au commencement des repas, et si quelqu'un en répandait, c'était le signe de quelque brouillerie future. — Aujourd'hui c'est encore un très-mauvais augure pour les personnes superstitieuses, lorsque les salières se renversent sur la table. *Voy.* SEL.

Salisateurs, — devins du moyen âge, qui formaient leurs prédictions sur le mouvement du premier membre de leur corps qui venait à se remuer, et en tiraient de bons ou mauvais présages.

Salive. — Pline le naturaliste rapporte comme un ancien usage, celui de porter avec le doigt un peu de salive derrière l'oreille, pour bannir les soucis et les inquiétudes. — Mais ce n'est pas là toute la vertu de la salive; elle tue les aspics, les serpents, les vipères et les autres reptiles venimeux. Albert-le-Grand dit qu'il faut qu'elle soit d'un homme à jeun, et qui ait demeuré long-temps sans boire. — Figuier assure qu'il a tué plusieurs serpents d'un petit coup de bâton mouillé de sa salive. M. Salgues ajoute qu'il est possible de tuer les vipères avec un peu de salive, mais qu'il est à propos que le coup de bâton qui l'accompagne soit suffisant. — Ce qui est certain, c'est que Redi a voulu vérifier les témoignages d'Aristote, de Galien, de Lucrèce, etc. Il s'est amusé à cracher, à jeun, sur une multitude de vipères que le grand-duc de Toscane avait fait rassembler; mais à la grande confusion de l'antiquité, les vipères ne sont pas mortes. *Voy.* CRACHAT.

Salomon. — Les philosophes, les botanistes, les devins et les astrologues orientaux regardent *Salomon* ou *Soliman* comme leur patron. Selon eux, Dieu lui ayant donné sa sagesse, lui avait communiqué en même temps toutes les connaissances naturelles et surnaturelles; et entre ces dernières, la science la plus sublime et la plus utile, celle d'évoquer les esprits et les génies et de leur commander. Salomon avait, disent-ils, un anneau chargé d'un talisman, qui lui donnait un pouvoir absolu sur ces êtres intermédiaires entre Dieu et l'homme. Cet anneau existe encore; il est renfermé dans le tombeau de Salomon, et quiconque le posséderait, deviendrait le maître du monde. Mais on ne sait où trouver ce tombeau. Il ne reste que des formules, des pratiques et des figures, par lesquelles on peut acquérir, quoique imparfaitement, une petite partie du pouvoir que Salomon avait sur les esprits. Ces beaux secrets sont conservés dans les livres niais qu'on attribue à ce prince, et surtout dans ses Clavicules intitulées : les *Véritables Clavicules de Salomon*, in-18, *à Memphis*, chez Alibeck l'Égyptien. On y trouve des conjurations et des formules magiques. Agrippa, dit-on, faisait grand cas de cet ouvrage. On attribue encore à Salomon un *Traité de la pierre philosophale*, les *Ombres des idées*, le *Livre des neuf anneaux*, le *Livre des neuf chandeliers*, le *Livre des trois figures des esprits*, des *Sceaux qui chassent les démons*, et un *Traité de nécromancie*, adressé à son fils Roboam. *Voy.* CONJURATIONS, SAKHAR, SIMORGUE, BELIAL, ASRAEL, ASMODÉE, ART NOTOIRE, etc.

Salutadores, — gens qui se mêlent en Espagne de guérir certaines maladies, et qui tous ont, dit-on, de naissance, certaine marque sur le corps en forme de demi-roue. Ils se disent descendants de sainte Catherine, qui n'eut pas de descendants. *Voy.* HOMMES INCOMBUSTIBLES.

Salvation de Rome, — *voy.* VIRGILE.

Salverte (EUSÈBE), — auteur d'un *Essai sur la magie, les prodiges*, etc., 1 vol. in-12, Bruxelles, 1824, réimprimé à Paris. C'est un traité philosophique, dans le mauvais sens de ce mot.

Samael, — prince des démons, selon les rabbins. Ce fut lui qui, monté sur le serpent, séduisit Ève. C'est encore, chez plusieurs docteurs juifs, l'ange de la mort, qu'ils représentent tantôt avec une épée, tantôt avec un arc et des flèches.

Sambethe, — *voy.* SIBYLLES.

Samuel. — Une nécromancienne, la pythonisse d'Endor, fit voir au roi Saül l'ombre du prophète Samuel, qui lui prédit ses désastres. Menasseh-ben-Israël, dans son second livre de la Résurrection des morts, dit que la pythonisse ne pouvait pas forcer l'âme de Samuel à rentrer dans son corps, et que le fantôme qu'elle évoqua était un démon revêtu de la forme du prophète. Cependant Samuel dit au roi : *Pourquoi troublez-vous mon repos, en me forçant à remonter sur la terre?* Les uns pensent que l'âme du prophète pouvait seule prononcer ces paroles; d'autres soutiennent que ces mots *remonter sur la terre* s'appliquent au corps seulement, que le diable avait pu emprunter. Le rabbin Meyer-Gabay, qui est du sentiment des premiers, ajoute que Samuel seul pouvait dire à Saül, devant la sorcière qui le faisait venir : Demain, toi et tes fils, vous viendrez me rejoindre. *Cras tu et filii tui mecum erunt.* C'est aussi l'avis de la plupart des théologiens [1].

Sanaves. — Amulettes que les femmes madécasses portent au cou et aux poignets; ce sont des morceaux d'un bois odorant, enveloppés dans une toile; ils préservent de l'atteinte des sorciers.

Sanche, — serviteur de Pierre d'Engelbert, qui l'avait envoyé à ses frais au secours d'Alphonse, roi d'Aragon, alors en guerre avec la Castille. Le serviteur revint sain et sauf, quand la guerre fut finie; mais bientôt il tomba malade et mourut. Quatre mois après sa mort, Pierre, couché dans sa chambre, vit entrer au clair de la lune un spectre à demi nu, qui s'approcha de la cheminée, découvrit le feu et se chauffa. Pierre lui demanda qui il était. — Je suis, répondit le fantôme d'une voix cassée, Sanche, votre serviteur. — Eh! que viens-tu faire ici? — Je vais en Castille, avec quelques autres, expier le mal que nous y avons fait. Moi en particulier, j'ai pillé les ornements d'une église, et je suis condamné pour cela à faire ce voyage. Vous pouvez me soulager par vos bonnes œuvres; et votre femme, qui me doit huit sous, m'obligera en les donnant aux pauvres en mon nom. — Pierre lui demanda des nouvelles de quelques-uns de ses amis morts depuis peu; Sanche le satisfit là-dessus. — Et où est maintenant le roi Alphonse? demanda Pierre. Alors un autre spectre, qu'il n'avait pas vu d'abord, et qu'il aperçut dans l'embrasure de la fenêtre, lui dit : — Sanche ne peut rien vous apprendre touchant le roi d'Aragon; il n'y a pas assez long-temps qu'il est dans notre bande, pour en savoir des nouvelles; mais moi, qui suis mort il y a cinq ans, je puis vous en dire quelque chose. Alphonse, après son trépas, a été quelque temps avec nous; mais les prières des bénédictins de Cluni l'en ont tiré, et je ne sais où il est à présent. — Alors les deux revenants sortirent. Pierre éveilla sa femme et lui demanda si elle ne devait rien à Sanche. — Je lui dois encore huit sous, répondit-elle. Pierre ne douta plus, fit des prières et distribua des aumônes pour l'âme du défunt [2].

Sang de taureau. — Les anciens le regardaient comme un poison; Plutarque rapporte que Thémistocle s'empoisonna avec ce sang; Pline conte que les prêtres d'Égine ne manquaient jamais d'en avaler avant de descendre dans la grotte où l'esprit prophétique les attendait. Quoi qu'il en soit, le sang de taureau n'empoisonne pas, à moins qu'il ne soit vicié; tous les jours on en fait du boudin [1]. Pline assure que le sang de cheval tue aussi l'homme; mais il se contredit dans un autre passage, lorsqu'il dit que les Sarmates mélaient de la farine et du sang de cheval pour en faire des gâteaux fort délicats. — Enfin les anciens qui regardaient le sang de taureau comme un poison pour le corps, le regardaient comme un remède pour l'âme : on expiait les crimes en se faisant asperger de sang de taureau. On immolait un taureau, on en recueillait le sang dans un vase dont le fond était percé de petits trous, le criminel se tenait dessous, après quoi il se retirait purifié.

Sausine, — sorcière et prêtresse du sabbat. Elle est très-considérée des chefs de l'Empire infernal. C'est la première des femmes de Satan. On l'a vue souvent dans les assemblées qui se tenaient au pays de Labour [2].

Santabarenus. — Basile, empereur de Constantinople, ayant perdu son fils Constantin, qu'il aimait uniquement, voulut le voir à quelque prix que ce fût. Il s'adressa à un moine hérétique nommé Santabarenus, qui, après quelques conjurations, lui montra un spectre semblable à son fils [3].

Saphis, — morceaux de papiers sur lesquels sont écrits des passages du Koran, et que les Maures vendent aux nègres, comme ayant la propriété de rendre invulnérables celui qui les porte.

Sapondomad, — génie sous la protection duquel est la terre, et qui, selon les Guèbres, fait des souhaits pour celui qui la cultive, et des imprécations contre celui qui la néglige.

Sarmenius-Lapis, — pierre à laquelle on attribuait la vertu de prévenir les avortements.

Sas, — divination par le sas ou tamis. *Voy.* Cosquinomancie.

Sare (Marguerite); — prévenue de sorcellerie à seize ans, elle mourut en prison à Bordeaux, où elle avait été renfermée pour avoir fait un pacte avec le diable [4]. — Vers l'an 1600.

Satan, — démon du premier ordre, chef des démons et de l'enfer, selon l'opinion géné-

---

[1] M. Salgues, des Erreurs et des préjugés.
[2] Delancre, Tableau de l'inconstance des dém., etc. p. 141.
[3] Michel Glycas.
[4] Delancre, Tableau de l'inconstance des dém., etc., p. 95.

rale; démon de la discorde, selon les démonomanes, prince révolutionnaire dans l'empire de Belzébuth. Quand les anges se révoltèrent contre Dieu, Satan, alors gouverneur d'une partie du nord dans le ciel, se mit à la tête des rebelles; il fut vaincu et précipité dans l'abîme. Le nom de Satan, en hébreu, veut dire ennemi, adversaire. Milton dit que Satan est semblable à une tour par sa taille, et, un peu plus loin il fixe sa hauteur à quarante mille pieds. — On a publié, il y a vingt ans, une *Lettre de Satan aux francs-maçons*; elle eût pu être plus piquante. On voit de nos jours, à Paris, un journal intitulé Satan, comme il y en a un à Bruxelles, intitulé Méphistophélès. Ce ne sont pas des esprits bien spirituels qui se mettent ainsi sous le couvert des esprits malins.

Satyres. — Les satyres étaient, chez les païens, des divinités champêtres qu'on représentait comme de petits hommes velus, avec des cornes et des oreilles de chèvre, la queue, les cuisses et les jambes du même animal. Pline le naturaliste croit que les satyres étaient une espèce de singes; et il assure que dans une montagne des Indes il se trouve des singes qu'on prendrait de loin pour des hommes : ces sortes de singes ont souvent épouvanté les bergers. Les démonomanes disent que les satyres n'ont jamais été autre chose que des démons, qui ont paru sous cette figure sauvage; les cabalistes n'y voient que des gnomes. — Saint Jérôme rapporte que saint Antoine rencontra, dans son désert, un satyre qui lui présenta des dattes, et l'assura qu'il était un de ces habitants des bois que les païens avaient honorés sous les noms de satyres et de faunes; il ajouta qu'il était venu vers lui comme député de toute sa nation, pour le conjurer de prier pour eux le Sauveur, qu'ils savaient bien être venu en ce monde. Les satyres ne seraient ainsi que des sauvages. — Le maréchal de Beaumanoir, chassant dans une forêt du Maine, en 1599, ses gens lui amenèrent un homme qu'ils avaient trouvé endormi dans un buisson, et dont la figure était très-singulière : il avait au haut du front deux cornes, faites et placées comme celles d'un bélier; il était chauve, et avait au bas du menton une barbe rousse par flocons, telle qu'on peint celle des satyres. Il conçut tant de chagrin de se voir promener de foire en foire, qu'il en mourut à Paris, au bout de trois mois. On l'enterra dans le cimetière de Saint-Côme. — « Sous le roi Étienne, dit Leloyer, en temps de moissons, sortirent en Angleterre deux jeunes enfants de couleur verte, ou plutôt deux satyres, mâle et femelle, qui, après avoir appris le langage du pays, se dirent être d'une terre d'antipodes, où le soleil ne luisait, et ne voyaient que par une lumière sombre qui précédait le soleil d'orient, ou suivait celui d'occident. Au surplus, étaient chrétiens et avaient nos églises. » — Enfin, un rabbin s'est imaginé que les satyres et les faunes des anciens étaient en effet des hommes; mais dont la structure était restée imparfaite, parce que dieu, lorsqu'il les faisait, surpris par le soir du sabbat, avait interrompu son ouvrage.

Saubadine de Subiette, — mère de Marie de Naguille, sorcière, que sa fille accusa de l'avoir menée au sabbat plusieurs fois[1].

Saute-Buisson. — *Voy.* VERDELET.

Sauterelles. — Pendant que Charles-le-Chauve assiégeait Angers, des sauterelles, grosses comme le pouce, ayant six ailes, vinrent assaillir les Français. Ces ennemis d'un nouveau genre volaient en ordre, rangés en bataille, et se faisaient éclairer par des piqueurs d'une forme élancée. On les exorcisa, suivant l'usage du temps, et le tourbillon, mis en déroute, s'alla précipiter dans la mer[2].

Sauveurs d'Italie, — Charlatans qui se disent parents de saint Paul, et portent imprimée sur leur chair une figure de serpent qu'ils donnent pour naturelle. Ils se vantent de ne pouvoir être blessés par les serpents, ni par les scorpions, et de les manier sans danger.

Savon. — Dans l'île de Candie et dans la plupart des îles de la Turquie et de la Grèce, on évite d'offrir du savon à quelqu'un. On craindrait par là d'effacer l'amitié.

Savonarole (JÉRÔME), — célèbre dominicain ferrarais du quinzième siècle. — Machiavel dit qu'il avait persuadé au peuple de Florence qu'il parlait avec Dieu. Nardin, dans son histoire de Florence, livre II, dit que les partisans de Savonarole étaient appelés Piagnoni, les pleureurs, et ses ennemis Arrabiati, les enragés ou les indisciplinables[3]. Nous ne jugerons pas ici cet homme de mérite, qui put bien avoir des torts.

Schada-Schivaoun, — génies indiens qui régissent le monde. Ils ont des femmes; mais ce ne sont que des attributs personnifiés. La principale se nomme *Houmani* : c'est elle qui gouverne le ciel et la région des astres.

---

[1] Delancre, Tableau de l'inconstance des dém., sorc et magic., liv. II, p. 119.
[2] M. Garinet, Hist. de la magie en France, p. 48.
[3] Saint-Foix, t. III, p. 368.

Schadukiam, — province du Ginnistan, que les romans orientaux disent peuplée de dives et de péris.

Schamans, — sorciers de la Sibérie, qui font des conjurations pour retrouver une vache perdue, pour guérir une maladie, et qui invoquent les esprits en faveur d'une entreprise ou d'un voyage. Ils sont très-redoutés.

Schertz (FERDINAND), auteur de la *Magia posthuma*, Olmutz, 1706. *Voy.* VAMPIRES.

Schoumnus, — fées malfaisantes très-redoutées des Kalmouks; elles se nourrissent du sang et de la chair des humains, prennent souvent la forme de femmes charmantes, mais un air sinistre, un regard perfide dévoilent leur âme infernale. Quatre dents de sanglier sortent ordinairement de leur bouche, qui se prolonge quelquefois en trompe d'éléphant.

Schroter (ULRICH). — En 1553, à Willissaw, dans le canton de Lucerne, un joueur de profession, nommé Ulrich Schroter, se voyant malheureux au jeu, proférait des blasphèmes qui ne rendaient pas ses parties meilleures. Il jura que, s'il ne gagnait pas, dans la chance qui allait tourner, il jetterait sa dague contre un crucifix qui était sur la cheminée. Les menaces d'Ulrich n'épouvantèrent point celui dont il outrageait l'image; Ulrich perdit encore. Furieux, il se lève, lance sa dague, qui n'atteignit point son but sacrilège, et aussitôt, disent les chroniques du temps, une troupe de démons tombe sur lui et l'enlève, avec un bruit si épouvantable, que toute la ville en fut ébranlée[1].

Sciamancie, — Divination qui consiste à évoquer les ombres des morts, pour apprendre les choses futures. Elle différait de la nécromancie et de la psychomancie, en ce que ce n'était ni l'âme ni le corps du défunt qui paraissait, mais seulement un simulacre.

Sciences Secrètes. — On donne ce nom à la magie, à la théurgie, à l'art notoire, à la plupart des divinations, aux pratiques des grimoires, etc.

Scimasar. — une des douze espèces d'augures que Michel Scot distingue dans son Traité de la physionomie. Il l'appelle *Scimasar Nova*. Lorsque vous voyez, dit-il un homme ou un oiseau derrière vous, qui vous joint et vous passe, s'il passe à votre droite, c'est bon augure, et mauvais s'il passe à votre gauche.

Sciopodes, — peuples fabuleux de l'Éthiopie, dont parle Pline, lesquels, n'ayant qu'un pied, s'en servaient pour se mettre à l'ombre du soleil, en se couchant par terre, et levant leur pied en l'air.

Scopélisme, sorte de maléfice qu'on donnait par le moyen de quelques pierres charmées. On jetait une ou plusieurs pierres ensorcelées dans un jardin ou dans un champ : la personne qui les découvrait ou y trébuchait, en recevait le maléfice, qui faisait parfois mourir.

Scorpion. — Les Persans croient que, par le moyen de certaines pierres merveilleuses, on peut ôter le venin aux scorpions, qui se trouvent chez eux en grand nombre. — Frey assure qu'il n'y a jamais eu ni de serpents ni de scorpions dans la ville de Hamps, à cause de la figure d'un scorpion gravée sur un talisman dans les murailles de cette ville.

Scotopites, — *voy.* CIRCONCELLIONS.

Scott, — *Voy.* WALTER SCOTT.

Scox ou **Chax**, — duc et grand marquis des enfers. Il a la voix rauque, l'esprit porté au mensonge; il se présente sous la forme d'une cigogne. Il vole l'argent dans les maisons qui en possèdent, et ne restitue qu'au bout de douze cents ans, si toutefois il en reçoit l'ordre. Il enlève les chevaux. Il exécute tous les commandements qui lui sont donnés, lorsqu'on l'oblige d'agir de suite; et quoiqu'il promette d'obéir aux exorcistes, il ne le fait pas toujours. Il ment, s'il n'est pas dans un triangle; si, au contraire, il y est renfermé, il dit la vérité en parlant des choses surnaturelles. Il indique les trésors cachés qui ne sont pas gardés par les malins esprits. Il commande trente légions[1].

Scylla, — nymphe dont Glaucus fut épris. N'ayant pu la rendre sensible, il eut recours à Circé, qui jeta un charme dans la fontaine où Scylla avait coutume de se baigner. A peine y fut-elle entrée, qu'elle se vit changée en un monstre qui avait douze griffes, six gueules et six têtes; une meute de chiens lui sortait de la ceinture. Effrayée d'elle-même, Scylla se jeta dans la mer à l'endroit où est le détroit qui porte son nom.

Sebhil ou **Sebhael**, — génie qui, selon les musulmans, tient les livres où sont écrites les bonnes et mauvaises actions des hommes.

Secretain (FRANÇOISE), — sorcière qui fut brûlée à Saint-Claude, en Franche-Comté, sous Boguet. Elle avoua qu'elle avait vu le

---

[1] Bodin, Démonomanie, liv. III, ch. 1er après Job-Fincel et André-Muscul.

[1] Wierus, in Pseudomon. dæm.

diable tantôt en forme de chien, tantôt en forme de chat, tantôt en forme de poule [1].

Secrets merveilleux. — Faites tremper une graine quelconque dans la lie de vin, puis jetez-la aux oiseaux ; ceux qui en tâteront s'enivreront et se laisseront prendre à la main. — Mangez à jeun quatre branches de rue, neuf grains de genièvre, une noix, une figue sèche et un peu de sel, pilés ensemble, vous vous maintiendrez en parfaite santé, dit le Petit Albert. — Qu'on pile et qu'on prenne, dans du vin, une pierre qui se trouve dans la tête de quelques poissons, Avicenne dit qu'on guérira de la pierre. Mizaldus prétend que les grains d'aubépine, pris avec du vin blanc, guérissent de la gravelle. La grenouille des buissons, coupée et mise sur les reins, fait tellement uriner, si l'on en croit Cardan, que les hydropiques en sont souvent guéris. Qu'on plume, qu'on brûle et qu'on réduise en poudre la tête d'un milan, qu'on en avale dans de l'eau autant qu'on en peut prendre avec trois doigts, Mizaldus assure qu'on guérira de la goutte. Cardan assure encore qu'une décoction de l'écorce du peuplier blanc, appliquée sur les membres souffrants, guérit la goutte sciatique. — Wecker déclare qu'une décoction de trèfle guérit les morsures des vipères. On voit dans Thiers qu'on fait sortir les ordures des yeux en crachant trois fois. — Leloyer dit que, pour se garantir des enchantements, il faut cracher sur le soulier du pied droit, et qu'on se préserve des maléfices en crachant trois fois sur les cheveux qu'on s'arrache en se peignant, avant de les jeter à terre. — Un ancien dit qu'une vierge arrête la grêle en en mettant trois grains dans son sein. — On empêche le mari de dormir en mettant dans le lit un œuf d'hirondelle. — Mettez un œuf dans le vin : s'il descend de suite au fond, le vin est trempé ; s'il surnage, le vin est pur. — Qu'on mêle l'herbe *centaurée* avec le sang d'une huppe femelle, et qu'on en mette dans une lampe, avec de l'huile, tous ceux qui se trouveront présents se verront les pieds en l'air et la tête en bas. Si on en met au nez de quelqu'un, il s'enfuira et courra de toutes ses forces. — Celui-ci est d'Albert-le-Grand : Qu'on mette pourrir la *sauge* dans une phiole, sous du fumier, il s'en formera un ver qu'on brûlera. En jetant sa cendre au feu, elle produira un coup de tonnerre. Le même Albert-le-Grand ajoute que si on en mêle à l'huile de la lampe, toute la lampe semblera pleine de serpents. — La poudre admirable que les charlatans appellent poudre de perlimpinpin, et qui opère tant de prodiges, se fait avec un chat écorché, un crapaud, un lézard et un aspic, qu'on met sous de bonne braise jusqu'à ce que le tout soit pulvérisé [2]. On pourrait citer une foule de secrets pareils, car nous en avons de toutes les couleurs ; mais ceux qu'on vient de lire suffisent pour donner une idée de la totalité. *Voy.* Charmes, Enchantements, Maléfices, Paroles magiques, Superstitions, etc.

Segjin, — septième partie de l'enfer chez les mahométans. On y jette les âmes des impies, sous un arbre noir et ténébreux, où l'on ne voit jamais aucune lumière : ce qui n'est pas gai.

Seidur, — magie noire chez les Islandais. *Voy.* Nid.

Seings. — *Divination à l'aide des seings, adressée par Mélampus au roi Ptolémée*. — Un seing ou grain de beauté, au front de l'homme ou de la femme, promet des richesses. Un seing auprès des sourcils d'une femme la rend à la fois bonne et belle ; auprès des sourcils d'un homme, un seing le rend riche et beau. Un seing dans les sourcils promet à l'homme cinq femmes, et à la femme cinq maris. Celui qui porte un seing à la joue deviendra opulent. Un seing à la langue promet le bonheur en ménage. Un seing aux lèvres indique la gourmandise. Un seing au menton annonce des trésors. Un seing aux oreilles donne une bonne réputation. Un seing au cou promet une grande fortune. Celui qui porte un seing derrière le cou pourrait bien être décapité. Un seing aux reins caractérise un pauvre gueux. Un seing aux épaules annonce une captivité. Un seing à la poitrine ne donne pas de grandes richesses. Celui qui porte un seing sur le cœur est quelquefois méchant. Celui qui porte un seing au ventre aime la bonne chère. Ceux qui ont un seing aux mains auront beaucoup d'enfants. *Voy.* Chiromancie.

Sel. — Le sel, dit Boguet, est un antidote souverain contre la puissance de l'enfer. Le diable a tellement le sel en haine, qu'on ne mange rien de salé au sabbat. Un Italien, se trouvant par hasard à cette assemblée pendable, demanda du sel avec tant d'importunité, que le diable fut contraint d'en faire servir. Sur quoi l'Italien s'écria : Dieu soit béni, puisqu'il m'envoie ce sel ! et tout délogea à l'instant. — Quand du sel se répand sur la table, mauvais présage que l'on conjure en prenant une pincée du sel répandu, et le jetant derrière soi avec la main droite par-

---

[1] Boguet, Discours des exécrables sorciers.

[2] Kivasseau.

dessus l'épaule gauche. — Les Écossais attribuent une vertu extraordinaire à l'eau saturée de sel; les habitants des Hébrides et des Orcades n'oublient jamais de placer un vase rempli d'eau et de sel sur la poitrine des morts, afin, disent-ils, de chasser les esprits infernaux. — Le sel est le symbole de l'éternité et de la Sagesse, parce qu'il ne se corrompt point. *Voy.* SALIÈRE.

Sépar, — *voy.* VÉPAR.

Sépulture. — Quelques philosophes qui voyageaient en Perse ayant trouvé un cadavre abandonné sur le sable, l'ensevelirent et le mirent en terre. La nuit suivante, un spectre apparut à l'un de ces philosophes et lui dit que ce mort était le corps d'un infâme qui avait commis un inceste, et que la terre lui refusait son sein. Les philosophes se rendirent le lendemain au même lieu pour déterrer le cadavre, mais ils trouvèrent la besogne faite, et continuèrent leur route sans plus s'en occuper [1]. *Voy.* FUNÉRAILLES.

Sermons. — Le diable, qui affecte de singer tous les usages de l'Église, fait faire au sabbat des sermons auxquels doivent assister tous les sorciers. C'est Asmodée qui est le prédicateur ordinaire; et plusieurs sorcières ont rapporté lui avoir entendu prêcher des abominations.

Serosch, — génie de la terre chez les Parsis. C'est lui qui préserve l'homme des embûches du diable.

Serpent. — C'est sous cette figure redoutée que Satan fit sa première tentation. *Voy.* SAMAEL. — Le serpent noir de Pensylvanie a le pouvoir de charmer ou de fasciner les oiseaux et les écureuils : s'il est couché sous un arbre et qu'il fixe ses regards sur l'oiseau ou l'écureuil qui se trouve au-dessus de lui, il le force à descendre et à se jeter directement dans sa gueule. Cette opinion est du moins très-accréditée, parce qu'elle tient du merveilleux : on en peut trouver la source dans l'effroi que le serpent noir cause à l'écureuil. Un de ces animaux, troublé par la frayeur, a pu naturellement tomber de son arbre, et le peuple, qui se fait des prodiges toutes les fois que l'occasion s'en présente, a bien vite attribué à des charmes un effet qu'il éprouve lui-même à tout instant. — Il y a dans les royaumes de Juida et d'Ardra, en Afrique, des serpents très-doux, très-familiers, et qui n'ont aucun venin; ils font une guerre continuelle aux serpents venimeux : voilà sans doute l'origine du culte qu'on commença et

[1] Agathias.

qu'on a continué de leur rendre dans ces contrées. — Un marchand anglais, ayant trouvé un de ces serpents dans son magasin, le tua, et, n'imaginant pas avoir commis une action abominable, le jeta devant sa porte. Quelques femmes passèrent, poussèrent des cris affreux, et coururent répandre dans le canton la nouvelle de ce sacrilège. Une grande fureur s'empara des esprits; on massacra les Anglais; on mit le feu à leurs comptoirs, et leurs marchandises furent consumées par les flammes. — Il y a encore des chimistes qui soutiennent que le serpent, en muant et en se dépouillant de sa peau, rajeunit, croît, acquiert de nouvelles forces, et qu'il ne meurt que par des accidents, et jamais de mort naturelle. On ne peut pas prouver par des expériences la fausseté de cette opinion; car, si on nourrissait un serpent, et qu'il vînt à mourir, les partisans de son espèce d'immortalité diraient qu'il est mort de chagrin de n'avoir pas sa liberté, ou parce que la nourriture qu'on lui donnait ne convenait point à son tempérament. *Voy.* ALEXANDRE DE PAPHLAGONIE, ANE, etc.

Le grand Serpent de Mer. — On se rappelle le bruit que fit, en 1837, la découverte du grand serpent de mer, vu par le navire *le Havre*, à la hauteur des Açores. Tous les journaux s'en sont occupés; et après s'en être montrée stupéfaite, la presse, faisant volte-face, a présenté ensuite le grand serpent marin comme un être imaginaire. M. B. de Xivrey a publié à ce propos, dans le Journal des Débats, des recherches curieuses que nous reproduisons en partie. — « Les mers du Nord, dit-il, paraissent être aujourd'hui la demeure habituelle du grand serpent de mer, et son existence est en Norvége un fait de notoriété vulgaire. Ce pays a vu souvent échouer sur ses côtes des cadavres de ces animaux, sans que l'idée lui soit venue de mettre de l'importance à constater ces faits. Les souvenirs s'en sont mieux conservés lorsqu'il s'y joignait quelque autre incident plus grave, comme la corruption de l'air, causée quelquefois par la putréfaction de ces corps. Pontoppidan en a cité des exemples, mais jamais on n'avait pensé à rédiger à l'occasion de pareils faits un procès-verbal. » — Celui qui fut rédigé à Stronza offre les notions les plus précises que l'on possède sur la figure du serpent de mer. Nous y voyons notamment ce signe remarquable de la crinière, dont les observateurs plus anciens et les récits des Norvégiens s'accordent à faire mention. Nous le trouvons dans la lettre datée de Bergen, 21 février 1751, et où le capitaine Laurent de Ferry termine ainsi sa description du serpent de mer qu'il rencontra : « Sa tête, qui s'élevait au-dessus des vagues les plus hautes, ressemblait à celle d'un cheval ; il était de couleur grise avec la bouche très-brune, les yeux noirs et une longue crinière qui flottait sur son cou. Outre la tête de ce reptile, nous pûmes distinguer sept ou huit de ses replis, qui étaient très-gros et renaissaient à une toise l'un de l'autre. Ayant raconté cette aventure devant une personne qui désira une relation authentique, je la rédigeai et la lui remis avec les signatures des deux matelots, témoins oculaires, Nicolas Peverson Kopper et Nicolas Nicolson Angleweven, qui sont prêts à attester sous serment la description que j'en ai faite. » — C'est probablement cette crinière que Paul Egède compare à des oreilles ou à des ailes dans a description du serpent marin qu'il vit dans son second voyage au Groenland : « Le 6 juillet, nous aperçûmes un monstre qui se dressa si haut sur les vagues, que sa tête atteignait la voile du grand mât. Au lieu de nageoires, il avait de grandes oreilles pendantes comme des ailes ; des écailles lui couvraient tout le corps, qui se terminait comme celui d'un serpent. Lorsqu'il se reployait dans l'eau, il s'y jetait en arrière et, dans cette sorte de culbute, il relevait sa queue de toute la longueur du navire. » — Olaüs Magnus, archevêque d'Upsal au milieu du seizième siècle, fait une mention formelle de cette crinière dans le portrait du serpent de deux cents pieds de long et de vingt de circonférence, dont il parle comme témoin oculaire : « Ce serpent a une crinière de deux pieds de long ; il est couvert d'écailles et ses yeux brillent comme deux flammes ; il attaque quelquefois un navire, dressant sa tête comme un mât et saisissant les matelots sur le tillac. » — Les mêmes caractères, qui se reproduisent dans d'autres récits dont la réunion serait trop longue, se retrouvent dans les descriptions des poëtes scandinaves. Avec une tête de cheval, avec une crinière blanche et des joues noires, ils attribuent au serpent marin six cents pieds de long. Ils ajoutent qu'il se dresse tout à coup comme un mât de vaisseau de ligne, et pousse des sifflements qui effraient comme le cri d'une tempête. Ici nous apercevons bien les effets de l'exagération poétique ; mais nous n'avons pas les données suffisantes pour marquer le point précis où elle abandonne la réalité. — En comparant ces notions[1] avec ce que peuvent nous offrir d'analogue les traditions du moyen âge et de l'antiquité, je trouve des similitudes frappantes dans la description qu'Albert-le-Grand nous a laissée du grand serpent de l'Inde : « Avicenne en vit un, dit-il, dont le cou était garni dans toute sa longueur de poils longs et gros comme la crinière d'un cheval : *Et visus est unus ab Avicenna, in cujus collo secundum latitudinem colli, erant pili descendentes longi et grossi ad modum jubarum equi.* » — Albert ajoute que ces serpents ont à chaque mâchoire trois dents longues et proéminentes. — Cette dernière circonstance paraît une vague réminiscence de ce que Ctésias, dans ses *Indiques*, et d'après lui Elien, dans ses *Propriétés des animaux*, ont rapporté du ver du Gange. Pour la dimension, ce ver est sans doute inférieur à la grandeur que peut atteindre le serpent marin, puisque ces auteurs grecs lui donnent sept coudées de long et une circonférence telle qu'un enfant de dix ans aurait de la peine à l'embrasser. Les deux dents dont ils le disent pourvu, une à chaque mâchoire, lui servent à saisir les bœufs, les chevaux ou les chameaux qu'il trouve sur la rive du fleuve, où il les entraîne et les dévore. — Il est à propos de remarquer ici qu'un grand nombre de traits d'Hérodote et même de Ctésias, rejetés d'abord comme des contes ridicules, ont été plus tard repris pour ainsi dire en sous-œuvre par la science, qui souvent y a découvert des faits vrais et même peu altérés. Malte-Brun a plusieurs fois envisagé Ctésias sous ce point de vue. — Nous arrivons naturellement à l'épouvantable animal appelé *Odontotyrannus*, dans les récits romanesques des merveilles qu'Alexandre rencontra dans l'Inde. Tous les romans du moyen âge sur ce conquérant, provenant des textes grecs désignés sous le nom de Pseudo-Callisthène, sont unanimes sur l'*Odontotyrannus*, dont parlent aussi plusieurs auteurs byzantins. Tous en font un animal amphibie, vivant dans le Gange et sur ses bords, d'une taille dont la grandeur dépasse toute vraisemblance : « tel, dit Palladius, qu'il peut *avaler* un éléphant tout entier. » Quelque ridicule que soit cette dernière circonstance, on pourrait y voir une allusion hyperbolique à la manière dont les plus gros serpents terrestres dévorent les grands quadrupèdes, comme les chevaux et les bœufs ; ils les avalent en effet sans les diviser, mais après les avoir broyés, allongés en une sorte de rouleau informe, par les puissantes étreintes et les secousses terribles de leurs replis. — Il est vrai que M. Græfe, par une docte dissertation insérée dans les mémoires de l'académie impériale des sciences de Saint-Pétersbourg, a prétendu que

---

[1] Fournies par l'auteur anglais d'un article de la *Retrospective Review*, traduit en 1835 dans la *Revue britannique*.

l'*Odontotyrannus* des traditions du moyen âge devait être un souvenir du mammouth. Le savant russe ne peut guère fonder cette singulière interprétation que sur les versions latines du roman d'*Alexandre*, dont monsignor Mai a publié un texte en 1818, sous le nom de Julius Valerius. Il est dit que l'*Odontotyrannus* foula aux pieds (*conculcavit*) un certain nombre de soldats macédoniens. Le même récit se trouve dans une prétendue lettre d'Alexandre à Aristote, et dans un petit traité, *Des Monstres et des Bêtes extraordinaires*, récemment publié. Mais dans les auteurs grecs que je viens d'indiquer, c'est-à-dire les divers textes grecs inédits du Pseudo-Callisthène, et Palladius, Cédrène, Glycas, Hamartolus, on n'ajoute aucun détail figuratif à l'expression d'une grandeur énorme et d'une nature amphibie. — Pour la qualité d'amphibie, qui n'appartient certainement pas au mammouth, peut-elle s'appliquer au grand serpent de mer? Sir Everard Home, en proposant de placer parmi les squales celui qui avait échoué sur la plage de Stronza, a prouvé par là qu'il le regardait comme un véritable poisson. Mais si l'on en fait un reptile on lui supposera par cela même une nature amphibie avec la faculté de rester indéfiniment dans l'eau, et l'on pourra en même temps rapporter au même animal les exemples de serpents énormes vus sur terre et consignés de loin en loin dans la mémoire des hommes. — Le serpent de mer dont Olaüs Magnus a conservé une description était, au rapport du même prélat, un serpent amphibie qui vivait de son temps dans les rochers aux environs de Bergen, dévorait les bestiaux du voisinage et se nourrissait aussi de crabes. — Un siècle plus tard, Nicolas Grammius, ministre de l'Évangile à Londen en Norvège, citait un gros serpent d'eau qui, des rivières Mios et Banz, s'était rendu à la mer le 6 janvier 1656. «On le vit s'avancer tel qu'un long mât de navire, renversant tout sur son passage, même les arbres et les cabanes. Ses sifflements, ou plutôt ses hurlements, faisaient frissonner tous ceux qui les entendaient. Sa tête était aussi grosse qu'un tonneau, et son corps, taillé en proportion, s'élevait au-dessus des ondes à une hauteur considérable.» — En des temps plus anciens, nous citerons : le serpent de l'île de Rhodes, dont triompha au quatorzième siècle le chevalier Gozon qui, par suite de cet exploit, trop légèrement traité de fable, devint grand-maître de l'ordre de Saint-Jean-de-Jérusalem. — Au sixième siècle, celui que Grégoire de Tours rapporte avoir été vu à Rome dans une inondation du Tibre, et qu'il représente grand comme une forte poutre : *in modum trabis validæ* Le mot *draco*, dont se sert là notre vieil historien, est le terme de la bonne latinité, où il signifie seulement un grand serpent. — Dans l'antiquité proprement dite, Suétone nous apprend qu'Auguste publia aux comices, c'est-à-dire annonça officiellement, la découverte faite en Etrurie d'un serpent long de soixante-quinze pieds. — Dion Cassius dit que sous le même prince on vit dans la même contrée un serpent de quatre-vingt-cinq pieds de long, qui causa de grands ravages et fut frappé de la foudre. — Le plus célèbre de tous ceux dont ont parlé les auteurs anciens est celui qu'eut à combattre l'armée romaine près de Carthage, sur les bords du lac Bagrada, pendant le second consulat de Régulus, l'an de Rome 498, qui répond à l'année 256 avant Jésus-Christ. Ce serpent avait cent vingt pieds de long et causait de grands ravages dans l'armée romaine. Régulus fut obligé de diriger contre lui les balistes et les catapultes, jusqu'à ce qu'une pierre énorme lancée par une de ces machines l'écrasa. Le consul, pour prouver au peuple romain la nécessité où il se trouvait d'employer son armée à cette expédition extraordinaire, envoya à Rome la peau du monstre, et on la suspendit dans un temple où elle resta jusqu'à la guerre de Numance. Mais la dissolution du corps causa une telle infection qu'elle força l'armée à déloger. Il n'y a peut-être pas dans l'histoire de fait mieux attesté, plus circonstancié et raconté par un plus grand nombre d'auteurs. — Philostorge parle de peaux de serpents de soixante-huit pieds de long, qu'il avait vues à Rome. — Diodore rapporte qu'un serpent de quarante-cinq pieds de long fut pris dans le Nil et envoyé vivant à Ptolémée Philadelphe à Alexandrie. Strabon, qui, d'après Agatharchides, parle d'autres serpents de la même grandeur, cite ailleurs Posidonius qui vit dans la Célé-Syrie un serpent mort de cent vingt pieds de long et d'une circonférence telle que deux cavaliers séparés par son corps ne se voyaient pas. — Alléguerons-nous ce que le même Strabon rapporte d'après Onésicrite, que dans une contrée de l'Inde, appelée Aposisares, on avait nourri deux serpents, l'un de cent vingt pieds, l'autre de deux cent dix, et qu'on désirait beaucoup les faire voir à Alexandre! — Si nous ajoutions le serpent que Maxime de Tyr prétend avoir été montré par Taxile au même conquérant, et qui avait cinq cents pieds de long, nous arriverions dans les traditions de l'Orient, presqu'au même degré d'extension où nous avons vu les traditions scandinaves, qui donnent six cents pieds à leur serpent de mer. — Mais on peut juger par ces rapprochements que l'existence de cet animal, bien qu'entourée souvent de traits suspects, est loin d'être nouvelle; qu'elle a été observée de bien des manières et depuis bien long-temps. Ce n'est pas, comme on le disait, un danger de plus pour les navigateurs; car ce terrible monstre est déjà indiqué dans la Bible sous le nom de Léviathan, que l'Écriture applique à diverses bêtes énormes, ainsi que le remarque Bochart. Le prophète Isaïe l'applique ainsi : « Léviathan, ce serpent immense, Léviathan, ce serpent à divers plis et replis[1]. » — Dans ce siècle, la présence du serpent de mer a été signalée en 1808, en 1815, en 1817 et cette année. Il n'est pas présumable qu'on le rencontre plus fréquemment à l'avenir que par le passé; du moins l'attention publique, appelée sur ce phénomène par les organes de la presse, portera à la publicité des faits du même genre qui pourraient survenir encore, et qui sans cela auraient peut-être passé inaperçus. — L'auteur anglais qui le premier a publié ceux qu'il avait recueillis, et à qui nous devons toutes nos citations des témoignages modernes, fait aussi connaître le moyen que les pêcheurs norvégiens emploient pour se garantir du serpent de mer. Lorsqu'ils l'aperçoivent tout près d'eux, ils évitent surtout les vides que laisse sur l'eau l'alternative de ses plis et replis. Si le soleil brille, ils rament dans la direction de cet astre, qui éblouit le serpent. Mais lorsqu'ils l'aperçoivent à distance, ils font toujours force de rames pour l'éviter. S'ils ne peuvent espérer d'y parvenir, ils se dirigent droit sur sa tête, après avoir arrosé le pont d'essence de musc. On a observé l'antipathie de l'animal pour ce parfum violent; aussi les pêcheurs norvégiens en sont toujours pourvus quand ils se mettent en mer pendant les mois calmes et chauds de l'été. — Dans la rencontre faite en 1837, les personnes qui étaient à bord du *Havre* ont aperçu seulement les ondulations du corps de l'immense reptile, et ont évalué approximativement sa longueur à plusieurs fois celle du navire.

Sérug, — esprit malin. *Voy.* CHASSEN.

Servius-Tullius. — Leloyer et d'autres prétendent que Servius était fils d'un démon. Les cabalistes soutiennent de leur côté qu'il fût fils d'un salamandre.

Sethiens ou **Sethites**, — hérétiques du deuxième siècle, qui honoraient particulièrement le patriarche Seth, fils d'Adam. Ils disaient que deux anges avaient créé Caïn et Abel, et débitaient beaucoup d'autres rêveries. Selon ces hérétiques, Jésus-Christ n'était autre que Seth venu au monde une seconde fois. Ils forgèrent des livres sous le nom de Seth et des autres patriarches.

Sethus. — Il y avait à la suite de l'empereur Manuel un magicien, nommé Sethus, qui rendit une fille éprise de lui par le moyen d'une pêche qu'il lui donna, à ce que conte Nicétas.

Sévère. — Quelques historiens rapportent qu'à la sortie d'Antioche l'ombre de l'empereur Sévère apparut à Caracalla, et lui dit pendant son sommeil : *Je te tuerai comme tu as tué ton frère.*

Sexe. — On prétend aussi reconnaître d'avance, à certains symptômes, le sexe d'un enfant qui n'est pas né. Si la mère est gaie dans sa grossesse, elle aura un garçon ; si elle est pesante du côté droit, elle aura un garçon. Si elle se sent lourde du côté gauche, elle aura une fille. Si elle est pâle et pensive, elle aura une fille. — Albert-le-Grand donne à entendre qu'il naît des garçons dans un ménage où l'on mange du lièvre, et des filles dans une maison où l'on fait cas de la fressure de porc. — Voici autre chose. Ems possède deux sources, la *Bubenquelle* et la *Mædchenquelle*, qui, selon les gens du pays, ont une vertu merveilleuse : en buvant de l'une on est sûr d'avoir des garçons ; et en buvant de l'autre, d'avoir des filles. Croyez cela et buvez.... du Johannisberg[1].

Shamavédam, — l'un des quatre livres sacrés des Indiens. C'est celui qui contient la science des augures et des divinations.

Shelo, — *voy.* SOUTHCOTE.

Shoupeltins. — Les habitants des îles Schetland appelaient ainsi des tritons ou hommes marins, dont les anciennes traditions et la superstition populaire ont peuplé les mers du Nord.

Sibylles. — Les sibylles étaient chez les anciens des femmes enthousiastes qui ont laissé une grande renommée. Leurs prophéties étaient en vers; les morceaux qui nous en restent sont en grand nombre supposés, s'il faut en croire les critiques modernes un peu secs. — Les sibylles sont au nombre de dix selon Varron; d'autres en comptent jusqu'à douze : 1° La sibylle de Perse. Elle se nommait Sambethe; on la dit bru de Noé dans des

---

[1] Isaïe, ch. 26, verset 1, traduct. de Sacy.

[1] Jacquemin, Fragments d'un voyage en Allemagne.

vers sibyllins apocryphes. — 2° La sibylle libyenne. Elle voyagea à Samos, à Delphes, à Claros et dans plusieurs autres pays. On lui attribue des vers contre l'idolâtrie, dans lesquels elle reproche aux hommes leur sottise de placer leur espoir de salut dans un dieu de pierre ou d'airain, et d'adorer les ouvrages de leurs mains. — 3° La sibylle de Delphes. Elle était fille du devin Tirésias. Après la prise de Thèbes, elle fut consacrée au temple de Delphes par les Épigones, descendants des guerriers qui prirent Thèbes la première fois. Ce fut elle, selon Diodore, qui porta la première le nom de Sibylle. Elle a célébré dans ses vers la grandeur divine; et des savants prétendent qu'Homère a tiré parti de quelques-unes de ses pensées. — 4° La sibylle d'Erythrée. Elle a prédit la guerre de Troie dans le temps que les Grecs s'embarquaient pour cette expédition. Elle a prévu aussi qu'Homère chanterait cette guerre longue et cruelle. Si l'on en croit Eusèbe et saint Augustin, elle connaissait les livres de Moïse, car elle a parlé de la venue de Jésus-Christ. On lui attribue même des vers dont les premières lettres expriment, par acrostiche, *Jésus-Christ, fils de Dieu*. On l'a quelquefois représentée avec un petit Jésus et deux anges à ses pieds. — 5° La sibylle cimmérienne a parlé de la sainte Vierge plus clairement encore que celle d'Erythrée, puisque, selon Suidas, elle la nomme par son propre nom. — 6° La sibylle de Samos a prédit que les Juifs crucifieraient le vrai Dieu. — 7° La sibylle de Cumes, la plus célèbre de toutes, faisait sa résidence ordinaire à Cumes, en Italie. On l'appelait Déiphobe; elle était fille de Glaucus et prêtresse d'Apollon. Elle rendait ses oracles au fond d'un antre qui avait cent portes, d'où sortaient autant de voix qui faisaient entendre les réponses de la prophétesse. Ce fut elle qui offrit à Tarquin-le-Superbe un recueil de vers sibyllins, qui furent soigneusement conservés dans les archives de l'empire, au Capitole. Cet édifice ayant été brûlé du temps de Sylla, Auguste fit ramasser tout ce qu'il put trouver de fragments détachés de ces vers, et les fit mettre dans des coffres d'or au pied de la statue d'Apollon Palatin, où l'on allait les consulter. Petit, dans son traité *De Sibyllâ*, prétend qu'il n'y a jamais eu qu'une sibylle, celle de Cumes, dont on a partagé les actions et les voyages. Ce qui a donné lieu, selon lui, à cette multiplicité, c'est que cette fille mystérieuse a prophétisé en divers pays. — 8° La sibylle hellespontine. Elle naquit à Marpèse dans la Troade; elle prophétisa du temps de Solon et de Crésus. On lui attribue aussi des prophéties sur la naissance de notre Seigneur. — 9° La sibylle phrygienne. Elle rendait ses oracles à Ancyre en Galatie. Elle a prédit l'annonciation et la naissance du Sauveur. — 10° La sibylle tiburtine ou Albunée, qui fut honorée à Tibur comme une divinité. Elle prédit que Jésus-Christ naîtrait d'une vierge à Bethléem et régnerait sur le monde. — 11° La sibylle d'Épire. Elle a aussi prédit la naissance du Sauveur. — 12° La sibylle égyptienne a chanté également les mystères de la Passion et la trahison de Judas. — Saint Jérôme pense que les sibylles avaient reçu du ciel le don de lire dans l'avenir en récompense de leur chasteté. Mais il paraît que les huit livres de vers sibyllins que nous avons aujourd'hui sont en effet douteux Bergier, dans son savant Dictionnaire de théologie, les croit supposés et les attribue dans ce cas aux Gnostiques du deuxième siècle.

Sicidites. — Leloyer conte que ce magicien, appuyé sur les fenêtres de l'empereur Manuel Comnène, avec les courtisans, regardait le port de Constantinople. Il arriva une petite chaloupe chargée de pots de terre. Sicidites offrit à ceux qui l'entouraient de leur faire voir le potier cassant ses pots; ce qu'il effectua à l'instant au grand divertissement des courtisans, qui se pâmaient de rire; mais ce rire se changea en compassion quand ils aperçurent ce pauvre homme qui se lamentait, en s'arrachant la barbe, à la vue de tous ses pots cassés. Et comme on lui demandait pourquoi il les avait brisés de la sorte, il répondit qu'il avait vu un serpent à crête rouge et étincelante, entortillé autour de ses pots, qui les regardait la gueule ouverte et la tête levée comme s'il eût voulu les dévorer, et qu'il n'avait disparu qu'après tous les pots cassés. — Un autre jour, pour se venger de quelques gens qui l'insultaient dans un bain, il se retira dans une chambre prochaine pour reprendre ses habits. Dès qu'il fut sorti, tous ceux qui étaient dans le bain détalèrent avec précipitation, parce que du fond de la cuve du bain il sortit des hommes noirs, qui les chassaient à coups de pied.

Sidéromancie, — divination qui se pratiquait avec un fer rouge, sur lequel on plaçait avec art un certain nombre de petites paillettes qu'on brûlait et qui jetaient des reflets comme les étoiles.

Sidragasum, — démon qui a le pouvoir de faire danser les femmes mondaines.

Siffler le vent. — « Cette coutume de siffler pour appeler le vent est une de nos superstitions nautiques, qui, malgré son absurdité, s'empare insensiblement, aux heures de calme, des esprits les plus forts et les plus incrédules; autant vaudrait raisonner avec la brise capricieuse elle-même que d'essayer de convaincre le matelot anglais que, le vent soufflant où il lui plaît et quand il lui plaît, il ne sert à rien de l'invoquer. En dépit de la marche des intelligences, lorsque l'air manque à la voile, toujours le marin sifflera [1]. »

Sigéani, — esprit qui, dans le royaume d'Ava, préside à l'ordre des éléments et lance la foudre et les éclairs.

Signe de croix. — Un juif qui se rendait à Fondi, dans le royaume de Naples, fut surpris par la nuit, et ne trouva pas d'autre gîte qu'un temple d'idoles, où il se décida, faute de mieux, à attendre le matin. Il s'accommoda comme il put dans un coin, s'enveloppa dans son manteau et se disposa à dormir. Mais, au moment où il allait fermer l'œil, il vit plusieurs démons tomber de la voûte dans le temple, et se disposer en cercle autour d'un autel. Le roi de l'enfer descendit aussi, se plaça sur un trône, et ordonna à tous les diables subalternes de lui rendre compte de leur conduite. Chacun fit valoir les services qu'il avait rendus à la chose publique; chacun fit l'exposé de ses bonnes actions. Le juif, qui ne jugeait pas comme le prince des démons, et qui trouvait leurs bonnes actions un peu mauvaises, fut si effrayé de la mine des démons et de leurs discours, qu'il se hâta de dire les prières et de faire les cérémonies que la synagogue met en usage pour chasser les esprits malins. Mais inutilement : les démons ne s'aperçurent pas qu'ils étaient vus par un homme. Le juif, ne sachant plus à quoi recourir, s'avisa d'employer le signe de la croix. On lui avait dit que ce signe était formidable aux démons; il en eut la preuve, dit le légendaire, car les démons cessèrent de parler aussitôt que le juif commença de se signer. Après avoir regardé autour de lui, le roi de l'enfer aperçut l'enfant d'Israël. Allez voir qui est là, dit-il à un de ses gens. Le démon obéit; lorsqu'il eut examiné le voyageur, il retourna vers son maître. C'est un vase de réprobation, dit-il, mais il vient de s'appuyer du signe de la croix. Sortons, reprit le diable. Nous ne pourrons plus bientôt être tranquilles dans nos temples. En disant ces paroles, le prince des démons s'envola; tous ses gens disparurent, et le juif se fit chrétien.

Silènes. — On donnait ce nom aux satyres lorsqu'ils étaient vieux. On entendait aussi quelquefois par silènes des génies familiers, tels que celui dont *Socrate* se vantait d'être accompagné.

Simagorad, — Grimoire. *Voy.* CHARLES VI.

Simon-le-Magicien. — Ce Simon, qui n'est connu que pour avoir voulu acheter aux apôtres le don de faire des miracles, et pour avoir donné son nom maudit à la *Simonie*, joue un grand rôle dans les livres des démonomanes. Voici quelques-uns des récits qu'on a faits de ses talents magiques; car n'ayant pu traiter avec les saints, il traita avec les démons. Il avait à sa porte un gros dogue qui dévorait ceux que son maître ne voulait pas laisser entrer. Saint Pierre, voulant parler à Simon, ordonna à ce chien de lui aller dire, en langage humain, que Pierre, serviteur de Dieu, le demandait; le chien s'acquitta de cette commission au grand étonnement de ceux qui étaient alors avec Simon. Mais Simon, pour leur faire voir qu'il ne savait guère moins que saint Pierre, ordonna à son tour au chien d'aller lui dire qu'il entrât; ce que le chien, dit-on, exécuta aussitôt. Simon-le-Magicien disait que, si on lui tranchait la tête, il ressusciterait trois jours après. L'empereur le fit décapiter; par ses prestiges il supposa la tête d'un mouton à la place de la sienne, et se remontra le troisième jour. Il commandait à une faux de faucher d'elle-même, et elle faisait autant d'ouvrage que le plus habile faucheur. — Sous le règne de l'empereur Néron, Simon-le-Magicien parut un jour en l'air, comme un oiseau, assis sur un char de feu. Mais saint Pierre, plus puissant que lui, le fit tomber, et il se cassa les jambes. On a écrit cette aventure sous le titre de *Combat apostolique*; on a souvent mis cet écrit sous le nom d'Abdias de Babylone. — Simon-le-Magicien n'était donc qu'un imposteur. Il eut des disciples, et on le croit le premier chef des gnostiques. Il attribuait la création aux Eons ou esprits; il affirmait que les plus parfaits des divins Eons résidaient dans sa personne; qu'un autre Eon très-distingué, quoique de sexe féminin, habitait dans sa maîtresse Hélène, dont il contait des choses prodigieuses; que lui, Simon, était envoyé de Dieu sur la terre pour détruire l'empire des esprits qui ont créé le monde matériel, et surtout pour délivrer Hélène de leur puissance. Saint Justin dit que Simon, après sa mort, fut honoré comme un dieu par les Romains, et qu'il eut une statue.

Simon de Pharès, — auteur d'un recueil d'histoires de quelques célèbres astrologues et hommes doctes, qu'il dédia au roi Charles VIII.

---

[1] Le capitaine Bazil Hall.

Il ne paraît pas que ce livre ait été imprimé [1].

Simonide. — Un jour qu'il soupait chez un de ses amis, on vint l'avertir que deux jeunes gens étaient à la porte, qui voulaient lui parler d'une affaire importante. Il sort aussitôt, ne trouve personne; et, dans l'instant qu'il veut rentrer à la maison, elle s'écroule et écrase les convives sous ses ruines. Il dut son salut à un hasard si singulier, qu'on le regarda, parmi le peuple, comme un trait de bienveillance de Castor et Pollux, qu'il avait chantés dans un de ses poèmes.

Simorgue, — oiseau fabuleux que les Arabes nomment Anka, et les rabbins Jukhneh, et que les Perses disent habiter dans les montagnes de Kaf. Il est si grand qu'il consomme pour sa subsistance tout ce qui croît sur plusieurs montagnes. Il parle, il a de la raison, en un mot c'est une fée qui a la figure d'un oiseau. Étant un jour interrogé sur son âge, la Simorgue répondit : « Ce monde s'est trouvé sept fois rempli de créatures, et sept fois entièrement vides d'animaux. Le cycle d'Adam, dans lequel nous sommes, doit durer sept mille ans, qui font un grand cycle d'années ; j'ai déjà vu douze de ces cycles, sans que je sache combien il m'en reste à voir. » La Simorgue joue un grand rôle dans les légendes de Salomon.

Singes. — Ces animaux étaient vénérés en Égypte. Chez les Romains, au contraire, c'était un mauvais présage de rencontrer un singe en sortant de la maison.

Sirath. — C'est le nom que donnent les musulmans au pont que les âmes passent après leur mort, et au-dessous duquel est un feu éternel. Il est aussi mince que le tranchant d'un sabre ; les justes doivent le passer avec la rapidité de l'éclair, pour entrer dans le paradis.

Sirchade, — démon qui a tout pouvoir sur les animaux.

Sistre, — plante qui, selon Aristote, se trouvait dans le Scamandre, ressemblait au pois chiche, et avait la vertu de mettre à l'abri de la crainte des spectres et des fantômes ceux qui la tenaient à la main.

Sittim, — démon indien qui habite les bois sous la forme humaine.

Skalda, — voy. NORNES.

Socrate. — Les anciens, qui trouvaient les grandes qualités surhumaines, ne les croyaient pas étrangères à l'essence des démons. Il est vrai que les démons chez eux n'étaient pas pris tous en mauvaise part. Aussi disaient-ils que Socrate avait un démon familier ; et Proclus soutient qu'il lui dut toute sa sagesse [1]. Peut-être les hommes trouvaient-ils leur compte à cet arrangement. Ils se consolaient d'être moins vertueux que Socrate, en songeant qu'ils n'avaient pas un appui comme le sien.

Soleil, — voy. DANSE DU SOLEIL.

Somnambules. — Des gens d'une imagination vive, d'un sang trop bouillant, font souvent en dormant ce que les plus hardis n'osent entreprendre éveillés. Barclai parle d'un professeur qui répétait la nuit les leçons qu'il avait données le jour, et qui grondait si haut, qu'il réveillait tous ses voisins. Johnston rapporte, dans sa *Thaumatographia Naturalis*, qu'un jeune homme sortait toutes les nuits de son lit, vêtu seulement de sa chemise ; puis, montant sur la fenêtre de sa chambre, il sautait à cheval sur le mur, et le talonnait pour accélérer la course qu'il croyait faire. Un autre descendit dans un puits et s'éveilla aussitôt que son pied eut touché l'eau, qui était très-froide. Un autre monta sur une tour, enleva un nid d'oiseaux, et se glissa à terre par une corde, sans s'éveiller. — Un Parisien, de même endormi, se leva, prit son épée, traversa la Seine à la nage, tua un homme que la veille il s'était proposé d'assassiner ; et, après qu'il eut consommé son crime, il repassa la rivière, retourna à sa maison et se mit au lit sans s'éveiller. — On peut expliquer le somnambulisme comme une activité partielle de la vie animale, disent les philosophes. L'organe actif transmet ainsi l'incitation sur les organes voisins : et ceux-ci commencent également, par l'effet de leurs relations avec la représentation qui a été excitée, à devenir actifs et à coopérer (c'est très-clair) ; par là, l'idée de l'action représentée devient si animée que, même les instruments corporels nécessaires pour son opération, sont mis en activité par les nerfs qui agissent sur eux (vous comprenez ?) ; le somnambule commence même à agir corporellement, et remplit l'objet qu'il s'est proposé, avec la même exactitude que s'il était éveillé ; avec cette différence néanmoins qu'il n'en a pas le sentiment général, parce que les autres organes de la vie animale, qui n'ont pas participé à l'activité, reposent, et que par conséquent, le sentiment n'y a pas été réveillé. Voilà. — Gall a connu un prédicateur somnambule qui, très-souvent,

---

[1] Singularités historiques et littéraires de D. Liron, t. Ier, p. 313.

[1] Proclus, de Animâ et dæmone. Naudé, Apologie.

ayant un sermon à faire, se levait la nuit en dormant, écrivait son texte ou en faisait la division, en travaillait des morceaux entiers, rayait ou corrigeait quelques passages, en un mot, qui se conduisait comme s'il eût été éveillé, et qui cependant en s'éveillant n'avait aucun sentiment de ce qu'il venait de faire [1]. Libre à vous de douter. La Fontaine a composé, dit-on, sa fable des *deux pigeons* en dormant. Vous n'êtes pas obligé à le croire.

— Nous en aurions trop à dire, si nous voulions parler du somnambulisme magnétique. On prétend qu'une personne magnétisée s'endort profondément et parle aussitôt pour révéler les choses secrètes, prédire l'avenir et lire dans les cœurs, par un prodige inexplicable. Mais ce prodige ne s'établit par aucun fait vraiment sérieux.

Songes. — Le cerveau est le siége de la pensée, du mouvement et du sentiment. Si le cerveau n'est point troublé par une trop grande abondance de vapeurs crues, si le travail ne lui a pas ôté toutes ses forces, il engendre des songes excités par les images dont il s'est vivement frappé durant le jour, ou par des impressions toutes nouvelles, que produisent dans le cerveau les affections naturelles ou accidentelles des nerfs, ou la nature du tempérament. C'est aussi limpide que ce qu'on a lu sur le somnambulisme. — Les songes naturels viennent des émotions de la journée et du tempérament. Les personnes d'un tempérament sanguin songent les festins, les danses, les divertissements, les plaisirs, les jardins et les fleurs. Les tempéraments bilieux songent les disputes, les querelles, les combats, les incendies, les couleurs jaunes, etc. Les mélancoliques songent l'obscurité, les ténèbres, la fumée, les promenades nocturnes, les spectres et les choses tristes. Les tempéraments pituiteux ou flegmatiques songent la mer, les rivières, les bains, les navigations, les naufrages, les fardeaux pesants, etc. Les tempéraments mêlés, comme les sanguins-mélancoliques, les sanguins-flegmatiques, les bilieux-mélancoliques, etc., ont des songes qui tiennent des deux tempéraments ; — ainsi le dit Peucer. — Les anciens attachaient beaucoup d'importance aux rêves ; et l'antre de Trophonius était célèbre pour cette sorte de divination. Pausanias nous a laissé, d'après sa propre expérience, la description des cérémonies qui s'y observaient. — « Le chercheur passait d'abord plusieurs jours dans le temple de la bonne fortune. Là il faisait ses expiations, observant d'aller deux fois par jour se laver. Quand les prêtres le déclaraient purifié, il immolait au dieu des victimes ; cette cérémonie finissait ordinairement par le sacrifice d'un bélier noir. Alors le curieux était frotté d'huile par deux enfants, et conduit à la source du fleuve, où on lui présentait une coupe d'eau du Léthé, qui bannissait de l'esprit toute idée profane, et une coupe d'eau de Mnémosyne, qui disposait la mémoire à conserver le souvenir de ce qui allait se passer. Les prêtres découvraient ensuite la statue de Trophonius, devant laquelle il fallait s'incliner et prier ; enfin, couvert d'une tunique de lin et le front ceint de bandelettes, on allait à l'oracle. Il était placé sur une montagne, au milieu d'une enceinte de pierre qui cachait une profonde caverne, où l'on ne pouvait descendre que par une étroite ouverture. Quand, après beaucoup d'efforts, et à l'aide de quelques échelles, on avait eu le bonheur de descendre sans se rompre le cou, il fallait passer encore, de la même manière, dans une seconde caverne, petite et très-obscure. Là on se couchait à terre, et on n'oubliait pas de prendre dans ses mains une espèce de pâte, faite avec de la farine, du lait et du miel : on présentait les pieds à un trou qui était au milieu de la caverne, et dans le même instant, on se sentait rapidement emporté dans l'antre ; on s'y trouvait couché sur des peaux de victimes récemment sacrifiées, enduites de certaines drogues dont les prêtres seuls connaissaient la vertu ; on ne tardait pas à s'endormir profondément : c'était alors qu'on avait d'admirables visions, et que les temps à venir découvraient tous leurs secrets. » — Hippocrate dit que, pour se soustraire à la malignité des songes, quand on voit, en rêvant, pâlir les étoiles, on doit courir en rond ; quand on voit pâlir la lune, on doit courir en long ; quand on voit pâlir le soleil, on doit courir tant en long qu'en rond.... — On rêve feu et flammes quand on a une bile jaune ; on rêve fumée et ténèbres quand on a une bile noire ; on rêve eau et humidité, quand on a des glaires et des pituites, à ce que dit Gallien. — Songer à la mort, annonce mariage, selon Artémidore ; songer des fleurs, prospérité ; songer des trésors, peines et soucis ; songer qu'on devient aveugle, perte d'enfants.... Ces secrets peuvent donner une idée de l'*Onéirocritique* d'Artémidore, ou explication des rêves. — Songer des bonbons et des crèmes, dit un autre savant, annonce des chagrins et des amertumes ; songer des pleurs, annonce de la joie ; songer des laitues, annonce une maladie ; songer or et richesses, annonce la misère.... Il y a eu des hommes assez super-

---

[1] Cranologie du docteur Gall.

stitieux pour faire leur testament, parce qu'ils avaient vu un médecin en songe ; ils croyaient que c'était un présage de mort. — *Explication de quelques-uns des principaux songes, suivant les livres connus*. — *Aigle*. Si on voit en songe, voler un aigle, bon présage ; signe de mort, s'il tombe sur la tête du songeur. *Âne*. Si on voit courir un âne, présage de malheur ; si on le voit en repos, caquets et méchancetés ; si on l'entend braire, inquiétudes et fatigues. *Arc-en-ciel*. Vu du côté de l'orient, signe de bonheur pour les pauvres ; du côté de l'occident, le présage est pour les riches. *Argent* trouvé, chagrin et pertes ; argent perdu, bonnes affaires. — *Bain* dans l'eau claire, bonne santé ; bain dans l'eau trouble, mort de parents et d'amis. *Belette* Si on voit une belette en songe, signe qu'on aura ou qu'on a une méchante femme. *Boire* de l'eau fraîche, grandes richesses ; boire de l'eau chaude, maladie ; boire de l'eau trouble, chagrins. *Bois*. Être peint sur bois dénote longue vie. *Boudin*. Faire du boudin, présage de peines ; manger du boudin, visite inattendue. *Brigands*. On est sûr de perdre quelques parents ou une partie de sa fortune, si on songe qu'on est attaqué par des brigands. — *Cervelas*. Manger des cervelas, bonne santé. *Champignons*, signe d'une vie longue. *Chanter*. Un homme qui chante, espérance ; une femme qui chante, pleurs et gémissements. *Charbons* éteints, mort ; charbons allumés, embûches ; manger des charbons, pertes et revers. *Chat-huant*, funérailles. *Cheveux* arrachés, pertes d'amis. *Corbeau* qui vole, péril de mort. *Couronne*. Une couronne d'or sur la tête présage des honneurs ; une couronne d'argent, bonne santé ; une couronne de verdure, dignités ; une couronne d'os de morts annonce la mort. *Cygnes noirs*, tracas de ménage. — *Dents*. Chute de dents, présage de mort. *Dindon*. Voir ou posséder des dindons, folie de parents ou d'amis. — *Enterrement*. Si quelqu'un rêve qu'on l'enterre vivant, il peut s'attendre à une longue misère ; aller à l'enterrement de quelqu'un, heureux mariage. *Étoiles*. Voir des étoiles tomber du ciel, chutes, déplaisirs et revers. — *Fantôme* blanc, joie et honneurs ; fantôme noir, peines et chagrins. *Femme*. Voir une femme, infirmité ; une femme blanche, heureux événement ; une femme noire, maladie ; plusieurs femmes, caquet. *Fèves*. Manger des fèves, querelles et procès. *Filets*. Voir des filets, présage de pluie. *Flambeau* allumé, récompense ; flambeau éteint, emprisonnement. *Fricassées*, caquets de femmes. *Gibet*. Songer qu'on est condamné à être pendu, heureux succès. *Grenouilles*, indiscrétions et babils. — *Hannetons*, importunités. *Homme* vêtu de blanc, bonheur ; vêtu de noir, malheur ; homme assassiné, sûreté. — *Insensé*. Si quelqu'un songe qu'il est devenu insensé, il recevra des bienfaits de son prince. — *Jeu*. Gain au jeu, perte d'amis. *Lait*. Boire du lait, amitié. *Lapins* blancs, succès ; lapins noirs, revers ; manger du lapin, bonne santé ; tuer un lapin, tromperie et perte. *Lard*. Manger du lard, victoire. *Limaçon*, charges honorables. *Linge* blanc, mariage ; linge sale, mort. *Lune*. Voir la lune, retard dans les affaires ; la lune pâle, peines ; la lune obscure, tourments. — *Manger* à terre, emportements. *Médecine*. Prendre médecine, misère ; donner médecine à quelqu'un, profit. *Meurtre*. Voir un meurtre, sûreté. *Miroir*, trahison. *Moustaches*. Songer qu'on a de grandes moustaches, augmentation de richesses. — *Navets*, vaines espérances. *Nuées*, discorde. — *OEufs* blancs, bonheur ; œufs cassés, malheur. *Oies*. Qui voit des oies en songe, peut s'attendre à être honoré des princes. *Ossements*, traverses et peines inévitables. — *Palmier, palmes*, succès et honneurs. *Paon*. L'homme qui voit un paon aura de beaux enfants. *Perroquet*, indiscrétion, secret révélé. — *Quenouille*, pauvreté. — *Rats*, ennemis cachés. *Roses*, bonheur et plaisirs. — *Sauter* dans l'eau, persécutions. *Scorpions*, lézards, chenilles, scolopendres, etc., malheurs et trahisons. *Soufflet* donné, paix et union entre le mari et la femme. *Soufre*, présage d'empoisonnement. — *Tempête*, outrage et grand péril. *Tête* blanche, joie ; tête tondue, tromperie ; tête chevelue, dignités ; tête coupée, infirmité ; tête coiffée d'un agneau, heureux présage. *Tourterelles*, accord des gens mariés ; mariage pour les célibataires. — *Vendangeur*, santé et richesses. *Violette*, succès. *Violon*. Entendre jouer du violon et des autres instruments de musique, concorde et bonne intelligence entre le mari et la femme, etc., etc. Telles sont les extravagances que débitent les interprètes des songes ; et l'on sait combien ils trouvent de gens qui les croient ! Le monde fourmille de petits esprits qui, pour avoir entendu dire que les grands hommes étaient au-dessus de la superstition, croient se mettre à leur niveau en refusant à l'âme son immortalité, et à Dieu son pouvoir, et qui n'en sont pas moins les serviles esclaves des plus absurdes préjugés. On voit tous les jours d'ignorants esprits-forts, de petits sophistes populaires, qui ne parlent que d'un ton railleur des saintes Écritures, et qui passent les premières heures du jour à chercher l'explication d'un songe insignifiant, comme ils passent les moments du soir à interroger les cartes sur leurs plus minces projets [1]. — Il y a des songes, au reste, qui ont beaucoup embarrassé ceux qui ne veulent rien voir d'inexplicable. Nous ne pouvons passer sous silence le fameux songe des deux Arcadiens. Il est rapporté par Valère-Maxime et par Cicéron. — Deux Arcadiens, voyageant ensemble, arrivèrent à Mégare. L'un se rendit chez un ami qu'il avait en cette ville ; l'autre alla loger à l'auberge. Après que le premier fut couché, il vit en songe son compagnon, qui le suppliait de venir le tirer des mains de l'aubergiste, par qui ses jours étaient menacés. Cette vision l'éveille en sursaut, il s'habille à la hâte, sort et se dirige vers l'auberge où était son ami. — Chemin faisant, il réfléchit sur sa démarche, la trouve ridicule, condamne sa légèreté à agir ainsi sur la foi d'un songe ; et, après un moment d'incertitude, il retourne sur ses pas et se remet au lit. Mais à peine a-t-il de nouveau fermé l'œil, que son ami se présente de nouveau à son imagination, non tel qu'il l'avait vu d'abord, mais mourant, mais souillé de sang, couvert de blessures, et lui adressant ce discours : « Ami ingrat, puisque tu as négligé de me secourir vivant, ne refuse pas au moins de venger ma mort. J'ai succombé sous les coups du perfide aubergiste ; et, pour cacher les traces de son crime, il a enseveli mon corps, coupé en morceaux, dans un tombereau plein de fumier, qu'il conduit à la porte de la ville. » — Celui-ci, troublé de cette nouvelle vision, plus effrayante que la première, épouvanté par le discours de son ami, se lève derechef, vole à la porte de la ville, et y trouve le tombereau désigné, dans lequel il reconnaît les tristes restes de son compagnon de voyage. Il arrête aussitôt l'assassin et le livre à la justice. — Cette aventure étonnante peut pourtant s'expliquer. Les deux amis étaient fort liés et naturellement inquiets l'un pour l'autre ; l'auberge pouvait avoir un mauvais renom : dès lors, le premier songe n'a rien d'extraordinaire. Le second en est la conséquence dans l'imagination agitée du premier des deux voyageurs. Les détails du tombereau sont plus forts ; il peut se faire qu'ils soient un effet des pressentiments, ou d'une anecdote du temps, ou une rencontre du hasard. Mais il y a des choses qui sont plus inexplicables et qu'on ne peut pourtant contester. — « Alexander ab Alexandro raconte, chap. 44 du 1er livre de ses Jours Géniaux, qu'un sien fidèle serviteur, homme sincère et vertueux, couché dans son lit, dormant profondément, commença à se plaindre, soupirer et lamenter si fort, qu'il éveilla tous ceux de la maison. Son maître, après l'avoir éveillé, lui demanda la cause de son cri. Le serviteur répondit : « Ces plaintes que vous avez entendues ne sont point vaines, car lorsque je m'agitais ainsi, il me semblait que je voyais le corps mort de ma mère passer devant mes yeux, que l'on portait en terre. » — On fit attention à l'heure, au jour, à la saison où cette vision était advenue, pour savoir si cette vision annoncerait quelque désastre au garçon : et l'on fut tout étonné d'apprendre la mort de cette femme quelques jours après ; s'étant informé des jour et heure, on trouva qu'elle était morte le même jour et à la même heure qu'elle s'était présentée morte à son fils. — Saint Augustin, livre 12, chap. 17, sur la Genèse, raconte l'histoire d'un frénétique qui revient un peu à ce songe. Quelques-uns étant dans la maison de ce frénétique, ils entrèrent en propos d'une femme qu'ils connaissaient, laquelle était vivante et faisait bonne chère, sans aucune appréhension de mal. Le frénétique leur dit : « Comment parlez-vous de cette femme ? Elle est morte, je l'ai vue passer comme on la portait en terre. » Et un ou deux jours après, la prédiction fut confirmée [1]. » Voy. Cassius, Hymera, Amilcar, Décius, etc.

Sorciers, — gens qui, avec le secours des puissances infernales, peuvent opérer des choses surnaturelles en conséquence d'un pacte fait avec le diable. — Ce n'étaient en général que des imposteurs, des charlatans, des fourbes, des maniaques, des fous, des hypocondres, ou des vauriens qui, désespérant de se donner quelque importance par leur propre mérite, se rendaient remarquables par les terreurs qu'ils inspiraient. Chez tous les peuples on trouve des sorciers. On les appelle magiciens lorsqu'ils opèrent des prodiges, et devins lorsqu'ils devinent les choses cachées. — Il y avait à Paris, du temps de Charles IX, trente mille sorciers, qu'on chassa de la ville. On en comptait plus de cent mille en France sous le roi Henri III. Chaque ville, chaque bourg, chaque village, chaque hameau avait les siens. On les poursuivit sous Henri IV et sous Louis XIII ; le nombre de ces

---

[1] Il y a des gens qui ne croient à rien, et qui mettent à la loterie sur la signification des songes. Mais qui peut leur envoyer des songes, s'il n'y a pas de Dieu ?... Comment songent-ils quand leur corps est assoupi, s'ils n'ont point d'âme ? Deux savetiers s'entretenaient sous l'empire de matières de religion. L'un prétendait qu'on avait eu raison de rétablir le culte ; l'autre, au contraire, qu'on avait tort. « Mais, dit le premier, je vois bien que tu n'es pas foncé dans la politiquerie ; ce n'est pas pour moi qu'on a remis Dieu dans ses fonctions, ce n'est pas pour toi non plus ; c'est pour le peuple. » — Ces deux savetiers, avec tout leur esprit, se faisaient tirer les cartes et racontaient leurs songes.

[1] Boistuau, Visions prodigieuses.

misérables ne commença à diminuer que sous Louis XIV. L'Angleterre n'en était pas moins infestée. Le roi Jacques Ier, qui leur faisait la chasse très-durement, écrivit contre eux un gros livre, sans éclairer la question. Un fait est constant, c'est que presque tous les sorciers étaient des bandits qui prenaient un masque diabolique pour faire le mal : c'est que la plupart de leurs sortiléges étaient des empoisonnements, et leurs sabbats d'affreuses orgies. Ces sorciers étaient encore des restes de bandes hérétiques, conduits d'aberrations en aberrations à l'adoration toute crue du démon. — Les sorciers sont coupables de quinze crimes, dit Bodin : 1° ils renient Dieu; 2° ils le blasphèment; 3° ils adorent le diable; 4° ils lui vouent leurs enfants; 5° ils les lui sacrifient souvent avant qu'ils soient baptisés[1]; 6° ils les consacrent à Satan dès le ventre de leur mère; 7° ils lui promettent d'attirer tous ceux qu'ils pourront à son service; 8° ils jurent par le nom du diable, et s'en font honneur; 9° ils ne respectent plus aucune loi et commettent des incestes; 10° ils tuent les personnes, les font bouillir et les mangent; 11° ils se nourrissent de chair humaine et même de pendus; 12° ils font mourir les gens par le poison et les sortiléges; 13° ils font crever le bétail; 14° ils font périr les fruits, et causent la stérilité; 15° ils se font en tout les esclaves du diable. — Sandoval dans son *Histoire de Charles-Quint*, raconte que deux jeunes filles, l'une de onze ans, et l'autre de neuf, s'accusèrent elles-mêmes, comme sorcières, devant les membres du conseil royal de Navarre : elles avouèrent qu'elles s'étaient fait recevoir dans la secte des sorciers, et s'engagèrent à découvrir toutes les femmes qui en étaient si on consentait à leur faire grâce. Les juges l'ayant promis, ces deux enfants déclarèrent qu'en voyant l'œil gauche d'une personne elles pourraient dire si elle était sorcière ou non, elles indiquèrent l'endroit où l'on devait trouver un grand nombre de ces femmes, et où elles tenaient leurs assemblées. Le conseil chargea un commissaire de se transporter sur les lieux avec ces deux enfants, escortés de cinquante cavaliers. En arrivant dans chaque bourg ou village, il devait enfermer les deux jeunes filles dans deux maisons séparées, et faire conduire devant elles les femmes suspectes de magie, afin d'éprouver le moyen qu'elles avaient indiqué. Il résulta de l'expérience que celles de ces femmes qui avaient été signalées par les deux filles comme sorcières l'étaient réellement. Lorsqu'elles se virent en prison, elles déclarèrent qu'elles étaient plus de cent cinquante; que lorsqu'une femme se présentait pour être reçue dans leur société, on lui faisait renier Jésus-Christ et sa religion. Le jour où cette cérémonie avait lieu, on voyait paraître, au milieu d'un cercle, un bouc noir, qui en faisait plusieurs fois le tour; à peine avait-il fait entendre sa voix rauque, que toutes les sorcières accouraient et se mettaient à danser; après cela, elles venaient toutes baiser le bouc au derrière, et faisaient ensuite un repas avec du pain, du vin et du fromage. Lorsque le festin était fini, chaque sorcière s'envolait dans les airs, pour se rendre aux lieux où elle voulait faire du mal. D'après leur propre confession, elles avaient empoisonné trois ou quatre personnes, pour obéir aux ordres de Satan, qui les introduisait dans les maisons en leur ouvrant les portes et les fenêtres, qu'il avait soin de refermer quand le maléfice avait eu son effet. Toutes les nuits qui précédaient les grandes fêtes de l'année, elles avaient des assemblées générales, où elles faisaient des abominations et des impiétés. Lorsqu'elles assistaient à la messe, elles voyaient l'hostie noire; mais, si elles avaient déjà formé le propos de renoncer à leurs pratiques diaboliques, elles la voyaient blanche. — Sandoval ajoute que le commissaire, voulant s'assurer de la vérité des faits par sa propre expérience, fit prendre une vieille sorcière, et lui promit sa grâce, à condition qu'elle ferait devant lui toutes ses opérations de sorcellerie. La vieille, ayant accepté la proposition, demanda la boîte d'onguent qu'on avait trouvée sur elle, et monta dans une tour, avec le commissaire et un grand nombre de personnes. Elle se plaça devant une fenêtre et se frotta d'onguent la paume de la main gauche, le poignet, le nœud du coude, le dessous du bras, l'aine et le côté gauche; ensuite elle cria d'une voix forte : *Es-tu là?* Tous les spectateurs entendirent dans les airs une voix qui répondit : *Oui, me voici.* La sorcière se mit alors à descendre le long de la tour, la tête en bas, se servant de ses pieds et de ses mains à la manière des lézards. Arrivée au milieu de la hauteur, elle prit son vol dans les airs devant les assistants, qui ne cessèrent de la voir que lorsqu'elle eut dépassé l'horizon. Dans l'étonnement où ce prodige avait plongé tout le monde, le commissaire fit publier qu'il donnerait une somme d'argent considérable à quiconque lui ramènerait la sorcière. On la lui présenta au bout de deux jours qu'elle fut arrêtée par des bergers. Le commissaire lui demanda pourquoi elle n'a-

---

[1] Spranger condamna à mort une sorcière qui avait fait mourir quarante et un petits enfants.

vait pas volé assez loin pour échapper à ceux qui la cherchaient. A quoi elle répondit que son maître n'avait voulu la transporter qu'à la distance de trois lieues, et qu'il l'avait laissée dans le champ où les bergers l'avaient rencontrée. — Le juge ordinaire ayant prononcé sur l'affaire des cent cinquante sorcières, ni l'onguent ni le diable ne purent leur donner des ailes pour éviter le châtiment de deux cents coups de fouet et de plusieurs années de prison qu'on leur fit subir. — Boquet, qui avait tant de zèle pour l'extinction de la sorcellerie, a mis à la fin de son *Discours des sorciers* une *instruction pour un juge en fait de sorcellerie*. Cette pièce curieuse, publiée en 1601, est divisée en quatre-vingt-onze articles. On la connaît plus généralement sous le titre de *Code des sorciers* ; en voici le précis : — Le juge du ressort instruit l'affaire et la juge, sans suivre, en cas pareil, les formes ordinaires. La présomption de sorcellerie suffit pour faire arrêter le suspect ; l'interrogatoire doit suivre l'arrestation, parce que le diable assiste les sorciers en prison. Le juge doit faire attention à la contenance de l'accusé, voir s'il ne jette point de larmes, s'il regarde à terre, s'il barbotte à part, s'il blasphème ; tout cela est indice. Souvent la honte empêche le sorcier d'avouer ; c'est pourquoi il est bon que le juge soit seul, et que le greffier soit caché pour écrire les réponses. — Si le sorcier a devant lui un compagnon du sabbat, il se trouble. On doit le raser afin de mettre à découvert le sort de taciturnité. — Il faut le visiter avec un chirurgien, pour chercher les marques. — Si l'accusé n'avoue pas, il faut le mettre dans une dure prison, et avoir gens affidés qui tirent de lui la vérité. — Il y a des juges qui veulent qu'on promette le pardon, et qui ne laissent pas de passer à l'exécution ; mais cette coutume me paraît barbare. — Le juge doit éviter la torture, elle ne fait rien sur le sorcier ; néanmoins il est permis d'en user. — Si l'accusé se trouve saisi de graisses, si le bruit public l'accuse de sorcellerie, ce sont de grandes présomptions qu'il est sorcier. Les indices légers sont les variations dans les réponses, les yeux fixés en terre, le regard effaré. Les indices graves sont la naissance : comme si, par exemple, le prévenu est enfant de sorcier, s'il est marqué, s'il blasphème. — Le fils est admis à déposer contre son père. Les témoins reprochables doivent être entendus comme les autres. On doit aussi entendre les enfants. Les variations dans les réponses du témoin ne peuvent faire présumer en faveur de l'innocence du prévenu, si tout l'accuse d'être sorcier. — La peine est le supplice du feu ; on doit étrangler les sorciers et les brûler après ; les loups-garous doivent être brûlés vifs. — On condamne justement sur des conjectures et présomptions ; mais alors on ne brûle pas, on pend. — Le juge doit assister aux exécutions, suivi de son greffier, pour recueillir les dépositions..... — Ce chef-d'œuvre de jurisprudence et d'humanité, ouvrage d'un avocat, reçut dans le temps les suffrages des barreaux. Boguet le dédia à Daniel Romanez, avocat à Salins. — Notre siècle n'est pas encore exempt de sorciers. Il y en a dans tous les villages. On en trouve à Paris même, où le magicien Moreau faisait merveilles il y a vingt ans. Mais souvent on a pris pour sorciers des gens qui ne l'étaient pas. — Mademoiselle Lorimier, à qui les arts doivent quelques tableaux remarquables, se trouvant à Saint-Flour en 1841 avec une autre dame artiste, prenait, de la plaine, le plan de la ville, située sur un rocher. Elle dessinait et faisait des gestes d'aplomb avec son crayon. Les paysans, qui voient encore partout la sorcellerie, jetèrent des pierres aux deux dames, les arrêtèrent et les conduisirent chez le maire, les prenant pour des sorcières. Vers 1778, les Auvergnats prirent pour des sorciers les ingénieurs qui levaient le plan de la province, et les accablèrent de pierres. — Le tribunal correctionnel de Marseille eut à prononcer, en 1820, sur une cause de sorcellerie. Une demoiselle, abandonnée par un homme qui devait l'épouser, recourut à un docteur qui passait pour sorcier, lui demandant s'il aurait *un secret* pour ramener un infidèle et nuire à une rivale. Le nécromancien commença par se faire donner de l'argent, puis une *poule noire*, puis un *cœur de bœuf*, puis des *clous*. Il fallait que la poule, le cœur et les clous fussent *volés* ; pour l'argent il pouvait être légitimement acquis, le sorcier se chargeait du reste. Mais il arriva que, n'ayant pu rendre à la plaignante le cœur de son amant, celle-ci voulut au moins que son argent lui fût restitué ; de là le procès, dont le dénoûment a été ce qu'il devait être : le sorcier a été condamné à l'amende et à deux mois de prison comme *escroc*. — Voici encore ce qu'on écrivait de Valognes en 1841. On jugera des sorciers passés par les sorciers présents, sous le rapport de l'intérêt qu'ils sont dignes d'inspirer : — « Notre tribunal correctionnel vient d'avoir à juger des sorciers de Brix. Les prévenus, au nombre de sept, se trouvent rangés dans l'ordre suivant : Anne-Marie, femme de Leblond, dit le *Marquis*, âgée de soixante-quinze ans (figure d'Atropos ou d'une sorcière de Macbeth) ; Leblond, son mari, âgé de soixante-onze ans

Charles Lemonnier, maçon, âgé de vingt-six ans; Drouet, maçon, âgé de quarante-quatre ans; Thérèse Leblond, dite *la Marquise*, âgée de quarante-huit ans (teint fiévreux ou animé par la colère); Jeanne Leblond, sa sœur, également surnommée *la Marquise*, âgée de trente-quatre ans, femme de Lemonnier; et Lemonnier, mari de la précédente, équarrisseur, âgé de trente-trois ans, né à Amfreville, tous demeurant à Brix. — Divers délits d'escroquerie à l'aide de manœuvres frauduleuses leur sont imputés; les témoins, dont bon nombre figurent parmi les dupes qu'ils ont faites, comparaissent successivement et reçoivent une ovation particulière à chaque aveu de leur crédulité. — Les époux Halley, dit Morbois, et leur frère et beau-frère Jacques Legouche, des Moitiers-en-Bauptois, se croyaient ensorcelés, et même encore ils ne savent trop aujourd'hui s'ils ne l'ont pas été. Or il n'était bruit à dix lieues à la ronde que des *Marquis* de Brix. On alla donc les supplier d'user de leur pouvoir en faveur de braves gens dont la maison, remplie de myriades de sorciers, n'était plus habitable. Le vieux *Marquis* se met aussitôt en route avec sa fille Thérèse, et commande des tisanes. Mais il en faut bientôt de plus actives, et la société, composée de ses deux filles et des frères Lemonnier, qui se sont entremis dans la guérison, apportent des bouteilles tellement puissantes que toute la famille les a vues danser dans le panier qui les contenait. — Il faut en effet de bien grands remèdes pour lever le sort que le curé, le vicaire et le bedeau de la paroisse ont jeté sur eux, au dire des *Marquises*. Il faut en outre du temps et de l'argent. Deux ans se passent en opérations, et avec le temps s'écoule l'argent. Mais enfin une si longue attente, de si nombreux sacrifices auront un terme, et ce terme, c'est la nuit de Pâques fleuries, dans laquelle le grand-maître sorcier viendra débarrasser les époux Halley des maléfices qu'ils endurent. Ce qui avait été promis a lieu; non pas précisément la guérison, mais l'arrivée de plusieurs membres de la compagnie de Brix. Que s'est-il passé dans la maison? c'est ce que des voisins assignés ne peuvent nous dire, parce qu'ils n'ont osé ni regarder ni entendre. Un seul rapporte, lorsque les sorciers sont repartis, avoir ouï une voix s'écrier : « Il faut qu'ils soient plus bêtes que le cheval qui nous traîne! » — D'autres racontent la ruine de cette maison qui date des fréquents voyages de la compagnie. Les Halley et les Legouche étaient dans une parfaite aisance avant qu'il fût question de les désensorceler. Leurs meubles, leurs bestiaux, leur jardin, leur peu de terre, ils ont tout vendu; leurs hardes, parce qu'elles étaient ensorcelées comme leur personne, ils les ont données; ils ont arraché jusqu'à leur plant de pommiers pour en faire un peu d'argent et rassasier l'hydre insatiable qui les dévorait; 2,000 fr., tel est peut-être le chiffre des sommes que l'accusation reproche aux prévenus d'avoir escroquées à ces pauvres gens. — Cependant ceux-ci avouent à peine 250 fr. qu'ils auraient pu remettre pour prix de médicaments qui les ont, disent-ils, radicalement guéris. Ils ne confessent aucuns détails, n'accusent personne. Ils rendent grâce au contraire du bien qu'on leur a fait. Les malheureux tremblent encore en présence de ceux qu'ils ont appelés auprès d'eux, et dont le regard semble toujours les fasciner! — Un nommé Henri Lejuez, de Flottemanville-Hague (arrondissement de Cherbourg), vient ensuite raconter avec la même bonne foi et le même air de simplicité les tours subtils de magie dont il a été victime. Chevaux et porcs, chez lui tout mourait : ce n'était point naturel; mais aux grands maux les grands remèdes. Il se mit donc en recherche de les trouver. « Un jour, dit-il, que j'étais à l'assemblée de Vasteville, je trouvai un homme qui me dit que je ferais bien d'aller à Brix, chez un nommé le Marquis. J'y allai; or, quand je lui eus dit mon affaire et qu'il eut lu deux pages dans un livre que sa femme alla lui chercher dans l'armoire, il me répondit : « Ce sont des jaloux; mais je vais vous *butter* ça; baillez-moi 5 fr. 50 c. pour deux bouteilles de drogues, et je ferai mourir le malfaiteur. — Nenni, que je lui dis, je n'en demande pas tant; domptez-le seulement de façon qu'il ne me fasse plus de mal, c'en est assez. » Quinze jours après, j'y retournai, et j'apportai vingt-cinq kilogrammes de farine, deux pièces de 5 francs, et environ deux kilogrammes de filasse que sa bonne femme m'avait demandés. Il n'y avait point d'amendement chez mes *avers*, et je le lui dis en le priant de *travailler* comme il faut l'homme qui m'en voulait. Enfin, après un autre *voyage* que je fis encore, il fut convenu que sa fille Thérèse viendrait à la maison. Elle y vint donc et fit sa magie avec une poule qu'on *happa* sans lui ôter une plume du corps. Sur le coup elle la *saignit*, et quand elle eut ramassé son sang dans un petit pot avec le cœur, elle le fit porter à la porte de l'homme que nous soupçonnions. Pendant que le sang s'égoutterait notre homme devait dessécher, à ce qu'elle disait. Après cela elle nous demanda vingt-cinq aiguilles neuves qu'elle mit dans une assiette et sur laquelle elle versa de l'eau. Autant il y en aurait qui s'affourcheraient les unes sur les autres, autant il y aurait d'ennemis qui nous en voudraient. Il s'en trouva trois. — Tout cela fait, elle emporta la poule, et revint quelques jours après avec Jeanne sa sœur. Mais il se trouva qu'il leur manqua quelque chose pour arriver à leur *définition* : c'était des drogues qu'avec 25 fr. que je leur donnai et que j'empruntai en partie, elles allèrent quérir à *Cherbourg*, et qu'elles devaient rapporter le soir, avec deux mouchoirs que ma femme leur prêta; mais elles ne revinrent plus. Pour lors j'eus l'idée qu'elles n'étaient pas aussi savantes qu'on le disait. Pour m'en assurer, j'allai consulter une batteuse de cartes du Limousin, et je l'amenai chez Thérèse. Là-dessus les deux femelles se prirent de langue : la Limousine traita la Marquise d'*agrippeuse* et le Marquis d'*agrippeur*. Ça fit une brouille et les affaires en restèrent là. A quelque temps de là cependant, ma femme la revit dans une boutique à la Pierre-Butée, avec Charles Lemonnier, qu'elle appelait son homme. Elle lui parla de ce qu'elle lui avait donné, de trois chemises que *j'oubliais*, de deux draps de lits, d'un canard et d'une poule que je lui avais portés moi-même; elle lui demanda aussi ce qu'était devenue la poule qu'elle avait saignée pour sa magie. Sur-le-champ Thérèse répondit qu'après l'avoir fait rôtir elle s'était dressée sur table et avait chanté trois fois comme un coq. « C'est vrai, reprit Charles Lemonnier, car quand je l'ai vue, ça m'a fait un effet que je n'ai pas osé en manger. » — Les *Marquis* et compagnie n'appliquaient pas seulement leurs talents à la guérison des sorts, mais encore à la découverte des trésors. — Tels sont les principaux faits qui amènent les différents prévenus devant le tribunal, et auxquels on pourrait ajouter celui relatif au vol de deux pièces de fil et de deux livres de piété, imputé à la même Thérèse, lors de sa visite, au préjudice de la femme Helland, et celui d'escroquerie reproché au vieux sorcier le *Marquis*, à raison de ses sortiléges sur la fille d'un nommé Yves Adam, de Brix. — M. le substitut Desmortiers rappelle les fâcheux antécédents, d'abord de Thérèse, condamnée par un premier jugement, pour vol, à un an et un jour d'emprisonnement, par un second jugement de la cour d'assises de la Manche, en sept années de travaux forcés; de sa sœur, ensuite condamnée pareillement en six années de la même peine; de Leblond père, dit le *Marquis*, qui a subi deux condamnations correctionnelles dont la durée de l'une a été de neuf ans; de Drouet enfin, condamné à un an et un jour de prison. Le tribunal, après avoir renvoyé de l'action la vieille femme Leblond, prononce son jugement, qui condamne aux peines qui suivent les co-prévenus : — Thérèse Leblond, dix années d'emprisonnement; Jeanne Leblond, femme Lemonnier, six ans; Jacques Leblond, dit le *Marquis*, cinq ans; Charles Lemonnier, un an et un jour; Pierre-Amable Drouet, six mois; Pierre Lemonnier, un mois; les condamne chacun, en outre, en 50 fr. d'amende, et solidairement aux dépens, et dit qu'à l'expiration de leur peine ils resteront pendant dix ans sous la surveillance de la haute police. » *Voy.* Sicidites, Agrippa, Faust, et une foule de petits articles sur divers sorciers.

Sort. — On appelle sort ou sortilége certaines paroles, caractères, drogues, etc., par lesquels les esprits crédules s'imaginent qu'on peut produire des effets extraordinaires, en vertu d'un pacte supposé fait avec le diable; ce qu'ils appellent *jeter un sort*. La superstition populaire attribuait surtout cette faculté nuisible aux bergers; et cette opinion était, sinon fondée, au moins excusée par la solitude et l'inaction où vivent ces sortes de gens. *Voy.* Maléfices, Charmes, Scopélisme, etc. — Les hommes ont de tout temps consulté le sort, ou, si l'on veut, le hasard. Cet usage n'a rien de ridicule lorsqu'il s'agit de déterminer un partage, de fixer un choix douteux, etc. Mais les anciens consultaient le sort comme un oracle; et quelques modernes se sont montrés aussi insensés. Toutes les divinations donnent les prétendus moyens de consulter le sort.

Sortiléges, — *voy.* Sort.

Sotray, — nom que les Solognots et les Poitevins donnent à un lutin qui tresse les crinières des chevaux.

Souad, — goutte noire, germe de péché, inhérente au cœur de l'homme, selon les musulmans, et dont Mahomet se vantait d'avoir été délivré par l'ange Gabriel.

Sougaï-Toyon, — dieu du tonnerre chez les Yakouts; il est mis par eux au rang des esprits malfaisants. C'est le ministre des vengeances d'Oulon-Toyon, chef des esprits.

Soulié (Frédéric). — Dans les *Mémoires du diable*, l'auteur a employé un très-beau talent à faire malheureusement un mauvais livre en morale.

Souris. — Le cri d'une souris était, chez les anciens, de si mauvais augure, qu'il rompait les auspices. *Voy.* Rats.

Souterrains (Démons), — démons dont parle Psellus, qui, du vent de leur haleine, rendent aux hommes le visage bouffi, de manière qu'ils sont méconnaissables. *Voy.* Mineurs, Terrestres, etc.

Southcote (Jeanne), visionnaire anglaise de ces derniers temps. Elle avait annoncé qu'elle accoucherait d'un nouveau messie ; mais elle est morte sans avoir rempli sa promesse ; ce qui n'empêche pas ses crédules disciples d'attendre sa résurrection, qui sera suivie de l'accouchement tant désiré. Les sectateurs de cette prétendue prophétesse portent, dans leurs processions, des cocardes blanches, et des étoles en ruban jaune sur la poitrine. Le ruban jaune est, selon eux, la couleur de Dieu ; leur messie se nommera le Shelo.

Souvigny. — Une tradition populaire attribue aux fées la construction de l'église de Souvigny. Au milieu de la délicieuse vallée qu'arrose la petite rivière appelée la Queune, une laitière vit surgir cette église d'un brouillard du matin, avec ses aiguilles dentelées, ses galeries festonnées, et son portail à jour, à une place où, la veille encore, s'élevaient de beaux arbres et coulait une fontaine. Frappée de stupeur, la pauvre femme devint pierre ; on montre encore sa tête placée à l'angle d'une des tours. Il y a bien, en effet, quelque chose de féerique dans l'église de Souvigny. Un jour qu'il allait s'y livrer à ses études, M. Achille Allier y découvrit un curieux support de nervure ogivique : c'était une femme d'une délicatesse de formes presque grecque, qui se tordait et jouait avec une chimère ; il lui sembla voir l'intelligence de l'artiste créateur de ce temple fantastique aux prises avec son caprice [1].

Sovas-Mupusin — (empoisonneurs et suceurs de sang), espèces de vampires, chez les Quojas ; esprits ou revenants qui se plaisent à sucer le sang des hommes ou des animaux. Ce sont les broucolaques de l'Afrique.

Spectres, — sorte de substance sans corps, qui se présente sensiblement aux hommes, contre l'ordre de la nature, et leur cause des frayeurs. La croyance aux spectres et aux revenants, aussi ancienne que les sociétés d'hommes, est une preuve de l'immortalité de l'âme, et en même temps un monument de la faiblesse de l'esprit humain, abandonné à lui-même — Olaüs-Magnus assure que, sur les confins de la mer Glaciale, il y a des peuples, appelés Pylapiens, qui boivent, mangent et conversent familièrement avec les spectres. Ælien raconte qu'un vigneron ayant tué, d'un coup de bêche, un aspic fort long,

[1] Jules Duvernay, Excursion d'artiste en 1841.

était suivi en tous lieux par le spectre de sa *victime!*... Suétone dit que le spectre de Galba poursuivait sans relâche Othon, son meurtrier, le tiraillait hors du lit, l'épouvantait et lui causait mille tourments. *Voy.* Apparitions, Fantômes, Flaxbinder, Philinnion, Polycrite, Revenants, Vampires, etc.

Spectriana, — recueil mal fait d'histoires et d'aventures surprenantes, merveilleuses et remarquables de spectres, revenants, esprits, fantômes, diables et démons ; manuscrit trouvé dans les catacombes. Paris, 1817 ; 4 vol. in-18.

Spéculaires, — nom que l'antiquité donnait aux magiciens ou devins qui faisaient voir dans un miroir les personnes ou les choses qu'on désirait connaître.

Spée. — Leibnitz remarque que le P. Spée, jésuite allemand, auteur du livre intitulé : *Cautio criminalis circa processus contra sagas*, déclarait qu'il avait accompagné au supplice beaucoup de criminels condamnés comme sorciers ; mais qu'il n'en avait pas trouvé un seul duquel il pût croire qu'il fût véritablement sorcier, ni qui fût allé véritablement au sabbat. Il ne faut pas croire pour cela que les gens fussent injustement punis, car ils avaient fait du mal. Seulement, on leur appliquait sans doute des peines trop sévères.

Sphinx, — monstre fabuleux, auquel les anciens donnaient ordinairement un visage de femme avec un corps de lion couché. Il devinait les énigmes.

Spinello, — peintre né à Arezzo, dans la Toscane, au quatorzième siècle. A l'âge de soixante-dix-sept ans, il s'avisa de peindre la chute des mauvais anges. Il représenta Lucifer sous la forme d'un monstre tellement hideux, qu'il en fut lui-même frappé. Une nuit, dans un songe, il crut apercevoir le diable tel qu'il était dans son tableau, qui lui demanda, d'une voix menaçante, où il l'avait vu, pour e peindre si effroyable ? Spinello, interdit et tremblant, pensa mourir de frayeur, et eut toujours, depuis ce rêve, l'esprit troublé et la vue égarée.

Spirinx (Jean), — astrologue belge du quinzième siècle, qui prédit à Charles-le-Téméraire que, s'il marchait contre les Suisses, il lui en arriverait mal ; à quoi le duc répondit que la force de son épée vaincrait les influences des astres : ce que lui, son épée et toute sa puissance ne purent pas faire, puisqu'il s'ensuivit sa défaite et sa mort.

Spodomantie ou **Spodanomancie**, — divination par les cendres des sacrifices, chez les anciens. Il en reste quelques vestiges en Allemagne. On écrit du bout du doigt, sur la cendre exposée à l'air, ce que l'on veut savoir; on laisse la cendre ainsi chargée de lettres à l'air de la nuit, et le lendemain matin, on examine les caractères qui sont restés lisibles, et on en tire des oracles. Quelquefois le diable vient écrire la réponse. *Voy.* CENDRES.

Spurina. — Suétone assure que l'astrologue Spurina prédit à César que les ides de mars lui seraient funestes. César se moqua de lui, et fut assassiné dans la journée.

Squelette. — Un chirurgien, qui était au service du czar Pierre-le-Grand, avait un squelette qu'il pendait dans sa chambre auprès de sa fenêtre. Ce squelette se remuait toutes les fois qu'il faisait du vent. Un soir que le chirurgien jouait du luth à sa fenêtre, le charme de cette mélodie attira quelques strelitz, ou gardes du czar, qui passaient par là. Ils s'approchèrent pour mieux entendre; et, comme ils regardaient attentivement, ils virent que le squelette s'agitait. Cela les épouvanta si fort, que les uns prirent la fuite hors d'eux-mêmes, tandis que d'autres coururent à la cour, et rapportèrent à quelques favoris du czar qu'ils avaient vu les os d'un mort danser à la musique du chirurgien... La chose fut vérifiée par des gens que l'on envoya exprès pour examiner le fait, sur quoi le chirurgien fut condamné à mort comme sorcier. Il allait être exécuté, si un boyard qui le protégeait, et qui était en faveur auprès du czar, n'eût intercédé pour lui, et représenté que ce chirurgien ne se servait de ce squelette, et ne le conservait dans sa maison que pour s'instruire dans son art par l'étude des différentes parties qui composent le corps humain. Cependant, quoi que ce seigneur pût dire, le chirurgien fut obligé d'abandonner le pays, et le squelette fut traîné par les rues, et brûlé publiquement [1].

Stadius, — chiromancien qui, du temps de Henri III, exerçait son art en public. Ayant un jour été conduit devant le roi, il dit au prince que tous les pendus avaient une raie au pouce comme la marque d'une bague. Le roi voulut s'en assurer, et ordonna qu'on visitât la main d'un malheureux qui allait être exécuté; n'ayant trouvé aucune marque, le sorcier fut regardé comme un imposteur et logé en prison [2].

Stagirus, — moine hérétique, qui était souvent possédé. On rapporte que le diable qui occupait son corps apparaissait sous la forme d'un pourceau couvert d'ordure et fort puant [1].

Stanoska, — jeune fille de Hongrie, dont on raconte ainsi l'histoire. Un défunt nommé Millo était devenu vampire; il reparaissait les nuits, et suçait les gens. La pauvre Stanoska, qui s'était couchée en bonne santé, se réveilla au milieu de la nuit en s'écriant que Millo, mort depuis neuf semaines, était venu pour l'étrangler. De ce moment elle languit, et mourut au bout de trois jours. Ce vampirisme pouvait bien n'être que l'effet d'une imagination effrayée? *Voy.* VAMPIRES.

Stauffenberger. — famille allemande qui compte parmi ses grand'mères une ondine ou esprit des eaux, laquelle s'allia au treizième siècle à un Stauffenberger.

Stéganographie ou **Sténographie**, — art d'écrire en chiffres, ou abréviations, d'une manière qui ne puisse être devinée que par ceux qui en ont la clef. Trithème a fait un traité de stéganographie, que Charles de Bouelles prit pour un livre de magie, et l'auteur pour un nécromancien. On attribuait autrefois à la magie tous les caractères qu'on ne pouvait comprendre; et beaucoup de gens, à cause de son livre, ont mis le bon abbé Trithème au nombre des sorciers.

Steinlin (JEAN). — Le 9 septembre 1625, Jean Steinlin mourut à Altheim, dans le diocèse de Constance. C'était un conseiller de la ville. Quelques jours après sa mort, il se fit voir pendant la nuit à un tailleur nommé Simon Bauh, sous la forme d'un homme environné de flammes de soufre, allant et venant dans la maison, mais sans parler. Bauh, que ce spectacle inquiétait, lui demanda ce qu'on pouvait faire pour son service; et le 17 novembre suivant, comme il se reposait la nuit, dans son poêle, un peu après onze heures du soir, il vit entrer le spectre par la fenêtre, lequel dit d'une voix rauque : « Ne me promettez rien, si vous n'êtes pas résolu d'exécuter vos promesses. — Je les exécuterai si elles ne passent pas mon pouvoir, répondit le tailleur. — Je souhaite donc, reprit l'esprit, que vous fassiez dire une messe à la chapelle de la Vierge de Rotembourg; je l'ai vouée pendant ma vie, et ne l'ai pas fait acquitter; de plus, vous ferez dire deux messes à Altheim, l'une des défunts, et l'autre de la Sainte-Vierge; et comme je n'ai pas toujours exactement payé mes domestiques, je souhaite qu'on distribue aux pauvres un quarteron de blé. — Le tailleur promit de satisfaire à tout,

---

[1] *Dæmoniana*, p. 193, après Perry.
[2] Delancre, Tableau de l'inconstance des démons, etc., liv. III, p. 187.

[1] Saint Jean-Chrysostome.

L'esprit lui tendit la main, comme pour s'assurer de sa parole; mais Simon, craignant qu'il ne lui arrivât quelque chose, présenta le banc où il était assis, et le spectre, l'ayant touché, y imprima la main, avec les cinq doigts et les jointures, comme si le feu y avait passé et y eût laissé une impression profonde. Après cela, il s'évanouit avec un si grand bruit, qu'on l'entendit trois maisons plus loin. Ce fait est rapporté dans plusieurs recueils.

Sternomancie, — divination par le ventre. Ainsi on savait les choses futures lorsque l'on contraignait un démon ou un esprit à parler dans le corps d'un possédé, pourvu qu'on entendit distinctement[1]. C'était ordinairement de la ventriloquie.

Stoffler, — mathématicien et astrologue allemand, qui florissait vers la fin du quinzième siècle. Il annonça qu'il y aurait un déluge universel au mois de février 1524; Saturne, Jupiter, Mars et les Poissons devaient être en conjonction. Cette nouvelle porta l'alarme dans l'Europe: tous les charpentiers furent requis pour construire galiotes, nacelles et bateaux; chacun se munissait de provisions, lorsque le mois de février 1524 arriva. Il ne tomba pas une goutte d'eau; jamais il n'y avait eu de mois plus sec. On se moqua de Stoffler; mais on n'en fut pas plus raisonnable: on continua de croire aux charlatans, et Stoffler continua de prophétiser[2].

Stoïchéomancie, — divination qui se pratiquait en ouvrant les livres d'Homère ou de Virgile, et prenant oracle du premier vers qui se présentait. C'est une branche de la rhapsodomancie.

Stolas, — grand prince des enfers, qui apparaît sous la forme d'un hibou; lorsqu'il prend celle d'un homme, et qu'il se montre devant l'exorciste, il enseigne l'astronomie. Il connaît les propriétés des plantes et la valeur des pierres précieuses. Vingt-six légions le reconnaissent pour général[3].

Stolisomancie, — divination par la manière de s'habiller. Auguste se persuada qu'une sédition militaire lui avait été prédite le matin, par la faute de son valet, qui lui avait chaussé le soulier gauche au pied droit.

Strasite, — pierre fabuleuse à laquelle on attribuait la vertu de faciliter la digestion.

Stryges. — C'étaient de vieilles femmes chez les anciens. Chez les Francs, nos ancêtres, c'étaient des sorcières ou des spectres qui mangeaient les vivants. Il y a même, dans la loi salique, un article contre ces monstres: « Si une stryge a mangé un homme, et qu'elle en soit convaincue, elle paiera une amende de huit mille deniers, qui font deux cents sous d'or. » Il paraît que les stryges étaient communes au cinquième siècle, puisqu'un autre article de la même loi condamne à cent quatre-vingt-sept sous et demi celui qui appellera une femme libre *stryge* ou *prostituée*. Comme ces stryges sont punissables d'amende, on croit généralement que ce nom devait s'appliquer, non à des spectres insaisissables, mais exclusivement à des magiciennes. — Il y eut, sous prétexte de poursuites contre les stryges, des excès qui frappèrent Charlemagne. Dans les capitulaires qu'il composa pour les Saxons, ses sujets de conquête, il condamne à la peine de mort ceux qui auront fait brûler des hommes ou des femmes accusés d'être *stryges*. Le texte se sert des mots *stryga vel masca*; et l'on croit que ce dernier terme signifie, comme *larva*, un spectre, un fantôme, peut-être un loup-garou. — On peut remarquer, dans ce passage des capitulaires[1], que c'était une opinion reçue chez les Saxons qu'il y avait des sorcières et des spectres (dans ce cas des vampires) qui mangeaient ou suçaient les hommes vivants; qu'on les brûlait; et que, pour se préserver désormais de leur voracité, on mangeait la chair de ces stryges ou vampires. Quelque chose de semblable s'est vu dans le traitement du vampirisme au dix-huitième siècle. Ce qui doit prouver encore que les stryges des anciens étaient quelquefois des vampires, c'est que, chez les Russes, et dans quelques contrées de la Grèce moderne où le vampirisme a exercé ses ravages, on a conservé aux vampires le nom de stryges. *Voy.* VAMPIRES.

Stuffe (FRÉDÉRIC). — Sous Rodolphe de Habsbourg, il y eut, en Allemagne, un magicien qui voulut se faire passer pour le prince Frédéric Stuffe. Avec le secours des diables, il avait tellement gagné les soldats que les troupes le suivaient au moindre signal, et il s'était fait aimer en leur fascinant les yeux. On ne doutait plus que ce ne fût le vrai Frédéric, lorsque Rodolphe, fatigué des brigandages que ce sorcier exerçait, lui fit la guerre. Le sorcier avait pris la ville de Cologne; mais, ayant été contraint de se réfugier à Wetzlar, il y fut assiégé, et comme les choses étaient aux dernières extrémités, Rodolphe fit déclarer qu'on eût à lui livrer le faux prince

---

[1] Delancre, Incrédulité et mécréance du sortilége pleinement convaincues, p. 279.
[2] M. Salgues, Des Erreurs et des préjugés, etc., t. I*er*, p. 88.
[3] Wierus, in Pseudom. dæm.

[1] Capitul. Caroli Mag. pro partibus Saxoniæ, cap. 6.

pieds et poings liés, et qu'il accorderait la paix. La proposition fut acceptée : l'imposteur fut conduit devant Rodolphe, qui le condamna à être brûlé comme sorcier [1].

Styx, — fontaine célèbre dans les enfers des païens.

Succor-Bénoth, — chef des eunuques de Belzébuth, démon de la jalousie.

Succubes, — démons qui prennent des figures des femmes. On trouve dans quelques écrits, dit le rabbin Élias, que, pendant cent trente ans Adam fut visité par des diablesses, qui accouchèrent de démons, d'esprits, de lamies, de spectres, de lémures et de fantômes. — Sous le règne de Roger, roi de Sicile, un jeune homme, se baignant, au clair de la lune, avec plusieurs autres personnes, crut voir quelqu'un qui se noyait, courut à son secours, et ayant retiré de l'eau une femme, en devint épris, l'épousa et en eut un enfant. Dans la suite, elle disparut avec son enfant, sans qu'on en ait depuis entendu parler, ce qui a fait croire que cette femme était un démon succube. — Hector de Boëce, dans son histoire d'Écosse, rapporte qu'un jeune homme d'une extrême beauté était poursuivi par une jeune démone, qui passait à travers sa porte fermée et venait lui offrir de l'épouser. Il s'en plaignit à son évêque, qui le fit jeûner, prier et se confesser, et la beauté d'enfer cessa de lui rendre visite. — Delancre dit qu'en Égypte, un honnête maréchal ferrant étant occupé à forger pendant la nuit, il lui apparut un diable, sous la forme d'une belle femme. Il jeta un fer chaud à la face du démon, qui s'enfuit. — Les cabalistes ne voient dans les démons succubes que des esprits élémentaires. *Voy.* INCUBES.

Sueur. — On dit qu'un morceau de pain placé sous l'aisselle d'une personne qui transpire, devient un poison mortel ; et que si on le donne à manger à un chien, il devient aussitôt enragé. C'est une erreur. La sueur de l'homme ne tue pas plus que sa salive.

Summanus, — souverain des mânes dans l'ancienne mythologie.

Supercherie. — Henri Estienne raconte que de son temps un curé de village répandit pendant la nuit des écrevisses sur le dos desquelles il avait attaché de petites bougies. A la vue de ces lumières errantes, tout le village fut effrayé et courut chez le pasteur. Il fit entendre que c'étaient sans doute les âmes du purgatoire qui demandaient des prières. Mais malheureusement on trouva le lendemain une des écrevisses que l'on avait oublié de retirer [1], et l'imposture fut découverte : mais ce petit conte de Henri Estienne est une de ces malices que les protestants ont inventées en si grand nombre.

Superstitions. — Saint Thomas définit la superstition : un vice opposé par excès à la religion, un écart qui rend un honneur divin à qui il n'est pas dû ou d'une manière qui n'est pas licite. — Une chose est superstitieuse, 1° lorsqu'elle est accompagnée de circonstances que l'on sait n'avoir aucune vertu naturelle pour produire les effets qu'on en espère ; 2° lorsque ces effets ne peuvent être raisonnablement attribués ni à Dieu, ni à la nature ; 3° lorsqu'elle n'a été instituée ni de Dieu, ni de l'église ; 4° lorsqu'elle se fait en vertu d'un pacte avec le diable. La superstition s'étend si loin, que cette définition, qui est du curé Thiers, est très-incomplète. — Il y a des gens qui jettent la crémaillère hors du logis pour avoir du beau temps ; d'autres mettent une épée nue sur le mât d'un vaisseau, pour apaiser la tempête ; les uns ne mangent point de têtes d'animaux, pour n'avoir jamais mal à la tête ; les autres touchent avec les dents une dent de pendu ou un os de mort, ou mettent du fer entre leurs dents, pendant qu'on sonne les cloches, le Samedi Saint, pour guérir le mal de dents ; il en est qui portent, contre la crampe, un anneau fait pendant qu'on chante la Passion ; ceux-ci se mettent au cou deux noyaux d'aveline joints ensemble, contre la dislocation des membres ; ceux-là mettent du fil filé par une vierge, ou du plomb fondu dans l'eau, sur un enfant tourmenté par les vers. On en voit qui découvrent le toit de la maison d'une personne malade lorsqu'elle ne meurt pas assez facilement, que son agonie est trop longue, et qu'on désire sa mort ; d'autres enfin chassent les mouches lorsqu'une femme est en travail d'enfant, de crainte qu'elle n'accouche d'une fille. — Certains Juifs allaient à une rivière et s'y baignaient en disant quelques prières ; ils étaient persuadés que, si l'âme de leur père ou de leur frère était en purgatoire, ce bain la rafraîchirait. — Voici diverses opinions superstitieuses. — Malheureux qui chausse le pied droit le premier. — Un couteau donné coupe l'amitié. — Il ne faut pas mettre les couteaux en croix, ni marcher sur des fétus croisés. Semblablement, les fourchettes croisées sont d'un sinistre présage. — Grand malheur encore qu'un miroir cassé, une salière répandue, un pain renversé, un tison

---

[1] Leloyer, Hist. des spectres ou appar. des esprits, p. 303.

[1] Henri Estienne, Apol. pour Hérodote.

dérangé!... — Certaines gens trempent un balai dans l'eau, pour faire pleuvoir. — La cendre de fiente de vache est sacrée chez les Indiens. Ils s'en mettent, tous les matins, au front et à la poitrine : ils croient qu'elle purifie l'âme. — Quand une femme est en travail d'enfant, on vous dira, dans quelques provinces, qu'elle accouchera sans douleur si elle met la culotte de son mari. — Pour empêcher que les renards ne viennent manger les poules d'une métairie, il faut faire, dans les environs, une aspersion de bouillon d'andouille le jour de carnaval. — Quand on travaille à l'aiguille les jeudis et les samedis après midi, on fait souffrir Jésus-Christ et pleurer la sainte Vierge. — Les chemises qu'on fait le vendredi attirent les poux... — Le fil filé le jour de carnaval est mangé des souris. — On ne doit pas manger de choux le jour de Saint-Étienne, parce qu'il s'était caché dans des choux. — Les loups ne peuvent faire aucun mal aux brebis et aux porcs, si le berger porte le nom de saint Basile écrit sur un billet, et attaché au bout de sa houlette. — A Madagascar, on remarque, comme on le faisait à Rome, les jours heureux et les jours malheureux. Une femme de Madagascar croirait avoir commis un crime impardonnable si, ayant eu le malheur d'accoucher dans un temps déclaré sinistre, elle avait négligé de faire dévorer son enfant par les bêtes féroces, ou de l'enterrer vivant, ou tout au moins de l'étouffer. — On peut boire comme un trou, sans craindre de s'enivrer, quand on a récité ce vers :

Jupiter his altà sonuit clementer ab Idâ.

La superstition est la mère de beaucoup d'erreurs. C'est cette faiblesse de l'esprit humain qui attache aux moindres choses une importance surnaturelle. Elle engendre les terreurs, bouleverse les faibles têtes, sème les jours de vaines inquiétudes. La superstition amène partout les démons, les spectres, les fantômes ; ses domaines sont les déserts, le silence et les ténèbres ; elle apparaît aux hommes, entourée de tous les monstres imaginaires. Elle promet à ceux qui la suivent de leur dévoiler les impénétrables secrets de l'avenir. Elle a enfanté le fatalisme ; les sectes, les hérésies.

Sureau. — Quand on a reçu quelque maléfice de la part d'un sorcier qu'on ne connaît point, qu'on pende son habit à une cheville, et qu'on frappe dessus avec un bâton de sureau : tous les coups retomberont sur l'échine du sorcier coupable, qui sera forcé de venir, en toute hâte, ôter le maléfice.

Surtur, — génie qui doit, selon les Celtes, revenir, à la fin du monde, à la tête des génies du feu, précédé et suivi de tourbillons enflammés ; il pénétrera par une ouverture du ciel, brisera le pont Bifrost, et, armé d'une épée plus étincelante que le soleil, combattra les dieux, lancera des feux sur toute la terre, et consumera le monde entier. Il aura pour antagoniste le dieu Frey, qui succombera. *Voy.* BIFROST.

Sustrugiel, — démon qui, selon les clavicules de Salomon, enseigne l'art magique et donne des esprits familiers.

Swedenborg, — célèbre visionnaire suédois. — « Nous ne savons guère, en France, qu'une chose de Swedenborg (dit M. Emile Souvestre), c'est que dînant un jour de bon appétit dans une taverne de Londres, il entendit la voix d'un ange qui lui criait : — Ne mange pas tant ! et qu'à partir de cet instant il eut des extases qui l'emportèrent régulièrement au ciel plusieurs fois par semaine. Selon quelques auteurs, l'illuminé suédois fut un des savants les plus distingués des temps modernes, et celui qui, après Descartes, remua le plus d'idées nouvelles. Ce fut Swedenborg qui, dans un ouvrage intitulé : *Opera philosophica et mineralia*, publié en 1737, entrevit le premier la science à laquelle nous avons donné depuis le nom de géologie. La seconde partie de son livre contient un système complet de métallurgie, auquel l'académie des sciences a emprunté tout ce qui a rapport au fer et à l'acier dans son *Histoire des arts et métiers*. Il composa aussi plusieurs ouvrages sur l'anatomie (ce qui est un nouveau trait de ressemblance entre lui et Descartes), et sembla même indiquer, dans un chapitre sur la pathologie du cerveau, le système phrénologique auquel le docteur Gall dut plus tard sa célébrité. Il publia enfin, sous le titre de : *Dædalus hyperboreus*, des essais de mathématiques et de physique qui fixèrent l'attention de ses contemporains. Il parlait les langues anciennes, plusieurs langues modernes, les langues orientales, et passait pour le plus grand mécanicien de son siècle. Ce fut lui qui fit amener par terre, au siége de Frédérick-Hall, en se servant de machines de son invention, la grosse artillerie qui n'avait pu être transportée par les moyens ordinaires. — Loin d'être écrits dans un langage mystique, comme on le croit communément, la plupart des traités religieux de Swedenborg se recommandent par la méthode, l'ordre et la sobriété. Ils peuvent se partager en quatre classes, que l'on n'aurait jamais dû confondre ;

la première renferme les livres d'enseignement et de doctrine ; la seconde, les preuves tirées de l'Écriture sainte ; la troisième, les arguments empruntés à la métaphysique et à la morale religieuse ; enfin, la quatrième, les révélations extatiques de l'auteur. Les ouvrages compris dans cette dernière catégorie sont les seuls qui affectent la forme apocalyptique, et dont l'extravagance puisse choquer. » — Swedenborg fit toutefois, dans sa mysticité, une religion, comme en font tous les illuminés. De même qu'il avait devancé les savants dans quelques découvertes mathématiques, il a été aussi le précurseur des philosophes d'aujourd'hui. Il a prétendu « réunir toutes les communions en un vaste catholicisme où toutes elles trouveront satisfaction. » D'après lui ; « le principe de tout bien est dans un premier détachement de soi-même et du monde. Cet état constitue le bonheur présent et futur, *c'est le ciel*. L'amour exclusif de soi-même et du monde constitue au contraire la damnation, *c'est l'enfer.* » — Il annonce une nouvelle révélation de l'Esprit et se pose le Christ d'un christianisme régénéré, comme font présentement quelques professeurs de philosophie. En même temps, Swedenborg se disait en communication avec des intelligences supérieures et avec les âmes de certains morts de ses amis. Ceux qui le copient aujourd'hui ont-ils les mêmes avantages ?

Sycomancie, — divination par les feuilles de figuier. On écrivait sur ces feuilles les questions ou propositions à propos desquelles on voulait être éclairci : la feuille séchait-elle après la demande faite au devin par les curieux, c'était un mauvais présage, et un heureux augure si elle tardait à sécher.

Sydonay, — *voy.* ASMODÉE.

Sylla. — Comme il entrait à main armée en Italie, on vit dans l'air, en plein jour, deux grands boucs noirs qui se battaient, et qui, après s'être élevés bien haut, s'abaissèrent à quelques pieds de terre, et disparurent en fumée. L'armée de Sylla s'épouvantait de ce prodige, quand on lui fit remarquer que ces prétendus boucs n'étaient que des nuages épais formés par les exhalaisons de la terre. Ces nuages avaient une forme qu'on s'avisa de trouver semblable à celle du bouc, et qu'on aurait pu comparer également à celle de tout autre animal. — On dit encore que Sylla avait une figure d'Apollon à laquelle il parlait en public pour savoir les choses futures.

Sylphes, — esprits élémentaires, composés des plus purs atomes de l'air, qu'ils habitent. L'air est plein d'une innombrable multitude de peuples, de figure humaine, un peu fiers en apparence, dit le comte de Gabalis, mais dociles en effet, grands amateurs des sciences, subtils, officieux aux sages, ennemis des sots et des ignorants. Leurs femmes et leurs filles sont des beautés mâles, telles qu'on dépeint les Amazones. Ces peuples sont les sylphes. On trouve sur eux beaucoup de contes. *Voy.* CABALES.

Sylvestre II. — Gerbert, élevé sur la chaire de saint Pierre, sous le nom de Sylvestre, en 999, fut l'un des plus grands papes. Ses connaissances l'avaient mis si fort au-dessus de son siècle, que des hérétiques, ne pouvant nier sa grandeur, attribuèrent l'étendue de son savoir à quelque pacte avec le diable. Il faisait sa principale étude des mathématiques : les lignes et triangles, dont on le voyait occupé, parurent une espèce de grimoire et contribuèrent à le faire passer pour un nécromancien. Ce ne fut pas seulement le peuple qui donna dans cette idée absurde. Un auteur des vies des papes a dit sérieusement que Sylvestre, possédé du désir d'être pape, avait eu recours au diable, et avait consenti à lui appartenir après sa mort, pourvu qu'il lui fît obtenir cette dignité. Lorsque par cette voie détestable, ajoute le même auteur, il se vit élevé sur le trône apostolique, il demanda au diable combien de temps il jouirait de sa dignité. Le diable lui répondit par cette équivoque digne de l'ennemi du genre humain : « Tu en jouiras tant que tu ne mettras pas le pied dans Jérusalem. » La prédiction s'accomplit. Ce pape, après avoir occupé quatre ans le trône apostolique, au commencement de la cinquième année de son règne, célébra les divins mystères dans la basilique de Sainte-Croix, dite en Jérusalem, et se sentit attaqué, aussitôt après, d'un mal qu'il reconnut être mortel. Alors, il avoua aux assistants le commerce qu'il avait eu avec le diable et la prédiction qui lui avait été faite, les avertissant de profiter de son exemple et de ne pas se laisser séduire par les artifices de cet esprit malin. Nous n'avons pas besoin de faire observer que nous rapportons des contes menteurs. Puis il demanda, poursuivent les calomniateurs de ce grand pape, qu'après sa mort son corps fût coupé en quartiers, mis sur un chariot à deux chevaux, et inhumé dans l'endroit que les chevaux désigneraient en s'arrêtant d'eux-mêmes. Ses dernières volontés furent ponctuellement exécutées. Sylvestre fut inhumé dans la basilique de Latran, parce que ce fut devant cette église que les chevaux s'arrêtèrent... Martinus Polonus a conté que Sylvestre II avait un dragon qui tuait tous les jours six mille personnes... D'autres ajoutent qu'autrefois son tombeau prédisait la mort des papes par un bruit des os en dedans, et par une grande sueur et humidité de la pierre au dehors. On voit, par tous ces contes absurdes, qu'autrefois comme de nos jours, l'Église et ses plus illustres pontifes ont été en butte aux plus stupides calomnies.

Symandius, — roi d'Égypte, possesseur du grand œuvre, qui, au dire des philosophes hermétiques, avait fait environner son monument d'un cercle d'or massif, dont la circonférence était de trois cent soixante-cinq coudées. Chaque coudée était un cube d'or. Sur un des côtés du péristyle d'un palais qui était proche du monument, on voyait Symandius offrir aux dieux l'or et l'argent qu'il faisait tous les ans. La somme en était marquée, et elle montait à 134,200,000,000 de mines [1].

Sympathie. — Les astrologues, qui rapportent tout aux astres, regardent la sympathie et l'accord parfait de deux personnes comme un effet produit par la ressemblance des horoscopes. Alors tous ceux qui naissent à la même heure sympathiseraient entre eux; ce qui ne se voit point. — Les gens superstitieux regardent la sympathie comme un prodige dont on ne peut définir la cause. Les physionomistes attribuent ce rapprochement mutuel à un attrait réciproque des physionomies. Il y a des visages qui s'attirent les uns les autres, dit Lavater, tout comme il y en a qui se repoussent. — La sympathie n'est pourtant quelquefois qu'un enfant de l'imagination. Telle personne vous plaît au premier coup d'œil, parce qu'elle a des traits que votre cœur a rêvés. Quoique les physionomistes ne conseillent pas aux visages longs de s'allier avec les visages arrondis, s'ils veulent éviter les malheurs qu'entraîne à sa suite la sympathie blessée, on voit pourtant tous les jours des unions de cette sorte, aussi peu discordantes que les alliances les plus sympathiques en fait de physionomie. — Les philosophes sympathistes disent qu'il émane sans cesse des corpuscules de tous les corps, et que ces corpuscules, en frappant nos organes, font dans le cerveau des impressions plus ou moins sympathiques, ou plus ou moins antipathiques. — Le mariage du prince de Condé, avec Marie de Clèves, se célébra au Louvre, le 13 août 1572. Marie de Clèves, âgée de seize ans, de la figure la plus charmante, après avoir dansé assez long-temps et se trouvant un peu incommodée de la chaleur du bal, passa dans une garde-robe, où une des femmes de la reine-mère, voyant sa chemise toute trempée, lui en fit prendre une autre. Un moment après, le duc d'Anjou (depuis Henri III), qui avait aussi beaucoup dansé, y entra pour raccommoder sa chevelure, et s'essuya le visage avec le premier linge qu'il trouva : c'était la chemise qu'elle venait de quitter. — En rentrant dans le bal, il jeta les yeux sur Marie de Clèves, la regarda avec autant de surprise que s'il ne l'eût jamais vue; son émotion, son trouble, ses transports, et tous les empressements qu'il commença de lui marquer, étaient d'autant plus étonnants que, depuis six mois qu'elle était à la cour, il avait paru assez indifférent pour ces mêmes charmes qui dans ce moment faisaient sur son âme une impression si vive et qui dura si long-temps. Depuis ce jour, il devint insensible à tout ce qui n'avait pas de rapport à sa passion. Son élection à la couronne de Pologne, loin de le flatter, lui parut un exil; et quand il fut dans ce royaume, l'absence, au lieu de diminuer son amour, semblait l'augmenter; il se piquait un doigt toutes les fois qu'il écrivait à cette princesse, et ne lui écrivait jamais que de son sang. Le jour même qu'il apprit la nouvelle de la mort de Charles IX, il lui dépêcha un courrier pour l'assurer qu'elle serait bientôt reine de France; et lorsqu'il y fut de retour, il lui confirma cette promesse et ne pensa plus qu'à l'exécuter; mais, peu de temps après, cette princesse fut attaquée d'un mal violent qui l'emporta. — Le désespoir de Henri III ne se peut exprimer; il passa plusieurs jours dans les pleurs et les gémissements, et il ne se montra en public que dans le plus grand deuil. — Il y avait plus de quatre mois que la princesse de Condé était morte et enterrée à l'abbaye de Saint-Germain-des-Prés, lorsque Henri III, en entrant dans cette abbaye, où le cardinal de Bourbon l'avait convié à un grand souper, se sentit des saisissements de cœur si violents qu'on fut obligé de transporter ailleurs le corps de cette princesse. Enfin il ne cessa de l'aimer, quelques efforts qu'il fît pour étouffer cette passion malheureuse [1]. Quelques-uns virent là un sortilège. — On raconte qu'un roi et une reine d'Arracan (dans l'Asie, au delà du Gange) s'aimaient éperdument; qu'il n'y avait que six mois qu'ils étaient mariés, lorsque ce roi vint à mourir; qu'on brûla son corps, qu'on en mit les cendres dans une urne, et que toutes les fois que la reine allait pleurer sur cette urne, ces cendres devenaient tièdes.... — Il y a des sympathies d'un autre genre : ainsi

---

[1] Charlatans célèbres, de M. Gouriet, t. Ier, p. 195.

[1] Saint-Foix, Essais.

Alexandre sympathisait avec Bucéphale ; Auguste chérissait les perroquets ; Néron, les étourneaux ; Virgile, les papillons ; Commode sympathisait merveilleusement avec son singe ; Héliogabale, avec un moineau ; Honorius, avec une poule ; etc. *Voy.* Antipathie.

Syrènes. — Vous ne croyez peut-être pas plus aux syrènes qu'aux géants, qu'aux dragons. Cependant il est prouvé aujourd'hui qu'il y a eu des dragons et des géants ; et dans un appendice très-attachant qui suit la légende de saint Oran (sixième siècle) dans le recueil de M. Amédée Pichot, intitulé : *le Perroquet de Walter Scott*, l'auteur prouve, par une multitude de faits et de monuments, qu'il y a eu des syrènes en Bretagne. Les marins disent avoir entendu le sifflement de la syrène : ce mot, chez eux, indique cette faculté de la nature par laquelle l'air pressé rend un son ; elle existe dans le ciel, sur la terre, dans les mers ; elle produit l'harmonie des sphères, le sifflement des vents, le bruit des mers sur le rivage. Le peuple se représente la faculté dont il s'agit comme une espèce de divinité à laquelle il applique la forme d'une femme, d'une cantatrice habitante des airs, de la terre et des mers. De là, les syrènes des anciens ; ils leur donnaient la figure d'une femme, et le corps d'un oiseau ou d'un poisson. Zoroastre appelait l'âme syrène ; mot qui en hébreu signifie chanteuse [1].

Syrrochite, — pierre précieuse dont, au rapport de Pline, les nécromanciens se servaient pour retenir les ombres évoquées.

Sytry ou **Bitru**, — grand prince aux enfers ; il apparaît sous la forme d'un léopard, avec des ailes de griffon. Mais lorsqu'il prend la forme humaine, il est d'une grande beauté. C'est lui qui enflamme les passions. Il découvre, quand on le lui commande, les secrets des femmes, qu'il tourne volontiers en ridicule. Soixante-dix légions lui obéissent [2].

[1] Cambry, Voyage dans le Finistère, t. II, p. 300.
[2] Wierus, Pseudom. dæm.

T

Tabac. — Nicot, ambassadeur à Lisbonne, est le premier qui ait fait connaître le tabac en France ; le cardinal de Sainte-Croix l'introduisit en Italie, et le capitaine Drack en Angleterre. Jamais la nature n'a produit de végétaux dont l'usage se soit répandu aussi rapidement ; mais il a eu ses adversaires. Un empereur turc, un czar de Russie, un roi de Perse le défendirent à leurs sujets, sous peine de perdre le nez ou même la vie. Il fut défendu, dans l'origine, d'en prendre à l'église ; de même, à cause des éternûments qu'il provoque, on ne le prenait pas dans les réunions sérieuses de la cour. Jacques Ier, roi d'Angleterre, composa un gros livre pour en faire connaître les dangers. La faculté de médecine de Paris fit soutenir une thèse sur les mauvais effets de cette plante, prise en poudre ou en fumée ; mais le docteur qui présidait ne cessa de prendre du tabac pendant toute la séance. — Les habitants de l'île de Saint-Vincent croient, dit-on, que le tabac était le fruit défendu du paradis terrestre.

Taciturnité. — Le diable jette souvent un sort sur ses suppôts, que l'on appelle le *sort de taciturnité*. Les sorciers qui en sont frappés ne peuvent répondre aux demandes qu'on leur fait dans leur procès. Ainsi, Boullé garda le silence sur ce qu'on cherchait à savoir de lui, et il passa pour avoir reçu le sort de taciturnité [1].

Tacouins, — espèce de fées chez les mahométans, dont les fonctions répondent quelquefois à celles des Parques chez les anciens. Elles secourent habituellement les hommes contre les démons et leur révèlent l'avenir. Les romans orientaux leur donnent une grande beauté, avec des ailes comme des anges.

Taillepied (Noel), — mort en 1589. On lui doit un *Traité de l'apparition des esprits*, à savoir, des âmes séparées, fantômes, etc., in-42, souvent réimprimé, où il admet beaucoup de contes de revenants ; les *Vies de Luther et de Carlostadt*, Paris, 1577, in-8° ; un *Abrégé de la philosophie d'Aristote*, 1583, in-8° ; une *Histoire de l'état et la république des Druides*, eubages, saronides, bardes, depuis le déluge jusqu'à Jésus-Christ, 1585, in-8°, livre plein de fables et d'idées singulières.

[1] M. Jules Garinet, Histoire de la magie en France, p. 245.

Tailletroux (Jeanne), — femme de Pierre Bonnevault, sorcière que l'on accusa au siége royal de Montmorillon en Poitou, en l'année 1599, d'avoir été au sabbat. Elle avoua dans son interrogatoire que son mari l'ayant contrainte de se rendre à l'assemblée infernale, elle y fut et continua d'y aller pendant vingt-cinq ans; que la première fois qu'elle vit le diable, il était en forme d'homme noir; qu'il lui dit en présence de l'assemblée : *Saute! saute!* qu'alors elle se mit à danser; que le diable lui demanda un lopin de sa robe et une poule, etc. Elle fut convaincue par témoins d'avoir par ses charmes maléficié et fait mourir des personnes et des bestiaux, et condamnée à mort ainsi que son mari.

Taingairi, — esprits aériens chez les Kalmouks. Ils animent les étoiles, qui passent pour autant de petits globes de verre. Ils sont des deux sexes.

Talapoins. — Magiciens qui servent de prêtres aux habitants du royaume de Lao, en Asie, et qui sont très-puissants. — Les Langiens sont fort entêtés pour la magie et les sortiléges. Ils croient que le moyen le plus sûr de se rendre invincibles est de se frotter la tête d'une certaine liqueur composée de vin et de bile humaine. Ils en mouillent aussi les tempes et le front de leurs éléphants. Pour se procurer cette drogue, ils achètent des talapoins la permission de tuer. Puis ils chargent de cette commission des mercenaires qui en font leur métier. Ceux-ci se postent au coin d'un bois et tuent le premier qu'ils rencontrent, homme ou femme, lui fendent le ventre et en arrachent le fiel. Si l'assassin ne rencontre personne dans sa chasse, il est obligé de se tuer lui-même ou sa femme, ou son enfant, afin que celui qui l'a payé ait de la bile humaine pour son argent. Les talapoins profitent avec adresse de la crainte qu'on a de leurs sortiléges, qu'ils donnent et qu'ils ôtent à volonté, suivant les sommes qu'on leur offre. — On lit dans Marini beaucoup d'autres détails, mais la plupart imaginaires, l'auteur ayant voulu faire quelquefois assez méchamment, sous le manteau des talapoins, des allusions aux moines chrétiens.

Talismans. — Un talisman ordinaire est le sceau, la figure, le caractère ou l'image d'un signe céleste, faite, imprimée, gravée ou ciselée sur une pierre par un ouvrier qui ait l'esprit arrêté et attaché à l'ouvrage, sans être distrait ou dissipé par des pensées étrangères, au jour et à l'heure de la planète, en un lieu fortuné, par un temps beau et serein, et quand le ciel est en bonne disposition, afin d'attirer les influences. — Le talisman portant la figure ou le sceau du Soleil doit être composé d'or pur, sous l'influence de cet astre, qui domine sur l'or. Le talisman de la Lune doit être composé d'argent pur, avec les mêmes circonstances. Le talisman de Mars doit être composé de fin acier. Le talisman de Jupiter doit être composé du plus pur étain. Le talisman de Vénus doit être composé de cuivre poli et bien purifié. Le talisman de Saturne doit être composé de plomb raffiné. Le talisman de Mercure doit être composé de vif-argent fixé. Quant aux pierres, l'*hyacinthe* et la *pierre d'aigle* sont de nature solaire. L'*émeraude* est lunaire. L'*aimant* et l'*améthyste* sont propres à Mars. Le *béryl* est propre à Jupiter. La *cornaline* à Vénus. La *chalcédoine* et le *jaspe* à Saturne. La *topaze* et le *porphyre* à Mercure. — Les talismans furent imaginés, dit-on, par les Égyptiens, et les espèces en sont innombrables. Le plus célèbre de tous les talismans est le fameux anneau de Salomon, sur lequel était gravé le grand nom de Dieu. Rien n'était impossible à l'heureux possesseur de cet anneau, qui dominait sur tous les génies. — Apollonius de Tyane mit à Constantinople la figure d'une cigogne qui en éloignait tous les oiseaux de cette espèce par une propriété magique. En Égypte, une figure talismanique représentait Vénus couchée, qui servait à détourner la grêle. — On faisait des talismans de toutes les manières; les plus communs sont les talismans cabalistiques, qui sont aussi les plus faciles, puisqu'on n'a pas besoin pour les fabriquer de recourir au diable : ce qui demande quelques réflexions. — Les talismans du Soleil, portés avec confiance et révérence, donnent les faveurs et la bienveillance des princes, les honneurs, les richesses et l'estime générale. — Les talismans de la Lune garantissent des maladies populaires : ils devraient aussi garantir des superstitions. Ils préservent les voyageurs de tout péril. — Les talismans de Mars ont la propriété de rendre invulnérables ceux qui les portent avec révérence. Ils leur donnent une force et une vigueur extraordinaires. — Les talismans de Jupiter dissipent les chagrins, les terreurs paniques, et donnent le bonheur dans le commerce et dans toutes les entreprises. — Les talismans de Vénus éteignent les haines et donnent des dispositions à la musique. — Les talismans de Saturne font accoucher sans douleur; ce qui a été éprouvé avec un heureux succès, disent des écrivains spéciaux, par des personnes de qualité qui étaient sujettes à faire de mauvaises couches. Ils multiplient les choses avec lesquelles on les met.

Si un cavalier porte un de ces talismans dans sa botte gauche, son cheval ne pourra être blessé. — Les talismans de Mercure rendent éloquents et discrets ceux qui les portent révéremment. Ils donnent la science et la mémoire ; ils peuvent guérir toutes sortes de fièvres ; et si on les met sous le chevet de son lit, ils procurent des songes véritables, dans lesquels on voit ce que l'on souhaite de savoir : agrément qui n'est pas à dédaigner[1]. Voy. TALYS, THERAPHIM, THOMAS D'AQUIN, CROCODILES, PANTACLES, etc.

Talissons, — prêtres des Prussiens aux siècles de l'idolâtrie. Ils faisaient l'oraison funèbre du mort, puis, regardant au ciel, ils criaient qu'ils voyaient le mort voler en l'air à cheval, revêtu d'armes brillantes, et passer en l'autre monde avec une grande suite.

Talmud, — voy. THALMUD.

Talys, — talismans employés dans les mariages chez les Indiens. Dans quelques castes, c'est une petite plaque d'or ronde, sans empreinte ni figure ; dans d'autres, c'est une dent de tigre ; il y en a qui sont des pièces d'orfévrerie matérielles et informes.

Tambour magique. — C'est le principal instrument de la magie chez les Lapons. Ce tambour est ordinairement fait d'un tronc creusé de pin ou de bouleau. La peau, tendue sur ce tambour, est couverte de figures symboliques, que les Lapons y tracent avec du rouge. Voy. LAPONS.

Tamous, — enfer général des Kalmouks. Des diables à tête de chèvre y tourmentent les damnés, qui sont sans cesse coupés par morceaux, sciés, brisés sous des meules de moulin, puis rendus à la vie pour subir le même supplice. Les bêtes de somme y expient leurs fautes sous les plus pesants fardeaux, les animaux féroces se déchirent entre eux sans cesse, etc.

Tanaquille, — femme de Tarquin l'Ancien. Elle était habile dans la science des augures ; on conservait à Rome sa ceinture, à laquelle on attribuait de grandes vertus.

Tanchelm ou **Tanchelin**. — De 1105 à 1123, cet hérétique dissolu fut en si grande vénération à Anvers et dans les contrées voisines, qu'on recherchait ses excréments comme des préservatifs, charmes et philactères

Taniwoa. — Le Neptune des naturels de la Nouvelle-Zélande.

Tanner. — Le cardinal Sfondrate raconte que le père Tanner, pieux et savant jésuite, allant de Prague à Inspruck pour rétablir sa santé à l'air natal, mourut en chemin dans un village dont on ne dit pas le nom. Comme la justice du lieu faisait l'inventaire de son bagage, on y trouva une petite boîte que sa structure extraordinaire fit d'abord regarder comme suspecte ; car elle était noire et composée de bois et de verre. Mais on fut bien plus surpris, lorsque le premier qui regarda par le verre d'en haut se recula en disant qu'il y avait vu le diable. Tous ceux qui regardèrent après lui en firent autant. Effectivement ils voyaient dans cette boîte un être animé de grande taille, noir, affreux, armé de cornes. Un jeune homme, qui achevait son cours de philosophie, fit observer à l'assemblée que la bête renfermée dans la boîte, étant infiniment plus grosse que la boîte elle-même, ne pouvait être un être matériel, mais bien un esprit comprimé sous la forme d'un animal. On concluait que celui qui portait la boîte avec lui ne pouvait être qu'un sorcier et un magicien. Un événement si diabolique fit grand bruit. Le juge, qui présidait à l'inventaire, condamna le mort à être privé de la sépulture ecclésiastique, et enjoignit au curé d'exorciser la boîte pour en faire sortir le démon. La multitude, sachant que le défunt était jésuite, décida de plus que tout jésuite commerçait avec le diable ; ce qui est la manière de juger des masses ignorantes. Pendant qu'on procédait en conséquence, un philosophe prussien, passant par ce village, entendit parler d'un jésuite sorcier et du diable enfermé dans une boîte ; il en rit beaucoup, alla voir le phénomène et reconnut que c'était un microscope, que les villageois ne connaissaient pas ; il ôta la lentille, en fit sortir un cerf-volant qui se promena sur la table, et ruina ainsi tout le prodige. — Cela n'empêcha pas que beaucoup de gens par la suite, parlant du père Tanner, ne faisaient mention que de l'impression produite d'abord et s'obstinaient à soutenir qu'ils avaient vu le diable et qu'un jésuite est un sorcier.

Tap ou **Gaap**, — grand-président et grand-prince aux enfers. Il se montre à midi lorsqu'il prend la forme humaine. Il commande à quatre des principaux rois de l'empire infernal. Il est aussi puissant que Byleth Il y eut autrefois des nécromanciens qui lui offrirent des libations et des holocaustes ; ils l'évoquaient au moyen d'artifices magiques, qu'ils disaient composés par le très-sage roi Salomon ; ce qui est faux, car ce fut Cham, fils de Noé, qui le premier commença à évoquer les esprits malins. Il se fit servir par Byleth et composa un art en son nom, et un livre qui

---

[1] Le Petit Albert.

est apprécié de beaucoup de mathématiciens. On connaît un autre livre qui est attribué aux prophètes Élie et Élisée, par lequel on conjure Gaap, en vertu des saints noms de Dieu renfermés dans les clavicules de Salomon. Si quelque exorciste connaît l'art de Byleth, Gaap ne pourra supporter la présence dudit exorciste. Gaap excite à l'amour, à la haine. Il a l'empire sur les démons soumis à la puissance d'Amaymon. Il transporte très-promptement les hommes dans les différentes contrées qu'ils veulent parcourir. Il commande à soixante légions [1].

Tarentule. — On prétend qu'une seule piqûre de la tarentule suffit pour faire danser. Un coq et une guêpe, piqués de cette sorte d'araignée, ont dansé, dit-on, au son du violon et ont battu la mesure. Si l'on en croit certains naturalistes, non-seulement la tarentule fait danser, mais elle danse elle-même assez élégamment. Le docteur Saint-André certifie qu'il a traité un soldat napolitain qui dansait tous les ans quatre ou cinq jours de suite, parce qu'une tarentule l'avait piqué. Ces merveilles ne sont pas encore bien expliquées.

Tarni, — formules d'exorcisme usitées chez les Kalmoucks. Écrites sur du parchemin et suspendues au cou d'un malade, elles passent pour avoir la vertu de lui rendre la santé.

Tarots ou Cartes tarotées. — C'est le nom qu'on donne aux cartes égyptiennes, italiennes et allemandes ; le jeu se compose de soixante-dix-huit cartes, avec lesquelles on dit la bonne aventure d'une manière plus étendue que par nos cartes ordinaires. — Il y a dans ce jeu vingt-deux tarots proprement dits. Dans les cartes italiennes, les tarots sont les quatre éléments (vieux style) : l'évangile, la mort, le jugement dernier, la prison, le feu, Judas Iscariote, etc. ; dans les cartes allemandes, les tarots sont le fou, le magicien, l'ours, le loup, le renard, la licorne, etc. Il y a ensuite cinquante-six cartes, savoir : quatre rois, quatre dames, quatre cavaliers, quatre valets, dix cartes depuis l'as jusqu'au dix pour les bâtons (ou trèfles), dix pour les épées (ou piques), dix pour les coupes (ou carreaux), dix pour les pièces d'argent (ou cœurs). — Il serait trop long de détailler ici l'explication de toutes ces cartes. Elle ressemble beaucoup à la cartomancie ordinaire. Cependant elle donne infiniment plus d'oracles.

Tartare, — enfer des anciens. Ils le plaçaient sous la terre, qu'ils croyaient plate, à une telle profondeur, dit Homère, qu'il est aussi éloigné de la terre que la terre l'est du ciel. Virgile le dépeint vaste, fortifié de trois enceintes de murailles, et entouré du Phlégéton ; une haute tour en défend l'entrée. Les portes en sont aussi dures que le diamant ; tous les efforts des mortels et toute la puissance des dieux ne pourraient les briser. Tisiphone veille toujours à leur garde, et empêche que personne ne sorte, tandis que Rhadamanthe livre les criminels aux furies. L'opinion commune était qu'il n'y avait plus de retour pour ceux qui se trouvaient une fois précipités dans le Tartare. Platon est d'un autre avis : selon lui, après qu'ils y ont passé une année, un flot les en retire et les ramène dans un lieu moins douloureux.

Tartini. — Le célèbre musicien Tartini se couche ayant la tête échauffée d'idées musicales. Dans son sommeil lui apparaît le diable jouant une sonate sur le violon. Il lui dit : « Tartini, joues-tu comme moi ? » Le musicien, enchanté de cette délicieuse harmonie, se réveille, court à son piano et compose sa plus belle sonate, celle du diable.

Tasso (Torquato). — Il croyait à l'astrologie judiciaire. — « J'ai fait considérer ma naissance par trois astrologues, dit-il dans une de ses lettres ; et sans savoir qui j'étais, ils m'ont représenté d'une seule voix comme un grand homme dans les lettres, me promettant très-longue vie et très-haute fortune ; et ils ont si bien deviné les qualités et les défauts que je me connais à moi-même, soit dans ma complexion, soit dans mes habitudes, que je commence à tenir pour certain que je deviendrai un grand homme. » Il écrivait cela en 1576. On sait quelle fut sa haute fortune et sa très-longue vie !

Tatien, — hérétique du deuxième siècle, chef des Encratites, qui attribuait au démon la plantation de la vigne et l'institution du mariage.

Taupe. — Elle jouait autrefois un rôle important dans la divination. Pline a dit que ses entrailles étaient consultées avec plus de confiance que celles d'aucun autre animal. Le vulgaire attribue encore à la taupe certaines vertus. Les plus merveilleuses sont celles de la main *taupée*, c'est-à-dire qui a serré une taupe vivante jusqu'à ce qu'elle soit étouffée. Le simple attouchement de cette main encore chaude guérit les douleurs de dents et même la colique. — Si on enveloppe un des pieds de la taupe dans une feuille de laurier, et qu'on la mette dans la bouche d'un cheval, il prendra aussitôt la fuite, saisi de peur. Si on la met dans le nid de quelque oiseau, les œufs

[1] Wierus, Pseudom. dœm., p. 923.

deviendront stériles. De plus, si on frotte un *cheval* noir avec de l'eau où aura cuit une *taupe*, il deviendra blanc[1]......

Tavides, — caractères que les insulaires des Maldives regardent comme propres à les garantir des maladies. Ils s'en servent aussi comme des philtres, et prétendent, par leur moyen, inspirer de l'amour.

Tée, — génie protecteur, que chaque famille otaïtienne adore, et qui passe pour un des aïeux ou des parents défunts. On attribue à ces esprits le pouvoir de donner et de guérir les maladies.

Téhuptchuh, — génie auquel les Boutaniens attribuent la construction d'un pont de chaînes de fer qui se trouve dans les montagnes du Boutan. *Voy.* Pont du diable.

Tell. — Dans une des montagnes sauvages de la Suisse, auprès du lac de Waldstœtten, il y a une grotte où les habitants croient que reposent les trois sauveurs de la Suisse, qu'ils appellent les *trois Tell*. Ils portent encore leurs anciens vêtements, et reviendront une seconde fois au secours de leur pays quand il en sera temps. — L'entrée de leur grotte est très-difficile à trouver. Un jeune berger racontait à un voyageur, qu'un jour son père, en cherchant à travers les rochers une chèvre qu'il avait perdue, était descendu par hasard dans cette grotte, et avait vu là dormir les trois hommes qu'il savait être les trois Tell. L'un d'eux, se levant tout-à-coup pendant qu'il le regardait, lui demanda : à quelle époque en êtes-vous dans le monde ? Et le berger tout effrayé lui répondit, sans savoir ce qu'il disait : il est midi. — Eh bien ! s'écria Tell, il n'est pas temps encore que nous reparaissions ; et il se rendormit. Plus tard, lorsque la Suisse se trouva engagée dans des guerres assez périlleuses, le vieux berger voulut aller réveiller les trois Tell ; mais il ne put jamais retrouver la grotte.

Tellez (Gabriel), — plus connu sous le nom de Tirso de Molina, auteur du *Diable prédicateur*, drame dans le génie espagnol. A cinquante ans, ce poëte dramatique renonça au théâtre et se fit religieux de l'ordre de la Merci. Nous faisons cette remarque parce qu'à propos de quelques plaisanteries un peu libres semées dans ses pièces, les critiques philosophes l'ont traité de moine licencieux, oubliant qu'il n'était pas moine quand il écrivait pour la scène.

Température. — Les Grecs avaient des prêtres appelés Calazophylaces, dont les fonctions consistaient à observer les grêles et les orages, pour les détourner par le sacrifice d'un agneau ou d'un poulet. Au défaut de ces animaux, ou s'ils n'en tiraient pas un augure favorable, ils se découpaient le doigt avec un canif ou un poinçon, et croyaient ainsi apaiser les dieux, par l'effusion de leur propre sang. Les Éthiopiens ont, dit-on, de semblables charlatans, qui se déchiquètent le corps à coups de couteau ou de rasoir, pour obtenir la pluie ou le beau temps. — Nous avons des almanachs qui prédisent la température pour tous les jours de l'année ; prenez toutefois un manteau quand Matthieu Laensberg annonce plein soleil.

Tempêtes. — On croit sur les bords de la Baltique qu'il y a des sorciers qui, par la force de leurs enchantements, attirent la tempête, soulèvent les flots et font chavirer la barque du pêcheur. *Voy.* Éric, Finnes, etc.

Templiers. — Vers l'an 1118, quelques pieux chevaliers se réunirent à Jérusalem pour la défense du Saint-Sépulcre et pour la protection des pèlerins. Le roi Baudouin II leur donna une maison, bâtie aux lieux que l'on croyait avoir été occupés par le temple de Salomon ; ils prirent de là le nom de Templiers et appelèrent temple toute maison de leur ordre. — Dans l'origine ils ne vivaient que d'aumônes, et on les nommait aussi les pauvres de la sainte cité. Mais ils rendaient tant de services, que les rois et les grands s'empressèrent de leur donner des biens considérables. Ils firent les trois vœux de religion. En 1128, au concile de Troyes, saint Bernard leur donna une règle. En 1146, le pape Eugène III détermina leur habit, sur lequel ils portaient une croix. Cet ordre se multiplia rapidement, fit de très-grandes choses et s'enrichit à tel point, qu'en 1312, après moins de deux siècles d'existence, il possédait en Europe neuf mille maisons ou seigneuries. — Une si grande opulence amena parmi les Templiers la corruption. Ils finirent par mépriser leur règle ; ils se rendirent indépendants des puissances dont ils devaient être les soutiens ; ils exerçaient des brigandages et se montrèrent presque partout insolents et séditieux. — On les accusait sourdement de former entre eux une société secrète pleines de mystères, qui se proposait l'envahissement de l'Europe. On disait que dans leur intimité ils abjuraient la religion chrétienne et pratiquaient un culte souillé de superstitions abominables. La magie, la sorcellerie, l'adoration du diable[1] leur étaient re-

---

[1] Les admirables secrets d'Albert-le-Grand, p. 114.

[1] Des aveux établirent que, dans un des chapitres de l'ordre tenu à Montpellier, et de nuit suivant l'usage, on avait exposé une tête (voyez tête de Bophomet) ; qu'aussitôt le diable avait paru sous la figure d'un chat ;

prochées. Philippe-le-Bel, qui voyait en eux des ennemis de la société et de l'église, fit rechercher leur conduite. Sur les révélations de deux criminels détenus dans les prisons, et dont l'un était un templier apostat, Philippe fit arrêter et interroger à Paris plusieurs templiers; ils avouèrent les abominations dont on accusait l'ordre. C'était dans l'année 1307. — Ce commencement d'enquête jeta quelque alarme parmi les Templiers. Au mois d'août, le grand-maître et plusieurs des principaux chevaliers s'en plaignirent au pape, et forts de leur puissance partout assise, ils demandèrent hardiment que, si on avait un procès à leur faire, on le fît régulièrement. Ils comptaient imposer silence aux clameurs par un ton si tranchant. Mais Philippe-le-Bel les prit au mot; et le 13 octobre il fit arrêter dans ses états tous les Templiers. Le 15, il assembla le clergé de Paris, fit convoquer le peuple et ordonna que l'on rendît compte publiquement des accusations portées contre les chevaliers du Temple. On ne pouvait procéder plus loyalement. — Les Templiers étaient accusés : 1º de renier Jésus-Christ à leur réception dans l'ordre, et de cracher sur la croix; 2º de commettre entre eux des impuretés abominables; 3º d'adorer dans leurs chapitres généraux une idole à tête dorée et qui avait quatre pieds; 4º de pratiquer la magie; 5º de s'obliger à un secret impénétrable par les serments les plus affreux [1]. Les deux premiers articles furent avoués par cent quarante des accusés; trois seulement nièrent tout. — Le pape Clément V s'opposa d'abord aux poursuites commencées contre ces religieux militaires. Il n'autorisa leur continuation qu'après avoir interrogé lui-même, à Poitiers, soixante-douze chevaliers, et s'être convaincu par leurs aveux de la vérité des faits. Il y eut dès lors des commissaires nommés; des informations se firent dans toutes les grandes villes. Les bulles du pape furent envoyées à tous les souverains, pour les exhorter à faire chez eux ce qui se faisait en France. Quoique les Templiers tinssent à tout ce qu'il y avait de plus grand dans les divers états, partout les accusations élevées contre eux devinrent si évidentes que partout ils furent abandonnés. Jacques de Molai, leur grand-maître, qui du reste était très-ignorant, avoua à Chinon, le 20 août 1308, les crimes déclarés, et les désavoua à Paris, le 26 décembre 1309. Mais le désaveu ne prouve rien. Les confessions avaient été faites librement et sans tortures. Par toute l'Europe la vérité était reconnue de tous. Une bulle, publiée le 3 avril 1342, au concile de Vienne en Dauphiné, déclara l'ordre des Templiers aboli et proscrit. Les chevaliers furent dispersés; les principaux chefs condamnés à une prison perpétuelle, après qu'ils auraient fait leur confession publique. — Un échafaud fut dressé devant Notre-Dame. C'est là que Jacques de Molai et un autre des hauts chevaliers devaient faire amende honorable. Jacques de Molai avait de nouveau confessé la vérité. Au lieu de faire l'aveu qu'on attendait en public, dès qu'il fut sur l'échafaud, il rétracta une seconde fois sa confession, l'autre chevalier l'imita; et c'est alors que Philippe-le-Bel indigné assembla son conseil, qui condamna ces deux grands coupables à être brûlés. Leur supplice eut lieu ce même jour 18 mars 1314. On voit que leur procès avait duré sept ans. Si la passion s'en fût mêlée, comme on l'a tant écrit, il eût marché plus vite. — Il n'est pas vrai que Jacques de Molai ait ajourné le roi et le pape, comme on l'a dit aussi pour produire un effet de théâtre. Lui et ses compagnons infortunés se bornèrent à invoquer vainement la vengeance céleste contre leurs juges. — Telle est la vérité sur les Templiers. Ajoutons que ni le roi de France, ni le pape, ni les autres souverains ne profitèrent de leurs dépouilles. — Il reste dans la maçonnerie symbolique un ordre des Templiers, qui prétendent remonter à l'ordre condamné. C'est une origine dont il est permis de n'être pas fier.

Ténare, — soupirail des enfers chez les anciens; il était gardé par Cerbère.

Ténèbres. — On appelle les démons puissances des ténèbres, parce qu'ils ne souffrent pas la lumière. On comprend aussi pourquoi les enfers sont nommés le séjour ténébreux.

Tentations. — *Voy*. DÉMONS, PACTES, DÉVOUEMENT, etc.

Tephramancie, — Divination pour laquelle on se servait de la cendre du feu qui, dans les sacrifices, avait consumé les victimes!

Teratoscopie, — divination qui tire des présages de l'apparition de quelques spectres vus dans les airs, tels que des armées de cavaliers et autres prodiges, dont parlent les chroniqueurs.

Terragon. — Dans un pamphlet contre Henri III, qui parut en 1589, sous le titre de Remontrances à Henri de Valois sur les choses horribles envoyées par un enfant de Paris, on lisait ce qui suit : — « Henri, lorsque vous

---

que ce chat, tandis qu'on l'adorait, avait parlé et répondu avec bonté aux uns et aux autres; qu'ensuite plusieurs démons étaient venus, etc.

[1] Bergier, Dictionn. de théologie.

donnâtes liberté à tous sorciers et enchanteurs et autres divinateurs, de tenir libres écoles en chambres de votre Louvre et même dans votre cabinet, à chacun d'iceux une heure le jour pour mieux vous instruire, vous savez qu'ils vous ont donné un esprit familier nommé Terragon. Vous savez qu'aussitôt que vous vîtes Terragon, vous l'appelâtes votre frère en l'accolant. » On ajoutait sur ce démon familier des choses détestables. « Vous savez, Henri, que Terragon vous donna un anneau et que dans la pierre de cet anneau votre âme était figurée. » — Ces singularités ne viennent que d'un pamphlet. Mais toutefois Henri III était fort superstitieux et s'occupait de magie. *Voy.* Henri III.

Terre. — Félix Nogaret a exploité une opinion bizarre de quelques philosophes dans un petit ouvrage intitulé *La terre est un animal*, in-16, Versailles an III. — Lyon possède un astronome qui met en avant une autre théorie. Il prétend que la terre est une éponge qui se soulève et qui s'abaisse chaque jour au-dessus ou au-dessous du soleil, de manière à former les jours et les nuits. Les éclipses sont impossibles d'après son système, puisque les astres sont immobiles. Nous oublions de dire que, selon lui, la terre respire à la manière des éléphants : les volcans sont ses narines. — Par le temps de professions de foi qui court, disait l'Union catholique[1], il ne serait peut-être pas déplacé que l'illustre auteur de cette belle découverte formulât son système de la terre-éponge.

Terrestres ou **Souterrains**, — Espèces de démons que les Chaldéens regardaient comme menteurs, parce qu'ils étaient les plus éloignés de la connaissance des choses divines.

Terreurs paniques. — Un cavalier pariait qu'il irait, la nuit, donner la main à un pendu. Son camarade y court avant lui, pour s'en assurer. Le cavalier arrive bientôt, tremble, hésite; puis, s'encourageant, prend la main du pendu et le salue. L'autre, désespéré de perdre la gageure, lui donne un grand soufflet, tellement que celui-ci se croyant frappé du pendu, tombe à la renverse et meurt sur la place. *Voy.* Retz, Frayeur, etc.

Tervilles. — Démons qui habitent la Norwège avec les drolles. Ils sont méchants, fourbes, indiscrets et font les prophétiseurs[2].

Tespesion, — Enchanteur qui, pour montrer qu'il pouvait enchanter les arbres, commanda à un orme de saluer Apollonius de Tyanes; ce que l'orme fit d'une voix grêle[1].

Tête. — M. Salgues cite Phlégon, qui rapporte qu'un poëte nommé Publius ayant été dévoré par un loup qui ne lui laissa que la tête, cette tête, saisie d'un noble enthousiasme, articula vingt vers qui prédisaient la ruine de l'empire romain ; il cite encore Aristote, qui atteste qu'un prêtre de Jupiter ayant été tué, sa tête séparée de son corps nomma son meurtrier, lequel fut arrêté, jugé et condamné sur ce témoignage. *Voy.* Polycrite.

Tête de Bophomet. — M. de Hammer a publié en 1818 une découverte intéressante pour l'histoire des sociétés secrètes. Il a trouvé, dans le cabinet des antiquités du Muséum impérial de Vienne, quelques-unes de ces idoles nommées *têtes de Bophomet*, que les templiers adoraient. Ces têtes représentent la divinité des gnostiques, nommée *mété* ou *la sagesse*. On y retrouve la croix tronquée, ou la clef égyptienne de la vie et de la mort, le serpent, le soleil, la lune, l'étoile du sceau, le tablier, le flambeau à sept branches, et d'autres hiéroglyphes de la franc-maçonnerie. M. de Hammer prouve que les templiers, dans les hauts grades de leur ordre, abjuraient le christianisme, et se livraient à des superstitions abominables. Les templiers et les francs-maçons remontent, selon lui, jusqu'au gnosticisme, ou du moins, certains usages ont été transmis, par les gnostiques, aux templiers, et par ceux-ci aux francs-maçons. — On garda long-temps à Marseille une de ces têtes dorées saisie dans un retrait de templiers, lorsqu'on fit leur procès.

Tête de mort. — Un roi chrétien, voulant connaître le moment et le genre de sa mort, fit venir un nécromancien, qui, après avoir dit la *messe du diable*, fit couper la tête d'un jeune enfant de dix ans, préparé pour cet effet. Ensuite il mit cette tête sur l'hostie noire, et, après certaines conjurations, il lui commanda de répondre à la demande du prince. Mais la tête ne prononça que ces mots : *Le ciel me vengera*[2]!... Et aussitôt le roi entra en furie, criant sans cesse : *Otez-moi cette tête!* Peu après il mourut enragé[3].

Tête de saint Jean. — Un devin s'était rendu fameux dans le dix-septième siècle par la manière dont il rendait ses oracles. On entrait dans une chambre éclairée par quelques flambeaux. On voyait sur une table une représentation qui figurait la tête de saint Jean-

---

[1] 16 juillet 1842.
[2] Leloyer, Hist. des spectres ou appar., etc., liv. VI, p. 329.

[1] Jacques d'Autun, l'Incrédulité savante.
[2] L'original porte : Vim patior.
[3] Bodin, Démonomanie des sorciers.

Baptiste dans un plat. Le devin affectait quelques cérémonies magiques; il conjurait ensuite cette tête de répondre sur ce qu'on voulait savoir, et la tête répondait d'une voix intelligible, quelquefois avec une certaine exactitude. Or, voici la clef de ce mystère : la table qui se trouvait au milieu de la chambre, était soutenue de cinq colonnes, une à chaque coin et une dans le milieu. Celle du milieu était un tuyau de bois; la prétendue tête de saint Jean était de carton peint au naturel, avec la bouche ouverte, et correspondant, par un trou pratiqué dans le plat et dans la table, à la cavité de la colonne creuse. Dans la chambre qui se trouvait au-dessous, une personne, parlant par un porte-voix dans cette cavité, se faisait entendre très-distinctement; la bouche de la tête avait l'air de rendre ces réponses.

Tétragrammation, — mot mystérieux employé dans la plupart des conjurations qui évoquent le diable.

Teusarpoulier, — génie redouté des Bretons des environs de Morlaix. Il se présente sous la forme d'un chien, d'une vache, ou d'un autre animal domestique.

Teuss, — génie bienfaisant, révéré dans le Finistère; il est vêtu de blanc, et d'une taille gigantesque, qui croît quand on l'approche. On ne le voit que dans les carrefours, de minuit à deux heures; quand vous avez besoin de son secours contre les esprits malfaisants, il vous sauve sous son manteau. Souvent, quand il vous tient enveloppé, vous entendez passer avec un bruit affreux le chariot du diable, qui fuit à sa vue, qui s'éloigne en poussant des hurlements épouvantables, en sillonnant d'un long trait de lumière l'air, la surface de la mer, en s'abîmant dans le sein de la terre ou dans les ondes[2].

Teutatès, — le Pluton des Gaulois. On l'adorait dans les forêts. Le peuple n'entrait dans ces forêts mystérieuses qu'avec un sentiment de terreur, fermement persuadé que les habitants de l'enfer s'y montraient, et que la seule présence d'un druide pouvait les empêcher de punir la profanation de leur demeure. Lorsqu'un Gaulois tombait à terre, dans une enceinte consacrée au culte, il devait se hâter d'en sortir : mais sans se relever et en se traînant à genoux, pour apaiser les êtres surnaturels qu'il croyait avoir irrités[3].

Thalmud, — livre qui contient la doctrine, les contes merveilleux, la morale et les traditions des Juifs modernes. Environ cent vingt ans après la destruction du temple, le rabbin Juda-Haccadosch, que les Juifs appelaient *notre saint maître*, homme fort riche et fort estimé de l'empereur Antonin-le-Pieux, voyant avec douleur que les Juifs dispersés commençaient à perdre la mémoire de la loi qu'on nomme orale, ou de tradition, pour la distinguer de la loi écrite, composa un livre où il renferma les sentiments, les constitutions, les traditions de tous les rabbins qui avaient fleuri jusqu'à son temps. Ce recueil forme un volume in-folio; on l'appelle spécialement la *mischna* ou seconde loi. Cent rabbins y ont joint des commentaires dont la collection se nomme *Gémare*. Le tout embrasse douze volumes in-folio. — Les Juifs mettent tellement le Thalmud au-dessus de la Bible, qu'ils disent que Dieu étudie trois heures par jour dans la Bible, mais qu'il en étudie neuf dans le Thalmud.

Thamuz, — démon du second ordre, inventeur de l'artillerie. Ses domaines sont les flammes, les grils, les bûchers. Quelques démonomanes lui attribuent l'invention des bracelets que les dames portent.

Théagènes, voy. ORACLES.

Théantis, — femme mystérieuse. Voy. OBÉREIT.

Thème céleste. — Ce terme d'astrologie se dit de la figure que dressent les astrologues lorsqu'ils tirent l'horoscope. Il représente l'état du ciel à un point fixe, c'est-à-dire le lieu où sont en ce moment les étoiles et les planètes. Il est composé de douze triangles enfermés entre deux carrés, et on les appelle les douze maisons du soleil. Voy. ASTROLOGIE.

Themura, — l'une des trois divisions de la cabale rabbinique. Elle consiste : 1° dans la transposition et le changement des lettres; 2° dans un changement de lettres que l'on fait en certaines combinaisons équivalentes.

Théoclimène, — devin qui descendait en ligne directe de Mélampus de Pylos, et qui devinait à Ithaque dans l'absence d'Ulysse

Théodat, — voy. ONOMANCIE.

Théodoric, — roi des Goths. Sous son règne, les deux plus illustres sénateurs, Symmaque et Boëce, son gendre, furent accusés de crimes d'état, et mis en prison; Boëce était chrétien. Il fut mis à mort l'an 524, et son beau-père eut le même sort l'année suivante. — Un jour les officiers de Théodoric ayant servi sur sa table un gros poisson, il crut voir dans le plat la tête de Symmaque, fraîchement coupée, qui le regardait d'un air

---

[1] Le Petit Albert, p. 78.
[2] Cambry, Voyage dans le Finistère.
[3] M. Garinet, Hist. de la magie en France, p. 3.

furieux; il en fut si épouvanté, qu'il en prit un frisson ; il se mit au lit et mourut au désespoir.

Théomancie, — partie de la cabale des Juifs qui étudie les mystères de la divine majesté et recherche les noms sacrés. Celui qui possède cette science sait l'avenir, commande à la nature, a plein pouvoir sur les anges et les diables, et peut faire des prodiges. Des rabbins ont prétendu que c'est par ce moyen que Moïse a tant opéré de merveilles ; que Josué a pu arrêter le soleil; qu'Elie a fait tomber le feu du ciel et ressuscité un mort ; que Daniel a fermé la gueule des lions; que les trois enfants n'ont pas été consumés dans la fournaise, etc. — Cependant, quoique très-experts aussi dans les noms divins, les rabbins juifs ne font plus rien des choses opérées chez leurs pères.

Théraphim. — Selon rabbi Aben-Esra, les idoles, que les hébreux appelaient téraphim, étaient des talismans d'airain, en forme de cadrans solaires, qui faisaient connaître les heures propres à la divination. Pour les faire on tuait le premier-né de la maison, on lui arrachait la tête, qu'on salait de sel mêlé d'huile ; puis on écrivait sur une lame d'or le nom de quelques mauvais esprits; on mettait cette lame sous la langue de l'enfant; on attachait la tête coupée à la muraille, et, après avoir allumé des flambeaux devant elle, on lui rendait à genoux de grands respects. Cette figure répondait aux questions qu'on avait à lui faire; on suivait ses avis; et on traçait sur ses indications les figures du théraphim. Selon d'autres rabbins les théraphims étaient des mandragores.

Thespesius. — Citoyen de Cilicie, connu de Plutarque. C'était un mauvais sujet qui exerçait toutes sortes de friponneries, et se ruinait de jour en jour de fortune et de réputation. L'oracle lui avait prédit que ses affaires n'iraient bien qu'après sa mort. En conséquence, il tomba du haut de sa maison, se cassa le cou et mourut. Trois jours après, lorsqu'on allait faire ses funérailles, il revint à la vie et fut dès lors le plus juste, le plus pieux et le plus homme de bien de la Cilicie. Comme on lui demandait la raison d'un tel changement, il disait qu'au moment de sa chute son âme s'était élevée jusqu'aux étoiles, dont il avait admiré la grandeur immense et l'éclat surprenant; qu'il avait vu dans l'air un grand nombre d'âmes, les unes enfermées dans des tourbillons enflammés, les autres pirouettant en tout sens, celles-ci très-embarrassées et poussant des gémissements douloureux ; celles-là, moins nombreuses, s'élevant en haut avec rapidité et se réjouissant avec leurs semblables. Il racontait tous les supplices des scélérats dans l'autre vie ; et il ajoutait que, pour lui, une âme de sa connaissance lui avait dit qu'il n'était pas encore mort, mais que, par la permission des dieux, son âme était venue faire ce petit voyage de faveur, et qu'après cela il était rentré dans son corps poussé par un souffle impétueux. Pour vous, lecteur, croyez-moi, n'attendez pas la mort pour bien vivre.

Thessaliennes. — La Thessalie possédait un si grand nombre de sorciers, et surtout de sorcières, que le nom de *sorcière* et de *Thessalienne* étaient synonymes.

Théurgie, — art de parvenir à des connaissances surnaturelles et d'opérer des miracles par le secours des esprits ou génies que les païens nommaient des dieux, et que les pères de l'Eglise ont appelés des démons. Cet art imaginaire a été recherché et pratiqué par un grand nombre de philosophes. Mais ceux des troisième et quatrième siècles qui prirent le nom d'éclectiques ou de nouveaux platoniciens, tels que Porphyre, Julien, Jamblique, Maxime, en furent principalement entêtés. Ils se persuadaient que par des formules d'invocation, par certaines pratiques, on pouvait avoir un commerce familier avec les esprits, leur commander, connaître et opérer par leurs secours des choses supérieures aux forces de la nature. Ce n'était, dans le fond, rien autre chose que la magie. Mais ces philosophes en distinguaient deux espèces, savoir : la magie noire et malfaisante, qu'ils nommaient *goétie*, et dont ils attribuaient les effets aux mauvais démons, et la magie bienfaisante qu'ils appelaient *théurgie*, c'est-à-dire opération divine par laquelle on invoquait les bons esprits [1]. — Comment savait-on, ajoute Bergier, que telles paroles ou telles pratiques avaient la vertu de subjuguer ces prétendus esprits et de les rendre obéissants? Les théurgistes supposaient que les mêmes esprits avaient révélé ce secret aux hommes. Plusieurs de ces pratiques étaient des crimes, tels que les sacrifices de sang humain ; et il est établi que les théurgistes en offraient. *Voy.* MAGIE, ART NOTOIRE, etc.

Thiers (JEAN-BAPTISTE), — savant bachelier de Sorbonne, professeur de l'université de Paris, et ensuite curé de Vibraye dans le diocèse du Mans, né à Chartres en 1638, mort à Vibraye en 1703, auteur de plusieurs

---

[1] Bergier, Dictionn. de théologie.

ouvrages curieux, parmi lesquels on recherche toujours le *Traité des superstitions*, 4 vol. in-12. Il y rapporte une foule de petits faits singuliers.

Thomas (SAINT). — On lit dans les démonomanes que Saint-Thomas-d'Aquin se trouvait incommodé dans ses études par le grand bruit des chevaux qui passaient tous les jours devant ses fenêtres pour aller boire : comme il était habile à faire des talismans, il fit une petite figure de cheval qu'il enterra dans la rue ; et depuis les palefreniers furent contraints de chercher un autre chemin, ne pouvant plus à toute force faire passer aucun cheval dans cette rue enchantée. C'est un conte comme un autre. *Voy*. ALBERT-LE-GRAND.

Thomas. — On lit dans plusieurs conteurs ce qui suit : « Un moine, nommé Thomas, à la suite d'une querelle avec les religieux d'un monastère de Lucques, se retira tout troublé dans un bois où il rencontra un homme qui avait la face horrible, le regard sinistre, la barbe noire et le vêtement long. Il lui demanda pourquoi il allait seul dans ces lieux détournés. Le moine répondit qu'il avait perdu son cheval et qu'il le cherchait. Je vous aiderai, dit l'inconnu. Comme ils allaient ensemble à la poursuite du prétendu cheval égaré, ils arrivèrent au bord d'un ruisseau entouré de précipices. L'inconnu invita le moine, qui déjà se déchaussait, à monter sur ses épaules, disant qu'il lui était plus facile de passer à lui qui était plus grand. Thomas y consentit ; mais lorsqu'il fut sur le dos de son compagnon, il s'aperçut qu'il avait les pieds difformes d'un démon ; il commença à trembler et à se recommander à Dieu de tout son cœur. Le diable aussitôt se mit à murmurer et s'échappa avec un bruit affreux en brisant un grand chêne qu'il arracha de terre. Quant au moine, il demeura étendu au bord du précipice et remercia son bon ange de l'avoir ainsi tiré des griffes de Satan [1]. »

Thor, — dieu de la foudre chez les anciennes races germaniques, qui l'armaient d'un marteau.

Thou. — Il arriva en 1598 une aventure assez singulière au président de Thou. Il se trouvait depuis peu de temps dans la ville de Saumur. Une nuit qu'il était profondément endormi, il fut réveillé tout à coup par le poids d'une masse énorme qu'il sentit se poser sur ses pieds. Il secoua fortement ce poids et le fit tomber dans la chambre... Le président ne savait encore s'il était bien éveillé quand il entendit marcher tout auprès de lui. Il ouvrit alors les rideaux de son lit, et comme les volets de ses fenêtres n'étaient point fermés, et qu'il faisait clair de lune, il vit distinctement une grande figure blanche qui se promenait dans l'appartement... Il aperçut en même temps des hardes éparses sur des chaises auprès de la cheminée. Il s'imagina que des voleurs étaient entrés dans sa chambre ; et voyant la figure blanche se rapprocher de son lit, il lui demanda d'une voix forte : Qui êtes-vous ? — Je suis la reine du ciel, répondit le fantôme d'un ton solennel.... Le président, reconnaissant la voix d'une femme, se leva aussitôt ; et, ayant appelé ses domestiques, il leur dit de la faire sortir, et se recoucha sans demander d'éclaircissement. Le lendemain il apprit que la femme qui lui avait rendu une visite nocturne était une folle qui, n'étant point renfermée, courait çà et là et servait de jouet au peuple. Elle était entrée dans la maison, qu'elle connaissait déjà, en cherchant un asile pour la nuit. Personne ne l'avait aperçue, et elle s'était glissée dans la chambre du président, dont elle avait trouvé la porte ouverte. Elle s'était déshabillée auprès du feu et avait étalé ses habits sur des chaises. Cette folle était connue dans la ville sous le nom de *la reine du ciel*, qu'elle se donnait elle-même [1].

Thurifumie, — divination par la fumée de l'encens.

Thymiasmata, — parfums d'encens qu'on employait chez les anciens pour délivrer ceux qui étaient possédés de quelque mauvais esprit.

Thyrée (PIERRE), — jésuite, auteur d'un livre sur les démoniaques, les maisons infectées et les frayeurs nocturnes [2].

Tibalang, — fantômes que les naturels des Philippines croient voir sur la cime de certains vieux arbres, dans lesquels ils sont persuadés que les âmes de leurs ancêtres ont leur résidence. Ils se les figurent d'une taille gigantesques ; de longs cheveux, de petits pieds, des ailes très-étendues et le corps peint.

Tibère. — Cet empereur romain voyait clair dans les ténèbres, selon Cardan, qui avait la même propriété. *Voy*. TRASULLE.

Ticho-Brahé, — astronome suédois. Il croyait que sa journée serait malheureuse, et s'en retournait promptement si, en sortant de son logis, la première personne qu'il rencon-

---

[1] Wierus, de Præst., etc.

[1] Démoniana, p. 12.
[2] Dæmoniaci, cum locis infestis et terriculamentis nocturnis.

trait était une vieille, ou si un lièvre traversait son chemin.

Tigre (LE GRAND), — voy. LIÈVRE.

Tintement. — Lorsque nous sentons une chaleur à la joue, dit Brown, ou que l'oreille nous tinte, nous disons ordinairement que quelqu'un parle de nous. Ce tintement d'oreille passait chez nos pères pour un très-mauvais augure.

Tiromancie, — divination par le fromage. On la pratiquait de diverses manières que nous ne connaissons pas.

Titania, — reine des fées. Voy. OBÉRON.

Titus. — « On trouve raconté dans un vieux recueil de traditions juives, que *Titus* prétendit avoir vaincu le Dieu des juifs à Jérusalem. Alors une voix terrible se fit entendre, qui dit : Malheureux, c'est la plus petite de mes créatures qui triomphera de toi. En effet, un moucheron se glissa dans le nez de l'empereur et parvint jusqu'à son cerveau. Là, pendant sept années, il se nourrit de cervelle d'empereur, sans qu'aucun médecin pût le déloger. *Titus* mourut après d'horribles souffrances. On ouvrit sa tête pour voir quel était ce mal contre lequel avaient échoué tous les efforts de la médecine, et on trouva le moucheron, mais fort engraissé. Il était devenu de la taille d'un pigeon. Il avait des pattes de fer et une bouche de cuivre[1]. »

Toia, — nom sous lequel les habitants de la Floride adorent le diable, c'est-à-dire l'auteur du mal.

Tombeaux. — Chez plusieurs nations idolâtres de l'antiquité, l'usage était d'aller dormir sur les tombeaux, afin d'avoir des rêves de la part des morts, de les évoquer en quelque sorte et de les interroger. Voy. MORTS.

Tondal. — Un soldat nommé Tondal, à la suite d'une vision ou d'un songe, raconte qu'il avait été conduit par un ange dans les enfers. Il avait vu et senti les tourments qu'on y éprouve. L'ange le conduisit, dit-il, dans un grand pays ténébreux, couvert de charbons ardents. Le ciel de ce pays était une immense plaque de fer brûlant, qui avait neuf pieds d'épaisseur. Il vit d'abord le supplice de plusieurs âmes qu'on mettait dans des vases bien fermés et qu'on faisait fondre. Après cela il arriva auprès d'une montagne chargée de neige et de glaçons sur le flanc droit, couverte de flammes et de soufre bouillant sur le flanc gauche. Les âmes qui s'y trouvaient passaient alternativement des bains chauds aux bains glacés, et sortaient de la neige pour entrer dans la chaudière. Les démons de cette montagne avaient des fourches de fer et des tridents rougis au feu, avec lesquels ils emportaient les âmes d'un lieu à l'autre. Tondal vit ensuite une multitude de pécheurs plongés jusqu'au cou dans un lac de poix et de soufre. Un peu plus loin il se trouva devant une bête terrible, d'une grandeur extraordinaire. Cette bête se nommait l'*Achéron*[1], elle vomissait des flammes et puait considérablement. On entendait dans son ventre des cris et des hurlements d'hommes et de femmes. L'ange, qui avait sans doute ordre de donner à Tondal une leçon, se retira à l'écart sans qu'il s'en aperçût, et le laissa seul devant la bête. Aussitôt une meute de démons se précipita sur lui, le saisit et le jeta dans la gueule de la grosse bête, qui l'avala comme une lentille. Il est impossible d'exprimer, dit-il, tout ce qu'il souffrit dans le ventre de ce monstre. Il s'y trouva dans une compagnie extrêmement triste, composée d'hommes, de chiens, d'ours, de lions, de serpents et d'une foule d'autres animaux inconnus, qui mordaient cruellement et qui n'épargnèrent point le passager. Il éprouva les horreurs du froid, la puanteur du soufre brûlé ainsi que d'autres désagréments. L'ange vint le tirer de là et lui dit : Tu viens d'expier tes petites fautes d'habitude ; mais tu as autrefois volé une vache à un paysan, ton compère : la voilà, cette vache. Tu vas la conduire de l'autre côté du lac qui est devant nous. — Tondal vit donc une vache indomptée à quelques pas de lui ; il se trouva sur le bord d'un étang bourbeux qui agitait ses flots avec fracas. On ne pouvait le traverser que sur un pont si étroit, qu'un homme en occupait toute la largeur avec ses pieds. Hélas ! dit en pleurant le pauvre soldat, comment pourrai-je traverser avec une vache ce pont où je n'oserais me hasarder seul ? — Il le faut, répliqua l'ange. Tondal, après bien des peines, saisit la vache par les cornes et s'efforça de la conduire au pont. Mais il fut obligé de la traîner, car lorsque la vache était debout, en disposition de faire un pas, le soldat tombait de sa hauteur ; et quand le soldat se relevait, la vache s'abattait à son tour. Ce fut avec bien des peines que l'homme et la vache arrivèrent au milieu du pont. — Alors Tondal se trouva nez à nez avec un autre homme qui passait le pont comme lui : il était chargé de gerbes qu'il était condamné à porter sur l'autre bord du lac. Il pria le soldat de lui laisser le passage ; Tondal le conjura de ne pas l'empêcher de finir une péni-

---

[1] Alph. Karr, Voyage autour de mon Jardin, lett. XI.

[1] Quæ Achæron appellabatur...

tence qui lui avait déjà donné tant de peines. Mais personne ne voulut reculer ; après qu'ils se furent disputés assez long-temps, ils s'aperçurent tous deux, à leur grande surprise, qu'ils avaient traversé le pont tout entier sans faire un pas. L'ange conduisit alors Tondal dans d'autres lieux non moins horribles, et le ramena ensuite dans son lit. Il se leva et se conduisit mieux depuis [1].

Tonnerre. — Le tonnerre a été adoré comme dieu. Les Egyptiens le regardaient comme le symbole de la voix éloignée, parce que de tous les bruits c'est celui qui se fait entendre le plus loin. Lorsqu'il tonne, les Chingulais se persuadent que le ciel veut leur infliger un châtiment, et que les âmes des méchants sont chargées de diriger les coups pour les tourmenter et les punir de leurs péchés. En Bretagne on a l'usage quand il tonne de mettre un morceau de fer dans le nid des poules qui couvent [2], comme préservatif du tonnerre. *Voy.* CLOCHES, EVANGILE DE SAINT-JEAN, etc.

Toqui (GRAND). — Les Araucans, peuplades indépendantes du Chili, reconnaissent sous ce nom un grand esprit qui gouverne le monde. Ils lui donnent des ministres inférieurs chargés des petits détails d'administration, tels que les saisons, les vents, les tempêtes, la pluie et le beau temps. Ils admettent aussi un mauvais génie qu'ils appellent Guécuba, qui se fait un malin plaisir de troubler l'ordre et de molester le grand Toqui.

Torngarsuk. — Les Groenlandais ne font ni prières ni sacrifices, ne pratiquent aucun rit ; ils croient pourtant à l'existence de certains êtres surnaturels. Le chef et le plus puissant de ces êtres est *Torngarsuk*, qui habite selon eux sous la terre, et qu'ils représentent sous la forme d'un ours, tantôt sous celle d'un homme avec un bras, tantôt enfin sous celle d'une créature humaine, grande au plus comme un des doigts de la main. C'est auprès de cette divinité que les anguekkoks sont obligés de se rendre pour lui demander conseil quand un Groenlandais tombe malade ou qu'il se trouve dans quelque autre embarras. Indépendamment de ce bon génie qui est invisible à tout le monde, excepté de l'anguekkok, il en est plusieurs autres qui sont moins puissants ; ce sont les génies du feu, de l'eau, de l'air, etc., qui, par l'entremise de l'anguekkok, leur enseignent ce qu'ils doivent faire ou ce qu'ils doivent éviter pour être heureux. Chaque anguekkok a en outre son esprit familier qu'il évoque et qu'il consulte comme un oracle [1].

Torquemada (ANTOINE DE), — auteur espagnol de l'*Hexameron* ou six journées, contenant plusieurs doctes discours, etc. ; avec maintes histoires notables et non encore ouïes, mises en français par Gabriel Chappuys, Tourangeau. Lyon, 1582, in-8° ; ouvrage plein de choses prodigieuses et d'aventures de spectres et de fantômes.

Torreblanca (FRANÇOIS), — jurisconsulte de Cordoue, auteur d'un livre curieux sur les crimes des sorciers [2].

Torture. — Quand on employait la torture contre les sorciers, et que les tourments ne les faisaient pas avouer, on disait que le diable les rendait insensibles à la douleur.

Totam, — esprit qui garde chaque sauvage de l'Amérique septentrionale. Ils se le représentent sous la forme de quelque bête ; et, en conséquence, jamais ils ne tuent, ni ne chassent, ni ne mangent l'animal dont ils pensent que leur totam a pris la figure.

Toupan, — esprit malin qui préside au tonnerre chez les naturels brésiliens.

Tour de force. — Delrio rapporte cette histoire plaisante : Deux troupes de magiciens s'étaient réunies en Allemagne pour célébrer le mariage d'un grand prince. Les chefs de ces troupes étaient rivaux et voulaient chacun jouir sans partage de l'honneur d'amuser la cour. C'était le cas de combattre avec toutes les ressources de la sorcellerie. Que fit l'un des deux magiciens ? Il avala son confrère, le garda quelque temps dans son estomac, et le rendit ensuite par où vous savez. Cette espièglerie lui assura la victoire. Son rival honteux et confus décampa avec sa troupe et alla plus loin prendre un bain et se parfumer.

Tour enchantée, — *voy.* RODERIK.

Tour de Montpellier. — Il y a sans doute encore à Montpellier une vieille tour que le peuple de cette ville croit aussi ancienne que le monde ; sa chute doit précéder de quelques minutes la déconfiture de l'univers.

Tour de Wigla, — tour maudite de la Norwège où le roi païen Vermund fit brûler les mamelles de Sainte-Ethelréda avec du bois de la vraie croix, apporté à Copenhague par Olaüs III. On dit que depuis on a essayé inutilement de faire une chapelle de cette tour

---

[1] Dyonisii Carthusiani, art. 49. — Hæc prolixius describuntur in libello qui visio Tondali nuncupatur.
[2] Cambry, Voyage dans le Finistère, t. II, p. 16.

[1] Expédition du capitaine Graah dans le Groenland.
[2] Epitome delictorum, sive de Magiâ, in quâ aperta vel occulta invocatio dæmonis intervenit, etc., editio novissima, Lugduni, 1679, in-4°.

maudite; toutes les croix qu'on y a placées successivement ont été consumées par le feu du ciel [1].

Tourterelle. — Si on porte le cœur de cet oiseau dans une peau de loup, il éteindra tous les sentiments. Si on pend ses pieds à un arbre, l'arbre ne portera jamais de fruit. Si on frotte de son sang, mêlé avec de l'eau dans laquelle on aura fait cuire une taupe, un endroit couvert de poils, tous les poils noirs tomberont [2].

Traditions. — Nous avons lu, il n'y a pas fort long-temps, une piquante dissertation du *Quarterly magazine* sur les traditions populaires du moyen âge et des temps modernes. Nous en conserverons ici les passages les plus saillants. — C'est, dit l'auteur, sur la fatalité et l'antagonisme du bien et du mal que se fonde la philosophie des traditions du peuple. Cette base se retrouve dans le conte le plus trivial où l'on introduit un pouvoir surnaturel; et la nourrice, qui fait son récit au coin de la cheminée rustique, a la même science que les hiérophantes de la Grèce et les mages de la Perse. Le principe destructeur étant le plus actif dans ce bas monde, il reparaît dans toutes les croyances superstitieuses sous une variété infinie de formes, les unes sombres, les autres brillantes; on retrouve partout les mêmes personnifications d'Oromase et d'Arimane, et l'hérésie des Manichéens. — La vague crédulité du villageois ignorant s'accorde avec la science mythologique des anciens sages. Des peuples que l'Océan sépare sont rapprochés par leurs fables; les hamadryades de la Grèce et les lutins de la Scandinavie dansent une ronde fraternelle avec les fantômes évoqués par le sorcier moderne; celui-ci compose ses philtres, comme Canidie, avec la mandragore, la ciguë, les langues de vipère et les autres ingrédients décrits par Virgile et Horace. A la voix des sorciers modernes, comme à celle des magiciens de Thessalie, on entend encore le hibou crier, le corbeau croasser, le serpent siffler, et les ailes noires des scarabées s'agiter. — Toutefois, le Satan des légendes n'est jamais revêtu de la sombre dignité de l'ange déchu; c'est le *diable*, l'*ennemi*, méchant par essence, de temps immémorial. Sa rage est souvent impuissante, à moins qu'il n'ait recours à la ruse : il inspire la peur encore plus que la crainte. De là vient cette continuelle succession de caprices bizarres et de malices grotesques qui le caractérise; de là cette familiarité qui diminue la terreur causée par son nom : les mêmes éléments entrent dans la composition de toutes les combinaisons variées du mauvais principe qui engendra la race nombreuse des lutins sortis de l'enfer. Si le rire n'est pas toujours méchant et perfide, il exprime assez bien du moins la malice et la perfidie. C'est de l'alliance du rire et de la malice que sont nés tous ces moqueurs placés par les mythologues au rang des divinités. Tel est le Momus des Grecs et le Loki des Scandinaves, l'un bouffon de l'Olympe, l'autre bouffon des banquets du Valhalla. — Satan nous est singulièrement dépeint, par le pape saint Grégoire, dans sa Vie de saint Benoît. Un jour que le saint allait dire ses prières à l'oratoire de Saint-Jean, sur le Mont-Cassin, il rencontra le diable sous la forme d'un vétérinaire, avec une fiole d'une main et un licou de l'autre. Le texte disait : *in mulomedici specie;* par l'introduction d'une virgule qui décompose le mot : *in mulo, medici specie*, un copiste fit du diable ainsi déguisé un véritable docteur monté sur sa mule, comme cheminaient les docteurs en médecine avant l'invention des carrosses; et un tableau de cet épisode ayant été exécuté d'après ce texte corrompu, Satan a été souvent représenté avec la robe doctorale et les instruments de la profession en croupe sur sa monture. — Une autre fois, on dénonça à saint Benoît la conduite légère d'un jeune frère appartenant à l'un des douze monastères affiliés à la règle du réformateur. Ce moine ne voulait ou ne pouvait prier avec assiduité; à peine s'était-il mis à genoux, qu'il se levait et allait se promener. Saint Benoît ordonna qu'on le lui amenât au Mont-Cassin; et là, lorsque le moine, selon son habitude, interrompit ses devoirs et sortit de la chapelle, le saint vit un petit diable noir qui le tirait de toutes ses forces par le pan de sa robe. — Parmi les innombrables épisodes de l'histoire du diable dans les Vies des Saints, quelques-uns sont plus comiques, quelques autres plus pittoresques. Saint Antoine vit Satan dresser sa tête de géant au-dessus des nuages, et étendre ses larges mains pour intercepter les âmes des morts qui prenaient leur vol vers le ciel. Parfois le diable est un véritable singe, et sa malice ne s'exerce qu'en espiègleries. C'est ainsi que, pendant des années, il se tint aux aguets pour troubler la piété de sainte Gudule. Toutes ses ruses avaient été vaines, lorsqu'enfin il se résolut à un dernier effort. C'était la coutume de cette noble et chaste vierge de se lever au chant du coq et d'aller prier à l'église, précédée de sa servante por-

---

[1] Victor Hugo, Han d'Islande, chap. 12.
[2] Les Admirables secrets d'Albert-le-Grand, p. 113.

tant une lanterne. Que fit le père de toute malice, il éteignit la lanterne en soufflant dessus. La sainte eut recours à Dieu, et, à sa prière, la mèche se ralluma, miracle de la foi qui suffit pour renvoyer le malin honteux et confus. Il n'est pas sans exemple que le diable se laisse tromper par les plus simples artifices, et une équivoque suffit souvent pour le rendre dupe dans ses marchés avec les sorciers: comme lorsque Nostradamus obtint son secours à condition qu'il lui appartiendrait tout entier après sa mort, soit qu'il fût enterré dans une église, soit qu'il fût enterré dehors... Mais Nostradamus ayant ordonné par testament que son cercueil fût déposé dans la muraille de la sacristie, son corps y repose encore. — Le vieil Heywood a rédigé en vers une nomenclature curieuse de tous les petits démons de la superstition populaire: il y comprend les farfadets, les follets, les alfs, les Robin Goodfellows, et ces lutins que Shakspeare a donnés pour sujets à Oberon et à Titania. On a prouvé que le roi ou la reine de féerie n'est autre que Satan lui-même, n'importe son déguisement. C'était donc un démon que ce Puck qui eut long-temps son domicile chez les dominicains de Schwerin dans le Mecklembourg. Malgré les tours qu'il jouait aux étrangers qui venaient visiter le monastère, Puck, soumis aux moines, était pour eux un bon serviteur. Sous la forme d'un singe, il tournait la broche, tirait le vin, balayait la cuisine. Cependant, malgré tous ces services, le religieux à qui nous devons la *Veridica relatio de dæmonio Puck* ne reconnaît en lui qu'un esprit malin. Le Puck de Schwerin recevait pour ses gages deux pots d'étain et une veste bariolée de grelots pour boutons. — Le moine Rush de la légende suédoise, le Bronzet, de l'abbaye de Montmajor, près d'Arles, sont encore Puck sous d'autres noms. On le retrouve en Angleterre sous la forme de Robin Goodfellow ou de Robin Hood, le fameux bandit de la forêt de Sherwood ayant reçu ce surnom à cause de sa ressemblance avec ce diable populaire. Enfin Robin Hood est aussi le *Red Cap* d'Écosse, et le diable saxon Hodeken, ainsi appelé de l'hoodiwen, ou petit chaperon rouge qu'il porte en Suède lorsqu'il y apparaît sous la forme du *Nisse* ou *Nissegodreng*. — Puck, en Suède, se nomme *Nissegodreng* (ou Nisse le bon enfant), et vit en bonne intelligence avec *Tomtegobbe*, ou le Vieux du Grenier, qui est un diable de la même classe. On trouve Nissegodreng et Tomtegobbe dans presque toutes les fermes, complaisants et dociles si on les traite avec douceur, mais irascibles et capricieux: malheur à qui les offense! Dans le royaume voisin, en Danemark, les Pucks ont un rare talent comme musiciens. Il existe une certaine danse appelée la gigue du roi des Elfs, bien connue des ménétriers de campagne, et qu'aucun d'eux n'oserait exécuter. L'air seul produit le même effet que le cor d'Oberon: à peine la première note se fait-elle entendre, vieux et jeunes sont forcés de sauter en mesure; les tables, les chaises et les tabourets de la maison commencent à se briser, et le musicien imprudent ne peut rompre le charme qu'en jouant la même danse à rebours sans déplacer une seule note, ou bien en laissant approcher un des danseurs involontaires assez adroit pour passer derrière lui et couper toutes les cordes du violon par-dessus son épaule. — Les noms des esprits de cette classe sont très-significatifs: de *Gob* le vieillard, devenu un nom du diable, les Normands semblent avoir fait *Gobelin*. On appelait Gobelin ce diable d'Évreux que saint Taurin expulsa, mais qui, ayant montré un respect particulier au saint exorciste, obtint la permission de ne pas retourner en enfer, et continua de hanter la ville sous diverses formes, à condition qu'il se contenterait de jouer des tours innocents aux bons chrétiens de l'Eure. Le Gobelin d'Évreux semble s'être ennuyé de ses espiègleries depuis quelques années, et il a rompu son ban pour aller tourmenter les habitants de Caen. L'un de ces derniers hivers, les bourgeois de la bonne ville de Guillaume-le-Bâtard furent souvent effrayés de ses apparitions. Ils s'était affublé d'une armure blanche, et se grandissait jusqu'à pouvoir regarder à travers les fenêtres des étages les plus élevés. Un vieux général rencontra ce diable importun dans un impasse et le défia, mais Gobelin lui répondit: « Ce n'est pas de toi que j'ai reçu ma mission, ce n'est pas à toi que je dois en rendre compte. » Le général ayant insisté, six diables blancs de la même taille sortirent tout à coup de terre, et le général jugea prudent de battre en retraite devant le nombre. Le journal du département rendit justice à son courage: mais le général n'eut pas moins besoin de se faire saigner par le docteur Vastel. — Le *Duende* espagnol correspond au Gobelin normand et au Tomtegobbe suédois. Duende, selon Cobarruvias, est une contraction de *dueno de casa*, maître de la maison. Ce diable espagnol fut de tout temps cité pour la facilité de ses métamorphoses. — Le diable a souvent fait parler de lui en Espagne comme partout; citons la légende relative à l'origine démoniaque de la noble famille de Haro. Don Diégo Lopez, seigneur de Biscaye, était à l'affût du sanglier, lorsqu'il entendit les accords d'une délicieuse voix de femme. Il regarde, et aperçoit la chanteuse debout sur un rocher. Il en devint épris et lui proposa de l'épouser. « J'accepte votre main, répondit-elle, beau chevalier, car ma naissance est noble; mais à une condition : jurez-moi que vous ne prononcerez jamais devant moi un nom sacré. » Le chevalier le jura, et, quand le mariage fut consommé, il s'aperçut que sa fiancée avait un pied de chèvre. Heureusement c'était son seul défaut. Personne n'est parfait; et, par une convention tacite, le pied de chèvre ne fut bientôt qu'un pied de biche, ce qui était plus poétique. Don Diégo n'en eût pas moins d'attachement pour sa femme, qui devint mère de deux enfants, une fille et un fils nommé Iniguez Guerra. Or, un jour qu'ils étaient à table, le seigneur de Biscaye jeta un os à ses chiens : un mâtin et un épagneul se prirent de querelle; l'épagneul saisit le mâtin à la gorge et l'étrangla : « Sainte vierge Marie! s'écria » don Diégo; qui a jamais vu chose pareille? » La dame au pied de biche saisit aussitôt les mains de ses enfants. Diégo retint le garçon, mais la mère s'échappa à travers les airs avec la fille... Par la suite, don Diégo Lopez envahit les terres des Maures : il fut malheureux dans un combat et fait prisonnier; les vainqueurs lui lièrent les mains et l'emmenèrent à Tolède. Iniguez Guerra était triste de la captivité de son père. Quelqu'un lui dit alors : Pourquoi n'iriez-vous pas invoquer la fée qui vous a donné le jour : elle seule peut vous indiquer un moyen de délivrer don Diégo. Iniguez monta à cheval; se rendit à la montagne : la fée était sur le rocher; elle reconnut son fils : Viens à moi, lui dit-elle; je sais ce qui t'amène et je te promets aide et protection : laisse là ton cheval, il ne te serait d'aucun service. Je veux le remplacer par un autre qui en quelques heures te portera à Tolède; mais tu ne lui mettras pas de bride; tu ne le feras pas ferrer; tu ne lui donneras ni nourriture ni eau. La fée Pied-de-Biche appela Pardalo ; c'était le nom de ce coursier extraordinaire : Iniguez s'élança sur sa croupe, et ramena bientôt son père. La fée Pied-de-Biche était si bien démon, que la conclusion de la légende, en mentionnant ses autres apparitions en Biscaye, nous dit qu'elle se montre sous les traits qui caractérisent le diable. — D'après la mythologie scandinave, source principale de toutes les croyances populaires de l'Allemagne et de l'Angleterre, Odin prend le nom de Nickar ou Hnickar, lorsqu'il agit comme principe destructeur ou mauvais génie. Sous ce nom et sous la forme de *kelpic*, cheval-diable d'Écosse, il habite les lacs et les rivières de la Scandinavie, où il soulève des tempêtes et des ouragans. Il y a, dans l'île de Rugen, un lac sombre dont les eaux sont troubles et les rives couvertes de bois épais. C'est là qu'il aime à tourmenter les pêcheurs en faisant chavirer leurs bateaux et en les lançant quelquefois jusqu'au sommet des plus hauts sapins. — Du Nickar scandinave sont provenus les *hommes d'eau* et les *femmes d'eau*, les nixes des Teutons. Il n'en est pas de plus célèbres que les nymphes de l'Elbe et de la Gaal. Avant l'établissement du christianisme, les Saxons qui habitaient le voisinage de ces deux fleuves adoraient une divinité du sexe féminin, dont le temple était dans la ville de Magdebourg ou Megdeburch (ville de la jeune fille), et qui inspira toujours depuis une certaine crainte comme la naïade de l'Elbe. Elle apparaissait à Magdebourg, où elle avait coutume d'aller au marché avec un panier sous le bras : elle était pleine de grâce, propre, et au premier abord on l'aurait prise pour la fille d'un bon bourgeois; mais les malins la reconnaissaient à un petit coin de son tablier toujours humide en souvenir de son origine aquatique. Prétorius, auteur estimable du XVIe siècle, raconte que la nymphe de l'Elbe s'asseoit quelquefois sur les bords du fleuve, peignant ses cheveux à la manière des sirènes. Une tradition semblable à celle que Walter Scott a mise en scène dans la *Fiancée de Lammermoor* avait cours au sujet de la sirène de l'Elbe; elle est rapportée tout au long par les frères Grimm, dans leur Recueil de légendes germaniques. Quelque belles que paraissent les ondines ou nixes, le principe diabolique fait toujours partie de leur essence; l'esprit du mal n'est couvert que d'un voile plus ou moins transparent, et tôt ou tard la parenté de ces beautés mystérieuses avec Satan devient manifeste. Une mort inévitable est le partage de quiconque se laisse séduire par elles. — Des auteurs prétendent que les dernières inondations du Valais furent causées par des démons, qui, s'ils ne sont pas des nickars ou des nixes, sont du moins de nature amphibie. Il y a, près de la vallée de Bagnes, une montagne fatale où les démons font le sabbat. En l'année 1848, deux frères mendiants de Sion, prévenus de cette assemblée illégale, gravirent la montagne pour vérifier le nombre et les intentions des délinquants. Un diable, l'orateur de la troupe, s'avança. « Révérends frères, dit-il, nous » sommes ici une armée telle que, si on divi-

» sait entre nous à parts égales tous les gla- » ciers et tous les rochers des Alpes, nous » n'en aurions pas chacun une livre pesant. » De temps immémorial, quand les glaciers se fondent, on voit le diable descendre le Rhône à la nage, une épée nue d'une main, un globe d'or de l'autre. Il s'arrêta un jour devant la ville de Martigny, et cria en patois : *Aïgou, haoüissou!* (Fleuve, soulève-toi). Aussitôt le Rhône obéit en franchissant ses rives, et détruisit une partie de la ville qui est encore en ruines. — Ce fut en philosophant sur la mythologie populaire, que Paracelse créa ses fameuses nymphes ou ondines. Ce grand architecte, cet érudit des érudits, qui joignait à sa folie une imagination poétique et romanesque, a jugé convenable et utile de donner ses avis à ceux qui deviennent les époux des ondines. La morale de son apologue peut profiter à plus d'un mari de femme mortelle. Discrétion et constance sont surtout recommandées par la nymphe, et ses ordres doivent être exécutés à la lettre, sous peine de se perdre à jamais. A la moindre infraction, l'épouse mystérieuse se replonge dans l'abîme des eaux et ne reparaît plus. — La tradition des bons et des mauvais anges est encore sensible dans les fictions de l'Edda. Snorro Sterlason nous apprend que les *elfs* de la lumière, dont Ben Johnson a fait les esprits blancs de ses Masques, séjournent dans Alf-Heim, le palais du ciel, tandis que les *swart elfs*, elfs de la nuit, habitent les entrailles de la terre. Les premiers ne seront pas sujets à la nuit; car les flammes de Surtur ne les consumeront pas, et leur dernière demeure sera Vid-Blain, le plus haut ciel des bienheureux ; mais les *swart elfs* sont mortels et sujets à toutes les maladies, quels que soient d'ailleurs leurs attributs. Les Islandais modernes considèrent le peuple elf comme formant une monarchie, ou du moins ils le font gouverner par un vice-roi absolu qui, tous les ans, se rend en Norwège avec une députation de pucks, pour y renouveler son serment d'hommage-lige au souverain seigneur, qui réside dans la mère-patrie. Il est évident que les Islandais croient que les elfs sont, comme eux, une colonie transplantée dans l'île. — Les *diables nains* ou duergars de la Scandinavie sont de la même famille que les elfs de la nuit. Les Norwégiens attribuent la forme régulière et le poli des pierres cristallisées aux travaux des petits habitants de la montagne, dont l'écho n'est autre chose que leur voix. Cette personnification poétique a donné naissance à un mètre particulier en Islande, appelé le *galdralag*, ou le lai diabolique dans lequel le dernier vers de la première stance termine toutes les autres, et lorsque, dans une saga d'Islande, le poète introduit un esprit ou un fantôme qui chante, c'est toujours avec le *galdralag*. Dans une autre variété du *galdralag*, c'est le premier vers qui est répété de stance en stance. On retrouve ce système métrique dans quelques-unes des incantations superstitieuses des Anglo-Saxons. Ce rhythme a un son monotone, mais solennel, qui, sans le secours de la tradition mythologique, l'a fait employer par les poètes, depuis Virgile jusqu'à Pope. Le Dante se sert du *galdralag* pour l'inscription placée sur les portes de l'enfer. — On a dit que les véritables prototypes des *duergars* sont les habitants de la vieille Finlande. Nous commençons à douter de cette origine. Il est certain que les Finlandais se vantèrent long-temps de leur commerce intime avec le diable jusqu'à ce que ce commerce fût traité de contrebande. On n'a pas cessé de les redouter comme sorciers; mais, malgré leur talent en magie et en métallurgie, on doit les distinguer des habiles ouvriers qui fabriquèrent le marteau de Thor, les tresses d'or de Siva et la bague d'Odin, toutes choses fameuses dans la bizarre cosmogonie des Asi. Si nous voulions interpréter ces mystères selon la sagesse hiéroglyphique des rose-croix, nous dirions que les duergards étaient des personnifications de l'élément métallique ou des gaz qui en sont les véhicules dans les entrailles de la terre, fécondant les veines de la mine et se mêlant à la circulation de la vie électrique et magnétique du macrocosme. Du reste, ce sont des êtres trop allégoriques pour qu'on les confonde avec les magiciens finlandais dispersés sur la surface des régions septentrionales. Leur cachet d'antiquité primitive paraît d'autant plus marqué, selon nous, qu'on les retrouve dans les vieilles traditions des Teutons, consacrées par les *Nibelungs* et le *Livre des Héros*. Or, les *Nibelungs* et le *Livre des Héros* nous viennent de pays où jamais le Finlandais errant ne dressa sa tente. — Les pays de mines ont défendu très-long-temps leur mythologie populaire contre les lumières de la saine philosophie et de la religion. On peut citer, par exemple, le comté de Cornouailles; et le Harzwald de Hanovre, reste de l'ancienne forêt d'Hercynie, est encore une terre enchantée. Les gobelins des mines ont toujours eu une très-mauvaise réputation. Le démonologue cité par Reginald Scott nous apprend « qu'ils sont très-jaloux de leurs trésors cachés; qu'ils en veulent beaucoup à ceux qui les découvrent, et cherchent à tuer ou à blesser ceux qui viennent les leur enlever, hantant d'ailleurs avec persévérance les caves où l'argent est déposé. Un nommé Peters, du comté de Devonshire, ayant trouvé le secret de deviner les lieux où les gobelins couvaient des trésors, fut brûlé et réduit en cendres par les démons irrités... Quant aux mineurs, ils ne peuvent trop se défier de ces esprits malveillants qui leur tendent toutes sortes de pièges pour les détruire : tantôt ils inondent leurs travaux, tantôt ils les étouffent par des vapeurs pestilentielles, parfois ils leur apparaissent sous des formes effrayantes. Tel était l'*annaberge*, animal terrible qui fut si funeste aux ouvriers employés dans la plus riche mine d'argent de l'Allemagne, appelée *Corona Rosacea*. L'annaberge se montrait sous la forme d'un bouc avec des cornes d'or, et se précipitait sur les mineurs avec impétuosité, ou sous la forme d'un cheval, qui jetait la flamme et la peste par ses naseaux. » Ce terrible annaberge pouvait bien n'être qu'un esprit très-connu aujourd'hui des chimistes sous le nom de gaz hydrogène ou *feu grisou*. La lampe de sûreté d'Humphrey-Davy aurait été un talisman précieux aux mineurs de la Couronne de Roses; et James Watt, en leur prêtant une de ses machines à vapeur, les aurait certainement bien défendus contre les inondations suscitées par les kobolds. — Comme tous les anciens peuples, les Scandinaves croyaient volontiers à l'existence de démons tutélaires, et les Islandais leur avaient voué une reconnaissance particulière pour avoir fait avorter les noirs desseins du roi Harold-Germson. Ce roi de Norwège, dit la *Saga*, désirant connaître la situation intérieure de l'île, qu'il avait l'intention de punir, chargea un habile troldman ou magicien de s'y rendre sous la forme qu'il voudrait prendre. Pour mieux se déguiser, le troldman se changea en baleine et nagea jusqu'à l'île; mais les rochers et les montagnes étaient couverts de *ladwaiturs* ou génies propices qui faisaient bonne garde. Sans en avoir peur, l'espion d'Harold nagea vers le golfe de Vapna, et essaya de débarquer; mais un énorme dragon déroula les longs anneaux de sa queue sur les rochers, et, suivi d'une armée innombrable de serpents, descendit dans le détroit, arrosant la baleine d'une trombe de venin. La baleine ne put leur résister, et nagea à l'ouest vers la baie d'Ove; mais là elle trouva un immense oiseau qui étendit ses ailes comme un rideau sur le rivage, et l'armée des esprits s'abattit à ses côtés sous la même forme. Le troldman voulut alors pénétrer par Bridaford, au sud. Un taureau vint à sa rencontre et se précipita dans les flots, escorté d'un troupeau qui mugit autour de son chef d'une manière épouvantable. Cette nouvelle rencontre ne découragea pas l'ennemi, qui se dirigea vers Urekarskinda; mais là, un géant se présenta, un géant dont la tête dépassait le sommet de la plus haute montagne, un géant armé d'une massue de fer, et accompagné d'une troupe de géants de la même taille. — Cette tradition est remarquable parce qu'elle nous fait voir que les Scandinaves classaient leurs esprits élémentaires d'après la doctrine cabalistique de Paracelse. La terre envoie ses génies sous la forme de géants : les sylphes apparaissent en oiseaux; le taureau est le type de l'eau; le dragon procède de la sphère du feu. — Le mont Hécla fait partie, en quelque sorte, de la mythologie des Skaldes. Les hommes du nord furent convertis peu de temps après qu'ils eurent fait connaissance avec ses terreurs, et, lorsqu'ils devinrent chrétiens, ils en firent la bouche de l'enfer. L'Hécla ne pouvait manquer surtout d'être le refuge des esprits de feu que la tradition avait probablement connus en Scandinavie et à Asgard. Leur grand ennemi était Luridan. On lit dans le livre de Vanagastus, le Norwégien, que Luridan, l'esprit de l'air « voyage par ordre du magicien en Laponie, en Finlande, en Skrikfinlande et jusqu'à la mer Glaciale. — C'est sa nature d'être toujours en opposition avec le feu et de faire une guerre continuelle aux esprits du mont Hécla. Dans cette guerre à mort, les deux partis se déchirent l'un l'autre, heurtant leurs bataillons à travers les airs. Luridan cherche à livrer le combat au-dessus de l'Océan où les blessés de l'armée contraire tombent sans ressource; mais si l'action a lieu sur la montagne, l'avantage est souvent aux esprits du feu, et l'on entend de grandes lamentations en Islande, en Russie, en Norwège, » etc. — Parmi les démons inférieurs de la sphère du feu, nous ne saurions oublier le follet appelé vulgairement en Angleterre *Jack with the lantern*, Jack à la lanterne, et que Milton nomme aussi le moine des marais. Selon la chronique de l'abbaye de Corweg, ce *moine* en séduisit un autre, frère Sébastien, qui, revenant de prêcher la fête de saint Jean, se laissa conduire à travers champs par la fatale lanterne jusqu'au bord d'un précipice où il périt. C'était en l'année 1034, et nous ne saurions vérifier le fait. — Les paysans allemands regardent ce diable de feu comme très irritable, et pourtant ils ont quelquefois la malice de lui chanter un couplet qui le met en fureur. — Il n'y a pas trente ans qu'une fille du village de Lorsch eut l'imprudence de chanter ce refrain au moment où le follet dansait sur une prairie marécageuse : aussitôt il poursuivit la chanteuse ; celle-ci se mit à courir de toute la vitesse de ses jambes, et se croyait déjà sauvée en apercevant sa maison, mais à peine franchissait-elle le seuil, que Jack à la lanterne le franchit aussi, et frappa si violemment de ses ailes tous ceux qui étaient présents, qu'ils en furent éblouis. Quant à la pauvre fille, elle en perdit la vue ; et elle ne chanta plus que sur le banc de sa porte, lorsqu'on lui assurait que le ciel était pur. — Il ne faut pas être un très-fort chimiste pour deviner la nature de ce démon électrique ; mais on peut le classer avec les démons du feu qui dénoncent les trésors cachés par les flammes livides qu'ils font exhaler de la terre et avec ceux qui parcourent les cimetières par un temps d'orage. Maintes fois, autour des sources sulfureuses où les petites-maîtresses vont chaque année réconforter leurs poitrines délicates, le montagnard des Pyrénées voit voltiger des gobelins de la même famille : ils agitent leurs aigrettes bleuâtres pendant la nuit, et font même entendre de légères détonations. Enfin, le plus terrible de ces démons est celui qui fond son essence vivante dans les liqueurs fermentées, qui s'introduit sous cette forme liquide dans les veines d'un buveur, et y allume, à la longue, un incendie qui le dévore en fournissant aux médecins un exemple de plus de ce qu'ils appellent scientifiquement une *combustion spontanée*. — L'origine du nom de *Woden* ou Odin se révèle par la racine étymologique de l'anglo-saxon Woodin, qui signifie le *féroce* ou le *furieux*. Aussi l'appelle-t-on dans le nord le *chasseur féroce* et en Allemagne *Groden's heer* ou *Woden's heer*. Woden, dans le duché de Brunswick, se retrouve encore sous le nom du *chasseur Hakelberg*, chevalier pervers qui renonça à sa part des joies du paradis, pourvu qu'il lui fût permis de chasser toute sa vie en ce monde : le diable lui promit qu'il chasserait jusqu'au jour du jugement dernier. On montre son tombeau dans la forêt d'Usslar : c'est une énorme pierre brute, un de ces vieux monuments appelés vulgairement pierres druidiques ; nouvelle circonstance qui servirait encore à confirmer l'alliance des traditions populaires avec l'ancienne religion du pays. Selon les paysans, cette pierre est gardée par les chiens de l'enfer, qui y restent sans cesse accroupis. En l'an 1558, Hans Kirchof eut le malheur de la rencontrer par hasard ; car il faut dire que personne ne la trouve en se rendant exprès dans la forêt avec l'intention de la chercher. Hans raconte qu'à son extrême surprise, il ne vit pas les chiens, quoiqu'il avoue que ses cheveux se dressèrent sur sa tête lorsqu'il aperçut le mystérieux mausolée de ce chasseur félon. — Le silence règne autour de la pierre de la forêt d'Usslar ; mais l'esprit agité du chevalier Hakelberg, ou du démon qui a pris ce nom, est aujourd'hui tout puissant dans le voisinage d'Oden-Wald, ou forêt d'Odin, au milieu des ruines du manoir de Rodenstein. Son apparition est un pronostic de guerre. C'est à minuit qu'il sort de la tour gardée par son armée : les trompettes sonnent, les tambours battent ; on distingue les paroles de commandement adressées par le chef à ses soldats fantastiques ; et, si le vent souffle, on entend le frôlement des bannières ; mais, dès que la paix doit se conclure, Rodenstein retourne aux ruines de son château, sans bruit, ou à pas mesurés, et aux sons d'une musique harmonieuse. Rodenstein peut être évoqué si on veut lui parler. Il y a quelques années, un garde forestier passait près de la tour à minuit ; il venait d'une orgie et avait une dose plus qu'ordinaire d'intrépidité : *Rodenstein ziche heraus!* s'écria-t-il ; Rodenstein parut avec son armée. hélas ! telle fut la violence du choc dans l'air, que le garde tomba par terre comme si un coup de vent l'avait frappé : il se releva plein d'effroi et n'osa plus répéter : *Rodenstein ziche heraus*. — La mythologie scandinave donne le pouvoir de la mort à *Hela*, qui gouverne les neuf mondes de Nifleheim. Ce nom signifie mystère, abîme. Selon la croyance populaire des paysans de l'antique Cimbrie, Hela répand au loin la peste et laisse tomber tous les fléaux de ses terribles mains en voyageant, la nuit, sur le cheval à trois pieds de l'enfer (Helhest). Hela et les loups de la guerre ont long-temps exercé leur empire en Normandie. Cependant, lorsque les *hommes du Nord*, de Hastings, devinrent les *Normands* de Rollon, il semblent avoir perdu le souvenir de leurs vieilles superstitions aussi rapidement que celui de leur langue maternelle. D'Hela naquit Hellequin, nom dans lequel il est facile de reconnaître Hela-Kïon, la race d'Hela déguisée sous l'orthographe romaine. Ce fut le fils d'Hela que Richard sans Peur, fils de Robert le Diable, duc de Normandie, rencontra chassant dans la forêt. Le roman raconte qu'Hellequin était un cavalier qui avait dépensé toute sa fortune dans les guerres de Charles Martel contre les Sarrasins païens. La guerre finie, Hellequin et ses fils, n'ayant plus de quoi soutenir leur rang, se jetèrent dans de mauvaises voies. Devenus de vrais bandits, ils n'épargnaient rien; leurs victimes demandèrent vengeance au ciel, et leurs cris furent entendus. Hellequin tomba malade et mourut; ses péchés l'avaient mis en danger de damnation éternelle : heureusement ses mérites, comme champion de la foi contre les païens, lui servirent. Son bon ange plaida pour lui; et obtint qu'en punition de ses derniers crimes, la famille d'Hellequin errerait après sa mort, gémissante et malheureuse, tantôt dans une forêt, tantôt dans une autre, n'ayant d'autres distractions que la chasse au sanglier, mais souvent poursuivie elle-même par une meute d'enfer. — Ce n'était pas seulement en Normandie qu'apparaissait autrefois le mystérieux chasseur. En l'année 1598, Henri IV chassait dans la forêt de Fontainebleau : tout à coup il entendit les jappements d'une meute et le son du cor à une distance de demi-lieue : presque au même instant le même bruit retentit à quelques pas de lui. Henri ordonna au comte de Soissons d'aller à la découverte; le comte de Soissons obéit en tremblant, ne pouvant s'empêcher de reconnaître qu'il se passait dans l'air quelque chose de surnaturel : quand il revint auprès de son maître : « Sire, lui dit-il, je n'ai rien pu voir, mais j'entends, comme vous, la voix des chiens et le son du cor. » — « Ce n'est donc qu'une illusion ! » dit le roi. Mais alors une sombre figure se montra à travers les arbres et cria au Béarnais : « Vous voulez me voir, me voici ! » Cette histoire est remarquable pour plusieurs raisons : Mathieu la rapporte dans son *Histoire de France et des choses mémorables advenues pendant sept années de paix du règne de Henri IV*, ouvrage publié du temps de ce monarque à qui il est dédié. Le Père Mathieu était connu personnellement de Henri IV, qui lui donna lui-même plusieurs renseignements sur sa vie. On a supposé que ce spectre était un assassin déguisé, et que le poignard de Ravaillac aurait été devancé par l'inconnu de Fontainebleau, si le roi avait fait un pas de plus du côté de l'apparition. Quel que soit le secret de cette histoire, il est clair que Henri IV ne la fit nullement démentir. « Il ne manque pas de gens, dit Mathieu, qui auraient volontiers relégué cette aventure avec les fables de Merlin et d'Urgande, si la vérité n'avait été certifiée par tant de témoins oculaires et auriculaires. Les bergers du voisinage prétendent que c'est un démon qu'ils appellent le *grand veneur*, et qui chasse dans cette forêt; mais on croit aussi que ce pouvait bien être la chasse de Saint-Hubert, prodige qui a lieu dans d'autres provinces. » Démon, esprit, ou tout ce qu'on voudra, il fut réellement aperçu par Henri IV, non loin de la ville et dans un carrefour qui a conservé la désignation de « la croix du Grand Veneur! » A côté de cette anecdote, nous rappellerons seulement l'apparition semblable qui avait frappé de terreur le roi Charles VI, et qui le priva même de sa raison. — Dans les siècles de la chevalerie, une immortalité romanesque fut souvent décernée aux hommes supérieurs, par la reconnaissance ou l'admiration populaire. Ceux qui avaient vu leur chef ou leur roi dans sa gloire, après une bataille où sa bravoure le distinguait encore plus que sa couronne, ne pouvaient se faire à l'idée de le voir mourir comme le dernier de ses soldats. Le rêve d'un serviteur fidèle et la fiction d'un poëte, d'accord avec la pompe des funérailles, avec l'intérêt d'une famille, avec la crédulité du peuple, tout concourait à prolonger au delà de la tombe l'influence du héros. — Peu à peu les honneurs rendus à sa cendre devenaient le culte d'un demi-dieu qui ne pouvait être sujet à la mort. Achille reçut des Grecs cette apothéose : de même les Bretons attendirent long-temps le réveil d'Arthur assoupi à Avalon; et, presque de nos jours, les Portugais se flattaient de l'espoir que le roi Sébastien reviendrait réclamer son royaume usurpé. C'est ainsi que les trois fondateurs de la confédération helvétique dorment dans une caverne près du lac de Lucerne. Les bergers les appellent les *trois Tell*, et disent qu'ils reposent là, revêtus de leur costume antique; si l'heure du danger de la Suisse sonnait, on les verrait debout, toujours prêts à combattre encore pour reconquérir sa liberté. Frédéric Barberousse a obtenu la même illustration; lorsqu'il mourut dans la Pouille, dernier souverain de la dynastie de Souabe, l'Allemagne se montra si incrédule à sa mort, que cinq imposteurs, qui prirent successivement son nom, virent accourir autour de leur bannière tous ceux qui avaient applaudi au règne de Rodolphe de Hapsbourg. Les faux Frédéric furent successivement démasqués et punis; cependant le peuple s'obstinait à croire que Frédéric vivait, et répétait qu'il avait prudemment abdiqué la couronne impériale. C'est un sage, disait-on; il sait lire dans les astres : il voyage dans les pays lointains avec ses astrologues et ses fidèles compagnons, pour éviter les malheurs qui l'auraient accablé s'il fût resté sur le trône; quand les temps seront favorables, nous le verrons reparaître plus fort et plus redoutable que jamais. On citait à l'appui de cette supposition des prophéties obscures, qui annonçaient que Frédéric était destiné à réunir l'Orient à l'Occident; ces prophéties prétendent que les Turcs et les païens seront défaits par lui dans une bataille sanglante, près de Cologne, et qu'il ira reconquérir la Terre Sainte. Jusqu'au jour fixé par le destin, le grand empereur s'est retiré dans le château de Kiffhausen, au milieu de la forêt d'Hercynie; c'est là qu'il vit à peu près de la vie des habitants de la caverne de Montésinos, telle que Cervantès nous l'a décrite. Il dort sur son trône; sa barbe rousse a poussé à travers la table de marbre sur laquelle s'appuie son bras droit, ou, selon une autre version, ses poils touffus ont enveloppé la pierre comme l'acanthe enveloppe un chapiteau de colonne. — On trouve en Danemarck une variante de la même fiction, arrangée d'après la localité, où il est dit que Holger Dansvre, dont les romans français ont fait Ogier le Danois, est endormi sous les voûtes sépulcrales du château de Cronenbourg. Quelqu'un avait promis à un paysan une forte somme s'il osait descendre dans le caveau et y rendre visite au héros assoupi. Le paysan se laissa tenter; au bruit de ses pas, Ogier, à demi renversé, lui demanda la main; le paysan présenta à Ogier une barre de fer. Ogier la saisit et y laissa l'empreinte de ses doigts. « C'est bien! » ajouta-t-il, croyant avoir pressé le poignet de l'étranger et éprouvé sa force : « C'est bien, il y a encore des hommes en Danemarck. » Cela dit, Ogier retomba dans son sommeil. — Frédéric Barberousse aime la musique et il l'écoute volontiers. Il y a quelques années qu'une troupe de musiciens ambulants crut faire une bonne œuvre en donnant une sérénade au vieil empereur : se plaçant donc sur son rocher tumulaire, ils se mirent à exécuter un air de chasse au moment où l'horloge de l'église de Tilleda sonnait minuit. A la seconde aubade, ils virent des lumières autour du rocher, étincelant à travers les feuilles du taillis et illuminant les troncs gigantesques des chênes. Bientôt après, la fille de l'empereur s'avança gracieusement vers les musiciens; elle leur fit signe de la suivre, la roche s'ouvrit et les artistes entrèrent dans la caverne en continuant leur concert. On les reçut à merveille dans la chambre impériale, où ils jouèrent jusqu'au matin. Frédéric leur adressa un sourire plein de douceur, et sa fille leur offrit à chacun une branche verte. Le cadeau était un peu trop champêtre pour des artistes modernes, qui n'avaient peut-être pas entendu dire que les vainqueurs des jeux olympiques ne recevaient d'autre récompense qu'une couronne de laurier. Mais, tout en trouvant qu'on payait mal la bonne musique chez le défunt monarque, leur respect pour sa sépulcrale majesté les empêcha de refuser. Ils s'en allèrent sans murmurer, et quand ils se virent de nouveau en plein air, tous, à l'exception d'un seul, jetèrent dédaigneusement les rameaux qui leur avaient été si gracieusement donnés par la fille de l'empereur. Le musicien qui conserva son rameau ne l'emportait chez lui que comme un souvenir de cette aventure; mais, lorsqu'il fut près de sa maison, il lui sembla que la branche devenait plus lourde dans sa main : il regarde, et voit chaque feuille briller d'un éclat métallique..... Chaque feuille était changée en un ducat d'or. Ses compagnons, ayant appris sa bonne fortune, coururent aux rochers où ils avaient jeté leurs rameaux..... Hélas! il était trop tard; ils ne les trouvèrent plus, et s'en revinrent honteux de leur dédain pour la munificence impériale. — Les paysans normands croient qu'il existe une fleur qu'on appelle *l'herbe maudite* : celui qui marche dessus ne cesse de tourner dans un même cercle, et il s'imagine qu'il continue son chemin sans avancer d'un pas au delà du lieu où l'herbe magique l'a enchaîné. Nous avons sans doute marché nous-même sur cette herbe en commençant cet article; car nous pensions avoir dit adieu aux gobelins, et nous voilà encore avec eux. L'empereur Frédéric, avec ses branches aux feuilles d'or, n'est, selon quelques-uns, que le démon gardien d'un de ces trésors du moyen âge dont la recherche devenait un métier pour certains charlatans de cette époque, prototypes du Dousterswivel de l'illustre romancier d'Écosse. Ces adeptes faisaient surtout des merveilles dans les pays de mines, où ils ont encore des successeurs. Chacun d'eux avait sa manière d'opérer : c'était d'abord le théurgiste qui priait et jeûnait jusqu'à ce que l'inspiration lui vînt. — A côté de lui venait le magicien de la nature. Le seul talisman dont il armait sa main était une baguette de coudrier, qui lui révélait, par une sorte d'attraction magnétique, tantôt les sources d'eau vive [1], tantôt les métaux ensevelis

[1] La baguette divinatoire n'est plus employée à la découverte des trésors; mais on dit que, dans les mains de certaines personnes, elle peut indiquer les sources d'eau vive. Il y a cinquante ans environ que lady Newark se trouvait en Provence dans un château dont le propriétaire, ayant besoin d'une source pour l'usage de sa maison, envoya chercher un paysan qui promettait d'en faire jaillir une avec une branche de coudrier; lady Newark rit beaucoup de l'idée de son hôte et de l'assurance du paysan; mais, non moins curieuse qu'incrédule, elle voulut du moins assister à l'expérience, ainsi que d'autres voyageurs anglais tout aussi philosophes qu'elle. Le paysan ne se déconcerta pas des sourires moqueurs de ces étrangers; il se mit en marche suivi de toute la société, puis tout à coup s'arrêtant, il déclara qu'on pouvait creuser la terre. On le fit; la source promise sortit, et elle coule encore. Cet homme était un vrai paysan, sans éducation : il ne pouvait

sous les couches épaisses de la terre. « Illusions ! s'écriait l'élève de Cornelius Agrippa ; toute la science est dans ce livre du grand philosophe : heureux qui sait y lire pour apprendre à charmer le miroir dont la glace miraculeuse vous montre, sous les climats les plus lointains, les personnes que la mer et les déserts séparent de vous. Venez, vous qui osez y fixer les yeux : ce miroir magique a été enterré trois jours sous un gibet où pendait un voleur ; et j'ai ouvert les tombeaux pour présenter son cristal à la face d'un mort, qui s'est agité convulsivement ! » — Si vous alliez consulter le cabaliste espagnol ou italien, il vous recevait paré de son costume, qui n'existe plus que dans les mascarades de notre carnaval : une ceinture particulière lui ceignait les reins ; vous ne compreniez rien à ses telesmes et à ses pentacles. Il s'aidait aussi des idoles constellées, dont l'anecdote suivante vous révélera la merveilleuse action. — Un cabaliste savait que, s'il pouvait se procurer un certain métal, qui était peut-être le platine, et profiter de l'aspect favorable des planètes pour en faire la figure d'un homme avec des ailes, cette figure lui découvrirait tous les trésors cachés. Après bien des recherches, il est assez heureux pour trouver le talisman, et il le confie à un ouvrier qui, peu à peu, le convertit en la forme astrale, ne travaillant avec ses outils que les jours que lui indique le maître, qui consultait avec soin pour cela les tables alfonsines. Or, il arriva que l'ouvrier, étant laissé seul avec la statue presque achevée, eut la bonne inspiration de lui donner la dernière main dans un moment où toutes les constellations étaient d'accord pour la douer de ses propriétés magiques. En effet, à peine avait-elle reçu le dernier coup de marteau, que l'image s'échappe de l'enclume et saute sur le plancher de l'atelier. Aucun effort ne put l'en arracher ; mais l'orfévre, devinant la nature de l'influence attractive, creusa sous la statue et découvrit un vase rempli d'or qui avait été caché là par quelque ancien propriétaire de la maison. Il est facile de deviner le bonheur de l'artiste : « Me voici donc maître de tous les trésors de la terre, s'écriat-il ; mais hâtons-nous avant que le cabaliste ne vienne réclamer sa statue. » Résolu de s'approprier le talisman, l'orfévre l'emporte et s'embarque sur un navire qui mettait justement à la voile. Le vent était favorable, et en peu de temps on fut en pleine mer. Tout à coup, le navire ayant passé sur un abîme où quelque riche trésor avait été perdu par l'effet d'un naufrage, le talisman obéit à son irrésistible influence, et se précipita de lui-même dans les vagues, au grand désappointement de l'orfévre. — Ce n'est pas la seule légende qui porte avec elle sa moralité. L'avarice humaine nous y est représentée courant après l'or et le demandant à l'enfer comme au ciel : son vœu est-il exaucé, c'est au prix d'une malédiction qui en corrompt la jouissance ; mais plus souvent la destinée la tourmente, comme Tantale, par une continuelle déception. *Voy.* COLONNE DU DIABLE, MURAILLE DU DIABLE, PONT DU DIABLE, TOUR, etc.

Trajan, — empereur romain qui, selon Dion-Cassius, se trouvant à Antioche lors de ce terrible tremblement de terre qui renversa presque toute la ville, fut sauvé par un démon, lequel se présenta subitement devant lui, le prit entre ses bras, sortit avec lui par une fenêtre et l'emporta hors de la ville.

Transmigration des âmes. — Plusieurs anciens philosophes, comme Empédocle, Pythagore et Platon, avaient imaginé que les âmes après la mort passaient du corps qu'elles venaient de quitter dans un autre corps, afin d'y être purifiées avant de parvenir à l'état de béatitude. Les uns pensaient que ce passage se faisait seulement d'un corps humain dans un autre de même espèce. D'autres soutenaient que certaines âmes entraient dans le corps d'un animal ou dans celui d'une plante. Cette transmigration était nommée par les Grecs métempsycose et metensomatose. C'est encore aujourd'hui un des principaux articles de la croyance des Indiens. Ce dogme absurde leur fait considérer les maux de cette vie, non comme une épreuve utile à la vertu,

---

expliquer quelle était la vertu dont il était doué, ni celle du talisman ; mais il assurait modestement n'être pas le seul à qui la nature avait donné le pouvoir de s'en servir. Les Anglais présents essayèrent sans succès. Quand vint le tour de lady Newark, elle fut bien surprise de se trouver tout aussi sorcière que le paysan provençal. A son retour en Angleterre, elle n'osa faire usage de la baguette divinatoire qu'en secret, de peur d'être tournée en ridicule. Mais en 1803, lorsque le docteur Hulton publia les *Recherches d'Ozanam*, où ce prodige est traité d'absurdité (tom. IV, p. 260), lady Newark lui écrivit une lettre signée X. Y. Z., pour lui raconter les faits qui étaient à sa connaissance. Le docteur répondit, demandant de nouveaux renseignements à son correspondant anonyme. Lady Newark le satisfit, et alors le docteur désira être mis en rapport direct avec elle. Lady Newark alla le voir à Woolwich, et, sous ses yeux, elle découvrit une source d'eau dans un terrain où il faisait construire sa résidence d'été. C'est ce même terrain que le docteur Hulton a vendu depuis au collège de Woolwich, avec un bénéfice considérable à cause de la source. Le docteur ne put résister à l'évidence lorsqu'il vit, à l'approche de l'eau, la baguette s'animer tout à coup pour ainsi dire, s'agiter, se ployer, et même se briser dans les doigts de lady Newark. On cite encore en Angleterre sir Charles H. et miss Fenwick comme étant doués de la même faculté que lady Newark, et à un degré plus élevé encore. Cette faculté inexplicable est tout à fait indépendante de la volition ; elle a une grande analogie avec celle qui distingue les Zahories espagnols ; mais ceux-ci ne se servent pas de la baguette de coudrier.

mais comme la punition des crimes commis dans un autre corps; n'ayant aucun souvenir de ces crimes, leur croyance ne peut servir à leur en faire éviter aucun. Elle leur inspire de l'horreur pour la caste des parias, parce qu'ils supposent que ce sont des hommes qui ont commis des crimes affreux dans une vie précédente. Elle leur donne plus de charité pour les animaux même nuisibles que pour les hommes, et une aversion invincible pour les Européens, parce qu'ils tuent les animaux. Enfin, la multitude des transmigrations leur fait envisager les récompenses de la vertu dans un si grand éloignement, qu'ils n'ont plus le courage de les mériter [1].

Trasulle. — Tibère, étant à Rhodes, voulut satisfaire sa curiosité relativement à l'astrologie judiciaire. Il fit venir l'un après l'autre tous ceux qui se mêlaient de prédire l'avenir, sur une terrasse élevée de sa maison au bord de la mer. Un de ses affranchis, d'une taille haute et d'une force extraordinaire, les lui amenait à travers les précipices. Si Tibère reconnaissait que l'astrologue n'était qu'un fourbe, l'affranchi ne manquait pas, à un signal convenu, de le précipiter dans la mer. — Il y avait alors à Rhodes un certain Trasulle, homme habile dans l'astrologie et d'un esprit adroit. Il fut conduit comme les autres à ce lieu écarté, assura Tibère qu'il serait empereur et lui prédit beaucoup de choses futures. Tibère lui demanda ensuite s'il connaissait ses propres destinées et s'il avait tiré son propre horoscope. Trasulle, qui avait eu quelques soupçons en ne voyant revenir aucun de ses confrères, et qui sentit redoubler ses craintes en considérant le visage de Tibère, l'homme qui l'avait amené et qui ne le quittait point, le lieu élevé où il se trouvait, le précipice qui était à ses pieds, regarda le ciel comme pour lire dans les astres; bientôt il s'étonna, pâlit, et s'écria épouvanté qu'il était menacé d'une mort prochaine. Tibère, ravi d'admiration, attribua à l'astrologie ce qui n'était que de la présence d'esprit et de l'adresse, rassura Trasulle en l'embrassant, et le regarda depuis comme un oracle.

Trèfle à quatre feuilles. — Herbe qui croît sous les gibets arrosée du sang des pendus; un joueur qui la cueille après minuit le premier jour de la lune, et la porte sur soi avec révérence, est sûr de gagner à tous les jeux.

Treize. — Nos anciens regardaient le nombre treize comme un nombre fatal, ayant remarqué que de treize personnes réunies à la même table, il en meurt une dans l'année; ce qui n'arrive jamais quand on est quatorze.

Tremblements de terre. — Les Indiens des montagnes des Andes croient, quand la terre tremble, que Dieu quitte le ciel pour passer tous les mortels en revue. Dans cette persuasion, à peine sentent-ils la secousse la plus légère, qu'ils sortent tous de leurs huttes, courent, sautent, et frappent du pied en s'écriant : Nous voici ! nous voici ! — Certains docteurs musulmans prétendent que la terre est portée sur les cornes d'un grand bœuf; quand il baisse la tête, disent-ils, il cause des tremblements de terre [2]. Les lamas de Tartarie croient que Dieu, après avoir formé la terre, l'a posée sur le dos d'une immense grenouille jaune, et que toutes les fois que cet animal prodigieux secoue la tête ou allonge les pattes, il fait trembler la partie de la terre qui est dessus [3].

Trésors. — On croit dans l'Écosse qu'il y a sous les montagnes des trésors souterrains gardés par des géants et des fées; en Bretagne on croit qu'ils sont gardés par un vieillard, par une vieille, par un serpent, par un chien noir ou par de petits démons, hauts d'un pied. Pour se saisir de ces trésors, il faut, après quelques prières, faire un grand trou sans dire un mot. Le tonnerre gronde, l'éclair brille, des charrettes de feu s'élèvent dans les airs, un bruit de chaînes se fait entendre; bientôt on trouve une tonne d'or. Parvient-on à l'élever au bord du trou, un mot qui vous échappe la précipite dans l'abîme à mille pieds de profondeur. — Les Bretons ajoutent qu'au moment où l'on chante l'évangile des Rameaux, les démons sont forcés d'étaler leurs trésors en les déguisant sous des formes de pierres, de charbons, de feuillages. Celui qui peut jeter sur eux des objets consacrés les rend à leur première forme et s'en empare [4]. *Voy.* ARGENT.

Tribunal secret. — Sur le tribunal secret de Westphalie, qu'on appelle aussi la Cour Vehmique, l'histoire ne nous a conservé que des notions peu satisfaisantes, parce que les francs-juges qui le composaient s'engageaient par un serment terrible à la discrétion la plus absolue, et que ce tribunal était si redouté qu'on osait à peine prononcer son nom. On a fait ce conte absurde sur son origine. Charle-

---

[1] Bergier, Dictionn. de théologie.

[1] Voyages au Pé ou faits en 1791, 1794, par les PP. Manuel Sobre Viela et Barcelo.
[2] Voyage à Constantinople, 1800.
[3] Voyage de J. Bell d'Antermoni, etc.
[4] Cambry, Voyage dans le Finistère, t. II, p. 15.

magne, vainqueur des Saxons, envoya, dit-on, un ambassadeur au pape Léon III pour lui demander ce qu'il devait faire de ces rebelles, qu'il ne pouvait dompter. Le saint-père, ayant entendu le sujet de l'ambassade, se leva sans répondre et alla dans son jardin, où, ayant ramassé des ronces et de mauvaises herbes, il les suspendit à un gibet qu'il venait de former avec de petits bâtons. L'ambassadeur, à son retour, raconta à Charlemagne ce qu'il avait vu; et celui-ci institua le tribunal secret dans la Westphalie pour forcer les païens du Nord à embrasser le christianisme et pour faire mourir les incrédules[1]. — C'est une fausseté; car dans ses lois contre les Saxons, Charlemagne permit toujours à ceux qui ne voulaient pas se soumettre de sortir du pays. — Le tribunal secret qu'il institua connut par la suite de tous les crimes, et même des fautes, de la transgression du décalogue et des lois de l'Église, des irrévérences religieuses, de la violation du carême, des blasphèmes, etc. Son autorité s'étendait sur tous les ordres de l'État : les électeurs, les princes, les évêques même y furent soumis et ne pouvaient en être exemptés que par le pape ou par l'empereur. Mais il y avait du bon dans cet établissement, puisque plusieurs princes le protégèrent. Toutefois ce tribunal se rendit par la suite coupable de bien des excès de sévérité. Les francs-juges étaient ordinairement inconnus. Ils avaient des usages particuliers et des formalités cachées pour juger les malfaiteurs; et il ne s'est trouvé personne à qui la crainte ou l'argent aient fait révéler le secret. Les membres du tribunal parcouraient les provinces pour connaître les criminels dont ils prenaient les noms; ils les accusaient ensuite devant les juges secrets rassemblés; on les citait, on les condamnait, on les inscrivait sur un livre, et les plus jeunes étaient chargés d'exécuter la sentence. Tous les membres faisaient cause commune, quand bien même ils ne s'étaient jamais vus, ils avaient un moyen de se reconnaître qui est encore pour nous un mystère[2]. Quand le tribunal avait proscrit un accusé, tous les francs-juges avaient ordre de le poursuivre jusqu'à ce qu'ils l'eussent trouvé, et celui qui le rencontrait était obligé de le tuer. S'il était trop faible pour se rendre maître du condamné, ses confrères étaient obligés en vertu de leur serment de lui prêter secours. — Quelquefois on sommait l'accusé de comparaître par quatre citations. Souvent aussi on le condamnait sans le citer, sans l'entendre. Un homme absent était légalement pendu ou assassiné sans que l'on connût ni le motif, ni les auteurs de sa mort. Il n'était point de lieu qui ne pût servir aux séances du tribunal secret, pourvu qu'il fût caché et à l'abri de toute surprise. Les sentences se rendaient toujours au milieu de la nuit. Ceux qui étaient chargés de citer l'accusé épiaient dans les ténèbres le moment favorable pour afficher à sa porte la sommation de comparaître devant le tribunal des invisibles[1]. Les sommations portaient d'abord le nom du coupable, écrit en grosses lettres, puis le genre de ses crimes; ensuite ces mots : *Nous, les secrets vengeurs de l'Éternel, les juges implacables des crimes et les protecteurs de l'innocence, nous te citons d'ici à trois jours devant le tribunal de Dieu. Comparais! comparais!* — La personne citée se rendait à un carrefour où aboutissaient quatre chemins. Un franc-juge masqué et couvert d'un manteau noir s'approchait lentement en prononçant le nom du coupable qu'il cherchait. Il l'emmenait en silence et lui jetait sur le visage un voile épais pour l'empêcher de reconnaître le chemin qu'il parcourait. On descendait dans une caverne. Tous les juges étaient masqués et ne parlaient que par signes jusqu'au moment du jugement. Alors on sonnait une cloche; le lieu s'éclairait; l'accusé se trouvait au milieu d'un cercle de juges vêtus de noir[2]. On lui découvrait le visage et on procédait à son jugement. — Mais il était rare qu'on citât de la sorte, hormis pour les fautes légères. Il était plus rare encore que la personne citée comparût. Celui que les francs-juges poursuivaient se hâtait de quitter la Westphalie[3], trop heureux d'échapper aux poignards des invisibles. Quand les juges chargés d'exécuter les sentences du tribunal avaient trouvé leur victime, ils la pendaient avec une branche de saule au premier arbre qui se rencontrait sur le grand chemin. Poignardaient-ils, ils attachaient le cadavre à un tronc d'arbre et y laissaient le poignard, afin qu'on sût qu'il n'avait pas été assassiné, mais exécuté par un franc-juge. — Il n'y avait rien à objecter aux sentences de ce tribunal; il fallait les exécuter sur-le-

---

[1] Scriptorum Brunswick, t. III.

[2] On prétend que les mots qui faisaient connaître les affiliés du tribunal secret étaient ceux-ci : STOC, STEIN, GRAS, GREIN : *bâton, pierre, herbe, pleurs*. Au reste le secret qu'on gardait dans la société des invisibles était si bien gardé, dit Mœser, que l'empereur lui-même ne savait pas pour quels motifs le tribunal secret faisait exécuter un coupable.

[1] Les francs-juges se nommaient aussi les *Invisibles* et les *Inconnus*. Ils tenaient leurs séances partout et nulle part; et leurs bras se trouvaient en tous lieux.

[2] Dans le procès de Conrad de Langen, il se trouva au tribunal secret plus de trois cents francs-juges.

[3] Le tribunal secret désignait la Westphalie sous le nom symbolique de la *terre rouge*.

champ avec la plus parfaite obéissance. Tous les juges s'étaient engagés par serment à dénoncer en cas de délit père, mère, frère, sœur, ami, parent sans exception; et à immoler ce qu'ils auraient de plus cher dès qu'ils en recevraient l'ordre; celui qui ne donnait point la mort à son frère condamné la recevait aussitôt. On peut juger de l'obéissance qu'exigeait le tribunal secret de la part de ses membres par ce mot du duc Guillaume de Brunswick, qui était du nombre des francs-juges : « Il faudra bien, dit-il un jour tristement, que je fasse pendre le duc Adolphe de Sleswick s'il vient me voir, puisqu'autrement, mes confrères me feront pendre moi-même. » — Il arriva quelquefois qu'un franc-juge, rencontrant un de ses amis condamné par le tribunal secret, l'avertit du danger qu'il courait en lui disant : *On mange ailleurs aussi bon pain qu'ici.* Mais dès lors les francs-juges ses confrères étaient tenus par leur serment de pendre le traître sept pieds plus haut que tout autre criminel condamné au même supplice. — Ce tribunal subsista plusieurs siècles en Allemagne. Il devint si terrible que la plupart des gentilshommes et des princes furent obligés de s'y faire agréer. Vers la fin du quinzième siècle, on le vit s'élever tout à coup à un degré de puissance si formidable, que l'Allemagne entière en fut effrayée. Quelques historiens affirment qu'il y avait à cette époque dans l'empire plus de cent mille francs-juges. On raconte que le duc Frédéric de Brunswick, condamné par les francs-juges, s'étant éloigné de sa suite à peu près de la portée d'un arc, le chef de ses gardes, impatienté, alla le rejoindre, le trouva assassiné et vit encore le meurtrier s'enfuir. — Après avoir été réformé à plusieurs reprises par quelques empereurs, le tribunal secret fut entièrement aboli par l'empereur Maximilien Ier au commencement du seizième siècle [1]. Mais il en reste peut-être des vestiges en Allemagne; et l'assassin de Kotzebue était membre d'une société secrète où l'on a cru retrouver l'esprit de l'ancien tribunal secret de Westphalie.

Trithème (JEAN), — savant abbé de l'ordre de Saint-Benoît, qui chercha à perfectionner la sténographie ou l'art d'écrire en chiffres. On prit ses livres pour des ouvrages magiques, et Frédéric II, électeur palatin, fit brûler publiquement les manuscrits originaux qui se trouvaient dans sa bibliothèque.[2]. Mort en 1516.

[1] On croit que ce fut en 1512.
[2] M. T. P. Bertin, Curiosités de la littérature, t. Ier, p. 48.

Trois. — Les anciens crachaient trois fois dans leur sein pour détourner les enchantements. En Bretagne, un bruit qui se fait entendre trois fois annonce un malheur. On sait aussi que trois flambeaux allumés dans la même chambre sont un mauvais présage.

Trois-Échelles, — sorcier de Charles IX, qui le fit brûler à la fin pour avoir joint aux sortilèges les empoisonnements et les meurtres. Il avoua dans son interrogatoire que le nombre de ceux de son temps qui s'occupaient de magie passait dix-huit mille. — Bodin raconte le tour suivant de ce sorcier : En présence du duc d'Anjou, depuis Henri III, il attira les chaînons d'une chaîne d'or d'assez loin, et les fit venir dans sa main; après quoi la chaîne se trouva entière. Naudé parle de Trois-Échelles dans le chapitre III de son Apologie des grands personnages soupçonnés de magie. Il reconnaît que c'était un charlatan, un escamoteur et un fripon.

Trois-Rieux, — voy. MACRODOR.

Trollen, — esprits follets qui, selon Leloyer, se louent comme domestiques dans le Nord, en habits de femme ou d'homme, et s'emploient aux services les plus honnêtes de la maison. Ce sont les mêmes que les drolles.

Tronc d'arbre. — Le diable prend quelquefois cette forme au sabbat.

Trophonius, — voy. SONGES.

Trou du château de Carnoet. — J'ai visité, dit Cambry dans son Voyage du Finistère, les ruines massives de l'antique château de Carnoët, sur la rive droite du Laïta (c'est le nom que l'Isole et l'Ellé prennent après leur réunion); les pans de murs, couverts de grands arbres, de ronces, d'épines, de plantes de toute nature ne laissent apercevoir que leur grandeur; des fossés remplis d'une eau vive l'entouraient, des tours le protégeaient; c'était sans doute un objet de terreur pour le voisinage; il y paraît par les contes qu'on nous en rapporte. Un de ses anciens propriétaires, type de la Barbe Bleue, égorgeait ses femmes dès qu'elles étaient grosses. La sœur d'un saint devint son épouse; convaincue, quand elle s'aperçut de son état, qu'il fallait cesser d'être, elle s'enfuit; son barbare époux la poursuit, l'atteint, lui tranche la tête et retourne dans son château. Le saint, son frère, instruit de cette barbarie, la ressuscite et s'approche de Carnoët : on lui refuse d'en baisser les ponts-levis. A la troisième supplication sans succès, il prend une poignée de poussière, la lance en l'air; le château tombe avec le prince, il s'abîme dans les enfers; le trou par lequel il passa subsiste encore; jamais, disent les bonnes gens, on n'essaya d'y pénétrer sans devenir la proie d'un énorme dragon.

Troupe furieuse. — En Allemagne la superstition a fait donner ce nom à de certains chasseurs mystérieux qui sont censés peupler les forêts. *Voy.* Monsieur de la Forêt, Veneur, etc.

Troupeaux. — *Garde des troupeaux.* Les bergers superstitieux donnent le nom de *gardes* à de certaines oraisons incompréhensibles accompagnées de formules. Ce qui va suivre nous fera comprendre. Le tout est textuellement transcrit des grimoires et autres mauvais livres de noirs mystères. Nous pensons que la stupidité de ces procédés les combat suffisamment. Les recueils ténébreux donnent ces *gardes* comme capables de tenir toute espèce de troupeau en vigueur et bon rapport. — *Le château de Belle-Garde pour les chevaux.* Prenez du sel sur une assiette; puis, ayant le dos tourné au lever du soleil et les animaux devant vous, prononcez, la tête nue, ce qui suit : — « Sel qui est fait et formé au château de Belle, je te conjure au nom de Gloria, Dorianté et de Galliane, sa sœur; sel, je te conjure que tu aies à me tenir mes vifs chevaux de bêtes cavalines que voici présents, sains et nets, bien buvants, bien mangeants, gros et gras; qu'ils soient à ma volonté; sel dont sel, je te conjure par la puissance de gloire, et par la vertu de gloire, et en toute mon intention toujours de gloire. » — Ceci prononcé au coin du soleil levant, vous gagnez l'autre coin, suivant le cours de cet astre, vous y prononcez ce que dessus. Vous en faites de même aux autres coins; et étant de retour où vous avez commencé, vous y prononcez de nouveau les mêmes paroles. Observez pendant toute la cérémonie que les animaux soient toujours devant vous, parce que ceux qui traverseront sont autant de bêtes folles. Faites ensuite trois tours autour de vos chevaux, faisant des jets de votre sel sur les animaux, disant : « Sel, je te jette de la main que Dieu m'a donnée; Grapin, je te prends, à toi je m'attends, etc. » — Dans le restant de votre sel, vous saignerez l'animal sur qui on monte, disant : « Bête cavaline, je te saigne de la main que Dieu m'a donnée; Grapin, je te prends, à toi je m'attends. » On doit saigner avec un morceau de bois dur, comme du buis ou poirier; on tire le sang de quelle partie on veut, quoi qu'en disent quelques capricieux qui affectent des vertus particulières à certaines parties de l'animal. Nous recommandons seulement, quand on tire le sang, que l'animal ait le cul derrière vous. Si c'est, par exemple, un mouton, vous lui tiendrez la tête dans vos jambes. Enfin, après avoir saigné l'animal, vous faites une levée de corne du pied droit, c'est-à-dire que vous lui coupez un petit morceau de corne du pied droit avec un couteau; vous le partagez en deux et en faites une croix, vous mettez cette croisette dans un morceau de toile neuve, puis vous la couvrez de votre sel; vous prenez ensuite de la laine si vous agissez sur les moutons; autrement vous prenez du crin, vous en faites aussi une croisette que vous mettez dans votre toile sur le sel; vous mettez sur cette laine ou crin une seconde couche de sel; vous faites encore une autre croisette de cire vierge pascale ou chandelle bénite, puis vous mettez le restant de votre sel dessus, et nouez le tout en pelote avec une ficelle; frottez avec cette pelote les animaux au sortir de l'écurie, si c'est des chevaux; si c'est des moutons, on les frottera au sortir de la bergerie ou du parc, prononçant les paroles qu'on aura employées pour le jet; on continue à frotter pendant un, deux, trois, sept, neuf ou onze jours de suite. Ceci dépend de la force et de la vigueur des animaux. — Notez que vous ne devez faire vos jets qu'au dernier mot : quand vous opérez sur les chevaux, prononcez vivement; quand il s'agira de moutons, plus vous serez long à prononcer, mieux vous ferez. — Toutes les *gardes* se commencent le matin du vendredi au croissant de la lune; et en cas pressant, on passe par-dessus ces observations. Il faut avoir soin que vos pelotes ne prennent pas l'humidité, parce que les animaux périraient. On les porte ordinairement dans un gousset; mais, sans vous charger de ce soin inutile, faites ce que font les praticiens experts : placez-les chez vous en quelque lieu sec et ne craignez rien. Nous avons dit ci-dessus de ne prendre de la corne que du pied droit pour faire la pelote; la plupart en prennent des quatre pieds, et en font conséquemment deux croisettes, puisqu'ils en ont quatre morceaux. Cela est superflu et ne produit rien de plus. Si vous faites toutes les cérémonies des quatre coins au seul coin du soleil levant, le troupeau sera moins dispersé. — Remarquez qu'un berger mauvais, qui en veut à celui qui le remplace, peut lui causer bien des peines et même faire périr le troupeau; premièrement par le moyen de la pelote qu'il coupe en morceaux et qu'il disperse, soit sur une table ou ailleurs, soit par le moyen d'une taupe ou d'une belette, soit enfin par le moyen d'une grenouille, ou pine verte, ou queue de morue, qu'il met dans une fourmilière, disant : Maudition, perdition. Il l'y laisse durant neuf jours, après lesquels il la relève avec les mêmes paroles, la mettant en poudre et en semant où doit paître le troupeau. Il se sert encore de trois cailloux pris en différents cimetières, et par le moyen de certaines paroles que nous ne voulons pas révéler, il donne des courantes, cause la gale et fait mourir autant d'animaux qu'il souhaite. — *Autre garde.* « Astarin, Astarot qui es Bahol, je te donne mon troupeau à ta charge et à ta garde; et pour ton salaire je te donnerai bête blanche ou noire, telle qu'il me plaira. Je te conjure, Astarin, que tu me les gardes partout dans ces jardins, en disant hurlupapin. » — Vous agirez suivant ce que nous avons dit au château de Belle, et ferez le jet prononçant ce qui suit : « Gupin férant a failli le grand, c'est Caïn qui le fait chat. » (Vous les frotterez avec les mêmes paroles.) — *Autre garde.* « Bête à laine, je prie Dieu que la saignerie que je vais faire prenne et profite à ma volonté. Je te conjure que tu casses et brises tous sorts et enchantements qui pourraient être passés dessus le corps de mon vif troupeau de bêtes à laine que voici présent devant Dieu et devant moi, qui sont à ma charge et à ma garde, etc. » Voyez ci-dessus ce que nous avons dit pour opérer au château de Belle, et vous servez pour le jet et frottement des paroles qui suivent : « Passe flori, tirlipipi. — *Garde contre la gale, rogne et clavelée.* « Ce fut par un lundi au matin que le Sauveur du monde passa, la sainte Vierge après lui, monsieur saint Jean son pastoureau, son ami, qui cherche son divin troupeau. — Mon troupeau sera sain et joli, qui m'est sujet à moi. Je prie madame sainte Geneviève qu'elle m'y puisse servir d'amie dans ce malin claviau ici. Claviau banni de Dieu, je te commande que tu aies à sortir d'ici, et que tu aies à fondre et confondre devant Dieu et devant moi, comme fond la rosée devant le soleil, etc. — « O sel! je te conjure de la part du grand Dieu vivant, que tu me puisses servir à ce que je prétends, que tu me puisses préserver et garder mon troupeau de rogne, gale, pousse, de pousset, de gobes et de mauvaises eaux. » Avant toutes choses, à cette garde (rédigée, ainsi que les autres, par quelque paysan), ayez recours au château de Belle et faites le jet et les frottements, prononçant quelques formules. — *Garde contre la gale.* « Quand notre Seigneur monta au ciel, sa sainte vertu en terre laissa. Pasle, Collet et Hèrve; tout ce que Dieu a dit a été bien dit. Bête rousse, blanche ou noire, de quelque couleur que tu sois, s'il y a quelque gale ou rogne sur toi, fût-elle mise et faite à neuf pieds dans terre, il est vrai qu'elle s'en ira et mortira. » Vous vous servirez pour le jet et pour les frottements des mots suivants, et aurez recours à ce que nous avons dit au château de Belle : « Sel, je te jette de la main que Dieu m'a donnée. *Volo et vono Baptista Sanctu Aca latum est.* » — *Garde pour empêcher les loups d'entrer sur le terrain où sont les moutons.* Placez-vous au coin du soleil levant et prononcez cinq fois ce qui va suivre. Si vous ne le souhaitez prononcer qu'une fois, vous en ferez autant cinq jours de suite. — « Viens, bête à laine, je te garde. Va droit, bête grise, à gris agripeuse; va chercher ta proie, loups et louves et louveteaux; tu n'as point à venir à cette viande qui est ici. « Ceci prononcé au coin que nous avons dit, on continue de faire de même aux autres coins; et de retour où l'on a commencé, on le répète de nouveau. Voyez pour le reste du château de Belle, puis faites le jet avec les paroles qui suivent : *Vanus vanes*, attaquez sel *soli*. — *Garde pour les chevaux.* « Sel, qui est fait et formé de l'écume de la mer, je te conjure que tu fasses mon bonheur et le profit de mon maître; je te conjure au nom de Crouay, Rou et Rouvayet, viens ici, je te prends pour mon valet (en jetant le sel). (Gardez-vous de dire Rouvaye.) Ce que tu feras je le trouverai bien fait. » — Cette garde est forte et quelquefois pénible, dit l'auteur. Quelles stupidités ! *Voy.* Oraison du Loup.

Trows, — esprits qui, dans l'opinion des habitants des îles Shetland, résident dans les cavernes intérieures des collines. Ils sont habiles ouvriers en fer et en toutes sortes de métaux précieux. *Voy.* Mineurs, Montagnards, etc.

Truie. — Les juges laïcs de la prévôté de Paris, qui étaient très-ardents, firent brûler en 1466 Gillet-Soulart et sa truie, pauvre charlatan qui avait simplement appris à sa pauvre truie l'art de se redresser et de tenir une quenouille. On l'appelait *la truie qui file*, et une enseigne a conservé son souvenir. On voyait là une œuvre du diable. Mais il fallait qu'il y eût encore là-dessous quelque horreur. — « Rien de plus simple, dit alors M. Victor Hugo (*Notre-Dame de Paris*), qu'un procès de sorcellerie intenté à un animal. On trouve dans les comptes de la prévôté pour 1466 un curieux détail des frais du procès de Gillet-Soulart et de sa truie, exécutés pour leurs démérites à Corbeil. Tout y est, le coût des fosses pour mettre la truie, les cinq cotrets pris sur le port de Morsant, les trois pintes de vin et le pain, dernier repas du patient, fraternellement partagé par le bourreau, jusqu'aux onze jours de garde et de nourriture de la truie, à huit deniers parisis chaque. »

Tullie. — Vers le milieu du seizième siècle, on découvrit un tombeau près de la voie Appienne. On y trouva le corps d'une jeune fille nageant dans une liqueur inconnue. Elle avait les cheveux blonds, attachés avec une boucle d'or; elle était aussi fraîche que si elle n'eût été qu'endormie. Au pied de ce corps, il y avait une lampe qui brûlait et qui s'éteignit d'abord que l'air s'y fut introduit. On reconnut à quelques inscriptions que ce cadavre était là depuis quinze cents ans, et on conjectura que c'était le corps de Tullie, fille de Cicéron. On le transporta à Rome et on l'exposa au Capitole, où tout le monde courut en foule pour le voir. Comme le peuple imbécile commençait à rendre à ces restes les honneurs dus aux saints, on les fit jeter dans le Tibre. *Voy.* Lampes merveilleuses.

Turlupins, — secte de libertins qui allaient tout nus et qui renouvelaient en France, en Allemagne et dans les Pays-Bas, au quatorzième siècle, les grossièretés des anciens cyniques. Ils disaient que la modestie et les mœurs étaient des marques de corruption, et que tous ceux qui avaient de la pudeur étaient possédés du diable.

Turpin, — *voy.* Charlemagne. On met la vision qui suit sur le compte du bon Turpin. — « Moi, Turpin, archevêque de Reims, étant à Vienne (en Dauphiné), après avoir chanté la messe dans ma chapelle, et y avoir célébré les saints mystères, comme j'étais resté seul pour réciter quelques psaumes, et que j'avais commencé le *Deus, in adjutorium meum intende*, j'ouïs passer une grande troupe d'esprits malins, qui marchaient avec beaucoup de bruit et de clameurs. Sur-le-champ je mis la tête à la fenêtre pour voir ce que c'était, et je remarquai une multitude de démons, mais si nombreux qu'il n'était pas possible de les compter; et, comme ils marchaient tous à grands pas, j'en remarquai un moins haut que les autres, dont néanmoins la figure faisait horreur. Il était suivi d'une troupe qui venait après lui à quelque distance. Je le conjurai de me déclarer au plus tôt où ils allaient. « Nous allons, dit-il, nous saisir de l'âme de Charlemagne, qui venait de sortir de ce monde. — Allez, lui répondis-je, et, par le même ordre que j'ai déjà employé, je vous conjure de repasser ici pour me rapporter ce que vous aurez fait. » Il s'en alla donc et suivit sa troupe. Dès qu'il fut parti, je me mis à réciter le premier psaume; à peine l'avais-je fini que j'entendis tous ces démons qui revenaient : le vacarme m'obligea de regarder par la même croisée, et je les trouvai tristes, inquiets et chagrins. Alors je demandai à celui qui m'avait déjà parlé de me déclarer ce qu'ils avaient fait et quel avait été le succès de leur entreprise. — Très-mauvaise, me répondit-il : à peine fûmes-nous arrivés à notre rendez-vous, que l'archange Michel vint avec la légion qui est sous ses ordres pour s'opposer à notre dessein; et comme nous voulions nous saisir de l'âme du roi, il se présenta deux hommes sans tête, saint Jacques de Galice et saint Denis de France. Ils mirent dans une balance toutes les bonnes œuvres de ce prince. Ils y firent entrer tout le bois et les pierres employés aux bâtiments et ornements des églises construites par lui, et généralement tout ce qui contribue à la gloire de Dieu. Nous ne pûmes rassembler assez de maux et de péchés pour l'emporter. A l'instant, ravis de nous voir honteux et confus, pleins de joie d'ailleurs de nous avoir enlevé l'âme du roi, ils nous ont fustigés si fort, qu'ils nous ont causé la tristesse et le chagrin où vous nous voyez, autant pour la perte que nous venons de faire que pour le mal que nous avons reçu. — Ainsi moi, Turpin, je fus assuré que l'âme du roi, mon maître, avait été enlevée par les mains des anges bienheureux, par les mérites de ses bonnes œuvres, et par la protection des saints qu'il a révérés et servis pendant sa vie. Aussitôt je fis venir mes clercs; j'ordonnai de faire sonner toutes les cloches de la ville, je fis dire des messes, je distribuai des aumônes aux pauvres, enfin je fis prier pour l'âme du prince. Alors même je témoignai à tous ceux que je voyais que j'étais assuré de la mort de l'empereur. Au bout de dix jours, je reçus un courrier par lequel on m'en marquait tout le détail, et son corps fut inhumé dans l'église que lui-même avait fait bâtir à Aix-la-Chapelle[1]. » *Voy.* Vetin. Malheureusement pour le conte, il paraît que l'archevêque Turpin était mort en 794, et Charlemagne mourut en 814.

Tybilenus, — nom du mauvais génie chez les Saxons.

Tympanon, — peau de bouc dont les sorciers font des outres où ils conservent leur bouillon. *Voy.* Sabbat.

Tyre, — sorte d'instrument dont les Lapons

---

[1] Visio Turpini Remensis archiepiscopi, qualiter animam Karoli Magni dæmonibus abstulerunt duo acephali, beatus scilicet Jacobus apostolus, et Macharius areopagita Dionysius. Manuscr. Bibl. reg. n° 2147, p. 134.

se servent pour leurs opérations magiques. Scheffer nous en fournit la description : Cette tyre n'est autre chose qu'une boule ronde, de la grosseur d'une noix ou d'une petite pomme, faite du plus tendre duvet, polie partout et si légère qu'elle semble creuse. Elle est d'une couleur mêlée de jaune, de vert et de gris ; le jaune y domine. On assure que les Lapons vendent cette tyre ; qu'elle est comme animée, qu'elle a du mouvement ; en sorte que celui qui l'a achetée la peut envoyer en qualité de maléfices sur qui il lui plaît. La tyre va comme un tourbillon. S'il se rencontre en son chemin quelque chose d'animé, cette chose reçoit le mal qui était préparé pour une autre.

U

Ukobach, — démon d'un ordre inférieur. Il se montre toujours avec un corps enflammé ; on le dit inventeur des fritures et des feux d'artifice. Il est chargé par Belzébuth d'entretenir l'huile dans les chaudières infernales.

Uphir, — démon chimiste, très-versé dans la connaissance des simples. Il est responsable aux enfers de la santé de Belzébuth et des grands de sa cour. Les médecins l'ont pris pour leur patron, depuis le discrédit d'Esculape.

Upiers, — voy. VAMPIRES.

Urda, — voy. NORNES.

Urine. — L'urine a aussi des vertus admirables. Elle guérit la teigne et les ulcères des oreilles, pourvu qu'on la prenne en bonne santé. Elle guérit aussi de la piqûre des serpents, des aspics, et autres reptiles venimeux. — Il paraît que les sorcières s'en servent pour faire tomber la pluie. Delrio conte que, dans le diocèse de Trèves, un paysan qui plantait des choux dans son jardin avec sa fille, âgée de huit ans, donnait des éloges à cet enfant sur son adresse à s'acquitter de sa petite fonction. « Oh ! répondit l'enfant, j'en sais bien d'autres. Retirez-vous un peu, et je ferai descendre la pluie sur telle partie du jardin que vous désignerez. — Fais, reprend le paysan surpris, je vais me retirer. » Alors la petite fille creuse un trou dans la terre, y répand de son urine, la mêle avec la terre, prononce quelques mots, et la pluie tombe par torrents sur le jardin. — Qui t'a donc appris cela ? s'écrie le paysan étourdi. — C'est ma mère, qui est très-habile dans cette science. » Le paysan effrayé fit monter sa fille et sa femme sur la charrette, les mena à la ville, et les livra toutes les deux à la justice.

Urotopégnie, — chevillement. Delancre dit qu'il y a un livre de ce nom dans lequel on voit que les moulins, les tonneaux, les fours, etc., peuvent être liés ainsi que les hommes. Voy. LIGATURES.

Uterpen, — voy. MERLIN.

Utéseture, — espèce de magie pratiquée chez les Islandais ; on en fait remonter l'usage jusqu'à Odin. Ceux qui se trouvent la nuit hors de leur logis s'imaginent converser avec des esprits qui, communément, leur conseillent de faire le mal.

V

Vaccine. — Quand l'inoculation s'introduisit à Londres, un ministre anglican la traita en chaire d'innovation infernale, de suggestion diabolique, et soutint que la maladie de Job n'était que la petite-vérole que lui avait inoculée le malin[1]. — Des pasteurs anglais ont traité pareillement la vaccine. Des médecins français ont écrit que la vaccine donnerait aux vaccinés quelque chose de la race bovine ; que les femmes soumises à ce préservatif s'exposaient à devenir des vaches comme Io. Voy. les écrits des docteurs Vaume, Moulet, Chapon, etc.

Vache. — Cet animal est si respecté dans l'Indoustan, que tout ce qui passe par son corps a, pour les Indiens, une vertu sancti-

[1] M. Salgues, des Erreurs et des préjugés, etc., t. III, p. 84.

fiante et médicinale. Les brames donnent du riz aux vaches, puis ils en cherchent les grains entiers dans leurs excréments, et font avaler ces grains aux malades, persuadés qu'ils sont propres à guérir le corps et à purifier l'âme. Ils ont une vénération singulière pour les cendres de bouse de vache. — Les souverains ont à leur cour des officiers qui n'ont point d'autre fonction que de présenter le matin, à ceux qui viennent saluer le prince, un plat de ces cendres détrempées dans un peu d'eau. Le courtisan trempe le bout du doigt dans ce mortier, et se fait, sur différentes parties du corps, une onction qu'il regarde comme salutaire. *Voy.* VAÏCARANI. — Chez les Hébreux, on sacrifiait une vache rousse pour faire de ses cendres une eau d'expiation destinée à purifier ceux qui s'étaient souillés par l'attouchement d'un mort. C'est de là sans doute que vient, dans le midi, l'opinion qu'une vache rousse est mauvaise.

Vade. — La légende de Vade ou Wade et de son fils Véland, le forgeron, est célèbre dans la littérature scandinave. La voici, telle que MM. Depping et Francisque Michel, guidés par les monuments de la Suède et de l'Islande, l'ont exposée dans leur *Dissertation sur une tradition du moyen âge*, publiée à Paris en 1833 : — « Le roi danois Wilkin ayant rencontré dans une forêt, au bord de la mer, une belle femme qui était une *haffru* ou femme de mer, espèce d'êtres marins qui, sur terre, prennent la forme d'une femme, s'unit avec elle, et le fruit de cette union fut un fils géant, qui fut appelé Vade. Wilkin lui donna douze terres en Seelande. Vade eut à son tour un fils appelé *Veland* ou *Vanlund*. Quand ce dernier eut atteint l'âge de neuf ans, son père le conduisit chez un habile forgeron de Hunaland, appelé Mimer, pour qu'il apprît à forger, tremper et façonner le fer. — Après l'avoir laissé trois hivers dans le Hunaland, le géant Vade se rendit avec lui à une montagne appelée Kallova, dont l'intérieur était habité par deux nains qui passaient pour savoir mieux forger le fer que les autres nains et que les hommes ordinaires. Ils fabriquaient des épées, des casques et des cuirasses ; ils savaient aussi travailler l'or et l'argent, et en faire toute sorte de bijoux. — Les nains, pour un marc d'or, rendirent Veland le plus habile forgeron de la terre ; néanmoins ce dernier tua ses maîtres, qui voulaient profiter d'une tempête dans laquelle Vade avait péri pour mettre à mort leur élève. — Veland s'empara alors des outils, chargea un cheval d'autant d'or et d'argent qu'il pouvait en porter, et reprit le chemin du Danemarck. Il arriva près d'un fleuve nommé Visara ou Viser-Aa ; il s'arrêta sur la rive, y abattit un arbre, le creusa, y déposa ses trésors et ses vivres, et s'y pratiqua une demeure tellement fermée que l'eau ne pouvait y pénétrer. Après y être entré il se laissa flotter vers la mer. — Un jour, un roi de Jutland, nommé Nidung, pêchait avec sa cour, quand les pêcheurs retirèrent de leur filet un gros tronc d'arbre singulièrement taillé. Pour savoir ce qu'il pouvait contenir, on voulut le mettre en pièces ; mais tout-à-coup une voix, sortant du tronc, ordonna aux ouvriers de cesser. A cette voix, tous les assistants prirent la fuite, croyant qu'un sorcier était caché dans l'arbre. — Veland en sortit ; il dit au roi qu'il n'était pas magicien, et que, si on voulait lui laisser la vie et ses trésors, il rendrait de grands services : le roi le lui promit. Veland cacha ses trésors en terre et entra au service de Nidung. Sa charge fut de prendre soin de trois couteaux que l'on mettait devant le roi à table. — Le roi ayant découvert l'habileté de Veland dans l'art de fabriquer des armes, consentit à ce qu'il luttât avec son forgeron ordinaire. Celui-ci fit une armure qu'il croyait impénétrable, mais que Veland fendit en deux d'un seul coup de l'épée d'or qu'il avait fabriquée en peu d'heures. Depuis lors, Veland fut en grande faveur auprès du roi ; mais ayant été mal récompensé d'un message pénible et dangereux, il ne songea plus qu'à se venger. Il tenta d'empoisonner le roi, qui s'en aperçut, et lui fit couper les jarrets. Furieux de cette injure, Veland feignit du repentir, et le roi consentit à lui laisser une forge et les outils nécessaires pour composer de belles armures et des bijoux précieux. — Alors le vindicatif artisan sut attirer chez lui les deux fils du roi ; il les tua, et offrit à leur père deux coupes faites avec le crâne de ses enfants. Après quoi il se composa des ailes, s'envola sur la tour la plus élevée, et cria de toutes ses forces pour que le roi vînt et lui parlât. En entendant sa voix, le roi sortit. « Veland, dit-il, est-ce que tu es devenu oiseau ? — Seigneur, répondit le forgeron, je suis maintenant oiseau et homme à la fois ; je pars, et tu ne me verras plus. Cependant, avant de partir, je veux t'apprendre quelques secrets. Tu m'as fait couper les jarrets pour m'empêcher de m'en aller ; je m'en suis vengé : je t'ai privé de tes fils, que j'ai égorgés de ma main : mais tu trouveras leurs ossements dans les vases garnis d'or et d'argent dont j'ai orné ta table. » Ayant dit ces mots, Veland disparut dans les airs. » — Ce récit est la forme la plus complète qu'ait reçue la légende de Vade et de son fils dans les monuments de la littérature scandinave. Le chant de l'*Edda* qui nous fait connaître Veland, diffère dans plusieurs de ses circonstances. Là, Veland est le troisième fils d'un roi *alfe*, c'est-à-dire d'espèce surnaturelle. Ces trois princes avaient épousé trois valkiries ou fées, qu'ils avaient rencontrées au bord d'un lac, où, après avoir déposé leur robe de cygne, elles s'amusaient à filer du lin. Après sept années de mariage, les valkiries disparurent, et les deux frères de Veland allèrent à la recherche de leurs femmes; mais Veland resta seul dans sa cabane, et s'appliqua à forger les métaux. Le roi Nidluth, ayant entendu parler des beaux ouvrages d'or que Veland faisait, s'empara du forgeron pendant qu'il dormait, et, comme il faisait peur à la reine, celle-ci ordonna qu'on lui coupât les jarrets. Veland, pour se venger, accomplit les actions différentes que nous avons rapportées. — Cette histoire de Wade et de son fils a été souvent imitée par les anciens poëtes allemands et anglo-saxons. Les trouvères français ont parlé plusieurs fois de Veland, de son habileté à forger des armures. Ils se plaisaient à dire que l'épée du héros qu'ils chantaient avait été trempée par Veland.

Vafthrudnis, — génie des Scandinaves, renommé pour sa science profonde. Odin alla le défier dans son palais, et le vainquit par la supériorité de ses connaissances.

Vaïcarani, — fleuve de feu, que les âmes doivent traverser avant d'arriver aux enfers, selon la doctrine des Indiens. Si un malade tient en main la queue d'une vache, au moment de sa mort, il passera sans danger le fleuve Vaïcarani, parce que la vache, dont il a tenu la queue, se présentera à lui sur le bord du fleuve; il prendra sa queue et fera doucement le trajet par ce moyen.

Vaisseau-fantôme, — *voy*. VOLTIGEUR HOLLANDAIS.

Valafar ou **Malafar**, — grand et puissant duc de l'empire infernal. Il paraît sous la forme d'un ange, quelquefois sous celle d'un lion avec la tête et les pattes d'une oie et une queue de lièvre. Il connaît le passé et l'avenir, donne du génie et de l'audace aux hommes, et commande trente-six légions[1].

Valens, — *voy*. ALECTRYOMANCIE.

Valentin, — hérésiarque, originaire d'Égypte, qui enseigna sa doctrine peu de temps après la mort du dernier des apôtres. Il admettait un séjour éternel de lumière qu'il nommait *pléroma* ou plénitude, dans lequel habitait la Divinité; il y plaçait des *Eons* ou intelligences immortelles, au nombre de trente, les uns mâles, les autres femelles; il les distribuait en trois ordres, les supposait nés les uns des autres, leur donnait des noms et faisait leur généalogie. Le premier était *Bythos*, la profondeur, qu'il appelait aussi le premier père, *propator;* il lui donnait pour femme *Ennoïa*, l'intelligence, qu'il appelait encore le silence, *Sigé*. Jésus-Christ et le Saint-Esprit étaient les derniers nés de ces Éons. — On a peine à concevoir que Valentin ait eu de nombreux disciples, et que plusieurs sectes soient nées de sa doctrine. Mais l'esprit humain fourvoyé a aussi ses prodiges. *Voy*. BASILE.

Valkiries, — fées des Scandinaves. *Voy*. VADE.

Vampires. — Ce qu'il y a de plus remarquable dans l'histoire des vampires, c'est qu'ils ont partagé, avec les philosophes, ces autres démons, l'honneur d'étonner le dix-huitième siècle; c'est qu'ils ont épouvanté la Lorraine, la Prusse, la Silésie, la Pologne, la Moravie, l'Autriche, la Russie, la Bohême et tout le nord de l'Europe, pendant que les démolisseurs de l'Angleterre et de la France renversaient les croyances en se donnant le ton de n'attaquer que les erreurs populaires. Chaque siècle, il est vrai, a eu ses modes; chaque pays, comme l'observe D. Calmet, a eu ses préventions et ses maladies; mais les vampires n'ont point paru avec tout leur éclat dans les siècles barbares et chez des peuples sauvages; ils se sont montrés au siècle des Diderot et des Voltaire, dans l'Europe, qui se disait déjà civilisée. — On a donné le nom d'*upiers*, *oupires*, et plus généralement *vampires*, en Occident, de *broucolaques* (*vroucolacus*) en Morée, de *katakhanés* à Ceylan, à des hommes morts et enterrés depuis plusieurs années, ou du moins depuis plusieurs jours, qui revenaient *en corps et en âme*, parlaient, marchaient, infestaient les villages, maltraitaient les hommes et les animaux, et surtout qui suçaient le sang de leurs proches, les épuisaient, leur causaient la mort[1]. On ne se délivrait de leurs dangereuses visites et de leurs infestations qu'en les exhumant, les empalant, leur coupant la tête, leur arrachant le cœur ou les brûlant. — Ceux qui mouraient sucés devenaient vampires à leur tour. — Les journaux publics de la France et de la Hollande parlent, en 1693 et 1694, des vampires qui se montraient en Pologne et surtout en Russie. On voit dans le *Mercure galant*

---

[1] Wierus, in Pseudom. dœm.

[1] C'est la définition qu'en donne le R. P. D. Calmet.

de ces deux années, que c'était alors une opinion répandue chez ces peuples que les vampires apparaissaient depuis midi jusqu'à minuit; qu'ils suçaient le sang des hommes et des animaux vivants avec tant d'avidité, que souvent ce sang leur sortait par la bouche, par les narines, par les oreilles; quelquefois leurs cadavres nageaient dans le sang au fond de leurs cercueils. — On disait que ces vampires, ayant continuellement grand appétit, mangeaient aussi les linges qui se trouvaient autour d'eux ; on ajoutait que, sortant de leurs tombeaux, ils allaient la nuit embrasser violemment leurs parents ou leurs amis, à qui ils suçaient le sang, en leur pressant la gorge pour les empêcher de crier. Ceux qui étaient sucés s'affaiblissaient tellement qu'ils mouraient presque aussitôt. Ces persécutions ne s'arrêtaient pas à une personne seulement ; elles s'étendaient jusqu'au dernier de la famille ou du village (car le vampirisme ne s'est guère exercé dans les villes), à moins qu'on n'en interrompît le cours en coupant la tête ou en perçant le cœur du vampire, dont on trouvait le cadavre mou, flexible, mais frais, quoique mort depuis très-long-temps. Comme il sortait de ces corps une grande quantité de sang, quelques-uns le mêlaient avec de la farine pour en faire du pain : ils prétendaient qu'en mangeant ce pain ils se garantissaient des atteintes du vampire. — Voici quelques histoires de vampires. — M. de Vassimont, envoyé en Moravie par le duc de Lorraine Léopold Ier, assurait, dit D. Calmet, que ces sortes de spectres apparaissaient fréquemment et depuis long-temps chez les Moraves, et qu'il était assez ordinaire dans ce pays-là de voir des hommes, morts depuis quelques semaines, se présenter dans les compagnies, se mettre à table sans rien dire avec les gens de leur connaissance, et faire un signe de tête à quelqu'un des assistants, lequel mourait infailliblement quelques jours après. Un vieux curé confirma ce fait à M. de Vassimont, et lui en cita même plusieurs exemples qui s'étaient, disait-il, passés sous ses yeux. Les évêques et les prêtres du pays avaient consulté Rome sur ces matières embarrassantes ; mais le Saint-Siége ne fit point de réponse, parce qu'il regardait tout cela comme des visions. — Dès lors, on s'avisa de déterrer les corps de ceux qui revenaient ainsi, de les brûler ou de les consumer en quelqu'autre manière ; et ce fut par ce moyen qu'on se délivra de ces vampires, qui devinrent de jour en jour moins fréquents. — Toutefois ces apparitions donnèrent lieu à un petit ouvrage composé par Ferdinand de Schertz, et imprimé à Olmutz, en 1706, sous le titre de *Magia posthuma*. L'auteur raconte qu'en un certain village, une femme étant morte munie des sacrements, fut enterrée dans le cimetière à la manière ordinaire. On voit que ce n'était point une excommuniée, mais peut-être une sacrilége. Quatre jours après son décès, les habitants du village entendirent un grand bruit, et virent un spectre qui paraissait tantôt sous la forme d'un chien, tantôt sous celle d'un homme, non à une personne seulement, mais à plusieurs. Ce spectre serrait la gorge de ceux à qui il s'adressait, leur comprimait l'estomac jusqu'à les suffoquer, leur brisait presque tout le corps et les réduisait à une faiblesse extrême ; en sorte qu'on les voyait pâles, maigres et exténués. Les animaux même n'étaient pas à l'abri de sa malice ; il attachait les vaches l'une à l'autre par la queue, fatiguait les chevaux et tourmentait tellement le bétail de toute sorte, qu'on n'entendait partout que mugissements et cris de douleur. Ces calamités durèrent plusieurs mois : on ne s'en délivra qu'en brûlant le corps de la femme vampire. — L'auteur de la *Magia posthuma* raconte une autre anecdote plus singulière encore. Un pâtre du village de Blow, près la ville de Kadam en Bohême, apparut quelque temps après sa mort avec les symptômes qui annoncent le vampirisme. Ce spectre appelait par leur nom certaines personnes, qui ne manquaient pas de mourir dans la huitaine. Il tourmentait ses anciens voisins, et causait tant d'effroi que les paysans de Blow déterrèrent son corps et le fichèrent en terre avec un pieu qu'ils lui passèrent à travers le cœur. — Ce spectre, qui parlait quoiqu'il fût mort, et qui du moins n'aurait plus dû le faire dans une situation pareille, se moquait néanmoins de ceux qui lui faisaient souffrir ce traitement. « Vous avez bonne grâce, leur disait-il en ouvrant sa grande bouche de vampire, de me donner ainsi un bâton pour me défendre contre les chiens ! » On ne fit pas attention à ce qu'il put dire et on le laissa. La nuit suivante il brisa son pieu, se releva, épouvanta plusieurs personnes et en suffoqua plus qu'il n'avait fait jusqu'alors. On le livra au bourreau, qui le mit sur une charrette pour le transporter hors de la ville et l'y brûler. Le cadavre remuait les pieds et les mains, roulait des yeux ardents et hurlait comme un furieux. — Lorsqu'on le perça de nouveau avec des pieux, il jeta de grands cris et rendit du sang très-vermeil ; mais quand on l'eut bien brûlé, il ne se montra plus. — On en usait de même dans le dix-septième siècle contre les revenants de ce genre ; et, dans plusieurs endroits, quand on les tirait de terre, on les trouvait pareillement frais et vermeils, les membres souples et maniables, sans vers et sans pourriture, mais non sans une très-grande puanteur. — L'auteur que nous avons cité plus haut assure que de son temps on voyait souvent des vampires dans les montagnes de Silésie et de Moravie. Ils apparaissaient en plein jour, comme au milieu de la nuit ; et l'on apercevait les choses qui leur avaient appartenu se remuer et changer de place sans que personne parût les toucher. Le seul remède contre ces apparitions était de couper la tête et de brûler le corps du vampire. — Le marquis d'Argens raconte, dans sa cent trente-septième lettre juive, une histoire de vampire qui eut lieu au village de Kisilova, à trois lieues de Gradisch. Ce qui doit le plus étonner dans ce récit, c'est que d'Argens, alors incrédule, ne met pas en doute cette aventure. — On vient d'avoir en Hongrie, dit-il, une scène de vampirisme, qui est dûment attestée par deux officiers du tribunal de Belgrade, lesquels ont fait une descente sur les lieux, et par un officier des troupes de l'empereur à Gradisch ; celui-ci a été témoin oculaire des procédures. Au commencement de septembre, mourut, dans le village de Kisilova, un vieillard âgé de soixante-deux ans. Trois jours après qu'il fut enterré, il apparut à son fils pendant la nuit et lui demanda à manger : celui-ci en ayant apporté, le spectre mangea, après quoi il disparut. Le lendemain, le fils raconta à ses voisins ce qui lui était arrivé, et le fantôme ne se montra pas ce jour-là ; mais la troisième nuit il revint demander encore à souper. On ne sait pas si son fils lui en donna ou non ; mais on le trouva le lendemain mort dans son lit. Le même jour, cinq ou six personnes tombèrent subitement malades dans le village, et moururent l'une après l'autre en peu de temps. Le bailli du lieu, informé de ce qui se passait, en fit présenter une relation au tribunal de Belgrade, qui envoya à ce village deux de ses agents avec un bourreau, pour examiner l'affaire. Un officier impérial s'y rendit de Gradisch pour être témoin d'un fait dont il avait si souvent ouï parler. — On ouvrit les tombeaux de tous ceux qui étaient morts depuis six semaines : quand on en vint à celui du vieillard, on le trouva les yeux ouverts, d'une couleur vermeille, ayant une respiration naturelle, cependant immobile et mort ; d'où l'on conclut que c'était un insigne vampire. Le bourreau lui enfonça un pieu dans le cœur : on fit un bûcher et l'on réduisit en cendres le cadavre. On ne trouva aucune marque de vampirisme, ni dans le corps du fils, ni dans celui des autres morts. — « Grâce à Dieu ! ajoute le marquis d'Argens, nous ne sommes rien moins que crédules ; nous avouons que toutes les lumières de physique que nous pouvons approcher de ce fait ne découvrent rien de ses causes : cependant nous ne pouvons refuser de croire véritable un fait attesté juridiquement et par des gens de probité. » — Vers l'an 1725, un soldat qui était en garnison chez un paysan des frontières de la Hongrie, vit entrer, au moment du souper, un inconnu qui se mit à table auprès du maître de la maison : celui-ci en fut très-effrayé, de même que le reste de la compagnie. Le soldat ne savait qu'en juger, et craignait d'être indiscret en faisant des questions, parce qu'il ignorait de quoi il s'agissait. — Mais le maître du logis étant mort le lendemain, il chercha à connaître le sujet qui avait produit cet accident et mis toute la maison dans le trouble. On lui dit que l'inconnu, qu'il avait vu entrer et se mettre à table, au grand effroi de la famille, était le père du maître de la maison ; qu'il était mort et enterré depuis dix ans, et qu'en venant ainsi s'asseoir auprès de son fils, il lui avait apporté la mort. — Le soldat raconta ces choses à son régiment. On en avertit les officiers généraux, qui donnèrent commission au comte de Cabreras, capitaine d'infanterie, de faire information de ce fait. — Cabreras s'étant transporté sur les lieux avec d'autres officiers, un chirurgien et un auditeur, ils entendirent les dépositions de tous les gens de la maison, qui attestèrent que le revenant était père de l'hôte du logis, et que tout ce que le soldat avait rapporté était exact : ce qui fut aussi affirmé par la plupart des habitants du village. — En conséquence on fit tirer de terre le corps de ce spectre : son sang était fluide et ses chairs aussi fraîches que celles d'un homme qui vient d'expirer. On lui coupa la tête ; après quoi on le remit dans son tombeau. — On exhuma ensuite, après d'amples informations, un homme mort depuis plus de trente ans, qui était revenu trois fois dans sa maison à l'heure du repas, et qui avait sucé au cou, la première fois, son propre frère, la seconde un de ses fils, la troisième un valet de la maison ; tous trois en étaient morts presque sur-le-champ. Quand ce vieux vampire fut déterré, on le trouva comme le premier, ayant le sang fluide et le corps frais. On lui planta un grand clou dans la tête et ensuite on le remit dans son tombeau. — Le comte de Cabreras fit brûler un troisième vampire, qui était enterré depuis seize ans, et qui avait sucé le sang et causé la mort à deux de ses fils. — Alors enfin le pays fut tranquille [1]. — On a vu, dans tout ce qui précède, que généralement, lorsqu'on exhume les vampires, leurs corps paraissent vermeils, souples, bien conservés. Cependant, malgré tous ces indices de vampirisme, on ne procédait pas contre eux sans formes judiciaires. On citait et on entendait les témoins ; on examinait les raisons des plaignants ; on considérait avec attention les cadavres : si tout annonçait un vampire, on le livrait au bourreau, qui le brûlait. Il arrivait quelquefois que ces spectres paraissaient encore pendant trois ou quatre jours après leur exécution : cependant leur corps avait été réduit en cendres. — Assez souvent on différait d'enterrer pendant six ou sept semaines les corps de certaines personnes suspectes. Lorsqu'ils ne pourrissaient point, et que leurs membres demeuraient souples, leur sang fluide, alors on les brûlait. — On assurait que les habits de ces défunts se remuaient et changeaient de place sans qu'aucune personne les touchât. L'auteur de la *Magia posthuma*, raconte que l'on voyait à Olmutz, à la fin du dix-septième siècle, un de ces vampires qui, n'étant pas enterré, jetait des pierres aux voisins et molestait extrêmement les habitants. — Dom Calmet rapporte, comme une circonstance particulière, que, dans les villages où l'on est infesté du vampirisme, on va au cimetière, on visite les fosses ; on en trouve qui ont deux, ou trois, ou plusieurs trous de la grosseur du doigt : alors on fouille dans ces fosses, et l'on ne manque pas d'y trouver un corps souple et vermeil. Si on coupe la tête de ce cadavre, il sort de ses veines et de ses artères un sang fluide, frais et abondant. — Le savant bénédictin demande ensuite si ces trous, qu'on remarquait dans la terre qui couvrait les vampires, pouvaient contribuer à leur conserver une espèce de vie, de respiration, de végétation, et rendre plus croyable leur retour parmi les vivants : il pense avec raison que ce sentiment (fondé d'ailleurs sur des faits qui n'ont rien de réel) n'est ni probable, ni digne d'attention. — Le même écrivain cite ailleurs, sur les vampires de Hongrie, une lettre de M. de l'Isle de Saint-Michel, qui demeura long-temps dans les pays infestés et qui devait en savoir quelque chose. Voici comment M. de l'Isle s'explique là-dessus : — « Une personne se trouve attaquée de langueur, perd l'appétit, maigrit à vue d'œil, et, au bout de huit ou dix jours, quelquefois quinze, meurt sans fièvre ni aucun autre symptôme de maladie, que la maigreur et le dessèchement. On dit, en Hongrie, que c'est un vampire qui s'attache à cette personne et lui suce le sang. — De ceux qui sont attaqués de cette mélancolie noire, la plupart ayant l'esprit troublé croient voir un spectre blanc qui les suit partout, comme l'ombre fait le corps. — Lorsque nous étions en quartiers d'hiver chez les Valaques, deux cavaliers de la compagnie dont j'étais cornette moururent de cette maladie ; et plusieurs autres qui en étaient attaqués seraient probablement morts de même, si un caporal de notre compagnie n'avait guéri les imaginations en exécutant le remède que les gens du pays emploient pour cela. Quoique assez singulier, je ne l'ai jamais lu nulle part. Le voici : On choisit un jeune garçon ; on le fait monter à poil sur un cheval entier, absolument noir ; on conduit le jeune homme et le cheval au cimetière : ils se promènent sur toutes les fosses. Celle où l'animal refuse de passer, malgré les coups de cravache qu'on lui délivre, est regardée comme renfermant un vampire. On ouvre cette fosse, et on y trouve un cadavre aussi beau et aussi frais que si c'était un homme tranquillement endormi. On coupe, d'un coup de bêche, le cou de ce cadavre : il en sort abondamment un sang des plus beaux et des plus vermeils, du moins on croit le voir ainsi. Cela fait, on remet le vampire dans sa fosse, on la comble, et on peut compter que dès lors la maladie cesse, et que tous ceux qui en étaient attaqués recouvrent leurs forces peu à peu, comme des gens qui échappent d'une longue maladie d'épuisement... » Les Grecs appellent leurs vampires broucolaques ; ils sont persuadés que la plupart des spectres d'excommuniés sont vampires, qu'ils ne peuvent pourrir dans leurs tombeaux ; qu'ils apparaissent le jour comme la nuit, et qu'il est très-dangereux de les rencontrer. Léon Allatius, qui écrivait au seizième siècle, entre là-dessus dans de grands détails ; il assure que dans l'île de Chio les habitants ne répondent que lorsqu'on les appelle deux fois ; car ils sont persuadés que les broucolaques ne les peuvent appeler qu'une fois seulement. Ils croient encore que quand un broucolaque appelle une personne vivante, si cette personne répond, le spectre disparaît ; mais celui qui a répondu meurt au bout de quelques jours. On raconte la même chose des vampires de Bohême et de Moravie. — Pour se garantir de la funeste influence des broucolaques, les Grecs déterrent le corps du spectre et le brûlent, après avoir récité sur lui des prières ; alors ce corps réduit en cendres ne paraît plus.

---

[1] D. Calmet déclare qu'il tient ces faits d'un homme grave qui les tenait de M. le comte de Cabreras.

Ricaut, qui voyagea dans le Levant au dix-septième siècle, ajoute que la peur des broucolaques est générale aux Turcs comme aux Grecs. Il raconte un fait qu'il tenait d'un caloyer candiote, qui lui avait assuré la chose avec serment. Un homme étant mort excommunié, pour une faute qu'il avait commise dans la Morée, fut enterré sans cérémonies dans un lieu écarté et non en terre sainte; les habitants furent bientôt effrayés par d'horribles apparitions, qu'ils attribuèrent à ce malheureux. On ouvrit son tombeau au bout de quelques années, on y trouva son corps enflé, mais sain et bien dispos; ses veines étaient gonflées du sang qu'il avait sucé; on reconnut en lui un broucolaque. Après qu'on eut délibéré sur ce qu'il y avait à faire, les caloyers furent d'avis de démembrer le corps, de le mettre en pièces et de le faire bouillir dans le vin, car c'est ainsi qu'ils en usent, de temps très-ancien, envers les broucolaques. Mais les parents obtinrent, à force de prières, qu'on différât cette exécution; ils envoyèrent en diligence à Constantinople, pour obtenir du patriarche l'absolution dont le défunt avait besoin. En attendant, le corps fut mis dans l'église, où l'on disait tous les jours des prières pour son repos. Un matin que le caloyer faisait le service divin, on entendit tout d'un coup une espèce de détonation dans le cercueil; on l'ouvrit et l'on trouva le corps dissous, comme doit l'être celui d'un mort enterré depuis sept ans. On remarqua le moment où le bruit s'était fait entendre; c'était précisément l'heure où l'absolution accordée par le patriarche avait été signée.... — Les Grecs et les Turcs s'imaginent que les cadavres des broucolaques mangent pendant la nuit, se promènent, font la digestion de ce qu'ils ont mangé, et qu'ils se nourrissent réellement. (Voy. Mastication.) Ils content qu'en déterrant ces vampires, on en a trouvé qui étaient d'un coloris vermeil, et dont les veines étaient tendues par la quantité de sang qu'ils avaient sucé; que lorsqu'on leur ouvre le corps il en sort des ruisseaux de sang aussi frais que celui d'un jeune homme d'un tempérament sanguin. Cette opinion populaire est si généralement répandue, que tout le monde en raconte des histoires circonstanciées. — L'usage de brûler les corps des vampires est très-ancien dans plusieurs autres pays. Guillaume de Neubrige, qui vivait au douzième siècle; raconte[1] que, de son temps, on vit en Angleterre, dans le territoire de Buckingham, un spectre qui apparaissait en corps et en âme, et qui vint épouvanter sa femme et ses parents. On ne se défendait de sa méchanceté qu'en faisant grand bruit lorsqu'il approchait; il se montra même à certaines personnes en plein jour. L'évêque de Lincoln assembla sur cela son conseil, qui lui dit que pareilles choses étaient souvent arrivées en Angleterre, et que le seul remède que l'on connût à ce mal était de brûler le corps du spectre. L'évêque ne put goûter cet avis, qui lui parut cruel. Il écrivit une cédule d'absolution; elle fut mise sur le corps du défunt, que l'on trouva aussi frais que le jour de son enterrement, et depuis lors le fantôme ne se montra plus. Le même auteur ajoute que les apparitions de ce genre étaient alors très-fréquentes en Angleterre. — Quant à l'opinion répandue dans le Levant, que les spectres se nourrissent, on la trouve établie depuis plusieurs siècles dans d'autres contrées. Il y a long-temps que les Allemands sont persuadés que les morts mâchent *comme des porcs* dans leurs tombeaux, et qu'il est facile de les entendre grogner en broyant ce qu'ils dévorent[1]. Philippe Rehrius, au dix-septième siècle, et Michel Rauff, au commencement du dix-huitième, ont même publié des traités sur les morts qui mangent dans leurs sépulcres[2]. Après avoir parlé de la persuasion où sont les Allemands qu'il y a des morts qui dévorent les linges et tout ce qui est à leur portée, même leur propre chair, ces écrivains remarquent qu'en quelques endroits de l'Allemagne, pour empêcher les morts de mâcher, on leur met dans le cercueil une motte de terre sous le menton; qu'ailleurs on leur fourre dans la bouche une petite pièce d'argent et une pierre; et que d'autres leur serrent fortement la gorge avec un mouchoir. Ils citent des morts qui se sont dévorés eux-mêmes dans leur sépulcre. — On doit s'étonner de voir des savants trouver quelque chose de prodigieux dans des faits aussi naturels. Pendant la nuit qui suivit les funérailles du comte Henri de Salm, on entendit dans l'église de l'abbaye de Haute-Seille, où il était enterré, des cris sourds que les Allemands auraient sans doute pris pour le grognement d'une personne qui mâche; et le lendemain, le tombeau du comte ayant été ouvert, on le trouva mort, mais renversé et le visage en bas, au lieu qu'il avait été inhumé sur le dos. On l'avait enterré vivant,

---

[1] Wilhelm. Neubrig. Rerum anglic., lib. v, cap. 22.

[1] Les anciens croyaient aussi que les morts mangeaient. On ne dit pas s'ils les entendaient mâcher; mais il est certain qu'il faut attribuer à l'idée qui conservait aux morts la faculté de manger, l'habitude des repas funèbres qu'on servait, de temps immémorial et chez tous les peuples, sur la tombe du défunt.

[2] De masticatione mortuorum in tumulis.

On doit attribuer à une cause semblable l'histoire rapportée par Raufft, d'une femme de Bohême qui, en 1345, mangea, dans sa fosse, la moitié de son linceul sépulcral. Dans le dernier siècle, un pauvre homme ayant été inhumé précipitamment dans le cimetière, on entendit pendant la nuit du bruit dans son tombeau ; on l'ouvrit le lendemain, et on trouva qu'il s'était mangé les chairs des bras. Cet homme ayant bu de l'eau-de-vie avec excès avait été enterré vivant. — Une demoiselle d'Augsbourg tomba dans une telle léthargie, qu'on la crut morte ; son corps fut mis dans un caveau profond, sans être couvert de terre ; on entendit bientôt quelque bruit dans le tombeau ; mais on n'y fit point attention. Deux ou trois ans après, quelqu'un de la même famille mourut ; on ouvrit le caveau, et l'on trouva le corps de la demoiselle auprès de la pierre qui en fermait l'entrée ; elle avait en vain tenté de déranger cette pierre, et elle n'avait plus de doigts à la main droite, qu'elle s'était dévorée de désespoir. — Mais revenons aux broucolaques ou vampires grecs. — Tournefort raconte, dans le tome Ier de son voyage au Levant, la manière dont il vit exhumer un broucolaque de l'île de Mycone, où il se trouvait en 1701. « C'était un paysan d'un naturel chagrin et querelleur, circonstance qu'il faut remarquer dans de pareils sujets ; il fut tué à la campagne, on ne sait ni par qui, ni comment. Deux jours après qu'on l'eut inhumé dans une chapelle de la ville, le bruit courut qu'on le voyait la nuit se promener à grands pas, et qu'il venait dans les maisons renverser les meubles, éteindre les lampes, embrasser les gens par derrière et faire mille tours d'espiègle. On ne fit qu'en rire d'abord ; mais l'affaire devint sérieuse lorsque les plus honnêtes gens commencèrent à se plaindre. Les papas (prêtres grecs) convenaient eux-mêmes du fait, et sans doute ils avaient leurs raisons. — Cependant le spectre continuait la même vie. On décida enfin, dans une assemblée des principaux de la ville, des prêtres et des religieux, qu'on attendrait, selon je ne sais quel ancien cérémonial, les neuf jours après l'enterrement. Le dixième jour on dit une messe dans la chapelle où était le corps, afin de chasser le démon que l'on croyait s'y être renfermé. La messe dite, on déterra le corps et on se mit en devoir de lui ôter le cœur ; ce qui excita les applaudissements de toute l'assemblée. Le corps sentait si mauvais, que l'on fut obligé de brûler de l'encens ; mais la fumée, confondue avec la mauvaise odeur, ne fit que l'augmenter, et commença d'échauffer la cervelle de ces pauvres gens : leur imagination se remplit de visions. On s'avisa de dire qu'il sortait une épaisse fumée de ce corps. Nous n'osions pas assurer, dit Tournefort, que c'était celle de l'encens. On ne criait que *Vroucolacas* dans la chapelle et dans la place. Le bruit se répandait dans les rues comme par mugissements, et ce nom semblait fait pour tout ébranler. — Plusieurs assistants assuraient que le sang était encore tout vermeil, d'autres juraient qu'il était encore tout chaud ; d'où l'on concluait que le mort avait grand tort de n'être pas mort, ou, pour mieux dire, de s'être laissé ranimer par le diable. C'est là précisément l'idée qu'on a d'un broucolaque ou vroucolaque. Les gens qui l'avaient mis en terre prétendirent qu'ils s'étaient bien aperçus qu'il n'était pas raide lorsqu'on le transportait de la campagne à l'église pour l'enterrer, et que, par conséquent, c'était un vrai broucolaque ; c'était le refrain. Enfin, on fut d'avis de brûler le cœur du mort, qui, après cette exécution, ne fut pas plus docile qu'auparavant. On l'accusa encore de battre les gens la nuit, d'enfoncer les portes, de déchirer les habits et de vider les cruches et les bouteilles. C'était un mort bien altéré. Je crois, ajoute Tournefort, qu'il n'épargna que la maison du consul chez qui nous logions. — Mais tout le monde avait l'imagination renversée ; c'était une vraie maladie de cerveau, aussi dangereuse que la manie et la rage. On voyait des familles entières abandonner leurs maisons, portant leurs grabats à la place pour y passer la nuit : les plus sensés se retiraient à la campagne. Les citoyens un peu zélés pour le bien public assuraient qu'on avait manqué au point le plus essentiel de la cérémonie. Il ne fallait, disaient-ils, célébrer la messe qu'après avoir ôté le cœur du défunt. Ils prétendaient qu'avec cette précaution on n'aurait pas manqué de surprendre le diable, et sans doute il n'aurait eu garde d'y revenir ; au lieu qu'ayant commencé par la messe, il avait eu le temps de rentrer, après s'être d'abord enfui. — On fit cependant des processions dans toute la ville pendant trois jours et trois nuits ; on obligea les papas de jeûner ; on se détermina à faire le guet pendant la nuit, et on arrêta quelques vagabonds qui assurément avaient part à tout ce désordre ; mais on les relâcha trop tôt, et deux jours après, pour se dédommager du jeûne qu'ils avaient fait en prison, ils recommencèrent à vider les cruches de vin de ceux qui avaient quitté leur maison la nuit. On fut donc obligé de recourir de nouveau aux prières. — Un matin que l'on récitait certaines oraisons, après avoir planté quantité d'épées nues sur la fosse du cadavre, que l'on déterrait trois ou quatre fois par jour, suivant le caprice du premier venu, un Albanais qui se trouvait à Mycone s'avisa de dire, d'un ton de docteur, qu'il était ridicule de se servir, en pareils cas, des épées des chrétiens. « Ne voyez-vous pas, pauvres gens, ajouta-t-il, que la garde de ces épées, faisant une croix avec la poignée, empêche le diable de sortir de ce corps ? Que ne vous servez-vous plutôt des sabres des Turcs ? » L'avis ne servit de rien ; le broucolaque ne fut pas plus traitable, et on ne savait plus à quel saint se vouer, lorsqu'on résolut tout d'une voix unanime de brûler le corps tout entier ; après cela ils se défiaient bien le diable de s'y nicher. — On prépara donc un bûcher avec du goudron, à l'extrémité de l'île de Saint-George, et les débris du corps furent consumés le 1er janvier 1701. Dès lors on n'entendit plus parler du broucolaque. On se contenta de dire que le diable avait été bien attrapé cette fois-là, et l'on fit des chansons pour le tourner en ridicule. » — « Dans tout l'Archipel, ajoute Tournefort, on est bien persuadé qu'il n'y a que les Grecs du rit grec dont le diable ranime les cadavres. Les habitants de l'île de Santorine appréhendent fort ces sortes de spectres ; ceux de Mycone, après que leurs visions furent dissipées, craignaient également les poursuites des Turcs et celles de l'évêque de Tine. Aucun prêtre ne voulut se trouver à Saint-George quand on brûla le corps, de peur que l'évêque n'exigeât une somme d'argent pour avoir fait déterrer et brûler le mort sans sa permission. Pour les Turcs, il est certain qu'à la première visite ils ne manquèrent pas de faire payer à la communauté de Mycone le sang de ce pauvre revenant, qui fut, en toute manière, l'abomination et l'horreur de son pays. » — Les musulmans ont des vampires ou broucolaques d'autre sorte, qu'ils appellent gholes ou goules : ils sont du sexe féminin. On en cite des histoires qui remontent jusqu'au dixième siècle et même jusqu'au règne d'Haroun al Raschild. Mais les gholes mangent la chair et boivent le sang comme les loups-garous plutôt que comme les vampires, car elles n'ont pas besoin d'être mortes pour se livrer à leurs festins funèbres. — Dans un faubourg de Bagdad vivait, dit-on, au commencement du quinzième siècle, un vieux marchand qui avait amassé une fortune considérable. Il n'avait pour héritier de ses biens qu'un fils qu'il aimait tendrement. Il avait résolu de le marier à la fille d'un de ses confrères, marchand comme lui, et avec qui il avait lié un commerce d'amitié dans ses fréquents voyages. — Cette jeune fille était riche, mais laide ; et Abdul (c'est le nom du jeune homme), à qui on montra son portrait, demanda du temps pour se décider à ce mariage. — Un soir qu'il se promenait seul, à la clarté de la lune, dans les campagnes voisines de Bagdad, il entendit une voix fraîche qui chantait quelques versets du Koran en s'accompagnant d'une guitare. Il traversa le bosquet qui cachait la chanteuse, et se trouva au pied d'une maisonnette où il vit, sur un balcon ombragé d'herbes traînantes, une belle jeune femme. — Il n'osa se faire remarquer que par des signes de respect ; la fenêtre s'étant refermée, il regagna la maison paternelle, sans savoir si seulement il avait été vu. — Le lendemain matin, après la prière du lever du soleil, il revint dans les mêmes lieux, fit d'ardentes recherches, et découvrit, non sans peine, que celle qui l'avait frappé était fille d'un sage qui n'avait point d'or à lui donner, mais qui l'avait élevée dans toutes les sciences sublimes : ces nouvelles achevèrent de l'enflammer. — Dès lors le mariage projeté par son père devint impossible. Il alla trouver le vieillard et lui dit : « Mon père, vous savez que jusqu'ici je n'ai su que vous obéir : aujourd'hui je viens vous supplier de m'accorder une épouse de mon choix. » Il exposa sa répugnance pour la femme qu'on lui proposait, et son amour pour l'inconnue. — Le vieillard fit quelques objections ; mais, voyant que son fils était entraîné par ce que les musulmans regardent comme une fatalité irrésistible, il ne mit plus d'obstacles à son désir : il alla trouver le vieux sage, et lui demanda sa fille. Le mariage se fit, dit le conte. — Au bout de trois mois, Abdul s'étant éveillé une certaine nuit s'aperçut que sa jeune épouse avait quitté la couche nuptiale. Il crut d'abord qu'un accident imprévu ou une indisposition subite avait causé cette absence : il résolut toutefois d'attendre ; mais Nadila (c'était la jeune femme) ne revint qu'une heure avant le jour. Abdul, remarquant qu'elle rentrait avec l'air effaré et la démarche mystérieuse, fit semblant de dormir, et ne témoigna rien de ses inquiétudes, bien résolu de s'éclaircir un peu plus tard. Nadila ne lui parla point de son absence nocturne ; la nuit suivante elle s'échappa de nouveau, croyant Abdul endormi, et sortit selon sa coutume. — Abdul se hâta de s'habiller ; il la suivit de loin par de longs détours. Il la vit entrer enfin dans un cimetière ; il y entra pareillement. Nadila s'enfonça sous un grand tombeau éclairé de trois lampes. — Quelle fut la surprise d'Abdul lorsqu'il vit sa jeune et belle épouse, qu'il chérissait si tendrement, entourée de plusieurs ghôles, qui se réunissaient là toutes les nuits pour leurs festins effroyables! — Il avait remarqué, depuis son mariage, que sa femme ne mangeait rien le soir ; mais il n'avait tiré de cette observation aucune conséquence fâcheuse. — Il vit bientôt une de ces ghôles apportant un cadavre encore frais, autour duquel toutes les autres se rangèrent. L'idée lui vint de se montrer, de dissiper ces hideuses sorcières ; mais il n'eût pas été le plus fort : il se décida à dévorer son indignation. — Le cadavre fut coupé en pièces, et les ghôles le mangèrent en chantant des chansons infernales. Ensuite elles enterrèrent les os, et se séparèrent après s'être embrassées. — Abdul, qui ne voulait pas être vu, se hâta de regagner son lit, où il feignit de dormir jusqu'au matin. De toute la journée il ne témoigna rien de ce qu'il avait vu ; mais, la nuit venue, il engagea sa jeune épouse à prendre sa part d'une légère collation. Nadila s'excusa selon sa coutume ; il insista longtemps et s'écria enfin avec colère : « Vous aimez mieux aller souper avec les ghôles ! » Nadila ne répondit rien, pâlit, trembla de fureur, et alla en silence se mettre au lit avec son époux. — Au milieu de la nuit, lorsqu'elle le crut plongé dans un profond sommeil, elle lui dit d'une voix sombre : « Tiens, expie ta curiosité. » En même temps elle se mit à genoux sur sa poitrine, le saisit à la gorge, lui ouvrit une veine, et se disposa à boire son sang. Tout cela fut l'ouvrage d'un instant. — Le jeune homme, qui ne dormait point, s'échappa avec violence des bras de la furie, et la frappa d'un coup de poignard qui la laissa mourante à ses côtés. Aussitôt il appela du secours : on pansa la plaie qu'il avait à la gorge, et le lendemain on porta en terre la jeune ghôle. — Trois jours après, au milieu de la nuit, elle apparut à son époux, se jeta sur lui, et voulut l'étouffer de nouveau. Le poignard d'Abdul fut inutile dans ses mains ; il ne trouva de salut que dans une prompte fuite. — Il fit ouvrir le tombeau de Nadila, qu'on trouva comme vivante, et qui semblait respirer dans son cercueil. On alla à la maison du sage qui passait pour le père de cette malheureuse. Il avoua que sa fille, mariée deux ans auparavant à un officier du calife, avait été tuée par son mari ; mais qu'elle avait retrouvé la vie dans son sépulcre, qu'elle était revenue chez son père ; en un mot, que c'était une femme vampire. On exhuma le corps ; on le brûla sur un bûcher de bois de senteur ; on jeta ses cendres dans le Tigre, et le pauvre époux fut délivré. — On sent bien que cette histoire n'est qu'un pur conte ; mais il peut donner une idée des croyances des Arabes. On voit dans certains contes orientaux une espèce de vampire qui ne peut conserver son odieuse vie qu'en avalant de temps en temps le cœur d'un jeune homme. On pourrait citer une foule de traits de même sorte dans les contes traduits de l'arabe : ces contes prouvent que les horribles idées du vampirisme sont anciennes en Arabie. — On a publié en 1773, un petit ouvrage intitulé [1] : *Pensées philosophiques et chrétiennes sur les vampires*, par Jean-Christophe Herenberg. L'auteur parle, en passant, d'un spectre qui lui apparut à lui-même en plein midi : il soutient en même temps, que les vampires ne font pas mourir les vivants, et que tout ce qu'on en débite ne doit être attribué qu'au trouble de l'imagination des malades. — Il prouve, par diverses expériences, que l'imagination est capable de causer de très-grands dérangements dans le corps et dans les humeurs. Il rappelle qu'en Esclavonie on empalait les meurtriers, et qu'on y perçait le cœur du coupable par un pieu qu'on lui enfonçait dans la poitrine. Si l'on a employé le même châtiment contre les vampires, c'est parce qu'on les suppose auteurs de la mort de ceux dont on dit qu'ils sucent le sang. Christophe Herenberg donne quelques exemples de ce supplice exercé contre les vampires, l'un dès l'an 1337, un autre en l'année 1347, etc. ; il parle de l'opinion de ceux qui croient que les morts mâchent dans leurs tombeaux, opinion dont il tâche de prouver l'antiquité par des citations de Tertullien, au commencement de son livre de la *Résurrection*, et de saint Augustin, livre VIII de la *Cité de Dieu*. — Quant à ces cadavres qu'on a trouvés, dit-on, pleins d'un sang fluide, et dont la barbe, les cheveux et les ongles se sont renouvelés, avec beaucoup de bienveillance on peut rabattre les trois quarts de ces prodiges ; et encore faut-il être complaisant pour en admettre une partie. Tous ceux qui raisonnent connaissent assez combien le crédule vulgaire et même certains historiens sont portés à grossir les choses qui paraissent extraordinaires. Cependant il n'est pas impossible d'en expliquer physiquement la cause. — On sait qu'il y a certains terrains qui sont propres à conserver les corps dans toute leur fraîcheur : les raisons en ont été si souvent expliquées qu'il n'est pas nécessaire de s'y arrêter. On montre encore à Toulouse, dans une église, un caveau où les corps restent si parfaitement dans leur

---

[1] Philosophicæ et christianæ cogitationes de Vampiriis, a Joanne Christophoro Herenbergio.

entier, qu'il s'en trouvait, en 1789, qui étaient là depuis près de deux siècles, et qui paraissaient vivants. On les avait rangés debout contre la muraille, et ils portaient les vêtements avec lesquels on les avait enterrés. — Ce qu'il y a de plus singulier, c'est que les corps qu'on met de l'autre côté de ce même caveau deviennent, deux ou trois jours après, la pâture des vers. — Quant à l'accroissement des ongles, des cheveux et de la barbe, on l'aperçoit très-souvent dans plusieurs cadavres. Tandis qu'il reste encore beaucoup d'humidité dans les corps, il n'y a rien de surprenant que pendant un certain temps on voie quelque augmentation dans des parties qui n'exigent pas l'influence des esprits vitaux. — Pour le cri que les vampires font entendre lorsqu'on leur enfonce le pieu dans le cœur, rien n'est plus naturel. L'air qui se trouve renfermé dans le cadavre, et que l'on en fait sortir avec violence, produit nécessairement ce bruit en passant par la gorge : souvent même les corps morts produisent des sons sans qu'on les touche. — Voici encore une anecdote qui peut expliquer quelques-uns des traits de vampirisme, que nous ne prétendons pourtant pas nier ou expliquer sans réserve : le lecteur en tirera les conséquences qui en dérivent naturellement. Cette anecdote a été rapportée dans plusieurs journaux anglais, et particulièrement dans le *Sun* du 22 mai 1802. — Au commencement d'avril de la même année, le nommé Alexandre Anderson, se rendant d'Elgin à Glasgow, éprouva un certain malaise, qui l'obligea d'entrer dans une ferme qui se trouvait sur sa route, pour y prendre un peu de repos. Soit qu'il fût ivre, ou qu'il craignît de se rendre importun, il alla se coucher sous une remise, où il se couvrit de paille, de manière à n'être pas aperçu. Malheureusement, après qu'il fut endormi, les gens de la ferme eurent occasion d'ajouter une grande quantité de paille à celle où cet homme se trouvait enseveli. Ce ne fut qu'au bout de cinq semaines qu'on le découvrit dans cette singulière situation. Son corps n'était plus qu'un squelette hideux et décharné ; son esprit était si fort aliéné, qu'il ne donnait plus aucun signe d'entendement : il ne pouvait plus faire usage de ses jambes. La paille qui avait environné son corps était réduite en poussière, et celle qui avait avoisiné sa tête paraissait avoir été mâchée. — Lorsqu'on le retira de cette espèce de tombeau, il avait le pouls presque éteint, quoique ses battements fussent très-rapides, la peau moite et froide, les yeux immobiles, très-ouverts, et le regard étonné. — Après qu'on lui eut fait avaler un peu de vin, il recouvra suffisamment l'usage de ses facultés physiques et intellectuelles pour dire, à une des personnes qui l'interrogeaient, que la dernière circonstance qu'il se rappelait était celle où il avait senti qu'on lui jetait de la paille sur le corps ; mais il paraît que, depuis cette époque, il n'avait eu aucune connaissance de sa situation. On supposa qu'il était constamment resté dans un état de délire, occasionné par l'interception de l'air et par l'odeur de la paille, pendant les cinq semaines qu'il avait ainsi passées, sinon sans respirer, du moins en respirant difficilement, et sans prendre de nourriture que le peu de substance qu'il put extraire de la paille qui l'environnait et qu'il eût l'instinct de mâcher. — Cet homme vit peut-être encore. Si sa résurrection eût eu lieu chez des peuples infectés d'idées de vampirisme, en considérant ses grands yeux, son air égaré et toutes les circonstances de sa position, on l'eût brûlé peut-être avant de lui donner le temps de se reconnaître ; et ce serait un vampire de plus. *Voy.* PAUL, HARPPE, PLOGOJOWITS, POLYCRITE, KATAKHANÈS, etc.

Vanlund, — *voy.* VADE.

Vapeurs. — Les Knistenaux, peuplade sauvage du Canada, croient que les vapeurs qui s'élèvent et restent suspendues au-dessus des marais sont les âmes des personnes nouvellement mortes[1]. Les vapeurs sont prises chez nous, lorsqu'elles s'enflamment, pour des esprits follets.

Vapula, — grand et puissant duc de l'enfer, qui paraît sous la forme d'un lion, avec des ailes de griffon. Il rend l'homme très-adroit dans la mécanique et la philosophie, et donne l'intelligence aux savants. Trente-six légions lui obéissent[2].

Vaucanson, — *voy.* MÉCANIQUE.

Vaudois, — hérétiques, sectateurs de Pierre Valdo, qui égarés par une fausse humilité se séparèrent de l'Église et allèrent bien vite très-loin. Ils niaient le purgatoire et l'efficacité des prières pour les morts. Puis ils rejetèrent la messe, saccagèrent les églises et les couvents, troublèrent la société par le fanatisme en se mêlant aux Albigeois, et sont comptés parmi les précurseurs de la prétendue réforme.

Vauvert. — Saint Louis, ayant fait venir des chartreux à Paris, leur donna une habitation au faubourg Saint-Jacques, dans le voi-

---

[1] Mackensie, Voyage dans l'Amérique septentrionale, 1802.
[2] Wierus, in Pseudom. dæm.

sinage du château de Vauvert, vieux manoir bâti par le roi Robert, mais depuis long-temps inhabité, parce qu'il était infesté de démons (qui étaient peut-être des faux-monnayeurs). On y entendait des hurlements affreux; on y voyait des spectres traînant des chaînes, et entre autres un monstre vert avec une grande barbe blanche, moitié homme et moitié serpent, armé d'une grosse massue, et qui semblait toujours prêt à s'élancer, la nuit, sur les passants. Il parcourait même, disait-on, la rue où se trouvait le château, sur un chariot enflammé, et tordait le cou aux téméraires qui se trouvaient sur son passage. Le peuple l'appelait le diable de Vauvert. Les chartreux ne s'en effrayèrent point et demandèrent le manoir à saint Louis; il le leur donna avec toutes ses appartenances et dépendances, et les revenants ni le diable de Vauvert n'y revinrent plus. Le nom d'Enfer resta seulement à la rue, en mémoire de tout le tapage que les diables y avaient fait[1].

Veau d'or. — Le rabbin Salomon prétend que le veau d'or des Israélites était vivant et animé. Le Koran dit qu'il mugissait. Plusieurs rabbins pensent qu'il fut fabriqué par des magiciens qui s'étaient mêlés aux Israélites à la sortie d'Égypte. Hur avait refusé de le faire; et on voit dans les vieilles légendes que les Hébreux, irrités de ce refus, crachèrent si fort contre lui qu'ils l'étouffèrent sous ce singulier projectile[2].

Veau marin. — Si l'on prend du sang de ce poisson avec un peu de son cœur, et qu'on le mette dans de l'eau, on verra à l'entour une multitude de poissons; et celui qui prendra un morceau de son cœur et le placera sous ses aisselles, surpassera tout le monde en jugement et en esprit. Enfin le criminel qui l'aura rendra son juge doux et favorable[3]. Voy. Mérovée.

Véland-le-Forgeron, — voy. Vade.

Velléda, — druidesse qui vivait du temps de Vespasien, chez les Germains, au rapport de Tacite, et qui, moitiée fée, moitié prophétesse, du haut d'une tour où elle vivait, exerçait au loin une puissance égale ou supérieure à celle des rois. Les plus illustres guerriers n'entreprenaient rien sans son aveu, et lui consacraient une partie du butin.

Vendredi. — Ce jour, comme celui du mercredi, est consacré, par les sorcières du sabbat, à la représentation de leurs mystères.

— Il est regardé par les superstitieux comme funeste, quoique l'esprit de la religion chrétienne nous apprenne le contraire[1]. Ils oublient tous les malheurs qui leur arrivent les autres jours, pour se frapper l'imagination de ceux qu'ils éprouvent le vendredi. Néanmoins ce jour tant calomnié a eu d'illustres partisans. François 1er assurait que tout lui réussissait le vendredi. Henri IV aimait ce jour-là de préférence. Le peuple est persuadé que le vendredi est un jour *sinistre, parce que rien ne réussit ce jour-là*. Mais si un homme fait une perte, un autre fait un gain; et si le vendredi est malheureux pour l'un, il est heureux pour un autre, comme tous les autres jours. — Cette superstition est très-enracinée aux États-Unis. A New-York, on voulut la combattre il y a quelques années; on commanda un navire qui fut commencé un vendredi; on en posa la première pièce un vendredi; on le nomma un vendredi; on le lança à la mer un vendredi; on le fit partir un vendredi, avec une équipage qu'on avait éclairé. Il ne revint jamais..... — Et la crainte du vendredi est à New-York plus forte que jamais. — Les chemises qu'on fait le vendredi attirent les poux[2] dans certaines provinces.

Veneur. — L'historien Mathieu raconte que le roi Henri IV, chassant dans la forêt de Fontainebleau, entendit, à une demi-lieue de lui, des jappements de chiens, des cris et des cors de chasseurs; et qu'en un instant tout ce bruit, qui semblait fort éloigné, s'approcha à vingt pas de ses oreilles, tellement que le roi étonné commanda au comte de Soissons de voir ce que c'était. Le comte s'avance; un homme noir se présente dans l'épaisseur des broussailles, et disparaît en criant d'une voix terrible : *M'entendez-vous?...* Les paysans et les bergers des environs dirent que c'était un démon qu'ils appelaient *le grand veneur de la forêt de Fontainebleau*, et qui chassait souvent dans cette forêt. D'autres prétendaient que c'était la chasse de saint Hubert, chasse mystérieuse de fantômes d'hommes et de fantômes de chiens, qu'on entendait aussi en d'autres lieux. Quelques-uns, moins amis du merveilleux, disaient que ce n'était qu'un compère qui chassait impunément les bêtes du roi sous le masque protecteur d'un démon; mais voici sans doute la vérité du fait : — Il y avait à Paris, en 1596, deux gueux, qui dans leur oisiveté s'étaient si bien exercés à contrefaire le son des cors de chasse et la voix des chiens,

---

[1] Saint-Foix, Essais sur Paris.
[2] Bayle, Dict. critique; Aaron, note A.
[3] Admirables secrets d'Albert-le-Grand, p. 110

[1] La mort de Notre-Seigneur, la rédemption du genre humain, la chute du pouvoir infernal, doivent au contraire sanctifier le vendredi.
[2] Thiers, Traité des superstitions.

qu'à trente pas on croyait entendre une meute et des piqueurs. On devait y être encore plus trompé dans des lieux où les rochers renvoient et multiplient les moindres cris. Il y a toute apparence qu'on s'était servi de ces deux hommes pour l'aventure de la forêt de Fontainebleau, qui fut regardée comme l'apparition véritable d'un fantôme.

Ventriloques, — gens qui parlent par le ventre, et qu'on a pris autrefois pour des démoniaques ou des magiciens. *Voy.* CÉCILE, etc.

Vents. — Les anciens donnaient à Éole plein pouvoir sur les vents; la mythologie moderne a imité cette fable en donnant une pareille prérogative à certains sorciers. *Voy.* FINNES, ÉRIC, etc. — Il y avait, dans le royaume de Congo un petit despote qui tirait des vents un parti plus lucratif. Lorsqu'il voulait imposer un nouveau tribut à son peuple, il sortait dans la campagne par un temps orageux, le bonnet sur l'oreille, et obligeait à payer l'*impôt du vent* ceux de ses sujets sur les terres de qui tombait le bonnet. — A Quimper, en Bretagne, les femmes qui ont leur mari en mer vont balayer la chapelle la plus voisine et en jeter la poussière en l'air, dans l'espérance que cette cérémonie procurera un vent favorable à leur retour[1]. — Dans le même pays, une femme ne souffre pas qu'on lui passe son enfant par-dessus la table; si dans ce passage un mauvais vent venait à le frapper, il ne pourrait en guérir de la vie[2].

Vépar ou **Sépar**, — puissant et redoutable duc du sombre empire. Il se montre sous la forme d'une syrène, conduit les vaisseaux marchands, et afflige les hommes de blessures venimeuses, qu'on ne guérit que par l'exorcisme. Il commande vingt-neuf légions.

Ver du Gange, — *voy.* SERPENT.

Vérandi, — *voy.* NORNES.

Verdelet, — démon du second ordre, maître des cérémonies de la cour infernale. Il est chargé du transport des sorcières au sabbat. Verdelet prend aussi le nom de *Jolibois*, ou de *Vert-Joli*, ou de *Saute-Buisson*, ou de *Maître Persil*, pour allécher les femmes et les faire tomber dans ses piéges, dit Boguet, par ces noms agréables et tout à fait plaisants.

Verdun (MICHEL), — sorcier de la Franche-Comté, pris en 1521, avec Pierre Burgot et le Gros-Pierre. Wierus a rapporté les faits qui donnèrent lieu au supplice de ces trois frénétiques[3]. Tous trois confessèrent s'être donnés au diable. Michel Verdun avait mené Burgot près du Château-Charlon, où chacun, ayant à la main une chandelle de cire verte qui faisait la flamme bleue, avait offert des sacrifices et dansé en l'honneur du diable. Après s'être frottés de graisse, ils s'étaient vus changés en loups. Dans cet état, ils vivaient absolument comme les loups, dirent-ils. Burgot avoua qu'il avait tué un jeune garçon avec ses pattes et dents de loup, et qu'il l'eût mangé si les paysans ne lui eussent donné la chasse. Michel Verdun confessa qu'il avait tué une jeune fille occupée à cueillir des pois dans un jardin, et que lui et Burgot avaient tué et mangé quatre autres jeunes filles. Ils désignaient le temps, le lieu et l'âge des enfants qu'ils avaient dérobés. Il ajouta qu'ils se servaient d'une poudre qui faisait mourir les personnes. Ces trois loups-garous furent condamnés à être brûlés vifs. Les circonstances de ce fait étaient peintes en un tableau qu'on voyait dans une église de Poligny. Chacun de ces loups-garous avait la patte droite armée d'un couteau[1].

Verge. — On donne quelquefois témérairement le nom de verge de Moïse à la baguette divinatoire. *Voy.* BAGUETTE. — Sans doute aussi le lecteur a entendu parler de la *verge foudroyante*, avec laquelle les sorciers faisaient tant de prodiges. Pour la faire, il faut acheter un chevreau, le premier jour de la lune, l'orner trois jours après d'une guirlande de verveine, le porter dans un carrefour, l'égorger avec un couteau neuf, le brûler dans un feu de bois blanc, en conservant la peau, aller ensuite chercher une baguette fourchue de noisetier sauvage qui n'ait jamais porté fruit, ne la toucher ce jour-là que des yeux, et la couper le lendemain matin, positivement au lever du soleil, avec la même lame d'acier qui a servi à égorger la victime et dont on n'a pas essuyé le sang. Il faut que cette baguette ait dix-neuf pouces et demi de longueur, ancienne mesure du Rhin, qui fait à peu près un demi-mètre. Après qu'on l'a coupée, on l'emporte, on la ferre par les deux extrémités de la fourche avec la lame du couteau; on l'aimante; on fait un cercle avec la peau du chevreau qu'on cloue à terre au moyen de quatre clous qui aient servi à la bière d'un enfant mort. On trace avec une pierre émailie un triangle au milieu de la peau; on se place dans le triangle, puis on fait les conjurations, tenant la baguette à la main, et ayant soin de n'avoir sur soi d'autre métal que de l'or et de l'argent. Alors les esprits paraissent et on

---

[1] Cambry, Voyage dans le Finistère, t. III, p. 36.
[2] *Idem, ibid.*, p. 48.
[3] Liv. VI, chap. 13.

[1] Boguet, p. 364.

commande..... Ainsi le disent du moins les grimoires.

Verre d'eau. — On prédit encore l'avenir dans un verre d'eau, et cette divination était surtout en vogue sous la régence du duc d'Orléans. Voici comment on s'y prend : on se tourne vers l'orient, on prononce *Abraxa per nostrum;* après quoi on voit dans le vase plein d'eau tout ce qu'on veut : on choisit d'ordinaire pour cette opération des enfants qui doivent avoir les cheveux longs. — A côté de la divination par le verre d'eau, par la coupe, qui était usitée en Égypte du temps de Joseph et qui se pratique encore avec diverses cérémonies, par la carafe, comme l'exerçait Cagliostro, on pourrait placer d'autres divinations qui ont pour élément un corps liquide. M. Léon de Laborde donne le détail de scènes produites au Caire [1] par un Algérien réputé sorcier, lequel prenait l'enfant qu'on lui présentait, le magnétisait par des incantations, lui traçait dans la main certaines figures, plaçait sur cette main un pâté d'encre en prononçant de mystérieuses paroles, puis lui faisait voir dans ce pâté d'encre tout ce qui pouvait piquer la curiosité des assistants. Les vivants et les morts y paraissaient. Shakspeare y vint et plusieurs autres. L'auteur d'un vol tout récent fut même découvert ainsi. S'il est vrai, comme l'assure M. Léon de Laborde, que ce récit soit sérieux, c'est fort singulier. *Voy.* Cagliostro, Oomancie, Hydromancie, etc.

Verrues. — On peut se délivrer des verrues, dit le Petit Albert, en enveloppant dans un linge autant de pois qu'on a de verrues, et en les jetant dans un chemin, afin que celui qui les ramassera prenne les verrues, et que celui qui les a en soit délivré. — Cependant voici un remède plus admirable pour le même objet : c'est de couper la tête d'une anguille vivante, de frotter les verrues et les poreaux du sang qui en découle; puis on enterrera la tête de l'anguille, et, quand elle sera pourrie, toutes les verrues qu'on a disparaîtront. — Les physiognomonistes, Lavater même, voient dans les verrues du visage une signification et un pronostic. — On ne trouve guère, dit Lavater, au menton d'un homme vraiment sage, d'un caractère noble et calme, une de ces verrues larges et brunes que l'on voit si souvent aux hommes d'une imbécillité décidée; mais si par hasard vous en trouviez une pareille à un homme d'esprit, vous découvririez bientôt que cet homme a de fréquentes absences, des moments d'une stupidité complète, d'une faiblesse incroyables. — Des hommes aimables et de beaucoup d'esprit peuvent avoir, au front ou entre les sourcils, des verrues qui, n'étant ni fort brunes, ni fort grandes, n'ont rien de choquant, n'indiquent rien de fâcheux; mais si vous trouvez une verrue forte, foncée, velue, à la lèvre supérieure d'un homme, soyez sûr qu'il manquera de quelque qualité très-essentielle, qu'il se distinguera au moins par quelque défaut capital. — Les Anglais du commun prétendent au contraire que c'est un signe heureux d'avoir une verrue au visage. Ils attachent beaucoup d'importance à la conservation des poils qui naissent ordinairement sur ces sortes d'excroissances.

Vers. — On voit dans le livre des Admirables secrets d'Albert le Grand que les vers de terre broyés et appliqués sur des nerfs rompus ou coupés, les rejoignent en peu de temps.

Vert-joli, — *voy.* Verdelet.

Verveine, — herbe sacrée dont on se servait pour balayer les autels de Jupiter. Pour chasser des maisons les malins esprits, on faisait des aspersions d'eau lustrale avec de la verveine. Les druides surtout ne l'employaient qu'avec beaucoup de superstitions; ils la cueillaient à la canicule, à la pointe du jour, avant que le soleil fût levé. Nos sorciers ont suivi le même usage, et les démonographes croient qu'il faut être couronné de verveine pour évoquer les démons.

Vespasien. — On raconte qu'étant en Achaïe avec Néron, il vit en songe un inconnu qui lui prédit que sa bonne fortune ne commencerait que lorsqu'on aurait ôté une dent à Néron. Quand Vespasien se fut réveillé, le premier homme qu'il rencontra fut un chirurgien, qui lui annonça qu'il venait d'arracher une dent à l'empereur. Peu de temps après, ce tyran mourut; mais Vespasien ne fut pourtant couronné qu'après Galba, Othon et Vitellius.

Vesta, — déesse du feu chez les païens. Les cabalistes la font femme de Noé. *Voy.* Zoroastre.

Vêtements des morts. — Ménasseh-ben-Israël dit que Dieu les conserve. Il assure que Samuël apparut à Saül dans ses habits de prophète; qu'ils n'étaient point gâtés, et que cela ne doit point surprendre, puisque Dieu conserve les vêtements aussi bien que les corps, et qu'autrefois tous ceux qui en avaient les moyens se faisaient ensevelir en robe de soie, pour être bien vêtus le jour de la résurrection.

---

[1] *Revue des Deux-Mondes,* août 1833.

Vétin. — Un moine du neuvième siècle, nommé Vétin, étant tombé malade, vit entrer dans sa cellule une multitude de démons horribles, portant des instruments propres à bâtir un tombeau. Il aperçut ensuite des personnages sérieux et graves, vêtus d'habits religieux, qui firent sortir ces démons. Puis il vit un ange environné de lumière qui vint se présenter au pied de son lit, le prit par la main et le conduisit par un chemin agréable, sur le bord d'un large fleuve où gémissaient un grand nombre d'âmes en peine, livrées à des tourments divers, suivant la quantité et l'énormité de leurs crimes. Il y trouva plusieurs personnes de sa connaissance, entre autres un moine qui avait possédé de l'argent en propre et qui devait expier sa faute dans un cercueil de plomb jusqu'au jour du jugement. Il remarqua des chefs, des princes, et même l'empereur Charlemagne, qui se purgeaient par le feu, mais qui devaient être délivrés dans un certain temps. Il visita ensuite le séjour des bienheureux qui sont dans le ciel, chacun a sa place selon ses mérites. — Quand Vétin fut éveillé, il raconta au long toute cette vision, qu'on écrivit aussitôt. Il prédit en même temps qu'il n'avait plus que deux jours à vivre; il se recommanda aux prières des religieux, et mourut en paix le matin du troisième jour. Cette mort arriva le 31 octobre 824, à Aigue-la-Riche [1], et la vision de ce bon moine a fourni des matériaux à ceux qui ont décrit les enfers.

Veu-Pacha, — enfer des Péruviens.

Viaram, — espèce d'augure qui était en vogue dans le moyen âge. Lorsqu'on rencontrait en chemin un homme ou un oiseau qui venait par la droite et passait à gauche, on en concluait mauvais présage; et au sens contraire heureux augure [2].

Vidal de la Porte, — sorcier du seizième siècle, que les juges de Riom condamnèrent à être pendu, étranglé et brûlé, pour ses maléfices, tant sur les hommes que sur les chiens, chats et autres animaux.

Vieille. — Bien des gens superstitieux croient que dans certaines familles une vieille apparaît et annonce la mort de quelqu'un de la maison. Cardan conte que dans un palais de Parme, appartenant à une famille noble et distinguée, on voyait toujours, quand quelqu'un devait mourir, le fantôme d'une vieille femme assis sous la cheminée. Voy. FEMMES BLANCHES, MÉLUSINE, etc.

[1] Lenglet-Dufresnoy.
[2] Michel Scott, De physiogn., c. 56.

Villain (L'ABBÉ), — auteur de l'*Histoire critique de Nicolas Flamel et de Pernelle sa femme*, in-12, Paris, 1761, livre assez recherché.

Villars (L'ABBÉ DE), — littérateur de Limoux, assassiné en 1673 sur la route de Lyon. Il était, dit-on, de l'ordre secret des Rose-Croix. Il a beaucoup écrit sur la cabale, et de manière qu'on ne sait pas très-bien découvrir s'il y croyait ou s'il s'en moquait. On a de lui : *le Comte de Gabalis*, ou Entretiens sur les sciences secrètes, in-12, Londres, 1742; *les Génies assistants*, in-12, même année, suite du *Comte de Gabalis*; *le Gnome irréconciliable*, autre suite du même ouvrage; *les Nouveaux Entretiens sur les sciences secrètes*, troisième suite du *Comte de Gabalis*. Nous avons cité souvent ces opuscules, aujourd'hui méprisés. Voy. CABALE, etc.

Villiers (FLORENT DE), — grand astrologue qui dit à son père qu'il ne fallait pas qu'il lui bâtît une maison, parce qu'il saurait habiter en divers lieux et toujours chez autrui. En effet, il alla à Beaugency, de là à Orléans, puis à Paris, en Angleterre, en Écosse, en Irlande; il étudia la médecine à Montpellier; de là à Rome, à Venise, au Caire, à Alexandrie, et revint auprès du duc Jean de Bourbon. Le roi Louis XI le prit à son service; il suivit ce prince en Savoie, pour étudier les herbes des montagnes et les pierres médicinales. Il apprit à les tailler et à les graver en talismans; il se retira à Genève, puis à Saint-Maurice en Chablais, à Berne en Suisse, et vint résider à Lyon; il y fit bâtir une étude où il y avait deux cents volumes de livres singuliers, qu'il consacra au public; il se maria, eut des enfants, tint ouverte une école d'astrologie où le roi Charles VII se rendit pour écouter ses jugements. On l'accusa d'avoir un esprit familier, parce qu'il répondait promptement à toutes questions.

Vine, — grand roi et comte de la cour infernale. Il se montre furieux comme un lion; un cheval noir lui sert de monture. Il tient une vipère à la main, bâtit des maisons, enfle les rivières, et connaît le passé. Dix-neuf légions lui obéissent [1].

Vipères. — On trouve sans doute encore en Espagne et en Italie de prétendus parents de saint Paul qui se vantent de charmer les serpents et de guérir les morsures de vipères. Voy. SALIVE.

Virgile. — Les hommes qui réfléchissent s'étonnent encore de la légende des faits mer-

[1] Wierus, in Pseudom. dæm.

veilleux de Virgile, tradition du moyen âge, que tous les vieux chroniqueurs ont ornée à l'envi, et qui nous présente comme un grand magicien celui qui ne fut qu'un grand poète. Est-ce à cause de l'admiration qu'il inspira? Est-ce à cause de sa quatrième églogue, qui roule sur une prophétie de la naissance de Jésus-Christ? N'est-ce pas pour l'aventure d'Aristée et les descriptions magiques du sixième livre de l'*Enéide*? Des savants l'ont pensé. Mais Gervais de Tilbury, Vincent de Beauvais, le poète Adenès, Alexandre Neeckam, Gratian du Pont, Gauthier de Metz et cent autres racontent de lui de prodigieuses aventures, qui semblent une page arrachée aux récits surprenants des *Mille et une Nuits*. — Nous croyons avoir trouvé l'origine de cette légende surnaturelle. De même qu'on a confondu le docteur Faust, ce grand magicien, avec l'inventeur de l'imprimerie; de même on a pu mêler un contemporain de Pepin-le-Bref, Virgile, évêque de Salzburg, avec le poète de la cour d'Auguste. Ce qui nous paraît de nature à consolider notre assertion, c'est que les légendaires font du beau, de l'élégant Virgile, un petit homme bossu ; or, l'évêque Virgile était contrefait; il avait beaucoup d'esprit: né en Irlande, selon les uns, dans les Ardennes, selon les autres, il parvint par son seul mérite à la haute dignité de l'épiscopat. Ce fut lui qui soutint qu'il y avait des antipodes; et, comme il s'occupait d'astronomie et de sciences physiques, il laissa un renom de sorcier profondément attaché à sa mémoire. Le savant évêque portait le même nom que le grand poète; on a pu faire des deux un seul homme; le temps s'est chargé du reste. Une raison encore de ce que nous disons, c'est qu'une des légendes de l'auteur de l'*Enéide* est intitulée : *les Faits merveilleux de Virgile, fils d'un chevalier des Ardennes*; cette légende est celle qui présente le plus de choses extraordinaires. — Nous allons rassembler ici un précis de cette légende bizarre, qui était de l'histoire pour nos pères, il y a cinq cents ans. Elle avait encore tant de croyants au dix-septième siècle, que Gabriel Naudé, dans son *Apologie pour les grands personnages accusés de magie*, se crut obligé de la réfuter sérieusement. Elle est toujours vivace à Naples, où le peuple en raconte des lambeaux avec bonne foi. — Virgile, suivant les traditions historiques, naquit à Andes, petit village près de Mantoue, l'an de Rome 684, soixante-dix ans avant Jésus-Christ. Suivant les autorités du onzième et du douzième siècle, on ne peut pas fixer exactement le lieu de sa naissance. Mais presque tous les légendaires s'accordent à dire qu'il était fils d'un vaillant chevalier, aussi habile magicien que redoutable homme de guerre. — La naissance de Virgile fut annoncée par un tremblement de terre qui ébranla tout dans Rome; et quelques-uns l'expliquent en disant que le chevalier dont il était fils n'était autre chose qu'un démon incube; tels furent le père de l'enchanteur Merlin et le père de Robert-le-Diable. — Comme le petit enfant se montra, dès ses plus tendres années, subtil et ingénieux, ses parents l'envoyèrent à l'école, où il apprit toutes les sciences alors connues. Quand il fut devenu grand, un jour qu'il se promenait seul à l'écart, songeant à sa mère devenue veuve (car le chevalier de qui il tenait le jour avait disparu, sans que l'on sût où il était allé), il entra dans une grotte profonde, creusée au pied d'un vieux rocher. Malgré l'obscurité complète, il s'avança jusqu'au fond. Il entendit une voix qui l'appelait; il regarda autour de lui; et, dans les ténèbres qui l'entouraient, il ne vit rien. Mais la voix, se faisant entendre de nouveau, lui dit : « Ne vois-tu pas devant toi cette pierre qui bouche une étroite ouverture? » — Virgile la heurta du pied et répondit : « Je crois la voir en effet. — Ote-la, reprit la voix, et laisse-moi sortir. — Mais qui es-tu, toi qui me parles ainsi? — Je suis le diable, qu'une main puissante a enfermé ici jusqu'au jugement dernier, à moins qu'un homme vierge ne me délivre. Si tu me tires d'ici, comme tu le peux, je t'apprendrai la magie; tu seras maître de toutes les richesses de la terre, et nul être ne sera aussi puissant que toi. — Apprends-moi d'abord la magie et le secret de tous les livres occultes, dit l'écolier; après cela, j'ôterai la pierre. » — Le diable s'exécuta de bonne grâce. En moins d'une heure, Virgile devint le plus savant homme du monde et le plus habile magicien. Quand il sut tout ce qu'il voulait, il poussa la pierre avec son pied; et, par l'ouverture qui n'était pas plus large que les deux mains, il sortit dans une fumée blanche un très-gros homme qui à l'instant se mit debout. — Le jeune adepte ne comprit pas d'abord qu'un corps si énorme eût pu passer par une ouverture si étroite. « Il n'est pas possible, dit-il, que tu aies passé par ce trou. — Cela est vrai cependant, dit le diable. — Tu n'y repasserais pas assurément! — J'y repasserais le plus aisément du monde. — Je gage que non! » — Le diable piqué voulut le convaincre. Il rentra dans la petite ouverture. Aussitôt Virgile remit la pierre; et le prisonnier eut beau prier, l'écolier s'en alla, le laissant dans son obscur cachot. — En sortant de la caverne, Virgile se trouva un tout autre homme. Il apprit par son art magique qu'un courtisan de l'empereur avait dépouillé sa mère de son château, que l'empereur refusait de le lui faire rendre, et qu'elle gémissait dans la misère. Il lui envoya aussitôt quatre mulets chargés d'or, et, n'ayant plus besoin d'étudier, il se mit en route pour Rome. Beaucoup d'écoliers ses amis voulurent le suivre. Il embrassa sa mère qu'il n'avait pas vue depuis douze ans. Il combla de richesses tous ceux de ses parents qui avaient aidé la veuve dépouillée; c'était, selon l'usage, les plus pauvres. — Lorsque vint l'époque où l'empereur distribuait des terres aux citoyens, Virgile se présenta devant lui; l'ayant salué, il lui redemanda le domaine dont sa mère avait été injustement dépossédée. L'empereur, après avoir entendu ses conseillers, dont l'un possédait le château de la veuve, répondit qu'il ne pouvait faire droit à la requête. Virgile se retira en jurant qu'il se vengerait. Le temps des moissons approchait; par son pouvoir magique, il fit enlever et transporter chez lui et chez ses amis tout ce qui pouvait se recueillir sur les terres qu'on lui avait confisquées. — Ce prodige causa une vive rumeur. On savait la puissance de Virgile; on le voyait logé en prince dans un vaste et magnifique château, et entouré de tant de serviteurs qu'on eût pu en faire une armée. « C'est le magicien qui a fait cela, dirent les courtisans. — Il faut l'aller combattre, » dit l'empereur. Et, suivi de bonnes troupes, il marcha droit au château de Virgile, se proposant de le détruire et de jeter son maître dans une dure prison. — Dès que Virgile aperçut les bataillons qui venaient l'assiéger, il appela son art à son secours. D'abord il enveloppa son château d'un brouillard si épais et si fétide, que l'empereur et les siens ne purent avancer plus loin. Ensuite, au moyen de certains miroirs merveilleux, il fascina tellement les yeux des soldats, qu'ils se croyaient tout environnés d'eau agitée et prêts à être engloutis. — L'empereur avait auprès de lui un nécromancien très-habile, et qui passait pour le plus savant homme dans la science des enchantements. On le fit venir. Il prétendit qu'il allait détruire les prestiges de Virgile et l'endormir lui-même. Mais Virgile, qui se cachait à quelques pas dans le brouillard, entendit ces paroles; et à l'instant, par un nouveau charme qui fut très-prompt, il frappa tout le monde d'une immobilité si parfaite, que l'empereur et son magicien lui-même semblaient changés en statue. « Comment nous tireras-tu de là? » grommela le prince, sans conserver même la puissance de froncer le sourcil. « Il n'y a que Virgile qui le puisse, » répondit tristement le nécromancien. — On proposa donc la paix. Aussitôt le philosophe parut devant l'empereur. Il exigea qu'on lui rendît l'héritage de son père; que l'étendue en fût doublée aux dépens des conseillers du prince, et qu'il fût admis désormais au conseil. Le César consentit à tout. Aussitôt les enchantements s'évanouirent; Virgile reçut l'empereur dans son château et le traita avec une magnificence inouïe. — L'empereur, devenu l'ami de Virgile, lui demanda, puisqu'il était si savant et qu'il maîtrisait la nature, de lui faire un charme au moyen duquel il pût savoir toujours si l'une des nations soumises songeait à se révolter. « Par là, dit-il, je préviendrai toutes les guerres et je régnerai tranquille. » — Le philosophe fit une grande statue de pierre qu'il appela Rome, et qu'il plaça au Capitole; puis il prit la principale idole de chacune des nations vaincues, dans le temple où les Romains recevaient tous les dieux; il les rassembla toutes et les rangea autour de la grande statue, leur mettant à chacune une trompette à la main. Dès-lors, aussitôt qu'une des nations soumises pensait à se révolter, l'idole qui la représentait s'agitait, se tournait vers la statue de Rome, et sonnait de sa trompette d'une manière terrible. L'empereur, ainsi prévenu, envoyait des troupes, qui arrivaient toujours à temps. On appela ce talisman *la salvation de Rome*. — Virgile avait conçu pour Naples une grande tendresse; il habitait souvent cette ville riante, que même selon quelques-uns des légendaires il avait fondée et bâtie. Pendant un été très-chaud, de grosses mouches se répandirent dans la ville, et se jetant sur les boucheries empoisonnèrent les viandes. Le philosophe, pour arrêter ce fléau, mit sur l'une des portes de Naples une grosse mouche d'airain qui, durant l'espace de huit ans qu'elle y demeura, empêcha qu'aucune mouche vivante entrât dans la ville. — On trouve dans les vieux récits beaucoup de talismans de cette espèce. Saint Loup n'en eut pas besoin pour préserver de l'invasion des mouches les boucheries publiques de Troyes en Champagne, où en effet les dispositions des courants d'air empêchent qu'elles n'y puissent pénétrer, tandis qu'on les voit par myriades aux portes. Fusil assure que, dans la grande boucherie de Tolède, il n'entrait, de son temps, qu'une seule mouche dans toute l'année. Bodin conte dans sa *Démonomanie* qu'il n'y a pas une seule mouche au palais de Venise; mais s'il en est ainsi, ajoute-t-il, c'est qu'il y a quelque philactère enfoui sous le seuil;

comme il s'est découvert depuis quelques années, en une ville d'Égypte où l'on ne voyait point de crocodile, qu'il y avait un crocodile de plomb enterré sous le seuil de la mosquée ; on l'ôta, et les habitants furent dès lors travaillés des crocodiles, comme ceux des autres cités qui bordent le Nil. On sait aujourd'hui que les crocodiles n'entrent pas dans les cités. Mais revenons au magicien. — Virgile était occupé à construire, pour l'empereur, des bains si merveilleux, que chaque baignoire guérissait la maladie dont elle portait le nom, lorsqu'un fléau plus hideux que les mouches vint désoler la ville de Rome. C'était une nuée immense de sangsues, qui, se répandant la nuit dans les maisons, tuaient en les suçant beaucoup de citoyens. On eut recours au magicien. Il fit une sangsue d'or et la mit dans un puits profond hors de la ville, où elle attira tous les reptiles suceurs. — Voulant ensuite se faire admirer du peuple, Virgile alluma sur un pilier de marbre, au milieu du Forum, une lampe qui brûlait toujours, sans que la flamme eût besoin d'aucun aliment. Elle jetait une si belle clarté que Rome en était partout éclairée. A quelques pas il plaça un archer d'airain, qui tenait une flèche et un arc bandé, avec cette inscription : *Si quelqu'un me touche, je tirerai ma flèche*. Trois cents ans après, un fou ayant frappé cet archer, il tira sa flèche sur la lampe et l'éteignit. — Pendant qu'il exécutait ces grandes choses, Virgile ayant eu occasion de voir la fille de l'empereur, qui était jeune, belle et malicieuse, en devint très-épris, quoiqu'il fût lui-même laid, bossu et philosophe. La princesse, voulant se divertir, fit semblant d'être sensible et lui donna rendez-vous le soir au pied de la tour qu'elle habitait. Il y vint. Au moyen d'une corbeille fixée au bout d'une corde, la princesse était convenue de le monter jusqu'à sa chambre avec l'aide de sa servante. Il se plaça dans la corbeille, et la jeune fille tira la corde ; mais, lorsqu'elle vit le philosophe à moitié chemin, elle fit un nœud à sa fenêtre, et le laissa suspendu dans les airs. — Gratian du Pont attribue cette méchanceté, dans ses *Controverses du sexe féminin et du masculin*, non pas à la fille de l'empereur, mais à une courtisane de Rome ; il l'apostrophe dans ces vers :

<blockquote>
Que dirons-nous du bonhomme Virgile,
Que tu pendis, si vrai que l'évangile,
Au corbillon ! A cet homme d'honneur
Ne fis-tu pas un très-grand déshonneur !
Hélas ! si fis ; et c'étoit dedans Rome
Que là demeura le pauvre homme,
Par ta cautèle et ta déception,
Un jour qu'on fit grosse procession.
</blockquote>

— Le matin, en effet, tout le peuple qui se rendait, non pas à la procession, mais au marché, se moqua du poète, qui ne trouva qu'à la fin du jour une âme compatissante. Descendu à terre, il se hâta de rentrer chez lui ; et là, pour se venger avant tout du peuple qui l'avait raillé, il éteignit à la fois tous les feux qui brûlaient dans Rome. — Le peuple effrayé courut à l'empereur. Virgile fut mandé. « Les feux éteints ne se rallumeront pas que je ne sois vengé, dit-il. — Vengé de qui ? — De votre fille. Il conta sa mésaventure ; et il voulut que la princesse ou la courtisane allât en chemise sur un échafaud dressé au milieu de la grande place, et que là, avec un flambeau, elle distribuât du feu à tout le peuple. Ce châtiment, qu'il fallut subir, dura trois jours. Virgile, pour se consoler un peu, s'en fut à Naples, où il se livra à l'étude. Ce fut alors qu'il mit sur une des portes de Naples deux statues de pierre, l'une joyeuse et belle, l'autre triste et hideuse, et qui avaient cette puissance que quiconque entrait du côté de la première réussissait dans toutes ses affaires ; mais ceux qui entraient du côté de l'autre étaient malheureux durant tout le séjour qu'ils faisaient à Naples. — Il se fit un jardin où fleurissaient les plantes et les arbres de toutes les contrées de l'univers. On y trouvait tous les animaux qui peuvent être utiles et tous les oiseaux chanteurs. On y voyait les plus beaux poissons du monde dans de magnifiques bassins. A l'entrée d'une grotte où Virgile renfermait ses trésors immenses, on admirait deux statues d'un métal inconnu, qui frappaient sur une enclume avec tant de mélodie, que les oiseaux s'arrêtaient dans les airs pour les entendre. — Il fabriqua un miroir dans lequel il lisait l'avenir, et une tête d'airain qui parlait et le lui annonçait. — Ne voulant pas de bornes à ses points de vue, il avait entouré ses jardins d'un air immobile, qui faisait l'office d'une muraille. Pour ses voyages, il construisit en airain une sorte de pont volant, sur lequel il se transportait aussi vite que la pensée partout où il voulait. On ajoute que c'est encore par son art qu'il creusa le chemin souterrain du Pausilippe, et qu'il mourut là. — Nous n'avons pas parlé des sentiments de Virgile pour la fille du sultan d'Égypte, parce qu'ils ne sont rapportés que par l'auteur du livre intitulé : *les Faits merveilleux de Virgile, fils d'un chevalier des Ardennes*, et que ce chroniqueur n'écrivait qu'au seizième siècle. Mais citons l'anecdote d'Osmone sur la mort du philosophe-magicien-poète. Dans son *Image du monde*, Osmone conte que Virgile, sur le point de voyager au loin, consulta son androïde, c'est-à-dire sa tête magique qu'il avait faite, et qu'elle lui dit que s'il gardait bien sa tête son voyage serait heureux. Virgile crut qu'il lui fallait seulement veiller sur son œuvre; il ne quitta pas son androïde d'un instant. Mais il avait mal compris; s'étant découvert le front en plein midi, il fut frappé d'un coup de soleil, dont il mourut. Son corps, comme il l'avait désiré, fut transporté à Naples, où il est toujours sous le laurier impérissable qui le couvre. — Les Napolitains regardent le tombeau de Virgile comme leur palladium; aucun conquérant n'a osé le leur enlever. Ils croient aux merveilles que nous avons racontées et à d'autres encore. Le peuple de Naples vous le dira. Mais, à sa louange, il n'oublie pas les prodigieux faits de Virgile : les *Géorgiques* et l'*Énéide*.

Virgile, — évêque de Salzbourg. *Voy.* ANTIPODES.

Visions. — Il y a plusieurs sortes de visions, qui la plupart ont leur siége dans l'imagination ébranlée. Aristote parle d'un fou qui demeurait tout le jour au théâtre quoiqu'il n'y eût personne; et là, il frappait des mains et riait de tout son cœur, comme s'il avait vu jouer la comédie la plus divertissante. — Un jeune homme, d'une innocence et d'une pureté de vie extraordinaires, étant venu à mourir à l'âge de vingt-deux ans, une vertueuse veuve vit en songe plusieurs serviteurs de Dieu qui ornaient un palais magnifique. Elle demanda pour qui on le préparait; on lui dit que c'était pour le jeune homme qui était mort la veille. Elle vit ensuite, dans ce palais, un vieillard vêtu de blanc, qui ordonna à deux de ses gens de tirer ce jeune homme du tombeau et de l'amener au ciel. Trois jours après la mort du jeune homme, son père, qui se nommait Armène, s'étant retiré dans un monastère, le fils apparut à l'un des moines, et lui dit que Dieu l'avait reçu au nombre des bienheureux, et qu'il l'envoyait chercher son père. Armène mourut le quatrième jour[1]. — Voici des traits d'un autre genre. Torquemada conte qu'un grand seigneur espagnol, sorti un jour pour aller à la chasse sur une de ses terres, fut fort étonné lorsque, se croyant seul, il s'entendit appeler par son nom. La voix ne lui était pas inconnue; mais comme il ne paraissait pas empressé, il fut appelé une seconde fois, et reconnut distinctement l'organe de son père, décédé depuis peu. Malgré sa peur, il ne laissa pas d'avancer. Quel fut son étonnement de voir une grande caverne, ou espèce d'abîme, dans laquelle était une longue échelle.

[1] Lettre de l'évêque Évode à saint Augustin.

Le spectre de son père se montra sur les premiers échelons, et lui dit que Dieu avait permis qu'il lui apparût, afin de l'instruire de ce qu'il devait faire pour son propre salut et pour la délivrance de celui qui lui parlait, aussi bien que pour celle de son grand-père qui était quelques échelons plus bas; que la justice divine les punissait et les retiendrait jusqu'à ce qu'on eût restitué un héritage usurpé par ses aïeux; qu'il eût à le faire incessamment, qu'autrement sa place était déjà marquée dans ce lieu de souffrance. — A peine ce discours eut-il été prononcé, que le spectre et l'échelle disparurent, et l'ouverture de la caverne se referma. Alors la frayeur l'emporta sur l'imagination du chasseur; il retourna chez lui, rendit l'héritage, laissa à son fils ses autres biens, et se retira dans un monastère, où il passa le reste de sa vie. » — Il y a des visions qui tiennent un peu à ce que les Écossais appellent la seconde vue. Boaistuau raconte ce qui suit : « Une femme enchanteresse, qui vivait à Pavie du temps du règne de Léonicettus, avait cet avantage qu'il ne se pouvait faire rien de mal à Pavie, sans qu'elle le découvrît par son artifice, en sorte que la renommée des merveilles qu'elle faisait par l'art des diables lui attirait tous les seigneurs et philosophes de l'Italie. Il y avait, en ce temps, un philosophe à qui l'on ne pouvait persuader d'aller voir cette femme, lorsque, vaincu par les sollicitations de quelques magistrats de la ville, il s'y rendit. Arrivé devant cet organe de Satan, afin de ne demeurer muet, et pour la sonder au vif, il la pria de lui dire, à son avis, lequel de tous les vers de Virgile était le meilleur. La vieille, sans rêver, lui répondit aussitôt :

Discite justitiam moniti et non temnere divos.

— » Voilà, ajouta-t-elle, le plus digne vers que Virgile ait fait : va-t'en et ne reviens plus pour me tenter. » Ce pauvre philosophe et ceux qui l'accompagnaient s'en retournèrent sans aucune réplique, et ne furent en leur vie plus étonnés d'une si docte réponse, attendu qu'ils savaient tous qu'elle n'avait en sa vie appris ni à lire ni à écrire... — « Il y a encore, dit le même auteur, quelques visions qui proviennent d'avoir mangé du venin ou poison, comme Pline et Édouardus enseignent de ceux qui mangent la cervelle d'un ours, laquelle dévorée, on se croit transformé en ours. Ce qui est advenu à un gentilhomme espagnol de notre temps à qui on en fit manger, et il errait dans les montagnes pensant être changé en ours. — Il reste, pour mettre ici toutes espèces de visions, de traiter des visions artificielles, lesquelles, ordonnées et bâties par certains secrets et mystères des hommes, engendrent la terreur en ceux qui les contemplent. Il s'en est trouvé qui ont mis des chandelles dans des têtes de morts, pour épouvanter le peuple, et d'autres qui ont attaché des chandelles de cire allumées sur les coques de tortues et limaces, puis les mettaient dans les cimetières la nuit, afin que le vulgaire, voyant ces animaux se mouvoir de loin avec leurs flammes, fût induit à croire que c'étaient les esprits des morts. — Il y a encore certaines visions diaboliques qui se sont faites de nos jours avec des chandelles composées de suif humain; et pendant qu'elles étaient allumées de nuit, les pauvres gens demeuraient si bien charmés qu'on dérobait leur bien devant eux sans qu'ils sussent se mouvoir de leurs lits : ce qui a été pratiqué en Italie de notre temps. Mais Dieu, qui ne laisse rien impuni, a permis que ces voleurs fussent appréhendés; et, convaincus, ils ont depuis terminé leurs vies misérablement au gibet. » *Voy.* Main de gloire. — Les traditions populaires de l'Allemagne sont fécondes en visions; nous en citerons quelques-unes. — Un vieux château de la Saxe était visité par un fantôme qui faisait des tours indignes, tellement que le manoir demeurait inhabité depuis plusieurs années. Un jeune homme intrépide se décida à y passer la nuit; il emporta des provisions, des lumières et des armes. A minuit, pendant qu'il s'apprêtait à dormir, il entendit au loin un bruit de chaînes. Après avoir longuement circulé dans les corridors, l'être qui faisait ce bruit remua des clefs, ouvrit la porte, et le jeune audacieux vit paraître un grand spectre pâle, décharné, ayant une très-longue barbe, et portant une trousse de barbier... Le curieux fit bonne contenance. Le spectre cependant referma soigneusement la porte; puis s'étant approché du lit, il fit signe à son hôte de se lever, lui mit un peignoir sur les épaules, et lui indiqua du doigt une chaise sur laquelle il l'invita à s'asseoir. L'Allemand tremblait un peu; son effroi augmenta quand il vit le fantôme tirer de sa trousse un antique plat à barbe d'un autre siècle et un grand rasoir un peu rouillé. Il se rassura pourtant et laissa faire. Le spectre, qui procédait gravement, lui savonna le menton, lui rasa proprement la barbe et les cheveux, puis ôta le peignoir. — Jusque-là rien de bien nouveau : on savait que l'esprit rasait ainsi tous ceux qui passaient la nuit dans le château; mais on contait aussi qu'après les avoir rasés, il les assommait de coups avec son gros poing de squelette. Le jeune homme rasé se leva de la chaise; et, comme il avait gardé quelque présence d'esprit, il se rassura en voyant le fantôme se mettre à sa place et lui indiquer la trousse qu'il avait déposée sur une table. Tous ceux qui étaient venus avant lui dans ce château avaient eu si grand'peur, qu'ils s'étaient sans doute évanouis pendant qu'on les rasait; ce qui leur avait attiré des coups de poing. Le jeune homme remarqua la longue barbe du spectre, et comprit tout de suite qu'il demandait le même service qu'il venait de rendre. Il le savonna hardiment et lui rasa courageusement la barbe et la tête. — Sitôt que cela fut fait, le fantôme, muet jusqu'alors, se mit à parler comme une personne naturelle. Il appela le jeune homme son libérateur; il lui conta qu'autrefois, suzerain du pays, il avait eu l'usage inhospitalier de raser impitoyablement tous les pèlerins qui venaient coucher dans son château; que pour l'en punir, un vieux moine, revenant de la Terre-Sainte, l'avait condamné à raser après sa mort tous ses hôtes, jusqu'à ce qu'il s'en présentât un assez hardi pour le raser lui-même. « Il y a trois cents ans que ma pénitence dure, » ajouta le spectre, et après de nouveaux remercîments il s'en alla. — Le jeune homme rassuré acheta le château à bas prix, dit le conte, et y coula des jours heureux, à la grande surprise des bonnes gens, qui le regardèrent comme un habile enchanteur [1]. — Voici autre chose. — Blendau, partant pour l'Italie, s'arrêta dans une ville du nord de l'Allemagne, chez Rebman, son ami, régisseur d'un domaine royal, qu'il avait visité souvent. — « Mon cher Blendau, lui dit Rebman, nous n'avons de disponible pour l'instant que la chambre grise; mais tu ne voudras pas y coucher. — Pourquoi donc? — As-tu oublié la dame châtelaine? — Bah! je n'y pense plus. J'ai vécu cinq ans dans la capitale; actuellement les esprits ne me font plus peur; laissez-moi coucher dans cette fameuse chambre. » Brigitte conduisit Blendau dans la chambre grise. — Un instant après, la femme et les enfants de Rebman arrivèrent de la foire; il ne leur dit rien de Blendau, voulant le lendemain, au déjeuner, les surprendre de cette visite agréable. La chambre grise était au second étage, à l'extrémité d'une des ailes du château. Brigitte posa ses deux flambeaux sur une table, au-dessous d'un vieux miroir, et se hâta de se retirer. Le jeune voyageur se mit à considérer cet appartement antique : l'énorme poêle de fer portait la date 1646; une porte vitrée, à petits carreaux arrondis,

[1] Musæus a tiré parti de cette tradition dans sa légende intitulée *l'Amour muet.*

enchâssés dans du plomb, donnait sur un long passage sombre qui conduisait à la tour des cachots; le lit était orné d'un grand baldaquin et de rideaux de soie épaisse, brochés en or; les meubles n'avaient pas changé de place depuis plus de cent ans. Mais la dame châtelaine remontait bien plus loin : Gertrude, c'était son nom, avait fait vœu de virginité en son vivant; ne l'ayant pas tenu, elle s'était empoisonnée de désespoir, à dix-neuf ans, dans cette même chambre grise; et, disait-on, elle avait été condamnée à souffrir trois cents ans les tourments du purgatoire. Cette pénitence rigoureuse ne sera terminée qu'en 1830; jusque-là elle doit apparaître toutes les nuits dans la chambre grise. — Blendau avait cent fois entendu les récits de ces apparitions : la dame châtelaine, disait-on, se montrait avec un poignard. Il n'était pas si rassuré qu'il le disait; cependant il ferma les portes aux verrous, souffla ses bougies et s'endormit. Deux heures après, le son de minuit l'éveille, il voit la chambre éclairée; il se soulève avec effroi, jette les yeux sur le vieux miroir, et aperçoit le spectre de Gertrude, vêtu d'un linceul, tenant un poignard dans la main droite. Une couronne de romarin et de clinquant est entrelacée dans ses cheveux. Il voit dans le miroir, à la clarté des deux bougies, l'éclat fixe des yeux de Gertrude, la pâleur de ses lèvres; elle parle à voix basse. Le jeune homme épouvanté veut sortir du lit; l'effroi l'a paralysé. — Cependant la châtelaine s'avance vers lui le poignard levé, avec un regard terrible. Elle lui applique le poignard sur la poitrine, et sa main laisse tomber des gouttes de poison. Blendau saute hors du lit et court à la fenêtre pour appeler du secours; mais le spectre le prévient; il pose une main sur la fenêtre, de l'autre il saisit Blendau, qui sent sur son dos l'impression glaciale de la mort. Les lumières s'éteignent; Blendau se réfugie dans son lit, s'enfonce sous la couverture, et tout rentre dans le silence. L'extrême fatigue finit par lui faire retrouver un peu de sommeil. — Il s'éveille au point du jour, tout en nage; ses draps étaient trempés... Il ne sut que penser de son horrible aventure : les bougies consumées, le dérangement de certains meubles, tout lui prouvait que sa vision n'était pas un rêve; mais, n'osant en parler à Rebman, il remonta à cheval et partit sur-le-champ... — Quand cette aventure fut publiée, en 1840, dans le journal *le Sincère*, avec une apostille où M. Blendau attestait, au nom de l'honneur et au péril de sa vie, la vérité de cette histoire, elle fit sensation et occupa toutes les conversations de Berlin. Un médecin publia alors une aventure du même genre, qui lui était arrivée, non dans une chambre grise, mais dans une chambre noire. — J'allai un jour, dit-il, dans le château du lieutenant-colonel Silberstein, dont la fille était gravement malade; on me fit rester pour la soigner, et on me prépara une chambre où je me retirai de bonne heure. Elle avait une apparence assez lugubre : des peintures noires en couvraient les portes antiques, le plafond et le lambris. Un domestique vint me demander si je ne me trouvais pas trop seul dans cette chambre, et si je voulais qu'il restât avec moi. Je me moquai de lui et de toutes les histoires de revenants qu'il me conta sur cette chambre noire, qui jouissait d'un mauvais renom. Je m'endormis, après avoir tout visité et tout bien fermé. J'étais dans mon premier sommeil lorsque j'entendis prononcer mon nom tout bas. J'ouvre les yeux à demi : ma chambre est éclairée d'une lumière extraordinaire; une main froide vient me toucher; et je vois à côté de moi une figure pâle comme la mort, revêtue d'un drap mortuaire, qui étend vers moi ses bras glacés. Dans le premier mouvement de terreur, je poussai un cri, et je fis un saut en arrière. A l'instant j'entendis frapper un coup violent. L'image disparut, et je me retrouvai dans l'obscurité. L'horloge sonna : c'était minuit... — Je me levai sur-le-champ; j'allumai deux bougies, je visitai de nouveau; tout était bien fermé. J'allais attribuer tout ce qui s'était passé à un songe; lorsque, m'étant approché de mon lit avec une lumière, j'y découvris une boucle de cheveux bruns posée sur mon oreiller. Elle ne pouvait pas y être venue par un rêve ni par une illusion. Je la pris, et je l'ai conservée. Mais au moment où j'étais interdit de cette circonstance, j'entends marcher à pas précipités; on frappe à ma porte : « Levez-vous, me crie-t-on, mademoiselle se meurt. » — Je vole à la chambre de la malade, que je trouve sans vie : on me dit qu'un peu avant minuit elle s'était réveillée, et qu'après avoir respiré fortement, elle avait rendu le dernier soupir. Sa mère, inconsolable, voulut au moins, avant de quitter le corps inanimé de la jeune fille, emporter une boucle de ses cheveux. Qu'on juge de mon effroi, quand je m'aperçus qu'il manquait une boucle à ses longs cheveux bruns, celle précisément que j'avais reçue dans la chambre noire... Le lendemain je fus atteint d'une maladie dangereuse, qui fut la même que celle dont la jeune personne était morte... — Au moment où le médecin rendit cette aventure publique, un avocat ayant couché dans la même chambre noire et vu à peu près les mêmes choses, la justice visita les lieux. On découvrit un ressort secret qui ouvrait un lambris dans le lit de la chambre fatale; elle communiquait à un cabinet qu'habitait la femme de chambre; c'était cette femme qui, pour ses intrigues personnelles, jouait le personnage de fantôme, afin de posséder seule la chambre infestée. Le docteur et l'avocat l'avaient prise successivement pour un spectre. — Après que cette histoire fut débrouillée, le journal *le Sincère* publia l'éclaircissement des aventures de la chambre grise. Tout était l'ouvrage des enfants du châtelain, auxquels Brigitte avait conté l'arrivée de Blendau : la jeune Charlotte faisait le rôle de Gertrude ; ses deux frères avaient ouvert le verrou de la petite porte, en passant une main par un carreau cassé. Quand tout ceci fut dépouillé du merveilleux, on dit que le médecin de la chambre noire s'écria : « Nous vivons dans un siècle pervers et détestable ; tout ce qui est ancien s'anéantit, et un pauvre revenant ne peut même plus loyalement se maintenir... »

— Ne quittons pas encore les Allemands, ni surtout les Allemandes, qui ne se refusent pas les hallucinations. — Trois jeunes filles de Berlin, s'étant réunies un jour, demandaient à l'une d'entre elles, Florentine, d'où lui venait la tristesse qu'elles lui remarquaient. Elle en avoua la raison, en ces termes : « J'avais une sœur nommée Séraphine, que vous avez connue ; elle s'entêta des rêveries de l'astrologie et des sciences de la divination, au grand chagrin de mon père. Ma mère mourut, et mon père pensa qu'avec l'âge, ce penchant bizarre se perdrait ; mais Séraphine poursuivit son étude : elle disait avoir été ravie, avoir joué avec les esprits ; et je ne suis pas éloignée de le croire, puisque moi et d'autres l'avons vue dans le jardin, tandis qu'elle se trouvait à la maison... Un soir qu'elle était allée chercher ses parures pour aller en soirée, elle rentra sans lumière ; je jetai un cri d'effroi ; son visage avait subi une altération complète, sa pâleur habituelle avait pris la teinte affreuse de la mort ; ses lèvres couleur de rose étaient devenues bleues. — « J'ai été saisie d'une indisposition subite, » nous dit-elle enfin tout bas. Après des instances répétées de ma part, elle finit par me dire que l'esprit de notre mère, morte depuis quelque temps, lui avait apparu, qu'elle avait entendu marcher derrière elle, qu'elle s'était sentie retenue par la robe, et qu'effrayée, elle s'était évanouie ; qu'après avoir repris ses forces et au moment d'ouvrir son armoire, les deux battants s'étaient déployés d'eux-mêmes, que sa lumière s'était éteinte, qu'elle avait vu son image fidèle sortir d'un miroir, répandre une grande clarté dans l'appartement, et qu'elle avait entendu une voix lui dire : « Pourquoi trembler en voyant ton être propre s'avancer vers toi pour te donner la connaissance de ta mort prochaine, et pour te révéler la destinée de ta maison ? » que le fantôme l'avait instruite de ce qui devait arriver ; qu'au moment où elle l'interrogeait sur moi, la chambre s'était obscurcie, et que tout le surnaturel avait disparu ; mais elle ajouta qu'elle ne pouvait me confier l'avenir qu'elle venait de connaître, et que notre père seul le saurait. — J'en dis quelque chose à mon père, le soir même ; mais il n'en crut rien. Il pensait que tout ce qui était arrivé à Séraphine pouvait être produit par une imagination exaltée. Cependant, trois jours après, ma sœur étant tombée malade, je remarquai à l'affectation avec laquelle elle nous embrassait mon père et moi, que l'instant de la séparation n'était pas éloigné. « La pendule sonnera-t-elle bientôt neuf heures ? disait-elle dans la soirée ; songez à moi ! nous nous reverrons ! » Elle nous serra la main, et lorsque l'heure sonna, elle tomba sur son lit et ne se releva plus. — Mon père désira que cette prétendue vision fût tenue secrète. Je partageai son opinion ; mais je le pressai de me dévoiler le secret qu'on m'avait fait. Il ne voulut pas y consentir, et je remarquai que son regard inquiet était fixé sur la porte ; elle s'ouvrit tout à coup d'elle-même... » — Je frissonnai d'effroi, et demandai à mon père s'il ne voyait pas une lueur pénétrer dans l'appartement. Il se rejeta encore sur l'imagination ; il en parut cependant frappé. Le temps n'effaça pas le souvenir de Séraphine, mais il nous fit oublier cette dernière apparition. Un soir, je rentrais à la maison après une belle promenade, lorsque les gens de mon père m'avertirent de la résolution où il était d'aller vivre dans une de ses terres. A minuit nous partîmes ; il arriva à sa terre, calme et serein ; mais il fut bientôt frappé d'une indisposition que les médecins regardèrent comme très-sérieuse ; un soir il me dit : « Séraphine a dit deux fois la vérité, elle la dira une troisième fois. » Je compris alors que mon père croyait mourir bientôt. En effet il dépérit visiblement et fut forcé de garder le lit. — Un autre soir, il me dit d'une voix faible : « L'expérience m'a guéri de mon incrédulité ; quand neuf heures sonneront, mon dernier moment, suivant la prédiction de Séraphine, sera arrivé. Ne te marie pas s'il est possible ; et si jamais tu songeais sérieusement à le faire, n'oublie pas de lire le papier que

je te donne. » Le son de l'heure fatale où mon père, appuyé sur mon épaule, rendit le dernier soupir, me priva de l'usage de mes sens.
— Le jour de son enterrement fut aussi marqué par la lueur éclatante dont j'ai déjà parlé. Vous savez, continua Florentine, que le comte Ernest me recherche en mariage; dès que cette union fut convenue, je n'hésitai pas, selon l'ordre de mon père, de lire le billet cacheté qu'il m'avait remis. Le voici : « Séraphine t'a sûrement déjà dit que, lorsqu'elle voulut questionner le fantôme sur ton sort, soudain il avait disparu. L'être incompréhensible vu par ta sœur lui a déclaré que, trois jours avant celui qui serait fixé pour ton mariage, tu mourrais à cette même heure qui nous est si funeste. Voilà pourquoi je t'engage à ne pas te marier. » — Florentine s'arrêta et dit : « Vous voyez, mes chères amies, la cause du changement dont vous m'avez quelquefois fait des reproches. Demain le comte revient de son voyage ; il avait fixé l'époque de notre mariage au troisième jour après son retour : ainsi c'est aujourd'hui ! et je renonce à un mariage qui, certes, m'eût charmée, plutôt que de renoncer à la vie. »
— Transcrivons maintenant une singulière légende, qui a été publiée en France depuis peu et répétée par plusieurs journaux. — Avant que Luther fût venu prêcher sa désastreuse réforme, on voyait des monastères au penchant de toutes les collines de l'Allemagne. C'étaient de grands édifices à l'aspect paisible, avec un clocher frêle qui s'élevait du milieu des bois et autour duquel voltigeaient des palombes. Là vivaient des hommes qui n'occupaient leur esprit que des choses du ciel.
— A Olmutz, il en était un que l'on citait dans la contrée pour sa piété et son instruction. C'était un homme simple, comme tous ceux qui savent beaucoup, car la science est semblable à la mer; plus on s'y avance, plus l'horizon devint large, et plus on se sent petit. Frère Alfus, après avoir ridé son front et blanchi ses cheveux dans la recherche de démonstrations inutiles, avait appelé à son secours *la foi des petits enfants*; puis, confiant sa vie à la prière, comme à une ancre de miséricorde; il l'avait laissée se balancer doucement au roulis des pures amours et des célestes espérances. — Cependant de mauvaises rafales agitaient encore par instants le saint navire. Par instants les tentations de l'intelligence revenaient, et la raison interrogeait la foi avec orgueil. Alors frère Alfus devenait triste; de grands nuages voilaient pour lui le soleil intérieur ; son cœur avait froid. Errant dans les campagnes, il s'asseyait sur la mousse des rochers, s'arrêtait sous l'écume des torrents, marchait parmi les murmures de la forêt; mais il interrogeait vainement la nature; à toutes ses demandes, les montagnes, les flots et les feuilles ne lui répondaient qu'un seul mot : Dieu ! — Frère Alfus était sorti victorieux de beaucoup de ces crises; chaque fois il s'était affermi dans ses croyances, car la tentation est la gymnastique de la conscience : quand elle ne brise point, elle la fortifie; mais depuis quelque temps une inquiétude plus poignante s'était emparée du frère. Il avait remarqué souvent que tout ce qui est beau perd son charme par le long usage, que l'œil se fatigue du plus merveilleux paysage, l'oreille de la plus douce voix, et il s'était demandé comment nous pourrions trouver, même dans les cieux, un aliment de joie éternelle. Que deviendrait la mobilité de notre âme au milieu de magnificences sans terme? L'éternité !..... quel mot pour une créature qui ne connait d'autre loi que celle de la diversité et du changement! O mon Dieu ! plus de passé ni d'avenir, plus de souvenirs ni d'espérances ! L'éternité ! l'éternité !... O mot qui fais pleurer sur la terre, que peux-tu donc signifier dans le ciel ? — Ainsi pensait frère Alfus, et ses incertitudes étaient grandes. Un matin il sortit du monastère avant le lever des frères et descendit dans la vallée. La campagne, encore toute moite de rosée, s'épanouissait aux premiers rayons de l'aube. Alfus suivait lentement les sentiers ombreux de la colline; les oiseaux, qui venaient de s'éveiller, couraient dans les aubépines, secouant sur sa tête chauve une pluie de rosée, et quelques papillons encore à demi endormis voltigeaient nonchalamment au soleil pour sécher leurs ailes. Alfus s'arrêta à regarder la campagne qui s'étendait sous ses yeux ; il se rappela combien elle lui avait semblé belle la première fois qu'il l'avait vue, et avec quelle ivresse il avait pensé à y finir ses jours. C'est que pour lui, pauvre enfant des villes accoutumé aux ruelles sombres et aux tristes murailles des citadelles, ces fleurs, ces arbres, cet air, étaient nouveautés enivrantes. Aussi la douce année qu'avait été l'année de son noviciat ! que de longues courses dans les vallées ! que de découvertes charmantes ! ruisseaux chantant parmi les glaïeuls, clairières habitées par le rossignol, églantines roses, fraisières des bois, oh ! quel bonheur de vous trouver une première fois ! Quelle joie de marcher par des sentiers inconnus que voilent les ramées, de rencontrer à chaque pas une source où l'on n'a point encore bu, une mousse que l'on n'a point encore

foulée ! — Mais, hélas ! ces plaisirs eux-mêmes durent peu ; bientôt vous avez parcouru toutes les routes de la forêt, vous avez entendu tous ses oiseaux, vous avez cueilli de toutes ses fleurs, et alors, adieu aux beautés de la campagne, à ses harmonies : l'habitude qui descend comme un voile entre vous et la création vous rend aveugle et sourd. — Hélas ! frère Alfus en était là, semblable à ces hommes qui, après avoir abusé des liqueurs les plus enivrantes, n'en sentent plus la puissance, il regardait avec indifférence le spectacle naguère si ravissant à ses yeux. Quelles beautés célestes pourraient donc occuper éternellement cette âme que les œuvres de Dieu sur la terre n'avaient pu charmer qu'un instant ? Tout en se proposant à lui-même cette question, Alfus s'était enfoncé dans la vallée. La tête penchée sur sa poitrine et les bras pendants, il allait toujours sans rien voir, franchissant les ruisseaux, les bois, les collines. Déjà le clocher du monastère avait disparu ; Olmutz s'était enfoncé dans les brumes avec ses églises et ses fortifications ; les montagnes elles-mêmes ne se montraient plus à l'horizon que comme des nuages ; tout à coup le moine s'arrêta, il était à l'entrée d'une grande forêt qui se déroulait à perte de vue, comme un océan de verdure ; mille rumeurs charmantes bourdonnaient à l'entour, et une brise odorante soupirait dans les feuilles. Après avoir plongé son regard étonné dans la molle obscurité des bois, Alfus y entra en hésitant, et comme s'il eût craint de faire quelque chose de défendu. Mais à mesure qu'il marchait, la forêt devenait plus grande ; il trouvait des arbres chargés de fleurs, qui exhalaient un parfum inconnu. Ce parfum n'avait rien d'enivrant comme ceux de la terre ; on eût dit une sorte d'émanation morale qui embaumait l'âme : c'était quelque chose de fortifiant et de délicieux à la fois, comme la vue d'une bonne action, ou comme l'approche d'un homme dévoué que l'on aime. Bientôt Alfus entendit une harmonie qui remplissait la forêt ; il avança encore, et il aperçut de loin une clairière tout éblouissante d'une lumière merveilleuse. Ce qui le frappa surtout d'étonnement, c'est que le parfum, la mélodie et la lumière ne semblent former qu'une même chose : tout se communiquait à lui par une seule perception, comme s'il eût cessé d'avoir des sens distincts, et comme s'il ne lui fût resté qu'une âme. Cependant il était arrivé près de la clairière et s'était assis pour mieux jouir de ces merveilles, quand tout à coup une voix se fait entendre, mais une voix telle que ni le bruit des rames sur le lac, ni la brise riant dans les saules, ni le souffle d'un enfant qui dort, n'auraient pu donner une idée de sa douceur. Ce que l'eau, la terre et le ciel ont de murmures enchanteurs, ce que les langues et les musiques humaines ont de séductions semblait s'être fondu dans cette voix. Ce n'était point un chant, et cependant on eût dit des flots de mélodie ; ce n'était point un langage, et cependant la voix *parlait !* Science, poésie, sagesse, tout était en elle. Pareille à un souffle céleste, elle enlevait l'âme et la faisait onduler dans je ne sais quelle région ignorée. En l'écoutant, on savait tout, on sentait tout ; et comme le monde de la pensée qu'elle embrassait en entier est infini dans ses secrets, la voix toujours unique était pourtant toujours variée ; l'on eût pu l'entendre pendant des siècles sans la trouver moins nouvelle. Plus Alfus l'écoutait, plus il sentait grandir sa joie intérieure. Il semblait qu'il y découvrait à chaque instant quelques mystères ineffables ; c'était comme un horizon des Alpes à l'heure où les brouillards se lèvent et dévoilent tour à tour les lacs, les vals et les glaciers. — Mais enfin la lumière qui alluminait la forêt s'obscurcit, un long murmure retentit sous les arbres et la voix se tut. Alfus demeura quelque temps immobile, comme s'il fût sorti d'un sommeil enchanté. Il regarda d'abord autour de lui avec stupeur, puis voulut se lever pour reprendre sa route ; mais ses pieds étaient engourdis, ses membres avaient perdu leur agilité. Il parcourut avec peine le sentier par lequel il était venu, et se trouva bientôt hors du bois. — Alors il chercha le chemin du monastère ; ayant cru le reconnaître, il hâta le pas, car la nuit allait venir ; mais sa surprise augmentait à mesure qu'il avançait davantage ; on eût dit que tout avait été changé dans la campagne depuis sa sortie du couvent. Là où il avait vu les arbres naissants, s'élevaient maintenant des chênes séculaires ; il chercha sur la rivière un petit pont de bois tapissé de ronces, qu'il avait coutume de traverser, qu'il n'existait plus, et à sa place s'élançait une solide arche de pierre. En passant près d'un étang, des femmes, qui faisaient sécher leurs toiles sur les sureaux fleuris, s'interrompirent pour le voir et se dirent entre elles : «Voici un vieillard qui porte la robe des moines d'Olmutz ; nous connaissons tous les frères, et cependant nous n'avons jamais vu celui-là. — Ces femmes sont folles, » se dit Alfus, et il passa outre. Cependant il commençait à s'inquiéter, lorsque le clocher du couvent se montra dans les feuilles. Il pressa le pas, gravit le petit sentier, tourna la prairie et s'élança vers le seuil. Mais, ô surprise ! la porte n'était plus à sa place accoutumée! Alfus leva les yeux et demeura immobile de stupeur. Le monastère d'Olmutz avait changé d'aspect; l'enceinte était plus grande, les édifices plus nombreux, un platane qu'il avait planté lui-même près de la chapelle quelques jours auparavant, couvrait maintenant l'asile saint de son large feuillage. Le moine, hors de lui, se dirigea vers la nouvelle entrée et sonna doucement : ce n'était plus la même cloche argentine dont il connaissait le son. Un jeune frère gardien vint ouvrir. « Que s'est-il donc passé? demanda Alfus. Antoine n'est-il plus le portier du couvent? — Je ne connais point Antoine, » répondit le frère. Alfus porta les mains à son front avec épouvante. « Suis-je devenu fou? dit-il; n'est-ce point ici le monastère d'Olmutz, d'où je suis parti ce matin? » Le jeune moine le regarda. « Voilà cinq années que je suis portier, répondit-il, et je ne vous connais pas. » Alfus promena autour de lui des yeux égarés; plusieurs moines parcouraient les cloîtres; il les appela, mais nul ne répondit aux noms qu'il prononçait; il courut à eux pour regarder leurs visages, il n'en connaissait aucun. « Y a-t-il ici quelque grand miracle de Dieu? s'écria-t-il; au nom du ciel, mes frères, regardez-moi. Aucun de vous ne m'a-t-il déjà vu? N'y a-t-il personne qui connaisse le frère Alfus? » Tous le regardèrent avec étonnement. « Alfus! dit enfin le plus vieux, oui, il y eut autrefois à Olmutz un moine de ce nom; je l'ai entendu dire à mes anciens. C'était un homme savant et rêveur qui aimait la solitude. Un jour il descendit dans la vallée, on le vit se perdre au loin derrière les bois, puis on l'attendit vainement, on ne sut jamais ce que frère Alfus était devenu. Depuis ce temps, il s'est écoulé un siècle entier. » A ces mots, Alfus jeta un grand cri, car il avait tout compris. Il se laissa tomber à genoux sur la terre, et joignant les mains avec ferveur : « O mon Dieu, dit-il, vous avez voulu me prouver combien j'étais insensé en comparant les joies de la terre à celles du ciel. Un siècle s'est écoulé pour moi comme un seul jour à entendre votre voix; je comprends maintenant le paradis et ses joies éternelles; soyez béni, ô mon Dieu ! et pardonnez à votre indigne serviteur. » Après avoir parlé ainsi, frère Alfus étendit les bras, embrassa la terre et mourut. — L'histoire du moine Alfus fait partie d'un des ouvrages de Schubert, l'un des écrivains les plus populaires de l'Allemagne. Elle est dans le livre *De l'ancien et du nouveau;* son titre est *l'Oiseau du Paradis.* Nous avons donné ici la belle traduction de M. Émile Souvestre, qui a bien surpassé encore l'original. — Ce qui suit n'a pas un intérêt aussi grave. Au milieu du dix-septième siècle il y avait à Bruxelles, dans une espèce de cul-de-sac de la rue Notre-Dame-du-Sommeil, qu'on appelle encore le *coin du Diable,* une petite maison de simple apparence, dont le propriétaire était un architecte estimé; son histoire nous a été conservée comme une grande leçon. — Cet architecte s'appelait Olivier. Il avait gagné par d'heureuses affaires une fortune modeste, lorsqu'il se chargea de construire le pont et la grande écluse qui croisent la Senne à son entrée dans Bruxelles, entre les portes de Hal et d'Anderlecht. Il avait cru trouver là un terrain solide; mais il lui fallut faire des dépenses imprévues pour affermir les fondations sur un sol marécageux et mouvant. — Toutefois la première pierre fut posée le 28 avril 1658, comme le constate une inscription que les réparations, faites il y a peu de temps, ont découverte, et qui porte les noms de J. J. Van Hecke, H. D. Bruyne et J. Bassery, officiers de la ville présents à cette cérémonie. Olivier suivit ses travaux avec courage. Bientôt tout ce qu'il possédait y fut dévoré; il reconnut qu'il s'était trompé grandement; son entreprise était à peine élevée d'un tiers qu'il se vit obligé de la suspendre, n'ayant plus même de quoi faire la paye de ses ouvriers. — Cette pensée l'accabla; il allait être déshonoré; la ville pouvait le poursuivre; ceux qu'il avait employés attendaient leur pain; il alla frapper à la porte de ses amis et leur demanda secours pour quelques mois. Mais ceux qui lui avaient offert leur bourse lorsqu'ils savaient bien qu'il ne l'accepterait pas, la fermèrent sous d'honnêtes prétextes, et il s'en revint désenchanté de l'amitié. Il s'enferma seul pour méditer au parti qu'il avait à prendre : aucun moyen satisfaisant ne se présenta à sa pensée. Tous ceux sur qui il avait cru pouvoir compter l'abandonnaient. Il ne trouva d'affection réelle que dans une jeune veuve qu'il devait épouser, et qui se hâta de lui offrir tout ce qu'elle possédait. Mais ces ressources n'étaient pas suffisantes; la détresse reparut bientôt. — Il regagnait un soir son logis, désespéré, ne sachant s'il ne devait pas fuir pour éviter sa honte du lendemain. La nuit commençait, elle s'annonçait sombre et triste; le vent hurlait et la pluie tombait par torrents. En entrant chez lui, on lui annonça qu'un homme l'attendait. Il monta surpris et empressé; il vit assis dans sa chambre, auprès du feu, un inconnu habillé de vert. « Vous êtes dans l'embarras, lui dit brusquement cet homme. — Qui vous l'a dit? s'écria Olivier.

— Vos amis. Vous n'avez pas lieu de vous louer des hommes. Si personne ne vient à votre secours, demain vous êtes perdu. — Je le sais ;... et je n'ose vous demander le motif qui vous amène .. » Il se fit un silence. La lumière que la servante de l'entrepreneur avait allumée jetait une lueur pâle ; mais les yeux de l'inconnu flamboyaient ; sa figure était rude ; un sourire, dont il s'efforçait de dissimuler l'amertume, dilatait par instants ses lèvres minces. Après qu'il eut fixé quelques minutes l'architecte palpitant : « Je m'intéresse à vous, » lui dit-il. Olivier tressaillit ; il voulait prendre la main de celui qu'il appelait déjà son salut ; le gros homme l'évita et retira promptement cette main que recouvrait un gant noir. — « Point de démonstrations, lui dit-il. Je prête à intérêts. — N'importe ! mon sang, ma vie, tout est à vous. » Un éclair plus vif jaillit des yeux de l'étranger. « De quelle somme avez-vous besoin ? Je crois que nous nous entendrons, dit-il. — Oh ! pour le moment de peu de chose, dit l'architecte. Mais si vous voulez me sauver l'honneur, il faut que j'achève mon entreprise ; et cent mille florins.... — Vous les aurez si mes conditions vous conviennent. — J'y souscris sans les connaître. C'est le ciel qui vous envoie. — Non, pas le ciel, dit l'homme vert en fronçant le sourcil. Mais vous ne pouvez vous engager sans savoir ce que vous faites. Je suis venu de loin pour vous voir. J'apprécie vos talents ; il faut que vous soyez à moi. — A la vie et à la mort. — Entendons-nous bien, dit l'inconnu. Je vous donne dix ans. Au bout de ce terme, vous me suivrez ; je vous emmènerai où je voudrai ; je serai le maître ; vous serez à moi. — L'entrepreneur surpris, sans pouvoir se rendre compte du sentiment qu'il éprouvait, et redoutant de comprendre ce qu'il commençait à soupçonner, regardait son hôte avec inquiétude. Son cœur battit avec violence, lorsqu'il vit l'étranger tirer de son portefeuille cent mille florins en mandats à vue sur les premières maisons de Bruxelles. — Songez que sans moi vous alliez mourir, dit-il. Signez donc cet engagement.» Il présentait en même temps une feuille de parchemin, et de sa main droite il tenait une plume d'or. « Excusez-moi, dit enfin l'architecte interdit, cette scène me confond ; que du moins je sache à qui je me dois ! — Que vous importe ! dit l'inconnu. Je vous laisse dix ans dans votre pays. Je vous le répète, je tiens à vous, je ne veux pas me nommer encore. Mais vous allez reprendre demain votre crédit ; une jeune épouse vous attend. Vous hésitez ? Les cent mille florins ne suffisent-ils pas ? Voici un demi-million. » Olivier, dans le délire, ne se posséda plus à la vue de tant d'argent, qui le rendait riche et glorieux. Il saisit les deux mains de l'inconnu, les baisa sans que celui-ci ôtât ses gants, prit brusquement la plume d'or et signa l'engagement de suivre dans dix ans celui qui l'avait acheté. Quand il eut fini, l'homme vert plia le parchemin, le mit dans son portefeuille et sortit en disant : «Adieu ! dans dix ans, à pareil jour, vous serez prêt? — Je le serai. » On pense bien qu'après ce qui venait de se passer, Olivier ne put dormir. Il passa la nuit à méditer devant son demi-million. Le lendemain il fit sa paye et satisfit à tous ses engagements ; il publia qu'il n'avait voulu qu'éprouver ses amis ; il doubla ses ouvriers. On le combla d'honnêtetés et de politesse. Il n'oublia pas sa jeune veuve ; la fortune ne le rendit pas inconstant ; il épousa celle qui lui avait prouvé qu'elle l'aimait. Mais il ne confia jamais sa bonne fortune à personne. — Il écartait d'abord autant qu'il le pouvait les pensées sinistres qui venaient l'inquiéter. Il eut des enfants ; ses entreprises prospérèrent ; la fortune lui rendit des amis, et il semblait vivre joyeusement à Bruxelles. Seulement on était surpris de le voir toujours pâle et préoccupé. Il s'était bâti, entre la porte de Flandre et la porte du Rivage, une petite maison de plaisance où il cherchait à s'étourdir dans les parties de plaisir. On se rend encore, par la rue du Chant-des-Grenouilles, à cette maison, qu'on appelle la *maison du Diable*. — Pendant neuf ans Olivier vécut ainsi. Mais lorsqu'il vit approcher l'instant où il devait tout quitter pour suivre l'inconnu, son cœur commença à se troubler. Des frayeurs cruelles s'emparèrent de lui ; il maigrissait et ne dormait plus. En vain sa femme, qu'il aimait, cherchait-elle à pénétrer dans les replis de son cœur, le secret qu'il y tenait renfermé était inaccessible ; les caresses de ses enfants lui faisaient mal ; on le voyait pleurer, et deux fois déjà sa femme avait remarqué qu'il ne passait jamais qu'en tremblant sur le pont de la grande écluse qu'il avait construit, quand parfois leurs promenades se dirigeaient de la porte de Hal à la porte d'Anderlecht. — Enfin le jour fatal approcha où l'étranger devait venir exiger l'accomplissement du marché qu'il avait fait. Olivier invita à souper ses amis, ses parents, ceux de sa femme. Cette dame, ne sachant comment relever le cœur de son mari, s'avisa, sans rien dire, d'engager à ce festin le bon vieillard Jean Van-Nuffel, chanoine de Sainte-Gudule, son confesseur, en qui Olivier avait confiance, quoique depuis dix ans il ne fît plus ses devoirs de catholique ; ce qui était causé par une circonstance singulière : il ne pouvait entrer dans une église sans y étouffer et s'y trouver mal. Le digne prêtre, ayant longuement réfléchi à la conduite de l'architecte, en tirait des inductions qu'il ne manifestait pas, mais qui l'engagèrent à une précaution dont il reconnut bientôt la sagesse. — Il y avait une heure qu'on était à table. Olivier, dont la pâleur était effrayante, s'efforçait vainement de reprendre courage dans quelques verres d'excellent vin. Il avait bu énormément, et ses idées ne se troublaient pas. Il entendit sonner neuf heures. C'était le moment où l'inconnu l'avait quitté il y avait dix ans. Avec un mouvement convulsif et dans une sorte d'angoisse il voulut boire encore, et, trouvant les bouteilles vides, il envoya sa servante à la cave en lui recommandant d'apporter de son meilleur vin. La servante prit une chandelle et se hâta d'obéir. Mais lorsqu'elle fut descendue, elle aperçut, assis sur la dernière marche, un gros homme à figure sombre, vêtu de velours vert. Elle recula effrayée et lui demanda ce qu'il cherchait. « Allez dire à votre maître que je l'attends, répondit-il, il saura bien qui je suis. » La servante remonta au plus vite et fit sa commission d'une voix troublée. L'architecte acheva de perdre contenance. Voyant qu'il n'y avait plus à différer, il céda enfin aux instances de sa femme : il conta son aventure et se leva au désespoir. Sa femme, ses enfants, ses amis frémissaient bouleversés. « Ne désespérons pas encore de la bonté de Dieu, dit le vieux prêtre. Qu'on aille dire à l'étranger de monter. La femme d'Olivier était aux genoux du bon chanoine, et les enfants, qui comprenaient qu'ils allaient perdre leur père, lui baisaient les mains. Olivier, qu'un rayon d'espérance rattachait déjà à la vie, s'était un peu ranimé. La servante fit un effort de courage et alla crier à l'inconnu qu'on l'attendait dans la salle. Il y parut à l'instant, marchant d'un air ferme et digne, et tenant à la main l'engagement signé par Olivier. Un sourire indéfinissable épanouissait sa bouche et ses yeux. — Le chanoine l'interpella : « Vous ne pensiez peut-être pas me trouver ici, dit-il à l'homme vert. Vous savez que j'ai sur vous quelque pouvoir... » L'inconnu baissa les yeux et parut mal à son aise. Mais le vieux prêtre, élevant une mesure pleine de grains de millet, reprit : « Je ne vous demande qu'une faveur ; accordez- nous quelques instants ; jurez que vous laisserez Olivier en paix jusqu'à ce que vous ayez ramassé grain à grain tout le millet qu'il y a dans cette mesure. — J'y consens, répondit l'homme vert après un moment de silence. — Jurez-le moi par le Dieu vivant, » dit le vicaire, en commençant par verser les grains sur le plancher. L'inconnu les recueillait avec une agilité effrayante. Il frissonna et dit d'une voix sourde : « Je le jure. » Alors Jean Van-Nuffel ayant fait un signe, un enfant de chœur s'approcha tenant un bénitier ; il versa ce qui restait de la mesure dans l'eau bénite ; l'homme vert n'y eut pas plutôt mis le doigt qu'il poussa un hurlement et disparut. — Ainsi l'architecte fut sauvé. Mais depuis, le pont de la Grande-Écluse, entre les portes de Hal et d'Anderlecht, s'est toujours appelé le *pont du Diable*.

Nous reproduirons maintenant quelques pièces curieuses et rares.

Discours épouvantable d'une étrange apparition de démons en la maison d'un gentilhomme en Silésie, en 1609, tiré de l'imprimé à Paris, 1609.

Un gentilhomme de Silésie ayant convié quelques amis, et, l'heure du festin venue, se voyant frustré par l'excuse des conviés, entre en grande colère, et commence à dire que, puisque nul homme ne daignait être chez lui, tous les diables y vinssent ! Cela dit, il sort de sa maison et entre à l'église, où le curé prêchait ; lequel il écoute attentivement. — Comme il était là, voici entrer en la cour du logis des hommes à cheval, de haute stature et tout noirs, qui commandèrent aux valets du gentilhomme d'aller dire à leur maître que les conviés étaient venus. Un des valets court à l'église avertir son maître, qui, bien étonné, demande avis au curé. Icelui, finissant son sermon, conseille qu'on fasse sortir toute la famille hors du logis. — Aussitôt dit, aussitôt fait ; mais de hâte que les gens eurent de déloger, ils laissèrent dans la maison un petit enfant dormant au berceau. Ces hôtes, ou, pour mieux dire, ces diables (c'est le sentiment du narrateur) commencèrent bientôt à remuer les tables, à hurler, à regarder aux fenêtres, en forme d'ours, de loups, de chats, d'hommes terribles, tenant à la main ou dans leurs pattes des verres pleins de vin, des poissons, de la chair bouillie et rôtie. — Comme les voisins, le gentilhomme, le curé et autres contemplaient avec frayeur un tel spectacle, le pauvre père se mit à crier : « Hélas ! où est mon pauvre enfant ? » Il avait encore le dernier mot à la bouche, quand un de ces hommes noirs apporta l'enfant aux fenêtres, et le montra à tous ceux qui étaient dans la rue. Le gentilhomme demanda à un de ses serviteurs auquel il se fiait le mieux : « Mon ami, que ferai-je ? — Monsieur, répond le serviteur, je recommanderai ma vie à Dieu; après quoi j'entrerai dans la maison, d'où, moyennant son secours, je vous rapporterai l'enfant. — A la bonne heure, dit le maître, Dieu t'accompagne, t'assiste et te fortifie! » Le serviteur, ayant reçu la bénédiction de son maître, du curé et des autres gens de bien, entra au logis, et approchant du poêle, où étaient ces hôtes ténébreux, se prosterne à genoux, se recommande à Dieu et ouvre la porte. Voilà les diables en horribles formes, les uns assis, les autres debout, aucuns se promenant, autres rampant sur le plancher, qui tous accourent contre lui, criant ensemble : « Hui! hui! que viens-tu faire céans? » Le serviteur, suant de détresse et néanmoins fortifié de Dieu, s'adresse au malin qui tenait l'enfant et lui dit : « Çà, baille-moi cet enfant. » Non, répond l'autre, il est mien; va dire à ton maître qu'il vienne le recevoir. Le serviteur insiste, et dit : « Je fais la charge que Dieu m'a commandée, et sais que tout ce que je fais selon icelle lui est agréable; partant, à l'égard de mon office, en vertu de Jésus-Christ, je t'arrache et saisis cet enfant, lequel je rapporte à son père. » — Ce disant, il empoigne l'enfant, puis le serre entre ses bras. Les hôtes noirs ne répondent que par des cris effroyables et par ces mots : « Hui! hui! méchant; hui! garnement! laisse, laisse cet enfant, autrement nous te dépiècerons. » Mais lui, méprisant ces menaces, sortit sain et sauf, et rendit l'enfant au gentilhomme, son père; et quelques jours après tous ces hommes s'évanouirent, et le gentilhomme, devenu sage et bon chrétien, retourna en sa maison....

Le grand feu, tonnerre et foudre du ciel, advenu sur l'église cathédrale de Quimper-Corentin, avec la vision publique d'un très-épouvantable démon dans le feu sur ladite église. Jouxte l'imprimé à Rennes, 1620.

« Samedi, premier jour de février 1620, il arriva un grand malheur et désastre en la ville de Quimper-Corentin; une belle et haute pyramide, couverte de plomb, étant sur la nef de la grande église, fut brûlée par la foudre et feu du ciel, depuis le haut jusqu'à ladite nef, sans que l'on pût y apporter aucun remède. Le même jour, sur les sept heures et demie, tendant à huit du matin, se fit un coup de tonnerre et d'éclair terrible. A l'instant fut visiblement vu un démon horrible, au milieu d'une grande onde de grêle, se saisir de ladite pyramide par le haut et au-dessous de la croix, étant ce démon de couleur verte, avec une longue queue. Aucun feu ni fumée n'apparut sur la pyramide, que vers une heure après midi, que la fumée commença à sortir du haut d'icelle, et dura un quart d'heure : et du même endroit commença le feu à paraître peu à peu, en augmentant toujours ainsi qu'il dévalait du haut en bas : tellement qu'il se fit si grand et si épouvantable, que l'on craignait que toute l'église ne fût brûlée, et non-seulement l'église, mais toute la ville. — Les trésors de ladite église furent tirés hors; les processions allèrent à l'entour, et finalement on fit mettre des reliques saintes sur la nef de l'église, au devant du feu. Messieurs du chapitre commencèrent à conjurer ce méchant démon, que chacun voyait dans le feu, tantôt bleu, vert ou jaune; ils jetèrent des *agnus Dei* dans icelui et près de cent cinquante barriques d'eau, quarante ou cinquante charretées de fumier, et néanmoins le feu continuait. Pour dernière ressource, on fit jeter un pain de seigle de quatre sous, puis on prit de l'eau bénite, avec du lait d'une femme nourrice de bonne vie, et tout cela jeté dedans le feu, tout aussitôt le démon fut contraint de quitter la flamme; et avant de sortir il fit un si grand remue-ménage que l'on semblait être tous brûlés, et qu'il devait emporter l'église et tout avec lui; il ne s'en alla qu'à six heures et demie du soir, sans avoir fait autre mal, Dieu merci, que la totale ruine de ladite pyramide, qui est de douze mille écus au moins. — Ce méchant étant hors, on eut raison du feu, et, peu de temps après, on trouva encore ledit pain de seigle en essence, sans être endommagé, hors que la croûte était un peu noire; et sur les huit ou neuf heures et demie, après que tout le feu fut éteint, la cloche sonna pour amasser le peuple afin de rendre grâces à Dieu. — Messieurs du chapitre, avec les choristes et musiciens, chantèrent un *Te Deum* et un *Stabat mater*, dans la chapelle de la Trinité, à neuf heures du soir. Grâces à Dieu, il n'est mort personne; mais il n'est pas possible de voir chose plus horrible et épouvantable qu'était ce dit feu. »

Effroyable rencontre, apparue proche le château de Lusignan, en Poitou, aux soldats de la garnison du lieu et à quelques habitants de ladite ville, la nuit du mercredi 22 juillet 1620. A Paris, chez Nicolas Robert, rue Saint-Jacques. 1620.

« La nuit du mercredi 22 juillet, apparut, entre le château de Lusignan et le Fare, sur la rivière, deux hommes de feu, extrêmement puissants, armés de toutes pièces, dont le harnais était enflammé, avec un glaive en feu dans une main et une lance flambante dans l'autre, de laquelle dégouttait du sang. Ils se rencontrèrent et se combattirent longtemps, tellement qu'un des deux fut blessé, et en tombant fit un si horrible cri qu'il réveilla plusieurs habitants de la haute et basse ville, et étonna la garnison. — Après ce combat, parut comme une souche de feu qui passa la rivière et s'en alla dans le parc, suivie de plusieurs monstres de feu semblant des singes. Des gens qui étaient allés chercher du bois dans la forêt rencontrèrent ce prodige, dont ils pensèrent mourir, entre autres un pauvre ouvrier du bois de Galoche, qui fut si effrayé qu'il eut une fièvre qui ne le quitta point. — Comme les soldats de la garnison s'en allaient sur les murs de la ville, il passa sur eux une troupe innombrable d'oiseaux, les uns noirs, les autres blancs, tous criant d'une voix épouvantable. Il y avait des flambeaux qui les précédaient, et une figure d'homme qui les suivait faisant le hibou ; ils furent effrayés d'une telle vision, et il leur tardait fort qu'il fût jour pour le raconter aux habitants. — Voici (ajoute le narrateur) l'histoire que j'avais à vous présenter, et vous me remercierez et serez contents de ce que je vous donne, pour vous avertir de ce que vous pouvez voir quand vous allez la nuit dans les champs. »

Description d'un signe qui a été vu au ciel le 5º jour de décembre dernier, en la ville d'Altorff, au pays de Wurtemberg, en Allemagne : imprimée à Paris, rue Saint-Jacques, à l'Éléphant, devant les Mathurins, 1678, avec privilége du Roi.

« Guicciardin écrit en son Histoire italique que, sur la venue du petit roi Charles VIII à Naples, outre les prédictions de frère Hiérôme Savonarole, tant prêchées au peuple que révélées au roi même, apparurent en la Pouille, de nuit, trois soleils au milieu du ciel, offusqués de nuages à l'entour, avec force tonnerres et éclairs ; et vers Arezzo furent vues en l'air de grandes troupes de gens armés à cheval, passant par là avec grand bruit et son de tambours et trompettes ; et en plusieurs parties de l'Italie, maintes images et statues suèrent, et divers monstres d'hommes et d'animaux naquirent, de quoi le pays fut épouvanté. On vit depuis la guerre qui advint au royaume de Naples, que les Français conquirent et puis perdirent. — En la ville d'Altorff, au pays de Wurtemberg, en Allemagne, à une lieue de la ville de Tubingue, et aux environs, on a vu, le cinquième jour de décembre 1577, environ sept heures du matin, que le soleil, commençant à se lever, n'apparaissait pas en sa clarté et splendeur naturelle, mais montrait une couleur jaune, ainsi qu'on voit la lune quand elle est pleine, et ressemblait au rond d'un gros tonneau, et reluisait si peu, qu'on le pouvait regarder sans s'éblouir les yeux. Bientôt après, il s'est montré à l'entour autant d'obscurité que s'il s'en fût suivi une éclipse, et le soleil s'est couvert d'une couleur plus rouge que du sang, tellement qu'on ne savait pas si c'était le soleil ou non. — Incontinent après, on a vu deux soleils, l'un rouge, l'autre jaune, qui se sont heurtés et battus : cela a duré quelque peu de temps, où l'un des soleils s'est évanoui, et on n'a plus vu que le soleil jaune. Peu après s'est apparue une nuée noire, de la forme d'une boule, laquelle a tiré tout droit contre le soleil, et l'a couvert au milieu, de sorte qu'on n'a vu qu'un grand cercle jaune à l'entour. Le soleil ainsi couvert est apparue une autre nuée noire, laquelle a combattu avec lui, et l'un a couvert l'autre plusieurs fois, tant que le soleil est retourné à ladite première couleur jaunâtre. Un peu après est apparue derechef une nuée longue comme un bras, venant du côté du soleil couchant, laquelle s'est arrêtée près dudit soleil. — De cette nuée est sorti un grand nombre de gens habillés de noir et armés comme gens de guerre, à pied et à cheval, marchant en rang, lesquels ont passé tout bellement par dedans ce soleil vers l'Orient, et cette troupe a été suivie derrière d'un grand et puissant homme qui a été beaucoup plus haut que les autres. Après que cette troupe a été passée, le soleil s'est un peu obscurci, mais a gardé sa clarté naturelle et a été couvert de sang, en sorte que le ciel et la terre se sont montrés tout rouges, parce que sont sorties du ciel plusieurs nuées sanglantes et s'en sont retournées par-dessus, et ont tiré du côté de l'Orient, tout ainsi qu'avait fait avant la gendarmerie. — Beaucoup de nuées noires se sont montrées autour du soleil, comme c'est coutume quand il y a grande tempête, et bientôt après sont sorties du soleil d'autres nuées sanglantes et ardentes, ou jaunes comme du safran. De ces nuées sont parties des réverbérations semblables à de grands chapeaux hauts et larges, et s'est montrée toute la terre jaune et sanglante, couverte de grands chapeaux, lesquels avaient diverses couleurs, rouge, bleu, vert, et la plupart noirs ; ensuite il a fait un brouillard, et comme une pluie de sang, dont non-seulement le ciel, mais encore la terre et tous les habillements d'hommes se sont montrés sanglants et jaunâtres. Cela a duré jusqu'à ce que le soleil ait repris sa clarté naturelle, ce qui n'est arrivé qu'à dix heures du matin. — Il est aisé de penser ce que signifie ce prodige : ceci n'est autre chose que menaces, » dit l'auteur. Quant à nous, comme il n'y a dans le pays d'Altorff aucun témoignage qui appuie ce merveilleux récit, nous n'y verrons qu'un puff du dix-septième siècle.

Signe merveilleux apparu en forme de procession, arrivé près la ville de Bellac, en Limousin. Imprimé à Paris en 1624.

« Il n'y a personne qui ait été vers la ville de Bellac, en Limousin, qui n'ait passé par une grande et très-spacieuse plaine nullement habitée. Or en icelle, quantité de gens dignes de foi et croyance, même le sieur Jacques Rondeau, marchand tanneur de la ville de Montmorillon, le curé d'Isgre, Pierre Ribonneau, Mathurin Cognac, marchand de bois, demeurant en la ville de Chanvigné, étant tous de même compagnie, m'ont assuré avoir vu ce que je vous écris : — 1° trois hommes vêtus de noir, inconnus de tous les regardants, tenant chacun une croix à la main ; — 2° après eux marchait une troupe de jeunes filles vêtues de longs manteaux de toile blanche, ayant les pieds et les jambes nus, portant des chapeaux de fleurs desquels pendaient jusques aux talons de grandes bandes de toile d'argent, tenant en leur main gauche quelques rameaux, et de la droite un vase de faïence d'où sortait de la fumée ; — 3° marchait après celles-ci une dame accoutrée en deuil, vêtue d'une longue robe noire qui traînait fort longue sur la terre, laquelle robe était semée de cœurs percés de flèches, de larmes et de flammes de satin blanc, et ses cheveux épars sur ses vêtements ; elle tenait en sa main comme une branche de cèdre, et ainsi vêtue cheminait toute triste ; — 4° ensuite marchaient six petits enfants couverts de longues robes de taffetas vert, tout semé de flammes de satin rouge et de gros flambeaux allumés, et leurs têtes couvertes de chapeaux de fleurs. — Ceci n'est rien, car il marchait après une foule de peuples vêtus de blanc et de noir qui cheminaient deux à deux, ayant des bâtons blancs à la main. Au milieu de la troupe était comme une déesse, vêtue richement, portant une grande couronne de fleurs sur la tête, les bras retroussés, tenant en sa main une belle branche de cyprès, remplie de petits cristaux qui pendaient de tous côtés. A l'entour d'elle il y avait comme des joueurs d'instruments, lesquels toutefois ne formaient aucune mélodie. A la suite de cette procession étaient huit grands hommes nus jusqu'à la ceinture, ayant le corps fort couvert de poil, la barbe jusqu'à mi-corps, et le reste couvert de peaux de chèvre, tenant en leurs mains de grosses masses ; et comme tous furieux suivaient la troupe de loin. La course de cette procession s'étendait tout le long de l'île, jusqu'à une autre île voisine, où tous ensemble s'évanouissaient lorsqu'on voulait en approcher pour les contempler. — Je vous prie, à quoi tend cette vision merveilleuse, vous autres qui savez ce que valent les choses?.... » — Nous transcrivons le naïf écrivain. Nous ajouterons que la mascarade qu'il raconte eut lieu à l'époque du roman de l'Astrée, et que c'était une société qui se divertissait à la manière des héros de Don Quichotte.

Grandes et merveilleuses choses advenues dans la ville de Besançon, par un tremblement de terre; imprimé à Château-Salins, par maître Jacques Colombiers; 1564.

« Le troisième jour de décembre, environ neuf heures du matin, faisant un temps doux et un beau soleil, l'on vit en l'air une figure d'un homme de la hauteur d'environ neuf lances, qui dit trois fois : « Peuples, peuples, » peuples, amendez-vous, ou vous êtes à la » fin de vos jours. » Et ce advint un jour de marché, devant plus de dix mille personnes, et après ces paroles, ladite figure s'en alla en une nue comme se retirant droit au ciel. Une heure après, le temps s'obscurcit tellement, qu'à vingt lieues autour de la ville on ne voyait plus ni ciel ni terre. Il y eut beaucoup de personnes qui moururent; le pauvre monde se mit à prier Dieu et à faire des processions. Enfin, au bout de trois jours, vint un beau temps comme auparavant et un vent le plus cruel que l'on ne saurait voir, qui dura environ une heure et demie, et une telle abondance d'eau, qu'il semblait qu'on la jetait à pipes, avec un merveilleux tremblement de terre, tellement que la ville fondit, comprenant quatorze lieues de long et six de large, et n'est demeuré qu'un château, un clocher et trois maisons tout au milieu. On les voit en un rondeau de terre assises comme par devant ; on voit quelques portions des murs de la ville, et dans le clocher et le château, du côté d'un village appelé des Guetz, on voit comme des enseignes et étendards qui pavolent ; et n'y saurait-on aller. Pareillement on ne sait ce que cela signifie, et n'y a homme qui regarde cela à qui les cheveux ne dressent sur la tête, car c'est une chose merveilleuse et épouvantable. »

Dissertation sur les visions et les apparitions, où l'on prouve que les morts peuvent revenir, avec quelques règles pour connaître si ce sont des âmes heureuses ou malheureuses, par un professeur en théologie. Lyon, 1675.

Sans être très-crédule, l'auteur de ce petit ouvrage admet les apparitions, et reconnaît que les unes viennent du démon, les autres de Dieu. Mais il en attribue beaucoup à l'imagination. Il raconte l'histoire d'un malade qui vit long-temps dans sa chambre un spectre habillé en ermite avec une longue barbe, deux cornes sur la tête et une figure horrible. Cette vision, qui épouvantait le malade sans qu'on pût le rassurer, n'était, dit le professeur, que l'effet du cerveau dérangé. Il croit que les morts peuvent revenir, à cause de l'apparition de Samuel; et il dit que les âmes du purgatoire ont une figure intéressante et se contentent en se montrant de gémir et de prier, tandis que les mauvais esprits laissent toujours entrevoir quelque supercherie et quelque malice. — Terminons les visions par le fait suivant, qu'on lit dans divers recueils d'anecdotes : — Un capitaine anglais, ruiné par des folies de jeunesse, n'avait plus d'autre asile que la maison d'un ancien ami. Celui-ci, obligé d'aller passer quelques mois à la campagne, et ne pouvant y conduire le capitaine, parce qu'il était malade, le confia aux soins d'une vieille domestique, qu'il chargeait de la garde de sa maison quand il s'absentait. La bonne femme vint un matin voir le capitaine de très-bonne heure son malade, parce qu'elle avait rêvé qu'il était mort dans la nuit; rassurée en le trouvant dans le même état que la veille, elle le quitta pour aller soigner ses affaires, et oublia de fermer la porte après elle. Les ramoneurs, à Londres, ont coutume de se glisser dans les maisons qui ne sont point habitées, pour s'emparer de la suie, dont ils font un petit commerce. Deux d'entre eux avaient vu l'absence du maître de la maison, et ils épiaient le moment de s'introduire chez lui. Ils virent sortir la vieille, entrèrent dès qu'elle fut éloignée, trouvèrent la chambre du capitaine ouverte, et, sans prendre garde à lui grimpèrent tous les deux dans la cheminée. Le capitaine était en ce moment assis sur son séant. Le jour était sombre; la vue de deux créatures aussi noires lui causa une frayeur inexprimable; il retomba dans ses draps, n'osant faire aucun mouvement. — Le docteur arriva un instant après; il entra avec sa gravité ordinaire, et appela le capitaine en s'approchant du lit; le malade reconnut la voix, souleva ses couvertures et regarda d'un œil égaré, sans avoir la force de parler. Le docteur lui prit la main et lui demanda comment il se trouvait. « Mal, répondit-il; je suis perdu; les diables se préparent à m'emporter, ils sont dans ma cheminée... » Le docteur, qui était un esprit fort, secoua la tête, tâta le pouls et dit gravement : « Vos idées sont coagulées; vous avez un *lucidum caput*, capitaine... — Cessez votre galimatias, docteur : il n'est plus temps de plaisanter, il y a deux diables ici... — Vos idées sont incohérentes, je vais vous le démontrer. Le diable n'est pas ici; votre effroi est donc... » — Dans ce moment, les ramoneurs, ayant rempli leur sac, le laissèrent tomber au bas de la cheminée et le suivirent bientôt. Leur apparition rendit le docteur muet; le capitaine se renfonça dans sa couverture, et, se coulant aux pieds de son lit, se glissa dessous sans bruit, priant les diables de se contenter d'emporter son ami. Le docteur, immobile d'effroi, cherchait à se ressouvenir des prières qu'il avait apprises dans sa jeunesse; se tournant vers son ami pour lui demander son aide, il fut épouvanté de ne plus le voir dans son lit. Il aperçut dans ce moment un des ramoneurs qui se chargeait du sac de suie; il ne douta pas que le capitaine ne fût dans ce sac. Tremblant de remplir l'autre, il ne fit qu'un saut jusqu'à la porte de la chambre, et de là au bas de l'escalier. Arrivé dans la rue, il se mit à crier de toutes ses forces : « Au secours! le diable emporte mon ami! » — La populace accourt à ses cris; il montre du doigt la maison; on se précipite en foule vers la porte, mais personne ne veut entrer le premier... Le docteur, un peu rassuré par le nombre, excite à un exemple tout le monde en particulier, exemple qu'il ne donnerait pas pour tout l'or des Indes. Les ramoneurs, en entendant le bruit qu'on faisait dans la rue, posent leur sac dans l'escalier, et, de crainte d'être surpris, remontent quelques étages. Le capitaine, mal à son aise sous son lit, ne voyant plus les diables, se hâte de sortir de la maison; sa peur et sa précipitation ne lui permettent pas de voir le sac, il le heurte, tombe dessus, se couvre de suie, se relève et descend avec rapidité; l'effroi de la populace augmente à sa vue : elle recule et lui ouvre un passage; le docteur reconnaît son ami, et se cache dans la foule pour l'éviter. — Enfin un ministre qu'on était allé chercher pour conjurer l'esprit malin parcourt la maison, trouve les ramoneurs, les force à descendre, et montre les prétendus diables au peuple assemblé. Le docteur et le capitaine se rendirent enfin à l'évidence; mais le docteur, honteux d'avoir, par sa sotte frayeur, démenti le caractère d'intrépidité qu'il avait toujours affecté, voulait rosser ces coquins, qui, disait-il, avaient fait une si grande peur à son ami.

Vocératrices. — Lorsqu'un homme est mort, en Corse, particulièrement lorsqu'il a été assassiné, on place son corps sur une table; et les femmes de sa famille, à leur défaut des amies ou même des femmes étrangères connues par leur talent poétique, improvisent devant un auditoire nombreux des complaintes en vers dans le dialecte du pays. On nomme ces femmes *voceratrici*, ou, suivant la prononciation corse, *buceratrici*, et la complainte s'appelle *vocero*, *buceru*, *buceratu*, sur la côte orientale; *ballata* sur la côte opposée. Le mot *vocero*, ainsi que ses dérivés *vocerar*, *voceratrice* vient du latin *vociferare*. Quelquefois plusieurs femmes improvisent tour à tour, et fréquemment la femme ou la fille du mort chante elle-même la complainte funèbre [1].

Voile. — Chez les Juifs modernes, c'est une tradition qu'un voile qu'on se met sur le visage, empêche que le fantôme ne reconnaisse celui qui a peur. Mais si Dieu juge qu'il l'ait mérité par ses péchés, il lui fait tomber le masque, afin que l'ombre puisse le voir et le mordre.

Voisin (LA), — devineresse qui tirait les cartes, faisait voir tout ce qu'on voulait dans un bocal plein d'eau, et forçait le diable à paraître à sa volonté. Il y avait un grand concours de monde chez elle. Un jeune époux, remarquant que sa femme sortait aussitôt qu'il quittait la maison, résolut de savoir qui pouvait ainsi la déranger. Il la suit donc un jour, et la voit entrer dans une sombre allée; il s'y glisse, l'entend frapper à une porte qui s'ouvre, et, content de savoir où il peut la surprendre, il regarde par le trou de la serrure, et entend ces mots : « Allons, il faut vous déshabiller; ne faites pas l'enfant, ma chère amie, hâtons-nous.... » La femme se déshabillait; le mari frappe à la porte à coups redoublés. La Voisin ouvre, et le curieux voit sa femme, une baguette magique à la main, prête à évoquer le diable.... — Une autre fois, une dame très-riche était venue la trouver pour qu'elle lui tirât les cartes. La Voisin, qui à sa qualité de sorcière joignait les talents de voleuse, lui persuade qu'elle fera bien de voir le diable, qui ne lui fera d'ailleurs aucun mal; la dame y consent. La bohémienne lui dit d'ôter ses vêtements et ses bijoux. La dame obéit, et se trouve bientôt seule, n'ayant qu'une vieille paillasse, un bocal et un jeu de cartes. Cette dame était venue dans son équipage; le cocher, après avoir attendu très-longtemps sa maîtresse, se décide enfin à monter, monte et la trouve au désespoir. La Voisin avait disparu avec ses hardes; on l'avait dépouillée; il lui met son manteau sur les épaules, et la reconduit chez elle. — La Voisin favorisa tant d'empoisonnements, et commit tant de vols avec le secours de son art, que, la justice l'ayant fait arrêter, elle fut mise à mort en place publique [1].

Voiture du Diable. — On vit pendant plusieurs nuits, dans un faubourg de Paris, au commencement du dix-septième siècle, une voiture noire, traînée par des chevaux noirs, conduite par un cocher également noir, qui passait au galop des chevaux, sans faire le moindre bruit. Elle paraissait sortir tous les soirs de la maison d'un seigneur mort depuis peu. Le peuple se persuada que ce ne pouvait être que la voiture du diable qui emportait le corps. On reconnut par la suite que cette jonglerie était l'ouvrage d'un fripon, qui voulait avoir à bon compte la maison du gentilhomme. Il avait attaché des coussins autour des roues de la voiture et sous les pieds des chevaux, pour donner à sa promenade nocturne l'apparence d'une œuvre magique.

Voix. — Boguet assure qu'on reconnaît un possédé à la qualité de sa voix : si elle est sourde et enrouée, nul doute, dit-il, qu'il ne faille aussitôt procéder aux exorcismes. — Sous le règne de Tibère, vers le temps de la mort de Notre Seigneur, le pilote Thamus, côtoyant les îles de la mer Égée, entendit un soir, aussi bien que tous ceux qui se trouvaient sur son vaisseau, une grande voix qui l'appela plusieurs fois par son nom. Lorsqu'il eut répondu, la voix lui commanda de crier, en un certain lieu, que le grand Pan était mort. A peine eut-il prononcé ces paroles dans le lieu désigné, qu'on entendit, de tous côtés, des plaintes et des gémissements, comme d'une multitude [2] de personnes affligées par cette nouvelle. — L'empereur Tibère assembla des savants pour interpréter ces paroles. On les appliqua à Pan, fils de Pénélope, qui vivait plus de mille ans auparavant; mais, selon les versions les plus accréditées, il faut entendre par le grand Pan, le maître des démons, dont l'empire était détruit par la mort de Jésus-Christ. Les docteurs attribuent aux échos les gémissements qui se firent entendre

---

[1] Prosper Mérimée, Colomba.

[1] Les Charlatans célèbres, t. I, p.325.
[2] Eusèbe, après Plutarque.

au pilote Thamus; mais on n'explique pas la voix. — Cette grande voix, dit le comte de Gabalis, était produite par les peuples de l'air, qui donnaient avis aux peuples des eaux que le premier et le plus âgé des sylphes venait de mourir. Et, comme il s'ensuivrait de là que les esprits élémentaires étaient les faux dieux des païens, il confirme cette conséquence, en ajoutant que les démons sont trop malheureux et trop faibles pour avoir jamais eu le pouvoir de se faire adorer; mais qu'ils ont pu persuader aux hôtes des éléments de se montrer aux hommes, et de se faire dresser des temples; et que, par la domination naturelle que chacun d'eux a sur l'élément qu'il habite, ils troublaient l'air et la mer, ébranlaient la terre, et dispensaient les feux du ciel à leur fantaisie : de sorte qu'ils n'avaient pas grand'peine à être pris pour des divinités. — Le comte Arigo bel Missere (Henri le bel Missere) mourut vers l'an 1000. Il avait combattu les Maures qui envahissaient la Corse. Une tradition prétend qu'à sa mort une voix s'entendit dans l'air, qui chantait ces paroles prophétiques :

E morto il conte Arigo bel Missere,
E corsica sarà di male in peggio [1].

— Clément d'Alexandrie raconte qu'en Perse, vers la région des mages, on voyait trois montagnes, plantées au milieu d'une large campagne, distantes également l'une de l'autre. En approchant de la première, on entendait comme des voix confuses de plusieurs personnes qui se battaient; près de la seconde, le bruit était plus grand; et, à la troisième, c'étaient des bruits d'allégresse, comme d'un grand nombre de gens qui se réjouissaient. Le même auteur dit avoir appris d'anciens historiens que, dans la Grande-Bretagne, on entend au pied d'une montagne des sons de cymbales et de cloches qui carillonnent en mesure. — Il y a en Afrique, dans certaines familles, des sorcières qui ensorcellent par la voix et la langue, et font périr les blés, les animaux et les hommes dont elles parlent, même pour en dire du bien. — En Bretagne, le mugissement lointain de la mer, le sifflement des vents entendu dans la nuit, sont la voix d'un noyé qui demande un tombeau [2].

Volac, grand président aux enfers; il apparait sous la forme d'un enfant avec des ailes d'ange, monté sur un dragon à deux têtes; il connaît la demeure des planètes et la retraite des serpents; trente légions lui obéissent [3].

[1] Prosper Mérimée, Colomba.
[2] Cambry, Voyage dans le Finistère.
[3] Wierus, in Pseudom. dæm.

Volet (MARIE). — Vers l'année 1691, une jeune fille de la paroisse de Pouillat, en Bresse, auprès de Bourg, se prétendit possédée. Elle poussait des cris que l'on prit pour de l'hébreu. L'aspect des reliques, l'eau bénite, la vue d'un prêtre, la faisaient tomber en convulsions. Un chanoine de Lyon consulta un médecin sur ce qu'il y avait à faire. Le médecin visita la possédée; il prétendit qu'elle avait un levain corrompu dans l'estomac, que les humeurs cacochymes de la masse du sang et l'exaltation d'un acide violent sur les autres parties qui le composent étaient l'explication naturelle de l'état de maladie de cette fille. Marie Volet fut envoyée aux eaux minérales; le grand air, la défense de lui parler du diable et de l'enfer, et sans doute le retour de quelque paix dans sa conscience troublée, calmèrent ses agitations; bientôt elle fut en état de reprendre ses travaux ordinaires [1].

Vols ou **Voust**, — de *vultus*, figure, effigie. On appelait ainsi autrefois une image de cire, au moyen de laquelle on se proposait de faire périr ceux qu'on haïssait; ce qui s'appelait envoûter. La principale formalité de l'envoûtement consistait à modeler, soit en cire, soit en argile, l'effigie de ceux à qui on voulait mal; si l'on perçait la figurine, l'envoûté qu'elle représentait était lésé dans la partie correspondante de sa personne; si on la faisait dessécher ou fondre au feu, il dépérissait et ne tardait pas à mourir. — Enguerrand de Marigny fut accusé d'avoir voulu envoûter Louis X. — L'un des griefs de Léonora Galigaï fut qu'elle gardait de petites figures de cire dans de petits cercueils. En envoûtant, on prononçait des paroles et on pratiquait des cérémonies qui ont varié. Ce sortilège remonte à une haute antiquité. Platon le mentionne dans ses Lois : — « Il est inutile, dit-il, d'entreprendre de prouver à certains esprits fortement prévenus qu'ils ne doivent point s'inquiéter des petites figures de cire qu'on aurait mises ou à leur porte, ou dans les carrefours, ou sur le tombeau de leurs ancêtres, et de les exhorter à les mépriser, parce qu'ils ont une foi confuse à la vérité de ces maléfices. — Celui qui se sert de charmes, d'enchantements et de tous autres maléfices de cette nature, à dessein de nuire par de tels prestiges, s'il est devin ou versé dans l'art d'observer les prodiges, qu'il meure! Si, n'ayant aucune connaissance de ces arts, il est convaincu d'avoir usé de maléfices, le tribunal décidera ce qu'il doit souffrir dans sa personne ou dans ses biens. » (Traduction de M. Cousin.) — Ce qui est cu-

[1] M. Garinet, Hist. de la magie en France, p. 255.

rieux, c'est qu'on a retrouvé la même superstition chez les naturels du Nouveau-Monde. Le père Charlevoix raconte que les Illinois font de *petits marmousets* pour représenter ceux dont ils veulent abréger les jours, et qu'ils les percent au cœur. *Voy.* Envoutement.

Volta. — C'est une ancienne tradition de l'Étrurie que les campagnes furent désolées par un monstre appelé Volta. Porsenna fit tomber la foudre sur lui. Lucius Pison, l'un des plus braves auteurs de l'antiquité, assure qu'avant lui Numa avait fait usage du même moyen, et que Tullus Hostilius, l'ayant imité sans être suffisamment instruit, fut frappé de ladite foudre [1].

Voltaire. — L'abbé Fiard, Thomas, et madame de Staël le mettent au nombre des démons incarnés.

Voltigeur hollandais. — Les marins de toutes les nations croient à l'existence d'un bâtiment hollandais dont l'équipage est condamné par la justice divine, pour crime de pirateries et de cruautés abominables, à errer sur les mers jusqu'à la fin des siècles. On considère sa rencontre comme un funeste présage. Un écrivain de nos jours a fort bien décrit cette croyance dans une scène maritime que nous transcrivons : — « Mon vieux m'a souvent raconté, lorsque, tout petit, il me berçait dans ses bras pour m'accoutumer au roulis, et il jurait que c'était la pure vérité, qu'étant un jour, ou plutôt une nuit, dans les parages du cap de *Bonne-Espérance*, un malavisé de mousse jeta par dessus bord un chat vivant qu'il avait pris *en grippe*, et qu'aussitôt, comme cela ne pouvait manquer d'arriver, un affreux coup de vent assaillit le navire, lequel, ne pouvant supporter une seule aune de toile, fut obligé de fuir à sec, devant la bourrasque, avec une vitesse d'au moins douze nœuds. Ils étaient dans cette position, lorsque, vers minuit, ils virent tout à coup, à leur grand étonnement, un bâtiment de construction étrangère, courir droit dans le lit du vent, qui était cependant alors dans sa plus grande violence. Pendant qu'ils examinaient ce singulier navire, dont les voiles pendaient en lambeaux et dont les œuvres mortes étaient recouvertes d'une épaisse couche de coquillages et d'herbes marines, comme s'il n'eût pas été nettoyé depuis de longues années, il s'en détacha une barque, qui semblait plutôt voler que flotter sur cette mer orageuse, laquelle ayant bien accosté, il en sortit un homme ayant la barbe longue, le teint pâle et les yeux fixes et creux comme ceux d'un cadavre ; glissant sur la lisse et puis sur le pont sans faire le moindre bruit, comme si c'eût été une ombre, il alla se placer au pied du mât d'artimon et engagea, en pleurant, les matelots à recevoir un paquet de lettres qu'il tenait dans sa main osseuse comme celle d'un squelette ; ce que le capitaine leur fit signe de refuser. J'avais oublié de vous dire, continua le narrateur en baissant la voix, tandis que ses auditeurs terrifiés se serraient de plus en plus les uns contre les autres, qu'aussitôt que l'épouvantable apparition eut posé les pieds sur le pont, toutes les lumières s'étaient subitement éteintes, même celle qui éclairait la boussole dans l'habitacle, et qu'au même instant aussi, chose non moins étrange, le navire commença à marcher à reculons avec une étonnante rapidité, contre le vent et les vagues, tandis que des milliers de petites flammes se jouaient dans les cordages et jetaient une étrange lueur sur les visages des matelots frappés de terreur. « *Au nom de Dieu tout-puissant*, je t'ordonne de quitter mon bord ! » s'écria enfin le capitaine en s'adressant au spectre. A peine ces mots eurent-ils été prononcés, qu'un cri long et aigu, tel que mille voix humaines n'auraient pu en produire un semblable, domina le bruit de la tempête, qu'un horrible coup de tonnerre ébranla le bâtiment jusqu'à sa quille... » — Le navire eut le bonheur d'échapper, ce qui est rare. On dit encore que ceux qui ont reçu les lettres que les matelots fantômes du navire appelé *le Voltigeur hollandais*, envoyaient à leurs parents et amis, ont vu qu'elles étaient adressées à des personnes qui n'existent plus depuis des siècles.

Vroucolacas ou **Broucolaques**, — *voy.* Vampires.

Vue. — Il y a des sorcières qui tuent par leur regard, mais, en Écosse, beaucoup de femmes ont ce qu'on appelle la seconde vue, c'est-à-dire le don de prévoir l'avenir et de l'expliquer, et de connaître par une mystérieuse intuition ce qui se passe au loin.

---

[1] Pline, liv. II, chap. 33.

W

Wade, — *voy.* VADE.

Walhalla, — paradis des guerriers chez les anciens Scandinaves. Pour y entrer, il fallait être mort en combattant. On y buvait de la bière forte dans une coupe qui ne se vidait jamais. On y mangeait des biftecks d'un sanglier vivant, qui se prêtait à la chose et qui était toujours entier.

Walkiries, — fées des Scandinaves. Elles ont, comme la mythologie dont elles dépendent, un caractère très-sauvage.

Wall, — grand et puissant duc du sombre empire; il a la forme d'un dromadaire haut et terrible; s'il prend figure humaine, il parle égyptien; il connaît le présent, le passé et l'avenir; il était de l'ordre des puissances; trente-six légions sont sous ses ordres.

Walter. — Jacques 1er, roi d'Écosse, fut massacré de nuit, dans son lit, par son oncle Walter, que les historiens français ont appelé Gauthier, et qui voulait monter sur le trône. Mais ce traître reçut, à Édimbourg, le prix de son crime; car il fut exposé sur un pilier, et là, devant tout le monde, on lui mit sur la tête une couronne de fer qu'on avait fait rougir dans un grand feu, avec cette inscription : *Le roi des traîtres.* Un astrologue lui avait promis qu'il serait couronné publiquement dans une grande assemblée de peuple...

Walter Scott. — L'illustre romancier a publié sur la *Démonologie et les sorciers* un recueil de lettres intéressantes qui expliquent et qui éclaircissent les particularités mystérieuses, les croyances et les traditions populaires dont il a fait usage si souvent et si heureusement dans ses romans célèbres. Peut-être les opinions religieuses de l'auteur ont-elles laissé dans son esprit un peu trop de scepticisme; peut-être est-il trop enclin à ne voir, dans les matières qui font le sujet de ses lettres, que les aspects poétiques. Il est toutefois agréable de suivre le grand écrivain dans des recherches aussi piquantes. — Dans la première lettre, il établit que le dogme incontestable d'une âme immatérielle a suffi pour accréditer la croyance aux apparitions. Il voit dans la plupart des apparitions de véritables hallucinations; il a raison en général. Mais il ne faut pas faire de cette explication un système, à la manière des esprits qui veulent tout comprendre, dans un monde où nous sommes environnés de tant de choses que nous ne comprenons pas. C'est une hallucination épidémique que l'exemple cité de l'Écossais Patrick Walter, si, en effet, il n'y avait là que les phénomènes d'une aurore boréale.
— « En l'année 1686, aux mois de juin et de juillet, dit l'honnête Walker, plusieurs personnages encore vivants peuvent attester que, près du lac de Crosford, deux milles au dessous de Lanark, et particulièrement aux Mains, sur la rivière de la Clyde, une grande foule de curieux se rassembla plusieurs fois après midi pour voir une pluie de bonnets, de chapeaux, de fusils et d'épées; les arbres et le terrain en étaient couverts : des compagnies d'hommes armés marchaient en l'air le long de la rivière, se ruaient les unes contre les autres, et disparaissaient pour faire place à d'autres bandes aériennes. Je suis allé là trois fois consécutivement dans l'après-midi, et j'ai observé que les deux tiers des témoins avaient vu, et que l'autre tiers n'avait rien vu. *Quoique je n'eusse rien vu moi-même,* ceux qui voyaient avaient une telle frayeur et un tel tremblement, que ceux qui ne voyaient pas s'en apercevaient bien. Un gentilhomme, tout près de moi, disait : « Ces damnés sorciers ont une *seconde vue;* car le diable m'emporte si je vois quelque chose; » et sur-le-champ il s'opéra un changement dans sa physionomie. Il voyait. Plus effrayé que les autres, il s'écria : « Vous tous qui ne voyez rien, ne dites rien; car je vous assure que c'est un fait visible pour tous ceux qui ne sont pas aveugles. » Ceux qui voyaient ces choses-là pouvaient décrire les espèces de batteries des fusils, leur longueur et leur largeur, et la poignée des épées, les ganses des bonnets, etc. » — Ce phénomène singulier, auquel la multitude croit, bien que seulement les deux tiers eussent vu, peut se comparer, ajoute Walter Scott, à l'action de ce plaisant qui, se posant dans l'attitude de l'étonnement, les yeux fixés sur le lion de bronze bien connu qui orne la façade de l'hôtel de Northumberland dans le Strand (à Londres), attira l'attention de ceux qui le regardaient en disant : « Par le ciel, il remue!... il remue de nouveau! » et réussit ainsi en peu de minutes à faire obstruer la rue par une foule immense; les uns s'imaginant avoir effectivement aperçu

le lion de Percy remuer la queue ; les autres attendant pour admirer la même merveille.

— De véritables hallucinations sont enfantées par une funeste maladie que diverses causes peuvent faire naître. La source la plus fréquente de cette maladie est dans les habitudes d'intempérance de ceux qui, par une suite d'excès de boissons, contractent ce que le peuple nomme les *diables bleus*, sorte de spleen ou désorganisation mentale. Les joyeuses illusions que dans les commencements enfante l'ivresse s'évanouissent avec le temps, et dégénèrent en impressions d'effroi. — Le fait qui va suivre fut raconté à l'auteur par un ami du patient. Un jeune homme riche, qui avait mené une vie de nature à compromettre à la fois sa santé et sa fortune, se vit obligé de consulter un médecin. Une des choses dont il se plaignait le plus, était la présence habituelle d'une suite de fantômes habillés de vert, exécutant dans sa chambre une danse bizarre dont il était forcé de supporter la vue, quoique bien convaincu que tout le *corps de ballet* n'existait que dans son cerveau. Le médecin lui prescrivit un régime ; il lui recommanda de se retirer à la campagne, d'y observer une diète calmante, de se lever de bonne heure, de faire un exercice modéré, d'éviter une trop grande fatigue. Le malade se conforma à cette prescription et se rétablit. — Un autre exemple d'hallucinations est celui de M. Nicolaï, célèbre libraire de Berlin. Cet homme ne se bornait pas à vendre des livres, c'était encore un littérateur ; il eut le courage moral d'exposer à la société philosophique de Berlin le récit de ses souffrances, et d'avouer qu'il était sujet à une suite d'illusions fantastiques. Les circonstances de ce fait peuvent être exposées très-brièvement, comme elles l'ont été au public, attestées par les docteurs Ferriar et Hibbert, et autres qui ont écrit sur la démonologie. Nicolaï fait remonter sa maladie à une série de désagréments qui lui arrivèrent au commencement de 1791. L'affaissement d'esprit occasionné par ces événements fut encore aggravé, par ce fait qu'il négligeait l'usage de saignées périodiques auquel il était accoutumé ; un tel état de santé créa en lui la disposition à voir des groupes de fantômes qui se mouvaient et agissaient devant lui, et quelquefois même lui parlaient. Ces fantômes n'offraient rien de désagréable à son imagination, soit par leur forme, soit par leurs actions, et le visionnaire possédait trop de force d'âme pour être saisi à leur présence d'un sentiment autre que celui de la curiosité, convaincu qu'il était pendant toute la durée de l'accès que ce singulier effet n'était que la conséquence de sa mauvaise santé, et ne devait sous aucun autre rapport être considéré comme sujet de frayeur. Au bout d'un certain temps les fantômes parurent moins distincts dans leurs formes, prirent des couleurs moins vives, s'affaiblirent aux yeux du malade, et finirent par disparaître entièrement. — Un malade du docteur Gregory d'Édimbourg, l'ayant fait appeler, lui raconta, dans les termes suivants, ses singulières souffrances : « J'ai l'habitude, dit-il, de dîner à cinq heures, et lorsque six heures précises arrivent, je suis sujet à une visite fantastique. La porte de la chambre, même lorsque j'ai eu la faiblesse de la verrouiller, ce qui m'est arrivé souvent, s'ouvre tout à coup ; une vieille sorcière, semblable à celles qui hantaient les bruyères de Forrès, entre d'un air menaçant, s'approche, se jette sur moi, mais si brusquement que je ne puis l'éviter, et alors me donne un violent coup de sa béquille ; je tombe de ma chaise sans connaissance, et je reste ainsi plus ou moins longtemps. Je suis tous les jours sous la puissance de cette apparition... » — Le docteur demanda au malade s'il avait jamais invité quelqu'un à être avec lui témoin d'une semblable visite. Il répondit que non. La nature de son mal était si particulière, on devait si naturellement l'imputer à un dérangement mental, qu'il lui avait toujours répugné d'en parler à qui que ce fût. « Si vous le permettez, dit le docteur, je dînerai avec vous aujourd'hui tête à tête, et nous verrons si votre méchante vieille viendra troubler notre société. Le malade accepta avec gratitude. Ils dînèrent, et le docteur, qui supposait l'existence de quelque maladie nerveuse, employa le charme de sa brillante conversation à captiver l'attention de son hôte pour l'empêcher de penser à l'heure fatale qu'il avait coutume d'attendre avec terreur. Il réussit d'abord. Six heures arrivèrent sans qu'on y fît attention. Mais à peine quelques minutes étaient-elles écoulées, que le monomane s'écria d'une voix troublée : « Voici la sorcière ! » et, se renversant sur sa chaise, il perdit connaissance. Le médecin lui tira un peu de sang, et se convainquit que cet accident périodique, dont se plaignait le malade, était une tendance à l'apoplexie. — Le fantôme à la béquille était simplement une sorte de combinaison analogue à celle dont la fantaisie produit le dérangement appelé éphialte, ou cauchemar, ou toute autre impression extérieure exercée sur nos organes pendant le sommeil. — Un autre exemple encore me fut cité, dit Walter Scott, par le médecin qui avait été dans le cas de l'observer. Le malade était un honorable magistrat, lequel avait conservé entière sa réputation d'intégrité, d'assiduité et de bon sens. — Au moment des visites du médecin, il en était réduit à garder la chambre, quelquefois le lit; cependant de temps à autre appliqué aux affaires, de manière que rien n'indiquait à un observateur superficiel la moindre altération dans ses facultés morales; aucun symptôme ne faisait craindre une maladie aiguë ou alarmante; mais la faiblesse du pouls, l'absence de l'appétit, le constant affaiblissement des esprits semblaient prendre leur origine dans une cause cachée que le malade était résolu à taire. Le sens obscur des paroles de cet infortuné, la brièveté et la contrainte de ses réponses aux questions du médecin, le déterminèrent à une sorte d'enquête. Il eut recours à la famille : personne ne devinait la cause du mal. L'état des affaires du patient était prospère; aucune perte n'avait pu lui occasionner un chagrin; aucun désappointement dans ses affections ne pouvait se supposer à son âge; aucune idée de remords ne s'alliait à son caractère. Le médecin eut donc recours avec le monomane à une explication; il lui parla de la folie qu'il y avait à se vouer à une mort triste et lente, plutôt que de dévoiler la douleur qui le minait. Il insista sur l'atteinte qu'il portait à sa réputation en laissant soupçonner que son abattement pût provenir d'une cause scandaleuse, peut-être même trop déshonorante pour être pénétrée; il lui fit voir qu'ainsi il léguerait à sa famille un nom suspect et terni. Le malade, frappé, exprima le désir de s'expliquer franchement avec le docteur : et, la porte de la chambre fermée, il entreprit sa confession en ces termes : — « Vous ne pouvez comprendre la nature de mes souffrances, et votre zèle ni votre habileté ne peuvent m'apporter de soulagement. La situation où je me trouve n'est pourtant pas nouvelle, puisqu'on la retrouve dans le célèbre roman de Lesage. Vous vous souvenez sans doute de la maladie dont il y est dit que mourut le duc d'Olivarès : l'idée qu'il était visité par une apparition, à l'existence de laquelle il n'ajoutait aucunement foi; mais il en mourut néanmoins, vaincu et terrassé par son imagination. — Je suis dans la même position; la vision acharnée qui me poursuit est si pénible et si odieuse; que ma raison ne suffit pas à combattre mon cerveau affecté : bref, je suis victime d'une maladie imaginaire. » — Le médecin écoutait avec anxiété. — « Mes visions, reprit le malade, ont commencé il y a deux ou trois ans. Je me trouvais de temps en temps troublé par la présence d'un gros chat qui entrait et sortait, sans que je pusse dire comment, jusqu'à ce qu'enfin la vérité me fût démontrée, et que je me visse forcé à ne plus le regarder comme un animal domestique, mais bien comme un jeu qui n'avait d'existence que dans mes organes visuels en désordre, ou dans mon imagination déréglée. Jusque-là, je n'avais nullement pour cet animal l'aversion absolue de ce brave chef écossais qu'on a vu passer par les différentes couleurs de son plaid lorsque par hasard un chat se trouvait dans un appartement avec lui. Au contraire, je suis ami des chats, et je supportais avec tranquillité la présence de mon visiteur imaginaire, lorsqu'un spectre d'une grande importance lui succéda. Ce n'était autre chose que l'apparition d'un huissier de la cour. — Ce personnage, avec la bourse et l'épée, une veste brodée et le chapeau sous le bras, se glissait à mes côtés, et, chez moi ou chez les autres, montait l'escalier devant moi, comme pour m'annoncer dans un salon, puis se mêlait à la société, quoiqu'il fût évident que personne ne remarquât sa présence, et que seul je fusse sensible aux chimériques honneurs qu'il me voulait rendre. Cette bizarrerie ne produisit pas beaucoup d'effet sur moi; cependant elle m'alarma à cause de l'influence qu'elle pouvait avoir sur mes facultés. Après quelques mois, je n'aperçus plus que le fantôme de l'huissier : il fut remplacé par un autre, horrible à la vue, puisque ce n'est autre chose que l'image de la mort elle-même, un squelette. Seul ou en compagnie, la présence de ce fantôme ne m'abandonne jamais. En vain je me suis répété cent fois que ce n'est qu'une image équivoque et l'effet d'un dérangement dans l'organe de ma vue; lorsque je me vois, en idée, à la vérité, le compagnon d'un tel fantôme, rien n'a de pouvoir contre un pareil malheur, et je sens que je dois mourir victime d'une affection aussi mélancolique, bien que je ne croie pas à la réalité du spectre qui est devant mes yeux. » — Le médecin, affligé, fit au malade, alors au lit, plusieurs questions. « Ce squelette, dit-il, semble donc toujours là? — Mon malheureux destin est de le voir toujours. — Je comprends; il est à l'instant même présent à votre imagination? — Il est présent à l'instant même. — Et dans quelle partie de votre chambre le voyez-vous? — Au pied de mon lit; lorsque les rideaux sont entr'ouverts, il se place entre eux, et remplit l'espace vide. — Aurez-vous assez de courage pour vous lever et pour vous placer à l'endroit qui vous semble occupé, afin de vous convaincre de la déception? » — Le pauvre homme soupira, et secoua la tête d'une manière négative. « Eh bien! dit le docteur, nous ferons l'expérience une autre fois. » Alors il quitta sa chaise aux côtés du lit; et se plaçant entre les deux rideaux entr'ouverts, indiqués comme la place occupée par le fantôme, il demanda si le spectre était encore visible. — « Non entièrement, dit le malade, parce que votre personne est entre lui et moi; mais j'aperçois sa tête par-dessus vos épaules. » — Le docteur tressaillit un moment, malgré sa philosophie, à une réponse qui affirmait, d'une manière si précise, que le spectre le touchait de si près. Il recourut à d'autres moyens d'investigation, mais sans succès. Le malade tomba dans un marasme encore plus profond; il en mourut, et son histoire laissa un douloureux exemple du pouvoir que le moral a sur le physique, lors même que les terreurs fantastiques ne parviennent pas à absorber l'intelligence de la personne qu'elles tourmentent. — Citons encore, comme fait attribué à l'hallucination, la célèbre apparition de Maupertuis à un de ses confrères, professeur de Berlin. — Elle est décrite dans les Actes de la Société royale de Berlin, et se trouve rapportée par M. Thiébaut dans ses *Souvenirs de Frédéric-le-Grand*. Il est essentiel de prévenir que M. Gleditch, à qui elle est arrivée, était un botaniste distingué, professeur de philosophie naturelle, et regardé comme un homme d'un caractère sérieux, simple et tranquille. — Peu de temps après la mort de Maupertuis, M. Gleditch, obligé de traverser la salle dans laquelle l'académie tenait ses séances, ayant quelques arrangements à faire dans le cabinet d'histoire naturelle, qui était de son ressort, aperçut en entrant dans la salle l'ombre de M. de Maupertuis, debout et fixe dans le premier angle à main gauche, et ses yeux braqués sur lui. Il était trois heures de l'après-midi; le professeur de philosophie en savait trop sur sa physique pour supposer que son président, mort à Bâle dans la famille de Bernoulli, serait revenu à Berlin en personne. Il ne regarda la chose que comme une illusion provenant d'un dérangement de ses organes. Il continua de s'occuper de ses affaires, sans s'arrêter plus long-temps à cet objet. Mais il raconta cette vision à ses confrères, les assurant qu'il avait vu une figure aussi bien formée et aussi parfaite que M. de Maupertuis lui-même pourrait la présenter. — Après avoir montré par ces récits les illusions que la vue peut causer, l'auteur s'occupe des déceptions que produit quelquefois l'organe de l'ouïe. Le docteur Johnson conserva, dit-il, une impression profonde de ce que, un jour qu'il ouvrait les portes de son collège, il entendit la voix de sa mère, à plusieurs milles de distance, l'appeler par son nom; et il paraît surpris de ce qu'aucun événement de quelque importance n'ait suivi cet avertissement. « Le fait que voici fera connaître encore par quels incidents futiles l'oreille humaine peut être abusée. L'auteur de ce livre marchait, dans un lieu solitaire et sauvage, avec un jeune homme frappé de surdité, lorsqu'il entendit ce qu'il crut être les aboiements d'une meute, répétés par intervalles : c'était dans la saison de l'été, ce qui, après une courte réflexion, persuada à l'auditeur que ce ne pouvait être le bruit d'une chasse; cependant ses oreilles lui reproduisaient continuellement les mêmes sons. Il rappela ses chiens, dont deux ou trois le suivaient; ils s'approchèrent parfaitement tranquilles, et ne paraissant évidemment point frappés des sons qui attiraient l'attention de l'auteur, au point qu'il ne put s'empêcher de dire à son compagnon : « J'éprouve en ce moment un double chagrin de votre infirmité; car elle vous empêche d'entendre le cri du chasseur sauvage. » Comme ce jeune homme faisait usage d'un cornet acoustique, il l'ajusta tandis que je lui parlais, et, dans ce mouvement, je vis la cause du phénomène. Ces aboiements n'existant pas, c'était simplement le sifflement de l'air dans l'instrument dont se servait le jeune homme, mais qui, pour la première fois, produisait cet effet à mon oreille. » — Les autres sens trompent aussi, mais dans le sommeil ou dans la folie. — Dans la deuxième lettre, Walter Scott s'arrête à la tradition du péché originel; il y trouve l'origine de l'histoire des communications de l'homme avec les esprits. Il reconnaît que les sorciers et magiciens, condamnés par la loi de Moïse, méritaient la mort, comme imposteurs, comme empoisonneurs, comme apostats, et remarque avec raison qu'on ne voyait pas chez les juifs et chez les anciens, dans ce qu'on appelait un magicien ou un devin, ce que nous voyons dans les sorciers du moyen âge, sur lesquels, au reste, nous ne sommes encore qu'à demi éclairés. Au moyen âge, on croyait très-généralement que les Sarrasins, dans leurs guerres, étaient, comme insignes sorciers, assistés par le diable. L'auteur rapporte un exemple que voici, tiré du roman de *Richard Cœur-de-Lion* : — Le fameux Saladin, y est-il dit, avait envoyé une ambassade au roi Richard, avec un jeune cheval qu'il lui offrait comme un vaillant destrier. Il défiait en même temps Cœur-de-Lion à un combat singulier en présence des deux armées, dans le but de décider tout d'un coup sur leurs prétentions à la Palestine et sur la question théologique de savoir quel était le vrai Dieu, ou le Dieu des chrétiens, ou *Jupiter*, divinité des Sarrasins. Mais ce semblant de défi chevaleresque cachait une perfidie dans laquelle l'esprit malin jouait un rôle. Un prêtre sarrasin avait conjuré deux démons dans le corps d'une jument et de son poulain, leur donnant pour instruction que, chaque fois que la jument hennirait, le poulain, qui était d'une taille peu commune, devrait s'agenouiller pour teter sa mère. Le poulain maléficié fut envoyé au roi Richard, dans l'espoir qu'il obéirait au signal accoutumé, et que le soudan, monté sur la mère, aurait ainsi l'avantage. — Mais le monarque anglais fut averti par un songe du piége qu'on lui tendait, et avant le combat le poulain fut exorcisé, avec ordre de rester docile à la voix de son cavalier durant le choc. L'animal endiablé promit soumission en baissant la tête ; et cette promesse n'inspirant pas assez de confiance, on lui boucha encore les oreilles avec de la cire. Ces précautions prises, Richard, armé de toutes pièces, courut à la rencontre de Saladin, qui, se confiant dans son stratagème, l'attendait de pied ferme. La cavale hennit de manière à faire trembler la terre à plusieurs milles à la ronde ; mais le poulain ou démon, que la cire empêchait d'entendre le signal, n'y put obéir. Saladin désarçonné n'échappa que difficilement à la mort, et son armée fut taillée en pièces par les chrétiens. — La troisième lettre est consacrée à l'étude de la démonologie et des sorciers chez les Romains, chez les Celtes et chez les différents peuples du Nord. Les superstitions des anciens Celtes subsistent encore en divers lieux, dit l'auteur, et les campagnards les observent sans songer à leur origine. Vers 1769, lorsque M. Pennant entreprit son voyage, la cérémonie de Baaltein ou Beltane, ou du 1er de mai, était strictement observée, quoique avec variations, dans les différentes parties des montagnes. Le gâteau cuit au four avec des cérémonies particulières était partagé en plusieurs portions offertes aux oiseaux ou bêtes de proie, afin que ces animaux, ou plutôt les êtres dont ils n'étaient que les agents, épargnassent les troupeaux. — Une autre coutume du même genre a long-temps fleuri en Écosse. Dans plusieurs paroisses, on laissait une portion de terrain, qu'on nommait *le clos de Gudeman*, sans le labourer ni le cultiver. Personne ne doutait que le clos du *bonhomme* (Gudeman) ne fût consacré à quelque esprit malfaisant. En effet, c'était la portion de Satan lui-même, que nos ancêtres désignaient par un nom qui ne pût offenser ce terrible habitant des régions du désespoir. Cet abus devint si général que l'Église publia à ce sujet une ordonnance qui le traite d'usage impie et scandaleux. Et il existe encore plusieurs personnes qui ont été habituées à regarder avec effroi tout lieu inculte, dans l'idée que, lorsqu'on y voudra porter la charrue, les esprits qui l'habitent manifesteront leur colère. Nous-mêmes nous connaissons beaucoup d'endroits voués à la stérilité par une superstition populaire dans le pays de Galles, en Irlande et en Écosse. — Nixas ou Nicksa, dieu d'une rivière ou de l'Océan, adoré sur les bords de la Baltique, paraît incontestablement avoir tous les attributs de Neptune. Parmi les vents brumeux et les épouvantables tempêtes de ces sombres contrées, ce n'est pas sans raison qu'on l'a choisi comme la puissance la plus contraire à l'homme, et le caractère surnaturel qu'on lui a attribué est parvenu jusqu'à nous sous deux aspects bien différents. La Nixa des Germains est une de ces aimables fées, nommées Naïades par les anciens ; le vieux Nick (le diable en Angleterre) est un véritable descendant du dieu de la mer du Nord, et possède une grande portion de sa puissance. Le matelot anglais, qui semble ne rien craindre, avoue la terreur que lui inspire cet être redoutable, qu'il regarde comme l'auteur des différentes calamités auxquelles sa vie précaire est continuellement en butte. — Le Bhar-Guest ou Bhar-Geist, appelé aussi Dobie, dans le comté d'York, spectre local qui, sous différentes formes, hante un endroit particulier, est une divinité qui, ainsi que l'indique son nom, nous vient des anciens Teutons ; et s'il est vrai que quelques familles portant le nom de Dobie ont un fantôme ou spectre passant dans leurs armoiries, ce fait démontre pleinement que, quoique le mot soit devenu un nom propre, son origine ne s'est pas perdue. — On trouve dans l'Eyrbiggia Saga l'histoire curieuse d'une lutte entre deux sorcières du nord. L'une d'elles, Geirada, était résolue à faire mourir Oddo, le fils de l'autre, nommée Kalta, qui, dans une dispute, avait coupé une main à sa bru. Ceux qui devaient tuer Oddo partirent et revinrent déconcertés par l'habileté de sa mère. Ils avaient rencontré seulement, dirent-ils, Kalta filant du lin à une grande quenouille. « Fous, leur dit Geirada, cette quenouille était l'homme que vous cherchiez. » Ils retournèrent, saisirent la quenouille et la brûlèrent. Mais alors la sorcière avait caché son fils sous la forme d'un chevreau apprivoisé. Une troisième fois elle lui donna la figure d'un porc grattant dans les cendres. Les meurtriers revinrent à la charge encore, ils entrèrent pour la quatrième fois, s'emparèrent de l'objet de leur animosité et le mirent à mort. — Les Norwégiens, imbus de sombres superstitions, croyaient que quelquefois lorsque l'âme abandonnait le corps, elle était sur-le-champ remplacée par un démon qui saisissait l'occasion d'occuper son dernier séjour. Le récit suivant est fondé sur cette supposition. Saxo-Grammaticus parle de deux princes norses qui avaient formé entre eux une fraternité d'âmes, s'engageant à se secourir et à s'aider dans toutes les aventures où ils se trouveraient jetés pendant leur vie, et se promettant par le serment le plus solennel qu'après la mort de l'un d'eux, l'autre descendrait vivant dans la tombe de son frère d'armes et se ferait enfermer à ses côtés. Il fut donné à Asmund d'accomplir ce serment terrible. Assueit, son compagnon, ayant été tué dans une bataille, la tombe, d'après les usages du Nord, fut creusée dans ce qu'ils nommaient l'Age des Montagnes, c'est-à-dire en un endroit exposé à la vue et que l'on couronnait d'un tertre. On construisit une épaisse voûte; dans ce monument sépulcral furent déposés les armes, les trophées, peut-être le sang des victimes, les coursiers des champions; ces cérémonies accomplies, le corps d'Assueit fut placé dans sa dernière demeure, et son dévoué frère d'armes entra et s'assit à côté du cadavre, sans témoigner, par un mot ou par un regard, la moindre hésitation à remplir son engagement. Les guerriers témoins de ce singulier enterrement d'un vivant avec un mort roulèrent une large pierre sur l'ouverture de la tombe; puis, entassant de la terre et des pierres sur l'endroit, ils bâtirent une élévation, visible à grande distance, et, après de bruyantes lamentations sur la perte de ces vaillants chefs, ils se dispersèrent. — Bien des années se passèrent; un siècle même s'était écoulé, lorsqu'un noble suédois, engagé dans une périlleuse aventure et suivi d'une troupe vaillante, arriva dans la vallée qui prend son nom de la tombe des frères d'armes. Le fait lui fut raconté, et le chef résolut d'ouvrir le tombeau, soit parce qu'il voyait là une action héroïque, soit pour s'emparer des armes et surtout des épées avec lesquelles s'étaient accomplies de grandes actions. Les soldats se mirent à l'œuvre; ils eurent bientôt écarté la terre et les pierres et rendu l'entrée d'un accès facile. Mais les plus vaillants reculèrent lorsqu'au lieu du silence des tombeaux ils entendirent des cris horribles, un choc d'épées, un cliquetis d'armes et tout le bruit d'un combat à mort entre deux champions furieux. A l'aide d'une corde, un jeune guerrier fut descendu dans le sépulcre. Mais au moment où il y entra, un autre individu, se précipitant, prit sa place dans le nœud coulant; et lorsque la corde fut retirée, au lieu de leur camarade, les soldats virent Asmund, celui des deux frères d'armes qui s'était enterré vivant. Il parut un glaive nu à la main, son armure à moitié arrachée, le côté gauche de son visage déchiré comme par les griffes de quelque bête féroce. Il n'eut pas plutôt revu la clarté du jour que, saisi d'enthousiasme, il entreprit un long récit en vers, contenant l'histoire de ses combats dans la tombe pendant les cent ans qui s'étaient écoulés. Il conta qu'à peine le sépulcre fermé, le mort Assueit s'était levé de terre, animé par quelque *goule* affamée, et qu'ayant commencé par mettre en pièces, pour les dévorer, les chevaux ensevelis avec lui, il s'était jeté sur son compagnon pour le traiter de la même manière. Le héros, loin de se laisser abattre, saisit ses armes et se défendit vaillamment contre Assueit, ou plutôt contre le méchant génie qui s'était emparé de son corps. Il soutint un combat surnaturel qui dura tout un siècle; il venait d'obtenir la victoire en terrassant son ennemi et lui enfonçant un pieu dans le corps, ce qui l'avait réduit à cette immobilité qui convient aux habitants des tombeaux. Après avoir ainsi chanté ses exploits, le fantastique guerrier tomba mort. Le corps d'Assueit fut retiré de la tombe, brûlé, et ses cendres jetées au vent; celui de son vainqueur fut déposé dans ce même lieu où l'on espérait que son sommeil ne serait plus troublé. Ces précautions prises contre une seconde résurrection d'Assueit nous rappellent celles qu'on adoptait dans les îles grecques et dans les provinces turques contre les vampires. Elles indiquent aussi l'origine d'une ancienne loi anglaise contre le suicide, qui ordonnait d'enfoncer un pieu à travers le corps du mort pour le garder d'une manière plus sûre dans sa tombe. — Les peuples du Nord reconnaissaient encore une espèce de revenants qui, lorsqu'ils s'emparaient d'un édifice ou du droit de le fréquenter, ne se défendaient pas contre les hommes d'après le principe chevaleresque du duel, ainsi que fit Assueit, ni ne se rendaient aux prières des prêtres ou aux charmes des sorciers, mais devenaient fort traitables à la menace d'une procédure légale. L'Eyrbiggia-Saga nous apprend que la maison d'un respectable propriétaire en Islande se trouva, peu après que l'île fut habitée, exposée à une infestation de cette nature. Vers le commencement de l'hiver, il se manifesta, au sein d'une famille nombreuse, une maladie contagieuse qui, emportant quelques individus de tout âge, sembla menacer tous les autres d'une mort précoce. Le trépas de ces malades eut le singulier résultat de faire rôder leurs ombres autour de la maison, en terrifiant les vivants qui en sortaient. Comme le nombre des morts dans cette famille surpassa bientôt celui des vivants, les esprits résolurent d'entrer dans la maison et de montrer leurs formes vaporeuses et leur affreuse physionomie jusque dans la chambre où se faisait le feu pour l'usage général des habitants, chambre qui pendant l'hiver en Islande est la seule où puisse se réunir une famille. Les survivants effrayés se retirèrent à l'autre extrémité de la maison et abandonnèrent la place aux fantômes. — Des plaintes furent portées au pontife du dieu Thor, qui jouissait d'une influence considérable dans l'île. Par son conseil, le propriétaire de la maison hantée assembla un jury composé de ses voisins, constitué en forme, comme pour juger en matière civile, et cita individuellement les divers fantômes et ressemblances des membres morts de la famille, pour qu'ils eussent à prouver en vertu de quel droit ils disputaient à lui et à ses serviteurs la paisible possession de sa propriété, et quelle raison ils pouvaient avoir de venir ainsi troubler et déranger les vivants. Les mânes parurent dans l'ordre où ils étaient appelés; après avoir murmuré quelques regrets d'abandonner leur toit, ils s'évanouirent aux yeux des jurés étonnés. Un jugement fut donc rendu par défaut contre les esprits; et l'épreuve par jury, dont nous trouvons ici l'origine, obtint un triomphe inconnu à quelques-uns de ces grands écrivains, qui en ont fait le sujet d'une eulogie. — La quatrième et la cinquième lettre sont consacrées aux fées. Nous continuerons d'en présenter des extraits. — Les classiques, dit l'illustre auteur, n'ont pas oublié d'enrôler dans leur mythologie une certaine espèce de divinités inférieures, ressemblant par leurs habitudes aux fées modernes. — Le docteur Leyden, qui a épuisé sur les fées, comme sur beaucoup d'autres sujets, les trésors de son érudition, a trouvé la première idée des êtres connus sous le nom de *Fées* dans les opinions des peuples du Nord concernant les *duergars* ou *nains*. Ces nains étaient pourtant, il faut l'avouer, des esprits d'une nature plus grossière, d'une vocation plus laborieuse, d'un caractère plus méchant, que les fées proprement dites, qui étaient de l'invention des Celtes. Les duergars n'étaient originairement que les naturels, diminués de taille, des nations laponne, finlandaise et islandaise, qui, fuyant devant les armes conquérantes des *Asæ*, cherchèrent les régions les plus reculées du Nord, et s'efforcèrent d'échapper à leurs ennemis de l'Orient. On a supposé que ces pauvres gens jouissaient, en compensation de leur taille inférieure, d'une puissance surnaturelle; ils obtinrent ainsi le caractère des esprits allemands appelés *kobolds*, desquels sont évidemment dérivés les *gobelins* anglais et les *bogles* écossais. Les kobolds, espèce de *gnômes* qui habitaient les lieux noirs et solitaires, se montraient souvent dans les mines, où ils semblaient imiter les travaux des mineurs, et prendre plaisir à les tromper. Parfois ils étaient méchants, surtout si on les négligeait ou si on les insultait; mais parfois aussi ils étaient bienveillants. Quand un mineur découvrait une riche veine, on concluait, non pas qu'il eût plus d'habileté ou de bonheur que ses compagnons, mais que les esprits de la mine l'avaient dirigé. L'occupation apparente de ces gnômes souterrains ou démons conduisit naturellement à identifier le Finlandais ou le Lapon avec le kobold; mais ce fut un plus grand effort d'imagination qui confondit cette race solitaire et sombre avec l'esprit joyeux qui correspond à la fée. — Suivant la vieille croyance norse, ces nains forment la machine ordinaire des Sagas du Nord. Dans les *Niebelungen*, un des plus vieux romans de l'Allemagne, compilé, à ce qu'il semblerait, peu après l'époque d'Attila, Théodoric de Berne ou de Vérone figure parmi un cercle de champions, qu'il préside. Entre autres vaincus célèbres domptés par lui, est l'Elf-roi ou Nain-Laurin, dont la demeure était dans un jardin de rosiers enchantés, et qui avait pour gardes-du-corps des géants. Il fut pour Théodoric et ses chevaliers un formidable antagoniste; mais comme il essaya d'obtenir la victoire par trahison, il fut, après sa défaite, condamné à remplir l'office déshonorant de bouffon ou jongleur à la cour de Vérone. — Cette possession d'une sagesse surnaturelle est encore imputée par les naturels des îles Orcades et Shetland aux êtres appelés *drows*, mot qui est une corruption de *duergar* ou *dwarf*: ces êtres peuvent, sous beaucoup d'autres rapports, être identifiés avec les fées calédoniennes. Les Irlandais, les Gallois, les Gaëls ou Highlanders écossais, toutes tribus d'origine celtique, assignaient aux *hommes de paix*, aux *bons voisins*, ou de quelque autre nom qu'ils appelassent les pygmées champêtres, des habitudes sociales et un genre de vie beaucoup plus gai que ces rudes et nombreux travaux des duergars sauvages. Leurs *elves* n'évitaient pas la société des hommes, quoiqu'ils se conduisissent envers ceux qui entraient en relations avec eux d'une manière si capricieuse qu'il était dangereux de leur déplaire. — Les occupations, les bienfaits, les amusements des fées ressemblaient en tout à ces êtres aériens. Leur gouvernement fut toujours représenté comme monarchique. Un roi, plus fréquemment une reine des fées, étaient reconnus, et parfois tenaient ensemble leur cour. Leur luxe, leur pompe, leur magnificence dépassaient tout ce que l'imagination pouvait concevoir. Dans leurs cérémonies, ils se pavanaient sur des coursiers splendides. Les faucons et les chiens qu'ils employaient à la chasse étaient de la première espèce. A leurs banquets de tous les jours, la table était servie avec une opulence que les rois les plus puissants ne pouvaient égaler; leurs salles de danse retentissaient de la plus exquise musique. Mais vue par l'œil d'un *prophète*, l'illusion s'évanouissait; les jeunes chevaliers et les jolies dames ne semblaient plus que des rustres ridés et de hideuses souillons. Leurs pièces d'argent se changeaient en ardoise, leur brillante vaisselle en corbeilles d'osier bizarrement tressées, et leurs mets, qui ne recevaient aucune saveur du sel (le sel leur étant défendu parce qu'il est l'emblème de l'éternité), devenaient insipides et sans goût; les magnifiques salons se transformaient en misérables cavernes humides; toutes ces délices de l'Élysée des fées s'anéantissaient en même temps. — Une hostilité sérieuse était, supposait-on, constamment pratiquée par les fées contre les mortels : elle consistait à enlever leurs enfants et à les élever comme s'ils appartenaient à leur race. Les enfants non baptisés étaient principalement exposés à ce malheur; mais les adultes pouvaient aussi être arrachés à la terre, s'ils avaient commis quelque action qui les soumît au pouvoir de ces esprits, et, par exemple, pour nous servir de la phrase légale, s'ils avaient été pris sur le fait. S'endormir sur une montagne dépendante du royaume des fées, où il se trouvait que leur cour fût pour le moment tenue, était un moyen facile d'obtenir un passe-port pour Elfland, c'est-à-dire l'île des fées : heureux encore le coupable, si les fées dans leur courroux se contentaient en pareille occasion de le transporter à travers les airs dans une ville éloignée d'une quarantaine de milles, et de laisser peut-être son chapeau ou son bonnet sur quelque clocher, pour marquer la droite ligne de la course. D'autres, qui faisaient une action illégale ou s'abandonnaient à quelque passion invétérée, s'exposaient aussi à aller habiter la fameuse île. Cette croyance existait en Irlande. Glanville, dans sa *Dix-huitième Relation*, parle du sommelier d'un gentilhomme, voisin du comte d'Orrery, qu'on envoya acheter des cartes. En traversant les plaines, il vit une table entourée de gens qui semblaient festoyer et faire bonne chère. Ils se levèrent pour le saluer et l'invitèrent à partager leur repas; mais une voix amie de la bande lui murmura à l'oreille : « Ne faites rien de ce qu'on vous dira dans cette compagnie. » En conséquence, il refusa de prendre part à la réjouissance; la table s'évanouit aussitôt, et toute la société se mit à danser et à jouer de divers instruments; il ne voulut pas davantage participer à leur musique. On le laissa pour le moment; mais, en dépit des efforts de milord Orrery, en dépit de deux évêques anglicans, en dépit de M. Gréatrix, ce fut tout ce qu'on put faire que d'empêcher le sommelier d'être emmené par les fées qui le regardaient comme leur proie. Elles l'enlevèrent en l'air quelques instants. Le spectre, qui d'abord l'avait conseillé, continua à le visiter, et lui découvrit qu'il était l'âme d'une de ses connaissances morte depuis sept ans. « Vous savez, ajouta-t-il, que j'ai mené une vie désordonnée; depuis j'ai toujours été ballotté de bas en haut et de haut en bas, sans jamais avoir de repos dans la compagnie où vous m'avez vu; j'y resterai jusqu'au jour du jugement. » Il déclara en outre que si le sommelier avait reconnu Dieu dans toutes ses œuvres, il n'aurait pas tant souffert du pouvoir des fées. Il lui rappela qu'il n'avait pas prié Dieu le matin où il avait rencontré la troupe dans la plaine, et que même il allait remplir une commission coupable. — On prétend que lord Orrery a confirmé toute cette histoire, assurant même qu'il avait vu le sommelier soutenu en l'air par les êtres invisibles qui voulaient l'enlever. Seulement il ne disait rien de cette circonstance, qui semble appeler action illégitime l'achat d'un jeu de cartes. — La raison assignée à cet usage de voler des enfants, si habituellement pratiqué par les fées, venait, dit-on, de ce qu'elles étaient obligées de payer aux régions infernales un tribut annuel de leur population, tribut dont elles tâchaient de se défrayer en livrant au prince de ces régions les enfants de la race humaine plutôt que les leurs. De ce fait on doit conclure qu'elles avaient elles-mêmes des descendants, comme le soutiennent plusieurs autorités, et particulièrement M. Kirke, ministre d'Aberfoyle. Il ajoute, il est vrai, qu'après une certaine durée de vie, ces esprits sont sujets à la loi universelle de la mortalité; opinion qui cependant a été controversée.

— Rapportons maintenant les aventures merveilleuses de Thomas d'Erceldoune, l'une des plus vieilles légendes de fées que l'on connaisse. Thomas d'Erceldoune, dans le Lauderdale, surnommé le Rimeur, parce qu'il avait composé un roman poétique sur Tristrem et Yseult, roman curieux comme l'échantillon de vers anglais le plus ancien qu'on sache exister, florissait sous le règne d'Alexandre III d'Écosse. Ainsi que d'autres hommes de talent à cette époque, Thomas fut soupçonné de magie. On disait aussi qu'il avait le don de prophétiser, on va voir pourquoi. Un jour qu'il était couché sur la colline appelée Huntley, dans les montagnes d'Eildon, qui dominent le monastère de Melrose, il vit une femme merveilleusement belle; son équipement était celui d'une amazone ou d'une divinité des bois; son coursier était de la plus grande beauté, à sa crinière étaient suspendues trente-neuf sonnettes d'argent que le vent faisait retentir; la selle était d'*os royal*, c'est-à-dire d'ivoire, ornée d'orfévrerie; tout correspondait à la magnificence de cet équipement. La chasseresse avait un arc en main et des flèches à sa ceinture. Elle conduisait trois lévriers en laisse, et trois bassets la suivaient de près. Elle rejeta l'hommage féodal que Thomas voulut lui rendre, en disant qu'elle n'y avait aucun droit. Thomas, éperdument épris, lui proposa alors de l'épouser. La dame lui répondit qu'il ne pouvait être son époux sans devenir son esclave; et, comme il l'acceptait, l'extérieur de la belle inconnue se changea aussitôt en celui de la plus hideuse sorcière: tout un côté de son visage était flétri et comme attaqué de paralysie; son teint, naguère si brillant, était maintenant de la couleur brune du plomb. Toute affreuse qu'elle était, la passion de Thomas l'avait mis sous sa puissance, et quand elle lui ordonna de prendre congé du soleil et des feuilles qui poussent sur les arbres, il se sentit contraint de lui obéir. Ils pénétrèrent dans une caverne où il voyagea trois jours au milieu de l'obscurité, tantôt entendant le mugissement d'une mer lointaine, tantôt marchant à travers des ruisseaux de sang qui coupaient la route souterraine. Enfin il revit la lumière du jour, et arriva dans un beau verger. Épuisé, faute de nourriture, il avance la main vers les fruits magnifiques qui pendent de toute part autour de lui; mais sa conductrice lui défend d'y toucher, lui apprenant que ce sont les pommes fatales qui ont occasionné la chute de l'homme. Il s'aperçoit aussi que sa conductrice n'était pas plus tôt entrée dans ce mystérieux jardin, n'en avait pas plus tôt respiré l'air magique, qu'elle avait repris sa beauté, son riche équipage et toute sa splendeur; qu'elle était aussi belle, et même plus belle, que lorsqu'il l'avait vue pour la première fois sur la montagne. Elle se met alors à lui expliquer la nature du pays. « Ce chemin à droite, dit-elle, mène les esprits des justes au Paradis; cet autre à gauche, si bien battu, conduit les âmes pécheresses au lieu de leur éternel châtiment; la troisième route, par le noir souterrain, aboutit à un séjour de souffrances plus douces, d'où les prières peuvent retirer les pécheurs. Mais voyez-vous encore une quatrième voie qui serpente dans la plaine autour de ce château? C'est la route d'Elfland, dont je suis la reine; c'est aussi celle que nous allons suivre maintenant. Quand nous entrerons dans ce château, observez le plus strict silence, ne répondez à aucune des questions qui vous seront adressées; j'expliquerai votre mutisme en disant que je vous ai retiré le don de la parole en vous arrachant au monde des humains. » — Après ces instructions, ils se dirigèrent vers le château; en entrant dans la cuisine, ils se trouvèrent au milieu d'une scène qui n'eût pas été mal placée dans la demeure d'un grand seigneur ou d'un prince. Trente cerfs étaient étendus sur la lourde table de cuisine, et de nombreux cuisiniers travaillaient à les découper et à les apprêter. Ils passèrent ensuite dans le salon royal; des chevaliers et des dames, dansant par trois, occupaient le milieu. Thomas, oubliant ses fatigues, prit part aux amusements. Après un espace de temps qui lui sembla fort court, la reine le tenant à l'écart lui ordonna de se préparer à retourner dans son pays. « Maintenant, ajouta-t-elle, combien croyez-vous être resté de temps ici? — Assurément, belle dame, répondit Thomas, pas plus de sept jours. — Vous êtes dans l'erreur, répondit-elle; vous y êtes demeuré sept ans, et il est bien temps que vous en sortiez. Sachez, Thomas, que le diable de l'enfer viendra demain demander son tribut, et un homme comme vous attirera ses regards; c'est pourquoi levons-nous et partons. » Cette terrible nouvelle réconcilia Thomas avec l'idée de son départ hors de la terre des fées; la reine ne fut pas longue à le replacer sur la colline d'Huntley, où chantaient les oiseaux. Elle lui fit ses adieux; et, pour lui assurer une réputation, le gratifia de *la langue qui ne peut mentir*. Thomas, dès lors, toutes les fois que

34.

la conversation roulait sur l'avenir, acquit une réputation de prophète, car il ne pouvait rien dire qui ne dût infailliblement arriver, et s'il eût été législateur au lieu d'être poète, nous avions ici l'histoire de Numa et d'Égérie.

— Thomas demeura plusieurs années dans sa tour près d'Erceldoune, et il jouissait tranquillement de la réputation que lui avaient faite ses prédictions, dont plusieurs sont encore aujourd'hui retenues par les gens de la campagne. Un jour qu'il traitait dans sa maison le comte de March, un cri d'étonnement s'éleva dans le village à l'apparition d'un cerf et d'une biche qui sortirent de la forêt, et, contrairement à leur nature timide, continuèrent tranquillement leur chemin en se dirigeant vers la demeure de Thomas. Le prophète quitta aussitôt la table; voyant dans ce prodige un avertissement de son destin, il reconduisit le cerf et la biche dans la forêt, et depuis, quoiqu'il ait été revu accidentellement par des individus auxquels il voulait bien se montrer, il a rompu toute liaison avec l'espèce humaine... — On a supposé de temps en temps que Thomas d'Erceldoune, durant sa retraite, s'occupait à lever des troupes pour descendre dans les plaines, à quelque instant critique pour le sort de son pays. On a souvent répété l'histoire d'un audacieux jockey, lequel vendit un cheval à un vieillard très-vénérable d'extérieur, qui lui indiqua dans les montagnes d'Eildon Lucken-Hare, comme l'endroit où, à minuit sonnant, il recevrait son prix. Le marchand y alla, son argent lui fut payé en pièces antiques, et l'acheteur l'invita à visiter sa résidence. Il suivit avec étonnement plusieurs longues rangées de stalles, dans chacune desquelles un cheval se tenait immobile, tandis qu'un soldat armé de toutes pièces était couché, aussi sans mouvement, aux pieds de chaque noble animal. « Tous ces hommes, dit le sorcier à voix basse, s'éveilleront à la bataille de Sheriffmoor. » A l'extrémité étaient suspendus une épée et un cor que le prophète montra au jockey comme renfermant les moyens de rompre le charme. Le jockey prit le cor et essaya d'en donner. Les chevaux tressaillirent aussitôt dans leurs stalles; les soldats se levèrent et firent retentir leurs armes, et le mortel épouvanté laissa échapper le cor de ses mains. Une voix forte prononça ces mots : « Malheur au lâche qui ne saisit pas le glaive avant d'enfler le cor. » Un tourbillon de vent chassa le marchand de chevaux de la caverne, dont il ne put jamais retrouver l'entrée....

Voici une autre histoire qui montrera la part que les fées ont prise quelquefois aux divinations et aux opérations de sorcellerie.

— Le 8 novembre 1576, Élisabeth ou Bessie Dunlop, épouse d'André Jack, demeurant à Lyne, au comté d'Ayr, fut accusée de magie, de sorcellerie et de déception pratiquées sur les gens du peuple. Ses réponses aux interrogatoires des juges furent curieuses. Comme on lui demandait par quel art elle pouvait dire où se trouvaient certains objets perdus, ou prophétiser l'issue d'une maladie, elle répliqua que par elle-même elle n'avait ni connaissance ni science aucune sur de telles matières, mais qu'elle avait l'habitude de s'adresser à un certain Thome Reid, mort à la bataille de Pinkie (le 10 septembre 1547), qui lui résolvait toutes les questions qu'elle lui faisait. Elle décrivait ce personnage comme un homme respectable, à barbe grise, portant un justaucorps gris avec d'amples manches, suivant la vieille mode ; une culotte grise, des bas blancs attachés autour des genoux, un bonnet noir, fermé par derrière et ouvert par devant, un bâton blanc à la main, complétaient sa mise. Interrogée sur sa première entrevue avec ce mystérieux Thome Reid, elle fit un exposé des malheurs qui l'avaient portée à se servir de lui. Elle conduisait ses vaches au pâturage, gémissant sur son mari et son fils malades, tandis qu'elle-même n'était pas bien portante, attendu qu'elle relevait de couches. Elle rencontra alors Thome Reid pour la première fois : il la salua. — « Bessie, lui dit-il, comment pouvez-vous tant vous désoler pour les choses de ce monde? — N'ai-je pas raison de m'affliger, répondit-elle, puisque nos biens dépérissent, que mon mari est sur le point de mourir, que mon nouveau-né ne vivra point, et que je suis moi-même encore si faible? — Bessie, répliqua l'esprit, vous avez déplu à Dieu, en lui demandant une chose que vous n'auriez pas dû demander, et je vous conseille de réparer votre faute. Je vous le dis, votre enfant mourra avant que vous ne soyez rentrée à la maison ; vos deux brebis mourront aussi, mais votre mari recouvrera la santé et sera aussi robuste que jamais. » La bonne femme se consola un peu en apprenant que son mari serait du moins épargné ; mais elle fut très-alarmée en voyant l'homme surnaturel qui l'avait accostée passer devant elle et disparaître par un petit trou dans le mur de l'enclos. Une autre fois, elle le rencontra à l'Épine de Dawmstarnik, et il lui offrit l'abondance de tous les biens, si elle abjurait le christianisme et la foi de son baptême. Elle répondit qu'elle aimerait mieux être traînée à quatre chevaux que d'en rien faire, mais qu'elle se conformerait à ses avis sur des points moins importants. Il la quitta avec déplaisir. Bientôt après il apparut vers l'heure de midi dans sa maison, où se trouvaient alors son mari et trois matelots. Ni André Jack ni les trois matelots ne remarquèrent la présence du fantôme tué à Pinkie ; de sorte que, sans être aperçu d'eux, il emmena Bessie près du four. Là il lui montra une réunion de huit femmes et de quatre hommes. Les femmes, enveloppées dans leurs manteaux, avaient bonne mine. Ces étrangers la saluèrent et dirent : « Bonjour, Bessie, veux-tu venir avec nous? » Elle garda le silence, comme Thome Reid le lui avait recommandé. Elle vit leurs lèvres remuer, mais elle ne comprit pas ce qu'ils disaient, et peu après ils s'éloignèrent avec le bruit d'une tempête. Thome lui expliqua que c'étaient les fées de la cour d'Elfland qui venaient l'inviter à y aller avec elle. Bessie répliqua qu'avant de prendre ce parti elle avait besoin de réfléchir. Thome repartit : « Ne vois-tu pas que je suis bien nourri, bien vêtu, et que j'ai bonne tournure? » Puis il l'assura qu'elle jouirait d'une aisance plus grande que jamais. Mais elle déclara qu'elle était à son mari et à ses enfants, et qu'elle ne voulait pas les quitter. — Quoiqu'ils fussent ainsi en désaccord, le fantôme continua cependant à la voir fréquemment et à l'aider de ses conseils ; lorsqu'on la consultait sur les maladies des hommes ou des animaux, sur la manière de recouvrer des objets perdus ou volés, elle était, en prenant l'avis de Thome Reid, toujours capable de répondre aux questions. Elle disait que Thome lui avait, de sa propre main, remis les herbes dont elle s'était servie pour guérir les enfants de John Jack et de Wilson de Townhead. Elle avait aussi secouru efficacement une femme de chambre de la jeune lady Stanlie, dont la maladie était « un sang chaud qui se portait sur le cœur, » et qui lui causait des évanouissements fréquents. En cette circonstance, Thome composa un remède puissant : c'était de l'ale qu'il avait fait brouiller avec des épices et un peu de sucre blanc, le tout devant être bu chaque matin à jeun. Pour cette ordonnance, les honoraires de Bessie Dunlop furent une mesure de farine et un morceau de fromage. La jeune femme se rétablit. Mais la pauvre vieille lady Kilbowie ne put guérir sa jambe qui était torse depuis longues années, car Thome Reid dit que la moelle de l'os avait péri et que le sang s'était glacé. Ces opinions indiquent du moins de la prudence et du bon sens, que nous les attribuions à Thome Reid ou à l'accusée dont il était le patron. Les réponses faites en cas d'objets volés étaient pleines d'adresse, et quoiqu'elles servissent rarement à faire rentrer les gens dans leurs biens, elles donnaient généralement de bonnes raisons. Ainsi le manteau de Hugues Scott ne put être rattrapé, parce que les voleurs avaient eu le temps d'en faire un justaucorps. James Jamieson et James Baird eussent retrouvé leurs charrues de fer qu'on leur avait volées, sans la volonté du destin qui décida que William Dougal, officier du shériff, un de ceux qui faisaient des perquisitions, recevrait un présent de trois livres pour ne pas les retrouver. Bref, quoiqu'elle eût perdu un cordon que Thome Reid lui avait donné, et, qui, attaché autour du cou des femmes en mal d'enfant, avait le pouvoir de mener leur délivrance à bien, la profession de sage-femme qu'elle exerçait semble avoir prospéré jusqu'à l'heure où elle attira sur elle le mauvais œil de la loi. — Interrogée plus minutieusement au sujet de son familier, elle déclara ne l'avoir jamais connu pendant qu'il était en ce monde ; mais elle savait de science certaine que, durant sa vie sur la terre, Thome Reid avait été officier du laird de Blair, et qu'il était mort à Pinkie. Il l'envoyait chez son fils qui lui avait succédé dans sa charge et chez d'autres de ses parents, à qui il ordonnait de réparer certaines fautes qu'il avait commises sa vie durant ; et dans ces occasions il lui remettait toujours des signes auxquels on le reconnaissait. Une de ces commissions était assez remarquable. Bessie était chargée de rappeler à un voisin certaines particularités qui devaient lui revenir dans la mémoire lorsqu'elle lui dirait que Thome Reid et lui étaient partis ensemble pour la bataille du samedi noir ; que l'individu à qui s'adressait le message inclinait pour prendre une direction différente, mais que Thome Reid l'avait menacé de poursuivre sa route seul ; qu'il l'avait mené à l'église de Dalry ; que là il avait acheté des figues, et qu'il lui en avait fait cadeau en les attachant dans son mouchoir ; qu'après cela ils étaient allés de compagnie au champ où se livra la bataille du fatal samedi noir, comme on appela long-temps la bataille de Pinkie. — Quant aux habitudes de Thome, elle disait qu'il se conduisait toujours avec la plus stricte décence, sinon quand il la pressait de venir à Elfland avec lui, et qu'il la prenait par son tablier pour l'entraîner. Elle disait encore l'avoir vu dans des lieux publics, dans le cimetière de Dalry et dans les rues d'Édimbourg, où il se promenait, prenant les marchandises exposées en vente sans que personne s'en aperçût. Elle ne lui parlait pas alors, car il avait défendu de l'accoster en pareilles occasions, à moins qu'il n'adressât le premier la parole. Interrogée pourquoi cet être incompréhensible s'était attaché à elle plutôt qu'à d'autres, l'accusée répondit qu'un jour qu'elle était couchée dans son lit, prête à donner naissance à un de ses enfants, une grande femme était entrée dans sa cabane, s'était assise sur le bord de son lit, et sur sa demande qu'on lui avait donné à boire. Cette visite avait précédé la rencontre de Thome Reid près du jardin de Montcastle; car ce digne personnage lui avait expliqué que la grande visiteuse était la reine des fées, et que depuis lui-même l'avait servie par ordre exprès de cette dame, sa reine et maîtresse. Thome apparaissait devant Bessie après trois sommations; son commerce avec elle dura près de quatre ans. Il la priait souvent de venir avec lui lorsqu'il s'en retournait à Elfland; et quand elle le refusait, il secouait la tête en disant qu'elle s'en repentirait. — Bessie Dunlop déclara encore qu'un jour, allant mettre son bidet aux ceps près du lac Restalrig, à la porte orientale d'Edimbourg, elle entendit passer un corps de cavalerie qui faisait un tapage horrible, que ce tapage s'éloigna et parut se perdre dans le lac avec d'affreux retentissements. Pendant tout le vacarme elle ne vit rien ; mais Thome lui dit que le tapage était produit par une cavalcade des fées. — L'intervention de Thome Reid, comme associé dans son métier de sorcière, ne servit de rien à la pauvre Bessie Dunlop. Les terribles mots écrits sur la marge de l'arrêt « Convaincue et brûlée » indiquent suffisamment la fin tragique de l'héroïne de cette curieuse histoire. — Nous en finirons avec les fées par ce dernier récit. — Un tisserand de Berwick était marié à une femme qui, après avoir mis au monde trois enfants, mourut en couche du quatrième, dans de grandes convulsions. Comme elle était extrêmement défigurée après sa mort, les commères crurent que, par suite de quelque négligence de la part de ceux qui avaient gardé la malade, elle avait été emportée par les fées, et que ce cadavre défiguré avait été substitué à sa place. Le veuf donna peu d'attention à ces propos; après avoir pleuré sa femme pendant l'année de deuil, il commença à regarder comme prudent de former un second mariage. Il ne tarda pas à trouver une voisine dont la bonne mine lui plut, tandis que son heureux caractère semblait promettre qu'elle traiterait bien les enfants de son mari. Il se proposa, fut agréé, fit publier les bans, selon l'usage. Comme il avait aimé sa première femme, il est probable que le projet d'un changement capital dans sa situation reporta ses souvenirs sur le temps de leur union, et lui rappela les bruits extraordinaires qui avaient couru à l'époque de sa mort; tout cela lui valut le rêve extraordinaire que voici. Étant couché dans son lit sans dormir, à ce qu'il lui semblait, il vit, à l'heure de minuit, si favorable aux apparitions, la figure d'une femme habillée de blanc, qui entra dans sa maison, se plaça à côté de son lit, et lui sembla l'image de sa défunte épouse. Il la conjura de parler : quel fut son étonnement de lui entendre dire qu'elle n'était pas morte, mais retenue contre son gré prisonnière par les mauvais esprits! Elle ajouta que, si l'amour qu'il avait eu jadis pour elle n'était pas éteint, il lui restait un moyen de la rappeler ou de la *regagner*, comme on disait alors, de l'affreux royaume des fées. A un certain jour qu'elle désigna, il devait rassembler les plus respectables femmes de la ville, et aller avec elles, le pasteur en tête, déterrer le cercueil dans lequel on la supposait enterrée. « Le pasteur, dit encore l'apparition, récitera certaines prières; alors je m'élancerai du cercueil, et je fuirai avec une extrême légèreté autour de l'église; vous aurez soin d'avoir avec vous le plus agile coureur de la paroisse (elle indiqua un homme renommé pour sa vitesse) ; il me poursuivra, et un autre, le forgeron (connu pour sa force), me saisira aussitôt que le premier m'aura atteinte : par ce moyen, je reprendrai ma place dans la société des hommes. » — Le lendemain matin le souvenir de ce rêve attrista le pauvre veuf; mais, troublé par ses scrupules, il ne fit rien. La nuit suivante, la vision reparut, ce qui n'est pas étonnant. La troisième nuit, elle se montra encore avec un visage sombre et irrité; elle lui reprocha son manque de tendresse; elle le conjura pour la dernière fois de se conformer à ses instructions, ajoutant que, s'il les négligeait, elle n'aurait plus le pouvoir de revenir sur la terre et de s'entretenir avec lui. — Le mari épouvanté alla faire confidence de son embarras à son pasteur. Ce révérend personnage, plein de sagacité, n'essaya pas de révoquer en doute la réalité de la vision qui troublait son paroissien; mais il prétendit que ce n'était qu'une illusion produite par le diable. Il expliqua au pauvre mari qu'aucun être créé n'avait la puissance de retenir captive une âme chrétienne; il le conjura de croire que sa femme ne pouvait être que dans la situation où Dieu l'avait placée; il lui fit comprendre que, comme membre de l'église d'Écosse, il ne pouvait autoriser l'ouverture d'un cercueil, ni employer des prières dans des pratiques d'un caractère superstitieux. Le bonhomme, confondu, demanda à son pasteur ce qu'il devait faire. « Je vous conseillerai de mon mieux, répondit celui-ci. Obtenez le consentement de votre fiancée pour vous marier demain, ou aujourd'hui si vous pouvez; je prendrai sur moi de vous dispenser du reste des bans, ou d'en faire trois publications en un jour. Vous aurez une nouvelle femme; vous ne vous rappellerez plus la première, dont la mort vous a séparé. L'avis fut suivi, et le pauvre mari n'eut plus d'autres visites de sa première épouse. — La sixième lettre traite principalement des esprits familiers, dont le plus illustre était le célèbre Puck ou Robin Goodfellow, qui, chez les sylphes, jouait en quelque sorte le rôle de fou ou de bouffon de la compagnie. Ses plaisanteries étaient du comique à la fois le plus simple et le plus saugrenu : égarer un paysan qui se rendait chez lui, prendre la forme d'un siège afin de faire tomber une vieille commère sur son derrière, lorsqu'elle croyait s'asseoir sur une chaise, étaient ses principales jouissances. S'il se prêtait à faire quelque travail pour les gens de la maison pendant leur sommeil, c'était à condition qu'on lui donnerait un déjeuner délicat. — La septième, la huitième et la neuvième lettres s'occupent des sorciers et de la sorcellerie. Nous n'en reproduirons rien, non plus que de la dernière, consacrée aux devins et aux revenants, tout ce dictionnaire étant parsemé à ce sujet de faits et de documents qui suffisent au lecteur curieux.

Wattier (Pierre). — Il a publié au dix-septième siècle la *Doctrine et interprétation des songes*, comme traduite de l'arabe de Gabdorrhaman, fils de Nosar; in-12, Paris, 1664.

Wierus (Jean), — célèbre démonographe brabançon, élève d'Agrippa, qu'il a défendu dans ses écrits. On lui doit les cinq livres *des Prestiges des Démons*, traduits en français sous ce titre: *Cinq livres de l'imposture et tromperie des diables, des enchantements et sorcelleries*, pris du latin de Jean Wier, médecin du duc de Clèves, et faits français par Jacques Grevin, de Clermont. Paris, in-8°, 1569. L'ouvrage de Wierus est plein de crédulité, d'idées bizarres, de contes populaires, d'imaginations, et riche de connaissances. — C'est ce même écrivain qui a publié un traité curieux des lamies et l'inventaire de la fausse monarchie de Satan (*Pseudomonarchia Dæmonum*), où nous avons trouvé de bonnes désignations sur presque tous les esprits de ténèbres cités dans ce Dictionnaire.

Wilis. — Dans quelques contrées de l'Allemagne, toute fiancée qui meurt avant le mariage, « pour peu que de son vivant elle ait un peu trop aimé la danse, devient après sa mort une *wili*, c'est-à-dire un fantôme blanc et diaphane, qui s'abandonne chaque nuit à la danse d'outre-tombe. Cette danse des morts ne ressemble en rien à la danse terrestre; elle est calme, grave, silencieuse. Le pied effleure à peine la fleur chargée de rosée; la lune éclaire de son pâle rayon ces ébats solennels; tant que la nuit est au ciel et sur la terre, la ronde poursuit son chemin dans les bois, sur les montagnes, sur le bord des lacs bleus. Avez-vous rencontré, à la fin d'une pénible journée de voyage, quand vous allez au hasard loin des chemins tracés, ces flammes isolées qui s'en vont çà et là à travers les joncs des marécages? Malheureux voyageur, prenez garde! ce sont les wilis qui dansent; c'est la ronde infernale qui vous provoque de ses fascinations puissantes. Prenez garde, n'allez pas plus loin, ou vous êtes perdu. Les wilis, ajoute Jules Janin, que nous copions ici, sautent jusqu'à l'extinction complète de leur partner mortel. »

Wiulmeroz (Guillaume), — sorcier en Franche-Comté vers l'an 1600. Son fils, âgé de douze ans, lui reprocha d'avoir été au sabbat et de l'y avoir mené. Le père indigné s'écria: « Tu nous perds tous deux!...» Il protesta qu'il n'avait jamais été au sabbat. Néanmoins on prononça son arrêt, parce qu'il y avait cinq personnes qui le chargeaient; que d'ailleurs sa mère avait été suspecte, ainsi que son frère, et que beaucoup de méfaits avaient été commis par lui. Comme il fut démontré que l'enfant ne participait pas à la sorcellerie, il fut élargi [1].

Woden, — dieu suprême des anciens Germains, le même qu'Odin. On laissait dans les moissons des épis pour ses chevaux, et dans les bois du gibier pour sa chasse. Les chercheurs ont trouvé que Woden, dont les races germaniques ont fait God en se convertissant au christianisme, a de l'analogie avec le Boudha des Indiens [2].

Woloty, — monstres épouvantables qui, selon le récit de Lomonosoff, étaient chez les Slavons comme les géants chez les Grecs.

[1] M. Garinet, Hist. de la magie en France, p. 164.
[2] Voyez M. Ozanam, Recherches sur l'établissement du christianisme en Allemagne.

Woodward. — Un médecin empirique, James Woodward, surnommé le *docteur noir* à cause de son teint, est mort en 1844 à Cincinnati, laissant une fortune considérable. On a été surpris de trouver chez lui, dans une grande armoire vitrée, une immense quantité de petites fioles de diverses dimensions, les unes pleines et les autres vides, et portant sur leurs étiquettes les noms et demeures de personnages habitant les différents États de l'Union. Il y en avait aussi du Canada, des Antilles et du Mexique. Voici quel en était l'usage : le docteur noir se vantait de découvrir le diagnostic de toutes les maladies par des émanations des consultants, à quelque distance qu'ils fussent de lui. Le malade devait tremper son doigt pendant une heure dans une fiole remplie de l'eau la plus pure, et lui envoyer ensuite cette fiole soigneusement bouchée. L'eau, se trouvant ainsi imprégnée des sueurs du malade, était soumise à une analyse chimique. Le docteur noir, sans autre indication, répondait au malade qu'il était attaqué ou menacé de phthisie, de péripneumonie, de goutte, de rhumatisme, etc., et il faisait ses prescriptions en conséquence. Quand il rencontrait juste, on était émerveillé de sa science profonde, et l'on demandait une consultation nouvelle, payée plus cher que la première. Les registres du docteur ont constaté qu'il avait répondu avec les plus grands détails à un grand nombre de ses malades sans prendre la peine d'analyser leurs émanations, car les fioles étaient encore hermétiquement fermées.

Wortigern, — roi d'Angleterre. *Voy.* MERLIN.

Wulson de la Colombière (MARC). — On lui doit *le Palais des Curieux*, où, entre autres sujets, il est question des songes, avec un traité de la physionomie. Orléans, 1660.

X

Xaphan, — démon du second ordre. Quand Satan et ses anges se révoltèrent contre Dieu, Xaphan se joignit aux mécontents, et il en fut bien reçu, car il avait l'esprit inventif. Il proposa aux rebelles de mettre le feu dans le ciel ; mais il fut précipité avec les autres au fond de l'abîme, où il est continuellement occupé à souffler la braise des fourneaux avec sa bouche et ses mains.

Xerxès. — Ayant cédé aux remontrances de son oncle Artaban, qui le dissuadait de porter la guerre en Grèce, il vit dans son sommeil un jeune homme d'une beauté extraordinaire qui lui dit : Tu renonces donc au projet de faire la guerre aux Grecs, après avoir mis les armées en campagne ?... Crois-moi, reprends au plus tôt cette expédition, ou tu seras dans peu aussi bas que tu te vois élevé aujourd'hui. — Cette vision se répéta la nuit suivante. — Le roi étonné envoya chercher Artaban, le fit revêtir de ses ornements royaux, en lui contant la double apparition qui l'inquiétait, et lui ordonna de se coucher dans son lit, pour éprouver s'il ne se laissait point abuser par l'illusion d'un songe. Artaban, quoiqu'il craignît d'offenser les dieux en les mettant ainsi à l'épreuve, fit ce que le roi voulut, et lorsqu'il fut endormi, le jeune homme lui apparut et lui dit : « J'ai déjà déclaré au roi ce qu'il doit craindre, s'il ne se hâte d'obéir à mes ordres ; cesse donc de t'opposer à ce qui est arrêté par les destins. ». — En même temps il sembla à Artaban que le fantôme voulait lui brûler les yeux avec un fer ardent ; il se jeta à bas du lit, raconta à Xerxès ce qu'il venait de voir et d'entendre, et se rangea de son avis, bien persuadé que les dieux destinaient la victoire aux Perses ; mais les suites funestes de cette guerre démentirent les promesses du fantôme.

Xezbeth, — démon des prodiges imaginaires, des contes merveilleux et du mensonge. Il serait impossible de compter ses disciples.

Xitragupten. — Les Indiens appellent ainsi le secrétaire du dieu des enfers, qui est chargé de tenir un registre exact des actions de chaque homme pendant sa vie. Lorsqu'un défunt est présenté au tribunal du juge infernal, le secrétaire lui met en main le mémoire qui contient toute la vie de cet homme ; c'est sur ce mémoire que le dieu des enfers règle son arrêt.

Xylomancie, — divination par le bois. On la pratiquait particulièrement en Esclavonie. C'était l'art de tirer des présages de la position des morceaux de bois sec qu'on trouvait dans son chemin. On faisait aussi des conjectures non moins certaines pour les choses à venir sur l'arrangement des bûches dans le foyer, sur la manière dont elles brûlaient, etc. C'est peut-être un reste de cette divination qui fait dire aux bonnes gens, lorsqu'un tison se dérange, *qu'ils vont avoir une visite*.

Y

Yan-Gant-Y-Tan, — espèce de démon qui porte dans la nuit cinq chandelles sur les cinq doigts, et les tourne avec la rapidité d'un dévidoir ; superstition des habitants du Finistère.

Yaga-Baba, — monstre décrit dans les vieux contes russes sous les traits d'une femme horrible à voir, d'une grandeur démesurée, de la forme d'un squelette, avec des pieds décharnés, tenant en main une massue de fer, avec laquelle elle fait rouler la machine qui la porte (espèce de vélocipède). Elle paraît remplir l'emploi de Bellone ou de quelque autre divinité infernale.

Yen-Vang, — roi de l'enfer chez les Chinois. Il exerce des châtiments terribles sur ceux qui n'ont rien à lui offrir.

Yeux. — Boguet assure que les sorcières ont deux prunelles dans un œil. Les sorcières illyriennes avaient la même singularité dans les deux yeux. Elles ensorcelaient mortellement ceux qu'elles regardaient, et tuaient ceux qu'elles fixaient long-temps. — Il y avait dans le Pont des sorcières qui avaient deux prunelles dans un œil et la figure d'un cheval dans l'autre. Il y avait en Italie des sorcières qui, d'un seul regard, mangeaient le cœur des hommes et le dedans des concombres.... — On redoute beaucoup, dans quelques contrées de l'Espagne, certains enchanteurs qui empoisonnent par les yeux. Un Espagnol avait l'œil si malin, qu'en regardant fixement les fenêtres d'une maison, il en cassait toutes les vitres. Un autre, même sans y songer, tuait tous ceux sur qui sa vue s'arrêtait. Le roi, qui en fut informé, fit venir cet enchanteur et lui ordonna de regarder quelques criminels condamnés au dernier supplice. L'empoisonneur obéit, et les criminels expiraient à mesure qu'il les fixait. — Un troisième faisait assembler dans un champ toutes les poules des environs, et sitôt qu'il avait fixé celle qu'on lui désignait, elle n'était plus [1]. — Les Écossais redoutent beaucoup, dans ce sens, ce qu'ils appellent le mauvais œil. Parmi leurs superstitions les plus vulgaires, celle qui attribue au regard de certaines personnes la faculté de produire de fâcheux effets, est la plus généralement répandue. Dalyell raconte qu'il y a peu d'années, un domestique de sa famille étant mort de la petite vérole, la mère de ce dernier soutint qu'il avait péri victime d'un mauvais œil. Il ajoute que maintenant encore il existe une femme dans les plaines dont le regard, au dire de ses voisins, suffit pour aigrir le lait, rendre les chèvres stériles et quelquefois même pour faire périr les troupeaux : une cheville de fer rouillée peut seule détourner le maléfice. — Dans le Péloponèse, à peine le nouveau-né a-t-il vu le jour, que la sage-femme le couvre d'un voile et lui étend sur le front un peu de boue prise au fond d'un vase où l'eau a long-temps séjourné. Elle espère ainsi éloigner de lui l'esprit malin, autrement dit mauvais œil, dont les Grecques croient voir partout la mauvaise influence. — Un soldat, dans l'expédition du maréchal Maison, faisait des sauts de force, mangeait des étoupes et rendait de la fumée par la bouche. On le prit pour le mauvais œil ou esprit malin [1]. On a prétendu que l'on devenait aveugle lorsqu'on regardait le basilic. *Voy.* ce mot. — A Plouédern, près de Landerneau, dans la Bretagne, si l'œil gauche d'un mort ne se ferme pas, un des plus proches parents est menacé de cesser d'être [2].

Yffrote, — roi de Gothie et de Suède, qui mourut sur le bord de la mer où il se promenait, frappé des cornes d'une vache que l'on pense être certainement une sorcière convertie en icelle, laquelle se voulait venger de cette manière de ce roi pour quelque tort qu'elle avait reçu de lui [3].

---

[1] Voyage de Dumont, liv. III.
[1] Mangeart, Souvenirs de la Morée, 1830.
[2] Cambry, Voyage dans le Finistère, t. II, p. 170.
[3] Torquemada, Hexameron, p. 428.

Z

Zabulon, — démon qui possédait une sœur laie de Loudun. *Voy.* GRANDIER.

Zacoum, — arbre de l'enfer des mahométans, dont les fruits sont des têtes de diables.

Zaebos, — grand comte des enfers. Il a la figure d'un beau soldat monté sur un crocodile ; sa tête est ornée d'une couronne ducale ; il est doux de caractère.

Zagam, — grand roi et président de l'enfer, qui a l'apparence d'un taureau aux ailes de griffon. Il change l'eau en vin, le sang en huile, l'insensé en homme sage, le plomb en argent et le cuivre en or. Trente légions lui obéissent [1].

Zahuris ou **Zahories**. — Les Français qui sont allés en Espagne racontent des faits très-singuliers sur les zahuris, espèce de gens qui ont la vue si subtile qu'ils voient sous la terre les veines d'eau, les métaux, les trésors et les corps privés de vie. — On a cherché à expliquer ce phénomène par des moyens naturels. On a dit que ces hommes reconnaissaient les lieux où il y avait des sources, par les vapeurs qui s'en exhalaient, et qu'ils suivaient la trace des mines d'or et d'argent ou de cuivre, par les herbes qui croissaient sur la terre dont elles étaient recouvertes. — Mais ces raisons n'ont point satisfait le peuple espagnol, et il a persisté à croire que les zahuris étaient doués de qualités surhumaines, qu'ils avaient des rapports avec les démons, et que s'ils voulaient ils sauraient bien, indépendamment des choses matérielles, découvrir les secrets et les pensées qui n'ont rien de palpable pour les grossiers et vulgaires mortels. Au reste les zahuris ont les yeux rouges, et, pour être zahuri, il faut être né le vendredi-saint.

Zairagie (ZAIRAGIAH), — divination en usage parmi les Arabes, qui se faisait par le moyen de plusieurs cercles ou roues parallèles correspondantes aux cieux des planètes, placés les uns avec les autres, et marqués de plusieurs lettres que l'on fait rencontrer ensemble par le mouvement qu'on leur donne selon certaines règles.

Zepan, — selon Wiérus, l'un des rois de l'enfer.

Zariatnatmik, — personnage inconnu, mais très-puissant. *Voy.* VERGE.

Zazarraguan, — enfer des îles Mariannes, où sont logés ceux qui meurent de mort violente, tandis que ceux qui meurent naturellement vont jouir des fruits délicieux du paradis.

Zédéchias. — Quoiqu'on fût crédule sous le règne de Pépin-le-Bref, on refusait de croire à l'existence des êtres élémentaires. Le cabaliste Zédéchias se mit dans l'esprit d'en convaincre le monde ; il commanda donc aux sylphes de se montrer à tous les mortels. S'il faut en croire l'abbé de Villars, ils le firent avec magnificence. On voyait dans les airs ces créatures admirables en forme humaine, tantôt rangées en bataille, marchant en bon ordre, ou se tenant sous les armes, ou campées sous des pavillons superbes ; tantôt sur des navires aériens d'une structure merveilleuse, dont la flotte volante voguait au gré des zéphyrs. Mais ce siècle ignorant ne pouvait raisonner sur la nature de ces spectacles étranges ; le peuple crut d'abord que c'étaient des sorciers qui s'étaient emparés de l'air pour y exciter des orages et pour faire grêler sur les moissons. — Les savants et les jurisconsultes furent bientôt de l'avis du peuple ; les empereurs le crurent aussi, et cette ridicule chimère alla si loin, que le sage Charlemagne, et après lui Louis-le-Débonnaire, imposèrent de graves peines à ces prétendus tyrans de l'air....

Zeernebooch, — dieu noir, dieu de l'empire des morts chez les anciens Germains.

Zepar, — grand-duc de l'empire infernal, qui pourrait bien être le même que Vépar ou Sépar. Néanmoins, sous ce nom de Zépar, il a la forme d'un guerrier. Il pousse les hommes aux passions infâmes. Vingt-huit légions lui obéissent [1].

Zincalis. — C'est le nom qu'on donne aux bohémiens en Espagne.

Ziton. — Pendant les noces de Venceslas, fils de l'empereur Charles IV, avec la princesse Sophie de Bavière, le beau-père, qui savait que son gendre prenait plaisir à des spectacles ridicules et à des enchantements, fit amener de Prague une charretée de ma-

---

[1] Wierus, in Pseudom. dæm.

giciens. Le magicien de Venceslas, nommé Ziton, se présente pour faire assaut avec eux; ayant la bouche fendue de part et d'autre jusqu'aux oreilles, il l'ouvre et dévore tout d'un coup le bouffon du duc de Bavière, avec tous ses habits, excepté ses souliers qui étaient sales, et qu'il cracha loin de lui. Ensuite, ne pouvant digérer une telle viande, il va se décharger dans une grande cuve pleine d'eau, rend son homme par le bas, et défie ses rivaux de l'imiter. — Nos vieilles chroniques et nos contes de fées offrent encore des traits semblables. — Ce même Ziton changeait quelquefois, dans des festins, les mains des conviés en pieds de bœuf, afin qu'ils ne pussent rien toucher des mets qu'on leur servait, de sorte qu'il avait loisir de prendre pour lui la meilleure part. — Voyant un jour des gens à des fenêtres attentifs à regarder un spectacle qui excitait leur curiosité, il leur fit venir au front de larges cornes de cerf, pour les empêcher de se retirer de ces fenêtres quand ils le voudraient.

Zizis. — C'est le nom que donnent les Juifs modernes à leurs phylactères.

Zoaphité, — *voy.* Monstres.

Zoroastre, — le premier et le plus ancien des magiciens. Sextus Sinensis reconnaît deux enchanteurs de ce nom : l'un, roi de Perse, et auteur de la magie naturelle; l'autre, roi des Bactriens, et inventeur de la magie noire ou diabolique. Justin dit que Zoroastre régnait dans la Bactriane long-temps avant la guerre de Troie; qu'il fut le premier magicien, et qu'il infecta le genre humain des erreurs de la magie. — Voici, dit Voltaire, ce que l'Anglais Hyde rapporte sur Zoroastre, d'après un historien arabe : Le prophète Zoroastre étant venu du paradis prêcher sa religion chez le roi de Perse Gustaph, le roi dit au prophète : « Donnez-moi un signe. » Aussitôt le prophète fit croître devant la porte du palais un cèdre si gros et si haut, que nulle corde ne pouvait ni l'entourer ni atteindre sa cime. Il mit au haut du cèdre un beau cabinet où nul homme ne pouvait monter. Frappé de ce miracle, Gustaph crut à Zoroastre. — Quatre mages ou quatre sages (c'est la même chose), gens jaloux et méchants, empruntèrent du portier royal la clef de la chambre du prophète pendant son absence, et jetèrent parmi ses livres des os de chiens et de chats, des ongles et des cheveux de morts, toutes drogues avec lesquelles les magiciens ont opéré de tout temps. Puis ils allèrent accuser le prophète d'être un sorcier et un empoisonneur. Le roi se fit ouvrir la chambre par son portier. On y trouva les maléfices, et voilà Zoroastre condamné à être pendu. — Comme on allait pendre Zoroastre, le plus beau cheval du roi tombe malade; ses quatre jambes rentrent dans son corps, tellement qu'on ne les voit plus. Zoroastre l'apprend; il promet qu'il guérira le cheval, pourvu qu'on ne le pende pas. L'accord était fait : il fait sortir une jambe du ventre, et lui dit : « Sire, je ne vous rendrai pas la seconde jambe que vous n'ayez embrassé ma religion. — Soit, » dit le monarque. Le prophète, après avoir fait paraître la seconde jambe, voulut que les fils du roi se fissent Zoroastriens; et les autres jambes firent des prosélytes de toute la cour. On pendit les quatre malins sages au lieu du prophète, et toute la Perse reçut sa foi. — Bundari, historien arabe, conte que Zoroastre était juif, et qu'il avait été valet de Jérémie; qu'il mentit à son maître; que Jérémie, pour le punir, lui donna la lèpre; que le valet, pour se décrasser, alla prêcher une nouvelle religion en Perse et fit adorer le soleil. — Le voyageur français qui a écrit la vie de Zoroastre, après avoir observé que son enfance ne pouvait manquer d'être miraculeuse, dit qu'il se mit à rire dès qu'il fut né, du moins à ce que disent Pline et Solin. Il y avait alors un grand nombre de magiciens très puissants; ils savaient qu'un jour Zoroastre en saurait plus qu'eux et qu'il triompherait de leur magie. Le prince des magiciens fit amener l'enfant et voulut le couper en deux; mais sa main se sécha sur-le-champ. On le jeta dans le feu, qui se convertit pour lui en bain d'eau rose. On voulut le faire briser sous les pieds des taureaux sauvages, mais un taureau plus puissant prit sa défense. On le jeta parmi les loups, ces loups allèrent incontinent chercher deux brebis qui lui donnèrent à téter toute la nuit. Enfin il fut rendu à sa mère, Dogdo, ou Dodo, ou Dodu. Bérose prétend que Zoroastre n'est autre que Cham, fils de Noé. — Les cabalistes ont de Zoroastre une opinion toute différente; mais, si les démonomanes le confondent avec Cham, les cabalistes le confondent avec Japhet. Ainsi, les uns et les autres s'accordent à le faire fils de Noé. « Zoroastre, autrement nommé Japhet, dit le comte de Gabalis, était fils de Vesta, femme de Noé. Il vécut douze cents ans, le plus sage monarque du monde; après quoi il fut enlevé. — Cette Vesta, étant morte, fut le génie tutélaire de Rome; et le feu sacré, que des vierges conservaient avec tant de soin sur un autel, brûlait en son honneur. Outre Zoroastre, il naquit d'elle une fille d'une rare beauté et d'une grande sagesse, la divine Égérie, de qui Numa Pompilius reçut toutes ses lois. Ce fut elle qui engagea Numa à bâtir un temple en l'honneur de Vesta, sa mère. Les livres secrets de l'ancienne cabale nous apprennent qu'elle fut conçue dans l'espace de temps que Noé passa sur les flots, réfugié dans l'arche cabalistique.

Zoubdadeyer. — En l'an 408, le roi de Perse Cabadès apprit, dit Théophanes, qu'il y avait aux frontières de ses états un vieux château appelé Zoubdadeyer, plein de richesses gardées par des démons. Il résolut de s'en emparer, mais les magiciens juifs qu'il employa pour mettre en fuite les bandes infernales n'y réussirent pas. Un évêque chrétien put seul dissiper les prestiges du château ensorcelé.

Zoureg, — serpent mystérieux, long d'un pied, que les Arabes disent habiter le désert, où il est doué d'une puissance qui lui permet, dans ses courses, de traverser sans se détourner les plus rudes obstacles, un rocher, un mur, un arbre, un homme. L'homme que le zoureg traverse en passant meurt aussitôt. On ne peut tuer ce petit serpent qu'en lui coupant la tête pendant qu'il dort.

Zozo, — démon qui, accompagné de Mimi et de Crapoulet, posséda, en 1846, une jeune fille du bourg de Teilly en Picardie. *Voy.* Possédés.

Zundel, — capitaine des Bohémiens. *Voy.* Bohémiens.

APPENDICE.

Quelques Légendes infernales.

Un grand sorcier. — On trouve dans les lettres curieuses de Cyrano-Bergerac, sur la magie, le passage très-piquant qui suit : — « Il m'est arrivé une aventure si étrange, que je veux vous la raconter. Vous saurez qu'hier, fatigué de l'attention que j'avais mise à lire un livre de prodiges, je sortis à la promenade pour dissiper les ridicules imaginations dont j'avais l'esprit rempli. Je m'enfonçai dans un petit bois obscur, où je marchai environ un quart d'heure. J'aperçus alors un manche à balai, qui vint se mettre entre mes jambes et sur lequel je me trouvai à califourchon; aussitôt je me sentis volant par le vague des airs. Je ne sais quelle route je fis sur cette monture; mais je me trouvai arrêté sur mes pieds, au milieu d'un désert où je ne rencontrai aucun sentier. Cependant je résolus de pénétrer et de reconnaître les lieux. Mais j'avais beau pousser contre l'air, mes efforts ne me faisaient trouver partout que l'impossibilité de passer outre. — A la fin, fort harassé, je tombai sur mes genoux ; et ce qui m'étonna, ce fut d'avoir passé en un moment de midi à minuit. Je voyais les étoiles luire au ciel avec un feu bleuettant; la lune était en son plein, mais beaucoup plus pâle qu'à l'ordinaire; elle s'éclipsa trois fois, et trois fois dépassa son cercle ; les vents étaient paralysés, les fontaines étaient muettes; tous les animaux n'avaient de mouvement que ce qu'il leur en faut pour trembler; l'horreur d'un silence effroyable régnait partout, et partout la nature semblait attendre quelque grande aventure. — Je mêlais ma frayeur à celle dont la face de l'horizon paraissait agitée ; lorsqu'au clair de la lune, je vis sortir d'une caverne un grand et vénérable vieillard, vêtu de blanc, le visage basané, les sourcils touffus et relevés, l'œil effrayant, la barbe renversée par-dessus les épaules. Il avait sur la tête un chapeau de verveine, et sur le dos une ceinture de fougère de mai tressée. A l'endroit du cœur était attachée sur sa robe une chauve-souris à demi morte, et autour du cou un carcan chargé de sept différentes pierres précieuses, dont chacune portait le caractère de la planète qui la dominait. — Ainsi mystérieusement habillé, portant à la main gauche un vase triangulaire plein de rosée, et à la droite une baguette de sureau en sève, dont l'un des bouts était ferré d'un mélange de tous les métaux, il baisa le pied de sa grotte, se déchaussa, prononça en grommelant quelques paroles obscures, et s'approcha à reculons d'un gros chêne, à quatre pas duquel il creusa trois cercles l'un dans l'autre. La nature, obéissant aux ordres du nécromancien, prenait elle-même, en frémissant, les figures qu'il voulait y tracer. Il y grava les noms des esprits qui présidaient au siècle, à l'année, à la saison, au mois, au jour et à l'heure. Ceci fait, il posa son vase au milieu des cercles, le découvrit, mit un bout de sa baguette entre ses dents, se coucha la face tournée vers l'orient, et s'endormit. — Vers le milieu de son sommeil, je vis tomber dans le vase cinq grains de fougère. Il les prit quand il fut éveillé, en mit deux dans ses oreilles, un dans sa bouche ; il replongea l'autre dans l'eau, et jeta le cinquième hors des cercles. A peine fut-il parti de sa main, que je le vis environné de plus d'un million d'animaux de mauvais augure. Il toucha de sa baguette un chat-huant, un renard et une taupe qui entrèrent dans les cercles en jetant un cri formidable. Il leur fendit l'estomac avec un couteau d'airain, leur ôta le cœur, qu'il enveloppa dans trois feuilles de laurier et qu'il avala ; il fit ensuite de longues fumigations. Il trempa un gant de parchemin vierge dans un bassin plein de rosée et de sang, mit ce gant à sa main droite, et après quatre ou cinq hurlements horribles, il ferma les yeux et commença les évocations. — Il ne remuait presque pas les lèvres ; j'entendis néanmoins dans sa gorge un bruit semblable à celui de plusieurs voix entremêlées. Il fut enlevé de terre à la hauteur d'un demi-pied, et de fois à autre il attachait attentivement la vue sur l'ongle de l'index de sa main gauche; il avait le visage enflammé et se tourmentait fort. — Après plusieurs contorsions effroyables, il tomba en gémissant sur ses genoux; mais aussitôt qu'il eut articulé trois paroles d'une certaine oraison, devenu plus fort qu'un homme, il soutint sans vaciller les violentes secousses d'un vent épouvantable qui soufflait contre lui. Ce vent semblait tâcher de le faire sortir des trois cercles; les trois ronds tournèrent ensuite autour de lui. Ce prodige fut suivi d'une grêle rouge comme du sang, et cette grêle fit place à un torrent de feu, accompagné de coups de tonnerre. — Une lumière éclatante dissipa enfin ces tristes météores. Tout au milieu parut un jeune homme, la jambe droite sur un aigle, la gauche sur un lynx, qui donna au magicien trois fioles de je ne sais quelle liqueur. Le magicien lui présenta trois chevaux, l'un pris au devant de sa tête, les deux autres aux tempes; il fut frappé sur l'épaule d'un petit bâton que tenait le fantôme; et puis tout disparut. — Alors le jour revint; j'allais me remettre en chemin pour regagner mon village, mais le sorcier, m'ayant envisagé, s'approcha du lieu où j'étais. Quoiqu'il parût cheminer à pas lents, il fut plus tôt à moi que je ne l'aperçus bouger. Il étendit sur ma main une main si froide, que la mienne en demeura long-temps engourdie. Il n'ouvrit ni les yeux, ni la bouche; et, dans ce profond silence il me conduisit à travers des masures, sous les ruines d'un vieux château inhabité, où les siècles travaillaient depuis mille ans à mettre les chambres dans les caves. Aussitôt que nous fûmes entrés: — « Vante-toi, me dit-il en se tournant vers moi, d'avoir contemplé face à face le sorcier Agrippa, dont l'âme est par métempsycose celle qui animait autrefois le savant Zoroastre, prince des Bactriens. — Depuis près d'un siècle que je disparus d'entre les hommes, je me conserve ici, par le moyen de l'or potable, dans une santé qu'aucune maladie n'a interrompue. De vingt ans en vingt ans, je prends une prise de cette médecine universelle, qui me rajeunit et qui restitue à mon corps ce qu'il a perdu de ses forces. Si tu as considéré trois fioles que m'a présentées le roi des Salamandres, la première en est pleine, la seconde contient de la poudre de projection, et la troisième de l'huile de talc. — Au reste, tu m'es obligé, puisque, entre tous les mortels, je t'ai choisi pour assister à des mystères que je ne célèbre qu'une fois en vingt ans. — C'est par mes charmes que sont envoyées, quand il me plaît, les stérilités et les abondances. Je suscite les guerres en les allumant entre les génies qui gouvernent les rois. J'enseigne aux bergers la patenôtre du loup. J'apprends aux devins la façon de tourner le sas. Je fais courir les feux follets. J'excite les fées à danser au clair de la lune. Je pousse les joueurs à chercher le trèfle à quatre feuilles sous les gibets. J'envoie à minuit les esprits hors du cimetière, demander à leurs héritiers l'accomplissement des vœux qu'ils ont faits à la mort. Je fais brûler aux voleurs des chandelles de graisse de pendu, pour endormir les hôtes pendant qu'ils exécutent leur vol. Je donne la pistole volante, qui vient ressauter dans la poche c quand on l'a employée. Je fais présent aux l quais de ces bagues qui font aller et revenir d'Orléans à Paris en un jour. Je fais tout renverser dans une maison par les esprits follets, qui culbutent les bouteilles, les verres, les plats, quoique rien ne se casse et qu'on ne voie personne. Je montre aux vieilles à guérir la fièvre avec des paroles. Je réveille les villageois la veille de la Saint-Jean, pour cueillir son herbe à jeun et sans parler. J'enseigne aux sorciers à devenir loups-garous. Je tords le cou à ceux qui, lisant dans un grimoire, sans le savoir, me font venir et ne me donnent rien. Je m'en retourne paisiblement d'avec ceux qui me donnent une savate, un cheveu ou une paille. J'enseigne aux nécromanciens à se défaire de leurs ennemis, en faisant une image de cire, et la piquant ou la jetant au feu, pour faire sentir à l'original ce qu'ils font souffrir à la copie. Je montre aux bergers à nouer l'aiguillette. Je fais sentir les coups aux sorciers, pourvu qu'on les batte avec un bâton de sureau. Enfin, je suis le diable Vauvert, le Juif errant, et le grand veneur de la forêt de Fontainebleau.... » — Après ces paroles, le magicien disparut, les couleurs des objets s'éloignèrent...; je me trouvai sur mon lit, encore tremblant de peur. Je m'aperçus que toute cette longue vision n'était qu'un rêve; que je m'étais endormi en lisant mon livre de noirs prodiges, et qu'un songe m'avait fait voir tout ce qu'on vient de lire. »

La légende de Henri-le-Lion. — Nous l'empruntons à Musœus, dont les contes populaires sont riches de tant de traditions merveilleuses. — Pendant que la croisade de Frédéric-Barberousse occupait le monde chrétien, il y eut grand bruit dans toute l'Allemagne de l'aventure merveilleuse arrivée au duc Henri de Brunswick. — Il s'était embarqué pour la Terre-Sainte. Une tempête le jeta sur la côte d'Afrique. Échappé seul du naufrage, il trouva un asile dans l'antre d'un lion. L'animal, couché à terre, lui témoigna tant de douceur qu'il osa s'en approcher; il reconnut que cette humeur hospitalière du redoutable animal provenait de l'extrême douleur qu'il ressentait à la patte gauche de derrière; il s'y était enfoncé une grosse épine, et la douleur le faisait souffrir à un tel point qu'il ne pouvait se lever et qu'il avait complétement perdu l'appétit. La première connaissance faite et la confiance réciproque établie, le duc remplit auprès du roi des animaux les fonctions de chirurgien; il lui arracha l'épine et lui pansa le pied[1]. Le lion guérit, et, reconnaissant du service que lui avait rendu son hôte, il le nourrit abondamment de sa chasse et le combla de toutes les caresses qu'un chien a coutume de faire à son maître. — C'était fort bien. Mais le duc ne tarda pas à se lasser de l'ordinaire du lion, qui, avec toute sa bonne volonté, ne lui servait pas la venaison aussi bien apprêtée que le faisait son cuisinier. Il désirait ardemment de retourner dans sa résidence, la maladie du pays le tourmentait nuit et jour; mais il ne voyait aucun espoir de pouvoir jamais regagner ses états. — Le tentateur s'approcha alors du duc, que la tristesse accablait. Il avait pris la forme d'un petit homme noir; Henri d'abord crut voir un orang-outang, mais c'était bien Satan en personne qui lui rendait visite. « Duc Henri, lui dit-il, pourquoi te lamentes-tu? Si tu veux prendre confiance en moi, je mettrai fin à tes peines; je te ramènerai près de ton épouse; aujourd'hui même tu souperas à Brunswick, où l'on prépare ce soir un grand festin; car la duchesse, qui te croit mort, donne sa main à un nouvel époux. » — Cette nouvelle fut un coup de foudre pour le duc; la fureur étincelait dans ses yeux; son cœur était en proie au désespoir. Il aurait pu songer que, depuis trois ans qu'on avait annoncé son naufrage, il était bien permis à la duchesse de se croire veuve. Il ne s'arrêta qu'à l'idée qu'il était outragé. « Si le ciel m'abandonne, pensa-t-il, je prendrai conseil de l'enfer. » Il était dans une de ces situations dont le diable sait profiter. Sans perdre le temps en délibérations, il chaussa ses éperons, ceignit son épée et s'écria: « En route, camarade. — A l'instant, répliqua le démon, mais convenons des frais de transport. — Demande ce que tu voudras, dit le duc, je te le donnerai, sur ma parole. — Hé bien! il faut que ton âme m'appartienne dans l'autre monde. — Soit, répondit le duc, dominé par la colère; » et il toucha la main du petit homme noir. — Le marché se trouva donc conclu entre les parties intéressées. Satan prit la forme d'un griffon, saisit dans une de ses serres le duc Henri, dans l'autre le fidèle lion, et les transporta, des côtes de la Libye, dans la ville de Brunswick, où il les déposa sur la place du Marché, au moment où le guet venait de crier l'heure de minuit. Puis il disparut. — Le palais ducal et la ville entière étaient illuminés; toutes les rues fourmillaient d'habitants qui se livraient à une bruyante gaieté, et couraient au château pour y voir la fiancée et pour être spectateurs de la danse des flambeaux qui devait terminer les fêtes du jour. — Le voyageur aérien, qui ne ressentait pas la moindre fatigue, se glissa à travers la foule sous le portail du palais, et, accompagné de son lion fidèle, il fit retentir ses éperons d'or sur l'escalier, entra dans la salle du festin, tira son épée et s'écria: « A moi ceux qui sont fidèles au duc Henri! mort et malédiction aux traitres! » — En même temps, le lion rugit, secouant sa crinière et agitant sa queue. On croyait entendre les éclats du tonnerre. Les trompettes et les trombones se turent; mais les voûtes antiques retentirent du fracas des armes et les murs du château en tremblèrent. — Le fiancé aux boucles d'or et la troupe bigarrée de ses courtisans tombèrent sous l'épée de Henri. Ceux qui échappaient au glaive étaient déchirés par le lion. Après que le pauvre fiancé, ses chevaliers et ses valets eurent mordu la poussière, et que le duc se fut montré le maître de la maison d'une manière aussi énergique que jadis Ulysse avec les prétendants de Pénélope, il prit place à table à côté de son épouse. Elle commençait à peine à se remettre de la frayeur mortelle que lui avaient causée ces massacres. Tout en mangeant avec grand appétit des mets que son cuisinier avait apprêtés pour d'autres convives, et en régalant son compagnon de ragoûts qui ne paraissaient pas non plus lui déplaire, Henri jetait les yeux de temps en temps sur sa femme, qu'il voyait baignée de larmes. Ces pleurs pouvaient s'expliquer de deux manières; mais, en homme qui sait vivre, le duc leur donna l'interprétation la plus favorable; il adressa à la dame, d'un ton affectueux, quelques reproches sur sa précipitation à former de nouveaux nœuds, et il reprit ses vieilles habitudes. — Henri-le-Lion, surnommé ainsi à cause de son aventure, disparut en 1495, emporté par le petit homme noir.

---

[1] C'est ainsi que commença l'aventure d'Androclès, qui trouva, comme le duc de Brunswick, un ami dans son lion.

La vieille sorcière de Berkeley. — *Ballade écossaise.* — « Vers le onzième siècle, dans une ville d'Angleterre, une femme adonnée à la magie étant un jour à dîner, une corneille qu'elle avait toujours auprès d'elle lui croassa je ne sais quoi de plus clair qu'à l'ordinaire. Elle pâlit, poussa de profonds soupirs et s'écria : « J'apprendrai aujourd'hui de grands malheurs. » — A peine achevait-elle ces mots, qu'on vint lui annoncer que son fils aîné et toute la famille de ce fils étaient morts de mort subite. Pénétrée de douleur, elle assembla ses autres enfants, parmi lesquels étaient un moine et une religieuse, et leur dit en gémissant : « Jusqu'à ce jour, je me suis livrée aux arts magiques ; je n'ai d'espoir que dans vos prières : je sais que les démons sont à la veille de me posséder pour me punir de mes crimes ; je vous prie, comme votre mère, de soulager les tourments que j'endure déjà ; sans vous ma perte me paraît assurée, car je vais mourir à l'instant. Renfermez mon corps, enveloppé d'une peau de cerf, dans une bière de pierre recouverte de plomb que vous lierez par trois tours de chaîne ; si pendant trois nuits je reste tranquille, vous m'ensevelirez la quatrième ; quoique je craigne que la terre ne veuille point recevoir mon corps : pendant cinquante nuits, chantez des psaumes pour moi, et que pendant cinquante jours on dise des messes. » — Ses enfants exécutèrent ses ordres, mais sans succès. Les deux premières nuits, tandis que les clercs chantaient des psaumes, les démons enlevèrent, comme si elles eussent été de paille, les portes du caveau et emportèrent les deux chaînes qui enveloppaient la caisse : la troisième nuit, vers le chant du coq, tout le monastère semblait ébranlé par les démons qui entouraient l'édifice. L'un d'entre eux, le plus terrible et d'une taille colossale, réclama la bière. Il appela la morte par son nom, et lui ordonna de sortir. « Je ne le puis, répondit le cadavre, je suis liée. — Tu vas être déliée, lui dit Satan ; » et aussitôt il brisa comme une ficelle la troisième chaîne de fer qui restait autour de la bière, découvrit d'un coup de pied le couvercle, et prenant la morte par la main, il l'entraîna en présence de tous les assistants. Un cheval noir se trouvait là, hennissant fièrement, couvert de crochets de fer ; on plaça la malheureuse sur son dos et il disparut ; on entendit seulement dans le lointain les derniers cris de la sorcière [1].

La vision du suicide. — Ceci est un conte fantastique, extrait de *Nicolas Nickleby*, de M. Charles Dickens. — Le baron von Koeldwethout de Grogzwig en Allemagne, était au désespoir : sa femme venait de lui donner son treizième enfant, et à chaque nouveau-né elle devenait plus grondeuse. La famille de sa femme s'en mêlait ; il venait de reconnaître que ses coffres étaient vides. Le baron ne chassait plus, ne riait plus : « Je ne sais que faire, dit-il ; j'ai envie de me tuer. » — C'était une brillante idée ! — Le baron prit dans une armoire un vieux couteau de chasse, et l'ayant repassé sur sa botte, il fit mine de l'approcher de sa gorge. — « Hem ! dit-il, s'arrêtant tout court, il n'est peut-être pas assez affilé. » — Le baron le repassa de nouveau ; et il faisait une seconde tentative, quand il fut interrompu par les clameurs bruyantes des jeunes barons et baronnes ; car leur chambre était dans une tour voisine, dont les fenêtres étaient garnies de barres de fer, pour les empêcher de tomber dans le fossé. « O délices du célibat ! s'écria le baron en soupirant, si j'avais été garçon, j'aurais pu me tuer cinquante fois sans être dérangé. Holà ! mettez un flacon de vin et la plus grande de mes pipes dans la petite chambre voûtée, derrière la salle d'armes. » — Un valet, qui s'appelait Jean, exécuta l'ordre du baron dans l'espace d'une demi-heure ou à peu près, et le sire de Grogzwig, informé que tout était prêt, passa dans la chambre voûtée, dont les boiseries sombres étincelaient à la lueur des bûches amoncelées dans le foyer. La bouteille et la pipe étaient prêtes, et, somme toute, la pièce avait un air confortable. — « Laisse la lampe, dit le baron. — Vous faut-il encore autre chose, monseigneur ? demanda le valet. — Va-t'en. » — Jean obéit, et le baron ferma la porte. — « Je vais fumer une dernière pipe, dit-il, et tout sera fini. » — Mettant de côté le couteau de chasse en attendant qu'il en eût besoin, et se versant un grand verre de vin, le sire de Grogzwig s'étendit sur son fauteuil, allongea les jambes sur les chenets et se mit à fumer. — Le baron eût été certainement romantique si le romantisme eût été inventé à cette époque ; mais il était doublement disposé à la rêverie par sa qualité d'Allemand et de fumeur. Rien n'est plus favorable que la pipe aux hallucinations. La monotonie du mouvement d'aspiration et d'expiration jette l'esprit et les sens dans une espèce de somnolence. Les vapeurs narcotiques du tabac surexcitent et exaltent l'imagination. Il semble que du foyer de la pipe s'échappe une multitude d'êtres aériens qui flottent et tourbillonnent avec la fumée, se cherchent et se saisissent au milieu du nuage azuré, et mon-

---

[1] Vincent de Guillerin, Spect. hist., liv. XXVI.

taient au ciel en dansant. — Le baron songea à une foule de choses, à ses peines présentes, à ses jours de célibat et aux gentilshommes vert-pomme, depuis long-temps dispersés dans le pays, sans qu'on sût ce qu'ils étaient devenus, à l'exception de deux qui avaient eu le malheur d'être décapités, et de quatre autres qui s'étaient tués à force de boire. Son esprit errait au milieu des ours et des sangliers, lorsque, en vidant son verre jusqu'au fond, il leva les yeux et crut s'apercevoir qu'il n'était pas seul. — A travers l'atmosphère brumeuse dont il s'était entouré, le baron distingua un être hideux et ridé, avec des yeux creux et sanglants, une figure cadavéreuse et d'une longueur démesurée, ombragée de boucles éparses de cheveux noirs. Ce personnage fantastique était assis de l'autre côté du feu, et, plus le baron le regarda, plus il demeura convaincu de la réalité de sa présence. L'apparition était affublée d'une espèce de tunique de couleur bleuâtre, qui parut au baron décorée d'os en croix. En guise de cuissards, ses jambes étaient encaissées dans des planches de cercueil, et sur son épaule gauche était jeté un manteau court et poudreux, qui semblait fabriqué d'un morceau de linceul. Elle ne faisait aucune attention au baron, mais contemplait fixement le feu. — « Ohé ! s'écria le baron frappant du pied pour attirer les regards de l'inconnu. — Ohé ! répéta celui-ci levant les yeux vers le baron, mais sans bouger. — Qu'est-ce ? dit le baron sans s'effrayer de cette voix creuse et de ses yeux mornes ; je dois vous adresser une question. Comment êtes-vous entré ici ? — Par la porte. — Qui êtes-vous ? — Un homme. — Je ne le crois pas. — Comme vous voudrez. » — L'intrus regarda quelque temps le hardi baron de Grogzwig, et lui dit familièrement : « Il n'y a pas moyen de vous tromper, à ce que je vois. Je ne suis pas un homme. — Qui êtes-vous donc ? — Un génie. — Vous n'en avez pas l'air, repartit dédaigneusement le baron. — Je suis le génie du désespoir et du suicide, dit l'apparition ; vous me connaissez à présent. » — A ces mots, l'apparition se tourna vers le baron, comme si elle se fût préparée à agir ; et ce qu'il y eut de remarquable, ce fut de la voir mettre de côté son manteau, exhiber un pieu ferré qui lui traversait le milieu du corps, l'arracher brusquement et le poser sur la table aussi tranquillement que si c'eût été une canne de voyage. — « Maintenant, dit le génie, jetant un coup d'œil sur le couteau de chasse, êtes-vous prêt ? — Pas encore ; il faut que j'achève ma pipe. — Dépêchez-vous. — Vous semblez pressé. — Mais oui, je le suis ; par ces temps de misère et d'ennui, j'ai beaucoup à faire en Angleterre et en France, où je vais de ce pas, et tout mon temps est pris. — Buvez-vous ? dit le baron touchant la bouteille avec la tête de sa pipe. — Neuf fois sur dix et largement, reprit le génie d'un ton sec. — Jamais avec modération ? — Jamais, répliqua le génie en frissonnant ; cela engendre la gaieté. » — Le baron examina encore son nouvel hôte, qu'il regardait comme un visiteur extraordinairement fantasque, et lui demanda enfin s'il prenait une part active à tous les simples arrangements du genre de ceux dont il s'agissait en ce moment. « Non, répondit évasivement le génie ; mais je suis toujours présent. — Pour voir si l'affaire va bien ? je suppose. — Précisément, répondit le génie en jouant avec son pieu dont il examinait le fer. Ne perdez pas une minute, je vous prie, car je suis mandé par un jeune homme affligé de trop de loisir et d'argent. — Se tuer parce qu'on a trop d'argent ! s'écria le baron, se laissant aller à une violente envie de rire. Ah ! ah ! ah ! voilà qui est bon ! » — C'était la première fois que le baron riait depuis long-temps. « Dites donc, reprit le génie d'un ton suppliant et d'un air d'anxiété, ne recommencez pas, s'il vous plaît. — Pourquoi ? — Vos rires me font mal ; soupirez tant que vous voudrez, je m'en trouverai bien. » — Le baron soupira machinalement, et le génie, reprenant son courage, lui tendit le couteau de chasse avec la plus séduisante politesse. — « Ah ! ce n'est pas une mauvaise idée, dit le baron sentant la froide pointe de l'acier, se tuer parce qu'on a trop d'argent ! — Bah ! dit l'apparition avec pétulance, est-ce une meilleure idée de se tuer parce qu'on n'en a pas assez ? » — Je ne sais si le génie s'était compromis par mégarde en prononçant ces mots, ou s'il croyait la résolution du baron assez bien arrêtée pour n'avoir pas besoin de faire attention à ce qu'il disait ; je sais seulement que le sire de Grogzwig s'arrêta tout à coup, ouvrit de grands yeux, et parut envisager l'affaire sous un jour complètement nouveau. « Mais, en effet, dit-il, rien n'est encore désespéré. — Vos coffres sont vides, s'écria le génie. — On peut les remplir. — Votre femme gronde. — On la fera taire. — Vous avez treize enfants. — Ils ne peuvent tous mal tourner. » — Le génie s'irritait évidemment des opinions avancées par le baron ; mais il affecta d'en rire, et le pria de lui faire savoir quand il aurait fini de plaisanter. « Mais je ne plaisante pas, au contraire, reprit le baron. — Eh bien ! j'en suis charmé, dit le génie, parce que, je l'avoue franchement, toute plaisanterie est mortelle pour moi. Allons, quittez ce monde de misères. — J'hésite, dit le baron, jouant avec le couteau de chasse; ce monde ne vaut pas grand'chose, mais.... — Dépêchez-vous, s'écria le génie en grinçant des dents. — Laissez-moi, dit le baron; je cesserai de broyer du noir, je prendrai gaiement les choses, je respirerai le frais, j'irai à la chasse aux ours, et, si l'on me contrarie, j'enverrai promener les gens. » — A ces mots, le baron tomba en arrière dans son fauteuil, et partit d'un éclat de rire si désordonné, que la chambre en retentit. — Le génie recula de deux pas, regarda le baron avec une expression de terreur, reprit son pieu ferré, se l'enfonça violemment au travers du corps, poussa un hurlement d'effroi et disparut. — Le sire de Grogzwig, comme le bûcheron de la fable, ne revit plus le génie de mort. Conformant ses actions à ses paroles, il vécut long-temps après sans beaucoup de fortune, mais heureux, laissant une nombreuse famille exercée sous ses yeux à la chasse aux ours. — Bonnes gens, si de semblables motifs vous rendent jamais hypocondres et mélancoliques, je vous conseille d'examiner les deux faces de la question en appliquant à la meilleure un verre grossissant.

La Chaire grise. — Le château d'Esnes, dit M. Henri Berthoud, à qui nous devons ce récit, est une de ces vieilles habitations féodales que l'on rencontre si fréquemment dans la Flandre. Au rebours de la plupart des autres forteresses, on a bâti celle-là au fond d'une vallée que des hauteurs dominent de toutes parts; et ses murailles de pierres blanches énormes, loin d'être noircies par le temps, se détachent éblouissantes sur la verdure sombre d'un bois immense. On ne connaît pas l'époque précise où fut construit le château d'Esnes, et son architecture, pleine de bizarrerie et d'un caractère particulier, ne donne aucune lumière à cet égard. — A l'extrémité septentrionale du château, et par une exception dont il est difficile de se rendre compte, s'élève une petite tourelle construite en grès; ses formes élégantes et légères présentent avec le reste du manoir un contraste singulier. Ses ogives, à triples colonnettes, sont unies entre elles par une tête d'une expression bouffonne, et, sur les parois, des figurines d'un travail exquis joignent leurs mains dans l'attitude de la prière. L'œil, blessé par la blancheur uniforme de tous les objets qui l'entourent, se repose avec charme sur cette délicieuse petite construction qui rappelle par sa forme ce que l'on nomme, en architecture militaire, *nid d'hirondelle*, mais qui ne peut servir en aucune façon à la défense du manoir. Les habitants du pays désignent cet objet sous le nom de *caière grise* (chaire grise); sans doute à cause de la couleur des grès avec lesquels on l'a construite. — Les Flamands aiment trop le merveilleux pour ne point expliquer par l'intervention du diable l'origine de la Chaire grise; et voici la tradition répandue à cet égard. — Lorsque saint Vaast, l'apôtre de la Flandre, vint prêcher le christianisme dans ce pays barbare, ses miracles, bien plus encore que ses prédications, convertissaient les sauvages Nerviens. Satan poussa des cris de douleur en voyant ceux qu'il regardait naguères comme une proie certaine courir au-devant du saint évêque, et recevoir de lui le baptême et la foi. Il résolut, pour maintenir sa puissance chancelante, d'opposer miracle à miracle; pour cela, il fit tomber le feu du ciel sur le château d'Esnes, dont il ne resta bientôt plus pierre sur pierre. — Le baron d'Esnes, propriétaire de ce manoir, était un nouveau converti; il courut se jeter aux pieds de saint Vaast, en le suppliant de reconstruire son château par un miracle. Le saint répondit au nouveau chrétien par une remontrance paternelle, et lui prêcha la résignation aux décrets de la volonté divine. — Comme le baron d'Esnes s'en revenait triste et désappointé, le diable lui apparut. Il s'offrit de reconstruire en une nuit le château brûlé, si le baron voulait abjurer sa religion nouvelle. Le baron accepta le parti, et, le lendemain, à la grande surprise de tout le pays, le château d'Esnes, reconstruit d'une façon nouvelle, apparut au lieu des ruines fumantes et des débris qui la veille couvraient la terre. — Une merveille si grande ébranla beaucoup les témoins du refus qu'avait fait saint Vaast d'en opérer une semblable. L'apôtre, pour détruire cette mauvaise impression, se rendit au château d'Esnes; et, comme on lui en refusa l'entrée, il s'adossa contre les fortifications, pour parler à la foule accourue de toutes parts. Tandis que le saint faisait une exhortation à ces chrétiens chancelants, un rayon brûlant de soleil vint tomber sur la tête chauve du vieillard : soudain, des anges descendirent et construisirent autour de lui la Chaire Grise. A ce miracle, dont plus de quatre mille personnes furent témoins, dit la tradition, les blasphèmes se changèrent en prières; et tous ceux qui n'avaient point encore reçu le baptême le reçurent aussitôt des mains de saint Vaast. Le baron d'Esnes ne put résister lui-même à cette preuve de la puissance de Dieu; et le diable, confus et chassé, s'en retourna aux enfers.

La Chasse aux sorcières. — Le vieux John Podgers vivait à Windsor, sous le règne de Jacques Ier. C'était alors une ville originale que Windsor; c'était aussi un curieux personnage que John. Windsor et lui se convenaient et ne se quittaient guère. — Gros et court et doué d'un vaste appétit, tel était John. Mangeur et dormeur, il faisait deux parts de son temps, s'endormant dès qu'il avait mangé, et mangeant dès qu'il s'éveillait. Quoi qu'il en soit, la ville rendait hommage à sa prudence. Ce n'était pas tout à fait un homme très-vif; mais c'était un homme solide et qui gardait en réserve, disait-on, plus d'esprit qu'il n'en montrait. Cette opinion était fortifiée par l'habitude qu'il avait de hocher la tête avec gravité lorsqu'on lui demandait son avis, et de ne jamais se prononcer avec une clarté qui eût pu le compromettre. — John Podgers semblait donc le plus heureux des hommes. Mais, hélas! en dépit de son apathie, une inquiétude continuelle troublait son repos. Dans ce temps-là une foule de vieilles femmes, vulgairement connues sous le nom de sorcières, causaient à Windsor maints désordres et tourmentaient les bonnes gens par de rudes malices. Le roi, qui avait peu de sympathie pour elles, prit la peine de rédiger un édit où il indiquait divers moyens ingénieux de faire tourner leurs maléfices à leur confusion. Grâce à cet édit, il ne se passait guère de jour où quelque sorcière ne fût pendue, noyée ou brûlée dans quelque lieu des trois royaumes. La plupart des livres qui se publiaient alors traitaient de cette matière, et répandaient sur les sorcières et leurs victimes d'effrayantes rumeurs. — La petite ville de Windsor n'échappa point à la contagion. Les habitants célébrèrent la fête du roi Jacques en brûlant une sorcière, et ils envoyèrent à la cour quelques-uns de ses restes, avec une respectueuse adresse qui exprimait leurs sentiments de fidélité. Le roi daigna répondre aux bourgeois de Windsor. Il leur traça des règles pour découvrir les sorcières; et parmi les charmes puissants qu'il leur recommanda contre elles, il désigna surtout les fers à cheval, à cause de leur forme cabalistique. Plusieurs en conséquence crurent qu'ils mettraient leurs fils à l'abri de tout maléfice en les plaçant comme apprentis chez des maréchaux-ferrants, profession qui devint fort estimée. — Au milieu de cette perturbation, on remarqua que John Podgers hochait la tête plus que par le passé. Il achetait tous les livres qu'on publiait contre la sorcellerie. Il s'instruisit à fond dans la science des charmes et des exorcismes. Il ne rêva plus que vieilles femmes courant la nuit à cheval sur un manche à balai; ces images l'absorbèrent tout entier; et comme il n'était pas embarrassé par le nombre de ses idées, celle-ci régna sans rivales dans sa tête. Dès lors il s'appliqua à dresser dans les rues ce qu'on pourrait appeler des pièges à sorcières et à en épier l'effet. Les engins dont il se servait consistaient en brins de paille placés en croix au milieu du chemin, ou en petits lambeaux de quelque couverture de Bible, sur lesquels il mettait une pincée de sel. Il assurait que ces exorcismes possédaient une vertu souveraine. S'il arrivait à une vieille femme de trébucher en passant sur ces objets, John Podgers soudain arrêtait la coupable et appelait du secours. La sorcière, découverte ainsi était entraînée et jetée à l'eau. — La chasse opiniâtre qu'il ne cessait de faire à des êtres aussi malfaisants et la manière sommaire dont il les expédiait, lui acquirent une réputation extraordinaire. Une seule personne n'avait pas foi en son pouvoir: c'était son propre neveu, étourdi de vingt ans, qui plaignait son oncle, tout en lui lisant les livres de littérature satanique. Les voisins s'assemblaient le soir sous le petit porche de la maison de John, et prêtaient une oreille attentive aux histoires effrayantes que Will Marks lisait tout haut. — Un soir d'été, Will Marks, assis au milieu d'un groupe d'auditeurs, et tous ses traits exprimant une gravité comique, lisait, avec maints ornements de sa façon, l'histoire véridique d'un gentleman du Northamptonshire, devenu la proie des sorciers et du diable. John Podgers s'était placé en face du lecteur, toute sa contenance annonçant l'horreur dont il était pénétré; les autres assistants, le cou tendu, la bouche béante, écoutaient en tremblant et en souhaitant de trembler encore plus. Par intervalles, maître Will faisait une pause. Il promenait sur l'assemblée un regard dont il s'efforçait de cacher la raillerie malicieuse. — Cependant le soleil s'était couché; tout à coup Will s'interrompit et ses auditeurs levèrent la tête au bruit du trot d'un cheval: un cavalier s'arrêta devant le porche et demanda où demeurait Jean Podgers. — «Ici même,» crièrent une douzaine de voix. Le cavalier, descendant de cheval, s'approcha de John d'un air empressé. «D'où viens-tu? demanda John brusquement. — De Kingston, monsieur. — Et quelle affaire t'amène ici? — Une affaire importante, une affaire de sorcellerie.» — A ce mot de sorcellerie, chacun regarda le messager avec consternation. Will seul resta calme — Le messager répéta sa réponse d'un ton encore plus solennel; puis

35.

il raconta comment depuis plusieurs nuits les habitants de Kingston étaient réveillés par les cris affreux que poussaient les sorcières autour du gibet de la ville ; comment des voyageurs les avaient distinctement aperçues ; comment trois vieilles femmes des environs étaient véhémentement soupçonnées.... Ici les assistants frissonnèrent. John Podgers hocha la tête d'un air qui parut singulièrement significatif. — Le messager continua : un conseil avait été tenu, dit-il ; les magistrats avaient été d'avis que, pour constater l'identité de ces créatures, quelqu'un veillerait auprès du gibet. Mais il ne s'était présenté aucun homme de bonne volonté ; et on l'avait dépêché vers John Podgers comme vers un personnage de renom, qui bravait les sortilèges et les maléfices. — John reçut cette communication avec un air digne. Il répondit en peu de mots qu'il serait heureux de pouvoir rendre service aux habitants de Kingston ; mais que son penchant à s'endormir l'en rendait incapable. « Cependant, ajouta-t-il, il y a ici un homme qui passe sa vie à fabriquer des fers à cheval, et qui, par conséquent, n'a rien à craindre du pouvoir des sorcières. Je ne doute pas, d'après sa réputation de courage, qu'il ne se fasse un plaisir de me remplacer. » — Le maréchal-ferrant interpellé remercia John Podgers de l'opinion flatteuse qu'il avait conçue de sa bravoure. « Mais pour ce qui regarde l'affaire en question, dit-il, je suis forcé de me récuser. Je ne m'appartiens pas ; l'idée de me savoir engagé dans une aventure ferait mourir ma femme. » Tous les gens mariés applaudirent, en déclarant aussi qu'ils se devaient à leur famille. Will, qui était garçon et qui s'était permis de rire plus d'une fois de la croyance aux sorcières, attira alors tous les regards ; chacun chuchotait : « Pourquoi ne pas s'adresser à Will ? » Le jeune homme se hâta de dire qu'il était prêt, et que dans cinq minutes il serait en selle, si personne ne lui disputait la gloire de se dévouer pour la ville de Kingston. Et sans attendre de réponse, il courut préparer son cheval. John Podgers, devenu pensif, suivit son neveu, afin d'essayer quelques remontrances, qui restèrent inutiles. Pour lui cette affaire l'intimidait ; il avait cent fois affronté les sorcières à la face du soleil, mais jamais pendant la nuit ; or, c'était partout dans les ténèbres qu'elles accomplissaient leurs plus redoutables enchantements. La circonstance du gibet n'était pas non plus faite pour rassurer. Enfin le vétéran ne voulait pas risquer une réputation acquise par tant de dangers. Mais il témoigna à son neveu plus d'intérêt qu'il ne lui en avait jamais montré ; il lui donna les conseils que lui suggérait sa vieille expérience ; Will, en ce moment, se grandissait à ses yeux de tout le courage que lui-même ne se sentait pas. — Au bout de quelques minutes, Will reparut couvert d'un ample manteau et armé d'une longue rapière. — « Maintenant, camarade, dit-il en s'adressant au messager, montrez-moi le chemin. Adieu, mes maîtres ; adieu, mon oncle. Je présenterai vos compliments aux sorcières de Kingston. » Will et son compagnon s'éloignèrent au grand trot de leurs chevaux. — Les bourgeois de Kingston étaient encore plongés dans leur premier sommeil, lorsque Will et son guide arrivèrent aux portes de la ville et se dirigèrent vers une maison où les principaux magistrats tenaient conseil. Quand ils virent entrer à la place de John, qu'ils attendaient, un jeune homme bien fait, mais dont l'extérieur n'avait rien d'imposant, leur désappointement fut extrême. Ils l'acceptèrent pourtant faute de mieux. Les instructions qu'ils lui donnèrent consistaient à se cacher près du gibet, auquel était attaché le corps d'un malfaiteur inconnu, que des agents du gouvernement, munis d'ordres secrets, avaient exécuté l'avant-veille ; à se montrer soudainement au milieu des sorcières et à les charger à grands coups d'épée. Les prudents magistrats avaient calculé que les meurtrissures et les estafilades feraient reconnaître le lendemain celles des vieilles femmes de la ville qui auraient couru le sabbat pendant la nuit. Will loua très-fort cette invention. Il fit son profit des conseils et des recommandations ; mais il profita encore bien plus d'un bon souper qui lui fut offert. Il attendit devant une bonne table onze heures et demie ; alors d'un pas insouciant il suivit les magistrats au lieu où il devait se placer en embuscade. — Il faisait une nuit sombre et menaçante ; de gros nuages noirs étaient suspendus dans les airs et interceptaient la faible clarté des étoiles. Par intervalles le roulement du tonnerre se mêlait aux sifflements d'un vent impétueux. Will, qui était sorti le dernier, se trouva, on ne sait comment, en tête de la petite troupe. Enveloppés de leurs manteaux et l'oreille tendue, les dignes bourgeois se serraient autour du hardi jeune homme. Ils marchaient sur ses talons et semblaient chercher un abri derrière sa personne. A la fin, ils s'arrêtèrent. Une lande aride et désolée s'étendait devant eux ; une ligne noire se dessinait dans les airs à quelque distance. C'était le gibet. Will reçut ses dernières instructions ; après quoi ses conducteurs prirent congé de lui à la hâte. Il fut même tenté de croire qu'ils s'enfuyaient à toutes jambes; mais on sait que les illusions sont filles de la nuit. — Il se dirigea résolument vers l'objet funèbre et reconnut avec satisfaction que les bras de la machine n'étaient chargés d'aucune dépouille humaine, et que nul être vivant ne se trouvait au pied. Qu'était devenu le corps du supplicié? Will ne s'occupa point d'expliquer ce mystère. On n'entendait d'autre bruit que le grincement des chaînes de fer, lorsque le souffle du vent les balançait dans le vide. Le jeune homme étudiait la disposition du terrain; et s'étant assuré que personne n'était caché dans les environs, il s'établit au pied même du gibet, choisissant le côté qui était tourné vers la ville, d'abord parce qu'il se mettait ainsi à l'abri du vent, ensuite parce qu'il pouvait apercevoir de là plus facilement les visiteurs qu'il attendait et qui viendraient sans doute dans cette direction. Il attendit ainsi, le corps enveloppé dans son manteau, la main droite libre et prête à saisir son épée. Will Marks était un garçon intrépide; cependant, lorsque l'humidité de la nuit eut rafraîchi son sang, après qu'il fut resté immobile deux longues heures sur ce théâtre de morts violentes, il commença à repasser dans son esprit tout ce que l'on racontait des sorcières et de leurs courses nocturnes. Ces images lugubres, qu'il ne pouvait plus écarter, le troublèrent peu à peu. Ses yeux plongeaient dans l'obscurité pour en interroger les profondeurs; son oreille saisissait tous les bruits que le vent lui apportait des divers points de l'horizon. Il aurait voulu marcher pour réveiller la circulation de son sang; une vague appréhension le retenait cloué à ce poteau qui soutenait un gibet, et dont il s'était fait un rempart. Bientôt l'orage éclata dans toute sa fureur; et des rafales de pluie, fouettées avec violence par le vent, ajoutèrent leurs ténèbres aux ombres déjà si épaisses de la nuit. Tout à coup Will Marks entendit une voix étouffée qui murmurait à son oreille : « Grand Dieu! il est tombé à terre; et le voilà debout comme s'il était en vie. » — Le jeune homme aussitôt, écartant son manteau et tirant son épée, saisit par sa robe une femme, qui tomba presque défaillante à ses pieds. Une autre femme, vêtue de noir comme celle qu'il arrêtait, se tenait immobile devant lui et le regardait d'un air effaré. — « Qui êtes-vous? cria Will, en se remettant un peu de la surprise où l'avait jeté cette apparition inattendue, que venez-vous faire ici? — Qui êtes-vous vous-même? demanda celle des deux femmes qui était restée debout; comment troublez-vous de votre présence ce lieu funèbre? qu'avez-vous fait du corps? — Du corps? balbutia Will, inquiet de la tournure que prenait cet entretien. — Oui, qu'est devenu le corps qui chargeait ce gibet? répéta la femme d'une voix plus ferme. Vous ne portez pas la livrée des agents de la police et vous n'êtes pas des nôtres. Pourquoi vous trouvez-vous ici? — Pourquoi je me trouve ici, répondit le jeune homme en se remettant assez vite d'un moment de frayeur, j'ai presque honte de le dire. Qu'il vous suffise de savoir que je ne suis ni un espion, ni un homme malintentionné. Si je ne me trompe, c'est vous qu'on a entendues gémir et vous lamenter ici la nuit dernière. — C'est nous en effet. L'infortunée que voilà pleure un mari, et moi je pleure un frère. La loi de sang qui a frappé celui que nous avons perdu ne fait pas de notre douleur un crime. — Quelque affaire de rébellion, pensa Will, quelque attaque contre les sujets du roi. Poltrons de magistrats! » — Il s'efforça alors de distinguer les traits des deux femmes; et malgré l'obscurité il y réussit. Celle à qui il parlait accusait déjà un certain âge; mais l'autre lui parut jeune. Toutes deux portaient des habits de deuil; leurs cheveux, trempés par la pluie, flottaient épars sur leurs épaules; leur extérieur était celui de l'accablement. Il se sentit ému de compassion. — Écoutez, reprit-il après un moment de silence, je ne suis qu'un bourgeois de Windsor. J'étais venu ici pour défendre ce gibet contre les esprits et les sorcières; sottises dont je suis honteux à présent. Mais si je puis vous être de quelque secours, parlez et comptez sur ma discrétion et mon dévouement. — Ce gibet, demanda encore la plus âgée des deux femmes, en cherchant à ranimer sa compagne, comment ne porte-t-il plus les restes de...? — Je l'ignore. Tout ce que je sais, c'est que, quand je suis venu il y a deux heures, il était comme vous le voyez. D'après vos questions, il paraît que le corps a été enlevé cette nuit même, avant mon arrivée et à l'insu des bourgeois de la ville. Cela est étrange en effet. Réfléchissez. N'avez-vous pas des amis qui aient pu exécuter cette entreprise? — Les deux femmes commencèrent à s'entretenir à voix basse. Will les entendait gémir et sangloter. — « Si c'étaient des bohémiennes? se demanda-t-il. Les gens de cette race se secourent mutuellement. Mais le corps enlevé du gibet! que diront les magistrats de Kingston? » — La plus jeune des deux femmes se rapprochant alors : « Vous nous avez offert votre aide, dit-elle d'une voix douce et plaintive..... — Et je vous l'offre de nouveau, répondit Will avec résolution. — Vous êtes prêt à nous accompagner? — Partout où il vous plaira de me conduire. Au diable les sorcières et les complots, et les fous qui m'ont placé en sentinelle! — Eh bien! suivez-nous donc, brave jeune homme. — Will, s'enveloppant de son manteau, marcha aussitôt sur les traces des deux femmes. — Après qu'il eut fait un mille environ dans l'obscurité, il se trouva, précédé de ses deux guides, devant une gorge par laquelle plusieurs grands arbres étendaient leurs rameaux. Un homme s'y tenait caché avec trois chevaux de selle. Il se concerta quelques instants avec les deux femmes, offrit son cheval à Will, qui ne fit pas difficulté de l'accepter, et regarda partir ses compagnons au galop de leurs chevaux avec leur nouveau conducteur. Puis cet homme s'éloigna lui-même dans une direction opposée. — Will et les deux dames ne s'arrêtèrent qu'auprès de Putney, devant une grande maison isolée. Ils laissèrent leurs chevaux à un domestique qui semblait placé là pour les attendre, et ils entrèrent, en suivant un passage étroit, dans une petite chambre où Will fut laissé seul un moment. Il réfléchit à sa situation, lancé dans une aventure dont le commencement du moins était fort singulier. Il songea qu'il valait mieux servir de protecteur à deux femmes malheureuses que de trembler auprès d'un gibet. Pendant qu'il faisait mille conjectures sur ses taciturnes protégées, il se sentit un peu troublé en voyant entrer un homme dont le visage était couvert d'un masque noir. Il se tint sur ses gardes, examinant avec soin le personnage, qui paraissait avoir de quarante à cinquante ans, et dont l'extérieur annonçait une vigueur peu commune. Ses habits étaient riches, élégants, mais souillés par la boue et la pluie. On voyait à ses éperons qu'il venait aussi de voyager à cheval. Ce fut lui qui rompit le silence. — «Vous êtes jeune et entreprenant, dit-il au neveu de John Podgers, et vous aimeriez sans doute à faire fortune. — Je n'y ai pas encore songé, répliqua Will. Mais que voulez-vous en conclure? — Que l'occasion de vous enrichir se présente à vous. — Eh bien! je ne la repousserai pas. Mais il faut savoir de quoi il s'agit.» — Le jeune homme commença à croire qu'il se trouvait engagé avec des fraudeurs. — «Apprenez d'abord, reprit l'homme masqué, que vous avez été attiré ici, de peur que vous n'allassiez raconter trop tôt votre histoire à ceux qui vous avaient placé en sentinelle. — Ah! comme les dignes bourgeois de Kingston seront ébahis ce matin! La précaution est excellente. Mais apprenez à votre tour que vous n'en aviez pas besoin, et que je sais me taire quand il faut. — C'est parfait. Maintenant, écoutez. Vous ne vous trompiez pas en conjecturant que le corps avait été enlevé du gibet avant votre arrivée..... Il est dans cette maison. — Dans cette maison? répéta Will, commençant à s'alarmer. — Oui, reprit l'interlocuteur; et il s'agit de le transporter plus loin. Celui qui s'en était chargé manque à la promesse qu'il nous avait faite. Êtes-vous homme à le remplacer?» — L'aventure prenait un caractère grave. Mais il était difficile de reculer. Cependant Will ne put s'empêcher de porter autour de lui un œil défiant. — «Vous êtes à ma discrétion, lui dit tranquillement l'homme masqué, qui semblait lire ses pensées dans ses yeux. Choisissez donc de transporter le corps dont il s'agit, par des moyens que je vous indiquerai, jusque dans l'église de Saint-Dunstan à Londres (et ce service sera richement récompensé), ou de... Mais vous saurez, quand il le faudra, l'alternative. — Permettez-moi, demanda Will, dont toutes les idées étaient de nouveau confondues, permettez-moi de vous adresser d'abord une petite question. — Aucune. Vous voudriez apprendre quel était celui dont les restes vous seront confiés: cela ne vous regarde pas. Ne cherchez pas à le savoir; je vous le répète, ne le cherchez pas. C'est un homme qui a péri sur un gibet, comme tous ceux que la loi ou la politique condamnent. Que cela vous suffise — Le mystère d'une telle affaire en montre assez le danger. Quelle sera la récompense? — Deux mille guinées. Il n'y a pas de danger bien grand, pour vous surtout en qui l'on ne saurait découvrir le partisan d'une malheureuse cause. Cependant il y en a. — Et si je refuse, dit Will, relevant la tête et fixant ses yeux perçants sur les yeux qui le considéraient à travers le masque, quelle sera l'alternative? — Réfléchissez d'abord, avant de refuser.» — C'était l'époque des entreprises hasardeuses. Les ressources bornées de la police favorisaient alors l'esprit aventureux. Will avait entendu parler de conspirations, de révoltes sanglantes; il n'eût voulu pour rien au monde devenir sciemment le complice d'un crime de lèse-majesté. Mais ici il était obligé de s'avouer à lui-même qu'il ne savait rien. — «Deux mille guinées, pensa-t-il, avec cette somme j'épouserai Alix. Allons, allons, il était écrit que j'aurais la compagnie de ce pendu.» Lorsqu'il eut fait connaître au cavalier masqué sa résolution, celui-ci lui apprit qu'une voiture couverte avait déjà été préparée; que le moment de son départ serait calculé de manière à ce qu'il arrivât au pont de Londres dans la soirée et qu'il traversât la Cité au milieu de la nuit. Des gens apostés devaient recevoir le cercueil et le descendre immédiatement sous les dalles de l'église. Si quelques questions lui étaient adressées dans le trajet, il répondrait aux curieux que le corps était celui d'un homme qui s'était noyé dans la Tamise. En un mot, Will Marks reçut des indications si complètes et si précises que le succès lui sembla assuré. — En ce moment un autre cavalier, également masqué, vint joindre ses recommandations à celles du premier ; et la plus jeune des deux dames, celle dont les larmes avaient produit quelque impression sur Will Marks, acheva de le décider par ses prières. Il ne songea donc plus qu'aux moyens de gagner la récompense qui lui était offerte. — Le lendemain, à l'heure où l'obscurité descendait sur la ville de Londres, une voiture s'avançait lentement à travers les rues de la Cité. Will, déguisé avec soin, tenait la bride du cheval et marchait d'un pas tranquille. Personne n'eût soupçonné, en le voyant, un homme parvenu au moment le plus critique d'une entreprise dangereuse. — Il était huit heures du soir. Une heure plus tard les rues devenaient désertes, et l'on ne pouvait plus s'y hasarder sans un péril extrême. Il n'était bruit que de meurtres et de vols à main armée. Déjà on avait fermé les boutiques du pont. Will franchit sans accident le passage périlleux ; et il poursuivait péniblement sa marche, arrêté par un tapageur pris de vin qui prétendait monter de force dans sa voiture, par des bourgeois curieux qui voulaient savoir quelle marchandise il transportait si tard, par des gardes de la Cité, dont il fallait repousser les investigations au moyen d'histoires vraisemblables. A travers mille obstacles il gagna heureusement Fleet-street, et distingua enfin la masse sombre de l'édifice qui était le terme de son voyage. — Toutes les précautions qu'on lui avait annoncées étaient prises. A peine eut-il conduit sa voiture au pied des hautes murailles, que quatre hommes parurent tout à coup à ses côtés, en enlevèrent le cercueil, qu'ils portèrent dans l'église. Un cinquième monta sur la voiture, et jetant à Will un petit paquet qui contenait son manteau et sa toque, fouetta le cheval, s'éloigna précipitamment et s'enfonça dans les rues obscures de la cité. Tout cela s'était fait à la hâte et sans qu'aucun mot fût échangé. Will, laissé à lui-même, suivit le corps et entra dans l'église, dont la porte fut aussitôt fermée. L'édifice n'était éclairé que par la lueur de deux torches que tenaient deux hommes masqués et couverts de longs manteaux. Chacun de ces hommes soutenait une femme dont les traits étaient cachés sous un voile noir. Les assistants gardaient un profond silence. Will s'approcha et vit qu'une des longues dalles de la nef avait été levée d'avance. On descendit le cadavre dans cette espèce de caveau funéraire. Toutes les têtes se découvrirent pour un dernier et solennel adieu. Après quoi la dalle fut scellée de nouveau. Alors l'un des personnages mystérieux qui portaient les torches glissa dans la main de Will Marks une bourse pesante : « Prends, lui dit une voix que le jeune homme crut avoir déjà entendue la veille ; éloigne-toi et ne parle jamais de ce qui s'est passé. — Que les bénédictions d'une veuve désolée vous conduisent, généreux jeune homme, dit une voix dont Will Marks reconnut le timbre harmonieux. Que la sainte Vierge et les saints anges soient avec vous ! » — Will Marks fit un mouvement involontaire pour rendre la bourse. Mais les deux cavaliers éteignirent leurs torches et l'avertirent qu'il fallait se séparer sans retard. Il entendit en même temps le bruit de leurs pas sur les dalles de l'église ; lui-même se dirigea au milieu de l'obscurité vers la porte par où il était entré et qui était encore entr'ouverte. Au bout de quelques instants, il se trouva seul dans la rue. Ceux qu'il venait de voir s'étaient évanouis dans les ténèbres. — Par mon patron, dit alors le neveu de John Podgers, les sorcières sont bonnes pour quelque chose : J'épouserai Alix. — Cependant les dignes magistrats de Kingston avaient jugé nécessaire de veiller toute la nuit. Maintes fois ils crurent entendre de cris sinistres apportés par le vent. Lorsque la pluie retentissait sur les volets extérieurs et que l'orage remplissait les airs de ses hurlements, faisant crier les enseignes des boutiques voisines, ils tressaillaient de peur, et, se serrant les uns contre les autres, ils se rapprochaient du feu. Il est juste de dire qu'ils buvaient fréquemment à la santé du hardi jeune homme qui faisait sentinelle au pied du gibet dans l'intérêt de la bonne ville. La nuit s'écoula de la sorte ; mais le lendemain matin on attendit vainement Will Marks. On apprit bientôt que le corps suspendu au gibet avait disparu aussi bien que la sentinelle. Toute la ville fut en rumeur. On multiplia les recherches ; on dépêcha des messagers dans différentes directions : tout fut inutile. Il semblait que le malheureux Will Marks eût été emporté à travers les airs. Qu'on se figure les suppositions auxquelles les bourgeois de Kingston se livrèrent, lorsqu'ils virent la journée et la nuit suivante se passer sans en recevoir de nouvelles ! ils s'étaient tellement pénétrés de l'idée qu'il était devenu la proie des sorcières, tant de gens affirmaient qu'on n'en entendrait plus parler, qu'il y eut désappointement général lorsqu'il reparut. — C'était bien lui cependant, la mine riante, la démarche pleine d'aisance, la toque sur l'oreille. Les magistrats ouvraient des yeux émerveillés; John Podgers, que l'on avait envoyé chercher à la hâte, n'était pas encore sorti de son étonnement. Will, qui avait embrassé son oncle, se vit alors accablé de tant de questions, que pour y répondre, pour être mieux entendu et mieux vu de la foule impatiente, il monta sur une table. — Mais si son retour inattendu avait désappointé les amis du merveilleux, ils furent amplement dédommagés par l'histoire qu'il leur raconta, histoire véritablement surprenante et entremêlée de sauts et de pantomimes; car Will, pour mieux décrire à ses auditeurs la danse satanique des sorcières, ne dédaigna pas de leur donner une représentation à l'aide d'un manche à balai qu'on lui tendit. Il dit ensuite comment elles avaient emporté le cadavre dans un chaudron de cuivre; comment, par l'effet de leurs enchantements, il avait lui-même perdu les sens; comment enfin il s'était trouvé sous une haie à dix milles de Kingston. Cette histoire, débitée avec une rare assurance, excita l'admiration générale. Le bruit s'en répandit jusqu'à Londres. Hopkins, l'homme de son temps qui découvrit le plus de sorcières, voulut interroger Will Marks; et, après s'être fait rendre compte de certaines particularités un peu obscures, il prononça que c'était l'histoire la plus extraordinaire et la plus digne de foi. Elle fut publiée sous le titre d'*Histoire surprenante et véritable*, à l'enseigne des Trois-Bibles, sur le pont de Londres, en petit in-4°, avec un dessin du chaudron d'après l'original. — Ajoutons que Will eut soin de décrire les sorcières qu'il prétendait avoir vues sous des traits qu'il était impossible de rencontrer. Il sauva ainsi de la corde ou du feu non-seulement trois vieilles femmes que l'on soupçonnait, mais aussi toutes celles que l'on fit passer en revue devant lui, afin qu'il tâchât de reconnaître les coupables. — Chose inconstante que la gloire et la popularité! On oublia John Podgers pour ne parler que de son neveu. John lui-même se sentit dépassé. Mais, trop grand pour être jaloux, il conçut pour Will une sorte de respect et parut disposé à le doter convenablement. — Et maintenant, avons-nous besoin de décrire la joie d'Alix, en revoyant son fiancé qu'elle croyait perdu? L'aventure dont il était le héros le lui rendait plus cher encore. Will s'efforça de la rassurer contre les suites qu'elle en redoutait pour lui. Mais il ne parvint jamais à dissiper entièrement la croyance qu'elle avait aux sorcières. — Grâce aux libéralités de son oncle, il l'épousa; et l'argent qu'il avait gagné par son courage, et dont il se servait avec discrétion, entretint dans son ménage une heureuse aisance. Quant aux scènes mystérieuses où il avait joué un rôle, le voile qui les cachait ne fut point levé; et pour lui-même la prudence lui défendit de faire aucune recherche [1].

La Chapelle des boucs. — Ce qui va suivre explique quelque chose des mystères de la sorcellerie et surtout du sabbat. Nous devons ce récit intéressant à M. André Van Hasselt, qui l'a publié à Bruxelles, dans l'*Emancipation*. — Nous voici en l'année 1773. Par une chaude journée du mois d'août, nous suivons lentement l'ancienne route de Maëstricht à Aix-la-Chapelle; cette voie nonchalante et paresseuse qui se traîne, par de longs détours, à travers les villages de Meersen et de Houthem, touche au bourg de Fauquemont, puis se dirige par Heeck, Climmen et Gunroot vers Heelen, d'où elle s'avance sur Aix-la-Chapelle, après avoir traversé Kerkraede et Rieterick. — Nous venons de sortir de Fauquemont; voici à notre gauche le clocher pointu de Heeck avec sa croix. Après avoir dépassé Climmen, quittons la grand'route et descendons dans ce vallon où glisse la rivière de Geleen, charmante à suivre. Si le lecteur n'est pas fatigué, il entrera dans un taillis et y trouvera les ruines d'un petit manoir près de la croix plantée au bord du sentier qui se dirige de Hoensbroek à Vaesraedt. — Ces ruines, que l'on ne découvre pas sans peine sous les ronces et la mousse qui les couvrent, sont celles du château de Scheurenhof, manoir habité en 1773 par les restes de l'ancienne famille, réduite maintenant à deux têtes, le vieux chevalier de Scheurenhof et sa fille. — Rarement les habitants du village voyaient le vieux chevalier; il vivait dans la retraite la plus profonde. Sa fille, Mathilde, avait dix-huit ans, et on la citait, dans cette contrée, connue par la beauté et la fraîcheur de ses jeunes filles, comme la plus fraîche et la plus belle. Elle était encore un ange de bonté. Il fallait voir avec quels soins, avec quelle affectueuse piété, elle s'appliquait à adoucir les derniers jours de son vieux père. — Et ce n'était pas trop de tout cet amour pour donner la résignation au vieillard; car les douleurs et les infirmités de la vieillesse

---

[1] Master humphry's clock.

ne troublaient pas seules la vie du chevalier de Scheurenhof. Un autre motif, et un motif plus grave, ne lui laissait point de repos. — A l'époque où se passe l'événement que nous allons raconter, cette partie du Limbourg était singulièrement agitée, non point par une guerre, mais par quelque chose de pire, par une bande de brigands dont le souvenir a laissé des traces dans tout le pays. Cette bande étendait le théâtre de ses exploits dans tout le vaste carré compris entre Aix-la-Chapelle, Maëstricht, Ruremonde et Wassemberg. Elle déborda même souvent jusque dans la Campine liégeoise. Elle avait à elle tous les villages, tous les hameaux, tous les bourgs compris dans les quatre angles de ce territoire, et elle y régnait par la terreur et l'épouvante. Ceux qui la composaient, habitants de ces bourgs, de ces hameaux, de ces villages, se reconnaissaient entre eux par un mot d'ordre et par une petite carte marquée d'un signe hiéroglyphique. Le jour, ils travaillaient aux champs, ou buvaient dans les tavernes (car l'argent ne leur manquait jamais). La nuit, ils se rassemblaient au signal d'un coup de sifflet qui partait du fond d'un hallier ou qui retentissait dans les solitudes d'une bruyère. Alors l'effroi se répandait de toutes parts. Les fermes tremblaient. Les églises étaient dans l'inquiétude. Les châteaux frémissaient d'anxiété. Partout on se disait avec terreur et tout bas : — « Malheur! voilà les Boucs qui vont venir! » — Et les bandits allaient dévalisant les fermes, dépouillant les châteaux, pillant les églises, souvent à la lueur de l'incendie, toujours les armes à la main et un masque au visage. — Le matin, tous avaient disparu. Chacun avait repris son travail de la journée, tandis que l'incendie allumé par eux achevait de s'éteindre et que les victimes de leurs vols et de leurs déprédations se désolaient sur les ruines de leurs fortunes. — Le grand nombre d'expéditions qui se multipliaient de tous côtés et souvent dans la même nuit, avait fait naître parmi le peuple une singulière croyance. On disait que les bandits possédaient le pouvoir de se transporter en un instant d'un point de la province à l'autre, et qu'un pacte, conclu avec l'enfer, mettait à leurs ordres le démon, qui, sous la forme d'un bouc, les emportait sur son dos à travers les airs. De là le nom de *Boucs* qui leur fut donné. — L'origine de cette bande doit être attribuée à quelques déprédations isolées commises avec succès. Mais plus tard, quand le nombre immense des Boucs se fut accru au point d'inspirer des craintes sérieuses à la république des Provinces-Unies, on soupçonna des ramifications si étendues et des plans si étranges, que l'historien doit douter de la vérité des convictions acquises par plus d'un des juges qui siégèrent pour examiner les brigands dont la justice parvenait à s'emparer. On allait jusqu'à dire que Frédéric-le-Grand, pour avoir les coudées franches en Allemagne et occuper les Provinces-Unies, entretenait lui-même par des agents secrets ce terrible incendie. On ajoutait même que l'initiation des adeptes se faisait d'après un moyen inventé par d'Alembert. — Voici comment ces initiations avaient lieu. — Dans quelque chapelle perdue au fond d'un bois ou d'une bruyère, s'allumait une petite lampe, au milieu d'une nuit obscure et orageuse. L'adepte était conduit par ses deux parrains dans ce bois ou dans cette bruyère, et la chapelle s'ouvrait. Il en faisait trois fois le tour à quatre pattes; puis il y entrait à reculons après une copieuse libation de liqueur forte. Deux brigands affublés de vêtements cabalistiques recevaient son serment et concluaient avec lui le pacte infernal. On le hissait alors sur un bouc de bois, placé sur un pivot. Le récipiendaire assis, on se mettait à tourner le bouc. Il tournait, il tournait toujours, il ne cessait de tourner. Le malheureux, déjà le cerveau pris par la boisson, devenait de plus en plus ivre. Il bondissait sur sa monture, la sueur ruisselait le long de ses tempes, il croyait traverser l'air à cheval sur un démon. Quand il avait long-temps tourné ainsi, on le descendait harassé, n'en pouvant plus, dans un vertige inexprimable. Il était Bouc, il était incendiaire, il était voleur, il était bandit, il était assassin. Il appartenait à tous les crimes. Il était devenu un objet de terreur, un être exécrable. La soif de l'or avait fait tout cela. — Mais, si les Boucs répandaient ainsi l'épouvante, la justice ne demeurait pas inactive. Ce fut dans le pays de Rolduc que les premières poursuites eurent lieu. Et, ces poursuites commencées, on alla bon train. La seigneurie de Fauquemont, l'ammanie de Montfort, tout le territoire de Juliers, se couvrirent de roues, de gibets, de bûchers; Heelen fit construire deux potences. La seigneurie de Schaesberg, Noensbroek, Ubach, Nuth, presque chaque village en firent ériger une au moins. Et plus on rouait, plus on pendait, plus on écartelait, plus on brûlait, plus aussi les Boucs devenaient redoutables par leur nombre et par leur audace. On eût dit qu'une lutte s'était établie entre le crime et la loi, et que l'un rivalisait avec l'autre, comme s'il se fût agi de savoir à qui des deux resterait la victoire. — Cela dura vingt ans tout entiers. Celui qui voudrait, comme nous avons eu le courage de le faire, interroger les registres formidables des différentes justices qui, dans le Limbourg, eurent à s'occuper des procès des Boucs, serait stupéfait devant le chiffre énorme des malheureux, coupables ou non (car la justice se trompait quelquefois), qui périrent de par la loi dans cet espace de temps. Dans un rôle du tribunal de Fauquemont seul, nous avons compté quatre cent vingt pendus et écartelés en deux années, de 1772 à 1774. — Le manoir de Scheurenhof était situé précisément au milieu du foyer de ces brigandages. — Le vieux chapelain entra dans la salle. — « Nous apportez-vous de mauvaises nouvelles, mon père? lui demanda vivement le seigneur. — Il est difficile d'en espérer de bonnes, répondit le prêtre. La nuit passée, l'incendie a éclaté sous les toits de Bingelraedt. — Ainsi l'orage s'amasse de plus en plus : cette nuit Bingelraedt, il y a trois jours Schinveldt, il y a six jours Neuenhagen. » — Et en disant ces mots, le vieillard baissa tristement les yeux vers la terre. — Le jour était entièrement tombé et l'obscurité avait envahi le ciel de toutes parts. La jeune fille, au bord de la fenêtre, ouvrit tout à coup de grands yeux et jeta un cri terrible : — « Le feu ! le feu ! » — Le vieillard bondit sur son siège. — « Le feu, dis-tu? Et de quel côté? — Du côté de Hegen, répondit Mathilde avec un profond serrement de cœur. — Ce n'est rien, » dit le vieillard froidement. — Ces paroles poignantes firent rouler une larme sur chacune des joues de la jeune fille. Elle suffoquait à ce tableau sinistre et à l'idée que là peut-être une tête bien chère allait tomber sous les haches impitoyables des Boucs. — Le petit château de Hegen, situé à l'est de Scheurenhof, était habité par une famille qu'une haine héréditaire faisait vivre dans une inimitié héréditaire aussi avec la famille de Scheurenhof. Le voisinage, le temps, les mille rapports que doit nécessairement établir le contact continuel de deux maisons situées, pour ainsi dire, côte à côte, rien de tout cela n'avait pu dominer cette haine. Au contraire, elle devenait plus ardente d'année en année. Mais, si cette division acharnée s'était mise entre ces deux châteaux, il y avait pourtant un lien secret et caché qui les réunissait. Mathilde était aimée de Walter de Hegen. Le vieux châtelain de Scheurenhof ne songeait guère, il est vrai, à donner le titre de gendre à Walter, comme le maître du manoir de Hegen repoussait de toutes ses forces l'idée que son fils pût donner un jour à Mathilde le titre d'épouse. En dépit de la haine des deux pères, ni le fils ni la fille ne quittaient cet espoir. Et c'était la crainte d'un danger pour Walter qui avait fait couler les larmes des yeux de l'héritière de Scheurenhof au moment où l'incendie éclata devant elle du côté du manoir. — « Vous avez donc pris vos mesures? demanda le chapelain en se tournant vers le sire de Scheurenhof. — Mes murailles sont assez fortes encore pour que nous puissions repousser la première attaque, » répondit celui-ci — A peine le chevalier eut-il achevé ces mots, qu'un serviteur de la maison, Job, entra tout effaré dans la salle. — « Eh bien! Job, que veut dire cette pâleur? fit le maître du manoir. — Messire, des hommes du village désirent vous parler. — Et qui est à leur tête? — Le bailli de Hoensbroek. — Qu'on les laisse entrer. » — Quand les habitants de Hoensbroek se trouvèrent devant le châtelain de Scheurenhof, le bailli prit la parole : — « Noble seigneur, nous venons vous offrir nos services en ce moment de danger. Vous avez toujours été pour nous charitable et bon. Il est juste que nous vous soyons reconnaissants. » — Le visage du vieillard s'éclaircit à ces paroles; il jeta un regard rapide sur les braves accourus à son secours, en les nommant chacun par leur nom comme d'anciennes connaissances. Mais ses yeux s'arrêtèrent avec étonnement sur une figure cachée à demi dans un des coins les plus obscurs de la salle. C'était un vigoureux jeune homme, dont le front était bruni par le soleil, dont les bras eussent déraciné un arbre du sol et dont les prunelles trahissaient à la fois la ruse et l'audace. — « Hé! Martin, exclama le sire de Scheurenhof, comment se fait-il que je te rencontre ici parmi mes amis? — Châtelain de Scheurenhof, répondit l'autre sans manifester la moindre surprise, je n'ai jamais été que l'ennemi du gibier de votre chasse, parce que je suis d'avis que Dieu n'a pas donné de maître à ce qui vit dans l'eau, dans l'air et dans les forêts, et qu'il a créé pour le valet aussi bien que pour le seigneur le lièvre de la forêt, l'oiseau du ciel et le poisson de la rivière. Vous, messire, ne pensez pas de même, et plus d'une fois vous me l'avez montré par votre justice, sans cependant que vous ayez jamais à mon égard agi avec inhumanité comme vos lois vous permettaient de faire. Or, je vous en suis reconnaissant aussi, et mon bras est à vous. » — Le vieillard contint l'émotion qui agitait son cœur; et, se tournant vers les autres : — « Mes amis, je n'ai que deux souhaits à former : le premier, c'est le salut de ma fille; le second, c'est que le ciel me mette un jour à même de récompenser votre loyauté. Vos services, je ne puis les accepter, parce que vous avez vos maisons, vos femmes, vos enfants. Si l'on vous savait ici, on brûlerait vos maisons, on dévasterait vos champs, on ruinerait vos biens, on vous réduirait à la misère. Toi, Martin, demeure ici. Tu n'as rien à perdre. Je te nomme, dès ce moment, mon premier garde-chasse. Tu t'acquitteras bien de cette charge, car nul mieux que toi ne sait les sentiers de mes bois. Vous, mes amis, rentrez dans vos demeures. » — En disant ces mots, il tendit la main au bailli et à tous ses compagnons, qui ne se retirèrent qu'à regret. — A peine furent-ils parvenus au bas du sentier qui conduit à Hoensbroek, qu'ils entendirent un cavalier glisser à côté d'eux, mais ils ne purent le distinguer suffisamment pour le reconnaître à cause de l'obscurité de la nuit. — « Qui va là? s'écria le bailli. — Ami! répondit une voix qu'ils ne reconnurent pas davantage. » — Le cavalier avait déjà gravi la hauteur, et le bruit de son coursier s'était éteint du côté de Scheurenhof. — Peu de minutes après, la poignée d'une épée frappa vivement à la porte du manoir. — « Qui frappe ainsi? demanda Martin, armé d'un fusil de chasse de son maître. — Un ami, qui veut parler au sire de Scheurenhof, répondit la voix que les habitants de Hoensbroek avaient déjà interrogée. » — La porte s'ouvrit, et le cavalier entra. Martin, tenant le canon de son fusil tourné vers l'étranger, lui dit : — « Avancez jusque sous cette lanterne et dites ce que vous voulez. — Je te l'ai dit, parler à ton maître. — Qui êtes-vous? — Ton maître le saura. » — Martin abaissa son arme. Il avait reconnu la figure de l'étranger. — « Ah! c'est vous, messire? » murmura-t-il avec étonnement. Suivez-moi » — Ils se dirigèrent vers la salle où se tenaient le sire de Scheurenhof, sa fille et le chapelain regardant l'incendie qui diminuait et la flamme qui devenait de plus en plus faible. — « Attendez ici que je vous annonce, » fit Martin à son compagnon. — A ces mots, il ouvrit la porte de la salle et dit à haute voix : — « Messire Walter de Hegen! — Walter! » exclama Mathilde avec une émotion indicible. — De Hegen! » s'écria le vieux châtelain avec un accent inexprimable. — Le jeune homme s'avança d'un pas ferme vers le vieillard. — « Messire, lui dit-il, je ne suis plus maintenant le fils de votre ennemi. L'incendie m'a chassé de ma maison et m'a fait orphelin sur la terre; mon père est mort; ma mère est morte; toute ma famille est tombée. Je n'ai plus de toit, et je viens vous demander une place sous le vôtre. — Jeune homme, l'hospitalité est une vieille habitude de ma maison; qu'elle soit la tienne; je t'y offre un asile qui demain n'appartiendra plus à nous-mêmes peut-être. — Messire, si mon cœur est fort, mon épée est forte aussi, » répliqua le jeune homme avec fermeté. — On allait inviter Walter à prendre place à table pour partager le repas du soir, quand Martin reparut et s'avança vers le châtelain en jetant sur Hegen un regard de défiance. — « Que désires-tu, Martin? demanda le vieillard. — J'ai quelque chose à vous confier, messire. — Parle à haute voix. Cet homme est mon hôte; il peut savoir tout ce qui nous intéresse. — Voici donc, reprit Martin. Mon ange gardien m'inspira, sans doute, de m'en aller au dehors et écouter ce qui se passe autour de la maison; et j'avisai près de notre porte Jean-le-Bancal, le ménétrier; il ne hante que les tavernes, et à chaque fête du village on est sûr de trouver son violon. Il me reconnut; comme nous nous sommes rencontrés plus souvent dans les cabarets que dans les églises, il me demanda si je voulais l'aider à espionner le château et à préparer les moyens de faire tomber Scheurenhof par surprise aux mains des Boucs. — Ils ne me prendront pas comme un rat dans une souricière! s'écria le vieillard. La colère m'a rendu les forces que l'âge m'avait prises. Ils sentiront ce que pèse mon bras, si mon épée est bien pointue et si mes carabines visent juste. Cet homme est-il parti? — Non, messire ! J'ai feint d'entrer dans ses projets et je l'ai pris comme un renard dans une trappe. — Qu'on le pende à l'instant même à la tour la plus haute de ma maison! — Ne croyez-vous pas, messire, qu'il serait plus prudent de se borner à le tenir enfermé dans un de nos souterrains pour ne pas donner l'éveil à ses compagnons? Nous aurons toujours le temps de lui faire faire des entrechats entre ciel et terre... — Tu as raison, fit le sire de Scheurenhof. Dans le cas où nous sommes, prudence vaut mieux peut-être que témérité. Or, voici le moyen qui me semble préférable. Martin fera semblant d'entrer dans les vues de l'espion. Il sortira avec lui du château et le conduira secrètement dans le bois du Calvaire en lui disant qu'une troupe de gens d'armes doit venir, cette nuit, à notre secours. Tous nos hommes armés et à cheval feront en silence un détour à travers le bois et rentreront au manoir en passant près de l'endroit où Martin se sera posté avec son compagnon, afin de faire croire ainsi aux bandits que ce secours nous est réellement arrivé. » — Cette ruse s'exécuta aussitôt et elle réussit. Avant que minuit eût sonné, un bruit sinistre circula parmi les brigands. — « Il est arrivé une troupe de soldats à Scheurenhof. — Une troupe nombreuse de cavaliers, répéta Jean-le-Bancal, tous armés jusqu'aux dents et prêts à nous tailler une rude besogne. — Combien en as-tu compté? reprit le capitaine. — Un grand nombre, fit le ménétrier. L'obscurité ne m'a pas permis de les distinguer suffisamment. Mais j'ai vu luire leurs armes à la faible clarté de la lune et j'ai entendu leurs chevaux hennir comme après une longue course. » — Le récit du Bancal et les assurances qu'il ne cessait de donner augmentèrent dans l'esprit des bandits la conviction que Scheurenhof venait de recevoir une garnison capable d'une longue défense. — Le capitaine était le seul qui doutât des paroles du ménétrier. — « Jean, lui dit-il, tu as vu, tu as entendu, seulement tu as oublié de compter combien ils étaient. Tes yeux avinés auront, à coup sûr, doublé, triplé, décuplé le nombre. En tout cas, nous allons aviser à un autre moyen. Quatre hommes se rendront à Scheurenhof pour demander la place. Cinquante hommes, toi, Pierre-le-Diable, avec ta compagnie, vous les accompagnerez pour les protéger contre toute attaque. Vous ferez halte dans le bois du Calvaire et vous attendrez le retour de mes députés. » — Le chef ayant fait choix de ses quatre messagers qu'il munit de ses instructions, Pierre-le-Diable rassembla ses hommes et la troupe se mit en route vers le château. — Parvenus au pont-levis du manoir, ils donnèrent un coup de sifflet pour s'annoncer. Martin passa la gueule de son fusil par une des meurtrières. — « Faut-il faire feu? » demande-t-il à son maître. — Et sans attendre la réponse, il lâcha la détente. La balle siffla à l'oreille d'un des envoyés des Boucs. — « Trahison ! s'écrièrent les quatre voix toutes ensemble. — Arrière, Martin! s'écria le châtelain en repoussant le garde chasse. — Puis s'adressant aux députés : « Ce n'est qu'une méprise, compagnons, leur dit-il. On va vous ouvrir la porte, et foi de gentilhomme ! vous sortirez sains et saufs de ma maison. » — Aussitôt le pont-levis s'abaissa ; la porte s'ouvrit. — Les envoyés des Boucs entrèrent. — « Que voulez-vous ? demanda le châtelain. — Deux choses, répondit l'un d'eux. — La première? — C'est que vous nous rendiez toutes les armes qui se trouvent en vos mains, répliqua le bandit. — La seconde? — C'est que vous nous remettiez tout l'argent qui est gardé en ce château. — Allez dire à ceux qui vous envoient qu'ils viennent prendre les armes et l'argent s'ils le peuvent, » répondit le seigneur de Scheurenhof. — La porte se rouvrit et les députés sortirent. Le pont-levis relevé derrière eux, Martin se remit devant la meurtrière, dans laquelle il replaça son fusil rechargé. — « Faut-il faire feu, maître? — Ce ne sont pas des lièvres, Martin. Ces hommes sont sous ma sauvegarde de gentilhomme. » — Le braconnier ne céda qu'à regret à cet ordre et retira son fusil dont le chien était déjà sur le point de faire partir la balle. — Maintenant la position du châtelain était dessinée tout entière. Le danger était pressant. Aussi l'on s'occupa de tout disposer pour une vigoureuse défense. Les domestiques furent armés de bons fusils et de fléaux et placés près de la porte, les murailles du manoir étant assurées par leur élévation contre l'attaque des bandits. Tout cela fait, on ouvrit les caveaux et le souterrain qui, conduisant du château au bord du ruisseau de Geleen, offrirait une retraite assurée si le manoir était enlevé. — Deux heures pouvaient s'être écoulées, quand les abords de Scheurenhof se trouvèrent cernés d'une multitude de bandits. On n'entendait que des armes qui s'entre-choquaient, que des sifflets qui s'interrogeaient et se répondaient de toutes parts, que des voix qui se parlaient et des ordres qui couraient de rang en rang. Le gros de la troupe avait atteint le pont-levis. — « En avant! » s'écria aussitôt le capitaine. — Et les bandits s'avancèrent. — Mais, au même instant, une détonation terrible partit de toutes les meurtrières du château, qui était demeuré jusqu'alors dans le plus profond silence. — « Bien visé, » Martin, dit le châtelain, en voyant chanceler le chef des assaillants qu'une balle avait frappé à la poitrine — Le bandit tourna sur lui-même et leva son épée en l'air. Puis il tomba au milieu des siens en murmurant d'une voix rauque : — « En avant ! » — Les brigands hésitèrent un moment et n'osèrent avancer. — Une deuxième détonation illumina les meurtrières, et six hommes mordaient la poussière à côté du cadavre de leur capitaine. — Alors le trouble redoubla. Mais un cri de vengeance éclata presque aussitôt parmi la foule exaspérée : — Hourra ! hourra ! Et ils se ruèrent en avant avec une incroyable fureur. C'était une masse compacte et serrée où portaient toutes les balles qui partaient du château comme une grêle de plomb. Une partie des Boucs, descendus dans le fossé, s'étaient hissés au pont-levis au moyen de cordes et travaillaient à scier les chaînes qui le retenaient. Un mo-

ment après le pont s'abaissa avec fracas. La porte craquait sur ses gonds, entamée par le tranchant du fer. Chaque coup grondait sous la voûte d'entrée et mêlait son bruit sourd au bruit des armes à feu et aux blasphèmes qui tonnaient dans la foule comme un orage. La porte tomba déracinée et la multitude se précipita en hurlant sous la voûte ténébreuse. Tout à coup une explosion terrible éclata et ébranla les murailles du manoir jusque dans leurs fondements. Ce ne fut qu'un instant, ce ne fut qu'une seconde. Puis tout était retombé dans une obscurité épaisse, et vous n'eussiez plus entendu que des cris, des gémissements de blessés et de mourants. Une clameur générale couvrit bientôt ces gémissements et ces cris : Victoire! victoire! — Et les bandits se ruèrent par la brèche en passant sur quarante cadavres des leurs, que l'explosion de la mine, pratiquée sous la porte, avait broyés. Les Boucs s'étaient jetés dans la cour du château. Mais plus un coup de fusil qui leur répondit, plus un homme qui fut là pour leur tenir tête. — « N'avancez pas trop vite, compagnons, s'écria Pierre-le-Diable qui avait pris le commandement de la troupe. Soyons sur nos gardes avant tout! » Car il craignait qu'une autre mine, pratiquée sous le sol où ils marchaient, ne fît un nouveau carnage parmi les siens. — « Ne redoutez rien! avancez, si vous n'êtes des lâches! répondit aussitôt une voix que vous eussiez reconnue pour celle de Walter de Hegen. — A l'attaque! reprit Pierre-le-Diable.» Et les bandits se rangèrent en un vaste cercle autour du jeune homme qui, son épée à la main, se tenait sur le seuil de l'habitation dont il essayait de défendre l'entrée.
— Alors recommença un combat terrible. Les mains vigoureuses de Walter brandissaient sa redoutable épée, qui semblait se multiplier et faire une roue de fer autour de lui. Cependant le cercle qui l'enveloppait se rétrécissait de plus en plus et le serrait de plus près. Un moment arriva où les bandits triomphèrent de cet homme seul et jetèrent un hurlement de joie : « Il est pris! » — On le renversa sur le sol. Dix haches, dix sabres étaient levés sur lui, dix canons de fusils étaient braqués sur sa poitrine. — « Arrêtez, s'écria le capitaine en écartant les brigands. Cet homme ne peut mourir comme un brave, fit Pierre. — Qu'on le pende aux bras du pont-levis! dit Jean-le-Bancal. — Qu'on le jette dans le Geleen, continua un autre. — Je sais mieux que cela, reprit Pierre-le-Diable. Qu'on aille chercher son cheval, et qu'on m'apporte l'un des câbles qui ont servi à monter le pont.» — Alors on jeta le prisonnier en travers du cheval, sur lequel on se mit en devoir de l'attacher avec force après lui avoir noué les bras et les jambes. Puis au moyen des cordes on se mit à frapper le pauvre animal ; et, quand on l'eut frappé long-temps : «Maintenant qu'on le lâche! s'écria le capitaine.»—Le cheval fut lâché, et il partit comme un éclair, à travers les buissons, à travers les halliers, courant comme si un ouragan l'emportait. Le cheval et le cavalier ayant disparu, on se mit à fouiller dans le château; on brisa toutes les portes, on força tous les meubles, on interrogea tous les réduits. — « C'est une chose inconcevable, se dirent les bandits quand, après avoir tout fouillé, ils n'eurent rien trouvé, ni hommes ni argent. — Comment ont-ils pu s'enfuir d'ici? demanda le chef. — J'ai vu à la tourelle de l'est une échelle de corde attachée au mur et qui descend jusque dans le fossé, dit un homme de la troupe. — Ils se sont donc sauvés par là, reprit Pierre. — Vers Amstenraedt, ajouta Jean-le-Bancal. — Nous les rejoindrons, continua Pierre-le-Diable.» Et tous les bandits prirent la route d'Amstenraedt. — Après avoir donné le signal de l'explosion qui fit sauter la porte d'entrée, le seigneur de Scheurenhof et les siens s'étaient retirés par le souterrain qui conduisait au bord du ruisseau de Geleen. Walter avait refusé de les suivre, afin de protéger leur retraite. Une échelle de corde avait été attachée à la tourelle de l'est pour faire supposer que les fugitifs s'étaient échappés de ce côté. Le sire de Scheurenhof et toute sa maison marchaient dans l'obscur souterrain, éclairés par la lumière d'une lanterne sourde que Martin portait devant eux. Parvenus à l'issue au milieu d'un épais fourré, Martin éteignit sa lanterne, et tous virent les pâles étoiles au ciel. — On entendait bien loin la rumeur des Boucs qui s'éloignait et s'éteignait dans la nuit vers le village d'Amstenraedt, dans une direction opposée à celle que suivaient les fugitifs. — Mais à peine le châtelain eut-il mis le pied hors du souterrain, qu'il recula, saisi d'effroi, et que Mathilde jeta un cri. Il s'était fait un grand bruit dans les buissons, comme celui d'un cavalier dont le cheval, effrayé par un coup de tonnerre, aurait pris le mors aux dents. Ce bruit devenait de plus en plus distinct. C'étaient des branches qui se cassaient, des feuillages qui se froissaient, des hennissements étouffés. Au même instant quelque chose de lourd vint s'abattre aux pieds de la jeune fille. — «Walter de Hegen!» dit Mathilde. C'était lui en effet; les chairs à demi déchirées par les cordes qui le nouaient au cheval, mais sain et sauf. Une larme de joie roula sur les joues de l'héritière de Scheu-

renhof, et tous se mirent en devoir de défaire les nœuds qui étreignaient Walter. — « Comment cela s'est-il fait? demanda le vieillard à peine revenu de son étonnement — Je vous dirai cela plus tard, répondit le jeune homme. Songeons d'abord à nous mettre en sûreté. Je connais près d'ici le meunier d'Hullebroeck. Nous y trouverons des chevaux. Nous nous dirigerons vers Geulh, où nous passerons la Meuse. » Et, sans se donner le temps de reprendre haleine, il conduisit là troupe. — Ils avaient laissé à leur gauche le village de Heeck, et descendaient un étroit ravin vers le clocher de Saint-Peter. Ils n'y furent pas plutôt engagés que Martin, qui marchait à la tête de la troupe en guise d'éclaireur, s'arrêta brusquement et dit à voix basse : « Arrêtez. » — Tous firent halte, parce que tous savaient combien était développé dans ce braconnier cet instinct de bête fauve qui flaire le danger, qui comprend le langage du vent, qui entend au frôlement des feuillages d'un hallier si c'est un ami ou un ennemi qui l'a produit. — Après s'être assuré de la direction d'où venait la rumeur qui le frappait, le garde-chasse mit son fusil en bandoulière et se disposa à grimper le long de la berge du ravin. Sans déranger un caillou, sans froisser une plante, sans rompre la branche d'un buisson, il atteignit avec la légèreté d'un chat la crête de la berge et regarda autour de lui en écoutant de toutes ses oreilles. Il reconnut aussitôt quel était ce bruit, car il avisa à quelque distance la sinistre petite lampe qui ne s'allumait qu'au sein des nuits ténébreuses pour éclairer l'initiation des Boucs. Un cri de terreur se fût échappé de la bouche des fugitifs, s'il leur eût dit : — Nous sommes près de la chapelle des Boucs. Mais il se pencha au bord du ravin, et leur fit signe de marcher avec précaution : « Avancez à pas de loup, leur dit-il tout bas; nous sommes ici dans un endroit plein de péril. » — Toute la troupe descendit le ravin dans le plus grand silence. Ils laissèrent à leur gauche les toits d'Ooste, et entrèrent après une demi-heure de marche à Fauquemont. — « Grâce au ciel! nous voici sauvés! » s'écria le sire de Scheurenhof. — Pendant ce temps Martin s'était glissé à travers les buissons et les hautes herbes jusqu'auprès de l'entrée de la chapelle. Il y vit accomplir les mystères d'une initiation. Devant l'autel se tenait debout ce fameux juif Abraham Nathan, qui joua un rôle si terrible dans l'histoire de la bande. Il était vêtu d'une espèce de chasuble brodée d'or et recevait le serment d'un pauvre vacher que l'on venait de descendre du bouc de bois. « Tu renies Dieu? lui demandait le juif. — Oui, répondit le paysan d'une voix avinée. — Et la Vierge et les saints? — Oui, la Vierge et les saints. — Tu consens à donner ton âme au démon, afin qu'il t'accorde en échange les biens de la terre, l'or, les richesses et le pouvoir de te transporter par ta volonté partout où tu voudras? — Oui. — Eh bien! j'accepte au nom de l'enfer ton âme à ce prix, dit Nathan. Et maintenant tu es des nôtres. Voici la carte qui te fera reconnaître des frères. Puis, après lui avoir remis une carte marquée d'un signe hiéroglyphique, le juif lui donna l'accolade fraternelle et lui répéta : A ce soir. — Cela ne sera pas, » se dit Martin en lui-même. Et, passant le canon de son fusil entre les branches d'un buisson, derrière lequel il se tenait caché, il ajusta Nathan qui se penchait vers son compagnon et lui donnait le baiser d'initiation. Au même instant la détente partit; une balle fracassa la tête du nouvel initié et entra dans les chairs du bras droit du juif. Un cri effroyable retentit dans la chapelle : « Trahison! trahison! » — Le nouveau Bouc roula sur les marches de l'autel, se tordit un instant et rendit le dernier soupir. Le juif éleva son bras ensanglanté et dit aux deux compagnons qui lui restaient en montrant le mort : « Frères, vengez-moi et vengez cet homme. » — Les deux parrains prirent leurs carabines et sortirent de la chapelle, dirigeant leurs armes vers l'endroit où ils avaient aperçu le feu du braconnier. Leurs deux balles partirent à la fois. — « Mal visé! mes compères, » s'écria Martin qui avait rechargé son fusil double et tenait deux coups à la portée de ses adversaires. — Il lâcha le premier, et l'un des hommes tomba. Il lâcha le second, et l'autre tomba aussi. Il ne restait plus que le juif. Mais Nathan s'enfuit à travers les fourrés du bois et disparut dans les dernières ténèbres de la nuit. — Martin rentra avec l'aube à Fauquemont. Il instruisit le bailli de ce qui s'était passé. La justice se rendit avec une forte escorte à la chapelle d'initiation et n'y trouva que deux cadavres, qui furent enterrés ignominieusement par le bourreau sous le gibet infâme. — Nathan fut pris quinze jours plus tard, et pendu le 24 septembre 1772, à Heeck, sur la bruyère de Graed. — Malgré la sévérité des juges, malgré les placards nombreux publiés par les nobles et puissants seigneurs des Provinces-Unies et les mesures prises par les princes évêques de Liége, les Boucs ne purent être entièrement exterminés. Quelques écrivains contemporains font remonter cette bande à l'an 1736. On ne parvint à la dompter qu'en 1779. Elle eut un grand nombre de chefs, parmi lesquels figurent surtout le fameux chirurgien de K., du pays de Rolduc, le juif Abraham Nathan, Herman L. et Antoine B., surnommé le Mox. Elle possédait même un chapelain qui prêchait tous les crimes; il portait le nom de Léopold L. Les chapelles où les initiations avaient lieu ordinairement étaient celle de Sainte-Rose près de Sittard, celle de Saint-Léonard près de Rolduc, et une autre située aux environs d'Urmon près de la Meuse. Tous ces endroits sont encore redoutés aujourd'hui des villageois voisins, qui trouvent dans l'histoire des Boucs de quoi défrayer amplement leurs longues soirées d'hiver. — Mathilde de Scheurenhof et Walter de Hegen finirent comme tous les héros de romans : ils se marièrent et obtinrent une nombreuse postérité. — Ceux d'entre nos lecteurs qui désirent de plus amples détails sur l'histoire de la bande des Boucs, peuvent consulter un petit livre contemporain qui fut publié en 1779, à Maëstricht, sans lieu ni date, et qui porte ce titre curieux : *Oorspong, Oorzaeke, bewys, etc. Origine, cause, preuve et découverte d'une bande impie et conjurée de voleurs de nuit et de brigands dans les pays d'outre-Meuse et contrées adjacentes, avec une indication exacte des exécutés et des fugitifs*, par S.-P.-J. Sleinada.

Kleudde[1]. — Kleudde, tout barbare, tout cacophonique que doit vous paraître ce nom, est un lutin, et un lutin national, un lutin vivant des brouillards de la Flandre et du Brabant, un lutin belge en un mot! — Si vous avez quelque feu dans l'imagination, sans doute qu'à ce seul nom de lutin, vous vous formez déjà toute une cour fantastique, idéale, surnaturelle, composée de gnômes aux yeux malins, de sylphes aux ailes d'azur, aux cheveux d'or, de salamandres aux pieds de feu.
— Poètes, jeunes filles, enfants, Kleudde, avec son enveloppe sombre, avec son nom aussi affreux que son être, Kleudde doit d'un seul mot tuer l'échafaudage de vos songes. Kleudde est un lutin malfaisant qui a les regards du basilic et la bouche du vampire, l'agilité du follet et la *hideur* du griffon; Kleudde aime les nuits froides et brumeuses, les prairies désertes et arides, les champs incultes et blanchis par des os de morts, les arbres frappés de la foudre, l'if et le cyprès; il se plaît au milieu des ruines couvertes de mousse; il fuit les saints lieux où reposent des chrétiens, l'aspect d'une croix l'éblouit et le torture; il ne boit qu'une eau verte croupissant au fond d'un étang desséché : le pain n'approche jamais de ses lèvres; Kleudde évite la foule; la lumière du grand jour lui brûle les yeux; il n'apparaît qu'aux heures où le hibou gémit dans la tour abandonnée; une caverne souterraine est sa demeure; ses pieds n'ont jamais souillé le seuil d'une habitation humaine; le mystère et l'horreur entourent son existence maudite : vagues comme les atomes de l'air, ses formes échappent aux doigts et ne laissent aux mains de l'imprudent qui essaierait de les étreindre qu'une ligne noire et douloureuse comme une brûlure. Son rire est semblable à celui des damnés; son cri, rauque et indéfinissable, fait tressaillir jusqu'au fond des entrailles; Kleudde a du sang de démon dans les veines. Malheur à qui le soir dans sa route rencontre Kleudde, le lutin noir! — Dans certains villages du Brabant le nom seul de Kleudde exerce sur l'esprit des paysans un empire si redoutable, qu'il serait impossible de les faire sortir de leur maison à une heure avancée de la nuit pour les envoyer dans un champ, un bois, une prairie où la croyance populaire place ce lutin. Les enfants en ont une grande peur; on les menace de la présence de Kleudde lorsqu'ils font mal. La frayeur des jeunes filles n'est pas moins enracinée pour cette espèce de loup-garou; plus d'une le soir arrive essoufflée au foyer paternel raconter en tremblant qu'elle a aperçu Kleudde agitant ses chaînes dans l'ombre. — Au dire des campagnards, ce lutin est un véritable protée, prenant les formes les plus diverses, les plus bizarres; tantôt c'est un arbre d'abord très petit, ensuite s'allongeant peu à peu à une hauteur prodigieuse; puis se mouvant tout à coup, il s'élève de terre et disparaît dans les nuages; le seul mal que Kleudde fasse réellement sous cette forme, c'est de déraciner et de renverser les autres arbres qu'il rencontre sur son passage. Tantôt il se revêt de la peau d'un chien noir, il marche sur ses pattes de derrière, agite une chaîne qu'il porte au cou et saute à l'improviste sur les épaules de celui qu'il voit dans un sentier isolé, l'étreint, le jette par terre et s'enfuit. Souvent Kleudde est un cheval maigre et efflanqué; alors il devient l'épouvantail des garçons d'écurie. On sait que c'est l'usage dans les grandes fermes de mettre pendant la nuit les chevaux en pâture dans les prairies; les domestiques rapportent avec une bonne foi rustique qu'il leur arrive parfois, lorsqu'ils croient monter sur une de leurs juments, d'enfourcher Kleudde, qui aussitôt se met à courir de toutes ses forces, jusqu'à ce qu'arrivé près d'un étang

---

[1] Cette notice est de M. le baron Jules de Saint-Genois, qui l'a donnée, il y a quelques années, dans le *Journal des Flandres*.

ou d'un ruisseau, il se cabre et y précipite son cavalier; ensuite, pendant que la victime se débat dans l'eau, il se couche un instant à plat ventre, pousse un éclat de rire et disparaît au moment que le cavalier sort de son bain. — Selon les circonstances, Kleudde se change en chat, en crapaud, en chauve-souris ou en tout autre animal. Les paysans prétendent pouvoir reconnaître son approche à deux petites flammes bleues qui vacillent et s'avancent en sautillant, mais toujours en ligne droite; ces petites flammes sont les prunelles de ses deux yeux; le seul moyen alors d'éviter Kleudde, c'est de s'enfuir en zigzag, comme ferait celui que poursuit un serpent. — Il y a de cela trois mois, je logeais par hasard dans une ferme à Ternath, aux environs de Bruxelles. C'était le soir, je me trouvais en compagnie avec tout le personnel de la ferme, réuni autour d'un large foyer d'hiver. En société de ces bons et simples paysans, c'était pour moi une nouveauté d'autant plus piquante, que je comptais mettre la soirée à profit pour recueillir quelques renseignements sur Kleudde. J'amenais la causerie sur ce sujet, sur les lutins, sur les kabotermannekens et autres follets dont le nom m'échappe. — Monsieur, savez-vous l'origine de Kleudde? me dit un vieux domestique. — Non, lui répondis-je, ravi de son interpellation. — C'est affreux à entendre, continua le vieillard. Voici comme on le raconte dans notre *endroit*. Il y a *bien cent ans*, on voyait au bout du bois qui borde la partie nord du village, une petite et chétive maison habitée par une femme si décrépite, si hideuse qu'on songea plus d'une fois à s'emparer d'elle afin de la brûler comme sorcière; car tout le monde disait qu'elle avait des rapports avec le diable et que sa baraque servait de lieu de réunion pour le sabbat. Un soir qu'un orage, tel qu'on n'en avait entendu de mémoire d'homme, ébranlait toutes les habitations, le feu du ciel tomba sur la masure suspecte et la consuma ainsi que la vieille femme, dont on aperçut le lendemain le corps noirci gisant dans les cendres. Pendant trois jours personne n'osa approcher du lieu de l'incendie; mais enfin comme le propriétaire du bois voulait utiliser cette portion de son terrain, il prit avec lui quelques-uns de ses plus courageux domestiques munis de longs crochets pour retirer la sorcière des décombres. Les valets de ferme se mirent en tremblant à l'ouvrage; à peine eurent-ils touché la sorcière de leurs crocs, qu'ils entendirent un grand bruit et reçurent dans tous les membres une violente commotion; ils virent un petit homme noir sortir du corps de la vieille, grandir tout à coup et s'échapper des ruines, en criant: *Kleudde, Kleudde, Kleudde!* Tous les domestiques perdirent connaissance, et lorsqu'ils revinrent à eux, ils n'aperçurent plus rien sur le théâtre de l'incendie qu'un étang rempli d'une eau croupissante dont l'odeur soulevait le cœur. — L'âme damnée de la sorcière était passée dans le corps de cet homme noir, ou pour mieux dire dans le corps de ce diable, qui depuis, n'ayant plus aucun repos, parcourt les campagnes et les plaines cherchant à nuire à tout ce qu'il rencontre....

Glubbdubdrib. — Si le fragment de Cyrano-Bergerac sur Agrippa présente l'idée qu'on avait des sorciers en France sous Louis XIII, le passage que Swift leur a consacré au siècle suivant ne mérite pas moins d'être mis sous les yeux du lecteur. On le trouve aux chapitres VII et VIII du troisième Voyage de Gulliver. — « Glubbdubdrib, si j'interprète exactement le mot, signifie l'île des sorciers ou des magiciens. Elle a trois fois l'étendue de l'île de Wight; elle est très-fertile. Cette île est sous la puissance d'un chef d'une tribu toute composée de sorciers, qui ne s'allient qu'entre eux, et dont le prince est toujours le plus ancien de la tribu. — Ce prince ou gouverneur a un palais magnifique et un parc d'environ trois mille acres, entouré d'un mur de pierres de taille haut de vingt pieds. Ce parc renferme d'autres petits enclos pour les bestiaux, le blé et les jardins. — Le gouverneur et sa famille sont servis par des domestiques d'une espèce assez extraordinaire. Par la connaissance qu'il a de la nécromancie, il possède le pouvoir d'évoquer les morts et de les obliger à le servir pendant vingt-quatre heures, jamais plus long-temps; et il ne peut évoquer le même esprit qu'à trois mois d'intervalle, à moins que ce ne soit pour quelque grande occasion. — Lorsque nous abordâmes à l'île, il était environ onze heures du matin. Un de mes deux compagnons alla trouver le gouverneur, et lui dit qu'un étranger souhaitait avoir l'honneur de saluer son altesse. Ce compliment fut bien reçu. Nous entrâmes tous trois dans la cour du palais, et nous passâmes au milieu d'une haie de gardes armés et habillés d'une manière très-ancienne, et dont la physionomie avait quelque chose qui me causait une horreur indicible. Nous traversâmes les appartements et rencontrâmes une foule de domestiques de la même sorte avant de parvenir jusqu'à la chambre du gouverneur. — Après que nous eûmes fait trois révérences profondes, il nous fit asseoir sur de petits tabourets au pied de son trône. Il me fit différentes questions au sujet de mes voyages ; et pour marquer qu'il voulait en agir avec moi sans cérémonie, il fit signe avec le doigt à tous ses gens de se retirer ; et en un instant, ce qui m'étonna beaucoup, ils disparurent comme les visions d'un rêve. — J'eus de la peine à me rassurer. Mais le gouverneur m'ayant dit que je n'avais rien à craindre, et voyant mes deux compagnons parfaitement tranquilles, parce qu'ils étaient faits à ce spectacle, je commençai à prendre courage et racontai à son altesse les différentes aventures de mes voyages, non sans un peu d'hésitation, ni sans regarder plus d'une fois derrière moi la place où j'avais vu les fantômes disparaître. — J'eus l'honneur de dîner avec le gouverneur, qui nous fit servir par une nouvelle troupe de spectres. Je remarquai que ma frayeur était moins grande à cette seconde apparition. Nous fûmes à table jusqu'au coucher du soleil ; je priai son altesse de permettre que je ne couchasse pas dans son palais, comme il avait la bonté de m'y engager ; et mes deux amis et moi nous allâmes chercher un lit dans la ville voisine, capitale de la petite île. — Le lendemain matin, nous revînmes rendre nos devoirs au gouverneur, comme il avait bien voulu nous le recommander ; et nous passâmes de cette manière une dizaine de jours dans cette île, demeurant la plus grande partie de la journée avec le gouverneur et la nuit à notre auberge. Je parvins à me familiariser tellement avec les esprits, que je n'en eus plus peur du tout, ou du moins, s'il m'en restait encore un peu, elle cédait à ma curiosité. — Son altesse me dit un jour de lui nommer tels morts qu'il me plairait, qu'il me ferait venir et les obligerait de répondre à toutes les questions que je leur voudrais faire, à condition toutefois que je ne les interrogerais que sur ce qui s'était passé de leur temps, et que je pourrais être bien assuré qu'ils me diraient toujours vrai ; car le mensonge est un talent inutile dans l'autre monde. — J'acceptai avec de très-humbles actions de grâces l'offre de son altesse. — Nous étions dans une pièce d'où l'on avait une très-belle vue sur le parc, et comme mon premier souhait fut de voir des scènes pompeuses et magnifiques, je demandai à voir Alexandre-le-Grand à la tête de son armée, tel qu'il était à la bataille d'Arbelles. Aussitôt, sur un signe du gouverneur, le prince grec parut sur un vaste champ au-dessous de la fenêtre où nous étions. — Alexandre fut invité à monter dans la chambre. J'eus beaucoup de peine à entendre son grec, n'étant pas moi-même très-versé dans cette langue. Il m'assura sur son honneur qu'il n'avait pas été empoisonné, mais qu'il était mort d'une fièvre causée par un excès de boisson. — Je vis ensuite Annibal passant les Alpes ; et il me dit qu'il n'avait pas une seule goutte de vinaigre dans son camp. — Je vis César et Pompée à la tête de leurs troupes prêtes à se charger. Je vis le premier dans son grand triomphe. Je voulus voir le sénat romain dans une grande salle, avec une assemblée législative moderne rangée de l'autre côté. Le sénat me sembla une réunion de héros et de demi-dieux ; l'autre assemblée m'avait l'air d'un tas de porte-balles, de filous, de voleurs de grand chemin et de matamores. — Je fatiguerais le lecteur si je citais le grand nombre de personnages illustres qui fut évoqué pour satisfaire au désir insatiable que j'avais de voir toutes les périodes de l'antiquité, mises sous mes yeux. Je les réjouis principalement par la contemplation des destructeurs, des tyrans, des usurpateurs et des libérateurs, des nations opprimées. Mais il me serait impossible d'exprimer la satisfaction que j'éprouvai, de manière à la faire partager à ceux qui liront ces pages. Désirant voir les anciens les plus renommés pour l'esprit et la science, je voulus leur consacrer un jour. Je demandai que l'on fit apparaître Homère et Aristote à la tête de leurs commentateurs ; mais ceux-ci étaient tellement nombreux qu'il y en eut plusieurs centaines qui furent obligés d'attendre dans les antichambres et dans les cours du palais. Au premier coup d'œil je reconnus ces deux grands hommes et les distinguai non-seulement de la foule, mais aussi l'un de l'autre. Homère était le plus grand et avait meilleure mine qu'Aristote. Il se tenait très-droit pour son âge, et ses yeux étaient les plus vifs, les plus perçants que j'eusse jamais vus. Aristote se courbait beaucoup et il se servait d'une canne. Son visage était maigre, ses cheveux rares et lisses, sa voix creuse. Je m'aperçus bientôt qu'ils étaient l'un et l'autre parfaitement étrangers au reste de la compagnie et n'en avaient pas entendu parler auparavant. — Un spectre, que je ne nommerai point, me dit à l'oreille que ces commentateurs se tenaient toujours le plus loin qu'ils pouvaient de leurs auteurs dans le monde souterrain, parce qu'ils étaient honteux d'avoir si indignement représenté à la postérité les pensées de ces grands écrivains. — Je priai le gouverneur d'évoquer Descartes et Gassendi, et j'engageai ceux-ci à expliquer leurs systèmes à Aristote. Ce grand philosophe reconnut ses erreurs dans la physique, lesquelles provenaient de ce qu'il avait raisonné d'après des conjectures, comme tous les hommes doivent le faire; et il nous fit remarquer que Gassendi et les tourbillons de Descartes avaient été à leur tour rejetés. Il prédit le même sort à l'attraction, que les savants de nos jours soutiennent avec tant d'ardeur. Il disait que tout système nouveau sur les choses naturelles n'était qu'une mode nouvelle et devait varier à chaque siècle, et que ceux qui prétendaient les appuyer sur des démonstrations mathématiques auraient de même une vogue momentanée et tomberaient ensuite dans l'oubli. — Je passai cinq jours à converser avec d'autres savants hommes de l'antiquité. Je vis la plupart des empereurs romains. Le gouverneur eut la complaisance d'évoquer les cuisiniers d'Héliogabale pour apprêter notre dîner; mais ils ne purent nous montrer toute leur habileté, faute de matériaux. Un ilote d'Agésilas nous fit un plat de brouet noir lacédémonien, et nous ne pûmes avaler la seconde cuillerée de ce mets.... — Mes découvertes sur l'histoire moderne furent mortifiantes. Je reconnus que des historiens ont transformé des guerriers imbéciles et lâches en grands capitaines, des insensés et de petits génies en grands politiques, des flatteurs et des courtisans en gens de bien, des athées en hommes pleins de religion, d'infâmes débauchés en gens chastes, et des délateurs de profession en hommes vrais et sincères. — Un général d'armée m'avoua qu'il avait une fois remporté une victoire par sa poltronnerie et son imprudence; et un amiral me dit qu'il avait battu malgré lui une flotte ennemie, lorsqu'il avait envie de laisser battre la sienne. — Comme chacun des personnages qu'on évoquait paraissait tel qu'il avait été dans le monde, je vis avec douleur combien le genre humain avait dégénéré... »

Orthon le Farfadet[1]. — Le voyageur qui parcourt aujourd'hui la France ne peut guère se faire une idée de la physionomie variée qu'elle présentait au moyen âge. La centralisation du pouvoir a relié tant bien que mal les éléments hétérogènes dont elle se composait; une teinte uniforme part de Paris, et tend à absorber de plus en plus les individualités tranchées des provinces. C'est là peut-être pour l'économiste un résultat heureux, un louable progrès; mais, à coup sûr, l'artiste déplore ce nivellement monotone; et il revient avec amour vers cette France du temps passé, si pleine de passions ardentes et colorées, de croyances naïves, où chaque province était un centre autour duquel venaient quelquefois se grouper les plus grands intérêts. Il importe de se reporter à ces idées pour le récit qui va suivre. — Orthez, qui n'est plus qu'une petite ville sans importance, était au moyen âge le siége d'une cour brillante, la résidence des comtes de Foix. Le quatorzième siècle a vu l'apogée de sa gloire : Gaston III en était alors le suzerain. Surnommé Phœbus, soit à cause de sa beauté, soit à cause du soleil qu'il plaça dans son écusson, Gaston ne resta pas au-dessous de cet emblème glorieux. L'illustration des armes, celle des richesses et l'habileté politique si nécessaire pour se maintenir au faîte d'une haute position, tout concourut à le placer à la tête de ces grands vassaux de la couronne, féodales grandeurs qui devaient s'abaisser sous la main puissante de Richelieu et de Mazarin. Plus d'une fois les intérêts de la France entière se concentrèrent autour de lui dans cette petite cour. Pendant que les ambassadeurs des puissances voisines venaient s'y disputer son appui, les savants, les troubadours et les jongleurs accouraient y briguer les faveurs et les encouragements de cette main quasi royale. On aurait en vain cherché ailleurs, même à la cour du roi de France, un modèle plus accompli de cette chevalerie qui brillait d'un lustre si éclatant alors qu'il allait s'éclipser. — Les chants du *gai-savoir*, les nobles *déduits* de la chasse trouvaient auprès de Gaston un amateur aussi éclairé que magnifique. La chasse était alors une passion, une affaire sérieuse, qui exigeait des études approfondies. Plus un seigneur était puissant et riche, plus il y déployait de luxe. Gaston y excellait, et il en a laissé le traité le plus complet du temps. — « Ses équipages pour ce plaisir, dit l'historien de sa vie, surpassaient en magnificence ceux des princes les plus riches[1]; ses écuries ne nourrissaient pas moins de deux cents chevaux, la plupart destinés à cet usage, et il avait de douze à seize cents chiens. Ses lévriers étaient les plus légers et les plus beaux

---

[1] Cette légende et les trois historiettes qui la suivent sont empruntées aux Légendes et traditions populaires de la France, qui ont été publiées récemment par M. le comte Amédée de Beaufort.

[1] Et pourtant, sans compter le roi de France et les rois étrangers, bien d'autres seigneurs et princes poussaient alors l'amour de la chasse à un point extrême et rivalisaient de dépenses entre eux. Le duc de Bourgogne avait un équipage de chasse dans lequel on comptait : six pages de chiens courants, six de lévriers, douze sous-pages de chiens, six valets de chiens limiers, douze valets de chiens courants, six valets d'épagneuls, six valets de petits chiens, six valets de chiens anglais et de chiens d'Artois. Quelle dut être la surprise du duc, quand il vit, lorsqu'il fut fait prisonnier à Nicopolis, que Bajazet avait sept mille fauconniers et autant de veneurs! A la même époque, le comte de Sancerre signala sa passion pour la chasse d'une façon particulière; il fonda un ordre de chevalerie sous le titre de *l'Ordre du Lévrier*. (Note de l'historien.)

de la chrétienté, et ses chiens pour le cerf, le daim, le rangier, pour les grands ours des Pyrénées, pour le loup et le sanglier, les plus forts et les plus courageux..... Tous les oiseaux de fauconnerie étaient aussi élevés avec grand soin chez le comte de Foix. Rien n'était noble à voir comme la compagnie du châtelain d'Orthez partant pour une chasse *à la volerie* : les chevaliers, sur de beaux palefrois, escortant galamment les dames montées sur d'élégantes haquenées, et portant sur le poing chacune un bel oiseau qu'elles caressaient de temps en temps avec leur blanche main. Et puis les écuyers et pages aux couleurs de Foix et de Béarn, vêtus de vert en été et de fourrure de gris en hiver; et les gens de service, si nombreux et si bien mis, qui apportaient tous les engins et filets *les plus ingénieux* qu'il soit possible d'imaginer. Gaston aimait à un tel point tous ces divertissements de chasse, qu'il en avait fait une étude particulière, et qu'il se plaisait à en enseigner les préceptes aux hommes qu'il y destinait. » — Mais ces nobles plaisirs ne lui faisaient point oublier de régler avec une admirable sagesse l'administration de ses états. C'est peut-être le seul exemple d'un haut et puissant seigneur de cette époque qui n'ait point tout sacrifié à la passion de la guerre. Aussi sa réputation était immense, et les populations de Béarn le bénissaient. Un tel personnage devait être entouré de cette auréole de merveilleux qui ne manque jamais aux héros du moyen âge. Il était trop aimé des troubadours et des jongleurs pour qu'on ne célébrât pas sa gloire avec l'exagération mythique de quelque merveilleuse légende. Froissart, le crédule et naïf chroniqueur, nous en a conservé le plus précieux document. — C'est en 1388 qu'il visita la cour brillante d'Orthez. Curieux et questionneur, il se passionna pour les récits des vaillants chevaliers qu'il y rencontra. Là, un écuyer lui apprit que le sire comte savait tout ce qui se passait avant personne, et que cette science lui devait venir *par aucune voie de nécromancie*; puis, comme le chroniqueur lui demanda avec instance des détails, l'écuyer *le tira à part en un anglet de la chapelle du châtel d'Orthez*, et commença ainsi : « Il peut y avoir environ vingt ans qu'il régnait en ce pays un baron qui s'appelait de son nom Raymond. Il était seigneur de Coarasse: c'est une ville à sept lieues d'Orthez. A cette époque dont je vous parle, le sire de Coarasse avait un procès à Avignon devant le pape, contre un clerc de Catalogne, au sujet des dîmes de l'église de Coarasse. Ces dîmes valaient bien cent florins de revenu par an, et le clerc disait qu'il y avait droit. Or, comme il était bien appuyé dans le clergé, il montra et prouva son droit, et le pape Urbain V, séant en consistoire général, condamna le chevalier à payer. Lorsque le clerc eut levé les bulles du pape, il chevaucha à grandes journées vers le Béarn pour venir prendre possession de son dîmage. Mais la décision du pape avait grandement irrité le sire de Coarasse ; il s'avança vers le clerc, et lui dit : « Or çà, maître Pierre ou maître Martin, suivant son nom, pensez-vous que par vos lettres je doive perdre mon héritage ? Ne soyez pas assez hardi pour toucher à ce qui m'appartient; car, si vous le faites, c'est votre vie que vous y laisserez. Allez ailleurs obtenir bénéfice, car vous n'aurez rien de mon héritage; et une fois pour toutes, je vous le défends. » Le chevalier était cruel, le clerc eut peur et n'osa poursuivre. Il se décida donc à retourner à Avignon. Mais avant de partir il voulut protester contre cette violence. Il vint trouver le sire de Coarasse, et lui parla ainsi : « Sire, c'est votre force et non le droit qui m'enlève les biens de mon église, vous méfaites grandement en conscience : je ne suis pas aussi puissant que vous ici, mais sachez que je vous enverrai tel champion que vous redouterez plus que moi. » Raymond ne tint aucun compte de ses menaces. « Va, lui dit-il, fais ce que tu pourras, je ne te crains pas plus mort que vif. Tes paroles ne me feront rien abandonner de mon héritage. » Le clerc partit donc : retourna-t-il en Catalogne ou en Avignon ? point ne le sais-je ; toujours est-il qu'il n'oublia pas ses menaces. Trois mois après, alors que le chevalier y pensait le moins, des messagers invisibles vinrent le trouver. Ils commencèrent à heurter et à bouleverser tout ce qu'il y avait dans le château, de telle façon qu'on eût dit qu'ils allaient l'abattre; la porte de la chambre de monseigneur en était tout ébranlée, et la dame qui se couchait se mourait de frayeur. Quant au chevalier, il entendait bien tout ce tapage, mais il ne disait rien et ne voulait pas montrer un cœur susceptible de faiblesse; d'ailleurs il était assez brave pour attendre l'issue de toutes sortes d'aventures. — Ce tapage dura toute la nuit. Au matin, les serviteurs du château se réunirent et vinrent trouver le baron qui était encore couché. « Monseigneur, lui dirent-ils, n'avez-vous rien ouï cette nuit comme nous ? » Le sire de Coarasse fit l'étonné. « Et qu'avez-vous ouï ? » leur répondit-il. Alors les serviteurs lui racontèrent comment on avait bouleversé

36.

le château et cassé toute la vaisselle de la cuisine. Le chevalier se mit à rire, en disant qu'ils l'avaient songé, et que ce n'avait été que vent. « Mon Dieu! dit la dame à demi voix, je l'ai bien entendu. » La nuit suivante, le même vacarme se renouvela, mais cette fois plus violent encore, les portes et les fenêtres tremblaient sous les coups, les chaises dansaient dans la chambre. Le chevalier n'y put tenir, il se leva sur son séant. « Or çà, s'écria-t-il, qu'est-ce qui heurte ainsi à ma chambre à cette heure? — C'est moi, lui fut-il répondu, c'est moi. — Qui t'envoie? reprit le seigneur. — Le clerc de Catalogne, à qui tu fais grand tort, car tu lui ravis les droits de son bénéfice. Aussi ne te laisserai-je en paix que quand tu lui auras rendu justice et qu'il sera content. — Eh! comment te nomme-t-on, toi, si bon messager? — On me nomme Orthon. — Eh bien, Orthon, le service d'un clerc ne te vaut rien, il te donnera trop de peine. Abandonne-le, je te prie, pour me servir, je t'en saurai gré. » Cette proposition tenta Orthon, le courage du chevalier lui plut : « Le veux-tu? lui dit-il. — Oui, et pourvu que tu ne fasses mal à personne céans, je m'attacherai à toi, et nous serons bien d'accord. — Sois tranquille, je n'ai d'autre puissance que celle de t'empêcher de dormir, toi et les autres. — Eh bien donc laisse ce méchant clerc et viens me servir. » Lors Orthon s'éprit tellement du seigneur de Coarasse qu'il le visitait souvent pendant la nuit, et quand il le trouvait endormi, il soulevait son oreiller et heurtait de grands coups aux portes et aux fenêtres. Le chevalier avait beau dire : « Orthon, laisse-moi dormir, je t'en prie. — Je n'en ferai rien, reprenait l'autre, avant de t'avoir conté des nouvelles. » Cependant la femme du sire de Coarasse avait une telle frayeur, que les cheveux lui dressaient sur la tête, et qu'elle s'enfonçait bien avant sous sa couverture. Une fois réveillé, le châtelain demandait au messager quelles nouvelles il avait à lui dire et de quel pays il venait. — Celui-ci répondait : « Je viens d'Angleterre, ou d'Allemagne, ou de Hongrie; j'en suis parti hier, et telles et telles choses y sont advenues. » Ainsi, le sire de Coarasse savait à merveille tout ce qui se passait de par le monde. — Cela dura environ cinq ans; mais comme le comte de Foix s'émerveillait de ce que le sire de Coarasse était toujours si bien informé, le chevalier, après beaucoup d'instances, lui parla de son gentil messager. « Sire de Coarasse, dit le comte, je voudrais bien en avoir un semblable; il ne vous coûte rien, et vous savez véritablement tout ce qu'il advient de par le monde. Vous plairait-il, messire, me communiquer les nouvelles d'Orthon? — Monseigneur, répondit le chevalier, ainsi ferai-je pour l'amour de vous. » Donc toutes les fois qu'Orthon avait apporté des nouvelles, Raymond en écrivait au comte de Foix. Un jour celui-ci lui demanda s'il n'avait jamais vu son messager. « Par ma foi, monseigneur, je n'y ai jamais pensé. — Eh bien, à votre place, point n'y aurais manqué; je l'aurais prié de se montrer à moi. Veuillez vous mettre en peine, et me direz de quelle forme et de quelle façon il est. Vous m'avez dit qu'il parle le gascon comme vous et moi. — C'est vérité, répondit le sire, et puisque vous me le conseillez, je me mettrai en peine de le voir. » Quelques jours après, arrive Orthon qui, selon sa coutume, se met à secouer l'oreiller du sire de Coarasse qui fort dormait; quant à sa femme, elle y était accoutumée et n'en avait plus peur. « Qui est là? dit le chevalier en se réveillant. — C'est moi, Orthon! — Et d'où viens-tu? — Je viens de Prague en Bohême; l'empereur de Rome est mort. — Et quand est-il mort? — Avant-hier. — Combien y a-t-il d'ici à Prague? — Il y a soixante journées. — Et tu es déjà revenu? — Oui vraiment; je vais plus vite que le vent. — Tu as donc des ailes? — Nenni, point. — Et comment donc peux-tu aller si vite? — Vous n'avez que faire de le savoir. — Il est vrai, mais je te verrais volontiers pour savoir de quelle forme tu es. — Que vous importe, pourvu que je vous apporte des nouvelles véritables? — C'est que, Orthon, je t'aimerais mieux si je t'avais vu. — Puisque vous avez ce désir, la première chose que vous verrez demain matin en quittant votre lit, ce sera moi. — Il suffit. Or, va, je te donne congé pour cette nuit. » Le lendemain matin, voilà le sire qui se lève. La dame avait une telle frayeur qu'elle fit la malade, disant qu'elle ne se lèverait point ce jour-là. Et comme son seigneur insistait : « Vraiment, dit-elle, je verrais Orthon; et je ne veux ni le voir ni le rencontrer, s'il plaît à Dieu. — Eh bien, dit le chevalier, je veux le voir, moi. » Et aussitôt il sauta résolument hors de son lit et s'assit sur le bord; il croyait se trouver face à face avec Orthon, mais il ne vit rien. Il courut ouvrir les fenêtres pour y voir plus clair, mais il n'aperçut rien qui pût lui faire dire : « Voici Orthon. » Le jour se passe, la nuit vient. A peine est-il couché, voici Orthon qui se met à causer avec lui comme à l'ordinaire. « Va, lui dit le chevalier, tu n'es qu'un trompeur; tu te devais hier montrer à moi et tu n'en as rien fait. — Mais si, je me suis montré. — Mais non. — Comment? n'avez-vous rien vu quand vous avez sauté hors de votre lit? » Le sire de Coarasse réfléchit un instant. « Ma foi, dit-il, comme je pensais à toi, j'ai aperçu sur le pavé deux longs fétus qui tournoyaient et jouaient ensemble. — C'était moi, dit l'esprit, j'avais pris cette forme. — Cela ne me suffit point, prends une forme à laquelle je puisse clairement te reconnaître. — Vous ferez tant, reprit Orthon, que vous me perdrez et que je me lasserai de vous, car vous êtes trop exigeant. — Tu ne te lasseras point de moi, car si je te vois une seule fois cela me suffira. — Eh bien, vous me verrez demain. Prenez bien garde à la première chose que vous apercevrez en sortant de votre chambre, ce sera moi. — C'est bien, dit le sire, va-t-en donc, car je veux dormir. » Le lendemain à l'heure de tierce, le sire de Coarasse se lève et s'apprête comme il convient à son rang. Il sort de sa chambre et vient dans une galerie qui avait vue sur le milieu de la cour du château. Il jette les yeux autour de lui, et la première chose qui frappe ses regards, c'est une énorme truie, la plus grande qu'on eût jamais vue; elle était si maigre qu'elle ne montrait que les os et la peau; son museau était aigu et affamé. Le sire de Coarasse ne vit point volontiers cet affreux animal, il appela ses gens. « Or, tôt, leur dit-il, faites sortir les chiens, je veux que cette truie soit piléc. » Les valets obéirent et lâchèrent les chiens sur la truie. Elle poussa un grand cri, jeta un long regard sur le sire de Coarasse, et s'évanouit comme une fumée, sans qu'on pût savoir ce qu'elle était devenue. Comme le sire rentrait tout pensif dans sa chambre, il vint à se souvenir d'Orthon. « Las! dit-il, je crois que j'ai vu mon messager; combien je me repens d'avoir lancé mes chiens sur lui! Ce sera un grand hasard si je le revois, car il m'a dit que dès que je l'irriterais il ne reviendrait plus. » Ce fut la vérité : Orthon ne revint plus, et le sire de Coarasse mourut l'année suivante. — On dit que le gentil messager est passé au service du comte de Foix, car on ne fait rien ici ou ailleurs qu'il n'en soit très-bien informé, même quand on s'en défie le plus. Et c'est la ferme croyance de presque tous les habitants du Béarn. » — Ainsi parla l'écuyer, et Froissart ne manqua pas de bien mettre en mémoire un conte aussi merveilleux.

Le Saut de l'Ermite — A quelques lieues de Louvois, près d'un poétique hameau nommé Ville-en-Selve, il existait encore, il y a plusieurs années, une sombre excavation, qui avait été autrefois une carrière, et qui portait le nom singulier de *Saut de l'ermite*. Les habitants des environs racontent des choses étranges et merveilleuses au sujet de ce précipice. Il est vrai que sa position a dû singulièrement prêter aux récits fantastiques des conteurs de légendes. Le *Saut de l'ermite* est situé au milieu d'une forêt séculaire, loin de toute habitation; d'épaisses broussailles en défendent l'entrée, et des cavités profondes semées tout alentour rendent son accès dangereux à ceux que les bruits populaires n'en éloignent pas. Pendant les troubles de la terreur, une bande de brigands avait choisi cet abîme pour repaire, ce qui n'a pas médiocrement contribué à augmenter sa mauvaise réputation. Aussi, quand les rudes labeurs de la journée sont terminés, le gouffre fatal fournit toujours à la veillée quelques-uns de ces mystérieux récits qui resserrent autour de l'âtre à demi éteint le cercle effrayé des jeunes filles de Ville-en-Selve; tantôt ce sont les terribles aventures d'une jeune princesse enlevée à son père en passant dans la forêt, et dont on n'a jamais pu retrouver les traces; tantôt les crimes épouvantables de monstres à formes humaines, qui ont porté le ravage et la mort jusque dans le village même. Quelquefois le narrateur rustique mêle des images riantes à ces sombres tableaux; c'est ainsi qu'il se plaît à conter comment une femme d'une majestueuse beauté s'est élevée un jour du fond du *Saut de l'ermite*, et a calmé la tempête qui avait déjà détruit la moitié de Ville-en-Selve. Mais parmi ces récits, l'origine du *Saut de l'ermite* est celui qu'il reproduit avec le plus d'amour. Le voici dans toute sa simplicité. — Vers la fin du neuvième siècle, vivait dans les bois de Germaine un vénérable ermite, qui avait nom Fulgunde. Ce saint homme passait sa vie à prier Dieu et à parcourir les hameaux voisins; à dix lieues à la ronde il était connu et chéri de tous. Aux riches, il recommandait les pauvres; aux malades, il apportait quelques secours; à tous, il donnait des consolations. Le bon ermite ne demandait rien pour lui-même, et cependant une idée fixe le préoccupait; il avait un désir, un désir aussi saint qu'il était ardent : il voulait élever une chapelle en l'honneur de la Vierge, c'était le seul vœu de sa vie; il se mêlait à tous ses rêves, à tous ses travaux, à toutes ses prières. — Un soir que Fulgunde s'était endormi, bercé par cette douce pensée, un jeune homme lui apparut; il était vêtu d'une robe blanche, et avait ce visage éclatant et radieux qui n'appartient qu'aux anges. « Bon ermite, lui dit-il, le Fils de Dieu a entendu vos prières ; ce que vous désirez s'accomplira comme vous le voulez. Prenez cette image de sa sainte Mère ; par elle, vous opérerez des prodiges. Souvenez-vous seulement les paroles du Fils de Dieu : Veillez et priez. » Fulgunde éveillé par cette vision, trouva seulement auprès de son chevet une petite image de la Vierge. Il la prit, la plaça dans le lieu le plus apparent de son oratoire, puis il se jeta à genoux. Avec quelle effusion il remercia la Vierge sainte ! comme il était heureux et reconnaissant ! Tout à coup une idée soudaine traversa son esprit : « Je punirai Satan, pensa-t-il ; c'est lui qui édifiera la chapelle de la Vierge. » Aussitôt Fulgunde prit l'image mystérieuse, et ordonna à Satan de paraître. — Au même instant la terre s'ouvrit, et le diable parut. Quoiqu'il n'eût pas l'air tout à fait humble et soumis, il ressemblait plutôt à un serviteur indiscipliné qu'à un ange déchu ; pourtant, à le considérer attentivement, on pouvait apercevoir en lui quelque chose d'étrange et en même temps de terrible. « Or çà, maître Satan, lui dit l'ermite, la bonne Vierge m'a permis de lui édifier une chapelle, j'ai pensé à toi pour la lui bâtir. » On peut imaginer quelle horrible grimace fit le monstre à cet ordre. Lui, Satan, bâtir une chapelle à la Mère de son juge, sortir de son repos pour voir abaisser son orgueil à une œuvre d'esclave ; c'était trop. Il essaya de fuir, l'image de la Vierge le retint comme une chaîne brûlante. — Depuis long-temps, l'ermite avait choisi le lieu où il désirait que sa chapelle fût élevée ; c'était une riante colline, couronnée au sommet d'un bouquet d'arbres touffus, et qui dominait les villages voisins. — Arrivé là avec Satan, Fulgunde lui ordonna de creuser les fondements. Quand ce travail fut terminé, l'ermite se rendit dans un vallon, dont le sol pierreux lui paraissait propre à fournir les matériaux dont il avait besoin. Il avait pris avec lui l'image sainte ; il n'eut qu'à la tourner vers la terre, et aussitôt le vallon s'entr'ouvrit, et les pierres en sortirent avec un grand fracas. On raconte que le démon ne mit que trois jours à les transporter sur la colline et à les tailler. Il est vrai que l'ermite ne lui laissait pas un instant de relâche ; chaque fois que Satan voulait se reposer, Fulgunde tournait vers lui l'image miraculeuse, et le démon se remettait aussitôt au travail en faisant d'horribles contorsions. C'était merveille de voir avec quelle habileté il maniait la pierre, et lui donnait une forme élégante et pleine de vie ; sous ses griffes elle se découpait en rosaces brodées comme une fine dentelle, elle s'élançait en clochetons aériens, en longues colonnettes semblables à des tuyaux d'orgues, elle se sculptait en bas-reliefs, en figurines de toute espèce. Jamais ouvrier n'avait mis la main à un chef-d'œuvre aussi accompli. A chaque nouvelle pierre qui enrichissait sa chère chapelle, Fulgunde souriait de bonheur et de joie ; il en aurait presque moins haï Satan, si cela eût été possible. — Cependant la nuit du quatrième jour approchait, et l'ermite n'avait pas pris un instant de repos. Malgré lui, le sommeil fermait ses paupières ; il avait beau redoubler d'efforts, il ne pouvait plus surveiller le diable avec autant d'attention ; disons-le à la honte de la faiblesse humaine, Fulgunde s'endormit. — A cette vue, un sourire épouvantable contracta le visage de Satan. Le sommeil du maître lui rendait sa liberté ; il ne pouvait en profiter que pour la vengeance. Ce n'était plus cet esclave soumis qui obéissait au moindre signe, c'était l'ange du mal déchaîné, joignant à son indomptable orgueil la rage d'avoir été asservi. Il se trouvait alors sur le faîte du clocher, dont il achevait d'effiler l'aiguille percée à jour ; il glissa doucement le long de la pente extérieure, comme un enfant qui se laisse aller sur le penchant d'une verte colline ; en passant, il jetait un regard moqueur et une insulte à chaque statuette de saint qu'il avait sculptée ; on dit même qu'il porta l'audace jusqu'à promener sa queue sur le visage de ces saintes images. Arrivé au bas du clocher, il poussa un rire épouvantable, et renversa d'un coup de pied la merveilleuse chapelle. Le fracas de la chute éveilla le pauvre ermite. Pour juger de sa désolation, figurez-vous la douleur d'un homme qui voit échouer au port le vaisseau qu'il avait chargé de ses biens. Fulgunde était consterné. Au même instant le messager de la Vierge parut ; il avait l'air triste et affligé. « Pauvre ermite, lui dit-il, vous avez été vaincu par Satan ; vous êtes son esclave. Vous n'avez pas su *veiller et prier* jusqu'à la fin. » La figure horrible du diable remplaça presque aussitôt celle de l'ange auprès de Fulgunde. « Marche, marche, lui disait-il ; tu as creusé un précipice, tu y tomberas. » Et ce disant, il le poussa dans un vallon qui avait servi de carrière ; et l'y précipita. » Le pauvre ermite ne mourut pas de sa chute : le bon ange le soutint sur ses ailes ; il intercéda même si ardemment pour lui auprès de la Vierge, qu'au bout de deux ans d'expiation Fulgunde fut rendu à son cher ermitage. La miséricorde de la Vierge ne se borna pas au pardon ; elle fit redevenir Satan esclave, et cette fois l'ermite sut se montrer si vigilant qu'ayant la nuit la chapelle était construite et le diable replongé dans l'enfer.

Le Pas de Souci. — En remontant les rives pittoresques du Tarn, on arrive à un bassin d'un aspect si sauvage, qu'on le dirait bouleversé par une main surnaturelle et malfaisante. Figurez-vous une espèce de cirque fermé presqu'entièrement par des rochers inaccessibles; aucune trace de culture, aucune végétation n'adoucissent aux yeux leur âpre nudité; le lierre et le buisson ne croissent pas même dans leurs fissures. Seulement, quelques *lichens* verdâtres, des arbustes rares et rabougris, rampent au pied de ces masses désolées; et pourtant il y a quelque chose de riche et d'énergique dans ces pics aigus et dépouillés, dans ces roches tantôt à pans larges et lourds, tantôt découpées en dentelures délicates, comme par la fantaisie d'un artiste. Le soleil fait éclater les chaudes teintes dont elles sont colorées. Ici, des aiguilles d'un ton ardent et rougeâtre s'enlèvent en lumière sur le fond sombre et béant de cavités profondes; là, une immense pierre, coupée comme une muraille, offre les teintes grises d'une ruine; plus loin, et par de larges ouvertures, d'autres rochers, disposés en perspective, passent d'un bleu foncé au bleu le plus transparent. Tous ces jeux de l'ombre et de la lumière à travers ces formes bizarres animent cette nature si âpre, et peuvent fournir à la palette du peintre les plus piquantes oppositions. — L'enceinte que forment ces masses abruptes est parfaitement en harmonie avec leur aspect sauvage; tout y indique un effrayant cataclysme : les rochers y sont entassés dans le plus étrange désordre, et c'est à peine si le voyageur peut se frayer un passage à travers leurs débris. Jadis, deux immenses pyramides se dressaient dans ce lieu à une hauteur prodigieuse: l'une se nomme le *roc d'Aiguille*, et son nom indique sa forme; celui-là seul est resté debout. L'autre s'appelle le *roc de Lourdes*; de celui-ci il ne reste plus que la base, il s'est écroulé dans la vallée. C'est à travers les débris de ce géant terrassé que le Tarn a dû se frayer un passage; arrêté à chaque pas par mille obstacles, tantôt serré entre deux couches il s'élance avec fracas de leur extrémité, tantôt faible et inaperçu il s'est creusé sans bruit un étroit canal. Ce n'est plus une seule rivière, mais une multitude de sources, dont le murmure trouble seul le silence de la vallée. — Le bassin désolé que nous venons de décrire a reçu des habitants des montagnes voisines le nom de *Pas de Souci*. L'imagination naïve et pittoresque du moyen âge n'a pas manqué de s'exercer sur un lieu qui prêtait si bien à la légende; aussi, quelle que soit la cause que la science pourrait attribuer au cataclysme dont cette vallée a été le théâtre, voici celle que lui a assignée la pieuse crédulité des anciens temps. — A peu de distance du *Pas de Souci*, il existe un village dont la situation pittoresque est parfaitement en harmonie avec le site qui l'environne; seulement, le paysage est plus varié que dans le bassin de Souci, et abonde en oppositions charmantes. Ici, la même nature sauvage et grandiose; là, sur les bords de la Junte, une verdure émaillée de fleurs, des eaux limpides et murmurantes; puis, derrière, un rideau de peupliers. Au-dessus de rochers moussus, s'élève le village de Sainte-Énimie et le clocher pointu de sa petite église. La civilisation n'y a point encore passé; plaise à Dieu qu'elle en oublie les rustiques habitants! — C'est dans ce village que vivait, au huitième siècle, un saint homme, nommé Guillaume. Un jour, on l'avait vu arriver, seul et grave, un bâton blanc à la main, vêtu d'un simple habit de bure. D'où venait-il? On l'ignorait. Avait-il un autre nom? Personne ne put jamais le savoir. Mais, certainement, il avait été habitué à porter d'autres habits que ceux qui le couvraient; dans son air noble et fier, et qu'il cherchait à rendre humble et modeste, on lisait l'habitude du commandement. Il choisit sa demeure dans l'excavation profonde d'un rocher, et sa vie fut bientôt admirée comme le modèle d'une grande perfection. Le village de Sainte-Énimie ne tarda pas à ressentir d'heureux effets du voisinage du saint homme; il se connaissait merveilleusement en simples, et sa haute sagesse le faisait consulter dans les affaires les plus difficiles. Il fut bientôt vénéré comme l'ange du village, et chaque jour quelque nouveau bienfait, quelque prodige inouï, que l'on racontait à la veillée, venaient augmenter sa réputation. — Le village de Sainte-Énimie était alors le centre qu'avaient choisi les populations voisines pour les ventes et les marchés. Ces réunions ressemblaient assez à nos foires. Ces jours-là, le seul endroit guéable de la Junte qui conduisait à Sainte-Énimie se trouvait encombré, et alors des rixes sanglantes, des blasphèmes et des jurements éclataient à chaque instant. Un de ces jours que le bon Guillaume passait tout auprès de ce lieu aimé de Satan, il fut grandement surpris d'entendre comment le nom de Dieu était peu respecté. Deux paysans, montés chacun sur une mule, s'interpellaient violemment, et des menaces ils allaient bientôt en venir aux coups. Le saint homme fut obligé d'intervenir, et comme il ne put apaiser leur colère, il se mit à genoux, priant Dieu de les éclairer. « Mort Dieu ! dit l'un des paysans, messire ermite, mieux vaudrait prier le ciel de nous bâtir ici un pont. — Mon fils, dit le saint, Dieu est tout-puissant; mais il ne faut pas le tenter. » Puis à force d'instances, il apaisa la querelle. Mais depuis lors, il passait les jours de marché à pleurer et à jeûner, s'offrant en expiation pour tous les péchés qui se commettaient à ce fatal passage de la Junte. — Dieu tenait son serviteur en trop grande estime pour ne pas prendre en considération ses prières et ses vœux ardents. Un soir, Guillaume était en prières; un ange lui apparut. Il portait une blanche tunique; son front était ceint de la céleste auréole, son visage respirait la douceur et la bonté. « Dieu a ouï ta prière, dit-il au saint; il en a été touché. Mais, Guillaume, qu'est-ce que la foi qui n'agit point ! A l'œuvre donc ; Dieu t'aidera. » Il n'en fallut pas davantage pour enflammer le zèle du saint. Il se rend aussitôt à l'église, et après une homélie sublime d'une éloquente simplicité, il entraîne les habitants de Sainte-Énimie sur les bords de la Junte pour y construire un pont. Le secours de Dieu fut visible. En peu de jours, le pont s'éleva comme par enchantement. Les habitants bénissaient Guillaume, qui s'humiliait en renvoyant toutes les louanges à Dieu. — Mais ce succès merveilleux ne faisait pas le compte de mons Satan, qui se voyait ainsi enlever désormais toutes les âmes qui se damnaient au passage de la Junte. Il eut l'audace de s'adresser à Dieu pour se plaindre de celui qu'il regardait comme son ennemi, Guillaume ; il lui renouvela le même discours qu'il lui avait tenu autrefois au sujet du saint homme Job[1]. « Ce n'est pas gratuitement que Guillaume craint votre droite, lui dit-il ; n'avez-vous pas béni l'œuvre de ses mains? » Le Seigneur lui répondit : « Va, détruis le pont de Guillaume ; je t'en abandonne jusqu'à la dernière pierre. » Satan ne perdit pas temps, il se rendit sur les bords de la Junte, et d'un souffle il renversa le pont. La ruine en fut si complète qu'il était impossible que les matériaux qui avaient servi à l'édifier fussent employés une seconde fois. Guillaume ne fut pas découragé un instant ; il adressa une fervente prière au ciel, et les ouvriers se mirent à l'œuvre.

[1] On retrouve constamment le souvenir de l'Écriture mêlé aux traditions populaires.

Mais, au moment où le pont allait être fini, le saint se douta bien que Satan allait renouveler ses infernales manœuvres : il passa donc la nuit en prières et en oraisons dans son ermitage. Vains efforts ! le matin le pont était renversé. Cette fois la terreur était à son comble dans la contrée, et Guillaume ne put réunir les ouvriers pour recommencer les constructions. « A quoi bon, disaient-ils, fatiguer nos bras? Satan est plus fort que nous. » L'ermite usa d'un dernier moyen ; il se rendit à l'église et prêcha une belle homélie sur les ruses de l'esprit malin, sur la confiance en Dieu et sur la nécessité de la persévérance ; les habitants se laissèrent toucher, et un troisième pont vint bientôt remplacer les deux premiers. — Cette fois le saint voulut défendre son œuvre. Dès qu'il fut nuit, il se rendit sur les bords de la Junte, se cacha derrière un rocher d'où il pouvait voir ce qui allait se passer, et attendit en redoublant d'oraisons. — Il était à peine minuit, lorsqu'il vit se dresser une grande figure à quelques pas du pont. Ce personnage, à mise suspecte, regarda de tous les côtés, poussa un sauvage éclat de rire et s'avança vers le pont. Il était impossible de ne pas reconnaître Satan à cet air insolent de réprouvé. D'ailleurs, malgré l'obscurité profonde, Guillaume aperçut le pied fourchu de l'esprit de ténèbres. Il n'hésita pas un instant et marcha droit à lui. Satan, étourdi des nombreux signes de croix dont il était assailli, ne vit de salut que dans la fuite ; mais cette victoire ne parut point assez décisive au saint : il voulut terrasser Satan et le forcer de renoncer à son infernal projet. Il se mit donc à le poursuivre sans se laisser intimider ni par les obstacles, ni par l'obscurité profonde de la nuit. Il était guidé dans sa course par une foi ardente et par un certain rayonnement qui s'échappait du front de l'ange maudit. Cette course dura longtemps. Peut-être l'espace d'une nuit humaine ne lui suffit-il pas. — Quoi qu'il en soit ils arrivèrent, l'homme de Dieu et Satan, dans les lieux où le Tarn s'étendait en large et profond bassin au pied des rocs de *Lourdes* et d'*Aiguille*. Parvenu au bord de l'eau, Satan se retourne ; se voyant serré de près par son adversaire, il n'hésite pas et s'élance dans le Tarn, ni plus ni moins que si l'eau eût été son élément naturel. A peine y est-il plongé qu'elle s'élève en gros bouillons et sort de son lit. Mais déjà Satan a atteint l'autre bord ; déjà il a posé une main sur la base du roc de Lourdes. C'en est fait, il va échapper. — Guillaume ne perd pas courage, il se jette à genoux et implore le ciel. — Au même instant, un craquement affreux se fait entendre. Le roc de Lourdes, ébranlé jusque dans ses fondements, se balance un instant sur sa base, et, s'écroulant avec fracas, couvre de ses débris le lit du Tarn et la vallée tout entière. Satan était pris. Cependant le roc d'Aiguille, qui était resté debout, craignit un instant que son frère ne fût point assez fort pour contenir l'esprit infernal. « Frère, s'écria-t-il, est-il besoin que je descende? — Et non, répondit l'autre, je le tiens bien. » Cette victoire préserva non-seulement le pont de Guillaume, mais encore le village de Sainte-Énimie des maléfices de Satan. Seulement, comme celui-ci se plaignit à Dieu, le bassin où coulait le Tarn lui fut laissé en propriété. On l'entend souvent la nuit pousser des gémissements lamentables sous les rochers qui le tenaient captif. — Guillaume mourut longtemps après en odeur de sainteté, laissant la contrée parfaitement rassurée. S'il lui était donné de reparaître dans ce monde, peut-être trouverait-il que *Lourdes* a lâché sa proie.

Saint Guillem du Désert. — A quelques lieues de Montpellier, entre Aniane et Lodève, on trouve une vallée riante qui forme une sorte d'oasis au milieu d'un pays âpre et sauvage. De hautes montagnes couvertes de plantes aromatiques l'entourent de toutes parts, et la dérobent aux yeux du voyageur. La vigne et l'olivier croissent dans la plaine, et rendent le paysage aussi riche que varié. A la seule extrémité accessible, coule l'Hérault, qui, resserré entre deux rochers, s'élance avec fracas d'une assez grande hauteur. Ses eaux, dans leur course rapide, font jaillir une écume bleuâtre qui reçoit du soleil l'éclat d'une poussière transparente et dorée; plus bas, devenues calmes et limpides, elles réfléchissent l'azur des cieux et les teintes plus sombres des rochers. Un pont jeté d'un bord à l'autre sur deux énormes masses calcaires taillées à pic joint le désert à la fertile plaine d'Aniane ; on l'appelle le pont de Saint-Jean de Fos. Le lieu que nous décrivons se nommait autrefois Gellone ; il porte aujourd'hui le nom de Guillem du Désert. — A l'entrée de cette vallée, et comme pour faire contraste avec la culture qui atteste partout la main de l'homme, s'élève une antique abbaye à moitié ruinée, et au-dessus de cette abbaye, un château féodal dont il reste encore moins de vestiges. Le monastère a eu pour fondateur le duc Guillaume. On ignore par qui fut bâti le château ; il nous paraît à peu près contemporain de l'abbaye. — Voici deux légendes que la tradition a conservées jusqu'à nous sur les lieux que nous venons de décrire. — Guillaume, duc de Toulouse, et parent de Charlemagne, célébré par les poètes du moyen âge sous le nom de Marquis-au-Court-Nez, pacifia l'Aquitaine, et la défendit contre les Sarrazins d'Espagne. Après d'aussi glorieux travaux, il aurait pu goûter en paix les charmes du repos ; mais son esprit était trop actif pour se complaire en une molle oisiveté ; il voulut, à la gloire d'un conquérant, joindre celle d'un pieux fondateur d'abbaye. La solitude de Gellone lui ayant paru favorable à son projet, il résolut de s'y fixer. — Au neuvième siècle, Gellone était un désert aride, couvert de buis, de chênes et de sapins ; les ronces y étendaient partout une luxuriante végétation, et il n'avait pour habitant qu'un géant à forme humaine, dont les meurtres et les déprédations répandaient au loin la terreur. Un poème du moyen âge le dépeint ainsi : « A travers le » pays, se démène un géant horrible à voir, » également cruel pour les femmes et les en-» fants : quand il les surprend, il les étran-» gle ; quand la faim le presse, il les mange... » Il rôde à travers rochers et montagnes, et » toute la contrée est tremblante d'effroi. Le » païen a quatorze pieds de stature : sa tête » est monstrueuse ; ses yeux sont grands et » ouverts. Il a déjà tué dans le jour quatre » hommes qui n'ont pas eu le temps de se » confesser, et un abbé avec sept de ses moi-» nes. Il est armé d'une massue si bien fer-» rée, qu'un homme, quelle que fût sa force, » ne la soulèverait point sans se rompre les » nerfs. » Le duc Guillaume, qui, pour être moine, n'avait point oublié qu'il était gouverneur d'Aquitaine, fit sommer le monstre par deux hérauts d'armes de venir lui faire hommage de son château. Le géant répondit par des bravades. Le duc emporté par son courage lui offrit alors le combat ; mais le félon lui fit répondre qu'il l'attendait dans son castel, et qu'il ne ferait pas un pas vers lui. — Le duc vit le piège, et s'y laissa pas prendre : ne pouvant employer la force, il eut recours à la ruse. — Un jour qu'il rôdait autour du Verdus (c'était le nom du château du géant), il vit venir à lui une jeune fille qui portait un vase sous le bras, et allait puiser de l'eau dans la rivière. « A quoi appartenez-vous ? lui dit le duc. — Beau sire chevalier, répliqua la jeune fille, je suis au service de monseigneur le géant. » Une pensée soudaine traversa l'esprit de Guillaume. « Maudit soit le géant, s'écria-t-il, car sa soif le perdra !... » Et s'adressant à la servante : « Vous allez changer d'habits avec moi, et, ce faisant, vous me rendrez un service dont vous serez largement récompensée. — Mais, beau sire, mon maître me tuera. — Il sera mort avant de pouvoir le tenter. » La jeune fille n'osa pas résister; elle se retira derrière un quartier de roche. Guillaume lui passa une à une les pièces de son armure, et en reçut en échange ses grossiers vêtements dont il s'affubla. Cela fait, il attendit que la nuit fût venue; puis il prit le vase sous son bras, et à la faveur de son déguisement, il s'introduisit dans le château. — Mais à ce moment, son projet faillit échouer par une circonstance qu'il n'avait pu prévoir. Une maudite pie le reconnut, et aussitôt elle se mit à crier : « Gare, Guillem! Gare Guillem!... » Le géant, qui ne se doutait pas que le danger fût si proche, courut à une des fenêtres pour observer les dehors du château. Au même instant, Guillaume saisit le monstre par les pieds, et le précipita sur les rochers, où il se brisa. — Quant à la pie, le saint voulut aussi la punir. Il prononça contre elle un anathème qu'il étendit à toutes les pies de la contrée. Les vieillards du pays assurent que depuis lors elles ne peuvent jamais y vivre plus de trois jours. — Délivré de son ennemi, Guillaume construisit son monastère, et le château du Verdus en devint une des dépendances. Cependant l'esprit du mal n'avait pas entièrement disparu avec le géant. Guillaume, qui allait souvent visiter son ami saint Benoît au couvent d'Aniane, voulut construire un pont sur l'Hérault au lieu ordinaire de sa traversée; mais là encore il trouva le génie malfaisant, qui tenta de s'y opposer. Le diable veillait dans les ténèbres, et renversait la nuit ce que l'homme de Dieu avait édifié à grand'peine pendant le jour. Celui-ci ne se décourageait pas : il espérait à force de constance faire lâcher prise à Satan. Il n'en fut rien : la nuit venue, des sifflements se faisaient entendre, et tout à coup un grand bruit annonçait que l'œuvre de la journée avait disparu dans le gouffre. Guillaume se lassa de cette lutte sans fin, il appela le diable en conférence, et fit un pacte avec lui. Il en obtint qu'il pouvait construire son pont, à condition que le premier passager lui appartiendrait. Le saint, plus rusé que Satan, fit connaître le marché à tous ses amis pour les en préserver; puis il lâcha un chat qui le premier traversa le pont, et dont Satan fut bien forcé de se contenter. — Depuis ce temps, dans ce pays, les chats appartiennent au diable, et le pont à saint Guillem.

Ballade de l'Ajournement. — La *Revue de Paris* a publié en 1831 l'analyse d'une ballade singulière Nous reproduisons ici cette pièce pathétique en résumé. — Solisa, l'infante, seule dans son oratoire, versait des larmes et se disait avec désespoir qu'il n'y aurait plus de mariage pour elle. Le roi son père la surprit en ce moment, et, cherchant à la consoler, il apprit d'elle que le comte Alarcos l'avait aimée, puis qu'il l'avait oubliée pour en épouser une autre depuis trois ans. Le roi fait venir le comte et le somme de tenir la parole qu'il a donnée jadis à sa fille. — « Je ne nierai pas la vérité, répond Alarcos; je craignais que Votre Majesté ne voulût jamais consentir à m'accorder la main de sa fille. Je me suis uni à une autre femme. — Vous vous en débarrasserez, dit le roi. — Épargnez, sire, celle qui est innocente; ne me condamnez pas à un affreux assassinat. » Le roi est inflexible; il faut que la comtesse meure cette nuit même, ou que le comte ait la tête tranchée le lendemain. » Alarcos retourne à sa demeure, « triste pour sa femme et pour ses trois enfants. » — Il aperçoit la comtesse sur sa porte. (Un jeune page avait pris les devants pour la prévenir du retour de son époux.) « Soyez le bien-venu, mon seigneur, dit-elle; hélas! vous baissez la tête! Dites-moi pourquoi vous pleurez? — Vous le saurez, mais ce n'est pas l'heure, répondit-il; nous souperons et je vous dirai tout plus tard.» — On sert le souper; la comtesse se place auprès d'Alarcos, pâle et triste; mais elle ne mange ni ne boit. Ses enfants étaient silencieux auprès de leur père. Tout à coup il penche sa tête sur la table et cache avec ses mains son visage en larmes. « J'ai besoin de dormir, » dit-il. Il savait bien qu'il n'y aurait pas de sommeil pour lui cette nuit-là. Les deux époux entrent dans la chambre et y demeurent seuls avec leur plus jeune enfant encore à la mamelle. Le comte ferme les portes aux verrous, ce qu'il n'avait pas l'habitude de faire. «Femme malheureuse! s'écrie-t-il, et moi le plus à plaindre des hommes! — Ne parlez pas ainsi, mon noble seigneur; elle ne saurait être malheureuse, celle qui est l'épouse d'Alarcos. — Trop malheureuse cependant, car dans le mot que vous venez de prononcer est compris tout votre malheur. Sachez qu'avant de vous connaître j'avais juré à l'infante que je n'aurais jamais d'autre épouse qu'elle; le roi notre seigneur sait tout; aujourd'hui l'infante réclame ma main; et, mot fatal à prononcer, pour vous punir d'avoir été préférée à l'infante, le roi ordonne que vous mouriez cette nuit. — Est-ce donc là, répondit la comtesse effrayée, le prix de ma tendresse soumise? Ah! ne me tuez pas, noble comte, j'embrasse vos genoux; renvoyez-moi dans la maison de mon père, où j'étais si heureuse, où je vivrai solitaire, où j'élèverai mes trois enfants. — Cela ne se peut... mon serment a été terrible... Vous devez mourir avant le jour. — Ah! il se voit bien que je suis seule sur la terre; mon père est un vieillard infirme..., ma mère est dans son cercueil, et le fier don Garcia est mort.., lui, mon vaillant frère, que ce lâche roi fit périr. Oui, je suis seule et sans appui en Espagne.... Ce n'est pas la mort que je crains, mais il m'en coûte de quitter mes fils... Laissez-moi du moins les presser encore sur mon cœur, les embrasser une dernière fois avant de mourir. — Embrassez celui qui est là dans son berceau, vous ne reverrez plus les autres. — Je voudrais au moins le temps de dire un Ave. — Dites-le vite. » Elle s'agenouilla. « O seigneur Dieu, dit-elle, en ce moment de terreur, oubliez mes péchés; ne vous souvenez que de votre miséricorde. » — Quand elle eut prié, elle se releva plus calme. « Alarcos, dit-elle, soyez bon pour les gages de notre amour et priez pour le repos de mon âme.... Et maintenant donnez-moi notre enfant sur mon sein, qu'il s'y puisse désaltérer une dernière fois avant que le froid de la mort ait glacé le lait de sa mère. — Pourquoi réveiller le pauvre enfant? Vous voyez qu'il dort. Préparez-vous; le temps presse; l'aurore commence à paraître. — Eh bien! écoute-moi, comte Alarcos, je te pardonne. Mais je ne puis pardonner à ce roi si cruel, ni à sa fille si fière. Que Dieu les punisse du meurtre d'une chrétienne. Je les appelle de ma voix mourante devant le trône de l'Éternel d'ici à trente jours. » — Alarcos, barbare et ambitieux, étrangla la pauvre comtesse avec son mouchoir. Il la recouvrit avec les draps du lit; puis appelant ses écuyers, il leur fit un faux récit pour les tromper, et s'en alla épouser l'infante. — Mais la vengeance céleste s'accomplit au delà des malédictions de la comtesse; car, avant que le mois fût expiré, trois âmes coupables, le roi, l'infante et le comte, parurent devant Dieu.

Kantius-le-Silésien. — L'histoire de Jean Kantius, racontée au docteur More par un médecin de la Silésie, est un des exemples les plus frappants de cette croyance aux revenants qui a régné en souveraine sur les esprits. — On dit que Kantius sortant du tombeau apparut dans la ville qui l'a vu naître; mais ce qui est positif, c'est que de nombreuses rumeurs, relatives à ce même fait, jetèrent une agitation violente et une terreur profonde parmi ses concitoyens et dans toute l'étendue de la Silésie. — Jean Kantius était un des échevins de la ville de Pesth; sa réputation de probité et son jugement droit lui avaient acquis une grande considération. Un jour le maire l'envoya chercher pour l'aider à terminer une affaire qui venait de s'élever entre des voituriers et un négociant pannonien. L'affaire arrangée, le maire invita Kantius, et l'invitation fut acceptée. Or, le repas était excellent, et cette circonstance n'était pas d'un médiocre intérêt pour Kantius, qui savait jouir en connaisseur des plaisirs de la table; aussi était-il de très-bonne humeur. Cependant sa gaieté paraissait ce soir-là plus folle que réelle; tout en sablant un grand verre de vieux vin du Rhin, il prononça ces mots : « Plongeons-nous dans les joies de ce monde, car un malheur peut arriver à tout moment. » Ce qui était d'une morale médiocre. — Kantius fut obligé de quitter la société de bonne heure pour veiller aux préparatifs d'un voyage. Arrivé chez lui, il alla à l'écurie, examina son cheval, qui lui sembla avoir perdu le fer de l'un des pieds de derrière; il voulut lui prendre la jambe pour voir le sabot, et reçut une violente ruade dans l'estomac. Il s'écria sur-le-champ : « C'est fait de moi. » — On le porta au lit; bientôt sa situation fut désespérée. Pendant son agonie il fut en proie à une grande tourmente d'esprit; il répétait souvent : « Mes péchés sont tels que le Tout-Puissant ne me les pardonnera jamais ! » Cet aveu était si étrangement contraire à l'opinion qu'on avait de lui, que les assistants ne savaient comment s'en rendre compte. On en vint à soupçonner qu'il s'était vendu au prince des ténèbres; et ce soupçon subit ne laissait pas d'être appuyé sur quelques faits auxquels on n'avait pas encore songé, entre autres sur ceux-ci : qu'il avait acquis ses immenses richesses avec une soudaineté inconcevable, et qu'il possédait dans son logis un chat noir d'une grosseur extraordinaire. — L'heure de la mort de Kantius fut signalée par un orage qui ne cessa qu'après ses funérailles. Aussitôt que le cadavre se trouva déposé dans la fosse, les éléments rentrèrent dans le calme, comme si la terre eût été délivrée de la présence de quelque démon. — Bientôt le bruit courut qu'un spectre se promenait dans les appartements du défunt. Le garde de nuit du quartier avait, disait-il, entendu un étrange tumulte dans la maison de Kantius; il lui avait semblé qu'on jetait çà et là sur le parquet les glaces et les meubles, en riant aux éclats d'un rire aigu et satanique. Des grilles de fer qui chaque soir étaient fermées aux verrous, se trouvaient ouvertes le lendemain sans que personne eût passé par là. — Ce bouleversement surnaturel s'étendit même aux écuries de l'échevin défunt ; tous les matins les chevaux étaient couverts d'écume, comme s'ils eussent fait une excursion dans de lointaines contrées ; et cependant, à entendre les trépignements extraordinaires dont toute la nuit ils ébranlaient le sol, on pouvait être assuré qu'ils n'avaient pas quitté l'écurie. Les chiens ne cessaient d'aboyer et de hurler de la manière la plus pitoyable. — Les habitants de Pesth ne pouvaient fermer l'œil de la nuit. Une vieille domestique, qui prêtait une grande attention à tout ce qui se passait, jura avoir ouï quelqu'un monter et descendre les escaliers à cheval, et parcourir les appartements au galop. L'acquéreur de la maison de Kantius, épouvanté de tout ce vacarme, se promenait un jour dans les environs de la ville ; il vit distinctement, sur la terre couverte de neige, l'empreinte de pas qui n'appartenaient à aucune créature humaine, à aucun animal terrestre. L'inquiétude devint inexprimable lorsqu'on acquit la certitude, par le témoignage de personnes dignes de foi, que Kantius se promenait à cheval non-seulement dans la cour de son ancienne maison, mais encore dans les rues de la ville, dans les vallées et sur les collines des environs, courant avec la rapidité de l'éclair, comme si quelque chasseur infernal eût été à sa poursuite. — Un juif prétendit que Kantius avait engagé une lutte avec lui, et lui avait fait souffrir une torture inouïe. Un charretier déclara qu'en approchant de Pesth il avait rencontré Kantius, qui lui avait vomi à la figure de longues flammes bleues et rouges. — Mais voici qui est plus surprenant : Tous les soirs, lorsque le pasteur se mettait au lit, Kantius venait le rouler dans les draps en avant et en arrière, jusqu'à ce que l'uniformité du mouvement et la fatigue le fissent succomber au sommeil. Il se glissait auprès de lui sous la forme d'un nain à travers les fentes de la cloison. — Il arriva encore que les lèvres d'un enfant furent tellement collées ensemble qu'on ne put les séparer : c'était l'œuvre de Kantius. A certaines heures de la soirée, la lumière des flambeaux devenait tout à coup blanche et triste ; c'était le signe infaillible de la visite de Kantius. — Des vases qui contenaient du lait la veille furent trouvés le lendemain vides ou remplis de sang. L'eau des fontaines devint insalubre et corrompue ; des vieillards furent étranglés dans leurs lits sans que l'on parvînt à découvrir les auteurs de ces crimes répétés. Tous ces événements irréguliers, et bien d'autres encore qu'il serait trop long d'énumérer, ne devaient-ils pas être attribués à Kantius ? — Qu'il nous suffise pour dernier trait de dire qu'à la funèbre clarté de la lune apparaissait à la lucarne d'une vieille tour une tête aux yeux étincelants, qui tout à coup prenait la forme d'un manche à balai ou d'une chauve-souris. Cette tête était celle de Kantius et ne pouvait être celle d'un autre. — Enfin, la frayeur et le désespoir des habitants de Pesth furent poussés au dernier point. Les voyageurs évitaient la ville, le commerce s'anéantissait : les citoyens finirent par chercher un remède à cet état de choses ; il fut résolu en conseil de commune que l'on commencerait par s'assurer si l'échevin était bien mort. — En conséquence, les plus courageux des habitants se mirent en route pour le cimetière, où ils ouvrirent plusieurs fosses avec précaution. Ils remarquèrent, non sans surprise, que les voisins de Kantius, qui avaient été enterrés avant ou après lui, étaient tous réduits en poussière, tandis que sa peau, à lui, était tendue et vermeille. On lui mit un bâton dans la main, il le saisit fortement, ouvrit les yeux et les referma aussitôt. On lui ouvrit une veine de la jambe et le sang coula en abondance. Et cependant il y avait six mois qu'il avait été mis en terre. Le maire fit sur son compte une enquête semblable à celle qui avait eu lieu pour un cordonnier de Breslaw. — Le tribunal condamna Jean Kantius, échevin de Pesth, à être brûlé comme vampire. Mais l'exécution rencontra un obstacle étonnant. On ne put tirer le corps de la fosse, tant il était pesant. Enfin, les citoyens de Pesth, bien inspirés, cherchèrent et découvrirent le cheval dont la ruade avait tué Kantius ; ce cheval parvint à grand'peine à amener hors de terre les restes de son ancien maître. Mais lorsqu'il s'agit d'anéantir ces restes, une autre difficulté se présenta. On mit le corps sur un bûcher allumé, et il ne se consuma pas. Alors on fut obligé de le couper en morceaux que l'on réduisit partiellement en cendres ; et depuis lors l'échevin Jean Kantius cessa de faire des apparitions dans sa ville natale.

Le noueur d'aiguillette. — C'était un grand deuil à Coulommiers, dans la maison de Moureau, le 15 juin de l'an de grâce 1582. Le petit homme s'était marié la veille, plein de liesse, et se promettait heureux ménage avec Fare Fleuriot, son épousée. Il était vif, homme de tête, persévérant dans ses affections comme dans ses haines ; et il se réjouissait sans ménagement de son succès sur ses rivaux. Fare, qui l'avait préféré, semblait partager son bonheur et ne se troublait pas plus que son mari des alarmes que les menaces d'un rival dédaigné avaient fait naître chez les convives. Fare Fleuriot, habile ouvrière en guipure, n'avait pu hésiter dans son choix entre Jean Moureau, armurier fort à son aise, et ce concurrent redouté, nommé Abel de la Rue, surnommé *le Casseur*, à cause de sa mauvaise conduite; homme réduit au métier de savetier, et qu'on accusait de relations avec le diable à cause de ses déportements. C'était justement cette circonstance mystérieuse qui effrayait les amis de l'armurier. — « Vous avez supplanté Abel, lui disaient-ils; il vous jouera quelqu'un de ses mauvais tours. — Les gens de justice de notre roi Henri troisième nous sauront bien rendre raison du Casseur, répondit Jean Moureau. — Et qui sait, dit une vieille tante, s'il vous ne jettera pas un sort ? — Patience ; telle avait été la réponse du jeune marié. » Mais Fare était pourtant moins rassurée. La noce toutefois s'était faite joyeusement. — Or, le lendemain, comme nous avons dit, c'était dans la maison grand deuil et pleine tristesse. Les deux époux, si heureux la veille, paraissaient effarés de trouble. On annonçait timidement ce qui était survenu ; le résultat en paraissait pénible; le mari et la femme ensorcelés sentaient l'un pour l'autre autant d'éloignement qu'ils s'étaient témoigné d'affection le jour précédent. Cette nouvelle se répandit en peu d'instants dans la petite ville. Le second jour l'éloignement devint de l'antipathie, qui, le jour d'après, eut tout l'air de l'aversion. Cependant les jeunes mariés ne parlaient pas de demander une séparation; seulement ils annonçaient que quelque ennemi endiablé ou quelque sorcière maudite leur avait noué l'aiguillette. — On sait que ce maléfice, qui a fait tant de bruit aux seizième et dix-septième siècles, rendait les mariés repoussants l'un pour l'autre, et, les accablant au physique comme au moral, les conduisait à se fuir avec une sorte d'horreur. — Il ne fut bruit dans tout Coulommiers que de l'aiguillette nouée à Jean Moureau. Abel de la Rue, le savetier, avait ri si méchamment, qu'il fut à bon droit soupçonné du délit ; il était assez généralement détesté. La clameur publique prit une telle consistance, que les jeunes époux ensorcelés se crurent autorisés à déposer leur plainte. — Messire Nicolas Quatre-Sols était lieutenant civil et criminel au bailliage de Coulommiers. Il fit comparaître Abel devant lui. Le chenapan, qui était hypocondre et morose, avoua qu'il avait recherché Fare Fleuriot, mais il nia qu'il eût rien fait contre elle et contre son mari. Comme il était malheureusement chargé de la mauvaise réputation qu'on faisait alors de ces vauriens qui cherchaient dans la sorcellerie une prétendue puissance et de prétendues richesses toujours insaisissables, on le mit au cachot en l'invitant à faire ses réflexions; et le lendemain, sur son obstination à ne rien avouer, on l'appliqua à la question. Il déclara qu'il allait confesser. — « Ayez soin, dit Nicolas Quatre-Sols, que votre confession soit entière et digne de notre indulgence. Pour ce, vous nous exposerez dès le commencement toutes vos affaires avec Satan. » Il fit donner au savetier un verre d'eau relevée d'un peu de vinaigre, afin de ranimer ses esprits ; et il s'arrangea sur son siége dans la position d'un homme qui écoute une histoire merveilleuse. — Abel de la Rue, voyant que son juge était prêt, recueillit ses esprits et se disposa à parler. D'abord il se recommanda à la pitié et à la compassion de la justice, criant merci et protestant de sa repentance ; puis il dit ce qui suit : « Je devrais être moins misérable que je ne suis et faire autre chose que mon pauvre métier. Étant petit enfant, je fus mis par ma mère au couvent des Cordeliers de Meaux. Là le frère Caillet, qui était maître des novices, m'ayant corrigé, je me fâchais si furieusement contre lui que je ne rêvais plus autre chose, sinon la possibilité de me venger. Comme j'étais en cette mauvaise volonté, un chien barbet, maigre et noir, parut tout à coup devant moi. Il me sembla qu'il me parlait, ce qui me troubla fort; qu'il me promettait de m'aider en toutes choses et de ne me faire aucun mal, si je voulais me donner à lui.... — Ce barbet, interrompit le juge, était certainement un démon. — C'est possible, messire. Il me sembla qu'il me conduisait dans la chambre du couvent qu'on appelle la librairie. Là il disparut et je ne le revis jamais. — Et quelle vengeance avez-vous eue du frère Caillet ? — Aucune, messire, ne l'ayant pas pu. — Que fîtes-vous alors dans la librairie ? — Je pris un livre ; car on m'a enseigné la lecture. Mais voyant que c'était un missel, je le refermai ; j'en sortis et je demeurai quelques semaines triste et pensif. Un jour je pris un autre livre, c'était un grimoire. Je l'ouvris au hasard ; et à peine avais-je lu quelques lignes que je ne comprenais point, quand je vis paraître devant moi un homme long et mince, de moyenne stature, blême de visage, ayant un effroyable aspect, le corps sale et l'haleine puante. — Sentait-il le soufre ? — Oui, messire. Il était vêtu d'une longue robe noire à l'italienne, ouverte par devant. Il avait à l'estomac et aux deux genoux comme des visages d'hommes, de pareille couleur que les autres. Je regardai ses pieds, qui étaient des pieds de vache. Tout l'auditoire frissonnait. — Cet homme blême, poursuivit l'accusé, me demanda ce que je lui voulais et qui m'avait conseillé de l'appeler. Je lui répondis avec frayeur que je ne l'avais pas appelé, et que j'avais ouvert le grimoire sans en prévoir les conséquences. Alors cet homme blême, qui était le diable, m'enleva et me transporta sur le toit de la salle de justice de Meaux, en me disant de ne rien craindre. Je lui demandai son nom, et il me répondit : Je m'appelle maître Rigoux. Je lui témoignai ensuite le désir de m'enfuir du couvent ; là-dessus il me reporta au lieu où il m'avait pris. Du moins je m'y retrouvai comme sortant d'une sorte d'étourdissement. Le grimoire était à mes pieds. Je vis devant moi le père Pierre Berson, docteur en théologie, et le frère Caillet, qui me reprirent d'avoir lu dans le grimoire et me menacèrent du fouet si je touchais encore à ce livre. Tous les religieux descendirent à la chapelle et chantèrent un *Salve* à mon intention. Le lendemain, comme je descendais pour aller à l'église, maître Rigoux m'apparut encore. Il me donna rendez-vous sous un arbre près de Vaulxcourtois, entre Meaux et Coulommiers. Là, je fus séduit. Je repris sans rien dire les habits que j'avais à mon entrée dans le couvent, et j'en sortis secrètement par une petite porte de l'écurie. Rigoux m'attendait sous la figure d'un bourgeois ; il me mena chez maître Pierre, berger de Vaulxcourtois, qui me reçut bien ; et j'allais conduire les troupeaux avec lui. Deux mois après, ce berger, qui était sorcier, me promet de me présenter à l'*assemblée*, ayant besoin de s'y rendre lui-même parce qu'il n'avait plus de poudre à maléfices. L'assemblée devait se tenir dans trois jours. Nous étions à l'avent de Noël 1575. Maître Pierre envoya sa femme coucher au dehors et il me fit mettre au lit à sept heures du soir. Mais je ne dormis guère. Je remarquai qu'il plaçait au coin du feu un très-long balai de genêt sans manche. A onze heures du soir, il fit grand bruit et me dit qu'il fallait partir. Il prit de la graisse, s'en frotta les aisselles et me mit sur le balai, en me recommandant de ne pas quitter cette monture. Maître Rigoux parut alors ; il enleva mon maître par la cheminée ; moi je le tenais au milieu du corps ; et il me sembla que nous nous envolions. La nuit était très-obscure, mais une lanterne nous précédait. Pendant que je voyageais en l'air de la sorte, je crus apercevoir l'abbaye de Rebais Nous descendîmes dans un lieu plein d'herbe où se trouvaient beaucoup de gens réunis. — Qui faisaient le sabbat ? interrompit le juge. — Oui, messire. J'y reconnus plusieurs personnes vivantes et quelques morts, notamment une sorcière qui avait été pendue à Lagny. Le maître du lieu, qui était le diable, ordonna, par la bouche d'un vieillard, que l'on nettoyât la place. Maître Rigoux prit incontinent la forme d'un grand bouc noir, se mit à grommeler et à tourner ; et aussitôt l'assemblée commença les danses, qui se faisaient à revers, le visage dehors et le derrière tourné vers le bouc. — C'est conforme à l'usage du sabbat, comme il est prouvé par une masse de dépositions. Mais ne chanta-t-on point ? et quelles furent ces chansons ? — On ne chanta point, messire. Après la danse, qui avait duré deux heures, on présenta ses hommages au bouc[1]. » Chaque personne de l'assemblée fit la même chose. Je m'approchai du bouc à mon tour ; il me demanda ce que je voulais de lui ; je lui répondis que je voulais savoir jeter des sorts sur mes ennemis. Le diable m'indiqua maître Pierre, comme pouvant mieux qu'un autre m'enseigner cette science. Je l'appris donc. — Et vous en avez fait usage contre plusieurs, notamment contre les époux qui se plaignent ? Avez-vous eu d'autres relations avec le diable ? — Non, messire, sinon en une circonstance. Je voulais rentrer dans la voie. Un jour que j'allais en pèlerinage à Saint-Loup, près de Provins, je fis rencontre du diable, qui chercha à me noyer. Je lui échappai par la fuite. » — Tout le monde dans l'assemblée ouvrait de grandes oreilles, à l'exception d'un jeune homme de vingt ans, le neveu du lieutenant civil et criminel. Il faisait les fonctions d'apprenti greffier. — Mon oncle, dit-il en se penchant à l'oreille de maître Nicolas Quatre-Sols, ne pensez-vous pas que le patient n'est qu'un mauvais drôle qui a le cerveau malade, qui est sujet peut-être à de mauvais rêves ? — Pendant que l'oncle réprimandait le neveu à voix basse, Abel de la Rue levant la tête : « De tout ce que j'ai fait de mal, dit-il, je suis repentant et marri ; et je crie merci et miséricorde à Dieu, au roi, à monseigneur et à la justice. — C'est bien, dit Nicolas Quatre-Sols, qu'on le ramène au cachot. » — Le soir de ce même jour, le maléfice de Jean Moureau se trouva rompu. L'antipathie qui avait surgi entre lui et sa jeune épouse s'évanouit. Le corps du principal délit avait donc disparu. Néanmoins, peu de jours après, le 6 juillet, sur les conclusions du procureur fiscal, la Rue

---

[1] Histoire de la magie en France, par M. Jules Garinet. Voyez un peu plus haut la légende de la Chapelle des Boucs.

fut condamné à être brûlé vif. Il appela de sa sentence au parlement de Paris, et le 20 juillet 1582, le parlement de Paris, prompt à expédier ces sortes d'affaires, rendit un arrêt qui porte qu'Abel de la Rue, appelant, ayant jeté des sorts sur plusieurs, prêté son concours au diable, communiqué plusieurs fois avec lui, assisté aux assemblées nocturnes et illicites, pour réparation de ces crimes la cour condamne l'appelant à être pendu et étranglé à une potence qui sera dressée sur le marché de Coulommiers, et renvoie Abel de la Rue au bailli chargé de faire exécuter ledit jugement et brûler le corps du sorcier après sa mort. — Cet arrêt, qui adoucissait un peu la sentence du premier juge, fut exécuté selon sa teneur, au marché de Coulommiers, par le maître des hautes-œuvres de la ville de Meaux, le 23 juillet 1582. — « Au reste, dit un auteur sensé, ces sorciers qu'on brûlait méritaient presque toujours châtiment par quelque vilain et odieux côté. »

Le château de Ronquerolles. — Dans les *Mémoires du Diable*, livre dont nous ne pouvons, malgré le talent de l'auteur, recommander la lecture, M. Frédéric Soulié débute par une scène et des détails qui réclament leur place dans ce livre. Nous croyons devoir les transcrire en partie. — « Le 1er janvier 18..., le baron François-Armand de Luizzi était assis au coin de son feu, dans son château de Ronquerolles. Quoique je n'aie pas vu ce château depuis plus de vingt ans, je me le rappelle parfaitement. Contre l'ordinaire des châteaux féodaux, il était situé au fond d'une vallée ; il consistait alors en quatre tours liées ensemble par quatre corps de bâtiment, les tours et les bâtiments surmontés de toits aigus en ardoise, chose rare dans les Pyrénées. — Ainsi, quand on apercevait ce château du haut des collines qui l'entouraient, il paraissait plutôt une habitation du seizième ou du dix-septième siècle qu'une forteresse de l'an 1327, époque à laquelle il avait été bâti. — Aujourd'hui que nous savons que de tous les matériaux durables le fer est celui qui dure le moins, je me garderai bien de dire que Ronquerolles semblait être bâti de fer, tant l'action des siècles l'avait respecté ; mais ce que je dois affirmer, c'est que l'état de conservation de ce vaste bâtiment était véritablement très-remarquable. On eût dit que c'était quelque caprice d'un riche amateur du gothique qui avait élevé la veille ces murs, intacts, dont pas une pierre n'était dégradée, qui avait dessiné ces arabesques fleuries dont pas une ligne n'était rompue, dont aucun détail n'était mutilé. Cependant, de mémoire d'homme on n'avait vu personne travailler à l'entretien ou à la réparation de ce château. Il avait pourtant subi plusieurs changements depuis le jour de sa construction, et le plus singulier est celui qu'on remarquait lorsqu'on approchait de Ronquerolles du côté du midi. Aucune des six fenêtres qui occupaient la façade de ce côté n'était semblable aux autres. La première à gauche était une fenêtre en ogive, portant une croix de pierre à arêtes tranchées qui la partageaient en quatre compartiments garnis de vitraux à demeure. Celle qui suivait était pareille à la première, à l'exception des vitraux, qu'on avait remplacés par un vitrage blanc à losanges de plomb porté dans des cadres de fer mobiles. La troisième avait perdu son ogive et sa croix de pierre. L'ogive semblait avoir été fermée par des briques, et une épaisse menuiserie, où se mouvaient ce que nous avons appelé depuis des croisées à guillotine, tenait la place du vitrage à cadres de fer. La quatrième, ornée de deux croisées, l'une inférieure, l'autre extérieure, toutes deux à espagnolettes et à petites vitres, était en outre défendue par un contrevent peint en rouge. La cinquième n'avait qu'une croisée à grands carreaux, plus une persienne peinte en vert. Enfin, la sixième était ornée d'une vaste glace sans tain, derrière laquelle on voyait un store peint des plus vives couleurs. Cette dernière fenêtre était en outre fermée par des contrevents rembourrés. Le mur uni continuait après ces fenêtres, dont la dernière avait paru aux regards des habitants de Ronquerolles le lendemain de la mort du baron Hugues-François de Luizzi, père du baron Armand-François de Luizzi, et le matin du 1er janvier 18..., sans qu'on pût dire qui l'avait percée et arrangée comme elle l'était. — Ce qu'il y a de plus singulier, c'est que la tradition racontait que toutes les autres croisées s'étaient ouvertes de la même façon et dans une circonstance pareille, c'est-à-dire sans qu'on eût vu exécuter les moindres travaux, et toujours le lendemain de la mort de chaque propriétaire successif du château. Un fait certain, c'est que chacune de ces croisées était celle d'une chambre à coucher qui avait été fermée pour ne plus se rouvrir, du moment que celui qui eût dû l'occuper toute sa vie avait cessé d'exister. — Probablement si Ronquerolles avait été constamment habité par ses propriétaires, tout cet étrange mystère eût grandement agité la population ; mais depuis plus de deux siècles, chaque nouvel héritier des Luizzi n'avait paru que durant vingt-quatre heures dans ce château, et l'avait quitté pour n'y plus revenir. Il en avait

été ainsi pour le baron Hugues-François de Luizzi ; et son fils François-Armand de Luizzi, arrivé le 1er 48..., avait annoncé son départ pour le lendemain. — Le concierge n'avait appris l'arrivée de son maître qu'en le voyant entrer dans le château ; et l'étonnement de ce brave homme s'était changé en terreur, lorsque, voulant faire préparer un appartement au nouveau venu, il vit celui-ci se diriger vers le corridor où étaient situées les chambres mystérieuses dont nous avons parlé, et ouvrir avec une clef qu'il tira de sa poche une porte que le concierge ne connaissait pas encore, et qui s'était percée sur le corridor intérieur comme la croisée s'était ouverte sur la façade. La même variété se remarquait pour les portes comme pour les croisées. Chacune était d'un style différent, et la dernière était en bois de palissandre incrusté de cuivre. Le mur continuait après les portes dans le corridor, comme il continuait à l'extérieur après les croisées sur la façade. Entre ces deux murs nus et impénétrables, il se trouvait probablement d'autres chambres. Mais destinées sans doute aux héritiers futurs des Luizzi, elles demeuraient, comme l'avenir auquel elles appartenaient, inaccessibles et fermées. Celles que nous pourrions appeler les chambres du passé étaient de même closes et inconnues, mais elles avaient cependant gardé les ouvertures par lesquelles on y pouvait pénétrer ; la nouvelle chambre, la chambre du présent si vous voulez, était seule ouverte ; et durant toute la journée du 1er janvier, tous ceux qui le voulurent y pénétrèrent librement. — Ce corridor, qui en vérité nous paraît un peu sentir l'allégorie, ne parut sentir à Armand de Luizzi que l'humidité et le froid ; et il ordonna qu'on allumât un grand feu dans la cheminée en marbre blanc de sa nouvelle chambre. Il y resta toute la journée pour régler les comptes de la propriété de Ronquerolles ; en ce qui concernait le château, ils ne furent pas longs. Ronquerolles ne rapportait rien et ne coûtait rien. Mais Armand de Luizzi possédait aux environs quelques fermes dont les baux étaient expirés et qu'il voulait renouveler... — La journée entière se passa à discuter et à arrêter les bases des nouveaux contrats, et ce ne fut que le soir venu qu'Armand de Luizzi se trouva seul. Il était assis au coin de son feu, une table sur laquelle brûlait une seule bougie était près de lui. Pendant qu'il restait plongé dans ses réflexions, la pendule sonna successivement minuit, minuit et demi, une heure. Luizzi se leva et se mit à se promener avec agitation. Armand était un homme d'une taille élevée ; l'allure naturelle de son corps dénotait la force, et l'expression habituelle de ses traits annonçait la résolution. Cependant il tremblait et son agitation augmentait à mesure que l'aiguille approchait de deux heures. Quelquefois il s'arrêtait pour écouter si un bruit extérieur ne se faisait pas entendre ; mais rien ne troublait le silence solennel dont il était entouré. Enfin Armand entendit ce petit choc produit par l'échappement de la pendule et qui précède l'heure qui va sonner. Une pâleur subite et profonde se répandit sur son visage ; il demeura un moment immobile et ferma les yeux comme un homme qui va se trouver mal. A ce moment le premier coup de deux heures résonna dans le silence. Ce bruit sembla réveiller Armand de son affaiblissement ; et avant que le second coup ne fût sonné, il avait saisi une petite clochette d'argent posée sur sa table et l'avait violemment agitée en disant ce seul mot : « Viens. »
— Tout le monde peut avoir une clochette d'argent, tout le monde peut l'agiter à deux heures précises du matin et en disant ce mot : Viens ! mais très-probablement il n'arrivera à personne ce qui arriva à Armand de Luizzi. La clochette qu'il avait secouée ne rendit qu'un son faible et ne frappa qu'un coup unique qui vibra tristement et sans éclat. Lorsqu'il prononça ce mot viens ! Armand y mit tout l'effort d'un homme qui crie pour être entendu de loin, et cependant sa voix, poussée avec vigueur de sa poitrine, ne put arriver à ce ton résolu et impératif qu'il avait voulu lui donner ; il sembla que ce fût une timide supplication qui s'échappait de sa bouche, et lui-même s'étonnait de cet étrange résultat, lorsqu'il aperçut à la place qu'il venait de quitter un être, qui pouvait être un homme, car il en avait l'air assuré ; qui pouvait être une femme, car il en avait le visage et les membres délicats, et qui était assurément le diable, car il n'était entré par nulle part et avait simplement paru. Son costume consistait en une robe de chambre à manches plates, qui ne disait rien du sexe de l'individu qui la portait. — Armand de Luizzi observa en silence ce singulier personnage, tandis qu'il se casait commodément dans le fauteuil à la Voltaire qui était près du feu. Le diable, car c'était lui-même, se pencha négligemment en arrière et dirigea vers le feu l'index et le pouce de sa main blanche et effilée ; ces deux doigts s'allongèrent indéfiniment comme une paire de pincettes et prirent un charbon dans le feu. Le diable, car c'était le diable en personne, y alluma un cigare qu'il prit sur la table. A peine en eut-il aspiré

une bouffée qu'il rejeta le cigare avec dégoût, et dit à Armand de Luizzi : « Est-ce que vous » n'avez pas de tabac de contrebande ? » Armand ne répondit pas. — « En ce cas, acceptez du mien, » reprit le diable. — Et il tira de la poche de sa robe de chambre un petit porte-cigares d'un goût exquis. Il prit deux cigarettes, en alluma une au charbon qu'il tenait toujours et le présenta à Luizzi. Celui-ci le repoussa du geste, et le diable lui dit d'un ton fort naturel : « Ah ! vous faites le dédaigneux, mon cher, tant pis. » — Puis il se mit à fumer, sans cracher, le corps penché en arrière et en sifflotant de temps en temps un air de contredanse, qu'il accompagnait d'un petit mouvement de tête tout à fait impertinent.... — Armand demeurait toujours immobile devant ce diable étrange. Enfin il rompit le silence; et s'armant de cette voix vibrante et saccadée qui constitue la mélopée du drame moderne, il dit : — « Fils de l'enfer, je t'ai appelé.... — D'abord, mon cher, dit le diable en l'interrompant, je ne sais pas pourquoi vous me tutoyez. C'est de fort mauvais goût. C'est une habitude qu'ont prise entre eux ce que vous appelez les artistes. Faux semblant d'amitié, qui ne les empêche pas de s'envier, de se haïr et de se mépriser. C'est une forme de langage que vos romanciers et vos dramaturges ont affectée à l'expression des passions poussées à leur plus haut degré, et dont les gens bien nés ne se servent jamais. Vous qui n'êtes ni homme de lettres ni artiste, je vous serai fort obligé de me parler comme au premier venu ; ce qui sera beaucoup plus convenable. Je vous ferai observer aussi qu'en m'appelant fils de l'enfer, vous dites une de ces bêtises qui ont cours dans toutes les langues connues. Je ne suis pas plus le fils de l'enfer que vous n'êtes le fils de votre chambre parce que vous l'habitez. — Tu es pourtant celui que j'ai appelé, » répondit Armand en affectant une grande puissance dramatique. — Le diable regarda Armand de travers et répondit avec une supériorité manquée : — « Vous êtes un faquin. Est-ce que vous croyez parler à votre groom ? — Je parle à celui qui est mon esclave, s'écrie Luizzi en posant la main sur la clochette qui était devant lui. — Comme il vous plaira, monsieur le baron, reprit le diable. Mais, par ma foi, vous êtes bien un véritable jeune homme de notre époque, ridicule et butor. Puisque vous êtes si sûr de vous faire obéir, vous pourriez bien me parler avec politesse, cela vous coûterait peu. D'ailleurs, ces manières-là sont bonnes pour les manants parvenus qui, parce qu'ils se vautrent dans le fond de leur calèche, s'imaginent qu'ils ont l'air d'y être habitués. Vous êtes de vieille famille, vous portez un assez beau nom, vous avez très-bon air, et vous pourriez vous passer de ridicules pour vous faire remarquer. — Le diable fait de la morale ! c'est étrange... » — Ce dialogue avait eu lieu entre ce personnage surnaturel et Armand de Luizzi, sans que l'un ou l'autre eût changé de place. Jusqu'à ce moment Luizzi avait parlé plutôt pour ne point paraître interdit que pour dire ce qu'il voulait. Il s'était remis peu à peu de son trouble et de l'étonnement que lui avaient causé la figure et les manières de son interlocuteur, et il résolut d'aborder un autre sujet de conversation, sans doute plus important pour lui. Il prit donc un second fauteuil, s'assit de l'autre côté de la cheminée, et examina le diable de plus près. Il acheva son inspection en silence, et, persuadé qu'une lutte d'esprit ne lui réussirait pas avec cet être inexplicable, il prit sa clochette d'argent et la fit sonner encore une fois. — A ce commandement, car c'en était un, le diable se leva et se tint debout devant Armand de Luizzi dans l'attitude d'un domestique qui attend les ordres de son maître. Ce mouvement, qui n'avait duré qu'un dixième de seconde, avait apporté un changement complet dans la physionomie et le costume du diable. L'être fantastique de tout à l'heure avait disparu, et Armand vit à sa place un rustre en livrée avec des mains de bœuf dans des gants de coton blanc, une trogne avinée sur un gilet rouge, des pieds plats dans ses gros souliers, et point de mollets dans ses guêtres. « Voilà m'sieur, dit le nouveau paru. — Qui es-tu ? s'écria Armand blessé de cet air de bassesse insolente et brute, caractère universel du domestique français. — Je ne suis pas le valet du diable, je n'en fais pas plus qu'on ne m'en dit, mais je fais ce qu'on me dit. — Et que viens-tu faire ici ? — J'attends les ordres de m'sieur. — Ne sais-tu pas pourquoi je t'ai appelé ? — Non, m'sieur. — Tu mens ? — Oui, m'sieur. — Comment te nommes-tu ? — Comme voudra m'sieur. — N'as-tu pas un nom de baptême ? » Le diable ne bougea pas ; mais tout le château se mit à rire depuis la girouette jusqu'à la cave. Armand eut peur, et pour ne pas le laisser voir, il se mit en colère C'est un moyen aussi connu que celui de chanter. « Enfin, réponds, n'as-tu pas un nom ? — J'en ai tant qu'il vous plaira. J'ai servi sous toute espèce de nom... — Tu es donc mon domestique ? — Il a bien fallu. J'ai essayé de venir vers vous à un autre titre; vous m'avez parlé comme à un laquais. Ne pouvant vous forcer à être poli, je me suis soumis à être insolenté, et me voilà comme sans doute vous me désirez. M'sieur n'a-t-il rien à m'ordonner? — Oui, vraiment. Mais j'ai aussi un conseil à te demander. — M'sieur permettra que je lui dise que consulter son domestique c'est faire de la comédie du XVIIe siècle. — Où as-tu appris ça? — Dans les feuilletons des grands journaux. — Tu les as donc lus? Eh bien! qu'en penses-tu? — Pourquoi voulez-vous que je pense quelque chose de gens qui ne pensent pas? » — Luizzi s'arrêta encore, s'apercevant qu'il n'arrivait pas plus à son but avec ce nouveau personnage qu'avec le précédent. Il saisit sa sonnette; mais avant de l'agiter, il dit au diable : « Quoique tu sois le même esprit sous une forme différente, il me déplaît de traiter avec toi du sujet dont nous devons parler tant que tu garderas cet aspect. En peux-tu changer? — Je suis aux ordres de m'sieur. — Peux-tu reprendre la forme que tu avais tout à l'heure? — À une condition : c'est que vous me donnerez une des pièces de monnaie qui sont dans cette bourse. » — Armand regarda sur la table et vit une bourse qu'il n'avait pas encore aperçue. Il l'ouvrit, et en tira une pièce. Elle était d'un métal inestimable, et portait pour toute inscription : UN MOIS DE LA VIE DU BARON FRANÇOIS-ARMAND DE LUIZZI. Armand comprit sur-le-champ le mystère de cette espèce de paiement, et remit la pièce dans la bourse, qui lui parut très-lourde, ce qui le fit sourire. « Je ne paie pas un caprice si cher. — Vous êtes devenu avare? — Comment cela? — C'est que vous avez jeté beaucoup de cette monnaie pour obtenir moins que vous ne demandez. — Je ne me le rappelle pas. — S'il m'était permis de vous faire votre compte, vous verriez qu'il n'y a pas un mois de votre vie que vous ayez donné pour quelque chose de raisonnable. — Cela se peut; mais du moins j'ai vécu. — C'est selon le sens que vous attachez au mot vivre. — Il y en a donc plusieurs? — Deux très-différents. Vivre, pour beaucoup de gens, c'est donner sa vie à toutes les exigences qui les entourent. Celui qui vit ainsi se nomme, tant qu'il est jeune, un *bon enfant*; quand il devient mûr, on l'appelle un *brave homme*, et on le qualifie de *bon homme* quand il est vieux. Ces trois noms ont un synonyme commun : c'est le mot *dupe*. — Et tu penses que c'est en dupe que j'ai vécu? — Je crois que m'sieur le pense comme moi, car il n'est venu dans ce château que pour changer de façon de vivre, et prendre l'autre. — Et celle-là, peux-tu me la définir? — Comme c'est le sujet du marché que nous allons faire ensemble... — Ensemble!... Non, reprit Armand en interrompant le diable; je ne veux pas traiter avec toi; cela me répugnerait trop. Ton aspect me déplaît souverainement. — C'était pourtant une chance en votre faveur : on accorde peu à ceux qui déplaisent beaucoup. Un roi qui traite avec un ambassadeur qui lui plaît lui fait toujours quelque concession dangereuse... Pour ne pas être trompé, il ne faut faire d'affaire qu'avec les gens déplaisants. En ce cas, le dégoût sert de raison. — Et il m'en servira pour te chasser, » dit Armand en faisant sonner la cloche magique qui lui soumettait le diable. — Comme avait disparu l'être androgyne qui s'était montré d'abord, de même disparut, non pas le diable, mais cette seconde apparence du diable en livrée, et Armand vit à sa place un assez beau jeune homme. Celui-ci était de cette espèce d'hommes qui changent de nom à tous les quarts de siècle, et que, dans le nôtre, on appelle *fashionables*. Tendu comme un arc entre ses bretelles et les sous-pieds de son pantalon blanc, il avait posé ses pieds en bottes vernies et éperonnées sur le chambranle de la cheminée, et se tenait assis sur le dos dans le fauteuil d'Armand. Du reste, ganté avec exactitude, la manchette retroussée sur le revers de son frac à boutons brillants, le lorgnon dans l'œil et là canne à pomme d'or à la main, il avait tout à fait l'air d'un camarade en visite chez le baron Armand de Luizzi. — Cette illusion alla si loin, qu'Armand le regarda comme quelqu'un de connaissance. « Il me semble vous avoir rencontré quelque part? — Jamais! Je n'y vais pas. — Je vous ai vu au bois à cheval. — Jamais! Je fais courir. — Alors c'était en calèche? — Jamais! Je conduis. — Ah! pardieu! j'en suis sûr; j'ai joué avec vous chez Mme... — Jamais! je parie. — Vous valsiez toujours avec elle. — Jamais! Je galope. — Vous ne lui faites pas la cour? — Jamais! J'y vais; je ne la fais pas. » — Luizzi se sentit pris de l'envie de donner à ce monsieur des coups de cravache pour lui ôter un peu de sottise. Cependant la réflexion venant à son aide, il commença à comprendre que s'il se laissait aller à discuter avec le diable, en vertu de toutes les formes qu'il plairait à celui-ci de se donner; il n'arriverait jamais au but de cet entretien. Armand prit donc la résolution d'en finir avec celui-ci aussi bien qu'avec un autre; et il s'écria en faisant encore tinter sa clochette : — « Satan, écoute-moi et obéis. » — Ce mot était à peine prononcé, que l'être surnaturel qu'Armand avait appelé se montra dans sa sinistre splendeur. — C'était bien l'ange déchu que la poésie a rêvé. Type de beauté flétri par la douleur, altéré par la haine, dégradé par la débauche, il gardait encore, tant que son visage restait immobile, une trace endormie de son origine céleste; mais dès qu'il parlait, l'action de ses traits dénotait une existence où avaient passé toutes les mauvaises passions. Cependant, de toutes les expressions repoussantes qui se montraient sur son visage, celle d'un dégoût profond dominait les autres. Au lieu d'attendre qu'Armand l'interrogeât, il lui adressa la parole le premier. « Me voici pour accomplir le marché que j'ai fait avec ta famille et par lequel je dois donner à chacun des barons de Luizzi, de Ronquerolles, ce qu'il me demandera; tu connais les conditions de ce marché, je suppose? — Oui, répondit Armand; en échange de ce don, chacun de nous t'appartient, à moins qu'il ne puisse prouver qu'il a été heureux durant dix années de sa vie.—Et chacun de tes ancêtres, reprit Satan, m'a demandé ce qu'il croyait le bonheur, afin de m'échapper à l'heure de sa mort. — Et tous se sont trompés, n'est-ce pas? — Tous. Ils m'ont demandé de l'argent, de la gloire, de la science, du pouvoir, et le pouvoir, la science, la gloire, l'argent, les ont tous rendus malheureux. — C'est donc un marché tout à ton avantage, et que je devrais refuser de conclure? — Tu le peux. — N'y a-t-il donc aucune chose à demander, qui puisse rendre heureux? — Il y en a une. — Ce n'est pas à toi de me la révéler, je la sais; mais ne peux-tu pas me dire si je la connais? — Tu la connais; elle s'est mêlée à toutes les actions de ta vie, quelquefois en toi, le plus souvent chez les autres, et je puis t'affirmer qu'il n'y a pas besoin de mon aide pour que la plupart des hommes la possèdent. — Est-ce une qualité morale? est-ce une chose matérielle? — Tu m'en demandes trop. As-tu fait ton choix? Parle vite : j'ai hâte d'en finir. — Tu n'étais pas si pressé tout à l'heure. — C'est que tout à l'heure j'étais sous une de ces mille formes qui me déguisent à moi-même, et me rendent le présent supportable. Quand j'emprisonne mon être sous les traits d'une créature humaine vicieuse ou méprisable, je me trouve à la hauteur du siècle que je mène, et je ne souffre pas du misérable rôle auquel je suis réduit. La vanité se satisfait de grands mots, mais l'orgueil veut de grandes choses, et tu sais qu'il fut la cause de ma chute; mais jamais il ne fut soumis à une si rude épreuve. Après avoir lutté avec Dieu, après avoir mené tant de vastes esprits, suscité de si fortes passions, fait éclater de si grandes catastrophes, je suis honteux d'en être réduit aux basses intrigues et aux sottes prétentions de l'époque actuelle, et je me cache à moi-même ce que j'ai été, pour oublier, autant que je puis, ce que je suis devenu. Cette forme que tu m'as forcé de prendre m'est par conséquent odieuse et insupportable. Hâte-toi donc, et dis-moi ce que tu veux. — Je ne le sais pas encore, et j'ai compté sur toi pour m'aider dans mon choix. — Je t'ai dit que c'était impossible. — Tu peux cependant faire pour moi ce que tu as fait pour mes ancêtres; tu peux me montrer à nu les passions des autres hommes, leurs espérances, leurs joies, leurs douleurs, le secret de leur existence, afin que je puisse tirer de cet enseignement une lumière qui me guide. — Je puis faire tout cela, mais tu dois savoir que tes ancêtres se sont engagés à m'appartenir avant que j'aie commencé mon récit. Vois cet acte; j'ai laissé en blanc le nom de la chose que tu me demanderas : signe-le; et puis après m'avoir entendu, tu écriras toi-même ce que tu désires être, ou ce que tu désires avoir. » — Armand signa et reprit. « Maintenant je t'écoute. Parle. — Pas ainsi. La solennité que m'imposerait à moi-même cette forme primitive fatiguerait ta frivole attention. Écoute : mêlé à la vie humaine, j'y prends plus de part que les hommes ne pensent. Je te conterai mon histoire, ou plutôt je te conterai la leur. — Je serai curieux de la connaître. — Garde ce sentiment; car du moment que tu m'auras demandé une confidence, il faudra l'entendre jusqu'au bout. Cependant tu pourras refuser de l'entendre en me donnant une des pièces de monnaie de cette bourse. — J'accepte, si toutefois ce n'est pas une condition pour moi de demeurer dans une résidence fixe. — Va où tu voudras, je serai toujours au rendez-vous partout où tu m'appelleras. Mais songe que ce n'est qu'ici que tu peux me revoir sous ma véritable forme. Tu m'appelleras avec cette sonnette à toute heure, en tout lieu, sur quelque place que ce soit... » —Trois heures sonnèrent, et le diable disparut. Armand de Luizzi se retrouva seul. La bourse qui contenait ses jours était sur sa table. Il eut envie de l'ouvrir pour les compter, mais il ne put y parvenir, et il se coucha après l'avoir soigneusement placée sous son chevet. » — Nous le répétons, il est fâcheux que les histoires racontées par le diable soient généralement de nature à ne pouvoir être lues d'un lecteur chrétien; car, dans ce cadre, l'auteur, dont on ne saurait nier le grand mérite, eût pu faire un très-bon livre.

Le magicien du Caire. — Nous empruntons à M. Léon de Laborde un fragment curieux qu'il a publié en août 1833 dans la *Re-*

vue des deux Mondes, et qu'on retrouve dans ses *Commentaires géographiques sur la Genèse*. Nous en avions dit quelque chose au mot VERRE. — « L'Orient, cet antique pays, ce vieux berceau de tous les arts et de toutes les sciences, fut aussi et de tout temps le domaine du savoir occulte et des secrets puissants qui frappent l'imagination des peuples. — J'étais établi au Caire depuis plusieurs mois (1827), quand je fus averti un matin par lord Prudhoe qu'un Algérien, sorcier de son métier, devait venir chez lui pour lui montrer un tour de magie qu'on disait extraordinaire. Bien que j'eusse alors peu de confiance dans la magie orientale, j'acceptai l'invitation ; c'était d'ailleurs une occasion de me trouver en compagnie fort agréable. Lord Prudhoe me reçut avec sa bonté ordinaire et cette humeur enjouée qu'il avait su conserver au milieu de ses connaissances si variées et de ses recherches assidues dans les contrées les plus difficiles à parcourir. — Un homme grand et beau, portant turban vert et benisch de même couleur, entra : c'était l'Algérien. Il laissa ses souliers sur le bout du tapis, alla s'asseoir sur un divan et nous salua tous à tour de rôle de la formule en usage en Égypte. Il avait une physionomie douce et affable, un regard vif, perçant, je dirai même accablant, et qu'il semblait éviter de fixer, dirigeant ses yeux à droite et à gauche plutôt que sur la personne à laquelle il parlait ; du reste, n'ayant rien de ces airs étranges qui dénotent des talents surnaturels et le métier de magicien. Habillé comme les écrivains ou les hommes de loi, il parlait fort simplement de toutes choses et même de sa science, sans emphase ni mystère, surtout de ses expériences, qu'il faisait ainsi en public et qui semblaient à ses yeux plutôt un jeu à côté de ses autres secrets qu'il ne faisait qu'indiquer dans la conversation. On lui apporta la pipe et le café, et pendant qu'il parlait on fit venir deux enfants sur lesquels il devait opérer. — Le spectacle alors commença. Toute la société se rangea en cercle autour de l'Algérien, qui fit asseoir un des enfants près de lui, lui prit la main et sembla le regarder attentivement. Cet enfant, fils d'un d'Européen, était âgé de onze ans et parlait facilement l'arabe. Achmed, voyant son inquiétude au moment où il tirait de son écritoire sa plume de jonc, lui dit : « N'aie pas peur, enfant, je vais t'écrire quelques mots dans la main, tu y resteras et voilà tout.» — L'enfant se remit de sa frayeur, et l'Algérien lui traça dans la main un carré entremêlé bizarrement de lettres et de chiffres, versa au milieu une encre épaisse et lui dit de chercher le reflet de son visage. L'enfant répondit qu'il le voyait. Le magicien demanda un réchaud qui fut apporté sur-le-champ ; puis il déroula trois petits cornets de papier qui contenaient différents ingrédients, qu'il jeta en proportion calculée sur le feu. Il l'engagea de nouveau à chercher dans l'encre le reflet de ses yeux, à regarder bien attentivement, et à l'avertir dès qu'il verrait paraître un soldat turc balayant une place. L'enfant baissa la tête ; les parfums pétillèrent au milieu des charbons ; et le magicien, d'abord à voix basse, puis l'élevant davantage, prononça une kyrielle de mots dont à peine quelques-uns arrivèrent distinctement à nos oreilles. — Le silence était profond ; l'enfant avait les yeux fixés sur sa main ; la fumée s'éleva en larges flocons, répandant une odeur forte et aromatique. Achmed, impassible, semblait vouloir stimuler de sa voix, qui de douce devenait saccadée, une apparition trop tardive, quand tout à coup, jetant sa tête en arrière, poussant des cris et pleurant amèrement, l'enfant nous dit, à travers les sanglots qui le suffoquaient, qu'il ne voulait plus regarder, qu'il avait vu une figure affreuse ; il semblait terrifié. L'Algérien n'en parut point étonné, il dit simplement : « Cet enfant a eu peur, laissez-le ; en le forçant on pourrait lui frapper trop vivement l'imagination. » — On amena un petit Arabe au service de la maison et qui n'avait jamais vu ni rencontré le magicien ; peu intimidé de tout ce qui venait de se passer, il se prêta gaiement aux préparatifs et fixa bientôt ses regards dans le creux de sa main, sur le reflet de sa figure, qu'on apercevait, même de côté, vacillant dans l'encre. — Les parfums recommencèrent à s'élancer en fumée épaisse, et les formules parlées en un chant monotone, se renforçant et diminuant par intervalles, semblaient devoir soutenir son attention : « Le voilà ! s'écria-t-il ; et nous remarquâmes l'émotion soudaine avec laquelle il porta ses regards sur le centre des signes magiques. — Comment est-il habillé ? — Il a une veste rouge brodée d'argent, un turban et des pistolets à sa ceinture. — Que fait-il ? — Il balaie une place devant une grande tente riche et belle ; elle est rayée de rouge et de vert avec des boules d'or en haut. — Regarde qui vient à présent ? — C'est le sultan suivi de tout son monde. Oh ! que c'est beau !... Et l'enfant regardait à droite et à gauche comme dans les verres d'une optique dont on cherche à étendre l'espace. — Comment est son cheval ? — Blanc, avec des plumes sur la tête. — Et le sultan ? — Il a une barbe noire, un benisch vert. » Ensuite l'Algérien nous dit : « Maintenant, messieurs, nommez la personne que vous désirez faire paraître ; ayez soin seulement de bien articuler les noms, afin qu'il ne puisse pas y avoir d'erreur. » Nous nous regardâmes tous, et comme toujours dans ce moment personne ne retrouva un nom dans sa mémoire. — « Shakspeare, dit enfin le major Félix, compagnon de voyage de lord Prudhoe. — Ordonnez au soldat d'amener Shakspeare, dit l'Algérien. — Amène Shakspeare ! cria l'enfant d'une voix de maître. — Le voilà ! » ajouta-t-il après le temps nécessaire pour écouter quelques-unes des formules inintelligibles du sorcier. Notre étonnement serait difficile à décrire, aussi bien que la fixité de notre attention aux réponses de l'enfant. — « Comment est-il ? — Il porte un benisch noir, il est tout habillé de noir, il a une barbe. — Est-ce lui ? nous demanda le magicien d'un air fort naturel, vous pouvez d'ailleurs vous informer de son pays, de son âge. — Eh bien ! où est-il né ? dis-je. — Dans un pays tout entouré d'eau. » Cette réponse nous étonna encore davantage. — Faites venir Cradock, ajouta lord Prudhoe avec cette impatience d'un homme qui craint de se fier trop facilement à une supercherie. Le Caouas l'amena. — Comment est-il habillé ? — Il a un habit rouge, sur sa tête un grand tarbousch noir, et quelles drôles de bottes ! je n'en ai jamais vu de pareilles : elles sont noires et lui viennent par-dessus les jambes. » — Toutes ces réponses, dont on retrouvait la vérité sous un embarras naturel d'expressions qu'il aurait été impossible de feindre, étaient d'autant plus extraordinaires qu'elles indiquaient d'une manière évidente que l'enfant avait sous les yeux des choses entièrement neuves pour lui. Ainsi, Shakspeare avait le petit manteau noir de l'époque, qu'on appelait benisch, et tout le costume de couleur noire qui ne pouvait se rapporter qu'à un Européen, puisque le noir ne se porte pas en Orient, et en y ajoutant une barbe que les Européens ne portent pas avec le costume franc, c'était une nouveauté aux yeux de l'enfant. Le lieu de sa naissance, expliqué par un pays tout entouré d'eau, est à lui seul surprenant. Quant à l'apparition de M. Cradock, qui était alors en mission diplomatique près du pacha, elle est encore plus singulière, car le grand tarbousch noir, qui est le chapeau militaire à trois cornes, et ces bottes noires qui se portent par-dessus la culotte, étaient des choses que l'enfant avouait n'avoir jamais vues auparavant ; et pourtant elles lui apparaissaient. — Nous fîmes encore apparaître plusieurs personnes, et chaque réponse, au milieu de son irrégularité, nous laissait toujours une profonde impression. Enfin le magicien nous avertit que l'enfant se fatiguait, il lui releva la tête en lui appliquant ses pouces sur les yeux et en prononçant des paroles mystérieuses ; puis il le laissa. L'enfant était comme ivre : ses yeux n'avaient point une direction fixe, son front était couvert de sueur, tout son être semblait violemment attaqué. Cependant il se remit peu à peu, devint gai, content de ce qu'il avait vu ; il se plaisait à le raconter, à en rappeler toutes les circonstances, et y ajoutait des détails comme à un événement qui se serait réellement passé sous ses yeux. — Mon étonnement avait surpassé mon attente ; mais j'y joignais une appréhension plus grande encore : je craignais une mystification et je résolus d'examiner par moi-même ce qui, dans ces apparitions en apparence si réelles et certainement si faciles à obtenir, appartenait au métier de charlatan, et ce qui pouvait résulter d'une influence magnétique quelconque. Je me retirai dans le fond de la chambre et j'appelai Bellier, mon drogman. Je lui dis de prendre à part Achmed et de lui demander si pour une somme d'argent, qu'il fixerait, il voulait me dévoiler son secret ; à la condition, bien entendu, que je m'engagerais à le tenir caché de son vivant. — Le spectacle terminé, Achmed, tout en fumant, s'était mis à causer avec quelques-uns des spectateurs, encore tout surpris de son talent ; puis après il partit. J'étais à peine seul avec Bellier, que je m'informai de la réponse qu'il avait obtenue. Achmed lui avait dit qu'il consentait à m'apprendre son secret. Le lendemain nous arrivâmes à la grande mosquée El-Abzar, près de laquelle demeurait Achmed l'Algérien. Le magicien nous reçut poliment et avec une gaieté affable ; un enfant jouait près de lui : c'était son fils. Peu d'instants après, un petit noir d'une bizarre tournure nous apporta les pipes. — La conversation s'engagea. Achmed nous apprit qu'il tenait sa science de deux cheicks célèbres de son pays, et ajouta qu'il ne nous avait montré que bien peu de ce qu'il pouvait faire. — « Je puis, dit-il, endormir quelqu'un sur-le-champ, le faire tomber, rouler, entrer en rage, et au milieu de ses accès le forcer de répondre à mes demandes et de me dévoiler tous les secrets. Quand je veux aussi je fais asseoir la personne sur un tabouret isolé, et, tournant autour avec des gestes particuliers, je l'endors immédiatement ; mais elle reste les yeux ouverts, parle et gesticule comme dans l'état de veille. — Nous réglâmes nos conditions ; il demanda quarante piastres d'Espagne et le serment sur le Koran de ne révéler ce secret à personne. La somme fut réduite à trente piastres; et, le serment fait ou plutôt chanté, il fit monter son petit garçon et prépara, pendant que nous fumions, tous les ingrédients nécessaires à son opération. Après avoir coupé dans un grand rouleau un petit morceau de papier, il traça dessus les signes à dessiner dans la main et les lettres qui y ont rapport; puis, après un moment d'hésitation, il me le donna. — J'écrivis la prière que voici sous sa dictée: «Anzilou-Aiouha-el-Djenni-Aiouha-el-Djennoun-Anzilou-Betakki-Matalahoutou-hou-Aleikoum-Taricki, Anzilou, Taricki.» — Les trois parfums sont: « Takeh - Mabachi. — Ambar-Indi. — Kousombra-Djnou. » — L'Algérien opéra sur son enfant devant moi. Ce petit garçon en avait une telle habitude que les apparitions se succédaient sans difficulté. Il nous raconta des choses fort extraordinaires, et dans lesquelles on remarquait une originalité qui ôtait toute crainte de supercherie. — J'opérai le lendemain devant Achmed avec beaucoup de succès, et avec toute l'émotion que peut donner le pouvoir étrange qu'il venait de me communiquer. A Alexandrie je fis de nouvelles expériences, pensant bien qu'à cette distance je ne pourrais avoir de doute sur l'absence d'intelligence entre le magicien et les enfants que j'employais, et, pour en être encore plus sûr, je les allais chercher dans les quartiers les plus reculés ou sur les routes, au moment où ils arrivaient de la campagne. J'obtins des révélations surprenantes qui toutes avaient un caractère d'originalité encore plus extraordinaire que l'eût été celui d'une vérité abstraite. Une fois entre autres, je fis apparaître lord Prudhoe, qui était au Caire, et l'enfant, dans la description de son costume, se mit à dire: «Tiens, c'est fort drôle, il a un sabre d'argent. » Or, lord Prudhoe était le seul peut-être en Égypte qui portât un sabre avec un fourreau de ce métal. — De retour au Caire, je sus qu'on parlait déjà de ma science, et un matin, à mon grand étonnement, les domestiques de M. Msarra, drogman du consulat de France, vinrent chez moi pour me prier de leur faire retrouver un manteau qui avait été volé à l'un d'eux. Je ne commençai cette opération qu'avec une certaine crainte. J'étais aussi inquiet des réponses de l'enfant que les Arabes qui attendaient le recouvrement de leur bien. Pour comble de malheur, le caouas ne voulait pas paraître malgré force parfums que je précipitais dans le feu, et les violentes aspirations de mes invocations aux génies les plus favorables; enfin il arriva, et après les préliminaires nécessaires, nous évoquâmes le voleur. Il parut. — Il fallait voir les têtes tendues, les bouches ouvertes, les yeux fixes de mes spectateurs, attendant la réponse de l'oracle, qui en effet nous donna une description de sa figure, de son turban, de sa barbe: « C'est Ibrahim, oui, c'est lui, bien sûr!» s'écria-t-on de tous côtés, et je vis que je n'avais plus qu'à appuyer mes pouces sur les yeux de mon patient; car ils m'avaient tous quittés pour courir après Ibrahim. Je souhaite qu'il ait été coupable; car j'ai entendu vaguement parler de quelques coups de bâton qu'il reçut à cette occasion.

Dans ce dédale d'erreurs et d'illusions dont nous venons de rassembler les bizarres tableaux, on ne perdra pas de vue ce grand fait, — que tout ce qui est faux et monstrueux a été le fruit des égarements de l'esprit humain; que ces égarements n'ont pu être produits que par les illusions d'une fausse philosophie qui a continué de répandre ses erreurs sous des masques divers. Mais il est une lumière qui brille au milieu de toutes ces ténèbres, quoique plusieurs ferment les yeux pour ne la point voir: — *Lux in tenebris lucet, et tenebræ eam non comprehenderunt.* — Cette vraie lumière n'est jamais entière que dans l'Église catholique, centre de la vérité et de la liberté, — où Dieu nous maintienne!

FIN

www.ingramcontent.com/pod-product-compliance
Lightning Source LLC
Chambersburg PA
CBHW070403230426
43665CB00012B/1224